U0140484

新思历史
Book

探索世界 ｜ 发现自己

欧洲之心

THE HOLY ROMAN EMPIRE

A THOUSAND YEARS OF EUROPE'S HISTORY

神圣罗马帝国
800—1806

PETER H. WILSON

[英]彼得·威尔逊 ◆ 著

王顺君 ◆ 译

中信出版集团|北京

图书在版编目（CIP）数据

欧洲之心：神圣罗马帝国：800—1806 /（英）彼得·威尔逊著；王顺君译 . -- 北京：中信出版社，2024.1

书名原文：The Holy Roman Empire: A Thousand Years of Europe's History

ISBN 978-7-5217-6192-4

Ⅰ . ①欧… Ⅱ . ①彼… ②王… Ⅲ . ①罗马帝国－历史 Ⅳ . ① K126

中国国家版本馆 CIP 数据核字（2023）第 235350 号

欧洲之心：神圣罗马帝国，800—1806

著者： ［英］彼得·威尔逊
译者： 王顺君
出版发行：中信出版集团股份有限公司
（北京市朝阳区东三环北路 27 号嘉铭中心　邮编　100020）
承印者：河北鹏润印刷有限公司

开本：880mm×1230mm 1/32　　　印张：32.5
插页：8　　　　　　　　　　　　字数：966 千字
版次：2024 年 1 月第 1 版　　　　印次：2024 年 1 月第 1 次印刷
京权图字：01-2017-0382　　　　　书号：ISBN 978-7-5217-6192-4
定价：168.00 元

目 录

引言

　　神圣罗马帝国的历史是欧洲史的核心。了解这段历史，有助于把握欧洲大部分地区从中世纪初期至 19 世纪的发展走向。它所揭示的许多重要层面，是我们熟悉的那种从民族国家角度讲述的欧洲史所忽视的。神圣罗马帝国的历史跨越千年，存续时间是罗马帝国的两倍，欧洲大陆的许多地区都在它的疆域范围内。除了今日的德国外，神圣罗马帝国的疆域还包括以下 10 个现代国家的全部或部分：奥地利、比利时、捷克、丹麦、法国、意大利、卢森堡、荷兰、波兰和瑞士。其他的一些国家也与神圣罗马帝国有紧密联系，比如匈牙利、西班牙和瑞典；人们常常忘记，英格兰也出过一位德意志国王（康沃尔的理查，1257—1272 年在位）。更重要的，欧洲东部与西部、南部与北部的张力，都集中于神圣罗马帝国的核心地带——莱茵河、易北河、奥得河以及阿尔卑斯山脉所环绕的区域。这些张力反映在帝国疆界的不断变化中，也反映在帝国内部领地的细碎划分上。简而言之，神圣罗马帝国的历史，并不仅仅是众多民族国家历史中的一种，而是欧洲总体历史进程的核心。

　　然而，人们通常并不这么看待神圣罗马帝国的历史。在酝酿1787 年美国宪法的大陆会议上，未来的美国总统詹姆斯·麦迪逊以从前和当时的欧洲国家为例，主张有必要建立一个强大的联邦制国家。谈及当时仍是欧洲最大国家的神圣罗马帝国时，麦迪逊表示，它不过是"没有神经的躯体，无力管辖自己的成员；无力抵御外部危险；其腹地充斥着动乱"。帝国的历史，只是一部"强者无法无天，弱者受尽凌辱……愚蠢、混乱及苦难"的大合集。[1]

持有麦迪逊这种观点者还有不少。17世纪哲学家塞缪尔·冯·普芬道夫（Samuel von Pufendorf）形容帝国是"畸变的怪物"，因为他感到帝国从一个"常规"君主国退化成了"非常规的政治体"。一个世纪之后，伏尔泰打趣它既不神圣，也不罗马，更非帝国。[2] 1806年8月6日，弗朗茨二世（Francis II）为防止拿破仑·波拿巴篡夺而解散帝国，此举令消极评价更为根深蒂固。然而，这最后一幕告诉我们，帝国在曲终人散之时仍有一些价值，奥地利人还竭尽全力阻止法国人攫取帝国皇权。后世的人在撰写自己民族的历史时往往利用帝国，作者根据自己立场，给予它正面或负面评价。20世纪末以来，这种趋势越发明显，一些作者宣称帝国是第一个德意志的民族国家，甚至有人说它是欧洲一体化的模板。

帝国灭亡的时候，现代民族主义正兴起为普遍现象，西方史学研究方法也得到确立，利奥波德·冯·兰克（Leopold von Ranke）等在公立大学里任职的专业人士将这种研究方法制度化。他们以记录自己民族的故事为使命，围绕政治权力的集中或人民脱离外族统治的过程构建线性叙述。在一个每个民族都理当有自己的国家的世界中，神圣罗马帝国没有容身之地。它的历史被简化为中世纪德意志史，在许多方面，帝国最大的身后影响在于对其结构的批评开创了现代史学。

兰克在19世纪50年代建立了其史学的基本框架，经过海因里希·冯·特赖奇克（Heinrich von Treitschke）等人的推广，兰克史学在 20 世纪广为人知。法兰克人的国土查理在公元 800 年圣诞节当日被加冕为第一位神圣罗马帝国皇帝，在这类历史叙事中，他的名字是德意志式的"卡尔大帝"（Karl der Grosse），而非法语圈的通称"查理曼"（Charlemagne）。他的王国在 843 年被划分为三个，据说这就是法国、意大利和德国的起源，而在那之后的神圣罗马帝国的历史，便是不断试图建立德意志民族的有效统治，又不断失败的历史。按照后世才有的"德意志利益"的标准，各个君主或受称赞，或受谴责。据说，太多的君主不去巩固在德意志的皇帝头衔以建立强大的中央集权君主国，反倒去追求重建罗马帝国这一毫无意义的梦想。为了取得支持，他们将中央权力下放给实际上已割据自立的大诸侯。历经数世纪的英勇斗争和光荣失败，此尝试终于败于 1250 年左右德意志文化（Kultur）和以教宗为代表的奸诈的意大利文明之间的宏大冲突。此时，"德意志"被无能的皇帝和自私的诸侯割裂，陷入疲弱。在许多人，尤其是新教徒作者看来，奥地利的哈布斯堡家族错失了良机，该家族在 1438 年后几乎永久垄断了皇帝头衔，却又去追求普世帝国，而不是追求建立强大的德意志民族国家。只有在帝国东北部边缘崛起的普鲁士霍亨索伦家族知道如何谨慎使用资源，准备履行将德意志统一为强大中央集权国家的"德意志使命"。裁剪掉这个故事过度的民族主义内容后，它仍是德国历史著作和史观的"通奏低音"（basso continuo），主要是因为它似乎能厘清一团混乱的过往。[3]

人们说，是神圣罗马帝国使德意志成为"迟到的民族"的，在普鲁士主导的统一最终在 1871 年使其成为政治整体之前，德意志在 18 世纪只获得了"成为文化民族"这样的"安慰奖"。[4]许多观察家认为，这带来了致命的后果，使德国发展走上了异常的"特殊道路"（Sonderweg），导致它远离西方文明和自由民主，通向威权主义和大屠杀。[5] 直到两次世界大战破坏了早先对军事化民族国家的尊崇之后，神圣罗马帝国才获得了比较积极的历史评价。本书的终章将回到这一主题，讨论人们是怎么利用神圣罗马帝国的历史来评论和理解欧洲面临的未来的。

在继续讨论之前，有必要先对"帝国"一词加以说明。这个帝国没有固定的名称，但即使长期处于国王而非皇帝的统治之下，也始终被称为帝国。从 13 世纪起，拉丁词 imperium（帝国）逐渐被德语词 Reich（帝国）取代。Reich 作为形容词时，意思是"丰富的"，而作为名词，则"帝国"和"王国"两个意思都有，分别见于 kaiserreich（帝国）和 Königreich（王国）两个词中。[6] 虽说定义帝国没有一个普遍的标准，但大多数情况下需要三个要素。[7] 面积是最不重要的指标。加拿大占地近 1 000 万平方千米，比古代波斯帝国或亚历山大大帝的帝国都大 400 万平方千米，但鲜有人会认为它是一个帝国。皇帝及其臣民都没有社会科学家那种对量化的痴迷。相反，更有意义的定义帝国的特征是它绝对拒绝定义其地理范围或权限边界。[8]

存续时间是第二要素，判断一个帝国是否具有"世界历史重要性"，有人会看它是否跨过了"奥古斯都门槛"——该术语来自奥古斯都皇帝将罗马共和国转变为稳定的帝国。[9] 该标准让人注意到为何某些帝国在其创始人去世后仍继续存在，尽管如此，也有许多在创始人去世后就消亡的帝国留下了重要的政治遗产，例如亚历山大和拿破仑的帝国。

霸权是第三个要素，或许也是意识形态色彩最重的要素，一些有影响力的评论将帝国的霸权简化为一小股人对其他人的统治。[10]
于是，帝国历史便成为征服或抵抗征服的故事，究竟是征服还是抵
抗征服，则取决于从谁的角度写。帝国带来压迫和剥削，而抵抗往
往等同于民族自决与民主。在某些情况下，这种方法可以说得通。[11]
但是，它常常无法解释帝国是如何扩张和维持的，特别是这些进程
一定程度上是通过和平手段实现的时候。它还倾向于将帝国想象为
有相当稳定的"核心"人民或领土，统治着众多的边缘地区。用
一个常见的隐喻形容，帝国的统治是个"无边之轮"，边缘地区与
轮毂相连，但彼此并无联系。这样一来，帝国中心就可以通过"分
而治之"来进行统治，将各个边缘地区的人口分隔开来，以防止
他们联合起来对付人口较少的统治中心。这样的系统很大程度上依
赖于当地精英，他们相当于将该地区与轮毂连接起来的辐条。因
此，中心对边缘的统治未必明显具有压迫性，因为可以利用中间
人，而这些中间人也会将帝国统治的一些好处带给边缘地区的人
口。但是，帝国统治与许多地方交易捆绑在一起，因而很难调用大
量资源用于共同目的，因为统治中心必须与每一地的中间人分别谈
判。[12]中心–边缘模式有助于解释人数相对少的一群人如何管理幅
员辽阔的土地，但大多数国家在扩张和巩固的过程中都会使用中间
人，所以中间人制度并不一定是"帝国"独有的。

神圣罗马帝国在学术界相对而言不受重视，一个主要原因是
其历史过于复杂。这个帝国缺少可以用来塑造一般民族历史的要
素：一个稳定的中心地带、一座都城、权力集中的政治机构，以及
可能是最根本的要素——一个单一的"民族"。它幅员辽阔，也
存续了很长时间。如果按照常规的编年方法来写它的历史，要么篇
幅会长到无法控制，要么有可能把帝国历史错误表现为线性发展的

过程，将其简化为高层的政治史。我想强调的是帝国发展所经过的种种道路、波折和死局，向读者解释清楚它是什么、如何运作、为何重要以及对今日有什么影响。附录中有完整年表可供参考。本书除辅文与终章（第十三章）外，其余内容分为 4 个部分，每部分又分为 3 章，共 12 章，通过理念、归属、治理和社会四大主题来研究帝国。几个主题循序推进，因此读者可如飞过帝国的雄鹰一般俯瞰史料。第一部分将勾勒基本轮廓，其他细节则随阅读推进逐步清晰，直到读者读完第四部分，降落到地面。

我们有必要研究一下帝国是如何证明自己的合法性的，以及相对于外来者它是如何定义自己的。此为第一部分内容，该部分首先讨论神圣罗马帝国的基础——西方基督教的世俗力量。从历史上看，欧洲的发展通常被描述为包括三个层次的组织：普遍层次上的超越性理念，能提供团结精神和共同纽带（例如基督教、罗马法）；具体地方层次上的日常行为（获取资源、执法等）；以及中间层次上的主权国家。[13] 而在神圣罗马帝国存续的大部分时间里，只用前两个层次的组织就可以描述它。13 世纪以降第三个层次组织的出现是帝国最终消亡的主要原因。但是历史学家一度设想的历史演变进程的顶点——由互相竞争的民族国家组成的欧洲——如今看来已不再是政治发展的终点，这让人们对神圣罗马帝国重新产生了兴趣，还有人拿它和欧洲联盟比较。

第一章从查理曼和教宗达成的协议开始，介绍帝国建立时的情况，该协议表达的信念是，基督教世界只有一种秩序，由皇帝和教宗实施双重管理。这赋予帝国长久的使命，该使命的前提是皇帝是卓越的基督教君主，在包括地位较低的统治者的共同秩序中行事。皇帝的任务是在道义上领导子民并保护教会，而不是直接用霸权统治欧洲。与其他帝国的情况一样，这一帝国使命带来了超越眼前个人利益的"近乎宗教的使命感"。[14] 从很早的时候起，人们就坚信帝国远比其统治者重要，不管皇帝是谁，帝国都在他之上，这解释了为何如此多的皇帝努力履行帝国使命，而不去从事在后人看来更务实的工作——建立民族君主国。这一章的余下部分考察了该使命的神圣、罗马、帝国三元素，对帝国和教宗之间直至近代早期的复杂关系也做了阐述。[15]

第二章探讨帝国在宗教方面的具体情况。该章描述了帝国是如何做出典型的"帝国"与"蛮族"的划分的，"帝国"是独一的文明，所有的外人都是"蛮族"。[16] 文明被定义为基督教，加上公元800年后帝国所体现的古罗马帝国的遗产。然而，帝国与外部的交流并不总是伴随着暴力，帝国在中世纪盛期向北欧和东欧的扩张，部分是通过同化实现的。第三章描述了独一文明的概念如何阻碍帝国与其他国家对等相处。随着拉丁基督教欧洲被划分为明显不同的主权国家，每位国王都声称自己是"各自王国内的皇帝"，该问题日益突出。

第二部分旨在超越民族主义和地方主义历史学家将帝国割裂开来的传统做法，讨论帝国的众土众民如何互相联系。帝国没有之于英国的泰晤士河河谷、之于法国的法兰西岛那种稳定的核心区域。帝国没有固定的首都，没有唯一的主保圣人，也没有共同的语言或文化。身份认同始终是多重和多层次的，反映出帝国统治的民族之多、地域之广。随着维持帝国统治的政治等级制度往复杂细致的方向发展，身份认同的层次也越来越多。10世纪中叶，帝国的核心基本固定在德意志王国，尽管直到14世纪，帝国的君主仍需要巡游。到了11世纪30年代，稳定的等级制度出现了，规定成为德意志国王之人便是帝国另外两个主要王国意大利和勃艮第的统治者，而且是唯一的帝位候选人。第四章探讨这些王国及其下属领地的实际形态，以及帝国和其他欧洲民族的关系。第五章讨论种族、社会组织、地域对于身份认同的相对重要性。第六章研究 13 世纪出现的民族国家概念如何加强而非削弱了众多居民对帝国的认同感。早在 1871 年统一之前，德意志人就自视为政治民族，将帝国认定为他们天然的祖国。帝国从未如后世民族主义者设想的那般要求绝对、排他的忠诚。这削弱了其调动资源和获得积极支援的能力，但同时也给彼此相异的共同体以共存的空间，每个共同体都通过归属于共同家园来保护自己的独特性。

第三部分解释了帝国是如何在不建立大型集权制度的情况下得到治理的。历史学家一直设想并期望国王是"建国者"，至少国王要有连续一致的长期计划。评判国家靠的是单一的模型，社会学家马克斯·韦伯就该模型给出了最简洁的定义：国家"在特定领土内垄断了对武力的合法使用"。[17] 于是，国家的历史被表述为建立一个能集中权力和行使排他性主权的机构，并论证这种过程合法性的故事。相关论证也被用来驳斥对手主张的合法性，对手既可能来自内部，比如谋求自治的贵族或地区，也可能来自外部，比如声称对"民族"领地拥有霸权的外部势力。以此为衡量的准绳，也难怪神圣罗马帝国的历史被形容为至少持续到 15 世纪的重复而且混乱的循环。帝国统治者登上王位之前，都要经过大贵族的认可。然后，他在德意志王国内四处巡游，以获得臣民的效忠，同时这也给了他的敌人拒绝效忠和反叛的机会。绝大多数国王至少维护了自己的权威，但历史上也有一些为时不短的存在对立国王甚至爆发内战的时期，比较突出的是 1077—1106 年、1198—1214 年、1314—1325 年。

直到 10 世纪，众多国王都需要应付维京人、斯拉夫人或马札尔人的袭击和入侵。处境安全后，国王通常会进行"罗马远征"*，请教宗将其加冕为帝。在意大利逗留得太久的国王可能面临阿尔卑斯山以北再次爆发的叛乱，从而不得不提前打道回府。而其他的国王则会发现，如果想在意大利保持哪怕是一点点权威，就得多次远征。他们在远征途中要么过早地死于疟疾，要么筋疲力尽，赶回德意志某地求得"善终"。随后，整个惹人厌倦的循环似乎又从头开始，这种情况一直持续到 16 世纪初，当时哈布斯堡家族最终确立了对家族领地的统治权，这种统治权与对帝国的统治权有部分重叠。

这种叙述建立在兰克很有影响力的观点的基础上，在兰克看来，帝国的历史是建立民族国家失败的历史。观察家们大多遵循他的观点，认为中央权威的"衰落"与半独立诸侯的坐大相辅相成。该论点的基础是一个半世纪的民族和地区史，包括比利时或捷克共和国等现代国家，以及现代德国和意大利的某些地区（如巴伐利亚和托斯卡纳）各自的故事。此类故事的说服力在于，它们都围绕政治权威集中化的发展构建，只讨论特定领土上的相关身份认同。所得出的总体结论往往是，帝国是某种类型的联邦制，要么在查理曼于 814 年去世后马上转变为联邦制，要么最迟在 1648 年《威斯特伐利亚和约》签署时转为联邦制。[18] 这两个日期相隔很远，可见确信帝国具有联邦制结构的说法大有问题。尽管如此，这是一个很有吸引力的想法，不仅因为帝国的一些居民也声称帝国是一个联邦（后文会谈到），而且因为该定义至少能把帝国塞进公认的政体

---

* "罗马远征"（Romzug），国王为了由教宗加冕为帝而从德意志到罗马的旅程。这种做法肇始于奥托一世在962年的罗马行，通常带有军事行动的性质。

分类之中。正是这个方面引起了麦迪逊的注意，他的结论是帝国是"一个虚弱而不稳定的联合体"，这么说是为了鼓励他的美国同胞同意建立更强大的联邦政府。[19]

联邦制不同于单一制，联邦制国家有两级或两级以上的政府，而不是只有一个中央政府。此外，联邦制国家还将通过共有机构的共同统治与各组成地区的区域自治这两个元素结合起来。[20]在15世纪末和16世纪初塑造帝国近代宪制的"帝国改革"之后，上述元素显然已在帝国中出现。然而，联邦制的概念需要谨慎处置，因为它造成的混乱往往比澄清的问题要多。将帝国归为联邦，实际上是固化了一种狭隘的二元论观点，该观点只从皇帝和诸侯间张力的角度来看待帝国的发展，认为诸侯在1806年终于取得胜利，建立了完全意义上的主权王国和公国。更糟糕的是，"联邦"这个词总是脱离不了它在现代政治中的用法，比如联邦制的德意志和奥地利，以及瑞士等其他当代国家，包括美利坚合众国。在这些国家里，各个组成部分在往来时是对等的，而且同为政治联合体的一部分。各部分间的差异是二元的：它们的势力，既取决于有多少重要权力需要通过共同的中央机构来分享，又取决于有多少重要权力下放到地方，成为"各州权利"。最后，现代联邦制国家对其公民一视同仁。每位公民都可平等参与所在邦和联合体的事务。所有公民都直接受到同一部联邦法律的约束，只是对于生活的某些方面，各州有自己的规定。这些形式的平等对神圣罗马帝国而言是完全陌生的，帝国始终有一个占统治地位的政治核心（尽管不是没有变化），并始终通过与社会法律地位联系在一起的复杂等级制度来统治其人口。

第三部分描述这种等级制度的演变，第七、第八、第九这三章叙述帝国治理基础的三次重大转变。加洛林王朝的统治为帝国建立了基本的政治和法律框架，但该框架并未得到进一步发展，甚至有一部分在公元 900 年左右消失了。但是，没有正式制度不等于缺乏有效治理。一些学者提出，应该注意政治文化中以个人势力而非正式成文规则为基础的方面，也就是非正式的方面，本书就采取了这种方法。[21] 政治既包括正式制度，也包括象征和仪式；实际上，没有象征和仪式，正式制度就无法运作，哪怕现代人很少公开承认象征和仪式的作用。任何组织都有"想象"的成分，跟该组织有关系的人需要相信这个组织确实存在。组织之所以能存在下去，是因为每个人在行动时，都期望他人会采取类似的行动。对组织的成员而言，象征和仪式是一种记号，能让他们继续相信组织仍然存在。如果组织的象征失去了意义或受到了挑战，比如新教改革中破坏圣像运动的挑战，那么该组织就有危险了。同样，组织如果不再能满足成员共同的期望，比如政府在面对公开挑衅时没能实施成员所期望的镇压或者表现出软弱，就可能会被斥为虚构的。

治理帝国，需要在帝国政治精英中培养共识，以确保他们至少最低程度地遵守定好的政策，让皇帝不必强迫他们合作，也不必直接统治大部分人口。[22] 共识未必等于和谐与稳定，但它的确实现了一种"朴素"的帝国统治，皇帝和精英无须彻底改变他们所治理的社会，就可继续执行政策。[23] 这束缚了皇帝的手脚。皇帝需要通过一些公开行动来维护帝国统治的合法性，比如惩罚显然做了坏事的人；但同时，皇帝必须避免个人层面上的失败，免得权力光环消散，被人认为失去了上帝的恩宠。

帝国治理的一个关键特征，是制度发展的驱动力来自建立和维持共识的需求，而非中央直接统治边缘区域和地方的意图。10 世纪，奥托王朝的国王们依靠一个由世俗精英和教会精英组成的相对扁平化的等级结构来治理国家。在 1024 年后接续奥托王朝统治的萨利安家族统治风格比较威严，但并没有改变既定的模式。与此同时，更大范围内的社会经济变化支撑起了一个更庞大、更复杂的领主等级制度，单个领地的平均面积缩小了，领地总数增加了。1138年后统治的斯陶芬家族由此正式确立了领主等级制度，创立了一个更明确的诸侯精英阶层，其内部有使用不同头衔的不同层级，但整体在皇帝直辖*之下团结一致。这样一来，较低阶的领主和臣民就处于"非直辖"的位置，也就是说，他们与皇帝和帝国之间至少隔了一个权力等级。这一等级制度在 1200 年左右逐渐形成，巩固了帝国内部互补的职责分工。皇帝继续处理和帝国使命有关的事务，并得到直接管辖的诸侯精英的协助，后者在自己的领地内则承担维持和平、解决冲突和征调资源等诸多职责。由于需要划定责任范围，辖地变得更"领地化"。1250 年左右斯陶芬家族的覆灭是个人层面上的失败，而非政治结构的失败，因为帝国的治理模式沿同样的方向发展，直到 14 世纪。

下一个转折发生在卢森堡家族诸王统治时期（1347—1437），他们将重点从帝国特权转向世袭王朝财产，以世袭王朝财产为帝国统治的物质基础。1438 年以后哈布斯堡家族完善了这个创新的办法，该家族不仅在帝国内积累了最大的世袭领土，还在神圣罗马帝国之外建立了最初包括西班牙和新世界的王朝帝国。向哈布斯堡王朝统治的过渡是在内外都有新挑战的情况下完成的，这激发了在

---

* 皇帝直辖（Reichsunmittelbarkeit），表明直接隶属于皇帝，中间没有其他政治层级或领主。

1480—1520 年深化的帝国改革。改革通过新的官方机构来引导形成共识的既有模式，巩固了帝国组织与诸侯领地和城市领地之间的责任互补分配。

帝国通过一长串等级不同的领主来实行治理，这似乎让帝国脱离了其子民。当然，对帝国历史的笼统叙述大多是这么说的：帝国的高级政治远离日常生活。遗憾的是，这导致人们普遍认为帝国是个与臣民不相干的存在，社会经济史学家们更是大多沿袭政治史学家们的观点，基于后世才出现的国界划分来追踪人口规模、经济产出等发展指标。第四部分论述了此方面内容，主张帝国内部的治理和身份认同模式是与社会经济发展紧密相连的，尤其值得注意的是，一种结合等级权威与横向联合的社会集体结构出现了。这种结构以不同形式体现在帝国社会政治秩序的各个层面上。

完整阐述神圣罗马帝国的社会史超出了本书的范围。不过，第十章追溯社会集体秩序的形成过程，展示这种秩序如何同时获得领主和平民的接纳，以及它是如何在自治程度不同但基本享有较大自治空间的城市和农村共同体中扎根的。第十一章中深入探讨联合方面的情况，强调从中世纪盛期开始各种形式的联盟和共同体组织的集体地位所起的重要作用，这类组织小到行会，大到对帝国统治形成重大挑战的团体，例如伦巴第联盟和瑞士联邦。和管辖区一样，这类集体的身份认同和权利也是地方的、特别的，与地位有直接关系。它们反映了对理想化社会政治秩序的信仰，该秩序更看重的是通过共识来维持和平，而不是通过绝对的抽象正义概念来维系平静。第十二章中探讨了这样导致的后果，该章表明，冲突的解决方式始终是开放性的，就同帝国的整体政治进程一样。帝国机构可以做出审判、惩戒和强制执行，但它们通常试图促成调解，寻求可行的折中方案，而不是根据绝对的对错观念来下定论。

就这样，帝国培养了根深蒂固的保守自由理念，这种自由是地方的、具体的，由集体组织和相关共同体的成员共同享有。这是地方性的具体自由（liberties），而不是所有居民平等共享的抽象自由（Liberty）。本书在此为备受争议的"德国保守主义的起源"提供了另一种解释，但并不主张其延续到了19世纪中叶以后。19世纪和20世纪初的德国威权主义，通常被归因于1806年帝国灭亡之前所谓二元政治的发展。[24] 人们认为，只有"人民"会去追求人人平等意义上的自由，他们受到"诸侯"的压迫，在1524—1526年血腥的农民战争中奋起反抗。同时，诸侯盗用了自由的理念，来合法化自己作为自治统治者的特权地位。据说，"德意志自由"的范围因此被缩小至诸侯抵御潜在的帝国"暴政"并捍卫自治的行动。同时，作为帝国内"真正的"政府，诸侯据称引入了法治，保护其臣民的财产权，但不愿给臣民任何有意义的政治代表权。于是，自由与官僚国家联系在一起，而后又与19世纪后期被创造出来的民族国家政府联系在一起。

这样的说法从未解释为何中欧人一直很难接受19世纪的自由主义。他们或被实施高压政策的警察国家恐吓而不敢接受，或为对诸侯善心的幼稚轻信和骨子里的奴性所愚弄。[25] 然而自由主义者发现，平头百姓往往不想要他们主张的那种自由，因为大家都一样平等与他们所珍视的集体权利是有冲突的，而集体权利似乎为防止资本主义市场经济剥削提供了极佳的保障。[26] 后来出现的种种问题，多少源于19世纪40年代后迅速的工业化和城市化进程剥夺了这些集体权利。不过，这些问题不在本书的讨论范围之内。

人们对集体身份和权利的依赖有助于解释帝国为何能在内部充

满张力、人们的机会很不均等的情况下存续下去。然而，帝国并非田园牧歌般和谐的旧世界乌托邦，也不是欧盟的现成蓝图。[27] 第十二章末尾探讨了帝国为什么一直到 18 世纪末都还有活力。我们需要注意的是，改变帝国的一个重要因素，是从强调亲自现身与口头沟通的文化，到基于书面沟通的文化的长期转变。这种过渡在欧洲各地都有，也是向现代转型的普遍标志之一。然而，这在帝国中产生了特殊的结果，因为它非常依赖取得共识，以及依照地位等级划分权力、权利和责任。

在帝国整个存续期间，口头交流和书面文化都是共存的，因此上述转变只是程度的变化，而不是本质的变化。基督教是圣书宗教，而教会和世俗当局都有书面的规条，也采用书面交流的方式。（参见本书第七章以及第十二章）。然而，消息通常只在由适当级别的人员亲自传达的时候，才具有完整的意义。中世纪早期的神学理论认为，上帝的意图是显明的，个人的行为只是在体现神的旨意。如果要达成有约束力的协议，通常需要各方面对面协商，但把决议通过书面形式写下来有助于敲定决议，避免潜在歧义和误解。类似于当今日新月异的媒体革命，当事人发觉书面交流这种新形式令人不安，但也有好处。11 世纪和 12 世纪发展出来的一些辅助技术，例如使用印章以及采用特殊的称呼和书写风格，是想让收件人相信，这些技术能赋予文本永恒的权威性，表明信件是作者意图的真实表达。[28] 14 世纪中叶，人们开始使用现代纸张而非羊皮纸，书面文化因此传播得更广，而一个多世纪后铅活字印刷术的发明，则让文本体量更大、用途更广。

遗憾的是，书写也让差异更显著，教廷在 12 世纪便发现了这个问题，当时它因发表的声明自相矛盾而受到批评。书面记录也能体现知识的传播过程，从而使当局很难声称自己对错误做法一无所知。神学家和政治理论家做出了回应，他们提出，沟通是分等级的。上帝的意图直接体现于人类行为，这种看法有将上帝视为其造物的仆人的嫌疑。因此，出现下面这样的观点是合乎逻辑的：上帝是隐秘的，他的作为非凡夫俗子所能理解。为了将自己提升至臣民之上，世俗当局声称唯有自己能够理解"国家奥秘"，平头百姓是不能明白的。掌权者针对不同的受众，采用不同的措辞和意象。沟通不再只是为了传达信息，还要向臣民显示当权者凌驾于他们之上。[29]

欧洲其他国家用描述"国家奥秘"的高妙语言来促进权力集中，但这并不适用于帝国，帝国的治理更多是基于共识而非命令，高级政治仍然有赖于面对面的交流。尽管诸侯在 16 世纪采取了显得更高高在上的统治风格，但他们仍然受制于一个共同的框架，他们的言行所面对的受众是他们不能控制的。帝国书记官署通常处于采用书面文化的前沿，但它用文字记录和确立的是有权参政者的地位与特权。帝国内各个领地上发生的事大体类似，这些地方的特许状和其他法律文件中记载了共同体权利和集体权利。帝国机构越来越多地参与调解因解释这些权利而起的纠纷。该系统保留了一定的灵活性，而当时的人越发认识到其中的矛盾之处，因为调解往往依靠妥协和模糊处理，难免与一些正式规章相悖。18 世纪末，随着奥地利和普鲁士崛起为欧洲大国，最高政治层面上地位和实力之间的鸿沟日益明显。尽管拒绝放弃受尊崇的习俗让帝国获得了一定的凝聚力，但这也使帝国居民无法去设想任何替代结构。改革仅限于对现有安排小修小补，无法应对法国大革命战争的狂风骤雨，最终，弗朗茨二世不得不在 1806 年解散帝国。

第一部分

理　念

第一章

双剑

神圣

定义这个帝国之难，从其名称便显而易见。帝国存在的大多数时间中，它仅仅被称为"帝国"。1180 年 6 月，"神圣""罗马""帝国"这三个词才被写在一起，成为"Sacrum Romanum Imperium"（神圣罗马帝国）。而尽管自 1254 年起，这个词被用得更为频繁，但这个组合很少出现在官方文献中。[1] 然而，这三个词是帝国理念的核心，自帝国成立之日起就伴随着帝国。本章将依次考察这三个词的概念，此后再讨论帝国与教廷之间纠纷不断的关系。

"神圣"是帝国的第一要务，帝国的存在是要为所有基督徒提供稳定的政治秩序，保护他们不受异端及异教徒的侵害。为此，皇帝应该是唯一、普世基督教会首领教宗的支持者及捍卫者。这一使命是神圣的，是上帝托付的，皇帝及帝国的"神圣"因此成为可能。与"罗马"及"帝国"两个要素类似，"神圣"这个要素发端自已经基督教化的古罗马帝国晚期，而不是发端自早先的罗马共和国或者罗马帝国最初几位恺撒治下的多神崇拜时期。

基督教化的罗马

迫害基督徒三个多世纪之后，罗马在 391 年接受基督教作为唯一国教。由于基督教只容许信仰唯一的上帝，这一事件部分消除了皇帝的神圣性。皇帝不能再自封为神，且不得不接受在自己统治的帝国境内，教会作为独立机构存在并发展壮大。教会模仿罗马帝国的行政体制，采用了教士等级制度，从而冲淡了这些变化。基督教主教驻守在主要城镇，行使宗教管辖权（主教区），其范围与罗马帝国行省大体相同。此外，尽管皇帝不再是神，但他依然保留了天堂与人间中保的神圣角色。"罗马治世"（Pax Romanum）依然是帝国的首要任务，但是其含义已经不再是创造人间天堂，而是推动基督教的传播，以此为唯一救赎之道。

罗马帝国晚期，内忧外患不断。自 284 年起，帝国领土被划分给多位共治皇帝统治，直到君士坦丁大帝时才短暂统一；4 世纪 30 年代，他将古希腊城市拜占庭立为新都，毫不客气地将其更名为"君士坦丁堡"，复兴了这座古老的城市。东西帝国在公元 395 年后永久分裂了。经历了无数次蛮族入侵后，东西罗马都存活下来；尤其是西罗马，它同化了一批又一批的日耳曼侵略者，其中最有名的要数哥特人及后来的汪达尔人。这些侵略者接受了罗马的文化和定居生活，反成为罗马的守护者。他们不再以劫掠为生，而是为帝国戍守边疆。而这些蛮族亦部分罗马化了，其中就包括改信基督教。

他们拥抱罗马的前提，自然是做附庸的好处大于独立自主的收益。到 4、5 世纪时，天平却倒向了不利于西罗马的一边。西部哥特诸部落，也就是西哥特人，于 395 年在之前罗马帝国的西班牙行省及纳尔榜南西斯高卢行省建立了自己的王国，15 年之后便洗劫了帝国首都罗马。法兰克人——不久后我们将听到这个部落的更多事情——在交替作为帝国侵略者和边界守卫者 170 个年头后，于 420 年左右控制了高卢北部。[2] 哥特人击退了 5 世纪中叶到来的新武装移民——匈人，476 年，凯旋的哥特人在奥多亚塞（Odovacar）率领下，推翻了西罗马的最后一位皇帝，这位皇帝被恰当地称为"奥古斯都路斯"（Augustulus），即"小奥古斯都"。

直到后世，人们才认为此事标志着"罗马帝国的陨落"。对当时的人而言，罗马帝国只不过是退缩到以君士坦丁堡为中心的东部半壁而已，它依然自视为古罗马的直接延续，尽管很久以后，东罗马有了自己的名字——"拜占庭帝国"。无论如何，476 年发生的事件确实意义非凡。罗马不再是已知世界的首都，而是帝国偏远西部的危险边区。罗马帝国的核心此时主要集中在巴尔干半岛、圣地和北非，到 7 世纪时，其文化也主要以希腊文化为主，而不再以拉丁文化为主。拜占庭经历了数次周期性的复兴，但是人力不足，而连年进行耗费巨大的战争以抵御信奉伊斯兰教的阿拉伯人——时称萨拉森人或摩尔人——使其更加捉襟见肘。到 640 年时，阿拉伯人已经攻占了巴勒斯坦和北非，成为帝国的新对手。

拜占庭不得不借助东哥特人来尽力保住罗马。由于 5 世纪匈人涌入中欧，东哥特人也被迫西迁。拜占庭依循旧例，给予东哥特人身份和合法地位，以换取他们的臣服和军事服务。东哥特人的首领狄奥多里克（Theodoric）在君士坦丁堡长大，既通晓罗马文化，又具有哥特武士的气质。497 年，他击败奥多亚塞，被拜占庭认可为意大利的统治者。双方的合作在皇帝查士丁尼治下破裂：查士丁尼短暂征服北非后，试图直接控制意大利。由此导致的哥特战争从 535 年一直持续到 562 年，最终东哥特人战败，拜占庭从此进驻意大利。后世所熟知的"督主教区"(Exarchate)从此出现,拜占庭在亚平宁半岛的政治及军事基地位于北部的拉韦纳,其余各地被分为行省,其最高长官是被称为"dux"的军事将领——英文中的"公爵"(duke),以及墨索里尼使用的"领袖"(duce)均来源于此。

拜占庭在意大利的统治好景不长——哥特人的另外一支伦巴第人(Lombards)曾经在此前的战争中为拜占庭帝国效力,他们在568年挥师入侵意大利。与奥多亚塞的哥特人命运不同,他们没能攻占罗马,也没能夺取拜占庭在意大利的新中枢拉韦纳;即使如此,他们依然建立了自己的王国,首都起初是米兰,616年迁至帕维亚。此时意大利已经被分成三部分。[3] 新建立起来的"朗格巴迪亚王国"(Kingdom of Langobardia)* 控制了波河河谷,故此地得到了现代的名字"伦巴第"(Lombardy)。伦巴第国王们对意大利南部地区的影响力较小,伦巴第人在那里建立了独立的贝内文托公国。其余地区被称为"罗马涅"(Romagna)——意思是属于拜占庭的"罗马"领土,这个名称沿用至今,指代拉韦纳周围的地区。

教宗的出现

随着教宗的影响力扩大,亚平宁半岛上出现了第四股政治力量——以罗马为中心的教廷。教宗作为教会之"父亲"(papa),

---

* 拜占庭编年史作家特奥法尼斯(Theophanes)将朗格巴迪亚区分为大朗格巴迪亚(Langobardia major)和小朗格巴迪亚(Langobardia minor)两部分。这里是指前者,希腊文为Μεγάλη Λογγοβαρδία,指代意大利北部的伦巴第王国;而后者位于今日意大利南部的普利亚和巴西利卡塔。——译者注

其根源可以按照"宗徒传承"（Apostolic Succession）追溯到圣彼得，尽管他们直到古罗马接受基督教后才得以自由行使职权。罗马仅是基督教五大中心之一，但是随着耶路撒冷、安条克和亚历山大在 638—642 年接连落入阿拉伯人手中，罗马的地位不断上升，逐渐与君士坦丁堡持平。罗马的威望当然还来自其昔日作为皇城的地位，以及在基督教早期发展中，它在情感上和属灵上所具有的重要意义。64 年，圣彼得和圣保罗两位使徒在罗马殉道，君士坦丁大帝 313 年颁布《米兰敕令》（Edict of Milan）以前的所有 30 位罗马主教，后来都被教会尊为圣徒及殉道者。[4]

对于后来的神圣罗马帝国而言，罗马教廷与君士坦丁堡牧首区发展迥异，这一点至关重要。拜占庭保持了中央集权的帝国结构，森严的等级及书面行政管理制度都继承自古罗马。而这两点继承来的属性在早期西方教会中几乎不存在。牧首是皇帝的臣下，而且他希望用书面声明来阐明神学，因此东方教会内部的教义分歧比西方教会更加明显；相比之下，西方教会较为松散，不那么注重书面沟通。东方教会严格排斥阿里乌派（Arianism），而这一派在伦巴第人中影响很大；同时，有关基督人性和神性的争论，造成叙利亚和埃及的科普特教派独立出来，当时这两地还是拜占庭帝国的行省。

由于缺乏稳固的帝国政府结构，罗马教宗无法像牧首那样得到强有力的政治支持。教宗的权力主要集中在道德教导层面，加之西方教会由松散的主教区和堂区组成，教宗也没有直接管理的实权。从 5 世纪开始，教宗以"宗徒传承"为理由，称自己有权在不受任何政治权威影响的情况下就教义问题做出判断。后来这一权力得到扩展，对于那些由信奉基督教的哥特国王和贵族举荐的候选人，教宗可以评判他们是否可以胜任主教或大主教。到 7 世纪时，这一职权演变成了正规的叙任*仪式：任何人如果没有教宗亲自授予的披带（pallium），便不能担任大主教。教宗反过来要求大主教对自己教区内主教们的可靠程度进行考察——教宗的影响力开始深入地方。美因茨的第一任大主教是温弗里思（Wynfrith），他是盎格鲁-撒克逊修士，后来被称为圣波尼法修（St Boniface），也是帝国教会史上的重要人物。752年，他在出任大主教时，获得了搭在圣彼得墓上的一条布作为披带。这里的用意很简单：反对教宗，等同于反对圣彼得。

中世纪早期的教宗们更青睐能够保护他们并允许他们传教的强大君主。罗马尽管是哥特战争后拜占庭建立起来的诸多军事公国中的一个，但是拜占庭的力量并不稳固，也有自己的实际问题要面对。作为罗马主教，教宗通过教会法与当地社会紧密联系，教会法涉及管理教会及教会人员的习惯做法，当时还基本没有被编成法典。主教由当地教士及教众选举。因此，罗马本地人更容易当上教宗：在公元654年以前的一个世纪里，15位教宗中有13位是罗马人，他们常与当地的名门望族关系紧张。这些教宗中最重要的要数格列高利一世（Gregory I），他出身罗马元老家庭，利用拜占庭不断萎缩导致的权力真空，扩大了教宗的影响力。一个世纪内，他的继任者逐渐得到了城中大部分土地的控制权，尤其是台伯河两岸的一块腹地，即"圣彼得遗产"（Patrimonium Petri）。[5] 随着时间流逝，这块土地成为教宗领导西方教会的物质基础。教宗一步步地挪用拜

---

* 叙任（investiture），拉丁语中的"vestitura"和"investitura"表示将资产的占有合法化或将管辖权合法化的行为。该术语源自教宗自7世纪以来向新任大主教发送披带的做法。

占庭皇帝的象征和政治主张，同时有意对他们与君士坦丁堡的联系轻描淡写。比如，到 8 世纪晚期时，教宗已经发行了自己的货币，并且像君王那样以自己的任期来纪年。[6] 此外，拜占庭政治权力不断缩水，教宗的宗教影响力却在不断扩大。格列高利一世和他的继任者们派出传教士到不列颠和德意志传教——这些地区远远超出了拜占庭帝国的势力范围。

不过，教宗并没有像 7 世纪的伊斯兰教领袖一样建立自己的帝国。拉丁教会本身没有能力统一西罗马故地上出现的诸多王国和公国。教宗需要一位保护人，但是拜占庭越来越爱莫能助。662—668 年，君士坦斯二世大举出兵，这是拜占庭最后一次试图将伦巴第人赶出南意大利的努力。他也是最后一位访问罗马的拜占庭皇帝，不过他到了罗马后却一直忙着一件事：将古代的珍宝转移到君士坦丁堡。公元717 年后，双方矛盾加剧，一方面是由于拜占庭要求对罗马征税，另一方面是由于拜占庭干涉西方教会事务。伦巴第人利用机会，于 751年攻取了拉韦纳，等于清除了拜占庭在意大利的势力。于是，教宗独自面对伦巴第人，伦巴第人这时要求行使拜占庭帝国的全部权力，其中包括对罗马的世俗管辖权，对教宗来说这是巨大的威胁。

法兰克人

教宗转向生活在西北部的法兰克人，希望他们做教廷的保护人。与后罗马时代西欧诸多民族类似，法兰克人也是部落联盟。法兰克人主要生活在今日德国西北部威悉河与莱茵河之间的地区，当时这里被称为"奥斯特拉西亚"（Austrasia），大体相当于后来的"法兰克尼亚"（Franconia）。与他们南部的邻居、士瓦本的阿勒曼尼人（Alemanni）不同，法兰克人在公元 250 年后向西扩张至高卢时，已经相当罗马化了。[7] 到 500 年时，在他们伟大的战士克洛维（Clovis）的领导下，法兰克人控制了高卢全境，克洛维统一了所有法兰克部落，然后自称为王。其他日耳曼人往往选择阿里乌派，但克洛维直接受洗加入了罗马教会。克洛维的继任者也积极支持教宗派出的传教士，尤其是圣波尼法修在法兰克王国的东方和北方边区的传教活动。

这些因素很可能是教宗选择法兰克人的重要原因，此外法兰克王国不断扩张，到 750 年时，已经越过高卢和今德国西北部地区，将士瓦本以及——至关重要的——勃艮第收入囊中。勃艮第地理位置关键，连接法国东南及瑞士西部。如此一来，法兰克王国便控制了穿越阿尔卑斯山进入伦巴第的要道。这样广大的领土都属于法兰克王国，由克洛维的后裔墨洛温家族统治。后世的法国历史学家指责他们是"懒王"（les rois fainéants），显然是没有道理的：墨洛温王朝成就甚高，却因近亲结婚以及法兰克诸子平分财产的传统，在 7 世纪以及 8 世纪早期爆发了无数次内战，最终日渐衰落。权力渐渐转移到了担任"宫相"、负责管理王室财政的加洛林家族手中。[8]

因此，教宗的第一封求救信并非写给墨洛温王朝君主的，而是写给了宫相查理。查理于 732 年在普瓦捷击溃摩尔人，故以"铁锤"之名闻名。由于查理不到一年就去世了，加上法兰克内战又一次爆发，双方的合作没能维持。拉韦纳失守后，教廷的情况非常危急，于是，教宗大胆采取了罗马-拜占庭的老办法——将身份地位赐给"蛮族"领袖，以换取其忠诚和支持。经过圣波尼法修的牵线搭桥，教宗撒迦利亚（Zachary）在 751 年加冕查理之子、"矮子"丕平（Pippin the Short）为法兰克国王，等于支持丕平篡夺墨洛温王朝之权。在 753 年及 754 年的两次会见中，丕平匍匐在地亲吻教宗的马镫，并服侍教宗下马，以此来表示服从教宗。毫不意外，法兰克史书中对此番"牵马服务"*并没有记载，因为此举在后世的教宗-帝国关系中将有重要的象征作用，显示出皇权应当服从教权。[9]丕平帮了大忙，于754—756年入侵伦巴第，攻占拉韦纳，缓解了罗马面临的压力，尽管危险没有完全消失。

教宗与法兰克的联盟于773年再获新生：丕平的长子查理曼†响应教宗号召，在伦巴第人再次试图控制罗马时出兵南下。这位未来的皇帝身材高大，身高超过一米八，在当世之人中傲视群雄——尽管他由于暴饮暴食已经有了圆鼓鼓的肚腩。查理曼痛恨酗酒，衣着朴素，但显然喜欢成为众人注意力的焦点。[10]近来有些作品质疑他作为军事领袖的能力，这是不太能让人信服的。[11]法兰克是罗马之后的诸多王国中最善于组织战争的，这一点在773—774年查理曼率兵解救教宗时显露无遗。查理曼围攻帕维亚一年，在774年6月终于破城，终结了伦巴第王国两百年的国祚。遵循法兰克人的传统，伦巴第并没有成为属国，而是成为查理曼统治下的王国。776年，查理曼平息了一场伦巴第叛乱，将伦巴第精英阶层置换成忠诚的法兰克人；接下来的三十年中，查理曼用无情的手段在整个法兰克王国巩固自己的统治，并且通过征战将自己的影响力扩展到新征服的巴伐利亚和萨克森。

---

* "牵马服务"（strator service），为教宗充当礼仪性的马夫，包括以下部分或者全部行为：在教宗面前下跪，亲吻教宗的马镫，并帮助教宗上马。据称，这种服务是丕平在753年觐见教宗斯德望二世时首次提供的，后来教宗们宣称这是表明教宗凌驾于皇帝之上的一种方式。腓特烈三世在1452年为教宗提供了最后一次这种服务。

† 查理曼意为"查理大帝"（"曼"为 Charlemagne 后半部分的音译，来自拉丁语词 magnus，即"伟大的"），严格来说加冕为帝之前不应以此称呼。原书可能为方便起见，在其称帝前也称之为 Charlemagne，译文遵照处理，特此说明。——编者注

帝国基石

神圣罗马帝国的建立要归功于教宗决定授予查理曼一个光荣的头衔来抬高查理曼的身价。原因并不是十分清楚，但可合理地推导出来。查理曼一开始似乎被教宗当作第二个狄奥多里克，狄奥多里克是 5 世纪时东哥特人的首领，是拜占庭的意大利总督，他是一个派得上用场、驯服的蛮族国王，而不是拜占庭皇帝的替代。拜占庭军队在 788 年远征，却没能将法兰克人从他们新征服的贝内文托赶出去，这件事似乎证实了一种新的力量平衡。795 年 12 月，利奥三世（Leo III）将自己当选为教宗的消息告知查理曼，这通常是专门留给拜占庭皇帝的一种特殊举动。尽管如此，查理曼五年后被加冕为帝其实是一个偶然，而不是深思熟虑的谋划。[12]

这里有三大要点。首先，帝国是查理曼和利奥三世共同创造的，利奥是"圣彼得宝座最狡猾的占据者之一"[13]。因被指控做伪证和通奸，利奥无法惩罚在 799 年 4 月买凶袭击他的罗马宗派，暴徒差点刺瞎他的双目并割下他的舌头——人们认为其目的是让利奥变残疾，从而使他无法继续任职。惊魂未定的利奥立刻给查理曼送去一面旗帜和圣彼得墓的钥匙，象征性地将教宗置于法兰克人的保护之下。查理曼并不想担这个责任，这可能需要由他来论断甚至废黜一个刚愎自用的教宗。[14]

一代人之后的法兰克编年史官艾因哈德声称，利奥是在查理曼于 800 年 11 月最终来到罗马之后，心血来潮想到皇帝加冕计划的，我们不可被这种强调查理曼谦虚、不追求世俗野心的理想化设定误导。[15]双方事先商定了细节并仔细编排，显然知道自己行为的重大意义。利奥从罗马出发，骑行了整整 12 英里*去拜见查理曼，这一距离是通常情况下教宗迎接一位国王时所走距离的两倍。耶路撒冷宗主教的使者呈递上圣墓教堂的钥匙（尽管此地自 636 年以来一直被阿拉伯人占领），这一举动象征着查理曼像古代罗马的君主一样，承担起了保卫基督教的责任。最后，选择 800 年的圣诞节加冕是有意为之。当天不仅是非常重要的基督教圣日，而且那年的圣诞节正好是一个周日，据信距创世整整 7 000 年。[16]

查理曼接受此安排的动机不明，因为就像几乎所有的中世纪皇帝一样，他没有就他的动机留下任何书面记载。这不太可能仅仅是为了让眼前反抗他的萨克森人接受他的统治。[17]长期以来，法兰克人一直认为自己有资格合法统治萨克森人和其他尚未成为正式君主国的日耳曼部落。查理曼所希望的，更可能是借此巩固对意大利的统治，此前的伦巴第王国仅占据北方，而罗马帝国的理念会在整个半岛上引起巨大反响。[18]此外，查理曼接受了各种宗教符号，以此昭告天下他与教宗同为基督教世界的首领。[19]

除了共同努力和精心编排之外，还有第三个理由使得查理曼相信他会成为罗马皇帝。拜占庭皇位当时正处在空置期，因为君士坦丁六世被他的母亲伊琳娜（Irene）废黜并刺瞎双眼，伊琳娜则自己攫取了皇位。作为第一位在拜占庭帝国公开统治的女性，她的权力受到了很大的挑战，她的反对者们声称皇位处于空置期，以此把政变合法化，并于 802 年推翻了她。[20]这具有深远的意义。对支持者而言，这个帝国并非一次蹩脚的创新，而是古罗马的直接延续，其头衔只是通过利奥，从拜占庭"转移"到了查理曼及其继承者手中而已。

---

* 1 英里≈1.61 千米。——编者注

属灵权力和世俗权力

尽管如此，帝国的诞生还是有一丝不合法的气息。声名狼藉的利奥是否有权威把皇帝头衔转交给法兰克强人成了一个问题，而且，他在罗马城外迎接查理曼时，已象征性地表示了臣服。这些问题显露出当时属灵权力和世俗权力之间更深层次的矛盾。[21]《圣经》中的两个段落可以说明这一点。彼拉多问："你是犹太人的王吗？"对此，耶稣的回答是带有隐含的革命性的："我的国不属这世界。"（《约翰福音》18∶33, 36）这种和世俗权力的对抗在基督徒受罗马人迫害的时期看来合理，而且得到了基督复临教义的支持，该教义意味着世俗世界无关紧要。然而，弥赛亚迟迟没有复临，基督教不得不与世俗权力和解，圣保罗给罗马人的答复就是一个例子："在上有权柄的，人人当顺服他，因为没有权柄不是出于神的。凡掌权的都是神所命的。所以抗拒掌权的，就是抗拒神的命。"（《罗马书》13∶1—2）

基督徒有义务顺服所有权威，但他们对上帝的义务大于对世俗势力的义务。是应该忍受暴君的蹂躏，视其为对信仰的考验，还是应该反抗"不虔不义"的统治者，这是难有定论的。《圣经》中有试图解决这种对立的内容，特别是基督对法利赛人说："恺撒的物当归给恺撒，神的物当归给神。"（《马可福音》12∶17）。简言之，基督教思想试图区分出两个领域，一个是"王权"（regnum）领域，也就是政治领域，另一个是"教权"（sacerdotium）领域，也就是教会的属灵领域。

划分两个领域给双方关系带来了新问题。圣奥古斯丁坚信教权高于王权。[22] 410 年哥特人攻占罗马，罗马知识分子认为这代表了他们原本所信的异教神祇的愤怒，圣奥古斯丁则主张，这只是表明了现世是短暂的，基督天国的"上帝之城"才是永恒的。后来的拉丁神学家阐发了这一区分，以此拒斥拜占庭帝国仍为半神圣的皇权的主张。教宗格拉西乌斯一世（Gelesius I）使用了很有影响力的"双剑"的比喻，双剑均由上帝赐下。教会接受了属灵权柄（auctoritas）的剑，此剑象征引导人类通过神的恩典得救的责任。国家接受了世俗权力（potestas）的剑，维持秩序并提供物质条件使教会发扬光大。基督教世界就有了两位首脑。人们认为教宗和皇帝对于维持良好的秩序至关重要。他们如果忽视对方，也就贬损了自己的地位。[23] 他们好像在跳双人舞，两边都想领舞，又都无法撇下搭档独舞。

载有双方分歧的文本只通过数量有限的手抄本流传，远远不似今日一般广为人知。这些文本的主要作用是阐明观点，为口头辩论提供论点，而不是大众宣传品。[24] 它们对日常生活的影响相当有限。神职人员和平信徒通常一起工作，属灵权力和世俗权力相辅相成，而不是互相冲突。尽管如此，问题还是很明显。世俗权力无法离开属灵权力；同样，神职人员不能放弃物质世界，哪怕一批又一批的修士和隐士推动从现实生活中"解放"出来的运动。法兰克人于754年通过"丕平献土"（Donation of Pippin）将拉韦纳赠予教宗，此地被并入"圣彼得遗产"，但法兰克人仍然管理整个地区的世俗事务，和那些刚被他们赶走的伦巴第人别无二致。

在帝国诞生之初，确认哪方地位更高是件很困难的事。利奥公开做出了谄媚之态，按法兰克史官的记载，他甚至伏倒在新加冕的皇帝面前。然而，在那之前不久，他在专门设计的仪式上将皇冠戴在了查理曼的头顶；而拜占庭皇帝在10世纪之前从未使用过皇冠。于是，加冕仪式让双方都有理由宣称自己地位更高。直接与罗马教宗对抗不符合查理曼的利益，毕竟他的皇帝头衔从东部转移到西部，有赖于一位拥有广泛权威的教宗。因此，法兰克人没有怎么质疑先前教宗们提出的理论，尤其是叙马库斯（Symmachus）在502年发表的言论，他根据真实性存疑的先例，声称没有世俗权力可以论断教宗。法兰克人也没有质疑《君士坦丁赠礼》（Donation of Constantine），该文献据称可追溯至317年，但其实很可能写于760年左右，其中将教宗提升为帝国西部的世俗元首和教会的首脑。[25]

从神圣王权到神圣帝国

其他人则赞成帝国至上主义。世俗之剑的理论使皇帝成为凌驾于众王之上的"教会保卫者"（defensor ecclesiae），法兰克人担负起传播基督教的使命，并且有义务抗击阿拉伯人、马扎尔人和维京人。他们甚至还需要打击内部的敌人，包括腐败或陷入异端的神职人员，因此在军事和政治使命之外还有属灵方面的任务。1055年，彼得·达米安*称帝国为"神圣帝国"（sanctum imperium），后来他很快成为帝国最直言不讳的批判者之一。在那个时代，许多人认为皇帝不仅是圣化的，而且本身就是神圣的（sacrum）。[26]

古代的罗马皇帝被认为是半神半人的，恺撒在死后被元老院封神。他的继任者们继承了这种思想，但因为罗马的共和传统依旧强大，所以他们没有发展出彻底的神圣王权——4世纪早期皇帝改宗基督教后，这受到了进一步限制。拜占庭延续了古代的传统做法，

---

* 彼得·达米安（Petrus Damiani，约1006—1072），出身于拉韦纳附近一个贫穷的农家，后加入本笃修会，成为影响巨大的神学家。他死后被天主教会封圣，瞻礼日在2月21日，并于1828年被封为教会圣师。——译者注

西部帝国则将虔诚信仰的思想作为后罗马时代的公众行为指导。

查理曼的儿子兼继承人路易一世在德国被称为"虔诚者",而在法国被称为"温雅者"(le Débonnaire),这两个绰号都描述了他的行为特征。他是如此罪孽深重,在统治期间曾用三次虔诚的自我惩戒作为补赎。他严重的罪行还包括在814年将儿子们当作敌人,剥夺了他们的继承权,刺瞎他叛乱的侄子并致其死亡,还违反了和儿子们的誓约。他的婚姻也很糟糕,其妻甚至与一名廷臣有了风流韵事。加洛林王朝的主教们可能认为他偏离了正路,也可能把悔罪仪式当作公开审判,以此在政治上抹黑他。[27] 不管是哪种情况,路易都羽翼渐丰,尽管他从未封住对手们的嘴巴。

悔罪仪式的一个明显好处是让人干了坏事还能逃脱惩罚。例如,10世纪的皇帝奥托三世在996年使用暴力平叛之后,从罗马赤脚步行到贝内文托,过了两周隐修士的生活。[28] 在亨利三世统治时期,宗教虔诚达到了顶峰,他于1043年把乐手们从自己的婚礼上驱赶出去,还经常穿着忏悔的罪衣。他甚至在1044年战胜匈牙利人的闵芬(Menfö)战役之后请求宽恕,而不是像人们通常所做的那样在战斗前祈祷。[29] 尽管如此,正如围绕路易一世行为的争议所示,悔罪很容易受到羞辱,后来亨利四世在卡诺萨(Canossa)的经历就是一例(见第49—51页)。

虔诚一直很重要,特别是1095年第一次十字军运动开始时,但在其他方面,宗教虔诚的政治化就没有那么明显了,情况有所改变要等到17世纪巴洛克式的天主教出现之后,那时的皇帝经常参加宗教游行,也会建造精美的纪念建筑作为对胜利或脱离危难的感恩。帝国存续期间,朝廷的日常生活遵循基督教教历的安排,皇室成员则会大张旗鼓地出席重要的宗教场合。[30]

10 世纪，人们逐渐接受皇帝不仅是虔诚的，而且是神圣的。最明显的表现就是皇帝在 12 位主教的陪同下公开现身，参加主教座堂落成典礼之类的活动——当时的人显然明白这是在模仿基督与十二门徒。奥托一世在 10 世纪 60 年代有意革新帝国（Renovatio），包括强调自己作为基督代理人（vicarius Christi）担负着神圣的统治使命。[31] 解释这些行为时需要谨慎，特别是因为主要证据都来自仪式文本。中世纪早期的皇帝仍然是战士，包括在 1146 年被封圣的亨利二世，他有意识地将帝国表现为神的家。尽管如此，960—1050 年，皇帝通过一系列的公开举动来提升王权的神圣化（regale sacerdotium）程度，彰显皇帝肩负的神圣使命。其中最突出的是奥托三世的千禧年游行，具有朝圣性质的队伍途经罗马和格涅兹诺（Gniezno），最终抵达亚琛，在那里年轻的皇帝亲自打开了查理曼的坟墓。奥托看到先帝挺直地坐着，"仿佛还活着"，"当场给他披上了白色的袍子，为他剪了指甲，并用黄金替代他已腐烂的鼻子，从他的嘴里拔出一颗牙齿，在墓室入口砌墙，然后退了出来"[32]。把皇帝的遗体当作圣髑是封圣的第一步，但奥托不久后就去世了，最终是"红胡子"腓特烈一世（Frederick I Barbarossa）在 1165 年将查理曼列为圣徒的。

和他们的罗马前辈一样，这个帝国的统治者决定不自封神职，但他们的加冕仪式颇似 10 世纪中叶的主教授职仪式，其中包括涂油、穿上祭衣，以及接受象征属灵权威及世俗权威的物件。[33] 在查理曼之后的两个世纪，皇帝们依照君士坦丁在 325 年开创的先例，定期召集教会会议，讨论教会管理和教义事宜。奥托二世把自己高坐于宝座、从神那里直接领受皇冠的新形象刻在硬币上，印在火漆封上，绘在泥金手抄本上，而皇家徽章则越发被当作宗教圣物来崇敬。[34] 奥托和他之后的三位继任者都曾担任大教堂和修道院的教长，将自己的世俗角色和教会角色结合起来，虽然他们并不是高级教士。[35]

这种势头被主教叙任权之争打断，1076 年，教宗对亨利四世处以绝罚，羞辱了他。这一打击之后，人们很难相信皇帝是神圣和虔诚的，强调皇帝担负神圣使命的说法听起来越发刺耳。事实证明，不管是私人生活还是公开行为，国王都不可能达到基督教理念的标准。亨利四世的文书哥特沙勒（Gottschalk）指出了更深层的本质问题：皇帝所宣称的神圣性来自教宗的涂油，此举有承认教宗至上的风险。[36] 帝国追求王权神圣性，但还没有到英格兰和法兰西那样的程度，英格兰和法兰西的国王号称自己的触摸有奇迹般的能力。[37] 这可能解释了为什么"圣查理曼崇拜"能在法国生根发芽，从 1475 年开始，一直到 1789 年革命爆发之前，法国都有纪念查理曼的公众假日。[38] 除了查理曼之外，亨利二世和他的妻子库尼贡德（Kunigunde）也被封圣（分别在 1146 年和 1200 年），但他们在帝国中不是被当作民族圣徒来崇敬的，这点不像圣瓦茨拉夫（Wenceslas）之于波希米亚（自 985 年）、圣伊什特万（Stephen）之于匈牙利（1083）、圣克努特（Knut）之于丹麦（1100）、"忏悔者"爱德华（Edward the Confessor）之于英格兰（1165），或者路易九世（Louis IX）之于法兰西（1297）。

12 世纪中叶，教宗和帝国的关系再度紧张（见第 55—60 页），这再次表明，用神圣王权来合法化帝国的权力是行不通的。从 1138 年开始执政的斯陶芬家族改变了重点，不再强调君主的神圣性，而是强调超越个人的帝国的神圣性，斯陶芬家族于 1157 年 3 月首次使用了"神圣帝国"（Sacrum Imperium）这一名称。[39] 帝国本身既已因神的使命而成为神圣，也就不需要教宗的认可了。1250年斯陶芬家族在政治上失势后，这个强有力的理念继续发挥作用，尽管在很长一段时期里没有德意志国王被加冕为帝，但这个理念没有失去效力。

罗马

罗马的遗产

罗马的遗产具有极大的吸引力，却很难被新帝国消化。古罗马的知识保存并不完善，尽管在 9 世纪出现了文化与文学领域的"加洛林的文艺复兴"。[40]《圣经》和古典文献均将罗马展现为世界帝国中最后也是最伟大的一个。德国皇帝（Kaiser）和俄国沙皇（tsar）的名号都来自"恺撒"（Caesar），"奥古斯都"（Augustus）与"皇帝"也是同义词。硬币上的查理曼侧面像头戴橡树叶冠，如同罗马皇帝。[41]然而，他很快就放弃了利奥三世授予他的"罗马人的皇帝"（Imperator Romanorum）这一头衔，可能是为了避免激怒仍以罗马帝国自居的拜占庭（见第 144—150 页）。另一个原因是形容词"罗马"被认为是不必要的，因为当时并没有其他政权能称得上"帝国"。

在国内，也有反对全面效法罗马的声音。查理曼统治着自己的国度，本身已经有了一批效仿者：波兰语中的 król、捷克语中的 král 和俄语中的 korol 都表示"国王"，这些词都是从"查理"（Charles）派生出来的。法兰克人并不想放弃自己的身份，去与他们刚征服的民族融合，做普普通通的罗马公民。虽然法兰克人已经罗马化了，但他们的权力中心已经覆盖并超越了罗马长城——古罗马帝国的疆界。记忆挥之不去，很多流传甚广的故事里提到了恺撒亲自为各类重要建筑奠基，但大多数罗马要塞已经缩小或被彻底荒弃。同样，罗马的制度影响着墨洛温王朝的统治，但如今大多已经被大幅修正或取代。[42] 在意大利，形势尤为不同，此地四分之三的古代城镇在 10 世纪依旧是经济和人口中心，通常保留了原有的街道布局。[43] 法兰克人 774 年才开始控制意大利，控制一直持续到 843 年帝国分裂为止。意大利和皇帝头衔于 962 年由先前的东法兰克继承，而此时东法兰克由来自萨克森的奥托家族统治——萨克森却从未成为罗马帝国的一部分。

奥托家族通过自诩继承法兰克传统，来提高自身在阿尔卑斯山以北的地位。奥托一世把自己打扮成法兰克贵族的模样，在亚琛以加洛林家族直接继承者而非一位罗马君主的形象出现。他的宫廷史官科维的维杜金德（Widukind of Corvey）在史书中忽略了他在罗马奢华隆重的皇帝加冕（962），而是强调奥托于 955 年在莱希费尔德（Lechfeld）击败马札尔人后，得到的"祖国之父、世界之主与皇帝"的欢呼。[44] 尽管如此，罗马传统对于奥托一世与其继承者而言，依旧是很重要的。奥托三世在 998 年采用了"复兴罗马帝国"（Renovatio imperii Romanorum）作为自己的格言，这不太可能是一个连贯的计划，但之后的历史学家们的争论有助于揭示罗马的双重重要性：它不仅是世俗皇权的中心，还是基督教会母会所在的使徒之城。[45]

皇帝头衔的最初含义是"军事统帅"。它的政治含义是恺撒等人，特别是他的养子和接班人屋大维赋予的，屋大维被称为"奥古斯都"，并从公元前 27 年开始以第一位皇帝的身份统治。采用这个头衔，既是为了避免冒犯建基于公元前 6 世纪驱逐国王事件的罗马人身份认同，也是为了掩饰从共和制到君主制的转变。一位凯旋的将军以皇帝的身份受到军队的欢呼，显示了他是因美德和能力而中选，而不是依靠继承制，这种做法也可以得到继续存在的罗马元老院的配合，元老院在形式上认可了士兵们的行为。[46] 这种形式也很容易同法兰克传统和基督教传统相结合。日耳曼王权观念中，也有统治者接受武士们欢呼的理念，法兰克贵族们就是这样庆祝查理曼 800 年的加冕的。胜利是受神恩宠的象征，据说当时在场的众人齐声欢呼，表明这是上帝的旨意。[47]

罗马的传统很容易被吸纳，但罗马城则是另一码事。教宗已经授予丕平罗马贵族的称号，暗示了丕平对该城有某种管理权。然而，法兰克贵族是一群武士地主，他们是不愿意在罗马当元老的。一些后来的皇帝也接受了罗马贵族的头衔，可能只是希望它能带来对教宗选举的影响力，他们并不打算从罗马人中直接获得皇帝的尊荣。和罗马居民缔结更紧密关系的最佳时机是在 12 世纪 40 年代，元老院当时欲挑战教宗对城市的控制权。虽然他们都与教宗关系不佳，但是斯陶芬家族的国王还是于 1149 年和 1154 年拒绝了由罗马人提供的皇帝称号。教宗至少还是普世教会的首领，而元老们不过是掌管一座意大利大城市而已。罗马人感到被背叛了，而"红胡子"腓特烈一世的骑士们不得不保卫 1155 年教宗哈德良四世（Hadrian IV）为他主持的加冕仪式不被一群愤怒的暴民打断。只有路易四世于 1328 年接受了罗马人的邀请，但这是处于教会大分裂的非常时期，而且他已被教宗约翰二十二世（John XXII）处以绝罚了。四个月后他的地位就改善了，他由受自己控制的教宗尼古拉五世（Nicholas V）加冕为帝。最后提供帝位的是科拉·迪·里恩佐（Cola di Rienzo），他趁教会大分裂于 1347 年夺取了罗马的控制权，并前往布拉格，此举让查理四世备感尴尬。查理将他逮捕并送回罗马，最后当地的政敌将他杀害了。[48]

一个没有罗马的帝国？

800年时，罗马只有大约5万居民。尽管加洛林王朝做了一些重建，但城里还是留有众多古代废墟，这表明罗马作为世界之都已经是很久以前的事了。虽然以同时代的标准而言，罗马依旧是一座大城市，但是还没有大到能同时接待教宗和皇帝。加洛林帝国于843年分裂成三个王国（西法兰克、东法兰克、洛泰尔尼亚），从那之后直到924年，皇帝头衔通常被意大利的法兰克国王把持，但他们实力较弱，特别是公元870年之后，他们一般要么住在古老的伦巴第首都帕维亚，要么在前拜占庭的据点拉韦纳。虽然皇帝加冕光计划就要耗费多年，但后来很少有皇帝愿意长期居住在罗马。奥托三世在罗马建了一座新的皇宫，但就连他也在加冕后返回了亚琛，在那里营建新的宫殿。

虽然罗马人有时会想取代教宗成为造皇者，但他们和教宗一样，都不欢迎皇帝长时间留在罗马。皇帝可能会受到盛宴款待，甚至还会因罢免不受欢迎的教宗而得到喝彩，但皇帝最好不要逗留过久。罗马还是离公元962年后成为皇权之根本的德意志太远了。754—756年与773—774年，丕平和查理曼分别对意大利发起远征，得到了加洛林贵族的大力支持，贵族们想借此机会掠夺伦巴第人，但在意大利被纳入查理曼的统治区域后，这样的机会越来越少。如果皇帝为了平叛远征意大利，废黜教宗，或是去控制依旧大部分处于独立状态的半岛南部，那还有掠夺的机会。然而，要长久控制那里，需要使用更具怀柔性的政策，这样一来，大多数北方人就失去了合作的动力。他们往往很快改变支持的态度，转而指责皇帝忽视阿尔卑斯山以北的臣民们。

加洛林时代早期，皇帝们极有可能完全放弃了罗马。查理曼自

801 年春天后就再没有返回意大利，还要过 22 年，才会有另一位皇帝拜访罗马，而在此期间，教宗则要三次翻过阿尔卑斯山，其中一次是为了路易一世在兰斯的加冕典礼（816）。路易于 813 年在没有教宗在场的情况下被加冕为共治皇帝（第二年，他父亲就去世了），四年后，路易的长子洛泰尔一世（Lothar I）也是依样画瓢。亚琛在公元 765 年之后就成为重要宫殿的所在地，在查理曼加冕之前就以"新罗马"（nova Roma）和"第二罗马"（Roma secunda）之名为人所知。亚琛主教堂仿照拜占庭宫殿教堂——拉韦纳的圣维塔莱教堂（San Vitale）——而建，还使用了古老的柱子，摆放着据信是狄奥多里克的雕像，以此同哥特人辉煌的过去和罗马都建立了联系。[49] 然而，从 9 世纪 20 年代开始，加洛林王朝政治动荡，君主不得不依靠教宗来将对皇帝头衔的占有合法化，教宗也渐渐失去了翻越阿尔卑斯山去取悦法兰克君主的动力。通常认为，洛泰尔于 850 年决定将其子路易二世加冕为共治皇帝时，就将皇帝加冕礼固定在罗马举行。此后，这成为很难打破的传统。

虽说如今没有教宗加冕就不可能成为皇帝，但统治帝国未必需要教宗。所谓的"空位期"（interregna）实为误导，帝国是由一连串的**国王**相继统治，几乎没有间断，只是不是所有的人都被教宗加冕为**皇帝**。奥托一世立下的规矩是，德意志国王自动成为"未来皇帝"（imperator futurus），或者就如 1026 年康拉德二世在他加冕前所主张的那样，"被指派为罗马人的皇帝"。[50] 然而，就帝国后来的历史而言，奥托没有将皇帝和德意志国王两个头衔合为一体，这意义重大。尽管他在莱希费尔德获胜后，被欢呼的人群称为皇帝，但他一直等到 962 年才加冕称帝。和后世的民族主义史学家不同，奥托和他的继任者都没有将这个帝国看作德意志的民族国家。

在他们眼中，自己之所以能称帝，是因为统治着如此广袤的土地。11世纪初，人们已经认为，德意志国王就是意大利和勃艮第的国王，哪怕没有举行独立的加冕仪式。"罗马人的国王"（Romanorum rex）这个头衔是1110年起加上去的，为的是维护对罗马的权威，强调只有德意志国王才能成为皇帝。[51]

表1 帝国统治与德意志国王

时段	王朝	国王数量	总年数	有皇帝的年数
800—918	加洛林	8	119	52
919—1024	奥托	5	105	50
1024—1125	萨利安	4	101	58
1125—1137	洛泰尔三世	1	12	4.5
1138—1254	斯陶芬	7*	116	80
1254—1347	"小国王"	8	93	20
1347—1437	卢森堡	4	90	27
1438—1806	哈布斯堡	18**	368	365

* 包括奥托四世（韦尔夫家族），1198—1218年在位
** 包括查理七世（维特尔斯巴赫家族），1742—1745年在位

帝国转移

德意志人的主张是在与教宗打交道的过程中发展出来的，并不是在拒绝罗马传统。事实上，800年利奥三世为查理曼加冕体现的新观念——"帝国转移"（translatio imperii）——传播广泛，皇权连续、从未中断这样的理念影响力越来越大。就如同所有重要的中世纪理念一样，它也植根于《圣经》。《但以理书》（2：31及以下）记录了

《旧约》中的先知为尼布甲尼撒（Nebuchadnezzar）解梦，给他解释他帝国的未来。经过 4 世纪的圣耶柔米（St Jerome）很有影响力的解读，这段话被理解为在谈论相继出现的四个"世界帝国"：巴比伦、波斯、马其顿和罗马。"帝国"这个概念是独一的、排他的。不同的帝国不可共存，而是按照严格的顺序先后出现，每次更迭都是划时代的，不仅仅是统治者和王朝更替，还意味着神所赐的权力和对人类的责任发生了转移。罗马帝国必须延续下去，因为倘若有第五个帝国出现，就是与先知但以理的预言相悖，也与上帝的计划相矛盾。[52]

　　这种理念阻碍了拜占庭和该帝国之间的互相承认，也正因如此，加洛林家族和奥托家族时常搞不清他们究竟是直接延续了罗马帝国，还是仅仅恢复了拜占庭丧失的权力。1100 年左右，由于主教叙任权之争和学者对古典史的兴趣，情况又发生了改变。米夏尔斯贝格的弗鲁托尔夫*编撰了自奥古斯都以来 87 位皇帝的名单，表明查理曼于 800 年接受的就是原本的罗马帝国，而不是仅仅复兴了罗马。[53] 经过其他作者的阐释，帝国转移论变得更加灵活，他们认为，从罗马到君士坦丁堡（4 世纪），再到查理曼（800），然后到查理曼在意大利的加洛林继承人（843），最后到德意志国王（962），这样的过程可以理解为一个又一个辉煌的王朝相继统治同一个帝国。教廷不得不认可这些论点，因为教廷希望每一次皇帝称号的"转移"都能经它之手完成。

　　罗马帝国是最后一个帝国，这种信念还涉及"拦阻者"（Katechon）

---

* 米夏尔斯贝格的弗鲁托尔夫（Frutolf of Michelsberg，？—1103），班贝格附近的米夏尔斯贝格修道院的修士，可能担任图书管理员和抄写员，同时也是一位编年史作家，他手抄的作品有一些保留至今。——译者注

这样一个观念，"拦阻者"将保证上帝的计划正常进行，防止敌基督过早地毁灭世界。拜占庭人解读《启示录》时，创造了"末世皇帝"这个理念，"末世皇帝"将联合所有基督徒，击败基督的敌人，前往耶路撒冷，将尘世的权力交给上帝。这个传说在传遍西欧之后，附会到查理曼身上，在 10 世纪 70 年代，许多人相信他只是在耶路撒冷休息，据说他在统治末期前往那里朝圣。[54] 修道院院长阿德索（Adso）在奥托一世的妹妹格尔贝佳（Gerberga）的请求下，在 950 年左右写了《敌基督书》（Book of the Anti-Christ），书中他也持类似的论点。奥托三世和亨利二世的礼袍上都绣有神秘符号，他们可能认为自己就是末世皇帝。据说，"红胡子"腓特烈一世在 1160 年观看了一出关于敌基督者的戏剧。源自《启示录》的论点显然也为皇帝们将"假"教宗们当作敌基督者废黜提供了依据。[55]

　　就和所有的未来学一样，这些观点鼓励人们将真实事件和预测联系起来。其中心思想是要把善良的末世皇帝和邪恶的敌基督者区分出来，两人都将和耶路撒冷发生联系，也都拥有一个庞大的帝国。人们认为帝国将在末世皇帝的领导下达到最辉煌的顶峰，宛若人间天堂，言下之意，若有衰败的迹象出现，就预示着敌基督者要来。早在 11 世纪，修士罗杜尔夫斯·格拉博（Rodulfus Glaber）就提出，不同基督教王国的形成就是这样的预兆。[56] 最有影响力的作者是熙笃修会的修道院院长菲奥雷的约阿希姆*，他宣称世界将在基

---

* 菲奥雷的约阿希姆（Joachim of Fiore，1135—1202），意大利神学家，同时也是预言家。他擅长用《圣经》解释历史，用救赎史将历史进程分为三个时期：圣父时代、圣子时代和圣神时代。他的作品在 1215 年第四次拉特兰会议上被谴责为异端，受他的末世论和历史理论作品启发的信徒们被称为"约阿希姆派"（Joachimites）。——译者注

督诞生后的42代人后终结，审判日将在1200年至1260年之间降临，而在此期间，教会和帝国恰恰会再度发生冲突。许多人渴望末日，在那之后将是一个黄金时代，社会公正，所有人都会敞开心扉归信上帝。很多激进的方济会修士、瓦勒度派信徒（Waldensian）和其他活跃于1200年之后的团体的信徒都秉持此理念，但他们旋即被教会判为异端，而教会从1215年起也不再支持约阿希姆的理论。[57]

皇帝腓特烈二世于1229年收复耶路撒冷，争论于是趋向白热化，因为他是在教宗发起的十字军运动之外行动，自己也被教宗处以绝罚。他在1250年驾崩，这使得他在约阿希姆派的史书中地位更隆，他还活着的谣言也迅速传开。一开始的时候，出现了各种各样的冒名顶替者，其中一个还一度使用伪造的皇家印章在莱茵兰发号施令。到了1290年，这个谣言已经结合查理曼神话变化出了新说法：皇帝正在休憩，他将在末日回归。一开始说他隐没入埃特纳火山，到了1421年，人们相信他沉睡在哈茨山北豪森（Nordhausen）附近基弗霍伊泽（Kyffhäuser）陡峭的山崖中。查理五世1519年的登基助长了不切实际的期望，促成了约阿希姆派幻想的最后一次绽放，这时，人们已经将腓特烈二世和其祖父"红胡子"腓特烈一世混淆起来。这可能是因为腓特烈一世常去哈茨山，进入了当地人的记忆，而他死于十字军运动并且没有留下坟茔，让这个故事显得更加合理。[58]

帝国

唯一和普世

在现代读者看来，帝国转移这个理念与帝国的现实相去甚远，尤其是在约 1250 年斯陶芬家族灭亡之后。然而，在所有拉丁欧洲国家之中，唯有这个帝国能在 16 世纪全球海上帝国的新时代之前，发展出完全的帝国理论（而不是简单的君主制王权理论）。[59] 从 1245 年至 1415 年，由加冕过的皇帝统治的时间只有 25 年，但这个帝国的君主的地位仍被认为高于一般的国王。

帝国理论的护卫者们非常清楚，帝国的领土远远小于已知世界的范围。与古罗马人一样，他们将帝国的实际领土和理念中帝国无限的神圣使命区分开来。法兰西、西班牙和其他的西方君主国均强调自身的王权权威，但它们很少对皇帝地位更高提出异议。即使大多数作者认识到帝国权威有实际限制，但他们仍希望有一位单一的基督教世俗领袖。[60]

帝国是不可分割的，因为帝国转移理论决定了同一时期只有一个帝国存在。神职人员迫使法兰克人放弃他们传统的分割继承方式。目前尚不清楚查理曼到底接受了多少，因为他的两个儿子死在他之前，路易一世于 814 年成为他唯一的继承人。[61] 817 年，路易宣布帝国是不可分割的，因为它是上帝的恩赐。然而，实际上是法兰克人自己的帝国理念占了上风，他们设想的帝国是一个领导着各个下属王国的国家，而不是一个集权、统一的国家。因此，路易一世把阿基坦（法国南部）和巴伐利亚分给了他较小的儿子，而把大部分土地分给长子洛泰尔一世，洛泰尔继承了帝位，他的侄子伯纳德（Bernard）则继续担任意大利国王。[62] 妒恨造成家庭失和，导致了从 829 年开始的内战，以及 843 年《凡尔登条约》之后的一系列分裂，但加洛林家族的成员还是认为，自己的领土是一个更大的联合体的一部分，光是 843—877 年这段时间，就举行了至少 70 次君主会议。[63] 认为这些分割创造了独立的民族国家，是后来才有的历史学观点。这个后来的观点还强调不连续性，尤其忽略了843—924年以意大利为基地的皇帝，反倒将奥托一世962年获得皇帝头衔当作一个新的"德意志"帝国的发端。[64]虽然东西法兰克的联合于887年最终解体，但没有一位定都巴黎的加洛林国王称帝。唯一帝国的理念深深植根于基督教政治思想：世间只能有一位皇帝，就如天国只能有一位上帝。

现实政策强化了这一点，在中世纪的大部分时间里，这个帝国就是它自己的政治世界。实际上，在帝国存在的头四个世纪中，帝国之外的重要实体只有拜占庭和法兰克/法兰西，后者还被加洛林家族的国王一直统治到987年，直到西法兰克加洛林一脉绝嗣为止。在955年的马札尔人入侵和1240年蒙古人入侵之间，帝国没有遇到过强劲的外敌，而且很幸运的是，蒙古人在造成严重破坏前撤军了。对帝国和基督教世界而言，其他所有统治者都属于外围。即使后来帝国的实际领土缩水，它依旧比其他任何拉丁欧洲君主国都幅员辽阔。

法兰克人的观念将一些重要特征赋予帝国，使其具有很强的意识形态连续性，但最终也正是因为这些特征，18世纪时帝国再也无法契合欧洲的新兴政治理念。虽然与现代国家有很多不同，但古罗马有一个理念是非常现代的。罗马人相信他们的帝国是一个统一的帝国，来自五湖四海的人们在接受公民权之后生活在一起。相比之下，法兰克人和其帝国的继承者更像波斯、印度、中国和埃塞俄比亚的前现代皇帝，他们自视为"众王之王"。

这种理念使法兰克人及其继承者获得了很大的力量。这意味着皇帝头衔仍有很高的威望，同时，帝国的目标更为务实，皇帝并不试图直接统治其他统治者治下的臣民。人民和土地基本上只是间接地属于皇帝，皇帝的权威通过许多当地的小领主行使。这种等级制度将得到扩展，尤其是在斯陶芬家族治下，最终在 15 世纪以后变得越来越严密和僵化，相关的规矩通过众多手抄文献和印刷文献固定下来。这种制度尽管最终成了变革的阻碍，但在一开始，还是带来了黏合力，因为每个领主或共同体的地位和权利都来自其所属的帝国。创立民族国家也因此变得不合时宜，因为帝国是由许多而非单个王国组成的。

和平

就如其他帝国的统治者一样，这个帝国的皇帝要维护和平。查理曼融合了墨洛温王朝的政治思想和罗马晚期的政治思想，将和平视为正义的结果。萨利安王朝和斯陶芬王朝加强王权，将"良好统治是虔诚与公正的先决条件"这种教会方面的说法翻转了过来。[65]这种变化不应该被误解为是在有意创建国家。直到 18 世纪，欧洲人才开始接受"未来必然胜过现在"这样的进步观念，这种现代观念鼓励人们构想新的乌托邦，并相信乌托邦能通过政治手段实现。[66]在那之前，人们说到未来时，想到的通常是救赎，以及赢得生前身后名这样的世俗理想。他们可能会为疾病、灾难、政治黑暗等当前的问题而哀叹，但在他们眼中，这些只不过是偏离了那个基本静止的理想化秩序。现实和理想之间的差异并不是什么问题，毕竟差异可以被理解为人类这种属世存在并不完美的表现。人们期望统治者能体现出理想化的和谐（Concordia）并通过具有象征意味的行为来彰显和谐。

直到 1806 年，取得共识都是帝国政治的基础，不过，摒弃"皇帝都是国家创建方面的失败者"这种之前的说法，用"皇帝都是真心实意的和平使者"这种新说法取而代之，也不对。[67] 16 世纪之前，这个帝国的统治者基本都是成功的武人，他们中的很多人是靠战胜国内的对手获得王位的。

自由

同样，我们也不能将帝国珍视的自由和现代自由民主的理念相混淆。现代的自由理念受罗马共和国和古希腊城邦的启发，这两者都不在帝国吸收的古典时代遗产中占有重要地位。与此相对，法兰克战士文化带来了一种前现代特有的本地的、特殊的自由观念，这种观念逐渐塑造了帝国的地位等级，将政治资本和社会资本不平均地分配到整个社会。皇帝会加冕，也有他的使命，这让他高于所有领主，但领主们在他成为君王的过程中还是会起作用的。法兰克人作为征服者的成功在贵族中孕育了一种认为自己有应得权利的文化，加洛林王朝的统治者始终无法摆脱该文化。没有一位国王敢于长久忽视手下主要的领主。然而，他们很少能取代国王，也很难建立属于自己的独立王国。正如我们将在第七章中看到的，加洛林王朝和奥托王朝的贵族们屡次拒绝了在皇室虚弱时分裂帝国的机会。叛乱是为了增强自己的势力，而不是为了取代皇帝统治。

最重要的自由是领主在帝国重要事务上有权利发言，以达成政治共识。帝国的政治史不是那种中央集权和诸侯独立之间的永恒斗争，而是最好被理解为一个描述这类权利并将其精确固定下来的漫长过程。正如第八章将会清楚地描述的那样，12 世纪晚期以后，等级越来越明确，一个重要的分野出现了：一边是皇帝直辖的人，另一边是需要通过一层或多层领主才能和皇帝产生联系的人。在接下来的五个世纪中，被皇帝直辖越来越多地与对特定领地和臣民的统治联系在一起。同时，被皇帝直辖的人享有一些共同的政治权利，从 15 世纪晚期开始，这些权利将通过更为正式的制度行使。

自由和地位由被法律认可的社会团体中的成员，例如神职人员阶层共同享有。自由和地位也具有地方特质，帝国各地情况迥异，甚至名义上同属一个社会阶层的人，所享有的都大不相同。然而重要的是，自由与地位将所有居民和帝国以某种方式联系起来，帝国则是一切个人自由和团体自由的终极来源。帝国的等级制度并不是控制链，而是一个多层次的结构，个体或集体可以在违抗某个权威的同时效忠于另一个权威。例如，腓特烈和安瑟姆两位伯爵就曾拒绝加入他们的上级领主——于 1026 年起兵反叛康拉德二世的士瓦本公爵恩斯特二世（Ernst II），两位伯爵称："如果我们是我们国王与皇帝的奴隶，被他派来供你支配，那么我们就不被允许与你分离。但既然我们是自由的，也将我们的国王和皇帝视为我们地上自由之最高捍卫者，那么我们一旦抛弃他，就是抛弃了我们的自由，而正如人们常说的，体面人除非死了，否则是不会抛弃自由的。"[68]

权力

帝国统治并不靠霸权，尽管不时会出现较为强势的君主，特别是萨利安家族统治时期，但更多的时候，统治靠的是协调和协商。之所以如此，是因为和推翻或分裂帝国相比，主要的参与者能从维护帝国秩序中获得更多利益。加洛林家族在全境推广一个宽泛的标准治理体系，通过因地制宜的调整使其更加牢固。帝国被分为军区形式的许多公国，公国再被细分为伯国，以便维护公共秩序。在莱茵河以西，公国大多和教区对应；在莱茵河以东，公国则与部落聚集区对应，数量较少，但面积较大。土地被以采邑或恩地*的形式封给公爵和伯爵，供他们维持生计，行使职责，协助主教和修道院院长维护并扩展教会的基础设施（见第74—76页和第367—373页）。

这些制度能在多大程度上维持政治延续性，后面的章节中我们还会探讨，现在需要注意的是，加洛林人已经将"王国"（regnum）和"国王"（rex）区分开来，即便统治的国王不同，王国也仍然存续。[69]奥托家族于919年取代加洛林家族统治德意志，这在同时代人眼中是重大事件。和奥托一世于962年称帝一事一样，关于此事在多大程度上代表了与过去的决裂，当时的人意见不一；但到了12世纪，大多数人，哪怕是没有完全接受更宏大的帝国转移论的人，都倾向于强调历史的连续性。[70]

尽管统治家族此后不断变迁，而且有很长的时间没有一位加冕过的皇帝，但连续性仍然存在。在历史记载中，这个帝国的国王来自不同的王朝，这当然是有用的简化。然而，真正的王朝主义要到14世纪才出现，实际上只是强化了已有的观念，即统治者可以宣称自己是杰出先辈的后人。勃艮第的维波（Wipo of Burgundy）形容这种情况是"查理曼的马镫悬挂在康拉德（二世）的马鞍上"。[71]大多数中世纪国王至少要去被精心保存于亚琛的查理曼的石王座上坐上一回。腓特烈一世翻修了位于英格尔海姆（Ingelheim）和奈梅

---

* 恩地（benefice），作为奖励或服务的回报而被授予出去的土地或其他资产（见关于"封地"的脚注）。这个词源自古高地德语词lîhan（Lehen），拉丁化形式为Beneficium，意为出借、奖励或授予。这个词在中世纪早期被广泛使用，在1166年之前都未必有臣属关系的含义。在中世纪后期，该词的用法越发局限于指代捐给神职人员的房产和资产（也可参见关于"封地"的脚注）。

亨（Nimwegen）的加洛林宫殿。随着时间的流逝，查理曼成为理想君主的榜样。萨克森人曾被查理曼击败，而就连来自萨克森的奥托家族，也尊查理曼为传播基督教的使者。[72]

这种连续性表明，权力是超越个体、超越君主个人的生命的。这种理念在 1150 年左右的法兰西、英格兰和波希米亚发展起来，在这些地方，该理念是这样被表达出来的：王冠象征着王国是不可剥夺的王权和财产的结合。所有臣属对王冠的忠诚自动从一个国王转移到下一个国王。尽管帝国拥有欧洲被持续使用的最古老王冠，但这个思想并未为帝国所用。[73] 虽然帝国的皇室统治一直延续，但在 1530 年以前，皇帝加冕有赖于教宗的合作。因此，被抽象化为超越个体的是帝国本身。有一个著名的例子。1024 年，康拉德二世对帕维亚代表团大发雷霆，代表团以康拉德之前的皇帝亨利二世去世为由，为他们拆毁王宫的行为辩护。康拉德说："即使国王去世，但王国依旧，就如舵手倒下船仍在。它们属于国家，而不是私人建筑；它们受其他法律而不是你们法律的保护。"[74]

抽象化帝国有助于使政治连续性摆脱对特定领土的依赖，这与西欧君主国家不同，后者的权力同被统治的人民和土地联系得越来越紧密。[75] 帝国使命的神圣性加强了这种观念。连续性的观念直到文艺复兴时期才受到真正的挑战，当时历史观因人文主义而改变，人文主义者总喜欢挑战缺乏坚实书面文献支撑的说法。宗教改革构成了第二个挑战，在那些忙着反对教宗在教会中至高地位的人看来，说一个国家是古罗马的延续，显然是很可疑的。最后，随着帝国治理在哈布斯堡王朝时期转变为由皇帝直接控制土地（包括在查理五世治下控制的新世界部分），政治转变越发明显。然而，直到1641 年，才有人出版批判帝国转移理念的严肃作品，而帝国的政治文化直到 1806 年依旧认可往日神圣罗马帝国的诸多方面，包括相信帝国统治自查理曼以来从未间断。[76]

1250 年以前的教宗和帝国

教宗和加洛林家族

属灵权威和世俗权威之间的关系大体上遵循欧洲权力的普遍趋势，与个人的联系不那么紧密，而是更为制度化。长久以来，人们都认为制度化的政治是一种进步，因此有些教宗和皇帝因把私人关系置于公共利益之上而招致批评。特别是中世纪的皇帝，人们指责他们在意大利不切实际地追求如奇美拉（chimera）般的皇权嵌合体，而不去建立强大的德意志民族君主国。[77]个人在塑造事件走向的过程中肯定有重要作用，特别当大人物在关键时刻死去的时候。意大利是帝国不可分割的一部分，保护教会则是帝国的核心使命。

教宗和皇帝并非命中注定得起冲突，事实上，他们在 9 世纪的关系是互相帮助多于竞争。教会还没有发展起来，管理也是分散的。神职人员相对较少，分布零散，尤其是在阿尔卑斯山以北，他们还要面对许多挑战（见第 73—81 页）。教宗虽然享有威望和一定的属灵权威，但还不是 13 世纪初那种呼风唤雨的国际巨头，而是常常成为罗马豪族斗争中的棋子。在 752—1054 年的 61 位教宗中，三分之二以上是罗马人，另有 11 人来自意大利其他地区。[78]洛泰尔一世于 824 年确认了罗马神职人员和全体教众可以自由选举教宗，但是获胜的候选人需要得到皇帝的认可。当时，这种对帝国权威的主张并不会对大多数教宗造成什么困扰，因为他们需要一个足够强大的皇帝来保护他们，当然这个皇帝不能太有压迫感。公元

829 年之后，加洛林家族内战，罗马受到了阿拉伯人的侵袭，他们在 846 年逆台伯河而上，劫掠圣彼得大教堂。

843 年《凡尔登条约》之后帝国的分裂使得罗马教宗有了更大的自治权，因为教宗可以在三位仍比较强大的加洛林国王之中选择，西法兰克、东法兰克（德意志）、洛泰尔尼亚（Lotharingia）的这三位国王都将皇帝的头衔看作宣示自己领导地位的象征。因此，对教宗而言，宣扬独一的、持续存在的帝国这一理念大有好处，因为这有利于他维持皇帝制造者的身份。洛泰尔一世 817 年就从他的父亲那里得到了"共治皇帝"的头衔。在 843 年的分治中，他保有了这个头衔，身为长子的他可以选择领土，于是他选择了亚琛和中部地区，这块领地沿莱茵河而上越过阿尔卑斯山直达意大利，名曰"洛泰尔尼亚"。这种安排对教宗有好处，因为皇帝能继续保卫罗马。洛泰尔的继任者路易二世在其执政期间（855—875）曾九次与教宗会晤，次数是他任何一个直接继任者的三倍。[79] 然而，权力平衡显然已经转到教宗这边，表现为路易于 858 年为教宗尼古拉二世牵马——这是一个世纪来的第一次，假如我们相信法兰克史官的记述，丕平没有在 752 年给教宗牵马，那么这也许是开天辟地的头一次。一些同时代的观察家批评路易只是"意大利皇帝"，这也适用于路易的继承者们，9 世纪 80 年代之后，他们的领地进一步缩水。[80]

875 年，中部洛泰尔尼亚一脉绝嗣，加洛林家族内战愈演愈烈。887 年，"胖子"查理失去了德意志王位，东西法兰克最后的统一结束，加洛林王朝在意大利的统治终结，统治权落到了加洛林-伦巴第贵族，特别是斯波莱托（Spoleto）公爵手中。这些事件凸显出帝国的存在对教会有多重要，当时教会再度夹在罗马豪族和像斯波莱托的圭多（Guido of Spoleto）这样的地方豪强中间。891 年，教宗斯德望五世（Stephen V）被迫将圭多加冕为皇帝。斯德望的继任者福尔摩苏斯（Formosus）欲摆脱这种胁迫，想在896 年把帝位转给东法兰克国王——卡林西亚的阿努尔夫，却中风瘫痪；接替他的波尼法修六世（Boniface VI）仅统治了 15 天，就被斯德望六世（Stephen VI）取代。新教宗被迫承认圭多的儿子兰伯特二世（Lambert II）为皇帝，还挖出了福尔摩苏斯下葬不久的尸体进行公审。尸体被定了罪，扔进了台伯河，但随后发生神迹的消息让斯德望六世名誉扫地，他于 897 年 8 月被人勒死。他的继任者罗马诺（Romanus）教宗仅在位 4 个月，之后由狄奥多若二世（Theodore II）接任。狄奥多若在位仅近 20 天，但还是推翻了斯德望的裁决，给福尔摩苏斯平了反，将他已残缺不全的尸身重新下葬。[81]

当特奥非拉克特（Theophylact）家族于 901 年掌权后，教宗面临的局势终于稍微安定了些。这个家族与斯波莱托公爵建立了更持久的关系，另外还与阿尔卑斯山南部的强大领主阿尔勒的于格（Hugo of Arles）交好，于格虽然不是皇帝，但是在 926—947 年以"意大利国王"的名义统治。[82]一些来自特奥非拉克特家族的教宗并不比中世纪的其他教宗更罪孽深重，但他们的行为仍然耸人听闻，特别是对阿尔卑斯山以北的高级神职人员而言，这些神职人员越来越相信自己能促进天主教会的完善与进步。后来被称为"改革"的思潮出现了。这种思潮在 11 世纪中叶以前还没有形成融贯的思想体系，但已经有人主张，应该把教会从不敬虔者手中拯救出来，交托给虔诚之人。在 11 世纪后期以前，所有的改革者都期待由皇帝来实现这一目标。

奥托家族的统治

925—961 年一直没有加冕皇帝，主要是因为特奥菲拉克特家族的教宗们不想在对抗势力越来越大的意大利国王的游戏中，打出他们最后一张牌。阿尔勒的于格的继承人是贝伦加尔二世（Berengar II），他是伊夫雷亚边伯（margrave of Ivrea），到了 959 年，他已经征服斯波莱托，并像伦巴第人在两个世纪前一样对罗马构成了威胁。教宗最好的对策就是和奥托家族结盟，该家族 919 年接替加洛林家族统治东法兰克王国。951—952 年，奥托一世两次入侵意大利北部，但没能成功。在接下来的十年里，他巩固了对德意志的控制权，同时谨慎地和那些逃离意大利的主教搞好关系。奥托一心将自己展现为有资格加冕称帝的解放者，而非征服者。[83] 955 年，他在莱希费尔德对马札尔人取得了辉煌的胜利，包括教宗约翰十二世在内的许多同时代的人均相信，奥托是上帝的宠儿。奥托虽然无法俘获贝伦加尔，但在 961 年成功入侵意大利北部，于 962 年 2 月 2 日被加冕为皇帝。[84]

奥托的加冕并不是帝国的"重建"，亦非创立新的帝国，因为加洛林王朝仍存在于人们的意识中，查理曼之后也有过许多位皇帝。尽管如此，奥托加冕仍是一个重大事件，而且显然有意将教宗和皇帝的关系建立在经过完善的新基础之上。为此，奥托颁布了《奥托法令》（Ottonianum），确认了丕平和查理曼"捐赠"给教宗的意大利中部的广阔领土。和他的前任一样，奥托设想自己仍将拥有这些土地的宗主权。他也有义务保护教宗，他捐给教宗大量金银，换来许多圣髑，并担负起在阿尔卑斯山以北传播基督教的重任。[85]

奥托的"罗马远征"历时三年，已体现出帝国后来干预中世纪意大利时所体现出的所有特征。教宗和皇帝有共同利益，奥托因此得以加冕，但这种共同利益还没有稳定到可以让双方长期合作的地步。皇帝们希望教宗具备一定程度的诚实正直，不至于减损帝国的荣耀，但除此之外，教宗应该顺从地执行皇帝的意志。奥托将马格德堡提升为大主教区这个有争议的做法就是一例（见第82—83页）。和他的后继者们一样，约翰十二世想要的是保护者，而不是主人。963年，他与贝伦加尔和马札尔人串谋反对奥托王朝这个"弗兰肯斯坦的怪物"。[86]皇帝接下来的行动为后来对付不听话的教宗立了先例。奥托回到罗马，约翰则逃往蒂沃利（Tivoli）。在一番尝试通过书信往来修复关系的努力失败之后，奥托在圣彼得教堂召开会议，以谋杀、乱伦和叛教为由废黜了约翰——罪行如此严重，有史以来第一次废黜教宗的行为也显得正当起来。在那之后，废黜教宗时通常都会用上这些罪名。奥托确认了洛泰尔一世824年的教宗宪章，允许罗马神职人员在963年12月选举了利奥八世作为新教宗。

废黜教宗还比较简单。但奥托及其继任者很快意识到，没有当地人支持，他们自己扶植的教宗很难有稳固的地位，在之后那个世纪里，这意味着皇帝中意的教宗需要罗马豪族、意大利贵族和主教们的支持。约翰仍是自由之身，这造成了教会的分裂，威胁到教会的完整性和合法性。964年1月，奥托一离开罗马，罗马人就发动反叛，重迎约翰，他举行宗教会议，废黜他的敌人。利奥在月底又带兵杀了回来，驱逐了约翰，约翰在5月去世，据说死于一位已婚女子的怀中——这样的故事，后来的教宗互相抹黑时也经常用到。随后的事件使问题更加棘手：罗马人选出了本笃五世（Benedict V）作为对立教宗。这样一来，支持利奥八世就成了关乎帝国威望的事。奥托率军围困罗马，直到饥饿的居民交出了不幸的本笃，他被撤职并被派去汉堡传教。利奥于 965 年 3 月去世后，奥托派遣两位主教去监督新的教宗选举，但当选人九个月后就在又一次罗马市民叛乱中遭到驱逐。皇帝不得不亲自回到罗马，在 966 年 12 月力克反对者。反对者中社会地位低的人被处死，富人则被流放。被杀者的骸骨被弃市示众，以儆效尤。[87]

随后的反叛都遭到了同样的严厉镇压。998 年，克雷森蒂（Crescenti）家族的首领与 12 名支持者一起被斩首，尸体被倒挂。三年后，对立教宗约翰十六世（John XVI）遭到虐待，被刺瞎双目，被迫在罗马倒骑一头驴子游街示众。1002 年，亨利二世在帕维亚被加冕为意大利国王，之后该城爆发了一场骚乱，帝国军队通过屠杀平叛并将该城付之一炬。1027 年，皇帝加冕后的一场大规模骚乱让康拉德二世强迫罗马人赤足行走，但这次没有杀他们。这种"德意志狂怒"（furor teutonicus）反映了帝国对正义的态度：对那些看轻谈判机会的人，还有曾被宽恕却再次反叛的人，应该施以严厉的惩罚。[88] 中世纪帝国驻军意大利的战略弱点也暴露了出来。罗马并不是很适合帝国军队驻扎，附近沼泽产生瘴气，每年夏天都有疟疾肆虐。964 年，特里尔大主教、洛林公爵和奥托军队中的一大部分人均死于瘟疫。向意大利南部进军也会遭遇同样的问题：死于疟疾的还有奥托二世（983）和奥托三世（1002），康拉德二世的妻子和大部分人马都在 1038 年病死。奥托王朝和萨利安王朝的军队规模都不大，无法承受这种损失（见第 362 页）。虽然他们的攻城能力不错，但意大利有众多防御完备的城市。使用暴力震慑似乎能快速解决问题，但后来的当权者都意识到，这会使当地人心疏远，并使得滥用暴力者声名扫地。

帝国和教会改革

罗马内部的冲突引发了 1044 年后的三位对立教宗的纷争，其中一位是虔诚但天真的格列高利六世（Gregory VI），他出钱购买了圣职。由于担心这会给皇冠带来污点，亨利三世在 1046 年 12 月的苏特里（Sutri）会议上将这三人统统废黜，并任命班贝格主教苏伊格尔（Suitger）为教宗克雷芒二世（Clement II）。由此开始到 1057 年，连续四任教宗都从忠诚的德意志主教中选出，这可能只是为了恢复和教宗之间的可靠合作，而不是为了让教廷成为帝国教会 * 的直接下属部分。[89]

由于人口迅速增长和经济快速变化带来的社会焦虑，教宗正面对新挑战，而此时帝国出手干预了。[90] 许多人认为，教会在追求物质的大潮中迷失了方向，他们想推动一场被称为"教会自由"（libertas ecclesiae）的广泛改革运动。此次改革要求对神职人员制定更高的标准，教宗的主要顾问对 11 世纪中期教会长期存在的问题也提出了更多的批评。格列高利六世的被废让买卖圣职的问题成为焦点，"买卖圣职"（simony）这个词源自行邪术的西门（Simon Magus），他企图从使徒手中购买救赎。对买卖圣职的谴责很快扩大为对买卖教会职位、买卖恩惠的谴责。第二个麻烦的问题是尼古拉主义（nikolaitism，也被称为神职人员纳妾问题）——尼古拉是早期教会的成员，他曾为异教的生活方式辩护。两个问题都关乎放弃世俗生活，这要求所有的神职人员像修士一样生活，远离世俗活动。到了 12 世纪，改革者也希望在外表上和平信徒区分开来，于是实行削发，剃去头上全部或部分头发。这些要求体现了对社会秩

---

* 帝国教会（Reichskirche），教会领地的统称。

序的新看法，即社会成员按功能区分，每组人都有自己的任务，为共同的福祉而努力。

对平信徒的进一步信仰要求也包含了多少有点矛盾的类似元素。种种要求有一个共同根源，那就是人们渴望过更简朴的、不受世俗缠累的生活。这种趋势最明显地体现在新的修道主义浪潮中，和这股浪潮最有关系的是洛林的戈尔泽（Gorze）修道院和勃艮第（法国部分）的克吕尼修道院。在整个 11 世纪，克吕尼式的修道院数量增加了五倍。新修道院主义的一个关键要素是各修道院要求摆脱地方控制，直接受教宗（基本是名义上的）管辖。这一运动蔓延到意大利，被称为"福禄途利亚派"*；在德意志，该运动通过很有影响力的希尔绍（Hirsau）修道院传播，有 200 多个修道院加入改革。[91] 改革后的修道主义主要迎合精英阶层，与广大平信徒的关系复杂，也不总是受平信徒欢迎，但修道主义符合众人对更简朴、更虔诚生活的渴望，顺应了改变的大趋势。[92]

在王室统治较弱的洛林和勃艮第出现改革并非巧合。戈尔泽和克吕尼都从当地地主那里得到大量的赞助，这暴露了改革的一大矛盾。新的禁欲主义提高了神职人员的社会声望，增加了修道院的吸引力，修道院可以作为领主未婚子女的便利居所。修建教堂和宣教是在本地扩大影响力并赚得宗教资本的好途径。修士们摆脱当地主教的管辖，将修道院置于教宗权柄之下，领主们对此是欢迎的，因为他们是主要的捐助者，教宗通常会将监管和保护的权利交给他

---

* "福禄途利亚派"（Fruttuaria）之名来源于福禄途利亚修道院。该修道院在 11 世纪初由第戎的威廉（William of Dijon）创建，在克吕尼改革中，它受本笃修会的管理，并成为修道院改革运动的中心。——译者注

们。[93] 禁欲主义也在人口不断增长的城镇中受到欢迎，城镇大多还在主教的管辖之下，而主教是主教座堂所在城镇的领主。对买卖圣职者和蓄妾者的攻击使民众自治的要求获得了道义力量。11 世纪30 年代，米兰和克雷莫纳出现了"巴塔里亚运动"（Patarenes），该运动呼吁虔诚的人们起誓联合，来创造更具道德感和更有自治权的政府。

改革派的要求并不是直接针对帝国的。早在 1024 年，亨利二世就在帕维亚举行主教会议，将改革派的大部分道德议程写入帝国法律，其中包括禁止神职人员结婚、纳妾，禁止某些形式的买卖神职。他还亲自要求富尔达修道院遵守戈尔泽修道院的规矩，其他皇室成员则直到 11 世纪 70 年代都在推动新修道主义运动。帝国之所以支持，无疑很大程度上是因为皇室成员自己的信仰，以及传播基督教的帝国使命。改革议程也为具体的政治目标服务，因为神职人员如果更加自律，就能更好地管理皇帝交给教会的巨额财产，这样修道院院长和主教们也就有能力为皇室和战争提供军队。[94] 同样，"教会自由"运动让这些资源脱离了当地领主的控制，从而更便于皇帝取用这些资源。

两个发展使教宗和皇帝在改革议程上产生了矛盾。首先，萨利安王朝的成员反受自己成功之害，因为他们在 1046—1056 年恢复了教宗的权柄，使其成为改革的代理人而非改革的对象。1049—1053 年，利奥九世（Leo IX）穿越意大利、法兰西和德意志，其间至少举办了 12 次宗教会议，表现出积极和可信赖的领导能力，并颁布了反对买卖圣职和尼古拉主义的法令。教宗的行动得到了同时发展的教会法的支持，教会法基于《圣经》、教父作品和教宗训导来更系统地制定教会管理的规则。通过对部分教会法规和其他教宗法令进行编纂，消除一些含糊之处，教宗指导教会的权柄有了更高的可信度。[95] 教宗宣称自己是教义和礼仪的最终裁定者，要求所有真正的基督教徒和他保持一致的意见。对明确性和统一性的追求使罗马与拜占庭出现裂痕，进而导致 1054 年之后拉丁教会和东正教会分裂。在西方，拉丁文取代各地方言成为传播基督教的语言，神父则获得了更高的地位，成为平信徒与上帝之间唯一的官方代求者。12 世纪初，罗马教宗从主教和地方教会手中夺回了封圣权，13 世纪，教宗已能主动挑选和批准圣徒候选人了。[96]

这些措施能够奏效，是因为 11 世纪下半叶出现了更成熟的教会官僚系统，同时，得益于为了 1095 年开始的十字军运动而向基督徒新征的税款，教宗可以支配的财富资源呈指数级增长。教宗图书馆和档案馆确保教宗比其他君主拥有更多的历史记忆，对于教宗的主张，这些机构也通常可以制作出相应的文献档案加以佐证。同时，利奥九世的咨询团改组成为凝聚力更强的罗马教廷（curia Romana），最初的教廷成员几乎都是在洛林密切参与修道院改革的人，教廷的出现增强了教宗的持续行动力，抑制了罗马豪族的不良影响。1058 年 12 月，改革时刻终于来到，他们中的一位成员当选为教宗尼古拉二世。四个月后，改革派修改了罗马教宗选举规则，候选人（在当时）仅限于七位枢机（罗马的辅理主教）。虽然这些规则都模模糊糊地提到需要通报皇帝，但是从外部干涉教会内部事务已经不太可能了。[97] 在控制了教宗权之后，改革者就不太需要尊重帝国的利益了。

造成教宗与帝国关系恶化的第二个因素是当时总体的政治背景。11 世纪 40 年代，萨利安家族和洛林公爵严重不合。公爵与统治托斯卡纳的家族联姻，托斯卡纳这个省份对皇帝一直相当忠诚，是罗马与帕维亚、拉韦纳等帝国中心城市之间的战略要地。虽然帝国和洛林的龃龉最后消除了，但托斯卡纳的女继承人卡诺萨的玛蒂尔达（Matilda of Canossa）坚定地反对帝国。[98] 托斯卡纳后来的叛离至关重要，因为它恰好与南部的一个重大变化相对应。1059年，尼古拉二世放弃了两个世纪以来教宗对帝国在意大利南部的虚弱统治的支持，而是选择与诺曼人联合。这些冷酷无畏的海盗在1000年前后到来，迅速清除了最后一个拜占庭据点和伦巴第王国的残余，控制了整个南部。双方的联盟于1080年在格列高利七世（Gregory Ⅶ）手里重新缔结，那时诺曼人已经在征服西西里岛的路上了。这是教宗第一次能够寻求帝国之外的可靠保护，因为诺曼人就在附近，他们的军事实力很强，而且他们初来乍到，渴望获得认可，也愿意接受教宗对他们财产的宗主权，以换取教宗接受他们为合法统治者。[99]

由于亨利三世在1056年去世，帝国无法做出有效的回应。他的儿子亨利四世虽然被拥立为德意志国王，但年仅6岁，要等到成年后才能加冕为帝。帝国政府由摄政会议一直管理到1065年。此时的帝国政府只关注眼前事务，没能看到未来的危险。干预1061年的教宗选举并支持亚历山大二世当选，这样的做法尤其不明智，导致帝国被谴责是在分裂教会，而非捍卫教会。教宗与改革的关系日益紧密，帝国的声望却江河日下。[100]

在下一任教宗格列高利七世看来，皇帝是有价值的合作伙伴，但不是最重要的。格列高利七世来自托斯卡纳，人们常说他祖上的出身并不高，他的家族与教宗关系密切，在扩张的行政管理层中迅速崛起。在接受改革思想之后，他从11世纪50年代开始成为教宗选举的主要推手，自己在1073年当选为教宗。他一生饱受争议，1075 年，他逃过一次暗杀。他的改革后来被称作"格列高利改革"。[101] 虽然启动改革的不是格列高利，但他坚信对于是敌基督的使者，因此将改革推向了激进。他的政治观点体现在他 1075 年的《教宗训令》（Dictatus Papae）中，这篇包含 27 条训令的文章后来才发表。教会如同不朽的灵魂，是高于象征凡俗身体的国家的。而教宗凌驾于这两者之上，如果主教和国王配不上他们的职分，教宗就有权罢免他们。不过，格列高利的思想主要是道德方面的思考，并没有成为宪章，他和他的支持者也没有将这些观点系统化或付诸实践。

格列高利起初对亨利四世颇为友好，但这位年轻的国王常年面临德意志国内对他权威的挑战，需要表现得十分强硬，这是格列高利没有料到的。由于过于顽固，亨利造成了一系列的误解，并在1073—1076 年错过了和解的机会，于是，双方视彼此为对手，而不再是合作伙伴。双方都用意识形态的论点来维护自己的立场，冲突愈演愈烈，其他人卷了进来，而这些人往往有自己的盘算。以往帝国和教会之间从未出现过如此棘手和复杂的问题，无法通过传统手段解决的混乱局面由此产生。[102]

主教叙任权问题

这场争端集中在主教叙任权问题上，后来，人们将教会和帝国一直持续到1122 年的争斗称为"主教叙任权之争"。[103] 导火索是亨利给米兰大主教戈弗雷（Godfrey）授职，但改革派在 1073 年指控戈弗雷为买卖圣职者。主教叙任权之所以会引发如此大的纷争，是因为它触及了帝国的物质基础和意识形态基础。对教会的大量捐赠仍被视为皇帝领土的重要组成部分，尤其是在阿尔卑斯山以北。

在基本上没有书面规则的时代，义务通过仪式得到确认。任命修道院院长或主教需要经过叙任仪式。王室的赞助已经赋予了国王一个角色，而神职人员将受君王叙任视为特殊荣誉，因为这巩固了他们在社会等级中的地位。各地的教会会众和神职人员在选举修道院院长和主教方面也会起作用，但这通常基于王室特许状，而非清晰的教会法规则。因此，形成的惯例是，国王将杖递给新上任的神职人员，大主教则递给他戒指。而亨利三世授职的时候，这两个物件都是由国王授予的。考虑到11世纪20年代，帝国王权具有很高的神圣性，此举并没有马上引发争议。此外，哪个物件象征的是神职人员在得到土地后应担负的军事和政治义务，并不完全清楚，尤其是他的属灵工作也有赖于这些地产。[104] 问题在于，格列高利的批评越界了（戈弗雷是不是合适的大主教人选另说），他全面挑战帝国对教会事务的参与，打破了人们心照不宣、延续了几个世纪的神权政治共识。更糟糕的是，这恰恰发生在国王让更多主教和修道院院长参与帝国治理的时候。

从12世纪开始，史官将此事件简化为归尔甫派*和吉伯林派†之间的冲突。"归尔甫"源自德意志贵族韦尔夫（Welf）家族，该家族一度支持教宗改革，"吉伯林"则是士瓦本的魏布林根（Waiblingen）家族名称的变体，有人错将士瓦本当作萨利安家族的家乡。[105] 这些名称确实在后来的意大利政治派系中占有重要地位，

---

* 归尔甫派（Guelph），12世纪创造的术语，用来指代皇帝在意大利的反对者。它源于韦尔夫家族，该家族在意大利和德意志均拥有土地，在11世纪80年代反对亨利四世的过程中发挥了重要作用。

† 吉伯林派（Ghibelline），12世纪创造的术语，用来指代帝国的支持者，特别是帝国在意大利的支持者。

但是卷入主教叙任权之争的是一些松散的联盟，而非有纪律的党派。许多神职人员反对格列高利主义的过度改革。例如，黑斯费尔德（Hersfeld）的修士们就认为格列高利每开口一次，教会的裂痕就深一些。一些有伴侣的神职人员认为他们的婚姻合法。12 世纪20 年代改革最终胜利后，神父妻子的地位从合法配偶降为妾，他们的子女则成了教会的奴隶。主教们经常反对教会自由运动，因为这可能被用来削弱他们的权威，将什一税扣在地方层级。[106] 改革宣扬禁欲主义则吸引了很多平信徒支持教宗。

主教叙任权之争

米兰的争端是十年来激烈地方冲突的高潮，冲突的一方是由教宗支持的巴塔里亚改革派，另一方是富有的、亲帝国的大主教和神职人员。[107] 亨利四世自己无法解决此事，于 1076 年 1 月在沃尔姆斯召开宗教会议，宣布不再顺服格列高利七世，并要求他退位。但参会的主教没能正式罢免格列高利，这意味着他们并没有罢免他的资格，而且，这次会议也没有什么可信度，毕竟格列高利七世当选已经三年，这时候再对他的当选提出异议为时已晚。一个月后的事件体现了新的力量对比，格列高利走得比先前任何一位教宗都远，他不仅对亨利处以绝罚，而且还废黜了他，解除了他所有臣民效忠他的誓言。

接下来的一年里，亨利处境艰难，在德意志部分地区，反对他的声音越来越多。12 月下旬，他通过塞尼山口（Mont Cenis）翻越阿尔卑斯山，躲开了对手的追击，从而获得了主动权。据说，因为有积雪，他在爬山时不得不手脚并用，而他的妻子和其他王室女眷不得不把自己裹在牛皮里滑下另一侧的山坡。不管怎样，他还是成功拦截了格列高利，格列高利当时正前往奥格斯堡，要与反对国王的德意志领主和主教会面。并没有发生王家突击队绑架教宗的事，亨利所做的，是以忏悔者的姿态迫使格列高利撤销对他的绝罚和废黜。亨利"等候着，身着羊毛衣，赤足，挨冻，站在城堡外"，最终，他获准进入属于托斯卡纳的玛蒂尔达的卡诺萨城堡内，格列高利暂住于此。[108]

当时和后世对亨利此举的评价众说纷纭。他赢得了不少同情，眼下的目标似乎也实现了。格列高利和德意志反对派的联合被阻止了，他也不得不解除对君王的绝罚。尽管最近对此举的解释有积极的一面，但不论亨利是表示忏悔还是表示政治上的屈服，我们都很难不赞成早先的看法，即这意味着王室受辱。[109]亨利去卡诺萨悔罪，就是默认格列高利有权对他处以绝罚并废黜他，而亨利的支持者认为格列高利的做法并不合法。亨利四世与其父形成了鲜明对比。亨利三世于1046年废黜了两位教宗，任命了自己中意的人选，而亨利四世甚至未能恢复王位，因为格列高利后来声称他只是在赦免一位忏悔者，而不是要恢复他的王位。

德意志的政治反对派不依不饶，1077年3月15日，他们在福希海姆（Forchheim）选举莱茵费尔登的鲁道夫（Rudolf of Rheinfelden）为有史以来的第一位"对立国王"。虽然有两位教宗使节出席，但反叛的公爵独立于格列高利，推行他们自己的王权契约论，主张担负为帝国谋福祉重任的是他们而不是教宗。他们的行为表明了问题的复杂性，也体现了帝国政治中的一个重要趋势，这个趋势发展的结果是，哪怕君主接连在与教宗的斗争中落败，帝国也能存续下去。[110]

亨利一再要求格列高利谴责鲁道夫，教宗不得不做出选择。格列高利选择支持鲁道夫，在1080年3月再次对亨利处以绝罚，这次是永久绝罚。亨利召开另一次会议来报复教宗，不仅宣布正式废黜格列高利，还选举了一位对立教宗，制造了一直延续到12世纪的教会分裂。这些行动最终导致双方在1080年10月爆发战争。亨利不得不在阿尔卑斯山南北两线作战，他在意大利要支持他扶植的教宗克雷芒，在德意志则要对付自己的政敌们。他在意大利取得了初步的成果，这让他于1084年3月被克雷芒加冕为帝。到1090年，鲁道夫和接下来的两名对立国王已经先亨利而去；三年后，在1087年被亨利立为共治国王的长子康拉德发动反叛。与之前的对立国王不同，康拉德被普遍认为是教宗的傀儡，因为他以牺牲帝国权益为代价，对教会做出了巨大的让步。[111]

与此同时，格列高利和他的改革派继任者得到了玛蒂尔达的全力支持，一直到她1115年去世；教宗还能从追逐私利的诺曼人那里得到断断续续的援助，他们在1084年从帝国军队的围城战中救出了格列高利，但将罗马城的大部分焚毁了。德意志的支持有限，却具有战略意义，特别是在1089年，巴伐利亚公爵临阵倒戈，他在北意大利封锁阿尔卑斯山的隘口并诱捕亨利，以帮助康拉德的叛乱。1096年，亨利在对巴伐利亚做出让步之后才得以脱身。

尽管亨利军事能力出色并且意志坚定，但他还是被击败了，再也没能返回意大利。他犯下许多错误，私生活还非常混乱，很容易受到格列高利舆论宣传的攻击，尤其是他的第二任妻子普拉克赛德丝*，她从亨利身边逃离，声称自己饱受虐待。[112]这些指责，加上亨利被处以长期绝罚，摧毁了从奥托王朝晚期发展起来的神圣王

---

* 普拉克赛德丝（Praxedis，约1067—1109），基辅大公弗谢沃洛德一世之女，也被称为基辅的阿德尔海德。——译者注

权，虽然亨利宣称还在行使它。他一直处于既定的王权模式中，而不是寻求与意大利领主、主教和城市公社合作的新形式，这些人都有许多理由反对教宗和玛蒂尔达。他原本可以重新得到全欧洲的支持，因为格列高利在1078年后宣称自己高于帝国和诸王。然而，法兰西国王腓力一世胜过了他，腓力于1095年通过支持第一次十字军运动与罗马教会建立了更紧密的联系，成了基督教世界的守卫者——而许多人原本期望皇帝亨利能成为这样的守卫者。

人们感觉到了国王的失败，这在德意志导致了又一次叛乱，这次叛乱的领袖是亨利四世的次子亨利五世，而早在1098年，亨利四世就承认亨利五世为共治国王和合法继承人。亨利四世在一年没有分出胜负的冲突后，于1106年驾崩，事态因此有可能向新的方向发展。然而，亨利五世继承了其父和教宗斗争这一路线，没能利用好新教宗帕斯卡尔二世（Paschalis II）的失误。[113] 与此形成鲜明对比的是，法兰西国王和英格兰国王分别在1104年和1107年就类似问题和教宗达成了协议。这两国都没有直接挑战教宗的权威，因此妥协比较容易达成，而达成这些协议后，教宗就更有理由宣称这一争端完全是德意志国王的错了。

这些协议的基础是沙特尔主教伊沃（Ivo）等人从11世纪80年代开始发展的观点。伊沃提出，应该将属灵权力（spiritualia）和世俗的权力和财富（bona exterior）区分开来；后者越来越多地被笼统理解为"王权"（regalia），与物质世界和对君主的义务有关。[114] 德意志和意大利的主教们欢迎这种区分，他们需要依靠世俗管辖权来得到建造主教座堂等所需的劳动力和其他资源。法兰西和英格兰的协议表明，将属灵的叙任权让出去，并不会损害王室的王权权威。帕斯卡尔二世在1118年逝世，意味着亨利五世可以和教会妥协而且不失面子，但更深的误解推迟了和解，一直到1122年9月23日，实际协议才达成。

《沃尔姆斯宗教协定》

我们所说的《沃尔姆斯宗教协定》由两部分组成，而这个名称实际上来自17世纪的档案。皇帝承认授予祭袍、权戒和牧杖这种属灵叙任权属于教宗。德意志主教需要根据教规选举，不得买卖神职，但皇帝可以出席选举，也可以对任何争端做出裁决。皇帝则将权杖授予主教，权杖象征着与皇权有关的世俗权威。在德意志，这在按立之前进行，在意大利和勃艮第则是在按立之后。该条款在1133年进行了修订，强调新任主教在接受世俗权力之前要发誓忠于皇帝。教宗财产不受这些安排约束，完全独立于皇室的管辖。

许多人认为，《沃尔姆斯宗教协定》代表着从中世纪早期到中世纪盛期的划时代转变，也是世俗化的开始。[115] 事实上，宗教仍然与政治紧密交织，但该协定一直到1803年都规范了教宗和皇帝之间的关系。当时和后世的人都在争论到底谁才是受益方。教宗加里斯都二世（Callistus II）自然认为自己赢了，他命人在拉特兰宫内创作壁画以庆祝此事，还向整个欧洲派送协定的副本。神职人员的整体特性得到了保留，新的授职仪式则清楚地表明，德意志国王没有属灵权力——就此而言，政治确实失去了神圣性。亨利五世在1119年否认了最后一个由皇室支持的对立教宗，这表明皇帝无法册封和废黜教宗。但是，帝国并没有被削弱。这一结果凸显了潜在的趋势，加速了教会财产从皇室领地的一部分转变为教会诸侯的财物，教会诸侯与君主则缔结了更正式的封建关系。在反叛亨利四世时，人们表现出了对帝国的集体责任感。在平信徒和教会精英协助下达成的

《沃尔姆斯宗教协定》也体现了这种责任感，他们共同起誓要确保亨利五世遵守条款。萨利安皇室的君主专制正在被一种混合制度取代，在这种制度下，皇帝让主要诸侯分担了更多的责任。[116]

教宗那边也发生了改变。格列高利最初追求的"教会自由"这个目标已经失败。即使激进的改革者也不得不接受教宗在属灵责任之外还有政治责任。自1080年以来，反复出现的教廷分裂引发了许多地方上的分裂，因为对立教宗会在同一教区任命各自的主教。由于教宗出售教产以资助自己与皇帝的战争，改革受到了影响。教宗越来越像君主，从11世纪中叶开始，教宗身着皇室紫袍，采用繁复的加冕仪式，以此模仿帝国。一个世纪之后，教宗们自称"基督的代理人"，这一称号曾被萨利安诸王使用，如今却被教宗用来宣称自己的权威高于所有君王的权威。教宗领地扩大了，因为教宗声称自己在卡诺萨的玛蒂尔达死后拥有托斯卡纳。拉丁教会的中央集权加强了，教廷管理机构扩大了，1231年建立了宗教裁判所来监管人们的信仰。到1380年，自由选举修道院院长和主教的事就基本没有了，因为一位接一位的教宗都宣称有权审核候选人并批准任命。

改革非但没有使教会自由，反倒让教会更深地卷入了政治。教会疏远了许多它号称要服侍的人，这些人认为教会已然腐败，脱离了他们的信仰需求。这带来了新的修道主义浪潮，平信徒中出现了新的信仰形式，12世纪人们对个人救赎的高度关注对此起了助推作用。瓦勒度派和其他草根激进派别倡导极端神贫，采用极端的仪式，与坚持推行统一的信仰和实践的官方教会渐行渐远。十字军赎罪券的适用范围扩大了，从圣地延伸到打击异端的活动，包括1208年后在欧洲南部进行的一系列野蛮战争。从1215年起，信徒被要求每年至少做一次告解，教会于是有更多机会监管信徒的内心。从 1231 年开始，惩罚异端的方式包括了死刑，到了 1252 年，宗教裁判所已经有了使用酷刑来清除异端的权限。[117]

1125 年亨利五世驾崩后，萨利安家族绝嗣。帝国统治者基本不再直接介入这些问题。教宗霍诺留二世（Honorius II）将原先教宗与皇帝的关系反转过来，宣称自己对下一任德意志国王有确认权，还干涉帝国政治，于 1127 年将"对立国王"斯陶芬家族的康拉德处以绝罚。成功的候选人洛泰尔三世（Lothar III）在 1131 年和下一任教宗会面时为其牵马。拉特兰宫很快就安上了描绘这一场景的新壁画，下一次皇帝到访时，壁画就成了证据，表明皇帝为教宗牵马已成为传统。教宗坚持骑白马，以示自己纯全正直、与上帝亲近，从而越发显得皇帝地位低下。[118]

斯陶芬家族和教宗

就像帝国历史上多次发生的一样，帝国刚显出颓势，新的力量就扭转了局面。1138 年，康拉德三世即位，此后斯陶芬家族的统治一直延续到 13 世纪中叶。在教宗眼里，仍然只有德意志国王配加冕称帝，斯陶芬家族利用了这一点。康拉德未获正式加冕就自称皇帝。[119]他的侄子和继承人"红胡子"腓特烈一世也延续这一做法，在 1152 年加冕为国王后就自称皇帝；1186 年，腓特烈一世未征得教宗同意，就授予其子"恺撒"（Caesar）头衔。后来的斯陶芬家族统治者如法炮制，腓特烈二世在 1211 年采用了"当选的罗马皇帝"这一称号，假如他在 1220 年后同教宗的斗争中获得胜利，这种做法可能会固定下来。他之所以能如此称帝，是因为帝国作为一个政治整体，其政治结构有了进一步发展，将皇权和德意志主要领主参与的国王选举联系起来，而非将皇权与教宗的加冕联系起来。亨利四世就宣扬过"帝国的荣誉"（honor imperii），而斯陶芬家族将其发展为所有领主共同享有的荣誉，领主们于是有了对抗教宗势力、维护帝国荣誉的理由。[120]

可惜，对荣誉的追求妨碍了帝国的意大利政策，它阻止了本可以带来妥协的让步，也让帝国无法拥有像那些在1167年追求自治的伦巴第联盟城市一样强大的盟友。"红胡子"腓特烈一世在1154年对意大利的远征是17年以来的第一次，在此之前长达57年的时间里，德意志君主在阿尔卑斯山以南仅待了两年，腓特烈一世此举终结了这种情况。长期的缺席削弱了有助于和平谈判的个人关系网。皇帝并不想挑起冲突，但决心重振皇权。陪同他第一次远征的有1800名骑士，这在当时人看来已是一支庞大的军队；他1158年第二次远征时则带了1.5万人。[121]然而，规模再大的军队也不足以控制如此庞大且人口众多的国家。帝国需要在当地建立根据地来维持统治，腓特烈一世因此更迫切地希望恢复皇权——包括在城镇驻军、征税和要求军事援助。他不可避免地被卷入了当地政治。意大利北部是一个由主教辖区、封建领地和城市嵌合而成的"马赛克"体，常常陷入冲突。皇帝的支持者往往会让他们的对手转而支持教宗。第一次远征中，因为腓特烈一世无法约束他的帕维亚盟友，托尔托纳（Tortona）在投降后仍被劫掠并摧毁。[122]臭名昭著的"德意志愤怒"损害了帝国的威望，并进一步阻碍了人们所期待的和平的出现。这种模式在1158—1178年的四次远征中反复出现。腓特烈一世在局部地区获得了成功，却无法控制整个伦巴第地区。

教宗并不反对和皇帝合作，以摆脱诺曼人的压迫，尽管教宗在1130年被迫将诺曼人的国家升格为王国。诺曼人和法国人通过干涉罗马政治已经造成了分裂（1130—1139）。然而，他们现在联合起米，支持狄多数支持的教宗反对帝国支持的对立教宗，教会在1159—1180年再次分裂。就和亨利四世一样，腓特烈一世被处以绝罚，但和亨利四世这位萨利安家族的皇帝不同，腓特烈一世接受了妥协，于1177年签订了《威尼斯条约》（Treaty of Venice）。西西里和英格兰的代表出席谈判，这显示了意大利事务已经国际化，显然不再是帝国的内政问题了。腓特烈一世对伦巴第联盟做出了重大让步，但他还是被公认为拥有北意大利的宗主权。

1184—1186年，腓特烈一世得以重返意大利，这一次他没有率领大军，而是通过与诺曼人达成另一项协议来巩固和平，这同他的儿子亨利与西西里国王之女康斯坦丝·德·欧特维尔的婚事有关。1189年，诺曼国王意外身亡，让斯陶芬家族有机会获得南意大利的西西里和后来被称为那不勒斯的附属地区的统治权。此时天助斯陶芬家族：1187年萨拉森人在哈丁会战中取胜，随后夺取了耶路撒冷，教宗的注意力转移到那里，同时也需要向帝国求助，以准备第三次十字军运动。尽管许多诺曼领主反对，但腓特烈一世的儿子亨利六世还是于1194年夺取了西西里王国。这一成功激发了亨利的宏图大志。早在1191年，亨利就拒绝承认罗马教宗对那不勒斯拥有宗主权，认为那不勒斯在帝国管辖之下。这之后不到5年，他就谋划将从前的诺曼王国并入帝国，并将德意志王位转变为世袭继承（见第208页和第337—339页）。教宗和皇帝的关系发生了有利于皇帝的戏剧性转变。诺曼人失势，教宗失去了与帝国抗衡的力量，他的世俗管辖范围缩小至"圣彼得遗产"，现在教宗不得不面对的是一位自奥托一世以来最强大的皇帝。

然而，历史再次被意外改写。亨利于1197年9月意外早逝，年仅 32 岁，他的妻子在 14 个月后也随他而去，只留下不到 4 岁的儿子腓特烈二世，而他成了教宗的被监护人。斯陶芬家族在德意志的支持者推举腓特烈的叔叔——士瓦本的菲利普（Philip of Swabia）为 1198 年选举中的候选人，但他们的政敌从韦尔夫（归尔甫）家族中选出了奥托四世，由此导致的内战一直延续到 1214 年。[123]

教宗英诺森三世的回应反映了政治的高风险。在起初的犹豫之后，英诺森在 1202 年颁布教令（教廷裁决）《通过可敬畏的》（Venerabilem），重申了格列高利对双剑论的解释，即包括世俗权力在内的所有权力都从上帝而来，通过教宗传递给君王。英诺森并没有质疑《沃尔姆斯宗教协定》所确定的属灵权威和世俗权威的分离，也同意德意志人可以自由选举他们的国王，但他声称教宗有批准权。这意味着他能以他们有罪之类的理由否决候选人。他还驳斥了斯陶芬家族的成员即位之后就立即使用皇帝特权的做法，主张只有教宗可以加冕皇帝。通过将广义上的帝国和德意志王国区分开，英诺森企图篡夺意大利和南勃艮第的皇权。他提出，如果没有皇帝或者皇帝不在意大利，他就是可以行使权力的皇帝代理人*或总督。不到 50 年，教会法学家就宣称教宗才是真正的皇帝，因为他从拜占庭帝国那里获得了转移过来的权威。[124]

英诺森的教令完全颠覆了奥托王朝认为自己在权力上和教宗平分秋色的观点。然而，它也显示了教宗和帝国的关系有多深。没有一位教宗可以在不损害自己作为唯一皇帝制造者身份的情况下，将帝国贬低到和普通王国一样的地位。这就解释了为什么尽管双方关

---

* 皇帝代理人（imperial vicar），皇帝不在时负责行使皇权的人，管辖的可以是特定地区，也可以是整个王国。

系紧张，但教宗们还是给从奥托一世到腓特烈二世的几乎每一位德意志国王加冕，只有康拉德三世和士瓦本的菲利普除外。

英诺森其实无法在实际操作层面控制事态发展。德意志内战双方都赞同限制教宗的影响力。为了阻止帝国和西西里王国联合，英诺森最终同意支持奥托四世，但这仅仅是让一些奥托的支持者怀疑并疏远了奥托。到1207年，奥托不得不要求停战，对他而言，幸好菲利普在第二年因一场无关的争端被谋杀身亡。[125]奥托在意大利采取了同样的帝国政策——包括试图控制意大利南部，从而巧妙地吸引了菲利普的大部分支持者。英诺森刚刚将奥托加冕为帝，一年后的1210年就不得不对他处以绝罚，并和法兰西一起支持年轻的西西里的腓特烈二世，拥护他为新的斯陶芬家族候选人。奥托不自量力地加入他的舅舅英格兰国王约翰的阵营，入侵法国，结果帝国军队1214年7月27日在里尔以东的布汶（Bouvines）被法军击败。于是，在1212年就被加冕为德意志国王的腓特烈建立了权威，无人挑战。

腓特烈二世可能是所有皇帝中最有争议的一位（1220年被加冕为皇帝）。英格兰编年史家马修·帕里斯（Matthew Paris）称他为"世界奇迹"（Stupor Mundi）。他的确很令人惊奇。他聪明、迷人、冷酷、令人捉摸不透，常常随性而为。他的支持者们认为他担负着弥赛亚的使命，特别是在他1229年收复耶路撒冷之后（见第154—155页）。反对他的教廷人士则称他为"启示录之兽"，把他比作像尼禄那样毁坏帝国的人。后世之人对他或敬畏或反感：路德痛恨他，尼采则赞扬他为"自由精神"。他同12名女性诞下了19个孩子，并废黜了他的长子兼继承人。腓特烈认为自己是真正的基督徒，但他能讲一些阿拉伯语，宽容穆斯林，还有一支由萨拉森人组成的御林军。然而，他并不是现代意义上的多元文化主义者，也不像一些传记作者说的那样非常有创新能力。[126]

腓特烈感到自己在德意志的地位足够稳固之后，就马上撕毁了他与英诺森的协议。到了 1220 年，他显然已经开始重启其父联合西西里与帝国的计划。教宗不情愿地与他合作，希望皇帝可以领导一次新的十字军运动。但双方关系破裂，导致腓特烈在 1227 年被处以绝罚，而在腓特烈通过不流血的外交谈判收复耶路撒冷后，教宗不得不解除对他的绝罚。1236 年之后，双方冲突再起，这让腓特烈在三年后因所谓的异端罪被再次处以绝罚——这次是永久性的。这些问题前面三任皇帝都经历过，但如今教宗除了从 1246 年起在德意志扶植一系列对立国王之外，还动用了新武器——十字军赎罪券。情况又回到了腓特烈一世时期，双方处于胶着状态，但这次已经没有一方愿意和谈了。1246—1248 年帝国在意大利的失利通过后来的反击得到了翻转，1250 年腓特烈驾崩之时，情况仍不明朗。斯陶芬家族的失败仅是偶然，并不是结构问题造成的（见第 431—432 页）。

1250 年以后，腓特烈二世之子康拉德四世（Conrad IV）与其他亲贵迅速失去了对德意志的掌控权，他们还要面对那不勒斯的叛乱，而教廷还支持法兰西国王的弟弟安茹的查理（Charles of Anjou），认定其对西西里的征服属于十字军运动，这些都加快了斯陶芬王朝的灭亡。[127] 1268 年，斯陶芬家族最后一个王位宣称者去世，从而确保教宗实现了主要目标，即保住对西西里和那不勒斯的宗主权，同时维持这些地方与帝国分离的状态。然而，教宗和皇帝都未能在从 1236 年开始的长期斗争中占上风，因此越来越多的同时代人认为，他们不过是普普通通的君主。[128]

1250 年以后的教宗和帝国

"小国王"时代的帝国与教宗

从 1250 年腓特烈二世去世到 1312 年亨利七世加冕的这段时间，是帝国历史上最长的没有加冕皇帝的时期。没有加冕之行，意大利也就没有了王室的踪影。然而，帝国的理念依旧强大，第一次有"外国"候选人参与的 1257 年选举是第二次"双重选举"，卡斯蒂利亚的阿方索十世（Alfonso X of Castile）和康沃尔伯爵理查（Richard, Earl of Cornwall）同时当选为德意志国王。从 1273 年到 1313 年，德意志王国被一系列当选之前仅是伯爵的人统治。所有人都视皇帝头衔为表示自己高于更有势力的公爵的手段。帝国传统依然很有影响力，鲁道夫一世、拿骚的阿道夫（Adolf of Nassau）和阿尔布雷希特一世（Albert I）都被安葬于施派尔大教堂的皇家墓穴之内，与光荣的萨利安家族皇帝相邻。经过 1298 年短暂的内战后，亨利甚至特意将阿道夫和阿尔布雷希特移到那里，以表明法统的连续性。

教廷也保持对帝国的兴趣。像他们先前选择的保护者一样，教宗发觉安茹家族在自己原有的普罗旺斯领地之外又占有了西西里和那不勒斯之后，就迅速脱离了掌控。1282 年西西里晚祷起义（Sicilian Vespers）之后，阿拉贡国王控制了西西里岛。这切断了约 1070 年诺曼人征服之后，西西里岛和那不勒斯本土的联系，从而消除了教廷受到的包围威胁。[129] 然而，安茹家族依旧强大，甚至在 1313 年后将教宗置于保护之下约 20 年。此外，教宗还不得不面对像法兰西国王那样日益强势的西方君主。法兰西与英格兰之间长期战事不断，法兰西国王不再将神职人员每年上缴的费用交给教宗，而是将其放进自己的战争金库。面对这些困境，教廷更希望有一位强大但基本不在眼前出现的皇帝。

　　1272 年康沃尔的理查去世之后，格列高利十世（Gregory X）呼吁德意志选侯*不要重复 1257 年的"双重选举"。1275 年，格列高利说服卡斯蒂利亚的阿方索放弃了他从未实际履行过相应权力的德意志国王头衔。新国王鲁道夫一世曾三次计划前往罗马加冕，但总有各种干扰。[130] 与此同时，法兰西给教廷的压力越来越大，促使克雷芒五世欢迎亨利七世的到来，亨利于 1308 年 11 月当选德意志国王。[131] 亨利在 1310 年年底的到来让包括但丁在内的一些人燃起了不切实际的希望，他们自认为是吉伯林派，希望亨利能够恢复秩序，结束许多意大利城市内的暴力派系冲突。开始时一切顺利，1311 年 1 月，亨利在米兰被加冕为意大利国王。然而，意大利城市已经不习惯接纳皇帝的加冕之行了，安茹家族则从那不勒斯向北进军，以阻止皇帝重申对南意大利的管辖权。有些城市给亨利上贡，让他离开；其他城市则坚决抵抗，于是，亨利那支基本由雇佣兵组成的军队就有借口再次上演旧时的"德意志愤怒"了。亨利的兄弟瓦尔拉姆（Walrum）被杀，而其妻病故（自然原因），他的大多数军队士兵都返乡了。种种延误让他无法照计划于 1312 年 2 月 2 日加冕，原本挑选的这个日子是奥托一世加冕 350 周年的纪念日。罗马的抵抗只能用暴力来粉碎，特里尔大主教鲍德温是唯一陪同亨利的德意志大诸侯，他用手中的剑砍裂了一名抵抗者的头骨。

　　与此同时，克雷芒五世逃到阿维尼翁（Avignon），在法国的压力下，阿维尼翁教廷一直存在到了 1377 年。由于圣彼得大教堂被敌

---

*　选侯（Kurfürsten），每一次推选皇帝时都有权参与的诸侯。他们的特权是通过《金玺诏书》得到确认的。

人控制，亨利七世只好于 1312 年 6 月 29 日在拉特兰宫举行加冕典礼（这是自 1220 年以来的第一次皇帝加冕）。只有三位枢机主教代表克雷芒教宗主持典礼，而在之后的宴会上，归尔甫派的弩手朝宴会厅射箭。[132] 这样的开端可不吉利。结局很快就来了。1313 年 8 月 24 日，未能攻克佛罗伦萨的亨利因罹患疟疾在锡耶纳驾崩。

1314 年再次出现了"双重选举"，"巴伐利亚人"路易四世和"美男子"腓特烈（Frederick the Fair）展开竞争，直到 1325 年腓特烈宣布放弃。教宗约翰二十二世从 1198 年英诺森三世的失败中吸取了教训，不敢再充当仲裁者，而是宣布皇位空置，确立了"皇帝缺席"（vacante imperio）这一新观念，以支持教宗提出的在皇帝缺席期间自己有权行使皇帝特权这一主张。[133] 路易决心与之抗争，由此爆发的冲突是最后一次旧式的教宗与皇帝之争。1323 年，路易任命诺伊芬的伯特尔德伯爵（Berthold of Neuffen）为皇帝代理人，让他行使皇帝在意大利的特权，从而直接挑战了教宗的主张。约翰则搬出 1073 年以后发展出的所有措施，这些措施如今可以通过更完善的行政机构来推行。审判在阿维尼翁的教廷法庭展开，不出所料，路易被指控为篡位者，约翰蔑称其为"巴伐利亚人"，以此否认他在德意志的合法性。随着争端升级，路易被处以绝罚（1324），针对他的"圣战"（1327）也随之而来。[134]

与其前任不同，路易四世得到了知识分子阶层的支持，这些知识分子疏远教廷，既是因为教宗迁到了阿维尼翁，也是因为教廷谴责大众运动，比如起誓过清贫生活的方济会属灵派（Franciscan Spirituals）。许多人认为帝国至上是建立新秩序的一种途径，这些人包括但丁、奥卡姆的威廉（William of Ockham）、帕多瓦的马西利乌斯（Marsilius of Padua）和让丹的约翰（Johannes of Jandun），但他们的著作要再过一个世纪才会得到广泛传播。[135] 实际上，路易还是用传统手段，在当地支持者的帮助下，于 1327—1328 年靠武力进入意大利。1328 年 1 月 17 日，他由两位意大利主教加冕为皇帝，这是 817 年以来第一次既没有教宗主持，也没有教宗使节主持的皇帝加冕礼。在支持者的鼓动下，路易以奥托一世为榜样，想以约翰二十二世放弃罗马为由废黜他，并扶植自己的教宗，路易由此制造了自 1180 年以来的第一次分裂。约翰身在阿维尼翁，受法国的保护，相当安全，没有受到什么影响。

至少从 12 世纪 70 年代开始，教宗和皇帝的争端就受到外部势力的影响，法国的参与延续了这一趋势。法国一再阻碍谈判，因为这场争端能让它延长教廷在阿维尼翁的时间，教廷的这种情况被彼特拉克称为"巴比伦之囚"。约翰在德意志强行停止圣事的禁令遭到了广泛的批评和忽视，他惩罚德意志百姓的行为让他失去了一度占据的道德高地。早在 1300 年，德意志大诸侯就拒绝了教宗煽动他们与阿尔布雷希特一世作对的企图。到了 1338 年，他们支持路易的诏令（Licet iuris），明确认同斯陶芬家族先前提出的观点，即德意志国王就是未上任的皇帝，有权自动在当选后立即行使皇帝特权。这一次，知识分子直接影响了事件：卢波尔德·冯·贝本堡（Lupold von Bebenburg）为路易的诏令提供了法律和历史的论据。查理四世延续了这一计划，他挑战路易四世，很快就成为他的继任者。最终在 1356 年的《金玺诏书》*中，教宗被完全从德意志国王

---

* 《金玺诏书》（Golden Bull），1356 年颁布的帝国宪章，确认了选侯的特权，每一位皇帝都是由他们推选出来的。选侯享有的特权包括选侯权不可分割，以及部分管辖权不受帝国干预。

的选举中排除（见第 335 页和第 342—343 页）。

卢森堡家族和教廷

像英诺森的教令一样，帝国的声明隐含对权力限度的承认。如果想把皇帝头衔和国家挂钩，基本上就得接受皇帝不再高于其他国王。简而言之，路易四世和查理四世仍然希望得到他们前任未能获得的与教宗的合作。查理利用了意大利的归尔甫和吉伯林两派的短暂一致，仅带了 300 人马就前去加冕。1355 年 4 月，他在罗马被一位教宗使节加冕为帝。这是自 1046 年以来，第一次没有发生严重暴力的加冕典礼。[136] 教宗仍然主张英诺森教令中所主张的特权，而德意志诸侯坚持从 1338 年开始的立场。1376 年，查理的儿子文策尔当选"罗马人的国王"*时，教宗格列高利十一世被晾在一边，在那之后，"罗马人的国王"成了待立皇帝的头衔。

1378 年 3 月，格列高利之死改变了教宗与皇帝关系的发展方向。在那之前 22 个月，格列高利才把教廷从阿维尼翁搬回罗马。罗马人已习惯于自治，而枢机主教们则自视为选侯，不愿被视为教廷的职员。第三个因素是法国不愿意失去自己的影响力，结果就是教会大分裂一直持续到 1417 年，恰逢知识和宗教狂飙突进的发展时期。12 世纪，大学建立起来，从而结束了教会对教育的垄断。教会大分裂加快了大学建立的进程，由于公共生活的动荡，中欧地区的人们不再热衷去于巴黎和意大利上大学。查理四世早在 1348 年就成立了布拉格大学，为学子们提供了新的选择。之后维也纳大

---

* "罗马人的国王"（Römischer König），选侯们在皇帝仍在世时推举出的皇位继承者，从 1376 年起成为待立皇帝的头衔。

学建立（1365），16 世纪之前又建了 15 座大学。15 世纪期间，帝国内学生人数增加了一倍多，超过 4 200 人。[137] 文艺复兴时期的人文主义者采用新的批判性方法，既有的主流观点受到越来越多的挑战，洛伦佐·瓦拉（Lorenzo Valla）就于 1440 年证明了《君士坦丁赠礼》是伪作。[138] 在有意摆脱官方督导的大众宗教运动活跃期间，这种批评显得非常可疑。大众宗教运动蓬勃发展，出现了吸引成千上万朝圣者的新圣地，如 1383—1552 年在勃兰登堡的维尔斯纳克（Wilsnack），人们进行圣母敬礼，收集圣髑，修道运动也掀起了新浪潮。[139]

这些关于信仰和实践的争论激化了围绕教会治理的争论，因为要想解决一个问题，就必须同时解决另一个。这两方面的争论也与帝国内部关于改革的讨论结合起来，与选侯和领主担负集体责任的理念不谋而合，巴黎大学提出了"大公会议主义"（conciliarism）这一新观念，该观念主张教廷君主制应由主教和枢机主教组成的大会来平衡。现实中的政治进一步推动了变化。文策尔和英格兰的理查二世在一年内双双被贵族密谋者推翻。法国则从 1407 年开始陷入内战，八年后因英格兰的介入，战争扩大化。1400 年后政局不稳，文策尔和他的对手普法尔茨的鲁普雷希特（鲁佩特）因此都无法加冕。即使在 1410 年他的弟弟西吉斯蒙德（Sigismund）当选之后，文策尔还是不肯退位，这让帝国政治越发动荡，直到文策尔 1419 年去世后才有所平复。此时，帝国内部出现了异端运动，即波希米亚的胡斯派（Hussites），而奥斯曼土耳其人则从东边西吉斯蒙德的匈牙利王国开始步步进逼。

西吉斯蒙德决定性的干预表明帝国理念仍有力量，同时也表明自亨利三世在 1046 年终结之前的教会分裂以来发生了多少变化。

亨利可以单方面行动，西吉斯蒙德却不得不考虑来自其他国王和教会的多方面干涉。首先，他与大公会议主义者结盟，他们于1409年在比萨召开会议选举了他们自己的教宗，对阿维尼翁和罗马都构成了挑衅。西吉斯蒙德赢得支持后，于1414年11月在康斯坦茨召开他自己的大公会议，并在1417年前让所有的三位教宗都自行退位或将其废黜，教会终于在具有改革思想的马丁五世（Martin V）的治下统一起来。[140]

大分裂严重地削弱了教廷，激进的大公会议主义者还在1439年选出萨伏依公爵阿梅迪奥八世（Amadeus VIII），他是最后一位对立教宗。尽管10年后阿梅迪奥八世自行退位，大公会议主义最终失败，但新的分裂让欧洲君主们获得了更多的时间来与罗马教廷就让步的问题讨价还价。这对帝国尤其重要，君主权威的基础已从皇帝特权转变为对王朝广大领地的直接控制，这种新手段在哈布斯堡家族手中被很好地运用，该家族从1438年一直统治到1806年，其间只有过一次中断。1448年2月17日，腓特烈三世签订了《维也纳协定》（Vienna Concordat），它与1122年的《沃尔姆斯宗教协定》一起，直到1803年都是管理帝国教会的基本文献。《维也纳协定》并没有像法国的类似协定一样规定在全境停止征收教会税，但还是限制了教宗在任命帝国内各级神职人员方面的影响力。和法国的高卢民族教会不同，独立的"日耳曼教会"（ecclesia Germania）并不存在。15世纪50年代至70年代，大诸侯参照《维也纳协定》的模式，签订他们自己的协定，将级别较低的神职人员置于他们的管辖之下。

尽管如此，大公会议主义增强了日益被视为国家主教团的教会的凝聚力，在德意志亦是如此。1455年，德意志主教们在美因茨召开会议，拟出了第一份《德意志诉苦书》(*Gravamina nationis Germanicae*)*，也就是记录德意志教会不满的文件，准备将其呈给教宗。这些问题在 1458 年的帝国大会上得到了讨论，后来的诉苦书成为帝国政治的组成部分，尤其是因为在帝国与教廷对北意大利管辖权的争夺中，诉苦书对帝国有利。[141]

哈布斯堡家族和教廷的关系

1417 年，西吉斯蒙德成功地结束了教会大分裂，似乎把教廷和帝国的关系重置回查理四世的时代。西吉斯蒙德是鲁普雷希特 1401—1402 年失败的罗马远征后第一位前往意大利的君主。1433 年 5 月 31 日，他被加冕为帝，这是自 1220 年以来，由受到普遍认可的教宗主持的第一场加冕典礼，代表了两年来意大利和平的顶峰。《维也纳协定》为腓特烈三世在 1452 年 3 月 19 日的加冕铺平了道路，这是在罗马举行的最后一次皇帝加冕。[142] 皇帝也最后一次为教宗牵马。这个仪式已经和新的政治力量对比不协调了，因为哈布斯堡家族手中的土地越来越多，这个家族很快将成为拥有私人领地最多的皇室，皇室领地将为皇权提供全新的基础。

1494 年，法国试图排挤掉帝国对北意大利的影响，同时直接控制南意大利，意大利战争由此爆发，哈布斯堡家族参战，这体现出局面已经大为不同。法国人的野心最早被腓特烈三世的儿子兼继承人马克西米利安一世（Maximilian I）阻止，然后被腓特烈的曾孙查理五世彻底击碎。1519 年时，查理五世既是西班牙国王，也是帝国皇帝。查理的实力连亨利六世都望尘莫及，哈布斯堡家

---

* 诉苦（Gravamina），请愿，特别是政治体向统治者提出的请愿。

族因此得以完成自 12 世纪 30 年代开始断断续续进行的工作，从获得皇帝头衔的过程中剔除了教宗的参与。早在 1508 年，教宗就允许马克西米利安直接使用"当选皇帝"这个头衔，当时通过阿尔卑斯山的加冕路途被马克西米利安的敌人法兰西-威尼斯同盟封锁了。那一年卢波尔德·冯·贝本堡最重要的关于皇帝称号的著述以书本形式出版，他利用当时新出现的印刷媒体，来传播 14 世纪宪制变革背后的论点。与此同时，帝国经历着机构迅速发展带来的脱胎换骨的转变，其近代早期的混合君主制度得到巩固，在这个制度中，皇帝与等级日益细分的诸侯、领主和城市分享权力，后者被统称为帝国政治体[*]。1490 年左右，帝国议会[†]中新形式的代表制度正式确立，帝国成员的分层更加清晰。一直到 16 世纪 40 年代，教宗都还继续派遣使节参加帝国议会，早在宗教改革造成他们不受欢迎之前，教宗使节在人们眼中就只不过是某个外国君主的代表而已了。[143]

尽管如此，哈布斯堡王朝并不打算切断与教廷的所有关系。1521 年，查理五世从西班牙抵达帝国，他拒绝了新教改革派的呼

---

* 政治体（Estate），一组复杂的术语，与近代早期社会的社团结构有关，该结构被分为神职人员、贵族和平民三个特权等级。每一个等级都被视为一个政治体（Estate 或 Stand），其中下属的每一个公认的团体也被视为一个政治体。代表这些团体的机构同样被称为"政治体"。领地政治体（Landstände）由特定领地上的法人团体的代表组成。作为帝国的组成部分，每个地区（除某些例外）既是一个"帝国政治体"（Reichsstand），在帝国议会中占有一席之地，又是一个"帝国大区政治体"（Kreisstand），在相关地区的议会中占有一席之地。武装政治体（armed Estate）则指常备军规模超出了履行帝国义务所需兵力的领地。

† 帝国议会（Reichstag），皇帝和帝国政治体参与的等级会议。

吁，他们要将自己眼中的"敌基督"从罗马清除出去。查理没有回到早前帝国干预教会改革的老路，他的回应符合世俗责任和属灵责任分开的思想，这种思想是在《沃尔姆斯宗教协定》之后慢慢成形的。帝国将宗教改革当作公共秩序问题来处理，将教义问题留给教廷。因教宗不愿在教义问题上妥协，查理在帝国处境艰难，双方又因相互冲突的领土野心而在意大利发生对抗。双方关系最糟的时刻是帝国军队于1527年5月6日攻下罗马，如今梵蒂冈每年依旧举行纪念活动，悼念为保卫梵蒂冈而殉难的147名瑞士卫兵。[144]

惩罚起了作用，教宗克雷芒七世于1530年2月24日在博洛尼亚加冕查理为帝，这是由教宗主持的最后一次加冕仪式。选中此地是因为这里可以驻扎查理的大军，但仪式十分气派，也有推动意大利战争以查理的胜利和平结束的意思。查理以得胜罗马皇帝的凯旋仪式进入该城。[145] 1531年，教宗准许查理的弟弟斐迪南一世（Ferdinand I）不经过加冕直接继承他的皇位。斐迪南于1558年登基，在那之前《奥格斯堡和约》（1555）已经签订，接受了路德宗和天主教均为帝国的官方宗教。斐迪南一世即位，带来了宗教改革以来第一个改变皇帝在帝国宪制中地位的机会。新教徒要打破承认皇帝为"教会保护者"（advocatus ecclesiae）的条款，用规定皇帝有维护《奥格斯堡和约》义务的内容取而代之。天主教的帝国政治体最终说服他们保留了原本的表述。马克西米利安二世在1562年当选为"罗马人的国王"时，表述就被改成笼统的基督教会的保护者了，而不再提及教廷；之后这种表述被保留下来，但显然，仍信奉天主教的哈布斯堡家族是用更传统的方法来阐释的。[146]

皇帝和德意志国王这两个头衔现已合并，1508年发生的变化从此固定了下来，只要当选为德意志国王，就能毫无争议地行使皇帝特权。现在，只需要一次由科隆大主教主持的加冕就可以了，自加洛林诸王以来，科隆大主教就一直主持德意志国王的加冕典礼，甚至新教的帝国政治体也承认他的角色。1653 年，斐迪南四世被加冕为"罗马人的国王"，他对新教徒做了礼仪上的让步，只要求他们尊重君主，而不必忠于教宗。[147] 仪式既已改变，皇帝就不需要去罗马了，这样一来，与罗马合作的主要理由就少了一个，更何况在那个时候，双方都努力在迅速变化的国际秩序中寻找自己的角色。

皇帝在政治上不可能无条件配合教宗在特兰托大公会议（1545—1563）上拥护的反宗教改革议程。路德宗在《奥格斯堡和约》中获得的宪法权利是帝国日益复杂的共同体网络的一部分，这些权利只有在双方达成一致的时候才能改变。哈布斯堡王朝管理帝国时，表现出自己是一切自由的公正守护者的姿态，同时，他们自己保持天主教信仰，并且将自己的信仰强加给直接统治的臣民。虽然教宗对哈布斯堡家族在他们家族领地上的做法表示赞赏，但就连像斐迪南二世这样信仰狂热的皇帝，都因没有趁着军事力量强大而取消帝国内所有新教徒的权利而受到许多批评（见第 129—131 页）。现在，教宗国实际上的主要保护者已不再是帝国，而是法国，以及西班牙（1556 年和哈布斯堡奥地利一支分离）。[148]

教宗在帝国内的影响力江河日下。1637 年，教宗试图推迟承认斐迪南三世（Ferdinand III），物色更虔诚信仰天主教的哈布斯堡家族旁支人选，但这并没有给皇帝造成什么不便。从 1641 年起，在哈布斯堡家族领地上出版教宗教令就需要皇帝的许可了，一年后，教宗对书籍审查权的要求被驳回，理由是这是所有君主的主权权利。教宗对圣日的改革被刻意忽视，因为这干扰了政治日历上的重要事件。最重要的是，1648 年签署结束三十年战争的《威斯特伐利亚和约》（Peace of Westphalia）时，教宗想要抗议，但和约中有一条先发制人的条款，即无论教宗意见如何，和约都是有效的。[149]

教宗和皇帝的最后一次冲突——也是自 1527 年以来的第一次——发生在 1708—1709 年，当时奥地利军队入侵教宗国，以维持哈布斯堡家族和帝国对意大利的封建管辖权，反对教宗宣称的对这些土地的管辖权。18 世纪后期，还有一些双方关系紧张的时期，皇帝约瑟夫二世想解散耶稣会并遣散奥地利的数百个修道院。不过，约瑟夫和庇护六世在 1782—1783 年还是进行了正式互访。[150]但双方的关系从来就不同于平等的主权国家之间的关系。双方共同的历史留下了印记，这种印记一直到 1806 年帝国灭亡之后都没有消失，特别是因为教廷感到，奥地利与受 1789 年革命玷污的法国相比，是更可靠的保护者。考虑到自己身为普世天主教会首领的传统地位，庇护九世没有在 1848 年领导争取自由统一的意大利，因为这样做的话就意味着向仍控制北意大利大部分地区的奥地利宣战。一直到 1870 年，奥地利都允许自己军队中的数千名士兵在教宗军中担任志愿兵；奥地利的士兵还在 1864—1867 年被派往墨西哥，参与了马克西米利安大公不走运的天主教-帝国事业。1860 年，庇护九世把为罗马皇帝祈祷时用的（当时仍是官方的）祷文明确改称为哈布斯堡家族皇帝祈祷时用的祷文，象征性地表示旧帝国的皇权已发生转移。最终，奥地利直到 1904 年还保留着形式上的对教宗选举的否决权。[151]我们将会看到，帝国给后来欧洲历史留下的遗产中，这类挥之不去的联系还有许多。

第二章

基督教世界

基督教传教

基督教世界和基督教化

中世纪早期有基督教（信仰）和基督徒（信众），但没有基督教世界这个地理概念。信仰始自洗礼（圣洗）。国王、领主和主教则有责任监督此事，并强制人们遵守圣日和其他内在信仰的外在表现形式。"保卫基督教世界"（defensio Christianitatis）这个口号是在 9 世纪为应对阿拉伯穆斯林的威胁而提出的，欧洲南部面临的威胁尤其大。该口号意味着皇帝除了要捍卫教会（ecclesia），也应当保护更广泛的平信徒共同体。基督教世界和欧洲建立比较紧密的联系，是从格列高利七世开始的，他宣传教宗是所有基督徒的唯一领袖，帝国的皇帝不过是最大的基督教王国的统治者。基督教世界的地理边界因 1095 年开始的第一次十字军运动和之后的几次运动而得到巩固，十字军运动中的军事远征针对的是被归为东方"他者"的敌人。[1]

帝国南部包含意大利，直到 11 世纪时都还包括罗马。由于西部没有宗教分界线，帝国和后来成为法国的区域之间并无明确的边界。差异比较大的是北方和东方不信基督教的斯堪的纳维亚人、斯拉夫人和马札尔人。占据东南欧广阔地带的异教民族将神圣罗马帝国与同样信基督教的拜占庭帝国隔开——这也是这两个帝国能够不理会对方的主要缘由。虽然神圣罗马帝国位于如今被视为欧洲中心的地带，但它依然处于拉丁基督教世界的北部和东部边缘，也是基督信仰渗透入这些地区的主要通道。

东西方有别的观念在当地人的起源神话中已经存在。法兰克人认为自己是挪亚之子雅弗（Japheth）的后裔，认为斯拉夫人是挪亚另一个儿子含（Ham）的后裔。[2] 斯拉夫人崇拜森林和天空诸神，实行多妻制、火葬，还有其他对基督徒而言完全陌生的习俗，例如在地上挖出半地窖式的房屋，而不是像法兰克人那样使用木柱支撑建筑。斯拉夫人对基督教没什么兴趣，他们认为什一税是给一位不受欢迎的异邦神祇的贡品。他们中即使有些人愿意接受基督教，也会感受到巨大的文化隔阂。跟习惯于《圣经》线性年表的基督徒相比，斯拉夫文化中过去与现在的界限并不固定。基督教神父拒绝给死去的祖先举行洗礼，斯拉夫人对此很难理解。[3]

基督教化有助于帝国权威的巩固，并使其向易北河以北和以东延伸。然而，和到19世纪末期穆斯林才占人口多数的奥斯曼帝国不同，神圣罗马帝国的人口一直是基督徒占绝大部分，只有一小部分的犹太人，还有很少一些信奉异教的斯拉夫人居住在东北部无名的边境地区，13世纪时，这里的斯拉夫人已经基本改信了基督教。[4]

基督教化并没有带来"文明的冲突"。[5] 这种流行但有争议的方法主要用宗教来定义文明，并将文化视为互相排斥的同质实体，文明之间要么发生冲突，要么进行对话。帝国的扩张自然要在语言上合法化，让后人认为是文明征服了野蛮。宗教文本和法律条文中自然是将基督徒与斯拉夫人、犹太人和穆斯林区分开来的。然而，文化包含了一系列行为方式、经验和态度，人们可以根据自己的情况，从中选取有意义和有用的内容。不同形势下互动的情况不同。边界因谈判、交流和整合而变得模糊，交流也很少是纯粹友好或纯粹暴力的。在这段时期里，基督教在实践和信理方面均发生了相当大的变化。当时可以被接受的事，后来却有可能遭到谴责。有一个界限分明的基督教世界，代表着一个单一、排外的文明，这样的观念是法国大革命和工业革命之后，在浪漫主义的怀旧氛围中才出现的。[6]

动机

查理曼和法兰克人不太可能有意识地制定政策来创造一个"基督教国家"（populus Christianus）。[7]这种观点主要源自神职人员自己对加洛林王朝的行为做出的阐释。加洛林社会是主要为军事目的而不是宗教目的组织起来的。它的目标是通过掠夺和敲诈贡金来获取财富，并通过荣誉、声望和领土将对权威的主张转化为真正的权威。[8]基督教将非基督徒当作"合法"的攻击目标，给这些野心提供了出口。至关重要的是，帝国建立的时候，恰逢西欧奴隶贸易重新开始发展，在古罗马灭亡，越来越多的农村人口成为干农活的仆役后，西欧奴隶贸易就已衰落。然而阿拉伯人崛起了，积聚了越来越多的财富，其军队从部落军队过渡到使用奴隶的军队，这些都推动了对奴隶的需求。[9]维京人把欧洲北部和西部的战俘运至地中海地区出售，也促进了奴隶贸易。加洛林王朝和奥托王朝越过易北河的征战是奴隶的又一来源。slave（奴隶）这个词与 Slav（斯拉夫人）是同源词，在这个时期，该词逐渐取代了早先用来指代奴隶的拉丁词 servus。[10]同时，萨克森人和斯拉夫人在比较小的范围内掳掠妇女。这种情况一直持续到 1200 年左右，当时人口普遍增长，易北河以东地区也被纳入了帝国。

平信徒还有其他理由来响应神职人员传播福音的呼唤。帝国的精英是清一色的基督徒，都关心救赎问题，也相信上帝会影响人间事务。忏悔的理念对参与杀戮的贵族战士而言很有吸引力，符合日耳曼人要对受害者做出赔偿的法律习惯，也鼓励他们给了教会慷慨的捐赠。11 世纪末，赎罪券得到使用，战士们可以通过参加十字军来赎罪。教会之所以获得大笔捐款，还因为人们相信祈祷和代祈能产生功德，使捐赠人的灵魂在身后很长一段时间内能受益。这些信念反过来促使平信徒关注修道院戒律和教会管理，因为"一群懒散大意的修士意味着一桩糟糕的投资"[11]。

捐赠让财富不致落于敌人之手，而是落入以基督为首、超越个人的机构之手。神职人员与神亲近，又是书写文化的传播者，享有相当高的社会声望。对于同世俗世界格格不入的精英来说，教会能提供既安全又有吸引力的职业。他们不能融入世俗，有的是因为不是长子或不能出嫁，从而不被需要；也有的是因为遭遇了不幸。"瘸子"赫尔曼可能患有脑性瘫痪，无法和兄弟们一样受训成为骑士，只得进入赖兴瑙（Reichenau）修道院，他在那里发挥了惊人的文学和音乐天赋。[12] 修道院也是个安全的地方，能把麻烦的亲戚和对手关在里面。

属灵目标

如此看来，基督化是由信念和自利混合起来的强大动机驱动的，其目标是外在的一致和服从。与拜占庭不同，在 12 世纪之前，西方教会并不怎么关心人们信的究竟是什么。要使更多人归信，赢得灵魂，就需要说服当地权贵成为神职人员或进入修道院。9世纪和10世纪，斯拉夫贵族被俘虏的儿子们往往被送到修士那里接受教育。后来，这些成了基督徒的斯拉夫人会利用自己的私人关系，在自己的人民中推行洗礼改宗。加洛林王朝和奥托王朝在劝说维京战争领袖改信基督教方面也非常成功，用和古罗马帝国相同的方式同化了"蛮族"。[13]

加洛林家族的国王们在公元800年之前已经开始组织此类活动。780—820年召开的一系列宗教会议鼓励平信徒捐赠，通过"敕令"*来改善修道院的纪律。修士和修女以发过的誓言和严守戒律的生活而有别于他人，他们与生活在群体当中、在政治和经济方面管理教会财产的在俗教士是不一样的。修士和修女为恩主祈祷，而在俗教士则可以由贵族子女来充当。[14]

宗教会议确保神职人员拥有自己的营生工具。8世纪和9世纪的清单显示，帝国之内大多数教堂至少有一本宗教书，在没有印刷术的时代，这是一项了不起的成就。[15]基督教教义也通过非文字渠道传播，例如壁画、雕塑、布道和神秘剧。目标仍是务实的。主教们要确保礼仪统一，检查级别较低的神职人员是否在主日和圣日布道，探望病人，还要主持洗礼和葬礼。这种殡葬仪式是基督教的重要标志，取代了之前战士墓葬中陪葬马匹和武器的习俗。然而，到12世纪规范的圣人历才出现，一直到1215年，一年至少要进行一次告解才成为常规。各个地方在被同化后一定程度上容忍了非基督教习俗和异端，这也让同化变得比较容易。

---

* "敕令"（Capitulary），具有法律约束力的书面行政指南，由加洛林王朝颁布。

传教士

整个帝国内基督教化的程度并不平均。自古典时代晚期以来，教会一直得到勃艮第和意大利当地贵族的支持，而不列颠的基督教于6世纪晚期基本绝迹，不得不靠传教士重新宣教。与此同时，德意志大部分地区既没有罗马化，也没有基督教化。在查理曼于800年前后迅速征服阿勒曼尼亚、巴伐利亚和萨克森之前，法兰克人的影响力仅限于莱茵河和美因河的交汇地带。对于大部分后来被归入德意志王国的地区，征服和基督教化是同时进行的，整个教会结构要从无到有创立。新的德意志教会既是一个"国家"（总）机构，也是一个地方机构，其整体架构在王室主导下建立起来，当地的领主和传教士则赋予其地方特性。

法兰克国王从7世纪90年代开始派遣传教士前往北海沿岸的弗里西亚［Frisia，荷兰语和德语中为弗里斯兰（Friesland）］，从718年开始派遣传教士到德意志中部和北部向异教的萨克森人传教。[16] 圣波尼法修是他们中最声名远播的一位，他砍倒盖斯马尔（Geismar）的圣橡树，以证明异教徒的神明毫无法力。接着在775—777年，大约70名神父和助祭被派往德意志西北部，787年成为第一位北德意志主教的威勒哈德（Willehard）也在其中。[17] 路德格（Liudger）是传教士中的杰出典型。他是第三代信奉基督教的盎格鲁-撒克逊人，曾在乌得勒支（Utrecht）和约克（York）接受教育，他汲取的读写文化是世界主义的，毕竟那个时代还没有明确的政治界限和民族界限。他从787年开始在弗里西亚人中传教，从793年起，他主要在弥米格纳福德（Mimigernaford）活动，此地是一处重要的文化交流点，在那里他建立了一座修道院（monasterium），后来围绕其缓慢发展起来的定居点因此得名，被称为明斯特（Münster）。[18]

就像波尼法修砍倒圣橡树一样，军事胜利被用来说明上帝只喜爱基督徒。接受征服者的宗教信仰是归顺的重要象征，因此 785 年萨克森人的领袖维杜金德（Widukind）的洗礼具有重要意义。以日耳曼武士文化为共同基础，同化变得比较容易。不到两代人的时间，萨克森贵族就接受了基督教。早在 845 年，萨克森伯爵柳多尔夫（Liudolf）和其妻奥妲（Oda）前往罗马搜集圣髑，并寻求教宗批准在甘德斯海姆（Gandersheim）建立一座修道院。五年后，维杜金德之孙瓦尔贝特（Walbert）为他在维尔德斯豪森（Wildeshausen）所建的修道院搜集罗马的圣髑。[19]

　　9 世纪中后期，加洛林家族内战爆发，同时维京人、阿拉伯人和马札尔人的侵扰加剧，基督教化和帝国扩张的脚步都放缓了。北部和东部边疆安定下来后，传教活动在 10 世纪 30 年代早期重新开始。国王和他的教会顾问们选择合适的修士，先派他们前往罗马赢得教宗的支持并得到圣髑，然后派遣他们去建立新的教堂并说服当地的异教徒改宗。[20] 这些教堂被并入新的或已有的教区，地位逐渐稳固。一个值得注意的例子是 947 年富尔达修道院院长哈多弥尔（Hadomir of Fulda）外出传教，他复兴了威勒哈德创立的汉堡-不来梅大主教区，使其成为斯堪的纳维亚和波罗的海基督教化的主要中心。

　　一旦传教人员进入蛮荒的北部和东部地区，皇帝就爱莫能助了。被派往丹麦的人员在 9 世纪 20 年代被驱逐出境，那里的基督教化直到 10 世纪中叶"蓝牙"哈拉尔（Harald Bluetooth）改宗前都毫无进展。事实证明，当地贵族的合作必不可少，特别是由于改宗意味着需要接受帝国的宗主权并缴纳什一税。波希米亚首领（后来封圣的）瓦茨拉夫被教育成一位基督徒，并接受了帝国的宗主权，但他的兄弟于 929 年下令谋杀了他。950 年，波希米亚还是被迫承认了帝国的宗主权，而当地到 11 世纪对基督教都还有抵触。尽管如此，波希米亚精英中有不少人改宗，这大大推动了基督教和帝国威势在易北河以东的斯拉夫人、波兰人和马札尔人中扩张。沃伊捷赫［Vojtech，也被称作阿达贝尔特（Adalbert）］于 997 年因被普鲁士人杀害而殉道，这位传教士来自波希米亚的统治家族。

尽管传教范围很广，但奥托王朝的基督教化基础并不稳固，教堂很少，它对于易北河以东和波罗的海地区的大部分人口也只有很弱的控制力。这种脆弱性在 983 年 7 月的斯拉夫人大叛乱中暴露出来，之前一年，奥托二世在克罗托内与阿拉伯人对抗，遭遇惨败，这可能推动了斯拉夫人叛乱。教堂和城堡被悉数摧毁，只剩下迈森（Meissen）周边部分改宗基督教的索布人（Sorbs）作为最后的前哨。其他易北河以东的主教区名存实亡，直到 12 世纪，勃兰登堡和哈维尔堡（Havelberg）的主教们才敢踏足他们的教区。[21]

尽管如此，基督教吸引了越来越多的斯拉夫人，尤其是那些将接受拉丁文化和权力视为提高社会地位途径的精英。在公元 983 年之前就已改宗的波希米亚和波兰贵族拒绝加入叛乱。波兰公爵"勇敢者"博莱斯瓦夫一世（Boleslav I Chrobry）从普鲁士人手里赎回了沃伊捷赫的尸体，并在奥托三世于 1000 年大斋节朝圣之前，将其安放在首都格涅兹诺。皇帝的访问使得格涅兹诺被升级为一个对克拉科夫、科尔贝格（Kolberg）和布雷斯劳（弗罗茨瓦夫）的主教们有管辖权的大主教区。这需要转移以前属于马格德堡大主教和汉堡-不来梅大主教的部分管辖权，以及承认"勇敢者"博莱斯瓦夫是一个分担帝国传教使命的盟友（只是地位略低）。合作的象征是奥托将圣矛的仿品赠送给他，以换取沃伊捷赫的手臂这一珍贵的圣髑。这样一来，博莱斯瓦夫的地位显然就高过了他在当地的对手，而建立独立的波兰教会机构则为该国成为独立的君主国奠定了基础。1037—1039 年，波兰基督教受到异教徒叛乱的重创，在此期间，沃伊捷赫尸身的剩余部分被取出并被安放在布拉格，那里便成为从德意志到波希米亚、波兰和匈牙利各地对圣人敬礼的中心。11 世纪晚期，波兰基督教在新修道院的基础上复兴起来。[22]

建立德意志教会

勃艮第和意大利的教会结构可以追溯到古典时代晚期，教区建立在当时罗马帝国行省的框架结构上。皇帝对意大利教会发展的主要贡献是鼓励教宗在南部建立新的机构，以抑制 10 世纪后期拜占庭的影响。这些举措确保了意大利有 26 个大主教区，而当时勃艮第只有 6 个，法兰西有 7 个，不列颠有 2 个，波兰和匈牙利各有 1 个。

查理曼与教宗合作，在短短 20 年内建立了德意志教会的总体框架。美因茨在圣波尼法修传教期间已是一个重要的基地，该地在 780 年被升为大主教辖区，监督莱茵河以东的所有传教事业。随后征服的速度越来越快，因此需要更多的教区，以便更严密地管理被新纳入法兰克王国的人口。科隆于 794 年被升为大主教，负责对德意志西北部和弗里西亚的传教任务。汉堡-不来梅最初是其下属主教区之一，但在 9 世纪 60 年代，它被提升为大主教区，负责易北河以东地区。巴伐利亚受加洛林王朝统治后，萨尔茨堡在 798 年被升为大主教区。帝国建立于 800 年，在那之前一年，查理曼和利奥三世在帕德博恩（Paderborn）举行会议，该地从 770 年起就是对抗萨克森人的主要军事和传教基地。会议同意将萨克森留在美因茨大主教辖区中，同时也确立了美因茨作为德意志首席大主教辖区的地位。[23] 800 年左右，特里尔被升为大主教区，管辖后来被称为洛林的地区，这成为该省最终依附于德国而非法国的一个原因。同时，贝桑松（Besançon）成为勃艮第大主教管区。

这个基本框架到 800 年成形，此后延续了 1 000 年。唯一的重大修改是奥托一世做出的，他所遇到的困难充分表明了地方贵族在帝国教会发展中的作用。奥托想要纪念他 955 年在莱希费尔德战胜了马扎尔人，还想促进易北河以东的传教活动的协作。在 962 年的皇帝加冕仪式上，他宣布要在马格德堡建立一个新的大主教区，其地位与美因茨的地位相当，当时美因茨可能会放弃对萨克森人的管辖权。勃兰登堡和哈维尔堡的主教区从美因茨转至马格德堡辖下。哈伯施塔特（Halberstadt）主教（也隶属于美因茨）被要求放弃部分教区，以创立一个新的主教区——梅泽堡（Merseburg）主教区，而在传教区的迈森和蔡茨（Zeitz）则会安排更多的主教。

由于奥托之子、美因茨大主教威廉的反对，这些工作被推迟至968 年。奥托一世于 973 年驾崩，他一心想实现的这个计划于是面临着被撤销的前景。教宗于 975—976 年调整了德意志的等级制度，重新确立了美因茨的首席地位，其权限范围也有所扩大，包括了973 年在布拉格建立的波希米亚主教区。[24] 981 年，马格德堡第一任大主教去世，奥托二世趁机解散梅泽堡主教区，将其资源和管辖区重新分配给哈伯施塔特、蔡茨和迈森主教区，它们都势单力薄。前梅泽堡主教吉泽尔赫（Giselher）得到了补偿，通过补缺晋升为马格德堡大主教。然而，级别较低的神职人员仍然深感不满，其中包括蒂特马尔（Thietmar），一位梅泽堡主教堂教士，他将 983 年斯拉夫人叛乱解读为上帝对解散他心爱的教区的惩罚。[25] 甚至皇室对此也存有分歧。奥托二世之妻提奥芳诺（Theophanu）支持蒂特马尔，而皇帝之母阿德尔海德（Adelheid）则支持古泽尔赫大主教，反对恢复梅泽堡的地位。皇家女眷之所以干政，是因为梅泽堡的解散影响了她们资助的女修道院的管辖权。998年，奥托三世下令恢复梅泽堡主教区，但是直到吉泽尔赫六年后去世，新国王亨利二世捐献巨款给马格德堡和哈伯施塔特作为补偿，这才得以实现。[26]

在设立马格德堡大主教区之后，就没有新的大主教区被设立了，但现有的教区经过细分后，主教区的数量增加了，帝国自12世纪起再次东扩，新的主教区也随之被创设。查理曼的领土上有180个主教区，其中45个直接受教宗控制。843年签订的《凡尔登条约》分割了帝国，很多教区被划分开，但德意志教会得到发展，截至973年，共创设了32个主教区和6个大主教区。截至1500年，大主教区和主教区总数超过50个，约为整个拉丁基督教世界数量的十分之一。还有9个主教区没有被包含在大主教区之内，另有5个独立于大主教的控制，因为它们被置于教宗的直接监管之下，比如亨利二世于1024年创立的班贝格主教区。[27]

修道院

8世纪时，人们就已将修道院视为教会等级中次于大主教区和主教区的第三个级别。修道院的辖区较小，起初比教区中心更符合祈祷者的修道理念。法兰克人的征服既激发了在当地进行教会基础设施建设的需求，又带来了建造这些设施所需的奴隶劳力。据说，查理曼修建了27座大教堂、232座修道院和65座宫殿。[28]此举改变了德意志的宗教圣地分布，原本德意志只有美因茨、科隆和特里尔拥有相对古老的教堂。一些重要的修道院可溯源至早期传教士修建的教堂，比如 612 年由爱尔兰修士在瑞士修建的圣加仑（St. Gallen）教堂，尽管实际的教堂只能追溯至 9 世纪 30 年代。与殉教的传教士的关系往往影响到选址，但王室和领主的倡议也十分重要。

资助教堂和修道院有助于维持领主家族的身份。奥托家族将自己的起源追溯至甘德斯海姆女修道院的虔诚创始人柳多尔夫和奥姐。甘德斯海姆的修女们为他们祈祷，这有助于延续奥托家族的记忆（memoria），女院长赫罗斯维塔（Hrotsvith）还撰写了奥托家族早期的历史。此外，奥托家族远不像加洛林家族那样遵循法兰克人分割继承的旧办法，因此，不能继承遗产的年幼或未婚子女更需要一个合适的去处。甘德斯海姆女修道院所有早期的院长，包括赫罗斯维塔，均是柳多尔夫和奥姐的直系后裔。[29]

资助触及的地方越来越广，王室资助更是如此，直到中世纪晚期，帝国都没有固定的首都，王室成员在帝国境内巡行时需要能供他们歇脚的地方。在家族结构中，大家族的亲戚关系所占比重大于父系血统，这也鼓励他们去资助不同的地方。比如，除甘德斯海姆外，奥托家族还将早先的加洛林城堡奎德林堡（Quedlinburg）发展为一个重要的家族修道院，此举是亨利一世的遗孀玛蒂尔达推动的。玛蒂尔达的身份是早先加洛林法律规定的受教规约束的女教士（canoness regular），因此她能成为奎德林堡第一位不需发愿成为修女的院长。[30]

帝国教会

随着帝国的发展，教会具备了基础设施，后来人们所说的帝国教会得到创立，并成为延续至 19 世纪初的政治秩序的主要支柱。

新创立的帝国教会有赖于新近获捐的土地，其中大部分是皇帝直接捐赠的。从 5 世纪到 8 世纪，法兰克人将大约三分之一的土地捐给了教会，但查理·马特将其中大部分世俗化，以资助他的军事行动。在查理·马特的孙子查理曼治下，捐赠恢复了，主要集中在莱茵河以东新征服的地区，在这些地区，从被征服族群那里获得的财产可以被重新分配出去。[31]

特里尔以北的普吕姆修道院（Prüm Abbey）特别受欢迎，该修院获得了分散在洛泰尔尼亚各处的 1 700 处地产，洛泰尔尼亚在 893 年就有 1.6 万至 2 万名居民。9 世纪，佛兰德斯的圣伯廷修道院（St Bertin Abbey）拥有 12 个庄园，庄园面积达 1.1 万公顷。972 年奥托二世与提奥芳诺结婚后，将根特附近的尼维尔修道院（Nyvel Abbey）赠予妻子，当时该修道院有 1.4 万名佃户。[32] 这些被当作采邑赠出，供受益人使用，但仍归王室所有。加洛林王朝最终实现了墨洛温王朝念念不忘的目标，即强制所有基督徒缴纳什一税。主教们负责协调征收，但什一税具体被分给哪些教会往往由国王决定。[33]

皇帝期待投资能有丰厚的回报。高级神职人员相当于一群可以随意使唤的臣下，而人数众多的世俗领主则不太好说话。教士们的建议总是得到重视，特别是因为他们受过教育，阅历开阔，人脉广泛。他们能利用得到的大量捐赠来为国王的战事和加冕之行提供军队。10 世纪末，教士们的负担越来越重，当时的德意志国王巡游帝国时不喜欢住在宫殿里，而喜欢与主教和修道院院长待在一起。刻薄的教士将王室的访问比作《圣经》中的蝗灾。[34]

然而，帝国教会从来不是只能为王室统治所用的工具，毕竟地位较低的领主也参与了这些安排。这一点很重要，因为它解释了为什么帝国教会会如此深地融入帝国的社会政治等级。在 9 世纪的内战破坏王室对修道院的监管之前,世俗领主已是地方上重要的捐助者。洛尔施(Lorsch)、富尔达和其他重要的帝国修道院在当地有额外的赞助人。[35] 一些修道院完全受当地领主控制,还有一些是领主在自己的土地上修建的。这些情况制造了一个领主管辖下的中层教会阶层,该阶层仅间接受皇权控制。加洛林王朝的领主会直接将修道院传给儿子们,直到始于 11 世纪 70 年代的主教叙任权之争期间,领主的这种控制才转为保护型权力(见第 47—53 页)。

在格列高利七世就任以前,领主的介入受到普遍欢迎。早期的传教士面临重重困难,需要贵族给予保护和帮助。直到 11 世纪,parochium(parish,堂区)和 sacerdos(priest,司铎)这两个词指代的依旧分别是教区和主教。神职人员仍居住在主教座堂所在城镇等有重要宗教意义的地方,前往外乡的小礼拜堂和教堂提供服务。修道院通过传教活动在周边建立卫星教会,成为周边教会的母会,进一步巩固了一开始就有的等级关系。随着教会越建越多,最初的大教区被分为较小的教区。到了 11 世纪,大多数教区下都有了数量众多的堂区,需要执事区来居间管理。确定如何控制什一税和其他资源的需要往往促成教区划分。[36] 从 10 世纪开始,人们对宗教服务的需求越来越大,格列高利改革提出了新的观念,1215 年后信徒每年都要告解,面对这些新情况,神职人员做出了回应。800年左右的加洛林法律中设想的教区结构终于在中世纪晚期成为现实,当时帝国内有 5 万个堂区,相比之下,英格兰有 9 000 个堂区,而整个拉丁欧洲共有 16 万个堂区。[37] 影响是深远的。基督教超越了精英阶层,成为受大众欢迎的宗教,教会的做法在此过程中也改变了许多。

将堂区"纳入"或者说分配给修道院、执事区或更高级别的管辖区，意味着堂区的资源要交出后者控制，包括什一税和其他对堂区教会的捐赠。委派堂区司铎的权力通常也会被一并移交。截至 1500 年，德意志一半的堂区经由这种方式被纳入了更高级别的辖区，司铎的工作往往被交给收入微薄的副司铎。这引发了大量不满，促成了后来的宗教改革，同时也说明管辖权重叠的情况越发复杂，帝国内部宗教、经济和政治利益之间的关联越来越深。

这些地方网络仍是居间性质的，受其上一级或多级臣属于皇帝的世俗权威的监管，同时从属于至少一级宗教权威，比如修道院院长或主教的权威。皇帝可以接受领主们大有权势，因为皇帝全面掌控帝国教会——包括有权任命大主教、主教和许多修道院院长，他们仍是得到皇帝封地的直属封臣。皇帝基本掌握着控制权，直到 1198 年布拉格主教区的世俗监管权转移到波希米亚国王手中。1344 年，布拉格被提升为大主教区，波希米亚教会脱离了美因茨的教权管辖，获得完全的自治。1448 年，腓特烈三世与教宗达成协议，独立的哈布斯堡属地教会随之成立；1469 年在维也纳和维也纳新城（Wiener Neustadt）设立的新主教区巩固了协议，腓特烈以奥地利大公而非皇帝的身份管辖这两个主教区。然而，这两个主教区在宗教方面仍归萨尔茨堡大主教管辖，尽管约瑟夫二世于 18 世纪 80 年代削减了萨尔茨堡大主教的权力。

"帝国教会制度"

在探讨宗教改革的影响之前，我们需要把眼光从帝国教会的结构上挪开，来关注其在中世纪帝国政治中的地位。君主在高级神职人员任命方面的影响力是重要的王室特权，在公元 919 年之后对奥托王朝的国王们更是意义重大。尽管普通神职人员普遍有妻妾，但高级神职人员保持独身，遵守教规，把自己与平信徒区分开来。因此，他们不能将获得的封地直接传给儿子或亲属，因此帝国世俗辖区中常见的世袭继承没有出现。因此，奥托王朝的君主们认为高级神职人员比主要的世俗领主更加可靠。君主越来越依赖帝国的高级教士，于是这个群体不再像加洛林时代那样由心怀四海的博学修士组成，而是变得更贵族化，在政治上参与更深，并创立了人们所说的"帝国教会制度"（Reichskirchensystem）。[38]

只要我们记住，就从政治上利用帝国教会而言，并不存在一以贯之的政策，那么"帝国教会制度"这个标签就是有用的。[39] 如何利用帝国教会，在很大程度上取决于当时的情形和参与者的个性。国王需要尊重当地利益，这不仅仅是教会法在形式上的要求，还因为无视当地利益会造成很大麻烦。11世纪的主教中，有三分之二要么出生在他们自己的主教区内，要么在就任主教前便已在教区内服侍。主教们与他们的教会"结合"，11世纪时，已经有了主教职分独立于个人的观念，主教们通过建造主教座堂、收集圣髑、获取领土来提高自己教区的地位。从前，理想的主教如同修士一般，而到了1050年左右，主教的理想形象就成了精力充沛、积极为羊群谋福利的牧人。[40]

巡回王室礼拜堂对国王的权势而言至关重要。这是加洛林家族的君主为在宫廷中提供宗教服务而创立的。10世纪50年代，奥托一世发展了这一制度，他鼓励世俗封臣将儿子送到礼拜堂接受教育，以此检验他们的忠诚度。很快，那些看上去有前途的人就得到了奖赏，当主教或修道院院长职位出现空缺的时候，他们就可以补上。人员流动很快，因而机会很多：亨利二世在其22年的统治期间，至少任命了 42 位主教。[41] 这种做法在亨利三世治下登峰造极，他任命的主教有一半是从王室礼拜堂里出来的。1050 年，在下萨克森戈斯拉尔（Goslar）的王宫里，圣西门和圣犹大修道院（St Simon and St Jude monastery）作为额外的培训学校成立了，这样培养的人才就更多了。与王室有联系本身并不足以保证主教是可靠的伙伴。亲戚关系至少同等重要，11 世纪，大领主和主教中有四分之一的人与国王沾亲带故。从长远来看，王室反为自己的成功所累。王室对教会的庇护增加了教会职位对领主的吸引力，领主们开始希望获得任命。后来的萨利安家族无法——也可能是不愿意——将主教职位开放给 11 世纪新出现的"家臣"*阶层，家臣是没有人身自由的封臣，他们对贵族势力可能起到了一些制衡作用。[42]

始于 950 年的人口增长和经济飞速发展是王室资助背后的另一个原因，国王认为高级神职人员是开发这些不断增长的资源的理想代理人。这就解释了为何后来奥托王朝和萨利安王朝的君主会加速将王室土地转变为帝国教会的土地，并赋予高级神职人员新的世俗权力，如铸币权和开市权，以及对犯罪和公共秩序的管辖权。这绝不意味着中央权威遭到了削弱，帝国只是用与帝国教会富有成效的伙伴关系，取代了相对低效的直接管理。亨利二世开始向一些主教捐赠帝国修道院，这些主教的辖区覆盖了王室控制力较弱的公国。

---

* 家臣（ministeriales），一个从 11 世纪后期开始被使用的术语，取代了 1020 年左右出现的"仆佣"（servientes）。家臣是不自由的骑士，他们受封建领主的奴役，以换取封地，因此根据他们（不自由）的出身而不是自愿原则来承担兵役。有些人还被聘为行政人员。家臣制度在德意志、布拉班特和洛林是独一无二的，在帝国或欧洲的其他地方是没有的。他们逐渐进入贵族阶层，在 1500 年之前将基于奴役的关系转换为更传统的附庸关系。

例如，帕德博恩主教迈恩瓦尔德（Meinward）收到了好几所修道院，这样他便能和强大的萨克森公爵势均力敌。梅斯、图勒和凡尔登主教都被扶植起来，以制衡上洛林公爵。意大利的主教们在10世纪初就已获得了伯国的管辖权，类似做法延伸到德意志，亨利二世于1056年把德意志的54个伯国转入了主教手中。[43]

这就解释了为何萨利安王朝的早期君主没有看到11世纪改革中"教会自由"运动的威胁，因为它似乎能将有价值的地产从可能不好对付的世俗领主的掌控中释放出来。主教们也乐于拥有更大的权力，这样他们就能够征调农民和资源去修建大教堂。框架结构等新技术的发明让建筑可以造得更壮观，教士们的雄心也更大了。1009年，迈恩瓦尔德抵达帕德博恩还不到四天，就下令拆除修建一半的大教堂，改建更大规模的教堂。与此同时，他在美因茨的同僚启动了一项耗资巨大的建设计划，以巩固自己作为德意志首席教士的地位。主教们也采用了奥托二世引入王室的象征手法，在雕像和画像里他们都是坐在宝座之上的。[44] 此时，主教和王室仍然互惠互利，给彼此增光添彩，国王们也投身于建筑热潮。亨利三世极大地扩展了施派尔大教堂的规模，使其成为11世纪中期阿尔卑斯山以北最大的宗教建筑，并留出了189平方米的教堂中庭作为王家墓地。两座相同高度的塔楼象征着王室权力和教会权力的对等，西面柱廊上方设有放置宝座的房间，皇帝可以在那里望弥撒，这些设计后来被照搬到许多其他的大教堂里。[45]

当然，即便是在11世纪70年代主教叙任权之争爆发前，双方的关系也不总是融洽的。最臭名昭著的例子就是科隆大主教安诺二世（Anno II）、汉堡-不来梅大主教阿德尔贝特（Adelbert）和奥格斯堡主教海因里希二世（Heinrich II）在1056—1065年为亨利四世摄政期间的互相倾轧，这显示了个人品性在帝国政治中的重要性。安诺想要独揽大权，1062 年 3 月 31 日，他说服年幼的国王登上了一艘停泊凯撒斯韦特（Kaiserswerth）行宫外、莱茵河中一座岛边的船。国王登船后，安诺的同伙立即开船。亨利为了逃跑跳入河中，但被不伦瑞克伯爵艾克贝特（Ekbert）捞了上来，船向科隆驶去，对外宣称是为了保护国王的安全。[46]

世俗领主并不是总与帝国主教合作，比如，他们反对阿德尔贝特将汉堡-不来梅恢复为波罗的海地区和斯堪的纳维亚唯一大主教区的计划。阿德尔贝特利用摄政的权力取得了额外的封地，计划把12 个北德意志主教区纳入自己的管辖。1066 年，萨克森的领主们迫使亨利四世勒令阿德尔贝特交出三分之二的财产给他们的两位领袖。阿德尔贝特缺乏世俗支持，其后果在那年晚些时候显露出来，当时发生了 983 年以来最大的一次斯拉夫人叛乱。阿德尔贝特的狂热传教激起了反对，不信基督教的文德人（Wends）烧毁了汉堡和石勒苏益格，向拉策堡（Ratzeburg）的基督徒投掷石块，还杀死了己方一位与阿德尔贝特合作的王公。[47]

主教叙任权之争后的帝国教会

主教叙任权之争改变了教会与皇帝的关系，但没有削弱教会的政治作用。修士般的主教，这样的理想形象再次出现，对基于政治利益的任命提出了质疑，但由于贵族有接受最佳教育的机会，能够继续支配教会中的高级职位，情况并没有什么变化。1122 年的《沃尔姆斯宗教协定》规定，各地神职人员和平信徒可以选举他们的主教。而事实上，到了 12 世纪，大部分人已因主教座堂和修道院教士团的兴起而被排除在外，教士团的成员包括在俗教士，他们是没有起誓成为修士的高级神职人员，负责管理教会的世俗事务。王室礼拜堂已基本失去政治意义，因为现在想要成为主教，就需要在当地教士团中获得影响力。相比之下，法国的国王在中世纪晚期时就取代了教士团在选举中的作用。[48]

虽然《沃尔姆斯宗教协定》允许国王出席选举，但是国王的行程很难和每个主教的死亡和继承都协调起来。康拉德三世在其统治时期的 36 次主教选举中有 8 次在场记录，而腓特烈一世在他治下的 94 次主教选举中只有 18 次出席。尽管如此，君主仍然保留了相当大的影响力，可以派遣特使表达意见，还能通过任命自己中意的人为教士来间接影响选举。1140 年左右的代际更替也助了君主一臂之力，如今在帝国教会中掌权的，是没有参与过主教叙任权之争，也能更务实地看待王室影响力的人。

这就解释了为什么在斯陶芬王朝时期，世俗管辖权被更多地转移到帝国教会，斯陶芬家族的君主给予主教的不仅限于伯国，在 1168 年后，还授予他们公国的权力。新的关系被写入了于 1220 年 4 月颁布的宪章，该宪章偏向已被公开称为"教会君主"（ecclesiastical princes）的一方。[49] 这个统一的教会的土地是一种特殊的帝国封地[*]，持有者是由修道院或主教座堂的教士团选举出来的高级神职人员。就像世袭的世俗领主一样，只有在皇帝确认他们的地位之后，教会诸侯才能行使他们的特权。他们世俗权威的基础是逐渐积累起来的

---

[*] 封地（fief），术语"feudum"和"feodum"是从古高地德语中演变而来的拉丁语单词。它们出现于 9 世纪，越来越多地等同于"恩地"（benefice），在 12 世纪中叶之后取代了该术语，不过使用情况不可一概而论。这两个词在一个世纪后才在德意志东北部得到使用。自 1166 年起，"fief"和"benefice"都被理解为与附庸关系相关，并且意味着其领主臣属于级别更高的领主。

世俗管辖权和物质财产，现在这些与他们的修道院或教区永久相关联。辖区分布范围很广，加起来覆盖了德意志王国三分之一的土地，但它们仍然是皇帝权威下的直属封地，得到这些封地的人有义务为皇帝提供建议、军队及其他帮助。同时，教会诸侯行使宗教管辖权，管辖范围通常远远超出他们的土地，并延伸到附近世俗的世袭领主拥有的领地。这种宗教管辖权因不断有新的堂区被纳入教区而得到加强，并包括监督当地神职人员和宗教活动的权力。

从 13 世纪开始，按领地分配管辖权的趋势出现了，辖区的划分更加明确、更具排他性，修道院院长和主教也参与其中。然而，与世俗领主不同，教会诸侯深受 1250 年前后斯陶芬王朝终结的影响，因为从那以后直到 14 世纪，君主实力都比较弱，给教会的好处和封地都减少了。有修女的修道院受打击最大，12—13 世纪，许多这样的修道院被并入世俗保护者的领地，就此消失了。[50] 如今，与较大的世俗诸侯相比，许多修道院院长和主教掌握的资源不足。在裁定何为犯罪方面，如果宗教管辖权与世俗领主的权力冲突，世俗领主就会想办法限制宗教管辖权，特别是从 13 世纪开始，人们越来越强调个人虔诚和道德，对哪些行为属于不端的看法发生了改变。教会诸侯为防破产将土地典当给附近的世俗诸侯，这类土地经常不能收回。一些教会诸侯签订了保护和约，将许多职责，包括履行帝国封臣的义务交由世俗领主代行。长此以往，这些协议疏远了教会诸侯与帝国的关系，到了 15 世纪后期，包括勃兰登堡和迈森在内的 15 个主教区已经走在完全被纳入世俗诸侯国的路上了。

殖民

1066 年，斯拉夫人再次叛乱，破坏了 983 年以来人们在德意志东北部重建教会机构的努力。1140 年左右，帝国和帝国教会才开始恢复扩张，但这一次扩张一直持续到整个波罗的海南岸几乎都被基督教化并被纳入帝国。至少从 8 世纪开始，易北河以东地广人稀的林地就吸引着西方定居者，但移居在 1100 年以后才变得普遍和有组织。19 世纪的历史学家深知德意志在欧洲列强掠夺其他民族土地的混战中落了下风，他们采用了帝国主义全盛时期的语言，将这种移居行为称作开拓"处女地"和传播先进文化的"东进运动"（Drang nach Osten）。[51] 事实上，东进移民是整个帝国更广泛意义上人口流动的一部分，流动过程伴随着砍伐森林、排干沼泽、开垦土地和城市化，而这些往往是在被视为"有人定居"的地区发生的。人们还向欧洲其他地区移民，例如西班牙人迁往埃布罗河（Ebro）以南的阿拉伯人土地，意大利南部的人在诺曼人征服西西里之后迁往西西里。[52]

最初的驱动力来自荷兰、佛兰德斯和下莱茵人口较为稠密的地区，1100 年左右，来自这些地区的人就已移居到不来梅附近的萨克森西部土地上。12 世纪，弗拉芒人和荷兰人也继续向东，跨过易北河进入阿尔特马克（Altmark）和勃兰登堡等萨克森东部地区，后来，萨克森和威斯特伐利亚也出现了一轮又一轮移民潮。来自德意志中部的黑森人和图林根人向东移居到易北河和萨勒河中游之间的地区，这个地区后来成为萨克森选侯国。12 世纪和 13 世纪，共有 40 万人越过易北河，易北河另一边地区的人口激增了 8 倍，而在接下来的 250 年中，那里的人口只增加了 39%。[53] 12 世纪晚期，南德意志人加入来自卢森堡和摩泽尔地区的移民潮，穿越匈牙利，在特兰西瓦尼亚（Transylvania）定居。萨克森人、莱茵兰人和图林根人也向北前往波罗的海沿岸，而意大利人则越过阿尔卑斯山在德意志定居。新的波兰城镇吸引了德意志人、意大利人、犹太人、亚美尼亚人和鞑靼人，而波兰定居者则前往立陶宛、普鲁士和后来的俄罗斯。

每群人都有自己的法律制度，尽管大多数人都生活在所谓的"德意志法律"下。德意志法律总是混杂着多种元素，有些来自佛兰德斯。一拨又一拨的移民向东进发，法律也随之更动，出现了西方没有的全新元素。来自吕贝克、马格德堡和其他重要城市的某些宽泛的法律模式，成为新的东部定居点法律的范例。[54]

法律方面的安排有助于解释人口迁徙的原因。虽然移民由人口密度高的地区驱动，但人口过剩并不是移民的主要原因。正如弗拉芒移民们所言："我们要一起去东方……那里有更好的生活。"[55] 新法律能更好地保护产权，其规定的遗产税更低，封建义务也更轻。正如 13 世纪德意志谚语"死亡、匮乏、面包"所表达的那样，移民处境艰苦：第一代人面临死亡的威胁，第二代人经历匮乏，第三代人才终于有了面包。东部的领主用给予更多人身自由的承诺吸引人们到他们人烟稀少的领地上定居。斯拉夫领主也参与其中，比如波兰王公西里西亚的"大胡子"亨里克（Henryk the bearded of Silesia），他召唤 1 万名德意志人来他 1205 年建立的 400 个新村庄里定居。[56]

新移民总是不受信任，尤其是因为他们享受着原先居民所没有的特权，而原先的居民依旧依附于庄园。新移民相继到来，同化的速度也放缓了。一开始有大批移民到来的地区发生了显著变化，勃兰登堡就是一个例子，到 1220 年，那里讲斯拉夫语的文德人就只占人口的三分之一了。到了 15 世纪，移民们已普遍与当地原先的居民融合，不过一些斯拉夫地区还是保留了自己特征，最突出的是今日仍是独特族群的索布人，他们住在德意志东部的包岑

（Bautzen）和科特布斯（Cottbus）周围。德意志人仅占普鲁士人口的40%，斯洛文尼亚人则在克赖因（Krain）和下施蒂里亚（Lower Styria）占有人口优势。移民既有可能同化当地人，也可能被当地人同化。抵达普鲁士和波兰农村地区的德意志人被波兰化了，虽然他们主要居住在城镇，但情况并不总是如此，到了16世纪，克拉科夫的人就不再讲德语了。面对随18世纪新一轮东进移民潮到来的德意志人，中世纪定居者的后代往往怀有敌意。[57]

殖民定居的初始阶段伴随着严重暴力，这巩固了边界意识，导致了德意志身份认同和斯拉夫身份认同的长期对立。额外劳动力的到来让边境社群不像以前那样那么需要掠夺奴隶，而更往东的斯拉夫社群则继续发动袭击并掠夺俘虏。再加上物质和技术差异等因素，德意志社群产生了文化上的优越感。[58]

北方十字军

帝国东扩时用了"神圣战争"这一新说法，激起了敌意。早在10世纪，教宗就为战士和他们的武器祝福，从1053年开始，教宗还会赦免与敌军作战者的罪。最初，赦罪是给予同诺曼人作战的人的，从1064年起，与穆斯林作战的人也可以获得赦罪。格列高利七世将他的敌人贬为异端，为后来的十字军运动奠定了基础。充满意识形态冲突的主教叙任权之争塑造了对暴力的新观念，包括将基督教世界视为和平之国，在其中杀人被谴责为谋杀，而在基督教世界之外的地方消灭异教徒则被认为可以荣耀上帝，在战斗中死去的基督徒被认为是可以直接升入天堂的殉道者。

这些信念最具体地表现为新的军事修会的建立，其成员将修道誓言和保护前往圣地的朝圣者这一责任结合起来。圣殿骑士团今日广为人知，但在帝国历史中却并不重要；成立于 1099 年的医院骑士团就不一样了，该骑士团成员在帝国被称为"圣约翰骑士"（Johanniter）。1150 年，医院骑士团在杜伊斯堡（Duisburg）建立了第一个德意志会堂。1190 年，条顿骑士团在圣地成立，截至 1261 年，该骑士团在下莱茵地区已经有了 7 个会堂。[59]

1071 年，拜占庭军队在曼齐克尔特（Manzikert）战役中惨败于突厥人之手，拜占庭皇帝不得不向其轻视的拉丁人寻求援助。1095 年 11 月，第一次真正意义上的十字军运动终于由教宗乌尔班二世在克莱蒙会议上发起。这项雄心勃勃的计划在开始阶段令人意想不到地轻易取得了成功，1099 年，十字军占领了受穆斯林统治 463 年的耶路撒冷，还在圣地建立了新的十字军国家。然而，第二个目标——东西方教会重新联合——很快被证明无法达成，因为教宗坚持自己的地位高于君士坦丁堡牧首。到了 1105 年，教宗已在积极怂恿诺曼人去征服拜占庭，这样资源就被用到了别的地方，在接下来的三个世纪最终导致整个十字军运动失败。[60]

早在 1102 年，十字军的理念就被用于反对西方基督教会的敌人，当时在争夺康布雷主教区的过程中，教宗帕斯卡尔二世用这种理念来支持亨利四世的一个反对者；主教叙任权之争的最后阶段颇为混乱，局部冲突频发，这是其中一次。格列高利九世和英诺森四世则将十字军的概念扩大化，在教宗与斯陶芬家族冲突的最后阶段，他们与腓特烈二世作战时，用的是原本要被派到圣地的军队。

在意大利之外，十字军理念推动了帝国的扩张。后来被称为"北方十字军"的运动是 1147 年教宗宣布开辟的第二战线，其攻击目标是易北河以北的文德人和其他斯拉夫人。发起人是荷尔斯泰因伯爵阿道夫二世，他将斯拉夫人从瓦格利亚（Wagria）驱逐出去，用弗拉芒和德意志定居者取而代之，这些定居者中的许多人参与了1143年吕贝克新城的营建。这样的举动被官方认可为十字军运动，从而吸引了德意志人、丹麦人、波兰人和一些波希米亚人参加阿道夫的军队，让他可以干更大的事。"想得到赎罪券的话，到这条战线作战代价小，花掉去耶路撒冷朝圣所需的一小段时间就行了。"[61] 事实证明，波兰人和波美拉尼亚诸公爵的配合对成功至关重要。这些斯拉夫王公在自己的土地上推广基督教，想要以此增加自己的权威和财富。有了他们的参与，原本仅限于易北河北岸地区的北方十字军运动范围扩大了，向东沿波罗的海沿岸穿过普鲁士，扩展至现在的爱沙尼亚、拉脱维亚和立陶宛。这个地区的大部分在1224年前就被征服了，教宗批准成立的宝剑骑士团（Knights of the Sword）起了作用，这个新的军事修会很快成为里加以北地区，也就是利沃尼亚（Livonia）的统治者。

11世纪晚期，异教的普鲁士人被从维斯瓦河（Vistula）河口驱逐出去，不料他们入侵了波兰的马佐夫舍公国（duchy of Masovia），康拉德公爵不得不在1226年请求援助。条顿骑士团做出了回应，这个骑士团先前被派去匈牙利作战，但不服控制，在1225年被赶了出去。1240—1241年，蒙古人大举入侵，杀死大批波兰精英，十字军行动一时陷入混乱。虽然蒙古人很快撤退，但教宗英诺森四世在1245年宣布在波罗的海发起永久性的十字军运动，这让条顿骑士团能定期合法招募成员。经过四次激烈的战斗，到1280年，骑士团已牢牢控制住了普鲁士。[62]

对于实现了自查理曼以来帝国最大规模扩张的殖民活动和北方十字军运动，皇帝几乎没有参与。虽然腓特烈二世向条顿骑士团颁发了自己的授权，但骑士团自行其是，建立自己的国家，条顿骑士团国在 1500 年前后屈服于复兴的波兰（见第 228—230 页）。1525 年，（当时还）没有那么重要的霍亨索伦家族将普鲁士的骑士团领土世俗化，但这并没有影响到骑士团的其他 12 个管辖区，它们横贯莱茵兰、德意志中南部和奥地利。骑士团保留了十字军的特权，对德意志贵族仍极具吸引力。任何土地只要被捐赠给骑士团，与其相关联的债务就能立即被免除。条顿骑士团的大团长依旧以德意志为基地，在 1494 年升为帝国王公；1548 年，圣约翰骑士团的大团长也升至此位。升格的举措将两个骑士团及其首领纳入了帝国教会，他们的土地也立即成为帝国的直属封地，尽管圣约翰骑士团仍属于一个以马耳他为基地的国际性组织。条顿骑士团大团长保留天主教信仰，但在宗教改革后，骑士团也接受新教贵族加入。[63]

胡斯派

北方十字军运动过去一个世纪后，帝国发起了最后的内部十字军运动，针对的是波希米亚的胡斯派，胡斯派是宗教改革以前影响最大的异端运动，也是 1524—1526 年德意志农民战争以前最大的民众暴动。中世纪晚期对个人信仰的关注与书面文化的发展结合起来，使异端更容易被认定为偏离官方文本和实践的行为。胡斯派从布拉格大学校长扬·胡斯（Jan Hus）那里受到启发。1415 年，扬·胡斯被处以火刑，因为卢森堡家族的国王西吉斯蒙德违背了在康斯坦茨大公会议（1414—1418）上做出的保证胡斯安全的承诺。尽管胡斯派于 1417 年建立了自己的国家教会，但他们的运动很快就分裂成千禧年主义的他泊派（Taborites）——该派从小镇他泊（Tabor）开始传播，还有温和的饼酒同领派（Utraquists）——此名来自他们领圣餐时"同时领"（sub utraque specie）饼和酒。1419 年，为反对西吉斯蒙德登基成为波希米亚国王，各派重新团结合作了一小段时间，征服了王国的大部分地区。

西吉斯蒙德因 1420—1431 年的五次远征而被教宗免罪。虽然呼吁是向整个基督教世界发出的，但十字军成员大多来自德意志、荷兰和匈牙利（西吉斯蒙德也是匈牙利国王）。1427 年，一支由 3 000 名军士组成的英格兰军队抵达欧洲大陆，但他们被派去与圣女贞德（Jeanne d' Arc）作战，从而参与了百年战争——这是利用赎罪券来实现世俗目标的又一个例子。胡斯派果决坚定，战术优越，加上奥斯曼土耳其人再度入侵，皇帝需要同时与他们作战以保卫匈牙利，帝国的反攻被击退了。

1436 年，波希米亚天主精英和占人口大多数的饼酒同领派达成协议，局面终于稳定下来。饼酒同领派向罗马正式表示顺服，作为回报，罗马也容忍饼酒同领派的做法。教宗的失败比帝国更甚。有史以来第一次，教宗允许异端阐述自己的观点，还做出了重大让步。西吉斯蒙德的统治在波希米亚是稳固的，但这一事件极大促进了宪制改革，最后使帝国在 1500 年左右固定为最终形态。尽管波希米亚有着独特的宗教形态，甚至在 1458 年还出了一位公开认可饼酒同领派的国王波杰布拉德的伊日（Jorge Podiebrad），但波希米亚仍留在帝国之内。[64]

作为犹太人保护者的皇帝

犹太人和帝国

帝国犹太人的故事颇类似帝国自己的历史：远非完美，偶尔悲惨，但比其他地方或其他时代还是要好些。虽然在大部分历史叙述中，犹太人都处于边缘，但犹太人的历史揭示了帝国社会秩序和政治秩序的重要方面。查理曼恢复了晚期罗马皇帝对犹太人的保护，5世纪西罗马陨落后，犹太人在后继的大多数日耳曼王国中保有被法律承认的地位。犹太人为加洛林王朝的艺术和商业做出了重大贡献，特别是通过他们作为中间商，加洛林王朝将俘虏的斯拉夫奴隶作为奴隶兵贩卖给伊比利亚的穆斯林军队。1000年，阿尔卑斯山以北的帝国区域有约2万名阿什肯纳兹犹太人（Ashkenazi Jews，德系犹太人），他们主要分布在美因茨、沃尔姆斯和其他莱茵兰的主教城镇。[65]

加洛林王朝和奥托王朝的精英对犹太人的心态很矛盾，他们意识到犹太人和基督徒都使用《旧约》，但只有犹太人才能阅读希伯来原文。[66]帝国的保护时常虎头蛇尾。奥托二世经常赋予主教管辖犹太人的权力，作为促进主教城市发展的更广泛特权的一部分。环境不好的时候，可能会出现针对犹太人的惩罚性措施，特别是在不太宽容的亨利二世统治时期。1012年，2 000名犹太人被驱逐出美因茨，但相关法令第二年就被撤销了。[67]

最重要的举措出现在1090年，亨利四世赋予犹太人一项普遍特权，它是以两个多世纪以前路易二世授予个人的特权为蓝本的。可能是由于沃尔姆斯和施派尔的犹太人数量大增，亨利担任了"帝国犹太人保护者"（Advocatis Imperatoris Judaica）一职。由此确立的安排一直存续到帝国于1806年灭亡。保护犹太人的经济、法律和宗教方面的权利被当作帝国的特权，将帝国的威望和有效的保护联系起来。与帝国的其他安排一样，执行情况常因形势而改变，保护权则往往和其他特权一起被转交给与当地联系更密切的人物。实际执行很难一以贯之，但随着时间的推移，犹太人的特权被织入了帝国法律的大网，一直到近代早期，犹太人都因此得到了惊人的自治和保护。

现代出现了多元文化主义思潮，崇尚平等，认为多元化本身就是好的，前现代的容忍与这些并不是一回事。犹太人受到保护，前提是接受二等公民的地位。多元化会引起担忧，但也被认为是有益的。犹太人有特定的社会经济角色，有些基督徒不愿做或不能做的事，他们可以做。他们还扮演了文化角色，即作为"他者"强化基督徒团体身份，而这往往代价颇高。

大屠杀和勒索

1096 年，亨利四世被北意大利的敌人困住，无法阻止德意志历史上第一次严重的大屠杀，帝国的保护几乎立即失效。1095 年 11 月，教宗宣布发起第一次十字军运动时，恰逢洪水泛滥和饥荒。法国的传道人传播犹太人是高利贷者和"杀死基督者"这样的常见指控，呼吁十字军在前往圣地的途中清除他们。这支十字军从教宗那里得到赎罪券，获得了杀人的许可，他们从鲁昂向东进入帝国后到处破坏，贫穷的德意志骑士也趁机加入他们。犹太人受到逼迫，不改宗就得死，在十字军沿莱茵河而上时，许多犹太人只得自杀。只有亲帝国的施派尔主教约翰（Johannes of Speyer）使用武力来维持帝国的保护。亨利在 1097 年设法逃回德意志后，立刻指责美因茨大主教鲁特哈德（Ruthard）对大屠杀负有责任。尽管鲁特哈德抗议，但被强迫改宗的犹太人还是获准可以重新信仰犹太教。帝国保护再次得到确立，被纳入 1103 年帝国公布的公共和平条例 * 之中。[68]

---

* 公共和平条例（public peace），1495 年公布的《和平条例》（Landfrieden）是永久性的，它要求所有领土放弃暴力并将争端提交给帝国法院仲裁。进一步的立法，特别是 1555 年至 1570 年间的立法，加强了该决议。

1188 年 3 月，腓特烈一世迅速采取行动防止大屠杀重演，当时有 1 万人聚集在美因茨领取十字架，准备参加第三次十字军运动。他公开称赞忠诚的犹太人，当暴徒动用武力威胁时，帝国元帅"带上随从，用手中的棍棒……打伤他们，直到他们散去"[69]。

腓特烈二世于 1234 年更新亨利四世的立法时做了一个重大调整。和他的许多行为一样，这并没有看起来那么进步。对于大屠杀常用的借口，即犹太人举行仪式谋杀儿童，皇帝腓特烈二世大力反对。1235 年的圣诞节，5 名基督教儿童死于房屋失火，此后富尔达的基督徒杀死了 30 个犹太人。人们认为事关重大，将此案移交至腓特烈的皇家法庭，法庭公开驳回了仪式谋杀这样的借口，并在第二年初重申了帝国对所有犹太人的保护。在腓特烈法律的启发下，匈牙利（1251）、波希米亚（1254）和波兰（1264）也采取了类似的措施。然而不幸的是，几十年前教宗英诺森三世将宗教仇恨带入世俗法律的做法，也被腓特烈的法律采用了。英诺森提出，犹太人继承了杀死基督的罪孽，因此应当受到永久为奴的惩罚。这一点在腓特烈 1236 年的判决中有所表现，该判决规定帝国的犹太人是"国库的奴仆"（Kammerknechte）。[70]犹太人需要每年缴纳税金才能得到保护，此税自 1324 年起被称为"献祭金"（Sacrificial Penny），每个 12 岁以上的犹太人都要缴纳；此外，每位新王登基时都要征收"加冕税"。

帝国对犹太人的保护并不周全。1241 年，法兰克福 200 人的犹太社区里，有四分之三的人死于大屠杀；犹太人便与其他移民一起前往东部以寻求更好的生活。尽管如此，西班牙的情况应该差不多，英格兰和法国的情况还要糟糕。[71]更重要的是，尽管王室权力在 1250 年后有所衰弱，但帝国仍维持对犹太人的保护，这进一步表明，在帝国历史上，"权力分散"不应被误读为"衰弱"。13世纪晚期的君主会向领主出售或下放犹太人保护权，这是一种换取支持的策略。因此，犹太社区及保护犹太人的领主的数量成倍增加，到14世纪中叶，德意志已经有了350个犹太社区。

对犹太人的保护并没有马上因此加强，因为保护犹太人主要是君主的责任，而君主有可能改变方针，比如查理四世，他的方针转变带来了致命的后果。查理在1346年内战期间掌权。教宗对他的前任路易四世处以绝罚，导致帝国大片地区到1338年都还没有办法举行基督教仪式，从而引发了焦虑，十年后的黑死病肆虐更是大大加深了人们的焦虑。查理为了获取支持，鲁莽地利用手中大权鼓励屠杀犹太人，甚至用给予豁免权来换取从战利品中分一杯羹。纽伦堡有600名犹太人被杀，犹太会堂的废墟上建立了圣母堂，而整个帝国只有约50个社区通过支付巨额赎金幸存下来。[72] 1356年，在巩固查理与帝国权贵新联盟的《金玺诏书》中，保护犹太人的特权（Judenregal）被包含在选侯拥有的更广泛的权利中。他的儿子兼继承人文策尔再次采用这种可耻的勒索办法，允许士瓦本各城在1385年6月抢劫犹太人，从这些城市那里获得了4万弗罗林；五年后，文策尔与几位王公一起故技重施。与此同时，犹太人面临越来越多的歧视，包括被排除在长途贸易之外。帝国权贵仍是背后的重要推手，他们对犹太人课以重税，这又迫使犹太人向基督徒客户收取更高的贷款利息。[73]

近代早期的保护

尽管如此，从长远来看，将犹太人保护权下放，有助于遏制上述那种滥用权力的现象，因为与犹太人保持良好关系对越来越多的人有利。在不景气的 14 世纪里，各个领主和帝国城市 * 更愿意与犹太人和平共处。雷根斯堡和乌尔姆拒绝配合查理的举措，而法兰克福虽然在 1349 年驱逐了犹太人，却在 1360 年允许他们返回。犹太社区蓬勃发展，从 15 世纪晚期到 1522 年，犹太社区的数量翻了一番，达到 250 个，此后数量剧增，到 1610 年达到了 3 000 个，犹太人口占总人口的 11%。[74] 哈布斯堡家族的阿尔布雷希特二世是最后一位试图敲诈犹太人的君主，尽管犹太人的财富和人口都已增加，但他没能拿到太多资财。[75]

他的继任者腓特烈三世声称犹太人是自己的直接臣属，从而重新启动了帝国保护。他也希望能搞点钱，但这次是通过常规的"献祭金"，他还强烈抵制基督徒要求再敲诈犹太人的呼声。他被批评为过于软弱，被嘲笑为"犹太人的国王"。[76] 腓特烈于 1493 年去世，在那个时代，世事起了积极的变化。人文主义者和早期新教改革者对希伯来语感兴趣，认为希伯来语是理解基督教源头的手段。塞巴斯蒂安·明斯特尔（Sebastian Münster）的著作《希伯来语》（Hebraica）卖出了 10 万册，成为世界上最早的一批畅销书之一。腓特烈的继任者马克西米利安一世本人反犹，但他听了人文主义者约翰内斯·罗伊希林（Johannes Reuchlin）的劝说，没有重启迫害犹太人的行为，罗伊希林在 1511 年提出，犹太人自古典时代晚期起就是罗马公民。

社会经济状况迅速变化，宗教改革激发了人们的热情，宗教改

---

* 帝国城市（Reichsstadt），皇帝直辖的城市，区别于地方城镇。其他以"帝国"为前缀的术语也表示皇帝直辖之意，如帝国骑士、帝国伯爵、帝国高级教士等。

革者因未能将犹太人转变为新教徒而感到失望，这些都在 1530 年前后造成了更紧张的气氛。从 1519 年到 1614 年，至少有 13 个新教和天主教的领地和城市驱逐了犹太人，剩下的主要犹太社群分布在法兰克福、弗里德贝格（Friedberg）、沃尔姆斯、施派尔、维也纳、布拉格和富尔达修道院的领地。在整个近代史上，反犹主义一直是乡村抗争以及城市抗争的一个阴暗面。然而，王公们继续获得对犹太人的保护权，因而从 16 世纪 70 年代开始，菲尔特（Fürth）、明登（Minden）、希尔德斯海姆（Hildesheim）、埃森、阿尔托纳（Altona）、克赖尔斯海姆（Crailsheim）和威斯特伐利亚公国建起了新的犹太人社区。其他一些地方，例如安斯巴赫（Ansbach），则重新接纳先前被驱逐的犹太社群。新的保护模式再次改变了犹太人聚居的特点，现在犹太人聚居的地方已不限于帝国城市和王公所在的城镇，而是扩展到农村。16 世纪 80 年代，逃离荷兰起义的难民在汉堡建立了帝国的第一个塞法迪（Sephardic）犹太人社区。

犹太人与帝国法

皇帝鲁道夫二世（1576—1612 年在位）对犹太文化表示出浓厚兴趣，把路德的反犹主义书籍列为禁书。[77] 但在改善犹太人的状况方面，帝国发展出混合君主制是更为重要的原因。与集权君主制不同，在混合君主制下，容忍不依赖于个别君主的心血来潮。犹太人保护权被下放后，这份责任被织入了帝国法律所珍视的特权和权利网。1530—1551 年，帝国保护被延长了五次，还被写入帝国议会所有帝国政治体通过的法律，用各政治体的诚实和名誉来确保人们遵守。1530 年的法律的确强迫所有犹太人佩戴黄星。但人们普遍无视这项规定，1544 年的帝国议会更是正式将其废止。对犹太人的任何形式的骚扰都被禁止。犹太人得到保证，他们可以自由迁徙，他们的财产和会堂将受到保护，他们不会被强迫改宗，还获许收取比基督徒更高的利率。犹太自治政府也获得了法律承认。[78]

当地政府在驱逐犹太群体之前必须获得上级的许可。犹太人个人仍受许多限制，例如在城市中没有完全的公民身份，但他们可以拥有财产，甚至可以持有武器，也可以在更大范围内参与帝国生活，包括使用帝国邮政服务。帝国刑事司法对宗教保持中立。偏见肯定会影响判决，但是在 15 世纪 90 年代新成立的两个帝国高等法院很重视遵守正式程序，例如，犹太犯人可以参加宗教活动，即使他们没有提出要求。[79]

像农民和其他弱势群体一样，1530 年之后，犹太人能够更有效地利用帝国法律来维护自己的权利。例如，皇帝斐迪南一世自己的帝国宫廷法院[*]无视皇帝的反犹立场，反对沃尔姆斯市议会驱逐犹太人的决定。[80]此类案例具有更广泛的意义，因为人们普遍认为帝国的司法制度有缺陷，这种看法源于 16 世纪晚期狂热的新教徒系统地诋毁他们的天主教敌手，而诋毁的话语大多被后世历史学家当作事实。正当一些新教王公大声抱怨宗教偏见时，犹太社区默默获得了有效的法律保护，免遭权贵和市民的迫害。[81]

臭名昭著的"菲特米尔希事件"（Fettmilch incident）最能证明这一点，这是 14 世纪中期至 20 世纪 30 年代之间最严重的反犹暴动。[82]1600 年前后，法兰克福出现了一系列问题，包括税收越发苛刻，薪水越发微薄，政府日益趋向寡头政治，与普通居民脱节；那

---

*　帝国宫廷法院（Reichshofrat），1497 年成立的帝国宫廷法院，旨在保障皇帝的特权。1558 年后，它发展成为与帝国最高法院并列的第二个最高法院。

里的犹太社群成了替罪羊。工匠领袖文森茨·菲特米尔希（Vincenz Fettmilch）指责犹太人和贵族剥削穷人，还煽动暴民袭击市政厅和自 1462 年以来该市犹太人的聚居区，杀了 262 人，掠夺了在 1612 年价值 17.6 万弗罗林的财物。暴力蔓延至沃尔姆斯，犹太人遭到驱逐。虽然暴乱猝不及防，但惩罚迅速有效，菲特米尔希和六名同伙被处决，法律禁止其他城市驱逐犹太社群。1617 年，沃尔姆斯被迫重新接纳犹太人。犹太人总共向帝国最高法院[*]提起了 1 021 起诉讼，这些案件占 1495—1806 年所有案件的 1.3%，而他们仅占帝国人口的 0.5%。此外，犹太人还与 1559—1670 年帝国宫廷法院审理的 1 200 起案件有关，这些案件占该庭业务的 3%。[83]

既有架构的存续

尽管三十年战争（1618—1648）引起了剧烈动荡，但对犹太人的保护仍然持续，1621—1623 年的极度通货膨胀造成反犹暴力行为激增，但以前的那种大屠杀并没有重演。1648 年后的几十年内出现了新的驱逐浪潮，犹太人被包括维也纳在内的十几个领地和城市驱逐，但比起 16 世纪，驱逐已经大大减少了，许多当权者还鼓励犹太移民来自己的土地上定居，以恢复骤减的人口。早在 1675 年，就有 250 个犹太家庭被允许重返维也纳，同年，杜伊斯堡大学录取了第一批犹太学生，远远领先于欧洲其他地方的大学。[84] 地方政府履行法律义务，即使他们不再能从中获得重大的经济利益。只有法兰克福的犹太人在 18 世纪仍然缴纳"献祭金"，但这每年仅

---

[*] 帝国最高法院（Reichskammergericht），成立于 1495 年，负责维护公共秩序并充当最高上诉法院。它的法官主要由帝国政治体通过帝国大区结构任命。

能给皇帝带来 3 000 弗罗林；明斯特的犹太人所缴的税仅仅占该主教区收入的 0.1%。[85]

犹太人口的增长速度超过了帝国人口的平均增长速度，犹太人口从 1600 年的不到 4 万人增加到 17 世纪后期的 6 万人，在波希米亚和摩拉维亚又增加了 5 万人。虽然犹太人的主要活动中心仍在城市，特别是法兰克福和布拉格，但是到了 18 世纪末，已有九成犹太人生活在乡村，有的犹太人生活在分布于 30 个公国的犹太社区中，还有 2 万犹太人在帝国骑士的土地上生活。骑士们将保护犹太人视为其宣示微弱自治权的方式。帝国犹太人口的增速仍然超过基督徒人口，截至 1800 年，帝国犹太人总数已达 25 万人，又因奥地利和普鲁士吞并波兰土地而增加了 15 万人。[86]

对于最终导向 19 世纪解放的条件改善，人们常用与启蒙运动相关的经济论点和自由主义思想来解释。这将标准的进步叙事与中央集权国家联系起来，普鲁士和奥地利就是中欧集权国家的代表。18 世纪末，普鲁士和奥地利基本在帝国法律网络之外，这样想来，那里犹太人的状况估计要好于帝国中不那么中央集权的地区，但事实并非如此。在 1781 年的宽容法令之前，哈布斯堡君主国并不是总对犹太人友善，而在 1745 年，奥斯曼苏丹还为波希米亚犹太人的待遇向皇后玛丽亚·特蕾莎（Maria Theresa）正式提出抗议。[87] 1714 年，腓特烈·威廉一世强迫普鲁士的犹太人缴纳新的税款以换取不再要求他们戴上特殊红帽。柏林宫廷印刷员绕过帝国检查员出版了约翰·艾森门格尔（Andreas Eisenmenger）的《揭露犹太人》（*Jewishness Revealed*），此书是被帝国禁止的第一部现代反犹主义作品，但如今，它堂而皇之地出现在帝国边境之外的普鲁士城镇柯尼斯堡。1776 年访问柏林的杰出犹太知识分子摩西·门德尔松（Moses Mendelssohn）被要求缴纳人头税，并且税收是按通过城门的牲口的税率征收的，这是有意的羞辱。他的遭遇表明，虽然人们盛赞普鲁士的腓特烈二世宽容，但他不过是浪得虚名。[88]

在帝国的其他地方，法律保护也有可能不起作用，对金融家约瑟夫·聚斯·奥本海默（Joseph Süss Oppenheimer）的臭名昭著的公审和处决就是一例，符腾堡政府的政策不得人心，奥本海默在1738年成了替罪羊。[89] 但是，维持对犹太人的保护对当权者有利，毕竟如果无法保护犹太人，他们自己的特权和地位就岌岌可危了。[90] 最后一个例子很好地说明了帝国与欧洲其他地方的差异。罗昂亲王（Prince de Rohan）为了逃离家乡法国的革命，于1790年搬至他位于埃滕海姆（Ettenheim）的德意志庄园，在那里，他为了给自己的廷臣腾出地方，驱逐了多个犹太人家庭，这些家庭迅速从帝国最高法院得到了补偿。[91]

改革

帝国历史语境中的宗教改革

1200年左右，斯拉夫人中信异教者大大减少，两个多世纪后，胡斯派兴起，在此期间，犹太人是帝国仅有的宗教少数派。1517年后的宗教改革给一致性带来了重大挑战。[92] 宗教改革对各地的影响不一，加深了帝国主要领地之间的政治和文化差异，其后果包括瑞士和尼德兰走向独立。

这场文化地震的原因超出了本书讨论的范围，但我们需要注意其出现的背景，因为这解释了为何新的宗教争议和中世纪帝国的那些宗教争议不同。自12世纪初以来，教宗与各个君主的协议在欧洲大部分地区促进了更具国家特色的教会的发展。这个进程在1450年左右迅速加速，16世纪20年代，查理五世无法像当年西吉斯蒙德在康斯坦茨大公会议那样，通过在自己领导下的一次宗教会议来解决宗教改革的问题。与此同时，1500年左右，被统称为"帝国改革"的机构制度变革也迅速改变了帝国（见第456—465页）。至关重要的是，1517年的时候，上述改变尚未完成，危机的解决方案必然与宪制发展息息相关。

因为这样的环境，路德没能通过将《圣经》抬高为真理的唯一基础来恢复他心目中原本的"纯粹"基督教。教宗权威和帝国权威都相对下降，意味着现在没有单一的权威来判断他的信仰，因此，路德的信仰在各国各地或被接受，或被拒绝，或被改造。除个人的救赎外，宗教问题还影响到日常生活的方方面面，因此解决问题更加紧迫。人们试图通过澄清教义来解决争论，但适得其反，因为把争论诉诸文字只会让分歧更加明显。此外，新的印刷媒体让不同的观点迅速传播开来，在整个欧洲引发了争论。[93]分裂一旦出现，各方要弥合分歧只会越来越难。

权威的问题

神职人员领导的失败促使神学家和平信徒向世俗当局寻求保护和支持。宗教问题无法脱离政治问题，路德正是因为有了政治靠山，才能将他的新教运动从罗马教会之内的抗议，升级为创造了与罗马教会对立的教会架构的运动。到了1530年，权威问题已成为症结所在。皇帝、王公、地方官员、百姓，谁有权决定哪个版本的基督教是正确的？教会财产归谁所有，如何处理不同意见，这样的争端也不清楚该如何解决。

像卡斯帕·施文克费尔德（Caspar Schwenckfeld）和梅尔希奥·霍夫曼（Melchior Hoffmann）这一类的改革者几乎拒绝了所有现有权威，而托马斯·闵采尔（Thomas Müntzer）等人则设想了一个类似共产主义的虔敬社会。这种激进主义因骑士叛乱（1522—1523）和农民战争（1524—1526）所带来的暴乱而声名扫地（见第640—642页和第679—682页）。帝国当局在1526年之前已将普通民众排除于政治等级之外，无论他们信仰什么。然而，新教人士继续在神学论点上做文章，声称对上帝的义务比政治上的服从更重要，以此抵制反对他们的人。[94] 可惜，就连他们自己都无法在谁有权抗命这一点上达成一致。虽然大多数人认为，只有"虔诚的地方官"有权抗命，但由于帝国的权威结构有多个层级，究竟哪些人属于这一类，大家都不清楚。

对于年老的皇帝马克西米利安一世来说，路德的抗议是雪上加霜，当时，皇帝正为自己的孙子、西班牙国王查理能被选为继承人而奔忙。由于其他事务的干扰，查理虽在1519年当选为皇帝，但过了两年才抵达帝国，于1521年4月在沃尔姆斯召开了他的第一次帝国议会。这种拖延一方面让人们（不切实际的）期望高涨，另一方面也使人对宪制改革的节奏产生了失望情绪。接下来三年间的决策决定了宗教以何种方式影响后来的帝国政治。[95] 路德在沃尔姆斯会议上拒绝公开认错，于是查理五世实施帝国禁令，相当于将新教人士定为威胁帝国内部"公共和平"的犯罪分子。根据自1495年以来形成的司法制度，所有帝国政治体都应执行这一决议，但与西吉斯蒙德对扬·胡斯的所作所为相比，查理更有风度。他允许路德在自身安全得到保护的情况下进入沃尔姆斯，也让路德可以不受干扰地离开。随后，同情路德的萨克森选侯将他藏匿在瓦特堡中，路德在那里待了 10 个月，其他人传播路德思想则基本不受限制。

　　查理五世希望将神学问题和公共秩序分离开来，于 1524 年 7 月 15 日颁发了《布尔戈斯法令》（Edict of Burgos），明确拒绝召开全国会议来讨论教会改革事宜的呼吁。他按照传统"双剑"理论的路线分开宗教和政治的尝试就此完成：教宗决定哪些属于正确的基督教教义，身为皇帝的查理则使用帝国的法律系统来执行教宗的决定，以危害公共秩序为由打压异议者。

失去的机会？

　　围绕 1521—1524 年决议的争论一直持续到 19 世纪。信仰新教的德意志民族主义者谴责这些决议，认为他们因此失去了将他们所信的定为真正"德意志的"宗教的机会，帝国也因而没能转变为民族国家。[96] 在解释后来德意志的困境时，人们常常提起这次"失败"：据说，在那之后，国家就陷入了分裂状态，妨碍了俾斯麦领导的统一事业；俾斯麦在 1871 年后认为天主教徒是不忠诚的，因为他们继续效忠罗马。之所以出现这类指控，是因为新教徒从自己偏见的角度解读历史，自认为新教从本质上说是"德意志的"，而且把 16 世纪帝国民众面临的情形想得过于简单，认为他们仅仅需要在天主教和新教中做出选择。绝大多数人希望在不破坏基督徒团结的情况下解决争议。全心全意支持路德，对查理五世而言毫无政治好处，更何况他自己对信仰的看法相当保守。查理统治着宗教改革的发源地，他对抗新教的时候，新教还与政治颠覆和对社会经济秩序的挑战关系密切，而且尚未在神学和制度上站稳脚跟，还未被英格兰等国家接受。与查理的皇帝头衔联系在一起的是普世教会，而不是某个民族的教会，他和他的许多臣民都觉得不和教宗在信仰上保持一致简直匪夷所思。[97]

考虑到这些因素，也许就能理解为什么帝国没有采取欧洲西部普遍采用的方案来解决宗教争端了，欧洲西部的方案是由君主出面，从国家角度来维持和平。这就需要统治者要么确立一个官方信仰，并让官方神学家将它以书面形式确定下来（例如在英格兰），要么公开维护天主教信仰。这么做的话，无论采纳哪一种神学，国家都会成为"宣信国家"（confessional state），只有一个在制度和政治上都与统治者结盟的官方教会。[98]容忍异见者仅是政治上的权宜之计，只有在君权衰弱之时（比如 16 世纪晚期的法国），或者在官方教会仍然受到虽占少数但不可小觑的人挑战的地方（如英格兰）才会出现。无论哪种情况，异见者都依赖于王室特别给予的豁免，但豁免权有可能被单方面削减或撤销，而这正是法国胡格诺派在 1685 年的经历。宽容可以通过进一步豁免逐步扩大，例如英国在 1829 年通过了《天主教解放法案》（Catholic Emancipation），但官方教会的特权地位不会动摇。走得最远的可能是法兰西共和国，1905 年，法国将教会和国家分离开来，建立了现代、世俗化的和平秩序，对所有信仰一视同仁，只要其信徒不违犯国家法律。

世俗化

帝国不是通过发布政令来自上而下解决问题，而是利用帝国改革后新出现的宪制结构，来集体商讨出解决方案。帝国靠共识而非中央权力实现合一，其结果就是在宗教和法律方面出现了多元共存的局面，而不是正统派别和弱势或受迫害的少数群体并立。促成此结果的是围绕宪法权利进行的激烈甚至暴力的争论，而不是基督教世界内的妥协。

到了 1526 年，各方达成共识，事情应由"适当的权威"而不是"普通人"来处理，但还有两个核心问题需要解决。其中一个涉及属灵管辖权，属灵管辖权的归属决定了谁有权力指导当地普通民众的宗教信仰和实践。另一个问题涉及神职人员和建筑、财产、收入来源等教产的管理。在帝国历史上，这些都是重要问题。奥托王朝取消捐赠，将土地转让给世俗领主。这个进程在 1100 年后加速，因为皇帝需要更多财富来补偿贵族们的军费支出。世俗领主削弱甚至夺取了当地教会的世俗管辖权，后者失去了帝国政治体的地位，但仍是可以运作的天主教机构。这样的趋势延续到宗教改革之后，萨尔茨堡大主教将古尔克（Gurk）主教、塞考（Seckau）主教和拉万特（Lavant）主教的财产收入囊中，查理五世自己则在 1528 年购买了乌得勒支主教的世俗管辖权，假如教宗没有在 1533 年反对的话，他还会对不来梅大主教做类似的事。然而，在这些例子中，被世俗化的都是规模较小的教产，属灵管辖权基本不受威胁。[99]

新教运动带来了全新的挑战，新教徒反对教宗的管辖权，反对修道主义所重视的善工和为死者祈祷。1529 年，安斯巴赫-库尔姆巴赫的"虔诚者"格奥尔格（Georg the Pious of Ansbach-Kulmbach）没收了修道院，用卖修道院换来的钱来修建公路和要塞，后来在 1536—1540 年，亨利八世解散修道院时也采取了类似做法。然而，这种举动在帝国中很罕见，"世俗化"通常指的是公共用途有所改变。教产被有改革意识的王公们置于公共信托中，被用来资助更多的神职人员接受更好的教育，通过教导大众阅读《圣经》来传教，以及利用医院和济贫机构来改善福利状况。例如，符腾堡公爵在 1556 年将 13 所修道院改建为学校，以培养教牧人员。[100]冲突并非总是不可避免。帝国的法律权利和财产权利很复杂，因此管辖权和所有权很难被明确界定，因此不同的机构之间有相当频繁的讨论。尽管宗教仇恨仍然存在，但讨论仍在继续。[101] 然而，许多天主教徒认为新教徒改变教产用途、行使属灵管辖权是破坏公共和平的强盗行为，并在王家法庭打起了所谓的"教案"官司。[102]

变为新教徒

问题到了查理之弟斐迪南一世手上，他在 1522 年后皇帝长期缺席期间被留下来监国。斐迪南于 1526 年在奥斯曼帝国入侵期间继承了匈牙利。帝国处于生死存亡之际，帝国政治体都避免触碰可能会升级为内战的问题。1526 年，在施派尔召开的帝国议会坚持《布尔戈斯法令》，允许帝国政治体按照自我良知行事，直到教宗主持的宗教会议对教义做出裁决。该决议实质上规定了帝国政治体在其领土内负责宗教事务，以此解决了权威问题。萨克森选侯国、黑森、吕讷堡、安斯巴赫和安哈尔特现在效仿两年前的一些帝国城市，对教产和管辖权做出更动，以服务新教。影响此类决定的因素包括王公们个人的信仰、土地所在地、他们的地区影响力，以及他们与帝国和教宗的关系。例如，由于早期的协议，巴伐利亚对其领地上教会的控制权已经相当大，就无须和罗马决裂了。[103]

长期以来，帝国中的教会事务都受世俗力量的监督，因此某个领地出现了上述变化，并不会自动成为新教领地。几个重要的王公故意态度暧昧，例如勃兰登堡选侯，而大多数民众的宗教实践并不正统。路德宗本身仍在不断发展，对其最初的信仰陈述进行了多次修改，而乌利希·茨温利（Huldrych Zwingli）和约翰·加尔文等其他改革者提出了与路德宗相竞争的信条。与此相似，天主教的思想和实践并不整齐划一，教会也有自我改革的动力，因此，这段时间里发生的其实是多场宗教改革。[104]

然而，1529 年第二次施派尔帝国议会揭示了日益严重的分歧。新教徒将 1526 年会议的决定解释为对宗教改革的许可，天主教徒对此提出异议。由于大多数帝国政治体仍属于天主教阵营，它们推翻了早先的决定，并坚持执行查理的《沃尔姆斯敕令》，对路德及其信徒颁布禁令。这项裁决引发了著名的抗议（Protestatio），Protestant（新教徒、誓反教、抗议宗）一词就是由此而来：萨克森选侯带领 5 位王公和 14 个帝国城市的官员，对多数人的决定表示异议。这是帝国的政治统一首次被公开打破。

军事解决方案的失败

为了共同防卫，新教徒于 1531 年组建了施马尔卡尔登联盟（Schmalkaldic League）（见第 648—650 页）。奥斯曼帝国的威胁促使斐迪南于 1532 年中止了《沃尔姆斯敕令》并在 1544 年之前三次延长了休战。与此同时，联盟因其领头王公的内部分歧和丑闻而被削弱。查理五世在 1544—1545 年暂时压制法国和奥斯曼后，带领一支大军返回帝国。萨克森选侯和黑森侯爵在袭击竞争对手不伦瑞克公爵之后，被宣布剥夺法律保护。这使查理可以出手干预，恢复帝国的公共和平。在因此爆发的施马尔卡尔登战争（1546—1547）中，联盟全面失败，最终查理五世在米赫尔贝格（Mühlberg）取胜，提香那幅著名的肖像画就是为纪念此事而创作，画中，皇帝查理五世俨然志得意满的将军。

1547 年 9 月至 1548 年 6 月，查理五世在帝国大军进驻的奥格斯堡召开"武装帝国议会"（Geharnischte Reichstag）。查理召开这次议会是为了巩固胜利，这是他唯一一次试图用发布信仰陈述来明确教义，他希望这个陈述能被用到教宗召开的特兰托大公会议通过裁决之前。查理五世的陈述被称为"临时敕令"（Interim），提出了"一种新式的混合帝国宗教"，其中包含了一些新教元素。尽管得到了美因茨大主教的支持，但大多数天主教徒早在临时敕令颁布之前就表示了不认可，而新教徒则视其为强加的负担，拒绝接受。[105]

这个令各方均不满意的解决方案被普遍指责为破坏共识，而查理则被指责僭越了权限。马格德堡武装抗命，反对临时敕令，这在1551 年激起了更普遍的反对，导致了次年法国支持下的诸侯叛乱，法国与哈布斯堡王朝再次开战。经过三个月的斡旋，1552 年 7 月31 日，再次被查理留下来处理帝国事务的斐迪南同意了《帕绍和约》（Peace of Passau）。以此为基础，双方就有可能放弃暴力，解决宗教分歧了。[106]

《奥格斯堡和约》

主动权已从查理手中落到斐迪南手中，后者一直与王公们打交道，也遵守宪法规范，因而获得了支持。这让斐迪南能把 1521 年以来的临时性协议转变为更稳定的和平，人们普遍认为，这是维持珍贵的帝国统一所必不可少的。[107] 结果就是 1555 年帝国议会通过的协议，该协议在历史书上被写作"宗教和约"，但当时的人称之为"宗教与世俗和约"。这里的区别很重要。和约废除了临时敕令，有意避免任何宗教方面的陈述。[108] 和约并不像法国随后尝试的那样宣布宗教宽容，而是将政治权利和法律权利给予天主教徒和路德宗信徒。授予这些特权的文本被包括在一份长得多的文件中，该文件调整了帝国的治安、防务和财政安排，是宪制整体调整的一部分。权威、财产和管辖权等关键问题通过改革权（ius Reformandi）来解决，帝国政治体获得改革权，可以管理领地内的教会和宗教事务。《帕绍和约》签订的那一年是"标准年"（Normaljahr），教产当时由谁控制，之后也由谁控制。新教徒同意，具体争端应交由帝国最高法院裁决。帝国政治体不得侵犯其他帝国政治体的财产和管辖权，这样一来，天主教的属灵管辖权在路德宗的领地上就失效了。与当地官方信仰不同的人获得了有限的信仰自由和移民权利。

这些安排以"教随国定"（cuius regio, eius religio）之名被载入历史，但这句话并没有出现在和约里，而是迟至 1586 年才由格赖夫斯瓦尔德大学的法学教授约阿希姆·斯特凡（Joachim Stephan）提出。通常认为，这些安排加深了帝国中虚弱的皇帝和强大的地方势力二元对立的趋势。然而，权利虽然被平等分配给天主教和路德宗，但并非均分，而是在帝国政治体中按照等级地位分配。无论信仰如何，帝国城市都不享有完整的改革权，1555 年之前信奉哪种信仰，就得坚持哪种信仰。帝国骑士被排除在外，至于伯爵是否像诸侯一样，有权力改变臣民的信仰，那就不太确定了。简而言之，宗教改革的政治影响使帝国进一步朝混合君主制方向发展，皇帝与不同等级的帝国政治体分享不同程度的权力。

帝国教会受一个名为"教会保留"（Ecclesiastical Reservation）的特殊条款保护，它要求所有从天主教改宗成新教的主教退位，规定新教徒没有资格当选为教会诸侯。"斐迪南宣言"（Ferdinand's Declaration）调整了这些限制，给予帝国教会领地上的新教少数派以宽容。该宣言是斐迪南授意的，并非和约的一部分。

和约由所有帝国政治体集体"拥有"，当然"斐迪南宣言"不算在内，这有别于其他西欧国家的协议。其他君主国认定单一的官方信仰，成为宣信国家，但神圣罗马帝国只是继续信奉基督教，并不认定特定的官方信条，犹太人的合法地位也未受影响。这种安排可能会大大增加帝国力量，因为两种主要宗教的自主和身份都有赖于信条上中立的宪制所保障的共同权利。不过，这是有代价的：帝国不可能实行现代意义上的政教分离，宗教始终是帝国政治的组成部分。正式的政治行动仍没有任何限制：1529 年帝国议会上天主教多数派的决议始终无法执行，如今看来，除非能得到异议者的接受，否则以后的多数派决议依旧只能是临时性的。1552—1555 年真正的决定是帝国政治体在这一过程中放弃对彼此使用暴力。[109]

德意志之外的影响

大多数关于帝国宗教改革的记述都停留在这里，将各种事态发展仅仅理解为"德意志"的历史。然而，大多数宗教改革者认同的是一个单一且具有普世性的教会，而帝国也远远不只是德意志。《奥格斯堡和约》解决了皇帝和 15 世纪晚期宪制改革期间获得帝国政治体地位的那些部分之间的问题。最大的政治体是由哈布斯堡家族直接控制的部分奥地利和部分勃艮第地区，也就是说，皇室和其他诸侯享有一样的权利。《帕绍和约》（1552）和《奥格斯堡和约》（1555）并未能更改《勃艮第条约》（Burgundian Treaty）——这是查理在 1548 年"武装帝国议会"上采取的一揽子措施之一。他把勃艮第的土地留给他的儿子，也就是后来西班牙的腓力二世，查理在 1551—1556 年将其遗产划分为西班牙分支和奥地利分支时，腓力保留了勃艮第的土地。作为帝国王公，腓力行使改革权，要求其勃艮第臣民保留天主教信仰，但他的粗暴手段引发了 1566 年后的尼德兰起义，最终促成了尼德兰北方诸省的独立（见第 250—253

页和第 683—687 页）。

波希米亚的宗教事务自成一体，反映了该王国在帝国宪制中的特殊地位。1436 年的协议最后被修订成 1485 年的《库特纳霍拉条约》（Treaty of Kuttenberg），保证饼酒同领派通过自己任命司铎而在堂区层面拥有自主权，同时禁止领主把信仰强加给农民。条约和 70 年后的《奥格斯堡和约》有相似之处，它只承认两派（《库特纳霍拉条约》承认的是天主教和饼酒同领派）的权利，而不承认波希米亚兄弟会（Bohemian Brethren）这种小教派的权利。《库特纳霍拉条约》在 1512 年得到确认，斐迪南 1526 年成为波希米亚国王时也接受了该条约。在局外人眼中，饼酒同领派依旧带有胡斯派的污点，无人认为《库特纳霍拉条约》是实现国内宗教和平的理想模式。[110] 然而，由于波希米亚政治自治，哈布斯堡家族需要波希米亚贵族的支持，尽管后来有了《奥格斯堡和约》，但该条约仍然具有法律约束力。16 世纪 70 年代，路德宗在德语人群中传播，波希米亚王国的宗教因而更加多元。马克西米利安二世以波希米亚国王的身份，口头认可了饼酒同领派、路德宗和波希米亚兄弟会在 1575 年达成的《波希米亚信条》（confessio Bohemica）。1609 年，马克西米利安的继任者鲁道夫二世不得不以《皇帝敕令》（Letter of Majesty）的书面形式表示确认，允许不同信仰者组建平行的行政机构和教会机构。虽然三十年战争推翻了这样的安排，但波希米亚的宗教沿着独特的路线发展，从而加强了该地在帝国内的自治地位。

宗教改革也加强了瑞士类似的政治趋势，宗教危机爆发时，瑞士人仍在重新考虑自己与帝国的关系。神学上的分歧加强了已有的趋势，因为瑞士新教徒追随自己的改革者茨温利，而非路德。[111]

1529 年，瑞士人确立了他们自己版本的"教随国定"原则，用有利于州政府的方式解决了权威问题。这样的安排在 1531 年失效，但天主教在随后的内战中取胜，遏制了新教在联邦核心区域的扩张。在由两个或两个以上的州共同管理的区域（condominia），新教承认天主教少数派的法律地位。在 1712 年的又一场短期战争后，新教少数派获得了姗姗来迟的同等权利。同波希米亚一样，瑞士能够走上自己的道路，是因为它原本就享有相当程度的政治自治，而且始终在帝国改革所建立的机构之外。不过，各地解决宗教分歧问题的政治方案和法律方案大体相似，体现出共有的帝国传统。

帝国的意大利部分 * 也基本在新的共同制度之外，但与帝国的联系比较密切，因为哈布斯堡家族占有米兰，还通过西班牙得到了南面的那不勒斯和西西里。流动的新教布道吸引了大批听众，连枢机主教孔塔里尼（Cardinal Contarini）这样的高级神职人员都承认需要进行改革。人们普遍认为，1494 年以来的意大利战争是上帝在表达不满，改革因此更为迫切。查理五世对先后数任教宗施加压力，要求他们积极回应新教徒对意大利教会的批评。然而，他还是坚持自己对"双剑论"的理解。1541 年的雷根斯堡帝国议会上，神学家们没能解决分歧，于是，查理允许教宗保罗三世通过宗教裁判所和新成立的耶稣会，在意大利强制推行天主教信仰。[112]

意大利的众诸侯国被排除在《奥格斯堡和约》之外，因为它们并非帝国政治体，唯一例外的是 14 世纪被并入德意志王国的萨

---

* 帝国的意大利部分（imperial Italy），意大利北部处于皇帝封建管辖范围内的地区，包括米兰、萨伏依、热那亚、帕尔马、托斯卡纳、曼托瓦、索尔费里诺和其他小领地。

伏依公国。然而，在导致《奥格斯堡和约》的一系列事件中，萨伏依都置身事外，它有自己的一套，采取了更西欧式的方法来处理自 12 世纪末起定居在阿尔卑斯和皮埃蒙特地区的瓦勒度派的问题，1532 年之后，瓦勒度派借助与瑞士改革者的联系得到了复兴。1561 年 6 月 5 日，萨伏依公爵签署《卡武尔和约》（Peace of Cavour），将特别豁免给予指定村庄，公爵也允许瓦勒度派流亡者回归，前提是他们不再劝他人改宗。[113] 这项协议与法国在 1562 年之后采纳的协议类似，也同样不稳定，特别是因为其他天主教君主仍会给萨伏依公爵施压，要他重启逼迫。但萨伏依公国至少维持了某种形式的宗教宽容，德意志新教诸侯对其大体抱有好感，在 17 世纪时仍将萨伏依公爵视为潜在的盟友。

1555 年以后的宗教与帝国政治

维持奥格斯堡协议

阐释方面的分歧削弱了 1526 年在施派尔达成的协议，也同样影响着《奥格斯堡和约》，但和约在没有受到重大挑战的情况下维持了很长时间。天主教徒认为，《奥格斯堡和约》限制了对天主教会的进一步侵蚀；新教徒则认为，和约给予的法律保护意味着他们可以继续传播新教。如今有许多贵族公开接受路德宗，以新教方式改革他们领土上的神职人员和教会。德意志的基本宗教平衡到 16 世纪 50 年代末就已成形，当时路德宗已是大约 50 个公国和伯国，以及 30 多个帝国城市的官方宗教。接受路德宗的有不少重要领地，例如萨克森、勃兰登堡和普法尔茨三个选侯国，还有大部分古老的贵族世家，如萨克森家族的埃内斯特分支、黑森家族的所有分支、安斯巴赫和拜罗伊特的霍亨索伦家族的法兰克尼亚分支，此外还有符腾堡、荷尔斯泰因、梅克伦堡、波美拉尼亚、安哈尔特，以及威斯特伐利亚和下萨克森伯国的大部分地区。

在德意志，只有三个大的公国仍信奉天主教：已经半自治的洛林和巴伐利亚，还有到当时为止帝国内最大的公国奥地利。在其他地方，西南部的一些小伯国和五分之二的帝国城市仍信奉天主教。然而，由于众多（但都是小块的）教会土地仍为天主教会所有，天主教控制着约 200 个帝国政治体，在帝国的公共机构中占大多数。

路德宗没有建立国家层面上的组织，领地上原本属于天主教会主教的权力现在被交给了各个王公或城市议会。在实践中，这些权力被委托给教会大会（church councils），从而极大地扩大了领地行政管理的范围，增强了教会在教区一级的势力。天主教机构在自己的领地上也进行了类似的改革，但仍接受相应主教的属灵管辖权。所有世俗和教会当局都采取类似信条化[*]的政策，在领地上强制推行官方信仰，所用的手段包括实施教育、加强神职人员的监督，以及通过深入“探访”来调查个人的信仰情况和监控宗教实践。[114] 这些措施并不总是有效。异端和异见一直存在，而外在态度和内心信仰之间往往有天壤之别。很多人不过是采取务实的态度，接受在当时环境中对自己最有好处的信仰和实践。[115] 尽管如此，在一开始，信条化还是有助于维持奥格斯堡协议，因为地方当局主要关注领地内的事务，也就不能把很多精力放在可能造成与附近地区摩擦的事务上了。

---

[*] 信条化（confessionalization），根据教派的正统观念对宗教信仰进行划分，将一个地区及其居民与一个基督教派牢牢绑定。

斐迪南一世及其继承人马克西米利安二世竭力与有势力的诸侯交好，以此维系国内和平，毕竟奥斯曼帝国对他们的土地和财物虎视眈眈，维持共识对他们有利。此外，16 世纪 60 年代以后，法国和尼德兰先后陷入了血腥的宗教内战，这让所有人都认识到了和平的好处。1572 年 8 月的圣巴托罗缪日（St Bartholomew's Day），法国发生血腥惨案，震惊了大多数德意志观察家，他们呼吁培养一种自我克制的文化。[116] 此外，与本身就是斗争参与方的法国不同，帝国始终代表着一个中立、跨教派的法律框架。路德宗信徒和天主教徒可能不赞同彼此，但他们基本上都不会批判帝国，毕竟他们的权利和地位是帝国的法律赋予的。16 世纪晚期出现了一股强劲的"和解"潮流，为弥合教派分裂提供了更多的理由，以维持政治和谐。[117]

教派之争与政治紧张

1555 年之后，三个新情况对和谐构成了挑战。第一个是 16 世纪 60 年代加尔文宗的出现。加尔文宗的神学与路德宗的不同，但自认为只是用他们自己看重道德的"生命的改革"，延续了路德"话语的改革"。[118] 帝国内大多数改信加尔文宗的信徒来自贵族阶层，这场改宗运动并不像法国的胡格诺运动和英国的清教运动那样日益发展为真正的大众运动。除了东弗里西亚的埃姆登（Emden，那里采用长老会结构），加尔文宗的传播主要靠接受了加尔文宗的路德宗诸侯，它们行使在自己领地上的改革权，利用领地上的教会，将新信仰强加给臣民。最早，也是最重要的改宗，是 1559 年普法尔茨选侯放弃路德宗信仰。从 16 世纪 80 年代开始，加尔文宗缓慢扩张，改宗的有黑森-卡塞尔伯爵（1604）和勃兰登堡选侯

（1613），但截至 1618 年，只有 28 个领地接受了加尔文宗，包括一座单独的城市（不来梅）。[119]

对于自己信仰受到的侵犯，路德宗信徒越来越不满，但他们为维持《奥格斯堡和约》，有意淡化分歧。作为自封的加尔文宗的领袖，普法尔茨选侯推行自己的狭义和平主义（irenicism），寻找与路德宗的共同点以维持和约。而在普法尔茨内部，由加尔文宗控制的政府欺压占大多数的路德宗人口，迫害犹太人，拒绝和天主教徒对话。[120] 天主教狂热分子宣扬新教徒不可信任，加尔文宗的所作所为似乎给这种说法提供了事实根据，从而威胁到和平。更严重的是，普法尔茨选侯故意煽动新教徒对天主教徒密谋的恐惧，以说服路德宗信徒接受他的领导和他改革宪制的野心。普法尔茨在巴伐利亚失去了影响力，巴伐利亚由来自维特尔斯巴赫家族的敌对旁支统治，该旁支在 1504 年征服了巴伐利亚的大部分领土，并保留了天主教信仰。[121] 普法尔茨选侯在帝国机构中要求宗教平等，此举不仅会使天主教势力失去原本的多数地位，还会消除一些不利于弱小王公贵族（普法尔茨选侯政治庇护网的主要组成部分）的身份区别。原本由选侯和少数大诸侯主导的等级制度，将被由两个信仰对立集团组成的政治结构取代，而其中的新教信仰集团是严格受普法尔茨选侯领导的。

对和平的第二个挑战是帝国教会中出现的新情况。[122] 信奉新教的王公贵族不愿意放弃参与帝国教会事务带来的好处，当时的帝国教会能给天主教教士提供 1 000 个有利可图的采邑，此外，还有被认可为帝国政治体的 50 个主教区、80 多个修道院，这些都能带来可观的政治影响力。虽然 1555 年的时候，这些好处都是留给天主教徒的，但"斐迪南宣言"将宽容给予了住在教会领地上的各个新教徒。在这种保护下，新教贵族在若干重要的教士团中取得了多数优势，能在每位天主教的主教去世后选出自己中意的候选人。马克西米利安二世和鲁道夫二世均拒绝接受新教贵族为帝国诸侯，但容忍他们以"管理者"的身份维护和平。有 10 个教区就这样落入了新教徒之手，包括马格德堡和不来梅这两个重要的大主教区。巴伐利亚公爵则在教会土地上提拔自己的亲戚，以推动他自己的家族成为帝国天主教会的首领。在西班牙的支持下，巴伐利亚于1583 年阻止了加尔文宗信徒夺取科隆，此后一直到 1761 年，巴伐利亚始终把持着这个重要的大主教区。为了达成这些目的，巴伐利亚敦促皇帝不要将帝国政治体的权利赋予新教徒管理者。

围绕教会帝国政治体的争议，因世俗管辖下的修道院这样的"准教产"问题而更加复杂。以 1552 年为标准年，该命令的实施往往受到混乱的法律安排的妨碍，有时会出现权利和地产被抵押或由多个领主共享的情况。《奥格斯堡和约》规定，由帝国最高法院来处理一切争端，审理案件的是由人数相当的路德宗法官和天主教法官组成的小组。法庭尽力依法办理，很少遭到投诉，直到16 世纪晚期，案件因普法尔茨和巴伐利亚的宣传鼓动而变得越来越政治化。

若不是哈布斯堡家族自己在 1600 年左右遇到了大麻烦，《奥格斯堡和约》还有可能克服加尔文宗和帝国教会纷争带来的挑战，继续维持下去。查理分割遗产，奥地利得到了皇帝头衔，但得不到西班牙丰富的资源。问题因进一步分割而更加严重，1564 年出现了三个不同的奥地利支系：蒂罗尔系（位于因斯布鲁克）、所谓的内奥地利或施蒂里亚系（位于格拉茨），以及在维也纳的主系。每一个支系都与在省议会里占主导地位的路德宗贵族做交易，给予他们有限的宽容，换取现金。路德宗贵族则利用手中的权力，在教区教堂中安插新教牧师，鼓动手下的佃户改宗新教。16世纪90年代，哈布斯堡王朝试图扭转局面，规定只有忠诚的天主教徒能在宫廷和军队中任职，而那个时候，已有约四分之三的哈布斯堡臣民成了某种形式上的新教徒。[123] 由于与此相关的协调后来失败，加上漫长且最终失败的土耳其战争（1593—1606）造成了破产，以及鲁道夫二世的亲属围绕继承问题发生纷争，波希米亚和奥地利部分地区的新教贵族又获得了更多权利。

自顾不暇在德意志造成了政治真空，加剧了极端分子所煽动的焦虑。普法尔茨终于获得了足够多的支持，于1608年组成了新教联盟；次年，巴伐利亚主导的天主教联盟成立。尽管事态发展越发不妙，但温和天主教徒和大多数路德宗信徒依然支持奥格斯堡协议，战争并非不可避免。[124]

三十年战争

1618年5月23日，一小群心存不满的波希米亚贵族制造了著名的"布拉格抛出窗外"事件，他们自觉从《皇帝敕令》中获得的利益因哈布斯堡王朝只允许天主教徒担任政府官员而受到了侵害。他们的行动独立于已接近崩溃的新教联盟。这些人将三位哈布斯堡王朝的官员从布拉格城堡的一扇窗子中抛出，希望以此胁迫温和的多数派在和王朝的斗争中站在他们这边。[125]

抛窗者以行动向所有新教徒展示了他们的目标。"信条化"在欧洲各地之间建立了新的联系，特别是在同一信仰的激进分子之间。好战的人往往从上帝旨意的角度来解释事件，感到自己受上帝呼召，相信宗教目标近在眼前。挫折被解释为对信仰的考验。宗教狂热分子在各个信仰团体中仅占少数，主要是一些流亡者、神职人员，还有对自己政府的政策失望的外部观察家。好战分子主导了公共讨论，但很少能直接影响决策。大多数人比较温和，希望通过务实的和平方式来传播他们的信仰。[126]

这些可以解释为什么在后来的冲突中，以信仰为基础的联盟相当脆弱。和广为流传的说法不同，军事行动并没有脱离政治的操控；军事行动始终与交战期间几乎没有中断的和谈紧密相关。参战者所在的团体都是往往很脆弱的复杂联盟，他们都知道和平将带来妥协。将军需要强硬善战，这样谈判时做出的让步就可以被理解为宽宏大量的姿态，而不至于被当成软弱的退让；如果被人看作软弱，就会威胁到既有的权威，造成更多问题。[127]

由于未能遏制接连出现的危机，战争终于爆发。普法尔茨选侯弗里德里希五世是少有的好战领袖，1619 年，他接受叛乱者送上的波希米亚王冠，扩大了起初的叛乱。这样一来，他就需要对抗受巴伐利亚支持的奥地利哈布斯堡家族。外部势力纷纷卷入。西班牙援助奥地利，希望帝国迅速获胜后，自己也能在对抗荷兰起义时获得协助。荷兰、英格兰和法兰西则送来人马和钱财，帮助波希米亚人和普法尔茨选侯，这很大程度上是因为它们视这次帝国内部的战争是掣肘西班牙的良机。

斐迪南二世 1619 年即位后，哈布斯堡的政策变得更加坚定，因为他认为反抗者是丧失宪法权利的叛乱分子。1620 年 11 月，天主教军队在布拉格城外的白山取得全面胜利，这使他能将大量私产易手，这次私产易手是 1945 年以前中欧规模最大的一次。落败的叛乱者的财产被重新分配给忠于哈布斯堡家族的人。天主教军队在德意志西部取得更大胜利后，此政策被推广至整个帝国，最终在

1623 年，弗里德里希五世的土地和头衔被转给了巴伐利亚公爵马克西米利安。战事基本平息，但 1625 年 5 月丹麦的干涉重燃战火，焦点转移至德意志北部。1629 年，丹麦战败，斐迪南通过重新分配财物来奖励追随者的政策覆盖了更大的范围。[128]

斐迪南欲寻求一个全面解决方案，通过慷慨的条件确保丹麦可以接受，但他在 1629 年 3 月颁发《归还教产敕令》（Edict of Restitution），这有些过于急躁。该敕令试图澄清《奥格斯堡和约》中的模糊之处，但阐释争议条款时采取了狭隘的天主教解释，包括不承认加尔文宗信徒的法律地位，命令新教徒归还自 1552 年以来挪用的所有教产。敕令激起了广泛的反对，就连许多天主教徒也认为斐迪南越权了，因为他将敕令当作需要立即执行的最终裁决，而不是辅助帝国法庭对具体问题做出具体判断时的指导方针。在斐迪南大肆封赏哈布斯堡家族的支持者之后，《归还教产敕令》只会让人觉得他想把帝国推向中央集权化。尽管教派不同，选侯们还是在 1630 年的雷根斯堡大会上携手，以阻止皇帝让他的儿子斐迪南三世当选为"罗马人的国王"，同时强迫皇帝将有争议的将军阿尔布雷希特·冯·瓦伦斯坦（Albrecht von Wallenstein）撤职，并削减昂贵的帝国军费支出。[129]

1630 年 6 月，瑞典入侵，通过谈判缓解《归还教产敕令》带来的紧张局面的希望就此破灭。瑞典自有其防务和经济上的理由，说干涉是为了将德意志新教徒从斐迪南的反宗教改革行动中拯救出来，只是官方后来打出的旗号。瑞典国王古斯塔夫·阿道夫（Gustavus Adolphus）在 1632 年 11 月的吕岑会战中阵亡后，战争的宗教因素越发凸显。此地在当地人纪念战役两百周年后，几乎成了宗教圣地，随后出现的圣徒言行录影响很大，以至于后来的人将三十年战争理解为宗教战争。[130] 不过当时，瑞典已将参战解释为主要是为了维护普法尔茨方面对帝国宪法的阐释，这种倾向于贵族的阐释会削弱哈布斯堡家族对帝国的控制。瑞典的行动得到了流亡叛乱者和受斐迪南敕令威胁的帝国政治体的帮助。因此，新一轮的冲突是1618年开始的战事的延续，而不是斐迪南所声称的完全不同的另一场战争。

1631年9月，瑞典军队取得布莱登菲尔德（Breitenfeld）战役的胜利，体现出瑞典是可靠的盟友，德意志新教徒于是加大了对瑞典的支持力度。随后的胜利使瑞典能够模仿斐迪南，将占领的帝国教会土地重新分配给自己的盟友。尽管并不清楚古斯塔夫·阿道夫打算在多大程度上取代皇帝，但他显然想利用宪制结构，将盟友们维系在一个新的瑞典帝国体系之中。他在1632年的身亡和随后瑞典的战败让这样的雄心付诸东流。1634年9月，帝国军队在讷德林根（Nördlingen）获胜，斐迪南又有了机会，可以通过向萨克森等温和的路德宗政治体让步，来实现"光荣的和平"。1635年5月，他签署《布拉格和约》（Peace of Prague），同意暂缓执行敕令，并将"标准年"改为1627年，这样一来，路德宗教会就能保留自1552年以来占有的许多教会土地，但不是所有在1618年时拥有的土地都能得到保留。帝国如果想继续得到巴伐利亚的支持，就要把普法尔茨和另外几个重要的公国排除在大赦之外。因此，瑞典仍能宣称它在努力恢复"德意志的自由"。

斐迪南错失了机会，他授权萨克森代表自己和瑞典谈判，同时不明智地支持西班牙与法国开战。[131] 法国自1625年以来一直在支持奥地利的敌人，而现在干脆直接上阵。直到法国在1642年和瑞典达成更紧密的战略合作，这一事件的影响才完全表现出来。现在，法国和瑞典集中火力，要求一系列亲帝国的公国转为中立。战火被引入少数地区，但战事极为激烈，留下了持久性的焦土景象。

《威斯特伐利亚和约》

威斯特伐利亚城市明斯特和奥斯纳布吕克（Osnabrück）于1643被宣布为中立区，它们将是解决帝国的三十年战争的和谈地点。西班牙和荷兰起义者在1621年重新开战，法国和西班牙的战争则从1635年开始一直进行着。军事行动不断，交战方都想增加在谈判桌上的筹码。最终，西班牙于1648年5月在明斯特签订条约，接受了荷兰独立，但法西战争还将延续11年，因为两国都高估了自己获胜的可能。

然而，外交官们在明斯特和奥斯纳布吕克谈判达成了两个条约，成功结束了帝国的战争，两个条约于1648年10月24日同时签署，拉丁文标题缩写分别为IPM和IPO。[132] 这两个条约和在明斯特签署的第一个和约一起，共同构成了《威斯特伐利亚和约》，这既是国际协议，也是对帝国宪法的修订。法国和瑞典均获得了领土赔偿，但和约并没有让诸侯成为独立的主权国家，也没有将帝国削弱为弱小的联邦。恰恰相反，向混合君主制发展的已有趋势得到延续。这可以通过研究帝国政治中宗教地位的调整看出。

《奥格斯堡和约》续期了，但也经过了修订，"标准年"被调整为1624年，这是一种妥协。这样，天主教徒能够收回一些教会土地，但假设《归还教产敕令》和《布拉格和约》被彻底执行，他们能收回更多。[133] 加尔文宗被与路德宗和天主教一并列入，但其他信仰仍被排除在外，只是犹太人现有的特权不受影响。后来人们认为《威斯特伐利亚和约》扩大了诸侯的权力，其实不然，IPO

的第五条实际上取消了帝国政治体改变其臣民信仰的权力，大大削弱了《奥格斯堡和约》所赋予的改革权。从那以后，每个领地上的官方信仰都永久固定下来，1624年这个新"标准年"的时候它们信仰什么，之后还信仰什么。为了让这个规则的实施容易一些，个人自由得到了扩大，自身信仰与主流信仰不同的人将不受移民、教育、婚姻、丧葬和宗教礼拜方面的歧视。帝国的司法系统再次摒弃暴力而使用仲裁。普法尔茨改变宪制的计划被明确拒绝。各个领地的官方信仰固定下来，也就巩固了天主教徒在帝国机构中的多数派地位。然而，帝国议会引入了新的投票程序（被称为分别讨论*），当需要讨论宗教问题时，议会可以按信仰分成两个团体（corpora）来讨论。[134]

1648 年后的紧张与宽容

从上述关键条款看，《威斯特伐利亚和约》显然没有将宗教从帝国政治中移除，更没有建立完全世俗的国际秩序，但它确实标志着激进宗教主义的失败。帝国政治体在1648年至1803年期间，从官方层面提出了750起关于违反宗教条款的投诉，但几乎都涉及管辖权和财产。许多都不怎么重要：1/5涉及私人农场或屋宅，只有5%和整个地区有关。[135] 教会和国家并未分离，但教义问题被限制起来，这样一来，帝国法院就可以像解决关于法律权利和特权的其他纠纷一样，解决"宗教"纠纷。1663年至1788年，经帝国议会

---

* 分别讨论（itio in partes），1648年《威斯特伐利亚和约》引入的宪法修正案允许帝国政治体在帝国议会上分成两个独立的教派团体来讨论有争议的宗教问题。

审查，针对帝国宫廷法院审判时有宗教偏见的 74 桩指控，没有一桩是成立的。[136]

只有三个问题极为困难。其一是新教对 1648 年后天主教复兴的担忧。1613 年勃兰登堡选侯改信加尔文宗之后，加尔文宗再没能吸引到有势力的改宗者，其在三十年战争期间的政治失败更是雪上加霜。路德宗也在走下坡路，只有被称为"敬虔主义"（Pietism）的新兴草根运动比较有活力，而除普鲁士外，地方当局都对敬虔主义有所猜忌。[137] 相比之下，即使是小型的天主教修道院也开始大兴土木，启动了很多和巴洛克风格有关的文化项目，而皇帝的财富与声望（所有迹象表明他并未战败）吸引了来自帝国各地的贵族前来为他效劳。为在皇帝面前争宠，1651—1769 年，有 31 位领头王公改宗天主教，其中包括萨克森选侯"强者"弗里德里希·奥古斯特一世（Friedrich August I），他在 1697 年改宗，他的儿子在 1712 年改宗。萨克森是新教的诞生地，如今却处于天主教的统治之下。[138] 每一次重大的改宗都会造成短暂的紧张局势，但宪法问题很容易就被解决了，这说明，帝国一直到 18 世纪都相当灵活。"标准年"规则修订后，诸侯无法命令臣民跟着自己改信。反倒是统治家族得签署文件，才能在他们自己的宫廷小圣堂中做礼拜，这种文件被称为Reversalien，保证官员们对领地上路德宗教会的管理不受妨碍，这些官员宣誓无论他们的王公信仰什么，他们都会照原先的安排管理。这些协议通常由地区大会担保，很多时候担保者还有其他新教诸侯，这样在发生争议时，更加需要向帝国法院提出上诉。[139]

尽管有这种文件作为保证，但许多新教徒怀疑王公通过宫廷小圣堂的司铎们秘密宣传天主教。这有助于解释为何普法尔茨出现的新情况引起了民众骚动，而这就造成了第二个大问题。信奉加尔文宗的统治支系绝嗣后，普法尔茨于 1685 年选择了维特尔斯巴赫家族信奉天主教的幼支。新选侯在"九年战争"（1688—1697）期间与占领他土地的法国人合作，重新引入天主教。法国通过 1697 年《里斯威克和约》（Peace of Rijswijk），确保这些变更得到国际承认，尽管这违反了 1624 年是"标准年"的规定（法国是威斯特伐利亚协议的担保方，本应坚持协议的规定）。当时正值萨克森选侯改宗天主教，路易十四将已在 1685 年失去宗教权利的胡格诺派驱逐出法国，因此该事件的影响变得很大。750 起官方投诉中有 258 起与此相关，事件引起的关注可见一斑。

为应对该事件，新教徒要求行使将帝国议会分成两个信仰团体的"分别讨论"权，这就造成了第三个难题。虽说这在 1648 年后的宪法中是合法的，但这么做有可能使辩论陷入僵局，而当时帝国需要应对北方战争（1700—1721），还要处理迫近的西班牙王位继承争议，继承争议将帝国直接卷入了与法国的又一次战争（1701—1714）。尽管公开讨论非常激烈，但说到放弃在帝国议会和其他机构的既定工作方式，人们在这方面并没有什么政治意愿。新教徒确实在 1712—1725 年、1750—1769 年、1774—1778 年组成"新教集团"（Corpus Evangelicorum）单独开会，但还是继续参与帝国其他机构的事务。天主教徒对现有架构比较满意，从未单独开会。新教集团陷入困境，因为普鲁士、汉诺威和萨克森（已成为天主教徒的萨克森选侯拒绝放弃领导权）互相倾轧，争夺领导权。正式分别讨论的情况仅出现过四次（1727、1758、1761、1764），主要被普鲁士当作阻碍哈布斯堡家族管理帝国的手段。从长远看，普鲁士人操纵宗教问题削弱了他们制造麻烦的潜力，到了 18 世纪后期，人们已经认为既有的宪法足以保护宗教自由。[140]

事实证明，《威斯特伐利亚和约》还解决了许多地方性的日常纠纷，再次表明进入近代早期后，帝国在民众眼中仍然重要。新的"标准年"设立后，勃兰登堡、普法尔茨、几个下莱茵公国，以及奥斯纳布吕克、吕贝克、希尔德斯海姆这几个主教区处于教派混杂的状态。自1548年以来，已有四个帝国城市成为双教派城市。IPO要求在文官职位方面对两个教派同等看待，有迹象表明，教派身份固定化为两个社群之间的"无形边界"。[141] 在奥格斯堡，不同教派互相通婚的情况减少了，据说连新教徒和天主教徒的猪都要分开养。1584年，天主教徒采用格列高利历（Gregorian calendar），于是他们的日期就比新教邻居早了10天，而新教徒到1700年才开始使用格列高利历。然而，采用新历法并没有再次引发骚乱。居民可能会明确意识到微妙的差异，但如今他们更愿意去法庭，而不是暴力抗议。

神职人员，特别是教派交界地区的神职人员，在普罗大众行使宗教自由的道路上设置了许许多多小障碍。夫妻如果属于不同教派，人们就认为这个家庭是分裂的，个人常常被迫改宗。尽管如此，民众普遍务实。奥斯纳布吕克五分之一的婚姻是跨教派通婚，新教徒会加入天主教徒的宗教游行队列，在一些社区，不同教派的会众甚至共用一座教堂。官方政策是容忍而非宽容，迫于政治和法律的规定，他们不得不容忍少数派。18世纪晚期，官方态度发生了转变，尤其是在1781年约瑟夫二世颁发特许状之后，特许状有助于宗教平等，在1785年到19世纪40年代的这段时间里，被大多数德意志政府采用。

近代早期的帝国教会

规模

根据 1521 年沃尔姆斯帝国议会的登记册，参会的有 3 位教会选侯、4 位大主教、46 位主教和 83 位高级教士，相比之下世俗诸侯是 180 位。到了 1792 年，只剩下 3 位选侯、1 位大主教、29 位主教与采邑修道院院长，以及 40 位高级教士，还有 165 个世俗政治体。这种衰退只能部分归因于宗教改革，宗教改革仅仅是加快了世俗统治者将教会土地和教产纳入囊中的潮流。1521 年登记册中列出的许多教会政治体，包括 15 个主教区，就是以这种方式消失的。虽然宗教改革让这种行为有了新的神学依据，但与帝国改革相关的政治变化同样重要，因为它们将帝国政治体的地位更明确地与对帝国的财政和军事义务联系在一起。许多高级教士自愿接受世俗权力的领导，以逃避这些义务。[142] 因此，截至 1552 年，所有"世俗化"都涉及取消封邑的政治权利，将其从帝国直属变为间接隶属。相比之下，《威斯特伐利亚和约》批准了两个大主教区和六个主教区的世俗化，将它们变成具有完全政治权利和义务的公国。

事情也不是仅朝一个方向发展。还有一些教会领地从世俗控制中解放出来，尤其是 1396—1552 年处于普法尔茨保护下的施派尔主教区，但它失去了所有的非直属修道院，以及三分之二的教堂和地产。12 名高级教士被提升到诸侯阶层，而一些非直属修道院出钱让世俗保护者放弃保护权，成为真正意义上的直属政治体。[143]

正如施派尔的情况所表明的那样，非直属教产的损失要大得多。普法尔茨、符腾堡、黑森、安斯巴赫和其他地方的新教统治者取缔了不少非直属的修道院，这些修道院是天主教文化和政治生活中充满活力的部分，往往有几百年历史。尽管如此，许多天主教机构仍在新教地区幸存下来。马格德堡在《威斯特伐利亚和约》之后转变为世俗公国，但保留了一半的女修道院和五分之一的修道院。吕贝克主教区甚至保有了在帝国教会中的地位，哪怕它被官方当作路德宗领地永久划归荷尔斯泰因-哥托普（Holstein-Gottorp）。三个帝国女修道院同样作为路德宗机构继续留在帝国教会内，因为新教诸侯家族觉得它们对未婚女儿很重要。1802 年的时候，莱茵河东岸总共有 78 个非直属机构和 209 座大修道院，它们的年收入合计为 287 万弗罗林，此外这里还有数百个修道院，它们主要在天主教领地上。73 个直属教会政治体控制了 9.5 万平方千米的土地，有近 320 万臣民，年收入 1 816 万弗罗林。[144]

社会构成

巨额财富扩大了帝国贵族的政治影响力，贵族拥有约 1 000 个主教座堂和修道院的采邑，主导着帝国教会。教会土地的地理分布说明，它们来自人口密集的地区，那里自中世纪以来就有密集的领主领地。大多数伯爵和骑士所在的地区都有教会土地残存，这些地区包括威斯特伐利亚、莱茵兰，以及穿越士瓦本和法兰克尼亚的上莱茵-美因地区。当选为主教的人自动获得诸侯地位，因此，主教职位对在帝国政治特权等级中处于不利地位的骑士尤其有吸引力。在近代早期的采邑主教（prince-bishop）中，骑士占了三分之一，申博恩（Schönborn）家族是其中最成功的，该家族在最重要的美因茨教区选举中两次胜出。[145] 贵族的势力在中世纪已有很大发展，其主导地位在近代早期因额外设置的门槛而得到加强，比如，教士团成员需要证明自己祖上有 16 位贵族。在 900—1500 年帝国的 166 位大主教中，已知只有 4 位是平民出身，而在 7 世纪至 15 世纪的 2 074 位德意志主教中，已知只有 120 位是平民出身。就 1500—1803 年的情况而言，比例基本相同，担任大主教或主教的有 332 位贵族、10 位平民和 5 位外国人。[146]

对骑士阶层和伯爵不利的是，王公们的家谱也很长。维特尔斯巴赫家族是大主教和主教职位的强有力竞争者，特别新教徒在 1555 年因信仰而失去任职资格后。为防止教区落入新教徒之手，教宗对一位主教管辖多个教区的情况放宽了限制。16 世纪晚期，巴伐利亚公爵恩斯特得到了科隆和四个主教区，大约 150 年后，他的亲戚克莱门斯·奥古斯特（Clemens August）被称为"五教会先生"，因为他也得到了同样数目的教区。[147] 天主教教士往往乐见主教获得多个教区，因为这样一来，较弱的主教区就能与有势力的主教区，例如明斯特与科隆产生联系，邻近的教区也可以合作，例如班贝格与维尔茨堡。

这些联合仅是暂时的，每个主教区都保留自己的行政机构。教会未参与更大范围内机构的发展，在 1648 年以后招致了许多批评，特别是来自新教徒和启蒙思想家的批评，他们抱怨教会的"死手"占用了可以被更合理利用的宝贵资源。1740 年以后，这类重启世俗化的论点越来越有影响力，因为重启世俗化似乎有助于缓和奥地利和普鲁士之间的紧张局势，或者扩大中型公国的势力，而这些都将以牺牲它们的教会邻居为代价。后来的一些历史学家只看表面就接受了此类说法，将帝国教会描述为中世纪的化石。[148] 实际上，教会土地的内部发展和世俗领地的情况大致相似，也会实行启蒙思想家所倡导的许多措施。遗憾的是，这也意味着教会土地并非一些天主教徒声称的"与世隔绝的仁慈之地"，因为这些土地上都有军队，许多人和世俗诸侯一样参与欧洲的战争。[149]

18世纪60年代，在信奉天主教的德意志地区，一场民众发起的属灵复兴运动为政治改革提供了补充。运动在18世纪70年代走向衰落，但1782年以后，受约瑟夫二世政策的刺激，运动活力重现，约瑟夫二世取缔了哈布斯堡领地上的700座非直属修道院，还削减了几位南德意志采邑主教的属灵管辖权。[150]这时出现了后来被称为"弗布朗尼主义"（Febronianism）的复兴和变革，"弗布朗尼"是特里尔副主教尼古劳斯·冯·洪特海姆（Nikolaus von Hontheim）在1763年发表的宣言中使用的笔名。洪特海姆要求教宗解决新教诉苦书中的剩余问题，允许所有德意志基督徒在国家教会内重新联合。几位主教呼吁终止一切教宗管辖权，并取消驻维也纳、科隆和卢塞恩的教宗使节，运动中反教宗的声音越来越大。这疏远了许多有可能成为弗布朗尼主义支持者的人，包括普遍保守的天主教农民，他们反对主教提出的许多社会改革方案。1785年，弗布朗尼主义主教们与普鲁士诸侯联盟的关系激怒了约瑟夫二世，法国大革命战争在1792年爆发的时候，帝国教会在政治上已经十分脆弱了。[151]

卡尔·特奥多尔·冯·达尔贝格（Carl Theodor von Dalberg）竭力保卫帝国教会。他的家族属于帝国骑士阶层，自14世纪以来一直拥有施派尔和奥本海姆之间的庄园，并与有影响力的梅特涅、施塔迪翁（Stadion）和冯·德尔·莱恩（von der Leyen）等家族沾亲带故。在担任主教座堂咏祷司铎（cathedral canon）10年之后，达尔贝格升职，为美因茨选侯服务，并在1802年继承其位，成为帝国大书记官（arch-chancellor）和帝国教会的领袖。他高升之时，他所挚爱的世界也行将消亡，帝国教会、帝国骑士和帝国宪制这三个相互关联的制度都垮塌了。达尔贝格在瞬息万变的环境中竭力维持旧秩序，始终乐观（他的批评者说是天真）地为后人眼中不可能成功的事业奋斗。1802—1806 年，重组德意志的拿破仑·波拿巴利用他来获得合法性。达尔贝格对拿破仑的赞美奉承对洗脱他叛国的名声毫无用处，他成了帝国灭亡的替罪羊。[152]

事实上，1797 年，根据《坎波福尔米奥和约》（Peace of Campo Formio）的安排，奥地利把莱茵河左岸划归法国，那时帝国教会的命运就已经定了。失去财产的世俗王公将得到莱茵河东岸的教会土地作为补偿。哈布斯堡家族希望将损失降到最低，但随着法国不断取得胜利，该进程不断加速，最终在 1802—1803 年出现了大规模的世俗化浪潮。这是前所未有之大变，实际上摧毁了帝国教会，从而不可逆转地改变了帝国。只有达尔贝格的选侯国被安排到前雷根斯堡主教区，而梅尔根特海姆（Mergentheim）和海特斯海姆（Heitersheim）依然被条顿骑士团和圣约翰骑士团掌握，作为德意志贵族的保留地。帝国教会的其他部分，包括非直属教产被世俗化。仅奥地利就掠夺了价值 1 500 万弗罗林的财产，而符腾堡则取缔了 95 个修道院，将其改为军营、学校、精神病院、政府办公楼和宫殿，以安置在 1806 年土地被吞并的世俗领主们。奥伯恩多夫（Oberndorf）的奥古斯丁会修道院成为一家兵工厂，后来因生产毛瑟步枪闻名。[153] 财产、艺术品和档案记录或四散或被毁，18 所天主教大学关门，不过大部分财产一开始是被用来给前帝国神职人员发放养老金的。[154]

达尔贝格通过扮演 16 位王公的傀儡首领的角色，保全了他的公国，这些王公在 1806 年 7 月和拿破仑签订条约，离开帝国，导致三周后皇帝弗朗茨二世宣布退位。达尔贝格被封赏了更多的领地，得到了法兰克福大公这个头衔，但必须指定拿破仑的继子欧仁·德·博阿尔内（Eugène de Beauharnais）为自己的继承人。奥地利得到了条顿骑士团大团长这个头衔，但作为政治团体的圣约翰骑士团在 1805 年彻底消失了。达尔贝格成为帝国的掌权者，竭力重组天主教会，并重新确定其与现已成为主权国家的众公国的关系。1803 年，帝国议会通过法律，奥地利和普鲁士不受未来帝国与教宗签署的协议的限制，这对达尔贝格而言是个阻碍。普鲁士于 1802 年吞并了大部分威斯特伐利亚主教区，在不考虑教宗的情况下对其进行了重组。教廷则拒绝了达尔贝格代表帝国其他地区提出的提案，因为教廷认为达尔贝格此举是在奉行弗布朗尼主义。巴伐利亚在教廷煽风点火，希望得到奥地利和普鲁士享有的自治权。其他王公各有盘算，达尔贝格的支持者只剩下那些因领地太小或太贫瘠而无法扶植自己的主教的人。达尔贝格的设想失败了。他于 1817 年去世，这样，教廷与剩余的主权国家达成协议的障碍消失了，德意志由此走向联邦化，促成了帝国的灭亡，现在，德意志没有了国家教会。[155] 然而，这不仅仅是一个关于失败的故事，因为帝国教会被摧毁时释放了能量和资源，使 19 世纪的德意志天主教会充满了活力。

第三章

主权

赫拉克勒斯之柱

不超过梅斯

在 1552 年秋季悲惨的三个月中，查理五世率军包围梅斯，这是他率领过的规模最大的军队。五个月前，法国人与新教诸侯达成协议，拿下该城，新教诸侯反对查理解决帝国问题的不讨喜的方案。诸侯迫使查理的弟弟斐迪南于 7 月 31 日签署《帕绍和约》，查理需要取得辉煌大捷才能恢复声威。天不遂人愿，他遭遇了惨败。他的大军因疾病和逃兵而减员，1553 年 1 月 1 日，他终于放弃了对梅斯的围困。这样的结果表明帝国权威有限，加速了导向两年后缔结《奥格斯堡和约》的政治进程。[1]

围城期间，法国守军已用象征手法标示出了帝国权威的局限，他们展示出一幅画来嘲笑查理，画上有一只被锁链绑在两根柱子上的帝国之鹰，还有箴言"Non ultra Metas"——这是一语双关，字面意思是"不超过梅斯"，但也有"过犹不及"之意，因为 Metas 有"梅斯"和"界限"两层意思。此设计模仿 1516 年查理登上西班牙王位时借鉴但丁的思想发明的装饰图案。根据古代传说，赫拉克勒斯在直布罗陀海峡两侧放置立柱，标志已知世界的极限。在哈布斯堡家族伪造的家族谱系中，查理的直系祖先中有许多英雄，其中就包括赫拉克勒斯。1519 年，绘有两根立柱的纹章上被加上了箴言"plus ultra"（更进一步），既象征着帝国包含基督教文明这种传统观念，又象征着西班牙征服新世界带来的新远景，当时，西班牙正为控制墨西哥和秘鲁而战。

虽然纹章被如此设计，但是很显然，已知世界已分成许多不同的国家。尚不清楚的是各个国家的独立程度如何，以及它们是否应该平等交流。帝国建立之时，这些问题就已存在，但它们从未发展到能让帝国的标榜失效，或是破坏皇帝在其领土内权威的程度。

拜占庭

800 年，查理曼和教宗利奥三世建立了一个帝国，它既不是唯一一个帝国，也不是唯一一个自称罗马的国度。从 800 年算起，拜占庭帝国又存在了 653 年，这从根本上推动了基督教欧洲被划分为东部和西部两个政治和宗教区域，其影响延续至今。与神圣罗马帝国不同，拜占庭可以通过不间断继位的皇帝，合法地宣称自己是古罗马的直接延续。西部的皇帝同时也是国王，而拜占庭君主就是皇帝。东部有摄政时期，但从未出现过像西部那样长期没有加冕皇帝的事。拜占庭从来没有发展出中世纪晚期神圣罗马帝国的那种明确的继承规则。从 4 世纪到 9 世纪，军队、元老院和人民共同选举东部的皇帝。当选者在士兵们的欢呼声中被用盾牌抬起，而不是去教堂加冕。在 867—1056 年掌权的马其顿王朝之前，一个家族的统治不会超过四代。指定继承人的做法出现在 10 世纪，拜占庭帝国在科穆宁王朝（1081—1185）和巴列奥略王朝（1259—1453）治下建立了世袭统治。

拜占庭皇帝是直接即位的。从 474 年起就有了加冕典礼，但典礼没有任何宗教元素，直到 13 世纪受到西方影响，情况才有所改变。在拜占庭，人们期许皇帝像《旧约》中的国王一样统治，但并不把皇帝当作神，当然，人们相信皇帝像神，靠着神的恩典（Dei gratia）统治——他们蒙神恩典，虔诚顺服神的旨意。拜占庭皇帝以 4 世纪的君士坦丁大帝为榜样，通过任命君士坦丁堡大牧首来全面管理教会。大牧首保有道德权威，可以强迫任性的皇帝忏悔。717—843 年，皇室主导的毁坏圣像运动失败，也证明了皇帝在宗教事务上力有未逮。尽管如此，皇帝还是可以废黜碍事的大牧首，并从 11 世纪开始大力掌控教义，最终迫使拜占庭的神职人员在 1439 年与罗马短暂统一。这种皇权和教权的结合被西方人谴责为"政教合一"（Caesaropapism）。[2]

与罗马不同，君士坦丁堡一直到中世纪晚期都是世界级的都城。尽管其人口在 6 世纪达到 50 万的巅峰值之后，就在不断下降，但在 5 个世纪以后，在拜占庭帝国有 1 200 万居民时，君士坦丁堡仍然有 30 万人口。始建于君士坦丁治下的大皇宫，如今的托普卡珀皇宫，其中充满奇观，例如机械狮子、一个可以自动升降的宝座和一座金风琴，这些令来自西方的访客眼花缭乱，他们因皇家气派而心生敬畏。尽管大部分古老的基础设施，例如教育系统业已崩溃，但繁复的宫廷礼仪仍然保持着坚实的传统感。虽然经历了很大的变化，但帝国仍保持着庞大的常备军、官僚系统和正常运行的税收制度——这些在西方都已消失。连续性和凝聚力使得拜占庭能够在 7 世纪之前发展出"大战略"。通过使用外交手段、避免不必要的风险并谨慎地调兵遣将，拜占庭得以在往往极为艰难的环境中生存下来，还数次在经历严重失败后恢复了元气。[3]

794 年的圣像争论后，东西方神学的差异表现了出来，格列高利推动教义统一更是让分歧越发明显。1054 年以后，分歧固化为永久性的分裂，导致东西方教会彻底分离。[4] 然而，即使是狂热的神职人员，也会为基督教世界的分裂和存在两个帝国而不安。在论争之外，东西方教会的矛盾主要表现为它们在 9—12 世纪争相说服欧洲中东部和北部的人皈依己方。接受拉丁教会还是希腊教会是帝国影响力的重要标杆，其结果反映的是神圣罗马帝国与拜占庭之间的力量对比。异教徒首领迅速认清了这一点，巧妙地利用帝国间的对抗来增加他们自己的威望和影响力。

冲突在帝国东部的"大摩拉维亚帝国"（Great Moravian empire）地区最为明显，该国在 9 世纪早期出现于帝国的东部边境，907 年前后就崩溃了。9 世纪 60 年代，由西里尔（Cyril）和梅笃丢斯（Methodius）带领的拜占庭传教团前往那里，将《圣经》翻译成斯拉夫语，获得了不少信众。教宗哈德良二世为维持该地区对拉丁教会的承认，对此只能接受。虽然 11 世纪的格列高利主义取消了大部分地区的斯拉夫礼，但克罗地亚人仍保留斯拉夫礼，同时接受罗马领导。奥托王朝通过承认波兰和匈牙利的君主为国王，成功将两地纳入拉丁教会。保加利亚则转向东方教会，西里尔在这中间起了很大作用，他发明了西里尔字母，这使保加尔人可以在 9 世纪 90 年代接受基督教时仍保留自己的本地语言。988 年，基辅也选择了东正教，东正教于是传播到后来成为俄罗斯的地区。1219 年，塞尔维亚也接受东正教，尽管此时拜占庭已深陷政治困境。[5]

亚美尼亚人被拜占庭视为分裂教会者，他们利用 1095—1096 第一次十字军运动的机会，与罗马教廷及神圣罗马帝国取得了联系。就和波兰和匈牙利的君主一样，亚美尼亚的君主莱翁（Leo）也希望被承认为国王，他将以加入西方政治和宗教圈子作为回报。最终，亨利六世派遣希尔德斯海姆主教康拉德于 1195 年加冕莱翁和塞浦路斯君主埃马里克（Amalric）两人为国王，神圣罗马帝国便成为他们名义上的宗主国。1375 年以后，亚美尼亚成为波斯与崛起的奥斯曼帝国交战的战场，而神圣罗马帝国与亚美尼亚仍保持着断断续续的联系。17 世纪时，皇帝代表耶稣会传教士写信给波斯沙阿（shah），劝说他取消压制基督徒的法律。虽然帝国无可挽回地失去了亚美尼亚，但是普法尔茨选侯约翰·威廉（Johann Wilhelm）仍对亚美尼亚怀有很深的情感，甚至想在 1698 年自称亚美尼亚国王，以保护该地区的天主教会，并将自己的家族提升到欧洲王室之列。[6]

在宗教竞争之外，还有政治上的"双帝并立问题"，因为拜占庭和神圣罗马帝国均拒绝两个罗马帝国并行的古老解决方案。[7] 双方都宣称自己绝对优越，但都不怎么愿意以武力决一雌雄。806—809 年，查理曼征服了伊斯特拉半岛，这是拜占庭在意大利北部的最后一个据点。9 世纪 60 年代，路易二世试图征服意大利南方残余的拜占庭和伦巴第领土；一个世纪之后，奥托二世又努力尝试了一次。其余情况下，两个帝国都避免战斗，宁可选择无视对方。拜占庭皇帝最多愿意将与自己竞争的西方皇帝视为新的狄奥多里克，而且认为西方皇帝统治的土地在官方意义上依旧属于拜占庭。拜占庭文献称呼他们为"巴昔琉斯"（basileus），这个词可以翻译为"皇帝"，但与真正的"恺撒"相比还是差一截。西方皇帝采用"罗马人的皇帝"（Imperator Romanorum）这一头衔，从而激怒了拜占庭朝廷，导致加洛林王朝和奥托王朝的外交使团屡遭挫败。西方人针锋相对，称拜占庭皇帝为"希腊人的国王"（Rex Graecorum），将查理曼塑造为征服了娘娘腔的希腊人的征服者。[8]

拜占庭女皇伊琳娜提出联姻，据说她甚至表示要在查理曼加冕后献身于他。这个计划失败了，但娶个拜占庭新娘的想法一直到中世纪盛期都对西方皇帝颇有吸引力，如果皇帝妻子的出身高到那些好斗的领主够都够不到，那皇帝就能在领主面前扬威了。拜占庭丰厚的嫁妆充满诱惑，想压东方一头的心态也是诱因。奥托一世在自己的皇帝加冕礼之后，于972年安排儿子与拜占庭公主提奥芳诺结婚，或许他相信这将巩固他对南意大利的控制。后来发现，提奥芳诺仅是拜占庭皇帝的侄女，而非女儿，奥托一世手下的领主施压要求将她遣送回家，但被奥托无视。奥托三世本身就有一半拜占庭血统，他派遣两个使团去东方求亲。佐伊（Zoe）公主以奥托三世未婚妻的身份出发，但途中得知皇帝在1002年驾崩，于是折回。康拉德二世也曾为自己的儿子亨利三世求亲。12世纪40年代第二次十字军运动期间，康拉德三世成为第一位拜访君士坦丁堡的皇帝。他的妻妹贝尔塔（Bertha）于1146年与曼努埃尔一世（Manuel I）结婚，取了一个希腊名字"伊琳娜"（Irene）。士瓦本的菲利普（亨利六世的弟弟）娶了另一位伊琳娜，她是拜占庭皇帝伊萨克二世·安格鲁斯（Isaac II Angelus）之女。一年后的1198年，菲利普成为德意志国王。[9]

西方的势力在1195—1197年达到巅峰，当时的拜占庭向皇帝亨利六世进贡，同时，亨利六世还获得了英格兰、塞浦路斯、亚美尼亚、叙利亚、突尼斯和的黎波里统治者的正式效忠。进贡是象征性的。拜占庭皇帝经常付给敌人金钱，作为权宜之计，这类似于西方的国王献给维京人的"丹麦金"（Danegeld）。奥托王朝也曾在

10 世纪初给马札尔人金钱。此类安排往往有意保持含糊，这样双方都能以有利于己方的托词向臣属解释。

拜占庭不断变化的态度反映出帝国的国运。皇帝米海尔一世在 812 年默认了查理曼的皇帝地位。米海尔的前任尼基弗鲁斯（Nicephorus）被保加尔可汗击败，可汗用尼基弗鲁斯的头骨做饮具。拜占庭越来越不愿意接受西方的友好姿态，9 世纪 60 年代，拜占庭设法让保加尔人改宗基督教。公元 914 年以后，保加利亚直接模仿拜占庭，自称帝国，从而引发了漫长的消耗战，最终，拜占庭于 1014 年取得大胜。皇帝巴西尔二世下令刺瞎 1.4 万保加尔战俘的眼睛，后世称他为"保加尔屠夫"。到他 1025 年驾崩时，拜占庭领土已经扩张到 8 世纪时的两倍。然而，扩张势头未能持续，拜占庭 1071 年被塞尔柱突厥人重创于曼齐克尔特，形势逆转。名义上为援助拜占庭而发起的十字军运动，实际造成了更大的伤害。[10] 诺曼人在圣地建立了王国，参与 1204 年攻占君士坦丁堡，在那里扶植对立的拉丁皇帝，直到 1261 年。巴列奥略王朝光复了君士坦丁堡，但此时的拜占庭只剩下博斯普鲁斯海峡沿岸的一块狭窄领土，另有位于安纳托利亚东北部的前哨基地特拉比松（Trebizond）。拜占庭非常依赖突厥人，他们于 1393 年击败了复兴的保加利亚帝国，并于 1389 年在科索沃波尔耶（Kosovo Polje）击溃了塞尔维亚帝国（1346 年建国）。但到了 1391 年，突厥人已完全包围了拜占庭，此时拜占庭仅有先前规模的十分之一。[11]

拜占庭皇帝两次提出要与拉丁教会重新联合（分别在 1274 年和 1439 年），1400—1423 年，拜占庭皇帝三次亲自前往西方寻求援助。这些举动在国内激起了反对之声，而且都没能得到想要的结果。西方世界最后一次发起的十字军运动于 1444 年在瓦尔纳

（Varna）遭遇惨败。九年之后，君士坦丁堡被穆斯林军队围困，这是自650年以来的第13次。虽然君士坦丁堡的人口已减少至5万人，但该城在1453年最终陷落，在所有基督徒眼里仍是巨大的灾难。特拉比松帝国（安纳托利亚东北部及克里米亚南部）于1461年陷落，拜占庭的最后一个前哨就这样消失了。[12]

拜占庭衰落之时，西方帝国也处于软弱时期。1251年至1311年之间的德意志国王均没有被加冕为皇帝，而那之后直到14世纪30年代的国王都陷入了与教廷的新一轮纷争。随后的教会大分裂更使得任何协调都无法进行，直到一切无可挽回。因此，双帝并立的问题基本是通过对立方消失而解决的。此事的长期后果是，皇帝头衔渐渐世俗化为众君主中的最高者，而不是唯一能与普世传教使命联系起来的独一头衔。[13]

两位基督教皇帝长期并立加深了东西方的区隔。古代和中世纪的地理学家分出了欧洲、亚洲、非洲三个大洲，但这些在政治或意识形态方面意义不大，特别是因为古罗马横跨三洲。博斯普鲁斯海峡经过拜占庭帝国的心脏地带，那里保留了古老的观念。"欧洲"仅仅代表西边的色雷斯教会和行政区。对于西方而言，这在政治上是不可接受的，而神圣罗马帝国在西方的建立必然意味着与东方划清界限。如果不划清界限，那么要么得承认有两个皇帝，要么得承认其中一个皇帝不是完全意义上的皇帝。"欧洲"逐渐开始代表西方文明，其与东方的分野是由神圣罗马帝国和拉丁基督教世界的疆界确定的。神圣罗马帝国在这些观念中的地位，在中世纪早期的查理曼圣徒传记中体现得很明确，在传记里，查理曼被誉为"欧洲之父"。[14]

苏丹

1453 年攻陷君士坦丁堡后，奥斯曼土耳其人在西方人的思想中被固化为穆斯林"他者"，尽管东西方之间继续进行贸易和其他接触。[15] 随着奥斯曼帝国扩张的脚步进入匈牙利和亚得里亚海沿岸，神圣罗马帝国将自己定义为基督教世界对抗伊斯兰教的堡垒。奥斯曼帝国扩张的年代，正好是印刷术发展的时候，这让偏见迅速蔓延。西方人对奥斯曼帝国的敌意和早先对拜占庭人的怨恨叠加在一起，远远超过了对任何西方民族的敌意，并形成了一直延续到 18 世纪晚期的威胁论。然而，奥斯曼帝国仅是几个继承哈里发国的伊斯兰国家中的一个，在 7 世纪扩张和 13 世纪蒙古人入侵之间的时期，哈里发国构成了伊斯兰世界。什叶派的萨非家族在 1501 年建立了一个新的波斯帝国。马穆鲁克最早是突厥奴隶兵，他们 1250 年左右在埃及夺权，1260 年在叙利亚击退蒙古军队，马穆鲁克埃及是唯一一个在战场上重创蒙古人的政权。马穆鲁克帝国一直存在到 1517 年被奥斯曼帝国征服为止。1268 年，一批蒙古人推翻了巴格达的末代哈里发，但这批人很快就改信了伊斯兰教。虽然庞大的蒙古帝国很快分崩离析，但有一群人于 1526 年在印度建立了莫卧儿王朝。因此，西班牙在查理五世治下崛起为世界帝国时，恰逢奥斯曼、萨非和莫卧儿等伊斯兰帝国巩固之时，它们加起来控制了从地中海到安纳托利亚、伊朗和南亚的 1.3 亿至 1.6 亿人口。[16]

奥斯曼帝国起源于它的第一个苏丹奥斯曼（Osman），他是马尔马拉海以南内陆省份比提尼亚（Bithynia）的部落领袖。奥斯曼在 1320 年左右将人民生活方式从游牧转变为定居。同萨非王朝、莫卧儿王朝和哈布斯堡王朝一样，奥斯曼帝国成为一个君主制王朝，在塞尔柱帝国和拜占庭帝国衰落之后，它逐渐成为所有其他突厥部族的领导者，并取代了塞尔柱人和拜占庭人。[17]西方人将奥斯曼人当作穆斯林，尤其是因为他们有"圣战"文化。但奥斯曼人的崛起有赖于和基督徒的合作。奥斯曼的曾孙巴耶济德一世（Bayezid I）给儿子们取名为耶稣、摩西、所罗门、穆罕默德和约瑟。穆罕默德二世1453年攻占君士坦丁堡后，将3万基督徒从城中驱逐出去，表现了通过伊斯兰教来统一帝国的愿望。然而，逊尼派穆斯林成为帝国最大的人口群体，是70年后征服安纳托利亚、阿拉伯半岛和北非以后才实现的。他们得以控制麦地那、耶路撒冷和麦加这三座圣城，但他们自我认同为逊尼派穆斯林，主要是对东面的什叶派波斯崛起的反应，而不是在和西方的冲突中发展出来的。15世纪60年代至16世纪40年代奥斯曼帝国在巴尔干的领土扩张，则使得了基督徒仍然在奥斯曼臣民中占据相当大的比例。[18]

伊斯兰世界中出现了三个帝国，为神圣罗马帝国在基督教世界中的地位提供了有用的参照。罗马帝国改宗基督教，基督教会是通过罗马的架构建立起来的；与此不同，伊斯兰教在7世纪的发展，是基本独立于帝国框架之外的。[19]之后，有了哈里发来推动信仰，哈里发的权威源自与穆罕默德的血裔联姻，他们不像西方国王那样，声称自己与神有直接联系。哈里发国成为王朝国家，分裂出西班牙、北非和中东的分支。而宗教结构仍然是分散的，伊斯兰教并没有一个与基督教世界主教制相似的教阶制度。宗教权威分散于众多圣人、教师和《古兰经》律法的解释者之中，他们的影响力取决于他们的学识水准和道德声誉。

伊斯兰统治者在基督教政治秩序之外，并没有挑战神圣罗马帝国的"唯一帝国"主张。查理曼统治时期，恰逢新一轮的阿拉伯征服，包括撒丁尼亚（809）和西西里（827）在内的地区均被征服。

从加洛林王朝的角度来看，这就是"蛮族"会做的事。查理曼派遣使节，将自己加冕一事告知巴格达哈里发哈伦·拉希德（Harun al-Rashid）。在历尽千辛万苦后，幸存的使者们带着丰厚的礼物返回，其中包括一头名叫阿波拉巴斯（Abolabas）的大象——这是自亚历山大大帝以来近东的传统权力标志。哈里发仅将查理曼视为帮助自己对抗西班牙穆斯林竞争对手的潜在盟友。就像在神圣罗马帝国和拜占庭帝国的关系中一样，对于种种标志，双方都可以按自己的意思来阐释。政治距离和地理距离让双方不那么热衷于将关系正规化。奥托一世于 953 年尝试联络科尔多瓦（Córdoba）的安达卢斯哈里发，但没有给使节准备适当的文书。哈里发已对神圣罗马帝国了如指掌，显然不为所动。[20]

诺曼人在 11 世纪征服了意大利南部和西西里岛，在神圣罗马帝国和北非伊斯兰世界之间制造了矛盾。此外，主教叙任权之争激起了教宗的敌意，于是在 1095 年的第一次十字军运动之后，神圣罗马帝国的皇帝再没能成为十字军的首领。康拉德三世加入了 12 世纪 40 年代由无能的法国人领导的第二次十字军运动，亲身参与了 1148 年对大马士革灾难性的无端围攻。当时年轻的腓特烈一世参加了这次十字军，1190 年，腓特烈又领导了第三次十字军运动，成为唯一参加过两次远征的主要君主。腓特烈一世的皇帝声望让他能与拜占庭、匈牙利、塞尔维亚、亚美尼亚、塞尔柱帝国，甚至与萨拉丁进行谈判。虽然外交未能带来和平的解决方案，但至少保住了通过安纳托利亚的漫长路线。腓特烈一世的大军中有其子士瓦本的腓特烈，还有 12 位主教、2 位边伯和 26 位伯爵。[21] 腓特烈一世中途驾崩，远征虽然未能夺取耶路撒冷，但缓解了十字军国家的压力，并在十字军运动和帝国之间建立了更紧密的联系。

腓特烈一世的继任者亨利六世因患病无法亲身参与十字军，但他于 1197 年派遣了一支远征大军。众多的德意志人、弗里西亚人和奥地利人在 1199 年至 1229 年之间参加了接下来的三次十字军运动。腓特烈二世于 1228 年 6 月率领了 3 000 人马出征，但他已被教宗处以绝罚，因此这次行动算不上是真正意义上的十字军。其他人用暴力手段无法完成的事，这位皇帝通过和平手段完成了，但他非常幸运，因为他到达圣地的时候，萨拉丁的王国在蒙古人的攻击下已分裂成三个敌对的苏丹国。腓特烈对伊斯兰教持相对开放的态度，还保护南意大利福贾（Foggia）附近卢切拉（Lucera）的穆斯林难民，这打动了苏丹卡米尔（Al-Malik al-Kamil）。那些难民其实大多是被驱逐的，亨利六世为讨好基督徒居民，在 1194 年征服西西里岛后将他们从西西里岛驱逐了出去。1223 年以后，腓特烈继续驱逐，直到卢切拉的人口增至 6 万人。拜占庭人和诺曼人已将驱逐当作控制手段，但腓特烈的举动是独一无二的，因为他重新安置人口，在意大利本土他自己的土地上建立了一个穆斯林社群并提供庇护。卢切拉可提供 3 000 名精锐将士，他们身为穆斯林，不受教宗绝罚令的掣肘，效忠于腓特烈——包括参加他的耶路撒冷远征。[22] 在这些有利条件下，腓特烈和卡米尔于 1229 年 2 月签订了《雅法条约》（Treaty of Jaffa），使皇帝能控制耶路撒冷 10 年 6 个月零 10 天——这是伊斯兰教法允许将财产转让给非穆斯林的最长时间。虽然卡米尔保留了圆顶清真寺的控制权，但他让出了前往伯利恒和拿撒勒的通道，并赠送给腓特烈一头大象。1229 年 3 月 17 日，腓特烈在圣墓大教堂被加冕为耶路撒冷国王，他是唯一一位真正到访过圣城的神圣罗马帝国皇帝。

　　腓特烈的支持者赞美这是新时代的曙光，产生了不切实际的期望和不可避免的失望。圣殿骑士团和圣约翰骑士团则谴责条约未能收回他们失去的土地。腓特烈仍是名义上的耶路撒冷国王，但实际上是香槟的爱丽丝（Alice of Champagne，他第二任妻子的姨妈）担任摄政。租约于 1239 年到期后，该城被交给了萨拉森人，不到五年，拉丁王国就只剩下五个黎巴嫩沿海城市了。拉丁王国被移交给安茹家族，该家族于 1269 年继承了斯陶芬家族在地中海地区的利益，但最后一个十字军据点（阿卡）于 1291 年落入了穆斯林之手。

教宗的宣传则利用了帝国资助卢切拉一事，将腓特烈描绘成东方式暴君，还说他有个后宫。卢切拉的"萨拉森人"尽忠尽力，但斯陶芬王朝于 1268 年覆灭，他们别无选择，只能转而效忠安茹王朝，去和拜占庭人、突尼斯人、突厥人和西西里叛党作战。然而，一个大型穆斯林社区的存在，对于试图取代帝国成为罗马教宗保护者的安茹家族而言是一件越来越尴尬的事。卢切拉的居民于 1300 年 8 月被迫改宗基督教，连城市的名字都被改成了"圣母马利亚城"。

鲁道夫一世于 1275 年发下十字军誓言，但国内事务阻碍了他。他的继任者们也要处理比十字军运动更紧迫的问题，十字军运动则逐渐成为充满风险而又无望的运动。尽管如此，直接参与第二次和第三次十字军运动还是给 13 世纪末和 14 世纪的帝国人民留下了长远影响。[23] 在成为皇帝之前，西吉斯蒙德于 1396 年领导了一次不成功的十字军运动，为的是使他的匈牙利王国免遭突厥人入侵。他的继任者阿尔布雷希特二世也认为保卫匈牙利是一次十字军运动，他情愿战死于此，也没有去巩固他在帝国的权威。[24]

1453 年以后，奥斯曼帝国在巴尔干地区扩张，十字军于是从个别皇帝组织的远征转变为保卫帝国的整体防御。这强化了更大范围内的帝国改革，帝国治理中的权力分享和责任分担趋向集体化（见第454—467页）。奥斯曼人于1521年夺取贝尔格莱德，次年再度入侵匈牙利。不到四年，他们就征服了匈牙利王国差不多一半的地区。又过了不到三年，他们兵临维也纳城下，直接威胁哈布斯堡家族和神圣罗马帝国。事态如此发展，加上哈布斯堡家族的传统，皇帝是基督教世界保卫者这一理念得到了复兴。伊比利亚摆脱穆斯林摩尔人的统治后，哈布斯堡君主成为西班牙国王。西班牙再征服运动（Reconquista）始于11世纪，在1270年左右停滞不前，但在1455年因教宗的十字军号召而重新奋发，1482年以后，再征服运动进展迅速，最终在1492年击溃了最后一个伊斯兰王国格拉纳达（Granada）。查理五世1519年成为皇帝时，就带着这个成功的光环，以及西班牙在地中海的利益。七年后，他的兄弟斐迪南从拉约什二世那里继承匈牙利王国，接受了匈牙利的传统，拉约什二世是在对抗奥斯曼人的摩哈赤战役中阵亡的。[25]西班牙继续在地中海地区对抗奥斯曼帝国，1571年获得勒班陀（Lepanto）海战的辉煌大捷，但神圣罗马帝国主要承担的是保卫中欧的重任。

奥斯曼帝国取用了拜占庭的帝国传统，有别于先前的伊斯兰帝国，"双帝并立"这个问题以新的形式出现，意识形态上的冲突更加激烈。1453年以前，奥斯曼人就已将罗马-拜占庭传统与突厥和伊斯兰传统结合起来，但直到1453年攻占君士坦丁堡之后，才有了帝国的自我意识。[26]他们将首都从阿德里安堡（埃迪尔内）迁至君士坦丁堡，入住曾经的拜占庭皇宫。伊斯兰教法、奥斯曼的世俗财政系统和行政系统都与拜占庭式的政教合一结合起来，使统治者成为立法者，使奥斯曼帝国难以像神圣罗马帝国那样过渡到法治。[27]拜占庭基础设施在被翻修后保留下来。穆罕默德二世采用了"恺撒"（Kaysar）头衔，自视为古罗马和亚历山大大帝的继承者，宣称他将在伊斯兰旗帜下统一东方和西方。苏丹委托拉丁学者和希腊学者撰写官方历史，将从所罗门开始的拜占庭皇帝的神话和穆罕默德的传奇结合起来。[28]

在采用帝国的意象和修辞方面，情况比较复杂。某种程度上，这是为了用新的基督徒臣民已经熟悉的方式，在他们面前树立苏丹的形象。威尼斯和热那亚商人也是促进的因素，他们长期往来于拉丁世界和希腊世界之间，希腊世界被奥斯曼人统治后，他们也继续与其做生意。还有一个原因是西方人和奥斯曼人打交道时，倾向于使用自己的政治语言。

奥斯曼帝国迅速征服埃及的马穆鲁克王朝并战胜波斯之后，1521年，新苏丹苏莱曼一世再次将注意力转向西方。摘下君士坦丁堡的"红苹果"后，奥斯曼人越来越想摘得维也纳的"金苹果"，奥斯曼帝国与哈布斯堡王朝的势力都在扩大，这加重了奥斯曼人的觊觎之心。1529年，奥斯曼军队围攻维也纳，但查理五世对此不管不顾，于1530年在博洛尼亚由教宗克雷芒七世加冕为皇帝。[29]苏莱曼被迫退兵，他原本期待能在战场上和查理一决雌雄。为了掩饰这件扫兴的事，他在返回途中大张旗鼓，想盖过查理最近加冕典礼的风头。他还委托威尼斯匠人制造了一顶巨大的皇冠，花费达11.5万达克特，相当于卡斯蒂利亚年收入的十分之一。皇冠的设计混合了查理的皇冠和教宗的三重冕，还故意增添了第四顶皇冠，以示凌驾于他的西方竞争者之上。这种宣传的成功让苏莱曼以"大帝"之名闻名于西方。

1536年以后，苏莱曼逐渐放弃了西方服饰，改穿奥斯曼伊斯兰风格更加明显的服装，以示与基督教帝国传统和波斯萨非王朝传统的区别。奥斯曼帝国征服埃及和阿拉伯半岛，恢复了宗教平衡，而安纳托利亚和巴尔干的大多数精英都改信了伊斯兰教。从 1453 年起，苏丹已经以新的哈里发形象示人，试图领导整个伊斯兰世界。拜占庭人对文明和野蛮的区分被吸收进"伊斯兰之家"和"战争之家"的区分，因此，与基督徒实现永久和平，在政治上是不可能的。

断层线贯穿匈牙利，1541 年，哈布斯堡的收复失地运动在那里陷入僵局，而查理五世对突尼斯和阿尔及尔的昂贵远征失败，则让情况更加复杂。[30] 哈布斯堡王朝不得不接受三分的局面：属于神圣罗马帝国（哈布斯堡）的西部匈牙利（包括克罗地亚）、属于奥斯曼的中部和东南部匈牙利，还有东北部的特兰西瓦尼亚。谁占有特兰西瓦尼亚，谁就有权使用匈牙利国王头衔，争议一直持续到 1699 年，永久和平因而更难实现。1541 年，斐迪南一世用 3 万弗罗林的贡金换得了休战。其后，他不断失利，不得不在 1547 年之后每年都缴纳这笔费用。苏丹拒绝承认哈布斯堡君主是皇帝，声称他们仅是上贡者。休战期间禁止重大军事行动，但民兵还是可以越过边境劫掠。摩擦不断，开战有很好的理由，但是哈布斯堡王朝因不想纳贡而在 1565—1567 年和 1593—1606 年发动的两场战争均告失败。[31]

虽然不是完全意义上的十字军，但哈布斯堡王朝的行动得到了罗马教宗的支持，在整个欧洲也获得大力支持，吸引了像约翰·史密斯（John Smith）这样的外国志愿兵（史密斯后来建立了弗吉尼亚殖民地）。[32] 从 16 世纪 30 年代开始，人们设立了祷告日和忏悔日，以消除据说导致土耳其人入侵的基督徒的罪孽。战斗期间，帝国全境每天中午都会响起"土耳其钟声"，提醒人们为帝国军队获胜祈祷。从意识形态的角度说，和平不可能实现，因此帝国的结构改革获得了更多支持，改革要求所有帝国政治体为集体防御做出贡献。

尽管如此，东西方的关系还不至于到"文明冲突"的程度。不仅匈牙利人和帝国的臣民继续与奥斯曼人做买卖，而且皇帝认为有可能和什叶派波斯成为盟友。1523 年，波斯沙阿首次提出要与查理五世结盟。1600 年左右，一个大型波斯使团抵达布拉格，双方接触越来越多。由于期望各异，双方在 1610 年谈崩。沙阿阿拔斯（Abbas）误将哈布斯堡方面暧昧的友谊表示当作金石盟约，并于 1603 年袭击了奥斯曼帝国的库尔德斯坦（Kurdistan）。他认为哈布斯堡于 1606 年在席特瓦托洛克（Zsitva Torok）与奥斯曼单独媾和是背叛之举，久久不能释怀，哈布斯堡和波斯续约再无可能。[33]

《席特瓦托洛克和约》延长了哈布斯堡和奥斯曼之间的停战，但要求双方都"称对方为皇帝，而不仅仅是国王"。[34] 截至 1642 年，该和约续约了五次，通过在奥斯曼帝国内给予哈布斯堡臣民有利的商贸地位来改善双边关系。每年付给奥斯曼人岁币的做法于 1606 年终止，但每次续约哈布斯堡王室都要支付 20 万弗罗林。事实证明，良好的双边关系对于哈布斯堡王朝的生存至关重要，因为苏丹需要处理国内问题，拒绝趁三十年战争之机支持波希米亚叛乱分子。1649 年 7 月，停战协议又续了 20 年，哈布斯堡王朝的"馈赠"则减至 4 万弗罗林。摩擦一直都有，哈布斯堡王朝在其控制的部分匈牙利领土上镇压不法分子，这给了奥斯曼帝国干预的借口，1662 年，冲突升级为战争。由于神圣罗马帝国需要协调援助，通过《威斯特伐利亚和约》实施的宪制改革得到了巩固，帝国议会也在 1663 年后不再被解散。[35] 1664 年，哈布斯堡王朝用 20 万弗罗林买得又一个 20 年的休战，但这次苏丹也回赠了礼物，体现了更平等的关系。

1683 年，历史似乎重演了，奥斯曼帝国苏丹再次率军攻击维也纳，期望在长期动荡的帝国中重建权威。然而，该城一直坚持到波兰和神圣罗马帝国的军队前来解围，这是一次真正意义上的国际胜利，在西方被誉为另一场勒班陀战役。众多的战利品中有帐篷、地毯，还有至少 500 名土耳其战俘，他们被强制定居在德意志。于是，早在 1798 年拿破仑入侵埃及之前，东方主义就席卷中欧。[36] 人们甚至希望能收复耶路撒冷，但起初的一阵兴奋之后，是 1684—1699 年收复匈牙利的战事，虽然最终获胜，但战争漫长难熬。

在神圣罗马帝国内部，走向混合君主制的趋势得以延续。在国际上，这场战争表明哈布斯堡王朝和奥斯曼帝国的力量对比发生了重大改变，奥斯曼帝国最终于 1699 年接受了《卡尔洛维茨条约》（Treaty of Karlowitz）的永久和平。哈布斯堡王朝得到了匈牙利和特兰西瓦尼亚，并迅速消除 150 年中穆斯林留下的痕迹。苏丹还承诺在其领土上善待天主教徒。然而，宗教因素的作用不断减弱。一直到 18 世纪 30 年代，在对土耳其人的多场战争中，皇帝继续接受德意志和意大利的援助，但这些冲突日益被视为纯粹的奥地利事务。"土耳其钟声"在 1736—1739 年的战争期间最后一次敲响，而在下一场冲突（1787—1791）中，敲钟的提议被当作蒙昧之举驳回了。[37] 1716—1718 年对土耳其人的战争则让哈布斯堡获得了更多好处，证明哈布斯堡家族即便没有皇帝头衔，也是不可小觑的势力，这改变了他们与神圣罗马帝国和其他欧洲列强的关系。

沙皇

1683—1718 年对奥斯曼帝国的长期战争把俄国卷了进来，加快了俄国进入新兴的欧洲国家体系的脚步。虽然沙皇最初被认为是对抗奥斯曼帝国的有用盟友，但很快人们发觉，他正在取代苏丹，挑战哈布斯堡王朝自称的欧洲最重要君主的地位。

俄罗斯人起源于征服基辅的瓦良格人（维京人），他们被斯拉夫人称为"罗斯人"（Rus）。拜占庭和拉丁传教士都在争取统治家族留里克家族，留里克家族最终决定改宗东方基督教，这让他们可以使用斯拉夫礼。弗拉基米尔大公于 988 年改宗，为高度个人化的神圣君主制度奠定了基础。10—13 世纪期间，留里克家族的王公在 180 名罗斯圣徒中占了三分之一。[38] 1054 年之后，由于内部纷争，出现了多个相互竞争的留里克公国，最后这些国家都被蒙古人征服，蒙古人在严冬进犯，将冰冻的河流当作骑兵跑马的大路。1240 年，蒙古人在伏尔加河下游建立了金帐汗国，要求留里克王公们向其进贡。莫斯科公国 1325 年后从废墟中崛起，1438 年后由于金帐汗国分裂而得以壮大。1480 年，纳贡停止。五年后，莫斯科公国吞并了诺夫哥罗德，消灭了一个主要竞争对手，并显现出向波罗的海扩张的野心。

与奥斯曼帝国一样，快速扩张激起了通过公开使用帝国意象来确立声望的野心。伊凡三世（"大帝"）于 1472 年迎娶拜占庭末代皇帝的侄女佐伊·帕列奥格罗（Zoe Palaiologina），宣称自己是所有罗斯人的统治者。他采用了"沙皇"（tsar）这一头衔，tsar 源自 Caesar（"恺撒"），以前有人用过，但伊凡三世使用这个头衔，是有意强调自己是皇帝，强调自己和使用古老基辅头衔 knyaz（意为"王公"或"国王"）的人不同。[39] 俄罗斯东正教会强调自身与古罗马的联系，拒绝 1439 年拜占庭皇帝强加给希腊教会和拉丁教会的短暂统一。普斯科夫修道院院长斐洛菲斯（Philotheus）发展了一套自己的"帝国转移"理论，他认为"第一罗马"被异端邪说攻陷，"第二罗马"（君士坦丁堡）被异教徒征服，但"第三罗马"（莫斯科）将一直留存到审判之日。和西方的类似思想一样，这些理念的重要性不在于将其付诸实践，而在于培养一种有利于帝国的知识氛围。罗斯君主意在"解放"君士坦丁堡，宣称要保护基督教圣地——迟至 1853 年，这两个因素还有影响力，甚至成为克里米亚战争爆发的诱因。[40]

拜占庭的传统理念很容易和罗斯的情况结合起来，因为它们并不挑战统治者具有神圣性的观念。沙皇对他的都主教的控制比拜占庭皇帝对手下宗主教的控制更严——一位都主教在 1568 年因为胆敢批评沙皇而被勒死。俄罗斯教会于 1685 年获得完全自治，当时沙皇宣布都主教独立于希腊大牧首，而大牧首仍在奥斯曼统治下的君士坦丁堡（伊斯坦布尔）生活。此举有意削弱苏丹对其基督徒臣民的权威，这样他的对手俄罗斯便可自命为真正教会的支持者。

帝国双头鹰在 1480 年首次作为沙皇的标志出现，但直到彼得一世（"大帝"）统治期间，双头鹰才成为主要标志，1700 年前后，彼得一世的军旗绘有圣像和其他宗教符号。[41]伊凡四世（"雷帝"）在 1561 年举行了加冕仪式，有意将俄罗斯表现为古罗马帝国的继承者，当时是他在位的第 14 年。仪式使用了拜占庭皇帝加冕礼的斯拉夫翻版，王权象征物皆与从前拜占庭皇帝的一致。伊凡四世认为自己是奥古斯都皇帝的直系后裔，甚至他臭名昭著的恐怖也受古代榜样的影响。[42]

俄罗斯利用拜占庭的遗产，这强化了西方人认为俄罗斯是域外文明的观念，但也提升了沙皇作为潜在盟友的地位。1488 年，腓特烈三世向莫斯科公国派遣了第一位帝国使者。这表明"双帝并立"问题已经转化为和莫斯科的关系。腓特烈商谈的立场是自己地位更高，而沙皇伊凡三世（正确地）强调他和他的祖先均非帝国的附庸。伊凡及其继承者希望国际上能承认他们的沙皇头衔意味他们享有皇帝之尊，而西方人对此继续无视，仅称俄罗斯统治者为"大公"。1613 年，数次内战之后，留里克王朝被罗曼诺夫王朝取代，这些事件加深了西方人视俄罗斯人为野蛮人这一偏见，他们因而更不愿意承认罗曼诺夫王朝直接继承了罗马-拜占庭帝国。而在俄罗斯人这一边，他们虽然努力了解神圣罗马帝国，但仍然感到困惑——例如，沙皇政府在《威斯特伐利亚和约》签订三个月后就得到了和约副本，但神圣罗马帝国的宪制里有很多俄罗斯没有的元素，沙皇和他的顾问很难理解封建关系并不意味着王公是皇帝的奴仆。[43]

1653 年以后，俄罗斯向西不断扩张，到了 1667 年，俄罗斯已能对波兰施加更大的影响力，而且与奥斯曼帝国的东部有了直接接触，因而想要了解外界的愿望越来越强烈。德意志商贾和移民是重要的信息来源，但主要转变是从彼得大帝开始的，他在 1697—1698 年著名的欧洲之行中亲自走过神圣罗马帝国。俄罗斯通过参与 1700—1721 年的北方战争，不仅得到了进入波罗的海的入海口，还与帝国政治发生了直接接触，因为彼得的军队在德意志北部驱逐了瑞典人。1716 年 4 月 19 日，彼得大帝的侄女叶卡捷琳娜·伊万诺夫娜（Ekaterina Ivanovna）与梅克伦堡-什未林的卡尔·利奥波德（Carl Leopold）公爵联姻，由此建立了罗曼诺夫家族与德意志王公家族之间延续两个世纪的密切关系。[44]

俄罗斯的帝国意象虽然没有完全抛弃拜占庭元素，但变得越来越西化。彼得发行了一种面值 2 卢布的硬币，以纪念他于 1709 年在波尔塔瓦（Poltava）击败瑞典军队，硬币上他的形象是一位古罗马皇帝。他的官员随后发现了一封马克西米利安一世于 1514 年发来的请求结盟的信。不知是无心还是有意，哈布斯堡大臣将瓦西里三世（Vasily III）尊称为"恺撒"（Kayser），这相当于承认了俄罗斯方面提出的沙皇就是皇帝这一说法。彼得在 1718 年公开了此信，这是精心策划的，最终，他于 1721 年 10 月自封为"皇帝"（imperator）。[45] 此举正好与北方战争的胜利一起，强调了俄罗斯是一个帝国。

哈布斯堡王朝拒绝承认俄罗斯皇帝同自己平等，拒绝了两位皇帝轮流做欧洲最重要君主的提议。在法国的外交支持下，皇帝查理六世翻出了老观念，即欧洲不能同时有两个皇帝。[46] 但查理与西欧列强的关系越来越差，他不得不妥协，于 1726 年承认沙皇的皇帝头衔，以此作为结盟的条件之一，虽然他还是坚持自己在形式上要高一等。直到 1762 年，俄国对此都还满意，因为它认为奥地利是对抗当时还强大的奥斯曼帝国的有用盟友。联盟使俄国深深地介入了帝国政治。1733—1762 年，俄军三次进入神圣罗马帝国境内，援助奥地利作战。罗曼诺夫家族如今与梅克伦堡、荷尔斯泰因、符腾堡、黑森-达姆施塔特、安哈尔特-采尔布斯特（Anhalt-Zerbst）等王公家族均关系密切，安哈尔特-采尔布斯特家族的公主就是 1762—1796 年统治俄国的叶卡捷琳娜二世（Catherine II，"大帝"）。俄国介入的目的从回报奥地利在巴尔干对它的援助，转变为在神圣罗马帝国内部维护与俄国自己的战略利益有关的平衡。俄国促成了《特申和约》（Peace of Teschen），结束了因巴伐利亚继承问题而爆发的普奥战争（1778—1779），此后它还声称这使其成为《威斯特伐利亚和约》的担保人。1782年之后，俄国在神圣罗马帝国帝国议会中保留了一个常驻使节以维护自身利益，尽管该使节的地位从未得到完全承认。[47]

笃信王

奥地利与俄国发展关系的一个原因是法国崛起为西欧强国。法国和神圣罗马帝国的共同起源可以追溯到加洛林时期。《凡尔登条约》（843）将帝国分为西法兰克、东法兰克和洛泰尔尼亚三个王国。后来人们将该条约当作法兰西和德意志的立国基础来纪念，但当时的人并不认为条约创建了彼此独立的国家。直到9世纪80年代，统一的努力都没有停止，而精英之间跨莱茵河的联系在那之后还维持了很久。奥托家族于919年继位，取代绝嗣的东部加洛林王室后，国家间的区别越发明显。奥托家族的亨利一世和"法兰西"国王鲁道夫于935年在色当附近的会面经过了精心安排，以强调双方是平等的。1006—1007年的王室会面也做了类似安排。然而，参与这些会晤的所有君主都没有皇帝头衔。[48]

共同的起源让法国国王也宣称自己可以继承帝国传统。国王洛泰尔对962年奥托一世的加冕表示愤怒，而公元987年之后统治法国的卡佩家族则准备承认拜占庭皇帝，前提是这样能形成一个反奥托王朝的联盟。从10世纪开始，法国作家们便开始法国化查理大帝和法兰克人，强调从克洛维开始有一条未曾中断的基督教国王谱系。他们对"帝国转移"这个概念提出异议，并将帝国描绘成加洛林家族的创造，而且始终以巴黎而非亚琛为中心。核心故事是查理大帝前往耶路撒冷带回圣德尼（St Denis）的圣髑，然后在巴黎建立一座修道院的传说——修士们大力宣传这个故事，宣称他们的修道院是法兰西王室和民族身份的起源之地。奥托王朝拥有实际的皇帝头衔，这是无法无视的，于是他们试图削减皇帝在保护教宗方面的作用，根据法国和教廷关系的现状来判断皇帝的行为。[49]

最初的目标是保持与前东法兰克王国的平等地位，但是在公元1100年之后，法国作家越来越倾向于将德意志王国归为外国，并且越来越认为皇帝头衔应该属于自己的国王。还有人进一步主张，作为法兰克人的直接继承者，法兰西国王应该统治包括德意志在内的所有前法兰克王国领土。国王腓力二世·奥古斯都于1214年在布汶战胜了奥托四世，决定了韦尔夫-斯陶芬内战的胜负，似乎使得法国成为帝国事务的仲裁人。腓力的军队打着"金色火焰旗"（Oriflamme），这是圣德尼修道院的血红色战旗，传统上认为这是查理曼的旗帜，而法国人在战斗中缴获了奥托的帝国旗帜，似乎证明了法国是高一等的。[50]

1095年后，法国人积极参与十字军，他们的野心因此越来越大，因为一般认为皇帝是十字军的"天然"领袖。法国观察家认为，从1251年到1311年，这么长的时间里没有加冕皇帝率军，是后来十字军运动失败的一个原因。[51]在特定条件下，法国人偶尔会反对个别皇帝，但这些并不是对帝国观念的原则性反对。例如，他们反对亨利七世，是为了保护法国在意大利利益，而且他们认为教宗加冕亨利七世为帝是错误的。在法国和西班牙，为皇帝祷告的活动一直持续到了14世纪。1273—1274年、1308年、1313年和1324—1328年，法国国王几次努力争取皇帝头衔。腓力四世的弟弟瓦卢瓦的查理甚至娶了拜占庭帝国最后一位拉丁皇帝鲍德温二世（Baldwin II）的孙女，期望重新统一东西方帝国。虽然这些尝试均以失败告终，但由于他们的权力不断增长，到了13世纪晚期，法国国王已能宣称自己是教宗的保护者。腓力·奥古斯都手下的宣传者将他说成查理曼的真正继承人。"奥古斯都"这一头衔实际上是圣德尼修道院的高级修士里戈尔（Rigord）褒扬国王时给国王取的绰号，以纪念腓力在法国境内以"帝国"方式弘扬君权。里戈尔还不断地称他是"笃信王"（rex Christianissimus），这是为了通过强调法国君主的特殊使命，来压过皇帝头衔。该头衔后被教宗承认，而从 12 世纪开始，教宗做出了更多让步，巩固了法国教会的独立身份。[52]

法国国王因为未能获得皇帝头衔，所以更主张自己已然具有皇帝的权势，也就是最高的权威。查理曼在被加冕为帝之前就是一位伟大的国王。直到 17 世纪中叶，这都是标准论点，被用于为法国国王争夺皇帝头衔的举动辩护，并在尝试失败时挡开批评。法国既是独立的，又始终是独一的、普世的基督教秩序的一员，当时的人并不觉得这样的信念自相矛盾。虽然后世的民族主义作者强调前者而忽略后者，但中世纪晚期和近代早期的观点其实非常现代：就好比 21 世纪的法国是欧盟的一部分，但它显然仍是一个主权国家。[53]

在查理曼神话的鼓舞下，查理八世于 1494 年入侵意大利，一个重要原因是他的直接目标那不勒斯自 1477 年便开始宣称拥有已经不复存在的耶路撒冷国王这一头衔。弗朗索瓦一世的称帝野心更为具体，他有教宗作为后援，从 1516 年开始在德意志寻找支持。为了从观念各异的人那里获得尽可能多的支持，他宣称自己拥有特洛伊血统，表现得仿佛自己是罗马美德的化身，还主张法兰西人和德意志人拥有共同的法兰克祖先。他将普世主义导向了合乎逻辑的结论：皇帝头衔不是德意志人专有的，而是对所有配得上的候选人开放。然而，成为皇帝的程序如今与德意志国王选举紧密联系在一起。德意志选侯们将查理曼和法兰克人视为自己独占的祖宗，他们拒绝了弗朗索瓦的提议，支持了查理五世。[54]

路易十四与其顾问枢机主教马扎然（Mazarin）在1657年斐迪南三世去世后，最后一次尝试攫取皇帝头衔。马扎然支持普法尔茨-诺伊堡（Pfalz-Neuburg）公爵当选，以此来试探德意志人是否支持路易。但这么做的主要动机是阻止又一位奥地利哈布斯堡家族成员当选为皇帝，他可能会将帝国带入法国与西班牙（始于1635年的）正在进行的战争。此策略造成了继1494—1507年的帝位空缺之后最长的帝位空缺期，但未能阻止1658年利奥波德一世的当选。对另一位来自法国的候选人的支持一直持续到17世纪70年代，却因利奥波德的长寿而作罢（利奥波德死于1705年）。法国外交官很快就诉诸17世纪40年代发展出来的观点，即他们的国王是德意志诸侯捍卫宪法自由、抵御"帝国绝对主义"威胁的天然盟友。[55]

放弃直接称帝的野心后，法国难免要宣扬自身早已超越帝国这种论调。发生在1562—1598年的内战为强力的王室统治提供了新的论据，强力统治被视为社会与政治秩序稳定的基础。法国作家越来越多地贬低神圣罗马帝国，他们认为帝国从查理曼的"法兰西"统治下的（据称的）世袭君主制，沦落为德意志人统治下堕落的选举制。它不再是一个帝国，而仅仅是帝国令人遗憾的影子，相比之下，基督教法兰西国王的王系已比罗马共和国和帝国加起来还长。法国是一个神圣的君主制国家，其国王被上帝选中，通过世袭传承。在太阳王路易十四面前，任何其他统治者都相形见绌。由于他的基督教信仰和出众的能力，他，而非皇帝，才是整个欧洲自然的仲裁者。[56]

在1667年至1714年的一系列战争中，法国人自命为欧洲仲裁者的宣传遭遇了挫败。路易实现了保持西班牙与奥地利分离这个法国长期以来的目标，他挫败了 1700 年以后哈布斯堡家族想要继承整个西班牙的企图。然而，太阳王于 1715 年驾崩时，大多数外交官显然赞成均势而非单一强权维持的和平（见第 182—190 页）。法国也尽力宣传自己为帝国内部权力平衡的仲裁者，因为事实证明，法国很难找到一个可靠的德意志合作者来进行干预。从 17 世纪 20 年代开始，巴伐利亚一直是合作首选，那里信仰天主教，幅员辽阔，在援助之下，它有可能成为制衡奥地利哈布斯堡王朝的力量。1740 年 10 月，查理六世去世后没有留下男嗣，打破了自 1438 年以来哈布斯堡统治者的血统传承线，开启了一直持续到 1748 年的奥地利王位继承战争，法国和巴伐利亚的合作越发紧密。巴伐利亚公爵卡尔·阿尔布雷希特（Carl Albrecht）最终于 1742 年在法国支持下当选为查理七世。他不到三年的短暂统治给巴伐利亚和神圣罗马帝国都带来了灾难。[57] 这一挫折推动法国外交大臣阿尔让松侯爵（Marquis d' Argenson）在 1745 年提出，将德意志和意大利联邦化，通过重组，减少其下属领地的数量，扩大单个领地的面积。该计划遭到普鲁士和萨伏依的反对，它们认为保留旧秩序对自己更为有利。1745 年的晚些时候，奥地利通过弗朗茨一世的当选重获皇帝头衔，挫败了阿尔让松侯爵的计划。[58]

愚人之帽？

哈布斯堡的政治家们在此前很久便意识到，皇帝头衔的含义早就和中世纪时的不同了。在成功对抗奥斯曼帝国之后，到了 1699 年，哈布斯堡王朝在神圣罗马帝国境外占有的领土就超过了在帝国境内的领土，这不可避免地改变了他们对皇帝头衔的看法。他们于

1623年放弃了将奥地利提升为王国的计划。尽管如此，从1703年起，人们开始用"奥地利君主国"（Austrian monarchy）这个模糊但具有王室意味的词来指代哈布斯堡王朝统治的土地，这实际上包含了几个真正的王国，即波希米亚、匈牙利、克罗地亚和那不勒斯（1714—1735），以及1772年从波兰吞并的加利西亚，哈布斯堡王朝还在名义上拥有耶路撒冷。[59]这些新情况引发了人们对皇帝头衔是否还有价值的怀疑，尤其是在涉及多国的奥地利王位继承战争期间，哈布斯堡统治者在1740—1745年并无皇帝头衔，但王朝还是能幸存下来。他们因帝国政治体未能支持他们对抗法国、巴伐利亚及其盟友而感到遭到了背叛。弗朗茨一世的妻子玛丽亚·特雷莎对此有特别悲观的看法，她称皇冠为"愚人之帽"，并拒绝被加冕为皇后，还将1745年她丈夫的加冕典礼戏称为"滑稽木偶戏"（Kaspar Theater）。甚至在他们的儿子约瑟夫二世于1765年继承父亲的帝位时，这些疑虑仍然存在。约瑟夫将皇帝这个角色描述为"一个拥有可敬之力的鬼魂"，而且，很快他就感到了帝国宪制的制约，帝国宪制实际上是按着法国外交官的意思限制着哈布斯堡王朝对帝国的管理。[60]

历史学家们常常将这些评论当作帝国在1648年《威斯特伐利亚和约》后变得无关紧要的证据。然而，1749年3月7日，弗朗茨一世的顾问们回答了他的问题，强调皇帝头衔是"西方最高政治荣誉的辉煌象征……超越于其他所有政权之上"。[61]包括皇帝夫妇在内的整个哈布斯堡政府均深信，1740年失去皇帝头衔是灾难性的，他们决心捍卫帝国内部的政治等级，因为这使奥地利享有特权地位，有助于维护其国际影响力。作为反普鲁士联盟的一部分，奥地利于1757年不得不承认与法国的礼仪平等。就连法国革命党人都具有十足的地位意识，在 1797 年与 1801 年要求确认得到同等待遇。皇帝头衔如今成为超然卓越地位的唯一标志，哈布斯堡王朝坚持之前的观点，即其他所有称帝者只不过是"国王"。[62] 对哈布斯堡家族而言，帝国和欧洲整体都是等级制的政治体系。这些论点有助于像普鲁士这样的新贵找到自己的位置，并得到了许多较小的帝国政治体的支持，这些政治体认为任何使既定秩序平等化的做法，都会导致阿尔让松侯爵所提出的那种联邦形式，继而威胁它们的自治。

法国在 1740 年之后发觉普鲁士并非可靠的德意志盟友，于1756 年转向与奥地利结盟，联盟一直持续到 1792 年法国大革命战争爆发前。随后爆发的"七年战争"（1756—1763）未能解除普鲁士对奥地利的威胁。1763 年后，法国驻帝国议会使节将其他帝国政治体定性为"惰性资产"（forces mortes），法国需要保护它们免受奥地利和普鲁士的压制，以防止普奥这两个德意志强权中的任何一个在中欧一家独大。[63] 法国大众未能理解这一政策的微妙之处，仅仅看到了不受欢迎的奥地利公主玛丽-安托瓦内特（Marie-Antoinette）大驾光临等表象，认为这象征着他们国家与其宿敌的城下之盟。很少有人对复杂的帝国政治感兴趣，而感兴趣的少数人则认为不摧毁帝国就无法实现改革。[64]

1789 年之后，由于一些德意志王公庇护逃离法国大革命的难民，法国的敌意逐渐增强。吉伦特派和雅各宾派没能用与"德意志民族"的新联盟取代法国和德意志王公建立的既有联系，深感失望。革命政策背离了公认的外交规范，变得越发极端。法国决策者如今认为《威斯特伐利亚和约》是"荒诞"的，但仍在谈判中利用其达成目的。提倡"天然边界"并打算将整个莱茵河左岸并入法国的一派于 1795 年在巴黎掌权之后，就连这也失去了意义。[65]

新的查理曼

1797 年，法国的军事胜利引发了帝国是重组、延续还是解散等一系列紧迫问题。许多问题的答案都在拿破仑这个法兰西共和国新崛起人物的身上。贝多芬不是唯一对拿破仑失望的中欧人。较小的帝国政治体期望他能重振帝国，达尔贝格大书记官更是给他献计献策。[66] 拿破仑最初延续了法国早先的政策，他在 1797 年 5 月称，倘若神圣罗马帝国从未存在，法国就得发明它，好让德意志保持虚弱状态。[67] 对查理曼遗产的不同诠释反映出拿破仑的态度很快发生了转变，像达尔贝格一样希望保留帝国的中欧人认为，查理曼是千年政权奠基人，这个政权因帝国宪制中确定的法律和礼仪而得到巩固。拿破仑的诠释更接近真实历史，他将查理曼视为英雄战士和征服者。

拿破仑纪念查理曼，主要是为了巩固他个人在法国的权威，他利用自己第一执政的地位来培养个人崇拜，并用国王/皇帝的形象代替大革命时期的古典共和肖像。在雅各-路易·大卫绘于 1801—1802 年的著名肖像画中，拿破仑穿越阿尔卑斯山，"Karolus Magnus"（查理大帝）的字样被刻在他脚下的岩石上。在革命陷入混乱后，由英雄强人来维持秩序的想法变得非常有吸引力。采用查理曼的形象是合法化政权，同时不将其与任何单一传统捆绑的策略中的一步。更具体地说，查理曼这位法兰克国王作为教宗保护者的角色大有用场，因为拿破仑迫切需要与教宗达成妥协，以结束大革命与法国天主教徒的战争，自 1793 年以来，已有 31.7 万人因此丧命。这些举动最终导致拿破仑于 1804 年 5 月 18 日宣布自己为法兰西皇帝。12 月 4 日，拿破仑加冕，教宗庇护七世（Pius VII）宣读了 1 000 多年前利奥三世用过的文本。加冕仪式上只能用查理曼宝剑和皇冠的复制品，因为奥地利人仍保有原件。拿破仑希望通过颁布新宪法来与共和党人和解，但他并不认为法国人是新的罗马公民。当他于 1809 年将教宗国并入法国时，他宣布罗马为自由市，而并没有将其定为帝国首都。[68]

拿破仑帝国承诺，将通过扫除社会政治的弊病、击败所有可能的外敌来保障秩序。拿破仑普世主义的基础，是他通过决定性胜利获得的霸权，以及理性主导的一致性，后者具体体现为他的《民法典》和公制制度。[69] 他运用查理曼遗产直接挑战了神圣罗马帝国，因为这意味着他的领土野心已经扩展至整个先前的法兰克王国。起初，拿破仑在形式上表示服从，在 1804 年 5 月承诺，只有在皇帝弗朗茨二世和神圣罗马帝国认可之后，他才会使用他的皇帝头衔。[70]

奥地利的大臣们立即意识到，拒绝便意味着重新开战，但与普鲁士的大臣们一样，他们自欺欺人地认为拿破仑将革命共和国转变为君主国将使法国变得更具可预测性。尽管首席大臣科本茨尔伯爵（Count Cobenzl）承认弗朗茨二世的地位"已经萎缩到仅剩一个尊贵的头衔"，但这样的地位还是必须保住，以免俄罗斯要求平等地位，以及英国获得帝号。[71] 将神圣罗马帝国的皇帝头衔转变为世袭皇家称号因被视为违宪而无法实现。而哈布斯堡家族治下土地作为独立君主国的模糊地位，则为弗朗茨二世采用额外的世袭新头衔"奥地利皇帝"打下了基础。该头衔旨在维持奥地利自 1757 年以来与法国的形式平等，同时让弗朗茨能够以神圣罗马帝国皇帝的尊贵身份高拿破仑一等。1804 年 12 月，在维也纳的六个郊区特别搭建的木制看台前，在鼓号齐鸣声中，新的身份在人民面前闪亮登场。[72] 没有加冕的必要，因为弗朗茨已在 1792 年被加冕为（末代的）神圣罗马帝国皇帝：于是，在 1804—1918 年奥地利帝国的整个存续期间，从来没有过奥地利皇帝的加冕仪式。

保守派的政论家弗里德里希·冯·根茨（Friedrich von Gentz）写信给后来成为宰相的梅特涅，说弗朗茨大可以称自己为萨尔茨堡、法兰克福或者帕绍皇帝。[73] 他的批判反映了许多人的心声，他们认为普遍滥用皇帝头衔会减少头衔的权威性。瑞典以《威斯特伐利亚和约》担保人的身份提出正式抗议，声称弗朗茨未经过帝国议会批准单方面采用帝号，是越权行为。[74] 法国施加的巨大压力使得批判变得无关紧要，这种压力挫败了仅剩的改革帝国的希望。拿破仑于 1805 年 5 月 26 日使用伦巴第铁王冠把自己加冕为意大利国王，从而篡夺了神圣罗马帝国的三个核心王国之一。进一步的摩擦带来了新的战争，最终，拿破仑于 1805 年 12 月 2 日在奥斯特里茨对奥地利和俄国军队取得了决定性胜利。拿破仑很快就放弃了取得神圣罗马帝国皇帝头衔的想法，部分原因是这样做会破坏与英国和俄国的和平，奥地利仍然保有王权，但主要是因为奥地利引起的联想与他的帝国统治风格不相容。[75] 他现在试图摧毁旧秩序的残余，以破坏奥地利对较小的德意志领地的影响力。面对重开战火的威胁，弗朗茨二世不得不于 1806 年 8 月 6 日退位，希望通过解散帝国来破坏拿破仑重组德意志的合法性。

1804—1806 年的事件标志着欧洲帝国跨入新时代。虽然拿破仑的大帝国于 1814 年轰然倒塌，但他的侄子在 1852 年至 1870 年间统治了法兰西第二帝国，而随后的共和政府从 19 世纪 80 年代开始，将国家的海外土地扩大为殖民大帝国。普鲁士对法兰西第二帝国的胜利促成了 1871 年德意志第二帝国的建立。维多利亚女王最终在 1876 年获得"印度女皇"这一称号，英国正式转变为帝国。在此期间，奥地利、俄国和奥斯曼仍然是帝国。这样，一个大洲上就有了六个帝国。"帝国"不再意味着一个单一的"世界秩序"，而是成为一个君主统治的人国的代称。

新世界

西班牙帝国

19 世纪晚期欧洲帝国主义的霸权最突出地体现在全球统治上，就连欧洲小国都分了一杯羹——尤其是比利时在刚果臭名昭著的殖民统治。这个新的帝国时代开启于 15 世纪晚期葡萄牙和西班牙的征服，其理念与神圣罗马帝国的帝国理念有着本质不同。西班牙是最值得注意的案例，因为它是（大英帝国之前）最大的欧洲帝国，而其国王正是神圣罗马帝国皇帝查理五世。

中世纪的伊比利亚半岛由多个互相竞争的王国统治着。阿斯图里亚斯（Asturias）国王的档案在 10 世纪使用了诸如"巴昔琉斯"（basileus）和"大国王"（rex magnus）之类的称号。从阿斯图里亚斯对摩尔人和其他西班牙王国的胜利看，这些王国是奉行霸权主义的帝国主义者。同样的动机解释了为何"全西班牙皇帝"（totius Hispaniae imperator）这一称号在 11 世纪晚期到 12 世纪偶有出现。到了 1200 年，西班牙作家就在否认西班牙曾是加洛林帝国的一部分了，理由是查理曼在 778 年战败于比利牛斯山中。神圣罗马帝国皇帝虽然参与了十字军运动，但他们没有参与从摩尔人手里收复失地的伊比利亚再征服运动。

在斯陶芬王朝崩溃之前，西班牙人文森提乌斯（Vincentius Hispanus）便写下了"德意志人已因自己的愚蠢失去了帝国"，并说西班牙国王在与穆斯林的交战中体现出了更好的素质。[76] 这种说法在西班牙之外得到了一些关注，对阿方索十世在1257年竞选德意志国王之位有所帮助。尽管和其竞争对手康沃尔伯爵理查一样是"外国人"，但阿方索是德意志国王士瓦本的菲利普的外孙，也是斯陶芬家族的盟友。他竞选帝位也得到了比萨和马赛（当时是勃艮第的一部分）的支持，说明帝国的这些地方在地中海有广泛的联系。与对立派别推选的竞争对手理查不同，阿方索从未踏足帝国，尽管他起初以德意志国王的身份，通过布拉班特公爵和洛林公爵颁发特许状，并请求教宗将他加冕为皇帝。[77]

阿方索名义上的统治于1273年结束，这只是一个孤立的插曲。而各个西班牙王国则获得了自己的地中海领土。加泰罗尼亚短暂地占领了雅典公国，这是14世纪起走向崩溃的拜占庭帝国的一个残留地区。阿拉贡获取了西西里（1282）和撒丁尼亚（1297），也吞并了邻近的加泰罗尼亚和巴伦西亚，最终于1469年和卡斯蒂利亚一起，创建了一个统一的西班牙。西班牙在1494年之后卷入了意大利战争，对那不勒斯王位提出要求。与帝国利益的潜在冲突通过与哈布斯堡家族的王室联姻得以化解，最终让查理五世在1516年成为西班牙国王，三年后，他当选为皇帝。彼时，查理统治着40%的欧洲人，控制着欧洲主要的金融和经济中心（卡斯蒂利亚、安特卫普、热那亚、奥格斯堡），享受着西班牙似乎无穷无尽的殖民财富。[78]

事实证明，欧洲最后一个基督教帝国和面向新世界的帝国的结合并不稳定，只在查理五世统治期间存续。查理是最后一位巡游帝国的皇帝，也是所有巡游帝国的皇帝中势力最大的。其他皇帝的巡游都没有超出帝国边界太远（参加十字军运动的三位皇帝除外），而查理出访英格兰和非洲各两次，出访法国四次，西班牙六次，意大利七次，德意志九次。西班牙征服者还以他的名义宣称拥有墨西哥、秘鲁、智利和佛罗里达。正如法国哲学家、法学家让·博丹（Jean Bodin）在1566年所指出的那样，与迅速扩张的新世界的联系，使旧帝国显得更渺小，而非更广大。[79]

安托万·德·格兰维尔（Antoine de Granvelle）建议查理五世指定他的儿子腓力为继承人，而不要指定他的弟弟斐迪南一世，因为有效行使皇权显然需要大量财富。查理计划提名腓力为斐迪南的继承人，这样皇帝就可以交替来自奥地利和西班牙，但该计划在1548年因斐迪南的反对而没能实施。[80]腓力得到了勃艮第，因此在1556年西班牙支系和奥地利支系分开之时还能在帝国内保留一席之地。此时，西班牙似乎更有资格代表普世的基督教传教使命。塞巴斯蒂安·明斯特尔的《宇宙志》（Cosmographia）中有一张约翰·普奇（Johannes Putsch）在1537年绘制的地图，地图将欧洲表现为君王：德意志只是躯干，而伊比利亚则是头部。[81]葡萄牙国王在1580年与摩尔人的战役中失踪，腓力吞并葡萄牙后，这幅图就更合理了：如今，西班牙拥有欧洲的另一个世界帝国。

1548—1551年，腓力生活在德意志，结识了很多王公，即使在1556年接替其父成为西班牙国王后，他仍然认为自己是帝国王公。西班牙-德意志的联系很大程度上在他1598年薨逝后结束了，而在《奥格斯堡和约》（1555）中对新教徒的让步，加深了西班牙人认为帝国已经江河日下的看法。[82]西班牙人越来越多地以战胜奥斯曼人和异教徒来宣扬自己的普世性——他们的宣传很成功，以至于在历史上留下深刻印记的是他们战胜土耳其人的勒班陀海战（1571），而不是奥地利保卫匈牙利的更重大的战役。他们宣称，西班牙君主是欧洲最尊贵的国王，因为他最虔诚。[83]这样一来，西班牙不需要和拥有皇帝头衔的奥地利亲戚起正面冲突，就可以自称拥有领导权。腓力三世自认为是哈布斯堡家族的领袖，自觉有权接替鲁道夫二世，但由于权势已极盛，不便如此。1617年，他转而支持斐迪南二世做下一任皇帝，以换取奥地利的领土让步，从而改善西班牙的战略地位。西班牙在三十年战争期间支持奥地利，期望斐迪南二世能够帮助它对付尼德兰叛党和法国，理由是西班牙在勃艮第和意大利北部的领土仍是神圣罗马帝国的一部分。

　　1646年后，西班牙哈布斯堡家族面临绝嗣，传宗接代超越战略成为当务之急，加速了因个人原因而非结构原因导致的衰落。[84]西班牙越来越依赖奥地利，特别是在对抗法国、保护其在意大利北部的领地一事上。尽管如此，卡洛斯二世1700年去世后，西班牙哈布斯堡家族绝嗣，许多西班牙人反对奥地利继承他们的帝国。英国和尼德兰共和国则维护既有安排，支持奥地利大公查理创建新的西班牙哈布斯堡王朝。皇帝利奥波德一世予以配合，但显然希望奥地利得到西班牙在意大利的领土。[85]奥地利哈布斯堡家族在后代方面的问题又反过来使这些安排成为一场空。利奥波德与其长子兼继承人约瑟夫一世先后在1705年和1711年去世，查理大公成为哈布斯堡唯一的帝位继承人（作为查理六世）。为避免再次出现查理五世治下那种新旧世界帝国联合的情况，英国和尼德兰提出反对，迫使查理六世在1714年不情愿地放弃了西班牙及西班牙的海外资产。

阳光之下无地盘

　　奥地利虽然恢复了对勃艮第和意大利北部的直接控制，但仍被排除在西班牙的殖民地财富之外。1713年，英国和尼德兰确认斯海尔德河（Scheldt）对国际贸易关闭，斯海尔德河是1648年西班牙在和约中让出的。这样就确保阿姆斯特丹能全面压制安特卫普，而安特卫普在查理五世治下一直是重要的大西洋贸易转运港。德意志被利润丰厚的全球贸易排除在外，很长时间以来这在德意志民族主义历史学家那里都是所谓帝国虚弱的罪状之一。就连近期比较公允的历史记述也指责查理五世于 1548 年将勃艮第的沿海城镇划归西班牙，导致德意志失去了参与早期欧洲殖民的机会。百年之后，德意志在三十年战争中"失利"，许多北海和波罗的海的港口被转让给瑞典，据说使得情况更加恶化。据说德意志人无法积极参与殖民贸易，德意志经济与社会发展因此受阻，19 世纪晚期，德皇威廉二世不得不高声要求获取欧洲帝国主义"阳光下的地盘"，以巨大的政治代价推动德国参与殖民贸易。[86]

这些论点不仅无视在那段时期里仍然生活在帝国境内的意大利人的广泛商业活动，还低估了德意志人对殖民贸易的参与程度。马克西米利安一世与其家族，通过富格尔家族、韦尔瑟家族（Welser）、赫尔瓦特家族（Herwart）和伊姆霍夫家族（Imhoff）等南德意志商人家族的公司从远东和新世界采购宝石。来自帝国的德意志人、尼德兰人和意大利人积极参与葡萄牙在印度的殖民和贸易活动，以及后期荷兰在巴西、非洲和印度尼西亚的活动。例如，拿骚-锡根的约翰·莫里茨伯爵（Count Johann Moritz of Nassau-Siegen）从 1636 年至 1644 年出任荷属巴西总督，是一位向欧洲传播科学知识的重要人物。成千上万的德意志士兵曾在印度和美洲为葡萄牙人、荷兰人和英国人效力，其中最臭名昭著的一次是试图镇压美国革命（1775—1783）未遂。[87]

缺乏强大的中央集权的君主制度，并没有妨碍帝国直接参与殖民冒险。尽管 1618 年爆发了三十年战争，但荷尔斯泰因-哥托普公爵弗里德里希三世还是于 1621 年建立了弗里德里希施塔特港（Friedrichstadt）作为北海殖民商业基地。获得帝国特权后，公爵还在 1633—1636 年派遣了一个贸易代表团前往俄国和波兰。其他荷尔斯泰因城镇的反对和一场农民起义挫败了这些冒险行为。[88] 三十年战争在 1648 年结束之后，殖民活动被宣传为解决经济发展问题的灵丹妙药。而正如许多其他欧洲人发现的那样，殖民活动的实际成本往往超过收益：1669 年，哈瑙-明岑贝格的弗里德里希·卡西米尔伯爵（Count Friedrich Casimir of Hanau-Münzenberg）因购买荷属圭亚那的大片土地而倾家荡产，被其亲戚罢免。

勃兰登堡-普鲁士参与了这些殖民冒险中最大的一次。其选侯没能从丹麦手中买到孟加拉湾的特兰奎巴（Tranquebar），便于 1682 年成立了勃兰登堡非洲公司，直接以规模更大、资金更充足的荷兰竞争对手为榜样。公司业务涉及大西洋三角贸易，它将 3 万名非洲奴隶运往美洲，并通过在埃姆登的基地进口蔗糖、木材、可可豆、靛青染料和烟草。勃兰登堡海军的规模从未超过 34 艘战舰，不足以对抗荷兰和法国。海军要职于 1717 年被卖给荷兰人，最后在四年后被转给法国人。[89] 奥地利在 1667 年创立了东方公司，和波斯、奥斯曼做买卖。贸易因 1683—1718 年对奥斯曼帝国的战争而中断，1719 年查理六世将的里雅斯特（Trieste）定为自由港，重开贸易。新的奥地利海军在一位英国海军上将的领导下组建，农民被招募去在连接的里雅斯特和维也纳的山脉上修路。但随后在 1734 年，它就因受奥地利国家彩票经营失败牵连而破产。独立的奥斯坦德公司（Ostend Company）成立于 1722 年，旨在规避对斯海尔德河的禁运，打开与印度和中国的贸易。这些活动在 1731 年终止，以换取英国及荷兰支持奥地利在欧洲的利益。而普鲁士也在

18 世纪 50 年代短暂经营亚洲公司，与中国做起了生意。

不利的环境造成了以上活动的失败。神圣罗马帝国也缺乏伊比利亚国家、英国、法国和荷兰共和国那种政府支持与金融资本相结合的力量。然而，主要原因在于，在帝国的各个当局眼中，此类活动从未成为优先事务。18 世纪的各个德意志邦国政府更关注如何吸引移民，而不愿看到有价值的纳税人和潜在的兵源迁移到遥远的殖民地。许多德意志人确实在英属北美寻求更好的生活，Pennsylvania Dutch（宾州德语，源自 Deutsch）和 dollar［美元，源自德意志银币 Taler（塔勒）］这样的词因此出现。尽管如此，勃兰登堡-普鲁士在 1640—1740 年吸引了 7.4 万名移民，其中包括 2 万名法国胡格诺派教徒，截至 1800 年，吸引来的移民又增加了 28.5 万。另有 20 万移民被哈布斯堡王朝吸引至匈牙利定居，而叶卡捷琳娜二世则引导了 10 万移民前往俄国定居。18 世纪，总共有 74 万德意志人向东移民，而前往北美的德意志人只有 15 万。[90]

汉诺威家族 1714 年继承英国王位并没有改变神圣罗马帝国与欧洲殖民主义的关系。乔治一世担心其选侯国可能成为英国的附庸国，于是将汉诺威的政府、军队、法律与英国完全分开。英国和汉诺威的联合始终是基于君主个人的联合，联合在 1837 年维多利亚女王登基后解体，身为女性的维多利亚女王被取消了汉诺威的继承权，汉诺威在一段很短的时间里走了自己的路，由自己的国王统治，直到 1866 年被普鲁士吞并。[91] 英国王室在推动英国成为世界最大帝国上发挥了突出作用，而私人资本也被大量投入北美、加勒比地区、非洲，特别是印度的特许公司中。维多利亚女王在莫卧儿帝国解体 18 年后拥有了女皇头衔，但这一头衔的适用范围仅限于印度。像法国和（1898 年后的）美国这样的共和国虽然没有帝国之名，但也获取了殖民地。这些新世界的帝国，其使命和意图都与旧世界的神圣罗马帝国迥然不同。

第五王国

各自王国内的皇帝

早在欧洲征服欧洲以外的土地以前，欧洲人就开始批判帝国了。欧洲的反帝国思潮起源于主教叙任权之争期间教宗的宣传，从 12 世纪中叶开始的教宗与斯陶芬家族皇帝的新冲突尤其推动了思潮的传播。针对 1159 年以后新的教会分裂，索尔兹伯里的约翰（John of Salisbury）向腓特烈一世提出设问："是谁将普世教会降格为一时一地的教会？是谁任命德意志人为审判诸国的人？是谁赋予这样一个粗鲁暴力的民族以权力，让王权凌驾于人权？"[92]

然而，教宗自己的所作所为，也让他提出的自己能取代皇帝成为普世审判官这种说法失去了说服力。法学家越来越多地从仁慈的基督教共同秩序的角度重新定义帝国统治，将其视为一种势力凌驾于另一种势力之上的不合理霸权。最初，这些论点主要是为了加强各个王国内部的王权，而不是为了挑战神圣罗马帝国皇帝的优越地位。13 世纪早期的意大利法学家博洛尼亚的阿佐（Azo）提出，每一位国王都是"他自己王国中的皇帝"（rex imperator in regno suo est），从而将主权定义为不受内部约束的王权。英格兰国王约翰于 1202 年声称，出于同样的原因，"英格兰王国可与帝国相提并论"，不过，他的男爵们用《大宪章》迫使他承认，国王的权力确实有局限。[93] 与神圣罗马帝国不同，西方继续将君主制神圣化，以此表示国王的地位高于不好管的贵族。先前被用来保护皇帝的

"大不敬"（lèse-majesté）这个罪名，现在越来越多地被用于捍卫国王。就连批评国王也会被视为亵渎。这些观点在国家范围内传播，各国都有一群学者提出，这些论点只能用在自己的国王身上，但他们仍承认皇帝的权威在欧洲其他国王之上。[94]

通过对亚里士多德政治学的新阐释以及民族史的编纂，早期文艺复兴推动了上述争论的传播，所有民族史均鼓励了这样的观点，即欧洲由不同的国家组成，每个国家的人都声称自己是"自由"之民的后代。在 14 世纪早期与教宗和皇帝的斗争中，法国国王认为这些观点极为有用。康斯坦茨大公会议（1414—1418）上，主教被按"国别"分组，许多人认为，这说明欧洲由拥有主权的不同辖区组成这一观点已被广泛接受。[95]

单一基督教秩序这一理念逐渐失去吸引力，各个王国之间如何和平交往便成了问题。事实证明，很难设想出不存在等级的秩序。根据基督教教义，在世上的生活是不完美的，社会和政治方面的不平等是神定的。新的君主理论既然主张国王凌驾于本国的领主之上，那么国王们便很难接受自己并不优于其他君主。不幸的是，君主间的竞争因此激化，因为优越地位必须通过积极主张才能获得。[96]

事态发展让皇帝有机会成为可能走向暴力的新秩序的仲裁者，相当重要的原因是宗教改革之后，教宗已不可能成为这样的仲裁者，而哈布斯堡家族迅速占有大量土地，最终让皇帝有办法有效干预欧洲事务。法国反对，加上查理五世无法压制宗教争端，机会之门很快关上了。[97]西班牙在 1558 年后的权势和主张招来了越来越多的批评，批评者认为它试图通过建立不合法的"第五王国"来篡夺传统的帝国角色。虽然利用了传统的"四个世界帝国"这一理念，但这种由法国和新教势力主导的批评暗含了对神圣罗马帝国的敌意，尤其是批评者往往认为奥地利是自愿给西班牙当配角的。[98] 如今，帝国统治意味着对具有主权的君王及其人民的不合法的压制。

1562 年后，通过法国人让·博丹针对法国内战的阐述，主权获得了现代意义。博丹阐述的观点是，主权不可分割，也不可与国内外的团体或个人分享。马克斯·韦伯和其他后人所阐发的对国家的现代定义，就是以该理念为基础的。现在，主权意味着垄断对有明确边界的地区及其上居民的合法权威。主权国家负责维护内部秩序，可以控制其民众的资源。因此，对外关系被重新定义为中央政府的专有特权。早先对忠诚的关注被对权威的坚持取代。中世纪的封臣通常可以自由地独立行动，只要他们没有对上级领主不忠。如今，独立行动越来越被视为背叛和不服从，在坚持只有国家才能发动战争的各国，从大约 1520 年到 1856 年，参加雇佣军和其他"域外暴力"逐渐被定性为犯罪。[99]

作为国际行为体的帝国

欧洲从中世纪向现代主权国家转变的时候，神圣罗马帝国自身也在改革，改革巩固了帝国的混合君主制，皇帝与等级复杂的帝国政治体共享权力。[100] 主权依然是分散和共享的，并没有被集中到单一的"民族"政府中。在后世的许多评论家看来，这仅仅是帝国"衰落"的进一步证据。然而，中世纪的皇帝从未垄断过战争与和平的权力。与此相反，帝国改革构建了全新的、由集体共享的权力，以应对不断变化的国际环境和新的战争方式。[101] 对于帝国的后续历史至关重要的是，这些宪制上的变化发生时，更大范围内的欧洲秩序仍未确定，查理五世于 1519 年登基则为传统的帝国优越说提供了新的支持。

1495 年至 1519 年间的政策区分了对非基督徒的战争和对基督徒的战争。前者仍被理解为旨在解除奥斯曼帝国威胁的战争，而不是西班牙征服者等势力在新世界发起的殖民冲突。正如我们所见（见第 157—160 页），人们认为与穆斯林之间不可能实现和平，所以也不需要正式宣战。从 16 世纪 20 年代开始，帝国政治体才可以讨论要提供多少"土耳其人援助"（Türkenhilfe），而不是皇帝要多少就给多少。相比之下，与基督徒的冲突被视为司法问题而非军事问题，因为皇帝应该与基督徒君主们保持和平。皇帝不可要求援助，不过，在 1495 年以前，皇帝在以帝国的名义作战之前需要咨询帝国议会，1519 年以后，皇帝只需和选侯讨论此事即可。而且，和中世纪的皇帝一样，这个时代的皇帝仍然可以利用自己手中的资源发动战争。[102]

作为集体行动者的帝国与基督教邻国走向战争时，其理据类似于 1495 年宣布的那样，即破坏了帝国内的"公共和平"。帝国法律不是通过动员来升级冲突，而是通过禁止帝国政治体帮助那些和平破坏分子来尽可能减少暴力。通过新设立的高等法院，皇帝发出"保护者令"（advocates' mandate），将违法者定为"帝国的敌人"（Reichsfeinde）。虽然帝国政治体必须协助恢复和平，但这一制度有效地抑制了进攻性战争的动员。此外，它还使用了已有的中世纪惯例，要求在动用强力之前，必须先公开警告对方停手。这种做法往往被误认为故意不采取行动，也让人很难搞清在具体情况下，帝国是何时从和平状态进入战争状态的。

1544 年，施派尔的帝国议会宣布法国为"帝国的敌人"，但这一例外的决议出台的原因是法国与奥斯曼暂时结盟，并且此后再未出台过这种决议。[103]皇帝继续使用保护者令来对付同样信仰基督教的敌人，在三十年战争以及 1672 年后和路易十四的军事冲突期间也是这样。1689 年 2 月 11 日，帝国议会宣布对法战争为"帝国战争"（Reichskrieg），此举为重大创新。帝国已于 1688 年动员起来击退法国对普法尔茨的入侵，但这次宣布借鉴了 1544 年的先例，试图将法国和奥斯曼帝国相提并论，以此争取道义和物质上的支持。1702 年、1733 年、1793 年和 1799 年都宣布了"帝国战争"，每次宣布之前，通过保护者令及其他更地方化的宪法机制进行的动员都已展开。

正式的"帝国战争"是哈布斯堡王朝获取帝国政治体支持的有用工具，而作为为了帝国的"保护、安全和福祉"而采取的集体行动的有力象征，它也与路易十四追求个人荣誉的好战形成了鲜明对比。[104] 军事行动也是集体行动。帝国并没有建立单一的常备军，而是在必要时用帝国政治体的兵员组建军队。因此，帝国法律允许帝国的各邦国有自己的武装，邦国统治者的军事力量有了法律基础，维护整体宪制框架对他们是有好处的。

然而，从臣属那里征兵抽税的权力也让王公们能以个体身份参与新的欧洲政治。其他国家的君主总是需要军队，他们往往愿意承诺向德意志王公提供金钱和势力，帮这些王公实现自己的目的，以此换取德意志方面的支援。这种情形在 16 世纪初造成了很大的公共秩序问题，因为作战结束后士兵退伍，许多人在冬季靠劫掠为生，直到第二年春天再次受雇。在从 16 世纪 60 年代开始的法国内战和荷兰独立战争中，由于德意志向作战双方都提供军队，帝国有可能因此被拖入冲突。帝国议会在 16 世纪 60 年代和 70 年代立法，通过帝国政治体实施控制，帝国政治体被授权限制其臣民加入雇佣军，还被授权协调抓捕劫掠者的行动。上述变化确立了帝国政治体对处理"域外暴力"的垄断，这是其享有的"德意志自由"的一部分，同时，通过规定不得实施任何对皇帝或帝国有害的军事行动，集体架构得到了维护。[105]

与始于 1555 年的宗教改革权一样，1648 年的《威斯特伐利亚和约》只是将这种军事权力做了调整后纳入，而不是授予新的权力。主要的变化是否认中等贵族、城镇和领地议会拥有军事权力。此举被广泛误解。常见的一个判断是"旧的意义上的帝国已不复存在"，因为"每个当权者都是自己领地上的皇帝"。[106] 而事实上，王公们并未获得结盟这样的新权力，他们与外部势力打交道时，仍受不得伤害皇帝和帝国这项义务限制。在实践中，他们在欧洲国际关系中的参与度根据他们的意愿、物质资源、地理位置，以及在帝国宪制秩序中的地位而有所不同。真正重大的变化是，该秩序与发展中的主权国家体系越来越不相符合。博丹的不可分割主权理念逐渐获得接受，主权与社会地位分离开来，合法的公共行为者原本包括所有领主，现在其范围则缩小到只包括相互承认的国家。相比之下，在帝国内部的等级制度中，诸侯地位仍然既是社会意义上的，也是政治意义上的。作为帝国政治体，诸侯只享有帝国碎片化主权的一部分——这便是"领地主权"*，仍受帝国法律和作为封君的皇帝的限制。因此，在一个越来越以独立国家为特征的国际秩序中，帝国诸侯的地位相当奇特：并不拥有完全的主权，但显然比西方国家的贵族地位高。

---

* 领地主权（Landeshoheit），帝国政治体积累和发展出来的在领地政治和帝国政治中采取自主行动的权力。这些权力以帝国法律为依据，包括改革宗教、维持军队、与外国政府谈判以及在相关领土内颁布法规，只要这些行动不直接损害皇帝和帝国的利益和福祉即可。

这便解释了为什么从 17 世纪后期开始，帝国诸侯如此积极地参与欧洲的战争和外交，当时所有比较大的邦国都建立了常备军，并向欧洲各大首都派遣使节。"取得国王头衔的欲望流行开来"，因为只要有了国王头衔，就相当于拥有主权：选侯或公爵头衔显然已经不够了。[107] 这种情况可能造成国际关系的不稳定，王公们或是通过提供雇佣兵来间接干预，或是像在北方战争中的萨克森、普鲁士和汉诺威那样直接参战。然而，就算是中央集权程度更高的欧洲国家，也很难抑制臣属自发的暴力行为，无论它们是英国和荷兰的武装贸易公司，还是殖民地军团，1754 年爆发的法国-印第安人战争就是殖民地军团引发的。也许更值得注意的是，尽管神圣罗马帝国是欧洲拥有武装最多的地区，但帝国并没有陷入军阀混战的局面。[108]

帝国与欧洲和平

16 世纪晚期，人们已经不再期望神圣罗马帝国皇帝担起"欧洲警察"的重任，但皇帝仍有可能成为和平缔造者。缔造和平往往符合帝国的利益，也切合传统的帝国理念。尽管经过多次努力都没能平息尼德兰内乱，但马克西米利安二世通过斡旋结束了 1563—1570 年的丹麦-瑞典战争，为德意志北部带来了 50 年的和平。[109]

《威斯特伐利亚和约》将宪制改革与国际协议结合在一起，从而明确将帝国内部的平衡与更大范围内的欧洲和平联系在一起。[110] 帝国政治体的"德意志自由"正式确立，以防皇帝将帝国转变为能够威胁四邻的中央集权制国家。这样的安排不是理论使然，而是实际情况所迫。和约禁止奥地利援助西班牙，西班牙对法国的战争一直持续到 1659 年。帝国西部边境不宁，促使美因茨选侯约翰·菲利普·冯·申博恩（Johann Philipp von Schönborn）和想法类似的诸侯寻求更广泛的国际联盟，以保证《威斯特伐利亚和约》得到执行，确保永久和平。1672 年左右，相关努力步履艰难，申博恩等人试图表现得像中立的"第三方"，以防帝国被拖入对法战争。[111]

这些行为往往和哈布斯堡王朝的利益相悖，哈布斯堡王朝称王公们被狡诈的法国人欺骗，设法破坏了他们的联盟。尽管如此，通过帝国议会进行的集体层面上的正式帝国调解（Reichsmediation）仍保有相当大的道德权威，帝国调解首次被提出是在 1524 年，当时是为了结束查理五世对法国的战争。斐迪南三世通过邀请帝国政治体参加威斯特伐利亚大会，恢复了哈布斯堡王朝在三十年战争中失去的影响力。1663 年之后帝国议会保持不休会状态，这提供了更多的可能性，因为来自大多数欧洲国家的使节赋予了它国际代表大会的特质。[112] 后来的每一次重大战争中都有调解的提议，但提议屡屡失败，因为哈布斯堡王朝反对，帝国政治体与欧洲主权国家之间的差异也造成了越来越多的礼节问题。

帝国在积极缔造和平方面虽有局限，但在维持大陆秩序上并未失去意义——对于依靠号称能自我调节的"均势"、用类似自由市场的方式来实现和平的做法，许多人深感不满，这些人就很看重帝国的作用。神圣罗马帝国在中世纪代表一种理想化的普遍秩序，因此 16 世纪之后的作家们将帝国视为欧洲共同制度的范本也很自然。著名的拥护者有政治哲学家塞缪尔·冯·普芬道夫、圣皮埃尔神父、威廉·佩恩（William Penn）、让-雅克·卢梭和伊曼努尔·康德。他们的主张包括，各国至少将一部分主权交与一个或多个类似于帝国议会和帝国高等法院的机构。在其他人认为帝国正无可挽回地走向衰落的时候，他们对帝国做出了积极的评价。[113] 然而，他们理想化的观点和帝国的政治社会现实相去甚远。帝国内的和平依然植根于前现代的追求共识、捍卫共同权利等方式，而非主权、个人权利和（1789 年之后）应由民众掌控国家最高权力这些新理念。

第二部分

归 属

第四章

土地

帝国与帝国的土地

核心与边缘

神圣罗马帝国从来都不是人口同质的单一制国家，而是土地和民族的拼合，帝国对这些土地和民族实行不同程度的管辖，管辖权也在变化。本章将概述欧洲不同地区是如何以及何时与帝国产生联系的，并提出帝国的政治核心未必是其地理中心。人们通常用核心-边缘模型来解释诸帝国的扩张。罗马、奥斯曼、俄罗斯和大英帝国都被呈现为通过征服或控制他国土地而对外扩张。因此，帝国被定义为核心地区对边缘地区的统治，边缘地区松散地并入或是完全孤立于核心地区。通常认为，跟人口密度往往较低的边缘地区相比，核心地区组织得更好，经济更发达，军事力量也更强。这种关系似乎也解释了边际收益递减规律作用下的崩溃：不断对外征服产生了额外的行政和防卫成本，超过了资源上的收益。

神圣罗马帝国与这种模型只是大致相符，正如本书引言提到的，有人对它是不是真帝国有所怀疑。事实上，法兰克人似乎比他们在高卢和意大利部分地区征服的晚期罗马社会"落后"，这种情况并不罕见；13世纪中国的蒙古人或1644年后的满族亦是如此。然而，加洛林王朝及其继承者（奥托王朝某种程度上是例外）一般轻视城市化程度较高、人口较密集的意大利，喜欢留在阿尔卑斯山以北。亚琛和罗马只是比较重要的两个地点，而其所在地区始终有多个中心，而不是只有一个核心；这一直是其特色。法兰克人最初的中心地带从卢瓦尔河谷向东延伸到法兰克福，从北部的亚琛向南延伸到普罗旺斯和（后来的）伦巴第。此区域在9世纪分裂成三部分，皇帝头衔则在法兰克的继承王国间流转，最终落定于德意志的奥托一世手中。在奥托王朝治下，政治中心向北朝萨克森方向移动，但先前中心的重要性并未减弱。中心在萨利安王朝时期向西南移至莱茵河中游；斯陶芬王朝时期，意大利也成为中心；13世纪后期，中心又回到莱茵兰。皇帝头衔在卢森堡王朝治下属于波希米亚，后来在哈布斯堡王朝治下归给了奥地利；但已有的亚琛、法兰克福、纽伦堡和雷根斯堡等中心的光芒并没有被掩盖。

中心的变动意味着我们应该用不一样的方法看待帝国内各领地间的关系，它们对皇帝权威的接受程度不同，并没有一个固定不变的控制模式。[1] 我们可以将相当于其他国家核心区域的地区称为"国王领土"（king' s country），前提是我们必须认识到，这些地区的性质在神圣罗马帝国的历史中是有变化的。法兰克人和其他民族的精英融合得相对迅速，此后神圣罗马帝国再未出现过与清朝的满族或大英帝国的盎格鲁-撒克逊人地位相近的单一"帝国民族"。"国王领土"是通过法定的特权确定的，允许皇帝利用特定资源来维持他的统治。虽然此类地产会集中在某些地区，但总有一些分散在各处，方便国王到处巡游。王室私有的地产越发重要，从14世纪开始成为"王朝领地",最终取代了与帝国特权有关的地产,并构成了中世纪晚期和近代早期的"国王领土"。在整个过程中,"国王领土"从来不是连成一片的,只要一瞥哈布斯堡王朝的地图就可验证。

第二类是"近王"(close to the king)之地,这类土地也是由政治而非地理或种族定义的,包括君主通常可以依赖,但只是通过封臣来间接控制的土地。最初,这些土地通常由与王室有血缘或姻亲关系的人掌控,但他们的支持取决于能否说服自己的下属合作。这种基于亲属和依附的等级关系越来越正式,尤其是在12世纪以后,在1500年前后的帝国改革中,这类关系更是通过法律固定了下来。哪怕到了18世纪,与王朝的关系仍然具有重要意义,比如,哈布斯堡家族的大公们就在帝国教会内担任采邑主教。

第三类是可理解为"国王属地"(open to the king)的土地,也通过封臣和其他势力居间控制,但握有这类土地的人未必完全承认对国王的正式义务。君主成功与否,往往取决于他们能否从这些地区争取到最多的支持。1500年前后的宪制改革,实际上是哈布斯堡家族接受更正式的分权模式,以换取将"国王属地"和"近王之地"都纳入可强制执行的义务制度内。第四类土地是"远王之地"(distant regions),在政治上属于外围区,与经典的核心-边缘模式有一些相似之处。在中世纪的大多数时间内,德意志北部和东部的边境地区都属于边缘地带。然而,情况可能会改变。在10世纪作为边区建立的奥地利,从15世纪中叶开始便成为帝国的核心。与此相反,勃兰登堡在卢森堡王朝治下是"国王属地",1740年后却成了哈布斯堡王朝的主要对手。

等级制度

方才讨论的四类土地与皇帝在政治上亲疏有别，但彼此未必有上下级之分。例如，远王之地很少臣服于其他类别的地区，而是像国王领土一样处于皇帝的直接统治下。在神圣罗马帝国的整个存续期间，等级制度都是其核心特征，一些重要的方面值得讨论。

帝国的结构既不是一条从上到下的命令链，也不是一个皇帝处于顶端的金字塔。帝国好比一个理想化的拱顶，覆盖了许多组成部分，这些部分内部有等级，彼此关系模式复杂，而且并不平等。这些组成部分中最重要的一些在 9 世纪时已被视为"王国"（regna）。然而，王国的定义并非一成不变。当时人称为"王国"的地方，也并不都由具有"国王"头衔的人统治。加洛林王朝给予阿基坦和巴伐利亚类似王国的地位，但这两个地方那时都不是完全意义上的王国。人们普遍认为王国应该幅员辽阔，但对于王国的面积和人口规模，却没有公认的最低标准。早期的教会自治意义重大，所建立的独立大主教区对匈牙利、波兰和波希米亚在11 世纪被提升为王国至关重要。这将王国地位与基督化联系了起来，基督化突出体现在修建大教堂、确定主保圣人上。而信奉异教的蛮族人不管如何自我标榜，都算不上真正的国王。政治自治则远远落在后边，因为在近代早期以前，拥有王权并不等同于主权独立。尽管由自己的国王统治，但勃艮第和波希米亚仍然是神圣罗马帝国的组成部分。

加洛林王国之间的关系仍不稳定，皇帝头衔在几个王国之间传递。奥托一世在 962 年加冕，从此皇帝的特权和地位就与德意志国王之位联系在一起，德意志也成为帝国内的首席王国。[2] 意大利则因在 840—924 年与皇帝头衔关联在一起而位居次席。奥托击败贝伦加尔二世后，单独的意大利国王就不再有了。从那以后，德意志国王同时也是意大利国王，哪怕没有单独的加冕仪式。勃艮第于879年从中法兰克王国（洛泰尔尼亚）脱离，并保持了独立姿态，尽管其自10世纪末起被认为隶属于帝国。1032年之后，勃艮第就如意大利一样，由德意志国王直接掌控。意大利和勃艮第的领主们对此并不情愿，除非德意志国王被加冕为帝，但他们也不再提选本土人士为国王了。³

皇帝加冕时使用德意志的王权象征物，德意志的首席地位由此可见。直到14世纪，国际势力挑战德意志国王的地位时，意大利和勃艮第才变得重要起来。"意大利国王"的头衔取代了查理曼使用的"伦巴第人的国王"，但仍用据称属于狄奥多里克的伦巴第铁冠加冕。公元844年之后，意大利国王的加冕礼一般都会举行，尽管许多德意志国王省掉了这一步。当亨利七世于1311年到达米兰之时，铁冠已经不见；人们以为它已被典当，但事实上它从未存于世间。然而，当时人们认为德意志国王在戴上意大利的铁冠之前，先会戴上一顶银冠，最后在罗马举行皇帝加冕仪式时戴上帝国黄金之冠。因此，锡耶纳的金匠们受命为亨利打造铁冠。不到两个世纪，铁冠就变得锈迹斑斑，只能用一顶保存于蒙扎的圣乔瓦尼（San Giovanni）教堂内的古老王冠代替，冠中有条铁箍，据称乃用圣十字架上的铁钉所制。1530年，查理五世在博洛尼亚加冕为意大利国王时，用的就是这顶王冠，他是最后一位行过正式的意大利国王加冕礼的皇帝。⁴勃艮第从未有恒久的王室权力象征物。勃艮第于15世纪重新获得独立时，其统治者仅是一位公爵，他用来展现权威的象征物是金羊毛勋章。

旧王国

划界与整合

在 11 世纪之前,帝国内的主要王国并没有明确的界线。居民们没有地图,对地理的看法也与后人不同。例如,莱茵河这样的河流在中世纪相当于快速通道,而非潜在的边界。当时,政治涉及的主要是义务与责任的网络和链条,而不是对有清晰边界的领地的统一控制。西法兰克、东法兰克、洛泰尔尼亚三个王国的疆界也在不断变动,与此形成对比的是更大范围内欧洲的模式——多个地区逐渐整合为一个可辨识的"国家"。意大利和德意志的历史通常被书写成朝着相反方向的发展:不是国家整合,而是国家走向碎片化,直到 19 世纪才被暴力的统一过程纠正过来。在此期间,勃艮第基本消失了,它不再是一个国家,而是被法国、德意志、意大利,以及比利时、荷兰和卢森堡这样的"小国"瓜分吞并。

如果我们接受"整合"与"划界"并非必然对立,事情就清楚了。将自治或被征服的地区整合入法国这样权力似乎更集中的君主制国家,也是需要划边界、定辖区的,特别是在允许保留不同的法律安排的情况下。神圣罗马帝国的情况有独特的地方,但并非完全没有相似之处。帝国的划界被称为"领地化"*(见第 417—431 页),带来了更明确的空间划分,1806 年以后,有大约 35 个地区成为主权国家。然而,这个过程既不是已有地区逐步分裂成越来越小的领地,也不是既有区域朝着主权国家稳定演变,而是组成帝国

---

* 领地化(territorialization),将政治权力和帝国机构中的代表权与特定地区联系起来的过程。

的地区在帝国整个存续期间改变了大小和性质。有些领地变得支离破碎，有些变得更独特。还有一些领地在某一时期出现，后来就被近邻吞并。而且，此过程并不是中央权力衰弱的表现，而是空间划分与帝国治理方式的共同演变。特别是 1000 年左右，人口和经济增长迅速，使得更多人可以通过细分既有辖区来获得精英领主的身份。简而言之，整合是在划分更多辖区的过程中实现的，而不是靠中央强力管理来将既有辖区捆在一起。

德意志

根据常见的强调碎片化的叙述，德意志早在公元 800 年之前就分成了几个不同的部落区域。法兰克人的征服自 6 世纪开始经历了数个阶段。6 世纪，墨洛温王朝承认一些部族的首领是"公爵"，即军事领袖，以换取贡品与臣服。8 世纪后期开始的全面征服将这些公爵的领地更紧密地纳入了加洛林体系，而这些领地通过新法典（见第 263—264 页）和教区边界（见第 81—84 页）等方式得到了更清楚的划分。此过程在公元 780 年后的约 40 年中进展迅速，形成了后世历史学家所谓的真正古代日耳曼部落的"部落公国"（stem-duchies）。

于是，特定国王头衔和对这些公国的统治的联系成了定义德意志的方式。自 829 年开始的加洛林家族的继承纷争使德意志的定义不断变化——意大利和勃艮第也是如此——因为这些公国要么在相互竞争的国王之间易手，要么被不稳定的划分协议缩小或扩大。regnum teutonicorum（德意志王国）的说法是 11 世纪才出现的，以取代自 962 年奥托一世加冕以来与皇帝头衔相联系的"日耳曼人的土地"，后者意义较为宽泛。鲜有著书者明确指出有哪些区域包括在内。晚至 1240 年，才有英格兰的巴托洛梅（Bartholomaeus Anglicus）指出其包含布拉班特、比利时、波希米亚、勃艮第、佛兰德斯、洛泰尔尼亚、奥兰迪亚（荷兰）、斯科拉维亚（斯拉夫人的土地）、西兰迪亚（泽兰），但他的清单漏掉了也许更为人所知的奥地利和巴伐利亚。[5]

巴伐利亚、萨克森和士瓦本是与法兰克尼亚并存的最重要的部落区域，法兰克尼亚则是查理曼时代法兰克人的家乡。这些公国在 800 年时并无明确划定的边界，而且都比后来同名的地区大得多。法兰克尼亚最初包含莱茵河-美因河流域的主要加洛林地区，其中包括法兰克福和美因茨。从 533 年开始，它纳入了萨勒河上游地区的图林根，尽管该地区仍被视为单独的地区。图林根在奥托家族治下倒向萨克森，然后在 13 世纪再次出现，成为包含一批不同领地的地区的名称（见第 427—428 页）。法兰克尼亚的西半部一度称为上莱茵兰，包括美因茨、黑森、普法尔茨等地。法兰克尼亚公国于 1196 年正式解体，但 1441 年公爵头衔在已然不同的环境下恢复，其后由维尔茨堡主教兼领直至 1802 年，而那时法兰克尼亚的大多数领地已被巴伐利亚吞并。

士瓦本脱胎于阿勒曼尼亚地区，该地区得名于阿勒曼尼（“全体人”）部落联盟，阿勒曼尼人占据了后来的阿尔萨斯、巴登、符腾堡和瑞士的大部分地区，当时人们还经常用罗马时代的名字“瑞提亚”（Raetia）来称呼瑞士的这部分地区。士瓦本亦经历了重大变化，包括 1079 年阿尔萨斯的分离以及 1290 年左右士瓦本公爵头衔的消亡，当时该地区重新划分为众多不同的领地。[6]

萨克森在 800 年时的面积甚至更大，包括法兰克尼亚以北从北海沿岸至易北河中部的整个地区。5—6 世纪，萨克森 / 撒克逊人就是从此地前往英格兰定居的。萨克森人还是法兰克人最强硬的对手之一，与其他日耳曼部落相比，萨克森人抵抗法兰克人和基督教的时间更长，这也许是因为萨克森人是一个松散的联盟，并没有一个可被攻破的首都。[7] 到了900年，萨克森已分出了三个主要区域，为后来更多区域的出现做了铺垫。西边的威斯特伐利亚位于德意志的西北部，但并非截然不同于北海沿岸的弗里西亚或后来变为荷兰、泽兰等等尼德兰省份的地区。弗里西亚人在早期资料中往往很难与萨克森人区分开来，他们有自己的身份认同，这主要是因为他们生活在地势独特的临海低洼地区，该地有许多沼泽和岛屿。威斯特伐利亚于1180年被升格为公国，但就像图林根重现时的情况一样，更明确的分界通常意味着领地变小，因为其他新的领地也被界定出来，尽管是通过与伯爵和其他较小领主联系在一起的方式。萨克森中部最初被称为恩格尔恩（Engern），横跨威悉河，但在近代早期被称为下萨克森，其中包括不伦瑞克公国和汉诺威公国。沿易北河的东部（伊斯特伐利亚）仍易受对岸的斯拉夫人的袭击，与斯拉夫人常有往来。伊斯特伐利亚在9—10世纪经历了数次扩张和收缩，尤其得到了创建马格德堡大主教区的奥托家族的支持。帝国的支持使"萨克森"这个名称在该地区长期固定下来，正是在这里，出现了萨克森公国与后来的萨克森选侯国。

巴伐利亚出现于6世纪中期，区别于从前的罗马瑞提亚行省东部，后者位于莱希河（Lech River）另一边、阿尔卑斯山以北和多瑙河以南。巴伐利亚人也抵御法兰克人的攻击，但他们同时面临着东面（现匈牙利地区）阿瓦尔人的压力，他们被迫于788年称臣。[8] 在整个9—10世纪，巴伐利亚在政治上一直处于"远离国王"的状态。奥托家族小心翼翼，不将巴伐利亚和士瓦本放在同一个领主手中，因为同时拥有两地的领主可能阻住翻越阿尔卑斯山前往意大利的最佳道路。巴伐利亚东扩的特点是建立了一系列的"边境领地"（marcher lordships），也就是军事化的边境区域，类似于在易北河沿岸建立的那些（见第218—220页）。奥托家族利用976年平定巴伐利亚叛乱之机，分出了东方边区，或称"奥斯塔利奇"（Ostarrichi），那里最终成为奥地利。[9]与此同时，阿尔卑斯地区南部作为维罗纳边区分了出来，使巴伐利亚领主的势力无法进入意大利。巴伐利亚先前有可能成为类似波希米亚的独立小王国，但上述举措实质上终结了这种可能性。

955年，奥托王朝在莱希费尔德战胜马札尔人，稳固了帝国的东南边疆，奥地利得以从一个人口稀少的边境地区发展成11世纪德意志王国坚固的组成部分。奥地利通过建立新的边区向南向东扩张，新建的边区包括卡林西亚（Carinthia）和克赖因，以及阿尔卑斯山西部的蒂罗尔。这些领地在中世纪后期均升格为公国。

1140年以后向东移民的运动，改变了10世纪奥托家族为保护萨克森而沿易北河建立的北方边区。迈森处于波希米亚和萨克森之间的山脉隘口，在1500年左右被萨克森选侯国吞并。相比之下，在后来成为柏林的地区兴起的勃兰登堡，在14世纪中叶获得了独立的选侯国地位。梅克伦堡和波美拉尼亚这两个斯拉夫公国在11—12世纪完成基督化，这有助于它们在丹麦和波兰觊觎的情形下，仍能在当地统治者的领导下融入帝国（见第233—234页）。

意大利

查理曼774年征服伦巴第时，将其保留为一个独立的王国，但从817年开始，那里就称为意大利王国了。875—888年，几位主要的加洛林国王争夺意大利国王的头衔，该头衔后来传给当地的加洛林领主，最初在弗留利边伯（margraves of Friaul）手中，之后传给斯波莱托公爵（dukes of Spoleto）。这一系列的意大利国王很有势力，能让教宗加冕他们为帝。公元 924 年后的新一轮竞争中，勃艮第领主们加入，阿尔勒（普罗旺斯）伯爵获得了意大利国王的头衔，但没有获得帝位，直到 962 年帝位悬置。公元 945 年之后，普罗旺斯人被伊夫雷亚边伯取代。到了 966 年，奥托一世的入侵确保北意大利为德意志国王所控制，结束了 78 年的动荡，在此期间，只有 18 年的时间里意大利国王仅有一位且没有争议。[10]

但这样的安排并非从此不受挑战，这主要是因为后来的奥托家族统治者经常不在德意志。帝国在卡拉布里亚海岸的克罗托内惨败于萨拉森人（982 年 7 月 13 日），声威因此削弱。之后帝国挫折连连，情势严峻，以至于奥托三世于 1002 年 1 月 23 日在意大利驾崩，却秘不发丧，直到有增援部队为其敛尸。2 月 15 日，心怀不满的意大利贵族选举伊夫雷亚边伯阿尔杜因（Arduin）为他们的国王。新登基的德意志国王亨利二世在 1003—1004 年发动两次大规模远征，才打击了阿尔杜因，而阿尔杜因直到 1015 年才正式退位。亨利于 1024 年驾崩之后，风波再起，他的继任者康拉德二世花了 3 年时间才击败了又一个来自意大利的竞争者。1037 年，康拉德挫败了意大利主教们废黜他的密谋，1039 年他驾崩之时，亨利三世继位就无反对势力了，之后的德意志国王也仅遭遇零星反抗。[11]

这 3 个世纪中，意大利王国发生了很大的变化。740 年左右，伦巴第人开始恢复王权，查理曼继续增强王权，在 794 年镇压了一场领主反叛。虽然王国实际控制区域仍局限于北部原来的朗格巴迪亚（伦巴第），但在帕维亚周围拥有相对完善的统治中心，王国也能获得城镇众多的波河河谷的财富。888—962 年，帕维亚是意大利国王的都城，这些国王与后来的皇帝们一样，感到与罗马处不好关系。[12] 加洛林家族占领了不少前伦巴第王室的土地，包括从前拜占庭的前哨拉韦纳（直到 13 世纪初期，拉韦纳都是帝国重要的基地），以及克雷莫纳周边地区，还有从韦尔切利（Vercelli）向南延伸至热那亚的条状地带。国王在城内还有宫殿，并能对包括米兰大主教在内的大多数高级神职人员施加很大的影响。

王国的其余部分已被分为数量众多的小片领地，这些领地被查理曼重组为不同于较大的德意志公国的伯国。王国在边陲设立了更多边境领地（marquisates，侯爵领地）：西北方覆盖皮埃蒙特和利古里亚的伊夫雷亚；南方通往罗马的托斯卡纳；还有 4 个边境领地是 828 年从弗留利的前伦巴第公国划分出来的，为的是封锁马札尔人从东北方进行劫掠的道路。伯国基本稳定，但侯爵领地在 10 世纪支离破碎，只有托斯卡纳除外；在公元 940 年后，托斯卡纳在以卡诺萨城堡为基地的阿托尼（Attoni）家族治下发展壮大。阿托尼家族在意大利形势明朗之前就支持奥托一世和康拉德二世，因而得到了封赏。丰厚的奖赏滚滚而来，托斯卡纳的土地向北扩展至波河，向南延伸过亚平宁山脉，几乎抵至罗马，成为意大利最大的封建领地。[13]

阿奎莱亚宗主教区位于流入亚得里亚海的伊松佐河河畔，查理曼将其从拜占庭手中夺下。从 3 世纪起就有的阿奎莱亚教区，对沿阿尔卑斯山脉向西直到科莫湖的区域行使着宗教管辖权。虽然力量在衰退，但它仍有可能制衡世俗领主。1027 年，康拉德二世巩固对意大利的控制后，给予阿奎莱亚世俗管辖权，后来亨利四世扩大了这一权力，因为他 1077 年去卡诺萨的时候遇到了困难，希望控制另一条翻山路线。这些变化说明在中世纪统治者眼里，这样的地形与其说是"天然边界"，不如说是通路。附近的威尼斯是一群难民发展起来的，他们为了逃离 568 年的伦巴第人入侵，逃往潟湖，然后通过承认教宗的宗教权威获得了自治权，同时在政治上倾向于拜占庭。中世纪的皇帝对此容忍，因为威尼斯在神圣罗马帝国与拜占庭之间提供了有用的商业与外交中介。1418 年以后，威尼斯迅速征服了阿奎莱亚的世俗领地，皇帝西吉斯蒙德在 1437 年承认该领地为威尼斯的"陆地领土"（Terra Firma）。虽然弗留利在 1516 年被奥地利占领，但"陆地领土"的其余部分在 1523 年之后基本独立于帝国。1752 年，阿奎莱亚的宗教管辖权被下属的主教区接收。[14]

在西方神职人员中，教宗拥有最大的世俗辖区。古典时代晚期，教宗获得了意大利、西西里和撒丁尼亚的地产。这些地产 6 世纪时已被称为"圣彼得遗产"（Patrimonium Petri），但在 6 世纪晚期到 8 世纪晚期的伦巴第时期，地产收缩到仅剩罗马周边的土地。作为 754 年与教宗联盟的一部分，丕平承诺为教宗收复失地，特别提到拉韦纳和五城地区（Pentapolis），哪些是失地因此稍微明确了一些。如果获得这些地区，教宗控制的世俗领地就能越过亚平宁山脉直达亚得里亚海，并能控制所有南北向的交通。后来的皇帝不愿放弃这些土地，这为教宗和皇帝间的争端增加了一个地缘战略的因素。

奥托一世延续了加洛林王朝的约定，即教宗在帝国宗主权下持有圣彼得遗产，是帝国的一部分。[15] 教宗利奥九世开始扩充其自治权，并最终在 1122 年的《沃尔姆斯宗教协定》中得到皇帝的承认。从 1115 年起，教宗声称他们忠实的盟友卡诺萨的玛蒂尔达将广袤的托斯卡纳遗赠给了自己。洛泰尔三世和亨利六世暂时重申了帝国对这片土地的主权，但斯陶芬家族的覆灭使教宗在 1254 年后巩固了自己占有这片土地的权力。[16] 起关键作用的一个因素是皇帝代理人的职位，这是在 11 世纪发展起来的，为的是在皇帝缺席期间在意大利维护帝国的特权。到了 13 世纪早期，教宗宣称自己拥有包括这一职位在内的一系列帝国权力。然而，如此宣称，也意味着托斯卡纳从未与帝国完全断开联系，从而为它在 14 世纪晚期重新融入帝国做了铺垫。

法兰克人的征服打断了伦巴第王权对 6 世纪以来享有自治的意大利中南部公国的渗透。加洛林人在很大程度上放弃了征服南方的努力，而是集中精力征服半岛中部跨越亚平宁山脉的斯波莱托。他们着意保住拉韦纳和五城地区，因为它们是从伦巴第前往斯波莱托的通路，而掌握斯波莱托，也就是掌握了向南的道路，还能获得一个监管教宗的好位置。如此有战略意义的斯波莱托在 842 年被委托给（当时）忠诚的维顿（Widonen）家族，但该家族势力扩张后，从 9 世纪 80 年代就开始挑战加洛林家族的意大利国王头衔。奥托家族还是把斯波莱托交付给自己信赖的封臣，并在 972 年将安科纳侯国切割出来，免得斯波莱托过于强大。这再次表明土地的分割也能为王室利益服务，而不单纯是王室衰落的表征。

在整个中世纪，南部与意大利国王都保持距离。800 年，伦巴第人的大型公国贝内文托控制着南部的大部分地区，只有卡拉布里亚（意大利的"脚趾"）、阿普利亚（"脚跟"），以及那不勒斯、加埃塔和阿马尔菲这些拜占庭的前哨除外。[17] 整个南方均遭受阿拉伯人的劫掠，827 年时，阿拉伯人就从拜占庭手中夺取了撒丁尼亚和西西里。后来的加洛林皇帝在 867—876 年暂时恢复了权威，但在 9 世纪末的混乱中将其留给了拜占庭对手。一个世纪后的奥托一世恢复了势力，但贝内文托在此进程中支离破碎，在萨勒诺和卡普阿设置了新的公国，由号称有伦巴第血统的领主统治。奥托试图将这些地方并入帝国，将斯波莱托授予卡普阿和贝内文托的统治者"铁头"潘杜尔夫（Pandulf Ironhead）。[18] 潘杜尔夫在 981 年去世，一年后就发生了克罗托内惨败，造成潘杜尔夫的两个儿子殒命，皇帝就这样失去了南部最可靠的盟友。

　　神圣罗马帝国和拜占庭帝国的微弱影响互相抵消，诺曼人得以乘虚而入。1000 年左右，他们以朝圣者和冒险家的身份，从西方前往圣地。诺曼人原本被称为"北方人"（north men，即维京人），在 10 世纪初征服了法国西北部。一个世纪之后，诺曼底太过拥挤，已无法容纳野心勃勃的贵族，他们觊觎意大利南部唾手可得的财富，（部分归功于拜占庭的影响）那里是西方少数几个仍有金币流通的地区之一。诺曼人 1066 年入侵英格兰广为人知，但他们征服意大利南部的行动更了不得。远征英格兰倾诺曼底公国之全力，出动了 8 000 名装备精良的军人，而几百名诺曼海盗便轻松征服了南意大利。诺曼人并非天生比当地人能征善战，但他们很擅长适应环境，还通过与伦巴第和拜占庭贵族的联姻来增强实力。当时的人给诺曼人领袖罗伯特·德·欧特维尔（Robert d' Hauteville）起的绰号是"黄鼠狼"和"世界的恐怖"，可见诺曼人在把握机会方面毫不手软。[19]

　　11 世纪 20 年代，拜占庭帝国和神圣罗马帝国在南意大利冲突再起，诺曼人渔翁得利，巩固了势力。1077 年时，诺曼人已经控制了整个南部，之后的 20 年内，他们征服了西西里，结束了神圣罗马帝国、拜占庭帝国、伦巴第公爵和萨拉森人之间近三个世纪的四方缠斗。萨利安王朝试图遏制这股新来的势力，但徒劳无功。教宗则模仿帝国应对强硬蛮族的传统手法，于 1054 年宣布诺曼人对南方的占领为合法的，以换取他们接受教宗的宗主权，双方建立了一个持续至 12 世纪末的有波折但互利的联盟。[20] 高潮出现在 1130 年，当时教宗承认诺曼人为国王，以换取西西里岛和意大利本土南部（该地后来依其首府命名为那不勒斯）正式成为教廷附庸。

主教叙任权之争打破了意大利王国内的政治平衡，许多城镇得以摆脱其领主的控制，自己管理腹地，这通常受到教宗的支持（见第 590—593 页）。诺曼人在 1095 年以后积极参与十字军运动，斯陶芬王朝得以复兴帝国，市民解放运动因而暂时中断。亨利六世通过与诺曼女继承人康斯坦扎（Constanza）的联姻索取西西里，并在 1194 年激烈的征战后宣称为西西里之主。[21] 亨利制订的将西西里岛和那不勒斯联合并入帝国（unio regni ad imperium）的计划，体现在他为诞生于 1194 年的儿子取的名字上。这个孩子就是未来的皇帝腓特烈二世，名字叫"腓特烈·罗杰"，分别是斯陶芬家族和诺曼人的常用名。亨利的大胆举动让教宗失去了主要盟友，还将教宗国置于三面都有斯陶芬领地的境地。在接下来的 50 年里，教宗的政策都着眼于防止亨利计划的那种联合发生，比如，英诺森三世就是出于这样的动机干预了"双重选举"，以及随后 1198—1214 年的斯陶芬-韦尔夫内战。[22]

教宗通过安茹家族清除斯陶芬家族后，新的平衡出现了。安茹家族是法国王室的分支，在 13 世纪 60 年代征服了西西里和那不勒斯。教廷承认安茹人为国王，换取他们承认教廷的宗主权，从而得以像当初对诺曼人一样，对安茹人间接施加影响力。西西里于 1282 年落入阿拉贡国王之手，而通过他，西西里最终和撒丁尼亚一起落入西班牙之手；但安茹家族对大陆部分那不勒斯的统治延续了下去，直到1442年之后那不勒斯才通过阿拉贡归于西班牙。[23] 对西西里和那不勒斯享有的封建管辖权提高了教宗的国际地位，但教宗并不能有效控制这两个地区，两地的统治者不时以履行保护教宗的义务为名强行干涉教廷事务。真正的教宗国依然如中世纪早期时一般。1274年，鲁道夫一世接受了其前任对帝国权利的转移，实际上使圣彼得遗产脱离了帝国的控制，并将其扩展到包括斯波莱托、安科纳和（最终）拉韦纳及其周边（称为"罗马涅"）的区域。在实践中，教宗通过较小的世俗领主来间接管理地产，这些领主常深入参与教廷政治。教宗国在20年间重新巩固了势力，但在1375—1378年被一场大规模民众起义撼动，这次的起义涉及60多个城镇和1577个村庄。虽然最后秩序恢复，但教宗国在此过程中永久失去了托斯卡纳。

斯陶芬家族野心受挫，证实意大利王国的范围仅限于伦巴第和托斯卡纳，而组成王国的城邦到13世纪中叶已篡夺了主教和先前领主的世俗权力。除了像热那亚和佛罗伦萨这些值得关注的例外，公民政府通过寡头政治落入某个家族手中，反过来为新的公国创造了基础。新公国成为地区中心，控制周边较小城镇和封建领地。这些被称为执政团*的统治家族在13世纪60年代成为世袭的统治者。他们的权力基础是12世纪以来皇帝出售或以其他方式转移到城市议会的管辖区，以及从当地领主手中购买或征服的伯国。[24] 这一过

---

* 执政团（Signori），13世纪意大利脱颖而出的贵族，主宰了除翁布里亚和托斯卡纳以外的所有地方的文官政府。最成功者包括埃斯特、蒙特费尔特罗、贡扎加和维斯孔蒂家族，他们最终都获得了帝国诸侯的地位。

程实现了意大利与帝国关系的根本转变。老的领主退出了历史舞台，德意志和意大利贵族之间的血缘关系与其他私人纽带消失了，而与教宗的长期冲突则大大削弱了皇帝对意大利主教们的影响力，意大利主教不再完全属于帝国教会。

这一切改变了北意大利在帝国中的地位，但并没有使北意大利脱离帝国。新兴的领主们普遍渴望得到承认和合法地位，这主要是因为他们得面对众多的当地竞争者。他们期待皇帝而非教宗来承认他们，因为与意大利其他地方相比，北意大利与帝国的关系更为紧密，而教宗在 1309 年后成为"阿维尼翁之囚"，不再是有吸引力的政治伙伴。14 世纪和 15 世纪的皇帝一般都愿意承认强大的领主，以换取他们接受新的城邦成为帝国封地。虽然在此期间皇帝大部分时间不在意大利，但皇帝仍是公认的唯一荣誉来源。皇帝用更高的头衔来奖励合作的领主，不好对付的领主则不给头衔，这样，皇帝保有了间接的影响力。截至 15 世纪末，新城邦中规模较大的已从伯国升格到了公国。虽然费拉拉（脱离自托斯卡纳）和乌尔比诺（取代了斯波莱托）后来被纳入教宗国，但摩德纳、贡扎加和米兰始终是帝国封地，而较古老的领地，如热那亚和托斯卡纳的剩余部分，也是如此。

新的意大利贵族阶层与德意志贵族迥然不同。意大利领主大会在 12 世纪时已经很少见了，1250 年后皇帝长期不在，领主大会更是彻底消失。意大利领主们没有与君主建立直接私人关系的传统。他们兴起于竞争激烈的环境，很难形成共同身份，而德意志国王也没有理由去培养任何有碍于他们挑起意大利人内斗、增强自己影响力的势力。最后，在德意志国王选举中排除教宗干涉的愿望，促使他们在 13 世纪 20 年代之后通过新的特许状更明确地划分政治。于是，意大利诸侯被排除在 14 世纪德意志创建的更正式的结构之外——《金玺诏书》就尤为明显地体现了这一点，它将德意志国王选举限制在波希米亚和六位德意志诸侯中（见第 341—343 页）。意大利人极少参加阿尔卑斯山以北的王室集会，查理五世则在 1548 年后拒绝召集意大利人参加帝国议会。

萨伏依的独特地位体现了上述过程的重要性。萨伏依在 19 世纪的意大利统一过程中起了很大作用，但它是唯一一个正式并入德意志帝国架构的意大利领地。与帝国在意大利的其他部分不同，萨伏依始终由古老的领主（原本是勃艮第伯爵）家族亨伯特家族（Humbertines）统治。康拉德二世因为亨伯特家族在 1032 年帮助夺取勃艮第，而将阿尔卑斯山的一块领地奖赏给他们。后来在主教叙任权之争期间，亨伯特家族继续支持帝国，获得了更多奖赏，萨伏依发展成帝国在阿尔卑斯山西部三大王国交界处的安全基地。它的战略位置促使查理四世于 1361 年将其并入德意志王国，直到 1797 年，萨伏依仍留在德意志王国中。[25]

勃艮第

勃艮第是帝国主要王国中连续性最差的，并经常被视为法德之间不稳定的边境地带。它也掌握着中世纪欧洲主要的南北通路，包括莱茵河、摩泽尔河和罗讷河，以及阿尔卑斯山西部的隘口，还有许多加洛林时代的重要城镇。这些因素解释了为何洛泰尔一世在 843 年分地时，选择了勃艮第和意大利构成中央王国洛泰尔尼亚。在一条长带状的领土上建立共同的身份认同肯定颇为困难。[26] 分裂并非不可避免，但该地离东西法兰克都近，两边国王的拉拢的确让当地领主有机会寻求别的庇护，而最初洛泰尔一系子嗣众多，王室分裂成不同支系，很快就让统一无望了。结果是此地区的情况异常复杂，长期看来极为混乱，不过，那里在当时的人眼里可能还算稳固，我们看来无休无止的领土变化和所有权变动实际上是差不多一个世纪才发生一次的事。

最重要的土地分割发生在洛泰尔 855 年去世时，以及 870 年《默尔森条约》（Treaty of Mersen）生效时。这两次分地将意大利彻底分离出来，并将洛泰尔尼亚剩余部分划分为南部王国（勃艮第）和北部公国［洛泰尔尼亚，人们更常用的是法语名"洛林"（Lorraine）］。南部王国最初以罗讷河河口以北的阿尔勒为中心，因此它也被称为"阿瑞拉特"（Arelat）。它的领土向北延伸至索恩河与杜河（Doubs）的上游。5 世纪，起源于奥得河流域的部族勃艮第人定居于此，该地在 534 年被并入法兰克王国。[27]

888 年，又有了一次分土，这次是分成东西两部分，彻底将索恩河上游西侧马孔（Mâcon）和沙隆（Châlon）周边的旧核心区分离了出来。这块区域占原勃艮第王国的三分之一，当初在 843 年归于西法兰克王国，现在则由于其统治领主始终参与法国政治，而成为勃艮第公国（Bourgogne）。1002—1361 年，勃艮第公国由卡佩家族的幼支统治。原勃艮第王国剩余的三分之二地区基本平分成两个部分，一南一北。北半部成为一个地位接近王国的公国，称为上勃艮第，包括后来瑞士的西半部；南半部是原罗马山北高卢（Gallia Transalpina）所在区域，现在成了下勃艮第，也就是后来的普罗旺斯伯国。

在加洛林时代后期的冲突中，上下勃艮第都获得了相当大的自治权。它们于 948 年被合并成统一的勃艮第王国，即"阿瑞拉特王国"（regnum Arelatense），因其首都阿尔勒得名。888 年至 1032

年间，勃艮第国王们来自庞大的加洛林领主家族韦尔夫家族的鲁道夫（Rudolfinger）分支。王朝的连续统治并没有带来一个强大的君主国，经过一系列分割和重新统一后，勃艮第王国的核心缩小到日内瓦湖周边和一些偏远的城堡及修道院。与此同时，西南方的普罗旺斯伯国取得了实质上的独立，而莫里耶讷（Maurienne）的领主们则在阿尔卑斯山西部自立门户，最终形成了萨伏依。在北方，则分离出名叫"自由伯国"（Franche Comté，即弗朗什-孔泰）的另一块领土。梅泽堡的蒂特马尔等德意志评论者认为勃艮第国王们受到其贵族的束缚。[28]鲁道夫家族在926年为寻求保护而承认奥托王朝的宗主权，80年后同意让亨利二世直接继承王国。

然而，鲁道夫家族比奥托家族存续的时间更长，亨利二世1024年去世后，奥托王朝便绝嗣了。当时勃艮第国王的亲属自认更有资格继位，于是加入了一个由意大利、洛林、士瓦本和勃艮第贵族组成的松散联盟，以对抗继承了亨利二世德意志国王之位的萨利安家族的康拉德二世的权威。有一阵子，看起来康拉德的主要挑战者阿基坦的威廉五世有可能将从前洛泰尔尼亚的大部分区域整合起来。然而，康拉德始终有德意志的稳固支持，而他的对手未能有效联合，在1027年到1032年间遭遇了连环失败。一场短暂的冬季战役之后，康拉德于1033年1月加冕为勃艮第国王，最后一位鲁道夫家族的成员在那之前几个月去世。[29]康拉德坚称自己应拥有勃艮第，是基于**王权**，而非家族王朝。康拉德不得不这样做，因为他和勃艮第之间没有任何个人联系，他不像亨利二世那样有个勃艮第公主为母亲。尽管或许只是权宜之计，但康拉德强调王权的连续性的决定，有助于人们接受即便各个君主甚至整个王朝消亡，帝国也将存续的观念。

勃艮第国王领地的大部分早已落入有着相当大自主权的当地贵族手中——事实上，这有助于康拉德得胜，因为许多勃艮第贵族转向了他，他们认为相比于香槟的奥多（Odo），康拉德会下放给他们更多的自由（阿基坦的威廉去世后，奥多就成了康拉德在当地的主要对手）。[30] 尽管如此，取得勃艮第还是加强了帝国内部三大王国的联合，巩固了帝国在基督教欧洲的首席地位。帝国因此更容易影响意大利，法国对此地的影响则受到限制。1044 年亨利三世与阿基坦的威廉之女、普瓦图的艾格尼丝（Agnes of Poitou）的婚姻更进一步巩固了控制权。[31]

勃艮第甚至比意大利还要缺乏王室传统。那里没有国王选举，很少举行加冕仪式。勃艮第的贵族只有伯爵和较低阶的领主，所有人都在帝国精英圈子之外，皇帝就更没有理由常来此地了。简而言之，此地内部分裂，远离帝国政治，因此在很大程度上处于独立状态。1156 年，"红胡子"腓特烈一世通过与弗朗什-孔泰的女继承人贝阿特丽克丝（Beatrix）的联姻重获权威，于 1178 年在阿尔勒加冕为勃艮第国王；他做出这些动作，很大程度上是为了在追求他在意大利的主要利益的同时，保住勃艮第。在其他情况下，勃艮第通常被委托给王室总督管理，特别是策林根（Zähringen）家族，该家族在莱茵河上游后来成为巴登的地区积聚了不少土地。

1169 年，腓特烈一世再次将自由伯国分离出来，萨伏依则于 1310 年成为与勃艮第分离的直属帝国封邑。普罗旺斯在 1246 年由安茹家族获得后离开了帝国，阿维尼翁（当时还与普罗旺斯相关）于 1348 年被让给教宗。法国内患频发，这表明其逐渐侵蚀原勃艮第王国的西部和南部并非必然。最后一位加冕为勃艮第国王的皇帝是查理四世，他于 1365 年在阿尔勒加冕。查理并未视法国王室为天敌，他在英法战争中支持法国（还参与了1346年的克雷西战役）。查理四世将维埃纳（Viennois，旧时普罗旺斯的北端）委托给了未来的法国国王查理六世，后者在1378年同时被提名为阿尔勒的皇帝代理人。这个地区后来成为多菲内（Dauphiné），这是传统上授予法国国王长子（在他继位前）的一块土地。然而，多菲内永久脱离帝国，只是因为1380年登基的法国国王查理六世在位时间很长，又赶上德意志发生内乱。[32] 就这样，到了15世纪，旧日的勃艮第王国已基本消亡。

洛林

洛林此时的发展轨迹大致相近，一系列原本划界不清的松散辖区组合成较小的成片领地。因为没有明显的王室传统，这里更像是东西法兰克之间的边界区域，而东西法兰克的国王更关心获得威望，而非划定明确的边界。进入中世纪盛期后，洛林和整个下莱茵仍与法兰西和德意志国王均保持距离。911年，洛林的首领得到了王公（princeps）的身份，得以与东法兰克的公爵们平起平坐，但8年后，他们决定不像东法兰克的公爵那样接受奥托王朝。洛林保持与西法兰克王国的加洛林家族的联系，在公元922年后还卷入他们的内战。这让奥托家族得以在925年对洛林宣示宗主权，但这段插曲强化了洛泰尔尼亚遗产的独特性，将洛林领主和德意志领主区分开来。[33]

到了11世纪，法国国王还继续争夺洛林。德意志国王在10世纪和11世纪多次干预，以防止洛林公爵自行其是。奥托一世于959年将公国划分为上（南部）下（北部）两部分，以便于管理。与勃艮第的情况一样，这样的土地分割并非不可逆转。1033—1046

年，这两部分又重新合并。亨利三世将此视为对他权力的威胁，尤其是因为野心勃勃的公爵"大胡子"戈特弗里德（Gottfried the Bearded）于1054年与托斯卡纳女继承人贝阿特丽克丝结婚，同时在意大利挑战皇权。1044—1055年的漫长但断断续续的冲突之后，亨利得偿所愿，将洛林一分为二。[34]

上洛林在1047年后被交给萨利安家族的支持者，但国王将邻近的伯国授予梅斯、图勒和凡尔登主教，以此提高他们的地位，制衡公爵的权力。卢森堡和巴尔（Bar）伯爵则与皇帝建立直接隶属关系，从而逃避了公爵的监管。斯陶芬王朝1254年终结后，皇室的影响力式微，但在13—14世纪形成的领地互相重叠的复杂模式，阻止了恢复公爵权威的可能。莱茵兰各地的领主都接受了可以带来额外地租的丰厚封地，条件是他们承认法国国王为他们唯一的"君上"（dominus ligius）。然而，留在帝国之内也很有吸引力，因此，他们倾向于把已有地产留在帝国管辖区内。因此，洛林公爵、特里尔大主教、列日主教、佛兰德斯伯爵、埃诺（Hainault）伯爵等诸侯均有两个上级领主：皇帝赐予他们直属的帝国封地，而法国国王则赐予他们帝国领土外的特别封邑。

洛林公爵们在斯陶芬王朝灭亡后的一个世纪内仍参与帝国政治，但法国国王步步紧逼，例如在1336年赐给拉乌尔（Raoul）公爵一所巴黎的大宅子，让他能接近法国宫廷。查理四世于1361年解除拉乌尔公爵对帝国的义务，但与许多类似行为一样，这并不是决定性的，这主要是因为公爵仍和帝国联系在一起，拥有蓬塔穆松（Pont-à-Mousson）城镇的地产。掌权的阿尔萨斯（Alsatian）一系于1431年绝嗣后，西吉斯蒙德抓住机会重申了洛林对帝国的全部义务，并将洛林公国纳入了15世纪的帝国改革中为分配财政和军事任务而设立的新架构。[35]

佛兰德斯于 1007 年与下洛林分离；在主教叙任权之争中，公国的剩余部分分裂；1138 年时，原公国已被盖尔登（Geldern）、林堡和布拉班特这三个新的公国取代。1288 年，布拉班特在沃林根（Wörringen）打败了科隆大主教的军队，巩固了这一新格局，这一战终结了科隆在下莱茵和威斯特伐利亚超过 120 年的扩张。布拉班特吞并了林堡，但在 1371 年被盖尔登和于利希（Jülich）击败，该地区于是成为中型公国的拼图版。德意志国王在洛林原有的权利则被转给了莱茵行宫伯爵（comes palatinus Rheni），后者在 1155 年得到了王公地位，后来被确认为世俗选侯之一。

勃艮第公国

在前洛泰尔尼亚地区出现的新地方势力中，最后也最大的是（法国的）勃艮第公国，它在 1363 年传到了瓦卢瓦家族的一个幼支手中；从 1328 年起，瓦卢瓦家族就统治着法国。从"大胆者"腓力（Philip the Bold）开始，不到 60 年，新的勃艮第公爵就摆脱了法国的宗主权，获得了阿尔卑斯山以北欧洲城市化程度最高的地区。除了他们自己的能力外，他们的成功因素包括干涉 1420—1435 年的法国内战，以及 1378 年与查理四世之子兼继承人文策尔国王结盟，这让他们最终在 1443 年取得卢森堡。他们通过家族联姻将佛兰德斯、阿图瓦、弗朗什-孔泰（1383 年占有全境）和布拉班特（1430）收入囊中，而埃诺、荷兰和泽兰在 1433 年被征服，夏洛莱（Charolais，1390）和那慕尔（Namur，1421）则被买下。

勃艮第的权势在"大胆者"查理（Charles the Bold）治下达到顶峰，他购买了阿尔萨斯（1469），征服了盖尔登、林堡和聚特芬

（Zütphen，1473 年占有全境）。查理几乎恢复了从前的中部王国，但情况已经大不相同。勃艮第快速扩张引起了法国以及洛林和瑞士的警觉，它们在 15 世纪 40 年代联合起来，遏制勃艮第东扩。查理请求腓特烈三世承认他为国王，遭到了拒绝。这一梦想随着查理 1477 年 1 月在南锡死于与瑞士人的战斗而宣告终结。随后争夺勃艮第继承权的法国-哈布斯堡战争在 1493 年以妥协告终，结果是法国拥有原来的勃艮第公国（Bourgogne），而哈布斯堡王朝则占有勃艮第公爵的其他所有土地。

新王国

北方和东方边区

帝国北部和东部疆界之外的居民一直处于法兰克王国和拉丁基督世界以外，他们与西部和南部边疆地区的居民有着迥然不同的特征。如果想了解这些地区是如何发展的，我们就需要抛弃日耳曼征服论和民族自决斗争论，这些论调从 19 世纪以来就一直被投射到欧洲这一地区的历史中。在中世纪早期的大部分时间里，德意志国王干涉这些边境地区，主要是为满足他们已有臣民的期望，而非征服新的臣民。[36]

公元 800 年后，加洛林人深受老练而无情的入侵者困扰：维京人蹂躏西法兰克和弗里西亚，萨拉森人掠夺法国南部和意大利，阿瓦尔人和后来的马扎尔人袭击意大利北部和德意志南部，而斯拉夫人一直威胁着易北河沿岸。所有这些入侵者都使用非传统策略，军队人数也往往占优。维京人和萨拉森人利用河流深入腹地——维京人甚至在 891 年直抵洛林。他们的故乡非常遥远，马扎尔人甚至没

有故乡，一直到 10 世纪末都是游牧民族。[37] 加洛林家族 9 世纪 80
年代的内斗带来了更多劫掠的机会。

公元 845 年后，相对富裕的西法兰克王国向维京人支付"丹
麦金"，在减少暴力入侵方面起了不少作用。然而，如此低声下气
被认为与国王的身份不符，并且让西方加洛林家族遭到越来越多的
批评。在条件允许的情况下，国王更愿意采取军事行动，这也可以
满足他们自己的领主对掠夺的渴望。[38] 加洛林帝国在 814 年停止扩
张后，这些理念对边境领主的发展至关重要。这些军事化的区域部
分在公国结构之外，被委托给侯爵（marquises）管理，他们的管辖
权通常很大，并被赐予重要的王室采邑以维持他们的地位。[39] 尽管
处于帝国的地理边缘，但一些侯爵成为帝国政治中的有权有势的人
物。公元 985 年之后，埃克哈德家族（Ekkehardiner）在萨克森的
迈森和梅泽堡边区占有重要地位。该家族很有势力，甚至能够说服
教宗约翰十九世于 1028 年将蔡茨主教区移至他们的瑙姆堡城堡中。
1002 年时，他们已经被视为德意志国王之位的潜在竞争者，但他
们更愿意以效忠换取更多的土地，直到家族在 1046 年绝嗣。

边境部分包括固定的防御工事，特别是建于 810 年的从基尔
（Kiel）向南到易北河的"萨克森墙"（Limes Saxoniae），以及 929
年为阻止丹麦入侵者南侵，在施莱河（Schlei）和特雷讷河（Treene）
之间修建的"丹麦工事"（Danewerk）。这些大工程建造难，维护
也难。在其他地方，防御主要是依靠堡垒化的修道院和城堡，最早
的木栅栏和塔楼在 11 世纪被石头建筑所取代。坚固的据点提供避
难场所，但可能出现相反的效果，吸引袭击者前来抢夺存放于此的
财物。关于奥托王朝是否曾在 10 世纪 30 年代于东南边境安置带武
器的农民，存在一些争议；6 个世纪后，哈布斯堡王朝则确实做了

这件事，为的是抗击奥斯曼帝国。尽管如此，显然奥托王朝发展出了纵深防御，在重要的河网交叉口都建立了城堡和哨所，以便拖住很少有能力进行长期围困的入侵骑兵。这些阵地不仅是防御性的，也是反向发起袭击的基地。亨利一世及其继任者多次率领远征军向斯拉夫人勒索贡金，这么做既是为了在他们的领主中进行财富再分配，也是为了扬威，表明自己是神所眷顾的。[40]

斯拉夫人和马扎尔人

帝国东部边境与斯拉夫人和马扎尔人的往来，推动了波希米亚这个新王国的诞生，该王国后来归入帝国，而波兰、匈牙利和克罗地亚几个王国都最终留在了帝国之外。这些王国和西方的王国一样，后来都根据起源神话来宣示自己的独特身份。从这些起源故事中，可以看出这些新国家与帝国之间纠缠不清的关系。据说基辅罗斯、波兰、波希米亚来自斯拉夫三兄弟，有共同的祖先。罗斯（Rus）走的路最少，到基辅就停了，从他而出的鲁塞尼亚人（Ruthene）的分布范围最终到了喀尔巴阡山脉。莱赫（Lech）定居在瓦尔塔河（Wartha）与维斯瓦河（Vistula）之间的格涅兹诺，成了波兰人的祖先。切赫（Czech）则一直走到了 terra Boemia——蜂蜜之地（波希米亚）。[41]

北方的斯拉夫人形成了许多强大的联盟，但没有形成王国。他们被统称为"文德人"，但这实际上是数个不同的族群。奥伯德里特人（Abodrites）的公爵控制着易北河与丹麦之间的区域。哈弗尔河沿岸的哈弗利人（Havelians）占据了后来成为勃兰登堡的地区。维莱蒂人（Veleti）又称留提安人（Liutians），这个更加松散的联盟在 10 世纪出现于波罗的海沿岸后来成为波美拉尼亚的地区。他们是斯拉夫叛乱背后的主要力量，也获得了奥伯德里特人的支持，983年，叛乱基本清除了易北河下游地区奥托王朝的势力。986年，时年6岁的奥托三世随军参加第一次报复性远征，991—997年又发起了另外四次大战，可见奥托王朝多么重视恢复威望。[42] 这些惩罚性远征的主要目的都是重振威望，特别是在德意志恢复声威，而不是真的想重新征服该地区。索布人这个主要族群不愿加入叛乱。他们居住在波希米亚以北的卢萨蒂亚，名称来自他们语言中的"沼泽"一词；索布人是第一个永久基督化的族群。拉尼亚人（Ranians）则拒绝了基督教；虽然地盘仅限于波美拉尼亚的吕根岛，但他们在波罗的海贸易里始终举足轻重。

其他斯拉夫人的联盟占据了波希米亚以南的地区。具有讽刺意味的是，正是因为查理曼在800年战胜了控制潘诺尼亚（Pannonia，匈牙利平原）的阿瓦尔人，这些族群才得以扩张。[43] 卡林西亚人占领了阿尔卑斯地区东部的德拉瓦河（Drava），而克罗地亚人则在9世纪后期自亚得里亚海沿岸的另一个松散群体中兴起。

9—13世纪，上述族群都经历了相似的划定权力与土地的过程。他们像加洛林家族和奥托家族一样建造城堡，增强了对抗外敌的能力。交往中暴力时有出现，突出表现于1066年易北河沿岸的第二次大叛乱，以及1147年后的文德十字军运动。不过，从10世纪开始，这些族群逐渐接受了基督教，也因此有可能与帝国和平相处。13世纪以前，还不清楚这些族群是会最终并入帝国，还是会被认可为帝国之外的独立王国。

法兰克人东扩对南方影响最大，828年，卡林西亚斯拉夫人所在地作为边区被纳入帝国。在其他地方，强迫上贡并不一定是征服的前兆——主要因为要求纳贡往往是为了声望，而不是为了吞并。

波希米亚人和摩拉维亚人利用加洛林家族的内战，摆脱了800年左右加给他们的臣属地位。9世纪晚期，摩拉维亚人利用查理曼摧毁阿瓦尔人的联盟后留下的真空，建立了他们自己的"大帝国"，而869年波希米亚人又恢复劫掠。[44]这两族很快就受到了马札尔人的压力，这是一支来自伏尔加流域的芬兰-乌戈尔人（Finno-Ugric）部落，他们被拜占庭支持的突厥佩切涅格人向西驱赶。法兰克人因其自称"十箭联盟"（On-Ogur）而称其为"Ungari"（匈牙利人），"十箭联盟"这个名称也反映出他们是风驰电掣、弓马娴熟的军事集团。马札尔人在895年到来，数年内便占领了潘诺尼亚，很快就控制了东西方之间利润丰厚的奴隶、食品和牲畜贸易，并在公元899年后深入德意志南部和意大利劫掠。926年时，亨利一世已经需要缴纳贡金，以求他们暂时停止掠夺了。

虽然摩拉维亚帝国在906年灭亡，但马札尔人的入侵使波希米亚人和波兰人间接受益，因为贸易被迫北移至克拉科夫—布拉格一线，那里在喀尔巴阡山脉的另一侧，比较安全。新的财富让政治权力集中在控制布拉格的普舍美斯家族（Přemyslids）手中，法兰克人在871年承认了该家族的伯爵地位。在摩拉维亚的伊赫拉瓦（Jihlava，也叫Iglau）和波希米亚的库特纳霍拉（Kutná Hora）发现的银矿增强了普舍美斯家族的势力，并使他们比没那么富裕的德意志贵族更有优势。基督教在9世纪中叶势力衰退，但到了9世纪90年代就再次被波希米亚接受，在其后的4个世纪中，普舍美斯家族与19位德意志公主联姻，成为帝国精英阶层的重要成员。[45]普舍美斯家族在895年就已被承认为世袭公爵，一直统治着波希米亚，至1306年绝嗣为止。皇帝在波希米亚没有皇室领地、修道院或城堡，14世纪之前从未按照惯例在王室巡游过程中拜访过此地。[46]

波希米亚围绕殉道的王公瓦茨拉夫一世发展出身份认同，并成为拉丁基督教向南向东渗透的重要管道。尽管如此，波希米亚仍在帝国教会之内，其布拉格主教和奥尔米茨（Olmütz）主教一开始都归美因茨管辖。

波兰和匈牙利

皮雅斯特家族在克拉科夫的地位，类似于普舍美斯家族在布拉格的地位；皮雅斯特家族在842—1370年成为波兰的统治家族。他们接受了从波希米亚传过来的帝国的新思想，梅什科一世（Mieszko I）就采用公爵头衔，娶了一位普舍美斯家族的公主并于966年受洗，他的受洗至今仍被誉为波兰天主教会诞生的标志。[47]皮雅斯特家族并未试图建立一个独立的波兰——中世纪早期的人对这种观念是很陌生的。然而，他们准备与帝国合作，以确保和提高他们相对于当地和周边领主的地位。他们可以效仿的不只有普舍美斯家族，还有克罗地亚贵族——克罗地亚在925年被承认为独立王国，条件是承认拉丁基督教而非拜占庭基督教。梅什科在格涅兹诺设了一个主教区，那里直到1039年都是皮雅斯特王朝的首府；990年，梅什科还将其土地献给教廷，既确保了自治，又加入了基督教王公贵族的行列。

皮雅斯特家族与神圣罗马帝国合作的最高峰是奥托三世在999—1000年前往波兰朝圣，此行动机复杂，但巩固与斯拉夫王公们的联盟肯定是动机之一。梅什科与其兼继承人"勇敢者"博莱斯瓦夫一世在10世纪90年代曾支持奥托对文德人发起的惩戒性远征。奥托如今承认格涅兹诺为大主教区，确认了波兰教会的自治，并在布雷斯劳（弗罗茨瓦夫）为西里西亚设置了一位副主教（西里西亚属于帝国辖区，但在 990—1353 年由皮雅斯特家族掌控）。这些举措推进了奥托的基督化议程，因为格涅兹诺的新大主教在推动传教方面比西边的美因茨大主教更有优势，后者在 983 年斯拉夫人叛乱期间失去了影响力。奥托将博莱斯瓦夫视作帝国的"兄弟和襄助者"（fratrem et cooperatorem imperii），根据一些记录，他还将一顶王冠授予博莱斯瓦夫。[48]

奥托三世确实给伊什特万送了一顶王冠，后者于 1001 年成为匈牙利国王。马札尔人 955 年在莱希费尔德败于奥托一世后大为震动，意识到采用定居生活方式更容易得到财富，于是基督教在马札尔人中得以传播。虽然拜占庭仍有很强的影响力，但奥托王朝从 10 世纪 70 年代开始给阿尔帕德家族提供军事援助并承认其地位，支持其对抗那些想继续过传统的游牧劫掠生活的马札尔人。沃伊克（Vaik）大公在 985 年改宗基督教时，改用基督徒名字"斯蒂芬"（匈牙利语为伊什特万），并很快接受西方的政治思想，如采用帝国封建制的政治结构，以及将奴隶转为有较多人身自由，但仍依附于领主的农奴。匈牙利在 1001 年升格为王国，并有一个由两位大主教和十位主教组成的新的教会结构。转变进程相当缓慢，在 12 世纪的旅行者的笔下，匈牙利人在夏秋两季依然居住在帐篷里。[49]

后来，奥托三世因将称臣纳贡的公国转变为独立的王国而受到批评。比较有可能的是，博莱斯瓦夫和伊什特万自视为皇帝的主要盟友，而奥托则认为自己是众王之王。由于帝国、波兰和匈牙利的内政变化，这种关系并不稳定。博莱斯瓦夫的继任者并非加冕国王，他的儿子梅什科二世于 1031 年将王室象征物归还给帝国。国王头衔能带来压制国内敌人的暂时优势，而向帝国称臣则是统治者力量较弱时寻求外部支持的有效策略。事实上，从 10 世纪 60 年代至 12 世纪末，波兰一直向帝国纳贡，但其内政自治并未受到侵蚀，统治者也没有被要求参与德意志政治。从这个意义上而言，它比波希米亚更独立，后者显然至 1002 年还是帝国封地。[50]

皇帝还保持了另外两种形式的影响力。伊什特万与巴伐利亚公爵之女吉泽拉（Gisela）联姻，便与奥托王朝的贵族联系起来，这也是他改宗的重要因素。博莱斯瓦夫则与迈森的埃克哈德家族，以及萨克森公爵的比隆（Billung）家族联姻。在接下来的半个世纪中，皮雅斯特家族继续与帝国的贵族联姻，但从 11 世纪中叶开始，他们对新娘的选择更加国际化，反映出他们渴望得到更广泛的认可。

第二种施加影响力的方法是武力干涉，12 世纪时还有可能奏效，但越来越难实现。奥托三世于 1002 年去世之后，博莱斯瓦夫占据了迈森，这既是对土地的掠夺，也是对亨利二世的打击，因为亨利二世不愿承认他为国王，并要求恢复进贡。[51] 1003 年后，在皇帝、波兰公爵和波希米亚公爵之间发生了三边冲突，匈牙利在1030 年也卷入其中。冲突涉及的问题很多。每一方都想高人一等，而波兰、波希米亚和匈牙利的统治者们还面临内患，不少人不愿意接受基督教信仰或新的社会经济秩序。与此同时，帝国的干预有赖于巴伐利亚和东方边区拥有地方权益的诸侯，例如埃克哈德家族的合作。1024—1033 年，康拉德二世在勃艮第和意大利的困境使得他分身乏术。维莱蒂人趁机在 1033—1066 年对易北河地区进行了一系列越来越有破坏性的袭击。普舍美斯家族于 1039 年将殉道传教士沃伊捷赫的圣髑从格涅兹诺迎走，以使布拉格升格为独立于美因茨的大主教区，并获得与波兰和匈牙利同等的教会自治权。

尽管如此，康拉德的继任者亨利三世巧妙地在一连串胜仗后重振帝国声威，最终在 1044 年帮助阿尔帕德家族在闵芬战役中击败了匈牙利的叛军。他儿子亨利四世遇到麻烦，难以在 1073 年之后进一步干涉，而阿尔帕德和皮雅斯特家族通过在主教叙任权之争期间支持格列高利改革教会，得到了更独立的王室地位。亨利三世将之前在闵芬之战中缴获的王权象征物赠出，一向敏锐的格列高利七世将此举重新解读，称其表示匈牙利隶属于教廷，而非帝国。到了 1109 年，帝国在匈牙利和波兰实施宗主权的最后努力已经失败，但皮雅斯特家族内斗，因此对帝国的上贡一直持续到 1184 年。

波希米亚

普舍美斯家族选择了相反的路径，通过支持萨利安家族来确保被升格为国王。1085 年，亨利四世授予弗拉季斯拉夫二世（Wratislav II）个人享有的国王头衔，以感谢他在 3 年前在迈尔贝格（Mailberg）帮助自己击败德意志内敌。这次升格体现了皇帝头衔的重要性，因为亨利将升格的奖赏推迟到他自己 1084 年加冕为帝之后才给出，从而确保在授予国王头衔时，自己的地位是更高的。只有皇帝（或者教宗，这种说法争议更大）才能设立国王。国王不能立其他人为国王，也不是自己把国王头衔拿来就够了——自封为王的人得不到既有君主的承认。和先前提到的皮雅斯特家族一样，普舍美斯家族内斗，无法永久保留国王头衔。弗拉迪斯拉夫二世（Vladislav II）于 1158 年从腓特烈一世那里获得了一个私人享有的国王头衔。鄂图卡一世（Ottokar I）通过在 1198 年后的帝国内战中支持斯陶芬家族，换得了世袭的王位。腓特烈二世随后面临的问题迫使他于 1212 年和 1231 年确认鄂图卡一世所获的世袭王位，并承认布拉格享有独立于帝国教会的自治权。"波希米亚王冠领地"

（Corona regni Bohemiae）越来越被视为与德意志王国分离的独特单位。腓特烈二世于 1212 年颁发诏书，同意接受波希米亚人自己选择的国王。

在这之后，每一位新的波希米亚国王都自动继承"波希米亚王冠领地"，但他在帝国的政治权利有赖于 1212 年赐下的新头衔"大酒政"（Erzmundschenk），这赋予他参与德意志国王选举的权利。这些举措巩固了波希米亚的自治权，但不能将其简单地解释为帝国权威"衰落"的表现，因为它们反映的是斯陶芬王朝为简化帝国管理而发展出的封臣关系的新理念。[52]

此举将波希米亚置于德意志国王的管辖范围之外，还允许波希米亚人选举德意志国王，德意志领主们不时批评这一安排。著名的13 世纪法律文献《萨克森明镜》（Sachsenspiegel）从种族方面提出了意见，称波希米亚人为异族。此类批评通常只会在关系紧张时出现，许多德意志人对波希米亚人持正面评价。波希米亚国王看重德意志的技术和劳力，鼓励德意志人大规模移民。到中世纪晚期，波希米亚居民中可能有六分之一是说德语的。尽管处于帝国教会之外，波希米亚还投入了主流的修道运动，例如熙笃修会和普里蒙特利修会（Premonstratensian），而波希米亚的领主们则和波兰及匈牙利的领主一样，建造德意志式样的石头城堡。[53]

为了在 13 世纪 70 年代的德意志国王选举中胜出，普舍美斯家族花了很大的代价，但被其奥地利竞争对手哈布斯堡家族挫败。鲁道夫一世原本试图撤销 1212 年的诏令，将波希米亚再次降为直属封地，但在这次斗争后只能放弃。意想不到的是，普舍美斯家族绝嗣后，先前在西北欧活动的卢森堡家族于 1310 年继承了波希米亚。卢森堡家族通过与当地公爵联姻，在 1327—1353 年逐步吞并了西里西亚，并在 1370 年吞并了索布人居住的区域卢萨蒂亚，扩大了波希米亚王国的领地——这两次吞并都侵犯了皮雅斯特家族的利益。皮雅斯特家族的多个幼支在西里西亚以波希米亚封臣的身份一直存续到 1653 年。[54] 卢森堡家族办到了普舍美斯家族没能做到的事，在 1346—1438 年将波希米亚作为统治神圣罗马帝国的基地。波希米亚如今变为"国王领土"，其自治得到了巩固，以确保它能成为管理帝国的广阔根据地（见第 445—454 页）。

普鲁士

萨利安家族对波兰和匈牙利宣示宗主权的努力失败了，此时，帝国的人口和经济增长势头强劲，10 世纪 80 年代以来暂停的东扩得以重启。波希米亚人、丹麦人和波兰人均参与了 1147 年以后的文德十字军运动，但在大众记忆中此事主要与条顿骑士团有关。条顿骑士团有意表现为日耳曼人的组织，但在移民的大背景中很不寻常，而事实上，骑士团并没有要求骑士必须是出生在德意志的人，对于多民族的百姓，骑士团对将他们德意志化也不感兴趣，"仅仅是敷衍地传教"。[55]

骑士团有意和帝国保持若即若离的关系。大团长赫尔曼·冯·萨尔扎（Hermann von Salza）故意与皇帝腓特烈二世、教宗格列高利九世和皮雅斯特王公马佐夫舍的康拉德（Conrad of Masovia）分头达成互相矛盾的协议，然后才同意于 1226 年协助北方十字军。他与腓特烈的协议保证了皇帝的认可和保护，同时骑士团保持独立地位，只是帝国的"伙伴"而非封臣。[56] 骑士团完成击败异教的普鲁士人这个最初目标之后很久，还在继续强硬无情地扩张。骑士团利用波兰内部持续到 14 世纪 20 年代的分裂，损害同信基督的波兰的利益，继续扩张，包括在 1308 年攻占格但斯克（Gdansk），骑士团还在 1345 年从丹麦手中买下了后者在 13 世纪 20 年代征服的爱沙尼亚。1395 年，条顿骑士团的宗主权扩展到里加大主教区，并将平级的利沃尼亚骑士团（Livonian Order）降为下属分支。

此后波兰崛起，条顿骑士团衰落。1410 年，波兰在坦嫩贝格大败条顿骑士团，而 1466 年时，波兰已经占据了包括格但斯克在内的西普鲁士。1409 年后，波兰与骑士团长期冲突，促使波兰知识分子接受西方的君主主权观念，并主张他们的王国是完全独立的。作为象征，波兰君主使用一顶圈环闭合状的"帝冕"，而非先前所戴的开放式的王冠。[57] 1519 年后骑士团与波兰重燃战火，走向崩溃。为了避免彻底的失败，1525 年，大团长阿尔布雷希特·冯·霍亨索伦（Albrecht von Hohenzollern）将残存的东半部的普鲁士世俗化为世袭公国，并承认波兰的宗主权，与仍以德意志南部为基地的那部分条顿骑士团分道扬镳。

利沃尼亚骑士团拒绝效仿，而是摆脱束缚，成为仍控制着 11.3 万平方千米土地和 100 万人口的独立军事修会。[58] 四面受敌的利沃尼亚骑士团重申了其 13 世纪的宪章，宣称骑士团的大团长是有权获得帝国保护的帝国王公。哈布斯堡王朝在西欧有更紧迫的事需要处理，责成大团长戈特弗里德·克特勒（Gottfried Kettler）遵循条顿的榜样，于 1561 年将其剩余领地世俗化为库尔兰公国（duchy of Courland），置于波兰宗主权之下。帝国议会继续辩论利沃尼亚和普鲁士与帝国的关系，直到 16 世纪 70 年代后才接受两者均在其边界之外。库尔兰一直是波兰-立陶宛联邦的一个自治部分，1795 年才在第三次也是最后一次瓜分波兰时落入俄国之手。

普鲁士公国与帝国的关系一直较为紧密。1618 年，自 1415 年起统治勃兰登堡的霍亨索伦家族主支继承了普鲁士公国。与条顿骑士团的联系体现在霍亨索伦家族采用黑白两色作为其纹章颜色，以及 1701 年后首次出现在普鲁士战旗上的骑士团铁十字。普鲁士公国仍然人烟稀少，国力疲敝，对勃兰登堡的统治者而言更像是债务而非财产，直到 1660 年，这里都是勃兰登堡统治者作为波兰封臣的土地。普鲁士公国很机敏地介入 1655—1660 年的瑞典-波兰战争，其主权因而获得了国际承认。因此，霍亨索伦和哈布斯堡是仅有的两个统治着帝国边境之外主权国家的德意志王朝。1700 年 11 月，皇帝利奥波德一世将霍亨索伦家族统治的普鲁士升格为王国，以换取在即将爆发的西班牙王位继承战争中的军事支持。1701 年 1 月在柯尼斯堡（加里宁格勒）举行的豪华加冕仪式仅仅是为了赢得国际认可，并且再也没有举行过——普鲁士国王获得权威，和 1804 年后的奥地利皇帝一样不需要通过加冕。波兰-立陶宛到了 1764 年才承认普鲁士的王室地位，而条顿骑士团始终不予承认。后来，亲普鲁士的历史学家认为这些抗议无关紧要，但霍亨索伦的君主们对他们的新地位仍然极为敏感，并感到有必要通过 18 世纪后期的侵略性政策来宣示自己的权威。[59]

中世纪晚期的波兰、匈牙利和波希米亚

波兰和匈牙利经历了相当大的内部变化，变化因 13 世纪 40 年代蒙古人短暂却可怕的入侵造成的破坏而加剧，蒙古人入侵夺走了三分之一匈牙利人的生命。匈牙利在 1220 年已经采用了更为正式的混合君主制形式。贵族获得了重要的政治权利，可以对伯国进行世袭控制，也有定期的大会，在会上贵族和主要城镇的代表可以与国王讨论政策。阿尔帕德家族绝嗣后，匈牙利在 1308—1387 年改

由庞大的安茹家族的一个分支统治，该家族也做出了类似让步，以求在 1370 年皮雅斯特家族绝嗣后的波兰获得承认。[60]

波兰贵族在 1386 年扶植新的势力以逃避安茹家族的统治，他们将王位给了统治立陶宛的雅盖沃（Jogaila）大公，条件是他改宗天主教，而立陶宛是当时欧洲最大的异教国家。雅盖沃所属的雅盖隆（Jagiellons）家族的统治到 1572 年结束，但波兰与立陶宛之间的联合在那之后继续存在，直到该国在 1772—1795 年被奥地利、普鲁士和俄国瓜分，从欧洲版图上消失。1569 年的卢布林（Lublin）联合确立了该联邦为选举制君主国的形式。波兰-立陶宛联邦的选举比神圣罗马帝国的范围广得多，与等级上下有别的德意志贵族相比，波兰贵族（szlachta）的意识形态更相近、更一致，而德意志贵族中，有选举权的仅有数位大贵族。波兰参与选举的贵族人数从 1573 年的 6 000 人增加到 1587 年的 2 万人。很少有波兰贵族像德意志贵族那样拥有基于土地的头衔，他们的地位来自世袭的王室职位，负责省一级事务。这使他们与君主政体联系起来，也让这个在其他方面都运转不灵的联邦直到 17 世纪后期都是举足轻重的欧洲大国。[61]

匈牙利贵族在 1387 年拒绝了与波兰联合的设想，而是选择皇帝查理四世的次子西吉斯蒙德当他们的国王，从而将匈牙利王国与自 1310 年以来统治波希米亚、自 1346 年以来统治整个帝国的卢森堡家族联系起来。西吉斯蒙德与其兄长文策尔有矛盾，因此他迟至 1419 年才继承波希米亚，而当时波希米亚已因胡斯派动乱而无法控制。虽然在 1438 年被指定为西吉斯蒙德的继承者，但哈布斯堡家族很快失去了匈牙利和波希米亚，这带来了 1468 年后的三方斗争，而奥地利贵族又起了叛乱。直到 1490 年，匈牙利对奥地利东部的影响才被瓦解。[62]

奥斯曼帝国的威胁日益增加，促使中东欧的贵族接受王国联合体制，以便更加协调地应对威胁。1370—1387年和1440—1444年，匈牙利和波兰通过君主个人联合在一起，1444—1457和1490—1526年的匈牙利和波希米亚也是如此。此类联合有多个，也经常变化，体现了帝国以东地区相对开放的局面，以及波希米亚、奥地利和西里西亚的贵族如何在整个中东欧地区，以及西至德意志的区域内保有政治和家族利益。哈布斯堡王朝统治帝国、波希米亚和匈牙利时，恰逢奥斯曼帝国在16世纪20年代入侵，这并没有终结这些联系，但的确从根本上改变了大环境，而我们很快就会谈到这一点。

丹麦

在讨论近代早期的发展之前，我们需要通过考察帝国北部和西北部的情形来总结中世纪的情况。丹麦和斯堪的纳维亚半岛的其余地区始终在法兰克人的世界之外，尽管萨克森人从8世纪80年代开始改宗基督教后，传教事业得以向北拓展，彼此联系有所加深。法兰克人和早期奥托家族成员与易北河下游沿岸的奥伯德里特人合作，抵御维京人的袭击，亨利一世则于934年征服了石勒苏益格，在北方建立了一座桥头堡。丹麦人首领"蓝牙"哈拉尔的改宗让北部边境安定下来，通过汉堡-不来梅的传教团在文德人中传教的可能性也由此开启。合作的高峰是1025—1027年康拉德二世和克努特谈判，后者是最后也是最伟大的维京国王，他暂时将丹麦和英格兰联合起来，并将控制权扩展至挪威和维斯瓦河河口。克努特于1027年3月在罗马参加了康拉德的加冕仪式，从而建立了同盟。

与奥托三世在 1000 年左右达成的协议一样，这次的协议也模棱两可，方便双方按照各自国内人喜欢听的方式解释。康拉德于 1036 年将石勒苏益格割让给丹麦，但此时克努特的帝国已在他 1035 年去世后分崩离析。

克努特的继任者放弃了与汉堡–不来梅传教团的合作，在 11 世纪中叶建立了他们自己与法国、匈牙利和波兰的教会及王朝的纽带。然而，丹麦君主只是众多地位相当的领袖中的最高者，因此容易产生继承纠纷。所以，与中东欧的统治者一样，丹麦君主经常以名义上的臣服和承认帝国的宗主权，来换取帝国承认其为国王的政治资本。[63] 不幸的是，这也可能给帝国带来风险，1146 年后就是如此：丹麦再次发生内战，王位竞争者都寻求德意志的承认和支持，于是战火蔓延至易北河以南。

由此产生的长期而间歇的冲突最终划分了丹麦和神圣罗马帝国的边界，不是按地理或种族划分，而是根据当地领主最终认可哪一方来划界。斯陶芬王朝很依赖边境领主的合作：腓特烈一世给予萨克森公爵"狮子"亨利自由干涉丹麦冲突的权力，就明显体现了这一点。亨利提拔自己的封臣，例如荷尔斯泰因伯爵，这位伯爵控制了易北河与石勒苏益格之间的北海沿岸地区。这些政治野心成为德意志人向该地区暴力移民的进一步诱因，也推动了 1147 年后的文德十字军运动。亨利在 1180 年后对腓特烈发起反抗后，情况越发复杂。腓特烈试图通过授予公爵头衔给残存的奥伯德里特和维莱蒂王公来重新获得控制权，因此在 1181 年让他们在梅克伦堡和波美拉尼亚的地产成为帝国封地。1198 年后的斯陶芬–韦尔夫内战中断了此事，丹麦趁机取代了梅克伦堡以及波美拉尼亚和荷尔斯泰因大部分地区的帝国势力。最终，北德意志与文德人的王公及城镇结盟，在 1227 年 7 月的博恩赫沃德（Bornhöved）战役中击败了丹麦人，迫使他们退回易北河以北的地区。此后，丹麦的势力局限在其半岛和岛屿，吕贝克和其他新建城镇得以扩张，发展为汉萨同盟。[64] 新的文德公爵们又以帝国封臣的面貌出现，奥伯德里特支系统治梅克伦堡直到 1918 年，而维莱蒂人在波美拉尼亚一直留存到 1637 年（1325 年取得吕根岛）。

英格兰

1914 年之前，许多德国和英国作者都喜欢说，两国共有盎格鲁-撒克逊-日耳曼的渊源，但实际上这在萨克森 / 撒克逊人在古典时代晚期迁移后已基本消失。重要的联系仍然存在，这主要是因为加洛林统治者推动新的传教活动，他们常常依赖来自不列颠群岛的优秀修士，例如圣波尼法修，但除此之外，英格兰和神圣罗马帝国各自发展。虽然萨克森传统可能有一定作用，但这两个国家相隔甚远，无从直接竞争。讽刺的是，王室联姻因此成为可能，这些联姻同拜占庭帝国和神圣罗马帝国的联姻一样，主要是为了在国内建立威望，国王也可以避免因为与某个本地家族联姻而在贵族中树敌。奥托一世娶了韦塞克斯的伊迪丝（Edith of Wessex），她是阿尔弗雷德大王的孙女，亨利三世则娶了丹麦-英格兰的克努特的女儿布伦希尔德（Brunhild）。伊迪丝和克努特去世后，长久的联盟再无可能。[65]

相比之下，关系在中世纪盛期更为重要，尽管 19 世纪的人也许不那么看重。1114 年，皇帝亨利五世和英格兰的亨利一世之女玛蒂尔达结婚，这是为了与自 1066 年以来统治不列颠大部分地区的盎格鲁-诺曼王朝结成联盟。此举意在对威胁帝国的法国-教廷联盟出奇制胜，以结束主教叙任权之争。1万磅白银的巨额嫁妆是额外的诱惑，而且，这笔嫁妆是结婚之前就给出的，为亨利的1111年意大利远征提供了资金。玛蒂尔达获得了在婚前就被加冕为德意志王后的罕见殊荣。尽管有主教叙任权之争，但神圣罗马帝国的威望足以引起英格兰人的关注。在她丈夫于1125年驾崩之后，玛蒂尔达回到英格兰，在那里她被称为"女皇"。她战胜了她的英国敌手，并通过与安茹的若弗鲁瓦（Geoffrey of Anjou）的第二段婚姻，建立了金雀花王朝，该王朝统治英格兰-诺曼底一直到1399年。[66]

玛蒂尔达的同名孙女于1168年嫁给"狮子"亨利，与位于萨克森的强大的韦尔夫家族建立了长久的联盟，并将英国和神圣罗马帝国的政治联系起来。"狮子"亨利1180年被腓特烈一世击败后向姻亲寻求庇护，在他的内弟"狮心王"理查那里找到了强大的后盾，后者在1189年成为英格兰国王。理查利用他的十字军远征支持韦尔夫家族和西西里人在意大利和斯陶芬家族作对。理查在返乡途中遭遇海难，于1192年被他在圣地冒犯过的奥地利公爵逮住；据说他打扮成一个厨房帮佣，被抓时正拿着一只烤鸡。公爵将他移交给皇帝亨利六世，这就是英格兰和德意志君主的第一次会面。当亨利得知与理查敌对的兄弟约翰愿意付钱让理查继续被囚禁时，他坐地起价，勒索了一笔巨额赎金。最终，理查在1194年2月支付了15万银马克（重近16吨），并接受了神圣罗马帝国对英格兰的宗主权。后一种让步引起了一些猜测，但亨利六世曾数次接受远方王国名义上的臣服，却并没有办法进行实际控制。此举的意义在于提高了亨利六世的声望，理查此后也不得援助亨利的敌人。更实际的是，巨额赎金帮助亨利成功地征服了西西里。[67]

不出所料，金雀花家族资助了奥托四世。奥托是"狮子"亨利之子、英格兰的亨利二世的外孙，他试图通过1198年的"双重选举"取代斯陶芬家族。除了与韦尔夫家族有亲戚关系，金雀花家族还想阻止如今是斯陶芬家族盟友、正忙着征服诺曼底的大部分地区的法国人。1214年的布汶之战中，盎格鲁-韦尔夫联盟因韦尔夫家族军队在胜利的法军面前溃逃而蒙羞。正如常常发生的那样，紧张的国际局势被另一桩王朝联姻化解：1235年，腓特烈二世迎娶英格兰的亨利三世的妹妹伊莎贝拉作为他的第三任妻子，此举是全面和解的一部分，与北德意志的韦尔夫家族的关系也恢复了。因此，在与教宗最后冲突的高潮中，英格兰和斯陶芬家族站在一起。

　　因为这场联姻，亨利三世的弟弟康沃尔伯爵理查把自己当作斯陶芬家族的继承人。常有人说，他参选争夺德意志王位是异想天开，而他在1257年1月的选举中的行贿和退让使他显得软弱无能。事实上，理查全力以赴，也获得了相当的成功。1258年时，他已经做好准备，如果有助于得到德意志王位，他就愿意放弃金雀花家族对诺曼底的主张。[68] 理查在1272年去世之后，英格兰仍是有吸引力的盟友，这要归功于它与欧洲西北部的贸易增长及其制衡法国的潜力。英格兰君主的权力更集中，赋税收入丰厚，使其能在1294年和1338年给选侯们提供津贴。1348年1月，四位选侯选举爱德华三世作为查理四世的对立国王，但他们没有和爱德华通气，爱德华明智地拒绝了。此后，除了亨利八世在1519年的帝国选举中获得过短暂的候选人资格外，英格兰与神圣罗马帝国的关系符合新兴的欧洲主权国家的互动模式。

1490 年以后的聚合与区分

中心

1490 年前后，两个互相关联的进程改变了帝国的内部结构。宪制改革按照单一的等级秩序更清楚地安排了不同层级的权力，使得一些领地的等级高于其他区域。原本与帝国政治体相关联的高等级管辖区现在成为明确的领地。较小的、非直属的管辖区则成为这些领地的下属分支。这一划分越来越明确的过程被称为"领地化"，我们将在后面详细讨论（见第 417—431 页和第 468—477 页）。同时，这些领地更深地嵌入了帝国，因为每块领地的权利和地位都需要其他领地统治者的承认。简单说，地位是互相商定而非自己决定的，因此，领地的地位有赖于继续留在帝国中，而不会成为主权独立的基础。所以说，上述两个过程都有助于明确帝国的外围边界，因为地位等级制内的领地和城镇与处于其他欧洲君主的宗主权下的那些得到了更清楚的区分。

在帝国的三大王国德意志、意大利、勃艮第，聚合与区分的进程并不同步。至关重要的是，这样的进程恰好符合经哈布斯堡王朝完善的帝国统治新形式，这种新的统治方式以皇帝直接控制的大片领地为基础。哈布斯堡家族希望保护自己的地产不受帝国改革过程中出现的公共机构的影响，领地化因而得到了大力推进（见第454—467 页）。

对于 1490 年前后出现的新情况，许多人从民族的角度解读，认为当时的情形是意大利、勃艮第和瑞士脱离帝国，神圣罗马帝国缩小为"德意志帝国"（German Reich[*]）。[69]不少人也认为，当时的奥地利是独立的，持这种观点的包括试图追溯奥地利"起源"的人，以及19世纪指责哈布斯堡家族追求自身利益、损害所谓的"德意志"共同利益的人。普鲁士在18世纪中期作为第二大德意志国家崛起，似乎印证了这一观点。然而，不应将帝国后期的历史化约为"帝国议会德意志"的历史：那是许多小型诸侯国和帝国城市的聚合体，在独立的民族国家日益占主导地位的欧洲，那些诸侯国和城市无法单凭自身而存在。与其将近代早期仅仅看作后世民族国家的起源阶段，不如将其解释为帝国不同组成部分相互交往模式大洗牌的阶段。

帝国改革极大地加强了德意志王国的凝聚力。如今，许多人将德意志王国称为"帝国"，尤其是外人往往认为意大利和勃艮第的土地是哈布斯堡家族的私有地产。造成此转变的一个主要因素是1486年之后没有了德意志国王的加冕仪式，德意志国王头衔已无单独意义，因为无论谁当选，都会自动成为皇帝（见第67—68页和第335—343页）。帝国改革创立的机构主要是为了规范德意志王国的统治，而非整个帝国的统治，因为勃艮第和意大利领主们到14世纪中叶已被排除在选举德意志国王的程序之外。因此，宪制改革与哈布斯堡家族领地的分配与管理相结合，使德意志、意大利和勃艮第之间的区别越来越显著。

改革明确了德意志王国的范围，其方式是找出享有帝国政治体地位的帝国封地，允许它们参与以帝国议会为代表的公共机构，同

---

* 帝国（Reich），作为前缀，表示"帝国的"，例如"帝国诸侯"（Reichsfürst）或者帝国王公。

时要求它们通过已变得比较官方的共同责任分配制度贡献人员和金钱。1500—1512 年，领地与中央机构间新设置了中间层级，将帝国政治体按地区分组，构成十个帝国大区[*]，其目的是维护和平、执行法律、协作防卫。[70] 哈布斯堡家族的地产被有意分为奥地利大区和勃艮第大区，而波希米亚（1526 年后才为哈布斯堡家族所有）则因胡斯叛乱被怀疑不忠，而被排除在外。瑞士人也选择退出，但仍在某些方面受帝国管辖。1555 年的奥格斯堡帝国议会通过了一揽子宪政措施，也巩固了这一新的结构。正如我们所看到的那样（见第 118—133 页），这也调整了前德意志王国内的教会结构，决定了帝国教会未来的规模和特征，并确认哪些教会领地以帝国政治体的形式继续存在。

北方

这些变化对德意志北部的影响最大，那里自奥托王朝以来基本"远离国王"。与莱茵河中上游以及 14 世纪之后的巴伐利亚、奥地利和波希米亚相比，鲜有北部领地在中世纪晚期的帝国政治中扮演重要角色。此时，荷尔斯泰因、梅克伦堡和波美拉尼亚等北部领地被确定为帝国政治体，纳入帝国大区的结构，从而完全并入帝国。而从前条顿骑士团的土地普鲁士和利沃尼亚则没有被纳入此结构，显然被排除到了帝国之外。

虽然这明确了北方边界，但并未排除所有的外来影响。德意志诸侯仍可在帝国之外占有土地，1618 年后勃兰登堡的霍亨索伦家

---

* 帝国大区（Kreis），全称为 Reichskreis，或称"帝国行政圈"。帝国共分十个大区，大多数领地都被归入帝国大区之中。

族占据普鲁士就是例证。外国统治者也可以通过拥有帝国封地成为帝国诸侯。这种关系在中世纪业已存在，但由于帝国实施了宪制改革，对主权的新定义出现，欧洲被视为由独立的国家组成，此类关系表现出了不同的特征。帝国主权分散，皇帝和半主权的帝国政治体分享权力，而在欧洲其他国家，主权日益被视为不可分割的。表现帝国奇特地位的一个例子是，乔治三世和腓特烈·威廉三世均认为有必要为弗朗茨二世于 1804 年采用世袭的奥地利皇帝头衔发出两封祝贺信，一封以英国和普鲁士的主权君主的身份，另一封则以汉诺威和勃兰登堡的帝国政治体的名义发出。[71]

其他类似的君合国也存在。最古老的发端于 1448 年，当时荷尔斯泰因伯爵让他的侄子奥尔登堡的克里斯蒂安（Christian of Oldenburg）当选为丹麦国王，创立了一个统治至今的王朝。荷尔斯泰因伯爵家族绝嗣后，克里斯蒂安在 1459 年继承了荷尔斯泰因，但皇帝腓特烈三世在 1474 年将荷尔斯泰因升格为公国，以确保它仍是帝国内的封地。因此，奥尔登堡家族的统治者既是荷尔斯泰因的帝国王公，又是丹麦国王（挪威 1387—1814 年与丹麦联合期间，兼任挪威国王）。他们接受了双重身份，因为这样既能影响帝国，又有助于实现丹麦长期以来控制整个易北河河口的野心。这样的联系影响了政治行为，因为丹麦的政策采用了帝国其他地方常用的方法。虽然偶尔动用武力，但丹麦在试图获得更多易北河沿岸的帝国封地时，通常的方法都是利用其在帝国机构中的影响力。虽然一再失败，但丹麦并没有改变战术，也没有脱离帝国。[72]

荷尔斯泰因和奥尔登堡公国一直是容纳奥尔登堡家族幼支的便利处所，但到了 17 世纪，进一步的细分产生了对立的分支，这些分支试图摆脱丹麦的监管。其中最重要的是荷尔斯泰因-哥托普家族，该家族与瑞典和俄国王室建立了自己的联系。荷尔斯泰因-哥托普公爵卡尔·彼得·乌尔里希（Karl Peter Ulrich of Holstein-Gottorp）在1761—1762年以沙皇彼得三世的名义统治俄国，统治时间很短，结局悲惨。1773年达成的一项协议缓解了紧张的局势，丹麦将奥尔登堡公国交给荷尔斯泰因家族的幼支（在此地直到1918年），而俄国则放弃对荷尔斯泰因所有权的主张，将其交给丹麦人。19世纪，更具敌意的民族主义兴起，此类王朝交换不再得到容忍。两次战争（1848—1851，1864）最终迫使丹麦将荷尔斯泰因和石勒苏益格割让给普鲁士。[73] 与此同时，安哈尔特-采尔布斯特家族在1667年从奥尔登堡继承了前弗里西亚的领地耶弗尔（Jever，330平方千米），而1796年叶卡捷琳娜二世去世时，耶弗尔又并入俄国。类似现代加里宁格勒的微缩版，在沙皇亚历山大一世于1818年将其交与奥尔登堡的亲戚之前，耶弗尔一直是俄国的飞地。

瑞典获得了西波美拉尼亚、不来梅和德意志北部的其他地区，作为三十年战争的战利品。与丹麦一样，瑞典以帝国封臣的身份接受了这些土地，尽管瑞典其余的土地仍构成一个主权王国。丹麦和瑞典的德意志地产仍是受帝国法律约束的帝国封地。在17世纪后期和18世纪初期的战争中，这两个斯堪的纳维亚君主国大体上履行了协助帝国的义务。瑞典君主们也与德意志诸侯家族关系密切。1654年克里斯蒂娜女王（她本人有一半德意志血统）退位之后，瑞典由她的茨韦布吕肯（Zweibrücken）的亲戚一直统治到1720年，之后是黑森-卡塞尔方伯，然后在1751—1818年由荷尔斯泰因-哥托普家族统治。[74] 和丹麦的情况一样，这一系列"德意志"统治者并没有建立直接的君合国，因为在德意志的领地始终由亲戚统治，与 1714—1837 年汉诺威和英格兰的共主邦联是不同的，那里接连有四位乔治和一位威廉既是汉诺威选侯，又是英格兰国王。

东方

跨越帝国东部边界的联系，也是通过直接共主邦联建立的，类似于 1410—1437 年西吉斯蒙德治下的匈牙利。无论是他还是哈布斯堡家族的统治者，都没有试图将自己治下的其他王国纳入帝国，像 1194 年之后斯陶芬家族的统治者试图将西西里王国并入帝国那样。依靠自己的世袭领地来维持对帝国的控制几十年后，哈布斯堡王朝于 1526 年获得了波希米亚和匈牙利。哈布斯堡王朝没有意愿将波希米亚或匈牙利纳入自 15 世纪 90 年代以来创建的框架中，因为这将使它们遭到其他帝国政治体的干涉。哈布斯堡家族在波希米亚和匈牙利建立了自己的机构，所管理的实际上是一个平行的王朝-领地帝国，家族因而获得了巨大的资源优势，得以在未来 3 个世纪中几乎不间断地把持皇帝头衔。

这个哈布斯堡君主国（见第 491—495 页）与神圣罗马帝国紧密相连，尽管其中一些重要的组成部分也是主权国家。哈布斯堡的帝国统治有赖于这些帝国外的广阔领土，这些土地是独立的财富和声望来源。经济联系也很广泛，包括多瑙河沿岸的经济联系，举例说，16 世纪的时候，匈牙利每年沿多瑙河而上向帝国运送 10 万头牛。[75] 16 世纪 20 年代初，帝国议会犹豫是否要投票支持援助匈牙利国王拉约什二世，因为他被视为外国君主。拉约什于 1526 年阵亡，哈布斯堡家族得到匈牙利后，情况就改变了，此后 90 年的帝国税收主要用于资助匈牙利前线对抗奥斯曼帝国。大部分武器和其他军事物资由总部设于帝国的公司提供，德意志的银行则提供资金。1683—1699年最终将奥斯曼军队从匈牙利驱逐出去的军队也是以这种方式得到补给的。

直到17世纪中叶，匈牙利部分地区还是使用1532年的帝国法典，但除此之外，匈牙利有自己的法律体系，并没有引进奥地利的体系。直到1601年，匈牙利贵族还抵制使用诸如"Graf"（伯爵）这样的日耳曼化的头衔，只有极少数匈牙利贵族有帝国诸侯的身份。然而，在皇家仪式上，哈布斯堡家族成员常常由匈牙利人陪伴，让人想起1235年护送腓特烈二世的萨拉森保镖。皇家宫廷礼仪的一些元素在匈牙利王室礼仪中得到了运用，接受帝国诸侯头衔的人也越来越多，因为哈布斯堡王朝使用他们的皇家特权来奖励忠诚的追随者，并将他们纳入以维也纳宫廷为中心的共同体制中。[76]

斐迪南一世1526年在波希米亚继位，并不是人人都欢迎；1547年，他更是面临激烈的反叛。帝国政治体早先与胡斯派打交道时遇到了很多麻烦，这次都以波希米亚是独立王国为借口，拒绝援助斐迪南一世。[77]作为报复，他与后继的哈布斯堡家族统治者一再拒绝帝国要求波希米亚上缴税金的呼吁。波希米亚的选侯资格仍存在争议，尤其是1526年以后，哈布斯堡家族取得了波希米亚，意味着波希米亚可以投票给自己。虽然选侯资格在1648年被暂时取消，但60年后波希米亚得以恢复选侯地位。[78]波希米亚通过其选侯地位而同帝国保持联系。斐迪南一世开创了以下做法：哈布斯堡家族选择的继任者在被选为"罗马人的国王"或皇帝之前，先加冕为波希米亚和匈牙利国王，获得国王身份。约瑟夫一世在1711年意外早逝，他的弟弟查理六世承担了皇帝重任。查理之女玛丽亚·特蕾莎以波希米亚和匈牙利女王的身份统治，其夫则成为皇帝弗朗茨一世。在那之后，最后三位皇帝是在加冕为帝之后，才启用波希米亚和匈牙利国王的头衔的。从始至终，皇帝头衔对于哈布斯堡王朝管理各个王国都很重要，因为传统上，皇帝头衔有普世的意涵，能将王朝提升到其私有领土的领地帝国的所有组成部分之上。

像匈牙利人一样，波希米亚的领主不愿接受帝国的贵族头衔，他们认为自己是本国国王而非皇帝的封臣。和匈牙利的情况类似，哈布斯堡王朝的反宗教改革政策打破了不愿接受帝国头衔的想法，此政策只允许忠诚的天主教徒任职。奥地利、德意志、意大利和勃艮第的家族在三十年战争期间从叛乱分子手中没收土地后，波希米亚原本就语言混杂的贵族阶层变得更加国际化。1654 年对帝国特权的限制意味着在此后授予的大多数帝国诸侯头衔是纯粹私人性质的，它们与可以让受封者成为帝国政治体的土地无关（见第 468—475 页）。

哈布斯堡王朝在 1572 年、1573 年和 1586—1588 年努力竞选波兰国王。虽然都失败了，但哈布斯堡王朝与瑞典瓦萨（Vasa）家族的天主教支系建立了王朝关系，该家族在 1587—1668 年统治波兰。[79]哈布斯堡家族支持野心勃勃的萨克森选侯弗里德里希·奥古斯特，他于 1697 年当选为波兰国王，建立了一个持续到 1763 年的君合国。萨克森-波兰君合国没有建立起维持奥地利、波希米亚和匈牙利的哈布斯堡君合国的那种共同机构，但相比于德意志各邦国和斯堪的纳维亚的君主国，萨克森-波兰与哈布斯堡的制度更为接近。

在政治关系方面，萨克森-波兰和汉诺威-英国君合国与哈布斯堡君合国是反过来的，因为在萨克森-波兰君合国和汉诺威-英国君合国，统治者新获得的国王身份都高于帝国选侯身份。波兰和英国均比相应的选侯国更辽阔、更富庶，其国内政治和国际利益很快成为他们新统治者的主要关注点。萨克森-波兰君合国在七年战争后的政治调整中消失了，但汉诺威-英国君合国一直延续到1837年。两个君合国在当地居民中都不受欢迎。大多数英国人认为汉诺威在战略上是个负担，而波兰人则疑心萨克森人只追求自己的利益。18世纪，英国人和波兰人去德意志游历，在众多的德意志大学中学习。大多数人表示不喜欢帝国社会的等级分明和排外，这与他们自己的（理想化的）包容性参与式文化和独特自由权利相去甚远。18世纪，英国和汉诺威之间发展出重要的科学、艺术和文化联系，但汉诺威人并未感受到"英国化"，反之亦然。汉诺威的经济仍是农业为主，未能从英国的19世纪工业起飞中受益。

南方

常有人说，意大利"在近代早期的帝国中没有发挥积极或有意义的作用"。[80] 哈布斯堡王朝对阿尔卑斯山以南的干涉被解读为自私地操控残余的帝国特权，以实现单纯出于王朝利益的领土目标。[81] 到了1530年，和意大利的重要联系就已切断：皇帝不再去罗马进行加冕之旅，而"意大利国王"的头衔在16世纪就不再使用，尽管皇帝仍使用德意志、波希米亚、匈牙利、达尔马提亚、克罗地亚、斯洛文尼亚，以及（1700年后）西班牙的一连串国王头衔。哈布斯堡王朝当然利用一切机会巩固他们在意大利的家族领地，这时常造成阿尔卑斯山以北的帝国政治体的不安，它们觉得被拖入了不想卷进去的冲突。正如我们所看到的（见第210—211页），除了萨伏依，意大利的领地都被排除在1490年前后帝国改革创建的大多数新机构之外。

对从文艺复兴到19世纪"意大利统一运动"（Risorgimento）的意大利历史，标准诠释加强了分离感。像同类的德意志历史书一样，这种编史法讲述的是意大利国家分裂为米兰、萨伏依-皮埃蒙特、托斯卡纳和威尼斯等不同邦国的故事。分裂成了一系列问题的罪魁祸首：社会和文化停滞，城市生活贵族化，中间阶层市民（popolo）放弃参与市政，党派之争造成衰败——外人已注意到了这一点，莎士比亚的《罗密欧与朱丽叶》就是一例。德意志历史学家将德意志不能统一归咎于神圣罗马帝国，意大利历史学家则将意大利不能统一归咎于从1494—1559年意大利战争开始的外国人的统治。根据这种叙事，意大利仅存的与神圣罗马帝国的联系，都只不过是奥地利和西班牙哈布斯堡家族外来、自私的统治的体现。

后来的作者通常从王朝的角度来解释分裂，认为世袭土地是政治秩序的主要决定因素。事实上，帝国的意大利部分仍像德意志那样由封地构成。从这个意义上讲，帝国确实是1815年后许多意大利人期望的那种国家统一的障碍。这解释了他们为什么会赞美拿破仑：拿破仑原本可能会被辱骂为外国压迫者，但他扫除旧的帝国秩序，为后来意大利的统一创造了条件。[82]

15世纪晚期的意大利有两个与帝国一同发展起来的封建网络。最古老的封建网络包含意大利中北部各地的"拉丁封邑"（feuda Latina），它还明确了帝国意大利部分的边界。大面积的王室领地有六个，其中五个（米兰、曼托瓦、萨伏依-皮埃蒙特、热那亚和托斯卡纳）是14世纪卢森堡家族承认城市寡头为帝国诸侯的产物。查理五世在1530年重申帝国对托斯卡纳的管辖权，将其从教宗手中拿回，1115年卡诺萨的玛蒂尔达去世后，此地一直为教宗掌控。帕尔马-皮亚琴察（Parma-Piacenza）是意大利战争的产物，是1545

年才有的，给了法尔内塞（Farnese）家族的一个分支。在热那亚周边还有另外200—250个小型封邑（feuda minora），分布于四条宽阔地带：利古里亚、朗格（Langhe）、卢尼贾纳（Lunigiana）、瓦尔迪普雷贡拉（Valle di Pregola）。这些土地由50—70个家族所掌控，包括贡扎加（Gonzaga）、卡雷托（Carretto）、马拉斯皮纳（Malaspina）、斯卡兰皮（Scarampi）、皮寇（Pico）、帕拉维奇诺（Pallavicino）、多利亚（Doria）和斯皮诺拉（Spinola），这些名字都在哈布斯堡王朝最重要朝臣的名单上。[83]

第二个网络是围绕教廷的网络，是12世纪教廷在与帝国体系竞争时出现的：哈布斯堡官员于1709年声称，教宗的296个封邑中，有三分之二是从帝国篡夺而来的。这些封邑中的大多数的确源自加洛林家族和奥托家族建立的领地。它们集中在意大利中部，大多面积很小，总人口在1700年左右仅有22.3万。[84]此外，教廷从1054年起承认诺曼人开始，就宣称对那不勒斯和西西里有封建管辖权，这通过1130年西西里–那不勒斯升格为王国得到了确认。西班牙在意大利战争期间取得那不勒斯时接受了此安排，按传统继续每年向教宗赠送一匹白马作为臣服的标志。[85]

1556年分割哈布斯堡土地，将米兰划分给西班牙，从而创建了第三个网络，也就是西班牙的网络。1396年，国王文策尔赋予米兰高于周边封地的地位。西班牙利用这一点获得了"西班牙之路"（Spanish Road）这一供给路线，这路线通过海路连接起了伊比利亚和热那亚，然后通过伦巴第，穿越阿尔卑斯山脉，沿莱茵河而下，抵达在1566年后抵抗荷兰叛军的尼德兰战场。[86]

帝国封建网络持续存在，确保了意大利领主们始终是皇帝的封臣，即使他们被排除在帝国议会、帝国大区和1500年左右出现的其他机构之外。然而，他们隶属于帝国宫廷法院，这是为维护帝国特权而创立的新的高等法院。法院在 1559 年全面运作后，专门设立了意大利部。来自意大利的 1 500 起诉讼只是当时至 1806 年之间处理的 14 万件诉讼中的一小部分，但意大利申诉者的数量在此期间有所增加。[87] 许多诉讼涉及管辖权纠纷，但其他诉讼涉及的范围比较广泛，帝国宫廷法院也得以检查当地滥用职权的情况。

向哈布斯堡王朝统治过渡，并没有改变指派当地领主作为皇帝代理人来保护皇帝的利益、执行法院判决的做法。马克西米利安二世不情愿地授予西班牙的腓力二世（他的堂兄）米兰公爵之衔，让他负责在帝国的意大利部分执行帝国宫廷法院的判决。腓力尽职尽力，因为他始终认为自己是帝国王公，但其子腓力三世只关心西班牙的利益，在一桩长期诉讼中滥用自己的长官地位，该案件涉及卡雷托侯爵（marquis of Carretto）在利古里亚的菲纳莱（Finale）滥用职权。为了保护"西班牙之路"，腓力三世于 1602 年占领菲纳莱，1617 年皇帝马蒂亚斯（Emperor Matthias）则认可了菲纳莱为其封地。然而，西班牙并不打算公开挑战帝国的管辖权，因为帝国的管辖能使西班牙合法获得在伦巴第的优势地位。在下一个十年中，斐迪南二世无视了西班牙的利益，以便在有争议的曼托瓦继承战争（Mantuan Succession，1627—1631）中维护他作为上级领主的特权。[88]

1545 年，意大利封臣们的名字被从帝国改革期间制定的登记册中删掉，登记册用于分配财政和军事任务。然而，这仅仅是将他们整体排除在德意志王国的新制度之外，而没有不让他们参与更大范围内的帝国架构。相对于德意志人，他们的劣势在于没有自己的大会来辩论并在有可能时控制援助。而皇帝在召集这些封臣时，会向每个人都直言要求支援。直到1797年，意大利封臣们在奥地利涉及的所有冲突中都给予了大量支持，特别是1593—1606年与奥斯曼帝国的漫长战争，当时的曼托瓦应急部队中还有克劳迪奥·蒙特威尔第（Claudio Monteverdi）。[89] 在评价帝国时，此类援助通常被忽略，因为它绕过了帝国议会和其他机构，直接进入哈布斯堡军队和内库。然而，这些援助的法律依据建基于帝国封地网络，也是哈布斯堡王朝自己意大利领地兵员和税收之外的补充。

1714年，帝国通过有争议的西班牙王位继承取得米兰，解决了西班牙拥有独立封建辖地这个麻烦，此后任命了一位设在米兰的新长官，以维护皇帝在整个帝国意大利部分的特权。意大利人没有相当于帝国议会的机构，皇帝有更大的余地随心使用自己的特权。查理六世在1737年美第奇王朝绝嗣之时，将托斯卡纳收入哈布斯堡世袭领土。头衔甚至小块封地均被出售以获取政治和军事上的支持，利古里亚的托里利亚（Torriglia）就此于1761年被升格为又一王室封地。[90]

关于萨伏依，有个少有人知的历史反讽：倡导意大利统一的萨伏依实际上是从勃艮第王国分裂出来的，而且从1361年到1797年是德意志的一部分。当然，这并没有妨碍其统治家族亨伯特家族追求阿尔卑斯以南领土的野心。后来的国家概念毫无意义，因为萨伏依也侵占了现在的瑞士以及今日法国的一部分，并基于同塞浦路斯的些许联系，宣称拥有其国王头衔。[91] 萨伏依使用的"意大利自由"的口号和"德意志自由"有相似之处，二者都反对哈布斯堡王朝的统治，而非直接反对帝国。从16世纪后期开始，萨伏依就利用其在意大利的皇帝代理人的地位，创立了自己对周围次级领主的宗主权，类似于西班牙利用对米兰的上级管辖权。在"九年战争"（1688—1697）期间，为防止萨伏依投靠敌方法国，利奥波德一世于 1696 年赋予萨伏依类似于国王的大公地位。萨伏依家族在西班牙王位继承战争结束时成了真正的王室，这场战争让该家族在 1713 年得到了西西里。随后奥地利施压，迫使亨伯特家族在 1720 年用西西里换了撒丁尼亚，于是，亨伯特家族的地位大致相当于霍亨索伦家族，在帝国内拥有土地，但在帝国之外拥有主权王国。

萨伏依在前德意志王国中的地位并非毫无意义，因为它在帝国内部继续发挥着作用。埃马努埃莱·菲利贝托（Emanuel Filiberto）公爵和查理五世合作，这有助于他在 1559 年收复被法国占领 23 年的领地。1541 年至 1714 年间，萨伏依公爵要么亲自出席帝国议会，要么委派代表前往，他们接受了帝国另一个高等法院——帝国最高法院的管辖权，自己则作为帝国政治体。即使在升格为主权国王后，萨伏依的统治者也继续为其帝国封地上缴封建地租。他们仍对帝国政治很有兴趣。公爵卡洛·埃马努埃莱一世（Charles Emanuel I）是 1619 年波希米亚国王的重要候选人，而这个家族在 1788 年后争取一个新的选侯头衔，还获得了普鲁士的支持。因此，帝国的意大利部分和萨伏依的总体情况相对稳定，直到法国革命战争的冲击在 1797 年将两者与帝国分离。如今成为萨伏依家族的亨伯特家族在 1814 年复位，并最终成为 1861 年至 1946 年间统一的意大利的国王。[92]

西方

帝国的西部边境无法从单一国家的叙事中获得凝聚力，因为没有现代国家自称从古老的洛泰尔尼亚-勃艮第演变而来。和意大利一样，此地与帝国之间的关系通常是从哈布斯堡而非帝国历史的角度书写的。这是可以理解的，因为哈布斯堡家族在 1493 年获得了勃艮第公国的大部分领土，还占用了勃艮第的一些文化元素，比如著名的金羊毛骑士团。与吞并匈牙利不尽相同，继承勃艮第扩大了帝国，因为腓特烈三世于 1478 年将勃艮第的所有土地都以封地形式授予其子马克西米利安，包括新近收入囊中的佛兰德斯和阿尔图瓦这种从前的法国封地。出生在根特的查理五世将 7 个下莱茵及弗里西亚封地划给勃艮第，扩大了勃艮第的范围，到了 1536 年，从北海到瑞士的 17 个省都建立起来了。

查理五世此举将远在西北的边疆更紧密地纳入帝国，那里长期以来"远离国王"。此外，整个勃艮第被纳入帝国改革所建立的机构，到 1512 年，它已受帝国最高法院的管辖，被纳入帝国大区的结构。因此，勃艮第人给帝国缴税，被列入 1521 年编制的帝国义务登记册。此举另有深意，因为哈布斯堡王朝想把这些新获得的土地纳入帝国为防止法国攻击而新建立的集体安全体系。然而，他们还试图使勃艮第像哈布斯堡直属领地一样，免受帝国政治体的影响。这样的政策也迎合了当地的利益集团，哈布斯堡家族为巩固自己作为勃艮第统治者的权威；热心扶植当地利益集团。1477 年以前，勃艮第人就已对他们自己的公爵引入的沉重税收相当不满，他们并不愿意对帝国负上额外的义务。

查理五世在签订于 1548 年 6 月 26 日的《勃艮第条约》中调整了和勃艮第的关系，这是他在奥格斯堡有争议的"武装帝国议会"通过的一系列措施的一部分。该条约得到了帝国议会的认可，并得到了勃艮第全部 17 省的批准。它确保了勃艮第在哈布斯堡条件下的自治权。帝国大区的边界调整了，乌得勒支、上艾瑟尔（Overijssel）和德伦特（Drenthe）诸省（皆为 1524 年后所获）被从威斯特伐利亚大区划走，归入勃艮第帝国大区，巩固了勃艮第作为哈布斯堡专有领地的地位。尽管如此，勃艮第仍然是帝国政治体，但在帝国议会仅有 3 票，因为哈布斯堡王朝不打算要求所有的17 省都有额外的选票。勃艮第不再受帝国最高法院管辖，但勃艮第人仍需为维持帝国最高法院而缴税。此外，勃艮第支付的其他帝国税金是选侯国的 3 倍。虽然听起来令人吃惊，但考虑到勃艮第拥有欧洲最富庶的城市区，这实际上不算太多。[93]

西班牙后来声称，《勃艮第条约》要求帝国保卫勃艮第，包括对抗 1566 年反叛的北方（荷兰等）诸省。然而，奥地利哈布斯堡家族通常以 1555 年的帝国国防结构调整来为自己开脱：军事援助需经帝国议会通过。无论是奥地利还是其他德意志诸侯，都不愿被卷入西班牙的麻烦。德意志诸侯担心如果自己卷入，数年前《奥格斯堡和约》的妥协成果会付诸东流。西班牙的军事行动到 1579年便再无进展，导致北方七省分裂出去，成为一个新教共和国。荷兰共和国以完全独立的国家的姿态参与国际上的联盟。1621 年后，西班牙再次尝试镇压，依旧失败了，不得不在 1648 年的《威斯特伐利亚和约》中承认荷兰独立。事实上，与帝国完全分离需要更长时间，因为西班牙只是在一个单独的条约中放弃了对荷兰等七省的权力，而此条约没有皇帝或者其他帝国政治体的签名。皇帝于1653 年承认荷兰的中立地位，也就是说在未来的战争中，它没有任何协助帝国的义务。1728 年，帝国议会才批准此事。而事实上，荷兰共和国直到 1679 年都在下莱茵地区的关键城镇中保留自己的驻军。在 18 世纪的大部分时间内，它亦是奥地利的亲密盟友，而其主要统治家族——奥兰治家族（House of Orange）——与德意志诸侯关系密切，尤其是和拿骚及勃兰登堡-普鲁士有紧密联系。[94]

被压缩的勃艮第帝国大区依然是帝国的一部分，于1714年从西班牙被转让给奥地利，按照1548年商定的条款统治，直到在1794年被闹革命的法国侵占为止。

勃艮第南部被称为弗朗什-孔泰，此地于1679年被法国征服，这是帝国在近代早期遭受的最大领土损失之一。同时，法国还侵占了洛林，该地位于弗朗什-孔泰与勃艮第尼德兰剩余部分之间。梅斯、图勒和凡尔登这三个主教区因其下辖城镇分离而受到削弱，并因1254年斯陶芬家族的灭亡而丧失了皇室的资助。梅斯在1296年已隶属于法国。法国在14世纪取得了对另两个主教区的保护权，并在1552年兼并了它们。正如我们看到的那样，查理虽然对梅斯进行了代价高昂的围城战，但还是无法扭转这一局面。1648年，帝国只能承认这些损失。

这三个主教区都位于洛林，这让法国可以对洛林公爵施压，要求他接受封臣的地位。查理五世和法国于1542年8月签订《纽伦堡条约》（Treaty of Nuremberg），承认洛林在他们双方的王国里都是"自由和未被并入的"。此后，洛林公国不需再承担帝国改革所产生的任何财政和军事义务。然而，该条约还宣布它受到帝国永久性保护，洛林公爵因拥有蓬塔穆松而仍是帝国封臣，同时因拥有巴尔公国臣服于法国国王。洛林公爵通过参与法国与帝国的政治来寻求声望和自治，因为就如萨伏依一般，洛林公爵的土地甚小，无法独立存在于仍受等级政治思想支配的国际环境中。1567年，皇帝将诺梅尼（Nomeny）的一块次级封地提升为一块侯国，以便让洛林公爵能在帝国议会有完整的一票。17世纪30年代以及1679年之后，法国施加了越来越大的压力，而对洛林来说，相比于作为帝国成员所受的较少约束，法国的威胁要大得多。因此，洛林公爵主要与哈布斯堡王朝结盟，并把自己的儿子们安插到帝国教会之中。在结束西班牙王位继承战争的乌得勒支会议上，洛林并没有像普鲁士与萨伏依那样获得王室特权。作为回应，洛林公爵于1736年通过玛丽亚·特蕾莎和弗朗茨·斯蒂芬（Francis Stephen）的婚姻，将其家族与哈布斯堡家族合并，尽管奥地利牺牲了洛林，作为1738年和法国达成更广泛和平协议的一部分。洛林在帝国的代表从诺梅尼转移到法尔肯施泰因（Falkenstein）的一小块领土，部分是为了确保哈布斯堡的影响，但这也体现出在帝国内部，许多人不愿意接受现实政治变化的结果。[95]

瑞士的独立进程比荷兰更漫长。瑞士的大部分起源于加洛林的勃艮第，但有三个州乌里（Uri）、施维茨（Schwyz）和翁特瓦尔登（Unterwalden）最早是属于士瓦本公国的（三地在1291年的联盟通常被认为是瑞士的诞生日）。19世纪之前，是没有一个单独的瑞士的，有的是一个由城镇、封建领地和农村社区组成的复杂联盟网（见第672—679页）。中世纪的皇帝们在帝国的三个主要王国之间巡行，便经常访问此地。大多数瑞士社区在1499年得到豁免，不受帝国最高法院管辖，但仍是帝国的一部分，并且在16世纪初仍被召集到帝国议会内。它们继续在每位新皇登基时上缴贡金以确认其特权。迟至1644年，伯尔尼还落成了一个装饰着帝国纹章的新城门，皇帝则称瑞士人为其"忠诚的臣民"。瑞士人为他们的自治特权感到自豪，他们并没有现代主权方面的诉求。

和人们普遍相信的恰恰相反，《威斯特伐利亚和约》并未确认瑞士的独立，只是将1499年的特权授予巴塞尔城，该城1501年才加入瑞士联邦。[96]奥地利于1652年放弃了对阿尔卑斯一些社区的管辖权，但保留了一些权利；奥地利也放弃了对其1548年吞并的康斯坦茨的管辖权。变化是缓慢的，在决定主权是落在社区、州还是联邦时也遇到了许多困难。索洛图恩（Solothurn）直到 1681 年才不要求其公民向帝国宣誓效忠。纹章等其他体现瑞士与帝国关系的象征物到 1700 年左右才被移除。而弗里堡（Fribourg）和索洛图恩这两个说法语的地区先后在 1478 年和 1481 年并入联邦后，瑞士的德意志特征就被冲淡了。以卢梭为代表的法国文化在 18 世纪于此地传播，也有助于削弱瑞士的德意志特征。虽然 16 世纪的瑞士人自视为帝国之内的德意志"民族"之一，但在两个世纪之后，他们的后代却围绕"瑞士特性"（Helvetica）这个概念建构了更独特的身份：品行端正、谦虚谨慎的瑞士人理想形象，与此相对照的是小气、不道德的德意志诸侯宫廷。

法国大革命战争让瑞士联邦在 1798 年重组为法国支持的"海尔维第共和国"（Helvetic Republic）。尽管如此，法国仍认为有必要在 5 年后迫使帝国正式承认瑞士是一个独立的国家。[97]确定瑞士独立的确切日期之困难，是帝国和最终成为欧洲独立国家的诸邦关系的缩影。虽然中世纪早期时，征服在许多情况下发挥了重要作用，但在帝国存续的大部分时间里，帝国管辖权并不意味着"外来统治"，而是与许多共同体组成的共同政治秩序有着相对良性的关联。我们将在下一章中讨论在此秩序中的身份问题。

第五章

身份认同

身份和归属

民族与民族主义

帝国消逝的时间点，正是通常认为欧洲史上现代民族主义诞生的时刻。过去，人们说起这个巧合时，常会说帝国的居民几乎没有注意到帝国的灭亡，因为他们早已将忠诚转移到各个民族国家了。保守派对欧洲历史的经典诠释认为，欧洲的民族是由语言、种族和文化所预先决定的。1800 年以后出现的考古学、民族学、语言学和其他专门学科用独特的陶器、习俗和词根等提供了佐证。政治史则被书写成各个民族寻找合适架构，来主张自己有资格成为独立国家的故事。那些统治着"多民族"的国家则受到质疑，经常被指责为"不自然"，只有那种在海外统治所谓劣等民族的帝国主义国家是例外。德意志历史学家相信自古以来就存在"德意志民族性"（Deutschtum），但通常认为帝国没能给它提供大放异彩的土壤。[1]

前人操纵证据，得出糟糕的结论，构建虚假的连续性，宣称欧洲的某一部分是某个国家"自古以来"的家园，而 20 世纪晚期的历史学家则更清醒地意识到了这一点。一些有影响力的作者提出，前现代民族身份的观念整个都不合理，他们主张民族主义是一种与工业时代的大众政治相关的现代、"人为的"意识形态。[2] 之前人们提出的连续性的证据如今被认为并不重要或只是特例。最多可以承认的是，一小部分军事精英和高级神职人员狭隘地自视为"民族"，并通过一个共同的起源神话来把军阀与追随者联系在一起。

王国的身份与帝国

鉴于上述见解，有学者提出，前现代的身份认同是"王国的"（regnal），以某个君主为中心，而不是由 19 世纪民族主义者提出的"血与土"这种本质主义标准来定义的。[3] 研究通过象征符号和论点来塑造身份的过程，显然比再现个人主观自我定义的过程要容易。[4] 中世纪的法国国王尽力培养忠诚，11 世纪时就将自己家族的主保圣人作为其所有臣民的典范——这也是波希米亚、匈牙利、波兰和基辅罗斯的手法。中心圣地为此助力，如英格兰的威斯敏斯特教堂或法国的圣德尼修道院。法庭、司法、税收、征战等王国制度，都将人们的注意力集中于一个共同的政治中心。[5] 说前现代身份认同是王国认同，这样的论点与老观点很相近，都认为欧洲国家是国王推动下中心化过程的产物。如前所述，这种解释歪曲了神圣罗马帝国的历史，因为后人寻找的那种中心和制度，其实并不存在。

帝国居民并不缺可以发展出共同身份认同的要素。虽然实际上的罗马遗产仅限于南部与西南部，但它以查理曼及其继承者开创的神圣罗马的形式传播到各处。在中世纪早期的大部分时间内，神圣罗马帝国直接被称为 regnum（王国），而其他所有王国都要加上修饰语，说明它们统治的只是某个民族，"伦巴第人的王国"就是一例。[6] 在此意义上，与法国这样中心化程度更高的君主国相比，神圣罗马帝国的概念更具弹性和包容性。拉丁语成为超越俗语的精英阶层的语言。罗马天主教提供了一个共同的信仰体系，以及讨论道德、政治和司法所需的大部分概念。11 世纪之后尤为突出的移民，让人口分散在整个帝国内，同时也促进了文化传播。政治精英经常远行去参加集会、加冕仪式或军事行动。对于修会或帝国教会这样的共同机构而言，距离并不是传播的障碍。社会经济形式多种多样，但这在中世纪欧洲并非绝无仅有，而在帝国内部，各个族群之间也不是泾渭分明，不像在俄国与中国一般有游牧和定居的清晰划分。

这些因素表明，帝国内的各民族最终围绕语言、文化和种族概念建立起多个不同的"民族"身份并非不可避免；实际上，所谓共同的语言、文化、种族，有许多是很久之后为塑造民族身份才建构出来的。帝国与更集权的君主国之间真正的区别自然是政治性的，但并不是人们通常理解的"政治"。集权的君主国培养"民族"身份，靠的是选出有助于合理化及美化王国身份的要素，同时排除相应的障碍，因此才会有利用语言、文化与（在宗教改革后）宗教来区分"忠诚的臣民"和"可疑的外人"的事。帝国从未如此行事，因为它始终超越任何单一的王国，因此始终包括不止一个"民族"（people）。帝国之内的身份认同过程，绝不能描述为构建单一（德意志）民族身份失败的过程。相反，在此过程中，共同体和团体在更广泛的帝国框架内获得法律承认的自治地位，继而形成各自的独特身份。

民族

部落

世界上有不同的民族，这样的观念十分古老，在希罗多德等古代历史学家的著作和《圣经》中都可以见到。问题是要理解这对所涉及的民族意味着什么，因为随着时间的推移，相关词语有了更多的意涵。对于欧洲那些属于神圣罗马帝国的地区而言尤其如此，19世纪和20世纪的德国民族学家和考古学家对这些地方进行了深入研究，他们用的术语是"部落"（Stamm）和"人民"（Volk）。部落通常被视为对某个民族的细分，法兰克人、萨克森人、巴伐利亚人、弗里西亚人和阿勒曼尼人均被视为"日耳曼人"。[7] 作者们往往将他们的研究对象浪漫化为"真正的"民族文化的宝库，将历史视为在面对外部入侵者时保持文化"纯洁性"的长期战斗，以及基于所谓的共同特征合并部落来实现的扩张。大多数人主张，随着人们越来越多地意识到彼此之间的共性，此过程最终带来了1800年左右的一场民族"觉醒"。一个典型的例子是语言学家描述他们研究的"民族"语言的历史时，会识别出同词根的词，继而描述部落语言如何逐渐简化为方言，方言又如何因为印刷和普及教育推动的标准化拼写而最终消失。

实际上，"Volk"这一德语词在18世纪之前很少被使用，当时指代的仅仅是某个群体，尤其是士兵（Kriegsvolk）。[8] 早期的作者，例如语源学家塞维利亚的伊西多尔（Isidore of Seville），以及普吕姆修道院院长雷吉诺（Regino）这位法兰克历史学家，均使用拉丁语。populus意为"人民"，指一般意义上的人或者居民，特别是在政治上活跃的那部分人；gens是拥有共同祖先的人；natio则通常表示更狭义的血缘关系。尽管如此，中世纪的评论者就如他们今日的同行一般，在使用这些术语时往往是不精确和模棱两可的。身份通常是多重的，在不同的情况下往往有不同的表达，尽管大多数作者坚信地理和气候赋予了人们"固定的"特征。

natio 一词可以用来指代后世作家称为"部落"的群体。nations 原本的意思是"蛮族"（barbarians），这些人在罗马文化圈之外；该词开始有比较正面的意义是在 13 世纪，当时人们逐渐接受了基督教世界可以分成不同的拥有主权的民族。最初是在巴黎或博洛尼亚学习的外国学生们根据共同的出身被划归某个"民族"。1215 年后，教会会议的代表根据"民族"来分组开会，但民族名称所指称的常有变化，与后来的理念并不一致。例如，1348 年之后布拉格大学的"波希米亚人"不仅包括捷克人，还包括来自波希米亚的匈牙利人、南方的斯拉夫人和说德语的人，而"巴伐利亚人"则包括所有中部、西部和南部的德意志人，德意志北部的人和所有斯堪的纳维亚人则被称为"萨克森人"。[9] 即使在 18 世纪，"民族"的用法也不固定，一些作者把维也纳和普鲁士士兵视为不同的"民族"。然而，从 16 世纪开始，"民族"有了 populus 一词曾有的许多含义，特别是在那些声称在政治上代表某个民族的人的口中，而 populus 则被贬为"平民"之意。

身份记号

早期作家们已经意识到需要一个区分部落和民族的标准，但是，就如同所使用的术语一样，相关范畴也随时间变化而变化。语言（lingua）在 9 世纪已被广泛吹捧为一个重要的区别标志，但是在实践中，方言之间的巨大差异阻碍了互相理解。风俗（mores）

也被视为一种标志，而且往往扩大为普遍特征。梅泽堡的蒂特马尔认为士瓦本人很狡猾，巴伐利亚人贪婪又贫穷，洛林人吵闹又易反叛，愚忠的萨克森人允许他们的统治者滥用其忠心——这个评论显然是他因为奥托二世解散他心爱的主教区而发的牢骚。共同祖先（genus）在实践中也同样模糊不清，因为它有时用于亲属群体，有时用于整个人群。

事实证明，民族起源的神话往往更具吸引力，因为它们将故事中的各种元素综合起来，可以服务于众多方面，尤其是政治议程。大多数神话有一个或数个创始人物，创始人物通常打了胜仗或征服了一些地方，尤其是其人民当前的居住地。在中世纪早期这个大多数人被奴役的时代，军事因素在这类故事成形的过程中尤其重要。因此，这类神话使自由武士的精英阶层和他们所宣称的品质具有了合法性，他们自称英勇非凡、情操高尚，政治制度也堪称独特。神话是可以互相借鉴的；事实上，许多故事涉及民族迁徙，或者当下的民族是从早先混合了被征服者和征服者的团体中出现的。法兰克人认为自己是特洛伊末代国王普里阿摩斯（Priam）的后裔，普里阿摩斯向西进入了中欧；同时，法兰克人也认为法兰克是许多部落融合的产物，这些部落最初都有各自的王，在 5 世纪末被克洛维统一。他们自视为帝国人民（populus），拥有普遍意义上的文明，而不仅仅是某个部落（gente），而由于克洛维改宗了基督教，他们便自诩为"上帝的子民"（populus Dei）。[10]

然而，即使在他们家园的核心地区，法兰克人也仅占人口的15%—25%，他们人数过少，不足以构成整个加洛林王国的统治阶级。他们通常通过联姻或征用土地而与其他精英融合，彼此同化：一些被征服的精英认为自己是法兰克人，也有一些地方的法兰克人征服者对他们现在控制的地区产生了至少部分认同。法兰克人试图沿用罗马帝国晚期的做法，用法律固定不同的身份，以保持自身的独特性。此方面不应过分夸大，因为当时大多数法律都是不成文法，法律与习俗之间的界限也相当模糊。无论如何，法律成了重要的身份认同标志，法律与其他因素结合时，能够促成共同体的认同感；因此，驱逐是对犯下大罪者的有效惩罚，作恶者从此被排除在部落或族群之外。[11]

法兰克人为 8 世纪后期以后纳入王国的每一个臣属族群编写法律，通常声称这些是沿袭祖制，捏造出一种并不真正存在的传统。阿勒曼尼人、巴伐利亚人、弗里西亚人、伦巴第人、萨克森人和图林根人均有（或获得了）他们自己的法律（Lex），他们自己的法律和法兰克人的"法兰克法"（Lex Francorum，所谓萨利克法）是不同的。矛盾的是，这侵蚀了法兰克人自视为帝国人民的观念，因为他们现在成了众多群体中的一个，哪怕他们的精英仍是掌控局面的那群人。而这也奠定了一个持久观念，即神圣罗马帝国是各个民族共居之所，而不是像大英帝国和奥斯曼帝国那样，只有一个排他的民族高高在上，统治着臣民。

法兰克人的其他政策越发让他们感到自己并非帝国唯一的统治民族。[12] 780—820 年，基督教在精英阶层迅速传播，这让宗教不再是差异的潜在标志——这是与大英帝国和奥斯曼帝国的又一不同。至少在萨克森、南意大利和（某种程度上）巴伐利亚以外的地方，旧有的权力结构被打破了。后来的君主继续重新分配土地和官职，进一步消除了精英之间的差异——在社会和政治地位方面，精英间的差距远远小于自由和不自由人口之间的差距。[13] 11 世纪开始的人口增长，以及约 1100 年后的移民活动，都侵蚀了旧有的身份认同，带来了新的认同。

尽管如此，人们仍相信部落身份认同是存在的，因为部落身份原本就很模糊，后世之人可根据自己的目的塑造它们。例如，802年的《萨克森法》（Lex Saxonum）和 1224 年左右的《萨克森明镜》并无直接关联，但这两个法典被用来证明萨克森身份的连续性。[14] 10 世纪早期，身份认同还是比较明确的，因此才会有人批评萨克森的奥托是"错误"的家族，不配在 919 年取代法兰克的加洛林家族成为德意志国王。奥托王朝的编年史家科维的维杜金德对康拉德一世临终的情景极尽着墨，据他所说，这位最后的加洛林人象征性地将帝国传给了萨克森人，指定亨利一世，奥托王朝的第一人，为他的继承人。那时，康拉德和亨利是家族的领袖，而不是部落首领。[15] 与其他更具体的身份相比，民族的身份已经渐渐没有那么重要了。

等级、阶级和家庭

等级社会

部落中并非人人平等。中世纪早期便已萌发了个体意识。每人都各司其职，为自己的行为和救赎负责。然而，18 世纪之前，大多数评论家更关注横向和纵向的区分是如何从内部将社会分为不同阶层的。他们认为，就个人身份而言，像兴趣、能力、外表等个人特征，远没有他们在社会上属于哪个或哪些小群体重要。帝国通过社会分层加强政治等级制度，这并非独一无二，但这种互动的具体形式让其管理变得更多层次化和更地域化。如此发展的一个关键因素是，社会差异从来都不能完全转移，一个人的身份跟这个人本身有关，但也至少部分取决于其地位。

　　法兰克人的社会承认两种基本的社会差异。第一种是自由民和非自由民之间的差异，自由民就是大多数作者笔下的"人民"（populus），非自由民人数多得多，主要是生来就是奴隶的人，以及遭遇袭击或被征服后成为奴隶的异教徒。第二种是平信徒和神职人员之间的差异，后者绝大多数是自由人。然而，一个更复杂的三级功能性划分也受到了认可，尤其是在11世纪到来后。道德仍然是一个关键性的决定因素，但作者们不再只引用特定的《圣经》经文，而是更倾向于调整之前的社会分类，以适应11世纪开始的人口和经济扩张。[16]这些更广泛的变化侵蚀了早期基督教的自由理念，即自由是自然状态，而奴役是罪的后果。新的农业生产形式使大约85%的人口成为"劳作者"（laboratores），他们受到某种程度的奴役，被视为"平民"，或曰"第三等级"，其功能是满足他人的物质需求。先前所有自由的男性平信徒皆被视为武士，现在"作战者"（bellatores）则仅限于"第二等级"，这个等级产生，是因为世袭贵族更关注控制和利用土地而非战斗。尽管如此，他们作为社会保卫者的地位被用来合法化其特权。神职人员（oratores，"祈祷者"）属于"第一等级"，这要归功于他们为每个人的得救而祈祷。

　　所有评论家都坚信，社会结构是分等级的，这是人类生存所必需的基本特征。合理化等级的方法在不同时代有所不同，但总包含人拥有的品质和能力不同这样的论点。当权者为其高高在上的地位自有一套辩护说辞，一般强调某种形式的不对称互惠，责任和义务在全社会分布不均的原因就在于此。但是，等级制度既不绝对也不完全清晰。自由民与非自由民之间的明显界限被更复杂的分级所取代。所有人，包括受奴役者，均拥有与其等级功能相关的权利。理想的情况是，社会是一个紧密联系的系统，人们各司其职，所有人都能从他人履行的社会功能中获益。

现实显然比理想复杂混乱得多，人们也没有那么情愿。地位既不是完全由自我决定，也不是根据某个理性蓝图自上而下地强加于人，而是很大程度上取决于个人和群体能够在多大程度上获得其他人的认可。虽然在理想化的情况下，社会是稳定不变的，但实际上获得地位是一个不断协商的过程。人们普遍接受，每个等级内部都分为不同的层级，但这些层级之间具体是什么关系往往并不明确。例如，拉丁语中的 milites（士兵）这个词，在中世纪早期与个人自由联系在一起，但到了 11 世纪，此词就被用于指代一个新群体：非自由民出身的骑士，也被称为"家臣"。一个世纪之后，一名骑士不是自由民，或不是低等级的世袭贵族，这样的事已经无法想象了。"红胡子"腓特烈一世在 1180 年后提升了骑士理念，从法国借鉴了新的骑士精神，以弥合诸侯贵族之间日益扩大的鸿沟。后来，贵族内部不断明确的层级划分提出了一个问题，即高阶层的贵族是否仍可被视为骑士。个人有可能颠覆惯例，前提是这个人的社会资格无可指摘。皇帝马克西米利安一世将自己置于雇佣步兵（Landsknechte）的前列，以提高他们作为武士的社会地位。两个世纪之后，普鲁士国王腓特烈·威廉一世（Frederick William I）禁止使用 Miliz（源自 miles）一词来指代职业军人，因为他想在他自己的军队和兼职民兵间做出区分。[17]

理论家和统治者从未解决他们所描述的等级社会的矛盾性，但他们始终努力将这些分类深深植入社会意识和法律实践。[18] 另一个因素是，三个等级基本上都会自己繁衍壮大。神职人员虽然理论上需要独身，但在中世纪的大部分时间内都很难践行，而宗教改革则允许新教神职人员结婚，由此出现了牧师工朝，儿子接替父亲的圣职。[19] 这样的模式在贵族和平民中更明显，父亲的地位决定了其家族的地位。一般来说，社会的垂直流动远比通过迁徙实现的地域流动更受限制。来自拿骚的农民彼得·埃佩尔曼（Peter Eppelmann，又名梅拉德）在三十年战争期间成为霍尔茨阿普费尔伯爵（Count Holzapfel）和帝国军队指挥官，但这样的事很罕见，人们也往往视其为越界。埃佩尔曼受过非常好的教育，他的许多亲属都是牧师或公职人员，而他自幼就受贵族庇护。[20] 一般来说，阶级上升需要几代才能实现，因为上层群体并不情愿接受新贵。

地位和地域

近代早期到来时，约有 5%—10% 的人口不在等级社会之内，因为他们居无定所。将地位与居住地联系起来，这样的事在整个讲拉丁语系的欧洲地区都很普遍，但在神圣罗马帝国内有一种特殊的表现形式，因为帝国在中世纪盛期和晚期有自己的社会和政治发展方式。社会群体的身份与帝国的政治和法律结构纠缠在一起。由于德意志领地权力在整体法律框架内的整合程度很高，这种情况在那里最为突出。这对帝国和帝国居民的身份产生了深远的政治和社会影响。

等级不是全国性的，也就是说并不存在单一的"帝国"神职人员、贵族或平民。存在的是帕德博恩的神职人员、黑森的贵族、巴伐利亚的农民，以及其他许多由地域和社会地位所定义的群体，这些群体往往还可以细分，例如不仅是萨克森市民，还是莱比锡、德累斯顿和其他城镇的市民。在每一种情况中，人们的身份都通过法律中的共同权利来表达，在规定其所在共同体与帝国关系的其他特许状或特权中得到进一步确认。

因为每个群体在定义及维护身份的过程中都会遇到困难，因此共同体和帝国的关系是相互加强的。例如，15世纪晚期的德意志贵族会强调其祖先、婚姻和参加比武的履历，以此定义自己的地位，而不是由其上级领主赐予的特权来定义，例如免除捐税和什一税以及狩猎的特权。贵族采取自我定位的做法，是因为他们无法阻止他们的上级领主将类似特权给予其他群体。而上级领主们也会想办法表明自己家世悠久显赫，手握大量资源。到了1600年比武大会已经转变为讲究排场的巴洛克式宫廷仪式，活动精心编排，以强调上级领主的崇高地位和政治议程。帝国多层次的政治结构为不同的特权提供了额外的保障，因为团体和社区可以从比直接隶属的领主更高级别的人那里获得对其地位的认可。例如，中世纪盛期的许多城镇居民获得了皇帝授予的特许状，这是他们自己的领主无法撤销的。[21]帝国分散的权力结构反映并加强了分散、多层次的社会区隔。社会等级制度是复杂而分散的，就像为合法的群体特权提供多种资源的政治结构一样。

在法律上有别于其他人、享有特权的城镇居民作为市民阶层出现，是中世纪第三等级最重要的变化。这一过程也强调了地域在更大范围内社会划分中的重要性，因为群体生活中与平民的社会经济功能无关的方面支撑着市民身份，通过市民身份，人们也表达出政治上的自信和更多控制自己命运的愿望。虽然近代早期的时候，市民已经被认可为独特的等级，但他们与中世纪晚期的其他等级有类似的特征，即按地域划分，每个社区都有自己本地的特殊权利。这些权利是不可随身转移的，搬到另一市镇的人必须申请（通常是花钱）成为那里的市民。

虽然通常认为市民在社会地位上高于农民，但他们和平民及其他两个传统等级的关系仍不明确。1500 年左右，出现了"普通人"（gemeiner Mann）的政治口号，将农民和市民都包括在内，但二者的区别仍在。[22] 在整个中世纪晚期和近代早期的历史中，人们通过称谓和特定的服饰显示与众不同，还经常擅自使用地位更高的群体的特权，后者因此不得不发明出其他的方法来表现自己高人一等。[23] 书写普及后，人们需要付出更多努力来维护地位差别，包括制定更细致的法律，用位阶表来规范不同等级的头衔，通过立法来限制不同身份人群的穿戴。性别让情况更为复杂。市民妻子的社会地位高于较低阶层的男子，比如散工。她如果是他的雇主，便可对他施加权威。然而，作为一名女性，她在其他方面显然处于劣势，特别是她不能在法庭上代表自己——在 1838 年以前，萨克森妇女都没有这样的权利。[24] 甚至有洞察力的评论家也无视这样的矛盾。迟至1795 年，律师约翰·皮特（Johann Pütter）还写道："同一等级的人可以有不同的级别和地位，这并不影响整个等级的统一性。"[25]

阶级？

18 世纪后期，将等级划分为团体比三个社会等级的整体概念更重要。共同体和团体珍视他们的集体特权，因为这些经过时间考验的特权能让他们在面对这段时期里将一切同质化的新力量日益强烈的冲击时，维持自己的独特身份。

国家行政管理机构扩大带来了更多职位，社会流动性因而增加。政府拥有了更大的权力，可为提高财政–军事效率而改动既定的法律法规，并入侵先前自治的社会领域，与所有居民建立更直接的联系，不论其社会地位如何。税收越来越以敛财为目的，而非根据地位来免税。例如，勃兰登堡-普鲁士在 1677 年和 1679 年尝试征收累进人头税。文职和军职的等级不再根据出身决定，而是参考其官职和任职年限。许多德意志领地给平民颁发了晋升贵族的特许状，即使没有土地，也能将"冯"（von，意为"的"）加进名字里。奥地利军队中获得 1757 年设立的玛丽亚·特蕾莎勋章的人自动成为贵族，而在军队服役 30 年的平民会获邀成为贵族。[26] 同时，由于经济变革，加上雇佣劳动推广使大量雇工无产阶级化，许多旧的区别消失了，新的差别也创造出来。阶级社会的要素已经出现，因为人们通过生产关系而非社会功能来定义。[27]

出现了一些新的论点，主张应当消除广受尊崇的社会等级差异。社会批评并不是什么新鲜事。中世纪的神职人员早就批评过以暴力为基础的贵族特权，称其是不道德的，而 12 世纪至 16 世纪初期，民众的反教权运动多次爆发，因为他们不满于神职人员的生活方式与基督教理念之间的巨大差异。16 世纪，社会批评的大众基础进一步扩大，这些批评集中攻击阻止人们在社会上向上流动的障碍。例如，有市民以受过教育和其他成就为由，试图自称有贵族地位。[28] 过去对这个或那个群体配不上其特权的批评，逐渐变为对等级社会本身的批判。17 世纪末的哲学论证越来越多地强调人类的理性，削弱了人们对人间秩序由上帝定下的信仰。到了 18 世纪末，市民阶级不再急于进入贵族阶层，而是宣称自己的"布尔乔亚"文化在道德上更优越。政治态度也出现了相应的转变。虽然直到 18 世纪，人们都认为掌权者是理想化静态社会秩序的守护者，但越来越多的人认为他们既然有能力修改或推翻现有法律规则，就有可能推动可喜的变化。正如我们将要看到的那样（第 734—738 页），一些人寻求变革，另一些人则认为帝国代表着保护既有权利的法律秩序，双方发生了矛盾。

家庭

帝国在中世纪晚期和近代早期的立法大多与婚姻、父母身份、婚生子、财产、继承等方面的权利有关。社会结构在这些方面的变化也对帝国的政治秩序产生了深远的影响。公元 800 年左右，自由人的主要组织形式是成员彼此支持保护的家族或宗族。宗族关系大于婚姻及核心家庭中的关系。举例说，假如丈夫虐待妻子或要求离婚，妻子可以向亲属们寻求帮助。

在历史记载中，这些家族以"创始人"的名字命名；家族创始的那个年代，人们都没有姓，于是创始人的名就被后世的谱系学家当作了家族的姓。因此，加洛林家族是查理曼的后裔，而柳多尔夫家族（奥托家族的祖先）可以追溯到 9 世纪创立甘德斯海姆修道院的柳多尔夫（见第 79 页和第 84 页）。通过共同的命名模式确实可以分辨出家族——所有萨利安家族的男性都叫康拉德或亨利。[29]然而，亲族关系实际上是通过血缘而非父系血统运作的。财产可以留给任何婚生子或兄弟，甚至可以给更远的亲戚。个人的声望、名誉和影响力都比直系的血统重要，当然血统在王室肯定是重要的。不存在祖居这样的地方，毕竟为王室服务的贵族需要在整个法兰克王国境内往来，而征服所得和王室赐予的土地散布在广阔的区域中。

12 世纪之前，家庭（familia）这个词的定义与血缘或婚姻纽带没有太大关系，而是通常用来指代没有人身自由的雇工，以及其他在经济上依附于领主采邑的群体，领主为其负法律责任。[30]一夫一妻的婚姻在 9 世纪已经是教会推崇的理念，并被誉为两个自愿的成年人不可分离的联合。12 世纪的变化使婚姻成为一件圣事，要求有神职人员参与，以使其具有法律约束力，也便于政府监管。宗教改革时期重新强调婚姻是虔诚家庭的基础之前，正式在教堂结婚的人口比重很小。正是在宗教改革时期，德语词 Familie 得到了广泛使用，指代由父母子女组成的核心家庭这一社会理念。

人们改变了对婚姻的态度，说明婚姻在社会和政治上的重要性有所增加。1000 年前后，出现了更多不同的父系家族，因为比起亲缘，人们现在更看重父子相承的关系。此过程在至少两个世纪后才最终完成。母系血统在 12 世纪仍然很重要。例如，编年史作者维波认为亨利三世通过他的母亲与查理曼建立的关系，比他与父亲康拉德二世的直系关系更为重要。同样，对于康拉德三世而言，在政治上有必要通过其母——亨利四世之女艾格尼丝——昭显自己与前萨利安国王们的联系。直到 12 世纪末，血缘关系都还能为贵族的政治利益服务。如果家族利益需要，兄弟姐妹就有可能放弃教会职业，重新婚配，以期能及时生养出足够的继承人。在医学落后和男性经常因暴力而早死的时代，这从进化论的角度看是很有道理的。与基于核心家庭成员的较狭隘模式相比，较大规模的群体更有可能存续下去。[31]

在存世的 2 000 多份文件中，腓特烈二世仅有一次使用了“斯陶芬家族”（domus Stoffensis）一词（1247）。[32] 然而，当时形势已发生转变，兄弟姐妹之间的合作从 13 世纪 30 年代开始明显减少。虽然大家族有人数优势，但家族成员各怀野心，往往缺乏纪律。内斗可能造成毁灭性后果，加洛林家族自 9 世纪 40 年代开始的内战就是如此。可以要求个人服从纪律，将世代的家族王朝理念置于个人利益之上。这需要通过自我克制和尊重家长的文化来让家族成员接受更严格的忠诚等级制度。父系制度和长子特权是一种规范上下关系的办法，让每位家庭成员知道自己有哪些选项。这解释了为什么帝国教会始终是贵族的未婚子女的重要去处。个人的自我牺牲应当在家长制中获得补偿，家族的首领要利用自己的影响力和关系来保障底下家庭成员的物质福利与社会地位。

家族王朝统治扩张的一个标志是12世纪和13世纪的编年史家开始在叙述过程中追溯王室家谱。公元919年后称王的萨克森贵族家族被称为奥托家族，因为到1002年为止，该家族连续出了三位叫奥托的国王。12世纪早期的编年史家将随后的一系列国王归入萨利安家族（reges Salici），因为他们源自萨利安法兰克人（Salfranken），这群法兰克人住在最初的法兰克尼亚西部的莱茵兰，以采用萨利克法为特征。982年的时候，当地人称该家族为"沃尔姆斯家族"（Wormsers），因为其得到了沃尔姆斯教区的主要地产。[33]

家族和地域的联系多少反映了更广泛的趋势。人口从11世纪开始增长，人们因而更愿意使用比较固定的"家族"名字以利于辨识。另一个因素是，在大约1100年之后，人们的名字起得越来越单调，因为父母只从很有限的著名圣徒和君王的名字中选择。13—14世纪，城市人口的名字从一个变成了两个，15世纪初农村也如此了。起初，人们把父亲或母亲的名字当作自己的姓，但后来越来越多的人拿籍贯和职业的名称当姓。[34]贵族们总喜欢用地名。对修道院的赞助将家族联系起来，修道院成了家族成员共同的埋葬地，也是保存集体记忆的地方。萨利安家族最初使用沃尔姆斯主教堂，然后转移到施派尔，施派尔主教堂在该家族第一位神圣罗马帝国皇帝康拉德二世1024年登基后得到了扩建。11世纪中叶之后，士瓦本贵族建立了家族修道院，半个世纪后，巴伐利亚贵族也跟上了。

"教会自由"运动在11世纪后期削弱了其中一些联系，此时也出现了用更耐用和昂贵的砖石建筑取代土木结构城堡的趋势，于是，家族在修道院之外有了世俗场所。[35] 洛泰尔伯爵（后来的洛泰尔三世）也被称为"冯·苏普林堡"（von Supplinburg），苏普林堡是他在萨克森的城堡的名字。斯陶芬家族的名字得自 1079 年建造的霍亨斯陶芬城堡，该城堡用于巩固其成员新获得的士瓦本公爵的地位。哈布斯堡家族在 1090 年前后开始使用"哈布斯堡"这个名称，该名称来自约 70 年前建成的"哈布希兹堡"（Habichtsburg），如今此地位于瑞士的阿尔高（Aargau）州 *。随着时间流逝，这些地点成为带有神话色彩的家族起源地，尽管到了帝国末期，已经很少有贵族可以将直系家谱追溯得那么久远了。

地域

边界

把城堡或市镇的名字当作家族名称，实际上把家族成员和特定的地点联系在了一起。不过，人们也可以基于更大的地理范围来确定身份认同。这类身份认同总是人为建构的，因为边界毫无"自然"之处。河流或山脉等分界地标之选择，总是与权力划分和控制资源有关，也涉及情感上的认同和依恋，这些感受可以影响已经离开某地的人，甚至影响从未去过的人。[36] 地点也能获得超越物质

---

* 州（canton），出于行政或管理方面的目的划分的领地区划。它最有名的用法是表示在 1291 年之后合并为瑞士联邦的自治地区，尽管在 1798 年正式采用"州"一词之前，这些地方实际上被称为"地区"（Orte）。从 16 世纪中叶开始，"州"就已经是帝国骑士地区联盟的官方名称，也是 1733 年普鲁士君主征兵区的标签。

考量的意义，尤其是那些被当作圣地的地方。地域的大小不是事先决定的，它取决了人口与空间的比例能在多大程度上得到社会和政治情况的支撑。一个共同体占据多少空间，不仅取决于实际需求，还取决于该共同体认为自己理当得到多少，以及能用较低成本维持多少空间。

正如第四章所指出的那样，帝国存续期间，其外部和内部边界发生了很多变化。内部变化可能比外部边界的扩张和收缩更重要，因为其反映了权力与身份认同如何越来越集中在多层次的等级结构和小块领土中。中世纪旅行者眼中的帝国是由一个个定居点组成的；而到了 18 世纪，来到帝国的旅行者则需要穿过一条条用海关哨所和岗亭标出来的明确内部边界。

某种程度上，这只是反映了欧洲整体上的趋势。直到 13 世纪，边境仍是开放的过渡区域，居民可以根据情况选择边界两边任何一地的身份。当时还没有那种相互承认的主权，因此中央当局视边界为单方面的界限，他们的权限止于那里，不用操心边界之外的事情。[37]

在政治上，等级比地理边界更重要。权威是通过一层层隶属关系来定义的，通过隶属关系联系起来的是人而不是地方。这体现出控制人口比控制地方更重要的观念，而 11 世纪时土地还相对充足。在没有机器的情况下，控制人口是开发土地的唯一途径。直到 11 世纪甚至更晚，还有大片的森林、沼泽、贫瘠高地基本无人居住。

尽管如此，9 世纪的时候，人们已经和特定的地域建立了联系。伦巴第人认为自己的名字来自沃坦（即奥丁），但他们自 6 世纪末起控制波河河谷，从此该地被称为伦巴第。波美拉尼亚人是"从海上而来的人"，易北河和奥得河之间的波罗的海南岸土地为他们所占据，也因他们得名。同样，德意志所有主要地区的名称都来源于 800 年左右的部落名称：巴伐利亚、法兰克尼亚、弗里西亚、士瓦本、萨克森和图林根。到了 10 世纪，这些地方的居民通过族群和政治（辖区）边界彼此区分，政治边界在标识身份方面更为重要。[38]

共同体

一直到中世纪晚期，人们对较大群体的认同依然相对较弱，至少在精英圈子之外是这样；相比之下，人们在更早的时候就对较小的团体产生了较强的认同感。前现代的欧洲有许多共同体，真实和想象的俱有，规模各异，从基督教世界，到王国、城镇、村庄、修道院、庄园和城堡。[39]一些共同体是流动的，但大多数是特定地方永久聚居的群体。

即使是孤立的共同体也与其他共同体有某种联系，各个共同体并非完全封闭，而是可以接受外来影响。尽管如此，共同的需求和活动还是加强了共同体的集体认同。许多共同体具有经济功能，例如中世纪早期的庄园、意大利的城镇，以及从 11 世纪开始作为市场中心在德意志建立的城镇。大多数生产形式要求人们在一起劳动。共同生活带来了许多需要人们合作的切实问题，比如消防安全或排水系统的维护。早在 8 世纪，教会就开始培养一种信念，即个人的罪会危害到整个群体。[40]其他一些神学观念的发展加强了此说，特别是炼狱的概念，它要求生者祈祷，以让亡者的灵魂更快升入天堂。到了 12 世纪，随着堂区结构更加健全，共同体可以供养自己的教会并参与教会活动。宗教改革加快了这一进程，它突出了本地宗教活动的独特性，特别是在德意志，信奉不同宗派的团体往往离得很近。礼仪的形式、祷词的运用、教堂内部的装饰、敲钟的时间和声音都成为共同体的重要标志。

身份认同通过符号、旗帜、纹章和城市颜色表达出来，从中世纪盛期开始，形式越来越繁复。早期的编年史作家大多是神职人员，他们多多少少带着赞许叙述国王们的事迹。然而，到了11世纪，很多修士就开始编纂修道院院长或主教的名录，来证明当地宗教活动的连续性和纯洁性。中世纪晚期，世俗编年史家出现，他们追溯家乡的起源，往往相当详尽。他们大多数是平民，但声称自己的城镇十分"高贵"，世系渊源不亚于任何贵族。其他一些比较私人化的记录也体现了个人对特定地区的认同，例如修女们会为所在的社区写作，犹太人会给本地殉道者写纪念作品。[41]

定居点的规模和密度不断增加，有助于加强居民的身份认同，他们融入更大政治辖区的方式也会加强他们的身份认同。帝国中大多数定居点到中世纪盛期都获得了某种形式的自治。因资源有限，人们越发感到内外有别。栏杆和围墙具有实用的防御目的，也用于标出各个社区的范围，划分社区内部的资产。这类变化与新的财产观念相伴，将集体财产和个人财产区分开来。[42]

个人身份遵循帝国内种种社会、政治和宗教组织的一般等级结构。每个人都有多重身份。除了极少数有个人见证的情形外，这些身份的具体意义我们无法确知，但大致情况还是能看出来的。之前我们讨论过家族和社会身份。较大城镇中的工匠行会、平信徒兄弟会、邻里社区，都有助于在更广泛的共同体之内塑造更地方性的身份认同。某些情况下，水平纽带的作用较为突出，比如各行会在体育比赛中友好竞争时，或是政治及经济张力比较大的时候。然而，共同体的许多活动也强调内部等级，例如教堂座次的安排、宗教节日期间游行的次序等可以体现社会阶层的差异。共同体可能被说成像家一样的地方（Heimat），给人带来温暖、安全、熟悉和归属感，但它并不是对每个人都平等开放的。仅仅出生在某个地点并不能自动保证得到正式的成员资格，因为这通常取决于与社会等级相关的特权。拥有特权的人未必能一直享受特权，因为共同体成员需要遵守规则才能保有资格。[43]

多重身份

对于这种共同体身份认同，上级的态度很矛盾。内部团结有可能促使一个共同体的成员联合起来对抗领主，一如不来梅和科隆等德意志主教城镇的情况，这些城镇在 12—13 世纪摆脱了主教的管辖。然而，身份认同也能增强共同体的凝聚力，使其更好地履行缴税、征兵等义务。在领主管辖权的领地化进程中，空间划分越来越明确，共同体身份认同随之在 12 世纪成形。

我们之后（第 417—431 页）会深入探讨这一过程，但在此有必要指出，帝国史著作往往只关注该过程的一个方面。领地管辖权的更明确划分确实使权力分散了，但这绝不仅仅是必然导向帝国在 1806 年后被多个较小主权诸侯国取代的离心过程。在帝国内清晰划分辖区，反倒让这些地区更深地嵌入了共同的法律和政治框架。

帝国的重要性体现在，人们可以通过帝国的内部政治等级将自己及自己的共同体与大环境联系起来。11 世纪早期的作者赖兴瑙的赫尔曼在谈论和该地区其他修道院的关系时，用第一人称复数"我们"来指代自己的修道院，在谈到和帝国其他地区打交道的情况时，用"我们"来指称自己的士瓦本同胞，在说到与外国人的交往时，"我们"就成了德意志人的代称。[44] 修士在编写当地主教和修道院院长的名录时，常常将其与皇帝名录写在一起，在写作自己教区的历史时，越来越多地用两种名录来表示教区是帝国的一部分。[45]世俗管辖区逐渐清晰，对日常生活的影响越来越大，侵蚀了人们对从前"部落"地界的认同感；"部落"地区的范围较大，边界不那么明晰，如今只能形成次要、遥远的地区身份认同。

世俗管辖区越来越领地化，权力和特权与对特定地区及其居民的世袭统治紧密联系到了一起。法兰克人已有"祖国"（patria）的概念，他们的基督教王国是不同居民群体的共同家园。[46]这在整个中世纪都大致如此，而在16世纪，由于对领地的身份认同迅速明确，新的形式出现了。人们越来越多地用patria一词来指代领地，于是terrea（领土）的概念不再是一个共同统治者名下一批时而分散的领地，而成了具有明确地理界限的独特实体。社会各阶层都与这一变化有关，因为所有人在表达自己的目标时，都会用"共同利益"之类的语言来占据道德制高点（见第574—580页）。信条化推动了这一进程。信条化将每块德意志领地与特定形式的基督教联系起来，大大拓展了从前围绕统治家族供奉的圣徒建立的王国认同，纳入了其他的特殊宗教习俗。人文主义者恢复或者说发明了部落身份，以支撑对面积小得多的领地的身份认同。例如，霍亨索伦家族的御用文人利用条顿骑士团的往事，来培养反波兰的普鲁士身份认同。[47]18世纪，出现了领地的纹章和军服这样的识别标志。

15世纪以后，制图学迅速发展，可以很方便地绘制以领地来界定的政治势力范围的确切图像，这产生了深远的影响。如今，地图上不仅有自然地貌和城镇，还有政治边界。萨伏依家族在1416年升格为公爵时，用了一个制作成其领地形状的巨型蛋糕来庆祝。[48]制图师们努力满足政府对测绘和量化的需求，地图的细节越来越丰富。1763—1787年，奥地利军队为哈布斯堡全境绘制了一套 5 400 页的地图。尽管从未出版，但政府在 1781 年向所有小学印发了一张单页地图。[49]

此类地图极大地影响了帝国在后来的历史地图集中的形象。在一幅地图上，其他据说权力更集中的国家用纯色的色块标示，而神圣罗马帝国的领土则用多色呈现为由多个王朝领地拼成的整体，这充分体现了 19 世纪的解读方式。然而，大多数在 1806 年之前制作的地图明确标出了帝国的边界，以及官方划分的帝国大区间的界线。地图上也写出了不少领地的名字，有时也会标出边界，但这并不突出。书面描述遵循这些惯例。[50] 帝国仍是许多小的祖国组成的共同祖国。

第六章

民族

德意志民族

政治影响

意大利人和勃艮第人对帝国多少都有认同感，但只有德意志人将帝国与自己的民族紧密联系在一起。对于把"德意志民族"加进"神圣罗马帝国"称号的过程，人们讨论了很多。[1]"德意志民族神圣罗马帝国"这个组合称谓出现于 1474 年，在 1512 年后得到更广泛的使用，但与许多人所认为的不同，它并没有成为帝国的官方名称。在谈论帝国时，新教徒比天主教徒更倾向于加上"德意志民族"的字眼，但他们也不是始终这么称呼。1560 年以后发布的官方文书通常只用"帝国"，其中只有九分之一有"德意志"字样。

本章的中心论点是，帝国没有单一的政治中心，德意志民族身份的定义问题因而更加复杂；到 18 世纪时，甚至出现了几种相互冲突的定义。德意志民族身份因此有了丰富的层次，不限于语言或艺术上的界定，而是主要由政治来定义。本章的其余部分将探讨代表帝国的象征符号、帝国中不说德语的居民的帝国认同，展现

1800 年前后本质主义的狭隘民族观念出现后，古老宽泛的政治身份仍然具有的力量。

后来将帝国与德意志等同起来的做法，源于从民族角度追溯德意志历史的尝试。关于德意志民族诞生之日的说法有很多，最受欢迎的应该是德意志诞生于加洛林王朝第一次划分王国的时候。据编年史作者尼塔尔（Nithard）记载，842 年加洛林贵族的《斯特拉斯堡誓约》（Strasbourg oath）有古高地德语和古法语两个版本。843 年，《凡尔登条约》将帝国分为三个部分（东法兰克、西法兰克、洛泰尔尼亚），似乎代表查理曼帝国终结，被法兰西和德意志王国所取代。还有一些历史学者认为德意志民族诞生于 870 年的《默尔森条约》，因为该条约将洛泰尔尼亚大部划给东、西法兰克王国，版图和现代的比较接近。919 年，东加洛林家族绝嗣，被奥托家族取代，这也被后世解读为德意志王朝的开端。根据这种叙述，962 年奥托一世加冕，象征着新德意志帝国的开始。[2]

所有这些说法都把后世的情况投射到了过去。举例而言，"虔诚者"路易之子路易二世从 843 年开始统治东法兰克，一直到 1739 年海因里希·冯·比瑙（Heinrich von Bünau）撰写的帝国历史出版，才得到了"日耳曼人"的绰号。[3]路易二世对于同时代者而言确实是"德意志国王"（rex Germaniae），他的弟弟"秃头"查理则是"高卢国王"（rex Galliae）；但是这些称谓除了指代法兰克王国中的不同地区外，在多大程度上能指代民族不得而知——毕竟在彼时人的心中，法兰克王国依然是一个整体。978 年夏，西法兰克国王洛泰尔（他是西加洛林王朝的倒数第二位君主）进攻亚琛。奥托二世和王后侥幸逃脱。洛泰尔为了庆祝自己奇袭得胜，命人将王宫屋顶上的帝国之鹰从朝向西面改成朝向东面。莱茵河两边的编年史作者对此举有不同的解读，似乎表现出了某种文化差异，但他们的解读都以"各自"的国王为中心，其认同正如前一章所说，是围绕着国王的。[4] 尽管有这样的差异，但一直到 12 世纪，皇帝们都在谈广义上的法兰克文化遗产，12 世纪过去之后很久，人们在讨论帝国认同的时候还会谈到法兰克遗产。

"日耳曼人"（Germani）及"条顿人"（Teutonici）这两个词最初并不是这些人的自称，而是外人对后来成为德意志的那个地区的居民的称呼。罗马人用"日耳曼人"来称呼所有他们不愿去征服的北方民族。从公元 7 世纪开始，掌握拉丁文的传教士进入这个地区，"日耳曼人"这个词因他们的使用而再次广为传播。传教士也推动了"条顿人"这个称谓的普及，该词源于"条顿语"（Lingua Theodisca），Theodisca 则源于古德语的"thiot"，其意思为"人民"；也就是说，不说拉丁语、只说本地方言的人被统称为"条顿人"。实际上，居住在那里的人说多种不同的印欧语系语言，自视为不同的部落或民族。[5] 当时，西方的作者们也开始使用"阿勒曼尼"（Alemanni）一词，阿勒曼尼是距离他们最近的部落。后来，"阿勒曼尼"演化为法语及西班牙语中"德国"（分别是 Allemagne 和 Alemania）一词，阿勒曼尼部落的人则成了"士瓦本人"。

缺席约 60 年后，北方人从 10 世纪中叶开始重新涉入意大利事务，这几个称呼因而固定了下来。到公元 1000 年左右，意大利人很可能已经将北方人统称为"条顿人"（Teutonici）了。奥托王朝似乎接受了这个称呼，将其带回阿尔卑斯山以北，渐渐开始使用"德意志王国"（regnum teutonicorum）这一概念。[6] 这个概念在政治上很有好处，那些想要攻击奥托王朝及后来的萨利安王朝君主只是阿尔卑斯山以北、莱茵河以东众民族的统治者，而不是真正的加洛林法兰克君主的人，因此失去了武器。对这些君主而言，"德意志王国"并不等于帝国，因为帝国的范围更大，还包括意大利、勃艮第、波希米亚等地的其他王国。将帝国等同于德意志的是萨利安王朝的对手教宗格列高利七世，他试图贬损亨利四世，称其为"德意志国王"。后来的萨利安王朝及斯陶芬王朝君主仍然自称为广阔国度的皇帝，但他们发现"德意志"这一身份能帮助他们对抗教宗。"德意志"国王及其臣民都深受背信弃义的教宗之害——教宗的绝罚令和禁令影响了他们所有人。这有助于解释为何教宗约翰二十二世更进一步，将路易四世贬低为"巴伐利亚人"。

帝国统治多中心的特性，使它不能像英格兰、法兰西、波兰、匈牙利等地那样形成以君主为中心的身份认同。亨利二世及查理曼分别于 1146 年和 1165 年封圣，但他们并没有被普遍认可为德意志或者帝国的主保圣人。帝国境内的史官们更看重数量：为数众多的圣徒和政治中心被当作帝国与众不同的特色。尽管如此，1250 年以后，帝国这个宽泛概念与德意志身份认同还是越走越近。在往下论述之前需要先指出，这话的意思并不是说存在一个以帝国为政治基础或以所谓共同语言、法律或经济形式为基础的统一的"日耳曼"文明。[7]

矛盾的是，反倒是在 1251 年到 1311 年这段德意志国王没有加冕称帝的时间里，帝国与德意志身份的联系越来越紧密。在欧洲逐渐分裂为众多王国且每个王国都与某个独特民族相联系时，斯陶芬王朝的覆灭引发了关于德意志身份的讨论。[8] 德意志国王不愿或不能加冕为神圣罗马帝国皇帝，当时的作者都担心德意志失去皇权的荣耀。被后世视为软弱的政策，恰恰加强了德意志身份与帝国在意识形态上的联系。离臣民相对遥远的国王-皇帝只要不征收重税，就是很有吸引力的。由于没有单一、稳定的政治中心，君主并不与德意志的任何一个地方联系在一起，这使得所有地区都能认可君主。难怪人们越来越重视帝国转移的理念，将神圣罗马帝国视为古罗马的继承者，这样的观念脱离了教宗的批判，被用来宣示德意志人与其他欧洲人有别——德意志人与帝国联系在一起，肩负着传教的使命。两个世纪后人文主义作品中的种种说法，早在当时就得到了阐述：德意志人通过军事实力展示了自己的美德，充分证明了其基督教捍卫者的地位。就这样，帝国转移的观念成了神圣罗马帝国的起源神话，而不像其他地方的起源神话那样以具体的族群为中心——比如围绕哥特人的瑞典起源神话和围绕萨尔马提亚人（Sarmatians）的波兰起源神话。

语言

"德意志"与"德意志身份"通过与帝国的联系而从政治角度得到了界定，因而得以把语言和文化不同的其他族群包括进来。同样道理，美因茨、科隆以及特里尔的大主教虽然封地历史上属于高卢，但他们都算德意志人。1544 年，人文主义者塞巴斯蒂安·明斯特尔在巴塞尔出版了《宇宙志》，从历史地理角度对德意志做了描绘，他认为"德意志"（Teütschland）一词在帝国境内是通用的，无论当地使用何种语言。约翰·雅各布·莫泽（Johann Jacob Moser）主张，萨伏依家族尽管说法语和意大利语，但因为 1361 年加入了德意志王国，所以也属于"德意志"，他还在作品中把"德意志"当作帝国的简称。[9]

德意志的地界上一直有很多语言，语言的分界线和政治的疆界并不重合。9 世纪的文本，有些使用法兰克语，比如富尔达修道院翻译的福音书，这个译本后来演变为讲述耶稣生平的古撒克逊语诗歌《救世主》(*Heliand*)，有 6 000 行。尽管如此，拉丁语依然是最主要的书面语言，直到 12 世纪中古高地德语出现。帝国东扩让情况更加复杂：1150 年至 1250 年间，帝国境内有 12 种方言，接下来 250 年里增加到 18 种。值得注意的是，1350 年后，新高地德语从德意志南部传播到北部，取代了低地德语，而低地德语则在欧洲西北发展成荷兰语，表示"荷兰语"的 Dutch 一词便是从 Deutsch 衍生而来。[10]

13 世纪开始，德语逐渐取代拉丁语成为行政用语，从而加强了德意志与帝国之间的联系——而在两个世纪后的英格兰，英语取代了拉丁语和法语成为政治和行政用语。[11] 1235 年的美因茨《和平条例》是第一份用德语写成的面向整个帝国的宪法性文献。到 1300 年，德语越来越多地用于各种特许状，说明越来越多的世俗人员（而不是精通拉丁语的教士）开始担任公职。在上巴伐利亚书记官署 1290 年成立后的头 25 年内，其发出的文书有一半是用德语写的。拉丁语基本变为技术和法律用语，但在哈布斯堡家族治下，接下来的 4 个世纪中，拉丁语继续用于与匈牙利人的交流。早在 18 世纪知识分子倡导语言改革之前，德语就因为被用于行政而走向了标准化。14 世纪中叶以后，纽伦堡、埃格尔（Eger）、维尔茨堡和雷根斯堡的大量领主和市政当局开始使用一种共同的南方德语通信。这种语言在 1464 年被帝国书记官署采用，之后又被萨克森选侯国等地方政府采用。1450 年左右，印刷时代的到来加速了这个进程，因为帝国机构很快就用上了这种新媒介，在整个帝国内颁发法律、决议和通告。路德那部著名的德语《圣经》必须重新翻译成低地德语，才能让波罗的海沿岸的读者读懂，但

1500 年左右，德意志北部的行政机构就采用了帝国书记官署风格的德语，因为它们和帝国议会等机构有联系。这与意大利语并不顺畅的标准化进程形成了对比。尽管托斯卡纳方言从文艺复兴开始就与意大利高雅文化联系在了一起，后又通过印刷物传播开来，但直到 1861 年意大利统一后采取了正式的措施，托斯卡纳方言才得以确立主导地位。

帝国中的其他一些语言因未能发展出书面形式而走向消亡。普鲁士语、卡舒比语（Kashubian）和波拉勃语（Polabian）在 1700 年时已经消亡，尽管索布语（Sorbian）一直延续至今，这归功于卢萨蒂亚政治体将其作为本地新教教育的官方语言。罗曼什语（Romansh）在福拉尔贝格（Voralberg）消失了，而在邻近的瑞提亚则继续得到使用。同样，斯洛文尼亚语（Slovene）在施蒂里亚消亡了，但在匈牙利的某些地区发展出了书面形式，而意第绪语（Yiddish）早已如此。捷克语从 13 世纪开始有了书面形式，自 14世纪 90 年代开始蓬勃发展，这要归功于在卢森堡家族治下帝国的行政体系中使用捷克语，后来的胡斯派也使用它。因此，虽然德语和帝国联系在一起，但帝国本身是多语言的。1356 年的《金玺诏书》指定德语、拉丁语、北意大利语和捷克语作为帝国的行政语言。从大约 1370 年起，帝国书记官署使用收件人的语言书写。尽管德语在 1620 年后成为主要语言，但帝国宫廷法院仍继续使用意大利语来处理帝国在意大利的事务。[12]

在帝国使官方交流标准化之前，语言已经是一个政治上敏感的问题。自 12 世纪以来的人口迁徙使语言和种族问题越发尖锐，成为塑造身份、确定谁能获得易北河以东新定居点资源的因素。随后的人口增长到 14 世纪 20 年代使压力加剧，当时像不伦瑞克这样的北德城市修改了行会规定，以排挤文德人和其他非德语人群。[13] 这些区隔在上述地区的日常生活中仍然重要，但随着使用斯拉夫语言的人越来越少，区隔也就渐渐消失了。

文化

直到文艺复兴盛期的"文化战争"爆发，语言才逐渐接近其现代角色即决定民族身份的关键因素。促成因素既有 1400 年左右帝国与教廷关系的再度紧张，又有 15 世纪后期的协定对帝国与教廷间关系的调整（见第 67—69 页）。对教宗腐败的批评与人文主义者对表述民族起源和身份的重视结合了起来，因为言语和服装等其他外在表现均被视为内在道德和品格的体现。早在 13 世纪就有的说法如今变本加厉。据说德语是最古老和最纯净的语言，是在文化上优越于"异邦人"（Welsch）的标志；"异邦人"是对所有外来的"拉丁人"的蔑称，主要指法国人和意大利人，但有时也包括波兰人、匈牙利人等等。

对文化和服饰品位的批评反映出深层次的焦虑，造成这种焦虑的是社会流动性的加大和人们感到不同群体间等级地位的区别遭到了侵蚀。此类焦虑在城镇中最为严重。其表现之一是一系列管制服饰的节约法令，例如在 1452 年在莱比锡颁布的法令，该法令对服装的款式和面料做了限制，以防止仆人被误认为主人。1431 年的另一项法令则针对一种未获许可的反主流群体文化，规定满师学徒工不能穿同种特殊颜色的鞋子。[14] 对外表打扮的规定引发了是否有，或者说是否应该有独特的民族服饰的讨论。康拉德·策尔蒂斯（Conrad Celtis）呼吁通过帝国立法来鼓励人们穿戴得更"德意志"。据称，德意志人的穿着潇洒朴素又简单，反映出他们的诚实和正直。相比之下，"异邦人"邋遢又随意，尤其是妇女，她们穿着低胸、花哨的裙子，珠翠环绕，还梳着可笑的发型。汉斯·魏格尔（Hans Weigel）于 1577 年出版的带插图的《服饰之书》（*Costume Book*）里有一幅图，将一位衣着素净的梅斯妇女与一位衣着光鲜的法国女人放在一起对比，目的是证明梅斯依然属于"德意志"，尽管它已在 1552 年被法国吞并了。

对民族服装的讨论显示了德意志人在试图通过文化和种族来确定自己的身份时遇到的困难。对于是应该穿号称真正属于日耳曼式样的服装，还是更符合他们时代要求的时装，知识分子无法达成一致。简而言之，其实并不存在真正的民族服饰。正如莱比锡市议会在 1595 年所说，"德意志民族的服装几乎年年都变"。[15] 文化的其他方面（如绘画、音乐、文学和建筑）也是如此，这些方面表现与其说是民族特色，不如说是地域特点。除了将印刷术的发明大肆宣传为德意志人给予全人类的礼物之外，几乎没有什么知识分子一致视为德意志民族文化特色的东西。[16] 所有这些努力均不得要领。使帝国与众不同、使广大民众对其产生认同的，恰恰是帝国的包容性和多元性。

这明确体现在对帝国之外的德语群体的态度中。近代早期有一个范围较广的讲德语的文化社群，其范围从波罗的海沿岸延伸到波属普鲁士和库尔兰，再到爱沙尼亚甚至更往东之地。但是，那里的人并没有在政治上被视为德意志人，尽管其中一些人居住在曾与帝国联系在一起的地方，那些地方却并不属于"大德意志"。波罗的海德意志人也意识到认同其本地身份更容易也更方便，而波兰的德意志人则将波兰-立陶宛联邦视为自己身份和权利的保障。[17]

人文主义

人文主义者对民族身份的讨论让人们意识到，帝国传统的跨民族特征不同于帝国与德意志的特殊联系。塔西佗写于公元 98 年的《日耳曼尼亚志》重现人间，成了这场辩论的焦点。一份抄本在 1451 年被带至罗马，随后通过人文主义知识分子的交流迅速传播开来，而在那之前，帝国中没什么人读过这本书。拉丁语印刷版本于 1470 年问世，1526 年又有了德语译本。由于有关早期日耳曼人的作品凤毛麟角，这本书的影响力越来越大。塔西佗其实从未到过日耳曼尼亚，却比较公正地详细描写了日耳曼部落的情况，包括轰动一时的阿米尼乌斯（Arminius）的故事，他于公元 9 年在条顿堡森林击败了昆克蒂利乌斯·瓦卢斯（Quinctilius Varus）的罗马军团。[18]

和其他复杂的文本一样，《日耳曼尼亚志》有多种解读方式。在塔西佗笔下，日耳曼人饮食无度，意大利人文主义者对此大做文章，以强化既有的刻板印象。德意志人则反应不一。一部分人从反罗马的立场来解读，比如乌尔里希·冯·胡腾（Ulrich von Hutten），在 16 世纪早期的反教廷论战中，他利用了塔西佗对日耳曼人的描写——他们是击败了堕落的罗马人的高贵野蛮人。这种论点与提倡语言和文化纯正性的观点结合起来，很快形成了宣扬德意志独特民族身份的趋势，这种身份是不同于欧洲其他地方的民族身份的。康斯坦茨大公会议（1414—1418）的经验培养了德意志人的民族意识，在反对教宗征税和对抗奥斯曼帝国威胁的活动中，这种意识日益高涨。宗教改革运动为其助力，但胡腾的批评涉及的范围比路德著名的《致德意志基督教贵族公开信》（*Appeal to the Christian Nobility of the German Nation*，1520）更广，后者仅限于教会改革。[19]

此类讨论提出了用于传达新的民族思想的概念和象征，产生了深远的影响。"日耳曼尼娅"（Germania）曾以被俘阿玛宗女战士的形象出现在罗马钱币上，但在 16 世纪早期，马克西米利安一世将其重塑为"德意志民族神圣罗马帝国之母"。此后，她成了帝国的化身，象征着帝国的美德与和平；1848 年革命期间，她又成了自由的象征；而到了 19 世纪后期，日耳曼尼娅被添上了军事色彩，转变为嗜血的复仇女神。[20]

同时，多亏了塔西佗，德意志人文主义者得以提醒意大利同行，罗马人从未征服过日耳曼全境，日耳曼人反倒劫掠了罗马。这场讨论发生时，恰逢查理五世在 1527 年率军围攻罗马，这似乎进一步印证了这种观点；而直到 1643 年，赫尔曼·康林（Hermann Conring）才得出了合乎逻辑的完整结论，否认罗马与神圣罗马帝国之间有任何联系，他的主张是，古罗马帝国在查理曼加冕为皇帝之前就已经瓦解。然而，在大多数人看来，塔西佗只是证明了历史悠久的帝国转移论，表明征服了罗马的日耳曼人是有资格继承帝国的。

这些观点给新教徒带来了很大的问题，他们意识到反罗马的逻辑使他们面临不爱国的指控。罗马天主教人文主义者约翰内斯·科赫洛伊斯（Johannes Cochlaeus）直接指责路德不爱国，因为路德将教宗形容为"敌基督"，挑战了帝国统治的合法性及其捍卫教会的光荣传统。新教神学家菲利普·梅兰希通（Philipp Melanchthon）和历史学家约翰内斯·施莱登（Johannes Schleiden）对此的回应是，他们明确表示接受帝国转移论，以支持他们希望皇帝通过接受宗教改革来革新教会的诉求。直到 17 世纪中叶，新教徒还在通过理想化中世纪的皇帝来支撑自己的主张，他们以此暗讽当时哈布斯堡家族的皇帝已沦为教宗的小弟。简而言之，帝国是德意志新教徒身份认同中不可或缺的一部分，新教徒与罗马决裂时无法抛弃帝国。新教知识分子和诸侯采用的办法是，把"德意志"的语言和文化据为己有，反过来指责天主教徒不爱国。实际上，他们的努力远未达到后来的人心目中"真正德意志人"的标准。创建于 1617 年的"丰收学会"（Fruchtbringende Gesellschaft）是这些民族文化事业中最为著名的。尽管致力于德语的纯正化，但它允许苏格兰人、瑞典人、意大利人和其他人加入，并以拉丁文出版了大量作品。[21]

德意志自由

不爱国的互相指责在三十年战争中达到顶峰，新教徒指责天主教徒将帝国卖给西班牙耶稣会士和教宗，而天主教徒则指责新教徒领来了丹麦、瑞典和法国的入侵者。双方都自称在维护帝国宪制，这引起了人们的注意，因为这可能在双方之间架起桥梁。1647 年，在美因茨大主教安塞姆·卡西米尔（Anselm Casimir）选侯的葬礼上，布道者表示，虽然与法国结盟在政治上对卡西米尔有利，他还是始终坚定地忠于皇帝与帝国。选侯的路德宗邻居——黑森-达姆施塔特方伯——称赞他是"真正的爱国者"，因为他在威斯特伐利亚和平会议上努力说服天主教强硬派给新教徒更可接受的条件来结束战争。[22]

尽管宪制可能需要一些调整，但所有人均认为宪制为他们的"德意志自由"提供了最好的保护。这与"波兰的自由"、"匈牙利的自由"、"生而自由的英国人"和"法兰西的自由"等其他地方贵族对自由的表述大体相近。这些表述都将自治的要求与参与政治的诉求结合了起来。政治"民族"的成员理当自由自在地生活，不受王室的过度干涉，同时有权与国王分享政府。还有其他几种自由的概念，但不应将它们划分为相互对立的"贵族"的自由和"平民"的自由。[23] 无论是哪种自由概念，都不必然是进步或民主的。公民自由常常导向寡头政治，而号称"贵族式"的论点也可能有利于共和政府（见第 597—600 页，第 636—646 页，第 683—692 页）。在 1789 年法国大革命后出现更严格的左右意识形态之分以前，象征符号和论点都可用于多种用途。

塔西佗将日耳曼人描述为没有被征服的自由族群，人文主义者在表述德意志身份时，从塔西佗的描述中引申出了种种"自由"。当时正进行的帝国改革提供了一个新的体制框架，可以将这些自由纳入帝国宪制。至关重要的是，这意味着德意志自由有赖于从属于帝国，而不是脱离帝国。这是防止新教运动演变为分离主义政治运动的主要因素。此外，自由被表述为种种具体的自由（liberties），而不是统一、平等、普遍的自由（Liberty）。最后，它将帝国政治体和社会群体捆绑在一起，因为所有人都互相依赖，需要维护能保障他们各自地位的帝国。

正是这种结合使德意志自由有别于在其他国家得到倡导的自由，其他国家的作者主张或发明了更广泛而根本的"共同"自由，例如法国的"国家法律"（ius patrium）或出现于 17 世纪初英格兰的"王国共同习惯"。一些德意志作者接受了这种思想中的一些元素，例如 17 世纪初的康林或约 100 年后的雅各布·保罗·冯·贡德林（Jacob Paul von Gundling）。但是，他们把其他地方的通用做法反过来了：他们没有提倡一系列基本的普遍自由，而是将帝国当作一个保护众多局部、具体的自由的体系来颂扬。对大多数德意志人而言，提倡普遍自由的体系无异于暴政，因为它威胁着他们所珍视的独特性。[24]

帝国之声

多种声音

帝国的多中心结构意味着与权力更集中的国家相比，在帝国中表述身份可以有多重方式。因为没有单一的首都，帝国从来就没有那种由某个中心城市（如巴黎或伦敦）集中创造力、政治和财政资源而产生的文化趋同。不过，这也给帝国带来了独特的优势。帝国避免了存在于其他君主国的首都和行省、宫廷和乡村之间的文化张力。帝国各地的文化生产和对归属的表达要更平均一些，某种"所有权"意识在地理范围和社会层面上更广泛地传播开来。

这些条件是否如有人宣称的那般促进了艺术创造力，也许值得怀疑。[25] 尽管如此，帝国还是催生了近代早期"通信革命"的两项创新：印刷术和固定的邮政网络。权力下放不利于审查和控制，而在没有唯一首都的情况下，文化活动、庇护和受教育机会在帝国境内分布得更平均。[26] 现代德国的剧场和歌剧院还是比其他欧洲国家多，奥地利和意大利各地的文化生活水平也比较平均。但是，我们不应夸大文化活跃的程度，也不应高估文化对广大人民的影响。分析图像和符号总比了解受众如何接受图像和符号容易。

加洛林和奥托王朝的统治都与某种文艺复兴——复兴和重新阐释古典文化——联系在一起，而在斯陶芬王朝统治时期，已经有了类似的发展，只是程度没那么深。加洛林的文艺复兴在传播古罗马帝国理念、用基督教道德重塑政治方面的作用尤其大。这让查理曼及其继任者对帝国宫廷应该是什么样子有了概念，但他们的帝国从来都不是古罗马的复制品。此外，加洛林的文艺复兴的影响并没有超出神职人员这个范围太多；实际上，许多神职人员还含蓄地批评皇帝，认为皇帝还达不到他们理想中基督教罗马皇帝的标准。[27]

加洛林王朝为适应法兰克人的习惯而持续调整了罗马帝国的做法。这是因为法兰克政治文化看重的是"现身"（presentation）而非"表现"（representation）。皇帝需要在亲近的达官显贵面前现身，而不是借助画像、宣传等一系列策略来表现自己的形象，以触及范围更广但物理距离较远的受众。中世纪帝国政治的一项重要活动，就是创造和控制皇帝与政治精英当面交往的机会。这是一个永久性的结构特征，因为帝国的君主直到近代早期仍会进行巡游。因此，最早的帝国宝物必须是可以移动的，而直到环境发生很大变化之后，卢森堡王朝和哈布斯堡王朝（特别是后者）才发展出了比较接近于古罗马和同时代其他欧洲君主国的表现型宫廷文化。

象征

皇冠是帝国最显眼、最持久的象征物。查理曼用皇冠来象征上帝对真信仰的奖赏，而不是用古罗马人的月桂花冠来象征军事胜利，这是他开创的众多重要先例之一。使用"卡尔之冠"（Karlskrone）的习俗在公元 800 年后保留下来。现存的帝国皇冠固然十分古老，但早在 15 世纪就有人怀疑它是否真是查理曼的皇冠。艺术史学家的多项详细研究都未能确定其确切的制作时间，因为皇冠显然经过了多次改造。普遍的共识是，它要么是为 962 年奥托一世的加冕典礼制作的，要么是为其子（奥托二世）在 967 年加冕为共治皇帝而制作的。[28]据说八角形的设计代表了耶路撒冷，而每一冠面都装饰有基督和《旧约》中君主的形象。皇冠从前到后呈拱形"封闭"起来，象征帝皇之尊，与国王们"开放"的冕带式王冠形成鲜明对比。到了 12 世纪，这顶皇冠只用于皇帝加冕，德意志、意大利和勃艮第国王的加冕礼上用的是另外的王冠。这些次等王冠从来就没有那种半神圣的性质，常被熔化或典当。还有其他的"私人"冠冕，仅用于象征世俗权威。这些冠冕无法日常使用——鲁道夫二世1602年使用的金冠重达3.9千克。尽管并不是最后制作的，但鲁道夫的金冠被保留下来，成了哈布斯堡王朝的象征，并在1804年被用在新的奥地利帝国的纹章上。[29]

到13世纪时，帝国已经收入了许多其他珍宝。像皇冠一样，其中一些有多个复制品，也有些被换过或改过。拜占庭的影响很明显，因为君士坦丁堡和古罗马是联系在一起的，拜占庭也是圣物的重要来源。然而，帝国的统治者和工匠们表现出了创新精神，奥托家族发明了皇冠十字架，将世俗和宗教象征接到了一起，以强调自己的神圣使命。奥托一世在帝国圣球（Reichsapfel）上加了一个十字架，11世纪时，圣球已取代权杖成为世俗统治的象征。[30]

圣矛（Sacra Lancea）上有传说来自基督十字架的"胜利之钉"，是925年左右亨利一世从勃艮第的鲁道夫二世那里得来的。奥托王朝955年在莱希费尔德战胜马札尔人，在1001年击退罗马叛军，使圣矛作为神授统治的象征大放异彩。公元1000年左右，奥托三世将圣矛的复制品赐予"勇敢者"博莱斯瓦夫一世，（可能）也赐给了匈牙利的伊什特万，以此表明他认可他们为帝国的新伙伴。[31] 三把剑也成了帝国的象征物，包括"查理曼之剑"（Gladius Caroli Magni），传说这是查理曼从阿尔瓦人手中夺走的战利品，而它原本是匈人阿提拉（Attila the Hun）的剑，但其实此剑可能是一个世纪后使用东欧马刀制作而成的。皇帝在加冕典礼上会佩带它。[32]

帝国十字架十分华丽，传说其中嵌着一块基督十字架的碎片，碎片曾为查理曼所有。虽然来源一样有争议，但它肯定在11世纪的宗教游行中发挥了重要的作用。其他重要的圣物还包括（据说是）基督荆棘冠冕上的一根刺、施洗约翰的一颗牙、基督摇篮的碎片、基督木工服的碎片、最后晚餐时用的桌布，还有查理曼用过的《圣经》（这个应该是真的），以及圣斯德望的宝盒（St. Stephen's Purse），其中装着这位圣徒的鲜血，宝盒在亚琛的国王加冕礼上会陈列于桌上。这些物品的神圣性强调了皇帝身为基督教世界首领的地位及其神圣使命。不过，一些来自其他文化的物件也被当作帝国的象征物，尤其是斯陶芬家族取得的华丽的加冕长袍，上面有西西里岛上穆斯林工匠绣制的棕榈树和骆驼的图案，此外还有或许是为路德维希四世制作的红色中国丝绸执事服，上有 68 个绣着雄鹰的圆形图案。至此，帝国的象征物已经颇具规模，这些物品被当作超越时代的真品记录在册。在阿尔布雷希特·丢勒（Albrecht Dürer）从 1510 年开始绘制的查理曼的肖像上，皇帝头戴皇冠，身着绣有鹰徽的执事服和伊斯兰长袍。

印章是另一种有力的象征物，用于证明特许状和帝国书记官署发布的其他文书的真实性。加洛林时代的印章和钱币遵循古罗马的传统，刻有统治者的侧面头像。在西法兰克，这种做法一直保持到加洛林时代结束；而东法兰克在公元 899 年以前就改用君主的侧面全身像，君主被刻画成得胜的武士。奥托王朝在 962 年发明了一种新形式，采用皇帝的正面像，皇帝端坐于宝座之上，头戴皇冠，手持象征皇权的权杖与圣球。后来，奥托王朝的印章变得更大、更厚实也更有气势，公元 998 年之后，奥托王朝的皇帝们开始像教宗一样使用金属印章，从而将重要的诏书升格为"金玺诏书"。奥托王朝的风格成了欧洲各地王室印章的样本。[33]

奥托王朝的印章和其他宫廷礼仪反映出理想君主形象的变化，

现在，理想的君主更崇高、更神圣，所用的图像更强调统治者与上帝的接近，而不只是像传统图像那样表现统治者祷告求上帝保护。加洛林王朝经常使用表现皇帝被贵族或知识分子围绕的图像，而萨利安时代的图像则将皇帝和随从拉开距离，皇帝的形象通常比随从伟岸光辉得多，更像一位大权在握的君主。11世纪70年代后，宗教元素逐渐消失，君主更像凡俗之人，特别是在王室和王朝的小画像中。1300年后，画像与真人越来越接近，这反映了关于"自我"的新观念，也许还是为了对付那些冒称早已驾崩的腓特烈二世的人。查理四世在帝国中有计划地分发了70多幅自己的肖像。这再次说明当时出现了根本性的政治转变。随着帝国统治越来越依赖卢森堡家族治下的世袭领地，皇帝就不再那么经常地按照传统王室流程直接面见重要的臣民了。肖像画成了便于携带的替代品。在肖像画中，查理的外表特征是大眼睛、高额头、高颧骨。他儿子西吉斯蒙德的肖像也显示了鲜明的个人特点：浓密的金发和分叉的胡须。将皇帝描绘为有各自个性的人，那"真实"、不变、象征帝国永恒的标志也就变得更为重要：卢森堡家族所有皇帝的肖像画上，皇帝都戴着同一顶皇冠，丢勒的作品就是如此。[34]

君主的身份通过王冠和王室肖像体现，而帝国则越来越多地与鹰的形象联系在一起。鹰在古代世界中就是帝国和军队的象征，也成了拜占庭传统形象的一部分。978年西法兰克国王洛泰尔发起那场使帝国蒙羞的袭击时，亚琛宫殿上就装饰着一只帝国之鹰，奥托三世的圣球顶上也有一只鹰。从"红胡子"腓特烈一世的时代起，鹰就和皇帝联系在一起，出现在与皇帝有关的各种重要物品上，比如纹章、标志、钱币、帐篷和战旗。直到12世纪晚期，用的都还是单头鹰，在那之后，双头鹰才出现在与皇帝相关的城市纹章和图案上。到了 14 世纪中叶，双头鹰已经是皇帝的标志，不同于国王或王公使用的单头鹰。西吉斯蒙德当国王的时候用的是单头鹰，在 1433 年的皇帝加冕仪式上则用了双头鹰；但是，只有皇帝用双头鹰的做法在马克西米利安一世于 1508 年采用"当选皇帝"的头衔后就废止了。马克西米利安将双头鹰固定在哈布斯堡家族的纹章中，使双头鹰也成为王朝的象征——18 世纪 40 年代，查理七世一度将双头鹰绘在巴伐利亚的军旗上，挑战了这种做法，查理七世是近代早期唯一一位非哈布斯堡家族出身的皇帝。1433 年，西吉斯蒙德在鹰头处加上了象征帝国神圣性的光环，还加上了皇冠。1612 年以后，皇帝代理人在帝位空悬期间使用不戴皇冠的双头鹰。[35]

双头鹰的形象在 15 世纪迅速传播开来，从博洛尼亚大学的德意志大学生到汉萨同盟的成员，各种各样的团体都喜欢用这个图案。双头鹰也通过印刷品传播，比如大幅报纸或关于帝国的书的插画。帝国诸侯崛起后，单头鹰用得越来越多。在大多数情况下，原本是黑色的帝国之鹰变成了红鹰（勃兰登堡、蒂罗尔）或红白条纹鹰（黑森、图林根）。条顿骑士团在黑鹰成为帝国主要象征之前就在使用黑鹰了，霍亨索伦家族统治者被提升为国王后，黑鹰的标志被带到了普鲁士。萨伏依到了 19 世纪还在使用黑鹰，托斯卡纳则在哈布斯堡王朝统治期间将黑色双头鹰和托斯卡纳纹章结合在一起。[36]

鹰原本是金色的，但 13 世纪末的时候，金色成了旗帜、纹章等等物品上最常见的背景色，鹰就不是金色的了。教廷采用了古罗马的紫色，而帝国偏爱金色、黑色、红色和白色，但并没有严格的组合模式。斯陶芬时代的帝国战旗是红底的，上有白色十字架，直至今日还能在瑞士国旗上看到。红白组合也为许多诸侯家族和帝国城市所采用。

1450年后的一个世纪内,帝国的象征符号发生了剧变,既反映了向更正式的混合君主制的过渡和哈布斯堡帝国统治的确立,又体现了印刷等新媒介的发明带来的影响。马克西米利安一世统治期间,像基督教英雄这样古老的元素仍得到使用,但加上了复兴的古典意象,特别是把皇帝刻画为赫拉克勒斯或掌管新奥林匹斯山的朱庇特。这些虽然是异教符号,但它们通过文艺复兴时期的人文主义获得了新的价值,与正义、仁慈、和平等政治美德联系在了一起。宗教改革后,这些象征符号也有它们的吸引力,因为在一个有了两种得到认可的信仰的国家中,一些基督教意象在政治上是有问题的。从古典世界中,还能找到大量非人物的意象,可以用它们来象征帝国超越其统治者的更普世的特质。例如,在1356年的《金玺诏书》中,选侯们已被描述为"帝国的栋梁"。栋梁、方尖碑和圆柱都象征着团结、和平与正义。其他一些意象则偏向性比较强,反映出16世纪和17世纪帝国宪制有争议的特质。例如,将帝国展现为一艘船,相当于暗示它需要一位强大的皇帝来当舵手。[37]

哈布斯堡王朝的皇帝有不同的形象。如果要表现他们是拥有广大世袭领土的统治者,皇帝在画中的形象就会非常伟岸,通常是全身像,基本都是单人像,全家福画像除外。如果画像想要表现皇帝这个身份,画师就会将选侯和所有帝国政治体的代表画在皇帝身边。[38]政治上变化的进一步体现是,人们尝试用被称为Quaternionen的帝国纹章来表现日益复杂的地位等级,代表各个政治体的标志或纹章四个一组排列在鹰的羽毛上,这种帝国纹章首次出现于1414年左右在法兰克福为西吉斯蒙德创作的湿壁画中。书面说明很快传播开来,从15世纪中叶起,以黑色双头鹰为背景表现帝国政治体的印刷版画也广泛流传。选侯要么被略去，要么七个一组排在最高处。其他地位群体的标志则在其下依次排列，包括公爵（duke）、边伯／藩侯（margrave）、方伯（landgrave）、堡伯（burgrave）、伯爵（count）、领主（lord）、骑士、帝国城市、村庄和农民等。这种帝国纹章所表现的只是大概，各组政治体实际上都不止四个，而被当作村庄和农民列出的其实往往是城镇。然而，这类图案一直到大约 1600 年都广受欢迎，在那之后才被关于帝国政治体实际组成的更准确信息所取代，尤其是印刷的帝国议会与会者清单，以及公开发行的地图和对帝国的描述。[39]

16 世纪中叶之后，象征符号方面的创新变少了，这再次反映出帝国改革已经完结，帝国宪制在那之后基本稳定下来。马克西米利安二世（1570）和马蒂亚斯（1612）进入纽伦堡时使用的凯旋门，样式与 1541 年为查理五世修建的凯旋门基本一致。[40]鲁道夫二世时期，艺术赞助的规模和范围有所扩大，但其中很多作品过于神秘高深，无法起到有效的宣传作用。创作出来的形象中，最经久不衰的是皇帝作为土耳其征服者与和平捍卫者的伟岸形象——随着 17 世纪末与奥斯曼帝国战火重燃，这个形象回归了。[41]哈布斯堡皇帝的形象在 1600 年左右展现出更显著的天主教特质，明确体现了皇帝的信仰。然而，斐迪南三世已在试图回归 16 世纪中后期的皇帝们的那种更为中立的跨教派立场，他将自己展现为所罗门式的君主，代表着智慧和美德，而非宗教狂热。虔诚被越来越多地用于对抗外敌，特别是路易十四，他被批判为基督教世界和平的破坏者，而皇帝则是秩序的保卫者。斐迪南还接受了巴洛克风格的新艺术形式，特别是歌剧，他作为音乐家和作曲家也颇有才华。但是，此类革新更多体现的是变化的品味和哈布斯堡王朝的目标，并没有带来新的帝国形象。

地点

国王选举、加冕典礼和会议之类的事件使一些地点获得了象征意义，还有一些地点作为宫室或陵墓而具有了持久的象征意义。帝国政治秩序的特点是有多个中心，而不是只有一个首都。渐渐地，和帝国有联系的地点越来越多，尤其是在近代早期统治王朝发生变更后，因为每个家族的权力基础的所在地都不同。尽管有些地点已被弃用，但许多地点从未完全失去其意义，而还有的地方，比如一些修道院或城镇，则会通过布置"皇帝大厅"（Kaisersäle）和挂有皇帝肖像的画廊来表现与帝国的联系。

帝国各处都有具有象征意义的地点，但早在加洛林王朝统治时期，对德意志的偏向就很明显了。在中世纪的大部分时间里，德意志西端的亚琛是最受青睐的王宫和加冕场所。查理曼的石质宝座，以及比较容易搬动的帝国《圣经》和圣斯德望的宝盒都存放在此，其余的帝国宝物则随皇帝巡游。1100 年左右内战再度爆发之后，亨利五世将帝国宝物保存在普法尔茨坚固的特里费尔斯（Trifels）城堡内。在斯陶芬家族治下，这些物品又开始随皇帝巡游，后被委托给奥伊塞尔塔尔（Eussertal）的熙笃会修士保管，1273 年又被分散到不同的城堡中，只在加冕时集中到一起。在查理四世治下，帝国统治更多地以领地为基础，这表现为帝国宝物的集中，这些物品先是放在布拉格的圣维特主教座堂（St. Vitus Cathedral），后于1356—1421 年被存放在卡尔施泰因城堡（Karlstein castle）内。因为胡斯派动乱，象征物被迁至纽伦堡，直到法国大革命战争爆发，纽伦堡一直是官方的存放地。

帝国没有固定的首都，因此没有建造多少欧洲其他君主国的那种有代表性的建筑。[42] 巡游的皇帝需要很多宫殿，不能在一地大量投资。不过，一些中世纪的建筑物还是令人印象深刻。查理曼和奥托三世下令在亚琛营建壮观的建筑，奥托家族开发戈斯拉尔，而萨利安家族则建造了施派尔宏伟的教堂作为王室陵墓。差别直到近代早期才显现出来，当时其他的君主国营造豪华的宫殿，如西班牙的埃斯科里亚尔（Escorial）和法国的凡尔赛宫，俄国干脆在圣彼得堡建了一个全新的首都。随着路德维希堡（Ludwigsburg）、赫恩豪森（Herrenhausen）、宁芬堡（Nymphenburg）和德意志其他地区建起越来越多时髦的王公宅邸，这种对比就更明显了。1663年以后，永久化的帝国议会继续在雷根斯堡的旧哥特式市政厅内举办，有些访客恐怕会感到这在暗示帝国属于遥远的过去。18世纪初，该城在旧市政厅隔壁建了一座新的，新旧之别更突出了。

印刷文化

近代早期的媒体革命大大增加了帝国形象的受众，促使注重现身的文化转变为注重表现的文化。现身文化的元素到18世纪末都还可以见到，但此时，借助印刷文字和图像的传播，加冕典礼、集会之类的展演性行动已能触及多得多的受众。这些新情况与帝国朝向混合君主制的转变发生在同一时期，巩固了身份表达方式分散的趋势，使统一、单一的表现文化无法出现。

印刷文化迅速传播。1450年前后，约翰内斯·谷登堡（Johannes Gutenberg）将印刷文化引入西欧；此后不到50年，已有约200台印刷机在62座德意志城市里运转；又过了不到25年，在市面上流通的书和印刷品已超过1100万册。与19世纪前的德意志是诗人和思想家的家园这种通常看法相反，印刷术从一开始就在政治中起着核心作用。腓特烈三世立即看到了新媒体的潜力，在1493年去世前委托他人写了37部作品。他的儿子马克西米利安一世是舞文弄墨的大师，在即位后的7年里又出版了129部作品。[43] 马克西米利安自己颇有写作才华，他复兴了原本只在意大利偶尔有过的加冕帝国桂冠诗人的做法，从而扩大了对人文主义知识分子的庇护，将皇权与时髦的艺术形式联系在了一起。新的帝国机构迎合了皇帝在印刷上的热情。1486年的会议后，帝国议会印发了第一份印刷报告，内容是会议上发言的摘要。1501年以后，所有决定的半官方记录都留在了《帝国议会决定集》（*Corpus Recessum Imperii*）中，远远早于《英国议院议事录》（Hansard），后者是从1774年才开始有的英国议会的会议记录。早在那以前，帝国议会就已是一个关键的政治信息中心，发布议事的信息比任何其他欧洲代表机构都多。[44] 这些新情况表明，帝国从以皇帝亲临为基础的现身文化，转向了以印刷品和图像为媒介的表现文化。对18世纪末的观察者而言，这似乎让帝国变得毫无生气，帝国议会的代表通过信件和备忘录交流，很少聚集在议事厅内听彼此演讲。从21世纪的视角看，这种虚拟政治现实简直就像是后现代的做法。

但是，那时就已能看出，当权者是无法垄断新媒体的。教宗在1487年就试图实行审查制度，要求所有印刷品在售卖之前，必须经过美因茨、科隆、特里尔、马格德堡大主教的批准。马克西米利安很快就宣称审查是帝国的特权，以此遏制教宗的势力，可见帝国有能力应对新情况。出版商起初愿意合作，因为帝国的许可证提供了版权保护，他们能够向新设立的高等法院——帝国最高法院——起诉盗版侵权行为。罗伊希林讨论犹太教的作品是第一本被禁的书，那是在1512年；而审查制度真正成为问题，是在1521年的《沃尔姆斯敕令》判定路德为不法之徒后。当时，路德的作品已有

70 万册在市面上流通，一切都太迟了。

帝国做出了调整，放弃了完全控制这个不切实际的目标，转而采取旨在影响内容的措施。帝国图书委员会（Imperial Book Commission）于 1569 年在法兰克福成立，这体现出法兰克福作为欧洲图书交易中心的地位。此外，帝国还采取了立法措施来限制流言、诽谤和论战，而不是扼杀讨论。像 16 世纪早期的其他制度变化一样，这些措施为帝国政治体搭建了可在其领地内应用的监管框架，从而为帝国的互补结构做出了贡献。[45] 各地做法的差异体现了权力下放的局面。普鲁士被认为是对宗教作品最宽容的（其实并非完全如此），而奥地利和巴伐利亚则被视为保守反动。萨克森是整体上最宽松的地区，因为它想把莱比锡打造成另一个图书交易中心。在实践中，审查往往比较随意，由朝臣、图书管理员或大学校长酌情处理。[46] 当所在地区的政府在 18 世纪末试图扩大控制范围时，歌德、席勒、赫尔德、莱辛等等著名作家都使用笔名来避免不良后果。面对政治意识越来越强的阅读阶层的抵制，许多地区在 1800 年左右放松或放弃了审查制度。总体而言，帝国权力分散的结构有利于相对自由的言论表达，相比之下，在法国，从 1760 年到 1789 年，有 183 人因违反审查法规而被投入了巴士底狱。[47] 1806 年帝国解体后，审查制度得到恢复，因为各邦合并后数量减少，监管比较容易，而法国大革命的恐怖阴影则让读者比较愿意接受审查制度。

权力分散促成了同样多元化的教育格局，因为每个诸侯国甚至每个大城市都希望拥有自己的大学。帝国的第一所大学于 1348 年在布拉格创立，比博洛尼亚（1088）或巴黎（1170）的大学建立得晚。但是，截至 1800 年，帝国已拥有 45 所大学，而法国只有 22

所，英格兰仅有 2 所。帝国没有统一的国教，这是另一个刺激因素，因为各个地区都希望得到与该地区信仰相一致的完整教育机会。新教地区的教育条件通常比较好，到 16 世纪末，一些信奉加尔文派的地区还为女孩提供了基础教育。尽管如此，许多天主教村庄也提供基础教育；于利希公国内，提供基础教育的天主教村庄的比例从 16 世纪的 25% 上升到 18 世纪的 90%。截至 1700 年，入学在许多地区已成为强制要求，小型诸侯国的教育条件往往远超奥地利和普鲁士等较大的邦国。到 18 世纪后期，德意志的这两大势力控制了帝国一半的领土，但它们加起来只有 10 所大学，而其他诸侯国和帝国城市则有 35 所大学。帝国解体后，截至 1826 年，这些大学中已有 20 所关闭，其中包括林特尔恩（Rinteln）大学和黑博恩（Herborn）大学，它们大多是在领土合并的过程中消失的。到 1500 年，识字率已达到 5%，大城市的识字率最高，达 20%，而截至 1806 年，帝国的总识字率已达 25%，高于法国，但落后于英国部分地区。[48]

教育和读写能力分布得比较平均，到 18 世纪，几乎每个城镇都有了自己的外借图书馆。[49]受过教育的公众享受着欧洲第一个邮政网络的服务，这个邮政网络是 1490 年借助帝国特权而缔造的，从中产生了一个超越地理和政治界限的通信系统。1516 年时，这个网络已对私人用户开放，邮政马匹和邮路在一个世纪之内将帝国的大部分地区联系在一起，有了商业上可行的分发网络后，帝国内诞生了欧洲第一份定期发行的报纸，早于法国 26 年。[50]帝国于 1635 年发行了第一份日报，早于英格兰约 67 年。地方政府的扩大为农业、经济、健康、金融和军事方面的专业期刊创造了更多市场。到 18 世纪 70 年代，帝国内已有超过 200 家商业出版社，而作者的数量在 1760 年到 1791 年间增加了两倍，达到 8 000 名，是总人口大致相当的法国的作者数量的两倍。尽管那个时代被视为德意志文学的伟大时代，但像歌德和席勒这样的名人，每种新书也只能卖出两三千册，而扎哈里亚斯·贝克尔（Zacharias Becker）的《农民忠告书》（*Advice Booklet for Peasants*）则卖出了超过 100 万册。可见，帝国内大众传播的内容还是偏向实用，早先的宗教和政治争论已让位于解决实际问题的需要。[51]

宪法评注

印刷时代的到来鼓励并推动了公众对帝国的讨论。被称为"帝国公法学"（Reichspublizistik）的宪法评注体现了帝国政治的一个核心特征：讨论无休无止，却得不出能被普遍接受的结论。帝国的宪法从未编纂成文，不仅如此，堆积成山的官方文件和公开评注写到了所谓普遍条例的无数例外情况，让定义宪法难上加难。不知疲倦的约翰·雅各布·莫泽在写了差不多 100 卷后得出的结论是："德意志是用德意志的办法来管理的。"[52]

仔细考察相关出版物后可以看出，尽管近代早期人们对帝国的态度有所改变，但主流观点还是支持帝国的。16 世纪 70 年代到 17 世纪 40 年代的这段时间里，分歧最为尖锐，帝国的某些方面在 1750 年以后也受到越来越多的批评，不过，并没有哪位重要的思想家倡导实质性的改变。即使是在辩论最激烈的时候，情况也只是类似于 1689 年后的不列颠——辉格党和托利党在同一部宪法之下行动，只是在细节上有分歧。跟德意志和不列颠相比，18 世纪末的法国就大为不同了，在当时的法国，许多重要知识分子都批评波旁王朝德不配位。

早在 1458 年，埃内亚·西尔维奥·皮科洛米尼（Enea Silvio Piccolomini）——后来的教宗庇护二世——就指出了根本的问题，他对帝国诸侯发表了夸张的演讲："当然，你们承认皇帝是你们的王和主，但他行使权力时显然有如乞丐，实际上他毫无权力。你们只有在自己满意的时候才会服从他，而你们总是不满意。"[53] 从这话看，帝国政治就像零和博弈，诸侯权力增长，侵蚀了皇帝的权力，使人怀疑帝国还是不是君主国。宗教改革拓展了"德意志自由"的范围，将宗教自由也包括在内，从而激化了讨论。面对一个看上去坚定站在天主教立场上的皇帝，许多新教徒提出帝国实际上是一个贵族共和国或联邦，皇帝只不过是贵族之首，就像威尼斯总督一样。16 世纪 60 年代，法国哲学家、法学家让·博丹倡导不可分割的主权这个概念，在政府的外在形式与其法律权力（主权）之间做出了区分，从而将讨论的方向推向更明确的分类。他认为，虽然帝国有帝王象征物，看起来像个君主国，但它其实是个联邦，因为实权由诸侯通过帝国议会行使。

天主教徒，还有像戈特弗里德·安东尼乌斯（Gottfried Antonius）和迪特里希·赖因金克（Dietrich Reinkingk）这样的温和路德派，则热烈主张帝国是君主制；赖因金克还因为在 1655 年主张皇帝一旦当选就拥有至高权力而被斐迪南三世封为贵族。赖因金克代表的是君主主义者的最后一次欢呼，因为三十年战争揭露出皇帝其实并没有至高无上的权力，也显示出他倘若拥有这样的权力会有多危险。贵族一方的抗议则体现在 1643 年的一本很有影响力的小册子上，作者是博吉斯拉夫·冯·开姆尼茨（Bogislav von Chemnitz），他用了笔名"Hippolithus a Lapide"。开姆尼茨为瑞典人工作，他的书被帝国刽子手象征性地焚毁。而普鲁士在 1761 年七年战争最激烈之时重新发行开姆尼茨的作品，也就没什么可奇怪的了，因为它要挑战哈布斯堡王朝的帝国权威。[54]

事实上，斐迪南三世在 1648 年的《威斯特伐利亚和约》中接受对帝国宪制的更改后，大多数帝国政治体就无法在政治上接受开姆尼茨的诠释了。修订拒绝了君主方面和贵族方面的阐释，而赞成多米尼库斯·阿尔梅乌斯（Dominicus Arumaeus）和约翰内斯·利姆奈乌斯（Johannes Limnaeus）等作家提倡的中间路线，他们发展了早在 1500 年左右就有了的观念，即帝国是混合君主制，皇帝有主动权，但需要与帝国政治体分享重要的权力。《威斯特伐利亚和约》的主要意义是将共同治理的圈子扩大到选侯之外，将所有的帝国政治体包括进来。此外，到 17 世纪 80 年代时，已能看出权力并不会在等级体系中平均分配，较小的帝国政治体对政策的影响力是有限的，但这也确保它们不会被完全排除在外。这不同于博丹那种非此即彼的看法，博丹认为主权要么完全由皇帝行使，要么通过帝国议会行使；实际上，权力分散在帝国内的不同机构中，使它们互相依存。

塞缪尔·普芬道夫通过与其他欧洲国家的比较分析，进一步发展了混合君主制的说法。普芬道夫的观点之所以盛行，是由于他日后成为德国第一位自然法教授，并因此成为著名知识分子。像开姆尼茨一样，他在 1667 年以笔名［一个煞有介事的名字"塞维利尼·德·蒙扎巴诺"（Severini de Monzambano）］出版了《论德意志帝国体制》（De statu imperii Germanici）。他反对自博丹以来将帝国塞进普通国家范畴的尝试，而主张帝国是"非常规的政治体"。他选用"畸变的怪物"这种表述来阐述这一观点，立刻引起了争议，因此在他这本书后来的版本里，这个表述被剔除了。[55]

普芬道夫对 1806 年以后人们如何理解帝国产生了深远的影响，因为他提出帝国在中世纪期间从常规的君主国**退化**成了非常规的国家。他还重提皮科洛米尼尖锐的二元论观点，主张虽然帝国是非常规的政治体，但组成它的诸侯国都是常规的君主国。他认为，这是帝国所有政治问题的根源，因为诸侯争取自由，而皇帝则试图重申君主的权威。最后，他把帝国和欧洲其他国家比较，指出帝国实力虚弱，因为帝国并没有法国和其他国家的那种中央机构。

然而，大量作家提出疑问，认为"非常规的政治体"未必就低别的国家一等，他们遵循普芬道夫的历史分析，但得出了更积极的结论。除莫泽之外，约翰·皮特（Johann Pütter）也写了差不多 100 卷讨论宪制的著作，约翰·冯·路德维希（Johann von Ludewig）则出版了带有 2 500 页注释的《金玺诏书》德语译本。在这些啰啰唆唆的作者笔下，帝国是用词句来表现的，而其他国家则是通过建造它们王宫和议会的木材、砖块和石头来表现的。他们提不出什么与现状不同的方案，可见，对于大书记官达尔贝格口中那座"可能不符合所有的建筑规则，但我们可以安心居住的永久哥特式建筑"[56]，人们是大致满意的。

帝国爱国主义

德意志对帝国的忠诚

忠于祖国（patria）的观念随着人文主义的讨论而盛行，首次用德语词 Vaterland（祖国）来指代帝国则是在 1507 年。[57] 人文主义者注重公民参与，将爱国者重新定义为积极促进共同利益的人，后来，这个概念得到进一步阐述，将爱国者的范围扩大到所有居民。

和其他国家的爱国主义一样，帝国爱国主义也是多种多样的，但人们往往大大低估了这种多样性。[58]

帝国对自身的认识，与它如何看待自己在欧洲的位置有关。正如前文谈到的，帝国代表基督教的泛民族秩序这个理念一直延续到近代早期，这有助于减缓通过语言、种族等狭隘标准，从本质主义角度将帝国居民界定为单一民族的趋势。人们感到外人对基督教和"德意志自由"构成了威胁，这影响了他们对外人的态度。这让帝国与法国、丹麦、瑞典等国的关系变得复杂起来，这几个国家所接纳的种种基督教教派，在1517年以后遭到了至少一些帝国居民的仇视，而这些国家也都以维护对帝国宪制的有争议解读为理由，发动过入侵。这种矛盾态度的消失，要等到1667年后路易十四的法国扩张主义政策被视为超越宗教和政治地位的普遍威胁的时候。路易十四被指控追求法度之外的"第五王国"，以取代帝国的至高地位并威胁其臣民的自由。恐法者使用了先前和土耳其人关联在一起的修辞，视法国为对基督教文明的重大威胁。[59]

奥地利人与捷克人对帝国的认同程度很难评估，缺乏研究是一个原因，还有一个原因是，他们在哈布斯堡王朝时期对皇帝的忠诚和他们作为其直属臣民的忠诚难以区分。近代早期，独特的捷克身份认同已经出现，但显然并不固定，也不总是与"德意志人""欧洲人"或其他种种可能的身份认同相对立。[60]德意志的爱国主义最强大是可以理解的，对许多18世纪的作家而言，德意志和帝国是同义词。向帝国高等法院申诉的数量可以体现出各区域与帝国联系的深度和广度。两个高等法院（帝国宫廷法院和帝国最高法院）在1495年到1806年间共收到22万起上诉案件，其中大多数来自政治分裂最严重的地区。这并不太出人意料。法院旨在解决帝国政治体之间的纠纷，因此法院的业务自然会体现出纠纷集中在哪些地方，具体来说是南部和西部。比较意外的是，德意志北部的诸侯国和城市几百年来都处于帝国政治边缘，但法院一成立，这些地方的人就开始向法院申诉了。[61]

意大利的看法

意大利人以前就意识到意大利是独特的国家，但将帝国视为"外国"的思想可以说源自 19 世纪的意大利统一运动，以及谴责中世纪皇帝追求阿尔卑斯山以南的权力"幻觉"的德意志民族主义者。皇帝作为"众王之王"的地位使他在意大利人眼中显得不那么"德意志"。许多人反对皇帝的加冕之行，并对"德意志愤怒"表示抗议，但所有皇帝都在当地有至少一些拥护者。当时的人并不认为是在"本国"和"外国"统治之间做出选择，他们在意的是谁能更好地实现和平与正义。奥托一世在 951 年介入意大利事务，并不是要征服"外国"，而是为了罢黜被教宗约翰十二世谴责为暴君的贝伦加尔二世。[62] 根本问题在于皇帝并不长居意大利，也就无法建立起在阿尔卑斯山以北的那种关系。时常诉诸武力的做法使得帝国会带来正义与和平的说法变得站不住脚。主教叙任权之争期间（11 世纪 70 年代到 1122 年），格列高利派的反帝国宣传深入人心，斯陶芬时代（1138—1254）吉伯林派和归尔甫派的观念又得到了表达，情况对帝国越发不利。尽管如此，伦巴第联盟主张的"意大利自由"并不是为民族独立而进行的抗争，而是针对斯陶芬"暴政"的反抗。

在 1250 年后漫长的"空位期"，吉伯林派的观念一直有人支持，比如，但丁和彼特拉克等人认为，只有帝国的强势存在才能为意大利带来所急需的秩序。1309年后教廷在阿维尼翁的"巴比伦之囚"让人越发在意,而意大利城镇中的许多反对派团体则希望皇帝能将他们从当地敌人的手中解放出来。人们抱有这种不切实际的奢望,自然会对大多数皇帝的到访感到失望。查理四世因表现得更在意钱财而非解决当地问题而备受批评。而且,意大利诸城习惯了自治,不愿意支付皇帝随行人员的庞大开支。1355年5月,比萨人暴动,在查理四世与其妻所在的宫殿纵火。皇帝夫妇被迫赤身裸体逃到街上,血腥镇压之后,秩序才得以恢复。[63]

归尔甫派和吉伯林派的对抗在14世纪逐渐平息,所有人都同意,政治的意义在于争取相对于领近地区的公民自治,但他们仍承认皇帝具有某种宗主地位。14—15世纪,皇帝平均每10年造访意大利一次,但在1452年至1496年间只(在1469年)出现了一次,后来在哈布斯堡王朝统治和意大利战争的迥然不同的形势下才回到意大利。1556年以后,哈布斯堡王朝在意大利的财产转移至西班牙,这让皇帝显得更加遥远。到了18世纪,宣扬自己的共和国拥有独立主权的热那亚作者开始批评帝国,称其为"日耳曼人的帝国"(Imperio di Germania),只应该待在阿尔卑斯山以北。其他没那么重要的社区和领主则继续指望皇帝和帝国宫廷法院来保护他们的特权,就像保护德意志的社区和领主一样。但是,帝国与德意志关系密切,其疆域范围只包含意大利北部,因此,帝国在后来的意大利民族主义者眼中甚为可疑。就勃艮第以及1797年后从中诞生的国家而言,情况大致相同。

只有贵族?

如果说上述区域概览的结果尚在情理之中,那么帝国爱国主义在社会上的传播则在意料之外。普遍的结论是：除了需要依靠帝国来维持自治的小诸侯外，没人觉得帝国有多重要。[64] 毫无疑问，帝国诸侯认为自己的声望和自治权是和帝国的福祉绵长联系在一起的。他们经常想提升自己的地位，但想要获得的只是高于自己竞争对手的地位。正如汉诺威公爵恩斯特·奥古斯特（Ernst August）在1682 年所说："从利益角度看，本家族不应脱离皇帝与帝国，而应与之牢牢联系在一起，因为没有比留在帝国中更牢靠的保险了。假使帝国分崩离析，我便不知家族该如何维系其自由与尊严。"[65]

与他同时代的瓦尔代克的格奥尔格·弗里德里希（Georg Friedrich of Waldeck）问道："除了帝国，世上何处还可找到如此已成惯例的自由呢？"势力最大的诸侯在欧洲他处寻求王位的同时，也继续参与帝国政治。普法尔茨选侯在 1653 年委托制作了帝国皇冠的两个复制品，以彰显他因《威斯特伐利亚和约》中的条款而获得的"大司库"（Arch Treasurer）的新头衔。[66] 作为皇帝的直属封臣，帝国骑士们也与帝国密不可分。尽管领地贵族们被鼓励效忠于他们的直属上级领主，但他们也依靠皇帝，因为只有他能赐予人们梦寐以求的完全直属的地位。各个贵族的领地离得很近，领地面积都比较小，这促使人们去帝国各地追求事业。尽管常被时人批评为乡巴佬，但其实大多数德意志贵族都至少对更大范围内的知识、教育、科学、军事和政治网络略有所知。他们自视为欧洲贵族中的独特"民族"。很多家族在勃艮第、意大利、波希米亚和帝国之外都有家族分支。和受过教育的平民一样，他们并不认为世界主义和更集中的多重忠诚之间有矛盾。[67]

帝国的权力是分散的，因此从未有过大量政府雇员。在中世纪的大部分时间里，"皇室人员"都几乎没有超出皇室礼拜堂和皇帝直系亲属的范围。鲁普雷希特在1400—1410年的统治期间，只任命了107位参事。15世纪90年代之后，常设中央机构的规模有所扩大。18世纪80年代，帝国议会至少有700名雇员，帝国最高法院则雇了150人，但即使加上帝国宫廷法院、书记官署和其他机构，雇员的总人数应该也不会超过1 500名。[68]与近代早期的其他大国不同，帝国并没能增强"民族"忠诚感的常备军。

然而，如果光是去寻找这样的机构，就容易看不到分权结构是如何创造出许多层次的参与和认同的。各个帝国政治体既向帝国议会也向彼此派遣使节和代理人。帝国界定了它们的世界。到了18世纪，只有若干较大的诸侯国还在外国宫廷中留有代表。在中世纪，宫廷代表是由神职人员担任的，这再次说明帝国教会对帝国十分重要。从中世纪盛期开始，越来越多的人获得了受教育的机会，"学者"（Gelehrten）阶层由此兴起，这些人主要来自贵族家庭，是近代早期大多数地区行政机构中的主要力量。与其他的贵族一样，他们通常适应性很强，在整个职业生涯中会在多个法院和帝国城市工作，包括到帝国议会或其他机构任职一小段时间——歌德在去萨克森-魏玛做官之前，就在帝国最高法院当过法律实习生。这些人既服务于地方，也服务于帝国。[69]有些人，例如歌德，对帝国的态度很矛盾，而另一些人，比如莫泽，则热烈支持帝国。在比较大的领地上服务的人可能多持批评态度，但霍亨索伦派驻帝国议会的代表格尔茨伯爵（Count Görtz）为帝国的灭亡而叹息不已，并选择退休后待在雷根斯堡，而不是返回普鲁士。[70]

更重要的是，对帝国产生认同的远不只有政治和行政精英。尽管与多位皇帝关系不睦，但帝国犹太人直到1806年还在为他们的福祉而祈祷。从家族纪念册中记载的祝福皇帝之举可以看出，犹太人对帝国的情感是超出那些官方行为的。尽管在选举之日，法兰克福犹太人被限制在犹太人聚居区内，但 1711 年以后，他们获准参加庆祝新皇帝登基的仪式。犹太人在另外四座帝国城市中也参加庆典，但沃尔姆斯城市议会通过请愿阻止了犹太人在该城举行庆典。这件事充分体现出对帝国的认同是如何起作用的。犹太人认为参与这样的仪式有助于表达自己的群体身份，而信基督教的城市议员则加以阻止，以免他们达成目的。各个社群也视帝国为共同行动的框架，以法兰克尼亚犹太人为例，他们在 1617 年代表犹太教信众起诉班贝格主教，以阻止他要求犹太人佩戴星徽的命令生效。对于帝国的灭亡，许多犹太人并不将其视为新的曙光，而是将其视为一场灾难，因为与犹太人社群观念相符的对他们全体的法律保护没有了，这种保护不同于 1806 年后各邦国分别赐予的自由。[71]

帝国城市亦发觉皇帝是有问题的庇护人，早在 12 世纪，帝国城市就强调它们与帝国的关系是超越个人的。中世纪后期的皇帝们在巡游中有赖于各个城市的接待，皇帝入城时总要举行盛大的仪式。腓特烈二世的第三任妻子——金雀花家族的伊莎贝拉——1235 年抵达科隆时受到了 1 万人的盛大欢迎。哈布斯堡王朝将意大利和勃艮第的理念与人文主义学者提供的古典实例融合在一起，于是在 1500 年前后，皇家入城式变得越来越复杂精细。如今庆祝皇帝的大驾光临要有精美的凯旋门、装饰美观的花车和方尖石碑。这样的做法一直延续到 18 世纪末，还根据风尚的变化调整，纳入了四轮马车和阅兵游行。帝国选举、加冕仪式和（直至 1663 年的）帝国议会的开幕式特别盛大：1.8 万人参加了 1742 年帝国选侯进入法兰克福参加皇帝选举的游行，相当于全城人口的一半。[72]

15 世纪，帝国城市取代宫殿成为帝国政治活动的场所，不仅和皇帝有关的活动在此举办，帝国政治体的众多会议也在此召开，既包括帝国大区会议这样的官方会议，也包括帝国政治体联盟的集会和会议。举办这些活动可能会很麻烦，在局面紧张的时期还要支付额外的安全费用，但这样的活动也给城市带来了宝贵的商机，让共同体有机会展现自己的身份和在帝国中的地位。[73] 奥格斯堡于1618—1622 年建起了宏伟的新市政厅，在门廊上突显出帝国双头鹰，期待帝国议会将这里选为会址，此外，市政厅还立起了一座奥古斯都皇帝的雕像，以强调其源起于罗马时代的帝国城市。[74] 纽伦堡是另一座因其帝国传统而自豪的城市，1424 年西吉斯蒙德委托该城保存帝国宝物，更是巩固了这样的传统。帝国宝物从1315 年开始公开展出，自1350 年起，展出成了每年复活节都进行的活动。由于路德批评圣髑崇拜，纽伦堡改宗新教后，该传统于1524 年终结，但城市议会拒绝将帝国宝物送到仍保留天主教信仰的亚琛，后者一再要求代替纽伦堡来保管它们。[75]

普通的农村居民对帝国也有感情，尽管在他们和皇帝之间的领主层级越来越多。实际上，皇帝离他们比较远，也基本与日常生活无涉，这似乎增强了人们的崇敬心，皇帝偶尔现身的时候，会激发极大的好奇心和庆祝活动。甚至皇帝去世后，人们的崇敬也没有消退：奥托一世的遗体被从梅姆雷本（Memleben）运往位于马格德堡的墓地，这段路程并不长（130 千米），却花了30 天，这是为了让沿途的群众都能瞻仰遗体。1106 年，施派尔主教拒绝将亨利四世葬入他的主教座堂，因为国王是在被教宗处以绝罚期间去世的。但是，农民们从他的坟上偷取泥土撒在自己的田里，因为他们相信这样做可获丰收。据称，西吉斯蒙德于1437 年在兹诺伊莫（Znaim）驾崩后，其尸身还在凳子上坐了三天，以便让群众走过瞻仰。[76]

人民对1792年弗朗茨二世的加冕典礼热情高涨，这无疑和选举结束前所有的酒馆均打烊并禁止销售烈酒有关。而对德意志南部一篇布道文的分析表明，人们的确很关心皇室的福祉。[77] 原因之一便是皇帝被普遍认为是农民的保护者。1519年的一系列民间故事讲述了德意志农民是如何在传说中的耶路撒冷围城战中帮助"红胡子"腓特烈一世的；而6年后，农民起义者在基弗霍伊泽山脚下的弗兰肯豪森（Frankenhausen）遭遇惨败，几天后就有了传言，称"红胡子"将醒来为他们无辜流出的鲜血复仇。[78]

农民战败之后，司法程序发生了变更，人们可以向帝国高等法院提起诉讼，帝国宫廷法院中有四分之一的案件是由普通居民起诉的。众多农民代表团来向皇帝请愿，多到维也纳出现了专门为他们提供住宿的旅馆。尽管哈布斯堡王朝在18世纪试图推广官方的司法渠道，限制直接向国王请愿的做法，但1711年还是有300名农民设法跟新当选的查理六世搭上了话，并因他的承诺而欢欣鼓舞。7年后，他们仍然怀着希望，但应该免不了要失望。在德意志西南部的豪恩施泰因（Hauenstein），长期纠纷中的一个派系在1745年几乎拒绝效忠于哈布斯堡王朝。尽管如此，向皇帝请过愿的豪恩施泰因农民领袖还是获得了声望，不少人还编造出了皇帝会见并承诺相助的故事。人们始终相信皇帝是公正的，他们将不公的判决归咎于讨厌的法官，而不会怪罪皇帝或体制。[79]

帝国法院的记录显示，普通百姓对帝国的复杂宪制和他们自己在宪制中的地位都懂得不少。两个高等法院常被要求对管辖权纠纷进行仲裁，还得派遣专员收集证据，包括询问农民。大型诸侯国里的人不太了解细节，但还是将帝国视为许多社群的共同家园，而较小领地上的居民常常表现得颇为了解他们的领主与宽泛的宪政秩序之间的关系。农民会派代表团前往帝国议会，看统治者向他们征帝国税的时候有没有多收。识字者在日记中记录了帝国议会和选举大会之类的事件。牧师们在星期日的礼拜中宣布帝国的命令，而其他新闻则靠口耳相传，直到 1739 年对奥斯曼帝国的战争期间，"土耳其钟声"最后一次敲响。[80]

浪漫民族主义

德意志的双重祖国

近代早期，诸侯家族的发展为人们提供了额外的身份认同。作为帝国第二大领地的统治者，霍亨索伦家族是哈布斯堡家族之外的另一个效忠对象。腓特烈大王一边刻意向其他德意志人宣扬普鲁士的"力量与光辉"，一边努力削弱自己的臣民对帝国的认同感。1750 年 6 月以后，为皇帝祈祷的传统活动在普鲁士被禁，柏林市中心则改造成了恢宏的欧洲都城的样子。然而，腓特烈在 1740 年后对哈布斯堡王朝直接发起军事挑战，成了在一个世纪的国内和平之后煽动帝国内战的罪人。他明目张胆地侵犯邻近的路德宗诸国的自由，但他的宣传对此略去不提，反倒将普鲁士表现为新教德意志之自由的捍卫者。不过，他避免重提宗教改革时期教派间的隔阂。信奉新教的普鲁士与进步政府和真正的德意志价值观联系在一起，信奉天主教的哈布斯堡王朝则被谴责为管理不善、宣扬教宗至上、压制德意志自由。奥地利及其强大的国际盟友未能在 1740—1745 年和 1756—1763 年的战争中击败普鲁士，似乎印证了这些论点。[81]

然而，腓特烈与其直接后继者并未追求"民族"角色，对后来的亲普鲁士历史学家赋予他们的"历史使命"也一无所知。腓特烈鄙视德意志文学和文化，通信用的是法语，认为自己是开明君主和思想家这样的世界主义精英中的一员。然而，他的声望使他成为全德意志都认识的人物，普鲁士也自然与民族复兴联系在了一起：1757年，他在罗斯巴赫（Rossbach）击败法军和帝国军队，这场胜利被一些人赞美为"民族"的胜利。[82]

佩尔根伯爵（Count Pergen）是1764年约瑟夫二世加冕为"罗马人的国王"时的典礼负责人，他在七年战争之后暗中雇来弗里德里希·卡尔·冯·莫泽（Friedrich Carl von Moser），以对抗普鲁士的宣传，协助重新恢复奥地利的影响力。像许多知识分子一样，莫泽对显然多疑的腓特烈已不抱希望，他以堪与其父亲约翰·雅各布·莫泽一样的热情埋头苦干，在1765年到1767年间出版了4部重要著作，其中最有名的是《德意志民族精神》（*Of the German National Spirit*）和《爱国信笺》（*Patriotic Letters*），这两部作品也当得起这样的名声。这些著作攻击了普鲁士宣传的"双重祖国"论，即存在新教的德意志和天主教的德意志，莫泽主张，最能体现德意志民族身份的应该是帝国宪制。莫泽认为，帝国宪制因诸侯专制和无视帝国法律而岌岌可危，他呼吁所有德意志人团结起来支持皇帝。哈布斯堡家族对此十分满意，罕见地考虑给莫泽加薪，但当他们发现莫泽在"好的帝国的"（gut Kayserlich）政策和"好的奥地利的"政策间做出区分，并对他们大发评论时，便不愿给钱了。哈布斯堡家族也意识到，莫泽试图将普鲁士认定为法国或奥斯曼帝国那样的"帝国敌人"，这可能引起分裂。于是，莫泽在1770年被悄悄辞退，后来得到了一个很小的官职。[83]

莫泽后来引起了担忧，是因为他阐明了18世纪后期帝国面临的诸多问题。在谈到何为真正的民族时，莫泽强调帝国宪制的作用，这是相当保守的，因为早在近 30 年前，普鲁士就公开跟奥地利叫板，迫使人民面对形式上的地位与实际的力量分配之间的鸿沟。这样一来，要讨论民族认同，就不能不提到帝国改革这个问题，而这又引发了一个问题：什么最能保障自由？是现行宪制，是诸侯的领地国家，还是更多的个人权利和政治参与？

情感政治

约瑟夫二世的加冕典礼（莫泽秘密受雇的起点）体现了另外一种形式的效忠。约瑟夫 1764 年 3 月 29 日进入法兰克福的入城式空前壮观，他的车队包括 95 辆六驹马车，行进中有 300 响礼炮致敬，并连续敲了两个小时的钟。[84] 歌德于 1811 年写道，回想起来，"那场活动杂乱无章，无法令人满意，相当乏味"，特别是加冕晚宴上空出来不少桌子，只有 3 位选侯和 1 位王公出席，相比之下，查理七世 1742 年的加冕宴会有近 60 位王公伯爵出席。在约瑟夫加冕礼上维持秩序的军队滥用武力，甚至枪杀了一名 19 岁的少女。约瑟夫在抵达法兰克福前写信给他的母亲，称加冕典礼是"一出真正的喜剧"（une vraie comédie）。他妻子在 4 个月前去世，这无疑使他悲伤，却不能阻止他与到来的公主们眉来眼去。之后，他再次写信给母亲："我必须承认，昨天的仪式是极妙而庄严的。我尽力全程保持大方得体，不带一丝尴尬。皇帝陛下〔弗朗茨一世〕向我们坦承他泪流不止，他们说在场者无不如此。"

约瑟夫的经历表明，帝国有能力诉诸新的情感政治，这种情感政治将纲领性质的"民族主义"加到了原本以描述性为主、特指某个群体的"民族"观念之上。民族主义需要人们投入情感、积极参与，提倡以民族为社会组织的最高形式。民族主义辩论超越了人文主义者讨论哪个民族历史最悠久的"文化战争",倡导以所谓固有的社会和种族特征为基础的新形式特性。民族主义采取了几种有些矛盾的形式,但都可以被归为"浪漫主义"的,因为民族主义强调情感,将本质主义意义上的民族视为更高的超越性力量——有人贴切地称其为"一种世俗的宗教"。[85] 托马斯·阿伯特(Thomas Abbt)是最早倡导爱国热情的德意志人之一,他1761年的诗作《为祖国而死》(*Death for the Fatherland*)就很说明问题,这首诗给传统美德重新排序,将为民族牺牲放在了圣洁之前。浪漫民族主义者认为,用德语以外的语言讨论身份认同是不可接受的,他们开始构建民族历史和文学正典,将不符合他们那些本质主义标准的人物、事件和作品排除在外。这就意味着要抛弃前现代时期对德意志人的传统看法,即德意志人由不同的部落组成,各个部落的独特文化和自由受到帝国宪制的保护。他们认为,民族国家的基础只能是文化和语言的一致性,用约翰·戈特弗里德·冯·赫尔德(Johann Gottfried von Herder)那充满诗意的话说就是,一个民族只能有一种语言作为其灵魂的真正表达。"外来的"形式必须被摒弃,因为它们会威胁到民族的纯洁性。被视为"外来"的不仅包括当时主导着精英阶层的音乐文化生活的法国和意大利音乐文化,还包括帝国各地持续存在的非德意志的风俗和语言。[86] 由于七年战争期间需要节省宫廷开支,法国戏剧团从1757年开始关停,但关停潮在18世纪60年代延续了下去,因为新的"民族"(意即使用德语的)戏院和歌剧院在汉堡、维也纳、曼海姆、柏林等地纷纷建立。

18世纪70年代那些"狂飙突进"时期的浪漫民族主义者如今被奉为德国文学巨匠,但在当时,他们很难在当地政府部门和大学中找到工作。他们呼吁民族复兴无疑是真诚的,但也有一部分原因在于，他们不得不在主流圈子之外建立自己的关系网。许多人希望约瑟夫二世或普鲁士的腓特烈二世能领导民族复兴，这种不切实际的希望破灭后，他们在失望中与传统秩序愈行愈远。那些有官职的人，例如歌德，对帝国的敌意就明显要小很多。广大民众仍对领地和本地身份感情深厚，与浪漫主义者所支持的整体民族相比，帝国宽松的政治秩序似乎更符合他们的利益。[87]

约瑟夫在位时间很长（1765—1790），这意味着直到1790年都没有再举行过皇帝选举，而1790年的时候，法国大革命已经使形势发生了巨变。比起传统上那种声势浩大的皇帝巡行，约瑟夫更喜欢微服私访，这让人们更感到旧秩序与自己没什么关系。他错失了机会，没能像维多利亚女王治下的英国君主制那样，利用民粹色彩更强的民族主义情感来发明新的"传统"。

尽管吸引力有限，但浪漫民族主义者提出了一个重要的观点：1800年的时候，与他们想要建立的崭新民族乌托邦相比，帝国确实显得不足而过时。帝国在法国大革命战争和拿破仑战争的压力下瓦解后，大众迅速接受了对帝国的批评，因为当时的情况符合民族主义者要求废除旧秩序以使德意志重生的呼吁。1815年后的局势屡屡令人失望，因为人们无法就何为民族达成共识。友好民族大家庭的开明理想被适者生存的竞争所取代。人们接受了对身份的本质主义定义，使欧洲人陷入了为发明出来的民族国家争夺土地的徒劳斗争。较大国家的建立和维持，意味着被认为对主体民族文化不利的特质会被边缘化甚至消灭，而对自决的渴望则可能将欧洲部分地区割裂成更小的碎片。从这个角度看，帝国在一个共同框架内容纳不同身份的能力具备了新的意义。

治理

第七章

王权

君王及其品质

治理而非统治

本书第三部分具体分析了神圣罗马帝国是如何被治理的，而本书第四部分则将重点考察帝国社会各方面的发展与其治理模式之间的关系。先前人们将帝国政治描述为建立单一制国家的一次又一次失败的尝试，此处强调"治理"（governance）而非"统治"（government），正是为了改变这种看法。"统治"意味着存在一个权力集中的制度化国家，其内部有着清晰明确的权利和责任链条。现代政治主要就是决定这样的国家由谁来控制，以及他们应该采取怎样的政策。"治理"一词则常有自治、自我管理的意思，帝国的政体包容性较强，主要依靠共识而非命令，和自治、自我管理的关系比较近。本章先讨论君王如何挑选出来、人们对君王的品质抱有什么样的期望，接着讨论君王主要的辅佐势力和可用的资源，最后分析从加洛林王朝到萨利安王朝君主的变化趋势；之后，我们会接着按照年代顺序，在第八章讨论中世纪盛期和晚期的情况，在第九章探讨近代早期哈布斯堡家族治下的情形。

帝国的治理是有计划的，由清晰的理念和目标引导。和现代政府一样，所有的国王与皇帝都必须根据外在环境的变化而随机应变。不过他们也不会任凭外在情况摆布。古今之间的区别在于，二者想要实现的目标不同。当时，"国家"和"民族"还不是可以被当作施政目标来考量的明确概念。国王和皇帝并不是"国家"或者"民族"的建立者，因为当时的人并不觉得有必要建立国家或民族。对中世纪的君主们来说，建造各式各样的教堂才是要紧的，符合人们对他们的期待。除此之外，他们的主要职责便是维护帝国的和平、正义与荣耀。暴力犯罪、起义叛乱、遭受入侵等外部形势的动荡，在他们眼中并不是要靠新的法律、更好的制度、更明确的边界来"解决"的"问题"。今天我们对于神圣罗马帝国政治史的大部分误解，都来源于错误地套用现代人对政治家的期待，来理解过去君主们的行为。在神圣罗马帝国存在的大部分时期里，指导帝国治理实践的都是当时社会中流行的对明君的期待和想象。

　　皇权并没有得到过清晰的界定。12世纪时，人们普遍认为皇帝拥有所谓的专有特权（jura caesarea reservata），这很大程度上要归因于皇帝作为封建最高领主的身份在这一时期得到了进一步的明确。皇帝的有限特权（jura caesarea reservata limitata）则一般要在征询其附庸大领主们的意见后，方可执行。从14世纪中期开始，皇权界定得精了一些，包括了宣战权和颁布帝国禁令的权力。15世纪帝国改革期间，明确了一系列所有帝国政治体共有的权力（jura comitialia）。[1] 接下来几章会谈到，神圣罗马帝国逐渐明确为混合君主国的过程，是与人们对当局的期待发生的变化相伴的，并不是诸侯想要脱离帝国的结果。

理想化的君主

选举君主的过程非常清晰地展现了帝国治理中的集体元素。选举还混杂了其他的形式，因此我们不能把这些被选举出的君王视作终身制的民选总统。参与选举君王的人并没有充分自由的选择权，因为只有少数被认定具有君王品质的人才可以成为候选人。尽管选择候选人的标准从未被正式书面明确过，但是从当时编年史书、圣徒生平、礼拜文献中有关理想君王的讨论，以及从加洛林王朝时期开始出现并在 12 世纪以后越发常见的"君主镜鉴"（Fürstenspiegel）中，我们依然可以管窥一二。

在上述这些文字史料中，宗教和道德伦理相关的内容占据了核心部分，像摩西、大卫、所罗门这样的《圣经》人物常被当作君王们的正面榜样。[2] 在 15 世纪以前，这些文献的作者通常是基督教神职人员，因此他们在写作中对《圣经》典故格外青睐也很正常。这些文字劝诫君主们要遵从教士们的建议，使用特权不要超出合法的范围，而且要表现出谦卑（humilitas），承认自己的有限，服从神的权威。[3] 一直到 13 世纪，谦卑都是重要的品质，君王们通过谦卑来向外界表明，他们之所以愿意承担作为君王的重任，并不是因为贪恋权力，而是出于纯粹高洁的动机，即希望在上帝面前尽职尽责。据说亨利一世在王位选举时，并没有汲汲营营于拉选票，而是忙着安置鸟巢。这桩逸事为他赢得了"捕鸟者"这一外号。此外，王位候选者也可以通过公开表现出谦卑的态度来向外界暗示，其竞争对手可能是权欲熏心的危险人物。

9—10 世纪的教士们常常宣称保持个人内在心灵的纯洁要比获得物质生活上的成功更为重要——宁当虔诚于上帝的输家，不当背负罪孽的赢家。但是，在 10—11 世纪，就连梅泽堡的蒂特马尔这样的教士也认为君主需要更加强势，在他们看来，精明狡诈和易怒是富有男子气概的品质，也是在政治上获得成功的必要品质。[4]中世纪晚期以前世俗人士对君王品质的看法，则只能通过他们对君王行为的接受程度来推测。一些核心的期盼是大致不变的：人们认为，君王应该捍卫教会、维护法典、在战场上得胜。当然，对于哪些是君王应有的品质，不同时期的看法也不一样，而同一个时代的人对于君王应该如何实现上述目标也往往众说纷纭。[5]

并不是每个人都被认为生来就具备这些品质。纵观神圣罗马帝国的历史，家世一直都很重要，基本上只有出身于塔西佗所谓"王族"（stirps regia）的人，才有资格成为君王的候选人。现代德语中König（国王）一词源自较古老的词 kunja，它既可以指代亲属关系，也可以指代武士家族及其首领。[6]一直到至少 13 世纪，或真实或虚构的家族世系在每次王位传承时都很重要。那些并非王室直系出身的王位竞争者需要证明自己或多或少具有王族血统。神圣罗马帝国历史上第一位被推选出的对立国王是莱茵费尔登的鲁道夫，他同勃艮第王室有血缘关系，自 1057 年起同时是勃艮第的统治者和士瓦本公爵。他的第一任妻子是皇帝亨利四世的姐姐玛蒂尔达，第二任妻子萨伏依的阿德莱德（Adelaide of Savoy）也有王室血统。下一个对立国王是萨尔姆的赫尔曼（Hermann of Salm），他是卢森堡伯爵家族第一支系（1198 年绝嗣）的首领，算起来是皇帝亨利二世之妻库尼贡德的孙辈，他同奥托王室有亲戚关系，也是萨利安王室的远亲。由于有这些关系，在 1081 年人们想要挑战亨利四世的王位时，赫尔曼成了理想的折中候选人，但赫尔曼没有什么战绩，支持者很快离开了他。[7]

理想的王族出身要能联系上加洛林家族，而且最好能上溯至查理曼。10 世纪 50 年代，在对抗试图攫取意大利的奥托一世时，贝伦加尔二世同其子阿德尔贝特都宣称自己是加洛林家族的后裔。和查理曼的联系一直到 16 世纪都是重要的优势因素，当时，王室的辩护者已经有办法将帝国的统治者们编入可无缝上溯至古罗马皇帝乃至特洛伊神话时代的家谱了。

　　家族世系还包含了传承的其他方面，比如后来所谓的民族。"非我族类"的观念并没有在 919 年阻止萨克森的奥托王朝取代法兰克的加洛林王朝，也没有阻止来自莱茵地区的萨利安王朝取代奥托王朝，但在这两个案例中，新王朝的统治者在一开始都需要谨慎行事。962 年，奥托一世加冕为神圣罗马帝国皇帝，巩固了皇帝头衔与德意志国王头衔之间的联系，但当时还没有正式规定说德意志国王必须是"德意志人"。1202 年，教宗英诺森三世颁布了教令《通过可敬畏的》，称利奥三世"已经通过加冕查理曼，将罗马帝国从希腊人处转交至德意志人手中"。这个声明的目的是将教宗自封的帝国头衔"转移者"的最高权威地位历史化。英诺森三世的声明既没有阻止人们在 1257 年推选来自英格兰和西班牙的候选人（分别是康沃尔的理查和卡斯蒂利亚的阿方索十世）为德意志国王，也不是 1300 年前后多位法国候选人失败的主要原因。1314 年，又出现了双重选举的情况，在那之后，这则教宗敕令意外地受到了重视，因为英诺森无意中为不让教廷干预日后的德意志国王选举提供了一个论据。不过，直到关于民族的新观念广泛传开之后，这则教宗敕令的影响才全部发挥出来。在 1519 年的皇帝选举中，查理五世将法王弗朗索瓦一世描绘为"异族人"，从而在选举中获胜。后来，又有许多德意志人嫌查理五世太"西班牙"了，但这些质疑也不过是强化了"只有德意志人才能被推选为皇帝"这一共识。[8]

人们认为，君王的言行理当符合君王的身份，君王即位前后都会受到这种期待的限制。不肖之徒是不会得到神恩的眷顾的。亨利四世就被政敌无情抨击，因为据传他无节制地向其妻子普拉克赛德丝发泄性欲并实施残酷虐待。在选举之前像君王般行事或许可以打消怀疑者们的疑虑，但也可能被一些人视作态度傲慢。1125年，士瓦本公爵腓特烈二世作为斯陶芬家族的候选人参选，亨利五世也曾公开认可他为自己的继任者，然而有人批评他"早已准备好被选为国王，而不是准备要去推选国王"。贵族们选择了他的竞争对手——苏普林堡的洛泰尔三世，洛泰尔在参会的领主们的面前屈膝跪地，假惺惺地声称他自己并不愿接受王位。这一次，没有显赫的家世反倒有利，洛泰尔同萨利安王朝并无血缘关系，而后者强势的统治风格恰恰是贵族们想要终结的。[9]

在人们看来，君王们理当尊重自己重要封臣的感情。亨利四世在位时遭受了诸多批评，其中一项便是他曾因为沉湎于同密友玩骰子游戏，而让前来觐见他的萨克森领主们等了一整天。[10]除此之外，在战场上展现英勇气概并取得军事胜利也很重要，因为这能向外界证明他们信仰虔诚，还得到了上帝的庇护。932年，亨利一世有意破坏同马扎尔人的停战协定，表示与其继续向异教的马扎尔人进贡，不如把钱财投入保卫基督教世界的英雄事业，此举使他获得了领主们的支持。次年，亨利一世的军队在里亚德（Riade）战役中击败马扎尔人，这场胜利非常有利于巩固奥托王朝的统治。亨利一世手持圣矛作战，其子奥托一世955年在莱希费尔德战役中对阵马扎尔人时据说也使用了圣矛，对此人们大做文章，构建出了神恩在两代人间延续并最终导向奥托一世962年加冕为皇帝的故事。[11]

当然，对于君王们来说，选择御驾亲征也是有极高风险的。比如，奥托二世 982 年在克罗托内的惨败就动摇了帝国各地人们对奥托王朝的信心。君主在战场上所表现出的勇猛气魄，至少可以抵消一些战略上的失误。康拉德三世和"红胡子"腓特烈一世都亲自挂帅参与了十字军运动，据传他们都曾经在战斗中一剑把敌人直接劈成两半。[12] 在 1257 年当选之前，康沃尔的理查就通过领导十字军而取得了赫赫威名，而匈牙利国王西吉斯蒙德率领的十字军在1396 年的尼科波利斯（Nicopolis）战役中遭遇惨败后，他好不容易才重新提振了自己的威望。直至近代早期，骁勇善战都被视作君主们必备的品质。马克西米利安一世就获得了"最后的骑士"这一美名。查理五世请提香为自己绘制了骑马戎装形象的肖像画，以纪念他 1547 年在米赫尔贝格战役中大败施马尔卡尔登联盟。斐迪南三世和约瑟夫一世的处变不惊也为他们赢得了赞誉。

那时，人们认为理想中的国王应该是具有优秀指挥才能的统帅，而不是只会舞刀弄枪的武夫。虽说如此，拥有勇猛武士般魁梧的身材，仍旧符合人们在外貌方面对中世纪君王的期待。包括亨利四世在内的若干君主，据说身高都达到可以媲美查理曼的 1.8米，康拉德二世的身高据传则更是高达 2 米，而他一日之内驾马奔驰 150 千米的逸事也广为流传。亨利七世身材高大，在意大利人称Alto Arrigo（高个子亨利）。在这种看重君王亲临的文化中，君王需要仪态优雅、步态大方、身手敏捷。在同其弟康拉德三世竞争王位的过程中，士瓦本公爵腓特烈就因为一只眼睛残疾而落了下风。9 世纪的皇帝和国王通常要身着镶有金边的丝绸长袍，配备金剑带和金马刺。直到 13 世纪，被视为带有传统"法兰克"色彩的物件仍是代表合法性、延续性的重要象征。[13]

相较而言，君王的才智就没有那么重要了。康拉德二世因不会读写而被称为愚人（idiota）。不过，这种蔑称既反映出小部分教会精英的偏见，也说明康拉德二世儿时并没有被当作未来的国王来培养。康拉德二世为自己的后代则提供了完备良好的教育。在他之后的三位王位继任者都受过良好的教育。奥托三世的主要导师是欧里亚克的热尔贝（Gerbert of Aurillac），热尔贝是当时顶尖的学者，后来成为教宗西尔维斯特二世（Sylvester II）。亨利三世能够熟练掌握拉丁文，还嘲笑帕德博恩主教迈恩瓦尔德在主持礼拜仪式时说的蹩脚拉丁文。[14] "巴伐利亚人"路易四世是最后一位仅受过基本贵族教育的神圣罗马帝国皇帝。他的继任者查理四世曾在巴黎学习，著有自传一部，能说五种语言，对欧洲的盛期哥特式文化也很投入。[15] 后来的一些皇帝也表现出了艺术天赋，或者至少为艺术创作提供资助，不过在文艺复兴之后，这种现象在欧洲王室中绝非孤例。

我们之前探讨现身文化时谈过（见第 XV 页和第 295 页），中世纪神圣罗马帝国的政治很看重人与人之间直接的互动和交流；简单说，那是一种重视现身的文化。然而，由于距离的问题和其他方面的压力，国王不可能每个重要人物都见，而对于并未当国王、只是有可能成为国王的人来说，就更是如此了。不少君主在参与王位选举之前都没有太大的名气。在这样的环境下，他们很有必要遵循公认的规范，按照人们的期待来行事。早在 9 世纪 40 年代的加洛林王朝内战中，谁握有"正确"的帝国宝物就是个重要问题了，敌对各方都宣称自己手里的是"真品"，以证明自己对王位的声索具有合法性。科维的维杜金德也在其著作中提到康拉德一世在弥留之际把宝物交给了亨利一世，以此为奥托王朝的合法性辩护。亨利二世的遗孀库尼贡德也扮演了类似康拉德一世的角色。她把宝物授予了了萨利安王朝的开创者康拉德二世。同理，把帝国宝物交给他人，会被解读为放弃王位；亨利四世在 1105 年不情愿地交出了宝物，"美男子"腓特烈 1320 年交出宝物时则比较友好。

1002 年，亨利二世阻截了奥托三世的送葬队伍，强行夺走帝国宝物，但光有宝物是不够的：领主们一开始纷纷抵制他的统治，理由是他身体羸弱，婚后两年仍无子嗣。不过，在奥托三世的姐妹们的支持下，亨利二世还是抢在对手士瓦本公爵赫尔曼二世（Hermann II）之前到达了美因茨，获得加冕。[16] 类似的事还有，尽管士瓦本的菲利普持有宝物，但他的对手奥托四世还是通过控制亚琛和找到"对"的人，于 1198 年由科隆大主教加冕了。简言之，其他因素对获得广泛合法性而言也很重要。1315 年，另一位科隆大主教声称公认的帝国宝物只有一套，他这么做是想巩固自己在加冕国王一事上的地位。而卢森堡王朝的君主们基于打压潜在对手和防止出现对立国王的考虑，特意把所有和王权合法性有关的器物都储存在了一个宝库中。然而，1400 年的时候，卢森堡王朝的对手鲁普雷希特用一顶廉价的仿制王冠完成了加冕仪式，3 年后，王冠以 150 弗罗林的低价典当出手。[17]

王位的选举与世袭

决定王位继承有一系列的方法，这些方法后来通过 1356 年颁布的《金玺诏书》确定下来。一直以来，都有人认为王位继承中的选举要素是帝国政治虚弱的主要原因。[18] 在阅读接下来的内容时，读者们应该提醒自己：直到中世纪晚期，人们都没有把"选举"和"世袭"当作两个截然不同的宪政选项。就连英格兰的王位继承也有一定的选举要素，只有得到贵族们的支持和认可，新君的即位才会被视为合法；而法国的世袭统治，实际上是通过许多国王在世时指定儿子为继承人来实现的。

帝国里的人深知，不是世袭就一定好。奥托一世、亨利四世、腓特烈二世等君王都把儿子当作继承者来培养，却遭遇了后者组织的严重叛乱。世袭原则最受推崇的时期，也是年幼君主在位最久的时期，特别是奥托三世和亨利四世在位时。家世虽然重要，但出身王族直系并不表示此人一定能成为理想的君王。文策尔 1378 年继承父亲查理四世的王位时只有十几岁。做储君时的奢侈生活让这位新国王成了被宠坏的骄奢少年，即位后不久，他就开始纵酒享乐。相比之下，选举可以减少不适任者继承王位的情况。1254 年之后约一个世纪的时间内，帝国陆续选出了 6 位君主，其中 5 位被认为是"极其有为的政治家"。[19] 拿骚的阿道夫是唯一的昏庸无能者，后被废黜；废黜君主在选举君主制的国家里也不算什么难事。

在神圣罗马帝国的千年历史上，只出现过 4 次真正意义上的"双重选举"（1198，1257，1314，1410），这指的是两位竞选人被前后脚而不是同时推选为国王。而所谓的"对立国王"，指的是被在位君主的敌对势力推选出来的新王（见表 2）。从结构上讲，对立国王的出现对欧洲世袭君主们来说还算不上最糟糕的事，"王位觊觎者"和"王位继承战争"也让他们感到头痛。只有 1198 年和 1314 年的两次双重选举引发了严重的内战。不过总体而言，神圣罗马帝国的君位继承运作比古代的罗马帝国还是好多了，因为在罗马帝国，君位继承只取决于在位皇帝的提名，以及被提名者击败对手的能力。从公元前 27 年到公元 192 年，只有两位罗马皇帝成功地将帝位传与儿子；而在 235 年至 284 年间出现了超过 80 个篡位者。此后一直到 476 年西罗马覆灭，只有 3 年时间是只有一个无人挑战的皇帝在位的。

表 2　对立国王

受影响的时期	对立国王	在位君主
983—985	巴伐利亚的"强辩者"海因里希二世	奥托三世
1077—1080	莱茵费尔登的鲁道夫	亨利四世
1080—1088	萨尔姆的赫尔曼	亨利四世
1088—1090	迈森的艾克贝特	亨利四世
1093—1101	法兰克尼亚的康拉德 （自 1087 年起为正式的共治国王）	亨利四世
1106	亨利五世 （从 1106 年 8 月开始无争议统治）	亨利四世
1127—1135	康拉德三世 （1138—1152 年无争议统治）	洛泰尔三世
1198—1218	奥托四世	士瓦本的菲利普
1212—1218	腓特烈二世 （从 1218 年开始无争议统治）	奥托四世
1246—1247	图林根的亨利·拉斯佩	腓特烈二世
1247—1254	荷兰的威廉 （1254—1256 年无争议统治）	1250 年之前为腓特烈二世， 1250—1254 年为康拉德四世
1257—1273	卡斯蒂利亚的阿方索十世	康沃尔的理查
1314—1325	奥地利的"美男子"腓特烈	路易四世
1346—1347	查理四世（从 1347 年开始无争议统治）	路易四世
1349	施瓦岑堡的金特	查理四世
1400	不伦瑞克的腓特烈	文策尔
1400—1419	文策尔（自 1378 年起作为国王统治）	普法尔茨的鲁普雷希特
1410—1411	摩拉维亚的约布斯特	西吉斯蒙德

神圣罗马帝国的继承体制可以说是两种方式的好处都占了：君主在理论上是选举出来的，但在实际操作上往往是世袭。[20] 贵族和平民通常都愿意看到儿子继承父亲的王位，这往往被解读为神恩的标志。800 年到 1254 年间在位的 24 位德意志国王中，有 22 位来自四大王族，12 次的即位模式都属于父死子继。后世的一些史学家将此种世袭称为"血统权"，但当时的人们用"继承权"（ius hereditaria successio）这一更为笼统的名词来称呼它，这种所谓"继承权"并不强调一种延绵不绝的世袭制，也给了那些参加国王选举的贵族一定的话语权。[21] 加洛林王朝实行"指定"制度，君主还在位时就指定某个儿子或亲属继任，这是"共治国王"制度的基础（见表 3）。指定制度在 919 年和 1024 年的王朝更替中发挥了尤为重要的作用，奥托王朝和萨利安王朝的编年史家都声称各自王朝的上位得到了之前王朝君主的首肯和祝福。

只有亨利六世试图说服贵族领主们接受在德意志境内建立一个显然是世袭的斯陶芬王朝，就像在他新获得的西西里王国一样。尽管亨利六世同意让步，领主们还是只采取了传统做法，仅承认他当时年仅两岁的儿子腓特烈二世为继承者，而并没有明确之后的世袭继承权。这一历史上的小插曲在 20 世纪的作品中受到了恐怕不应有的重视，因为这一事件被错误解读为将帝国转变为中央集权君主国的机会，只不过因为亨利六世的意外早逝而没能实现。[22] 其他地方的君主们显然担心帝国会转为世袭统治。教宗英诺森三世在教令《通过可敬畏的》中威胁道，如果德意志贵族们再推选出一位来自斯陶芬家族的国王，他就要剥夺德意志人的选举权。瑞典和法国都试图在 1648 年签订的《威斯特伐利亚和约》中写入，神圣罗马帝国的皇帝不能连续两任都出自同一家族。此类提议德意志诸侯都拒不接受，因为他们认为这是对其自由选择权的不合理干涉。

在中世纪晚期以前，王位选举的具体过程是高度不透明的。它不是基于人民主权的理论，参与选举的大贵族们也绝非普罗大众的代表。实际上，这种选举被视为上帝旨意的表达；正因如此，当时的人们认为选举优于直接的世袭继承。[23] 虽然这种选举被公开包装为上帝意旨的体现，选举者还是要考虑各位候选人的人品、军事实力、家族背景等现实因素。选举者们表面上展现出的意见一致，是展示选举结果的合法性的重要方式。意见不同者要么无法参与选举，要么在选举结果公布之前就离开会场。因此，选举也包含了之后的臣服礼，新当选的国王需要获得这些之前未出席者的公开承认。分别在 1002 年和 1024 年，亨利二世和康拉德二世不得不在国王选举后举行规模堪比正式选举的臣服礼，以求得萨克森人的支持。[24] 后来，这种做法受到了限制，选举不再有多余的项目和仪式。

尽管选举中的意见不同者可以表达反对意见或缺席，但他们对结果并无否决权。14 世纪期间，人们渐渐不像先前那么在意公开展现的一致意见，少数服从多数的表决制得到确立。[25] 缺席选举反倒可能让对手青睐的候选人在选举中全票获胜。通常，反对者们会在新王当选结果公布前谨慎地讨价还价，或者以参加之后的臣服礼为条件争取让步。同新王势不两立的反对派一般会返回自己的封地，拒绝参加臣服礼。在神圣罗马帝国最初的两个世纪里，大部分叛乱都是这样引发的。

1077 年，亨利四世的反对者们选举莱茵费尔登的鲁道夫为国王，明确响应了教会改革者对通过"自由选举"来体现上帝意旨的呼吁。鲁道夫承诺不会指定自己的子嗣来继承王位，这也是神圣罗马帝国政治史上第一次有君王明确否定世袭原则。[26] 然而，这并没有成为决定性的转折点，因为鲁道夫随后被亨利四世击败，亨利四世又指定了自己的两个儿子为王位继承人。洛泰尔三世被推选为国王的选举被视为一次"自由选举"，因为之前在位的亨利五世并没有指定继承人。然而，这场选举的实际情况不明，只知道它和之前的做法并没有本质上的不同。康拉德三世在1138年的即位是"一场少数权贵发动的政变"。[27]儿子继承父亲的王位此后成为传统，不过他们都需要得到重要领主们的肯定；13世纪后期，"自由选举"最终出现，才取代了这一传统。

选举团

参与早期选举的具体有哪些人，我们知之甚少，但可以肯定的是，选举绝不是由战士代表"部落"进行普遍投票这种简单的形式。[28]选举一直是精英的事，到887年的时候，由公爵和其他大领主来代表重要地区参与选举的做法已基本得到确立，不过我们并不清楚他们表达意见前是否问过其下属封臣的想法。到了911年，帝国境内主要地区在国王选举中派出相应的代表已成惯例，巴伐利亚和士瓦本的代表缺席919年的选举，因而招致了亨利一世的打压。勃艮第和意大利的领主们都向国王宣誓效忠，但他们被排除在德意志国王的选举之外，唯一的一次例外是983年，当时奥托二世想进一步整合，于是推动他儿子奥托三世在维罗纳的会议上被同时选为德意志国王和意大利国王，之后，奥托三世在亚琛被美因茨和拉韦纳大主教正式加冕。

随着人们开始区分审慎"选择"（Kur）和所谓"自发"的口头表决，选举的形象也渐渐明晰起来。主教们似乎并未参与奥托一世被推举为国王的那次选举，但到了11世纪中期，在亨利二世治下获得影响力之后，主教们显然参与了王位选举。1198 年之后，修道院院长不再参与选举，主教们的参与范围则收缩到了德意志西部。不过，教会贵族们在 13 世纪依然很有话语权，这可能同这一时期的教会的团体认同感更强有关。[29] 相比之下，世俗代表的地区小集团则随着斯陶芬王朝治下众多小公国的出现而消失殆尽。1152 年，尽管所有领主都有权参与选举的说法仍得到强调，但选举团成员的人数已经开始缩减了。1196 年之后，伯爵们被排除在选举之外，而之后选举团的规模还在继续波动：1208 年、1212 年、1220 年的选举都有较大规模的选举团，而 1211 年、1237 年、1246 年、1247 年的选举团的规模则要小许多，在康拉德四世于维也纳被推选为国王时，只有 11 位诸侯出席。[30]

1198 年的双重选举以及 1246 年和 1247 年发生的推选对立国王事件，都揭示了派系斗争的危险性。斯陶芬王朝的统治者和教宗都倾向于将选举团缩减为一个有明确边界的群体，这样的想法得到了一些理论家的支持，比如雷普高的艾克（Eike of Repgow）以及斯塔德的阿尔贝特（Albert of Stade），他们在颇具影响力的论述中主张，应该由一个小规模的选举团来间接代表那些不再能够直接参加选举的贵族。[31] 这也是迫于形势。13 世纪 40 年代的内战让人们看到，选举人必须坚定支持自己的候选人，而这让许多人对参与选举并选边站队心生畏惧。奥地利的巴本堡（Babenberg）和图林根的卢多温格（Ludowinger）这两个有权势的家族分别于 1246 年和 1247 年绝嗣，选举团人数因而再减。

到了 1237 年，参与选举的教会诸侯基本稳定在三个。其中，美因茨大主教自 936 年起便在选举中发挥主导作用，并且在 1002 年获得了所谓"首席投票权"（prima vox）。科隆大主教并不认可美因茨的主导地位，这也是引发 1198 年双重选举的重要原因，在这场纷争中，科隆大主教选择支持奥托四世，而非当时获得多数贵族支持的士瓦本的菲利普。[32]1356 年，美因茨大主教被授权主持之后所有的王位选举，其优越地位得到了确认。科隆大主教和特里尔大主教则继续同美因茨大主教在地位问题上针锋相对，不过在 1237 年，上述三方立场一致地将马格德堡和萨尔茨堡永久排除在了王位选举之外。教会的选票是和大主教辖区而非具体的人挂钩的，而世俗势力则以家族为基础，因此比较难判断该由哪个人来行使选举的权利。走出决定性的一步的，是将选侯身份与仪式性的"帝国要职"*永久挂钩的设计，这些职位根据在皇家宫廷履行的职责命名。此时，选举团的规模迅速缩小，因为把其他人排除在外对已拥有特权的人来说有利。[33]鲁道夫把教会外帝国要职头衔的拥有者限定为他四个女婿的家族：普法尔茨伯爵、勃兰登堡藩侯、萨克森的阿斯坎尼（Askanier）家族、波希米亚国王。阿斯坎尼家族在1273 年之后的内部分裂让局势变得比较复杂，但查理四世在 1356 年颁布了著名的《金玺诏书》，把选侯的组成确定为三个教会诸侯加四个世俗诸侯。这则因盖印的金玺得名的诏书旨在创立一个权威性的制度，将上述诸侯整合为一个选举团，只有他们有权推选国王，此外他们还拥有其他的特权。[34]

选举团里具体有谁得到明确之后，在任君主若想指定继承者，便需要采取与之前不同的做法。在《金玺诏书》颁布之前，最后一次这样的事发生在 1169 年皇帝"红胡子"腓特烈一世还在位

---

* 帝国要职（Erzämter），选侯在中世纪盛期被授予的仪式性头衔，根据《金玺诏书》的规定，该头衔与特定的选侯身份永久地联系在一起。

时。他当时年仅 4 岁的儿子亨利（六世）被推选为德意志国王，与其父共同拥有国王的称号。此后的 1190 年，亨利六世顺利继承了他父亲的帝位。之后一次类似的事发生在 1376 年，当时在位的查理四世希望把他的儿子文策尔确立为继承人。这也是《金玺诏书》颁布之后的首次王位选举。这次选举开创了"在位选举"（vivente imperatore）的形式。下一次在位选举发生在 1486 年，当时马克西米利安一世被推选为国王。1508 年，马克西米利安一世采用"当选的罗马皇帝"这一头衔，而"罗马人的国王"则成了皇帝在位时推选出的继任者的头衔。《金玺诏书》并不排斥这样的做法，然而就和其他重要的帝国文书一样，它可以有多种不同的解释。皇帝们主张，自己选定继任者后，随时有权召唤选侯来举行选举；选侯们则声称必须先取得他们的同意方可进行选举，而这实际上成了他们推迟在位选举的一种方法。在具体实践中，哈布斯堡王朝的君主们一般在有把握赢得诸侯的支持后才会宣布进行在位选举。1630年，哈布斯堡王朝失算了，选侯们拒绝接受斐迪南三世为"罗马人的国王"，不过在其他时候，这种策略还是比较成功的，在从 1519 年到 1792 年的 16 次选举中，从 1531 年的斐迪南一世开始，有 7 次选出了"罗马人的国王"。[35]

选举承诺

选举规则明确之后，选举和臣服礼的区别也更明显了。在臣服礼上，臣民向新君主表示承认，宣誓效忠于他，以换得君主的保护和对他们自由的尊重。尽管中世纪君主们的承诺都是口头做出的，但这些承诺仍被视为有约束力，倘若他们之后不遵守承诺，那么反抗他们就是合法的。近代早期以前，臣服礼在帝国境内的各个主要层级中都很普遍，而臣服礼对中世纪的君主尤为重要。802年，查理曼要求所有12岁以上的男性都必须向他和他新获得的帝位（帝位后来由其他的加洛林王朝统治者继承）宣誓效忠，但对帝国的君主来说，同高级领主们建立更紧密的个人关系更为重要。[36]新当选的君主在帝国境内展开皇家巡游*，以寻求那些缺席国王选举的领主的承认和支持。这一做法也在之后成为惯例。

在胁迫之下表达的臣服被认为是无效的，因此君主若想确保获得支持，往往需要进行审慎的谈判。这样的谈判在加洛林王朝晚期似乎已经出现，只是1152年之前的相关证据不够完整，只有围绕选举共治国王展开的谈判有比较好的证据（共治国王的情况详见表3）。[37]君主们在加冕之后向封臣们颁发特许状，向他们授予土地等赠礼以及豁免权（特权），以表明自己履行了选举承诺。各方都有必要谨慎盘算。这关乎国王的荣誉，而如果封臣公开索取奖赏和特权，也要承担被人羞辱的风险。

莱茵费尔登的鲁道夫在1077年被推举为对立国王，他的这一特殊身份也让他在被推选为君主时所做出的选举承诺格外与众不同。除了在主教叙任权问题上对教宗让步，鲁道夫还承诺日后不会提名自己的儿子为继承人。在"自由选举"时期，此种选举协议在王位选举中变得更为常见，在1198年至1298年间举行的14场王位选举中，有11场都达成了选举协议。拿骚的阿道夫在1292年同意以极为慷慨的馈赠来换取支持，而这些赠礼如今被视为对选侯花销的补偿。当然，至少从1273年开始，此类协议中有关权利和

---

* 皇家巡游（iter），君主到访帝国各处，让没有出席加冕仪式的领主臣服效忠的活动。

义务的内容就是双向的了，当时规定，其他选侯有义务协助君主来组建和管理帝国政府。《金玺诏书》进一步明确了选侯的身份，选侯们都有一系列特权，包括自行组织会议的权利和在各自领地内可观的司法自治权；选侯们会要求每一任新君主确认这些特权。在查理五世被推选为皇帝时，情况有了根本性的变化。一方面查理五世在当选之前就已经是西班牙国王；另一方面，其他选侯此时也受到了帝国改革所引发的一系列新思潮的影响，表现出了更强烈的集体责任感。此次选举中所通过的选举协定 * 被印刷出来公开分发，成了日后所有选举协定的基础。1648 年《威斯特伐利亚和约》签订之后，帝国境内的其他诸侯也要求获得参与选举协定协商的权利，同时也有人呼吁通过明确条款来巩固宪制。1711 年 7 月，一份"永久协定"（capitulation pertetua）的草案被公开发布，但此文件从未被任何皇帝正式批准，实际上，1519 年的文本在之后每一次选举中都得到修订，尤其是在 1742 年。[38]

加冕礼

从"矮子"丕平 754 年的加冕礼开始，历任法兰克国王都举行了加冕仪式，仪式包括穿上王袍、接受帝国宝物、举行涂油礼、获得加冕。[39] 各项流程的执行顺序和具体操作的变化，都可以看作重要的政治宣言，特别能体现当时皇帝和教宗的关系。加冕仪式的流程在被称为"法条"[†]的书面文件中有明确规定。有 20 则"法条"

---

* 选举协定（Wahlkapitulation），皇帝或宗教诸侯与其选侯们在最终确认其选举之前达成的协议，确认团体的权利和特权。

† "法条"（Ordines），关于加冕礼的协议，规定了仪式的形式和顺序。

保存至今，其中就包括了960年的法条，这是现存最早也是最为重要的一份法条。它在1309年被进一步修订，也被纳入了《金玺诏书》，在1792年举行的最后一次皇帝加冕仪式也遵循了这份文件的规定。

754年，"矮子"丕平在推翻墨洛温王朝之后，首创了让高级教士在国王加冕礼上施行涂油礼的做法，以巩固自己统治的合法性。800年，教宗利奥三世在为查理曼举行的加冕仪式中也引入了涂油礼，此后涂油礼成了加冕仪式的固定环节。[40]涂油礼将基督教的洗礼、教士的神职授任仪式、《旧约》中的王权等多重元素结合在一起，因此既可以解读为祝圣仪式，也可以理解成简单的祝福仪式。可以明确的一点是，新任的君王通过涂油礼完成了从凡人到上帝的工具的身份转换。涂油礼和皇帝加冕仪式的联系，可能是9世纪后期东法兰克王国的君主不再使用涂油礼的原因。比较有名的一次是，亨利一世在919年据说是出于谦卑而拒绝了涂油礼。[41]不过，在公元936年之后，涂油礼成了德意志国王加冕仪式中的重要环节，以彰显教会的公开支持，并将萨利安王朝君主们的统治权进一步神圣化。英格兰国王模仿神圣罗马帝国，也在加冕仪式中引入了涂油礼。苏格兰的国王们也向教宗请求能在加冕仪式中举行涂油礼，然而教宗拒绝了这一请求。

加冕礼一般被安排在君王选举之后立即举行，但也有可能因为选举地点的争议而推迟。这种延迟在12世纪和13世纪较为常见，因为在这一时期选举常常仓促举行，以排除那些潜在的竞争对手。亚琛是最受青睐的国王加冕礼举办地，而皇帝加冕礼则大多在罗马举行。在800年至1530年间，一共有30位皇帝加冕，而其中有25位的加冕礼是在罗马举行的，其中包括两场由对立教宗主持的皇帝加冕礼（1084，1328），以及两场在阿维尼翁教廷时期由教宗使节主持的皇帝加冕礼（1312，1355）。除了两次骚乱使得加冕礼不得不转移到拉特兰宫外（1133，1312），大多数皇帝加冕仪式都在圣彼得大教堂举行。兰斯（816）和博洛尼亚（1530）都举办过加冕礼，而亚琛则举办过两次没有教廷参与的皇帝加冕礼（813年路易一世加冕、817年洛泰尔一世加冕）。《金玺诏书》明确规定了亚琛为德意志国王的加冕礼举行地，选举在法兰克福举行，而纽伦堡则是帝国会议的举办地。尽管这条规定中的最后一项在实际执行中往往被无视，但亚琛直到1531年斐迪南一世加冕为"罗马人的国王"为止，都保持了国王加冕地的地位。教宗不再介入国王选举后，法兰克福在1562年之后同时成为选举和加冕仪式的举行地，唯一的例外是1575年，当时鲁道夫二世在雷根斯堡加冕为"罗马人的国王"。

对中世纪的皇帝加冕仪式来说，时机格外重要。被加冕者通常是已经当上德意志国王的成年男性，因此他们可以提前计划：在30次皇帝加冕礼中，有15次在重要的基督教节日举行，其中有6次在复活节，圣诞节则有4次。1530年以后，由于不再另行安排单独的皇帝加冕仪式，皇帝加冕礼中的宗教元素逐渐剥离，大多数加冕礼的举行时间主要取决于前任皇帝的离世时间和当时的政治局势。

中世纪的皇帝加冕礼始于前往圣彼得大教堂的行进，之后皇帝会在圣彼得大教堂接受罗马元老院成员和教士的问候。在德意志，资深的大主教们则在国王加冕礼和近代早期的皇帝加冕礼中扮演重要的角色。美因茨大主教和科隆大主教为主持加冕礼的资格激烈争吵，因为这象征着赋予国王合法性的权力。根据《金玺诏书》的规定，美因茨大主教主持在法兰克福举行的加冕礼，而科隆大主教则主持亚琛的加冕礼。这一规定仅有一次遭到破坏，那就是1742年查理七世在法兰克福被他的弟弟科隆大主教加冕为皇帝，因为当时的美因茨大主教仍效忠于哈布斯堡王朝。[42]

在教堂内，国王或者皇帝会在祷告仪式期间跪在地毯上。之后他将在咏唱礼拜歌曲时俯卧前行于祭坛之前。起身站立这一动作将表明他从凡人到君主的身份转换。在德意志，主持仪式的大主教随后将向他提问，阐述贤明君主应该达到哪些要求。在此之后一般会举行涂油礼。早期的君王在登场时一般就已经头戴王冠，而对公元800年之后的皇帝，以及10世纪之后的国王来说，冠冕是在仪式过程中戴上的。此时，选侯们扮演了更为重要的角色，尤其是在13世纪之后，把冠冕和宝物递给君主的就是选侯。之后，君主将穿上礼服，佩上查理曼的剑，戴上他的戒指，手持象征君权的宝球和权杖，来接受加冕。从12世纪开始，君主们还会以查理曼的《圣经》宣誓。

法兰克王国时期，登基仪式一般在涂油或加冕之后举行，但也有一些例外的情况。就登基仪式而言，地点比时机更重要。位于亚琛的查理曼的石王座在10世纪时就已经成为加冕仪式中必不可少的重要元素。在时人眼中，它是"国境之内的至高王座"（totius regni archisolium）。近代早期于法兰克福举行的加冕礼则使用亚琛石王座的复制品。在登基礼上，新君向封臣授予奖赏已经成了一项惯例，例如国王会在仪式上同时册封骑士。仪式完成后，还会举行加冕晚宴，来展现君臣同乐的欢愉场面，而晚宴上的座次安排也体现了宾客之间的身份差异。随着加冕礼举办地走向城市化，参与加冕晚宴的人数也不断增加，到了中世纪盛期，宾客们在晚宴上已经可以享受到免费的食物和美酒，而君王也借此展示自己的慷慨。

1600 年前后，新教作者开始尽力淡化加冕礼的作用，以表示帝国并无神圣之处。尽管如此，加冕礼依然保有其意义，也是王位继承必不可少的一个环节。1530 年之后，每任君主都仅需举行一次加冕仪式——已经加冕为"罗马人的国王"的君主，不必另行举办单独的皇帝加冕礼。17 世纪举行的加冕仪式都还保持着奢华的风格。甚至在帝国的最后 100 年里，加冕礼都还是一桩盛事。[43]加冕礼也是皇帝专属的仪式。德意志诸侯继承王公头衔时也会接受一些象征性的礼器以及举行臣服礼，但他们并不会举行加冕仪式。1701 年普鲁士国王盛大的加冕礼则是一个例外，就连 19 世纪都没有再举行过如此场面的加冕礼。除此之外，只有波希米亚国王有加冕礼，而从 1526 年起，哈布斯堡家族几乎垄断了这个头衔，可见这个家族在帝国的地位有多么特殊。

统治的工具

共治国王

在大部分时期内，主导帝国治理的都是"人"而非"体制"。皇帝最重要的助手是在他左右的人，尤其是他的亲戚。共治国王这一角色的出现可以在君主去世之前就消除人们对王位继承的疑问，从而稳定局面，此外，共治国王也能分担治理事务，同时确保权力留在离君主最近的圈子里。在前往罗马接受加冕之前指定一个儿子为共治国王，是防止对德意志的控制权旁落的常见方法。这一角色最初使用的头衔是"共治皇帝"，但授予此称号需要教廷的介入与准许，而授予共治国王的称号只需要德意志诸侯同意，因此在公元967年之后，"共治皇帝"的头衔便被"共治国王"取代了（见表3）。[44]

从那以后，君主被加冕为神圣罗马帝国皇帝后，就会争取让自己的儿子获得共治国王的称号，以彰显自己的地位。由于皇帝的权威高于国王，共治国王并不好当，更何况人们普遍认为国王应该积极主动，而不是仅仅被动遵从命令。亨利四世的两个儿子与他矛盾激化，二人都发动叛乱来对抗父亲。腓特烈二世之子亨利（七世）的命运则更加不幸，以至于他的君主序数只能被后人写在括号内，这是因为另一位亨利于1308年成为国王亨利七世时，并不认为腓特烈二世的儿子亨利具有国王的身份。腓特烈二世从1220年到1235年主要活动于意大利和耶路撒冷，在此期间，他让儿子亨利（七世）负责德意志的事务，却试图通过信件来干涉亨利执政，从而打击了亨利在国内的威望，使他难以驾驭下级领主贵族。腓特烈二世在外期间，还收到了许多关于亨利的投诉，据说亨利滥用权力、罔顾既有的法规，一些做法还恶化了皇帝同教廷之间原本就颇为糟糕的关系。在如此压力之下，亨利于1234年秋天发动叛乱公开反抗父亲，然而腓特烈二世回国后，亨利的支持者们立刻作鸟兽散，而亨利本人也被迫投降。政治处境尴尬的亨利被投入监狱，于1242年2月在囚禁地之间转移时坠马而死，许多人猜测他是选择了自我了断。[45]最后一位共治国王的出现则是为平息1314年双重选举之后的内战而做的精巧设计：路易四世于1325年宣布接受他的竞争对手"美男子"腓特烈为名义上的共治国王，而后者也承诺不再挑战前者作为神圣罗马帝国皇帝的权威。

表 3　历任共治国王和皇帝

人物	父亲	作为共治国王统治	作为共治皇帝统治	单独统治	叛乱
路易一世	查理曼	–	813—814	814—840	–
洛泰尔一世	路易一世	–	817/823—840	840—855	830, 833—834
兰伯特二世	兰伯特一世	–	892—894	894—898	–
奥托二世	奥托一世	961—973	967—973	973—983	–
奥托三世	奥托二世	983	–	983—1002	–
亨利三世	康拉德二世	1028—1039	–	1039—1056	–
康拉德（三世）	亨利四世	1087—1098	–	–	1093—1101
亨利五世	亨利四世	1099—1106	–	1106—1125	1105—1106
亨利（六世）	康拉德三世	1147—1150	–	–	–
亨利六世	腓特烈一世	1169—1190	–	1190—1197	–
腓特烈二世	亨利六世	1196—1198	–	1212—1250	–
亨利（七世）	腓特烈二世	1220—1235	–	–	1234—1235
康拉德四世	腓特烈二世	1237—1250*	–	1250—1254	–

* 未获加冕

王后和皇后

在中世纪的欧洲，神圣罗马帝国和法国是仅有的两个不接受女君主的主要政治体；而在其他政治体中，女君主的身影也不多见，在 1100 年至 1600 年之间，欧洲只出现过 20 位女王。[46] 神圣罗马帝国的历任君主都有成婚，他们的配偶在帝国治理中也扮演了重要角色。9 世纪晚期，在教会压力之下，加洛林王朝的君主们已经接受，只有在正式婚姻中所生的孩子是合法和有继承权的。路易一世的首任妻子伊尔明嘉德（Irmingard）于 816 年被教宗斯德望四世加冕为王后，自那以后，神圣罗马帝国君主的正式配偶似乎都会得到加冕。第一位被加冕为皇后者是斯波莱托的圭多的妻子阿格特鲁德（Ageltrude），她是在 891 年 2 月获得加冕的。960 年的加冕法条将为女性加冕也考虑在内，962 年，奥托一世的第二任妻子阿德莱德（Adelaide）被加冕为帝国史上的第二位皇后。萨利安王朝延续了这种做法。腓特烈三世的妻子，葡萄牙的埃莱奥诺拉（Eleonora of Portugal）于 1452 年在其夫的加冕礼上被同时加冕为神圣罗马帝国皇后，此后该传统一度陷入中断；直到 1612 年，马蒂亚斯和他的妻子蒂罗尔的安娜（Anna of Tirol）的加冕礼才恢复了这一传统，但安娜的皇后加冕礼要比皇帝加冕礼迟两日举行。[47]

在帝国早期，王后们的地位相对较低，比如，在路易二世的统治进入最后 20 年之前，他的妻子艾玛（Emma）只有国王"配偶"（coniunx）的头衔，而没有被称为"王后"（regina）。9 世纪末，王后的正式头衔变成了"罗马人的王后"（Romanorum regina），如若她们的丈夫被加冕为皇帝，她们的头衔也随之变为"皇后"（imperatrix augusta）。王后对宗教事业的投入、对家族女修道院的支持都有助于提升她们的地位。[48] 然而，如果她们没有子嗣，又或者夫婿出于政治算计考虑同其他势力联姻，她们的地位就岌岌可危了。教会中的高级男性神职人员往往将女人分作两类，要么像《圣经》中的以斯帖一样高尚，要么像耶洗别一样邪恶，而对干后抱有敌意的贵族派系就可以利用这样的语言，来指责王后行为不端，以期自己的亲族里有人能取而代之。

后来的王后能有那样的地位和政治影响力，要归功于阿德莱德皇后的经历。她是第一个获得 consors regni（皇后）头衔的人，这是在有意恢复古代罗马帝国的做法，该头衔是有政治意义的。[49] 后世的编年史作者称她为"国母"（mater regnorum），而奥托一世能获得意大利领主的支持从而在意大利即位，阿德莱德也功不可没。1097 年，她被封为圣人，可见王室女性在提倡圣洁、虔诚、美德方面仍很重要，这些都有助于巩固她们丈夫统治的合法性。一个很好的例子是亨利二世的妻子库尼贡德。这对夫妻没有子嗣，也许是出于补偿心理，她致力于发展帝国教会，在 1200 年被封圣后，她也成了广受拥戴的圣人。[50] 王后们可以赞助修道院，通过祷告来为去世的国王和亲族祈福，从而给家族留下纪念。

君王的配偶虽说不能以自己的名义来统治，但也能在政治上起到作用。至少有三位皇后曾在王室法庭上以法官的身份主持审判，特别是在意大利，她们是阿德莱德、英格兰的玛蒂尔达，以及苏普林堡的洛泰尔三世的妻子丽琴莎（Richenza）。亨利一世的遗孀玛蒂尔达在其子奥托一世统治时，在统治家族内部协调各方势力、弥合矛盾，而奥托一世的首任妻子威塞克斯的伊迪丝（Edith of Wessex），也帮助缓和了自己的丈夫同婆婆玛蒂尔达之间的矛盾。国王听取自己妻子冷静的劝告，这并不丢人；听取劝告并不代表软弱，而是可以理解为大度。因此，女性的协调对调停冲突而言是很重要的，中低阶层的精英有时也用类似的方法。王后们也时常充当说客，在君主面前为自己的亲朋好友陈情、表达诉求。亨利二世所颁布的特许状中，有三分之一都受到了其妻子的影响。君主的其他女性亲属也起着类似的作用，并由此扩大了王室能影响的范围，甚至影响到其他国家。奥托一世的妹妹格尔贝佳和哈德维格（Hadwig）分别嫁给了两个觊觎西法兰克王国王位的潜在竞争者，奥托一世因此得以与这些竞争者达成和平。他的长女柳德佳德

（Liudgard）在 944 年嫁给了洛林公爵"红发"康拉德（Conrad the Red），而这有助于奥托王朝加强对洛林公国的控制。

王室中的女性有自己的想法，不会完全听命于她们的男性亲属。9 世纪 70 年代，恩格尔贝格（Engelberge）有力地影响了其夫路易二世皇帝试图在意大利南部扩张帝国势力的战略。玛蒂尔达对幼子海因里希的偏爱，给其长子奥托一世的统治造成了不少麻烦；阿德莱德则是同家族势力结盟，来对抗自己的儿子奥托二世，直到她在 978 年被后者暂时流放至勃艮第为止。[51] 王后的作用在摄政时期最为明显，摄政时期没有什么正式的规章，强势人物有机会上位。奥托王朝统治时期，世袭统治渐渐走向主流，因此难免出现摄政的情况，毕竟奥托三世和亨利四世继承父亲的王位时都没有达到 12 岁这个法兰克人公认的成年年龄。[52]

奥托三世在 983 年 6 月被推举为共治国王时年仅 3 岁。半年之后，其父奥托二世便撒手人寰，而在那之前不久，帝国军队在克罗托内战役中惨败，而境内斯拉夫人又开始起义。在这样一个尚武的时代，许多人都不愿意接受年幼的国王。绰号"强辩者"的巴伐利亚公爵海因里希（Heinrich "the Quarrelsome"）也趁机于 984 年自封为国王，获得了不少支持。帝国在此情形下还能保持完整，多亏了奥托三世的母亲提奥芳诺皇后，从很多方面看，她的地位都非同寻常。972 年，她以拜占庭公主的身份前来同奥托二世联姻，然而奥托二世的一些谋士却劝说国王让她收拾行李打道回府，因为他们发现提奥芳诺只是拜占庭皇帝的侄女而非女儿。[53] 尽管如此，她的皇族身份和所带来的等身重的黄金嫁妆，让她同奥托二世的婚事能够继续顺利进行。提奥芳诺也是神圣罗马帝国史上唯一一位获封"共治皇后"（coimperatrix augusta）的君主配偶，如果奥托二世在没有子嗣的情况下离世，她就将成为唯一的统治者。[54]

　　毫无疑问，提奥芳诺的特殊地位很大程度上要归功于她自己的能力和人格魅力。她获得了美因茨大主教威利吉斯（Willigis）的帮助，威利吉斯也利用983年的危机提升了美因茨教区的特权地位。"强辩者"海因里希很快被各方势力孤立，不得不放弃，提奥芳诺则得以直接主持政局而不需摄政头衔。不仅如此，在意大利期间，她用自己的名字签署文件，还如同在位君主一般以她自己加冕为皇后的年份，即972年，为元年来进行纪年。在一份文件中，她甚至使用了其头衔对应的阳性形式 imperator augustus。

　　这是神圣罗马帝国历史上最接近拜占庭式女君主统治模式的时刻。对此，当时的人做出了各种各样的反应。批评她的人在传统的厌女之上加入了排外情绪，指责提奥芳诺在帝国的女性居民内掀起了一股追求奢侈享乐的风气。梅泽堡的蒂特马尔等人则称赞她在克罗托内一役后迅速稳定了政局。提奥芳诺以个人利益为出发点，并不因为同是女性就偏向婆婆阿德莱德，反倒试图把后者驱逐出去。提奥芳诺去世之后，阿德莱德在991年至994年间继续摄政。奥托三世于999年远征罗马期间，他的姑姑玛蒂尔达还以"女族长"（matricia）的身份管理德意志的事务。

　　神圣罗马帝国史上最后一位女性摄政者就没有那么成功了。亨利四世继位时年仅6岁，由他的母亲艾格尼丝皇后摄政。艾格尼丝显然比较依赖男性顾问，尤其是奥格斯堡主教海因里希二世（Heinrich II），他也被谣传是艾格尼丝的情夫。艾格尼丝固然犯了一些大错，但她受到的指责未免太过严苛，像尼德阿尔泰西（Niederalteich）的修士们就轻蔑地写道，"她很容易被各色人等的话动摇，正如大多数女人一样"。[55] 1061年11月，艾格尼丝不再摄政，开始像虔诚的遗孀一样行事，表面上，这是在弥补她先前犯下的错误，但这一做法也让她重新获得了自主权，而且，直到其子亨利四世在 1065 年 3 月正式成年，她都保持着一定的影响力。

此后不久，由于教宗格列高利七世的厌女态度，人们对女性掌权的敌意越来越深。不过，女性摄政者这一角色之所以在此后彻底消失，主要还是因为王位选举的规则逐步明确，不再可能出现冲龄即位这样的事。从 16 世纪到 17 世纪初，哈布斯堡家族依然倚重女性家族成员来管理各类世袭封地和财产，而随着王朝式、表现型的宫廷文化的出现，皇后们也获得了新的地位。[56] 哈布斯堡王朝继承法的修订版被称为《国事诏书》（Pragmatic Sanction），这些修订使玛丽亚·特蕾莎在 1740 年后能够独立统治她家族的世袭领地，而这些变化引发的争议导致了奥地利王位继承战争（1740—1748），哈布斯堡家族也被暂时褫夺了皇帝头衔。女性摄政者在德意志诸侯国中相当普遍，一般来说，在继位者成年以前，他的寡母会和另一位男性亲属一同摄政。女性没有资格亲身出席帝国议会，而女性摄政实际上扩大了妇女在帝国内的政治影响力，她们能影响的不再只是那些还被视为帝国政治体的女修道院，比如埃森（Essen）和奎德林堡的修道院（女修道院院长同样不能出席帝国议会，她们通常会委派男性代表来替她们参会）。在帝国自由市中，女性没有公民权，理由是她们无法携带武器，但在乡村，妇女有权代表生病或因故缺席的丈夫出席村民会议，有的妇女还能以遗孀的身份代表整个家族参会。仅就妇女能掌握的权力而言，神圣罗马帝国的情况是比那些据说更进步的西欧国家好的。[57]

皇帝代理人和普法尔茨伯爵

女摄政者的出现让人们开始思考这样一个问题：皇帝不在的时候，他人能够代行皇帝职能到什么程度？皇帝代理人一职应运而生，他们在皇帝缺席（absente rege）的状况下代替皇帝行使权力，在德意志，这种情况往往出现在皇帝远赴意大利的时候。"代理人"（vicar）一词源自意为"副手"的拉丁语词 vicarius，指的是助手，而不是神职人员［不过现代的 vicar（代牧）这个头衔一开始也是指主教的助手］。一直到 13 世纪，担任这个角色的通常是共治国王，然而，亨利（七世）反叛事件发生后，腓特烈二世就打算在德意志任命皇帝代理人了。康沃尔的理查有意任命科隆大主教、美因茨大主教、普法尔茨选侯为代理人，以确保自己不在朝时，代理人这个重要的职位不会被一人独占。[58] 此后很少有国王长时间离开德意志，指派代理人也就没有太多必要了，代理人只在空位期行使职能，也就是在皇帝去世却尚未选出"罗马人的国王"的这段时间里。依据《金玺诏书》的规定，当这种情况出现时，萨克森选侯和普法尔茨选侯分别在德意志北部和南部代行皇权。在皇帝去世后 4 个月内必须举行新君选举的规定有时无法如期遵行，但毕竟对其他选侯来说，萨克森选侯和普法尔茨选侯当代理人太久是没有好处的。空位期延长的情况只出现了两次，分别是 1657—1658 年和 1740—1742 年，而且都是外部势力刻意介入的结果。[59]

在意大利，皇帝代理人更为常见。早在 972 年，就有一位伯爵在斯波莱托被指派在皇帝离开时代为处理政务。还有一些人受到委派，暂时管理全意大利或部分地区的事务，他们有权力发布法令、征收帝国税、任命地方官员、处理纠纷。教宗则试图攫取这些权力，声称教宗有权在空位期内对意大利和阿尔勒地区行使代理管辖权（general vicariate）。教廷将"空位期"定义为神圣罗马帝国皇帝而非德意志国王的缺位，因此在 1250 年之后，教廷自认为完全有权行使上述权力。1268 年，教宗提名安茹的查理（Charles d'Anjou）这个新盟友为皇帝代理人，任期 10 年。1281 年，鲁道夫一世在未被加冕为皇帝的情况下重申了自己的皇位声索，亨利七世和路易四世也采取了同样的立场，在一些地区和城市任命了代理人。[60] 1372 年，萨伏依伯爵被查理四世任命为其领地的代理人，1422 年以后，继任的萨伏依伯爵也继承了代理人一职，并将其视作一项世袭特权。[61] 1548 年，查理五世指派他的儿子腓力二世为代理人，腓力当时是米兰公爵；但是在 1582 年，帝国政府的一个行政失误让萨伏依伯爵有理由反抗并推翻了上述安排。虽然代理人的职权范围很广，但他们掌握的实权始终有限，因为皇帝拥有意大利地区所有帝国采邑的宗主的特权，哈布斯堡王朝实际上在意大利北部也很有势力。

对低于皇帝代理人权限的帝国权力的正式授权也受到较多限制。获得这类授权的主要是普法尔茨伯爵（the count Palatine）。这一头衔的字面意思是"行宫伯爵"（comes palatinus, Pfalzgraf），源自"宫相"（palace mayor）一职，宫相是亚琛王宫中最高阶的官员。加洛林王朝本身是通过宫相一职扩张势力并取代墨洛温王朝的（后来法国的卡佩王朝也是这样），因此加洛林王朝的君主有意限制宫相的权力，916 年时下莱茵地区有相当大的一片领地由宫相管辖。从 1023 年到 1095 年，把持这一职位的是埃佐（Ezzonid）家族，但在 11 世纪 60 年代，该家族同好斗的科隆大主教安诺二世起了冲突，因而转移到莱茵河中游地区，这也成了后来下普法尔茨地区的基础。[62] 普法尔茨伯爵的权力包括认证出生的合法性，改变臣民地位（除册封贵族外）。这些权力也被逐渐授予了其他诸侯，比如，施瓦茨堡-松德斯豪森（Schwarzburg-Sondershausen）领主在 1679年也获得了上述特权。尽管如此，最初的普法尔茨伯爵在帝国境内依旧保有相当高的威望。1356 年，普法尔茨伯爵获得了选侯地位和皇帝代理人的权力。

宫廷和大书记官署

神圣罗马帝国的统治依靠君主巡游，因此无法形成拜占庭皇宫那种固定、制度化的宫廷；11 世纪拜占庭皇帝的宫廷里有近 2 000名侍臣。不过在萨利安王朝和斯陶芬王朝时期，神圣罗马帝国皇帝出巡时的随扈团队规模也相当庞大，包括仆从和卫兵在内有三四千人。[63] 加洛林王朝统治时期，发展出了两大类机构。其一是固定的王室庶务机构，随君王巡游，负责君王及随扈的衣食住行。其二是在需要时为君王提供建议的咨政机构，而这又分化出只有受信任者才能参与的机密内廷（curia minor），以及更大范围内的更多领主有资格参与议事的外廷（curia major）。不过，这两类机构在中世纪末期以前都没有正式固定下来。

由于宫廷会议都需要国王出席，因此咨政会议和王室庶务机构之间的界限一直都不分明。领主们礼仪性地受邀参与这些会议，以及国王加冕仪式后的晚宴，这一方面体现了国王对他们的厚爱，另一方面受邀者也可以借机了解当前的政治局势。随着政治文化从强调君主现身转向看重正式制度，相关的职能也固定下来，成为与世俗选侯头衔联系在一起的"帝国要职"。1290 年左右，波希米亚国王获得了"大酒政"的头衔；到 1356 年，其他头衔也确定下来：普法尔茨伯爵为大管家（arch-steward），萨克森选侯为大军务官（arch-marshal），勃兰登堡选侯为大内侍官（arch-chamberlain）。

教会选侯们则获得了帝国大书记官（arch-chancellors）的身份。大书记官署是近代早期以前，神圣罗马帝国中央行政体系中唯一的永久固定机构。这一机构的起源可以上溯至法兰克王国查理·马特时期的国王书记处，那是负责帮助他起草文书诏令的机构。路易一世随后将这一工作的主管监督权交付给了负责管理王室礼拜堂的大牧师（Archicapellanus），而后者在国王出巡时也相伴左右，明显区别于其他在宫廷里服务的神职人员。[64] 在德意志王国，美因茨大主教牢牢掌控了王室礼拜堂和书记官署两大机构。1040 年，王室礼拜堂改由更年轻的教士主持日常工作，而书记官署依旧掌握在美因茨大主教手中。1012 年以后，有许多高级教士都被任命为负责管理意大利地区的帝国书记官。此后，科隆大主教永久性地垄断了该头衔，尽管它的实际权力在 13 世纪中期以后已经开始日渐萎缩。负责勃艮第地区的书记官署于 1042 年正式设立。最初由勃艮第大主教负责该职务，之后则改由特里尔大主教负责。

在设于各地的书记官署中，只有美因茨的书记官署发展成了负责具体管理事务的行政机构。它有力地保证了美因茨在帝国体系内的政治特权，同时在 15 世纪后期也发展出了新的职能：主持帝国议会、管理帝国档案、任命为帝国最高法院服务的秘书。[65]

书写文化

书写和帝国治理的关系是有争议的。长久以来，历史学家都将书面的法律、指令和其他文书当作政治进步的标志，赋予其近乎神圣的地位。文字资料是了解历史最容易的路径，对生活在高度规范化的社会中的历史学家很有吸引力。保存至今的加洛林王朝敕令集展现了一幅这样的景象：君主的统治是命令式的，体制架构规则清晰、等级分明，下级官员受到上级的密切监督，需要定期呈递书面报告。例如，771 年颁布的《庄园法规》(capitulare de villis)明确了王室土地的管理规则，要求管家们必须定期提供土地上的资产清单和收入报告。[66] 有人对该文件做了过度的引申，称加洛林王朝的统治者有建构国家的意识和宏大清晰的策略，有能力从 2 000 万臣民中动员集结 10 万人规模的军队。[67]

这一时期，书写无疑有了很大的发展：9 世纪整个欧洲大陆流传下来的抄本有 7 000 份，而 8 世纪只有 1 800 份。[68] 这些抄本中，许多都是宗教文本注释或编年史。在 12 世纪以前，书写的首要功能是传播宗教教义。[69] 当时，哪怕是社会中文化程度最高的教士阶层，都没有发展出完全书面化的管理文化。正如我们之前在讨论君王品德时谈到的，武艺、马术等与身体有关的能力最为时人所推崇，书写则没有那样的社会地位。查理曼在位时仅颁布了约 80 条敕令，而且大多是在 780 年至 820 年的这段时间里颁布的，不过也有一些证据表明他所建立的一些管理规则一直沿用到了 10 世纪早期。[70]

无论当时书写文化的影响范围有多大，我们都没理由假设查理曼的臣民对他颁布的少量法令的奉行程度高于 14 世纪后的帝国臣民对君主法令的服从程度；根据 14 世纪以后更完备的记载，以书面形式发表的官方规定往往遭到其受众的无视和误解，甚至根本传不到受众那里。近代早期的权力机构不得不多次发布同一则法令，在不那么重要的事上往往对不守法令的人睁一只眼闭一只眼，以便将精力集中于确保最重要的法令得到执行。拜占庭帝国的规模比神圣罗马帝国大得多，而且从古典时代晚期就有了，但 9—10 世纪拜占庭的军队人数也就号称 12 万，能集结到同一个地方的不超过

1.2 万人。[71] 通过总人口数字或中世纪围城战中所需士兵的人数来推算军队总人数，这类方法推测的成分很大，并不完全可靠。如果加洛林王朝的能力和效率真有一些人宣称的那么强，19 世纪的德国政治家和将军们恐怕要"嫉妒得眼睛都绿了"。[72]

对加洛林王朝能力的过分夸大突显了加洛林时代与更缺乏书面文化的奥托时代之间的反差，这样的反差给人以帝国已陷入不可挽回的衰退的印象。如果加洛林王朝的架构直接承接自古典时代晚期，如果其统治真像有些人宣称的那么高效，那么加洛林王朝应该可以轻易挺过 9 世纪中期的内战才对，毕竟那些纷争和 3—4 世纪罗马帝国的内战相比不算什么。

由上文可见，加洛林王朝的治理方式很可能更接近于奥托王朝那种注重个人、仪式和共识的治理方法。至于加洛林王朝的力量，较为可信的一种推测是，其军队规模在 5 000 人至 12 000 人之间，奥托王朝的军队规模在 2 000 人至 8 000 人之间，二者的实力对比也没有那么夸张。[73] 由于部队行军和后勤补给方面的实际困难，大型部队无法长时间集结。国王的军队通常由国王本人及高级领主的随从组成，这些领主或是国王的盟友，或是接受了国王的征召。行军路途沿线的小领主和社区也会提供人员以充实国王的军队。大量缺乏实战经验和训练的男丁有可能被征召入伍，在当地执行一些任务，尤其是在组织围城战役时。此类人员数量的大量增加主要是因为 11 世纪的人口增长和农业生产发展。腓特烈一世 1190 年发动第三次十字军运动时的军队规模在时人看来已算庞大；那支军队的人数可能有 1.5 万，其中包括 3 000 名骑士——而这与一些编年史家声称的数十万大军还是有很大的差距。[74]

奥托王朝的指挥官们应该不需要通过阅读罗马帝国时代的军事

指南来学习作战；他们的对手斯拉夫人和马札尔人显然不读这些书，却还是常常获胜。因此，不管是将奥托王朝的军事胜利归功于学习军事著作，还是将其军事失败归结于没有学习这些著作，都是站不住脚的。即便是后来那些毕业于欧洲各大军事学院、受过良好训练的军官，也会在作战时犯下低级失误，更别提在他们之前几百年的古人了。除了口头经验传授和实战训练之外，奥托王朝时代的贵族因社会地位高而获得了财务管理的经验和自信，而这些都是成为军事指挥官的必要素质。[75]简言之，800年到1100年这段时间里发生的变化是渐进的而非激进跳跃式的。书写文化的影响在900年左右可能有所收缩，但其实书写文化从来就没有广泛普及过，其影响力收缩的程度也被夸大了。[76]

当时很少有人会用书面文件来记录通用律法。因为在当时的人看来，普遍律法早已经由宗教和道德的绝对真理确立，不容凡人更改。在近代早期以前，大多数以德意志君主的名义颁布的法令都是特许状（Urkunden），主要用于处理地方的具体事务，它们与其说是"法律"，不如说是"特权证书"。特许状通常是在领受者的要求之下颁发的，可见君王的行动往往是对外界的反应，而不是出于主动的计划。当时书面法令的效力还比不上习俗等公认的形式。在中世纪，除了学者之间探讨学问的书信，大多数信件都会在阅读后被销毁；相比之下，在近代早期，就连账单、收据之类的日常信件往往都能被保留下来。1155年，腓特烈一世想知道该如何向教宗哈德良四世行礼，于是询问参加过上一次国王同教宗会晤的年长诸侯，那次会晤是22年前的事了。他们回忆的效用相当于正式记录的礼仪程序。[77]文字规定相对少，有助于减少争议，因为在没有书面记录的情况下，就算实际操作和规定的不一致，也不会那么明显。

在利用书写来记录主张和扩大影响力方面，帝国是比不上教廷的。14 世纪上半叶，教廷文书院（papal chancery）的书面文件数量是帝国书记官署的 10 倍。14 世纪 80 年代，参加王庭会议的贵族和市民代表开始在日记中记录谈判过程，到了 15 世纪 20 年代，这已是普遍做法；帝国大书记官署内还会保留一份会议的官方纪要。从 15 世纪早期开始，书面交流激增，不仅有帝国大书记官署的文书，还有皇帝亲自发出的信件（见表 4）。11 世纪中叶亨利三世的私人信件只有四份保存至今，而 15 世纪早期，国王鲁普雷希特光是寄往法兰克福、纽伦堡、科隆、斯特拉斯堡的信件就有约 400 封。16 世纪中期，在查理五世治下，帝国彻底转向书写文化。他收发的信件至少有 12 万封，这还不包括被分到其他官员办公桌上的大量信件。[78]

帝国书记官署

随着文书类工作的增加，有必要于美因茨大书记官署外单独设立一个帝国书记官署（Reichskanzlei）。至少在萨利安王朝统治时期就有了某种形式的文书档案，在斯陶芬王朝统治时期，档案由施派尔教区的主教们负责管理。由施派尔的官员来负责实际的文书工作，这进一步体现了中世纪神圣罗马帝国对帝国教会的依赖。到了 15 世纪晚期，教士们依旧负责文书工作，只不过在卢森堡王朝统治时期，有部分工作被转移到了波希米亚的王室书记官署。文策尔在 1400 年被废黜后依旧掌控着原有的文书，因此他的对手鲁普雷希特在继承王位后不得不组建新的机构，而鲁普雷希特也还是要倚赖施派尔主教和他手下的教士们来管理文书。1410 年，这一新的文书管理机构及其人员被新即位的西吉斯蒙德接收，可见尽管

表 4　帝国治理中书面文件的增长

君主	时间段	文件和特许状的数量	年平均数量
查理曼	768—814	100[*]	2
路易一世	814—840	500	19
路易二世	843—875	170	5
查理二世	843—877	500	15
查理三世	876—887	170	15
奥托一世	962—973	200	18
奥托二世	973—983	320	32
奥托三世	983—996[**]	200	15
亨利二世	1002—1024	509	23
康拉德二世	1024—1039	245	16
亨利三世	1039—1056	351	21
亨利四世	1056—1106	550	11
洛泰尔三世	1125—1137	131	11
腓特烈二世	1196—1250	2 000[+]	37
鲁道夫一世	1273—1291	2 500	139
路易四世	1314—1346	2 500	78
查理四世	1346—1378	10 000	333
文策尔	1378—1400	3 200[+]	146
鲁普雷希特	1400—1410	4 800	480
西吉斯蒙德	1410—1437	12 400	459
阿尔布雷希特二世	1438—1439[++]	413	310
腓特烈三世	1440—1493	50 000	943
马克西米利安一世	1493—1519	100 000	3 846

[*] 不包括 170 份据称由查理曼颁发的文件
[**] 本列中的数字代表各个君主颁布的书面文件得到计数的时期。对大部分君主而言，这意味着他们的整个统治时期，但就奥托三世而言，这只是他统治的头 13 年
[+] 估计上限
[++] 16 个月

1254 年至 1437 年间的王位更迭打破了王朝的延续性，但这并没有影响制度记忆的延续。[79]

1438 年，西吉斯蒙德的文书档案被随后即位的阿尔布雷希特二世继承。这部分档案成了哈布斯堡皇室书记官署（Reichshofkanzlei）的基础，这一机构由帝国副书记官（imperial vice chancellor）负责管理，自 1356 年起，该职务的任命取决于美因茨大主教，即帝国大书记官。在实际操作中，帝国副书记官是哈布斯堡王朝的官员，负责哈布斯堡家族与帝国政府之间的沟通联络。1497 年成立的帝国宫廷法院（另一个帝国高等法院）也负责一些联络业务。该机构的设立目的是处理部分文书工作，同时维护皇室的封建特权。16 世纪 20 年代，哈布斯堡王朝世袭财产的管理权分散到了各个机构，1559 年，帝国宫廷法院改组为专门的司法机构，帝国皇室书记官署则重新成为独立的机构。以上变化形成了三分的局面：哈布斯堡家族将自己领地的管理工作和与帝国联络的工作分开，美因茨则管理另外的帝国书记官署，处理和帝国共有机构——主要是帝国议会——有关的文书工作。[80]

帝国皇室书记官署的地位始终不明确，因为它既是哈布斯堡家族的机构，也是神圣罗马帝国的机构。它的性质主要取决于其长官（帝国副书记官）在多大程度上愿意服从于哈布斯堡家族的利益。帝国副书记官大多是与哈布斯堡宫廷有着密切联系的高等级贵族。他们越来越多地扮演哈布斯堡家族在帝国政治方面的专家顾问的角色，帝国皇室书记官署则沦为处理其他哈布斯堡官员与帝国政治体间通信的信息交换场所。1767 年之后，约瑟夫二世多次试图将美因茨的影响力排除在外，美因茨大主教成功地捍卫了自己形式上的特权，但这段小插曲促使哈布斯堡政府在 1800 年左右疏远了帝国教会。[81]

资源

帝国内部的主要特征

直到 1490 年左右，神圣罗马帝国才有了中央财政机构，其形式和当时欧洲其他君主国的财政部门区别很大（见第 454—455 页）。当时欧洲的普遍模式是从"私人"财务向"公共"财政转变，君主说服臣民相信，王室的资源已无法满足日益增长的国家治理的需求。君主们越来越频繁地打着为"公共"利益服务的旗号来攫取臣民们的私人财富。实现这一目的的通常手段是召开某种形式的代表会议，同各方协商新的税额，并通过会议将这些税目合法化。[82]

神圣罗马帝国没有走上这条路，原因很复杂，其中最重要的原因是，帝国在公元 800 年左右确立的资源动员方法运转良好，一直到 13 世纪都还能满足治理的需求。13 世纪晚期，在争夺德意志王位的内部竞争过程中，要求改变的压力才逐渐出现。改革主要涉及的还是私人领地管理方面的内容，对公共财税征收并没有太多的影响。15 世纪末，神圣罗马帝国受到外部军事威胁，较大的变革才成为必要。与争夺王位不同，外部威胁被视为帝国成员共同面临的危机，因此调整帝国的整体架构也就合情合理了。变革的时机很重要，因为早在相关变化出现之前很久，帝国就发展出了划分明确的阶层体系。因此，此时财政机构的变化强化了帝国作为混合君主国的性质，而没有促成像西欧国家那样的中央集权。

对生活在中世纪的大部分人来说，消耗品和服务比现金重要得多。加洛林王朝每年都对其统治下的所有自由民征税，后者则用土产或毛皮、蜂蜜之类的高价值物品还有钱币来缴税。当局有时还会出于特殊目的向百姓征税，比如援助在圣地的基督徒们。此外，斯拉夫人也向加洛林王朝和奥托王朝的统治者们进贡。"日耳曼人"路易二世每年都收到至少 170 磅白银的贡物，足够装备 68 名骑兵。[83] 尽管货币不会腐坏，也比较便于携带，但货币总是得换成人们真正需要的东西（士兵、补给等等）才算有用，而这些东西未必都能在需要时买到。因此，神圣罗马帝国动员资源的方式，是发展出一些可依法强制执行的对特定援助形式的要求，至于在通常的欧洲"国家建构"叙事中扮演重要角色的财税机构，帝国并不需要。光是靠这种有法律强制性的援助和皇帝从自己领地上获得的资源，就足以维持帝国的统治，因此加洛林时代自由民缴纳的有限课税和帝国东部边境蛮族的贡赋，即使有时无法按时呈贡，对于帝国的统治者来说也不是太大的问题。

加洛林王朝所制定的一系列针对土地、物质财产和人口的法规，为征收体系建立了基本框架。君主的权力从来都并非仅限于王室领地，而是一直扩展延伸至整个帝国。不过，不同的司法管辖区也在一定程度上限制了君主从王室领地之外的地区获取资源的能力。王室领地（dominium）包括了为维持王室日常开销而保留的领地，在帝国范围内只是一小块地方。帝国的大部分都被视为国王的恩地，理论上它们都是王室的资产，只不过委托给各个独立的封臣来管理。这些封臣最初被称作"fideles"（意为忠诚者）和"vassi"（英语中的 vassal 一词即来源于此拉丁语词）。德语中的 Lehen 一词在现代英文中通常翻译为 fief（封地），不过它在英语中的同源词实际上是 loan（借贷），后者其实更能体现此类地产最初的性质。有了这个体系，加洛林王朝的君主及其后继者就没有必要去提高税率，也就不需要设立永久性的机构、雇用大量官吏了。封臣们直接利用封地的资源来维持生计，同时为君主服务。对于一个尚未将货币当作主要交易手段的经济体而言，这样的制度安排是非常合适的，因为封臣们可以直接征收实物资源。

自主财产[*]包括了前法兰克时代精英们留存下来的私人财产，以及加洛林时代的领主（包括王室在内）获赐或取得的财产。在当时的人眼中，王室自主地（royal allodial lands）和王室领地（domains）之间是有区别的；至于二者在 11 世纪之前在日常实践中是否有实质意义上的不同，历史学家们还有分歧。[84] 奥托家族在 1024 年绝嗣之后，其家族财产与王室领地分离开来，后者则与依旧存续的君主国挂钩。萨利安王朝统治结束时，二者之间的区别变得更加明确；1125 年，洛泰尔三世以亨利五世个人财产的继承者的身份，与斯陶芬家族的对手争夺王位。此后，国王的家族财产被视作王族的世袭财产，而王室领地则只与王位挂钩。类似的分化也发生在了封臣领主阶层。起初这些土地被授予在同一地区没有私人财产的贵族，而后者通常在持有封地时获得这些私人土地。同一家族连续几代人都继承经营同一片采邑后，他们自然而然地萌发了将这些土地视为其家族世袭财产的想法。君王们则试图定期地去消解、扭转这一趋势，正如我们将要看到的，国王的做法会引起一些态度强硬的地方领主的不满，从而触发虽不常见但暴力程度颇高的冲突。

---

[*] 自主财产（allodial property），属于某个家族、不受法律管辖的土地和其他资产。这种财产通常由家族成员集体共有，不同于个人财产。

封建制度

直到 13 世纪，领地（domains）、恩地（benefices）、自主财产三者之间的分别还都不甚明晰，因为个人获封这些庄园土地和其他财产的方式并不固定。随着人们越来越多地使用书面文件来记录财产情况，不同类型财产间的区分越发明确，与个人财产相关的概念也越来越清晰且趋向一致。更为关键的是，这一变化发生时，正值神圣罗马帝国由超越个人的王国向一个持久性的帝国转型的时期。对于这一过程的本质，学者们仍在激烈争论。[85]

根本问题在于语义学：早在 12 世纪的法律文书做出概念界定之前，人们就在使用各种各样的词来讨论财产了。定义用词的过程无疑改变了这些词的含义和用法，解读早先的史料因而变得更加复杂。在纳粹时代达到新高峰的对日耳曼历史过度浪漫化的想象，使得对帝国历史的解读更为困难。学者特奥多尔·迈耶（Theodor Mayer）于 20 世纪 30 年代完成的著作中称神圣罗马帝国为 Personenverbandstaat，靠人与人之间的忠诚纽带维系的国家。他提出的这一名词在学界产生了很大影响，但这一观点的立论基础，是对中世纪史料中一些用语的狭隘理解，这样的理解还往往犯有时代错误。[86] 根据迈耶的模型，帝国早期的组织形式是国王领导着一群忠诚于他的自由武士。此外，英语史学界也有其自身的问题，因为 feudalism（封建）这个词在经过了太多不符合那个时代情况的阐释后，会让人联想到那是一种有意构建的制度。[87] 不一样的做法本身就是现实的一部分，而不是一个原本协调一致的系统中的反常之举。具体的安排要根据当时最紧急的需要来谈判。谈判内容可能涉及税收免除、封地负担水平调整等。

对此我们可以做一些比较合理的概括。君主和封臣领主之间的关系始终是不对等的，双方在互惠的基础上形成了一种附庸关系，这种关系在 12 世纪被更明确地定义为"封建关系"（feudal）（见第 407—417 页）。在 11 世纪出现家臣这一没有人身自由的新封臣群体之前，封建关系中的双方都是自由人。双方的关系始终涉及忠诚和信任的问题，因为这样的关系主要是通过口头承诺来确立，而不是用明确的书面契约来约束。相关规则直到近代早期才通过法典明确下来。在加洛林王朝和奥托王朝治下，人们用"honores"一词来指代恩地及相关功能。[88]

封建臣属关系有时会通过"托付"的方式由下至上建立，自由人主动将自己置于依附于高级领主的从属地位，以换取后者的"保护和监护"（Schütz und Schirm）。有些人也可能通过为领主执行特定的任务来获得恩地。12 世纪中叶，权利和义务得到进一步界定，这种行为被明确为"分封"（enfeoffment）。同时，"恩地"一词也被"封地"（feodum）所取代。

在封建臣属关系中，封臣肯定有他们的权利，其中很重要的一项是他们不必承担体力劳动之类的"劳役"（opera servilia），因为这是非自由民才需要履行的义务。封臣们应该通过"言行"（consilium et auxilium）来履行自己的义务。"言"指的是为领主提供富有建设性的建议；"行"则被主要理解成提供军事服务，而军事服务的需要与披甲骑兵这个加洛林时代战事的特色大有关系。购置骑兵装备的花销超出了大多数自由民的承受能力，因此资产必须集中到一起，以恩地的方式来供养披甲骑士这个精英阶层。加洛林王朝以及奥托王朝时代的领主们都期待在王室战争中获取战利品，他们也愿意通过拥有恩地来承担军事服务的大部分开销。这样一来，国王就不必为军队支付军饷了。封臣提供军事服务的时长并不固定，但

6 周左右成了惯例。若要组织时间长一些的战斗，比如远征罗马，则需要事先召开会议以获取各方同意，而且这样的情况非常少。君主将富饶的恩地授予帝国教会，作为回报，后者也为大多数皇帝的军队提供了有力的支持：奥托二世在 981—982 年远征意大利，有 15 名主教也参与了这场失败的战役；12 世纪，大主教可以提供 1 700 人的军队，而主教所率部队的平均人数则在 200 人至 400 人之间。[89] 封臣们还要履行其他方面的义务，特别是与恩地有关系的义务，比如在城堡驻防或保卫边境地区。高级领主有义务在王室法庭出席，协助裁决，维护法律并提供建议。如果封臣未能有效履行其义务，则会面临"重罪"（felonia）的指控，同时也让君主有借口没收其封地（见第 704—709 页）。

公元 800 年左右，封建臣属关系已经覆盖了三个层级的领主和封臣。加洛林王朝于 799 年通过的一条敕令允许教会将地产分给下一级的世俗封臣作为恩地，以规避教会法禁止教士参军的规定。层级更多的等级制度对君主们有利，因为这样可以构建更密集的关系网络，动员更多的人力。财产世袭在这一时期已经形成明显的趋势，君主也可以把承认财产世袭当作利诱的条件。例如，"秃头"查理允许那些在 877 年跟随他远征罗马的封臣将恩地授予他们的继承人。财产世袭能够稳定秩序，激励封臣们推动经济发展，从而有利于君主。

随着恩地转变为封地，封臣仪式也发生了改变，但即便是在封建关系被书面法典制度化以后，仪式也始终强调人与人之间的关系。臣服礼（拉丁语 homagium，德语 Huld）是庄重一些的仪式，通过这一仪式，封臣正式成为其领主的"人"。因此，homage（臣服礼）一词的词源是拉丁词 homo（人）。臣服礼必须在相关人士在场的情况下举行，往往和土地或服务也联系在一起。效忠礼（fidelitas）

表达的是个人的忠诚，誓词由封臣本人或代理人来宣读。臣服礼和效忠礼都包括亲身宣誓的环节，这一行为在中世纪的政治文化中很重要。封臣将手放在领主的手中，象征把自己"交付"（commend）给后者。他们还会在圣物（比如国王出巡时携带的十字架）面前庄严宣誓。defiance（违抗）的字面意思是放弃效忠（renouncing fidelity）。封臣违抗领主，后果是失去领主的保护，招致领主的惩罚，包括没收封地和褫夺公职。

一开始，宣誓先于受封仪式举行，领主授予封臣一个象征其所获恩地和等级地位的物件。奥托王朝的君主们开创了在仪式上授予高级封臣们旗帜的做法，获得授旗的公国、侯国、伯国都被统称为"授旗封地"（Fahnenlehen）。其他物件还有权杖、宝剑、长枪、手套，甚至是树枝。[90]由于萨利安王朝与教廷之间的龃龉，在之后的斯陶芬王朝时期，受封先于宣誓举行，完成整个过程后，封地仪式才算完整。

封建关系是建立在个人基础上的，封臣或领主有一方去世（Herren-und Mannfall）时，二人间的封建附庸关系也随之结束。领主（Herr）去世时，所有的封臣都必须请求其继承者延续附庸关系；而当封臣（Mann）去世时，其后嗣也必须向领主请求重新建立附庸关系。[91]这些要求在斯陶芬王朝正式承认封地的世袭属性后仍然保留下来。世袭封地意味着君主不可拒绝接受封臣合法且身体健康的继承者为封臣，但封臣的继承者依然需要礼仪性地向君主请求重新确认附庸关系，之后方能行使和封地有关的权利。贵族领主家族可以选择家族成员之一为合法继承人，不过在涉及王室直属封地的时候，这个继承人还需要获得国王的认可。这也为国王以仲裁者的身份介入并解决继承权纠纷提供了操作空间。

王室领地和帝国土地

所谓王室领地、封地或自主财产，可以是几乎任何形式的财产或权利。最初，王室领地包括主要由奴隶耕种的广阔农田，以及磨坊、鱼塘，还有专作狩猎之用的人烟稀少的森林，其中最有名的是法兰克福郊外的德赖艾希森林和亚琛附近的阿登森林。[92] 这些财产并没有借助有计划的集中征收体系来管理。产出的物品大多不耐储存或体积庞大，或两者兼而有之。当时，即便是不负重的骑手，要横穿王国也得花上一个月，更不用说运输了。因此，大多数产品在当地市场被消费掉了，用于维持生产者的生计和管理宫殿等具体资产的官员的生活。一些产品也可能会在区域内被集中到一起，比如在发生战事时，但这么做主要还是为了给不断巡游的皇帝及其随从提供物资保障。

墨洛温王朝君主似乎已经有了巡游的做法，加洛林王朝的君主虽然有一些偏爱的地点，但不会在同一处停留太长时间。虽然君王出巡在中世纪的欧洲是普遍现象，但君主巡游制是神圣罗马帝国特有的鲜明特征，在其他欧洲君主国家都已经建立固定王都之后，神圣罗马帝国的君主还在巡游，这也和独居在深宫内的中国皇帝形成了鲜明的对比。在帝国之内往来凸显了国王优于领主的地位，因为在帝国各处随意往来是君主的特权。[93] 而其他领主若想出游，就必须自行承担旅行开支，除非他们在关键的地点都有自己的关系，而长期出游也会削弱他们在自己封地的权威。国王出行这一传统延续到了 13 世纪中叶以后，不过随着 1356 年王位选举规则的规范化，这一传统就式微了，因为新登基的君主不再需要亲自拜访缺席其登基仪式的高级领主。15 世纪晚期，集会制度化为帝国议会的形式，君主可以在帝国议会上方便地同所有重要代表会面。与此同时，随着基于领土范围的帝国治理方式的确立，君主的统治重点也放在了其王朝世袭领地的都城上。

君王巡游的补给需求决定了王室领地的范围和位置。王室领地需要分散开来，才能在交通要道沿线和具有政治和战略意义的地区为君主及其随从提供补给和住宿。加洛林王朝和奥托王朝的君主都喜欢沿着河流或者湖泊出行，因为彼时阿尔卑斯山脉北麓还没有发达的全天候道路可供使用。查理曼有 25 个大规模行宫以及 125 处小型行宫，由大约 700 个不同的王室庄园维护。这些行宫大部分建在莱茵河、美因河、多瑙河、萨勒河、易北河沿线地区。[94]

亚琛是最重要的宫殿（palatium, Pfalz），早在 8 世纪 60 年代，这里就因其温泉资源而设有冬季行宫。其他重要的宫殿分别位于科隆、特里尔、美因茨、沃尔姆斯、斯特拉斯堡、英格尔海姆和法兰克福。帕德博恩是国王在萨克森的基地，雷根斯堡则是其在巴伐利亚的大本营。康斯坦茨和赖兴瑙坐落在同一个湖心岛上，它们是意大利和德意志之间的重要中途站。上述这些地点直到中世纪晚期都还发挥着重要的作用。后来的一些王朝还在自己的家族领地附近建了更多城堡和行宫。比如，奥托王朝的统治者在易北河-萨勒河地区开发了马格德堡、奎德林堡和梅泽堡。萨利安王朝在其莱茵河中游基地附近的施派尔建立新的据点，还把位于德意志北部富矿区哈茨附近的戈斯拉尔收入囊中。[95] 在加洛林时期，国王的宫室中就有了礼拜堂，而奥托王朝的君主则进一步强化了国王住所和宗教机构之间的联系，他们偏爱王室修道院和主要的主教座堂。

除了少数位于边境地区的行宫以外，大多数行宫都没有设防。宫室的设计并无统一标准，不过国王的寝宫通常位于一处气势宏伟的建筑内，同一建筑内还设有大殿、礼拜堂等，马厩、仆从房、仓库等建筑也坐落在附近。亚琛的宫殿成为马格德堡和戈斯拉尔王宫的建造样板，因为奥托王朝和萨利安王朝的君主都想借此强调其对加洛林传统的继承。加洛林王朝晚期的君主会为部分王宫修筑防御工事，从9世纪70年代开始，君主也允许其他领主来防御自己的住所，尤其是在边境以及河流沿线等容易被维京人劫掠的地区。防御工事通常由木围栏组成，有的设在山顶（Motte）。亨利四世打破了这一传统，他大规模地兴建石头城堡，以更有力地控制位于前朝奥托家族势力腹地萨克森地区的王室领地；1024年萨利安王朝掌权后，这些属地成为相对远离萨利安王朝统治核心的"偏远"地区。经济和人口增长带来了新的财富和劳动力，亨利四世得以大兴土木，在任内修建了至少8座石头城堡。这些城堡大多位于险峻的山顶悬崖上，其中最宏伟的当数在1067年后修筑的哈茨堡（Harzburg）。这座城堡位于戈斯拉尔东南的一座高山顶上，仅能通过一条狭窄的山径进入。之前的防御工事往往是作为能在战时为附近人口提供庇护的避难所修筑的，与此不同的是，亨利四世时代的石头城堡内部空间更小，只能容纳控制当地的皇家卫戍部队。

加洛林王朝在这些防御工事周围设立了特殊辖区，称为"Burgwerk"，负责管理的指挥官有权征用修建并维持防御工事所需的物资和人力。国王在各处的行宫也有类似的权限，一些修道院院长和主教也被授予了这样的权限，以维持教会的发展。这些石头城堡主要由被称为"家臣"的非自由封臣来管理和戍守。到了13世纪，城堡的指挥官被称为"城堡主"（Burgmänner），城堡主一般有一块封地，以供养城堡主自己及其手下三五十人的卫戍部队。[96]以上变化也推动了骑士这个新兴封臣群体的崛起，骑士被视作低阶的贵族。

把土地授予城堡主作为其食邑的做法，只不过是中世纪封臣关系调整以及相关资源再分配大浪潮中的一个小环节。加洛林王朝的统治者已经把更多的王室资产授予了修道院。而奥托王朝的君主则更进一步，把土地资源分封给君王的直属封臣，让他们能更好地为君王效劳*。萨利安王朝统治时期，这样的做法最为盛行，萨利安王朝的君王们更愿意在出巡时住在各处修道院和大教堂，而不是为自己修建更多的行宫。[97]而斯陶芬王朝和教廷冲突不断，因此斯陶芬王朝的君主在王室领地间巡游时多选择在帝国城市停驻，也促进了这些城市的发展（见第582—584页）。

当国王及其随扈巡访行宫、修道院或城市时，地方都必须提供食物以及日常消耗品。在德语中，这些资源被统称为"Tafelgüter"，其字面意思是"餐桌上的物资"。一份记录于968年并很难得地保留至今的清单为我们展示了君王一行人一天所需的物资：1 000头猪和羊、8头牛、10木桶酒、1 000蒲式耳的粮食，以及鸡肉、鱼肉、蛋和蔬菜。斯陶芬王朝的相关记录更为详尽，根据这一时期的史料，一支由4 800名士兵组成的军队需要8 400名驮夫以及共19 000匹马、骡、牛来牵拉500辆运货车，这支队伍每天消耗2.4吨的食物和57吨的草料。[98]

国王的特权还包括向地方征收粮草（fodrum regis），臣民有义务为国王及其随从和马匹等提供粮草和接待（Gistum）。君王还有其他一些权利，不过具体内容不是很明确。fodrum regis在阿尔卑斯山以北的地区还保留原来的意思，但到了中世纪晚期，这个词组

---

* 为君王效劳（servitium regis），通过提供建议、军事支持和物质支持来"为君王服务"。这个术语用于指代封臣需要承担的义务，特别是在中世纪早期。

在意大利的意思就转变为接待国王了，人们使用于 11 世纪开始流行的 albergaria 一词来专指为国王的仆从和士兵提供补给物资的义务。[99] 除了提供物质资源，臣民也有义务向国王提供非物质性的服务。比如，亨利五世在 1111 年颁布的法令中免除了施派尔居民们在经济上的税赋，作为回报，后者每年都要在施派尔大教堂为埋骨于此的亨利五世之父亨利四世集会祈福。[100] 在 11 世纪的意大利，臣民们需要为君王提供的服务已经可以折算成现金来支付，而这一做法 13 世纪时也在神圣罗马帝国全境得到了普及。然而，正如我们将看到的，通过封建附庸制度来间接掌控帝国，直到近代早期都还是神圣罗马帝国君主最重要的治理手段，而王室领地的作用则被统治家族本身的世袭资产所取代。

从共识到命令君主制

公爵和伯爵

我们可以先把帝国治理模式的发展概括为三大阶段，然后再按时间顺序加以分析。一开始的三个王朝都试图通过层级相对少的封建等级体系来控制帝国。管理封臣是头等大事，君主需要同他们进行频繁的面对面互动。在这一阶段，君主的管理风格也逐渐从以奥托王朝时期为代表的追求凝聚各方共识，转向了萨利安王朝那种在亨利二世统治期间最为突出的命令式管理。

斯陶芬家族在 12 世纪中期的兴起标志着帝国治理模式步入了第二个阶段。这种模式的基础是通过特许状来推动君主同封臣间的关系向"封建"的方向发展。这样一来，君主必须完全承认封臣可以世代享有其封地，而先前规模较大的封地则被有意识地分割开来，形成了一个由高级贵族领导的等级更森严的封建体系。斯陶芬王朝于 1250 年左右消亡之后，等级体系继续发展，司法管辖区的划定变得更加明确，与领地之间的联系也更为紧密。君主的直属封臣和小领主之间的区别也越来越明显，前者有权完全掌控其名下的帝国封地，而后者仅能控制帝国封地境内的一小块司法管辖区，与君主之间隔着至少一个封建层级。帝国治理模式一时无法适应新情况，因为有望取代斯陶芬王朝的各方在经济和政治实力方面势均力敌。在此后的第三个阶段，卢森堡王朝的帝国治理模式更多地以其广袤的王朝世袭领地而非所谓的王室领地为统治基础。本节将主要讨论帝国治理模式在第一阶段的发展，接下来的两章则会分别重点讨论其他两大阶段。

加洛林王朝的统治者们在保留自身传统的基础上吸收了被他们征服的伦巴第人和日耳曼部落的部分习俗，确立了帝国内部的基本政治架构。他们在政治上最重要的成就是将三代人通过征服积累的政治资本转化为新的封建关系；在先前的墨洛温王朝时代，高级领主同君主之间仅有松散的臣属关系，而到了加洛林王朝时代，臣属关系被显著加强。如今，领主们的地位是通过出任公职彰显的，而随着法兰克政权以帝国的形式巩固下来，公职也带来了新的声望。[101] 出现了世俗和教会这两个并行且有一定重叠的等级体系。教会等级体系以拥有恩地的大主教和主教为首，构成了我们在第二章中讨论过的帝国教会。

世俗等级体系包括了公爵和伯爵。早期公国的具体性质尚有争议。最有可能成立的结论是，加洛林时期，dux（公爵）和 princeps（诸侯，部落领袖）的头衔和地位原本是有分别的，dux 的封号由国王授予，而 princeps 只在新近征服的地区才有，特别是萨克森和巴伐利亚，某种程度上还包括士瓦本、洛林和伦巴第。诸侯权力来自"部落"所在地下级领主的承认。同王位的继承情况类似，当时的人并没有明确区分选举和世袭的权利。直到11世纪，君主们都在试图通过确立"选举"权利的方式来防止这些公国朝着世袭制的方向发展，然而世袭统治早在10世纪就根深蒂固了，萨克森公国就是一个典型例子，在961年至1106年之间，它一直由比隆家族统治。[102]

公爵的权力包括军事指挥权——这也是德语 Herzog（公爵）一词的词源——和对伯爵的监管权。和任命主教的情况类似，我们不清楚君王在册封公爵一事上有多大的自主权。萨克森、巴伐利亚和伦巴第公国的诸侯都曾获赐公爵的头衔，其目的是将这些地区纳入加洛林王朝的治理。更广泛的精英阶层内的通婚和土地及影响力的转移，侵蚀了这些地区原有的地方部落结构。"公爵"这一称号也逐渐取代了"诸侯"，"诸侯"的称号在920年前后就基本不再使用，只在意大利南部地区多沿用了一个世纪。当地领主们的态度也会影响君主对公爵人选的选择，因为这些领主的配合对公爵的权威至关重要。在10—11世纪，君王任命和世袭是获得公爵封号的两种方式，而且有向世袭发展的趋势。世袭权意味着公爵们可以指定继承人，君主的作用则从任命降为确认，而这样的变化能够发生，与小领主的接受也是分不开的。我们需要注意的是，在中世纪的大部分时期，能够通过世袭继承的都是封号、职能、司法管辖等权利，而不是包括特定区域及其上居民的**领地**。

9世纪的德意志王国内部只有4个公国（巴伐利亚、法兰克尼亚、士瓦本、萨克森），洛林公国是10世纪初才有的。959年，洛林公国一分为二；976年，原属巴伐利亚公国东南部的卡林西亚从巴伐利亚独立出来。勃艮第地区没有公国，不过其南部和西部地区都在分裂后取得了类似公国的地位。而在 13 世纪以前的意大利地区，公国结构也只是短暂存在（见第 202—211 页）。

相比之下，公元 800 年的时候，法兰克王国境内也许有六七百个伯国，其中约 400 个位于阿尔卑斯山以北地区。莱茵河以西的伯国有很多是主教教区的世俗领地，被称为"pagi"，这也是现代法语中 pays（国家）一词的词源。[103] 伯国有大有小，形状不一，并没有固定的划分标准。而"伯爵"（comes）一词在拉丁语中的字面意思是国王的随扈。伯爵们具有"自由"的身份，直接从属于皇帝，但对公爵也要承担一些义务。伯爵的主要任务是维护秩序，在严重犯罪事件发生时主持正义。边境地区的伯爵还要承担额外的军事职责，以履行其作为边伯或者说边境领主的义务（见第 201—205 页和第 218—220 页）。伯国还可以进一步细分为"百人团"（centenariae）或"乡里"（vicariae），不过这些分区及其对应的官僚体系都没有存续多久。查理曼通过密使（missi）来监视伯国并接收相关报告。重要的任务则会交给主教和伯爵一起执行。两种管理机制都没有在 9 世纪延续太长时间。9 世纪的君主主要倚赖修道院院长和主教来执行特定任务。

在神圣罗马帝国，官职和个人之间的界限并不明确，因此我们不应把这些概念和现代的公务员混为一谈。君主可以任命，但不能决定有资格获得这些头衔的人选。在宫廷礼拜堂出现之前，帝国并没有专门的官僚培训机构，而宫廷礼拜堂的主要功能也是为教会培养神职人员。因此，帝国境内的所有公职都需要由下级封臣担任，而不是由领取固定薪酬的人员出任。对当地的了解和在当地的关系都很重要，因此，君主也较少对官员进行异地调动。

寻求共识

在这样的情况下，要想成功，君主就需要为自己的政策争取认可和支持。王庭会议是实现这一目标的重要机制。这样的会议有早期日耳曼部落自由武士集会（Thing）的影子，但到了755年，法兰克人的此类会议就成了只有特定的人才能参加的事务会议，会议的名称有很多，比如placitum、synodus、conventus，以及Marchfeld。Marchfeld的字面意思是"三月之地"（March field），源自在3月和5月之间召开会议的习惯，这个时候草已经长得足够长，可以作战了。宗教信仰也极大影响了重要会议的召开时间；公元834年之后，加洛林王朝几位君主的会见通常安排在诸圣节等重要宗教节日的时候。

王庭会议是政治协商同军事召集的结合体，个人色彩因而更为浓重，因为君王本人的出席至关重要。此类会议也改变了君王出巡的形式：君王不必在王国境内巡游，而是可以让"王国"来到自己面前，一些领主需要跋涉数百英里来觐见国王并参加会议。会后的打猎、宴会、祷告等共同活动让精英们可以友好交往，也是他们讨论事宜，特别是机密事宜的机会。这些社交活动最重要的作用也许是为君王本人提供了自我展示的平台，以彰显其领导力、正义感、慷慨大度、信仰虔诚等作为君主的美德。[104]

在讨论共识传统的时候，我们需要先做一些初步的限定，以避免将其浪漫化地理解为一种具有男子气概的高尚武士文化，理解成国王由一群理性、务实、爱国的臣属来辅佐。相关史料的解读特别困难。由于缺乏有关议事规则的书面记录，我们不得不通过编年史家的一些记载来推断会议的运作方式。这些编年史书作者通常有自己的立场，对国王要么颂扬要么批评，或是抒发自己对理想化王国的想象，或是表达不满。9世纪时的兰斯大主教辛克马尔（Hinkmar）就借此表达不满，他在被排除出核心权力圈后写下了《宫廷治理》（De ordine palatii）一书。他劝告卡洛曼国王（King Carlmann）要遵循他这样的明智长者的建议，而这显然是出于个人动机。不过，他的著述和类似作品一样，还是具有启发性，因为他的论点反映了当时社会广泛接受的规范。[105] 辛克马尔敦促国王召集重要人物开会，看他们对他的规划有什么反应，并协助国王确定施政的主要目标。之后，会有一个"长者和主要谋士"的会议来敲定细节。而这种限于上层人士的会议就比较像朋友间的聚会了，与会者可以更自由地表达意见，因为即使国王拒绝了某些提议，提议者受到羞辱的可能性也比较小。

当时的"友谊"（amicitia）概念使君王的核心圈子可以不再限于有时会给君王找麻烦的王室亲属。友谊也能让君王跨过正式的封建层级，将一些阶层较低但能力突出或有资源的贵族任用为亲信（familiares）。由以上对加洛林时期结构的描述可见，当时的等级并不森严，公爵的地位虽然高于伯爵，但二者都被视作直接臣属于国王的"自由人"。国王的朋友们除了是国王的封臣外，还要参与一些额外的礼仪性活动，以展现他们和国王间特殊的亲近关系。例如，国王和他的朋友们会在晚宴上菜时交替扮演主人和宾客的角色。其他方式还包括赠予礼物、在公开场合夸张地表达喜怒哀乐的情绪等。国王的朋友们也可以在国王和他们自己的亲戚及庇护者间充当中间人，替国王扩大影响力。很多人想成为国王的朋友，一大原因就是中间人能凭借获得恩宠和奖赏的能力，在自己的庇护关系网中获得更高的声望。保持分寸感对双方都有好处。国王和国王的友人都不能向对方提出太过分的要求，否则就有可能招致拒绝以及羞辱性的失败。因此，帝国治理很大程度上有赖于谨慎的谈判，谈判往往借国王的朋友或第三方之手展开，目的是找到各方能接受的方案，再把方案当作自发产生的决议公布出来。[106]

加洛林王朝和奥托王朝时期精英群体的人数相对少，有助于前述统治形式的发展。科维的维杜金德于 970 年左右所著的编年史书中记载了 130 位有名有姓的人物，而梅泽堡的蒂特马尔于 40 年之后所著的史书中，也只提到 500 人，其中五分之一是女性。而精英家族的数目肯定还要小。[107] 此外，高级领主们也采用了完全相同的手段来管理自己的封地和关系网络。遵守社会规范、追求正义、施行德政，是当时人们对称职统治者的共识。最后，法兰克贵族也对其自主财产实行分割继承；加洛林君主将帝国分割为不同的王国，他们的贵族将自己的土地分给不同的儿子，两种做法除了所涉土地的规模不同外，并无根本性的区别。这样的做法维持了权力的等级制度。对于贵族领主们来说，最重要的是同国王保持亲密友好的关系，而不是积累世袭财产。

这并不意味着事情都能够顺利进行。成为"王国领袖"（primores regni）靠的是竞争而不是共识。这体现了中世纪早期帝国政治中的一大悖论。尽管帝国治理的宗旨是友好实现目标，但寻求共识这一过程本身经常是不和谐甚至是暴力的。共识既塑造又反映着不断变化的力量对比，特别是国王和他主要封臣之间的力量对比。争议往往是针对个人而非体制的，通常源自不恰当的预期。

加洛林王朝的治理，800—918

确定帝国早期治理模式的基本要素后，我们接下来分析帝国治理在 9 世纪的发展。加洛林王朝从 8 世纪 70 年代开始迅速扩张征服，激起了人们通过军功获取奖赏的想法，但这样的期望在 9 世纪 20 年代之后就无法得到满足了，因为当时帝国的扩张受到了阿拉伯人、维京人和斯拉夫人进犯的遏制。公元 829 年以后那些自相残杀的战争，起因就是各方对如何在当时仍被视为整体的法兰克王国中分配战利品意见不一。这些冲突持续时间不算长，冲突期间还经常有谈判，谨慎调停谈判的往往是高级神职人员。普遍认为这些内部冲突不同于法兰克王国早期的对外征服战争，因为在内战中落败的一方仍是信奉基督教的法兰克同胞，而不是掠夺和奴役的对象。841 年 6 月爆发的丰特努瓦（Fontenoy）战役十分惨烈，震动了精英阶层，领主因而共同向加洛林王朝施压，迫使后者签订《凡尔登条约》（843），接受对帝国的第一次重要划分。[108]

　　根据条约，法兰克王国被分为洛泰尔尼亚、东法兰克和西法兰克三个部分，可见加洛林王朝的统治是以人而非制度为中心的，因为划分的依据并不是地理、种族、语言或宗教的界限。作为长兄，洛泰尔优先选择了以亚琛和罗马为中心的中央王国作为其帝制权威的统治基础，路易二世和查理二世则分别得到了帝国东部和西部的土地。虽然加洛林王朝后续的统治者给人以缺乏雄才大略的印象，但他们也并非如同当世批评家和后世史家描述的那般愚蠢和懒散。[109] 直到 12 世纪，查理三世才被人冠以"胖子"的诨号。加洛林王朝统治者面临的真正问题不在于各个公爵和小君主谋求独立的离心力，而在于他们自己无法产生合法的继承人。争夺各个王国的竞争因而更加激烈。888 年，查理三世在被废黜后去世，没有留下合法的继承人。他的离世也宣告了法兰克王国最后一次统一的终结，在加洛林贵族中引发了新的一轮血雨腥风的权力斗争。

王族内部的争权夺利也让高级领主们有了扩张势力的机会。加洛林王朝的君主们不得不在更多事宜上征询封臣的意见，并容忍其获得更大的自治权，以换取他们在军事上的支持。此外，许多领主不得不独自面对恶劣的环境，比如外部劫掠者的威胁。主教辖区和伯国此时也多由来自同一家族的贵族成员世代把持，由此产生了更多的既得利益集团和派系。[110] 巴本堡家族（Babenberg）的名称来源于地名班贝格（Bamberg），该家族在查理三世的扶持下于法兰克尼亚起家，但在阿努尔夫于 887 年成为东法兰克国王后失势。阿努尔夫扶持巴本堡家族的对手康拉德家族（Conradiner），以遏制巴本堡家族在该区域的影响力。这也引发了持续多年的"巴本堡私战"（Babenberger Feud），在 902 年至 906 年的冲突中，巴本堡家族落败，东法兰克王国在康拉德家族的帮助下稳固下来。

公元 888 年之后，洛泰尔尼亚分崩离析，不过如前文所述（第 36—38 页和第 202—204 页），皇帝的称号仍然与意大利王国联系在一起，直到公元 924 年。意大利的主教们，例如摩德纳主教和雷焦（Reggio）主教，此时部分恢复了他们在伦巴第人统治下失去的自治权，还获得了可以分给自己附庸的额外财产，条件是他们要为统治弗留利、斯波莱托和伊夫雷亚的加洛林王族及其继承者服务。9 世纪 80 年代以后，由于主教们掌控了意大利依旧为数众多的城镇，他们的势力超过了管辖区主要在农村地区的伯爵。到了 10 世纪初期，主教的管辖权逐渐向郊区延伸，他们还以支持虚弱的意大利君主为条件，获得了更多的王室封地。[111]

西法兰克王国的封建等级制度规模更大、历史更久，地方权力体系也更为稳定。在西法兰克王国忙于处理维京人入侵诺曼底地区的外部危机之际，其王国内部出现了大约 7 个公国。自 885 年起，卡佩家族便有效地掌控了巴黎，扮演着类似于加洛林王朝的先驱们在墨洛温王朝宫廷中的角色。这些有利条件让卡佩家族在公元987年彻底取代加洛林王朝，成为法国王室。

尽管有巴本堡私战这样的事，东法兰克的领主们大多对国王心存感激，因为国王能协调各方一同防守王国北部和东部地区的漫长边境。至关重要的一点是，东法兰克王国内部已经有了一个围绕王权形成的小圈子，小圈子的成员并不想和更多人分享利益。他们内部有矛盾，但都希望君主国能够成功，也采取了各种方法来避免一系列潜在危机的爆发。根据法兰克人的传统，未成年男性不能即位为王，他们名下的土地必须转让给王族内部的成年男性。900年"孩童"路易（四世）（Louis the Child）继任国王后，与法兰克人传统相抵触的棘手局面出现了。东法兰克的领主拒绝承认西法兰克国王作为继承者取代"孩童"路易，还在899年到905年召开了4次会议，宣誓效忠于这位由美因茨大主教和其他高级教士辅佐的未成年国王。[112] 类似的集体行动为康拉德一世掌权提供了保障，他是康拉德家族的首领，在911年成为第一位非加洛林家族出身的国王；919年，领主们再次集体行动，承认柳多尔夫（奥托）家族的亨利一世为国王。

周遭环境和人格力量也有一定作用。康拉德一世就得益于当地没有可以与之抗衡的其他候选人。尽管如此，同一群公爵和高级领主始终合作，不是因为他们有什么"民族"意识，而是因为他们认识到，东法兰克王国这个独特的政治空间有助于保障他们历经一个世纪形成的区域庇护关系网。直到10世纪70年代，人们仍普遍感到自己有共同的法兰克遗产，但东法兰克和西法兰克作为彼此独立的王国的地位已经很明确了，两个国家围绕各自的王室和会议组织起来。后来的编年史书作者夸大了这一时期的共识程度。康拉德一世在位期间，后来的亨利一世为分得更多战利品而发起了持续3年的叛乱；919年接受亨利为国王的过程耗费了5个月的时间，亨利一世在920—921年还花了很大力气，以谋求士瓦本和巴伐利亚等拥有高度自治权的地区对其统治地位的认可。[113]

奥托王朝的治理，919—1024

奥托王朝对帝国的重塑在一些方面类似于先前加洛林王朝的成就。奥托王朝取得了对非基督徒的一系列胜利（955年的莱希费尔德之战尤为著名），又进入意大利救出教宗，王朝的势力在一场精心策划的皇帝加冕仪式中达到了高峰。奥托王朝的君主们对之前加洛林王朝的做法非常了解，把自己的统治包装为帝国权威的复兴，而不是新秩序的开始。[114] 然而，在崛起以前，他们只是东法兰克王国萨克森地区一个势力相对有限的小家族。奥托家族的兴起并未伴随重大的财产再分配，而是建立在接受既有领主势力的基础上。

奥托王朝的统治巩固了一个超级精英阶层，包括了原先的法兰克尼亚、士瓦本、巴伐利亚、萨克森四大公爵，以及洛林、波希米亚和（不那么严格地说）勃艮第公爵等贵族。他们都有近似于国王代理人的权力，能够处置其境内的城堡、王室修道院及相关资源。他们能够行使一些王族特权，尤其是可以在其签署的文件上使用"奉上帝恩典"（by grace of God）的头衔和印章；这么做与其说是为了挑战国王的权威，不如说是为了在众多伯爵和下级领主面前显示自己的高位。国王依旧在统治阶层中拥有至高的地位。公元939年以后，奥托一世有差不多10年未曾到访士瓦本公国，士瓦本公爵在此期间则6次觐见奥托一世。[115] 尽管贵族家族享有的公爵封号往往是世袭的，但最核心的法兰克尼亚公爵这一头衔最初几乎总是由国王本人所有，直到1079年才由亨利四世授予斯陶芬家族。此外，奥托王朝的君主直到961年都把持着萨克森，在那之后才将其授予比隆家族，不过萨克森境内有许多处王室领地，因此直到11世纪，它都还被人们称为"皇帝的厨房"。[116]

到了926年，亨利一世与巴伐利亚公爵阿努尔夫的关系已有所改善，而这也是奥托一世日后能被推选为国王的重要因素。奥托一世利用阿努尔夫937年去世这一机会加强了对巴伐利亚的控制，然后于948年将其弟海因里希册封为巴伐利亚公爵，后者则在巴伐利亚建立了奥托家族的分支，1002年被推选为国王的亨利二世就来自这一分支。这一安排并非万无一失，海因里希之子"强辩者"海因里希二世继承巴伐利亚公爵的爵位后，与波兰和波希米亚串通谋反，于976年被奥托二世废黜。为了削弱巴伐利亚公国的势力，奥托二世还将卡林西亚和奥地利剥离出了巴伐利亚。被褫夺公爵爵位后的海因里希二世对奥托三世的继承权提出异议，不过随着其公爵身份于985年得到恢复，这一争端也消弭了。尽管时有动荡，这些公国的存在还是让奥托王朝的君主们有办法在不分裂王国的情况下安置其家族内部的近亲，以遏制后者的野心。[117]

实际上，公爵头衔几乎由王室成员垄断。从约900年到11世纪80年代，把持四大公爵头衔的多是国王本人或国王的男性近亲。洛林公国则是一个特例，因为它同已不复存在的加洛林洛泰尔尼亚王国有千丝万缕的联系。与四大"日耳曼"公国不同的是，洛林公国始终由本地出身的公爵统治，不过由于联姻，有的洛林公爵也有奥托家族的背景。此外，虽然士瓦本、卡林西亚以及巴伐利亚公国（在一定程度上）由其他家族掌控，其公爵称号很少采取父死子继的模式。奥托王朝和萨利安王朝的统治者从来没有镇压过他们直接掌控的公国，也没有将这些公国的管辖区纳入王室领地，这进一步体现了公爵职责的重要性。简而言之，公国仍是君主统治各个区域所倚仗的重要"制度"。

奥托王朝的君主们与加洛林时代晚期的暴力拉开了距离。915年，康拉德一世通过把敌对贵族斩首粉碎了士瓦本公国的叛乱，两年后，他将自己的妻弟艾尔香格（Erchanger）和伯特尔德以叛乱罪名斩首。相比之下，奥托王朝的君主乐意在安全和对自己有利的情况下宽恕政敌，对"强辩者"海因里希的处置就是一个例子。此外，奥托王朝的君主默许了伯国的世袭，也就不必卷入混乱的地方政治了，他们也因此得以扮演看似公正的上级裁判者的角色。

冲突遵循通常的模式。国王本人很少遭到直接攻击，因为大多数矛盾冲突发生在公爵精英这个社会等级中。心怀不满者会通过在国王面前离开来抗议，也可能动用自己的亲属和庇护关系网来打击对手。他们也会通过破坏庄稼或掠夺的方式来给对手施压，此类行动的打击对象通常是其对手的追随者而不是对手本人，以免造成代价更高的军事对抗。心怀不满者会反对国王具体的决定而不是攻击国王本人，以此尽可能降低风险，这同9世纪末为争夺王位而引发内战的做法形成了对比。军事行动主要是为了展示实力，同时让亲友和其他中间人去谨慎地寻求解决方案。当国王的命令受到抵制时，沟通协商尤为重要，因为和平有赖于找到一种双方都不失面子的妥协方式。奥托王朝的统治者通常宁愿选择宽容而不是严惩，他们一般会赦免叛乱者，将至少大部分土地还给他们。

奥托王朝还从帝国教会中获得了额外的力量。奥托一世将美因茨和科隆交给近亲治理，而随着奥托家族越来越自信，奥托一世的孙子任命主教时，人选范围已经不限于家族内部了。虽然仍然能通过与斯拉夫人和马扎尔人作战来获得战利品以赏赐下属，但奥托王朝的统治者还是利用国王特权创设出了新的权利，作为对下属的忠诚和服务的奖赏。开办市场、铸币和收税的特权被赐予主教，让主教能够利用新的经济机会（见第 560—568 页）。对意大利的征服和皇帝加冕极大提升了奥托家族的声望，他们面前的政治机会也更多了。奥托一世加冕为皇帝，拉开了他与众公爵的地位差距，他也因此愿意放弃其家族最初崛起之地萨克森。

然而，对意大利的征服扩大了帝国本来就相当辽阔的疆域，增加了通过君主亲自巡游来治理国家的难度。并非所有德意志领主都乐见他们的君主积极实现皇帝的抱负和承担相应的责任，因为这意味着皇帝会到访阿尔卑斯山以南的地区。奥托一世生命的最后 12 年，有 10 年是在意大利度过的。他最终以胜利者的姿态凯旋，在972—973 年举行了一系列会议，展现出各方对他的坚定支持。然而，他在作为德意志国王时所结交的许多贵族如今都已经离世，这也导致他的儿子奥托二世直到 980 年才确立了自己的权威。此外，奥托王朝在德意志本土形成的统治方法并不完全适用于意大利的政治生态。在意大利，除了斯波莱托之外就没有大型公国了。奥托一世在意大利的统治严重倚赖"铁头"潘杜尔夫，潘杜尔夫属于最后一批伦巴第旧时代精英，他获准将斯波莱托和贝内文托并入了自己的卡普阿公国。[118]

潘杜尔夫于 981 年离世，意大利南部地区出现了权力真空，而此时奥托二世正忙于对威尼斯实施封锁，以迫使其放弃同拜占庭帝国之间的联系。奥托二世扩大了行动范围，将萨勒诺提升为大主教区，以对抗拜占庭帝国在奥特朗托（Otranto）的大主教区。之后他统率着可能是奥托王朝历史上规模最大的一支军队南下，其中包括了4000名披甲骑兵，这是为了在之前拜占庭帝国失利的地方取得胜利，将萨拉森人驱逐出卡拉布里亚，以宣示他作为皇帝的正统权威。他被引诱进入埋伏圈内，于982年7月13日在卡拉布里亚东部海岸的克罗托内遭遇惨败。巴伐利亚公爵、士瓦本公爵、16名伯爵以及其他若干主教和修道院院长都丧命于此。奥托二世本人通过突围到海边才得以逃脱，之后被一艘希腊船营救，船员们认出他是谁时，还试图绑架他。[119]这场惨败沉重打击了人们对奥托王朝的信心，他们似乎不再蒙神眷顾了。精英阶层在这场战事中遭受的惨重伤亡也带来了大量空缺，加剧了帝国内部填补这些空缺的竞争。奥托二世采取了一个出人意料的举动，983年的圣灵降临节，他在维罗纳举行了一场由德意志和意大利领主共同参与的会议，以寻求各方支持来确保他时年3岁的儿子成为共治国王。

奥托二世于983年12月的意外去世使帝国政局雪上加霜，因为此时斯拉夫人正沿易北河入侵。然而，奥托王朝统治的内在优势在这样的形势中得到了体现。他们之前花费多年时间同重要领主们培养的"友谊"，在此刻终于获得了回报。这些重要领主大多依旧选择效忠于奥托三世，尽管后者此时仅是由其母提奥芳诺摄政的幼主（见第354—355页）。与其争夺王位的对手"强辩者"海因里希所获的支持则局限在政治上（和地理上）的边缘地区：波兰和波希米亚公爵、奥伯德里特人、洛林地区的一些领主，以及西方的特里尔和科隆大主教。海因里希以国王自居，因此他失去了原本可能获得的萨克森人的支持。此后谨慎的谈判使海因里希能够以一种保留颜面的方式退出对王位的争夺，让提奥芳诺及其支持者不必诉诸武力。[120]

奥托三世于 1002 年去世，奥托家族主支绝嗣，"强辩者"海因里希之子亨利二世趁机寻求各方承认。他的上位之路则多了一些暴力的血腥色彩。他的竞争对手迈森边伯埃克哈德（Margrave Ekkehard of Meissen）被谋杀，斯特拉斯堡也遭到了劫掠。[121] 通常认为，与他之前的两任统治者相比，亨利二世没有那么大的扩张野心，不过总体来说，这一时期的主要变化在于统治风格：亨利二世强化了王权的神圣性，在帝国境内的巡游范围也扩大了。

萨利安王朝的命令君主制，1024—1137

亨利二世没有子嗣，因此继承人问题在其在位期内便引起了各方的担忧。解决这一问题的方式同加洛林王朝绝嗣之时类似：1024 年夏，一场统治阶层内部的会议在奥本海姆对面莱茵河畔的坎巴（Kamba）举行。参会人士有亨利二世的遗孀库尼贡德，她的兄弟巴伐利亚公爵、卢森堡伯爵和美因茨伯爵，加上几位重要的主教。此时候选人只剩下萨利安家族了。萨利安家族得到了库尼贡德及其亲属的青睐，也获得了洛林贵族们的支持，也许是因为他们都崛起于莱茵兰地区。当时并不存在法兰克尼亚公爵，因为这个头衔自公元 939 年起由国王亲自兼领。士瓦本公爵此时还未成年。萨克森人、意大利人、斯拉夫人此时似乎也远离了。因此，这场会议实际上是一个低调的测试，看这两个萨利安家族的分支能获得多少支持。老康拉德（二世）所领导的萨利安家族的幼支以施派尔为大本营，他这一支获得了青睐，因为他已经有了一个儿子。小康拉德代表了萨利安家族更古老的一支，其大本营位于沃尔姆斯。在选立新君的结果公布之前，小康拉德便带着他的支持者离开了位于坎巴的会场，从而让结果表现得像是一致同意的产物。萨克森人和1002年时一样同新君保持距离，并要求康拉德二世于12月亲自前往明登以寻求他们的支持。可以说，康拉德二世此时遇到的困难同一个世纪之前亨利一世所遇到的困难并没有什么不同，但涉及的范围要更大。因为他此时不仅继承德意志和意大利的王位，还要继承亨利二世对勃艮第地区的声索。士瓦本公国对康拉德二世的反抗直到士瓦本公爵恩斯特于1030年被杀后才得以停息。此外，康拉德二世还另外花了两年时间来征服意大利和勃艮第。[122]

康拉德二世的成功即位，确认了神圣罗马帝国是一个由德意志、意大利、勃艮第三大王国为首的等级制帝国。他治理帝国面临的挑战比之前奥托王朝面临的还大。帝国疆域扩大后，通过君主亲自巡视来治理就更难了。此外，封建层级增加后，封建体系的成员也增多了。一些有进取心的新兴家族通过合并伯国和在帝国教会中安插亲属，获得了堪比公爵的权势，虽然尚未获得公爵的名号。在萨利安家族之外，这样的家族还包括卢森堡家族、埃佐家族、巴本堡家族、韦尔夫家族。此外，还有许多低阶贵族脱颖而出，1020年左右也出现了家臣阶层。家臣并非如人们之前认为的那样是国王为摆脱对大领主的依赖而设立的，其发展实际上要归功于帝国教士。[123]主教和修道院院长会选出一些没有人身自由但能力较强的人来当附庸家臣，给予其必要的资源，让他们充当骑士或者小吏。萨利安王朝的统治者也雇了一批家臣来管理王室领地、驻守那些修筑于11世纪60年代的城堡要塞。家臣渐渐取得了其他特权，接受了贵族文化，最终将其原本基于奴役的人身依附关系转为更常见的封建附庸关系。到了1300年左右，家臣已融入了骑士、男爵等低阶贵族当中。

如果认为家臣是建立集权君主制所需的人员储备，那就错了。实际上，家臣的作用主要是帮助王室更好地监督王室领地的运作情况，尤其是在萨克森地区。萨利安家族和其附庸领主是同一种政治文化的产物。他们并没有建立集权国家的蓝图，也没有证据表明当时有人认为集权结构更优越。实际上，康拉德二世及其继任者致力于通过增加领主拒绝君王命令的难度来改善既有的统治方法。这体现在康拉德二世将帝国形容为"永恒的王冠"的著名论述中，也体现在对君主权威的日益强调上，支撑君主权威的是更崇高、更神圣的君主形象。

康拉德二世像先前奥托王朝的君主一样在帝国境内巡游，以满足领主对贤明君王的期待。他有五分之一的出巡行程安排在萨克森地区，此地的领主显然对萨利安家族上位而自己被排挤出了核心权力圈深感不满。[124] 康拉德二世的安抚获得了回报，亨利三世于1039年顺利即位，证明萨利安王朝的巩固统治基础的努力取得了重大进步。趁公爵头衔虚悬，康拉德二世恢复了先前由国王直辖公国的政策：巴伐利亚公国于1027年、士瓦本公国于1038年、卡林西亚公国于1039年相继直接归属于国王。亨利三世即位时，上述三个公国同法兰克尼亚公国的公爵头衔一并由亨利三世继承，但他随后改变了这一做法，将除巴伐利亚公爵外的三个公爵头衔都分封给了他人。在1002年到1125年之间，巴伐利亚公爵的头衔有46年的时间都由国王或国王的儿子把持，其余的时间里，6个掌握公爵头衔的人都是萨利安王朝的亲密盟友，不过其中有4人的头衔只保留了一小段时间，就被国王褫夺。同时，萨利安王朝延续了亨利二世的政策，提升班贝格主教、艾希施泰特（Eichstätt）主教和其他巴伐利亚主教的地位，以平衡区域势力。这一做法似乎行之有效，这些地区的领主在 1075 年后依旧效忠于亨利四世。萨克森地区则不同，萨利安王朝支持不来梅大主教的政策得罪了萨克森当地的领主，这成为后者于 1073 年发动叛乱的原因之一。[125]

上述政策代表了君主由直接行使公爵管辖权向间接管理公爵精英阶层的根本性转变。公爵头衔世袭的趋势在洛林公国和后来的士瓦本公国已经很明确了，萨利安王朝顺应趋势，减少了与高级领主之间的摩擦。此外，君主保留了对公爵封号的确认权，但地方上进行的公爵"选举"现在更像是一种臣服仪式，新即位的公爵通过这一仪式寻求下级领主的承认。公爵的权力以重要的自主财产为基础，其中很大一部分土地从前都属于王室领地；此外，公爵对低阶贵族更明确的政治管辖权也是其权力基础的一部分。[126]

然而，公爵如果滥用他们新获得的自治权，就会面临更严峻的惩罚。之前的奥托王朝奉行的是"两次出局"的规则，即只有当错误再犯时，才会面临惩罚。尽管如此，还是有一些再次犯错仍获宽恕的特例，例如上文提到的"强辩者"海因里希的例子。这样的情况在强调君主制权威的萨利安王朝时期是不可能出现的。在这一时期，叛乱不再被视作争夺地位的私人恩怨，而是被视为对神圣秩序的公然挑衅。犯错者成了罪人，很难获得宽恕。亨利三世恢复了"大不敬"（crimen laesae maiestatis）这个罗马法概念，根据这一罪名，萨利安王朝的君主不再仅仅褫夺冒犯者的头衔和公职，还会没收他们的自主财产。

萨利安王朝的新做法也遇到了一些困难。1035 年，康拉德二世计划废黜卡林西亚公爵阿达贝罗·埃彭施泰纳（Adalbero Eppensteiner），理由是后者针对匈牙利人的政策违背了君主的意图。康拉德二世显然想要召开一个领主会议来当作他的傀儡法庭，以支持其所做出的废黜决定。然而，会议的许多参与者，包括康拉德二世之子亨利（后来的亨利三世）在内，都表达了不安的情绪。作为巴伐利亚公爵，亨利还曾与阿达贝罗发誓结交为朋友。康拉德二世于是采取跌倒在地上大哭的办法来迫使参会者支持他的做法，这样的行为显然很容易适得其反，损害康拉德二世的威望。[127] 虽然亨利三世似乎靠推翻其父的许多决定而获得了拥护，但他在一些问题上采取了和他父亲相似的手段，这让他在试图于 1044 年后强制拆分洛林公国时遇到了更大的困难。他最终达到了目的，但疏远了托斯卡纳公爵。

托斯卡纳人长期受奥托王朝庇护，在康拉德二世于 1024—1027 年成功镇压意大利反对他继位的势力的过程中，托斯卡纳人发挥了关键作用。托斯卡纳公国于 1077 年倒向教宗格列高利七世，沉重打击了神圣罗马帝国在意大利的地位。由于阿尔卑斯山以南地区没有其他大型管辖区，帝国必须采用不同的方式来治理。在萨利安王朝 101 年的统治中，统治者在意大利的时间只有 22 年。而这 22 年中又有一半的时间是在亨利四世统治时期，当时他因主教叙任权之争而不得不留在意大利。萨利安王朝的统治者比较喜欢借助意大利主教们的力量，他们会任命在王室礼拜堂受过训练的忠诚者为主教，也会用控制主教座堂所在城镇及其周边地区的办法来巩固主教的势力。这么做有一定道理，因为意大利的人口增长和经济发展都早于德意志地区，这侵蚀了原有的伯国架构，促使民众要求更多的市民自治权。萨利安王朝的统治者对上述情况未必抱有负面看法。例如，他们会扩大庇护网，让一些富裕的城镇居民担任王室法官，其中一些人随后还会成为伯爵或主教。1035—1037 年，意大利爆发了武士起义（Valvassores' Revolt），康拉德二世对此也进行了直接干预以平息事态。所谓的武士（valvassores）是首领（*capitanei*）的附庸，而首领在城镇里拥有土地，在周边的乡村拥有教会封地。康拉德二世于 1037 年 5 月 28 日签署的《封地法令》（Constitutio de feudis）将封地的世袭所有权扩展到了低阶领主阶层，再次宣示国王是所有纠纷的最终裁判者。[128]

这些政策无意中制造了矛盾，因为它们削弱了主教对武士和首领的权威，尤其是在米兰地区。米兰发生了复杂的争执，因为米兰市民要求更多的自治权，而皇帝和教宗对米兰事务的干预又互相冲突。这些矛盾与萨利安王朝在处理洛林公国问题时遇到的困难放在一起，表明萨利安王朝的统治在亨利三世于 1056 年去世而其子亨利四世未成年即位之前，就已经遇到了严重的结构性问题。[129]

萨克森公国与主教叙任权之争，1073—1122

1073 年左右，世俗王权同天主教会之间的所谓"主教叙任权之争"开始进入第一阶段的对抗。东萨克森领主们对萨利安王朝的不满情绪也在此时集中爆发。对于萨利安王朝的君主们来说，这两大问题还没严重到性命攸关的程度。亨利四世依然受到德意志和意大利主教们以及许多世俗领主的广泛拥护。然而，由于亨利四世无法迅速解决上述两大问题，这引发了帝国内部对萨利安王朝统治方式的潜在不满，同时也让那些抨击萨利安王朝不善执政的声音显得更有说服力。此外，萨利安王朝一直强调其统治权威的崇高地位，因此很难交到"朋友"，也难以通过不失颜面的方式来与对手达成妥协。一些世俗贵族领主曾经尝试作为中间人来替亨利四世协调解决上述问题，不过他们的好意都被亨利四世断然拒绝了。君王的权威此时被认为来自权力和胜利，而不是来自共识和宽容。不幸的是，当君王面临像萨克森领主们所发动的对其君权的公开挑战时，除了武力镇压之外别无选择。于是萨利安王朝在处理同罗马教廷之间的纷争时，面临着同先前的奥托王朝一样的窘境：一味地采取暴力的方式解决问题，并不符合当时大多数人对理想状态下君权的期望。1076 年 10 月，德意志的领主们在特雷布尔（Trebur）召开会议，同时邀请亨利四世参加。这场会议为亨利四世将政治路线调整回各方原先一致认可的轨道提供了机会。然而政治上的妥协会给亨利四世带来无法容忍的羞辱，于是他动身前往卡诺萨，试图与教宗达成协议，以期平息国内政敌对他的挑战。[130]

然而，此举未能成功阻止国内的反对势力。1077 年 3 月，莱茵费尔登的鲁道夫被推选为神圣罗马帝国历史上第一位真正意义上的对立国王。鲁道夫得到了萨克森领主们以及巴伐利亚公爵和卡林西亚公爵的支持。此外他的盟友还包括了八名中阶世俗领主、美因茨大主教，以及萨尔茨堡和马格德堡的主教、副主教。其他大多数世俗和教会领主贵族依然选择效忠于亨利四世，或者至少是选择保持中立。但是德意志本土的内战，再加上亨利四世同教廷之间的公开矛盾，无疑进一步加剧了帝国内部的分裂。亨利四世和教宗格列高利七世互相将对方的支持者从教区免职，亨利四世在 1079 年还把南部地区反叛的公爵们一一废黜并替换成自己的拥护者。斯陶芬家族利用这一机会控制了士瓦本公国。此时帝国境内不只有两个对立的国王，还有两个对立的教宗。公爵和主教们也各自选边站，这使得政治矛盾逐渐向下层扩散，受到波及的既得利益者也进一步增加。由于双方势均力敌，因此哪一方都没能取得压倒性胜利来终结这场纷争。

尽管亨利四世性格固执，但他还是机敏地抓住了 1095 年韦尔夫和托斯卡纳同盟瓦解的机会，不仅成功逃离了意大利北部地区，还主动提出在接下来的三年内做出重大让步。而这也为我们展示了这一动荡时期的两大政治变化之一：原来的公爵精英阶层逐步退出政治舞台，取而代之的是许多掌控中等规模封地的新兴贵族阶层。后者大多出身自中阶贵族家庭，原先都掌控了一定规模的世袭土地财产以及伯爵领地。如今他们通过新领地扩张势力，取得了堪比公爵的权势。1078年，亨利四世废黜了策林根家族卡林西亚公爵的爵位。20年之后，为了安抚后者，他将策林根家族位于黑森林地区的世袭领地升级为一个新的公国。这一地区最富裕的王室领地苏黎世以及其他原本属于士瓦本公国的领地都被划分给了这一新公国。此外，控制莱茵河中游地区的普法尔茨伯爵也于1156年左右取得了和公爵平起平坐的地位。亨利五世于1106年即位后，依旧延续了这一政策。原先领导萨克森公国的比隆家族也在此时绝嗣消亡。虽然萨克森公国名义上没有分裂，但实际上亨利五世将先前比隆家族的自主财产分别赐封给了崛起的阿斯坎尼家族和韦尔夫家族。到了1131年，萨克森地区的其他土地被合并为一个独立的图林根伯国（landgraviate of Thuringia）。原先被称为萨克森北方边区（Nordmark）的地区于1134年被单独划分出萨克森公国，并于1157年正式成为勃兰登堡藩侯国（margraviate of Brandenburg）。[131]

亨利五世于1105年发动政变，试图取代其父亨利四世，于是短暂回归的建立在共识基础之上的政治局面就此瓦解，战火再起。次年，亨利四世去世，战争随之结束。亨利五世即位之后，对自己原先的宠臣苏普林堡的洛泰尔采取了严酷的镇压手段，引发了1112年至1115年间的又一场叛乱。在此期间亨利五世彻底失去了对德意志北部地区的控制，凭借着斯陶芬家族的支持，其王位才得以保全。1125年亨利五世去世，各方势力为了争夺王位再度陷入对抗。韦尔夫家族的领袖巴伐利亚公爵"黑皮肤"海因里希（Heinrich 'the Black' of Bavaria）选择背叛他先前的盟友斯陶芬家族，转而支持苏普林堡的洛泰尔继承王位。另一方面，来自斯陶芬家族的法兰克尼亚公爵康拉德被他的支持者们拥立为王，这些支持者中也包括了他的哥哥士瓦本公爵。德意志诸邦于是陷入了南北分裂的局面。1135年，斯陶芬家族的康拉德不得不承认其失败以换取赦免。洛泰尔也正式成为洛泰尔三世，并动身前往南部巡视。[132]

这一结局为我们展示了1073年以来的政治危机的第二个长期后果：君主个人独断的体制被证明是低效且失败的。历史学家们把1076年召开的特雷布尔会议形容为"没有国王的会议"（königlose Tage），因为它是由高级领主们自发组织的。在之后的1105年、1121年和1122年也都分别召开了高级会议，其中1122年举行的这场会议促使亨利五世与教宗签署《沃尔姆斯宗教协定》来解决主教叙任权之争。尽管后来类似的集体行动没能成功阻止1125年爆发的内战，洛泰尔三世依旧在即位之后采取了重视协商和谋求共识的执政风格。不过此时的历史条件同先前的奥托王朝时代已经不可同日而语。此时经过重组的精英阶层认为他们自己也有义务为了帝国的共同福祉来承担责任。这一政治追求被表述为"为了皇帝与帝国"（imperator et regnum），并在1122年的会议上被首次公开提出。这表明了贵族领主们并不只满足于为君王建言献策，同时也希望能够直接参与制定重要决策。改革治理模式以满足贵族领主们的上述期望，这也是留给之后的斯陶芬王朝的重要任务。[133]

第八章

领地

封建化

斯陶芬王朝统治下的变化与连续性

本章探讨了自 1138 年斯陶芬王朝统治之始，至 1500 年左右帝国改革时期的帝国统治。这三个半世纪，通常不会被相提并论。大多数著述强调的是 1250 年左右王朝统治的中断，而非某种连续性，通常将其描述为王朝国家建构的结束，以及一系列"软弱"国君统治下的政治分权的肇始。"衰落"的叙事依赖于将帝国视为传统的"民族君主国"，声称斯陶芬家族忽略"德意志"的利益，转而在意大利妄图实现"不切实际"的野心，以致这种帝国体制遭到破坏。[1]

通常的诠释过分强调的一些方面，对于斯陶芬家族在西西里领土之外的统治来说相对不重要，而且这种诠释既没有注意到这一时期与之前的萨利安时代的连续性，也忽视了它和 1250 年之后时期的连续性。斯陶芬家族的真正重要性并不在于他们**未能**中央集权，而是他们**成功**地改变和重组了过去的方案，使其成为一种更集体化的新型统治形式，由皇帝和更自觉的王公贵族共同治理帝国。帝国领主的封建化及其权威的领地化远非衰落之征象，在 1250 年斯陶芬王朝本身陨落后，这两种变化实际上保住了帝国。

西西里和王室土地

斯陶芬家族于 1195 年征服由诺曼王朝统治的西西里王国，显然标志着一个新开始。西西里是一个丰盛的奖品，拥有超过 50 万居民。该岛是地中海的粮仓，连同那不勒斯周围的相关土地，它让斯陶芬君主的个人领土增加了 10 万平方千米。诺曼人已经建立了命令君主制，一个使用成文法的强大司法机构和以文书处理公事的政府支撑着其统治。亨利六世和腓特烈二世保留了这些结构，利用它们在过去诺曼人的领地上巩固自己的权威，没收负隅顽抗的贵族的城堡，并将其重新分配给康拉德·冯·乌尔斯林根（Conrad von Urslingen）等忠实追随者，此人在 1177 年后已管理斯波莱托，现在成为西西里总督。以前身为家臣的马克瓦尔德·冯·安魏勒（Markward von Annweiler）受托照管安科纳、罗马涅、拉韦纳和阿布鲁齐（Abruzzi），以保护连接意大利北部和那不勒斯周围新的南部领土的重要走廊。[2]

然而，大部分诺曼人的财宝都被分发给了斯陶芬家族的支持者，而入侵行动实际上用的是一个国王的赎身钱：亨利六世用英格兰支付的 16 吨白银资助了这次行动，这笔巨资原是用来释放"狮心王"理查的。斯陶芬家族还从诺曼人那里继承了领土四分五裂导致的管理问题，诺曼人统治这里时，亚平宁半岛上的西西里贵族就已经很难掌控了。这些困难还在加剧：亨利六世在 32 岁意外早逝后，教宗出面干涉，而 1198 年有两人当选为德意志国王，破坏了斯陶芬家族在德意志和意大利的统治。诺曼领主们抓住良机反叛，他们的骚乱在教宗的鼓励下一直持续至 13 世纪 40 年代。简而言之，西西里岛从未真正稳定，无法成为重建帝国统治的基地。统治西西里的经验也没能提供令人信服的证据，证明其统治风格在本质上优于德意志过去几个世纪内发展起来的一套方法。亲斯陶芬的领主们显然不这么认为，因为他们在1198年选择了腓特烈二世的叔叔士瓦本的菲利普，而不是像仅仅18个月之前向亨利六世保证的那样，认可腓特烈二世为其继承者。

斯陶芬君主参与意大利政治的时间比萨利安诸帝们更长。亨利四世只在那里度过了他在位时间的四分之一，而"红胡子"腓特烈一世和后来的腓特烈二世的这个时间比例分别是三分之一和四分之三。尽管如此，斯陶芬家族的权力基础仍然是士瓦本，自1079年以来，他们一直拥有该地区以及阿尔萨斯的私人地产。这些土地与他们的领主萨利安家族的土地很近。因此，康拉德三世于1138年即位后，将帝国的核心地区从德意志北部移回德意志西南部——此前在洛泰尔三世治下，核心地区曾短暂地移至北部。1160年之后，腓特烈一世和亨利六世在德意志南部、中部以及东部购买和继承了额外的领地，将王室领地数量增加到4 300块之多。[3] 现有的宫殿得到了翻新和扩建，宏伟的新宫殿则在其核心地区拔地而起：温普芬、盖尔恩豪森、哈格瑙和凯撒斯劳滕。德意志中部则营建了阿尔滕堡和埃格尔，以确保顺利通往波希米亚。

亨利六世于1197年的猝然离世其实算不上是"德意志的灾难"[4]，但对斯陶芬家族而言，却是一个严重的挫折，因为它引发了1198年之后的"双重选举"和内战。莱茵河中部的普法尔茨伯爵领土被他们的韦尔夫对手所占领，而在德意志中部和东部新购置的地产也丢失了。然而，腓特烈二世收复了王室领地，到了1241年，这些领地几乎与1197年鼎盛时期一样广阔；而随着1237年暂时兼并奥地利和施蒂里亚，斯陶芬家族自己的领地也大幅扩张。通过对旧势力犁庭扫穴和更多参与商业化经济等方式，王室财产得到了更集中的管理。从家臣中招募的王家官员被派去监督王室土地、城堡和越来越多的帝国城镇，这些城镇也得到了斯陶芬家族良好的建设。

斯陶芬家族在意大利的统治基本遵循了相似的道路，尽管更加强调收回君权而非土地。1122年的《沃尔姆斯宗教协定》促成了新的谅解，人们由此更明确地将君权理解为开发特定资源和行使某些管辖权的合法权益，尤其是在意大利的众多城镇之中。1158年11月，腓特烈一世在皮亚琴察附近的隆卡利亚（Roncaglia）召开了一次意大利领主大会，并要求归还据称自11世纪70年代以来被篡夺的所有君权。同时代人估计这些君权折合为货币价值相当于每年3万磅白银。[5]这并非只是在恢复古礼。他接受了让公民获得更大自治权的请求，但坚持要新选出的官员向他这个皇帝宣誓效忠。他还要求所有城市都保留一座行宫，不过他允许这些行宫建在城外。总体而言，他的目的是与意大利城市建立更直接的联系，类似于在德意志那样。伦巴第联盟的强烈反对迫使他在1183年妥协。在接下来的12年里，许多刚刚恢复的君权被下放到城市以换取现金和政治支持，特别是在1194—1195年帝国征服西西里王国期间。亨利六世重新努力加强控制，任命城堡主以遏制来自农村腹地的城市居民的影响，但也继续典当意大利的王室土地。[6]

之前的皇帝，尤其是亨利四世，提倡对王室土地进行更严格的监管。和他们的前辈一样，斯陶芬家族对王室领地和家族领地的扩张，只是更广泛的王室战略的一部分，当然不应该被解释为封建化的替代方案，这主要是因为隆卡利亚会议也努力通过更加明确君主和附庸之间的互惠义务，巩固了地方领主向王室的政治效忠。[7]

封建新秩序

当我们认识到斯陶芬家族的政策不是在寻求建立单一制国家，而是在不同的土地上采取不同的统治方式时，他们的政策就变得更加清晰了。在西西里，他们将自己视为诺曼世袭王权的合法继承人，而他们试图通过与其附庸重新建立关系来管理帝国。这一过程被称为"帝国封建化"，代表着斯陶芬家族彻底不再尝试阻止封地世袭，而是试着将其转变为皇帝的优势。[8]

洛泰尔三世在 1136 年已经尝试通过确定更长久并且更清晰的地位等级来重新安排自己与附庸们的关系。康拉德三世继续这样做，1157 年腓特烈一世鼓励使用罗马法时也是如此，当时新成立的博洛尼亚大学正在研究这种法律体系。博洛尼亚的律师们有助于使用更明显的封建术语来定义附庸，但他们的影响不应被夸大，因为自 11 世纪初以来，公共职能与贵族头衔的分离已经在加速。所有领主都承担着大致相似的职责，例如主教在得到伯国领地后，便获得了更高的刑事管辖权。与此同时，主教叙任权之争鼓励上级领主以书面形式更准确地规定其附庸的义务，以确保得到他们的支持。[9]

封建化过程需要双方以书面文件的形式更明确地划定封地范围，并确定相关的权利和义务。这建立起了更清晰的层次结构。封建领主仍享有凌驾于封地之上的更高权力，分别称为"直接所有权"（dominium directum）、"封建领主权"（dominium feodale）、"上级领导权"（dominium superius）等，但其中有个共有的保留权力，实际上表现为确定附庸领地的权力。封臣享有受益所有权（dominium utile），在通常的广泛定义中，这包括发展封地经济和监管领地居民生活的权力。

这些区别在整个拉丁基督教世界中是标准的，但在帝国中呈现出一种特殊的形式，因为 12 世纪中叶之后帝国有意设计了复杂的地位等级制度。斯陶芬家族加强对王室土地的管理，表明他们不再打算用这些资产来奖赏忠于自己、支持自己的封臣。相反，他们利用并未明确限定的王室保留权力来突出额外的领主阶层。此外，作为整个帝国的最高领主，斯陶芬家族保留的现有权力中还包括确认或拒绝认可单个领主的继承权，虽然领主们继承的领地此时已被视为世袭封地。

封建化是专为解决实际问题而产生的，目的是管理高级领主，特别是韦尔夫家族，他们的崛起表明过去的老手段无力解决管理领主的问题。韦尔夫是一个人脉很广的古老家族，有多个分支。1055 年在士瓦本的拉芬斯堡生出的分支，因在 1070 年被任命为巴伐利亚公爵而声名鹊起。尽管在反对亨利四世后，韦尔夫家族在 1077 年失去了该头衔，但他们改变阵营，并在 1096 年恢复了地位。十年后，他们获准继承比隆家族在萨克森的一部分私人地产，并在 1127 年获得了"萨克森公爵"的头衔，原因是他们背叛了斯陶芬家族后，确保了洛泰尔三世选举上位。韦尔夫家族的首领"骄傲者"亨利被洛泰尔指定为继承人，但在 1138 年的选举中被康拉德三世所击败。1139 年亨利死后，韦尔夫家族被剥夺了两个公国作为惩罚，但他的独子"狮子"亨利得到不伦瑞克伯国作为补偿，并最终收回萨克森。康拉德三世这样做是为了换得亨利对自己帝位的承认。[10] 这一系列奖惩和不完整的补偿完全符合萨利安王朝和奥托王朝的做法，反映了帝国贵族统治阶层中私交与私仇的重要性。然而，这些变化在很大程度上取决于环境，比如"骄傲者"之死就为康拉德褫夺"狮子"亨利的继承权带来了机会。

腓特烈一世采取了不同的做法。他效仿亨利四世，分裂较大的公爵领土，以更深入地控制管理高级领主。腓特烈一世需要奖励"狮子"亨利在 1152 年 3 月的国王选举中为自己做出的巨大贡献，但又不想让他变得太强大。[11] 因此，当腓特烈一世在 1156 年将当时没有领主的巴伐利亚公国还给亨利时，他同时将其东方边区分离为新的奥地利公国，交给巴本堡家族统治。腓特烈一世还授予巴本堡家族的盟友波希米亚的弗拉迪斯拉夫公爵国王地位，交换的条件是公爵放弃对奥地利的领土声索，并接受在 1163 年将皮雅斯特王朝下属的西里西亚公国并入帝国。另外，在 1152 年，克罗地亚和达尔马提亚海岸的各块领土组成了全新的梅拉尼亚（Merania）公国，获封这块领地的是达豪的康拉德伯爵。

腓特烈一世前往意大利后长期不在国内，"狮子"亨利成为实际上的德意志北部的王室总督。然而，在 1166 年之后，他利用这一点与科隆大主教就原萨克森公国西部的威斯特伐利亚领地发生了争执。他建立了自己的宫廷，但其中心在不伦瑞克，与皇帝的宫廷不同。亨利成为第一个有权自己颁发特许状的德意志领主，而他与英格兰国王亨利二世的女儿玛蒂尔达的婚姻似乎证明他确实有跻身皇室的野心。随后发生的冲突的决定性因素，是双方承担帝国义务的相对意愿。科隆大主教菲利普·冯·海因斯贝格（Philipp von Heinsberg）伯爵因同意提供额外的军队而赢得了腓特烈一世的青睐，亨利却拒绝协助 1176 年皇帝的征战，除非他得到戈斯拉尔的王室领土。亨利后来又拒绝参加另一场大战，和皇帝关系的裂缝更加深了。[12]

1177 年，腓特烈一世在意大利被击败后返回德意志。他需要重建自己的权威，并争取支持，而菲利普伯爵则看到了击败他的竞争对手的机会。1178 年，对"狮子"亨利的审判遵循了利益相关方之间长期协商的传统模式，像阿斯坎尼家族和斯德丁（什切青）的博吉斯拉夫（Bogislav of Stettin）这样的伯爵因而有机会抱怨他对德意志北部的专横管理。该判决于 1180 年 4 月 13 日以《盖尔恩豪森法案》的名义通过。亨利被流放，威斯特伐利亚作为一个独立的公国被划归科隆，而萨克森的其余地区则被交给了来自阿斯坎尼家族的安哈尔特的伯恩哈德伯爵。五个月后，巴伐利亚公国被转移到腓特烈一世的另一位拥护者行宫伯爵维特尔斯巴赫的奥托手中。然而，1156 年发生的事又重复了一遍，施蒂里亚藩侯国被当作一个独立的公国分离出来，被交给了特朗高（Traungau）家族。一年后，博吉斯拉夫受封为波美拉尼亚公爵，摆脱了萨克森的管辖；同时阿奎莱亚大主教以原弗留利藩侯国为领地，被授予公爵头衔。[13] 这些操作使得 1098 年以来公国的数量翻了一番。

"狮子"亨利于 1185 年从流放中归来，但他在 1195 年去世前妄图推翻《盖尔恩豪森法案》的努力几乎无人支持。[14] 亨利六世在 1197 年暴亡后，"狮子"亨利的儿子奥托四世得以挑战斯陶芬家族，这导致了 1198 年的"双重选举"。斯陶芬派的候选人是士瓦本的菲利普，支持他的有 1180—1181 年领地重新分配的受益者，以及美因茨大主教、帝国教会的大部分成员和家臣。只有科隆例外，因为科隆大主教希望通过支持奥托当选来取代美因茨，成为帝国首席大主教。奥托还得到了其他一些人的支持，比如不满斯陶芬家族统治者长期待在意大利的人，以及对亨利六世提出的君主世袭的建议感到震惊的人。[15] 大部分战斗都发生在意大利，帝国的威望在那里严重受损；但在 1214 年奥托于布汶战败之前，战争就已结束，因为他的大多数支持者已经叛逃到腓特烈二世一边，后者在 1208 年取代被谋杀的士瓦本的菲利普，成为斯陶芬派的候选人。

诸侯的出现

腓特烈二世在 1212 年被自己的支持者选为德意志国王之后，确认了维特尔斯巴赫的普法尔茨领地和波希米亚的王室地位。他确定得到胜利之后，就把先前的权宜措施正式化了，在两份宪章中将统一的特权先后授予教会贵族（1220）与世俗贵族（1231）。[16] 其他欧洲君主发布了类似的宪章：英格兰的《大宪章》（1215）、阿拉贡特权书（1283，1287）、布拉班特的《光荣入城》（Joyeuse Entrée，1356）。帝国的宪章将 10 世纪以来不断演变的关于诸侯地位（principatus）的观点编入法典，这种观点认为所有高级领主都属于"诸侯"，无论他们的具体头衔是什么，也无论他们是世俗贵族还是教会贵族。博洛尼亚和其他地方的学者认为，古罗马军事精英和政治精英是将司法权力（管辖权）与治理（制度）结合在一起的，这种新的解释为上面的观点提供了支持。[17] 简而言之，宪章并没有将王室的权力下放给诸侯，而是使用了新的术语，使他们成为高于其他领主的最高政治贵族。

早在 1180 年之后，腓特烈一世就更清晰地区分了诸侯（princeps）与贵族（nobiles）。由于他们的军事职能，两者在社会地位上有别于平民，都是高贵的，但前者现在显然在政治上更为优越。腓特烈二世的宪章通过将诸侯地位直接与拥有直属帝国封地（Reichslehen）联系起来证实了这一点。他保留了宗主的传统地位，使他有权确认每位新附庸拥有其封地的权利，并裁决家族内部的继承纠纷。但是，这些变化也带来了显著的新优势。建立新的公国扩充了直接隶属于皇帝的高级附庸的数量。以大体类似的宪章来约束教会诸侯与世俗诸侯，确保了封臣对帝国的义务更为统一。自 1136 年以来的单独立法加强了新诸侯相对于其附庸的权威地位，而新公国虽然面积小于原来的公国，但人口和经济的持续发展使其能应要求给予皇帝更多援助。最后，斯陶芬家族还强调集体帝国荣誉，这有助于灌输给附庸一种义务感，让他们感到"为帝国服务"（Reichsdienst）是所有附庸都应履行的义务。[18]

新出现的直接封臣和间接封臣之间的根本分别，在政治上比过去的世俗领主和教会领主之间的区别更为重要。宪章将诸侯确定为集体享有"皇帝直辖"地位的团体，直属于皇帝。其他领主与皇帝之间相隔至少一个领主层级，与皇帝的关系是"间接"（mittelbar）的。教会诸侯的封地范围仍然比世俗诸侯的更为明确，因为它们不受个人的影响，而世俗诸侯的封地则仍然取决于家族规模和血统传承。1180年，由于达豪伯爵绝嗣，1152年在亚得里亚海沿岸建立的梅拉尼亚公国传给了安德希斯（Andechs）伯爵，但后者又于1248年绝嗣，于是该公国分裂解体，被并入伊斯特拉。除梅拉尼亚外，1200年尚有16位世俗诸侯，包括巴伐利亚、萨克森、士瓦本、洛林、卡林西亚的公爵，以及奥地利、布拉班特、施蒂里亚和策林根的新公国统治者。其他人包括波希米亚领主（如今已是国王）、普法尔茨伯爵，以及勃兰登堡、卢萨蒂亚和迈森的藩侯，还有图林根方伯和安哈尔特伯爵。这些诸侯拥有的领地覆盖了德意志王国三分之一的领土。另外三分之一由帝国教会持有，包括47位大主教和主教、27位修道院院长和18位女修道院院长。现在，所有的大主教和主教在其领地上都拥有与公爵相媲美的世俗权力。剩下的三分之一是王室领土和大约80位伯爵及数千名自由贵族的领地，他们仍然是皇帝的直属封臣，但没有诸侯等级的特权。在接下来的两个世纪中，又诞生了14个公爵头衔，而只有两个公国（梅拉尼亚和策林根）在统治家族绝嗣后随之瓦解（见表

5）。1268 年最后一位斯陶芬统治者去世后，士瓦本公爵的头衔随之失效，当时其相关领地大部分转给了符腾堡伯爵。1168 年，法兰克尼亚公爵的头衔被转移给维尔茨堡主教，但实际上在主教管辖区外并不被承认。[19]

有 12 个新公爵是由伯爵提拔上来的，君主为表彰他们的忠诚，

表 5　新的公爵头衔

时间	公爵头衔
1235	不伦瑞克
1310	亨内贝格
1310/1313	萨伏依
1317/1339	盖尔登
1348	梅克伦堡
1354	卢森堡
1354	巴尔*
1356	于利希（1336 年起为藩侯）
1358 左右	奥地利**
1363	纽伦堡堡伯获准使用诸侯的个人头衔
1366	拿骚伯爵获准使用诸侯的个人头衔
1380	贝格
1394	克赖因（自 1364 年起已使用公爵头衔）
1417	克莱沃
1430/1436	采列（诸侯头衔，1456 年后并入施蒂里亚）
1474	荷尔斯泰因
1495	符腾堡（中世纪最后一个提升为公爵的地区）

*被提升为藩侯，尽管其后来的领主要求获得公爵地位
**鲁道夫四世公爵发明了"大公"的新称号

利用自己的特权将原有的伯国提升为公国。不伦瑞克的升级是一个例外，它证明了私人领地在德意志领土的结构中扮演的边缘角色。腓特烈二世在 1235 年回到德意志并囚禁了自己的儿子后，正处于权力的巅峰，他最终说服韦尔夫家族接受了他提出的和平条件。韦尔夫家族先是交出了他们在不伦瑞克周围保有的领地，之后又重新得到了它们，但此时这些领土已成为帝国封地，并补充了来自戈斯拉尔王室土地的收入。这让腓特烈得以通过自己的附庸控制不伦瑞克，并将韦尔夫家族限制在相对不重要的角色中，直到该家族在 17 世纪迅速重新崛起。这种处理方案还将原来的萨克森公国三分为威斯特伐利亚（与科隆相关联）、中部的不伦瑞克和东部的萨克森－劳恩堡，其中萨克森－劳恩堡由阿斯坎尼家族控制，直到他们于 1689 年绝嗣为止。

在 1200 年左右，这些贵族与自 10 世纪后期开始崭露头角的新贵家族融合起来，后者已经获得了边伯或方伯这样的头衔，还包括普法尔茨伯爵和阿斯坎尼家族的安哈尔特伯爵。同样，采列（Cilli）伯爵在没有获得公爵头衔的情况下，获得了诸侯的身份。巴登的统治者起源于策林根家族一个偏远的分支，于 1061 年成为维罗纳侯爵。他们在 1112 年转移到莱茵河上游的领地时保留了侯爵头衔。后来被称为安斯巴赫和拜罗伊特的领土在 1415 年左右被纽伦堡堡伯收购，成了藩侯国。布拉班特和林堡在 12 世纪初成为公国，因为亨利四世和亨利五世在萨利安王朝内战期间，把有争议的洛林公爵头衔暂时转给了支持他们的伯爵们。同样，布永也在 1330 年被后来的洛林公爵获得，成了一个公国。所谓的萨克森公国出现在不复存在的图林根方伯原来的领地上，这片土地在 13 世纪传给了韦廷家族。韦廷家族也拆分出一连串独立的公国：阿尔滕贝格、科堡、爱森纳赫、哥达、迈宁根，以及从图林根的碎片中建立的魏玛。同样，到17世纪，普法尔茨和韦尔夫家族内部的分裂使得其治下的许多伯国和小块领地也有了诸侯国的地位，因为这些领地被分配给了不同的继承人。在所有情况下，这些行为都需要皇帝的许可，这使皇帝有更多机会从受益人那里取得好处。[20]

等级秩序与地位

中世纪的最后一次爵位晋升发生在1495年，当时符腾堡伯爵因为获得了已故策林根公爵持有的泰克（Teck）领地，被合法册封为公爵。此后，被提拔的伯爵只是获得了"诸侯"的头衔；他们作为"新诸侯"，与拥有选侯、公爵、藩侯或方伯爵位的"旧贵族"之间产生了一个微小但重要的区别。在一个成员大多相似的共同体中，头衔是一个很好的地位区别，成了近代早期经常激烈竞争的焦点。

所有直属封地都通过附庸义务与皇帝联系在一起。女性通过婚姻或亲属关系获得女公爵、女藩侯或女诸侯的地位，但通常没有资格得到封地。这一点有明显的缺陷，因为各个家族采用的多为王朝继承策略。自1037年左右起，皇帝将一些封地指定为"女性封地"（Weiberlehen），如果附庸死后没有儿子，则允许女性继承。[21]这些"女性封地"中最重要的是奥地利，它是在1156年被指定为女性封地的。这样皇帝能受益于家族的连续性——女领主虽然不能亲自服役，但她有义务指派男性战士履行职责。到18世纪，至少有10个女性封地，而查理六世通过1713年的《国事诏书》，有效地将哈布斯堡世袭领地整合到一起，由他的女儿玛丽亚·特蕾莎继承。[22]"强制授封"（Leihezwang）的理念在13世纪的《萨克森明镜》

中得到表述，认为皇帝必须重新分配所有空置的封地。这种理念从未被正式采纳，后来也变得没必要了，因为继承事宜已可灵活安排，总会找到继承人的。在实践中，皇帝如果想保留一个空置的封地，就必须将其买下或击败认领该封地者。1247年亨利·拉斯佩去世后，13世纪的国王们为保留图林根伯国长期费尽心机，却徒劳无功，足以说明此事之困难。

许多皇帝直辖的封地很小，其领主没有获得诸侯头衔。在这些领地中，有些是在13世纪后期仍掌握在前朝家臣手中的王室领土，其他的一些属于骑士，他们的直辖地位直到16世纪才获得认可（见第636—646页）。然而，绝大多数领地根据斯陶芬时代的法律被归为间接封地，进而可以分为两大类。第一类被称为"骑士封地"（Ritter-or Schildlehen），其持有者有义务充当他们领主的武装扈从，并提供了诸侯在近代早期之前履行帝国义务的主要方式。第二类领地是通过藩属的扩张而出现的，这种扩张作为一种手段，使领主得以从平民创造的新形式财富中获利。"钱包封地"在中世纪晚期的奥地利和巴伐利亚发展起来，因为农民同意将钱款放入领主的"钱包"（Beutel），而不是亲自提供各种服务。在14世纪的勃兰登堡和其他地方，市民可获得封地甚至城镇，并且是集体共同持有的。封地和领主地位成为买卖后，这种情况随着领主出售或典当封地而越发普遍。到1596年，符腾堡181个小封地中有54个是由平民持有的。[23]

1200年之后，当时的人试图将整体封建结构固定在所谓的"军事盾牌秩序"（Heerschildordnung）中，来应对日益复杂的封地安排。在这设想出来的等级秩序中，地位最高的是国王，接下来依次是教会诸侯、世俗诸侯、伯爵和男爵、这些人的附庸、更下一级附庸或家臣，最后是"被动附庸"的平民阶层。设想这个愿景的人接受存在一些地区差异，但这样的方案仍然是对现实的理想化展望，并在1500年左右被彻底抛弃。[24]从国王到农民，从来就没有存在过一根连续的封建链条。事实上，所有世俗诸侯、大多数伯爵以及男爵都直接隶属于国王，中间没有其他层级的领主。

13世纪发展起来的新型臣服和授职仪式，表现出了更有意义的区别。诸侯亲自从登基的国王那里获得分封，以象征他们与君王的紧密关系。伯爵和骑士被召集起来，他们上一级的诸侯作为皇帝代理人授予其领地，而市民们则向他们在帝国城市的地方长官宣誓效忠。在中世纪盛期，授职仪式呈现出越来越复杂的形式。一位公侯会带着数百名追随者抵达皇帝的营地。随后他会骑马绕皇帝三圈，而与他关系最近的亲属们则作为请愿者跪在君王面前。领主随即下马，并跪下受封。纹章的发展丰富了仪式。选侯会得到印有其纹章的旗帜，而高级的直属封臣则会获得红旗，象征着他们拥有处理重罪的"血腥管辖权"（Blutsgerichtsbarkeit）。[25]书面文化的元素也悄悄渗入；例如，到15世纪，召见伯爵通过的是信件而非帝国使者。然而，这些仪式表明，个人元素在这些安排中依旧很重要，就像中世纪早期的那些安排一样，这些仪式是事先谨慎商定的，以避免对参与者造成公开的羞辱。

领地化

帝国历史上的领地

领地化表示与封地相关的地位和权利如何在特定的土地上固定下来。该术语是1839年由利奥波德·冯·兰克提出的，他将邦国层面的政治发展与全国层面的政治发展区别开来。就像"封建化"一样，这个词既有用处，也有问题。事实证明，兰克的这种区分对于巩固一种二元论的解释产生了非常重要的影响，这种解释认为帝国从内部被蚕食了，因为邦国据称篡夺了皇帝的权力。这意味着领地化是"不受欢迎的"，是那些将自己的利益置于全国利益之上的诸侯推动的。"领地"（territory）与"国家"（state）经常被联系在一起，这进一步强化了上述观点，暗示帝国作为一个松散联盟已经联邦化，组成联邦的是事实上独立的各个国家。类似的问题来自当代强大的地域史传统，这种研究传统将现代德国联邦州（Bundesländer）的发展历程上溯至曾经占据其地理空间的各个公国、伯国和城市。[26]

领地化是整个帝国的特征，而非只是那些大到足以出现在历史地图册上的诸侯国的特征。这一过程源于上一节概述的更广泛的权力调整，它代表了贵族阶层对帝国的集体责任的分工。皇帝要维护帝国总体的完整性，追求实现帝国使命，并按照理想化的君主标准来"领导"帝国。诸侯要承担更多地方上的责任，通过"在政治上自给自足"来维护地方的秩序和正义。[27]他们承载的期望是在没有皇帝监督和帮助的情况下完成自己的任务。领地化的发展使他们能够实现这一目标，因此领地化其实是加强而非损害了帝国的权威。皇帝与诸侯在中世纪晚期和近代早期的冲突在很大程度上仍然是个人的，而不是宪政上的。

行使管辖权总是需要和某种空间限制有关，而由于权力往往是针对人的而不是针对地方的，所以情况变得更加复杂。正如前几章所指出的，最初的公国居民并不认为公国有精确的边界。封建附庸的结构有助于改变人们对空间和权威的认识，鼓励根据封建秩序界定的空间划分等级来重新构建帝国内部秩序。这些划分逐渐固定下来，在大约 1480 年到大约 1580 年间完全固定了。虽然它们可以共同组成更大的单位，但它们不能再合并或者互相融合。新的行政部门出现了，这些部门变得同样固定不变。这些分界一直持续到 1806 年以后，在某些情况下一直持续到现在。

社会和经济因素

领地化与诸侯有关，但如果不是 11 世纪以来人口和经济飞速增长，使得领主能够更集中和更广泛地开发土地，领地化不可能实现。帝国的大部分地区仍被森林覆盖，12 世纪的领主对这些地区和其他"空地"享有了更为专属的权利，可利用皇帝授予的特权来指挥必要的劳动力清理林地、排干沼泽和种植谷物。第二章中探讨的内部迁移也是这种整体情况的一部分。土地的用途变化了，因此贵族的权威需要更清晰的分界，并且需要保证领主可以独享自己领地上的劳动力和资源。与此同时，财富和人口也更为集中，这使得贵族等级体系变得更庞大、层次更密集，尤其是在德意志的南部和西部。

斯陶芬家族在 1220 年和 1231 年发布的两份宪章加速了以书面形式确定权威的既有趋势。新生的诸侯精英开始从他们各自的教堂人员中提拔大臣，就像三个世纪之前皇帝所做的那样。科隆、普法尔茨和上巴伐利亚在 13 世纪都这样做了，奥地利（1299）和符腾堡（1350）也加入了这一行列。大多数其他邦国直到 15 世纪才跟上这个趋势，包括萨克森（1428）、下黑森（1469）以及 15 世纪 80 年代之后的所有较大的地区。[28] 这些邦国发展了自己的内部等级制度和职能划分，顾问的角色则转移到单独的"宫廷委员会"，这种机构在 14 世纪中叶前后也变得更加固定。大臣们最初的主要任务是维护从 1220 年开始出现的封建登记册（Lehensbücher），并列出下属封臣及其义务。登记内容从 14 世纪中叶开始扩大，记录了特许状和其他关键文件的签发，不久之后还得到了通信记录簿的补充。这些发展很少是连贯的，也很少是有计划的。蒂罗尔从 1288 年开始记录财务账目，但在 1363 年并入哈布斯堡王朝时中断了一段时间，直到 1415 年才恢复了这种做法。

领地化也与从贵族世系到父系家族的更广泛的社会转型有关，因为更多的财富既减少了互相依赖，又增加了划分出自己的独享份额的愿望。就如同皇帝一般，诸侯家族围绕着城堡、修道院和家族墓葬形成了身份认同。巴登的侯爵于 1248 年建立了利希滕费尔德的熙笃会修道院，在接下来的 150 年里，他们在此地埋葬死者，作为他们自我认同的中心。[29] 一个家族的不幸对于其他人往往是福音：侯爵幸运地通过继承获得了额外的土地。到 11 世纪中叶，巴伐利亚的埃伯斯贝格（Ebersbergers）家族、韦特劳的康拉德家族以及下莱茵的埃佐家族的崛起都因子嗣断绝而终止，这样他们精心积累的土地都分散给了其他人。事实上，父系家族的发展导致可繁衍的群体的规模越来越小，增加了绝嗣的概率，尽管这些情况通常发生在家族旁支中。1218 年，策林根家族的绝嗣使得德意志西南部一个本来可能十分强大的公国停住发展的脚步，该公国最终被巴登、菲尔斯滕贝格和瑞士联邦所瓜分。相反，个别统治者的长寿往往有助于领地化。埃伯哈德一世伯爵在 1279 年后统治符腾堡 46 年，这使他能够利用四次国王更迭的机会来收复他在统治之初被鲁道夫一世没收的土地。埃伯哈德二世伯爵在 1344 年后统治了 48 年，巩固了符腾堡的实力，为日后该伯国提升为公国打下了坚实的基础。[30]

与皇帝不同，拥有直接封地的领主享有更大的权力来掠夺较小的间接封地，因此他们能够阻止当地其他领主积累封地，将潜在的竞争对手扼杀在摇篮中。与此同时，间接封地重新空置下来后，领主可以通过分封来奖励忠诚的支持者。于是，获得更高爵位的机会越来越少，因为小贵族很难积累起来权力基础以提升自己的地位。足够的土地难以获得，这推动了家族的绝嗣。1300 年的 25 个施蒂里亚贵族（领主）家族在一个世纪后只有 10 个幸存下来，而在1286 年至 1446 年间，卡林西亚的贵族家族从 12 个下降到 2 个。奥地利贵族家庭的数量从 1200 年的 33 个下降到 1450 年的 9 个。较低等级的贵族甚至更严重：下奥地利骑士家族在 1524 年至 1574 年间消亡了 118 个，到 1625 年又绝嗣了 92 个。1540 年的 259 个勃兰登堡贵族家庭中只有 83 个在 1800 年还有在世的成员。这反映了前工业化欧洲的一个"自然"过程，因为越是富裕的家庭越是人丁兴旺。因此，虽然一个地位群体可能会保留其整体财富，但随着较贫穷的家庭的消亡，其构成可能会发生显著的变化。除非它向新成员开放，否则这样一个群体可能会逐渐消亡。维尔茨堡主教的最高阶层封臣是唯一增长的特例（从 1303 年的 12 个家族增加到 1519 年的 51 个），而同期的封臣家族总数从 421 个下降到 182 个。[31]

尽管维尔茨堡的间接封臣繁荣起来，但如果不首先通过个人提升或购买、继承现有的直辖封地来获得直辖地位，他们和其他地方的同等阶层就没有希望形成自己的领地。然而，即使是伯国，也只能提供有限的基础，因为大多数大型伯国已经被提升为新的公国。14 世纪遗留下来的大部分伯国只有一座城堡、小镇或大村庄，以及一小片土地。这里的统治更为直接，因为很少有伯爵拥有大量间接封臣。王朝的领地拆分消解了莱茵河、美因河和多瑙河畔众多伯爵家族的潜力。例如，勒文斯坦因（Löwenstein）伯国在 15 世纪中叶被卖给了普法尔茨，直到 1611 年才重新出现，以安置维特尔斯巴赫家族的幼支。伯爵作为一个等级的威望在下降，因为许多伯国落入了势力大增的诸侯手中。戈里齐亚的伯爵在 1335 年至 1500 年间将他们所有的封地都卖给了哈布斯堡王朝。到 1400 年，很少有伯爵家族能在一个多世纪的时间里一直保持自己的地位。而与 1300 年左右的地位相比，没有一个人能够成为德意志国王的有力竞争者（见第 431—454 页）。

日益增长的商业化削弱了附庸原本的军事职能，并提供了一种获得额外封地的方式，因而促进了领地化。封地可以不再由各种各样的生产形式和形形色色的权利义务来评估，而是根据收入流或土地价格体现的现金价值来评估。转让封地变得更容易了，因为领地的范围和价格都更明确了。这也有助于在不由皇帝作为仲裁人的情况下解决继承纠纷。大块封地非常昂贵。1379 年，阿尔布雷希特三世以 10 万弗罗林的价格，将他的哈布斯堡土地份额卖给了他的兄弟利奥波德，而西吉斯蒙德则在 1415 年以四倍的价格将勃兰登堡转让给霍亨索伦的腓特烈四世。[32] 那些有现金的人可以发展和扩大他们的领地。符腾堡伯爵只建立了 7 个城镇，但在 13 世纪买了 3 个，14 世纪买了 47 个，在 15 世纪又购买了 10 个。这个例子说明了另一个普遍的观点，那就是伯爵只要有机会就去购买土地和头衔，以此作为积累财富和影响力的手段，而不是创造一块紧凑的整体领地。例如，14 世纪 20 年代他们在阿尔萨斯购入了大量土地，距离他们所在的伯国距离很远，还隔着莱茵河。保护这些飞地会一直困扰着符腾堡的统治者，直到这些土地最终在法国大革命中被夺去。[33] 尽管各统治家族从 14 世纪后期开始尝试集中领地，但领地化继续遵循帝国等级的逻辑，而不是依据现代地缘政治思想。

附庸的强化和封地的商业化相结合，在诸侯管辖范围内创造了新的细分领地。这些过程反过来又让封地慢慢在地理上更为连贯。13 世纪中叶之后，附属的封臣与这些细分领地的联系更加密切。其他因素促成了这一点，包括父系家族转移到以城堡为基地，在那里最年长的男性承担了对领主履行义务的责任。更固定的堂区结构的出现，也提供了一种方便的途径来定义细分领地的形状，这些小领地越来越多地被称为"行政区"（Ämter）。这个过程既不以理性的考量为基础，也没有计划。大多数诸侯管辖区仍然是下属封地的集合。大片土地通常在行政区结构中仍未合并——在某些地方，这种情况延续到了 18 世纪。行政区通常很小，大多只有三四个堂区，但它们从未取代村庄和城镇成为居民身份的主要关注点。

　　尽管如此，这些行政区还是慢慢产生了凝聚性，特别是当它们愈加明显地发展为行政区官员（Amtleute 或 Amtmänner）领导下的行政单位时。巴伐利亚、萨克森、施蒂里亚和普法尔茨等较大的地区创建了"大区"（Oberämter），作为中心和地方之间的额外协调层。16 世纪，勃兰登堡的 40 个到 45 个行政区中，只有 13 个行政区的官员由选侯直接任命，其余的由他的附庸根据封建关系中的义务担任职务。[34] 到那时为止，行政区是大多数领地的主要行政单位，其官员获得了新的权力，以规范日常生活和履行帝国改革所施加的新义务，这符合了诸侯的扩张野心（见第 454—467 页和第 512—531 页）。最重要的是，行政区提供了收税所需的基础结构。德意志西北部的盖尔登在 1290 年已建立了一个中央国库，除了各行政区的分类账之外，还拥有自己的账户。1350 年，莱茵河的其他小领地也纷纷效仿，但奥地利和巴伐利亚是在 1500 年左右才这样做的，这是更典型的情况。

教会的领地化

有些最终融合为领地化的要素最初是教会诸侯先发展的，后来世俗诸侯才跟上。早在公元900年，主教和修道院院长们就已经与其他神职人员分开居住，12世纪时女修道院院长也这样做了，这增加了他们的地位带给他们的"优越感"。[35] 建造教堂的任务，以及中世纪国王对帝国教会施加的更大经济负担，使得教会领地在大多数世俗封地收税之前就开始发展税收了。正如我们所看到的那样（第394—395页），大约在1020年，教会贵族们率先雇用了家臣。大约在一个世纪之后，这些领主开始建造石砌城堡，例如阿沙芬堡（1122）和爱尔福特（1123）就是为保护美因茨大主教的核心领地而建造的。教会贵族也从城镇中受益，而在中世纪晚期之前，很少有世俗领主拥有相当大的城镇。在大多数世俗领主营建家族墓葬之前，高级神职人员已经形成了入葬主教座堂的传统。

然而，教会领地化恰恰是在许多主教座堂下辖城镇逃离主教管辖时加快步伐的，那些城镇想得到自治的认可。主教保留了对大教堂和其他一些重要建筑的控制权，但在其他方面失去了控制居民财富和劳动力的能力（见第590—593页）。尽管高级神职人员产生了一种超越个人利益的行政意识，但他们并不是世袭的统治者。事实证明，主教叙任权之争和教会分裂特别具有破坏性，因为对立的教宗经常指定各自的主教担任同一主教职位。即使在正常情况下，新任主教也经常先要站稳脚跟，培养当地的扈从。主教座堂和修道院有自己的行政部门，称为"教士团"，由附属于教堂的圣职人员支持的教士团体组成。教士团会获得额外的资源和特权。例如，亨利四世允许施派尔的教士团在1101年后拥有财产。教士团认为自己是其教会的代表，在中世纪盛期选任新主教和修道院院长时取代了较低级的神职人员和普通居民的角色。主教叙任权之争的结果加强了教士团的地位，确认了"自由选举"的原则。这些教士团大体按照帝国选侯团的路线发展，在 14 世纪之后通过与主教和修道院院长商谈"选举协议"来巩固自己的地位。英诺森十二世在 1695 年之后禁止进一步达成这种协议。尽管此类协议继续签订，但在发生争议时，主教通常得到教宗和皇帝的支持。此外，教士团一般希望把持主教之位，不愿主教的权力被过分削弱。因此，从 17 世纪后期开始，教会诸侯普遍效仿世俗王公，采用了更加命令式的治理方式，并营建了宏伟的新宫殿以显示其地位。[36]

信仰世界的边界十分稳定，因为它们只能在教宗首肯的情况下改变，这与频繁分割和变化的世俗管辖区不同。然而，主教和修道院院长的实际领地总是比他们在教会层面的管辖区范围小得多。由于它起源于王室向教会赠送的土地，因此教会的领地被认为是不可让与的。只有小块土地被出售或典当，但从未达到过世俗领地出售的规模，其中一个重要原因是教士团认为转让领地将威胁到教会，因此反对这样做。萨利安家族将许多伯国移交给教会贵族，而正如我们所见，腓特烈二世确认主教的领地拥有公国的权力，主教本人则享有与世俗诸侯同等的司法和军事特权。斯陶芬王朝的覆灭结束了教会土地和司法管辖区的增加，因为未来没有哪个君主能够如此慷慨，而修道院院长和主教的宗教特质则让他们无法通过继承积累更多的土地。因此，教会领地日后的生存能力，取决于中世纪早期的统治者对它们的青睐程度。帕德博恩和艾希施泰特仍然很穷，易北河以北的主教区和修道院均是如此，它们大多是较晚建立的，与莱茵河和美因河畔较早建立的旧教区相比，能获得领地的时间更短。北部和东部的许多教会领地相对脆弱，这也有助于解释为什么它们在宗教改革之前就已走向了世俗化。

在 1250 年之后，教会贵族似乎没有世俗领主那么强大，而且往往无法阻止附庸逃离他们的管辖区。科隆就是一个突出的例子。自 11 世纪 60 年代以来，历任大主教在德意志西北部积累了广阔的定居地产（terra coloniensis），并在 1180 年被授予威斯特伐利亚公爵的新头衔，从而巩固了对其领地的统治。然而，伯爵们利用斯陶芬家族绝嗣的机会，在 13 世纪末让自己彻底得到了自由。1288 年，科隆大主教齐格弗里德·冯·韦斯特堡（Siegfried von Westerburg）在沃林根战役中的失利是一个重大挫折，尽管他继续反对伯爵们的愿望，但盖尔登、于利希、贝格和克莱沃的伯爵最终还是在 14 世纪和 15 世纪通过获得公爵头衔确立了自治权。类似的事也发生在特里尔大主教区，卢森堡和拿骚伯爵逃脱了管辖，而维尔茨堡主教发现他虽然获得了昔日的法兰克尼亚公爵的头衔，但他的地位相对于邻近的世俗贵族并没有提高。[37]

美因茨因世俗邻居的扩张而陷入困境。黑森的领主们在 1247 年收购了图林根伯国，因而得以整合出一块独特的领地，通过将爱尔福特周围的部分土地与莱茵河-美因河交界处的主要地带隔离开来，将美因茨的领地一分为二。1370 年之后，黑森已经有能力阻止美因茨在主教法庭召集其居民。美因茨拒绝向邻近的普法尔茨做出类似的让步，导致了一场从 15 世纪持续到 17 世纪 60 年代的令人筋疲力尽的长期争端。然而，教会贵族并非总是输家。15 世纪中叶，拜罗伊特侯爵阿尔布雷希特·阿希莱斯（Albrecht Achilles）试着强迫当地的修道院受他管辖时，行为过火；被班贝格主教阻止时，他陷入了深深的债务泥潭。[38]

世俗的领地化

美因茨、黑森和普法尔茨的例子表明，我们不应该将领地化解释为一系列统治者为实现共同的计划而推动的线性过程。普法尔茨仍然是中世纪后期最强大的"领地"之一，它依靠的是选侯以及行宫伯爵的地位与权利，而不是靠积累土地。1156 年，腓特烈一世将行宫伯爵的头衔转给了其同父异母的弟弟斯陶芬的康拉德，随后将萨利安家族在莱茵兰的庄园交给了他，还赋予了他对沃尔姆斯、施派尔、洛尔施教会财产的保护权，最后一点尤其重要。1214年，阿尔蔡（Alzey）的王家庄园移交给普法尔茨，随后施派尔和沃尔姆斯也有封地转给普法尔茨，后来成为行政中心的海德堡就是在 1225 年由沃尔姆斯管辖改为普法尔茨管辖的。斯陶芬王朝的覆灭结束了这些捐赠，这样一来，普法尔茨的领地化更接近于教会的领地化，而非世俗公国的领地化。随后的增长仍然主要局限于将普法尔茨对骑士、城镇和修道院的一揽子管辖权转变为更直接的控制形式。[39]

图林根的例子也说明了，领地化从来不是一个简单的整合过程。图林根最初来源于 534 年被法兰克人征服的托林吉（Toringi）地区，以哈茨山脉和温斯特鲁特河、威拉河和萨勒河为界。除了属于美因茨的爱尔福特之外，该地区还拥有重要的富尔达和黑斯费尔德两所皇家修道院。919 年，奥托王朝将其从边境地区转变为核心地区，很快就建起重要的宫殿。位于绍恩堡的卢多温格伯爵家族在萨利安时期成为当地的主要势力，并于 1130 年被授予"方伯"头衔。腓特烈一世感念卢多温格家族的支持，将 1180 年他从"狮子"亨利身上褫夺的原本属于萨克森公国的行宫伯爵权力赋予了他们。这些权力与莱茵行宫伯爵的权力相似，为图林根方伯提供了培养自己势力的机会。卢多温格家族在黑森继承了马堡保护下的额外地产，以及温斯特鲁特河畔的诺伊堡和瓦特堡，后者在1517年因路德将他的《九十五条论纲》钉在其教堂的大门上而声名大噪。至此，图林根的发展符合逐步积累和巩固的经典模式。1246年，亨利·拉斯佩被推举为斯陶芬反对派的国王，这已经足够说明其实力。但图林根的凝聚性不足以让它在次年亨利死亡后留存下来，这引发了一场旷日持久的继承纠纷，最终使其分崩离析。黑森作为单独的领地传给了布拉班特的伯爵，后者还在1292年被授予"方伯"的头衔。其余领地以迈森伯爵的名义传给了韦廷家族，后者于1294年至1307年间成功地挫败了国王将其封地收归为未分封土地的企图。韦廷家族恢复了早先的大致版图，但无法重新控制格莱兴、亨内贝格、罗伊斯和施瓦茨堡的领主，他们同时获得了自治权。韦廷家族于1423年从阿斯坎尼家族绝嗣的维滕贝格分支那里获得了"萨克森公爵"的头衔，但在1485年分割了其领地，将东部的萨克森选侯国与图林根的残余部分隔开，后者会在1572年后被划归为魏玛、哥达和科堡等"萨克森诸公国"，并且在接下来的两个世纪中不断被细分。[40]

不断拆分是一个持久的特征，表明王朝统治作为政治原则被人接受的速度非常缓慢。韦尔夫家族于1267年分裂，距离他们在不伦瑞克建立新公国仅仅约30年，多个分支一直延续到1918年。黑森则在1308年之后反复分裂为上下两部分，随着1567年在卡塞尔和达姆施塔特分别建立了独立分支，这便成了永久性的分裂。巴登最初的扩张因1190年之后反复的分割而停了下来，只有在1475年到1536年间曾短暂统一，直到1771年各个领地才最终集中起来。其他家族也拆分了自己的土地，但没有受到如此严重的影响，包括哈布斯堡家族、维特尔斯巴赫家族、霍亨索伦家族以及（在一定程度上还包括的）韦廷家族。

因此，于利希在下莱茵的稳步扩张是非常不同寻常的。其公爵在 1393 年至 1521 年间，先后收购了盖尔登、贝格、拉文斯贝格、克莱沃和马克。但它的覆灭算是相当典型了。统治家族的绝嗣引发了继承纠纷，而除了 1740—1748 年的奥地利王位继承战争（两者性质截然不同），1609 年至 1614 年的这起纠纷是最后一次伴随着严重暴力的继承权争端。[41] 于利希的例子也表明了封地范围的日益固化，因为其封地是在封建管辖权拥有更稳定的特征和边界之后才扩张的。每块封地都保留了各自的法律和制度，因为于利希公爵将自己获得的这些封地视为君合国，而非统一的领土。

间接封地的重要性日益增加

直辖封地的继承或转移也会影响其间接的独立附庸。因此，领地仍然是复合的，包括三个要素：（1）世俗邦国中统治家族的自主领地，或者属于主教座堂和教堂教士团的土地；（2）在法律和财政方面接受上级领主管辖的臣属所拥有的领地；（3）间接附庸的封地。确切的组合差异很大，而司法管辖区通常与土地所有权并不完全一致。例如，教会诸侯对其世俗邻居的土地行使宗教管辖权，而世俗领主可能在教会诸侯的部分领地上分享一些权利或拥有不同程度的刑事管辖权。

至关重要的是，在 14 世纪和 15 世纪，拥有封地保留了政治意义和军事意义，而且没有简单地成为另一种土地所有权形式，不像在法国和英国那样，领主通过将许多义务转化为支付现金来应对新的经济压力。取而代之的是，不时出现的争夺德意志王位的斗争要求诸侯及其附庸保持武装。[42] 以私战发动武装报复仍然是帝国法律允许的寻求补偿的方式，而在 13 世纪后期的条件下，成为高级领主以凌驾于间接附庸之上的这种做法变成了扩大影响力的有效途径。在斯陶芬王朝统治的最后十年，帝国的大部分地区都发生了激烈的战斗，而 1257 年之后的国王很少能够帮助他们的低级附庸。负责管理王室土地和保护帝国修道院的家臣和骑士通常太过弱小，无法自卫。许多人将自己置于邻近的主教或世俗诸侯的保护之下，他们尤其倾向于寻求普法尔茨伯爵和巴伐利亚公爵的庇佑。

即使在 1273 年总体政治局势稳定后，这一过程仍在继续，因为 1300 年左右的农业萧条对低级的附庸们造成了沉重打击。许多仍然"自由"的人（即国王直辖的人）现在自愿置于诸侯的保护下并成为间接附庸。对地产的新理解极大地促进了这一点，因为骑士保留了他们封地的"使用权"。通常的安排包括由诸侯确认新的继承形式，允许骑士将女儿和其他亲戚排除在继承人之外。总体而言，这些发展加速了家臣在小贵族内部的融合，无论他们是作为在国王手下保持自由的骑士，还是作为诸侯手下的"乡绅"（Landadel），成为一个新社会等级。

这些变化往往伴随着地方层面的明显暴力行为，因为它们需要明确附庸与领主的从属关系，以及每个贵族拥有哪些权利和土地。诸侯还使用了 1220 年和 1231 年的宪章所批准的新权力，这使得他们有权决定附庸能否建造城堡，并迫使附庸向他们"开放"其城堡。诸侯经常故意操纵个人仇恨和实际利益引发的敌意，以此将竞争对手下属的间接附庸置于自己的统治之下。贵族们通过结成联盟来捍卫他们的地位和自主权。诸侯可以给予现金补贴来支付服务成本，以诱使附庸改变效忠对象。他们还分割了自主财产，形成可以授予下级的新封地。[43]

因此，尽管"领地化"一词仍是有用的，但它用在许多方面都并不恰当。与后世的历史地图集中显示的色彩斑斓的色块不同，诸侯的领地在很大程度上是作为司法管辖区网络拓展的。土地兼并经常因家族消亡或家庭出现不同的分支而中断，更根本性的原因则是 14 世纪上半叶的经济巨变和人口巨变。我们将会看到，后世历史学家所设想的真正的"领地化"，其实肇始于 15 世纪末和 16 世纪的帝国改革带来的政治变化和制度变革（见第 454—465 页和第 603—619 页）。

从"小国王"到强大王朝

斯陶芬王朝的终结

在巴伐利亚、奥地利、蒂罗尔、波希米亚以及德意志西部和西北部的部分地区，领地化进程比较深入，速度也比较快。这些不一定是帝国最富有或人口最多的地区。王室在法兰克尼亚、士瓦本、上莱茵和图林根部分地区的长期经营，增加了从王室土地上涌现的小封地的数量，而西南部的人口和财富的集中，也有助于维持大量级别较低的领主。1250 年之后，斯陶芬王朝的灭亡见证了君主制向德意志领地化程度更高的地区的转移。乍一看，这似乎证实了帝国被诸侯自治所破坏的旧观点。然而，斯陶芬王朝的结局更多是个人悲剧，而非结构性的破坏。在意大利和圣地待了 15 年之后，腓特烈二世在 1235 年返回德意志，随行的有衣着华丽的穆斯林保镖，还有骆驼和大象——前现代帝国主义的终极象征。尽管没有招募额外的军队，但他几乎兵不血刃就镇压了反叛，废黜了他的儿子亨利

（七世）和奥地利公爵巴本堡的弗里德里希二世，并解决了与韦尔夫家族的长期争端。[44]

真正的问题是合法性，而不是自治权。诸侯当然希望自治，但斯陶芬家族自12世纪80年代就给予他们自治权了。有些诸侯可能不愿合作，例如弗里德里希二世公爵，他在1237年以武力收复了奥地利，并迫使皇帝在三年后为换得他的支持而接受这一事实。[45]然而，腓特烈对意大利局势的错误处置，使他在1239年后第二次被绝罚，这削弱了他的权威，也让他更难迫使诸侯履行对帝国的承诺。

君主制的幸存

从腓特烈二世之子康拉德四世于1254年去世，至鲁道夫一世于1273年即位，这段时期在传统记载中被视为"空位期"。[46]教宗当然认为皇帝头衔在1312年亨利七世加冕之前一直是空缺的。然而，德意志国王始终后继有人，而且一直声称勃艮第和意大利归自己统治。事实上，这一时期的国王往往是太多了。对立国王荷兰的威廉比康拉德四世活得更长些，享受了两年无可争议的统治。在他死后的双重选举中，卡斯蒂利亚的阿方索十世和康沃尔伯爵理查都被选上了，后者因为妹夫是腓特烈二世而拥有斯陶芬家族的资格。与从未去过德意志的阿方索不同，理查于1257年5月在亚琛加冕为国王。他向自己的支持者分配特权，同时也对支持阿方索的人动用武力。他不得不在1259年返回英格兰，因为他的兄弟亨利三世国王和贵族之间不断恶化的关系威胁到了支撑他统治的资金流。1260年，他曾短暂地来到德意志，随后离开，在贵族战争中支持他的兄弟，结果被俘。德意志的诸侯继续前往英格兰去拜访他，而他的支持者们则在1262年成功地击退了斯陶芬家族最后一位成员康拉丁从意大利进攻士瓦本的行动。安茹家族在 1268 年处决了康拉丁，这使理查的处境有所好转，他终于可以回到德意志了。在那里他花了大约一年的时间享受没有争议的统治，然后不得不再次返回英格兰，并于 1272 年 4 月在那里去世。理查保留了由斯陶芬家族发展起来的封建关系，以及几个曾为荷兰的威廉服务的重要官员。由于鲁道夫一世的支持者将他的统治称为"恢复"君主制，因此理查的统治是一个"过渡期"的看法在 1273 年后才发展出来。[47]

理查死后的 75 年间，是一个"跳跃式选举"（springenden Wahlen）的时代，连续五位国王来自不同的家族，直到卢森堡王朝时期，王位的继承才相对有连续性。与以往的君主相比，这些人都是与早先的王室血统无关的"小国王"，主要来自伯爵的行列。虽然他们地位低下，但这不应该误导我们低估帝国君主制持续的权力和威望。国王明显弱小很难说是罕见的情况。在理查的故乡，爱德华一世是 12 世纪和 13 世纪唯一没有争议的国王，只有三位英格兰国王由儿子直接继位，只有一位国王在统治期间未遭暗杀。最重要的是，国王头衔从未成为一文不值的空洞奖赏，拥有它的人能够实现切实的目标。

君主制仍然具有重要意义的一个原因是，它是一个更广泛的框架的一部分，其他参与者仍然相信并重视这个框架。国王象征着适当的秩序。个别细节可能会有争议，但没有人怀疑君主制能维持适当的秩序。亚琛和法兰克福仍然有重要政治地位。帝国并没有分裂。弗里德里希二世公爵试图确保奥地利作为一个王国得到承认，但在 13 世纪 40 年代中期失败了。[48]波希米亚仍然是一个王国，但也属于帝国的稳定成员。继续从属国王并非只是出于习惯，而是因为让帝国延续下去已经成为诸侯自我意识的一部分。个人可以获得帝国的土地，但没有人可以在不威胁到直接隶属于君主的所有诸侯的权利和自主性的情况下篡夺王家特权。

尽管此时没有加冕的皇帝，但诸侯仍将自己视为更广泛的帝国的一部分，而并非只是较小领土的领主。他们接受了斯陶芬家族的集体帝国荣誉概念，因为封建化使他们更明确地意识到自己是既定秩序中的利益相关者。这就解释了为什么他们准备与理查和鲁道夫合作恢复斯陶芬治下的公共和平活动（见第712—714页）。在意大利的大学接受过教育的人对诸侯的角色有了新的认识，他们现在正在为王室和诸侯服务。诸侯并非只是听从命令的王室代理人，而是统治团体的贵族成员，应该在自己的管辖范围内主动采取行动以确保和平。尽管仍处于从属地位，但诸侯因此成为君主制的共同组成部分，而不是像其他地方那样成为潜在君主暴政的制衡力量。这就解释了为什么帝国的诸侯没有像波兰或匈牙利的贵族那样发展出抵抗的权利，也没有像英格兰、波兰或匈牙利议会中的上议院那样通过更多的制度形式来限制王权。

另一个主要原因是，三位高级诸侯都是教会的人——美因茨、科隆和特里尔的大主教。作为神职人员，他们不能以候选人的身份参加国王选举，但他们的重要职位以及他们在选举和加冕仪式中的作用仍然让他们享有威望。除了1257年特里尔自作主张促成了双重选举之外，这三位教会选侯都致力于维护集体秩序。而在1180年"狮子"亨利战败后对原有公国的故意分割，使得1254年后难以出现追随斯陶芬家族的明显候选人，因为世俗诸侯中没有谁占据着主宰地位。这种情况作为帝国政治的一个持久特征，长期存在了下去。所有的主要行动者都想保持整体结构，同时在其中调整自己的位置。他们倾向于联合起来，反对任何威胁这个系统的基本稳定性的人。虽然可以自我纠错，但帝国的内部平衡远非和谐。现在推选国王时选出一个赢家要比以前难得多，因为在1250年之后，没有哪个竞争者看起来比他的对手强得多。这扩大了政治上的可能性，因为不同的派别为了确保安全和得到奖赏而联起手来。1356年之前没有明确的选举规则，这也有利于维系这种局面，并促成了1257年和1314年的双重选举。

每位新国王都利用自己的统治来奖励最可靠的支持者，但他特别犒劳的是他自己，所用的方式是加强自己领土上的自治。[49]这自然激起了那些支持落选者的怨恨，并促使他们拒绝像1250年以前那样在现任国王在世时承认其继任者。这就解释了为什么1254年后不同家族的国王会相继继位。然而，这不是随便什么人都能参与的。这种局面是减少而非增加了可选择的候选人的数量。尽管诸侯在斯陶芬家族的领导下不断扩张，但他们仍然是一个更大的贵族阶层中的少数顶层成员。其中大多数人的实力不足以让他们参加选举，这主要是因为强大的选侯不想在候选人遇到困难时被迫为他保驾护航。因此，他们仍会寻找拥有大量资源的强人。虽然每个在位者无法直接指定继承人，但他们一般都会在其统治期间巩固自己家族的地位，从而与那些没有出过国王的家族拉开差距。

国王候选人

因此，政治就像一场抢椅子的游戏，每次有家族连续统治，都会减少"玩家"的数量。此外，并不是每个人都想"玩"这个游戏，因为个人利益和地方关切使得个别诸侯不愿意参与进来。到13世纪，最初的公国中只有巴伐利亚仍是一个实质性的公国。自1180

年以来，巴伐利亚一直由维特尔斯巴赫家族所统治。维特尔斯巴赫家族源于11世纪的沙伊恩（Scheyern）伯爵，其名字来自1115年他们在普法芬霍芬（Pfaffenhofen）西南方新建的城堡。1214年获得莱茵河畔更有声望的普法尔茨之后，他们才真正开始产生影响力。他们在1250年后将自己视为斯陶芬家族理所应当的继承人。[50]然而，该家族提供了另一个例子，说明领地化和王朝统治并不是计划中或期望中的历史结果。巴伐利亚在1255年被分割成上下两个公国，好让兄弟两人都能继承一份领地。在1340年至1349年短暂统一之前，这两个支系都进一步分裂，重新划分后的问题只能通过1504—1505年血腥的继承权之争来解决。巴伐利亚和普法尔茨合并到1317年，当时出现了一个独立的普法尔茨-维特尔斯巴赫家族，但在1410年这个家族本身又分裂成了四条支系。在1449年至1470年短暂合并之后，又出现了进一步的分裂。随后，巴伐利亚和普法尔茨直到1779年才重新合并，之后又花了20年时间才让所有其他属地最终统一。

阿斯坎尼家族也随着各个分支在推选国王时分别派出候选人而分裂：勃兰登堡藩侯在1257年参选，随后安哈尔特伯爵在1273年参选。1288年，统治萨克森的家族分裂为敌对的维滕贝格和劳恩堡两个分支，这使该家族要求获得图林根的努力受挫，并使国王选举变得愈加复杂，因为两者都声称自己代表萨克森。这种情况直到1356年维滕贝格公爵被正式封为选侯才结束。

随着维特尔斯巴赫和阿斯坎尼家族的影响力消散，1273年似乎只有波希米亚和哈布斯堡家族可以名正言顺地接替康沃尔的理查。波希米亚此时是帝国中最有声望的领土，这要归功于它的王家头衔、较大的领土和每年10万银马克的收入——这是巴伐利亚公爵的五倍。[51] 国王鄂图卡二世在 1257 年曾两次投票，故意迫使理查允许他继承 1246 年巴本堡家族绝嗣后留下的庞大遗产，即奥地利、卡林西亚、克赖因和施蒂里亚。然而，鄂图卡日益增长的权力使其他选侯感到惊骇，他们于 1273 年选择了哈布斯堡的鲁道夫一世。

鲁道夫一世

一般认为，鲁道夫试图通过在 1273 年 12 月实施"收复失地"政策，将君主制重新置于中央集权的轨道上。该政策的名称来自拉丁语动词"revindicare"（"要求归还"），旨在收回自 13 世纪 40 年代以来大规模出让的王室土地。损失确实很严重：国王手中只剩下十分之一的铸币厂，只拥有十分之一的城镇，而在 13 世纪初这个数字是三分之一。[52] 鲁道夫不得不做出妥协，允许政治上重要的诸侯保留他们已经获得的一些地区，尽管他经常动摇其权力基础，以削弱其绝对所有权。总的来说，鲁道夫取得的成果令人印象深刻：他将斯陶芬统治时期帝国教会领地的 66% 重新置于自己统治之下，同时收回了 73% 的王室土地，甚至恢复了斯陶芬家族 68% 的财产，考虑到斯陶芬家族留下的财产已经所剩无几，这个成就十分惊人。斯陶芬家族的大部分自主领地因此成为王室土地。由于中间的经济发展，王室财产的总价值现在比斯陶芬家族统治时期还要高。鲁道夫的成功，进一步印证了君主制在"空位期"并没有受到不良影响的观点。

主要的变化包括结束王室土地的扩张，并将其集中在德意志西南部，同时在萨克森和下莱茵地区大幅收缩领地。不太明显的是，管理上也发生了变化，这是因为不断有家臣得到自由身份并成为骑士，国王需要对此做出回应。此外王家修道院也进一步得到豁免。其中一些发展是长期的。早在 11 世纪，国王就不再从经济实力较弱的修道院中征收物资，而是给予它们豁免权，或将其分配给较大的修道院或主教区以补充资源。而且，从 12 世纪初开始，为君王的随从们提供食宿的义务越来越多地被转化为现金税，这远远早于法国的类似发展。税收的范围扩大到了斯陶芬王朝时期在王室土地上发展起来的王家城镇。为国王提供食宿的义务经常被折算成现金，但与意大利的情况不同，德意志的王家城镇仍然更直接地隶属于国王。鲁道夫还发展了康沃尔的理查调整的架构，建立了名为"执法官辖区"（Landvogteien）的司法区，以监督城镇和收回君主的资产。执法官是从忠诚的伯爵和骑士中挑选出来的，负责保障君主特权，并维护其管辖范围内的和平。这个统治网络在 1292 年得到更新，并持续到 14 世纪上半叶。然而，其中只有王室土地，并不包括世俗诸侯与教会诸侯的直辖领地，而根据斯陶芬时期制定的封建等级制度，二者仍然从属于国王。

王室土地集中在南部和西部，反映了国王影响力的地理分布。[53] 波希米亚在 1276 年暂时被迫归还了原本属于斯陶芬王室土地的埃格尔，但鲁道夫在试图收回奥地利、卡林西亚、施蒂里亚、克赖因和图林根时，遭遇了严重的困难。他索要这些领地的理由是，它们从巴本堡家族最后一位成员（1246）和亨利·拉斯佩（1247）去世后一直是空置的王室领地。反复争取得到这些封地是帝国政治的一个核心特征，直到 14 世纪中期这种努力才最终放弃。构成了德意志王国三分之一领土的几乎整个北部地区都"远离国王"。鲁道夫的宪章中仅有 3% 是在这一地区颁发的，他也从未在西北部冒险前往比亚琛更远的地方。[54] 国王最后一次前往戈斯拉尔则是在 1253 年。

尽管后来发生了一些孤立的事件，如查理四世在1375年访问吕贝克，但政治重心还是向西南方转移了。现在，"近王"的地区是士瓦本、法兰克尼亚、中莱茵、上莱茵，以及图林根的部分地区。这些地区提供了大部分资源，到14世纪初一直在维持君主制。国王对这些地区的依赖帮助数量依然庞大的自由小领主维持了地位，其中一些人还提升了地位并从中受益，如成为纽伦堡堡伯的索伦家族，后来该家族成为声名赫赫的霍亨索伦家族。然而，并非所有人都准备合作。符腾堡伯爵们表明，尽管他们普遍拒绝为国王服务，但仍有可能实现繁荣。他们在西南部争取到了一些领主的支持，那些领主认为鲁道夫的计划威胁到了他们自1250年以来赢得的自治权。埃伯哈德一世伯爵在1285—1287年领导了一场反抗行动，阻止了鲁道夫重新建立士瓦本公国的企图。[55]

在1291年鲁道夫去世后的一个世纪里，通过"收复失地"收回的大部分资产再次被转让。转让的形式与1273年之前不同，因为现在许多资产被典当了，要么用于现金抵押，要么根据新的服务协议，让抵押权人提供长期的支持。从13世纪末开始，典当变得更加普遍，因为抵押贷款通过转让资产的方式操作，而不是签订贷款付息合同，以此来规避教规对高利贷的禁令。在1273年至1438年间，只有13个帝国城市从未被典当过。[56]与赠予或分封的转让方式不同，国王保留了通过赎回抵押物收回财产的选择。然而，抵押贷款的金额往往很高，以至于不可能赎回：路易四世在1322年将埃格尔以2万磅白银的价格抵押给了波希米亚，波希米亚就这样永久地保留了它。埃格尔直至今日仍是捷克共和国的最西端。同时，抵押贷款还让国王无法利用土地的实际价值，因为土地带来的收入和其他利益是属于抵押权人的。莱茵河收费站、铸币厂、矿石和盐矿开采权等有利可图的资产被反复抵押，直到它们被实际上永久转让。[57]

所有这些可能表明，鲁道夫的统治其实代表着错失了一个中央集权的机会。然而，执法官辖区从来不是全新王家官僚机构的基础，而是依靠使用既定的特权，委托小领主监督王家资产。通过抵押和其他形式的转让，这些资产被耗散干净，以至于到 14 世纪末，王室土地作为一种重要的资源已不存于世。这并不构成"衰落"，而是反映了帝国统治基础的根本转变，即转变为依靠国王直接拥有的可由家族继承的直辖封地来统治。

这在鲁道夫时期已经很明显了。他能当选国王，是因为他看上去不像鄂图卡那样会威胁到诸侯的自由，而这又是因为鲁道夫只在瑞士和莱茵河上游拥有少量领地。这些领地每年只带给他 7 000 磅白银的收入；因此，他在加冕后不久就开始实施"收复失地"政策。然而，从长远来看，他利用君王头衔反对鄂图卡继承巴本堡遗产的要求，其意义要大得多。鲁道夫的方法也说明了斯陶芬家族发展出来的新封建结构的潜力。1274 年 11 月，鲁道夫在纽伦堡召开了一次会议，确认了诸侯对帝国直辖封地的所有权。然而，此举明确宣布君主是宗主，要求所有人在一年内根据"封臣或领主有一方去世时"的惯例正式重新受封（见第 373 页）。鲁道夫以鄂图卡没有这样做为由，在 1276 年之后动用武力解决关于巴本堡遗产的争端，使局势对自己有利。鲁道夫的策略带来了很大的风险，因为很少有诸侯愿意看到鄂图卡完全失去他的土地。然而，鄂图卡于 1278 年 8 月 26 日在维也纳东北部的迪恩克鲁特（Dürnkrut）战败而死，这个问题也迎刃而解。最终，选侯们在 1282 年同意鲁道夫将其儿子封为奥地利公爵和施蒂里亚公爵。这些兼并为哈布斯堡家族增加了 1.8 万磅白银的年收入，而在"收复失地"之后所有帝国城市的年收入加在一起也只有 8 000 磅白银。[58]

鲁道夫的胜利标志着新的方向，但算不上决定性的转折点。主要的诸侯仍然希望国王能居住在日益被称为"帝国土地"（Reichsgut）的领地上，因此他们在原则上支持他"收复失地"，但在实践中并不总是如此。他们仍然对想要将大量封地直接变为"家族土地"（Hausgut）的国王充满怀疑。在下一个世纪，一个过渡性的模式出现了。国王们继续使用帝国土地，尽管越来越多地将它们典当。同时，他们利用君王的头衔为自己的直系亲属取得空置的封地。亨利七世在 1310 年将波希米亚封给了他的儿子约翰，而路易四世在 1345 年将荷兰、泽兰和埃诺交给了他的儿子威廉。1282 年，鲁道夫将他获得的领地分给了诸子，从而让选侯们不必担心他的某个儿子会过于强大。不幸的是，他的两个儿子先于他而去，当鲁道夫于 1291 年 7 月去世时，只留下阿尔布雷希特作为唯一继承人。阿尔布雷希特的粗暴态度进一步挫伤了选侯们的积极性，同时他也被瑞士的一场反对哈布斯堡统治的动乱所困扰。[59]

阿道夫和阿尔布雷希特

1292 年 5 月，选侯们最终选择了拿骚的阿道夫伯爵作为国王。阿道夫的家族在前两个世纪取得了成功。他们曾经是为美因茨大主教服务的执法官，后来青云直上。公元 1080 年之后，他们在下莱茵积累了大量的封地和管辖权，当这些封地和管辖权在 1160 年被归入新的拿骚伯国时，他们获得了伯爵的地位，因而得以从美因茨和特里尔的统治下获得自由。像这一时期的许多贵族家庭一样，他们的好运气推动了 1255 年后的分家，因为较多的财富使他们能够通过继承供养更多的孩子。随后又有更多的支系分出，直到 1814 年的非常情况下，拿骚的土地才得以重新统一。

阿道夫是"小国王"中最弱的一个。时局再次起到了作用，因为科隆大主教齐格弗里德·冯·韦斯特堡希望有一个顺从的国王，来扭转他早先在 1288 年沃林根战役中失败所带来的影响。[60] 阿道夫不得不对科隆大主教以及其他选侯做出重大让步，但除此之外，他继续执行鲁道夫的"收复失地"和"执法官辖区"政策。阿道夫利用英国的补贴——这笔钱原本的用途是为 1294 年对法国的联合作战提供资金——来买断对图林根和迈森的所有权，使他能够在 1296 年暂时将这些地方纳入帝国土地。[61] 但事实证明，这成了他垮台的原因，因为波希米亚、萨克森和勃兰登堡仍然觊觎图林根，现在它们联合起来反对阿道夫，并赢得了美因茨和奥地利的支持（但特里尔并未响应）。由于阿道夫拒绝妥协，局面愈加不可收拾。美因茨获得了萨克森、勃兰登堡和普法尔茨方面的同意，于 1298 年 6 月 23 日废黜了阿道夫。在没有教宗参与的情况下，国王完全由选侯们废黜，这样的事情在历史上只发生过两次，这便是第一次。这一行动引起了很大的争议，因为阿道夫当选和加冕的合法性是没有争议的，很难找到一个令人信服的理由来反对他。

这种情况表明，君主制作为一种制度还是相当稳固的，尽管目前的在位者很弱。此外，诸侯决定不把教宗牵扯进来，这表明他们虽然别有用心，但对帝国仍有一种集体责任感。他们此时很可能已经选择了奥地利的阿尔布雷希特作为继任者，尽管细节不明。[62] 1298 年 7 月 2 日，阿道夫的军队在沃尔姆斯附近的格尔海姆（Göllheim）被阿尔布雷希特击溃，他本人被杀死。他的阵亡加深了人们认为他是失败者的印象，但事实证明他已经取得了惊人的成功，尽管他的基础比鲁道夫还要薄弱。实际的结局表明，成王败寇的法则仍然成立：如果换作阿尔布雷希特死了，事情就会完全不同。

阿尔布雷希特是带着谋害阿道夫的污点登基的。[63] 为了表现出团结和公正，选侯们重新进行了选举。阿尔布雷希特很快就证明了选侯们在 1292 年时的担心是正确的，他迅速战胜了诸侯，巩固了对图林根领地的统治，并在 1306 年普舍美斯家族的最后一位成员去世后开始打波希米亚的主意。1308 年 5 月 1 日，他被渴望分得更多利益的侄子约翰谋杀，因自己的家族不遵守王朝的规矩而被害。

卢森堡家族和维特尔斯巴赫家族

由于哈布斯堡家族再次显得过于强大，选侯们拒绝推选阿尔布雷希特的长子"美男子"腓特烈三世，而是选择了卢森堡伯爵。如此，亨利七世于 1308 年当选国王。卢森堡家族的兴起大致类似他们的邻居拿骚家族，只不过阻止他们迅速崛起的是军事上的失败而非家族的分裂。卢森堡发展成为一个大型伯国，最终在 12 世纪脱离了洛林。1283 年，该家族试图获得林堡公国，引发了争端，此事以 1288 年科隆在沃林根战败告终。卢森堡支持失败的一方，失去了林堡。然而，亨利伯爵的弟弟巴尔杜因是特里尔的大主教，他说服了其他选侯支持亨利。[64] 像阿道夫一样，由于起初实力弱小，亨利在登基时被迫做出了让步。人们认为他不切实际地抱有幻想，因为他是自腓特烈二世以来第一个去罗马加冕的皇帝。然而，这一举动其实合情合理，帮助亨利获得了高于诸侯的威望。他还延续了从鲁道夫一世时期开始的趋势，放弃了将图林根纳入帝国土地的进一步尝试。这为亨利赢得了重要的支持，使他能够以普舍美斯家族绝嗣为由把波希米亚作为空置封地收归己有，并在1310年将其转让给他的儿子。这为未来的卢森堡家族奠定了权力基础，就如鲁道夫一世在1278年为哈布斯堡家族获得奥地利一样。

亨利七世在1313年8月意外因疟疾早逝，这无意中促成了自1257年以来的第一次双重选举。在过去的40年里，世袭封地的逐步增加使得卢森堡家族和哈布斯堡家族成为势均力敌的领先者。波希米亚的约翰的支持者们希望打破僵局，经过妥协后同意将维特尔斯巴赫家族的上巴伐利亚公爵路易作为候选人。然而，哈布斯堡家族的支持者们先发制人，于1314年10月19日在法兰克福推选了"美男子"腓特烈。而驻扎在美因河对岸的萨克森豪森的卢森堡人在第二天才宣布他们的候选人为路易四世。腓特烈首先当选，持有真正的王权象征物，并由科隆大主教加冕，传统上认为他是"正统"人选。然而，路易先到了亚琛的"正统"地点，并由美因茨大主教用替代的王权象征物为其加冕。这些举动恰当地象征了潜在的政治僵局，使帝国重新受到教宗的干预。1315年之后，一系列小规模战斗使天平逐渐朝有利于路易的方向倾斜，他最终于1322年9月28日在因河畔的米尔多夫（Mühldorf）取得了令人信服的胜利，腓特烈被俘。正如1278年的迪恩克鲁特战役和1298年的格尔海姆战役一样，帝国的命运是在战役中决定的。[65]

1325年，路易承认腓特烈为名义上的共治国王，从而化解了这场争端。这是最后一次使用这种安排。路易还将南德意志的一些剩余帝国土地分配给了腓特烈的亲属，并允许他们在1335年卡林西亚领地空置时继承该地。然而，波希米亚的约翰在路易与他人争夺勃兰登堡（该领地在1320年因阿斯坎尼家族的绝嗣而空置）继承权时开始公开反对他。1346年，在蒂罗尔的领土归属上又爆发了一场争端。这些问题既说明了世袭领地在君主的竞争中日益重要，也说明了那些坚持为一己私利索取领地，而不是作为公正的法官解决争端的国王所面临的危险。法国和教宗支持卢森堡家族，而重新被绝罚则削弱了路易的合法地位。1346 年 4 月，七位选侯中的五位选择了约翰的儿子查理（四世）作为对立国王。路易在政治上仍很强势，但在 1347 年 10 月打猎时死于心脏病。

查理四世时期重点的转移

查理四世是一个不择手段的机会主义者，同时代人对他的评价有云泥之别，就像腓特烈二世在他的时代遇到的评价一样两极分化。[66] 他在 14 世纪中叶巧妙地保持了政治平衡，成功地遏制了哈布斯堡家族和维特尔斯巴赫家族的影响，而没有使任何一方表示出对他的公开反对。1349 年 1 月，维特尔斯巴赫家族的支持者们迟缓地推选了施瓦岑堡的金特伯爵为"对立国王"，但他在莱茵河畔的埃尔特维尔（Eltville）作战失利，在第三次由战斗决定继承权的纷争中落败。他于 5 月 29 日放弃了自己的头衔，以换取对其追随者的赦免。查理承认了维特尔斯巴赫拥有勃兰登堡领地，维特尔斯巴赫也反过来认可了他的统治，但持续的分家使他们在日后没有真正的机会挑战他。巴伐利亚和奥地利都被排除在选侯团之外，这一点在 1356 年的《金玺诏书》中得到了明确的体现。世俗选侯都选择了查理的亲密盟友，包括维滕贝格的阿斯坎尼，而不是支持施瓦岑堡的劳恩堡分支。然而，查理在 1364 年与奥地利达成了一项世袭协议，最终为哈布斯堡家族在 1438 年继承卢森堡家族奠定了基础。然而，与巴伐利亚一样，在此期间，家族成员的暴毙和进一步的分家使哈布斯堡家族无法挑战卢森堡家族的统治。[67]

查理的长期执政（1346—1378）使他有时间巩固卢森堡家族的统治，他还做出了一个关键的决定，即转移了治国的基础，将重心放在世袭财产而非帝国土地和教会上面。这一点在他执政之初并不明显，当时他以极大的力度恢复了"收复失地"政策，以收回被路易四世典当的资产，但他在1371年后永远地放弃了这一政策。眼前的情况为他的这一决定提供了一个理由。1373年，查理将四个城镇和相关的土地典当给了维特尔斯巴赫家族，以换取他们放弃对勃兰登堡的领土要求，这使他最终能够将勃兰登堡作为一块空置的领地，授予他的第二个儿子西吉斯蒙德。通过这种方式，查理交换了帝国土地，以扩大其家族的世袭财产。然后，他把这种做法扩大到其他帝国财产上，筹集了200万弗罗林，这相当于他在位期间从德意志得到的所有现金的48%。[68] 虽然这些钱很有用，但这只是其长期战略的一个额外奖励，其真正的意图是破坏帝国统治的传统基础。他让以往国王头衔传承的手段难以为继，从而确保只有他的家族可以推出国王候选人，因为现在只有他们拥有必要的资源。为此，他还故意废弃了自1273年以来为管理帝国土地而建立的基础结构。执法官的权利被当掉或卖给行使这些权利的伯爵。从某种意义上说，这延续了斯陶芬家族扩大王室贵族阶层以确保没有哪个家族在地方权势过于显赫的政策。例如，纽伦堡执法官辖区被卖给了这座帝国城市，但刑事管辖权却分离出来，卖给了堡伯霍亨索伦，后者是在1363年通过一项特别宪章提升为诸侯的。[69]

大幅减少的帝国土地在形式上依旧存在，不过先前的抵押事实上已经变成直接出售，后来的皇帝们也接受了这一点。阿尔萨斯、奥特瑙（Ortenau）和士瓦本的剩余土地最终归哈布斯堡家族所有，只剩下三个直接由皇帝管辖的"自由"村庄。旧式的流动性王权现在显然已经不可能存在了。

与此同时，查理对其家族土地的开发程度，远远超过了此前的任何一位国王。查理的政策是以他的家族自 1310 年以来拥有的波希米亚为核心的，因为这块领地给了卢森堡家族国王头衔、大量的资源，以及在帝国内的特权地位。查理有意扩大了波希米亚的自治权，于 1344 年将布拉格提升为一个独立的大主教区，并在 1347 年后建造了哥特式风格的圣维特主教座堂。他获得了德意志的王位后，在 1348 年 4 月发布了 12 项宪章，确认并扩大了波希米亚的特权，尤其是将王国的各块领土合并在波希米亚王权治下。[70] 自鲁道夫以来，国王普遍分割家产以供养诸子，从而让长子看上去对选侯威胁没有那么大，而查理得以通过上述方式突破这种做法。西里西亚、卢萨蒂亚和摩拉维亚都被完全纳入波希米亚，而不是作为独立的帝国领地。查理的弟弟约翰·海因里希与其第三子约翰在 1373 年分别得到了摩拉维亚和格尔利茨（Görlitz），这为他们提供了地位和资源，并使他们同时处于波希米亚的统治之下。勃兰登堡仍然是一个独立的帝国领地，因为它在 1356 年被确认为选侯国，而且卢森堡家族需要它来保持自己在选侯团中的影响力。[71] 查理还在波希米亚设置了独立的书记官署，从而不再依赖包含了教会选侯的帝国书记官署。查理操纵皇家特权，将东西方向的贸易从多瑙河一线转移至纽伦堡—布拉格—普雷斯堡的路线上，以使波希米亚受益，并削弱哈布斯堡的竞争对手。查理的措施有其局限性：1355 年，波希米亚贵族挫败了他修改国家法律的企图。然而，他在那里的统治是稳固的，并使他能够利用大量的税收。

皇帝现在终于可以在一个真正宏伟的首都治理帝国了。占地4.1 万平方米的瓦茨拉夫广场被用来为布拉格增光添彩，以及加强人们对波希米亚主保圣人的崇拜。而崭新的查理广场几乎有其两倍大，使帝国的任何其他地方都相形见绌。纽伦堡的主广场只有8 500平方米。新建的布拉格大学是中欧的第一所大学，成立这个学府也是将该城市建成欧洲真正首都的宏大计划的一部分。[72]旧日的关系如今颠倒了，德意志的王公贵族如今会来到他的新宫廷。

帝国宝物被集中在新建的卡尔施泰因（意为"查理之石"）城堡中，该城堡建于1348年至1365年之间，距离布拉格30千米，这进一步表明现在罗森堡家族有意将波希米亚打造成其永久统治的基础。1356年的《金玺诏书》将波希米亚固定为高级世俗选侯国。1363年，查理两岁的儿子文策尔被加冕为波希米亚国王，这是确保他被承认为查理在帝国的继承人的第一步。新头衔"罗马人的国王"有意将推选德意志国王的选择转变为攸关帝国命运的决定。这使查理能够压制潜在的反对意见，阻止诸侯以波希米亚不够"德意志"为由将其排除在选侯团之外。[73]1376年，文策尔当选"罗马人的国王"，这是自1237年康拉德四世以来，第一次在皇帝在世时选择继承人。

传统习俗并没有被完全抛弃。查理保留了在帝国教会中的影响力，并且继续培养与一些伯爵及其他贵族的关系，这些领主所在的地区自13世纪70年代以来便与国王关系密切。这些地区仍然提供了44%的王家仆人，而他的世袭领地只提供了33%。他们还获得了38%的王家特许状，而发给他的直属封臣的特许状只占20%。[74]虽然查理如今有了固定的首都，但他仍然在法兰克尼亚待了很长时间，并在西部边境进行了两次长时间的巡视（1356，1365），而在1377—1378年对法国的国事访问中，他借机在帝国各地进行了长时间的考察。

帝国意大利部分的治理

查理在 1354—1355 年和 1368—1369 年两度远访罗马，由此延续了帝国对意大利的治理有所起色的势头，这个过程是亨利七世在 1311—1313 年以及路易四世在 1327—1328 年开启的。这三位君主都是为了加冕为皇帝而前往罗马的，但也是为了捍卫帝国的特权，以对抗教宗和日益增长的法国的影响。[75] 他们得到的接待取决于时局，但只有亨利遇到了严重的反对。尽管在当地遇到了困难，但路易和查理还是得到了更多的支持，并因教宗驻在阿维尼翁（1309—1377）而获益。与教宗或那不勒斯的安茹国王等更直接的效忠对象相比，意大利人通常更喜欢皇帝这个远道而来的至高君主。

自斯陶芬时代后期以来，情况发生了很大的变化。意大利的主要城市大多已经从共和国沦为寡头政权。这些城市仍在努力让它们的自治权得到确认，但它们的领导人现在也希望被承认为世袭诸侯，并且准备为此一掷千金。米兰的维斯孔蒂家族在 1355 年给了查理 15 万弗罗林，以让查理承认其为皇帝代理人，另外又为其加冕仪式出资 5 万弗罗林。佛罗伦萨在这一年支付了 10 万弗罗林，并同意每年支付 4 000 弗罗林的税收，直到 1378 年。整体而言，查理在他 32 年的统治时期里平均每年从意大利收到 3.4 万弗罗林，占他从帝国获得的全部资金的 21%。[76]

查理出售了对市民自治权和其他特权的确认权。但他没有像在德意志那样大肆转让。此外，像他的两位前任一样，他一般会小心翼翼地公平分配他的恩惠。查理通过与维斯孔蒂家族讲和而不是动用武力来确保米兰成为进入意大利北部的重要门户，并获得了威望。文策尔延续了他父亲的做法，奖励维斯孔蒂家族，后者在 1395 年 5 月被提升为米兰公爵，四年后他们阻止文策尔的竞争对手鲁普雷希特进入意大利，以此作为回报。然而，查理在 1372 年任命萨伏依伯爵为意大利的总代理人，并整合他们在德意志境内的领地，以确保有另一条路线通往意大利，从而平衡了这种关系。西吉斯蒙德后来授予贡扎加家族（路易在 14 世纪 20 年代曾对他们青眼有加）边伯的地位，这样就确保了自己可以通过战略重镇曼托瓦进入意大利。

没有一个意大利领主有足够的信心去忽视皇帝，如果有谁当真这么做了，皇帝就可能会偏袒其在当地的敌手。皇帝的不满可以通过对城市颁布禁令来表达，这样的禁令可以使其近邻对其发动合法的进攻。城市的专制统治者享有的诸侯地位增强了其对抗内部对手的能力，而皇帝授予他们的代理人权力则使其能够扩大对城市腹地的控制。虽然皇帝并不经常出现，也没有率领大军，但他仍然是唯一公认可以授予荣誉的人。在 1355 年的加冕仪式上，查理向 1 500 名意大利人授予了骑士称号。[77] 意大利城市依靠帝国来保护在阿尔卑斯山以北进行贸易的商人。皇帝仍然被视为能够解决当地问题的人。热那亚自愿放弃了自治权，在 1311 年后的 20 年里直接置于皇权之下，因为"自治不再有效"[78]。

文策尔和鲁普雷希特时期的结构性问题

查理取得了很多成就，但他于 1378 年去世时，还未完全将帝国的治理工作转变为以大量世袭财产为基础。尽管查理的土地比以往任何一位皇帝的土地都要多得多，但他的土地不足以满足他的巨额开销，因此他逐渐走向了财政危机。同时，他把帝国城市典当，特别是把弗里德贝格这样的小城市典当的做法，引起了居民们的反对，他们认为本该保护自己的人把他们出卖给了贪婪的诸侯。

文策尔不是勇于迎接这些挑战的人。文策尔是一个典型的被宠坏了的男孩，缺乏治国安邦的经验。他倾向于通过打猎来逃避责任，1388年后他的健康状况还因酗酒而恶化。在这个时期，君主性格上的缺陷仍然很重要，因为个人的表现依旧是影响帝国治理的一个重要方面。查理对封建等级体系的改动将选侯确立为新兴的超级贵族，必须不断培养和确保他们的支持。文策尔在22年的统治时期中只有3年时间在波希米亚以外，其中三分之一的时间在纽伦堡，这是从他的王国最容易到达的帝国城市。在1387年之后的关键十年里，他完全没有到过德意志，而且总共只与选侯及诸侯举行了四次会议。尽管他派代表参加了另外五次会议，但这些代表被认为是无足轻重的替代者，因为他们仍然是靠与君主的亲近关系得到声望的。

与此同时，文策尔自己在波希米亚的地位在1393年后发生了变化。由于偏袒较弱的骑士阶层，文策尔已与高阶领主们对立起来。他批准了对布拉格教区长约翰·内波穆克的谋杀，后者反对王室对波希米亚教会的干预。1394年5月，诸侯与哈布斯堡家族以及文策尔的弟弟西吉斯蒙德和堂兄约布斯特结盟，将后者强行任命为波希米亚总督。1395年后，王国陷入了文策尔和约布斯特之间的内战。虽然文策尔最终在1397年恢复了控制权，但这一事件让选侯们感到震惊，他们已于1394年7月在法兰克福独立召开了会议，恢复了萨利安时代后期发展起来的未经王室许可便开会的做法（见第465—467页）。文策尔浪费了妥协的机会，促使选侯团于1396年3月13日任命西吉斯蒙德为帝国的总代理。此举对文策尔提出了挑战，因为只有文策尔作为国王才有权任命总代理，但这个行动并没有废黜他，因为总代理只是在君主不在王国时行使帝国的权力。与此同时，西吉斯蒙德成为匈牙利国王。1396年9月，他在尼科波利斯被土耳其人击败，这使他无法上任，选侯们因此只得靠自己来全面罢黜文策尔。

1298年废黜阿道夫的经验揭示了迈出这样一步的风险。选侯们精心安排他们的行动，以符合新的集体责任感，可见帝国的政治文化自那时已发生了变化。1397年和1399年进一步举行的选举大会使选侯们有了胆量，他们在1400年5月要求文策尔前来解释他的行为。他没有出现，莱茵地区的四位选侯便于8月20日在莱茵河畔的奥伯兰施泰因（Oberlahnstein）集会，有众多领主贵族列席。与早先对立国王的选举中使用的道德理由（以及1298年毫无理由就废黜国王的行为）不同，选侯们援引了宪制上的依据来罢免文策尔，这个依据就是他没有按照《金玺诏书》上的规定履行其职责。第二天，这四位选侯在附近的伦斯（Rhense）召开会议，推选普法尔茨伯爵鲁普雷希特为德意志国王，而文策尔只保留波希米亚国王的位子。[79]

与1298年一样，选侯们都打着自己的小算盘。因为他们对1348年后政治重心从自己的地区转移到波希米亚感到不满，他们显然想通过选择自己人担任国王来扭转这种局面。鲁普雷希特有路易四世的先例作为参考，认为维特尔斯巴赫家族理所当然是帝国的第一家族。他还意识到哈布斯堡家族正日益壮大，因此想抓住机会，抢先成为国王候选人。废黜文策尔的过程漫长而和平，与亨利四世在1399年暴力篡夺英格兰王位形成了鲜明的对比，当时亨利四世囚禁了他的对手理查二世，随后使其饿毙。

同时代的人自鲁普雷希特统治之初就预言他会失败。他一直坚持到1410年去世，但他的权力仅限于莱茵河中游、德意志西南部和巴伐利亚，而文策尔则掌握着波希米亚，并在德意志和意大利得到一些支持。鲁普雷希特的统治显示了查理改变帝国治理基础的重要性。普法尔茨太小，无法维持王室统治，每年只能提供五六万弗罗林，而来自帝国土地的收入只有 2.5 万弗罗林，低于查理时期平均 16.4 万弗罗林的水平。鲁普雷希特是第一个使用银行提供的新式金融服务的君主，这些银行建于意大利和勃艮第的城市，在他统治期间借贷给他 50 万弗罗林。虽然这使他得以维持生计，但他却没有什么可以提供给潜在的支持者。他三分之二的世俗顾问是他自己的臣民或附庸，而没有高级帝国贵族在他的宫廷中谋求职位，这表明他相对孤立。[80]

西吉斯蒙德：新环境下的旧做法

查理的策略取得了成效。尽管是在不称职的文策尔领导之下，但卢森堡家族还是能够挺过鲁普雷希特的挑战。1410 年鲁普雷希特去世时，只有卢森堡家族的成员能成为候选人。文策尔被忽视了，但西吉斯蒙德和约布斯特之间的竞争催生了帝国的最后一次双重选举。[81] 当时教会正处于分裂状态，互相敌对的教宗支持不同的候选人，双重选举因而变得更加必要。然而，约布斯特没过几个月就死了，西吉斯蒙德便得以在 1411 年 7 月进行的第二次选举中全票当选。

西吉斯蒙德是 1273 年以来的总体趋势中的一个例外。[82] 他被迫依靠更传统的方法来促进形成共识，因为他在帝国内部缺乏领土基础。尽管西吉斯蒙德自 1387 年以来一直统治着匈牙利，但该王国的资源完全用于对抗奥斯曼帝国在巴尔干地区的扩张。1419 年，文策尔的死让他终于得到了波希米亚，但当时恰逢胡斯运动，这个王国重新陷入了内战。勃兰登堡在约布斯特死后被西吉斯蒙德收回，但它已经被 1373 年以来为控制它而进行的长期战争毁掉了。1415 年，西吉斯蒙德将其转让给霍亨索伦的堡伯腓特烈四世，部分原因是后者准备支付高额的费用，但西吉斯蒙德也是为了与霍亨索伦保持友好，毕竟这是与鲁普雷希特政权有来往的少数重要领主之一。迈森的韦廷家族的藩侯们也得了好处，他们被分到了萨克森选侯国，这是 1422 年阿斯坎尼的维滕贝格分支灭亡后留下的空置封地。这些交易表明勃兰登堡和萨克森作为选侯国的重要性日益增加，并有助于将它们与以前更有优势的四个莱茵地区选侯国整合起来。最后，西吉斯蒙德恢复了与帝国剩余的自由小贵族的密切联系，允许他们组成联盟，从而制衡了诸侯在各地区日益增长的影响（见第 636—640 页）。

帝国改革

开端

西吉斯蒙德在位期间开启了后来的历史学家所称的"帝国改革"，其高潮是在 1480 年至 1530 年间建立了新的机构，这些机构共同赋予了帝国在近代早期的明确形式。这个过程很难精确地确定日期，因为它随着时间的推移而改变了特征。像奥托王朝和萨利安王朝的统治者一样，西吉斯蒙德和他同时代的人设想的改革基本就是更新或者说恢复一种理想化的、已经失去的原有政治秩序。[83] 当时的问题自斯陶芬时代就已经存在，特别是如何做最能维护正义和公共秩序的问题，而触发改革的因素也并不让人陌生：帮助教宗建立教会秩序（见第 65—68 页）。然而，西吉斯蒙德为结束大分裂而进行的干预，已与中世纪早期的皇帝有很大不同。他采纳了一种新兴的主张，认为教会是由主教组成的会议团体所代表的集体。同时，关于"适当秩序"的更广泛的讨论中还出现了往往激进的新观点，它们对社会、宗教和政治之间的关系提出了不同于以往的见解。这些愿望将在 1520 年左右猛烈爆发，促使人们进一步修改宪制以稳定帝国。

　　改革的时机，特别是其从更新转变为创新的时机，是由于新问题层出不穷而产生的，帝国的精英们要被迫接受应对共同威胁的新方法。这些问题一般与其他欧洲君主国面临的问题类似：如何克服内乱，保护王国免受外敌侵扰。通常的对策是将更多的权力集中在君王手中，由一个更全面和更有效的王室官员网络为其提供支撑。这些变化的基础是经过改进的罗马法思想，这些思想自 12 世纪以来在欧洲大部分地区流传，提供了有利于君权的论据。帝国尽管参与了对罗马法思想的讨论，但并没有选择其主张的道路。其中一个原因是，自斯陶芬时代以来所做的改变使帝国能够保留一种精简的、低成本运作的政府形式，没有任何重要的参与者认为现在有理由放弃这种形式。诸侯和城市享有相当大的个人自治权，但履行"公共"职能的成本由其自己承担，使皇帝不必为之组织和支付费用。另一个原因是，人们认为皇帝的主要任务是维护国内和平，而不是发动对外战争。和平理应是永久性的，而战争总是被呈现为迫不得已的例外。这就意味着，为加强帝国皇权辩护的人不能像法国、英国和西班牙那样捏造理由，声称新增税种是短期的紧急措施。相反，发展中央集权来维持国王对臣民生活的长期干涉在政治上仍然是不可接受的。定期征税被等同于"永恒的奴役"，不利于"德意志自由"。[84]

改革的压力

与 15 世纪的英格兰、卡斯蒂利亚和法国不同，自查理四世在 1349 年迅速战胜施瓦岑堡的金特以来，帝国没有发生过内战。随后在 1400 年和 1410 年发生的继承纠纷更多是沉闷的对峙，而不是全面的冲突。然而，由于封建化和领地化引起的紧张局势，严重的暴力事件在地方和地区的层面上爆发了。帝国教会的土地受到的影响往往最严重，因为不断增加的债务迫使主教们转让财产，导致他们与教会产生纠纷，并与往往具有侵略性的世俗邻居发生纠葛。一个明显的例子是 1459 年至 1463 年的美因茨争端，其起因是新当选的大主教拒绝支付教宗为确认其任职而要求的高额费用。教宗罢免了他，并让教士团另推人选，这就为其邻近的诸侯提供了介入此选侯国的理由，他们认为这是夺取美因茨领地的机会。动乱一直持续到 15 世纪 70 年代，混乱的局面加剧了社会和经济问题，激起了民众的抗议。普法尔茨选侯"胜利者"弗里德里希一世又与西南地区的其他诸侯和城市发生了更多的争端，从而冲突不绝。[85]

德意志南部和西部地区特别容易发生混乱。由于其封建等级制度层级众多而错综复杂，管辖区十分零散，产生了许多潜在的摩擦点。这些争端不是"无关公事的"战争，而是法律认可的行为，因为帝国允许臣民通过私战寻求补偿。这种做法在过去得到了遏制，因为私战一般是小规模的，涉及扣押或破坏财产，而不是全面的军事行动。然而，随着诸侯将其间接附庸作为代理人多次发起冲突，许多较小的附庸也主动采取行动以保持或扩大他们的自治权，私战的激烈程度和规模都在增加。法兰克尼亚在 1440 年至 1570 年间发生了 278 起贵族私战，其中 1460 年至 1479 年是一个高峰，仅次于这段时期的是 1500 年至 1509 年。普通贵族与诸侯之间的私战比例从第一次高峰期的 40%，上升到第二次高峰期的 53%，而普通贵族之间的私战只占 15%。[86] 大多数私战中会出现恐吓、纵火、抢劫、偷牛和绑架，杀人很少是有预谋的，因为私战的目的是迫使对手公开承认错误，对手的死亡会让私战失去意义。许多和平解决的案例很容易被遗忘。时常被人提起的贪婪"强盗贵族"是从这一时期形成的城市神话，它属于人们对贵族的广泛批判中的一部分。城市居民自己也会发动私战，烧毁村庄，破坏敌对领主的庄稼。此外，贵族的荣誉观念也被其他人所接受，这推动了私战在更广范围内的使用：巴伐利亚的农民和其他平民，在 1450 年至 1500 年间共发动了 258 次私战。[87]

然而，在 15 世纪上半叶，暴力的总体水平确实上升了，当时莱茵地区和德意志西南部的诸侯之间的混战摧毁了 1 200 个村庄。另有 1 500 个村庄在胡斯战争中被毁，这使人们越发从整体上感觉混乱在加剧。[88] 此时还出现了自 13 世纪 40 年代蒙古人大兵压境以来第一次严重的外部威胁，危机感因而被放大。1444—1445 年的法国内战结束后，暂时没有着落的雇佣兵开始骚扰帝国西部边境，随后是勃艮第公爵在 1468 年后的侵略性扩张，以及哈布斯堡家族和法国国王在 1477 年至 1493 年对其继承权的争议。与此同时，在 1444 年最后一次传统形式的十字军运动失败后，"土耳其人的威胁"也在增加。土耳其人在 1469 年对克赖因发动了第一次袭击，而在 1471 年之后，土耳其人几乎每年都袭击施蒂里亚。

与私战一样，这些战争的规模也是空前的。1311 年亨利七世的罗马远征，带着一支 5 000 人的王家军队，与之前五个世纪的部队兵力相仿。到 1483 年，法国君主可以动员 5 万人，而当时哪怕哈布斯堡王朝在匈牙利的战役中也只动员了 1.8 万人。新的战争形式要求有更高比例的纪律严明的雇佣军步兵以正规队形作战。到 16 世纪初，与奥斯曼人作战一年估计要花费 180 万到 360 万弗罗林，而哈布斯堡家族对法国的战争花费甚至更高，在 1530 年到 1550 年间，费用翻了一番，达到每年 540 万弗罗林。[89] 西吉斯蒙德和腓特烈三世偶尔会从他们的直接附庸那里得到大量的一次性付款，但自 1400 年以来，帝国特权产生的年度总收入已低至 2.5 万弗罗林。一些骑士因为没有得到薪水而对腓特烈三世发动私战，他甚至无法避免债权人在 1473 年扣押他的马匹，使他暂时滞留在奥格斯堡。

人们越来越认识到，变革是必要的。其中一个原因是，现在许多敌人是异端（胡斯派）和异教徒（土耳其人），他们对帝国的生存构成了威胁，需要采取实际行动。诸侯也意识到，不停内斗正在破坏他们的权威。他们依靠小贵族和间接附庸来管理土地，并使其作为代理人向对手发动战争。不足为奇的是，他们的臣民发现很难区分收税和抢劫，而且往往认为领地的司法是专制而武断的，因此他们也对诸侯的官员回以私战。[90]

改革提案从 15 世纪初开始以手稿形式流传，这表明政治文化正在暗暗向书面形式逐渐转变。到 15 世纪 40 年代，这些文件变得更长、更详细和更实用。[91] 最著名的是《西吉斯蒙德改革》（Reformatio Sigismundi），1439 年左右它在巴塞尔的教会会议期间出现，并于 1476 年首次印刷，到 1497 年又增加了三个版本。作者至今不详，但该提案与皇帝的关联提高了其知名度。这是此类文本中的第一部德语作品，也是德语中最早的长篇政治论述之一。这通常很难让人理解，因为德语仍然缺乏相应的词汇来讨论这类宪制问题，传统上只会用拉丁语来讨论相关问题。选择德语清楚地表明，这是为了接触更广的受众。这和先前与教宗发生冲突期间产生的文本不同，那些文本只是立场声明，旨在帮助特使参与面对面的谈判。它的具体建议显然带有党派色彩：作者主张废除帝国教会，并将其资源重新分配给骑士，还应通过进一步修改宪制，让骑士免受贪婪的诸侯的侵害。

领导改革

尽管西吉斯蒙德与上述文件有关联，但他被宗教会议、突发的胡斯战争和匈牙利的防务所分心，无法领导改革。[92] 他在 1437 年去世，卢森堡王室的血统就此断绝，王位最终向哈布斯堡家族敞开大门，查理四世在 1364 年就承认他们是有资格的继承人。西吉斯蒙德的女儿伊丽莎白最近与奥地利公爵阿尔布雷希特五世结婚了，这加强了公爵作为唯一候选人的地位。1437—1438 年仅仅过了四个月的空位期，诸侯便同意由他继位，他因此成为国王阿尔布雷希特二世。尽管阿尔布雷希特并不反对改革，但他决心确保自己在波希米亚和匈牙利的继承权。他在当选后从未访问过帝国的核心地区。1439 年在匈牙利作战时，他死于痢疾，当时他只统治了 19 个月，年仅 42 岁。[93]

1440 年，阿尔布雷希特的一个堂弟成为腓特烈三世，尽管他没有出席自己的选举。哈布斯堡家族拥有唯一可用候选人的地位由此得到确认。两年后，腓特烈才离开奥地利，在亚琛加冕为国王，而且在 1444 年至 1471 年间，除了 1452 年去罗马加冕外，他一直待在自己的土地上。因此可以理解为什么有人批评他，说他是"皇家圆头睡帽"，这个双关语既指皇冠，又暗示腓特烈在工作中形同梦游。[94] 事实上，他显然把自己当成了皇帝，因为他选择了"腓特烈三世"作为自己的名号，沿着斯陶芬皇帝的名字排序，而不是根据他自己的哈布斯堡前任"美男子"腓特烈的名字排序，后者是路易四世认可的共治国王。腓特烈还保留了许多前卢森堡王朝的仆佣，但他也遵从了帝国统治的新模式，这要求他在管理帝国其他地区之前先保证自己的土地安然无虞。不幸的是，他面临着来自奥地利和波希米亚贵族的强烈反对，不得不在 1458 年放弃对波希米亚的领土要求，结果在 1461 年至 1463 年间卷入了与他的兄弟阿尔布雷希特六世争夺奥地利的战争，这破坏了那片土地的经济。腓特烈随后被与匈牙利的长期争端所困扰，后者现在拥有了自己的国王，并在 15 世纪 80 年代入侵了奥地利。[95]

文策尔在 1400 年被废黜的经历，以及西吉斯蒙德对萨克森和勃兰登堡头衔的重新分配，共同促使选侯们在 15 世纪 20 年代有了更强的团体认同。选侯们从教会会议中得到启发，在 1438—1439 年已经提议由选侯组成帝国的一个永久性咨询机构。这个建议没有被采纳，但腓特烈对帝国事务明显不感兴趣，选侯们对帝国福祉的责任感却在 15 世纪中期增强。特里尔、波希米亚和美因茨都提交了自己的改革建议，像巴伐利亚公爵这样的王公也从 15 世纪 60 年代开始这样做。伯特尔德·冯·亨内贝格（Berthold von Henneberg）伯爵在 1484 年成为美因茨的选侯后，成为改革的代言人，他利用腓特烈三世希望确保其子马克西米利安被承认为继承人的愿望，迫使其采取更大的改革行动。就如以前的许多美因茨大主教一样，亨内贝格希望巩固他的教区在帝国内的首要地位。然而，他的论点是有分量的，因为他有雄心抱负，要实施可行的改革。[96]

腓特烈三世反对改革，认为改革有可能会正式限制他的特权。他避免了直接对抗，因为如果诸侯拒绝让步，他就会有受辱的危险，相反，他一直在磋商，一直到 1486 年选侯们接受马克西米利安一世为"罗马人的国王",这是110年来第一个在皇帝在世时选择的继承人,也是亨内贝格和其他人真正想与哈布斯堡家族合作的标志。腓特烈于1488年退居林茨,让马克西米利安管理帝国。这为妥协打开了大门,因为马克西米利安现在可以充当诸侯和他父亲之间的调解人。尽管对改革的某些方面心存疑虑,但在1493年腓特烈去世后,马克西米利安仍继续执行这一斡旋政策,他扮演公正的法官,从诸侯提出的各种方案中寻找解决帝国问题的最佳方案。[97]

司法改革

1495年,马克西米利安在帝国议会于沃尔姆斯举行的会议上取得了真正的成功:他将变革视为可行的军事制度和财政援助体系的代价,接受了司法改革。他公布了新的帝国《和平条例》,它与早先的中世纪版本的不同之处在于,它宣称和平是普遍和永恒的。至关重要的是,这巩固了不断发展的地位等级制度,要求所有直辖封地的持有者放弃以暴力作为解决冲突的手段,转而联手对付所有破坏帝国和平的人。这就把间接附庸明确地降为皇帝直接附庸的助手,从而确定了应该如何控制资源,以及由谁来提供资源。1495年新成立的帝国最高法院作为皇帝和帝国的联合最高法院,以司法仲裁取代了私战。马克西米利安将帝国宫廷法院发展为一个单独的法院,该法院只依靠他这个皇帝来解决涉及帝国特权的争端(见第718—726页)。

新的司法体系迫使帝国将长期以来的计划付诸实施,该计划即建立一种区域性的基础结构,来协调和平政策的落实工作。这在鲁道夫一世1287年的"公共和平"设想中首次被提出,并在文策尔1383年的和平规定中再次得到强调。它通过建立被称为"帝国大区"的新区域来解决原有的大型公国消亡的问题,将德意志的直辖封地所有者分组，并确定其集体责任区。与过去的公国不同，帝国大区是集体机构，没有哪位领主作为首脑。这个计划原本只是一个提议，但到了1500年得以实现：较小的封地被归入六个帝国大区，在1512年又增加了四个，以纳入选侯国和哈布斯堡的土地。波希米亚和意大利仍然在这个结构之外。诸侯接受了整组，因为他们意识到，他们较少的资源使他们无法像选侯那样在帝国政治中发挥突出作用，而地区政治则触及他们的直接利益。1507年后的所有帝国立法都将帝国大区确定为执行共同决定的框架，这些决定包括选择帝国最高法院的法官，执行该法院的判决，组织军队和调节汇率等。这些任务促进了它们的发展，迫使它们的成员召开自己的会议，建立自己的惯例和准则，而所有这些都以帝国议会发布的通行法规为指导。[98]

财政改革

自加洛林王朝的敕令以来，没有什么举措用来确定帝国的居民在财政上应该为共同任务贡献什么。中世纪的皇帝保留了帝国土地的登记册，但除此之外，宪章只规定了个别诸侯的义务。为罗马远征而组建的军队得以维持规模，有两个助力因素，一个是贵族施加的压力，另一个是皇帝给人留下深刻印象的愿望。萨利安家族曾在1084年、1114年和1124—1125年尝试普遍征税，但在内战中这样做，立即损害了他们的合法性。虽然他们从帝国城市收到了一些钱，但他们缺乏在其他地方收税的基础结构。同样，腓特烈二世在1241年的全面征税计划也失败了，但他能从帝国城市，特别是在城中作为少数民族的犹太人那里定期收取款项。[99]正如我们所看到的（第407—417页），这并没有什么大问题，因为1230年前后修

（第407—417页）

改确定的封建义务仍能确保有足够的诸侯响应，从而使后来的中世纪国王能够实现真正的目标。

迅速增加的战争成本和规模，迫使帝国面对其附庸"不劳而获"的痼疾，这个问题是由众多诸侯国逃避履行义务或只履行一部分义务造成的。这被证明是改革中最具创新性的方面，因为它迫使有关各方更准确地重新定义他们与帝国的关系。至关重要的是，发生这种情况时，所有相关方都在自己的领土管理过程中迅速接受了以书面形式为手段来调节对外关系。人们很快便同意，原有的帝国土地不可能再恢复，所有封地所有者都应该承担以现金形式上贡的新义务。1422 年，为了打击胡斯派，帝国第一次同意征收国税，但在神职人员和城市的反对声中失败了。1427 年为实现相同目的而推行的另一次征税被证明是比较成功的，这要归功于一位教宗使节的大力支持，他让这次征税得到了神职人员的赞成。到 1429 年末，帝国已经征收了大约 3.8 万弗罗林的税款，但各地的配合程度不一。没有人能在数量如此庞大、社会差异如此显著的人口中完美解决全国征税这个实际的问题。[100]

尽管人们一直都在讨论这个问题，但直到 1495 年帝国议会才将其解决。帝国最高法院的成立迫使与会人员同意由直辖封地的所有者和帝国城市的地方长官征收新的"普遍税"（Common Penny）。最初征收的税款在 1495 年至 1499 年间达到了 13.6 万弗罗林。[101] 1512 年至 1551 年间，又征收了五次普遍税，但注册表制度*正在取而代之，最终成为在帝国和帝国大区的层面上评估各地

---

* 注册表制度（matricular system），根据记录各领地义务的官方登记册（Matrikel），向各领地分配财政负担和军事负担的制度。

共同负担的主要方式。注册表制度于 1422 年引进，在 1480 年之前又被使用了五次，以募集军队和资金来对抗胡斯派和土耳其人。每个直辖领地和帝国城市都有义务提供固定配额的士兵，从 1486 年开始也可以改为缴纳与其月薪等值的现金。这些配额被记录在一个官方登记册中，而 1521 年编制的登记册则成为未来所有评估的基准。[102]

人们倾向于采用注册表制度，因为它使封地所有者和地方官员能够隐藏他们的真实财富。事实证明，最初的普遍税很难征收，因为几乎没有任何领地拥有足够的税收登记册，而这又是由于它们自己就很少直接征税。登记册的准备工作非常耗时，但真正的问题是，它会将个人和社区的财富状况透露给外人。城市特别担心敏感的财务信息会引诱邻国王公侵犯其自治权。配额与实际财富只有松散的联系，因为它们是根据每个封地的名义地位大致降序分配的。例如，从 1486 年起，尽管选侯们财富悬殊，但对他们的评估都是一样的。规定配额还有额外的政治优势，因为登记册中的数额只是一个基本的参考，可以根据情况需要成倍或减额征收。封地所有者和地方长官必须与皇帝会面，以商定拨款的规模和期限，从而使他们也有机会影响拨款的使用。配额通过确定兵力规模来简化军事规划，同时也使皇帝能够更清楚地看到谁在逃避责任。

附庸们负责筹集、装备、训练和维持他们的军队，这确保了帝国的中央官僚机构与西欧君主国相比仍然很小。1495 年，法兰克福的城市司库宣誓成为帝国司库（Reichspfennigmeister），负责接收由封地所有者和地方长官汇来的普遍税款项。这个职位一直是临时性的，仅在帝国议会授权的每次征税行动中发挥作用，直到 1543 年它成为永久性职位。1557 年，法兰克福司库的职责仅限于德意志南部，当时在莱比锡任命了第二名官员来接收来自北部的付款。奥格斯堡和雷根斯堡被确定为额外的"金库地"（Legstädte）。帝国司库的作用在扎哈里亚斯·格兹科弗勒（Zacharias Geizkofler）时期达到了顶峰，他在 16 世纪末将这一职务发展为皇帝的首席银行家和财务顾问。他于 1603 年辞职后，其职责迅速收缩，1713 年设立的新职位"帝国行动基金接管人"取而代之，负责处理维系帝国军队的资金。[103] 1507 年，财政局（Fiskalamt）在施派尔设立，以帮助帝国最高法院起诉那些未能缴纳帝国税款的人，而 1596 年又设立了一个单独的分支机构，以协助帝国宫廷法院在意大利履行同样的职能。[104]

地位等级制度

从王庭会议到帝国议会

帝国将困难的行政任务移交给各地区，这使帝国的改革能够集中于正式确定帝国的集体决策方式。这巩固了它作为一个混合君主国的地位，在这个国家里，皇帝根据日益严格的地位等级制度与帝国各部门分享权力。主要机构是帝国议会，它结合了以前两种独立的议会形式，成为帝国使政策合法化和达成有约束力的协议的主要会议形式。

正如我们所看到的（第 382—384 页），加洛林王朝就会与重要的附庸们举行会议。这些会议现在被称为"宫廷会议"（Hoftage），这是一个 1980 年才发明的术语，用于指代当时的人所理解的御前会议（Curia）或者说宫廷咨询机构，而非指代国会（dieta），后者通常意味着出席者有更大的参与感。[105] 虽然开会的时间和地点是有惯例的，但会议于何时何地召开仍取决于国王，而且没有固定参会成员。封建化导致参与者的范围缩小到高级附庸，到 14 世纪时，只有大约 20 人参加这种集会。但开会相当频繁，在 1314 年至 1410 年间举行了 40 次会议，在 1381 年至 1407 年间还有 15 次是由国王的代表在国王缺席时主持召开的。[106]

另一种形式是由高级诸侯主动举行的会议。其中最古老的是在没有留下公认继承人的国王死后举行的集会。其他所谓的"无王会议"是在 1076 年之后举行的，主要是为了选举"对立国王"（见表 2）。在 1273 年至 1409 年间，选侯们在选举之外还举行了 18 次会议，这反映了他们日益形成的团体身份。西吉斯蒙德在 1424 年正式承认选侯们是"帝国的栋梁"，表明在共同事务上更愿意与他们协商。然而，1480 年后，四个莱茵地区选侯与勃兰登堡、萨克森和波希米亚这些位于其北方和东方的选侯再次出现紧张关系。这些问题使他们不能如愿以偿地垄断与君主分享决策的权利，而将其他人排除在外。[107]

15 世纪 20 年代之后，由于皇帝不愿意亲自出席会议，会议的发展也变得缓慢。尽管政治文化正在加速向书面交流过渡，但参与者仍认为皇帝的缺席会让他们可能达成的任何决定都缺乏合法性，当然，这也正是腓特烈三世经常不出席的原因。然而，要求腓特烈或他的儿子马克西米利安同意改革的压力促使他们在 1471 年后开始参加会议。由于问题日益紧迫，1486 年至 1498 年间召开了 9 次会议。[108] 1495 年在沃尔姆斯举行的会议被与会者广泛认为是一个里程碑，这也是第一场自称为"Reichstag"（帝国议会）的会议。选择这个术语是经过深思熟虑的，表明他们意识到了过去的王庭会议转变成了一种新的机构，将诸侯提供建议和援助的义务转变为分享共同决策的权利。虽然他们仍然是皇帝的附庸，但他们现在也成了"帝国政治体"（Reichsstände），与皇帝共同构成帝国。[109]

频率和地点

在 1500 年至 1518 年间，又举行了 10 次会议，但由于马克西米利安越来越倾向于与关键人物举行更多的非正式会议，因此制度的发展放缓了。在 1521 年至 1532 年的 9 次会议期间，哈布斯堡家族需要诸侯支援他们对抗土耳其人的军事行动，这使得会议重新发展。日益紧张的宗教关系使得帝国议会无法在 1533 年至 1540 年间重新召开，但在 1541 年至 1548 年间又举行了 8 次会议，保障了先前的发展，而这些发展又在 1555 年于奥格斯堡举行的会议上得到了巩固和延伸，《奥格斯堡和约》就是在这次会议中缔结的。[110] 会议长度从 5 周（纽伦堡，1522）到 10 个月（奥格斯堡，1547—1548）不等。

马克西米利安一世时期的会议仍与皇帝的行程有关，他恢复了传统的出巡，以便更充分地与德意志的古老核心地区接触，1486 年至 1518 年间在 15 个地方举行了 20 次会议，包括在并非帝国城市的城镇举行的 4 次会议。[111] 此后，帝国议会总是在帝国城市举行会议，帝国城市有义务为会议提供市政厅。纽伦堡是最受欢迎的地点，举办了 15 次会议。其次是雷根斯堡，举办了 14 次，比其他城市多出一些。由于纽伦堡日益拥护新教，哈布斯堡家族常去雷根斯堡开会，从维也纳沿多瑙河去雷根斯堡也比较方便。1594 年后，除了 1742—1744 年查理七世曾短暂将会议地点改为法兰克福外，所有会议都在雷根斯堡召开。在欧洲，只有神圣罗马帝国在首都以外的地方召开代表大会，这有助于将君主宫廷的仪式职能及代表职能永久地和臣民及下属与他展开的正式政治谈判脱离关系。

代表的形式

与中世纪的议会不同，帝国议会在 1521 年固定了成员资格。事实证明，这是决定地位等级的根本。这与欧洲几乎所有其他的议会形成了另一个重要的对比。在欧洲其他议会中，代表权与政治体挂钩，如领主、神职人员和公职人员通常在不同的"议院"开会。而帝国的代表权则来自封建义务的正式化，因此与拥有帝国直辖封地有关。决定性的因素是封地所有者和城市地方长官准备在多大程度上接受注册表制度所带来的新负担。这些负担可能是相当大的。在 1486 年的评估中，吕贝克分到的税额比它以前作为帝国城市向皇帝缴纳的税额高四倍到六倍。吕贝克选择了接受这一点，所以被邀请参加以后的会议，其代表因而能够宣称吕贝克获得了新的地位，成了帝国政治体。相比之下，特里尔一开始经常受到邀请，因为它是一个富有的大城市，但它拒绝做出更多贡献，导致它后来被排除在外。1480 年至 1520 年间的发展速度并不明显，许多参与其中的人并不了解拒绝的后果。然而，到了 1521 年，事态就很明显了，接受官方施加的负担可以换来帝国议会中的代表权和直辖地位，而拒绝接受则相当于抛弃了前者，危及了后者。在特里尔的例子中，大主教以该市拒绝了新增的负担为借口，提出它已不再"自由"，而是直接从属于他，因此应该协助他支付选侯上缴帝国的税款。

征税方法进一步加强了等级制度。1427 年，直辖领地的所有者和地方长官已经被定为征税人，而从 1475 年开始，他们还获准从其臣民那里获取补偿。1507 年出台的安排进一步明确了这一点，要求间接附庸和臣民向直辖领主付款，而直辖领主再将钱汇给帝国司库。最后，1543 年的帝国议会免除了诸侯的个人支付义务。[112]

除了等级制度外，帝国议会还将帝国政治体划分为选侯、诸侯和城市三个团体（机构），反映了帝国社会中的联合性和团体性因素。宗教方面的划分使帝国政治体在 16 世纪 20 年代增加了两类，即新教徒和天主教徒这两种宗教团体，其成员在另外三个地位群体中都有分布。成员资格由帝国封地的地位决定，因此，拥有一种以上封地的家族可能有多个代表。选侯团体和诸侯团体还被细分为世俗席位和教会席位，这意味着神职人员并不在一个单独的议院中开会，而是按等级划分，三个教会选侯在一个团体中，其他可与世俗诸侯坐在一起的教会诸侯在另一个团体中。

团体主义在选侯中最为强大，他们的团体是最小的，也是最古老的。早在 1424 年，七位选侯就同意不再接纳其他成员，而是保持对所有其他诸侯的排他性优势。然而，他们对自己在内部的排名仍然保持着敏锐的认识，其次序在 1356 年就已经确定了，并且在这一时期经常展示在印刷品中：皇帝在中间，三个级别较高的教会选侯位于其右侧，其中美因茨大主教最接近皇帝，然后是科隆大主教，最后是特里尔大主教，而四个世俗选侯则在皇帝左边，由近及远分别为波希米亚选侯、普法尔茨选侯、萨克森选侯和勃兰登堡选侯。尽管他们决心将其他人排除在外，但选侯们不得不接受哈布斯堡家族强加的改变。首先，韦廷家族的埃内斯特分支因为领导新教的施马尔卡尔登联盟而受到惩罚，将萨克森选侯的头衔转给了阿尔布雷希特分支的亲戚，后者在 1547 年支持了查理五世。巴伐利亚的维特尔斯巴赫家族在三十年战争期间的 1623 年于类似的情况下获得了普法尔茨选侯的头衔，不过普法尔茨在 1648 年得到了一个新的选侯头衔作为补偿，排行第八。与此同时，波希米亚选侯的地位被暂时剥夺，这使选侯的数量保持在原来的七人，并确保在皇帝选举中不可能出现平票的情况。利奥波德一世在1692年又给卡伦贝格（汉诺威）公爵颁发了排行第九的新选侯头衔，这引起了其他历史悠久的诸侯的愤怒，如黑森、符腾堡、哥达以及不伦瑞克的邦君，他们都感到自己被忽视了。[113]哈布斯堡家族巧妙地操纵了诸侯的竞争，不仅使汉诺威的新头衔得到了承认，还在1708年重新承认了波希米亚的选侯国地位，确保选侯的数量保持为奇数。普法尔茨在1778年继承巴伐利亚时，恢复了原来排行第五的头衔，而排行第八的头衔则被放弃了。后来的调整大致发生于1803—1806年，属于帝国即将覆灭之际重新调整的一部分（表6）。

表6　选侯团的变化

时间	加入	离开
1547	萨克森阿尔布雷希特分支	萨克森埃内斯特分支
1623	巴伐利亚（排行第五）	普法尔茨
1648	普法尔茨（新设头衔，排行第八）	波希米亚（暂时取消选侯资格）
1692	汉诺威（1708年得到认可）	
1708	波希米亚（重新得到认可）	
1778	普法尔茨（恢复排行第五的头衔）	巴伐利亚（作为排行第八的头衔）
1803	萨尔茨堡 符腾堡 黑森-卡塞尔 巴登	美因茨（头衔移交给大书记官） 科隆＋特里尔（取消头衔）
1805	维尔茨堡*	萨尔茨堡（头衔移交给维尔茨堡）

*作为一个新的世俗大公国

诸侯一直对选侯们的显赫地位感到不满。早在 1498 年，下巴伐利亚的格奥尔格公爵就曾成功地领导其他邦君，迫使选侯们降低他们在大厅尽头的座位的高度，这样他们坐的位置就不会比诸侯高太多。城市的地位甚至更加低下，因为他们的代表总是平民，只能待在大厅的后部，在部分程序中不得不站着，而其他人仍然坐着。[114]

在 1521 年的登记册上所罗列的 402 个封地和城市中，只有 281 个实际参加了帝国议会。其他封地由于不愿意或无力承担相关的财政和军事负担，已经陷入了间接附庸的状态（表 7）。在众多的小型教会领地和世俗领地中，这种情况最为严重，它们不得不分享"集体投票权"（Kurialstimmen），而不是行使完整的"独立投票权"（Virilstimmen）。有六位高级教士"转投瑞士"，离开帝国政治体系而加入瑞士联邦，其中包括艾恩西德伦（Einsiedeln）和圣加仑的修道院院长，而其他高级教士最终只获得了两张票，一张在 1575 年交与士瓦本人，一张在 1654 年发给被统一归为"莱茵人"的所有其他人。他们的票数保持稳定，只有少数"晋升"为诸侯级别的修道院院长或主教，得到了独立投票权。在 1521 年列出的 143 位伯爵中，有三分之二后来消失了，其中一半是由于家族绝嗣或继承人将其领地出售给另一位伯爵。只有 8 个伯爵被提升为诸侯地位，但新伯爵却有大约 50 个，主要是通过哈布斯堡家族将帝国头衔授予他们自己的忠诚贵族而产生的。[115] 其中的大多数仍然是没有代表权的虚衔伯爵，尽管有几个人像考尼茨家族一样购买或继承了伯国或帝国骑士的封地。士瓦本和韦特劳伯爵在 1500 年已经组织得很好，很快就获得了投票权，而人数最少的法兰克尼亚人在 1640 年获得了投票资格，威斯特伐利亚人则要等到 1654 年才被最终承认有权投票。[116]

表 7 1521 年帝国议会参与率

地位群体	1521 年登记册上的人数	实际参加人数
选侯	7	7[*]
教会诸侯	51	45
世俗诸侯	32	29
高级教士	83	48
伯爵	143	93
帝国城市	86	59
总计	402	281

[*]胡斯战争后，波希米亚的投票权事实上被暂时取消，直到 1526 年哈布斯堡王朝获得该王国才恢复

　　教会诸侯的代表权随着 15 世纪领地化在实际意义上的终结而稳定下来，因为他们既没有获得额外的领地，也没有分割已有的领地。1802 年之前的变化仅限于 1555 年和 1648 年批准的两波世俗化浪潮，前者确认了在宗教改革前已经开始的一些主教区的间接附庸化[*]，而后者则将八个高级教会领地及其相关的全部投票权直接转让给世俗诸侯。经过进一步的间接附庸化以后，城市票只出现了小幅减少。高级世俗领主阶层的投票权经历了更大的波动，直到 1582 年帝国议会将帝国政治体的地位与特定的封地永久绑定。从此以后，这种地位不会随着诸侯家族的灭亡而消失，分封也不能产生额外的票。[117]

　　如果在得到承认的情况下获得其他封地，或者皇帝将一个伯国提升为诸侯级别的领地，那就仍然有可能积累票数。与选侯团体一

----

*　间接附庸化（mediatization），丧失直辖的地位，通常是因为被其他领地吞并。

样，既有的诸侯试图阻止新成员加入，来保持团体的排他性。在1582年至1806年间，皇帝仍然可以自由地授予头衔，有160人被提升为帝国诸侯。然而，要想获得帝国政治体的地位，现在显然需要拥有一块具备相应资格的封地。在1579年至1623年间晋升为诸侯的五位伯爵中，只有阿伦贝格（Arenberg）获得了完整的诸侯票。在1623年之后设立的15个新诸侯中，有13个在1654年获得了完整的投票权，但同时帝国议会迫使皇帝同意，以后再把伯爵提拔到诸侯级别需要得到诸侯团的同意。此后，只有8个新的诸侯获得了完整投票权，而且他们往往要等上几十年，比如列支敦士登在1715年才获准进入诸侯行列，而23个名义上的诸侯在18世纪末仍然坐在伯爵席上，因为他们的封地还没有升至诸侯级别。[118]

权力的僵化和集中

我之所以在这里用如此多的篇幅来讨论帝国的地位等级，一个原因是想展示它在18世纪末仍然存在和日益僵化，另一个原因是想强调正式的结构与领地的权力分配不相称。大多数关于帝国的一般性讨论都将帝国政治体与"领地"混为一谈，根据帝国议会投票的正式登记册来列举后者，认为大约有300个。其实正式的结构是以帝国政治体为基础的，而且它从未被视同"领地"。后者是通过诸侯积累自己手中的封地而发展起来的，这些统治者逐渐发展了自己的行政结构，突破了旧日的封建管辖范围。然而，他们从未取消过封地间正式的区别，因为他们的地位和代表权取决于这些区别，而不是他们的"领地"。与世俗诸国相比，帝国教会内部的实际权力分配与正式结构的关系更为紧密，因为教会领地永远不可能被永久合并。大主教或主教个人可以通过拥有一个以上的教区来获得两张票或更多的票，但这始终是一种纯粹个人层面的整合，而非将相应的封地合并为单一的领地。相比之下。哈布斯堡家族、霍亨索伦家族、韦尔夫家族、维特尔斯巴赫家族、韦廷家族和其他王公贵族发展出了永久性领地，在正式的结构中集合了各种级别的代表。

到 1792 年，8 位选侯拥有 24 张诸侯票，其中哈布斯堡家族拥有 1 张选侯票（波希米亚）和 3 张诸侯票（奥地利、勃艮第、诺梅尼），而丹麦国王和瑞典国王各拥有 1 张诸侯票。像黑森、巴登和符腾堡这样的 12 个老牌诸侯家族共拥有 25 张诸侯票，而 12 个新的诸侯家族拥有 13 张（拿骚拥有 2 张）。这与帝国教会票的均匀分布形成了鲜明的对比，此时 3 位教会选侯除自身驻地外还拥有 6 个主教区，而其他 18 位大主教和主教共拥有 24 个教区的全票。伯国有 99 个，但其中许多是由选侯或诸侯掌控的。因此，大部分土地和正式代表权都集中于奥地利和普鲁士以及其他 6 位选侯和 13 个诸侯家族之手，他们拥有帝国 81% 的土地，以及所有选侯票和 100 张诸侯票中的 56 张票。这些土地组成了两块大型领地（奥地利、普鲁士）和大约 23 块中型领地。帝国另外 16.4% 的土地被 151 位教会领主和世俗领主所瓜分，这些领主通常不及诸侯的地位。即使在这个级别上，3 位新的世俗诸侯、1 位大主教和 12 位主教也占有这些领地的一半以上。帝国剩余的 2.6% 的土地被 51 个帝国城市（其中只有 45 个城市仍在向帝国议会派遣代表）和 400 个帝国骑士家族瓜分，这些帝国骑士被排除在帝国的所有代表机构之外（表 8）。

表8 1792年各邦的领地和正式地位

地位群体	家族分支	享有土地（%）	帝国议会票数
奥地利	1	31.4	1张选侯票，3张诸侯票，2张分享票
普鲁士	1	19.2	1张选侯票，8张诸侯票，1张伯爵分享票
丹麦	1	1.2	1张诸侯票
瑞典	1	0.7	1张诸侯票
3位世俗选侯*	3	17.6	3张选侯票，15张或16张诸侯票，1张伯爵分享票
12位老诸侯	17	9.1	25张诸侯票
12位新诸侯	15	1.8	13张诸侯票
48位伯爵	72	2.9	4张伯爵分享票
3位教会选侯	—	3.6	3张选侯票
30位教会诸侯	—	9.1	30张诸侯票
40位高级教士	—	0.8	2张高级教士分享票
51座帝国城市	—	1.1	51张城市票
400个骑士家族	—	1.5	—
3个帝国村庄	—	—	—

*萨克森、普法尔茨-巴伐利亚、汉诺威

帝国大区议会

帝国大区的发展催生了第二种代表权（一种区域性的代表权），因为到了16世纪中期，帝国大区不断增加的责任要求其成员经常开会。帝国大区政治体的地位总是比帝国政治体的准入范围更宽，这就确保了在"帝国大区议会"*中，封地代表比在帝国

---

* 帝国大区议会（Kreistag），由同一帝国大区的成员组成，商讨他们共同关心的问题。

议会中更多。议会反映了每个帝国大区不同的构成和地区政治。巴伐利亚的帝国大区议会是全体出席会议的统一机构，而士瓦本的帝国大区议会最初只有三个席位，在小型教会领地和世俗领地获准拥有全票后，又增加了两个席位——这与它们在帝国议会中的边缘化形成鲜明对比。议会的成员资格不断变化，这主要是因为它准许伯爵加入，这些伯爵从帝国议会中没有代表的小领主那里获得了选票。皇帝不能要求一个帝国大区接纳新成员。身份的排他性在这一层次也起了作用，但一般来说，现有的成员愿意接纳新成员，因为这可以让更多的人来承受共同负担。威斯特伐利亚就在1667年至1786年间接纳了五个新成员。

南部和西部的帝国大区是最有活力的，这既是因为法国的威胁，也是因为它们有最大的成员。它们依靠帝国大区议会来解决争端、维护和平、保障安全和组织防御。18世纪的法兰克尼亚有23个有资格的领地和城市，但有33个实际成员，因为几个小规模的伯国和领地由不同的诸侯分享。从1517年到1791年，它的帝国大区议会召开了322次会议，一直保持着常设会议，直到1806年解散。巴伐利亚的实质性权力被更多的小成员所平衡，他们在巴伐利亚的帝国大区议会中都有全票，该议会在1521年至1793年间召开了85次会议。下萨克森和上萨克森的帝国大区议会由汉诺威、勃兰登堡和萨克森主导，尽管其他形式的协商仍在继续，但它们的帝国大区议会在1682—1683年之后不再召开会议。[119]

帝国议会和帝国大区议会是更广泛的代表制文化中的主要形式，这种文化在16世纪还产生了其他形式。帝国大区议会可以作为帝国大区全体议会（Reichskreistag）一起开会，而它们和帝国议会都发展出委员会的结构来处理具体的司法、军事和财政事务。

1555 年后，帝国议会的委员会改组为更加正式的帝国代表团*。选侯们享有无可争议的自行组织会议的权利，一直到 17 世纪中期还在召开自己的大会，但 1663 年帝国议会永久化后，其他的议会形式就变得多余了（见第 509—512 页）。

帝国议会程序

皇帝拥有提案权，因此他可以通过提出有待讨论的议案来召集帝国议会。在实践中，帝国政治体可以向三个团体的领导者申请将项目列入议程，甚至连个人都可以这样做。[120] 每个团体都在一个单独的房间里辩论，通过一个被称为"并联"（correlation）的过程定期磋商，目的是达成共识，然后以"建议"（Reichsgutachten）的形式提交给皇帝批准。在实践中，代表们经常在会议厅外单独会面。皇帝可以自由否决一项建议，要求进一步辩论，或将其作为一项完整的"决议"（Reichsschluß）予以批准，并将其纳入每届帝国议会结束时发布的"纪要"†。

每个团体都在内部各自发展出了多数通过原则，首先是选侯们，城市团体在 1471 年跟进，而到了 1495 年，在马克西米利安的建议之下，所有决定都采用了这个原则。然而，做出决定往往是艰

---

* 帝国代表团（Reichsdeputation），帝国议会选出的讨论重要事务的帝国代表议事会或特别常设委员会。普通的（ordentliche）帝国代表团是根据《和平条例》设立的，以在帝国议会闭会期间监督帝国司法和其他措施的运作。1663 年帝国议会永久化后，它实际上就被取代了。帝国仍会选出特别代表来讨论其他事务，例如 1801—1803 年重新分配领地的事宜。
† "纪要"（Reichsabschluß），会议的总结文件，其中会列出会上决定的所有协议和立法。

难的，因为每个团体都遵循一种被称为"问询"*的做法，按照严格的等级顺序邀请每个成员对帝国的议案做出回应。只说"同意"或"不同意"是不允许的；每个成员都必须发表意见，而这些意见往往很长，或故意含糊不清。议会没有用举手表决或其他的方法来精确计数。相反，团体的主导者在确定何为多数意见时有一定的判断余地。并联的过程也缺乏明确的规则，这主要是因为总体的多数意见不是直接通过所有三个团体的票数相加来决定的。尽管《威斯特伐利亚和约》（1648）确认了城市团体有权参与并联，但选侯和诸侯只在彼此达成一致后才会咨询城市团体的意见，这导致城市团体处于不利地位。

在 1424 年纽伦堡议会举行的会议上，各方同意，最终的决议对于那些没有出席的人也是有约束力的，后来帝国议会和帝国大区议会也接受了这个主张。这条规则必须得反复强调，特别是在1512 年，因为它打破了先前的惯例，即允许领主通过缺席或提前离席来表达他们的歧见。由于议会坚持这一规则，一种新形式的拖延战术出现了，而政治文化从现场参与到书面交流的转变也促进了这种战术的发展。教会领主与世俗领主仍然应该亲自到场，而帝国城市作为社区，在 15 世纪就已经派代表带着书面指示出席。同样，帝国的女修道院院长出于性别原因也不能亲自出席，必须指派一名男性官员。间接代表为"走过场"（Hintersichbringen）打开了方便之门，这指的是代表以指示不充分为由，宣称需要重新请示缺席的主人，这使帝国政治体能够在不公开反对的情况下回避尴尬的问

---

* "问询"（Umfrage），在帝国议会和帝国大区议会中按照事先定好的顺序发表意见，发言次序由成员的正式地位决定。

题。这种做法在 1495 年已经受到了批评，当时人们心照不宣地同意只有真正重要的问题可以破例。现在，帝国的议案通常会提前公布，以迫使各个政治体提供有效的指示。然而，代表们仍然要对主人负责，而不像帝国最高法院的法官那样宣誓忠于法院这种机构，而且如果在帝国议会召开期间情况有变（这很常见），重新请示主人仍然是合理的。

这些做法有助于解释帝国的政治发展为何步伐缓慢，而后世往往很快就对此加以谴责。帝国议会和帝国大区议会的主要职能是让政治行动合法化。帝国改革创造了大量记录在案的决议和先例，将过去往往只是习俗的规则转化为成文法，但这些成文法尚未形成体系，而且可能会引发一些争论。[121] 参与者关心的是找到共同行动的"正确"基础，因为这有助于更有效地让人服从决定。有一种趋势是让棘手的问题久拖不决，让时间来沉淀不同的观点，而不是强行做出决定，冒险制造分裂。与司法一样，帝国的政治更多是管理而不是解决问题，并且在许多方面比其他国家采用的方法更现实，也更人道。与后来一些制度的做法相比，它不一定就不那么"现代"：例如，将困难的事务转交可能被特殊利益集团把持的委员会来处理，正是当代美国政治的特征。与美国国会一样，帝国议会也是一个政治舞台，这里提供的机会可以让人向范围更广的公众发表讲话，号召人们支持自己，使原本只是意见和主张的观点得到法律的认可。

出席与地位

帝国议会出席形式的变化是帝国政治文化从中世纪到近代早期的宏观转变中最明显的表现之一。1474 年 5 月，皇帝腓特烈三世身穿全套皇袍，手持一把出鞘的"正义之剑"，出现在奥格斯堡的王庭会议上，宣布了谴责普法尔茨选侯破坏和平的判决。[122] 1653年之前，皇帝或其男性近亲通常至少会参加每一届帝国议会的开幕式。1664年，也就是"永久性"的帝国议会开幕的一年之后，利奥波德一世本人来到了雷根斯堡的会议现场。此后，皇帝由一个被称为"首席委员"（principal commissar）的官员代表。在1663年至1806年间，担任这一职务的13人中有4人是主教，其他人都是世俗诸侯，通常来自"新贵"家族。首席委员们拥有众多的工作人员，以体现出他们作为皇帝代表的地位。最后一位首席委员是卡尔·亚历山大·冯·图恩-塔克西斯，他于1806年在307人的陪同下出席，而其他大多数代表只有10人左右的随从规模。[123]

在15世纪，诸侯的出席情况已经很不理想。即使是在1471年出席者众多的议会上，81位被邀请的诸侯中仍有36位没有出现，而89个城市中有37个没有派代表出席。六七十位诸侯中差不多只有15位至30位出席了15世纪80年代至16世纪50年代的帝国议会。[124] 教派的紧张关系导致新教徒从16世纪20年代不再出席，这表明以前通过缺席来表达歧见的做法依旧存在。然而，帝国议会太重要了，不能被忽视，因此缺席者现在改派代表参加。虽然1608年的会议因普法尔茨选侯故意为之的退场而被打乱，但所有新教诸侯都派代表参加了1613年的下一次会议，黑森-达姆施塔特和普法尔茨-诺伊堡信奉路德宗而亲帝国的统治者更是亲自出席了会议。[125] 实际情况也促使领主们改为派代表出席。亲自参加会议既要破费又不方便，而且现在帝国议会的开会时间比中世纪要长得多了。人们已普遍承认书面交流是有效的，帝国邮政服务也越发可靠，这都促使领主们转而依赖代表。

帝国向新的代表形式转变，增加了人们对帝国的普遍认同，因为议会的讨论和决定通过书面形式和印刷材料触及了更多的受众，这与中世纪的王庭会议形成鲜明对比，后者通常是事先已私下里达成一致意见，随后少数参与者以仪式化的方式将其公之于众（见第382—384页）。然而，与相对宽松的程序规则相比，书面文件更精确地固定了领主的地位。封建化确定了不同的地位群体，而注册表现在按顺序排列每个成员。在会议室里，"问询"的做法便体现了这一点。到15世纪80年代，排名顺序已经僵化，但尽管有大量的名单、协议和其他文件，复杂的封建秩序和制度秩序仍无法整齐地分类。帝国议会和帝国大区议会的代表权的不同特点造成了不规则的现象，不过留下记录的错误为日后的改变提供了论据。这加速了亲自到场这种政治文化的消失，因为总是缺席和假装地位争端不存在往往更容易。[126]

因此，帝国议会和帝国大区议会展示了近代早期帝国的基本悖论。它们以公认的程序、书面记录和公布结果等"现代"做法形成体制，但它们的发展却伴随着对"旧习俗"（Alte Herkommen）的呼吁，以维护基于过去先例的特权和豁免权。[127]以前的学术研究自然对此持负面评价，认为哈布斯堡王朝和诸侯之间的二元对立使改革陷入僵局，因此到1555年时，发展只是"部分现代化"。[128]这种批评有一定的道理。更精确地固定地位秩序的尝试，只是使其差异更加明显罢了。例如，勃兰登堡和波美拉尼亚都坚持使用波美拉尼亚的公爵头衔和纹章。洛林被记录在注册表上，但从未上缴过费用，而且还是法国国王的附庸。帝国的政治文化依靠的是接受而不是合理化这些反常现象。不过，随着时间的推移，众多不一致产生的摩擦为不遵守规定提供了借口，阻碍了集体行动。出于这个原因，我们不应误认为地位争端是微不足道的。然而，它们一直持续到最后，使认为帝国停滞不前的传统解释变得站不住脚，因为这些问题仍然很重要。它们也没有让工作变得更轻松。在1471年的会议上，即使是所谓"昏昏欲睡的"腓特烈三世也在辩论中坚持了12个小时，没有进食和饮水。会议经常从凌晨4点开始，一直持续到晚上。1663年后，帝国议会成为永久性的，因此正式工作日得以缩短，但代表们在这些时间之外仍然忙于非正式谈判、通信以及今天所说的"公共关系"，如招待外交官和撰写待发表的备忘录。[129] 正如我们将要看到的（第512—539页），这些行动带来了真正的转变，帝国政治从象征性的姿态，如下令反对亵渎或不公正，转向对国防、犯罪、宗教争议和经济事务的具体行动。

此外，帝国议会和帝国大区议会的职权范围比欧洲大多数其他议会要广泛得多，后者只限于讨论君主的政策，以及决定在多大程度上用税收来支持这些政策。而帝国的机构除了这些任务外还要解决政策如何实施，包括制定军事条例、确定汇率和编纂法典等专业任务。[130] 事实证明，它们足以抵消宗教改革带来的冲击，而不会像法国和尼德兰那样出现暴力。尽管无法阻止波希米亚起义（这场起义导致了1618年至1648年间一场毁灭性的内战），但同一框架最终仍然提供了解决冲突和稳定帝国的手段。

尽管如此，帝国在16世纪中叶以后只是调整了已有的机构，而没有发展新的机构。它没能将治理的合法性与政治权力结合起来，形成一个现代政府。相反，权力和合法性仍然是分开的。皇帝、帝国议会和其他机构仍然被认为是合法的，但缺乏执行决策的手段，这导致一些历史学家将帝国归类为"政治制度"而非国家。[131] 然而，另一些人则注意到帝国发展的互补性，这种互补性随着帝国的改革而更加明显。[132] 领地的发展不是为了反对皇帝，而是作为帝国整体演变的一部分。帝国改革不是要取代这些领地，而是将它们纳入帝国的基础结构。因此，帝国机构的作用是找到共同的政策并使之合法化，而领地管理部门则执行这些政策。这个系统是团结一致的，因为没有任何元素可以完全不需要其他元素。下一章的任务是了解这些机构在哈布斯堡帝国统治的三个世纪中是如何运作的。

第九章

王朝

王朝统治

王朝统治而非二元政治

帝国的改革重新平衡了帝国的管理，以适应将领地作为帝国和诸侯权力的基础。进入 16 世纪后，帝国仍然处于欧洲政治、文化和经济活动的中心。它的灵活性和创造性使它在近代早期欧洲的两个最大挑战中幸存下来：宗教改革和三十年战争。同时，这个时代也见证了查理五世的登基，他是一位真正的全欧洲的君主，可以说是继查理大帝之后，最令人难忘的神圣罗马帝国皇帝。查理在1519 年当选为皇帝之前，已经统治西班牙三年了。在他的统治下，植根于欧洲中世纪历史的神圣罗马帝国，和西班牙不断扩张的殖民帝国同时存在，暗示了欧洲未来的全球主导地位。查理在 1556 年决定分割他的财产，并回到西班牙隐居去世，这两个行动似乎标志着一个时代的结束。这当然是许多历史学家选择的表述方式，他们把后来的欧洲历史写成民族国家的历史，其中许多国家拥有欧洲以外的殖民帝国。神圣罗马帝国在这种叙述中几乎消失了，充其量只是作为哈布斯堡奥地利的德意志附属品，在 1648 年之后则成为奥

第九章　王朝　　485

地利与崛起的普鲁士霍亨索伦王朝之间竞争的被动棋子。

这种标准的叙述方式从双重二元的角度来讨论帝国的治理。皇帝与作为帝国政治体的诸侯在"国家层面"上的紧张关系，据说在每个领地内都有类似的冲突与之对应，冲突双方是领主与他的领地政治体，这些政治体由中层的贵族、城镇（有时）还有神职人员的代表组成。[1]一般认为领地层面的二元对立随着1648年君主专制主义的胜利而告终，这在普鲁士历史上是值得庆祝的，因为它使霍亨索伦家族成功崛起，最终在德意志取代了哈布斯堡王朝。这种观点还认为日益增长的诸侯权力推动了诸侯摆脱帝国的控制，到18世纪中叶（如果不是更早的话）会让帝国的职务和正式结构完全失去意义。

这种标准的叙述反映了其根源于一些传统观念，这些观念认为国家建构是一个中央集权的过程，通常归功于充满远见卓识的英雄般的君主和政治家。前面的章节已经确定，这种观点严重地过度简化和扭曲了帝国更丰富的政治发展。同样，人们普遍将18世纪的政治理解为奥地利与普鲁士双强争霸，忽视了较小的领地共同构成的更大的"第三德意志"，也低估了帝国宪制作为一个共同框架的持续意义——这一点本章最后一节将再次提及。二元论更适用于哈布斯堡家族，他们在1683年至1718年间再次快速扩张领土——我同样将在下文中进行探讨——将其世袭土地扩展为第二个王朝-领地帝国，这个帝国只有一部分与神圣罗马帝国重叠。哈布斯堡王朝资源的增加暴露了另一重二元性：宪制和真正权力的实际分配之间的差异越来越大。然而，正如我们在这里和将要在第十二章最后一节看到的，这并没有使正式的结构完全失去意义。恰恰相反，地位等级仍然非常重要，这一点在关于皇帝头衔的讨论中已经表明（见第 169—174 页）。真正的问题是，似乎没有人能够让正式的宪政秩序和当时的政治重新吻合。

强调二元论的解释突出紧张和差异。通常的判断是，领地化不可避免地将帝国从一个松散的君主国推向一个诸侯国的联邦。在16 世纪 40 年代和 17 世纪 20 年代，哈布斯堡家族未能重新建立更强大的君主体制，据称他们对帝国本身失去了兴趣，只想利用帝国提供的人员和可供榨取的钱财以满足自己的目的。这种观点忽略了不同时期的重要连续性，也低估了地位等级制度中的所有元素如何保持在共同的政治文化中。这种共性的存在不应该使我们对帝国的严重问题视而不见，但这些共性有助于解释为什么帝国能在更广泛的变化中发挥作用，以及为什么它对其居民仍有意义。

王朝统治也许是近代早期帝国政治中最普遍的做法之一。在这一点上，帝国治理最引人注目的方面之一是王室空前的连续性。从1254 年到 1437 年间，有 11 个家族的 16 位国王和对立国王，而只有一次儿子继承其父之位（1378）。从 1438 年起，不再有对立国王，在此后的 18 位君主中，除了一位（查理七世，1742—1745 年在位）之外，其他所有君主都来自哈布斯堡家族。哈布斯堡家族的统治时间不仅比以往任何一个皇室（斯陶芬家族，116 年）都要长近三倍，而且现在有了更大的延续性，有八次儿子直接继承其父皇位，另外还有四次是在位的兄长过早去世后，由弟弟继承。堂弟或侄子的继承，在中世纪颇为常见，但如今只有两次（腓特烈三世继承阿尔布雷希特二世，和斐迪南二世继承马蒂亚斯）。而 1745 年哈布斯堡帝国统治的恢复则是通过近代早期的一项创新，即通过女性世系延续王朝来实现的，当时玛丽亚·特蕾莎的丈夫、前洛林公爵弗朗茨一世当选为皇帝。

继承的政治

更大的连续性源于社会接受将长子继承权作为帝国社会各阶层继承的主要形式。正如我们所看到的（见第 407—423 页），长子继承权通过附庸的封建化得到了鼓励，并在 1158 年得到了"红胡子"腓特烈一世的明确认可，然后在 1356 年得到世俗选侯团的承认。然而，我们已经注意到（见第 435—437 页），该制度得到认可的速度很慢，而且分封制继续实行，通过在亲属之间划分土地，缓解了统治非毗连土地的问题。这也为长子以外的儿子们提供了机会，改善了他们的婚姻前景，从而缓解了家庭的紧张关系。在王公家族内部，所有成员继续分享直辖的地位。从 12 世纪末开始，罗马民法的传播加强了这一点，因为妻子们获得了丈夫的地位，并获得了维持这种地位所需的手段，包括在守寡期间。宗教改革不仅提高了婚姻在整个社会中的重要性，而且鼓励新教诸侯回归《旧约》的传统。作为家庭的家长，父亲承载的期望是为所有孩子都提供生计。1654 年，哥达的"虔诚者"恩斯特公爵以这些理由明确拒绝了长子继承权。[2]

恩斯特家族是相对较晚仍然采用分割继承方式的例子。许多家族在 13 世纪和 15 世纪之间就采用了长子继承制，即使他们后来暂时中止了这一制度，或出现了例外。它不是作为一种"现代化"措施被采用的，而是作为对中世纪晚期帝国政治的一种实际回应，显示了保留大块领地的优势。此外，重要的间接附庸和臣民越来越多地游说反对分封，以保持税收基础和限制诸侯的债务；例如，符腾堡伯爵在 1473 年被迫放弃了计划中的分封。至关重要的是，贵族家庭可以采取王朝统治所要求的更严格的家庭纪律，因为长子之外的儿子们和未婚的女儿们仍可被送去帝国教会。这就解释了为什

1. 双剑论。圣彼得向教宗利奥三世赐予披带，向查理大帝赐予旗帜（拉特兰宫）。

2. 阿尔布雷希特·丢勒于约1512年描绘的查理大帝画像，他戴着皇帝冠冕，手持剑和权杖。

3. 拿破仑在亚琛查理大帝的皇冠和石座前沉思。事实上，真正的皇冠已经被奥地利人转移走了（19世纪末的绘画）。

4.　加洛林王朝的军队围攻城镇（9世纪的手稿）。

5. 1077 年的卡诺萨之行。亨利四世跪在托斯卡纳的玛蒂尔达面前，请求她的调停，而克吕尼修道院院长休从左侧看过来。

6. "条顿之怒"。在 1312 年亨利七世的罗马远征中，特里尔大主教巴尔杜因劈开了一个意大利敌人的头骨。

7. 最后一次教宗为皇帝加冕的仪式。查理五世和克雷芒七世于1530年在博洛尼亚举行加冕仪式的游行。

8. 米赫尔贝格战役的胜利者查理五世，1547年，由提香创作。画像中的盔甲被保存在马德里的宫中。

9. 对帝国的认同。一个犹太手工匠在 1700 年左右制作的包，上面绣着帝国之鹰。

10. 查理五世站立在赫拉克勒斯之柱和装饰有哈布斯堡金羊毛勋章的帝国之鹰的中间，约 1532 年。

11. 查理六世指着查理大帝的皇冠，表明帝国在 18 世纪对哈布斯堡家族仍然很重要。

12. 1764 年在法兰克福举行的约瑟夫二世加冕为"罗马人的国王"的宴会。请注意那些未能亲自出席的诸侯的席位设置。

13. 在 1764 年约瑟夫二世的加冕仪式上举行仪式的三位教会选侯。

14. 1832 年，奥地利皇帝弗朗茨二世的画像，他头上戴着 1602 年为鲁道夫二世制作的哈布斯堡帝国皇冠。

15. 代表斯拉夫人、日耳曼人、高卢人和罗马人的人像向奥托三世皇帝表示敬意。

16. 地方和帝国之间的联系。三位萨利安君主按照顺序站立在下方对应的一排圣埃梅拉姆修道院院长之上。

17. 约翰尼斯·帕奇在 1537 年绘制的地图将欧洲呈现为一整个帝国，哈布斯堡的西班牙是其戴着冠冕的头部。

18. 一位仪态庄重的梅斯女人，出自汉斯·魏格尔 1577 年的《服饰之书》。

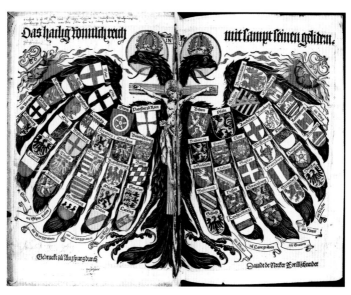

19. 汉斯·布格迈尔 1510 年版本的"四元之鹰"，显示了帝国的共同体，分为四组，由其纹章进行辨识，最上面是七位选侯和教廷。

20. 雷根斯堡的老市政厅（左）是帝国议会开会的地方，右边是该市为自己的市议会建造的新大厅。

21. 皇威昭昭。帝国政治的集体特征通过广泛传播的皇帝坐在七位选侯正中间的形象得到了体现。

22. 基督为奥托二世（左）和他的妻子提奥芳诺（右）加冕并赐福，来自一面约 982 年制作的象牙浮雕。

23. 册封仪式。1415 年，西吉斯蒙德皇帝（坐者）将勃兰登堡的选侯国转让给霍亨索伦的腓特烈四世。

24. 写作的力量。知识分子库萨的尼古拉像，由维纳尔德·冯·斯泰格博士（1371—1453）描绘。

25. 所谓的"卡彭贝格红胡子头像"，被普遍视为当时的人为皇帝腓特烈一世制作的。

26. 1653 年的帝国议会全体会议。教会诸侯在左边，世俗诸侯在右边，皇帝的代表和选侯们在最远处。

27. 加洛林时代的农民从事季节性工作，一如9世纪的月历中所描绘的。

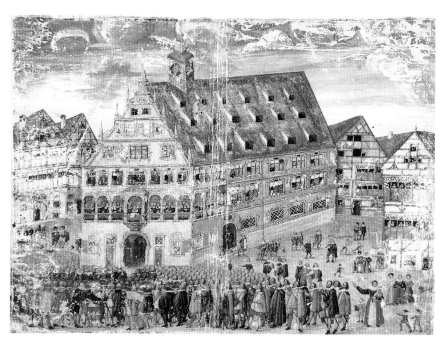

28. 社区作为一个宣誓的集体。1650年，乌尔姆的公民在他们的市政厅前聚集，举办年度仪式。

29. 皇帝和法律。9世纪的一本法规汇编的扉页，显示了查理大帝（左）、他的儿子丕平以及一个书记员。

30. 开庭中的帝国最高法院。请注意其总体布局与帝国议会的布局相似（图26）。

31. 帝国的终结。1806 年 9 月，卡尔·冯·达尔贝格在阿沙芬堡的大主教宫前接待拿破仑。

32. 基弗霍伊泽的神话。"红胡子"皇帝从睡梦中醒来，这是 19 世纪末重建的戈斯拉尔皇宫中的一幅壁画。

33. 1936 年 7 月 1 日，海因里希·希姆莱在奎德林堡修道院的"捕鸟者"亨利墓前献上了花圈。这是第一次"亨利庆典"，此举试图将亨利纳入纳粹版本的历史中。

34. 伊万·巴布科克中士戴着亚琛仿制的帝国皇冠（1912 年为威廉二世制作），1945 年 6 月 13 日拍摄。该皇冠在第二次世界大战期间被藏在锡根附近的一个矿洞中。

35. 康斯坦茨港口的现代雕像，由彼得·伦茨创作，英佩利亚高举着西吉斯蒙德皇帝和教宗马丁五世的矮小身躯。

么 1555 年给新教徒堵死这条路的做法被证明如此具有破坏性。在哈布斯堡王朝的统治下，帝国治理最终转向以领地为基础，这为消化长子继承制的后果提供了进一步的手段。领地管理越来越依靠拿薪水的官员，而不是间接附庸。为皇室服务一直很有声望，而哈布斯堡家族拥有最广阔的领地也意味着他们是帝国最大的雇主，不断地寻求新的朝臣、文官和军官。

多层次的封建结构还允许家族同时采取不同的继承方式。到 1582 年，直辖封地变得不可分割，当时帝国议会裁定，不能用分封来创造额外的选票。一些家族继续在内部划分土地，但以共管的方式共同行使相关的帝国权利。其他家族则在其管辖范围内分配或建立间接领地，例如查理四世，他在 1373 年将摩拉维亚和格尔利茨授予其小儿子。同样，勃兰登堡的"大选侯"腓特烈-威廉在 1688 年为他第二次婚姻中的长子开创了一个小霍亨索伦支系，授予他以前的施韦特（Schwedt）领地。在一个世纪的时间里，这个分支为家族主支提供了一个有用的联姻群体，可以婚配给其他德意志王公，同时将主支自己家族的后代保留给更有声望的联姻。腓特烈大王虽然自己无子，却很善于为他的亲属们安排联姻对象，同时无情地拒绝给予他们成为自治领主的特权：他在遗嘱中只给他的兄弟海因里希留下了两匹马。[3]

许多近代早期的德意志诸侯不仅结婚，而且包养了许多情妇。最臭名昭著的花花公子是萨克森的"强者"奥古斯特，据说他生了 355 个孩子。[4] 这些活动助长了当代对 17 世纪和 18 世纪巴洛克式诸侯宫廷的批判，但也反映出在宗教改革后，婚姻被限制在教会认可的范围内，性选择减少了。同时，封建等级制度通过帝国改革正式化以后，提高了帝国精英们的地位意识。家庭内部的压力越来越大，要求自家人跟地位相当或（最好）高于自己的对象结婚，这些地位是由正式贵族头衔体现的。帝国的政治和更广泛的社会之间存在许多联系，在这里我们看到的只是其中之一，这个问题将在下一章进一步探讨。16世纪晚期的德意志律师将此前的意大利思想发展为"贵贱通婚"（morganatic）的概念，这种婚姻符合教会要求，但其依据的契约规避了罗马民法。新娘得到礼物和收入，但被剥夺了平等的社会政治地位。她不能继承丈夫的等级和头衔，而是得到一个与授予她的财产相关的新头衔，这笔财产可能是实际存在的，也可能是虚构的。这种结合所产生的孩子缺乏充分的权利，但仍然是"王朝的后备力量"，就像一条支系一样，在没有其他合法继承人的情况下可以派上用场，防止家族绝后。

随着长子继承制得到采用，贵贱通婚变得越来越普遍。那些不太可能继承家族领地的长子以外的儿子往往不得不接受地位较低的新娘。这种安排通常是灵活的，但如果主要继承人或执政的诸侯进行贵贱通婚，一般会出现严重的问题，因为这被认为损害了家族的声誉，从而危及其在帝国等级中的地位。亲属们经常声称，领主儿子与地位更低的家族通婚意味着其继承权失效了，这可能会导致激烈的争端，例如1763年萨克森-迈宁根的亲属之间的争端。因此，诸侯会请求皇帝提高他们妻子的地位。皇帝这样做的权力受到1742年选举协定的限制，但仍然是他影响帝国政治的一种方式。例如，已经丑闻缠身的符腾堡公爵卡尔·欧根（Carl Eugen）爱上了弗朗西斯卡·特蕾西娅·冯·伯恩哈丁（Franziska Theresia von Bernhardin），后者只是一个男爵的女儿，并已与他的一个内侍结婚，后来她与原来的丈夫离了婚。卡尔·欧根向约瑟夫二世提出请求，约瑟夫二世最终于1774年将弗朗西斯卡提升为霍恩海姆

（Hohenheim）的帝国女伯爵。这段恋情一直持续到公爵那备受冷落的妻子于 1780 年去世。尽管两人在 1785 年以贵贱通婚形式结婚，符腾堡公国的路德宗教会甚至同意让她一起参与祈祷仪式，但卡尔从未成功说服皇帝将她提升为正式的公爵夫人。[5]

"奥地利王朝"

哈布斯堡家族并不比帝国的其他高级家族更贤能。许多人都有私生子，包括鲁道夫二世，他拒绝娶一个合法的妻子，这造成了 1600 年后的继承危机。[6] 正如我们将看到的，他们也没有表现出更强的家庭纪律性，多次分割土地，造成了严重的后果。这些情况迫使我们思考为什么哈布斯堡家族会主宰近代早期的帝国。这没有简单的答案。相反，他们的成功来自王朝和个人在生物学方面（寿命、生育力、办事能力）的好运气，以及有利的环境。

与中世纪后期帝国的其他大家族一样，哈布斯堡家族一开始也是伯爵。他们积累了足够的资源，在 13 世纪中期成为王室头衔的有力竞争者。他们相对富裕，这推动他们分割了封地，位于阿尔萨斯、瑞士和士瓦本交界处的大部分原始封地由长支的劳芬堡家族持有，直到该主系于 1415 年绝嗣。鲁道夫伯爵，由于在 1273 年当选为国王，代表了该王朝的政治突破，事实上他来自幼支。他对其家族后来的成功做出的真正贡献是利用他的国王地位确保了本家拥有原属巴本堡家族的奥地利公国。至关重要的是，皇帝腓特烈二世在 1237 年批准了巴本堡家族在整个奥地利使用同一部法典，这降低了通过分割来解决从 1246 年持续到 1282 年的长期继承纠纷的可能性，不像 14 世纪初图林根的类似纷争中那样以领地被各路索求者瓜分而告终。

尽管哈布斯堡家族在 1308 年和 1314 年分别被卢森堡家族和维特尔斯巴赫家族取代了国王的地位，但他们现在处于顶端，能够巩固和扩大领地，这是他们与时任君主合作的回报。路易四世与"美男子"腓特烈的和解，使得该家族到 1335 年在竞争对手的反对之下获得了卡林西亚和克赖因，并在 1363 年获得了蒂罗尔，这使得奥地利成了阿尔卑斯山和多瑙河之间的一块大领地。与卢森堡家族、维特尔斯巴赫家族和其他家族一样，封地的积累使分封变得更加容易，因为有更多的封地可以分配；尽管在 1355 年有一个家族协议反对这样做，但奥地利从 1379 年到 1490 年还是分成了阿尔布雷希特支系和利奥波德支系。[7] 阿尔布雷希特支系得益于 1364 年与卢森堡家族签订的继承权协议，并于 1438 年提供了国王阿尔布雷希特二世。他的去世又使利奥波德家族受益，该家族在 1440 年后出了皇帝，并从 1415 年后绝嗣的劳芬堡支系那里继承了德意志西南部的封地，尽管瑞士地区在 1499 年就彻底失去了。最后，马克西米利安一世在 1490 年从另一个小分支那里继承了蒂罗尔，这为他提供了巨大的襄助之力，因为这块领地已经成为帝国的主要银矿区，皇帝也就拥有了字面意义上的遍地财富。[8]

　　腓特烈三世在位 53 年，是所有皇帝中在位时间最长的。尽管遇到很多困难，但他还是巩固了哈布斯堡的帝国统治。他的儿子马克西米利安利用他的皇帝地位，在 1504 年至 1505 年间介入了维特尔斯巴赫家族的继承权争端，让普法尔茨和巴伐利亚两系互相牵制，使双方都无力挑战皇帝。王朝统治策略的成果很快就使哈布斯堡家族无须再用这种中世纪后期的做法就能保留皇帝头衔了。腓特烈编织的王朝联姻之网，在勃艮第（1477）、西班牙（1516）、波希米亚和匈牙利（均为 1526）的统治家族相继灭亡后，使马克西米利安的孙子查理五世和斐迪南一世成了大量额外领地的继承人。同时代的人说："让别人去打仗吧，而你，幸福的奥地利人，结婚去吧；因为玛尔斯给别人的那些王国，维纳斯也会给你的。"

王朝的好运给了哈布斯堡家族比任何潜在对手都多得多的领地，而当时选侯们也意识到，皇帝需要有足够的收入以保卫帝国免受土耳其人的威胁。然而，大量的领地也增加了哈布斯堡的负担，特别是当法国来争夺勃艮第的时候——大多数诸侯都不愿意将法国视为帝国的敌人。这些紧张关系促成了有史以来最大的王朝分裂。查理五世将哈布斯堡的财产分为西班牙和奥地利两部分。他的弟弟斐迪南一世在 1564 年自己将奥地利系分成了三部分，这使得损失的规模更大了。1619 年，奥地利的主系随着马蒂亚斯的无子而消亡，领地传给了身为施蒂里亚分支族长的斐迪南二世。第三条线，即蒂罗尔分支，于 1595 年绝嗣，但在 1665 年被明确地重新纳入奥地利之前，曾两度恢复，分封给幼支的亲属们。

然而，自始至终，奥地利本身都未被分割，其特殊地位因鲁道夫四世公爵在 1358 年左右伪造的《大特权书》（Privilegium maius）而得到加强，这份伪造的文书旨在扩大奥地利在 1156 年被提升为公国时获得的真正特权。为了应对自己被排除在选侯团之外的情况，鲁道夫发明了一个全新的"大公"（archduke）头衔，拥有帝王的部分权力，包括封爵以及使用符合帝王身份的标志，如王冠和权杖。这些标志最让查理四世生气，但他在 14 世纪 60 年代与哈布斯堡家族的和解有助于巩固奥地利的特殊地位，腓特烈三世在加冕后不久的 1453 年确认了这一地位。[9] 鲁道夫已经利用他的大公权力建立了维也纳大学，这是帝国的第二所大学，是对查理在布拉格新建的大学的有力回应。奥地利的独特地位持续存在，但哈布斯堡家族从未利用其作为皇帝的权力来授予自己选侯地位。相反，他们抱有一种感觉，即奥地利在某种程度上已经很优越了，尽管确切的仪式上的区别从未阐明过。虽然有人在17世纪20年代曾考虑将其提升为一个王国，但他们同样拒绝了，这主要是因为他们已经有国王的地位了，这要归功于他们拥有波希米亚和匈牙利的领地，二者在1556年查理五世分割领地时都留在了奥地利。波希米亚和匈牙利的宪法分别于1627年和1687年进行了修订，宣称它们是世袭的而不是选举的王国。1703年，帝国疆域内外的所有属地被整体称作"奥地利君主国"（Monarchia Austriaca）。

马蒂亚斯于1616年制作了一顶崭新的大公冠冕，奥地利的所有臣服礼上都会用到它，直到1835年。[10]冠冕上印有圣利奥波德的图案，他是来自巴本堡家族的奥地利藩侯，于1485年被封为圣徒，并成为这个君主国的守护神。选用这个形象的背后有一个更广泛的策略，用以证明哈布斯堡家族的统治权由神授予。一则家族传说称，1264年鲁道夫一世外出骑马时，把自己的马交给了一位神父，这位神父带着圣体。到1640年，这个传说被改写为声称上帝将圣体赐给了普世教会，同时将统治帝国的神圣权利委托给了哈布斯堡家族。[11]而由于匈牙利和波希米亚已经有了自己的传统，所以利用与王朝相关的圣人建立起普遍认同的努力在这两地失败了。[12]然而，在腓特烈三世时期，王朝统治代代相续的这种意识生根发芽，并随着马克西米利安一世和查理五世对艺术的慷慨赞助而发展，使人们普遍有了一种感觉，即存在一个整体的"奥地利王朝"（Casa d'Austria），后来无论领地又分割了多少次，这种感觉都未曾消失。

这种意识同时具有帝国性和王朝性。鲁道夫一世不仅因为获得了奥地利而备受称赞，而且被誉为在斯陶芬时代结束后的"空位期"恢复帝国的国王。哈布斯堡王朝后来的统治者，如斐迪南二世和斐迪南三世，都复刻了鲁道夫的故事，据说他们也都把马匹送给了神父。同时，有系谱学家充分发挥创造力，将哈布斯堡家族追溯至古老的神话时代，称之为埃涅阿斯的后裔。埃涅阿斯是维纳斯的儿子，也是特洛伊的王族，他带领特洛伊陷落后的幸存者经过迦太基来到罗马。由于"帝国转移"的理念，这条世系脉络可以通过古罗马皇帝、皈依基督教的墨洛温王朝、加洛林王朝以及帝国后来所有其他杰出的统治者一路贯穿下去。[13] 家族故事和帝国传统的巧妙融合战胜了对手提出的任何说法，使哈布斯堡成为唯一有资格成为皇帝的家族。

此时的哈布斯堡家族的面前，已经没有真正的挑战者了，这与中世纪晚期的情况形成鲜明对比。路德宗在 1555 年获得充分的政治权利后，有人开始猜测宗教改革可能会让新教徒成为皇帝。有传言说，丹麦和瑞典国王以及萨克森、勃兰登堡和普法尔茨的新教选侯都是可能的候选人。实际上，只有瑞典的古斯塔夫·阿道夫是一个严重的威胁，并且他从未考虑过参加传统的选举，而是试图颠覆哈布斯堡的统治，迫使他的德意志盟友同意他们的封地附属于他而不是皇帝。任何篡夺帝位的计划都在 1632 年 11 月的吕岑战役中随着他的阵亡而消失了。在 1700 年左右，随着萨克森、勃兰登堡和汉诺威选侯获得外国王冠，相关讨论重新开始了。虽然他们认为自己有资格获得皇帝头衔，但考虑到其中的风险，他们都并未要求得到它。普鲁士随后的发展破坏了哈布斯堡的帝国管理，但霍亨索伦的君主们都不想当皇帝。只有巴伐利亚的维特尔斯巴赫家族试图这样做，但这样的尝试给他们自己和帝国都带来了灾难性的结果。[14]

哈布斯堡帝国的治理

治理哈布斯堡的土地

从马克西米利安一世 1493 年登基到利奥波德一世 1705 年去世这段时间，哈布斯堡基于王朝世袭领地的帝国治理体系得到了巩固和发展。该家族的领地扩张与 1520 年前后的帝国改革高潮相吻合，加速并改变了这一进程。强大的实力使该王朝统治者成为显而易见的皇帝人选，也威胁着德意志的自由。皇帝作为帝国的君主和最强大的诸侯，有利亦有弊。帝国政治体希望强大的皇帝能够击退奥斯曼人，并准备交出他们所珍视的一些自由，以建立他们认为能够保证哈布斯堡家族履行其帝国职责的机构。哈布斯堡家族则接受了对自己的特权施加更大宪制上的约束，以此作为代价，构建出更有效的基础框架，从帝国各政治体调动额外的资源，以实现他们自己的野心和承诺。这些宪制调整的实质结果将在下一节中探讨，本节讨论的是哈布斯堡家族如何管理帝国和他们自己广泛的领地。[15]

哈布斯堡家族没有想过要"建立"一个国家或创建一个独立的奥地利。然而，他们的行动确实将自己的领土区分得更加清楚，因为他们遵循了自 1273 年以来国王们的做法，加强了自己属地的自主权，以此作为治理帝国的基础。他们的宫廷就是一个例子，因为在马克西米利安一世时期，宫廷经历了根本性的转变。顾问的职能移交给了帝国议会，帝国议会就此成为皇帝与帝国政治精英谈判的主要场所。同时，马克西米利安按照查理四世的思路，把他的王朝宫廷打造得光彩照人，体现了其家族权力，从而大大突出了宫廷展示形象的作用。尽管哈布斯堡宫廷继续陪同皇帝出行，但除了 1576 年至 1612 年在鲁道夫二世治下长期停留在布拉格外，它一般都留在世袭领地上，特别是维也纳。虽然皇帝或其代表至少会出席帝国议会的每次开幕式，但他的行程现在也受奥地利、波希米亚和匈牙利等各邦政治体或其议会所影响。[16]

1566 年，萨克森选侯奥古斯特成了最后一位在公开的传统仪式中受封的诸侯。此后，诸侯的臣服礼都是在维也纳关起门进行的。使用的标志是哈布斯堡家族的，而不是帝国的了。皇帝不再穿传统的长袍，而是按照西班牙腓力二世宫廷的时尚，让所有参与者穿上黑衣。越来越多的王公贵族派出代表作为代理人出席仪式，进一步削弱了旧有的个人封建关系，而趋向转变为正式的宪制关系。[17]

宫廷仍然是谈判调停的中心，它在很大程度上是个人的，但主要是为了管理哈布斯堡家族的贵族。最近的研究已经推翻了近代早期国王是"幕后操纵者"的想法，这种观点认为国王用糖衣炮弹诱使贵族落入陷阱，使他们失去武装和在政治上无害。[18] 大多数贵族从未进入过宫廷，宫廷中总是有几个竞争性权力中心，围绕君主的妃子、亲属和其他重要人物。然而，宫廷确实是权力的集中地，是连接王家中心和地方的赞助网络的枢纽。它使自加洛林王朝以来在帝国普遍存在的那种政治形式更加稳固，因为宫廷现在是永久性的和固定的。与国王关系亲近提高了个别贵族的威望，使他们能够培养自己的庇护关系。哈布斯堡家族利用这一点，在 1579 年至 17 世纪中叶调整了他们对自己土地的统治方式。只有那些保持天主教徒身份或从新教叛依从而证明自己忠诚的人能获得宫廷职位和行政职位。哈布斯堡家族利用他们的大公权利和帝国特权，对忠实的仆人进行册封，并将帝国贵族的尊贵地位授予来自波希米亚、意大利、匈牙利以及整个帝国其他地区的忠诚臣民。在 1500 年至 1800 年间，约有 1.5 万人被授予帝国贵族身份，授爵在 17 世纪 20 年代的危机时期达到顶峰，每年有多达 600 人被授予贵族身份，是整个近代早期平均水平的五倍。[19]

哈布斯堡家族还授予与他们自己的宫廷和机构有关的头衔和职位。斐迪南三世在其统治期间为 400 人授予了"宫廷顾问"（Hofrat）的称号。宫廷从 15 世纪末的 400 名廷臣扩大到 1735 年的 1 500 人，而哈布斯堡的军队和行政部门则为成千上万的人提供了就业机会。只有维特尔斯巴赫家族在 16 世纪 50 年代和 1700 年左右曾在规模上短暂地接近过哈布斯堡的宫廷。大多数诸侯的宫廷由几百人组成，其中很少有贵族。例如，1747 年沃尔芬比特尔（Wolfenbüttel）的宫廷有 381 人，但其中只有 20 个职位被认为是适合贵族的，此外还有 26 名侍从和 15 名女仆。规模最大的群体是 81 名马夫和 52 名男仆及信使。[20] 维也纳的礼仪和建筑风格仍然是整个帝国的范式，只有科隆在波恩的选侯宫采用了凡尔赛宫的内部布局。尽管普鲁士的腓特烈大王与哈布斯堡家族有竞争关系，但他在 18 世纪中期改造柏林时还是采用了维也纳的模式。1786 年建成的普鲁士国家图书馆直接复刻了哈布斯堡王朝的顶级建筑师 80 年前的方案。[21]

行宫伯爵的权利只允许他们授予地位较低的"诏书贵族"（Briefadel）身份，这允许平民在其姓氏前插入让人梦寐以求的"von"。哈布斯堡家族的波希米亚领地巩固了他们在创造更有声望的头衔方面的垄断地位，因为在萨克森选侯成为波兰国王之前，没有其他诸侯拥有王室地位。萨克森人利用这一点使他们自己的一些臣民变得高贵，而汉诺威人在 1714 年后对英国王室权力的使用却相对谨慎。只有霍亨索伦家族在为普鲁士获得国王头衔后，试图与哈布斯堡家族针锋相对地竞争。1742 年，腓特烈大王迫使短命的维特尔斯巴赫皇帝查理七世宣布普鲁士的贵族头衔在整个帝国内都有效，从而增加了其吸引力。[22]

　　哈布斯堡王朝的行政机构从他们的宫廷发展而来，以应对不断增加的事务和满足家族更清楚地划分土地的愿望。阿尔布雷希特二世早在1438年就已经把奥地利的书记官署和"罗马"（即帝国）的书记官署区分开了。1496年，马克西米利安一世在因斯布鲁克建立了自己的财务局（Hofkammer），而不是将奥地利的普遍税交给法兰克福的帝国财政大臣。当查理五世在1522年至1525年间将世袭土地的控制权移交给他的弟弟斐迪南一世时，进一步的区分出现了。[23] 在他统治的大部分时间里，查理的行为体现了向近代早期的过渡。查理与他指定的继承者斐迪南分享权力，类似于中世纪通过共治国王管理帝国。然而，斐迪南所在的地理位置是固定的，并受到帝国和哈布斯堡机构的共同支持，而查理则一直四处奔波，在他统治期间进行了40次不同的旅行。他在位期间有一半时间是在帝国之外度过的，而他在帝国内部的大部分时间则是在意大利或勃艮第度过的，而不是在德意志。

　　查理作为西班牙国王的身份在他当选时就已经让人们担心他会成为一个常常不在国内的皇帝，这主要是因为已有两次前车之鉴：腓特烈三世不愿意离开奥地利，而马克西米利安一世则被指责花了太多时间在勃艮第和意大利北部打仗。帝国议会已于1500年7月强行为马克西米利安设立了摄政机构"帝国执政府"（Reichsregiment），以使选定的帝国政治体能够帮助实施帝国改革的议程：维护治安、秉公执法、管理财政和规范社会行为。马克西米利安设法在1502年初解散了这个机构，但在1521年查理离开西班牙后，该机构重新建立起来，与斐迪南一世分担责任，而斐迪南一世也更认真地与其合作。帝国政治体很快就厌倦了他们自己创建的这个机构。帝国执政府的成员应该是轮流任职的，但它总是被选侯团所支配。为了维护自身的地位和"自由"，诸侯愿意接受他们对皇帝的传统从属地位，但不接受从属于同级的贵族。他们抓住了查理在1530年返回德意志的机会，解散了执政府。斐迪南在第二年当选为"罗马人的国王"，这给了他足够的准皇帝权力，使他可以自行采取行动。同时，制度化的帝国议会似乎才是更适合分享权力的场所，而不是规模有限的执政府，后者从未恢复。[24]

哈布斯堡的行政管理部门进行了重组，而帝国和王朝的角色在查理和斐迪南之间进行了划分。1527年，斐迪南建立了一个独立于原来的宫廷顾问的咨询性质的枢密院，宫廷顾问则保留了司法职能：这种权力划分比诸侯领地的权力划分早了约50年。匈牙利和波希米亚在1526年移交给斐迪南后，保留了自己的机构。[25]斐迪南在查理去世后于1558年自己成为皇帝，此后扩大了奥地利新机构的职权范围。哈布斯堡的国库现在开始从帝国司库征取的帝国税收中获得收入。马克西米利安在1497年建立的帝国宫廷法院被恢复为最高法院，负责处理涉及帝国特权的案件，特别是与封建关系有关的案件。它暂时吸纳了奥地利的宫廷顾问，帝国书记官署和奥地利书记官署也合并了，开始同时处理帝国领地和哈布斯堡领地的信件。这些变化反映了对过去做法的回归，是为了节省开支，而不是为了集中管理帝国。现在，斐迪南一世将帝国和哈布斯堡的当局结合在一起，似乎没有必要设立单独的机构了。然而，基本趋势仍然是区分哈布斯堡和帝国的职能。例如，1566年的书记官署条例将帝国和王朝的事务分开，由同一机构的两组官员负责。

斐迪南二世于1620年正式将王朝机构和帝国机构分开，而波希米亚的书记官署则在四年后迁往维也纳，一部分原因是想集中管理哈布斯堡的土地。[26] 哈布斯堡书记官署和帝国书记官署之间的紧张关系持续存在，这在很大程度上取决于皇帝和帝国副书记官的个人关系。像其他诸侯一样，哈布斯堡家族发现他们自己的机构往往成为大而无当、光说不做的部门，无法迅速做出决策，但其成员又太过重要，而无法解雇。因此，他们建立了一系列新的咨询机构，最初规模较小，旨在制定政策和协调其他部门。这些内部委员会经常绕过帝国书记官署，直接与重要的帝国政治体打交道，只是为了方便。沟通不畅和职能重复在欧洲其他地方很常见，但它们无疑是哈布斯堡君主国直至 18 世纪中期都决策缓慢和管理不善的显著原因。

哈布斯堡的土地和帝国

1477 年至 1526 年间，王朝领地的迅速积累并没有扩大帝国。那些本来就在帝国境内的土地仍在帝国之内，包括勃艮第、米兰、波希米亚；那些不在帝国之内的土地则没有被纳入帝国的管辖范围，包括匈牙利、西班牙、西西里岛、那不勒斯。同时，帝国内的哈布斯堡属地在 1512 年被分别归入奥地利和勃艮第的帝国大区，而波希米亚则完全被排除在新的地区结构之外。诸侯坚持要整合结构，希望通过新的共同结构扩大对哈布斯堡土地的财政贡献和军事贡献的审查和控制。哈布斯堡的土地总是贡献出最大的份额，远远超过根据登记册评估标准应缴的数额，但马克西米利安一世和他的继任者决心不让诸侯指导他们如何使用自己臣民的钱。

随着时间的推移，哈布斯堡家族开始意识到将奥地利和勃艮第的土地纳入帝国大区的好处，因为这使他们能够同时以帝国政治体和皇帝的身份参与地区政治。[27] 1558 年后，这使奥地利的分支能够保留对勃艮第的控制，尽管查理五世在 1548 年已将勃艮第划归西班牙。查理曾同意勃艮第应按双倍的税率（如果协助对抗土耳其人，则支付三倍的税率）缴税，而西班牙最初也遵守了这一协议，但它直接把税款交给奥地利，而不是通过帝国司库缴纳。奥地利拒绝将 1566 年后的尼德兰起义视为对公共和平的破坏，这使双方关系恶化，并导致西班牙暂时不再纳税。[28] 尽管如此，西班牙也意识到了将其勃艮第领地保留为帝国的一部分是有好处的，因为这使它可以作为帝国政治体而不是"外国势力"行事。在三十年战争期间，西班牙为支持奥地利而进行的干预就是以这种方式进行的，以削弱反哈布斯堡的新教宣传。

　　勃艮第和奥地利都只是在纸面上作为帝国大区而存在；它们都没有帝国大区议会，尽管它们都有一些非哈布斯堡家族的小成员。[29] 同时，1530 年和 1548 年的帝国警察条例使奥地利免受帝国议会通过的大量法律的约束。1559 年的帝国货币条例也给了类似的豁免，而哈布斯堡的臣民在 1637 年后被禁止向帝国最高法院提出上诉。《威斯特伐利亚和约》允许哈布斯堡家族将其所有属地正式列为天主教国家，并剥夺了其仍为数众多的新教徒的权利，而该和约给予了其他地方的少数群体同样的权利，除了在西里西亚建立的六个"和平教堂"。

　　尽管哈布斯堡家族将自己的土地隔离开来，但他们仍然需要与帝国的其他地区打交道，以巩固合法性并争取支持。在帝国改革时代发展起来的新机构中，传统方法也得到了采用。士瓦本在 15 世纪末成为"近王"的地区，因为该地区紧邻哈布斯堡家族在阿尔萨斯和黑森林周围的原始封地。与士瓦本打交道的过程表明了哈布斯堡家族如何巧妙地利用地位等级秩序的延长所提供的机会。哈布斯堡家族故意以当地领主这种平等的身份与邻国接触，通过1488年成立的士瓦本联盟赢得他们的合作，该联盟构成了所谓"马克西米利安体系"的基石。[30]腓特烈三世和马克西米利安一世不仅与那些受邀加入新的帝国议会的领主和城市进行谈判，而且与那些正在组建领地政治体的地区的间接贵族和城镇进行谈判，这些领地本身仍在形成过程中。尽管他们更愿与高级贵族合作，但两位皇帝都准备在必要时与市镇居民合作，并提供现金、特权、官员和有利的司法判决，以培养有用的附庸。

这些方法在皇帝能够吸引广大居民的地方效果最好，但在离哈布斯堡属地较远的地区就很难使用了，这些地区的领主或居民通常也较少。帝国大区的发展为帝国政治体提供了一个独立于皇帝的地区合作的替代框架。尽管如此，哈布斯堡家族仍然认为联盟是在日益正规化的帝国机构之外与帝国各政治体建立联系的一种方式。这在宗教改革后变得更加困难，当时路德宗诸侯和城市在施马尔卡尔登联盟中联合起来，要求宗教自治，从而加速了亲帝国的士瓦本联盟的消亡，该联盟在1534年未能续订盟约。

1547年，查理在米赫尔贝格战役中战胜了施马尔卡尔登联盟，这似乎为他提供了一个机会，使他能够在次年奥格斯堡的"武装帝国议会"上尝试对帝国的管理进行重大重组。根据《勃艮第条约》，米兰和哈布斯堡西部的属地被移交给西班牙。同时，斐迪南仍然负责奥地利、波希米亚和匈牙利的事务。所有的诸侯联盟都被正式废除了，除了已经失效的士瓦本联盟，它以一个新的联盟方式重新恢复了。帝国联盟（Reichsbund）旨在将帝国各政治体与哈布斯堡家族联系起来。所有的帝国政治体现在都要向一个中央帝国军需库交纳资金，以维系哈布斯堡控制的军队。这些措施不是为了中央集权，而是为了更加明确责任分工，哈布斯堡的两块领地由斐迪南和查理的儿子腓力照顾，而德意志的土地则被归入联盟，以便管理。所有这三块土地都仍然以查理这个皇帝为宗主。[31]

这个计划失败了，因为查理欲速则不达。查理试图将所有选侯都纳入他的新联盟，这就允许他们利用帝国议会联合起来反对它，而帝国议会现在已经非常成熟，不能被忽视了。查理决定在"武装帝国议会"上亲自推动这些措施，因此很难在不失去威信的情况下做出妥协。抵抗力量聚集成 1552 年的诸侯叛乱，迫使哈布斯堡家族不仅放弃了帝国联盟，而且最终在 1555 年达成了《奥格斯堡和约》。

这一结果暴露了管理如此广阔领土的困难，促使查理在 1556 年至 1558 年间通过一系列措施分割了哈布斯堡的属地。在《凡尔登条约》（843）的分割之后，法兰克的贵族们仍然认为自己属于更广阔的帝国的一部分；而在 1558 年之后，分割的领地之间只有家族王朝的联系，哈布斯堡的两个分支都认为自己属于"奥地利王朝"。西班牙通过其延伸到新世界的广阔领地而成为帝国，而奥地利的地位则归功于斐迪南一世保住了皇帝的头衔。

斐迪南还试图通过一个名为兰茨贝格联盟的亲帝国联盟来管理德意志的土地。该联盟成立于 1556 年，一直持续到 1598 年，但其成员从未超过 9 个局限于东南部的帝国政治体。[32] 该联盟的重要性在于其拥有新教徒和天主教徒跨教派成员。斐迪南通过领导联盟，展示了哈布斯堡帝国未来的治理方向：这个家族通过将自己标榜为共同利益、帝国内部和平与外部安全稳定的可靠捍卫者，来证明其继续把持皇帝头衔是合理的。斐迪南和他的三位直接继承人现在接受将帝国议会作为与帝国政治体谈判的主要场所，在 1556 年至

1613 年间举行了 12 次帝国议会，确保了大量的财政支持。

然而，由于帝国政治体数量众多，寻求共识的过程变得更加复杂，这也促进了一种平行的趋势，即在帝国议会之前征求选侯的意见，或直接以咨询诸侯来代替帝国议会，就像斐迪南二世在位期间发生的那样。查理五世于 1556 年 8 月 3 日史无前例地退位，这大大增强了选侯团的影响力，因为斐迪南要想在其兄长于 1558 年 9 月去世之前确保自己获得帝位，就必须依靠他们的持续支持。[33] 斐迪南通过反对查理将帝位改为世袭制的计划，以及确认选侯有自行组织会议的权利，争取到了选侯团的支持。尽管 1560 年左右普法尔茨选侯皈依了加尔文宗，但合作仍在继续。选侯们分别在 1562 年和 1575 年接受斐迪南一世的儿子马克西米利安二世和孙子鲁道夫二世为"罗马人的国王"，两次都确保了哈布斯堡帝国统治的无缝延续。[34]

三十年战争期间的帝国治理

鲁道夫二世的拒婚行为引发了一场继承危机，这场危机随着哈布斯堡家族在漫长的土耳其战争（Long Turkish War，1593—1606）之后的财政破产和政治破产而加深。与之前 1400 年由选侯团策划的废黜文策尔的选择不同，哈布斯堡家族在自己内部解决这个问题。西班牙支持马蒂亚斯，认为他是比抑郁和隐居的鲁道夫更周全的人。马蒂亚斯试图迫使鲁道夫移交权力，这引发了 1608 年后的兄弟阋墙，双方都对主宰其各省政治体的新教贵族做出了破坏性的让步。到 1611 年 5 月，鲁道夫被剥夺了所有哈布斯堡的土地，并被实际软禁在布拉格的城堡里。他在 1612 年死亡后，马蒂亚斯得以当选为皇帝，但他本人却无儿无女，而且身患疾病，整个事件严重损害了哈布斯堡家族的威信和影响力。[35]

正如我们所看到的（见第 125—128 页和第 648—650 页），分治在德意志土地上造成的部分政治真空，由新教联盟和天主教联盟填补，这两个联盟分别于 1608 年和 1609 年由互相敌对的普法尔茨和巴伐利亚的维特尔斯巴赫分支组成。到 1617 年，马蒂亚斯通过强迫巴伐利亚接纳新成员，使得该联盟不再适合承载其自身利益。同时，1608 年普法尔茨故意破坏帝国议会的做法，促使皇帝倾向于只与三个教会选侯（科隆、美因茨和特里尔）和通常支持帝国的萨克森协商。[36]巴伐利亚在三十年战争开始时帮助镇压了波希米亚起义（1618—1620），作为回报，巴伐利亚在 1623 年获得了普法尔茨的土地和选侯身份，选侯团也立即把巴伐利亚容纳进来。1627 年、1630 年和 1636—1637 年召开了选侯大会。萨克森在 1631 年至 1634 年间暂时叛逃到瑞典一方，以迫使斐迪南二世推翻他判断错误的《归还教产敕令》。斐迪南的让步虽然是有限的，但足以让萨克森在 1635 年 5 月的《布拉格和约》中重返同一阵营。

萨克森获准吞并之前属于哈布斯堡的上、下卢萨蒂亚，它自1620 年以来一直占领着两地，当时囊中羞涩的哈布斯堡家族将其抵押给萨克森，以保证偿还萨克森在粉碎波希米亚起义的过程中提供的军事援助费用。作为回报，它接受了斐迪南将这场战争解释为叛乱的做法，因此斐迪南只要能够击败对手，就可以把剥夺对手的土地和头衔正当化，就像在普法尔茨那样。《奥格斯堡和约》是在帝国议会上公开谈判的，而《布拉格和约》是先在萨克森和皇帝之间达成一致，然后提交给帝国政治体的，各政治体只能接受或拒绝。只有巴伐利亚以及科隆和勃兰登堡能够通过谈判获得特别优惠，不过后两者得到优待的程度不及前者。对小帝国政治体的排斥加剧了其权利被剥夺的感觉。许多小领主和城市已经加入了新教联盟和天主教联盟，因为他们认为在政治和宗教紧张的局势下，现有的机构不再能保证他们的自主权。尤其是普法尔茨，它利用了他们的不满情绪，以宗教平等的名义对宪制进行了更为贵族化的解释，因为两个教派团体的会议可以缩小帝国议会的三个阶层（选侯、诸侯和帝国城市）的等级差异。[37]

斐迪南三世在 1637 年登基后解决了这些问题，希望在《布拉格和约》的基础上争取广泛支持，结束三十年战争。1640 年至 1641 年间，他在雷根斯堡举行了 27 年以来的第一次帝国议会。尽管现在军事形势不断恶化，法国已经介入支持瑞典，而西班牙也不再能够帮助奥地利，但他还是恢复了人们对哈布斯堡领导层的一些信任。[38]斐迪南的举动抑制了帝国各政治体之间形成明确的反哈布斯堡集团，尽管法国和瑞典愿意支持宪制改革，而宪制改革确实会使帝国变得更类似于贵族统治。他避免了父亲在《布拉格和约》中的错误，并邀请所有帝国政治体参加 1645 年的威斯特伐利亚和会，号召大多数政治体拒绝让法国和瑞典提出的更激进的调整得到通过。[39]

帝国的稳定，1648—1658

1648 年的《威斯特伐利亚和约》通常被视为德国历史上"最大的灾难"之一。[40]据称，它使帝国沦为一个名义上由皇帝统治的松散联邦，使各邦摆脱了宪制的约束，而宪制现在据称已"保存在琥珀中"。[41]条款提到了"领地权"（ius territorii）和"联盟权"（ius foedera），但事实上并没有授予新的权力。与 1618 年之前的情况一样，行使这些权力仍然受到帝国法律和帝国义务的制约。尴尬的宪制问题只是被推迟到下一次帝国议会解决。帝国的特权大体上保持不变，尽管其中一些特权的行使现在明显取决于帝国议会的协商结果。整个和约中反复提到的"帝国政治体"进一步削弱了帝国政治的个人特征，最有代表意义的是诸侯失去了先前（自1555 年《奥格斯堡和约》以来）改变其臣民宗教信仰的权利，现在每个领地的官方信仰已被固定为新教或天主教。[42]

法国和瑞典作为外国担保者介入其中，可能是一系列主要变化中最不重要的（见第 131—133 页）。这场战争证明较大的领土有潜在的军事优势，而萨克森、巴伐利亚尤其是勃兰登堡在这时获得了额外的土地。哈布斯堡家族实现了他们的核心目标，包括在 17世纪 20 年代接受了奥地利和波希米亚内部对私有财产的全面重新分配，这使哈布斯堡君主国重新平衡，成为统治王朝和主要贵族地主之间的联盟。哈布斯堡家族权力的巩固使帝国的等级制度得以保持，因为没有其他诸侯能够挑战他们的领导地位。同样，选侯们联合起来，确保他们在其他诸侯面前继续保持优越的地位，而不管物质资源的实际分配情况如何。[43]

1648 年后，奥地利的政策主要关注保持皇帝头衔，以及主张对西班牙的继承权，因为在 1665 年无子且身体虚弱的卡洛斯二世登基后，该分支绝嗣的可能性越来越大。与帝国保持紧密联系对实现这两个目标都是必要的，尤其是在优先考虑获得西班牙的意大利土地的情况下。斐迪南三世小心翼翼地在帝国各政治体中培养广泛的支持，确保他的儿子斐迪南四世当选为"罗马人的国王"。斐迪南三世于 1653 年在雷根斯堡为他儿子的加冕和新帝国议会的开幕举行了盛大的入场仪式，在烟花和歌剧表演中，这一切都表明，尽管最近发生了惨烈的战争，但他的家族仍然拥有权力。他建立新诸侯的能力受到了额外的限制，但修改宪制的更激进的尝试失败了，而且斐迪南赢得了北德新教领主们的新支持，瑞典对他们领地的野心使他们感到担忧。[44]

帝国政治仍然是开放的，皇帝和帝国政治体有各种途径来实现其目标。这些选项在 17 世纪 80 年代初之后逐渐缩减，但宪制没有完全瘫痪。法西战争一直持续到 1659 年才结束，而斐迪南四世在 1654 年 7 月年仅 20 岁时就英年早逝，随后他那只有 48 岁的父亲也在 1657 年 4 月去世了，这一连串事件使一种不确定感挥之不去。斐迪南三世没有足够的时间来确保他的次子利奥波德一世当选为"罗马人的国王"，这导致了法国人的干预，使皇位空缺了长达14 个月。选侯团不仅拒绝了路易十四的候选资格，而且在 1658 年7 月选举利奥波德为"罗马人的国王"时，没有对皇帝的特权施加过多的限制。[45]

永久的帝国议会

利奥波德当选为皇帝时年仅 18 岁，结果他的长寿（1658—1705 年在位）给哈布斯堡家族带来了实现其目标所需的稳定性。[46]利奥波德的成功关键在于他愿意在 1648 年后的宪政秩序中工作，而不是反对它。与选侯们以及一个小型帝国代表团进行谈判的各种尝试都未能解决悬而未决的安全和改革问题，这使得利奥波德在1662 年面临土耳其对匈牙利的攻击时不得不召集一个新的帝国议会。[47]自 1663 年 1 月 20 日开幕之后，帝国议会便永久化了，直至帝国灭亡。这并不是计划中的：在 1741 年之前，有过四次结束它的认真尝试，而在 1692—1697 年、1747—1750 年和 1780—1785 年，由于政治局势紧张，特别是普奥竞争，没有举行正式会议。

然而，帝国议会比 1495 年约定每年召开的会议更持久，也比英国的"议会之母"开始得要早得多，后者在 1717 年后才成为永久性议会。英国的《三年法令》（1694）限制每个议会不得超过三年，因为常设议会被视为像"常备军"一样，是暴政的标志。这正是英国的议会与神圣罗马帝国的帝国议会之间的最大区别。英国的议员是由获得选举权的居民选出的代表，如果这些人无限期地担任议员，这些居民就会失去权利和影响力。

帝国议会（Reichstag）不是一个议会（parliament），因为它代表的是帝国的各个政治体，而不是其人民。如果不从根本上改变帝国混合君主制的特征，不把选举权赋予居民而非领地，它就没有可能发展成为一个民主机构。

帝国议会能保持永久化，只是因为它被证明是最有效的协商场所，所有帝国政治体和皇帝都可以在这里进行谈判，从而使其他大多数顾问机构变得多余。这为哈布斯堡帝国的治理确定了基本模式，直到 1806 年。皇帝会通过与帝国议会谈判来争取让宣战等重要措施得到正式批准，而且在许多情况下，皇帝还会与帝国大区议会谈判，特别是南部和西部的帝国大区议会谈判，这些议会使他能够联系上许多小封地。同时，更加非正式的渠道被用来实现更为局部的目标或加快正式批准的速度，方法是派特使或靠信件直接与有影响力的个别帝国政治体进行谈判。与王公们结成双边联盟（偶尔也结成多边联盟），通常是为了获得多于官方义务的额外军事支持。这些方法进一步削弱了帝国政治中的个人因素，不同参与者之间签订多重书面协议越发成为帝国政治的特点。

政治仍然是不对称的，而非像我们所期望的那样是平等的；如果帝国在 1648 年后真正成为一个联邦的话，那才会是平等的。诸侯以请愿者的身份出现，寻求皇帝的支持，以提高他们自己、他们的贵贱通婚的妻子或情妇的地位，或提升他们的领地在帝国中的正式地位，或争取其他利益，如在与邻国的争端中得到有利的裁决。因此，诸侯的目标仍然是具体的，他们并不寻求普遍的宪制变革；事实上，当其他诸侯得到他们自己所寻求的那种好处时，他们往往会提出抗议。参与大面积的欧洲战争通常是由类似的愿望驱动的。绝大多数诸侯都在寻求与已经是皇帝盟友的其他国家搞好关系，如英国与荷兰共和国，希望这些国家能替他们向皇帝施压。[48]

虽然哈布斯堡家族占据了强势地位，但他们却很难施展拳脚。他们仍然常年缺钱，而且常常无力偿还诸侯提供的额外军事援助。更重要的是，他们能提供的令人向往的荣誉是有限的。册封小贵族和争取地方政治支持花费不大，但直接干预帝国的司法有可能影响他们的威望，最终削弱他们管理帝国的能力。哈布斯堡给予的支持通常仅限于对有关各方施加压力，以达成理想的解决方案。1654年后，地位显著提升更难实现了，因为它们需要帝国议会的同意。

利奥波德善于许诺一些很少兑现的承诺，至少不会完全兑现。1690 年 1 月，他确保了他的长子约瑟夫一世当选为"罗马人的国王"，保障了哈布斯堡统治的延续性。美因茨大主教积极推动了这次选举，他与其他五位选侯一起亲自出席，投下了一致的选票。这是在帝国与法国及奥斯曼双线作战的情况下对哈布斯堡统治的有力支持。[49]然而，1672 年后的不断冲突加速了帝国政治的国际化，因为有更多的欧洲大国热衷于雇用德意志帮手。法国准备花大价钱让重要的诸侯不参与帝国的防务，在 17 世纪 90 年代西班牙的继承问题迫在眉睫时，增加了利奥波德的压力。1692 年，他被迫兑现承诺，将卡伦贝格公爵（汉诺威）提升到选侯地位，这加剧了其他"老诸侯家族"之间的竞争。他又不得不在 1696 年授予萨伏依大公地位，而奥地利则协助萨克森选侯，让波兰人在第二年选择了他作为他们的国王。最后，利奥波德还做出一个影响深远的决定，于 1700 年 11 月同意承认勃兰登堡选侯为"在普鲁士的国王"（king in Prussia），以换取他在几个月内即将开打的西班牙王位继承战争中提供军事支持。每一次，他都会疏远哈布斯堡的其他政治支持者，并为未来埋下隐患。

集体行动

帝国税收

像西班牙王位继承战这种战争，所需的资源动员水平远远超过了中世纪帝国的任何水平。在 16 世纪至 18 世纪，欧洲军队的总规模增加了十倍，是人口增长率的三倍以上。[50] 与公认的看法相反，帝国对这一挑战的回应相当有效。这一点从帝国特权带来的收入看并不明显，在查理四世于 14 世纪末耗尽王室土地后，这种收入就一直很少，尽管 18 世纪初曾努力恢复收入水平，但收效甚微（表 9）。[51]

用"普遍税"为帝国最高法院提供资金一开始就出现了问题，之后帝国议会在 1507 年引入了一种新的税，称为"展销税"（Zieler），因为它每年分两次支付，时间上与法兰克福展销会（即春秋两季的贸易展销会）一致。帝国政治体都有各自的配额，但只能自己想办法筹钱。许多帝国政治体拖欠了税款，但整个帝国都流行一种做法，就是即使债务根本没有偿还的可能，也会将债务记录下来并保留很长时间，这就放大了拖欠税款的问题。1720年税率增加了，当时法官和工作人员的工资翻倍，作为法院行政管理的整体改革的一部分。现在"展销税"的官方年度总额为12万弗罗林，比工资所需的金额高出25%。从1742年到1770年，每年的收入在7.8万弗罗林至13.95万弗罗林之间变化。1776年，另一项改革再次提高了"展销税"，在六年内，税收有了健康的盈余，而勃兰登堡自1713年以来没有支付任何款项，1790年后恢复了缴纳，并很快清偿了其全部欠款。[52]

表9　来自帝国特权的年度收入，约1780年

来源	金额（弗罗林）
皇室宫廷征收的罚金和税费	60 000
帝国骑士们的"自愿捐款"	30 000
帝国城市的税费 （有13个城市仍在缴纳这些费用）	10 384
法兰克福犹太区的"犹太税"	3100
总计	103 484

更多的钱是为了临时组织防务而利用帝国改革引入的注册表制度（见第462—465页）筹集的。该制度可用于募集军队和／或其现金等价物，自1521年以来，一直使用一种名为"罗马月"*的记

---

* 罗马月（Roman Month），一种记账单位，用于衡量领地的财政贡献。各领地需要根据注册表制度，为实现共同的目标（通常用于国防）而出资。该术语来自护送皇帝到罗马加冕的军队的月度工资单。

账单位来计算，这种单位是根据查理五世加冕之旅中的武装护卫队的工资单而确定的。一个"罗马月"的最初价值估计为12.8万弗罗林，但到1576年已降至68 700弗罗林，到18世纪则降至约5万弗罗林。[53] 与"展销税"欠款一样，这种数额不断减少的状况反映了评估方式的缺陷。一些帝国政治体在1524年就对评估提出了抗议，最终促使相关规定在1545—1551年修订，让官方"罗马月"总共减少6%。由于一些领地获得了暂时的减免，例如遭受大火的帝国城市，进一步的问题也悄然而至。这些领地往往不会恢复到原来较高的税率。同时，帝国大区开发了自己的登记册，以在地区一级筹集资金。虽然以1521年的帝国登记册为基础，但各帝国大区的税率往往不同，这为未经授权的"自我调节"提供了进一步的空间，因为各个政治体可以根据最低的税率调整自己的纳税额。

事实上，这些问题在"老欧洲"（Old Europe）很常见，其税收依靠的是与实际财富只有松散联系的评估登记册。这种登记册一旦编制完成，就很难修改，这主要是由于那些税率占了便宜的既得利益者抵制变革。事实上，帝国的政治文化限制了自我调节。较小的政治体特别不愿意通过单方面修改其配额来挑战帝国，而到了18世纪中期，许多政治体都接受了这样的事实，即如果想降低配额，就必须接受帝国委员会对其经济和财政状况的全面调查。[54]即使加上法国吞并的领土，如梅斯、图勒和凡尔登，到1600年自我调节所导致的税收损失也只有15 900弗罗林，即整体损失的四分之一。比其多一倍的税收损失是由移除1521年登记册上的小政治体所导致的，这些小政治体放弃了帝国政治体的地位，接受变为间接附庸，以此来避免纳税，像莱姆戈镇就被纳入了利珀伯国。到

1577 年，所有劝说受益人补交欠款的努力都被放弃了，但帝国政治体的地位至少在五年后固定下来，这意味着各政治体确定接受了分配的负担。其余四分之一的税收损失来自奥地利和勃艮第帝国大区的特殊地位，因为这些地区从来没有通过帝国司库缴纳过税款。

事实上，维持哈布斯堡家族的帝国角色使其臣民所付出的代价远远超过了他们的官方配额。马克西米利安一世在其统治期间花费了 2 500 万弗罗林，主要是为了在意大利战争中收回作为帝国封地的米兰。奥地利的税收每年为哈布斯堡家族提供 50 万至 100 万弗罗林，而尼德兰每年也会提供 100 万弗罗林。从 1507 年起，尼德兰每年又多贡献了 100 万。尽管有这些资金，但来自帝国的援助是必不可少的，1495—1518 年经投票同意拨发的 200 万弗罗林是一个重要的额外来源，即使实际只支付了预定金额的一半。[55] 重要的是，马克西米利安的 600 万弗罗林债务是作为哈布斯堡的债务欠下的，这表明他将哈布斯堡的管理与帝国的其他部分区分开来。他和他的继任者没有通过帝国议会寻求分期偿还，而是选择与各省政治体谈判达成协议，各省政治体则向哈布斯堡臣民征税，以偿付债权人。虽然这需要对这些议会做出让步，包括在 16 世纪后期推行宗教宽容政策，但它使皇帝不必将自己的财政暴露在帝国议会的审查之下。

1521 年后，随着奥斯曼帝国在塞尔维亚和匈牙利快速推进，哈布斯堡家族得到了更多的实质性援助，建立了一个持续到 17 世纪初的模式。哈布斯堡家族向每届帝国议会申请"紧急援助"，以应对眼前的威胁，并进一步申请"永久援助"，以维持匈牙利的边境防御。像其他近代早期欧洲议会一样，帝国议会最初拒绝了后者，因为它认识到永久性的税收拨款将让皇帝减少召集议会的次数。相反，它投票通过了固定的拨款，这些拨款可以作为现金来使用，也可以折算为一定数量的军队，直到配额用尽。查理五世在位期间筹集的资金总额很难计算，因为各个政治体往往拖延很久才支付，但总体而言，到1555年，帝国国库已经收到了约430万弗罗林（表10）。[56]

虽然远远高于以前的皇帝所获得的资金，但这一数额仍然远远不能满足查理不断增长的开支。1544年的拨款只占皇帝在1543—1552年战争资金的3.7%，大部分资金主要来自德意志和尼德兰的银行贷款。[57]然而，这个看似微不足道的数额反映了哈布斯堡政府内部的分工以及帝国维护和平的国际定位。帝国议会只给了查理1544年拨款的一半，即使这也是一个例外，因为帝国议会认为查理与法国之间的战争属于私人战争，所以它没有义务为此拨款。相反，帝国的大部分援助都直接给了负责击退奥斯曼人的斐迪南。实际的援助规模远远大于官方的数额，因为它主要以各个帝国政治体出资组建、装备和维护的部队为援助形式。

斐迪南的行政改革和财政改革使他从奥地利、波希米亚和匈牙利部分地区获得的收入翻了一番，截至1560年达到每年约220万弗罗林，但仍远低于他哥哥从所有领地获得的1 420万弗罗林的平均收入，包括从勃艮第土地获得的690万。斐迪南每年在宫廷和行政方面至少花费53万弗罗林，在加固和保卫匈牙利边境方面花费54万至100多万弗罗林。[58]他的债务在他1564年去世时多了四倍，达到1 000万弗罗林，其中不包括另外150万的私人债务。1564年后，哈布斯堡的土地在他的儿子们之间分成了三份，使他们无法形成规模经济，迫使每个分支向他们的各省政治体做出让步，以换取税收来分期偿还到1615年时总额已超过1 060万弗罗

表 10　帝国税收，1521—1613

投票年份	总计	持续时间	目的	实际支付
1521	6 个"罗马月"	1521—1530	抵抗土耳其人	1522—1526 年和 1529 年派兵代替
1530	48 个"罗马月"	1530—1533	抵抗土耳其人	1532 年派兵代替
1541	1.5 个"罗马月"	1541	抵抗土耳其人	
1542	普遍税	1542	抵抗土耳其人	
1543	普遍税	1543	抵抗土耳其人	
1544	普遍税	1544	一半用于查理的对法战争，一半用于抵抗土耳其人	相当于 12 个"罗马月"
1545	普遍税	1545		
1548—1551	50 万弗罗林现金	1548—1552	建筑防御工事	35 万弗罗林（70%）
1551	普遍税			40 万弗罗林（57%）
1556—1557	16 个"罗马月"	1557—1558		114.1 万弗罗林（69.1%）
1559	50 万弗罗林现金*	1560—1562	建筑防御工事	
1566	48 个"罗马月"	1566—1569	土耳其战争	292.2 万弗罗林（77%）
1570	12 个"罗马月"	1572—1575	建筑防御工事	70 万弗罗林（81.2%）
1576	60 个"罗马月"	1578—1582	建筑防御工事	377 万弗罗林（82.2%）
1582	40 个"罗马月"	1583—1587	建筑防御工事	212 万弗罗林（85%）
1594	80 个"罗马月"	1594—1597	土耳其战争	
1597—1598	60 个"罗马月"	1598—1602	土耳其战争	1 657 万弗罗林（88%）
1603	86 个"罗马月"	1604—1606	土耳其战争	
1613	30 个"罗马月"	1614—1618	边境防御	

*相当于 7 个"罗马月"

林的债务。尽管鲁道夫二世是一位著名的艺术赞助人，但他实际上削减了宫廷开支，将节省下来的资金用于边境防御。然而，尽管各省政治体的税收拨款增加了一倍，哈布斯堡的债务到1612年却增加了两倍，达到3 200万弗罗林，而那时哈布斯堡的年收入只有540万。[59]

总结过哈布斯堡王朝不断恶化的财政状况后，我们可以发现，帝国的援助在整个16世纪下半叶益发重要。1556—1603年拨款的409个"罗马月"，是查理五世统治时期的五倍多。尽管宗教关系紧张，支付率还是从16世纪中期的70%左右上升到最后四分之一个世纪的88%。在漫长的土耳其战争期间，通过直接与帝国大区接触，哈布斯堡家族获得了价值750万弗罗林的额外援助。在1556—1607年，哈布斯堡家族总共收到了3 100万弗罗林，相当于每年约60万弗罗林，大大增加了日常收入。[60]帝国议会在漫长的土耳其战争期间最为慷慨，但超过四分之一的资金是在对土耳其人没有主动敌对行动的情况下拨发的，差不多相当于满足了哈布斯堡家族对永久援助的要求（表11）。

只有1608年的帝国议会没有同意新的援助，而1613年的投票加上之前拨款的逾期付款，使哈布斯堡家族在1608—1631年又得到了200万弗罗林。[61]到1619年，欠款总额达到530万弗罗林，但1608年之前的定期拨款使哈布斯堡家族作为皇帝的信用好于作为领地统治者的信用。帝国司库能够额外筹集380万弗罗林，作为未来帝国税收的"预付款"，另外还有190万弗罗林长期贷款，利率仅为5%，远远低于银行家向法国和西班牙国王收取的过高利率。[62]

表 11　1593—1606 年漫长的土耳其战争期间筹集的战争资金

来源	数额（百万弗罗林）	百分比
奥地利和波希米亚政治体的税收	40	59.6
帝国议会和帝国大区议会的拨款	20	29.8
帝国意大利部分的拨款	0.5	0.7
西班牙的补贴	3.75	5.6
教宗	2.85	4.3
总计	67.1	100

　　关于拖欠的问题，也应该考虑到这样一个事实，即一些地区自愿支付额外的费用，这可能是相当可观的：在 1592—1594 年，这种付款总额为 553 784 弗罗林。[63] 最重要的是，这一制度显示了集体政治文化的力量。帝国议会为特定用途投票，但其记账制度仅限于记录各个帝国政治体在多大程度上履行了它们的义务，它对实际支出没有控制权。然而，尽管有缺点，哈布斯堡家族还是履行了他们的承诺，将这笔钱用于保卫匈牙利免受奥斯曼帝国的骚扰。

　　正是在这种背景下，三十年战争的财政问题才变得清晰起来。围绕波希米亚起义的争论使斐迪南二世不敢召开帝国议会，而是依靠向各帝国大区议会和个别帝国政治体，特别是向各城市寻求支持，其中一些城市提供了可观的资金：科隆在 1619—1631 年提供了 82 830 弗罗林，相当于其 110 个"罗马月"。[64] 为了使这些措施具有更大的合法性，皇帝征得选侯们的同意后才从 1630 年起每年征收 96 个"罗马月"，以应对瑞典的入侵。1635—1638 年，又有 240 个"罗马月"以这种方式被批准。后来斐迪南三世终于认识到，要想让这些措施有机会被接受，帝国议会的批准是必不可少的，这让他在 1641 年又额外获得了 240 个"罗马月"。直接与帝国大区议会的接触，填补了 1638 年和 1640 年之间的空白。支付率远远低于 16 世纪末的水平，因为皇帝不得不将来自不同地区的收入直接分配给附近的帝国军队单位。这模糊了官方战争税和指挥官征收的许多其他费用之间本来就不明显的区别。早在 1638 年 2 月，法兰克尼亚人就抱怨说，这些额外的费用是他们所欠"罗马月"的 2 倍到 5 倍，并要求用他们直接支付给皇帝军队的费用来抵消进一步的战争税。尽管如此，支付的费用仍可能是巨大的。在 1635—1648 年，官方要求萨尔茨堡大主教区上交共计 1 137 个"罗马月"，该地实际支付了其中的 1 334 420 弗罗林或者说 64%。鉴于这些款项远远超过了以前的税收，再考虑到他们的支付条件，这既是一个了不起的成就，也以一种量化的方式说明了战争造成的巨大苦难。[65]

帝国财政体系的真正力量体现在 1648—1654 年，它被用来筹集资金，以按照《威斯特伐利亚和约》的规定解散双方军队。尽管经历了 30 年的可怕战争，到 1654 年，10 个帝国大区中的 7 个已经向瑞典支付了 780 万弗罗林，同时还以另外 2 050 万弗罗林的费用维持其军队。巴伐利亚地区筹集了 753 300 弗罗林来支付巴伐利亚选侯的军队报酬，而威斯特伐利亚的部分地区和美因茨、科隆筹集了 120 万弗罗林来支付黑森-卡塞尔的军饷，另外筹措了 37.5 万弗罗林交给西班牙，以换取对方在 1652 年归还弗兰肯塔尔堡垒。皇帝得到 100 个"罗马月"的承诺金额，以解散他的军队，但除了他的土地可以免除对瑞典和巴伐利亚的付款外，他几乎没有得到什么，这就迫使他的臣民承担了费用。总的来说，官方财政结构在短短六年内筹集了约 3 025 万弗罗林，用于解散约 17 万名士兵，并在 30 年的破坏性战争后为帝国带来了和平。[66]

战争的经历使这些方法在政治上不可能继续下去，因为帝国

政治体不打算再只提供资金而不控制支出。相反，他们回到了 16
世纪 20 年代采用的提供应急部队以代替税收的方法。现在，任何
现金拨款都是为了巩固集体防御，资金来自新设的帝国行动基金
（Reichsoperationskasse），用以支付参谋、运输和其他中央支付的
费用，而应急部队则由派遣他们的地区直接维系（表 12）。[67]

帝国不同级别的职能分配日益互补，通过帝国大区议会进行的
财政活动越来越多，这些议会筹集了额外的资金，包括为其自身的

表 12　1663—1742 年永久性帝国议会的税收拨款情况

投票年份	总计	目的	实际支付
1663	50 个"罗马月"	抵抗土耳其人	1663—1664 年派兵代替
1669	50 个"罗马月"	匈牙利边境防御	一些政治体付款
1686	50 个"罗马月"	抵抗土耳其人	很大程度上被派兵所抵消
1687	50 个"罗马月"	抵抗土耳其人	很大程度上被派兵所抵消
1707	30 万弗罗林	帝国行动基金	至少支付了 652 万弗罗林（71.7%）
1708	150 万弗罗林	帝国行动基金	
1710	30 万弗罗林	帝国行动基金	
1712	100 万弗罗林	帝国行动基金	
1713	600 万弗罗林	帝国行动基金	
1714	750 万弗罗林	帝国行动基金	很大程度上被派兵所抵消
1716	50 个"罗马月"	抵抗土耳其人	到 1736 年为 177 万弗罗林（56.6%）
1732	6 个"罗马月"	菲利普斯堡和凯尔的维修	29 万弗罗林（79.6%）
1733	3 个"罗马月"	菲利普斯堡和凯尔的军需	4 万弗罗林（38%）
1734	30 个"罗马月"	帝国行动基金	到 1735 年 1 月为 35 万弗罗林
1735	50 个"罗马月"	帝国行动基金	少于 50%
1737	50 个"罗马月"	抵抗土耳其人	到 1739 年 3 月为 130 万弗罗林（48.6%）
1740	50 个"罗马月"	抵抗土耳其人	仅一些
1742	50 个"罗马月"	赠予查理七世	182 万弗罗林（68%）

运营资金筹款。1672 年至 1714 年间几乎持续不断的战争，导致这些款项几乎成为永久性的额外税收。历史学家现在才开始研究这一活动的全部规模，它被记录在散落于德意志众多地区的档案中的成百上千本账簿里。上莱茵议会在 1681—1714 年投票承担了 1 000个 "罗马月"。虽然其帝国大区 "罗马月" 的价值从 8 900 弗罗林（1681）下降到 4 100 弗罗林（1704），但数额仍然很大，特别是考虑到实际支付率约为 90%。[68] 事实上，由帝国司库或帝国行动基金集中收到的款项并不能说明帝国财政和军事行动的真正规模，特别是由于大部分未付钱款往往被各地区直接产生的更大开支所抵消。事实上，官方拨款已经成为从领地臣民那里获得更多资金的一种方式，因为帝国议会在 1654 年规定所有居民都必须缴纳帝国税。

西班牙王位继承战争（1701—1714）最能说明这一点，这场战争也是 1648 年之后帝国最大的一次军事行动。中央提供的资金达到 910 万弗罗林，其中约四分之三是由哈布斯堡家族拿出来的，其数额比官方规定的高出 32%，作为一种政治姿态，鼓励人们支持这场在很大程度上为哈布斯堡家族的私利而参与的战争。来自帝国骑士、三个汉萨同盟城市和一些神职人员的额外自愿捐款，让哈布斯堡家族又获得了 324 万弗罗林。[69] 相比之下，奥地利的军事开支为平均每年 2 000 万弗罗林。然而，1701—1714 年的总支出为 6.5亿弗罗林，其中包括帝国政治体提供的官方应急部队和额外的辅助部队的费用，以及他们直接产生的其他战争开支。其中只有 9 000万弗罗林是由皇帝的英国和荷兰盟友提供的。其余的部分大约有三分之一来自哈布斯堡家族，三分之二来自其余的帝国政治体，这表明后者承担了不成比例的沉重负担。帝国的军费总额比英国的陆海军开支多了大约 2.375 亿弗罗林。[70]

尽管在 18 世纪 30 年代对法国和奥斯曼的战争中，帝国政治体仍然提供了大量的财政援助和直接军事援助，但这种努力后来没有得到相应的回报。1740 年后，抵抗土耳其人用的款项没有再被提供过，这反映了最初的帝国使命的重要性正在下降。帝国议会在 1793—1799 年投票通过了 330 个"罗马月"，用于打击闹革命的法国，但紧张的环境导致只支付了最初 230 个"罗马月"中的约 500 万弗罗林，即约三分之一。[71]

帝国国防

军事成就可能是近代早期的帝国最常被嘲笑的方面。大多数 19 世纪和 20 世纪的历史学家都以军事能力来衡量国家的实力。帝国的明显无能通常体现在七年战争期间对普鲁士的动员上。在 1757 年 11 月 5 日的罗斯巴赫战役中，腓特烈大王击溃了规模更大的法国-帝国联军，造成了敌方 5 000 人的损失，而他自己的部队只损失了 548 人。帝国陆军（Reichsarmee）的溃败和随后的瓦解，导致其被嘲弄为"逃跑的陆军"（Reiß-aus Armee）。事实上，帝国陆军只占联军的四分之一，其中三分之一实际上是奥地利应急部队。失败的原因是多方面的，不能简单地归结为帝国的任何所谓缺陷。[72]

帝国作为一个整体，从未拥有过一支常备军。相反，帝国的改革创造了一种机制，在需要时动员军队进行集体防御和维护内部和平。军事负担在帝国各政治体之间使用配额制度进行分配。1495 年至 1555 年间颁布的法案规定了调动军队的程序。帝国议会为整个帝国授权动员，或由各帝国大区议会为各自的地区授权动员。1570 年的进一步调整否定了过去十年中为和平时期的常备骨干队伍提供资金的试探性举措。[73] 这些措施累积起来的效应是将官方军事活动与维护永久的公共和平牢牢绑定。这使"军事权力"（Militärhoheit）与帝国政治体联系在一起，因为自 1495 年以来，这些政治体就被赋予了维护和平的职责，从而剥夺了间接领主和社区的这种权力，他们的军事活动受到了领地当局越来越多的监督。帝国政治体拥有指挥权，能够为自己的部队任命军官，就像他们在以前更个人化的封建义务下亲自领导部队一样。名义上的最高指挥权仍然保留给皇帝，但实际上他任命了几个将军。从 17 世纪中叶开始，皇帝在任命普通帝国军队的指挥官时，会征求帝国议会的意见，但他对自己的哈布斯堡军队仍有专属控制权。有诸侯为外国势力征兵，最有名的是美国独立革命期间的黑森-卡塞尔，声称这是"德意志自由"，但这种活动仍然受到一种正式的条件限制，即不可伤害帝国或皇帝。在西班牙王位继承战争期间，巴伐利亚、科隆和曼托瓦就因为没有遵守这一点而给了约瑟夫一世没收其领地的理由。[74]

除了在 1544 年提供财政支持外，帝国没有支持查理五世的对法战争，迫使他使用自己的军队和向诸侯求助。在意大利和尼德兰为他服务的大量德意志雇佣兵是他用自己的收入和借款支付报酬的。正式的集体行动仍然限于维持西部边境的治安，特别是在 1562 年之后，以使德意志免受法国和尼德兰内战的影响。1555 年至 1570 年间，帝国议会商定的措施未能阻止任何一方招募德意志和意大利军队，但除 1585 年后西班牙和尼德兰对德意志西北部的入侵外，在其他方面成功地防止了这些冲突蔓延到帝国境内。

与税收一样，主要的军事努力是面向东方，以抵抗土耳其人为目的的，这反映了一种共同的期望，即帝国在履行击退土耳其人的职责的同时，应与基督徒保持和平。从 1532 年起，帝国五次派出了大量的应急部队，这种努力在漫长的土耳其战争中达到了顶峰，终止于1606年战争结束。[75] 这些军队都是为特定战役而组建的野战部队，以增援来自哈布斯堡领地的部队和来自欧洲各地的少量志愿军。鲁道夫二世于1593年开启了漫长的土耳其战争，在他的野战部队中，来自他自己领地的有大约1.2万人，另外8 000—10 000人来自帝国。[76] 唯一的常备军由16世纪20年代后镇守匈牙利边境的2万名驻军以及多瑙河上的一支炮艇队组成。[77]

领地层面的军事组织与帝国结构相一致。诸侯和帝国城市都有小型的卫队，其主要职责是维护地位和公共秩序。这些部队为对抗土耳其人的应急队伍提供了一支专业的骨干力量。将农民招募到领地民兵队伍中的这种举措，因帝国法案要求诸侯维护公共秩序和协助帝国而合法化。民兵会周期性地重组，尤其是从16世纪70年代开始，当时他们开始接受更系统的训练，但作战水平仍然相对低下。重大作战行动总是需要专业人员，因此用来支付其费用的帝国财政系统至关重要。施马尔卡尔登联盟和其他在16世纪和17世纪初形成的联盟都在自己的动员结构中直接借用了帝国的配额制度。

哈布斯堡王朝试图用这些结构来进行三十年战争，声称波希米亚起义是对公共和平的破坏，同时将瑞典的干预视为一种外国入侵。自始至终，他们都通过发布命令，呼吁对手放下武器并进行谈判，来使其行动合法化。那些没有回应的人被贴上不法分子的标签，成为惩罚行动的目标。哈布斯堡的支持者，如巴伐利亚，也赞同这种做法，因为这能使他们合法占有自己从皇帝的敌人手中夺取的土地和头衔。[78] 最初，所有交战方都试图用常规税收来资助战争，再辅以外国补贴、强制贷款和货币贬值，最后这个措施在1621年至1623年间造成了严重的通货膨胀。皇帝早期的大多数对手都是相对较小的诸侯，他们既没有大块领地，也没有可靠的外国支持者，只能在其军队活动的地区靠勒索金钱和物资来维系下去。1625年以后，皇帝的军队采用了阿尔布雷希特·冯·瓦伦斯坦将军的"以战养战"（contribution system）政策，该政策试图使这种搜刮当地的做法常态化，并以前所未有的规模扩大。瓦伦斯坦希望通过威慑而不是军事打击来赢得战争，为此他集结起规模极大的部队，使进一步的战斗变得没有必要。根据1570年以来的帝国法案，瓦伦斯坦颁布了一些法令，规定他的军队可以向当地社区索取什么物资，从而完全绕开了常规的税收制度。来自哈布斯堡土地的补贴和税收现在被保留下来，用于购买军事装备和其他当地买不到的军需，以及用于偿还整个系统日益依赖的贷款。[79]

瓦伦斯坦的措施有几个主要缺陷，尤其是他允许属下高级军官领取过高的薪酬，对贪污腐败也监督不力。在当时的批评和随后的历史讨论中，大量滥用职权的行为显得很突出，但使他的方法如此有争议的是其政治影响。瓦伦斯坦的军队直接使用帝国的资源，而不经过帝国议会或帝国大区议会的批准。他为皇帝提供了一支由帝国资助的军队，但这支军队由哈布斯堡控制，用来发动一场极具争议的内战。虽然"以战养战"给普通士兵提供了给养，但他们的军官却期待着更大的回报，这主要是因为他们一般都是自费组建和装备部队的。帝国在1620年白山大捷后没收了波希米亚贵族的领地，而瓦伦斯坦已经成为这些被没收的财产重新分配时的主要受益者。在1623年的进一步胜利之后，德意志其他地区也有封地被没收，像1628年瓦伦斯坦就获得了梅克伦堡公国，该公国在三年前不明智地支持了丹麦的干预，梅克伦堡公爵因此被扣押。

震惊之下，选侯们联合起来，迫使斐迪南二世在1630年解雇瓦伦斯坦，削减军队，并改为征收允许加强审查和控制的常规帝国税。瑞典对帝国的入侵阻止了这些变革的全面实施，并促使斐迪南恢复了瓦伦斯坦的职位。瓦伦斯坦没能打败瑞典人，在斐迪南劝说瑞典的德意志合作者投诚的过程中，他越来越被视为一个累赘。1634年2月，瓦伦斯坦被革职后遭暗杀，这表明皇帝保留了对军队的控制权，军中大部分人员也还忠于他，但组织作战的问题仍然存在。暂时的军事优势使斐迪南能够命令所有的帝国政治体将其军队与他的军队整合成一支由帝国常规税收供应的统一帝国军队。这一安排在1635年的《布拉格和约》中得到了体现，但由于当时的条件使其财政安排无法维持，所以它失败了。事实上，皇帝不得不允许巴伐利亚、萨克森、科隆以及——在某种程度上——勃兰登堡拥有相当大的军事自主权。法国和瑞典在1641年后制定了一个有效的战略，相继针对亲帝国的领地，如勃兰登堡和班贝格，直到它们同意中立。这逐渐减少了支持帝国军队的地区，迫使他们处于防御状态。尽管如此，斐迪南三世和他的德意志盟友在1648年仍然集结了超过7.6万人——他的对手则是8.4万人——这是皇帝能够在《威斯特伐利亚和约》中获得合理有利条件的一个重要因素。

　　1648年后，对和平的巨大渴望导致帝国几乎解散了所有军队。只有哈布斯堡家族保留了一支小规模的永久性军队，并将其重新部署在匈牙利。[80] 然而，更宏观的国际形势迫使人们进一步讨论国防问题。皇帝的首选解决方案是回到16世纪末的做法，即延长帝国议会的拨款，为哈布斯堡家族自己的军队补贴。在经历了瓦伦斯坦的事件后，这在政治上是不可接受的。选侯国和几个中等规模的诸侯国在17世纪50年代后期和60年代建立了自己的永久性军队。原先的民兵组织有时会被恢复，并作为一种有限的征兵形式，提供廉价的新兵来作为专业人员的辅助。1672年后,帝国西部边境爆发了几乎永久性的战争,这些部队大规模扩编,形成了第一支真正的"常备军",与皇帝的军队并驾齐驱。[81]

这在帝国中形成了"武装政治体"(Armierten Stände)与其非武装邻国之间的新分野。利奥波德一世在1662—1664年的土耳其战争中,非常依赖那些能够迅速提供军队的武装政治体,在1672—1679年的荷兰战争中也尤为仰仗他们,以抵御法国的进攻。集体防御成为瓦伦斯坦做法的改进版,因为利奥波德指派非武装领土和城市提供资金和物资以支持武装政治体的部队。非武装领地现在有可能落入勃兰登堡、萨克森、汉诺威和全副武装的明斯特主教区等强大领地之手,沦为间接附庸,所有这些强大领地都试图通过建立保护国来正式确立其主导地位。到1679年,很明显,武装政治体打算剥夺非武装政治体参与帝国议会和帝国大区议会的权利,理由是非武装政治体不再直接履行对帝国的义务。这就有可能使小领地间接附庸化,在帝国的等级秩序中只保留大中型军事化诸侯国,从而让帝国联邦化。

利奥波德意识到这将削弱他管理帝国的能力,于是他在帝国议会中与较小的帝国政治体站在一起,于1681—1682年强行通过了一项妥协的国防改革措施,建立了一个持续到1806年的集体安全体系。[82]注册表制度得到了修改,更明确地以地区为基础,现金负担仍然按照1521年的登记册分配,但应急部队的人力分配被调整,使基本配额(Simplum)总计达到1.2万名骑兵和2.8万名步兵。和以前一样,动员时可以调动基本配额的一小部分或数倍的人员。这项改革取得了成功,因为它稳定了地位等级,而没有阻止任何进一步的变化。所有政治体都有权利和义务做出贡献,这一点得到了确认。帝国大区的作用扩大了，它可以组织来自较小领地的应急部队，这些应急部队可以将他们的士兵合并成规模大致相同的军团。小国仍然可以选择以现金代替，但这笔钱现在要通过帝国司库来支付，以防止更强大的邻国欺负它们，做出不平等的地方安排。所有帝国政治体都可以自由地维持超过它们应该为帝国提供的额外部队，主要是由于这种义务的尺度是富有弹性的，理论上说没有上限。然而，这并不像一些批评者所认为的那样是"枪支法"（Canonen-Recht），因为在 1671 年，利奥波德使武装诸侯没能获得帝国议会对无限战争税的批准。因此，法律立场仍然是1654 年商定的，即臣民只需支付"必要的堡垒和守军"的费用，所以仍然允许领地政治体决定这些费用的数额，并允许皇帝在他们无法达成一致时进行干预。[83] 武装政治体也仍然可以通过与皇帝的私人安排提供额外的辅助人员，以促进实现其王朝的目标。最后，集体防御仍然与管理战争与和平决策的既定宪制框架联系在一起，因此以设想中的防御性战争为基础，只有这样才有可能获得帝国议会的必要批准。

这种集体结构能够持续动员大量兵力（表 13）。[84] 虽然帝国大区应急部队（Kreistruppen）的实际兵力总是低于帝国议会商定的总数，但应该记住，哈布斯堡王朝总是将自己应出的人力物力用在自家军队身上，比较小领地提供的人数多出 30%。辅助部队还有很多人是代替帝国大区应急部队服役的，因为许多诸侯希望将自己的所有士兵聚在一起，以增加他们在对抗法国的大联盟中的分量。像西班牙王位继承战争期间，这种军队就占了辅助部队的 28%。

表 13　帝国防御兵力，1664—1714（年平均数）

冲突	帝国大区应急部队	辅助部队	哈布斯堡部队之外的总兵力	哈布斯堡部队	整体总兵力
土耳其战争 1662—1664	15 100	16 600	31 700	51 000	82 700
荷兰战争 1672—1679	12 680	53 830	66 510	65 840	132 350
大土耳其战争 1683—1699	7 670	10 430	18 100	70 000	88 100
九年战争 1688—1697	31 340	26 070	57 410	70 000	127 410
西班牙王位继承战争 1701—1714	37 950	96 140	134 090	126 000	260 090

在持续不断的战争中，皇帝和帝国政治体的士兵总数从 1683 年的 19.2 万人增加到 1710 年的 34.33 万人。这种快速军事化的最重要和最令人惊讶的方面是小领地军力不成比例的增长，其总兵力增加了 95%，达到 17 万人，相比之下，普鲁士军队增加了 75%，达到 43 500 人，哈布斯堡军队增加了 62%，达到 12.9 万人。[85] 因此，帝国的防御给帝国最弱小的部分带来了沉重的负担，但同时也保证了它们在政治上的生存。威斯特伐利亚和上萨克森的小领地利用帝国大区的结构来组织自己的应急部队，因而在 1702 年之后摆脱了普鲁士、萨克森和普法尔茨强加的繁重任务，之前是这些大型领地代表它们向帝国提供军队的。1648 年帝国几乎解散了所有军队，与之形成对比的是，威斯特伐利亚、上莱茵、莱茵选侯、士瓦本、法兰克尼亚和巴伐利亚的帝国大区在 1714 年同意在和平时期保持武装，将应急部队兵力维持在基本配额的 1.5 倍。也许更令人

惊讶的是，军事化仍然被一种高度法治化的政治文化所限制（不像 20 世纪 20 年代的中国，军阀依靠自己的军队割据一方，几乎不考虑民国的正常秩序）。尽管他们的土地是欧洲武装程度最高的地区，但德意志诸侯继续通过帝国法院将他们的争端提交司法仲裁，而不是向邻国发动战争。

在波兰王位继承战争（1733—1735）1735 年的战役中，集体防御体系动员了帝国大区军队的 34 200 人与法国交战，而在 1733—1739 年，至少有 11.2 万名新兵和辅助人员被提供给哈布斯堡军队。[86] 这场战役的结果令人失望，紧跟着还发生了土耳其战争（1736—1739），加上人们对哈布斯堡家族政治幻想的破灭，以及 1742—1745 年维特尔斯巴赫家族帝国统治的灾难，集体防御遭到了削弱。大多数地区减少了和平时期的军队，一些地区退出了帝国大区级别的军事合作。这一趋势因帝国内部军事平衡的根本转变而更加复杂，因为奥地利和普鲁士军队的总兵力从 1740 年的 18.5 万人扩大到 50 年后的 69.27 万人，而所有其他部队的总兵力到 1790 年则减少了约 9 000 人，为 10.6 万人。我们将看到（见第 732—744 页），这种日益严重的军事失衡严重威胁到帝国的持续生存能力。

经济措施

欧洲历史的标准叙事认为中央集权的君主国是社会和经济进步的孵化器。首都作为政治、经济和文化中心，集中了财富，促进了有活力的创新。王室权威有助于传播统一的法律、钱币、关税、度量衡系统，帮助整合地方和区域经济活动。地方和团体失去了地方保护，被迫进行创新，以便在更大的市场网络中生存。君主制通过提供一个安全的法治环境，降低了经商的"交易成本"。[87] 虽然确实有很多证据支持这种解释，但这并不意味着其他类型的政治秩序在促进经济发展方面总是不如人意。

在帝国历史上的大部分时间里，其最具活力的经济区域是那些政治上最分散的地区，如佛兰德斯、布拉班特和莱茵兰，而不是像北部和东部那样的大领地。其原因很复杂。一个主要因素是，生产力较高的地区都集中在莱茵河及其支流的主要交通线上。虽然这种财富的集中有助于领主等级变得更密集、更复杂，但由此产生的政治多样性并没有抑制人口和经济的进一步增长。不同权力机构相互接近也会鼓励创新和实验，例如在 17 世纪后期和 18 世纪，奢侈品制造业的兴起就体现了这一点。[88] 真正的考验是，帝国在多大程度上能够减轻其内部结构的约束，同时又不扼杀经济方面潜在的创新。

在整个中世纪，经济协调仍然是传统的。与其他君主一样，皇帝的主要任务是出于道德原因保证和平与正义，经济繁荣的任何好处都是次要考虑。直接干预仅限于现在所说的投资激励：通过授予市场权、铸币权、采矿权和收费权，使特定的领主和社区享有特权，所有这些都被证明对促进城市发展具有重要意义。在 10 世纪，拥有市场权的定居点数量增加了一倍，达到 90 个，在 11 世纪增加到 140 个，在下一个世纪达到 250 个。政治和经济一样塑造了这一现象，因为主教区的城镇是主要的受益者，反映了皇帝对帝国教会的依赖。在 1140 年之前，帝国只有 25 家铸币厂在运作，但斯陶芬家族在用王权分发奖赏的过程中，使铸币厂到 1197 年增加到250 家，其中只有 28 个在王室控制之下，而 106 个由教会领主掌握，81 个由世俗领主掌握。到 1270 年，总数几乎又翻了一番，达到 456 个，而且天平开始向世俗领主倾斜，他们现在经营着 277 个铸币厂，而教会领主则有152个，王室有37个。这种扩张部分是为了应对日益增长的货币经济和对小额零钱的需求，但在很大程度上也反映了权力从斯陶芬家族向诸多"小国王"的转移，后者收买了人们的支持。这也强调了下一章要提到的一点，即帝国对普通居民的生活产生了实实在在的影响。[89] 正如我们已看到的（见第422—423页），附庸制从12世纪开始发生的变化，通过允许封地和管辖权买卖和抵押，促进了商业化。

王室授予的特权经常相互矛盾。一部特许状可能授予一个领主收费权，而另一部特许状则豁免个人或社区，允许其不缴费。只有贸易展销会集市的权利以不那么矛盾的方式发展。法兰克福集市在1330年获得了特权，莱比锡的集市在1466年获得了特权，1770年之前又获得了15次确认和延期。帝国特许状保证了自由贸易，免除了商人的过路费，并在他们往返于集市时为他们自己和他们的货物提供特别保护。这些竞争优势使他们能够压低其市场的价格，反过来又为法兰克福和莱比锡吸引了更多的生意。到1525年，永久的公共和平其实已经实现，使帝国能够兑现承诺，保证商贸安全。更加成熟的近代早期法律文化带来了更多的好处。例如，莱比锡就在帝国法院赢得了不利于其王公即萨克森选侯的裁决，因为他在瑙姆堡推广竞争对手的贸易集市。莱比锡和法兰克福都获得了限制不伦瑞克作为替代地点发展的禁令。帝国的这两个贸易展销会相互补充。莱比锡主要服务于北部和东部，与北海和波罗的海相联系，而法兰克福则面向南部和西部，与意大利和地中海往来。两者都服务于以其他城镇的附属集市为基础的区域性网络，从而提供了一个反映帝国政治结构的经济网络。[90]

从14世纪开始，随着当局越来越多地在其管辖范围内掌握主动权，发放特权和给予豁免，领地化提供了一层额外的经济监管和协调。宗教改革强调了道德的必要性，加强了已有的通过公安规范日常生活的努力（见第615—619页）。帝国的改革加强了帝国保证总体和平的能力，以及化解社会经济紧张局势的能力。帝国议会在16世纪颁布了通用的规范性法案，提供了指导方针，并通过将其纳入地区法律规范和条例来适应当地情况。这使得在一个共同的体系中可以有不同的做法，使严重的争端可以通过帝国法院来解决。通过这种方式，帝国机构维持了一个部分自由的市场，涵盖了1500年左右全欧洲的四分之一人口。大多数人口在法律上是可以自由流动的，不过有些领地施加了限制，特别是勃兰登堡–普鲁士，在18世纪，向外移民被等同于当逃兵。

查理五世对德意志南部和意大利银行家的依赖，促使他反对选侯和诸侯1519年后在帝国议会推动的反垄断立法。然而，帝国议会在1530年后逐渐取消了教会法对高利贷的禁止，在1654年将5%作为所有信贷安排的利率上限。领地当局和地方社区经常以更高的利率借贷，但帝国法律确实遏制了过度收费，因为债权人不能靠法院来强制执行。1653—1654年帝国议会为解决三十年战争后的信贷不足问题，给予所有债务人三年的延期偿还权，同时将拖欠的利息减少四分之三。饱受摧残的普法尔茨得到了特殊安排，获得了十年的延期偿还权。这些措施保护了债务人，但拒绝了一笔勾销所有债务的请求，维护了资本市场的完整性。然而，该制度仍然是保守的。原有的债务虽然减少了，但仍然有效，并继续给后代带来负担——在某些情况下一直持续到19世纪。[91]

货币监管与之情况类似，从其自身来说取得了部分成功，但代价是维持了保守的做法。帝国议会在1532年将货币贬值定为死罪，并在 1524 年颁布了《帝国铸币条例》（Reichsmünzordnung），通过建立南德意志"金弗罗林"和北德意志"银塔勒"之间的官方关系来监管汇率，从而对铸币厂进行了松散的全面监督。这两种硬币成为官方记账单位，所有地区的货币都可以根据其贵金属含量与之挂钩。政治因素从一开始就阻碍了这些安排，因为北方领地认为其货币价值被低估了。到 1571 年，三次修订法令都未能解决这个问题，因为各地区发行的硬币都称为"弗罗林"和"塔勒"，但贵金属的含量是不同的。1566 年，监管权被移交给了帝国大区，帝国大区被认为有更好的机会在更近的地方管理，并对违反规则的行为进行惩罚。马克西米利安二世于 1573 年单方面将哈布斯堡的土地从共同框架中移除，以此作为使王朝的财产不受帝国政治体查的广泛努力的一部分，从而破坏了集体努力。[92]

然而，真正的问题是对货币的保守态度。各级当局都坚持认为，财富是有限的，并通过金银来表现。然而，贵金属既是一种交换媒介，本身也是一种物品，例如可用于制造珠宝。铸造硬币的成本可能会高于其面值，从而鼓励通过混入劣质金属来使其贬值。这些规定是在 16 世纪后期铜币作为小额零钱传播之前制定的。最重要的是，官方汇率与通过生产力定义的经济价值几乎没有关系。同时，随着阿姆斯特丹（1609）、汉堡（1619）和纽伦堡（1621）的存款银行的发展（这些银行使用"假想"账户单位来促进国际货币转移），对可靠汇率的需求也在增长。[93]

在中世纪盛期，铸币厂的激增阻碍了控制。1603 年，帝国议会试图将其数量限制在每个帝国大区三四个，但仅在下萨克森，1617 年就有 30 个铸币厂，其中 12 个因违反官方规定而在当年的帝国大区货币会议上遭到谴责。[94] 货币贬值，即降低货币价值，似乎作为应急方法解决了 1618 年后支付士兵工资的迫切需要。经济实力较弱的交战国在 1619 年采取了这种做法，两年后哈布斯堡家族也采取了这种做法。最臭名昭著的操作者是布拉格造币厂财团，该财团由包括瓦伦斯坦在内的具有政治影响力的哈布斯堡官员组成，在一次被现代经济学家认为比欧洲中央银行应对 2008 年欧元区危机的量化宽松政策还要糟糕的行动中，发放了 4 000 万弗罗林，其后果被称为西方世界的第一次金融风暴。[95] 面包价格在 1621—1622 年上涨 400%，引发了骚乱和军队哗变。

这场金融危机是三十年战争的一部分，它像三十年战争本身一样，部分是由帝国的缺陷造成的，但同样的结构也有助于解决它。帝国的货币法规为协调一致的行动提供了一个公认的框架，因为大多数参与其中的人都认识到贬值会产生反作用。帝国城市已经在 1620 年采取了行动，随后在 1622—1623 年通过帝国大区进行了更多的协调努力，促使领地当局将其货币贬值高达 90%，同时回收贬值的硬币并按官方汇率重新铸造。到 1623 年，大多数领地都恢复了银本位制，包括小额零钱，而铜钱则基本上被赶出了帝国。

相对成功的结果阻碍了创新。战前的制度仍然存在，各领地发行自己的硬币，并在既有帝国货币条例的指导下，委托帝国大区进行监督。有了上次的经验教训，在 1672 年之后旷日持久的战争再次爆发时，帝国大区对少数几个试图贬值的领地采取了迅速的行动。[96] 帝国议会最后一次调整汇率是在 1738 年，但官方价值再次与市场汇率不符，促使奥地利对自己的货币进行贬值。此后，奥地利和普鲁士的竞争阻碍了协调，特别是当普鲁士效仿奥地利，在 1750 年将货币贬值到官方汇率以下时。随后，普鲁士发行了大量贬值的硬币，以补贴七年战争（1756—1763）的费用，而奥地利则在 1761 年发行了 1 200 万弗罗林的"优惠券",这是中欧第一次发行纸币。普鲁士在 1764 年重新给货币估价,但没有达到官方汇率。由于这两个德意志大国都在官方汇率机制之外,巴伐利亚和其他邦国也在 1765 年后脱离了官方汇率,导致通过帝国大区进行的跨地区合作破裂了。总的来说,其后果并不太严重。其结果是帝国不再努力通过帝国法律永久固定汇率,允许货币价值随市场波动。官方立法继续提供合作和起诉欺诈者的机会。[97]

通行费和关税的监管也遵循类似的路线。与铸币厂一样,随着皇家特许状发向各个领主和城镇,通行费和关税也大量增加,其中大多数人对特许状条款的解释相当宽泛,以拓展收入来源。1269年,康沃尔的理查试图减少通行费的数量,而五年后,鲁道夫一世禁止了所有"不公正的通行费"。[98] 到那时,许多当局都有权征收这些费用,而包括皇帝在内的任何人都不具备普遍承认的权力来撤销这些特权。通行费和关税继续发展,以应对当地不断变化的环境和日益增长的从居民那里筹集现金(而不仅仅是劳动力和产品)的需要。帝国议会和帝国大区的出现为更有效的管理提供了一个框架,而当时许多人认为通行费正在扼杀贸易。作为选举协议的一部分,查理五世承诺在未经选侯同意的情况下不授予更多征收通行费的特权,而帝国议会在 1576 年补充规定,领地在建立新的收费站之前需要得到邻国的同意。财政上的需要导致了这一点被忽视,尤其是在 1618 年之后。《威斯特伐利亚和约》正式废除了战时通行费,在纽伦堡召开的和平执行大会责成帝国大区执行这一规定。在一些地区,如下萨克森和莱茵选侯帝国大区,行动失败了,因为没有人想成为第一个降低关税的人。在其他地方,带头的领地树立了一个榜样,因为其领主意识到收费损害了利润丰厚的过境贸易。彻底废除内部通行费的提议被拒绝，而到 1658 年，利奥波德确认了 1576 年的安排。此后，中央协调仅限于在 1672 年后的战争期间对法国实施官方贸易禁运。

由于帝国内部结构的复杂性，不仅在德意志内部，而且在它与勃艮第和意大利之间，共同的通行费和关税政策自始至终都受到了阻碍。然而，后来的德意志帝国在 1904 年之前也没有一个统一的海关系统，而内部关税在前现代欧洲几乎是不常见的。英国的统一系统是个例外。法国的内部收费站雇用了 2 万名税务官员，他们在 1766 年法国正式吞并洛林后仍将其视为一个独立的国家。[99] 真正的问题不在于帝国机构，而在于较大的领地如何接受被称为"官房经济"（cameralism）的时兴经济思想，该思想鼓励经济自治。当地的生产者将受到关税的保护和享受国家补贴，而其他措施则试图塑造社会行为，鼓励更加节俭、虔诚和顺从。官房经济的某些观点主张在领地一级实行更大的中央集权。然而，一个主要目标仍然是维护群体的社会秩序并解决其问题。因此，收费政策也反映了这一点。例如，在波希米亚易北河上的九个收费站中，只有五个是国家经营的，三个由市政当局经营，一个由贵族控制。

官房经济的措施经常是反作用的，但它们在较大的领地似乎效果更好，在其较小的邻国中则引起焦虑，这些小邦国担心自己在经济上和政治上都处于不利地位。帝国大区的结构为微型领地提供了协调活动的机会，主要是因为许多经济问题直接影响到公共秩序。例如，士瓦本帝国大区组织警察对流浪者进行扫荡，在传染病流行期间采取控制措施，并在饥荒时期进行价格管制。其 1749 年的公路条例允许它迫使非帝国大区成员的土地所有者合作，帮助维护整个地区的道路。[100]

总的来说，帝国和帝国大区的协调工作仍然只是部分有效，而政治多样性产生的积极效应并不适用于所有经济部门。例如，在相邻地区生产和销售类似商品的情况下，官房经济加剧了竞争。这可以刺激创新，而竞争者对失去贸易的恐惧可能会抑制提高关税的愿望。然而，许多活动基本上是固定的，如水运、林业、采矿及其相关的资本设备。例如，为一条河流的贸易开发的驳船不一定能用于另一条水路的货物运输。莱茵河和易北河的贸易大多依靠运输大宗货物，特别是木材，直到19世纪20年代，从数量和价值上来说，木材仍然是主要货物，但运输的货物也包括铁矿石、石材、谷物、酒、水果、麻和羊毛等。所有这些物品都不适合陆路运输，所以除了水路以外，很难找到替代路线。

因此，到了18世纪，莱茵河上有32个收费站，易北河上有35个，其中大部分由不同的领主经营。它们的所有者没有什么动力去降低费率以促进贸易，因为他们已经享有一个固定的市场。仅仅在科隆和法兰克福之间运输食盐的费用就增加了近60%，而将葡萄酒从美因河运到法兰克福，再从陆路运到卡塞尔，顺着威悉河运走，则更便宜。[101]帝国框架应该解决的正是这些问题，它应该通过提供论坛来达成互利的解决方案，但所有谈判都失败了，因为愿意放弃当地优势的当局太少，而且没有机制来迫使其这样做。只有在1795年之后，在法国的压力下，莱茵河收费站才被减少到12个，并在法德联合管理的一个名为"入市税"（Octroi）的共同系统中公布了收费标准。同时，疏浚和整治河道的工作也终于开始了。1815年后，各继承国保留了入市税制度，直到1868年最后一个莱茵河收费站被废除。

1705 年以后的新挑战

第二个哈布斯堡帝国

帝国的最后一个世纪经常被写成奥地利和普鲁士之间"争夺德意志主宰权"的前奏。[102] 这种普奥竞争的叙事往往将其他德意志领地边缘化为旁观者或受害者。帝国机构似乎无能为力或无关紧要。然而在 18 世纪初,帝国的权力其实空前强大。[103] 到 1705 年利奥波德一世去世时,哈布斯堡家族已经克服了 1703 年西班牙王位继承战争初期巴伐利亚和科隆投靠法国而引发的财政危机和军事危机。除了巴伐利亚和科隆,曼托瓦、米兰多拉和意大利其他各种封地也曾不明智地站在西班牙王位的法国候选人腓力五世一边。帝国宣布没收这些封地,帝国权威也由此重新确立。选侯们不仅确认了这一点,还在 1708 年同意恢复了此前被剥夺的波希米亚选侯资格。新皇帝约瑟夫一世无视选侯们的抗议,于 1708—1709 年单独对教廷发动了战争。[104] 更重要的是,哈布斯堡家族似乎即将获得整个西班牙的继承权,因为利奥波德的小儿子在英国、荷兰和葡萄牙的支持下已于 1705 年 7 月宣称为查理三世。

局势开始崩溃,因为盟国破坏了谈判解决的机会,坚持要求法国帮助它们,将腓力五世从他仍然控制的西班牙土地上驱逐出去。约瑟夫一世于 1711 年 4 月过早去世,这使得他的弟弟查理六世一旦当选为皇帝,西班牙和奥地利的土地就将统一在同一个哈布斯堡家族治下。英国和荷兰共和国对此表示反对,并于 1713 年在乌得勒支与法国达成了一项单独的协议,以妥协的条件放弃了这场代价高昂的战争。腓力五世得到了西班牙及其海外属地,但将勃艮第和大部分意大利土地交给了奥地利。尽管查理在另一场战役中得到了帝国议会的支持，但他在 1714 年的《拉施塔特和约》（Peace of Rastatt）中被迫接受了这些条件。

这个结果让查理个人深感失望，但事实上完成了自 1683 年成功解除土耳其对维也纳的围攻以来，哈布斯堡权力的显著转变。尽管九年战争（1688—1697）的爆发导致西线开辟了独立战场，但利奥波德感觉到有机会收复整个匈牙利，于是继续与奥斯曼人作战。到 1699 年，他已经占领了特兰西瓦尼亚和匈牙利，而塞尔维亚也在另一场土耳其战争（1716—1718）中被征服。哈布斯堡的控制现在也更加稳固了，因为约瑟夫的军队以 50 万人死亡的高昂代价粉碎了 1703—1711 年匈牙利的大规模叛乱。[105] 截至 1720 年，哈布斯堡的世袭领地总面积增加了一倍多，达到 73.95 万平方千米，政治重心也随之发生了转移，因为其中三分之二的领地都在帝国之外。哈布斯堡家族现在拥有的臣民数量是 1648 年的 2.5 倍，其意大利土地上的人口是奥地利的两倍。总的来说，哈布斯堡家族的领地与整个帝国面积相当，使他们本身就成为欧洲的强大势力。[106]

与早先 1477—1526 年的扩张一样，新获得的土地并没有被纳入帝国的版图，这加剧了哈布斯堡统治的二元化特征，并反映在 1709 年帝国书记官署与奥地利书记官署更明显的区分上，奥地利书记官署此时显然是更高级的机构。几十年后，这种情况的影响才会完全显现。哈布斯堡家族已经是皇室，所以他们取得新领土并没有立即挑战帝国的地位等级制度。他们的额外资源使他们能够扩大对帝国诸侯和贵族世家的恩庇。符腾堡的卡尔·亚历山大的青云直上提供了一个很好的例子。卡尔·亚历山大来自统治符腾堡的路德宗家族的一个小分支，几乎没有机会继承公爵之位。1712 年，他在为哈布斯堡服役期间皈依了天主教，从而坚定地站在了哈布斯堡王朝一边。七年后，王朝任命他为新征服的塞尔维亚的总督。1733年，他意外地继承了符腾堡，并在波兰王位继承战争中提供了大量的军事支持，以此来回报哈布斯堡的恩庇。然而，卡尔·亚历山大也期望得到些许领地上的奖赏和实现符腾堡长期以来的目标，即提升到选侯地位。[107]

他的诉求反映了利奥波德为换取对西班牙继承权的支持而分配的恩惠在诸侯间所引发的日益激烈的竞争。到1720年，帝国除了哈布斯堡家族外还有四个王室：萨克森韦廷家族（波兰）、汉诺威韦尔夫家族（英国）、勃兰登堡霍亨索伦家族（普鲁士）和萨伏依家族（撒丁尼亚）。尽管法国的压力迫使查理六世恢复了巴伐利亚的维特尔斯巴赫家族的地位，但高度参与了西班牙王位继承战争的该家族的任何一个分支都没有获得王位。乌得勒支会议完成了17世纪40年代始自威斯特伐利亚的将非主权实体排除在国际外交之外的趋势。在各帝国政治体中，只有普鲁士和萨伏依被允许参加乌得勒支会议。1713年后的欧洲主要由赢家组成，他们相互承认彼此的主权地位。

而与此同时，帝国则保留了那些未能获得承认的政治体，既包括像帝国城市这样相对较弱的成员，也包括像巴伐利亚和普法尔茨这样大得多的实体。所有的政治体仍然受一个共同的秩序约束，这种秩序保证了它们的自治和地位，而如果帝国解体，这种自治和地位就会消失。各政治体至少在口头上遵守正式的规范，因为如果不这样做，自己的地位就会受到影响，并使当地的竞争对手获得优势。[108]

普鲁士与帝国

普鲁士在 1700 年升格为王国后的举措表明了既定规范的力量。普鲁士之所以成为皇帝最危险的附庸，通常的解释是自"大选侯"腓特烈·威廉以来，普鲁士出现了一系列健康、能干的统治者。他的儿子和继任者被他的孙子腓特烈二世国王斥为"做戏国王"（theatre king），而腓特烈一世之所以升为国王，据说只是因为他痴迷于无关紧要的仪式。[109] 事实上，腓特烈一世在 1713 年去世时将军队增加了三分之一，总数达到 4 万人，这使得腓特烈·威廉一世的登基不像通常认为的那样是"风格上的突破"。尽管如此，腓特烈·威廉一世对宫廷开支的削减和无情的军事扩张通常被解释为替他的儿子腓特烈二世在 1740 年后侵略奥地利创造了工具。

军事力量对普鲁士的影响力至关重要，但如果不提及它在帝国的地位，任何解释都是不完整的。即使在 1618 年继承了普鲁士公爵的地位后，霍亨索伦家族仍有三分之二的土地都在帝国境内，后来获得的其他所有领地也是如此，直到 1740 年。霍亨索伦家族是《威斯特伐利亚和约》的主要受益者，该和约使他们继承了有争议的于利希-克莱沃公国的一半土地，波美拉尼亚的一半土地，以及一些世俗化的帝国教会土地。这些领地虽然面积不大，但与普鲁士公国相比，人口更加密集，人均税收也更高：到 1740 年，霍亨索伦家族的 240 万臣民中有四分之三也是帝国的居民。[110]

到 1648 年，这些领地的面积已经超过了巴伐利亚或萨克森的两倍，但它们的全部潜力仍有待开发。勃兰登堡的土壤很贫瘠，而霍亨索伦的大部分领地仍然分散在德意志北部相对孤立的小块土地上。"大选侯"在 17 世纪 50 年代对各领地的政治体施加了相当大的压力，要求其提高税收，但从 17 世纪 70 年代起，由于利奥波德一世否决了无限制的战争税，而且帝国法院也威胁要进行干预，这就更难实现了。[111] 随后的霍亨索伦统治者宁愿让税收结构保持不变，也不愿解除他们与地方贵族和城镇达成的协议。重大的改革不断被推迟，直到 1806 年普鲁士被拿破仑打败，改革才不可避免。巴伐利亚、萨克森、汉诺威，在一定程度上还包括普法尔茨，甚至明斯特，都享有类似的收入，并在 1700 年之前保持着与普鲁士大致相当的大规模军队。巴伐利亚和萨克森的宫廷仍然比普鲁士更亮眼，这进一步掩盖了 1700 年后形成的日益扩大的实际权力差距。

普鲁士公国的真正意义在于它处于帝国管辖之外。在北方战争（1655—1660）期间，娴熟的外交和军事手段使普鲁士从波兰完全独立出来的事实得到了国际社会的认可，尽管它的各省政治体花了一些时间才接受这一点。[112] 这使霍亨索伦家族成为哈布斯堡家族之外唯一在帝国外拥有主权土地的帝国诸侯，并为霍亨索伦家族后来提升为国王奠定了基础。然而，他们的政治重心仍然在德意志北部。腓特烈一世在普鲁士首府柯尼斯堡加冕为国王，但柏林仍然是霍亨索伦家族的政府中心。腓特烈和他之后的两任国王继续发展柏林，使其成为欧洲的重要城市。他们的举措与萨伏依家族如出一辙，后者仍然以皮埃蒙特的都灵为基地，而不是迁往撒丁尼亚；这为其在 1720 年后成为国王提供了基础。普鲁士和撒丁尼亚仍然是处于从属地位的邦国，这与其他获得王位的德意志诸侯形成了鲜明对比，包括汉诺威家族和萨克森韦廷家族，他们自己的选侯国反而成了英国和波兰的藩属。萨伏依的野心在于阿尔卑斯山以南，所以它的王室地位并没有扰乱德意志的等级秩序，在萨伏依家族故意与帝国议会脱离关系之后就更是如此了，他们这样做是为了避免 1714 年后在仪式规格上犯难。此外，与普鲁士相比，萨伏依的实力不足，直到19世纪才有能力挑战奥地利。[113]

相比之下，霍亨索伦家族在地理上和宪制上都深深扎根于帝国。此外，他们的国王地位也还不太稳定：他们只是"在"普鲁士的国王，而萨伏依人是真正意义上的撒丁尼亚国王，而且撒丁尼亚一直被视为一个王国。利奥波德一世是否真的拥有将普鲁士提升为王国的权力，存在相当大的疑问，这主要是因为普鲁士纳入波兰的时间较近，与其之前和帝国的关系相比，它与波兰的联系更为稳固。与中世纪过于强大的附庸不同，霍亨索伦家族并不是在挑战哈布斯堡家族的皇帝头衔，而是寻求被承认为第二个强大的王朝-领地君主国，地位和自治权与奥地利相当。

腓特烈一世立即推动了仪式上的改变，以宣示这一点，这很快就使普鲁士与奥地利的关系恶化了。早在1705年，哈布斯堡的大臣们就对霍亨索伦家族获得国王地位表示遗憾，1707年后，双方的外交关系暂时中断，尽管双方继续保持对法国的军事联盟。[114]虽然存在这些问题，腓特烈还是在1702年为所有霍亨索伦家族的领地争取到了特权，使其在一定程度上不受帝国法院管辖。我们将会看到（见第720页），这种特权并不罕见。更重要的是，霍亨索伦家族并没有像哈布斯堡那样推动更统一的自治，而是继续把他们的每一个属地都分别对待，以免放弃与之相关的哪怕相对较小的权利和影响力。1715年之前，奥地利的土地远远大于霍亨索伦的领地，但奥地利在帝国议会中只有一票，而哈布斯堡家族在勃艮第另有一票，1738年以前还拥有洛林的一票。霍亨索伦家族则将他们的领地区分开来，以便在帝国议会和威斯特伐利亚、上萨克森及下萨克森的帝国大区议会中都拥有尽可能多的代表权。

正式的政治影响很重要，因为霍亨索伦家族无法与哈布斯堡家族的非正式庇护竞争。霍亨索伦家族的军队和宫廷虽然规模庞大，但缺乏哈布斯堡家族所能提供的声望，高薪职务的数量也比不上，而皇帝还拥有更广泛的封爵权。霍亨索伦家族也仍然是王朝婚姻市场的二等之选，他们基本只能与中等规模的新教诸侯家族联姻，如不伦瑞克的韦尔夫家族。帝国议会中的代表权提供了一个平台，使他们能够争取支持，阻止哈布斯堡的不友好措施，并使霍亨索伦的政策在更广泛的舞台上合法化。这对普鲁士在 1672 年后的战争中的军事扩张尤为重要，当时普鲁士的参与得到了帝国防务体系的认可，这使得普鲁士能够与许多小领地建立联系，这些小领地向普鲁士支付费用，让普鲁士替其向帝国军队派遣应急部队。这些机会随着 1714 年和平的到来而消失了，英国-荷兰的补贴也由此被阻断，而当时恰逢腓特烈·威廉一世在进一步扩大军队，这迫使他在 1733 年转而采用强征入伍的制度，以减少军事开支。[115] 虽然现在普鲁士的军队规模是其他诸侯国的两倍多，但普鲁士的军队仍然在集体安全体系内，在波兰王位继承战争期间贡献了一支应急部队。普鲁士还遵守宪制规定，在将部队从其分散的属地之一转移到另一属地时，通知其他帝国政治体，并且通常比奥地利和萨克森更严格地履行在过境期间支付住宿和运输费用的义务。

普鲁士有意鼓励胡格诺派和其他新教难民在 17 世纪 80 年代后移民该地，以增加其人口。虽然规模庞大，但这种措施在帝国并不罕见。与此同时，霍亨索伦家族仍然留在帝国更大范围的宗教秩序中。霍亨索伦家族试图通过煽动新教徒的恐惧来在反对哈布斯堡家族的过程中得到支持，但这并没有使他们取代萨克森成为新教团体的领袖，反而使普鲁士国王一时有了麻烦制造者的名声。

同样，腓特烈·威廉一世和他的儿子也指定了许多领地作为未来的潜在兼并对象，但他们是根据王朝的血统和继承关系来挑选领地的，而且在 1740 年之前主要针对的是那些可以增加普鲁士在德意志南部影响力的小诸侯国。普鲁士并没有试图通过武力夺取这些地区。相反，普鲁士试图通过保护领地权利和收购竞争对手的权利来加强其控制力。它的前两位国王不得不接受一些挫折，特别是在 1722 年，当时查理六世废除了在拜罗伊特与普鲁士的霍亨索伦艰苦谈判后达成的一项有利于霍亨索伦的继承条约。[116] 在 1740 年之前，即使是相对较小的帝国政治体也经受住了普鲁士的欺凌。1740 年 6 月，随着腓特烈二世的登基，情况发生了变化，他蔑视帝国，而且与他的前任不同，准备用武力来实现他的目标。

奥地利王位继承战争

腓特烈等待机会的时间并不长。查理六世于 1740 年 10 月 20 日去世，哈布斯堡家族的男性血统就此消亡，奥地利的继承权问题也随之而来。对哈布斯堡家族怀有敌意的势力无视了其早先认可的《国事诏书》，这份诏书修改了哈布斯堡继承法，以支持查理的女儿玛丽亚·特蕾莎继位。腓特烈拥有一支庞大的军队和充足的国库，能够首先采取行动，在查理死后仅 9 天就决定进攻，尽管除了西里西亚的小部分地区外，他对哈布斯堡的领地没有任何索求。西里西亚不仅面积大、人口多、工业发达，而且占领它可以阻止萨克森建立通往波兰的陆桥。[117] 普鲁士军队于 1740 年 12 月 16 日越过边境，声称他们占领西里西亚是为了保护玛丽亚·特蕾莎，以此来迷惑哈布斯堡当局。

这一步决定了腓特烈余生的政策。重要的是，不要从后世的视角解读接下来的事件，尤其是腓特烈塑造自己和他的王国的"伟大"形象之举。[118] 尽管奥地利几乎破产，军队士气低落，政治家老迈不堪，但腓特烈的行动是非常冒险的。自 16 世纪以来，哈布斯堡家族已经打败了每一个挑战者。1741 年 4 月，腓特烈在莫尔维茨（Mollwitz）战役中逃离，险些被奥地利人俘虏，他的野心在入侵的几个月后就几乎破灭了。虽然他的军队最终取得了胜利，但在后来的几场战斗中，他都差点被俘或死亡。如果是这样的话，几乎可以肯定，他的亲属会在不利的条件下达成和平，就像瑞典的卡尔十二世于 1718 年弗雷德里克斯登（Frederiksten）围城战中被一颗子弹打死，结束了其大国地位一样。事实证明，腓特烈的实际结果非常不同。到 1745 年 12 月，普鲁士迫使奥地利割让西里西亚和格拉茨，使其领地面积增加到 16.1 万平方千米以上，拥有 400 万居民。普鲁士现在拥有的领地比巴伐利亚、萨克森、汉诺威和普法尔茨的总和还要多出近三分之一，人口则相当于其总人口的五分之四。这种物质上的差距在 1740 年之前就已经很明显了，现在又有了真正的政治意义，因为奥地利在 1745 年也已经打败了巴伐利亚。

维特尔斯巴赫的帝国统治，1742—1745

腓特烈寻求更多的领地来巩固普鲁士在欧洲的地位，而巴伐利亚的选侯卡尔·阿尔布雷希特则以中世纪晚期争夺帝国统治权的方式来争夺皇位（见第 431—454 页）。巴伐利亚的干预以矛盾的方式表明了哈布斯堡的方法自 1438 年以来的成功。虽然能够确保在 1742 年 1 月 24 日当选为查理七世，但这位巴伐利亚选侯却无法建立稳定的帝国统治。与此同时，玛丽亚·特蕾莎和她的丈夫弗朗茨·斯蒂芬能够依靠哈布斯堡土地上的大量资源，再加上英国和荷兰的支持而生存下去。[119] 巴伐利亚已经很虚弱了，直到普鲁士入侵西里西亚的八个月后才设法开始争夺哈布斯堡的领地。这一举动在其他选侯中引起了极大的不安，导致了 15 个月的空位期。一些中层领主和许多小领主仍然十分忠于哈布斯堡家族。由于法国和普鲁士施加的巨大压力，加上对查理六世最后十年统治的不满和对奥地利一家独大的担忧，巴伐利亚选侯最终战胜了哈布斯堡的候选人弗朗茨。[120] 查理七世当选皇帝才两天，奥地利军队就开进慕尼黑，充分表明巴伐利亚没有能力维持帝国的统治。巴伐利亚 1742 年的收入只有 190 万弗罗林，而支出为 648 万弗罗林，其中 450 万弗罗林用于军队，而军队总共只有 2.5 万名士兵，其中许多还是仓促上阵的民兵。法国提供了 880 万弗罗林的援助，但到 1745 年查理去世时，巴伐利亚的债务已经攀升至 3 200 万弗罗林。[121]

尽管查理七世的军事形势不断恶化，但他最初还是相当受欢迎的。50 位诸侯和伯爵在 1742 年 2 月 12 日亲自参加了他的加冕仪式，而帝国议会相比之前也更友好，有几个政治体此前长期不出席加冕仪式，此次却派出了特使。帝国议会投票通过了援助计划，加上帝国骑士的捐款，在查理统治期间提供了 300 万到 350 万弗罗林。[122]然而，这并不意味着他对奥地利发动的战争得到了正式支持。帝国议会认为这属于查理的私事，采取了官方中立的立场。南部和西部的帝国大区动员军队来维护这一立场，直到 1748 年。查理被迫做出让步以赢得支持。15 个伯爵被提升为诸侯身份，其中一些为巴伐利亚军队提供了部队。更重要的是，查理给予普鲁士与奥地利地位相当的礼仪规格，包括给腓特烈二世以"陛下"的称号，使他得以成为真正意义上的普鲁士国王，而并非只是"在"普鲁士的国王。皇帝还承认普鲁士拥有的西里西亚是一个拥有主权的公国，以此来维系普鲁士的支持，这引起了人们对其是否仍属于帝国的怀疑。帝国也同意了从奥地利在意大利北部的领地中建立一个新王国的计划，以换得西班牙的合作。

同时，1742 年，皇帝的选举协议得到了修订，确认选侯们不再有义务在每个皇帝登基时寻求对其领地的确认，这安抚了其他选侯。更具破坏性的是，查理提出，如果巴伐利亚被承认为一个王国，他将放弃对奥地利和波希米亚的主张。这一提议失败后，他又提出开启新一轮世俗化浪潮，以牺牲帝国教会为代价结束战争。这些谈判的细节虽然是保密的，但很快就被他的敌人泄露了，这暴露了查理没有能力兑现他的承诺，即成为"小人物的皇帝"，扶助帝国的小政治体对抗两个德意志大国。[123] 到 1744 年，很明显，查理的命运取决于腓特烈二世愿意支持他到什么程度。查理于 1745 年 1 月 20 日去世，他的儿子马克西米利安三世·约瑟夫（Maximilian III Joseph）得以与奥地利达成协议，在奥地利与法国的战争中提供军队，以换取奥地利从巴伐利亚撤军。[124]

奥地利-普鲁士的竞争

腓特烈二世在 1745 年接受玛丽亚·特蕾莎的丈夫弗朗茨一世为皇帝，并在余下的三年不再参与法国和西班牙针对奥地利的战争，作为交换，他使普鲁士对西里西亚的占有得到了国际上的承认。同时代的人认为 1740—1745 年是与过去的重大决裂。弗朗茨只是哈布斯堡的联姻对象，看上去不过是玛丽亚·特蕾莎的顺从伴侣，她保留了对其世袭土地的独家控制。1765 年，约瑟夫二世接替他的父亲成为皇帝，帝国和哈布斯堡统治之间的分歧继续存在。尽管玛丽亚·特蕾莎做出让步，与她的儿子共同执政，但他在哈布斯堡宫廷中给予她礼仪上的优先权，这象征着帝国事务在哈布斯堡的政策中已经沦为次要考虑因素，并使指代皇帝的"kaiserlich"与指代帝国的"reichisch"之间的区别更加明显。奥地利人已经会谈起"去帝国"的旅行，仿佛它是一个外国。哈布斯堡土地的重要性体现在文书工作的不平衡上：1745—1806年，奥地利书记官署记录了259卷档案，而帝国的同行只记录了25卷。[125]

尽管如此，包括玛丽亚·特蕾莎在内的所有哈布斯堡高层人物都确信，1740年失去皇帝头衔是一场灾难，他们决心重建自己在帝国的影响力。[126] 他们找到了一些支持，因为1740—1745年的经验暴露了一个软弱的皇帝（查理七世）的危险性，而且确认了没有可行的办法来替代哈布斯堡的统治。奥地利和普鲁士加在一起占有了帝国的一半，不包括帝国意大利。即使在1735年那不勒斯和西西里岛被西班牙夺走后，奥地利也算是自成一个庞大帝国。随着巴伐利亚和萨克森在奥地利王位继承战争中遭受损失，其他德意志诸侯国与奥地利的差距也在扩大。同时代的人已能更好地理解统计数字和得到更准确的信息，因而越来越意识到这些物质上的差距。

奥地利的政策受惩罚普鲁士和收复西里西亚的愿望所支配，这两者被认为是恢复哈布斯堡家族国际地位的必要条件。外交手段构建了一个强大的联盟，盟友包括作为《威斯特伐利亚和约》担保方的法国和瑞典，以及希望吞并普鲁士本身的俄国。由于担心受到攻击，腓特烈大王于1756年8月发动了先发制人的攻击，计划夺取萨克森作为作战基地。普鲁士军队还在1757年进入梅克伦堡，以阻止瑞典的潜在进攻。这两次行动都落入了哈布斯堡的圈套，因为腓特烈对两块路德宗领地的入侵破坏了他的宣传，即他在捍卫宪制自由，反对天主教哈布斯堡的暴政。他对公共和平的明显破坏似乎为奥地利提供了没收其土地的法律依据，就像它在三十年战争期间对其对手所做的那样。[127]

大多数帝国政治体准备支持集体军事行动以恢复和平，但不支持实现奥地利肢解普鲁士的目标。腓特烈成功地抵御了多年协调不力的攻击，使他能够于1763年在战前现状的基础上实现和平。帝国是唯一实现其官方战争目标的交战国，迫使普鲁士撤离了萨克森和梅克伦堡。[128] 然而，普鲁士是真正的胜利者，因为它在看似不可能的情况下生存下来，证实了它作为一个大国的地位。腓特烈在波茨坦建造了巨大的"新宫"，以证明他的国家尽管刚刚经历了一场代价高昂的战争，但仍然具有强大的力量。

然而，普鲁士仍然很脆弱，由于英国的援助，再加上沙皇的偶然更迭导致俄国在1762年初退出战争，普鲁士才得以逃脱失败。[129] 尽管1764年以后普俄已成为盟友，但腓特烈清楚俄国军队在1757年征服东普鲁士时行动是多么迅速，而且在6年后恢复和平之前一直占据着它。腓特烈意识到他不能依靠国际盟友，因此他改进了与帝国打交道的方式。他对帝国的批评是在他死后很久才发表的，而他在1763年后的政策则显示出他对宪制的利用是多么娴熟，用以扰乱哈布斯堡的帝国管理，防止奥地利调动小国领地上仍然可观的资源来对付普鲁士。[130] 普鲁士现在展现出一副捍卫"德意志自由"、反抗哈布斯堡暴政的姿态，以此来阻止约瑟夫二世在1765年后改革帝国司法的尝试。

然而，事实证明，王朝统治是最具争议的问题。普鲁士一直声称自己有权继承法兰克尼亚霍亨索伦家族的土地，这块土地在1769年合并为安斯巴赫-拜罗伊特侯国。同时，由于马克西米利安三世·约瑟夫没有儿子来继位，巴伐利亚的继承危机迫在眉睫。自

18 世纪初以来，王朝统治已经发生了变化，这与帝国政治普遍更加讲求实际的趋势相一致。尽管他的父亲和祖父为得到安斯巴赫-拜罗伊特付出了相当大的努力，但如果萨克森能割让更具战略意义的卢萨蒂亚，使他得以加强对西里西亚的控制，腓特烈就准备不再要求获得安斯巴赫-拜罗伊特。与此同时，约瑟夫二世试图说服普法尔茨的维特尔斯巴赫家族放弃争夺巴伐利亚的领地，以换取从奥地利的角度来看更富裕但战略上很脆弱的荷兰。[131]

迈向"波兰的未来"

在始自 18 世纪 60 年代中期的漫长谈判中，领地是根据面积、收入和人口评估的，而不是根据它们作为帝国封地的正式地位。波兰内战打断了这些讨论，导致奥地利、普鲁士和俄国对波兰进行了第一次瓜分。[132]腓特烈二世获得了波属普鲁士，从而最终将霍亨索伦普鲁士与勃兰登堡联系在一起，而奥地利则夺取了加利西亚。波兰的命运揭示了奥地利和普鲁士如果继续合作的话会给帝国带来何种风险。从此，由较小领地组成的"第三德意志"就被"波兰的未来"的幽灵所困扰着。

两个大国都需要时间来消化它们在波兰取得的成果，而马克西米利安三世·约瑟夫在 1777 年 12 月突然去世，在约瑟夫二世与普法尔茨的维特尔斯巴赫家族达成协议之前，就开启了巴伐利亚的继承问题。约瑟夫皇帝做得太过火了，他没有事先得到法国盟友的支持就胁迫选侯卡尔·特奥多尔（Carl Theodor）接受了糟糕的条件，而法国人更愿意在美国独立战争中与英国作战。腓特烈在 1778 年 4 月拒绝了奥地利的提议，放弃了安斯巴赫-拜罗伊特的继承权，因为这无法平衡约瑟夫在巴伐利亚的潜在收益。在短暂的巴伐利亚继承战争（1778—1779）中，普鲁士联合萨克森在捍卫帝国宪政秩序的旗帜下作战。普鲁士和奥地利都做出了巨大的努力，以争取在帝国内获得更广泛的支持，但双方没有成功。这场战争暴露了奥地利和普鲁士军队的严重缺陷，但腓特烈成功地造成了足够大的破坏，约瑟夫被迫放弃了他的交换计划，只吞并了巴伐利亚东部的一小块土地。[133]

然后，约瑟夫通过与俄国结盟来包抄腓特烈，俄国放弃了与普鲁士的合作，以换取在东南欧更自由地与奥斯曼人打交道。在没有国际盟友的情况下，腓特烈重新开始在帝国机构中领导起到阻挠作用的反对派。约瑟夫出错连连，包括使奥地利继续坚持让诸侯出席古老的分封仪式，这给了腓特烈很大的助力。约瑟夫在 1788 年悄悄地放弃了这一做法，允许诸侯像选侯们一样通过信件确认封建关系。约瑟夫在 1781—1783 年发布了 140 封所谓的"面包信"（Panisbriefe），让哈布斯堡官员有权在剩余的帝国修道院中免费住宿，此事成了另一件小丑闻。这使腓特烈得以攻击他滥用帝国特权。考虑到这些"饭票"是随意发放的，而且很难说清它们是否还能适用于那些不再完全由皇帝直辖或已改信新教的场所，腓特烈的抨击就更加有力了。同时，约瑟夫还削弱了教会诸侯对哈布斯堡土地的宗教管辖权，以及在帝国教会中大量安插裙带关系，由此疏远了许多教会诸侯。[134]

腓特烈于 1785 年 7 月 23 日将几块中小型领地纳入"诸侯联盟"（Fürstenbund），该联盟最终发展到 18 个成员。[135] 这当然不是普鲁士统一德意志的使命的一部分，而只是阻碍哈布斯堡控制帝国的一种战术手段。他的侄子和继任者腓特烈·威廉二世在 1788 年普鲁士与英国结盟从而摆脱了国际孤立后，就放弃了诸侯联盟。一年之内，法国就陷入了革命，而又过了一年，约瑟夫就死了，由他的弟弟利奥波德二世继任。在帝国的最后 16 年中，主导帝国的是在一场事关生死存亡的战争中尝试改革时所遭遇的困难。在我们评估其成功的可能性有多大之前，我们需要转向一个更广泛的问题：帝国的宪制秩序是如何扎根于其社会结构的。

第四部分

社 会

第十章

权威

领主制

帝国与社会史

神圣罗马帝国的皇帝往往是些欧洲历史上的奇怪人物。他们似乎并不"属于"任何地方。他们所在的地点不固定，时而出现在这里，时而出现在那里，有时还可能会消失，往往一消失就是几十年。因此，帝国的治理和其居民的生活之间的关系，仍然是其历史中最为人知的空白，这一点几乎不足为奇。这种关系常常被忽视，因为在整个 19 世纪和 20 世纪的大部分时间里，人们普遍认为帝国与居民的日常生活无关。[1] 帝国的跨国性质也无助于我们了解这种关系，因为许多社会史都以民族国家为框架，例如，中世纪和近代早期的"德国"人口是按照 20 世纪 30 年代的边界计算的，而忽略了后来消失的勃艮第等政治单位。地方史和区域史往往也关注后来的边界，仿佛之前的政治结构几乎没有影响。而最近流行的微观研究则增加了在时间和空间上得出普遍结论的难度。完整的社会史超出了本书的范围。下文不会声称帝国是某种源自法兰克人遗产的欧洲文明的摇篮。差异和分歧是主要的主题，因为帝国从未构成一个单一的、同质的社会，也没有统一的经济。相反，接下来的三章将论证，帝国的政治机构和实践植根于社会，且与其拥有共同的优势和劣势。

政治结构既体现为一个社会，又保护了这个社会。此社会变得等级森严，并按照共同体的方式横向构造。帝国作为一个框架，保护了政治多样性和社会多样性，这是其意义所在，它也将这种意义延续了下去。政治秩序在空间和时间上的变化反映了社会和经济的差异。一个例子是德意志西南部和莱茵河沿岸的古老加洛林王朝中心地带的领主高度集中。另一个例子是东西部之间的差异，这在很大程度上是由于易北河以外的人移民和定居的时间，以及在 15 世纪人口和经济变化的节点上，贵族权威的中间层级相对薄弱。城镇出现的变化也与政治权力的地区差异以及皇帝和领主授予特权的意愿有关。政治变革的时间往往受到社会经济因素的影响，如人口增长和经济创新促进了 1200 年左右领主制从粗放式向集约式的转变。

帝国与社会

自始至终，政治权威的社会作用都是合法化和规范对资源的获取和控制，以及个人和群体之间的互动。正如我们将看到的，在帝国存在期间，如何做到这一点发生了很大的变化。帝国与欧洲其他国家的关键区别在于，前者是多中心的，不仅在政治上，而且在社会、经济和文化上也是一样。这留下了持久的遗产，特别是在德意志的土地上，这些发展随着帝国的改革及其在地方和领地上的影响，结出了丰硕的成果。其结果是形成了这样一种观念，认为一个适当的社会秩序是由不同的群体和社区组成的，每个群体和社区都有当地的特定权利。当局的作用是保护和培育这个社会，并解决其所面临的困难。

帝国最有力的权力形式是"领主制"（Herrschaft）。和"封建"一样（见第370—373页），"领主制"也是一个极富争议的术语，几乎是有多少个历史学家，就有多少关于它的定义。[2]这种争论反映出，真正的问题在于原始资料，那些资料表明，中世纪和近代早期的欧洲人使用了各种词汇来指代历史学家所说的"领主制"，而且使用它们的方式不尽相同。这个词仍然是有用的，前提是将其理解为一系列权力，这些权力可以集中在一个领主手中，但同样可以在几个领主之间分配，也可以由团体机构或组织行使，比如市议会、宗教机构，甚至农民公社。[3]下面将按时间顺序简要介绍整个帝国直到18世纪的主要社会经济发展情况，而本章的其余部分则探讨了帝国社会政治秩序中等级制与合作之间的矛盾。

加洛林王朝和奥托王朝的社会

我们已经看到（见第193—217页），帝国是如何在南部和西部把更加罗马化的地区，以及那些没有被纳入古罗马帝国的大片地区收入囊中的。关于后一地区的信息很稀少，但后来成为德意志王国的地区似乎不太可能由共同占有土地的自由战士居住。[4]在古典时代晚期，大多数人住在小村庄里，少数城镇和大型村庄仅分布在意大利这种更为罗马化的地区。独立的农场是存在的，但它们属于贵族阶层，而不是庄稼人。人们靠饲养牲畜为生。田地是单独耕种的，因为土地充足，人口则少而分散，所以没有必要让人们共同拥有土地。少数由受雇劳工耕作的大庄园主要在意大利。与后来的时代相比，市场并不发达，大多数活动都以维持生计为主，而非以交换为主。社会差异是从人的自由或不自由这种法律层面来表现的，而不是主要体现在经济层面。

　　欧洲的人口在公元 700 年之前的 50 年里增长了三分之一，达到了 2 400 万，这为促进法兰克人的崛起提供了一个强有力的因素。他们发展了一种被称为"村庄化"（villication）的制度，建立了庄园经济，以利用更强大的劳动能力。这与更加紧凑的中央集权政治结构的发展相吻合，因为这些结构可以利用过剩产出来维持大量的战士和神职人员，使他们不必养活自己。反过来，这些结构提供了法律框架来指挥和协调属民的劳动，因为仅靠市场力量是无法实现这一目标的。[5] 村庄化涉及向三圃制的转变。法兰克人不再将耕地分为两区，每年耕种一区、休耕一区，轮流交替，而是将耕地分成三区，每年一区休耕，两区分别种春季作物或冬季作物，三年一个周期。这使得仍然很少的人口能够更密集地开发土地，因为他们可以全年在不同的田地上工作。庄园的发展是为了协调劳动力。庄园可以是王室的财产（villae），可以委托给管家（villici 或 maiores），也可以作为恩地授予世俗领主或教会领主，领主在自己的领地上亦可开发庄园。[6]

　　每个庄园都以领主的住宅为中心，包括谷仓和磨坊等资产，或者大庄园的专业作坊，如 9 世纪初施塔弗尔湖修道院的专业作坊，那里雇用了 24 名女性纺织工人。领主或其管家与仆役（servi dominici，或 Gesinde）共同住在领主住宅里，这些人是领主拿庄园产出供养的，受雇维护庄园和在"自营地"或者说领主的自留地上劳作。一个典型的加洛林王朝庄园可能还有 50 个隶农或"住家仆人"（servi casati），他们的农庄被称为"份地"（mansi，或 Hufe），每块份地有 30 "摩根"（Morgen）的土地。[7] 其具体大小因土地质量而异，一般有 24 公顷到 26 公顷。隶农们用这些土地来养活自己和家人，同时每周要花三天时间协助仆役耕种领主自营地。"公地"（allmende）构成了该系统的第三部分，包括所有庄园居民共同使用的草地、池塘和树林。因此，庄园制度依赖于中世纪的领主身份和使用权概念：领主对所有与庄园相关的土地均保有管辖权，但只直接经营自营地，允许隶农和其他人不同程度地使用剩余的土地。

这一体系通过加洛林王朝的征服传播到德意志，并在较小程度上传播到意大利的部分地区。该趋势因维京人、斯拉夫人和马札尔人的入侵而中断，但在 10 世纪末恢复，并在下一个世纪得到巩固，当时这种发展趋势还通过奥托王朝社会与斯拉夫人和马札尔人的互动向东传播。即使在 10 世纪和 11 世纪，大部分产品也是在本地消费的，而贸易主要限于进口。政治需求大致保持不变，因为奥托王朝继续需要一个能够提供足够骑兵的社会经济秩序，可让他们与敌人作战，并在意大利开展活动。

庄园制度模糊了自由与不自由之间的明显区别，创造了更复杂的社会结构。农民作为一个混合群体出现，拥有与份地相关的权利，但仍然依赖于领主。鉴于人口稀少，领主们渴望留住劳动者，并授予他们的农民世袭的土地使用权，但他们也对份地的出售或分割施加限制，以确保它们始终是庄园可用的子单位。自营地仍然很重要，例如，在 12 世纪中叶，其产量可以达到克吕尼修道院收入的四倍。[8] 直到 11 世纪，仆役仍然是奴隶，他们的数量在 10 世纪后期以前在一定程度上靠掠夺奴隶以及从隶农那里征用孩子来维持，而隶农自己家庭的发展仍然受到可耕种的份地数量的限制。早期的自由农民在萨克森（尤其是威斯特伐利亚）的处境更好些，并且持续到了奥托时代，但自由程度在德意志其他地方随着人身依附的蔓延而下降，到1100年，也许只有10%的人口仍在法律上是自由的。[9]加洛林人确定的军事义务可能会强迫自由人离开他们的农场长达数月之久，接受人身依附提供了一种逃避这类情况的方法。教会特别热衷于吸引劳动力来建设其大型建筑项目并在其土地上耕作，他们经常可以凭借自己的服务换来教会的保护和分得一部分产出。

一种功能分工逐渐出现了，将社会分为各种政治体，即合作的社会团体。神职人员和贵族不用从事体力劳动，而是执行宗教和军事任务。平民，或被称为第三等级，由大部分人口组成，满足社会的物质需求。社会按照保护和服务的需求分层，明显的贵族精英阶层依靠农民的生产来维持地位和生活。领主制作为法律框架继续发展，通过庄园、法院、教区和堂区等结构来规范这种关系。

萨利安王朝和斯陶芬王朝的社会

11世纪中叶是一个重要的分水岭，结束了法兰克-奥托王朝社会经济形式的扩张和巩固，并出现了更加多样化的模式。原因之一是庄园经济成功地提高了生产力。食物危机一直持续到11世纪，但其规模没有达到9世纪的水平，也没有达到12世纪的水平。面包已经成为主食，而且有个现象可以证明这一点，那就是水力磨坊自从在加洛林时代缓慢发展以来，在11世纪转为迅速普及。田地以更加集约的形式使用，允许种植更加多样化的农作物，包括改善饮食的蔬菜。深刃犁的发明已经使法兰克人能够在欧洲北部较为泥泞的土壤中耕作。11世纪，新的牵引方式和马蹄铁的发明改善了耕作，而铁斧和镰刀现在取代了木制工具。[10]

社会变革不仅来自下层，也受到领主施加的压力所推动，例如迈恩瓦尔德主教在帕德博恩兴建石头城堡和主教座堂。主教曾殴打懒惰的农民，有一次还揪着一位妇女的屁股穿过她的花园，直到杂草都被清除。[11] 包括伯爵在内的大多数领主发现，既有的手段无法满足不断增加的军事开支，因此他们不仅催促农民提高生产力，而且在市场和铸币等方面寻求特权，以帮助他们开发土地，获得现金、农产品和劳动力。

欧洲人口从公元 1000 年的 3 850 万增加到 1340 年的 7 350 万，增长最快的是法兰西、英格兰和德意志。德意志王国的人口在 1000 年至 1237 年间增长了两倍，在萨克森东部等一些地区增长得更快，高达 10 倍。[12] 德意志人口从 12 世纪的 800 万增长到 1300 年左右的 1 400 万，而意大利人的数量从 950 年的 500 万左右上升到 1300 年的 700 万至 800 万，此时匈牙利和东部的斯拉夫地区则可能有 950 万至 1 300 万居民。在大多数情况下，人口增长促进了一个良性循环，提供了更多的劳动力来进一步推动生产。11 世纪，孚日、德意志西南部、普法尔茨、法兰克尼亚、图林根、波希米亚和其他高地地区的森林被砍伐。12 世纪初左右，易北河和北海沿岸的排水系统和堤坝建设得到改善，主要得益于大量移民涌入这些地区，开垦了土地。[13]

尽管如此，人口的增长增加了土地受到的压力，因此推动了城市的发展。最初是在意大利，以前罗马人的定居点在 10 世纪就已经恢复了，这促进了 1100 年后新城镇在阿尔卑斯山以北的建立（见第 581—585 页）。城镇刺激了更加专业化的生产和市场网络，包括扩大长距离贸易。帝国与丹麦及其他波罗的海大国之间更稳定的关系鼓励了这种贸易，并扩大了德意志南北地区的差异。北部通过在沿海和主要河流沿岸建立的新城镇融入波罗的海和北海的网络，而南部则通过更成熟的城镇与地中海贸易保持联系。同时，不断扩大的市场使意大利北部的城镇与周边地带联系更加紧密，极大地增加了它们对农村领主日益增长的政治优势。反过来，城镇也成为其周边地区的催化剂，这些地区发展了果蔬贸易和葡萄种植，以服务于城市人口，其中许多人并不主要从事食品生产工作。商业化程度的日益增加导致对世俗语言、本地方言读写能力的要求随之提高，劳动分工更加明确，自给自足也过渡到追求利润。[14]

与庄园经济相比，以市场贸易为目的而从事的生产，需要新的劳动分工和更复杂的土地管理。农村人口涌向城镇和人口向易北河东岸的移民造成了暂时的劳动力短缺。这给领主们增加了压力，要求他们为农民提供更好的条件，以鼓励他们留在自己的土地上。这个过程始于意大利，那里的庄园经济从未像阿尔卑斯山以北那样普遍，更大规模的城市化和更好的道路在 10 世纪就已经促进了商业化。这一趋势在 11 世纪向北蔓延，在 1100 年后加速发展，并在 1300 年左右达到顶峰。[15]领主们从过去依靠农民的劳动获取收入，改为以收益分成的方式从他们的产品中获取收入。意大利的领主们很快就把这种做法改为收取现金租金，因为他们的隶农有更多的机会进入城镇市场出售他们的产品。这种做法在 12 世纪变得很普遍，并将份地转为租赁形式。同时，大多数领主自营地被拆分，以产生更多的租约。从 12 世纪开始，意大利出现了短期租约，通常只持续到下一个收获季节。像熙笃会修道院这样的主要经营者，直接让依附劳动力耕种土地，在 14 世纪时，也转变为租赁土地。同时，许多农民将他们的部分土地转租给雇农。[16]

这些发展结合起来，推动了社会分层的进一步发展。随着领主自营地的减少，对奴隶的需求也随之消失，农民作为掌握自己劳动力的社会群体的地位得到了巩固。然而，农村和城市人口之间，以及两者内部出现了新的区别。其他的变化通过不同的继承模式显现，这些模式本身以农民和领主的协议为基础。在德意志西南部、莱茵地区和法兰克尼亚部分地区，可分割继承仍然是最主要的形式，但长子继承制在其他地方传播开来，使农民不至于因为多次分割土地而落入赤贫状态，同时也将他们与少地者或无地者等新群体区分开来。更幸运的农民利用他们相对较多的财富来购买更多的豁免权，例如用上交蜡代替劳动作为服务领主的形式。领主经常鼓励将劳动服务折算成应缴款项和租金。同时，农民获得了开发其土地的动力，因为一旦他们向领主支付了义务规定的份额，他们就可以自由地保留任何盈余。

租金使领主制的形式得以更加灵活。领主不再需要亲自来协调庄园劳动，这使他不仅可以不从事生产，还可以从没有归入庄园的分散领地中获取收入。庄园成为领主的管辖中心，而不是经济生产中心。1300年后，随着采邑普遍可供买卖，采邑本身也变得支离破碎，因为可以切成小份出售或转让。一个重要的因素是对农奴的控制（Leibherrschaft），它随着直接经营的庄园的萎缩而减少，但在某些地区作为指挥劳动的权力而持续存在。即使是佃户和雇农通常也要承担某种劳役，如维护城墙和道路，或每年提供几天的搬运服务。其他封建元素也持续存在，如领主对婚姻或自由行动等个人选择的严格限制。

领主制的第二个重要因素是领地权力（seigniorial authority），它来自"直接所有权"，或者说对佃户和雇农使用的土地享有的根本所有权。这确保了领主与农民的关系从未完全由经济因素决定。领地权力提供了谈判租赁条款的法律框架，决定了农民可以在多大程度上控制和使用他们的土地，以及保护他们免于被驱逐。从 13 世纪开始，这些权力越来越多地被表述为"领地制"*。[17]这方面在阿尔卑斯山以北比在意大利要重要得多，意大利通过直接与租赁者签订私人书面合同，基本上绕过了这种形式。这些合同仍然是不对等的，这主要是因为城市获得了对其农村腹地的管辖权，并对租赁者放弃其合同的权利施加了限制。政治利益推动了这些变化，因为地方长官认识到，他们自己的权力取决于他们确保足够的食品投放到城镇市场的能力。

"司法权"†构成了领主权力的第三个主要形式。人口增长和经济商业化带来了整体利益，但往往要让个人付出相当大的代价，使惯常的法律安排难以应对。[18]封建等级制度延长了，权力转向父系家族，且更多基于领土，这些因素都增加了更明确划分司法管辖权的需要。司法管辖权在领主等级制度中分为上下两层，上层权威程度较高，下层权威程度较低，重要案件保留给前者解决（见第 714—716 页）。司法管辖权还允许领主对通常不再直接在经济上依赖他们的人口保持军事权威，例如，使高级领主能够召集其附庸佃户帮助履行自己的义务，包括对皇帝的义务。

14 世纪的危机

萨利安和斯陶芬时代的趋势一直持续到 14 世纪初，这进一步印证了前面提出的观点（第 59—60 页和第 431—434 页），即斯陶

---

* 领地制（Grundherrschaft），土地所有权的一种形式，佃户从其封建领主那里租用土地。

† 司法权（Gerichtsherrschaft），对某一地区享有的封建司法管辖权。

芬家族的灭亡是出于个人原因而非结构性的原因。尽管如此，高层政治一直对社会产生着持续的影响。1250年后，竞争德意志王位的诸侯向领主和城镇授予豁免权和特权，以赢得其支持，而王室的相对软弱为地方主动改变既有的法律和社会制度打开了方便之门。同时，在13世纪末，经济增长放缓，因为领主对农民的索求越来越多，加上人口仍在增长，促使许多地区重新分割租赁土地。在勃艮第北部和德意志西南部，有一半至四分之三的农民农场被缩小到只有3公顷到5公顷。[19]

不幸的是，恶劣的气候条件也降临了。在1300年左右，天气愈加寒冷、潮湿，破坏了收成，并在1309年至1311年间造成德意志部分地区发生饥荒，此后又出现了更多的问题。[20]由于营养不良的人口成为黑死病的受害者，所有正常的活动和事务都暂停下来。从1348年至1350年，大约60%的居民死于黑死病。这并不是一场孤立的灾难。瘟疫在随后的几乎每一代人中都会卷土重来，有些地区暴发的程度甚至更加严重，例如1379—1380年的波希米亚。这减缓了复苏的速度，因此，1470年左右的总人口仍比1347年少四分之一。这场死亡危机引发了14世纪的经济衰退，其特点是定居地区迅速萎缩，例如，有1 000平方千米的土地被北海吞噬，因为那里的防洪设施不再得到维护。土地不太肥沃或交通不便的地区要么被遗弃，要么恢复为草地、牧场或重新造林。那些拥有较好土壤的地区现在被更加密集地耕种，因为这能为现有的劳动力提供最好的回报。

其结果是加速了市场专业化和交换，因为地方不太能够直接满足所有的需求。一个更加多样化的经济格局出现了。混合畜牧业和耕地农业占主导地位，因为动物粪便可以增加和延长土壤肥力。这些地区往往聚集在城镇周围，而城镇为肉类提供了市场。同时，人口消减降低了对粮食的需求，留下了更多的动物饲料。葡萄种植业沿着摩泽尔河、莱茵河、美因河、萨勒河、温斯特鲁特河、罗讷河和波河以及意大利的其他地区扩展。人口的恢复加速了这一进程，因为这给葡萄种植提供了所需的劳动力。一些地区发展出用于制造业的作物，特别是萨克森的羊毛和士瓦本的亚麻。优质的矿藏，特别是奥地利、巴伐利亚和阿尔卑斯山部分地区的盐矿，以及蒂罗尔、哈茨山和萨克森部分地区的银矿和其他矿石，使其所在地区的农村工业也得到了发展。波希米亚的玻璃制造在这一时期也获得了国际声誉。[21]

这些变化的速度相对较快，令人深感不安，不过它们与 14 世纪和 15 世纪的暴力加剧是否有确切联系，仍然存在争议。[22] 随着土地价值的暴跌，领主制当然受到重创，例如在那慕尔伯国，土地价值下降了四分之一到一半。人口的减少增加了劳动力的稀缺性和议价能力。租户们通过谈判减少了租金和应缴款项，而巴伐利亚和法兰克尼亚的租户还获得了世袭的使用权。由于以前的日工获得了租赁权，过去那种形成无土地的无产阶级的趋势现在被扭转了。少数仍在使用附属农奴耕作的领主现在停止了这种做法，靠工资来吸引和留住工人的做法越来越普遍。实力较弱的领主一般情况最差，如骑士和拥有小块封地的间接附庸，他们往往要寻求其他工作，成为诸侯的家臣和行政人员，从而巩固了长期的领主等级制度和诸侯权力的领地化。如果有可能的话，领主们会利用既有的劳役要素来开创新的收费项目，如移民费、结婚证和死亡税，尽管随着 1470 年之后经济复苏，他们的总体负担有所减轻。[23]

由于积累了资本，城镇和个别自治市往往有机会在这些条件下获利，在城镇周围购买土地或投资于葡萄种植。城市工匠也从更高的工资中受益。城镇和自治市会购买或抵押领主权利，加速了领主权的分裂，使其成为不同类型的管辖权，可以由多个所有者共享或持有。总的来说，这个过程阻碍了帝国形成一个统一的社会，这个社会的所有臣民都与帝国的权威有着共同的关系。

近代早期的增长和多样性

矛盾的是，最初的恢复在 1350 年至 1470 年期间产生了"中世纪末期的农业萧条"。[24] 1370 年后，土地慢慢被重新占用，生产力增加，特别是收获的产量也提高了。尽管有像 1437—1438 年这样的周期性饥荒，但粮食价格在 15 世纪中期降到了低点且维持了很长一段时间。社会流动性和地域流动性在 14 世纪中叶有所恢复，但在 1400 年左右再次放缓，直到 1470 年至 1530 年人口快速且持续地恢复。到 1560 年，大多数地区的人口达到了 14 世纪初的水平，并且在一些地方继续增加，直到 1580 年左右"小冰期"（Little Ice Age）导致更寒冷、更潮湿的天气再度出现，使得人口增长再次放缓。三十年战争（1618—1648）使帝国的人口减少了五分之一，主要是新出现的瘟疫产生了巨大影响。[25] 1672 年后，恢复的速度因新的战争而放缓，但在 1710 年左右恢复到 1618 年的水平，而在 1730 年左右又开始持续增长。像不伦瑞克和符腾堡这样的中等公国，现在的年增长率为 6% 至 7%，勃兰登堡则上升到 10%。巴伐利亚是整个 18 世纪唯一经历过人口稍许下降的主要地区。帝国的人口总数（包括勃艮第，但不包括帝国意大利）从 1700 年的 2 000 万左右上升到 1800 年的 2 900 万以上，帝国意大利可能还有 500 万。人口密度远远高于帝国以外的哈布斯堡和霍亨索伦领土，后两者在

1800 年共拥有 1 260 万人。[26]

1500—1800 年，食品价格上涨了 250%，而实际工资却下降了一半。这种差异在 18 世纪下半叶更加恶化，因为人口增加导致食品价格的上涨速度比工资快六倍。在 1755—1762 年、1770—1774 年和 1787—1789 年，作物歉收引发了严重的生存危机。到 18 世纪后期，系统性的就业不足开始出现，四分之一的人生活不稳定，5% 到 10% 的人被迫颠沛流离。[27]

易北河沿岸的发展程度仍然是欧洲史研究中最有争议的方面之一，因为它促成了西方民主和东方专制在意识形态上的区别。[28] 很明显，不同的趋势在 15 世纪开始出现，在易北河以东产生了被称为"第二次农奴制"（second serfdom）的现象。这意味着重新出现了为大庄园工作的受奴役依附劳动力。它的根源在于 14 世纪危机的影响，事实证明，这种危机在东部要严重得多，因为东部的农民从暂时增加的劳动价值中获利的机会较少。与西部相比，那里的城镇较少，市场网络也不太发达。随着粮食价格持续下跌，只有大规模的生产仍然有利可图，尤其是在沿河有港口的地方，这些港口能够运送大宗货物，以满足西北欧更加城市化的市场。与西部相比，东部的小领主相对于王公来说也更有优势，因为东部的领主等级制度没有那么密集和扁平。易北河以东的王公们依靠骑士和间接附庸来管理更分散的农村人口，并授予更多的土地作为间接封地。与西部相比，易北河以东地区的帝国教会规模较小，而且建立时间不长，不太能够为小领主提供替代性就业渠道，也不太可能为王公们提供支持。总之，东部地区仍然远离国王，国王在通过特许权和豁免权促进地方发展方面发挥的作用不大。

因此，帝国东部的骑士们有更多的机会获得集中而广泛的管辖权。特别是，他们往往能够利用新的领地管理工作，例如限制工资和更严格地监督农村人口，来为自己谋利。[29]恢复对农奴的控制，是为了让一种新形式的"庄园经济"*获得劳动力，其基础是大型的土地庄园（Gut），经营单一的谷物生产以供出口。这在石勒苏益格、荷尔斯泰因、梅克伦堡、波美拉尼亚、勃兰登堡、波希米亚，在一定程度上还包括奥地利部分地区，以及帝国以外的波兰和匈牙利，都得到了发展。事实上，真正符合容克"农业资本家"模式的东部领主相对较少，而通过波罗的海长途贸易出口的粮食产量可能只有10%。其他的生产形式和土地使用形式仍在继续。尽管如此，新的庄园经济的发展帮助易北河以东地区成为近代早期帝国的几个主要社会经济区域之一。

同样，政治和经济因素也为帝国西部提供了特殊的特征。正如我们将看到的（第615—619页），领地当局出于道德、宗教和财政目的，扩大了对日常生活的管理。农场成为财政单位和经济单位，15世纪中期的巴伐利亚法令已经把继承时不能分割的核心地块明确划分出来。[30]租赁的土地普遍成为世袭制，而相对于现金租金，劳役服务进一步减少，税收也是如此。收益分成制在意大利持续存在，尽管在波河流域出现了更好的条件。与法国和其他地方不同的是，易北河以西的德意志领主直接控制的土地所剩无几，使得农民可以获得大部分耕地。在中世纪后期，奥地利和下巴伐利亚的诸侯自营地已经只占耕地的15%。到18世纪末，在巴伐利亚这一比例缩减到13.2%，而小贵族拥有34%，神职人员拥有56%，城

---

* 庄园经济（Gutswirtschaft），易北河以东地区的庄园经济，那里的领主庄园由依附的农奴和雇工耕种，生产在国际市场上交易的大宗作物。

镇群体拥有 0.4%，自由农民只拥有 4%。然而，这些比率是指基本的直接所有权，而不是使用权，因为巴伐利亚农民通过租赁获得了 90% 以上土地的使用权。即使在易北河以东，情况也不是完全不利的。普鲁士国王只拥有 4.5% 的农业用地，贵族们拥有并直接管理 11% 的土地，城市和机构拥有另外 4.5% 的土地。农民可以通过与庄园相关联的地块或通过租赁的方式获得其余 80% 的土地。控制权仍然是政治性的，而不是直接经济上的。巴伐利亚选侯仅是 10.6% 的农民的直接领主，但对另外 55.9% 的农民拥有或低或高的法律管辖权，而神职人员和贵族则是其余的领主。[31]

界定共同利益

行业协会和领主制

1100 年前后的社会变革促成了横向行业协会（Genossenschaft）与纵向领主制的缓慢兴起。这两种社会组织形式需要谨慎对待，因为很容易给它们赋予明确的意识形态上的区别。德意志的大部分历史都被看作两者之间的斗争，之后（取决于观点）要么二者在现代社会综合到一起，要么是专制主义取得胜利。[32] 帝国经常为此遭到指责，因为明显薄弱的中央权力据说让民众受到众多"小王公"（Duodezfürsten）的压迫，18 世纪时这些贵族就已遭到讽刺。弗里德里希·席勒的剧本《阴谋与爱情》描述了一位王公将他的臣民作为雇佣兵出售，以过上奢侈的生活。与路易十四或普鲁士的腓特烈大王等强大君主的鲜明对比，使这些王公显得更加滑稽可笑。19 世纪的德意志自由主义者并没有忽视上述观点可能存在争议之处，他们认为 1806 年后幸存的诸侯国是国家统一的主要障碍。

我们需要抛开道德标签，不要把情况简化为进步的早期民主行业协会与反动的领主制之间的冲突。正如我们将看到的那样（第636—646页），共同体和社区的形式并不是农民和城市居民所独有的，它对神职人员和贵族也很重要，而社区也可以成为领主（第594—597页和第665—679页）。领主地位和社区地位不仅仅是并存的，而且是相互依存的。最重要的是，共同利益的意识形态，就像政府的技术一样，并不是简单地由市民首创，后来被王公贵族们窃取。相反，等级制度和横向形式在"创造性张力"[33]中发挥作用，产生了新的思想和实践。

社区里既包含联合组织形式，也包含等级制元素。并不是所有的居民都把领主视为外来者。大多数人认识到，社区需要领导者。这些人不是普通人中一时风光的临时领袖，在合适的时势中应运而生，而一般都是本来就有权势的人物，拥有领导所需的社会资本和政治资本。[34] 争论很少纯粹根据财富来划分人群，而是提供了一套泛化的政治概念，在社会各阶层内使用。将统治者和被统治者团结在一起的，是他们对理想社区的相同想法。

与基督教及道德有关的和平、正义与和谐等核心价值观，被认为是不受时间影响和"可信"（authentic）的。[35] 虽然所有这三个理想在实践中都有争议，但事实证明，第四个"必需"（Notdurft）是最有争议的。它的模棱两可之处在于，既可以翻译为"生计"，又可以翻译为"必要性"。前者意味着人人有权获得生存的物质手段，可能包括以社会平等确保所有人至少享有最低限度的物质份额。这可以作为一种"道德经济"来运作，批评剥削、囤积和操纵价格，为拒绝"过度"的领主要求提供基础。然而，它也暗示了道德上有义务确保人们的生计，这增强了一种观点的说服力，即为了更大的利益，满足人们的基本需求比维持既定安排更重要。

在中世纪早期，"共同利益"（salus publica，或 Gemeinnutz）和"自我利益"（Eigennutz）之间的区别已经很明确，而且随着第三等级对总体福祉的贡献得到更广泛的重视，这种区别也更加突出。到 1280 年，"普通人"一词出现了，它在很大程度上是一个积极的称谓。平民在手抄本、大教堂的雕刻和彩窗上得到了颂扬，所有这些都描绘了基督教式服务社会的理想。共同利益和私人利益之间的基本对立一直持续到 18 世纪末，并在许多方面持续下去，尽管其表现方式发生了微妙的变化。从 17 世纪开始，经过发展的自然法认为，权力建立在社会契约之上，在这种契约中，人们交出一些"与生俱来的"自由，以换取生活在一个有秩序的社会中的好处。[36]

权威问题

关键的问题仍然是，谁有权定义共同利益，从而通过规范性措施来增进和维护它？此外，对这一权力可以施加什么限制，属民可通过什么途径阻止它被滥用？中世纪的作家们仍然看重国王个人的作用，而不是诸侯或较小的领主，但良好王权的结构使权力很容易转移到其他当局，特别是在帝国改革时期，这些当局获得了更明确的公共职能。许多文本都认为诸侯应对共同利益负责。这些文本保留了早先对道德的强调，但现在更多是对政策而非个人特征进行评判。在 1500 年前后，这些文本促使帝国的政治体越来越多地被表述为管理臣民（Untertanen）的权威（Obrigkeiten）。[37]宗教改革期间，重新将共同利益的语言神学化的尝试失败了，这主要是因为政治结果扩大了帝国政治体监督教会和宗教生活的权力。

《威斯特伐利亚和约》和随后的政治讨论更明确地规定帝国政治体拥有"领地主权"，这个术语成为帝国法律所认可的一系列权能叠加起来的统称。[38] 随着后来的 17 世纪和 18 世纪财政需求和军事需求的增加，更清晰的权威观念得到了普遍认可，这鼓励了进一步干预日常生活以促进节俭、服从和生产的做法。与此同时，风格也发生了变化，这在诸侯中最为明显，但在帝国城市也很明显，其地方长官变得更加显要和贵族化。早在 16 世纪中叶，诸侯就开始改建城堡或建造新宅邸，来展示精心打造的权力形象。中世纪领主的城堡可能暗示他们害怕来自臣民的攻击，不设防御工事的巴洛克宫殿则散发着自信的权威气息。随着"common"一词意思变得更加模糊，语言也发生了变化。"普通人"在暴力的农民战争（1524—1526）之后不再让人产生积极的联想，成了"贵族"（Edel）的对立面，而"普通女人"则指妓女。[39] 语言上的共识在 16 世纪维持了下去，统治者与其"忠诚的臣民"（getreue Untertanen）进行谈判时被描述为"和蔼可亲"（gnädig）。然而，在统治者的话语中，这些词语越来越多地被强调其指挥权力的词语所取代：训示（Befehl）、遵从（Gehorsam）、恭敬（Respekt）、威严（Hoheit）、专制（Autorität）。诸侯同时强调他们个人的"荣誉"和"声誉"，现在二者是由诸侯在帝国等级体系中的地位和其国际地位来衡量的。[40]

三十年战争的经验使王公贵族们能够以必要性为理由来为紧急措施辩护。官方通过每年的宗教仪式和宗教游行来纪念这场战争，对于从恐怖局面中解脱出来表示感恩，但同时又将这场灾难归咎于战前民众的罪孽，声称他们招致了天主的愤怒。宗教仪式和政府训令反复告诫臣民要虔诚、尽责、节俭和服从，所有这些都是为了确保恐怖的战争不再发生。[41] 累积的结果是一种更加专制的统治风格和观念，将诸侯提升到臣民之上。据称，只有领主能超越自私的个人利益，为共同利益而施政。由于专制主义植根于界定帝国政治体地位的公共职能，专制主义在帝国政治体（包括奥地利和普鲁士）这个层面上得到了发展，但不包括以皇帝个人来代表整个帝国。"帝国专制主义"仍然只是一个虚假概念，是由"德意志自由"的言论营造出来的，用来反对哈布斯堡更严格地管理帝国。[42] 专制主义与专断统治的区别在于，前者将绝对权力限制在一定范围内。所有关于诸侯权力的讨论都承认帝国法律以及帝国本身是这些限制的一部分（见第 619—628 页）。

启蒙思想的传播为支持官方对公共生活的指导提供了新的论据，特别是通过从实际效用角度来批判公认的传统，使得认为有必要摒弃过时既定安排的观点更有分量。历史学家对这些思想在多大程度上改变了诸侯的统治产生了争议。[43] 风格肯定会发生变化，因为文艺复兴时期和巴洛克时期的王公贵族作为半神化的英雄式统治者得到赞美，此时的统治者则有意识地与此保持距离，更倾向于以国家"第一公仆"的身份出现，其标志是穿着简朴的军装，而不是身着新潮时髦的珍珠扣丝绸大衣，头戴巨型假发。在某些方面，统治变得甚至比以前还要个人化。尽管以"普鲁士第一公仆"自居，但腓特烈大王试图自己掌握所有事务，从他的"内阁"或写字台上进行管理，而不是像其他诸侯一样通过与幕僚的正式会议进行管理。然而，总体而言，政府变得更加不受个人所影响。约瑟夫二世皇帝本身就几乎是在拙劣地模仿大革命前崇尚的"第一公仆"，他在 1787 年的法典中规定，现在的罪行被理解为"针对国家"，即使没有原告，当局也可以进行起诉。

个人利益

这为统治者和被统治者之间的新关系提供了可能性，根据这种新关系，非个人化的国家与各个居民之间的关系是平等的，而不分等级。自 13 世纪后期以来，神学、科学和艺术的变化阐明了关于个人的新观念。对"个体性"的道德敌意持续存在，并因宗教改革而得到加强。宗教改革强调信仰的一致性，包括生活方式和信仰本身。尽管如此，早在伯纳德·曼德维尔（Bernard Mandeville）或亚当·斯密等英语作家之前，德意志作家就对自我利益进行了积极的解释。莱昂哈特·弗朗斯贝格（Leonhart Fronsperger）是军队中的文员和著名作家，他在 1564 年认为，不同的个人需求实际上通过鼓励相互依存而创造了和谐。[44] 同时，帝国税收的发展鼓励放宽早先对创造私人财富的限制，因为这有助于人们履行对帝国的义务。

然而，这些德语的讨论采取了与约翰·洛克等英语哲学家不同的路径，后者提出的观念是，权利直接与个人相关，而不是通过与家庭、社区或其他群体的联系间接产生的。亚当·斯密随后将这一观点延展到自由主义经济理论中，认为个人财富的创造会增加整体的繁荣，而并非只是从所谓有限的财富中窃取别人的份额。应该由市场，而不是国家，来调节社会。国家被贬为"守夜人"，只保证最低限度的秩序和安全。而在帝国的大多数讨论中，这一立场是截然相反的；在帝国中，领地权力本身就是群体权利的产物，不可能如此轻易地与社会秩序相分离。主动权保留在国家而不是个人手里。实际上，新的个人主义思想只是强化了固有的支持国家干预的观点，后者认为国家应对生活进行微观管理，使人们获得幸福，如果有必要的话，可以使用武力。海因里希·尤斯蒂（Heinrich Justi）

等作家试图减少国家的作用，但他们设想的理想国家模式，更像是让一台精妙运转的机器介入其中，而不是解放个人。[45] 这些论点中的基本矛盾一直延续到 19 世纪的德国自由主义：国家要通过摒除保护主义和促进自由市场发展，来消除个人幸福的障碍，但要做到这一点，需要越来越大的权力来克服这些措施遭到的普遍反对。

共同体

村庄

个人幸福总是与集体福祉联系起来，这在很大程度上归因于社区社会组织的力量。这在斯堪的纳维亚、法国和其他地方得到了发展，因此这些地方与帝国之间的差异是一个程度问题，而不是绝对的，但它们在法团社会政治秩序中的具体表现还是很重要的。[46] 社区政治形式在帝国出现得比较早，是与领主制并列的一个决定性因素。它们在中世纪早期最为薄弱，但在 11 世纪左右逐渐强大，在 14 世纪迅速扩大，在 1500 年左右达到顶峰。即便它们后来的发展受到诸侯政府扩张的制约，帝国里的城市和农村的社区总体上仍然比其他地方的社区强大，并且一直持续到 1806 年以后。

进入 10 世纪以后，帝国的绝大多数居民都生活在分散的小村庄里。生活在典型的加洛林王朝庄园里的两三百人被描述为一个家庭（familia），但其结构并不是社区式的，因为重要的决定权是留给领主或其管家的，而相当一部分人是作为奴隶被隔离居住的。为数不多的真正社区都是像修道院这样的宗教机构，不过这些机构通常也包含依附于其的民众。几种不同的居民点可能会结合在同一个地方，特别是王宫，它们也起到农场的作用，而且往往有附属的宗教场所。[47]

　　真正的村庄是随着 11 世纪中叶的经济变革才出现的，与之同时发生的是自营地的缩减和农奴的消失。随着教会建筑的普及和更多的农村地区纳入堂区，它们得到了关注和重视。堂区不是群体，因为它们依赖于教会的等级制度，但它们的发展有助于形成社区认同，这主要是由于格列高利改革强调了堂区在选择神职人员方面的作用。尽管神职人员的任命在很大程度上仍由领主和（后来的）名门望族控制，但随后的其他神学发展也会时不时地强化堂区的身份，特别是在 1215 年更加正规化的社区礼拜得到了推广之后。村庄的形式多种多样，但核心定居点是相当典型的，由围绕教堂的房屋组成，周围有花园，外围通常有土墙或木栅栏，以防止陌生人和野生动物进入。除此之外，还有以三圃制耕种的土地，以及草地和树林等公共资产。[48]

城镇

　　古典时代晚期，罗马化地区的城镇逐渐萎缩，因为那些定居点对袭击者来说仍是诱人的目标，不断减少的人口却无法再保护它们。许多主教在 9 世纪放弃了他们教区的城镇以躲避维京人，进一步加速了城市的衰退。在意大利，这一过程加速了"城堡化"（incastellamento），即在更易防守的地方建造城堡，设防地因此激增，使后来的皇帝很难在那里确立牢固的控制。[49]尽管如此，12 世纪意大利所有 107 个主教城镇都可以说自古罗马以来一直有人居住，而主教的存在也确保了德意志最古老的城市定居点延续下去：美因茨、特里尔、科隆、沃尔姆斯、施派尔和斯特拉斯堡。国王和领主经常作为中世纪城镇的"创建者"出现在年鉴中，当然真正的工作是由居民完成的。尽管如此，在纯粹从物质和功能的角度解释城市发展的同时，还需要加上政治因素：例如，帕维亚、拉韦纳和罗马的重要性都部分归功于伦巴第人、拜占庭人和加洛林人的长久青睐。

由于意大利的城镇持续存在，它们已经比阿尔卑斯山以北的城镇享有更大的优势，而当它们的人口在经历了四个世纪的停滞后，在公元 10 世纪开始增长时，这种优势就更明显了。这些城镇的规模更大，法律上自由的居民比例也更高，他们能够利用自己相对较多的财富在周围的农村获得权利和地产。政治上也有利于这一进程，因为与德意志相比，加洛林王朝统治下的意大利没出现多少强大的领主。这使城镇和其周边地区有了持久的区别，后者此时已被称为"康塔多"*。在阿尔勒的于格统治时期，城市对其周边地区的控制得到了遏制，于格在 940 年左右向意大利主教团出售了许多伯爵对城市和乡村享有的权利，从而赢得了他们的支持。尽管在接下来的一个世纪里，主教们一般都拥有这两种管辖权，但城市人口中的上层逐渐成为他们较小的附庸。格列高利改革加速了这一趋势，使这一群体要求参与选择主教的呼声更有力量，并让他们普遍能够对自己的事务行使更大的影响力。

在加洛林王朝的扩张过程中，阿尔卑斯山以北的新城镇围绕着重要的修道院建立起来，作为不断扩大的教会结构的基地。新的定居点围绕着大教堂形成，有时还与其他宗教建筑一起，以十字架的形状建设城镇。到 10 世纪时，防御性的栅栏和沟渠将城镇与乡村

---

* "康塔多"（Contado），原意是"伯爵领地"，后来指中世纪意大利的城市腹地。

分隔开来。奥托王朝授予了许多主教收费权和市场权,使主教城镇得以发展成为区域经济中心,这种赞助为主教们提供了额外的助力。这一趋势在 11 世纪中叶达到顶峰,因为萨利安人免除了劳役以吸引更多居民。萨利安王朝还越来越偏好城镇,而不是农村的宫殿或修道院,后来他们的继承人斯陶芬家族更是如此。城镇扩大后,在同样扩大的防御圈内会形成一个市集广场,里面有商铺和工匠铺。例如,施派尔在奥托时代已经扩大了 10 倍,而在这一时期,莱茵河和多瑙河沿岸总共发展出 130 个新的集镇。[50]

虽然阿尔卑斯山以北的城镇普遍比意大利的城镇更晚建成,但它们在这段时间里往往经济更发达。中、下莱茵的城镇从事长途贸易,而佛兰德斯和布拉班特的城镇从 1020 年起就已经是布匹制造中心。除了热那亚和威尼斯,大多数意大利城镇在 12 世纪仍然只是区域中心,它们借助 1096 年后十字军运动所带来的贸易机会迅速发展。与此同时,一种新型的建城模式在 12 世纪从洛林向东蔓延开来,因为世俗的领主现在也直接设立具有自治权的城镇,通过提供一个有吸引力的新定居点来吸引财富和劳动力。策林根家族于 1120 年在布赖斯高地区建立了弗赖堡(字面意思是"自由城镇"),而其他早期的例子包括吕贝克(1143)、慕尼黑(1158)和莱比锡(1161)。1025 年,德意志只有 200 个城镇,而到 1150 年则有 600 多个,到 1250 年则有 1 500 个;其中,150 个位于王室土地上,38 个由主教控制,其余则由领主管辖。相比之下,意大利很少有新的城镇建立,最著名的是伦巴第联盟于 1168 年集体建立的亚历山德里亚,以他们的盟友教宗亚历山大三世命名。这并不奇怪,因为意大利已经有大约 300 个大城镇,其人口扩张的速度是欧洲其他地方的 4 倍。到 1300 年,意大利北部和中部有 20 个城市至少有 2 万居民，而佛罗伦萨有 10 万居民，米兰有 17.5 万居民。[51]

相比之下，农村居民点在数量上有所扩大，但规模在 1000—1300 年这段时间很少显著增加。开拓新定居点和移民的活动在 12 世纪将东欧农村从分散的小村落转变为村庄，当时许多斯拉夫村庄也根据新法典进行了重新规划。移民吸引了来自西部的人口，那里的定居点规模和数量在总体上都很稳定，人口数量与可耕地面积之间的关系也比较稳定，这里说的可耕地就在村庄附近，居民每天不用走太远就能劳作。位置较差的定居点现在被放弃了，尽管领主们继续提供优惠，吸引移民到黑森林等环境更艰苦的地区。在 1220—1320 年，新城镇的数量随着东部开拓定居点的过程达到了顶峰，柏林、奥得河畔法兰克福、布雷斯劳、格但斯克和柯尼斯堡都建立于这一时期。这时出现的许多城镇并不是完全新建的，像斯图加特就是在符腾堡伯爵的赞助下从一个村庄扩展而来的。1320—1450 年，新的城镇建设仍在继续，但规模大大缩小。

早期的城镇往往由于土地不足或不易获得水源而极其困难。后来的建城者被给予了更多的土地，使第一批定居者能够自己种粮食。12 世纪的新城建设还通过规范城镇与领主关系的宪章解决社会问题。易北河以外的许多新城镇都有意模仿西部的所谓"母城"的宪章。吕贝克虽然是新城，但在 13 世纪后成为其他 100 个城镇的典范，而马格德堡的法律被从中欧东部到罗斯的广大地区所采用，纽伦堡和维也纳则被波希米亚、摩拉维亚和巴尔干地区效仿。在其他地方，法兰克福等城市成为其所在地区小城镇的范例。

增长随着黑死病的发生戛然而止。在 1340—1470 年，德意志定居点的总数减少了 4 万至 13 万个，在黑森、图林根和奥地利阿尔卑斯山等高地地区规模收缩了 40%，而在环境更好的低地地区，特别是在下莱茵河和威悉河之间以及易北河中游，规模收缩了10%。在波希米亚和摩拉维亚也有大约 4 500 个定居点被遗弃。然而，意大利的损失只有 10% 到 25%。[52] 城镇在瘟疫期间遭受了严重的损失，但在保持规模方面总体情况较好。到 1450 年，帝国大约有 2 500 个城镇，包括 88 个瑞士城镇和 150 个奥地利城镇，但不包括意大利的城镇。在德意志西南部，每 400 平方千米有一个城镇，而东北部的比例是每 1 000 平方千米一个。大多数城镇的居民少于 2 000 人，仅有 5% 的城镇超过 5 000 人，只有 30 个城镇超过1 万人。科隆是最大的城市，有 4 万名居民。前现代的城市定居现在基本上已经完成，到 1800 年只增加了 200 个城镇，主要是作为诸侯的住所、要塞或难民定居点，如曼海姆、波茨坦和埃朗根。城市人口的比例也基本保持不变，在 1300—1800 年仅从 20% 上升到25%；荷兰和布拉班特的密度最高，1514 年该比例已经达到 40%至 50%。进一步的发展仍然受到农业生产力的限制：在 16 世纪末，一个中等规模的村庄生产的剩余产出只够养活 25 个城镇居民，这意味着至少需要 1 万座村庄才能维持德意志的城市人口。[53] 尽管德意志、意大利和尼德兰之间存在差异，但帝国的城市发展大致符合西欧和中欧的模式，受到政治和农业组织方式的影响。中世纪盛期的发展催生了许多单独的小城镇，而相比之下，东南欧和伊斯兰世界的模式是由数量少得多但每一个都规模较大的城市主导的：14 世纪的开罗已经有 60 万居民，这个数字在德意志或意大利一直到 19世纪都没有达到。

家庭的出现

更明显的社区自治从 11 世纪才出现，始于意大利城镇，到

1200 年成为普遍现象。这个复杂的过程经常使领主和普通人相互对立，许多让步都是通过暴力抗议才赢得的。然而，公民解放从来都不是靠一次光辉的行动一蹴而就的，而是逐步发展的，往往要经过几个世纪，其间一些权利随着环境的改变而获得了新的意义。大多数特权的目的都是促进城镇的发展，而不是解放其居民，而领主往往保留了剩余的权利。[54] 新的自由从来都不是平等的或普遍的自由，而是地方的和特殊的自由，将社区及其居民约束在构成帝国法律秩序的更广泛权利网络中。农村地区的社区政府需要让决策权从领主或管家手中转移到村民手中，主要是通过划分特定资源的使用权。村庄具有集体行为者的身份，但并非所有居民都能参与决策。

　　社区政府依赖于家庭，家庭成为帝国的基本社会政治单位，也是生产、消费和（非教职人员的）生育的主要场所。家庭起源于法兰克人将一家人的权利和资源"打包"成份地的新举措。到 1200 年，村庄围绕着这些家庭发展起来，这可以从更先进的房屋建造技术传播开来反映出来，这种新的筑房技术采用坚固的木制框架，甚至更坚实的石制结构。房子具有半神圣的性质，在房屋建造过程中，特别是在安装房顶时，都有特别的仪式。[55] 门钥匙象征着控制进入的权力。《圣经》中的例子促进形成了一种建立在夫妻理想之上的强大家庭意识形态。这种理想经历了微妙的变化，特别是在性别角色的定义上，文艺复兴时期对古代"持家"（Oeconomia）思想的重新发现也产生了影响，后来随着宗教改革的进行，这种理想还从宗教道德方面得到了高度强调。[56]

　　自始至终，家庭都被认为是一个安全和温暖的地方。象征这一点的是壁炉，现在壁炉已经用石头或砖砌的烟囱得到加固。家庭应该为其所有成员提供物质保障，因此有内部道德经济。然而，它也是父权制的父系家族或说"家长"（Hausvater）领导下的等级制度，负责经济协调和维护"家庭和睦"（Hausfrieden）。家庭成为一个强有力的政治隐喻，也是中世纪盛期关于共同利益的辩论中的一个关键因素，这并不奇怪。家庭成员被期待勇于承担责任，以便不影响他们的集体声誉，以及这种声誉带给他们的获得珍贵资源的渠道。家庭外部施加的压力会让他们更加注意这一点；外人批评酗酒者和其他"坏"户主破坏了整体社区的福祉，就会形成这样的压力。婚姻仍然受到限制，直到潜在的伴侣中至少有一人能够继承或以其他方式获得自主生存所需的财产。税收的发展使人们更加重视维持个人家庭的生存能力，因为直接征税的最常见方式是给城镇和村庄划定配额，而征税者认为城镇和村庄只要让所有户主都上缴一定份额就自然能凑出这笔钱。此外，正如我们所看到的（第271—274页，第419—423页和第491—495页），家庭在社会的各个层面都很突出，从卑微的农民到"奥地利王朝"。虽然家庭也是"私人"情感的场所，但被理想化的一直是家庭的公共层面；直到18世纪70年代某些地方出现"资产阶级家庭"，家庭的私人属性才得到重视。[57]

农村自治

社区政府的发展包括根据男性户主在城镇中的财产价值，或者根据他们是否在村庄中租赁或拥有较大的农场，来决定是否给予他们选举权。这在税收和代表权之间建立了一种联系，但这是在社区一级，而不是在任何代表大会的更高层。那些在经济上不独立的人通常得不到社区机构的选举权：佃农、无地劳工、未婚的年轻男子，一般还包括所有女性，尽管寡妇在某些地区被允许代表家庭。

农村自治最初于 1130 年左右出现在帝国的周边地区，这些地区的领主和人口普遍较少：下奥地利边境附近、北海湿地，以及威悉河和易北河的湿地。[58] 这些都是新近定居的地区，开拓者得到的回报是群体权利。随后的移民浪潮将这些安排模式带过易北河，并带入高地地区。在通常困难重重的环境中开启新生活，由此遇到的问题无疑促成了更多的合作方式，至少在初期是这样。与此同时，过境路线上已有的阿尔卑斯山社区通过共同清除岩石和维护桥梁，使道路畅通无阻，获得了更好的条件。

许多领主很乐意促进自治，因为这使他们不必管理地方事务，现在这些事务由村长在选定的户主协助下处理。刑事管辖权通常仍在领主手中，而居民一般仍租借他的土地。领地化在 14 世纪扩展了其他形式的管辖权，包括征税的权力，后来还包括组织民兵和征兵的权力。因此，社区获得权利的过程是帝国和领地更广泛发展的一部分，而不是与之对立的。社区"既是农业生产者的法人团体，又是封建领主的工具，以确保封建剥削和维护封建秩序"。[59]

这些发展在西部一直持续到近代早期，而在易北河以东，虽然"第二次农奴制"打断了这种发展的进程，但村庄在该地区仍然很重要。14 世纪，勃兰登堡的村庄在藩侯的管辖下形成了世袭村长。1500 年左右，藩侯将他的监督权转让给了他的贵族们，以换取社区靠牺牲居民的利益收取的税收。随着老村长家族的消亡，领主们用自己任命的人取代了他们。萨克森和易北河以东的其他地区也有类似的发展。然而，即使是由领主任命的村长，也仍然是其村落社区的成员。领主依靠他们和家长们来组织村里的男孩子们进行农奴的劳动。居民保留了向诸侯法庭上诉的权利，也有权成功挑战领主的过度要求，因为诸侯想保护家庭，家庭是其主要税收单位。诸侯的干预很少能减轻总体负担，但通常会将其从领主征收的税款转移到领地税上。

勃兰登堡–普鲁士于1733年更进一步，确立了国家征召农民当兵的权利，并且只在符合自己条件的情况下，才将他们放回去当农业劳动者。霍亨索伦家族在1702年将自己的领地改为世袭租赁地，允许他们的新租户选举村官。许多容克贵族随后将劳动服务换成了有偿就业，认为这样做更有成效。一些勃兰登堡社区从粮食价格上涨中受益，积累了足够的财富，在18世纪末购买了自己的骑士领地。1794年的《普鲁士一般邦法》确认了社区自治，将村庄整合为国家行政结构的最低一级。[60]

波希米亚的情况则不同，在那里，捷克语法律适用的地区给予头人和法院等社区机构的权利较少。尽管在近代早期，捷克语法律的实际执行情况与德意志的做法趋于一致，但这并不总是好的方面。事实上，在德意志法律适用的波希米亚地区，如弗里德兰（Frydland），波希米亚的领主们能够将惹麻烦的头人解职，尽管他们有世袭的任期。头人的经济生计仍然严重依赖领主，因为他们的收入来自领主的特权，如酿酒权，而不是工资。然而，社区机构对领主来说实在是太有用了，无法忽视。与其他地方一样，大多数领主都不亲自治理，而是依靠主持乡村法庭的头人来维持秩序，确保庄园经济顺利运行。这就需要灵活应对农民的投诉，有效地授予头人广泛的自由裁量权。这与帝国其他地区的主要区别是有启发性的，因为它显示了其他地区的地方法律安排是如何与更广泛的宪制框架相联系的。波希米亚更接近于西方的统一王国，拥有更扁平化的管辖权等级。它的村庄在很大程度上仍处于国家行政管理之外，国家行政管理则在很大程度上依赖贵族主导的各省政治体来收税和招募人员。与德意志的大部分地区不同，波希米亚的村民在约瑟夫二世于1781年颁布宽容法令之前，没有机会向独立的诸侯阶层和帝国法院申诉，以获得单独的补救措施。[61]

公民解放

在意大利，公民自治的趋势在前一个世纪因王室对主教的赞助而中断后，在1000年左右重新开始。与农村一样，城镇往往通过与领主（包括皇帝）的合作而不是冲突获得更大的自治权。中世纪帝国的王室没有用一个连贯的政策来偏袒城镇，以赢得市民的支持，使其作为皇帝平衡领主的政治伙伴。王室没有从阶级的角度考虑问题，而是对当地的情况做出回应，他们主要关心的是如何满足人们对王室主持正义和道德高尚的普遍期待。他们的思维仍然从等级视角出发，将他们个人已经认识的高级领主视作他们的"天然"伙伴。因此，公民社区运动的出现不仅代表了君主的失败，也代表了所有领主在扩大帝国的共识政治以适应新的社会经济力量方面的失败。帝国的偏袒仍然是纯粹为战略目的服务的。例如，亨利四世一般支持意大利主教团，这主要是因为他的对手格列高利通常支持那些在主教城市里试图推翻当地主教的人。然而，亨利又站在托斯卡纳城镇的社区运动一边，因为这些人往往反对卡诺萨的玛蒂尔达。[62]同时，大多数城镇居民并不希望在管理王国方面发出自己的声音，而只是希望对自己的生活有更多的掌控。

公民解放的关键一步是获得伯爵对城镇享有的权利，当时这些权利已经转到当地主教手中。一些主教很高兴能从保护其城镇的责任中解脱出来，他们不想被拖入快速城市化带来的无数问题中。因此，城镇承担起了保护自己和行使内部司法及其他公共职能的责任，将这些管辖权"公有化"。这就解释了为什么意大利的公民自治比德意志的城镇更早开始，因为德意志的城镇一般都比较小，所以更依赖领主的保护。这也解释了为什么许多意大利城镇的关系迅速恶化，因为公民发现主教或伯爵的继续存在与他们内部的自我调节相冲突。克雷莫纳的居民在1036年驱逐了他们的主教，并扩建了城墙，将主教府邸团团包围了起来。同样地，城镇对王宫和驻军的存在也心存不满，认为它们像域外飞地一样破坏了其管辖权。正如我们所看到的（第34—35页），帕维亚人在1024年出于这个原因拆毁了王宫，此举异常出名。在接下来的两个世纪里，市民们利用他们不断增长的集体财富，买断了王室的权利，例如司法权或在他们的城市中驻跸的权利。

格列高利改革持续地批判据称腐败和不道德的高级神职人员以及被指控保护他们的世俗领主，由此推动了公民的解放。市民们越来越多地宣称自己在道德上优于领主和神职人员，特别是在米兰。1042年至1044年期间，米兰的巴塔里亚派暂时驱逐了大主教。巴塔里亚派有其特定的地方根源，但也体现了城镇居民的普遍信念，即自我管理对于确保社区和平与虔诚至关重要。[63] 宣誓忠于信仰的社区理想常常对许多城镇的起源神话至关重要——根据这种起源神话，城市是由全体居民通过集体行动聚集在一起，共同宣誓组建一个"誓盟协会"（coniuratis）而建立的。例如，不来梅市政厅的占地大小据说是由最初的居民站成的长方形决定的。

这一过程在主教叙任权之争以前就已经开始了。分裂的主教团以及皇帝和教宗之间更高层次的较量使地方权力分崩离析，这给上述过程带来了巨大的推动力。相互竞争的当权者往往会向城市让步，以换取其财政支持和军事支持。亨利四世和他的儿子放弃了对驻跸的要求，以劝服曼托瓦和维罗纳放弃支持卡诺萨的玛蒂尔达。意大利北部城镇成功地摆脱了这种义务，这一点可以从当地的王宫都没有在中世纪盛期幸存下来这个事实中看出来。[64]

类似的模式也出现在阿尔卑斯山以北，不过是晚了几十年。1073 年，沃尔姆斯成为第一个驱逐主教的德意志城镇，当时它为正在躲避萨克森对手的亨利四世提供了庇护。1074 年 1 月，亨利为了奖励沃尔姆斯，免除了它的王室通行费，此举意义重大，因为他将这一特权赋予了居民集体，而非仅仅赋予了受宠的个人或商人。[65] 与这个时代的所有其他王室特权一样，重要的是不要将此误解为只是中央权力的消解。通过他的行动，亨利向他的反对者表明，只有他才有权力做出这样的改变。尽管如此，主教叙任权之争的腐蚀性影响加速了其他特权的授予，而且这种授予越来越多地来自其他高级领主。美因茨大主教为了奖励他的居民在 1115 年从亨利五世手中救出他，授予他们对自己城市的管理权。其他一些重要的主教城镇也在差不多同一时间解放了自己，包括科隆、特里尔、施派尔、康布雷和瓦朗谢讷。[66]

不断变化的法律实践使公民自治有了更坚实的形态。12 世纪，与"市场权利"（Marktrecht）相关的经济特权转变为更普遍的公民权利（ius civitas），使城镇和居民成为一个法律意义上的群体。例如，斯特拉斯堡的主教在 1131 年左右授予他的城市一部公民法，包含 112 条规定。[67] 其中一个重要规定是城市有权征收维持自治所需的税收和征召劳动力，来执行从清洁街道到建造新城墙的任务。城镇现在可以制定自己的规则，而不需要参考领主的意见，即使领主可能会保留一些管辖权，或者像德意志主教城市那样，仍然在主教座堂周围拥有自己的飞地，例如在斯特拉斯堡和不来梅。城镇也可以拥有地产和资产，如市政厅、啤酒厂、磨坊、铁匠铺、济贫院，以及城墙外的土地和树林。越来越多的城镇被称为"城邦"（Stadt），而不是"城堡"（Burg），后者源于领主的城堡，但其居民仍被称为"布尔乔亚"（burgenses 或 Bürger）。"社区"（Gemeinde）一词在 12 世纪就已经出现了，它是个体成员的抽象集合，使他们能够像一个整体的人那样在领主的世界里互动。

在 1080 年后向自治政府初步过渡的过程中，执政官制度建立起来。在这个制度中，个人会被赋予领主权利来代表社区，例如在阿斯蒂和米兰。执政官来自城市精英，他们往往已经是当地主教或伯爵的附庸。由于他们是领主信任的人，所以权力的转移更容易。到 1130 年，执政官政府已经扩展到许多意大利城市，并在 1200 年左右被阿尔卑斯山以北的城市采用，例如科隆、吕贝克和乌得勒支。[68]

基础更广泛的议会很快便制衡了执政官，这就像阻止拿破仑作为法兰西共和国的执政官成为独裁者一样。阿尔卑斯山两侧的议会的基本形式是两层系统。政府由 12 名成员或其倍数的高级委员会（Rat）领导，由一名或通常两名市长同时负责，作为对个人统治的进一步制约。议员们任期固定，通常禁止直接连任，他们承担的是以前由执政官或领主的管家执行的职能。第二层是为了控制第一层，由一个更大的公民大会组成。

意大利和德意志城市的比较

在斯陶芬王朝治下，解放进程加速了，与封建化相一致，从而成了发展地方自主管理的更加普遍的过程的一部分，地方管辖权在这种自主管理中界定得更明确了。然而，由于德意志以及意大利与帝国政治的互动，还有它们的社会和经济条件，具体的解放形式在这两个国家有不同的走向。意大利的城镇早于帝国建立，而阿尔卑斯山以北的大多数城镇是在1120年之后才建立的，因此与领主管辖区的关系更为密切，而当时这些管辖区正按照封建路线重新界定。这突出了德意志市民解放过程中的一些具体事例。一些城镇的自由归功于其获得的特权，这些特权吸引了第一批居民前来定居，如位于布赖斯高的弗赖堡。在另一些情况下，领主们失去了控制，因为他们管辖的是建造城镇的土地，而不是其中的房屋。尽管居民最初支付了地租，但他们的建筑物的价值很快就超过了土地的价值。领主不可能收回土地，因为他无法补偿居民对土地的"改进"。这有助于确立这样的规定：在一个城镇居住一年零一天就可以获得自由，这极大地鼓励了越来越多的移民。[69]

意大利和德意志较大的城镇都是主教驻地，因此与帝国教会都有关系，在皇帝巡游帝国时则作为驻跸处。在意大利，这加速了皇权向主要城市的转移，因为自12世纪50年代起斯陶芬家族想要保护皇权免受亲教宗的主教们的侵害。12世纪末，"红胡子"腓特烈一世每年能从伦巴第联盟的城市获得2000银马克。[70] 将王室宝物换成税收或将其出售，把一种基于保护和从属的关系转变为一种更加商业化的安排。1198年至1214年的内战使帝国再度衰弱，这就给了城市更多的机会来要求让步，而密集的城市景观使得任何一个对立国王都很难在意大利北部找到一个稳固的立足点。一个结果便是，大多数城市都逃脱了继续缴纳常规税收的义务。

另一个原因是，皇帝争取盟友的努力加速了意大利城市之间的分化，因为较大的城市越来越多地控制着较小的邻邦。在德意志，城镇一般都在对抗诸侯的影响，而像米兰、克雷莫纳、佛罗伦萨和锡耶纳这样的大型意大利中心城市则不仅对自己的腹地，而且对更远的小城镇都有影响力。这有助于解释北意大利政治的不稳定性，因为城市的立场朝秦暮楚，而联盟的形成和分裂则取决于此时的军事平衡，以及帝国军队的到来和离开。较大的城市还受益于黑死病后土地价格的暴跌，当时他们的公民能够在康塔多购买更多的土地和权利。政治上的中央集权和城市对其腹地的政治控制，对许多居民的经济利益是有利的，因为这保护了居民的投资，增加了其与周边小城镇及村庄的有利贸易关系。到 14 世纪末，锡耶纳的公民拥有他们城市周围 70% 以上的土地。威尼斯和热那亚则享有得天独厚的优势，坐落于易守难攻的安全位置，而且便于出海，这使两城最初能够避免对土地的竞争，转而与东地中海和黑海的伙伴进行长距离贸易。[71]

许多德意志的主教城镇在 12 世纪也获得了自治权，但主教仍然控制着其腹地，而不像意大利那样，城市腹地已经被置于市民的管辖之下。有了家臣们的服务，德意志的主教们就不需要再将富有的城镇居民作为自己的间接附庸了。此外，德意志主教团与皇帝保持着更紧密的联系。斯陶芬家族和他们的直接继承者不需要像法国国王那样求助于市民律师，因为帝国教会继续为王室提供有文化的神职人员。得到皇家特许状的非贵族人员比例从 12 世纪的 2% 上升到 1250 年左右的 10%。在 13 世纪初暂时偏爱一些城市之后，斯陶芬家族在 1220 年和 1231 年的宪章中更加坚定地支持了世俗诸侯和教会诸侯。[72] 此后，维尔茨堡、班贝格、帕绍和哈伯施塔特的主教们重新对他们的城镇行使更直接的权力，在此过程中阻碍了这些城镇的经济发展。

这就解释了领地上的城镇与斯陶芬家族在自己的土地上开发的城镇之间日益扩大的分歧，后者最终成为"帝国城市"。主教城镇只获得了较低的"自由"地位，迫使其主教（有时是在经历了相当多的暴力之后）搬到城墙外的宫殿中。[73] 这使一些较小的城镇作为主教驻地得以发展，例如布鲁赫萨尔（在施派尔）、布吕尔（在科隆）、奥伊廷（在吕贝克）和梅尔斯堡（在康斯坦茨）。主教们在他们的驻地城镇内保留了受法律保护的宫院，这些宫院的存在往往造成了紧张局势，并解释了为什么这些城镇在13世纪和14世纪的德意志公民联盟中发挥了重要作用（见第655—665页）。科隆在1288年确保了自己成为完全直辖的帝国城市，尽管被其拒之门外的大主教在一段时间内持续对此提出异议。这种情况一直持续到15世纪晚期，因为君主们经常把帝国城市当掉，其中一些城市会落入诸侯的管辖范围，如多特蒙德和雷根斯堡，直到它们的地位通过帝国改革和在帝国议会的代表权而稳定下来。

尽管如此，帝国的赞助使许多德意志城镇实现了它们的首要目标：安全地与外界进行贸易和获取食物。与意大利城市不同的是，它们征服或获取领土的动力较小，在意大利，大约有25个城市各自控制了至少1 000平方千米的土地，其中佛罗伦萨在1400年时拥有1.2万平方千米的土地，而威尼斯在1339年至1428年间积累的土地是这数字的近三倍。相比之下，只有纽伦堡还算接近，有1 650平方千米，而乌尔姆有930平方千米，所有其他德意志城镇只有100平方千米或更少。[74] 尽管意大利和德意志的城镇在规模上有差距，但它们确定统治地位的过程大致遵循类似的模式。经济影响通常比政治控制更重要，但行使领主的管辖权和其他法律特权总能产生帮助作用。例如，纽伦堡在1427年买下了其原来的帝国堡伯的城堡和管辖权，并在15年内控制了442个附属农庄和村落。[75] 富裕的意大利公民利用他们在1200年后对执政官职位和市议会的控制来筹集资源，建造道路、运河和新的郊区，从而进一步调整了与农村的关系，使之有利于自己。他们还向周围的农民和领主提供信贷，从而建立了一个类似于 19 世纪欧洲金融家在拉丁美洲、北非和亚洲建立的"非正式帝国"。这一切之后，一般他们就有权任命乡村官员或确认任命了，还有权征税和征兵。

德意志城镇在较小的范围内这样做，例如，通过向居住在城墙外的人授予公民身份来扩大影响，以建立与领主相抗衡的附属网络。诸侯说服皇帝在 1231 年禁止授予这些所谓的"假公民"（Pfahlbürger）身份，不过在 1356 年不得不重新颁布这一禁令。在德意志，由于农村人口普遍稀少，领地收购的吸引力不大，通常可以通过商业手段来控制，例如说服周边地区采用城市的货币和度量衡。德意志的城镇没有寻求扩大空间，而是专注于确保通行能力，例如购买城堡来守卫重要的道路或河流渡口。

寡头政治的发展

意大利、勃艮第和德意志的城市都有寡头政治倾向，这种倾向在乡村也有较小程度的表现。社区呼吁的是自由，而不是平等。自由是以"豁免权"的形式获得的，意味着免除了领主的强征和管辖。社区集体成了团体的"领主"。其成员个人是自由的，但这种自由只通过他们与特定社区的联系实现。如果他们移居或被驱逐，他们的自由就会消失。地位受到严格保护，公民没有什么动力让外面的其他人也获得同样的地位，除非是作为保障自身安全和扩大经济优势的一种手段。例如，在 1256—1257 年，博洛尼亚向 379名"主人"支付了一定费用，使其放弃了对 6 000 名居民的管辖权，这些人必须转而向博洛尼亚城纳税。[76] 每个城市的议会仍然严格控制着城市公民身份，就像村庄的类似机构限制村庄的选举权一样。执政当局仍然关注其社区的生存能力，试图把那些让他们感觉在消耗社区资源（如草地）的人赶出去。这往往是与领主发生摩擦的另一个原因，领主们有时会维护穷人或无地者的利益，认为他们是有用的廉价劳动力，而较富裕的城市居民则担心他们会成为潜在的负担。因此，城市人口是高度分层的：其中包含一群有权利的公民，他们不一定是大多数；包括一个中间层，由没有充分特权的被容忍的"居民"组成；还有一个没有多少权利的无产阶级。所有这三个群体都被进一步划分，例如在早已定居者和新来者之间进行划分。

科隆政府在 12 世纪 30 年代就已经掌握在"富人公会"（Richerzeche）的手中。[77] 寡头政治的出现是"自然而然"的，因为社区机构必须处理日益复杂的大量事务。到了 12 世纪，担任公职已经变得很消耗时间，而且往往很困难，这使得城镇不得不修改规定，允许延长任期。行政部门被划分为两层，职位较低的工作人员能得到报酬，而较高的职位仍然是名誉性的，这表面上符合推崇奉献精神的公众理想，但实际上是为了让高层职务只能由有足够财力的人担任。在挑选议员方面，指定人选越来越多地取代了直接选举，部分原因是当权者将他们的朋友视为"可靠的人手"，但也是为了阻止民粹主义，因为民粹主义经常导致暴力，特别是在意大利。13 世纪，随着社会阶层进一步分化和经济越发多样化，派系利益之争也相应加剧了。[78] 对立的团体为争夺权力而竞争，拥有权力后则试图排挤掉对手。佛罗伦萨在 1200 年有 150 座防御塔，反映出了充满血腥暴力和仇杀的环境中的焦虑感。在某种程度上，意大利城镇中更大的纷争来自贵族数量的增加，他们在城墙内外都拥有财产，将私人恩怨转移到公民政治中。德意志贵族在城镇中的经济利益或政治利益较少，他们在城市中的宅邸仍然没有设防。然而，暴力也反映出意大利社区发展到了更先进的状态，在那里风险往往更高，皇帝和帝国法院等外部力量调节或化解紧张局势的可能性也变得更低。

意大利和德意志城镇的寡头政治趋势在13世纪末和14世纪期间不时受到民众起义的遏制。章程被改写以扩大参与，主要是通过将行会作为新的群体利益集团。寡头政治一般很快就会恢复，因为城镇在法律上和经济上仍然是分层的，而且被赋予公民权的人口一般拒绝将公民权扩大到"居民"或无产阶级身上。16世纪中叶以后，几乎没有进一步的变化，大多数德意志和瑞士的城镇现在由几个有亲属关系和商业利益的家庭控制。到18世纪末，伯尔尼只有250个家族仍有资格担任高级公职，而苏黎世的市议会中有13个家族占据一半的席位。这种模式在农村也普遍存在：1580年左右，一个士瓦本村庄的29名农民拥有143个公职。财富、头衔和权力已经集中在小规模的精英手中，普通贵族和诸侯都寻求与他们合作。[79]

意大利的情况更为极端，少数无情的家族从城市暴君崛起成为新的诸侯。这里的贵族化趋势总是比阿尔卑斯山以北的地区更加明显。11世纪初，意大利较富裕的市民通过成为主教和伯爵的附庸向贵族地位迈进，到13世纪作为骑士家臣继续为其效命，此时他们越来越多地被更强大的城市议会征税。矛盾的是，由于意大利农村领主对公民自由的威胁比德意志农村领主要小，所以意大利城市更容易接受他们。与更富有的布尔乔亚的通婚进一步模糊了区别，形成了一个被称为执政团的精英阶层，他们利用附庸关系和对农村小领地的控制来巩固他们在城市和康塔多的权力。章程被改写，允许执政团终身担任民政领袖和其他职务。在这种暴力的、高度竞争的环境中，长期把持权力往往是困难的，大多数执政团满足于支配自己的城市，不过米兰的维斯孔蒂家族以牺牲弱小的邻居为代价继续扩张该城市。正如我们所看到的（第 210—211 页和第 450 页），成功的专制者通过对罗马远征的支持来换取皇帝授予的世袭诸侯地位，以确保他们的权力。佛罗伦萨是为数不多的保留共和政体的大城市之一，这在很大程度上是因为它的财富允许其建立一个更复杂的官僚机构，以及靠雇佣兵来捍卫其地区影响力。[80] 威尼斯和热那亚同样保持着共和政体，但拥有规模相对庞大而排他的名门望族，在任何情况下，他们都拥有贵族体面的外在象征，如纹章。

在德意志或勃艮第的布尔乔亚阶层中，没有谁能从议员升为其本城的诸侯。德意志诸侯国中唯一直接以城镇为基础的是不伦瑞克，它是在 1235 年韦尔夫家族与斯陶芬家族和解的特殊情况下建立的。贵族和领主是城市生活的一部分，但不像名门望族那样深地融入其中，他们与同胞的区别在于生活方式和婚姻模式，而从 14 世纪开始，他们还自觉地将自己作为领导社区的主要家族。与意大利不同，德意志有众多强大的诸侯，这为骑士和其他较小的贵族提供了足够的就业机会，同时也为城市居民提供了社会阶层提升的途径，他们可以在不断扩大的诸侯领地的管理部门工作，而不是为自己的家乡城市服务，以此来提升自己的阶层。所有德意志和勃艮第的城市都已经有了领主，要么是主教，要么是诸侯，要么是皇帝。皇帝与帝国城市的关系比与意大利城镇的关系密切得多。此外，寡头政治的趋势被帝国的干预所遏制。尽管查理五世修改了许多公民章程，以加强名门望族的权力，但他还是让这种权力属于社区式的，而不是诸侯式的。

帝国的布尔乔亚

大多数德意志城镇的规模相对较小，这也是确保寡头政治不会发展成专制主义的一个因素。例如，符腾堡的维尔德贝格镇在1717年由300户居民组成，共有1328名居民。与之对应的有95个公职，包括三个市长级职位、两个委员会的15名成员以及25名道路、建筑、面包、鱼、牛和肉的检查员。[81] 因此，五分之一的男性户主至少担任一个公职，确保权力的分配相对平均，并且相当一部分人口的切身利益是和社区事务相关的。城镇保持了一种活力和凝聚力，这种活力和凝聚力是建立在人们之间相当广泛的日常交往上的，而这些人一般都很熟悉彼此。

这一点具有更广泛的意义，因为人们普遍认为1648年后德意志城镇在经济上和政治上都在衰落。这种负面解释依据的是将它们与1500年左右的文化和经济活力进行的对比，以及与其他国家的城市，特别是与那些在18世纪受益于殖民贸易和早期工业化的西欧城市进行的不利比较。虽然像纽伦堡这样的城市处于德意志文艺复兴和宗教改革的最前沿，并在制度化帝国议会方面发挥了重要作用，但到了18世纪末，这些城市似乎成了沉睡的落后地区。大多数城市的人口都没有增长，甚至在下降，而且所有城市在文化上和政治上都被将其包围起来的诸侯国超越了。18世纪的德意志似乎是一片属于诸侯宫廷的土地，点缀着由气势恢宏的巴洛克式宫殿、歌剧院和宫廷剧院主导的小型"住宅城镇"（Residenzstadte）。人们的普遍印象是，王公贵族主宰着德意志社会，阻碍了经济发展，也阻碍了有政治意识的资产阶级的出现。人们将德国缺乏真正的革命和工业化起步较晚的成因归罪于此。[82] 简而言之，帝国城市乃至帝国本身之所以落后，似乎是因为它们未能像伦敦或阿姆斯特丹那样发展成为工业和商业中心。

如果从帝国的城市人口的角度来看，情况就不同了。18 世纪的政治条件比 1500 年左右的城市全盛时期要稳定得多。最后一个被剥夺自治权的帝国城市是多瑙沃特（Donauwörth），它在 1607 年被巴伐利亚吞并，而在 1671 年，不伦瑞克成为最后一个被迫接受更大的诸侯控制的领地城镇。[83] 二者都是例外。虽然单个的城镇很小，但至少在易北河以西和以南，德意志城镇数量众多，分布也相当均匀。1450 年，其居民已经占到了德意志人口的 13.5%，在 250 年内大致保持在这一水平上，到 1800 年则翻了一番。只有维也纳、柏林和汉堡的居民超过了 10 万人，但依旧无法与伦敦相提并论，后者的人口约为 100 万，占英国人口的十分之一。然而，英国只有另外两个城镇的居民超过了 1.5 万人，而 7 个帝国城市和 27 个领地城镇的居民均超过了这一规模，这表明帝国的经历与欧洲所谓更进步的地区并没有天壤之别。[84]

德意志城市人口相对均匀地分布在多个中等规模的中心，这种情况一直持续到现代，而且这个国家至今仍然缺乏一个单一的、占主导地位的大都市。这带来了经济和文化方面的好处。当然，近代早期的大多数帝国城市就其自身来说是成功的，为其大多数居民提供了稳定和安全的环境。大多数城市的小规模制造业和商业水平相对较高，甚至像海尔布隆和林道这样的小城市也能成为区域经济中心。财富差距确实非常大，但城市的发展并没有产生大规模的贫民窟，居民也仍然具有凝聚力，对他们的"家乡城市"和帝国有着强烈的认同感。[85]

帝国最热情的支持者大多来自城市精英，如约翰·雅各布·莫泽，他在符腾堡的黑伦贝格和斯图加特长大。从符腾堡当地的图宾根大学毕业后，莫泽最终进入公国的民政部门，然后在母校担任了四年的法律教授。此后，他先后在帝国法院、符腾堡公务员系统（再一次）、普鲁士的奥得河畔法兰克福大学工作，担任查理七世皇帝的自由法律顾问，以及黑森-洪堡枢密院院长。最后，在符腾堡政治体与公爵的长期争执中，他站在了符腾堡政治体一边。[86] 莫泽的职业生涯表明，受过教育的市民在民政部门、诸侯宫廷和帝国职务之间换工作相对容易。因此，帝国的多中心政治为社会阶层流动提供了大量机会，基本上不受更广泛的经济发展影响。

代表和管理

诸侯行政机构及其行政人员

中世纪的王权主要关注道德而不是行动的范围。社会参与主要限于象征性的行为，如帮助个别寡妇和其他"无依无靠"的民众。根据编年史家维波的说法，康拉德二世无视朝臣们让他赶紧去加冕的建议，而是停下来倾听一个农民、一个孤儿和一个寡妇的请愿，从而"在那天为自己做好了处理其余政务的准备"。维波强调，康拉德"像基督的代牧一样做出了回应"，但他的行为并没有什么特别的"帝王气质"。[87] 其他中世纪的国王也有类似的故事。然而，臣民们越来越期待他们的国王能以一种更持久、更系统的方式来回应他们的请愿。通过请愿、抗议和在议会中的代表，臣民们迫使君主进行立法，并最终发展中央指导的机构来改善社会关切的方面。

乍一看，帝国似乎朝着相反的方向发展，因为它的中央权威在13世纪中叶之后似乎变得与普通居民的生活更加疏远。然而，如果把所有的权力层放在一起看，差异就不那么明显了。社会监管和经济监管是在诸侯领地和帝国城市层面上发展起来的，而不是通过中央机构，这个过程一直到18世纪仍然是保持各方相互依存的，并且在构成帝国的大多数领地内建立了额外的代表层，补充了帝国议会中的帝国政治体的代表。

这些领地政治体和各省政治体是诸侯的盟友和对手。它们的角色模棱两可，这也解释了为什么历史解释往往有很大分歧，有些人认为政治体是人民自由的拥护者，反对贵族专制，而另一些人则谴责政治体是阻挠有益变化的既得利益者。[88]政治体是帝国内部从中世纪末到近代早期普遍变化的产物，因为地方和领地当局扩大了其职能，以应对人口增加、经济变化和日益复杂的日常生活。

与城镇相比，以及与其他一些欧洲当政者，尤其是与罗马教宗相比，诸侯的管理在14世纪仍相当粗放。城镇是第一个面临大规模社区生活复杂性的地方，并发展出新的方法来应对，包括在日常管理中采用书面形式。然而，不应该过分强调诸侯和帝国的行政管理的对比。领主和国王受益于他们与教会的长期联系，教会的修道院和女修道院也在早期开创了新的技术，而领地管理也可能相当复杂，特别是当管辖权分散和经济关系商业化的时候。意大利以及后来的德意志和勃艮第领主，完全能够满足商业租约和新的资产管理形式的要求。

尽管如此，王公贵族的管理规模仍然很小，因为在战争之外，其主要任务仅限于展示正义和良好的王权。日益增长的附庸等级使那些社会等级较高的人能够集中精力处理被认为"正当"的事务，同时将更多的世俗问题移交给他们的下级。这些都延续了既有的面对面的方法，因为随着人口的增长，得以出现更多的领主，但这些领主的权力能够覆盖的人数仍然大致相同。帝国的总体框架继续通过与封建化相关的宪章和新的协调性立法，如关于公共和平的立法（见第 461—462 页和第 712—721 页），使诸侯和领主的权力合法化。同时，王公贵族和城市越来越多地承担起更大的责任，因为他们的管辖范围合并成了更为独特的领地。

领地管理在 14 世纪获得了更坚实的制度基础，这是在帝国书记官署建立的几个世纪后，而帝国书记官署无疑提供了一个范本。神职人员占主导地位，因为受过教育的识字人员屈指可数，而大学毕业生也是凤毛麟角，导致这种情况持续存在。聘请教士也便于省钱，因为他们靠自己的教区生活，而平信徒则需要工资。科隆的书记官署在 14 世纪 40 年代雇用了 12 名神职人员，而在大约 90 年后，普法尔茨的同类机构仍然只有四五名文员。大多数行政管理由小贵族负责，他们或者直接作为附庸，或者作为领薪官员，例如在地区结构形成后担任城主和执法官。同时，诸侯也效仿皇帝，带着一队仆人、行李车、厨房用具和地毯，巡游他们的土地，以使每次停留都更加舒适。14 世纪中叶以后，他们开始在有利可图的资源（如收费站）附近长期扎营，或模仿斯陶芬家族的做法，在其领地的城镇中停留。15 世纪时，诸侯主要居住在数量较少但地位越来越重要的宫殿之中，此举在下个世纪变成一种常态，当时每个诸侯国都与一个居住城市紧密相连。最初名为卡伦贝格的整个公国后来改为以汉诺威城之名命名，就说明了这种城镇的重要性。更大的稳定性增加了资源管理的压力，因为供应品不再是就近使用，而是必须能够维持一个地点固定的永久性诸侯宫廷。这与帝国的改革不谋而合，而帝国的改革本身又对王公贵族和城市提出了额外的要求。

诸侯的行政管理扩大了，相应地，其工作人员也获得了更高的社会地位。平民们将议员和其他高级工作人员视为实际上的贵族，这为他们在教会之外的社会流动开辟了一条新的途径。即使是相对较小的诸侯国和帝国城市也建立了大学和文法学校，以满足对合适人选日益增长的需求。尽管教育成为许多职位的先决条件，但贵族官员和"学识渊博"的官员之间的薪酬差异一直持续到18世纪晚期。[89] 总体人数仍然不多。在18世纪，一个典型的中等诸侯国可能有100名至300名官员，从高级议员到中央机构的信使，而在其地区有多达800名各级官员，共同为20万至40万居民服务。即使在普鲁士，中央机构也从1680年的300名官员增加到18世纪50年代的640名，而此时总共只有1.4万名官员，其中4500人是消费税征收员。许多官员是由地方或政治体雇用的，而不是由诸侯直接雇用。例如，1762年，奥地利和波希米亚有7421名公职人员受雇于哈布斯堡家族，1494名受雇于各省政治体，11669名受雇于贵族和城镇。[90]

王公管理机构的出现促使人们要求分享社会流动、财富、地位和影响力所带来的好处。对"外国顾问"（fremde Räte）的批评在14世纪就已浮出水面，因为当地人指责他们的王公贵族偏袒外人，而对他们不利。以后的例子包括黑森-卡塞尔的沃尔夫冈·金特博士和符腾堡的约瑟夫·聚斯·奥本海默（他既是犹太人，也是外人），他们都因为不受欢迎的政策而备受指责，并在他们所服务的王公贵族去世后立即被处决。[91] 坚持"土著权"（Indigenatsrecht），或者说只雇用"本地人"的严格要求，是领地精英联合起来的一个主要因素，从而促成了我们已经遇到的多重身份（见第278—280页）。后者也是由领地政治体的发展所推动的。

领地政治体的出现

帝国寻求共识以使行动合法化的文化，对各省和地区层面的代表权的发展产生了重大影响。1231 年的法规不仅赋予了诸侯在其管辖范围内更大的权力，而且还要求他们咨询"更好和更伟大的人"（meliores et majors），以帮助他们履行其职责。这为奥地利和波希米亚诸省的政治体提供了基础。[92] 臣服礼为主要的臣民提供了为群体权利讨价还价和申诉的机会，从而提供了另一种动力。在大多数情况下，政治体的出现远远早于其最初的实际地区议会[*]。例如，巴伐利亚人于 14 世纪后期就已经参与了该公国的财政事务，但在 1453 年才举行了第一次议会。主教座堂教士团的存在可能会抑制教会领地的发展，因为教会贵族们已经发现这是对他们有利的有效平台，没有什么动力让世俗贵族或城市地方长官参与到他们与采邑主教的谈判中。然而，后者往往希望把他的世俗附庸和城镇包括进来，要么在政治上平衡他的教士团，要么也利用他们的资源。1400 年的马格德堡议会被普遍认为是第一次在德意志领地召集的议会。这也突出了一个更基本的观点，即领地政治体可以由统治者积极推动，而不是简单地出现在其对立面上。

到 1500 年，德意志、波希米亚和勃艮第的几乎每个领地和省份都有政治体，但在意大利却没有，那里的政治发展在这个层面上出现了分歧，形成了以大城市对其腹地的统治为基础的领地国家。意大利的代表权仍然局限于市议会，这就剥夺了其农村居民的发言权。只有萨伏依遵循了帝国其他地方的模式，这再次凸显了其勃艮第的起源以及随后与德意志王国的关系是多么重要。14 世纪末，

---

* 地区议会（Landtag），地区政治体的全体会议。

萨伏依诸省的乡村议会与政治体一起出现，它们尽管在 1560 年后失去了意义，但在偏远地区依旧起作用。[93]

政治体代表具有法人地位的团体，而不是代表作为平等公民的居民。神职人员通常由作为间接附庸的修道院来代表，这些团体会派出他们的修道院院长或副院长。在某些情况下，如在萨尔茨堡，主教座堂教士团构成了该领地政治体的一部分。[94]贵族们凭着间接封地来参与，只要统治者承认这些领地符合条件。在一些地区，如萨克森，所有这些封地的持有人都可以参加，即使这些领地是由城镇持有的。在其他地方，贵族们从拥有合格财产的人中选出代表。1363 年，城市地方长官和村长已经在蒂罗尔获得了代表权，阿尔卑斯地区的许多其他领地很快跟进，包括萨尔茨堡、巴塞尔、库尔、布里克森、锡滕森和福拉尔贝格。帝国西南部的部分地区，比如巴登，还有其他一些特例，比如东弗里西亚，也是如此。在大多数情况下，普通人只能由领地内主要城镇的市长来代表。神职人员、贵族和平民的三级划分的情况相对罕见，这样做的有巴伐利亚、上普法尔茨、布赖斯高、松德高、科隆、萨尔茨堡、巴塞尔、列日，以及埃内斯特和韦尔夫大公国。德意志北部和东部的政治体一般都有两个由领主和骑士组成的贵族议会，同时还有一个面向主要领地城镇的议会，这样的政治体包括萨克森选侯国、勃兰登堡选侯国，以及大多数哈布斯堡省份。

所有的代表都声称代表他们背后更广大的群体发言。对于贵族而言，这意味着他们的佃户或农奴。就像帝国议会和帝国大区议会的代表一样，政治体议会的代表们得到必要的授权，使他们必须遵守事先在群体内达成的指示。这抑制了更多意识形态派别或政党的发展，因为它限制了代表们向自己选民以外的其他人发出呼吁的机会。与帝国的高级议会一样，政治体议会也遵循中世纪晚期的惯例，在团体中采取多数决定制，然后通过讨价还价来达成总体共识。因此，会议提供了各种机会来维护社会、群体和（后来的）教派的地位，以及裁决物质上的问题。[95]

奥地利和波希米亚的政治体由于在 13 世纪末至 14 世纪中叶出现而相对强大，远远领先于帝国的其他地区。[96]它们还代表着大省，由于银矿等经济资产和活跃的过境贸易，特别是因为它们的统治者需要资金来加强防备，抵御外部威胁（尤其是 15 世纪的匈牙利人和土耳其人），它们的税收发展相对较早。哈布斯堡家族与各省政治体直接打交道，并确保主要贵族和城镇在帝国议会中没有代表权，这与哈布斯堡以领地为基础来治理帝国的模式是相符的。哈布斯堡家族还在分而治之的基础上依次与各省谈判。这在波希米亚被证明是困难的，在那里，所有五个省的总议会到 17 世纪仍然比较普遍，事实上，它为波希米亚起义（1618—1620）提供了制度上的支持。勃艮第公爵们在 15 世纪 30 年代积极建设总议会，以整合他们自 14 世纪 80 年代以来通过快速扩张增加的省份。哈布斯堡王朝在 1477 年后获得了大部分勃艮第省份时，不得不保留总议会，这主要是由于总议会对于提高税收而言是不可或缺的。总议会平均每年召开两次会议，直到 16 世纪 70 年代才分裂开来，北方七省最终成为荷兰共和国。[97]马克西米利安一世为他的奥地利各省试验了类似的总议会，但与波希米亚一样，这从未发展成为一个永久性机构，与勃艮第的总议会不同。他的继任者在很大程度上摒弃了总议会，但哈布斯堡贵族在 17 世纪 20 年代进行了根本性的改组，不再需要对政治体进行实质性的改动，因为这些政治体现在由在三十年战争中支持皇帝从而获得地位和财富的家族主导。[98]霍亨索伦家族、韦廷家族和汉诺威的韦尔夫家族也没有建立总议会，因为他们积累了更多的帝国封地，每个封地都有自己的政治体。

不由任何贵族代表的政治体被称为土地抵押信用合作社*，字面意思是"乡下"。它们通常被解释为以更加民主的方式"自下而上"出现，与之相比，其他政治体似乎更像是精英政治的产物。[99]事实上，茨韦布吕肯和普法尔茨的土地抵押信用合作社最初是在其诸侯的倡议下成立的。其他的这种社区会出现，则是因为有些贵族选择退出领地政治，以确保作为帝国骑士的直辖地位，代表权就落到了神职人员和普通人身上，例如在符腾堡、维尔茨堡、班贝格、拜罗伊特、安斯巴赫、特里尔和富尔达。士瓦本和法兰克尼亚大约有 20 个领地建立了由市长和村长组成的完整的土地抵押信用合作社，但这些主教区、伯国和其他领主区除了领主自身以外没有地方贵族。一些帝国城市也建立了类似的机构，以便与其附属村庄进行更有效的谈判。政治活力和社会构成之间没有明确的关联：贵族主导的梅克伦堡议会一直存活到 1918 年，而班贝格和维尔茨堡那些缺乏贵族的议会在 18 世纪基本停止了运作。

省级和领地级议会采用了与帝国议会大致相同的言辞，其成员以忠诚的臣民自居，其作用是协助确保道德治理、和平、正义和共同利益。与皇帝一样，王公们掌握着主动权，选择是否与何时召集他们的议会并制定议程。少数政治体主张自我集会的权利，但这在1658 年被正式禁止。政治体以请愿书和申诉清单作为回应，利用这些请愿书和申诉清单来讨价还价，以巩固其在各自领地的地位。然而，政治体也可能成为派别利益的工具，例如在哈布斯堡的土地

---

* 土地抵押信用合作社（Landschaften），一种由平民占主导地位的政治体形式。

上，新教徒于 16 世纪六七十年代在天主教成员反对的情况下利用政治体确保了新教得到一定程度的容忍。城镇和贵族们经常在经济问题和相对税收份额上发生冲突。谈判的特点是统治者和被统治者之间的关系比在帝国议会和帝国大区议会的讨论中更为密切。道德问题被更公开地表达出来，包括批评诸侯的个人缺陷、他们的情妇和宫廷奢侈。与帝国议会程序风格不同的一个主要原因是，领地税用于支撑诸侯的家庭和他的其他政策，而帝国的税收只资助与和平及正义更明显相关的范围比较有限的活动。

政治体的批评具有真正的力量，因为其成员的自我利益经常与其道德信念相一致，这种信念认定，既定的社会秩序应该得到维护，任何改变都是为了恢复理想化的和谐，解决显露的弊端而不是改变本质。政治体有意识地与诸侯的宫廷和行政部门保持距离，声称只有自己才能提供公正的建议，朝臣和雇来的奴才则只会卑躬屈膝。然而，政治体并不寻求用共和国来取代贵族王公们，或让普通居民也能参与政治。即使是近代早期帝国较为激进的现代思想家之一约翰内斯·阿尔图修斯（Johannes Althusius）也认为，议会的主要功能是对君主权力的制约，而不是取代它。[100]

大多数政治体都建立了由选定成员组成的常设委员会，在两次议会之间代表其利益。统治者往往发现这些委员会更容易打交道，这主要是由于其成员人数较少，更容易接受以荣誉、恩惠和贿赂等常见形式体现的王公荫庇。许多领地在 17 世纪 50 年代和 80 年代之间举行了最后一次地区议会，但也有少数地区在几十年后再次召开议会。这种寡头政治的趋势无疑将代表权限制在一个人数较少的贵族阶层中，而这个贵族阶层往往与王公行政当局关系密切，即使在地区议会仍然不定期开会的地方也是如此，如符腾堡。[101] 然而，这不能简单归结为专制主义钳制人民代表，而是反映了社会中有影响力的部分达成的共识，即良好的治理取决于有序的行政和法治，而不是民主。

领地税

大多数政治体的起源，都和中世纪后期领地的财政问题有关。与皇帝一样，诸侯发现，传统的资源开采方式既不能维持他们的野心，又不能满足他们对自身正当职能的新理解。他们也耗尽了自己的领地，现在他们的大部分收入来自过去君主最初授予的管辖权和特权，如收取通行费的权利，以及市场权和关税权。如果一个王公拥有横跨主要交通路线的土地，那么通行费就会非常可观。1400年，美因茨从莱茵河征收的费用与30个领地城镇应该缴纳的费用一样多。在16世纪上半叶，银矿开采提供了蒂罗尔四分之三的收入和萨克森一半的收入。然而，这些都是例外情况，总体情况是债务上升（表14）。[102]

政治体的出现，部分是由于一些人的抗议，例如不想被抵押给另一个领主的乡民，诸侯为应对问题而采取的权宜之计影响了他们。统治者们也意识到，更广泛的协商将使他们能够利用自己臣民的个人资源。其结果是，除了来自特权和封建体系规定的税收外，还建立了一套新的税收体系。这些新税种被称为"领地税"（Landsteuer），因为它们更广泛地适用于领地的大多数或所有居民，并为一个商定的共同目的而筹集。14世纪，巴伐利亚已经征收过十次这样的税，1395年后，普法尔茨也开始征收。统治者们发现，与政治体的合作不仅能减少反对意见，而且对征税也至关重要。这就解释了为什么首先要召集社区领袖、主要神职人员和贵

表 14　1500 年左右部分诸侯国的收入和债务情况（单位：弗罗林）

领地	年收入	债务
奥地利和蒂罗尔	364 000	1 720 000
巴伐利亚（两个分支）	132 200	741 900
普法尔茨	90 000	500 000
科隆选侯国	90 000	?
萨尔茨堡	90 000	?
萨克森的公国	73 000	240 000
萨克森选侯国	63 000	200 000
美因茨	60 000	?
勃兰登堡	60 000	?
纽伦堡	51 000	?
符腾堡	48 400	213 400
特里尔	40 000	?
安斯巴赫-拜罗伊特	30 000	233 500
士瓦本城市（合并）	133 600	?
士瓦本伯爵、高级教士、骑士	104 100	?

族，因为在没有任何其他地方行政机构的情况下，这些人往往也是监督征税的人。明斯特政治体在 1359 年后帮助其主教收税，而 1396 年在上巴伐利亚成立了一个公爵-政治体联合税收委员会。到了 16 世纪，政治体的税占大多数地区收入的一半到五分之四。政治体是如此有用，以至于那些缺乏政治体的王公现在常常试图组建

政治体，例如 1558 年在巴登。

政治体利用其财政权力来影响政策。作为主要的财产所有者，其代表会因鲁莽的行为特别是战争而蒙受很大的损失。这抑制了暴力，有助于确保诸侯权力的增长不会导致一系列无休止的领地间战争。例如，符腾堡政治体迫使其公爵同意在 1514 年后就影响公国的重大问题与其协商。然而与此同时，帝国的财政结构规定，由诸侯与帝国城市的地方长官一起负责为帝国征税（见第 462—465 页）。为帝国征税立即成了凌驾于地方问题之上的更高义务。诸侯不允许自己领地上的政治体对此事有任何发言权，除了帮忙决定如何筹集资金。许多人故意隐瞒其官方义务的真实规模，以便要求征收比他们实际欠帝国的数额高得多的税款，想让多出的钱留在自己手里。[103] 帝国立法加强了王公们的力量，例如，1566 年裁定不履行帝国义务的臣民可以被处以两倍的罚款。军费开支也可以说是一种帝国义务，因为所有诸侯都有义务协助维护公共和平和保卫帝国。1672 年后，几乎持续不断的帝国动员结束了三十年战争后的任何和平红利，而且军事税在几乎所有领地都成了常设税种，在 1714 年后尤其如此，这主要是因为较小的领地决定在和平时期也维持其帝国应急部队。这一过程也有助于解释地区议会的衰落，因为统治者现在通常只就税收水平咨询各政治体的常设委员会，而不是商讨征税与否或征税目的，这些都已成为固定的。

因此，政治体具有领地行政分支的特征，拥有自己的官员、财政和账簿等基础结构。政治体的成员经常与诸侯的官员坐在一起，组成联合委员会，监督领地债务的管理和偿还。政治体的信用度与诸侯的信用度密切相关，由于诸侯有能力借用未来的税收，因此他可以从较低的贷款利率中获益。债务分期偿还使诸侯政策的大部分领域要接受政治体的审查，即使只是回顾性的审查。他们的官员还联合审计了军事支出和其他账目。当然，实际情况远非完美。一位符腾堡公爵故意向他的政治体提交假账，以掩盖他接受法国补贴的事实，其欺骗行径在两个多世纪后才昭然若揭。另一位公爵被他派往海牙的特使欺骗了，这个特使发送了具有误导性的乐观谈判报告，自己却拿着政府的钱逍遥快活。同时，这个特使在符腾堡政府中的兄弟改变了公爵的法令，使他的薪水翻了一番，而这一情况直到 14 年后才被发现。[104] 政治体尽管在现代民主意义上几乎没有代表性，但确实鼓励人们更加廉洁，并以类似于英国议会的方式打击了腐败。[105] 所有这些都与法国形成了鲜明的对比；1614 年后，这个君主国不愿与臣民协商，这削弱了其信用度，最终使金融改革受挫。

公安 * 和社会管束 †

与税收一样，社会监管通常与中央集权国家的崛起有关。在标准的说法中，国家首先对自己的工作人员进行约束，然后利用这些约束来打造其理想中的顺从、虔诚和节俭的国民。据称，这样做给人们灌输了使工业革命成为可能的工作伦理，灌输了德意志人对军事化权威的服从。[106] 帝国的社会监管被称为公安，出自亚里士多德的《政治学》13 世纪的译本。这既意味着"政体"，或说国家，也意味着良好的秩序，表明当局既有权利也有义务为了公共利益而

---

* 公安（Polizei，最初的拼写为 Policey），公认的当局通过规范性立法来引导行为以及解决社会问题和经济问题，以此来维系法团社会。

† 社会管束（social discipline），对社会的一种理解，认为社会由国家监管改造，鼓励个人成为顺从节俭的臣民。

规范社会行为。宗教改革无疑影响了这些思想在帝国的实施。路德宗尤其促成了这样一种信念：所有的道德行为和理性行为都应根据其增进个人福祉的能力来评判。人们普遍认为，人类会自然而然地倾向于犯罪，除非有见多识广的神职人员、良好的教育和强大的世俗权威来制约。

重要的是，不要把公安简化为国家压制。公安的出现是为了填补法律空白，对尚未受习惯法和传统权利规定的生活方面进行管理，如中世纪盛期城市化和经济变革带来的新问题。这些措施试图防止利益冲突扰乱社会和谐。例如，农村生产者想要高价出售农作物以获得最大利润，而城镇居民则想要廉价的食物。定居点规模和总人口的增长，使教会慈善等传统手段对饥荒和瘟疫等问题失去了作用。

法国君主制通过赋予中央新的权力和职能，并从 14 世纪 70 年代起发布王家法令来应对类似的难题。在近代早期，帝国的中央立法仍然限于为公共秩序提供一个框架。相反，从 13 世纪开始，公安被允许从社区内部发展。大多数早期的措施都试图控制获取稀缺资源的渠道，例如设定城市或农村社区成员的标准，以及规范婚姻和继承权。其他方式包括食品安全检查、建筑条例、消防安全、垃圾收集、环境卫生、公共卫生，以及巴伐利亚著名的 1516 年《啤酒纯酿法》，该法实际上只是试图控制啤酒价格。

监管增加了书写在公共生活中的重要性。在 12 世纪之前，书籍通常只涉及宗教。此后，出现了一些关于法律的书籍，以及用于记录账目、婚姻、财产所有权、许可证和许多其他世俗事务的羊皮纸合订本。[107] 13 世纪，从村庄到诸侯的书记官署，这个现象在诸多层面大致同时出现了，这些领域后来成为领地管理的各个方面。

它为现代"监控社会"奠定了基础，因为地方当局详细记录居民生活的文件越来越多，并开始向他们发放身份证件和通行证，这样一来，当他们在领地内外走动时，当局就可以进行检查。

15 世纪，高级领主和诸侯开始意识到自己是公共权威，在此之前，他们在这些议程中的作用相对不重要。帝国改革加速了这一进程，赋予了诸侯和其他领地当局更广泛的公共职能，帮助其完成这些任务，相关职能涉及社会秩序、司法、安全和调动资源等领域。从大约 1500 年，至 1577 年间，帝国议会颁布了范围广泛的一般法规，包括我们已经看到的经济措施（第 531—539 页）和三项帝国警察条例（1530，1548，1577）。这些法令加强了帝国意大利和帝国其他地区之间的区别，前者不适用上述法规。它们提供了一般性的指导方针，既可以直接实施，也可以根据当地的法律和情况进行修改。帝国立法直接刺激了领地活动：与前一个半世纪相比，在 1548 年帝国法令颁布后的 52 年里，领地治安法令的数量翻了一番。[108] 随着既有的法典和法令按照帝国的指导方针被改写、合理化和标准化，领地措施的性质也发生了变化。

许多措施反映了宗教改革时代道德水平的提高和焦虑，而这些措施正是在宗教改革时代推行的。帝国警察条例针对打牌、赌博和饮酒，既是为了遏制这些潜在的公共秩序问题，也是为了鼓励人们更加节俭和扩大生产。其他条款针对的是间谍、纵火犯、女巫、阴谋家和一般的颠覆者。其目的是通过消除或至少最大限度地减少风险和威胁来促成一个管理良好的社会，从而将理想从实现和平转向实现安全。后来的措施以类似的理由针对乞丐和流浪者。总的来说，17 世纪的领地立法从简单地纠正不道德行为的稳定措施转向旨在积极改变态度和行为的措施。一些相应的言辞是真正发自内心的，许多措施是对感知到的变化和新"问题"的直接回应，这些问题包括从 18 世纪 30 年代到 60 年代初的人口增长和代价高昂的战争。[109] 然而，从 16 世纪开始，一种无情的财政驱动力就已经存在了，而且随着 17 世纪新提出一种观点，即通过惩罚"游手好闲"和鼓励节俭可以提高生产力，这种驱动力越来越大。在 18 世纪的巴登-杜拉赫，可被归类为"经济"的措施占所有公安措施的 40%，而涉及社会秩序包括宗教方面的措施，现在只占 25%，另有 15% 涉及公共秩序和安全，12% 涉及卫生、教育和文化，8% 涉及土地和建筑。[110]

由于所有当局都不愿意采取可能扰乱公共秩序或破坏既定收入流的措施，因此创新仍然受到法团社会结构和政治结构的限制。例如，许多领地确实促进了公共资产的商业化，或将其出售，或将其纳入中央国家控制范围，但没有一个领地采取了在近代早期英格兰破坏公地的大规模"圈地"行为。相反，当局试图稳定现有的家庭，根据他们现有的规模，而不是根据他们的需要或商业土地市场的要求，给予农场使用公地的机会。[111] 简而言之，帝国当局对穷人和企业家都不利。

在很大程度上，官房主义仍然是一门"巴洛克科学"，经常通过相互矛盾的、不适当的和不必要的措施来制造更多问题。[112] 官房主义作家当然经常是为自己服务的，他们把乌托邦式的、仁慈而公正的国家包装成灵丹妙药或愿景来兜售，以掩盖缺陷并使他们的事业飞黄腾达。然而，帝国的领地当局远不是万能的。许多措施是无法执行的，或者是在执行时遇到困难，因为它们违背了大众的价值观或期望。官方法规也是因应民众的压力而推出的，往往源于普通居民要求当局行动的呼声。[113] 结果是一种"赋权互动"，当局与普通民众的接触使后者至少有一些机会来影响政策。[114] 自始至终，当局都保持着优势。尽管地方一级的治理仍然严重依赖社区领袖和普通民众的合作和服从，但总体方向仍然由上层把握。请愿和抗议可能会实现有意义的具体变化，但通常只有在符合官方规范的情况下才办得到。例如，妻子们可以通过说服法官相信其丈夫是坏户主，而不是强调丈夫是男性施暴者，来确保法院对施暴的配偶做出判决。[115]

随着官员不断扩大其职权范围，这一过程通过中央与地方的互动以及政府的"内在活力"（inner dynamism），有了自己的理由和势头。[116] 例如，符腾堡的乡村法庭越来越多地将有关森林使用权的案件移交给公爵的高级法庭；后者因此成为此类事务的最终权威，而此前它对这些事务并无多大兴趣。简而言之，国家无意中鼓励其居民扩大其职能和责任。对生活的一个方面的监管经常会促使对另一个方面进行干预，这主要是由于个人的授权往往服务于多个目标。被治理者和治理者都开始认为当局不再仅仅是神定的人类管理者，而是一个有义务推动进步的机构。总的来说，社会和当局的融合加强了这样一种信念，即促进共同利益的最好方式是仁慈的管理和对协议和法律的遵守，而不是扩大直接代表的形式。

社会、领地和帝国

专制主义及其局限性

这些发展通常被解释为诸侯维持更多专制权力的措施，这是传统上将 1648 年后的帝国视作一个松散联邦的观点的另一面。本节将论证，这些领地不仅在形式上仍然属于帝国，而且和帝国机构仍然纠缠在一个共同的法团社会秩序中，这种秩序持续到了1806年以后。同时代的人清楚地意识到了诸侯权力和野心的增长。约翰·雅各布·莫泽在1773年指出：

> 成为君主的欲望越来越多地主宰着选侯和诸侯的宫廷：一个人有多少士兵？想有多少就有多少。征多少税？想征多少就征多少。具体要征收多少消费税和其他关税？想定多少就定多少。简而言之，一个人想做什么就做什么，而领地上的政治体和臣民，如果还能承受的话，可以放声号叫；这些并不矛盾……。[而且]他们会被逼得犯下无数罪行，不服从和叛逆。[117]

莫泽这段文字的灵感源于痛苦的个人经历，他在七年战争期间抗议符腾堡公爵的非法征税后，被关进地牢五年之久。[118]他的最终获释归功于公国政治体在帝国法庭上成功地起诉了公爵，最后在1770年实施了严格的财政限制。[119]因此，莫泽也得以提醒诸侯，他们的权力"并没有使他们的土地成为自己的自由国家，这些土地仍然只是德意志整个国家机构的一部分"。[120]一些诸侯完全同意。约瑟夫二世皇帝的弟弟、科隆大主教和明斯特采邑主教马克斯·弗朗茨将他的主教座堂教士团和政治体视为其领地体制的守护者，很好地防止了他对法治的干涉。约束马克斯·弗朗茨的臣民的法律同样适用于他本人和他的官员。

大多数历史学家仍然持怀疑态度，他们怀疑帝国机构能在多大程度上制约奥地利和普鲁士，同时也注意到领地化如何把意识形态的力量注入诸侯的政府，使其得以自主行动。在一些人看来，18

世纪末，领地层面的活力，与僵化的、似乎越来越不相干的帝国框架之间的矛盾越来越大。[121] 活力最明显的表现是 1770 年左右在奥地利、普鲁士和许多中等甚至更小的世俗领地和教会领地上实施的"开明"改革。[122] 这些措施改变了领地治理的实质，而并非仅仅是改变了其风格。为了追求公共利益，臣民的幸福感成了明确的重要考量因素，而安全和秩序也在考量范围内。现在，幸福由物质福利和身体健康来定义，而不是从道德和宗教方面界定。实际例子包括受世俗观念启发的福利措施，以及改变和扩大的教育供应。第二个活跃的行动是通过更大的容忍度来瓦解教会国家，扩大自 1648 年以来通过帝国法律提供的个人自由和团体自由。18 世纪末，奥地利等天主教地区以早先新教世俗化的方式征用了大量"无用"的教会财产，但将获得的资源用于支持国家控制的福利和教育，而不是用于改善教会教育或推进宗教目标。这种改变是合理的，参考了效用的概念，这种概念是许多启蒙思想的核心，它支持以公共利益的名义改变或取消"传统"特权。

改革中的内在矛盾在编纂领地法典的努力中最为明显，因为这些努力需要合理化和系统化，与维持帝国及其法团社会秩序的关键假象相抵触。[123] 编纂工作加速了已存在于官房主义法规中的趋势，它以共同进步的名义拉平了社会区别。社会正在从以法律上地位有差异的政治体为秩序的基础，转变为由法律地位平等、与国家关系统一的个人组成的社会。社会法律上的区别让位于更明显地以经济阶级来定义的分层。这些发展的最终方向在 18 世纪末还很不明确，而当局除了对公共利益和财政效率的传统关注外，缺乏一个连贯的计划。编纂法典和其他标准化的努力进行得相当缓慢。1775 年后，花了 52 年时间才拆除了奥地利各省之间的关税壁垒，而即使在拿破仑的影响下，巴登在 1810 年仍然使用了 112 种不同的长度测量方法，92 种面积测量方法，65 种干货测量方法，163 种水果测量方法，65 种酒精测量方法，123 种其他液体测量方法，以及 80 种不同的磅重定义。[124]

公共债务

真正的问题不是帝国机构的僵化，而是人们普遍不愿意改变群体的社会政治秩序。最能说明这一点的是，帝国大大小小的领地从 1672—1714 年的战争中浮现出日益严重的债务问题。与三十年战争的后果不同，帝国政治体没有通过帝国议会来集体解决这个问题。一些领地能够减少其债务，但所有领地都在 1733 年至 1763 年期间再次遭受了花费高昂的战争。从 1733 年到 1748 年，仅哈布斯堡家族就花了 4.048 5 亿弗罗林打了三场战争。从 18 世纪 40 年代中期开始的重大行政改革和财政改革使哈布斯堡君主国能够经受住七年战争的考验，这场战争每年花费约 4 000 万弗罗林。战后的进一步措施有助于将净年收入到 1790 年提高至 6 500 万，比 1740 年的收入高出三倍左右。然而，债务几乎同样快速地增长，从 1.18 亿弗罗林（1756）增加到 2.91 亿弗罗林（1781），而 1787—1791 年的土耳其战争耗资 2.204 亿弗罗林，到 1792 年法国革命战争爆发时，负债总额已超过 4 亿弗罗林。[125]

没有其他领地能与哈布斯堡家族的收入、支出或债务相提并论。各地的债务情况各不相同，而停止打仗也不能保证财政健康，因为在诸侯国中，小型领地的开支比例往往比大型领地高得多。在大多数中小型领地上，维持诸侯宫廷的开支占和平时期开支的五分之一到四分之一，而 1784 年哈布斯堡的这种开支只占 1.7%。小王公们的生活往往入不敷出，为了弥补他们在真正的政治影响力上的欠缺，他们靠大手大脚地花钱来维护自己的地位。萨克森-希尔德堡豪森的恩斯特·弗里德里希三世每天与 100 名客人共进晚餐，而他在债务泥潭中却越陷越深，截至 1769 年达到了惊人的 130 万弗罗林，相当于他全邦 23 年的总收入。[126] 普鲁士没有国家债务的说法是有误导性的，因为这来自无情的吝啬，而在所有其他方面，霍亨索伦君主制都有与整个帝国相同的结构性问题。

到 18 世纪后期，所有德意志（还有意大利）的诸侯国都发现自己的财政结构未能跟上人口和经济增长的步伐。实际情况在一定程度上解释了这一点。尽管监督和会计程序有所改进，但个人财富仍然难以准确评估。自 14 世纪开始，一般税收就试图针对个人而不是家庭或社区，但这种努力受到了挫折，因为人们希望固定评估，既不愿承认变化本身是不可避免的，也不想设计出更灵活的方法。不愿透露细节的态度也阻碍了可靠的税收登记册的编制，而受托完成这项任务的官员又不得不尊重群体的豁免权，尽管这些豁免权从未像在西班牙或匈牙利那样广泛或极端。例如，神职人员和贵族很少拥有完全豁免权，即使是直接税也很少完全豁免。间接税是有吸引力的，因为可以对流动的货物征税，而不需要对个人或社区财富进行详细的登记。这解释了为什么当局不愿意取消国内和边境的通行费和关税。然而，间接税只有在经济扩张和存在大量长途对外贸易的国家，如英国和荷兰共和国，才真正有利可图。

因此，德意志的政府依靠类似于帝国注册表的配额制度，在各社区之间分配税负，社区又在自己内部分配给家庭。配额制度通常会加强群体的区别，神职人员、贵族和平民被分配不同的份额，特别是在领地政治体同意的税收情况下。例如，帕德博恩主教区使用了一种名为"评估"（Schatzung）的土地税，按基本配额的倍数征收，而基本配额在 1590 年价值约为 6 800 塔勒。大教堂教士和领地贵族被豁免，剩下的基本配额被分配给其余的地位群体，较低的神职人员支付其中的 10%，主教区 23 个城镇的居民支付 40%，农民支付剩余的一半。随后的调整改变了这一分配方式，特别是到 1700 年将豁免范围扩大到了所有神职人员。这使得基本配额的价值只剩下 5 000 塔勒，迫使当局每次都要增加多倍配额的征收数量，以维持总体收入。[127]

自然，既得利益群体会竭力游说，以维护他们的群体优势。1648 年之后，在 1807 年农奴解放之前，勃兰登堡-普鲁士的王室-贵族关系中最重要的事件是 1717 年的一场大范围抗议，抗议的原因是国王试图将其附庸的个人兵役替换为税收。贵族们向帝国宫廷法院提出了上诉，但这只是增加了霍亨索伦家族确保自己进一步免于帝国管辖的决心。然而，霍亨索伦家族的波美拉尼亚贵族在 1787 年才接受将他们的封地转为自主财产，从而将其纳入征税范围，这是勃兰登堡-普鲁士在 1750 年左右获得帝国法院司法豁免后很久的事。[128] 尽管获得了相当大的自主权，霍亨索伦家族还是没有改变其君主制的复合特征，它仍然由不同的省份组成，而这些省份仍然是帝国封地，并由封地的正式边界来定义。每个省都有自己的议会，即使这些议会现在很少召开地区议会。虽然整个君主国的基本财政结构是统一的，但其实际执行情况取决于与这些政治体的协议，就连霍亨索伦的国王都不敢打乱协议的安排。

更根本的是，在整个帝国，统治者和被统治者都拒绝接受政府的真实成本。除普鲁士外，几乎每个领地政府都经常超支。1787—1800 年，哈布斯堡的年度赤字在 400 万弗罗林至 8 000 万弗罗林之间波动。[129]借贷早已成为政府财政的既定部分，这进一步表明了普鲁士仍然储备硬币的做法是多么守旧，这些硬币屯积在宫廷金库的桶里。王公贵族和公民打理钱财都是为了偿还债务，而不是为了挖掘不断增长的财富。会计仍然主要是法律工作而不是财政工作，记录政府及其臣民和债权人之间的债务和义务，而不是协调管理预算。[130]即使成本估计和规划在18世纪初已成为财政管理的常规操作，政府仍然按照中世纪后期的方式运作，将个人的收入流与特定的目的挂钩，如维持诸侯的生活或军事开支。政府的每个主要部门都有自己的财务机构，负责接收进账、管理支出和举债。不同的账户之间可以转账，但明确的监督通常仍然难以实现。在一些领地上，当局想向政治体隐瞒军事开支，这只会导致这个问题更加严重。

债务被永久化了，附着在与个人无关的国家上，而不是随着统治者的死亡而消除；从这个意义上说，债务也相当于被现代化了。然而，它们仍然以法律契约为依据，是个人的而不是商业性的。国家和组成它的城市群体及农村群体就像个体一样，通过许多单独的合同与债主联系在一起。违约是很困难的，这主要是因为大多数贷款是通过个别官员和债主之间的个人关系实现的。国际货币市场上的借贷仍然有限，在奥地利、普法尔茨和其他地方建立国家银行的尝试也是如此，主因是这些银行总是资本不足。因此，领地贵族和宗教团体仍然是主要的放贷方。1790年，教会和慈善机构拥有巴伐利亚三分之二的国债，而私人持有的国债只有十分之一。

这个问题之所以如此棘手，是因为它影响了各级公共机构，但具有讽刺意味的是，只有帝国例外，因为帝国几乎没有债务（见第462—465页）。城镇和村庄并非只是为了自身的目的而举债，而是为了满足王公贵族和领地政治体的税收定额。居民们也陷入了债务，因为所欠的税款往往由社区代付，从而转化为地方债务。到 18 世纪末，士瓦本的奥克森豪森修道院的 6 000 名臣民欠下了 58.4 万弗罗林的税款。[131] 与英国和荷兰共和国不同，德意志的政府没有通过发行可交易的债券向商业化债务过渡。事实上，大多数政府都落后于其臣民。在 1618 年之前，地主就向租户提供贷款却不要求利息，转而要求贷款者以持续的服从来代替"付款"。三十年战争的经验促使许多人将这些安排商业化，从社会投资和物质回报转向纯粹的货币交易，尽管官方采取了措施来保护农民纳税人。[132]

稳定性和对变革的不情愿

领地长期属于帝国的一部分，而帝国可通过司法仲裁和行政审查为民怨提供纾解的渠道，所以缓和了领地对激进变革的需求（见第 725—731 页）。帝国机构还直接干预，以稳定陷入困境的小领地。在 18 世纪，帝国宫廷法院至少处理了 131 起涉及帝国骑士债务的案件，并对帝国城市、伯国和小诸侯国进行干预。1648 年至 1806 年间，仅符腾堡就在士瓦本的 120 起案件中行使了帝国债务委员会的职能。委员会可能会很强硬：1769 年，萨克森-希尔德堡豪森的委员会在当地王公拒绝接受他们的改革（包括解散其规模过大的军队）时，向邻近的领土请求了军事援助。此外，各委员会取得了真正的成功。派往帝国城市讷德林根的委员会将其债务从 1750 年的 696 176 弗罗林减少到 1793 年的 84 408 弗罗林。[133]

这样的行动使瓦尔代克-皮尔蒙特（Waldeck-Pyrmont）这样的弱小领地得以维持，1784 年其领主弗里德里希·卡尔·奥古斯特被迫以 120 万塔勒的价格将其典当给黑森-卡塞尔，只是为了偿还他最紧迫的债务，因为他自己的政治体拒绝接受进一步的债务。由于黑森-卡塞尔和荷兰共和国已经成为其主要债主，下一步似乎很可能是全面吞并，但瓦尔代克的自治权在 1804 年帝国宫廷法院的干预下得以保存，帝国宫廷法院指定普鲁士成立委员会来为其解决债务问题。即使在这种帝国的后期，正式的程序仍然在发挥作用。1805 年 1 月，弗里德里希·卡尔·奥古斯特让位给他的弟弟，后者接受了普鲁士提出的严厉的经济措施，而普鲁士没有倚仗其地位来吞并瓦尔代克本身。1806 年 8 月，委员会与帝国一起解体，但瓦尔代克通过加入拿破仑新建的莱茵联盟保住了自己的地位，并在随后的德意志政治历史中经受住了风暴的考验，作为一个独立的实体存活到 1922 年。[134]

这些例子不胜枚举，但总的来说，干预是通过调整现有的宪制规定和财政安排来稳定城市和诸侯国。此外，更激进的变革被认为不仅不可取，而且没有必要。从这些个案的叙述中得到的最重要的印象是，那些参与其中的人并不相信他们的社会政治秩序已经"崩溃"。虽然三分之一的美因茨骑士债务缠身，但他们作为一个群体仍然很富有，尤其是天主教徒，他们在帝国教会中享有重要的地位。帝国城市温普芬因 1770—1772 年的饥荒而陷入瘫痪，而像阿伦（Aalen）和哈默斯河畔采尔（Zell am Hammersbach）等其他城市尽管规模小，并有其他问题，但仍然没有债务。帝国的高级教士们平均只拥有 138 平方千米的土地，每个高级教士有 2 400 名臣民——有些高级教士根本就没有纳税人。他们有意避免现代化，保持简单的行政管理以减少管理费用，但他们在自己的条件下取得了巨大的成功，而且能够利用捐款和朝圣者带来的收入建设昂贵的巴洛克式教堂。有些修道院甚至能够买下自治权，如内勒斯海姆

（Neresheim）修道院，它在1764年买断了奥廷根的保护权，加入了士瓦本教区的行列。[135]

在较大的领地上同样没有即将发生危机的感觉。尽管其债务急剧上升，但利息支出只占哈布斯堡支出的30%，而在法国则占60%。现有秩序的复原力进一步体现在它有能力处理1792年后重新出现的重大战争负担上。巴登战前的债务只有6.5万弗罗林，在1794年至1805年间筹集了13笔贷款，总额为800万弗罗林，而巴伐利亚尽管有2 000万弗罗林的债务，但在同一时期仍能筹集31笔贷款，总额为1 400万弗罗林。[136]帝国的政治组成部分和群体组织普遍实现了对其来说最重要的目标：维护其自主权和维持其实体存在。虽然帝国的宪政秩序并没有阻止调整，但它肯定使激进的变化不太可能发生。

第十一章

社团

联盟和社团

政治倾向和共同特点

领主制和行会之间的创造性张力体现了领主与社区之间关系的特点，存在于所有形式的社团中。对这些问题的探讨强调了前一章的论点，即政治秩序和社会秩序是相辅相成的。所有社团几乎都建立在这样一种基础之上，那便是其成员有着相似的社会政治地位，而且社团是为实现共同目标而成立的。它们提供了一种超越地方主义的手段，为具有类似地位的个人或社区提供了一个框架，使其能够为了共同利益而联合在一起。大多数社团的成立是为了维护现有的地位和特权，但它们也可以寻求扩大其成员的影响力和争取新的权利。皇帝们常常以怀疑的眼光看待诸侯联盟，而农民运动和工匠运动则一般看上去有颠覆性，许多历史学家当然也是这样认为的。结社形式是与政治体社会一起出现的，它们巩固了政治体社会，而不是挑战了它。它们与帝国的关系大致相似，只有两个联盟导致了独立国家的形成（瑞士和荷兰共和国），不过这两个都是重要的联盟。

不管其地位如何，所有的群体组织都以类似的方式结合在一起。所有社团在本质上都是誓盟（coniuratione，或 Einungen），一直到近代早期的很长一段时间里都是如此。它们在 8 世纪就已经出现在法兰克的神职人员中，并在 11 世纪传播到平信徒当中，其作用是在互助和更平等对称的基础上确保成员得到援助和保护，而不是通过隶属于某个领主来寻求保护。正如我们所看到的（第 591—593 页），誓盟社团对于新城镇的建立和城市社区运动非常重要。城镇居民同意对待彼此如同兄弟，创造出一种延展的亲属关系并将其正式化。誓言使联盟具有神圣的性质，这种性质则因重视现身的文化而得到加强。成员们聚集在一起，通过举起右手的前两个手指作为"宣誓手指"（Schwurfinger）来表示他们的参与；因此，当有人被指控违背誓言时，他们会砍掉他这几根手指以示惩罚。

　　一同望弥撒和尊崇一个组织的主保圣人等共同的宗教活动加强了神圣的因素。例如，行会经常维持着自己的小教堂，并在公民宗教游行中一起游行。这在 13 世纪至 15 世纪达到顶峰，当时许多协会是专门为祈祷或慈善目的而成立的。在新教地区，宗教改革动摇了"善行"的基础，神学方面被削弱，但反宗教改革为天主教地区带来了新的动力，特别是建立了圣母崇拜。[1] 书写文化也削弱了宗教元素的影响，因为它使人们即便隔得很远也可以交流。联盟现在被庄重地载入了条约中，通常由代表替不在场的主人签字盖章，不过贵族们比城市更坚持亲自宣誓的做法。在 16 世纪和 17 世纪，重视现身的文化和书面文化共存时间最长，当时共同活动仍然是促进团结的重要因素。例如，斯特拉斯堡的行会是以其聚会的酒馆而不是其行业而闻名的。王公贵族们分享着这些文化的变化。例如，婚礼和葬礼为政治讨论提供了重要的机会，这是新教联盟的一个主要特征。[2]

誓言和章程的目的和范围一般都是固定的。大多数社团都有时间限制，不过有些是世袭契约，对继承人和后代也有约束力。通常会有例外情况，以使个体成员不至于违反在社团之外已经背负的义务。在近代早期，这成为所有帝国政治体之间联盟的惯例，这些联盟通常声明它们不针对皇帝或帝国。成员在名义上是平等的，除非联盟结合了几个不同的地位群体。平等被理解为法律、地位和荣誉方面的平等，但在中世纪盛期出现的更激进的结盟形式中，平等可能具有更广泛的含义。这种趋势并不局限于后来历史学家称之为"大众"的运动。例如，贵族们也提倡公开和透明，鼓励每个成员宣誓公开自己的财富状况，以确保公平分配共同负担。诸侯对平等的重视程度最低，他们不愿意做出可能威胁其自主权的一揽子、开放式的安排。然而，内部分层在所有社团中都很明显，包括那些"普通人"的社团。

无论其社会构成如何，几乎所有的社团都至少在名义上选举其领导人，不过在实际上，谁能成功当选往往很清楚。贵族们更喜欢小型咨询委员会，认为全体会议既不方便又开销巨大。城镇更喜欢召开全体会议，因为其政府已经包括了平衡市议会的公民大会，成员中有多个地位群体的联盟也采取类似的做法。

世俗社团

11 世纪，世俗社团得到普及和推广，这是旧有的奴役形式普遍消失和采用更多社区生活形式的过程的一部分。正如我们所看到的（第 265—267 页和第 561—564 页），这两个过程都与政治体社会的出现有关，因此也与等级制度和政治秩序有关。结社的自由从来都不是完全自主的，所有的联盟都关心如何维护其合法性。1100年至1300年间出现的大多数联盟都是地方性的，与特定的经济活动和城市生活的特定方面有关。在11世纪，德意志北部已经出现了商人公会，因为领主个人无法保护长途贸易商人。通过联合，商人们能够与其贸易路线上的领主讨价还价，以获得承认和安全。工匠和商人行会在12世纪出现，以保护特定的经济利益，如沃尔姆斯的鱼贩行会（1106）、维尔茨堡的鞋匠行会（1128）和美因茨的织造业行会（1175）。这类团体向来并非只是纯粹的经济组织。这种组织当然属于只有一个小圈子参与的特定领域，准入的门槛很高，并实行自我监管和质量控制，把试图从事其行业的其他人排除在外。然而，这些组织也有内部道德经济，以确保所有成员都有合理的谋生机会，而且在个人或家庭遭遇不幸的情况下会相互帮助，外加通过各种社会活动和宗教活动来维持合作性。事实证明，行会是一个强大的平台，可以争取权利，要求在社区政府中占有一席之地。腓特烈二世在1219年和1231年颁布法令，称其具有颠覆性，因而加以禁止，但其作为组织和控制行业的手段是有效的，这使它们得以继续存在下去。[3]

学徒和雇工的兄弟会出现在14世纪30年代的经济萧条时期，并在黑死病之后传播开来，这回应的是行会日益增加的排他性。只有既定行会成员的儿子可享有师傅（master）的头衔，这在经济上和政治上排斥了学徒期满的雇工（journeyman）。手工业行会和雇工协会一直存活到19世纪，在商人组织失去其功能很久之后依然存在，而商人组织之所以没落，是因为国际贸易在17世纪得到发展，有了来自领地政府的更多法律保护。尽管雇工们始终对外宣称其行业组织是可以自由加入的，但其实和工匠行会一样，其成员资格也是选择性的，而不是只要自愿即可加入。

到了14世纪后期，平信徒组织已经有了明确的形式，进一步的发展基本只限于巩固已有的做法。这些组织已经成为许多地区的城镇和农村手工业的一个永久特征。随着城市社会的成熟，它还催生了其他社团，特别是13世纪至16世纪的"射击俱乐部"（Schützengesellschaften）。其成员最初使用的是弩，后来随着武器的发展，也开始使用枪支，但射击俱乐部仍然主要是邻里身份的体现，而不是实际的军事组织。[4] 在15世纪，人文主义辩论会得到发展，例如1495年在海德堡成立的"莱茵尼亚协会"（Societas Rhenania）。这些社团很少有超过30名成员的，并在宗教改革时代的宗教紧张局势中衰落，直到1600年左右才伴随着人们对语言和科学新产生的关注而重新出现。从17世纪末开始，帝国在发展咖啡馆文化方面落后于英国和法国，部分原因是它没有那么容易获得进口咖啡，另外咖啡仍然属于奢侈产品，而大多数城镇的规模不大，这也限制了它的市场。维也纳在18世纪80年代只有80家咖啡馆，而巴黎则有900家。然而，帝国的多中心社会政治结构有助于形成一种分布更均匀的思想文化，这主要是由于识字率普遍提升，媒体渠道也更加丰富。到18世纪末，有五六十个"爱国"团体和经济团体，其4 500名成员就公共生活的实际问题进行辩论，从政治经济到养蜂都有涉及，而且他们还经常出版自己的期刊。此外，还有430个读书会，成员多达2万人，以及250个至300个共济会分会，其成员数量与此接近。[5]

与在国际上运作的修道会不同，帝国的非宗教组织仍然是地方性的。手工业者和雇工社团并不寻求在城镇之间或跨地区以共同的行业为基础建立联盟。很少有知识分子社团在本地区以外招募成员，尽管相对自由的信息流动使他们能够相互交流。15世纪末在德意志建立的新大学中的社会生活最初是围绕着四个院系的学术结构组织的：神学、法律、医学和哲学。然而，到了1600年，学生社团已经在年轻人周围形成，其基础是他们的家乡，而不是学习的科目。例如，罗斯托克大学在17世纪40年代每年只招收约200名学生，除了来自梅克伦堡的本地男孩外，还为波美拉尼亚人、威斯特伐利亚人、勃兰登堡人、西里西亚人、图林根人、不伦瑞克人、普鲁士人、弗里西亚人、荷尔斯泰因人和斯堪的纳维亚人设立了单独的社团。[6]

普通贵族和诸侯

选侯联盟

像单个社区内的行会这样的组织，其成员在实际生活中是密切接触的，普通贵族和王公之间的社团缺乏这种基础，但除此之外，它们有许多共同的特点。这些社团都声称自己是法律授权个人自愿结成的自由协会，就像加入社区内的群体一样，但与公民联盟不同，在公民联盟中，社区作为集体行动者而联合起来。尽管他们的社会政治地位较高，但普通贵族和诸侯的组合同样经常被上级视为具有颠覆性，特别是在亨利四世统治时期。诸侯最初对联盟没有兴趣，只把自己视为由血缘形成的群体，而不是需要盟友的王朝家族。相比之下，选侯之间的合议制发展得更早，他们（像行会成员一样）对将其他人排除在其组织之外有着共同的兴趣。

在1273年至1409年间，七位选侯举行了18次与推选皇帝无关的会议，显示了一种集体身份认同感和对帝国的责任感。[7]为了阻止教宗干预，他们在1338年成立了"选侯联盟"（Kurverein），该联盟成为他们的主要工具，用来通过与皇帝的排他性直接关系来维护集体的优势地位。[8]1356年的《金玺诏书》庄重地确认了他们的身份地位，授予了他们自由集会的权利。在整个中世纪后期，美因茨、科隆、特里尔和普法尔茨的四个莱茵选侯仍然比波希米亚、萨克森或勃兰登堡的选侯更有影响力，部分原因是后三者由执政的卢森堡家族或其亲密盟友掌握。正是这个莱茵集团在1400年废黜了文策尔，并计划在1424年对西吉斯蒙德采取同样的措施。不过，胡斯叛乱的紧急状态促使勃兰登堡和萨克森与他们的莱茵同僚进行更密切的合作，而此时那三个教会选侯相对于邻近的世俗王公正在衰落，这促使他们也愿意增加合作。卢森堡家族在1437年的灭亡结束了君主直接拥有一个选侯国的局面，直到哈布斯堡家族在1526年获得波希米亚，这进一步鼓励了互相合作。

然而，紧张关系不断浮现，特别是在美因茨和普法尔茨选侯之间，这种紧张关系阻止了选侯们在1495年左右出现的帝国议会中占据主导地位。四个莱茵的选侯仍然是活跃的核心，他们领导了查理五世的选举过程，并在查理五世在位期间至少举行了15次不带上其他三个选侯的会议。到1567年，他们尝试独占领导权但失败了，选侯团仍然是一整个团体，尽管在普法尔茨选侯（1560）和勃兰登堡选侯（1613）转投加尔文宗后，出现了新的紧张关系。选侯联盟在1558年和1635年得到确认，但1663年之后，随着帝国议会永久化，选侯们不再需要单独开会。[9]上面的简短概述已经揭示了一个将在本章中反复出现的模式。在中世纪晚期，根据群体地位形成的合作发展起来，在1500年左右拥有了更清晰的机构形式，最终在1663年后因帝国议会的永久化而变得多余，这导致了大多数形式的政治社团的衰落。

贵族社团

贵族社团的发展是为了应对 13 世纪中期以来影响许多普通贵族的不利情况，比如诸侯国变得更团结，城镇变得更强大，以及经济波动。虽然许多小领主通过利用新的机会发展起来，但总有许多人发现自己被挤压在武断的农民和咄咄逼人的诸侯之间。诸侯和其他有头衔的贵族，如伯爵，明显优于骑士和其他无头衔的领主，后者同时还失去了皇帝直辖的地位。查理四世对王室土地的大肆挥霍，从 14 世纪 70 年代起加速了这一趋势，在帝国许多较小的封地上，诸侯取代了皇帝成为领主。

骑士和其他小贵族并不是注定要失败的封建反动派，也没有证据表明存在任何普遍的"贵族危机"。[10] 葛兹·冯·伯利欣根（Götz von Berlichingen）是最著名的"强盗贵族"，他在歌德于 1773 年创作的戏剧中得到了永生，这出戏剧将他的困境表现为新旧秩序的冲突。作为一个士瓦本骑士家庭的第五个也是最小的儿子，葛兹的出路似乎确实有限。他发动过 15 次私战，这使他既被公认为一个麻烦制造者，又有了杰出指挥官的名声。事实上，他很好地适应了不断变化的环境，积累了大量财富，并写下了自传，最后成为歌德的素材。与葛兹同时代的骑士乌尔里希·冯·胡腾是帝国的主要知识分子之一。弗朗茨·冯·济金根（Franz von Sickingen）在 1523 年领导骑士叛乱时阵亡，他代表了许多靠着为诸侯当家臣而崛起的贵族。济金根自己的家族在 1488 年获得了直辖地位，而他则通过控制普法尔茨的汞矿获得了土地、城堡和大量财富。与其他骑士一样，他既与诸侯作战，又作为雇佣军指挥官和放债人为诸侯服务。

因此，我们应该把小领主和骑士的社团看作在经常受到威胁的情况下捍卫其自主权的手段，以及个人从这些情况中获利的工具。

骑士们并不排斥为诸侯服务，但他们通常希望保持或获得直辖地位。德意志北部哈茨地区的伯爵试图建立一个基于亲属关系、只有发过誓才能加入的协会，以共管的方式集体管理财产。像城镇居民和行会成员一样，他们希望尽量减少内部的不和，因为这有可能使他们暴露在潜在的危险邻邦面前。为此，他们放弃了私战，同意将争端交给共同的仲裁机构判定，以及合作开采他们的矿场，赎回在与外人的争端中被俘的任何成员。[11] 哈茨地区的各个伯国被邻近的诸侯收购，未能发展为一个统一的领地。然而，如果王朝的分治导致几个分支共享相对较小的地区，王公家族也发现类似的安排有助于保持集体的力量，就像 17 世纪的韦尔夫家族、安哈尔特的阿斯坎尼家族和萨克森埃内斯特分支那样。16 世纪 80 年代，长子继承制的普及和更清晰的地位等级制度的发展，通过将诸侯的等级和特权与各个帝国的封地更精确地联系起来，阻止了这种做法。

小领主们还通过汇集资源来建造和维护"共同继承人城堡"（Ganerbenburgen），如莱茵河中游的弗里德贝格城堡（Burg Friedberg），该城堡于 1337 年由 12 个家族建立，他们选举了一名共同的堡主。这样的团体在黑森、巴登、符腾堡、阿尔萨斯、下萨克森和普法尔茨相当普遍，那里的骑士比德意志东部更常见。与哈茨伯爵的共管制度一样，这种形式的共管制度对继承人有约束力，强调内部纪律和自我牺牲。例如，未经批准就参与私战的成员将被开除，因为他们会危害到集体。弗里德贝格集团表现出相当大的潜力，在 1455 年获得了同名帝国城市的抵押权，并在 20 年后购买了凯申伯国（county of Kaichen）。这使得弗里德贝格集团在 1492 年后的韦特劳伯爵集团和莱茵地区的帝国骑士领地中都发挥了有影响力的作用，确保了自己作为一个微型贵族共和国生存下去，直到

1806 年帝国解体时被黑森-达姆施塔特吞并。[12]

这种基于亲属关系和共同所有权的团体被容忍，而毫无关联的贵族之间的联合在 1331 年第一个此类联盟形成后会被怀疑。《金玺诏书》谴责这种组织是阴谋团体，但当时的情况继续迫使小领主们联合起来，因此 1360 年后出现了新的联盟。面对胡斯叛乱时，在帝国内缺乏自己领地的西吉斯蒙德看到了与贵族合作的好处，并给予所有骑士特权（包括那些没有直辖地位的骑士），在 1422 年认可了骑士联盟的形成。

虽然骑士联盟的社会性质大致相同，但其政治方向却因当地情况而异。在人口较少的地区成立的联盟一般不得不让自己只与当地占主导地位的王公相联系，因此与那些可以同几个王公讨价还价的组织相比，这种联盟的回旋余地较小。如果当地诸侯家族内部发生分裂，如 14 世纪哈布斯堡家族中发生的那样，或者如果诸侯积累了大量债务或推行危险的对外政策，暴力就会爆发。腓特烈三世在 15 世纪 50 年代同时办到了这两点，促使 39 名奥地利贵族在 1451 年 10 月成立了迈尔贝格联盟（Mailberg League）。这个联盟很快就扩大到 500 个成员，包括波希米亚人和匈牙利人，最终联盟将他围困在维也纳新城。腓特烈在 1461—1463 年和 1469—1471 年再次与他的贵族们发生冲突，虽然他阻止了他们作为自由骑士得到人身自由，但他不得不允许他们通过各省政治体在管理奥地利方面拥有更大的发言权。[13]

巴伐利亚也出现了大致相似的模式。公爵在 1311 年后慢慢说服他的骑士们相信，他们的地位和特权来自他，而不是某种古老的权利。虽然这导致骑士们难以要求获得直辖地位，但它为巴伐利亚骑士提供了更好的保护，使他们在争斗中免受其他贵族的侵害，同时也为公国不断扩大的行政管理提供了就业机会。符腾堡伯爵也采用了类似的方法，鼓励贵族依赖自己，由此保证了自己拥有一批现成的武装家丁。然而1489年后，巴伐利亚骑士将公爵家族内部的争端视为逃避其管辖的机会，并建立了"狮子联盟"（Löwlerbund）。在五年内，他们就被迫臣服，以换取更好的地方群体权利，这种权利在1557年扩展为巴伐利亚政治体中的代表权。如同在奥地利一样，政治体代表权使贵族们能够迫使其王公就他们的佃户应缴纳多少领地税进行谈判。他们的地位通过担任税收员和地区官员得到了巩固。[14]

在拥有更多人口和资源的地区，如士瓦本、法兰克尼亚和莱茵地区，保持自治的机会更大。贵族之间的距离更近，鼓励了合作，而王公贵族的管辖范围被分割，为更多的自治打开了空间。此外，这些地区是帝国教会的中心地带，为贵族们提供了其他的就业、收入和影响，减少了他们对世俗领主的依赖性。例如，到了15世纪，法兰克尼亚的诸侯权力在安斯巴赫和拜罗伊特的侯爵、班贝格和维尔茨堡的主教以及一些伯爵和其他较小的领主之间分裂了。哈布斯堡家族在士瓦本的影响力得到了平衡，他们在附近的阿尔萨斯和布赖斯高的土地使他们能够以当地诸侯的身份进行干预。这在1489年至1494年的巴伐利亚事件中已被证明是重要的，当时皇帝最初支持"狮子联盟"，迫使巴伐利亚的公爵放弃对负债累累的帝国城市雷根斯堡的控制权。

1408年，士瓦本成立了最重要的骑士组织——圣乔治盾牌联盟（St. Georgenschild）。该联盟很快包括了士瓦本的所有自由贵族以及法兰克尼亚的许多贵族，他们加入联盟是为了捍卫自己的自治权，对抗强大的王公。联盟虽然在1468年后衰落了，但在20年后重新崛起，它通过将地区划分为四个"区"和建立一个法庭来调节内部纠纷，使联盟更加协调一致。到那时，联盟成员包括 29 名高级教士、26 名伯爵和男爵以及 531 名骑士。在 1499 年的瑞士战争中支持哈布斯堡家族的决定使联盟不堪重负。许多人认为留在联盟里的代价太高，于是成员人数骤降至 27 名高级教士、10 名伯爵和男爵以及 60 名骑士。1512 年，人们试图恢复联盟，但因地位关系日益紧张而失败了，这主要是由于伯爵和高级教士们更有能力参与帝国改革所建立的新机构，他们不想再与他们认为社会地位低下的人保持如此密切的联系。[15]

骑士叛乱，1522—1523

正如我们所看到的（第 468 页），帝国税的引入迫使那些声称拥有"自由"地位的人做出决定，是付钱保住地位，还是冒着失去直辖地位的危险而抵抗这新加的负担。骑士们已经抵制了王公们向他们征收 14 世纪中叶以后新发展起来的领地税的企图（见第 612—615 页）。许多人选择退出这时出现的领地政治体，声称他们是"自由的"，因此可以免除这种负担。虽然骑士自己一般会得到豁免权，但他们意识到，新的税收将占用他们租户租金的很大一部分，从而减少他们自己的收入，而这时资助贵族生活方式的成本也越来越高。当 1495 年法兰克尼亚诸侯召开会议，讨论帝国议会同意征收的新的普遍税时，当地的骑士们以经典的论点回应说，他们可以豁免，因为他们作为保家卫国的战士已经支付了"血税"。[16]

在这里，我们可以看到社会和政治在帝国中如何互动的另一个例子。与领地税不同的是，普遍税和随后的帝国税由于得到了帝国议会的批准，而且以维护正义和击退土耳其人为目的，因而享有更高的合法性。同时，帝国的改革使骑士相对于诸侯来说处于不利地位，因为诸侯现在被明确认定为永恒的公共和平的主要守护者，而这种和平状态禁止了私战。诸侯的尊严和地位以法律的形式固定下来，而骑士则失去了维护其自主权、等级和荣誉的重要手段。符腾堡公爵乌尔里希因谋杀情敌和吞并帝国城市埃斯林根（Esslingen）而被废黜，导致他的公国在 1519 年至 1534 年间被帝国没收，这凸显了新的秩序。[17]信息很明确：王公们违抗新秩序不会有任何好处，反而会失去一切。

骑士们的情况更为复杂，他们既缺乏资源，也没有在新制度中担任固定的角色。虽然个人能力较弱，但他们通过合作保留了潜力。弗朗茨·冯·济金根和葛兹·冯·伯利欣根在 1515 年证明了这一点，当时他们利用个人关系为他们与沃尔姆斯市的私战招募了7 000 名雇佣兵。七年后，他们召集了 2 000 名骑兵和 1 万名步兵对抗特里尔的选侯。不幸的是，在当时，这使得骑士们对帝国的和平与新近制度化的地位等级秩序构成了更大的威胁。随着济金根在 1521—1522 年召开一系列会议，事态不断恶化，最终导致了士瓦本和莱茵的骑士组成了兰道联盟（Landau League）。这个组织并没有什么特别之处，它显示出以前的骑士社团的所有特征，以及那些在伯爵之间形成的、在帝国议会中维护集体影响力的社团的特征。兰道联盟的成员承诺相互帮助，并放弃了内部私战。然而，在大环境下，再加上骑士们继续拒绝缴纳帝国税，他们的组织立即有了颠覆性的意味。

这一反应也显示了帝国改革带来的变化有多大。查理五世的弟弟斐迪南通过帝国的新法律机制和维和机制来动员支持。济金根和他的同伴们被视为法外之徒，成了动员起来对抗他们的西南部诸侯的靶子。1523 年 5 月 7 日，济金根在其兰施图尔城堡遭到诸侯的大炮轰击时死亡。诸侯陆续拆除了另外 23 座城堡。[18] 乌尔里希·冯·胡腾则已是梅毒晚期，他逃到苏黎世湖的一个小岛上，三个月后死在那里，而幸存的骑士们则服从于诸侯的权威。

帝国骑士身份

法兰克尼亚的骑士们基本上没有支持济金根的，他们在 1507 年后已经采取了一种不太对抗的方式，强调对皇帝的服从。到 1532 年，他们和士瓦本的骑士接受了自己论点的逻辑，并直接向斐迪南支付了"自愿补贴"（subsidium charitativum）。[19] 这种直接向皇帝奉献的决定使帝国骑士身份（Reichsritterschaft）有了混合的地位。骑士们在皇帝的领导下保持个人自由，与诸侯领导下的间接贵族不同。因此，帝国骑士并不属于领地政治体的一部分，那些仍然属于士瓦本和法兰克尼亚地区政治体的骑士则选择了退出。然而，骑士并不是正式的帝国政治体，因为他们早先拒绝缴纳帝国税，这导致他们被排除在帝国议会和帝国大区议会之外。因此，1555 年的宗教解决方案也没有将他们纳入其中，他们还被剥夺了宗教改革所赋予的管理自己教会的权利。由于缺乏完整的帝国封地，骑士们也只拥有较小的刑事管辖权，这意味着他们的租户犯下较重的罪行时要接受诸侯的法庭审判。事实上，虽然他们的领地是皇帝直辖的，但他们经常被迫像当地王公的附庸那样受限，在宗教问题上通常听从当地王公的领导。[20]

然而，1559 年的额外帝国特权使骑士和他们的佃户免于被诸侯征税或征兵，诸侯不得不接受一个现状，即骑士封地比普通的间接封地"更自由"。随着 16 世纪后期帝国改革步伐的放缓，这种情况仍在不断变化。许多骑士努力让自己获得封地的完全所有权，这意味着将其转化为直接的个人财产，这将完全取消诸侯的管辖权，只留下皇帝作为直接最高领主。

另一场更局部的叛乱暴露了这种模糊性，这场叛乱是由威廉·冯·格伦巴赫（Wilhelm von Grumbach）煽动的，这位骑士在1540年将他看中的康拉德·冯·比布拉（Konrad von Bibra）推上维尔茨堡主教的宝座，扮演了能够左右政局的角色。三年后比布拉死亡，格伦巴赫很容易遭到他最初击败的梅尔希奥·佐贝尔·冯·吉贝尔斯塔特（Melchior Zobel von Giebelstadt）的报复。格伦巴赫巧妙地利用了帝国16世纪中期的所有问题，这为我们详细探讨这一事件提供了进一步的理由。当时的背景是，查理五世战胜施马尔卡尔登联盟后，试图重组帝国管理体系，最终导致了1552年的诸侯叛乱。与其他地方一样，法兰克尼亚的领主们被无数的地方争端所纠缠，这些争端涉及教堂、土地所有权、领地管辖和刑事管辖权，此外他们还受到试图在领地层面建立更多中央指导的财政系统和行政系统所带来的压力。从诸侯到骑士的所有领主也都在不断变化的继承形式中尽力给幼子提供保障。

和济金根一样，格伦巴赫也不是反动的倒退者，他利用了新机构提供的机会，包括在帝国最高法院赢得了指控佐贝尔占有维尔茨堡骑士领地的诉讼。1546年至1553年间，一些诸侯在帝国的重大冲突中站错了队，因而被哈布斯堡家族惩罚，格伦巴赫获得了这些诸侯的支持，特别是因不守规矩而出了名的侯爵阿尔布雷希特·阿尔西比亚德斯（Albrecht Alcibiades），他曾是格伦巴赫的学生；还有萨克森埃内斯特分支的约翰·弗里德里希二世，他在施马尔卡尔登战争中失败后，将其选侯头衔交给了他的阿尔布雷希特系的堂兄弟。格伦巴赫还故意渲染骑士自治的"往昔好时光"，来争取支持。在他不知情的情况下，他的一个支持者于1558年谋杀了佐贝尔。新主教指责格伦巴赫，并没收了他的封地。格伦巴赫在1563年宣布通过私战来进行报复，将一个双方都并非完全无辜的复杂案件转变为明显违犯帝国法律的行为。

最重要的是，新皇帝马克西米利安二世决定通过制度框架来恢复和平，而不是接受与骑士结盟对抗诸侯的提议。1566年，当约翰·弗里德里希二世宣布支持格伦巴赫，希望拿回他失去的选侯地位时，通过帝国议会的会谈化解矛盾的努力失败了。马克西米利安将不幸的格伦巴赫和他的盟友们定为法外之徒，从而让1523年德意志南部诸侯联合起来用武力恢复秩序的局面重演。1567年，格伦巴赫被抓获并被处决，以儆效尤。[21]

"格伦巴赫事件"吸引了整个帝国的注意，一个重要原因是其中夹杂着关于加尔文宗和法国人的阴谋的疯狂谣言。然而，其真正的重要性在于证明了帝国改革的有效性，以及它是如何创建一个新的宪政秩序的。到1566年，已经很明显，骑士和领地贵族对通过贵族社团来与帝国和诸侯交涉的替代方案没有什么热情。诸侯承认骑士是帝国地位等级制度中地位虽低但仍然合法的伙伴，努力化解紧张局势。1566年帝国议会确认，骑士们可以在地区基础上将他们的领地纳入"州"，从而使他们有一个独特的、共同的组织来确保自治，但他们仍然是诸侯的附庸。1570年，骑士们联合起来，成为一个共同的团体，同意向皇帝捐款，以补贴对土耳其人的防御，他们还建立了一个由五个士瓦本州、六个法兰克尼亚州和三个莱茵州以及一个自治的阿尔萨斯州组成的永久性基本单位。尽管他们在1577年后举行了共同的大会，但各州的组织仍然局限于收取会员费，用以维系少量工作人员来处理与帝国机构的通信。自我管理的最重要特点是能够集体决定外来者的加入申请。[22]

内部团结仍然受到长期形成的家庭联盟、亲属关系和公共财产所有权的显著影响，就像在弗里德贝格那样。除了1590—1640年紧张局势加剧外，任人唯亲和裙带关系的影响大过宗教差异。骑士们牢牢控制着美因茨、班贝格、维尔茨堡和其他几个重要的教会土地上的主教座堂教士团，使得像申博恩家族这样的个别家族能够在17世纪和18世纪的帝国政治中发挥相当大的作用。[23]

诸侯广泛接受了帝国骑士身份的巩固，因为这将骑士限定为一个独特的群体，从而降低了诸侯自己的领地贵族获得类似自由的可能性。在18世纪末的帝国，有大约1 600个至大约1 700个帝国骑士领地。这些封地总面积为10 455平方千米，拥有45万名居民，使其总面积相当于一个较大的诸侯国，诸如黑森-卡塞尔或萨尔茨堡。然而，这些封地被约400个家族瓜分，并分散在德意志南部和西部。相比之下，仅在巴伐利亚就有1 400块非皇帝直辖的教会领地和骑士领地，在德意志可能有大约5万个贵族家族，而在帝国之外的哈布斯堡和霍亨索伦土地上还有更多贵族。[24]

剩余的管辖权仍然允许诸侯剥夺骑士封地的直辖地位，例如在家族灭亡或违法乱纪的情况下。在1618年至1730年间，法兰克尼亚的侯爵以这种方式收回了99块封地，而维尔茨堡的主教则控制了29块。符腾堡公爵在1545年至1724年间，直接购买了21个封地。还可以采用其他形式的施压手段，如在关键的河流上筑坝或限制货物和人员的流动。符腾堡、黑森、安斯巴赫和普法尔茨对骑士的态度最为强硬，尤其是在查理七世的弱势帝国统治时期（1742—1745）。[25]

骑士们的反应是寻求将他们的地位从"帝国成员"（membra imperii）提升到正式的帝国政治体，但他们拒绝接受额外的负担，这就使他们难以遂愿。韦特劳的伯爵们在 1495 年就已经接受了这些负担，并在帝国议会中获得了集体投票权。帝国改革让更明确的地位等级制度正式化，促使伯爵与骑士们决裂。韦特劳的伯爵们在 1511 年就已经摆脱了当地的帝国骑士，而士瓦本、法兰克尼亚和威斯特伐利亚的伯爵获得了类似的集体投票权后，这些地区的贵族合作也减少了。[26] 17 世纪 40 年代，骑士们在加入帝国议会的谈判中不顾一切地坚持要求自己的地位高于帝国城市，这进一步破坏了他们的机会。17 世纪晚些时候的进一步尝试和 17 世纪 70 年代的再次尝试都因类似问题而失败。骑士们与帝国的关系在很大程度上仍然是个人与皇帝的直接关系。他们在战时继续大量自愿捐款，同时许多人通过在哈布斯堡军队中服役来证明自己的地位；仅在三十年战争中就有 80 多名骑士拥有将军或上校军衔。[27]

跨地位的联盟

骑士与伯爵的关系表明，在近代早期，不同地位的群体之间形成联盟会遇到困难。在地区层面，特别是在城市、骑士、领主和诸侯最集中的西南部，利益的重合可以让他们克服这个问题。1488年 2 月 14 日，这些人中的大多数与腓特烈三世联合，组成了士瓦本联盟。该联盟是中世纪晚期所有地区联盟中最强大的一个，它吸收了成立于 1474 年的较小的下层联盟（Lower Union）以及圣乔治盾牌联盟。腓特烈以奥地利大公的身份加入，使他能够在不损害其作为皇帝的个人权威的情况下与范围广泛的社会政治下级合作。

联盟混合了中世纪晚期社团的元素，如发誓放弃私战和承诺互助，以及源自帝国改革的新理念，包括军事贡献和财政贡献的配额制度，以及由所有地位群体的代表组成的协调委员会。成员们特意在 1500 年将他们的组织改组为正式的联盟，放弃了早先的"誓盟"标签，因为它起源于较松散的、宣誓后方可加入的社团。[28] 尽管在 1499 年对瑞士人的战争中失败了，但联盟在 1492 年解放雷根斯堡时战胜了巴伐利亚，1519 年从符腾堡的乌尔里希手中解放了埃斯林根，1523 年粉碎了骑士叛乱，并在 1524—1526 年成功应对了农民战争这一更大的挑战。重要的是，事实证明，跨地位的团结比单一团体的合作更强大。符腾堡在 1512 年离开了联盟，因为它的公爵拒绝与城市合作，但他试图建立一个替代的、完全由诸侯组成的联盟的努力在相互指责中失败了。同样，骑士的圣乔治盾牌联盟也因为跨地位联盟似乎能提供更好的安全保障而逐步退出历史舞台。

　　跨地位联盟成功的一个主要因素是其在帝国法律中的坚实基础。自 12 世纪以来，帝国法律一直鼓励靠区域协作来维护公共和平。随着联盟扩大到将整个莱茵地区和德意志中部及东南部的成员容纳进来，这变得更加复杂了，特别是在 1524—1526 年镇压农民的时候。然而，到那时，通过帝国改革同时建立起来的机构已经使联盟变得多余了。这些机构似乎更有吸引力，部分原因是它们有更广泛的宪制基础，与皇帝的关系更密切，但也因为它们按地位划分的等级更明确。北德意志诸侯已经拒绝加入联盟，因为像符腾堡一样，他们不想与城市如此平均地分享权力。联盟的法院平均每年处理五起案件，而士瓦本人向帝国最高法院提交的案件数量从 1500 年的 20 起上升到 1515 年后的 30 起至 40 起，这促使联盟将自己的司法机构置于新的帝国法院之下。[29] 最后，哈布斯堡家族意识到，帝国机构更加有用，因为它们提供了一种与所有帝国政治体接触的方式，而联盟的成员仍然主要关注自己的地区，例如在1508年与威尼斯的战争中就拒绝支持马克西米利安一世。帝国是永恒的，而联盟则是有时限的，需要定期磋商以维系下去。哈布斯堡和巴伐利亚的紧张关系进一步削弱了凝聚力，最后一份宪章在1534年2月2日到期后便没再续订了。

教派联盟

教派间的紧张关系是破坏士瓦本联盟的另一个因素，也是帝国政治中的一个新因素。将更大范围内的不同地位群体联合起来的联盟一般以邻近的地域为基础，相同的教派则似乎提供了另一种基础。1531年，由萨克森领导的北部路德宗帝国政治体集团和黑森组织的南部集团组成了施马尔卡尔登联盟。[30] 新教联盟（1608）、天主教联盟（1609）和海尔布隆联盟（1633）也证明了教派归属能够跨越社会和地理距离促进团结。所有这四个组织都包括来自帝国各地的选侯、诸侯、伯爵和城市。

除了教派特征外，所有这些联盟都类似于士瓦本联盟，将传统的互助及内部和平与帝国改革中出现的更正式的结构相结合，包括书面宪章、由全体大会平衡的管理委员会以及分配负担的配额制度。因此，联盟和帝国一样，拥有在需要时调动军队的机制，而不是设置常备军。联盟还复制了帝国大区的新区域框架。施马尔卡尔登联盟和天主教联盟有北部和南部的"名录"，而在1615—1617年，天主教联盟还短暂地增加了一个西南部的名录。新教联盟的成员在地理上受到更多限制，主要由德意志西部和中部领地组成。后来接替它的海尔布隆联盟是由瑞典组建的，目的是在三十年战争期间与其德意志盟友协调行动，它明确使用帝国大区的结构将士瓦本、法兰克尼亚、上莱茵和莱茵选侯帝国大区中较小的新教领地和被占领的领地联合起来。谈判未能将两个萨克森帝国大区的大诸侯国纳入其中。海尔布隆联盟只召开了两次大会，在 1634 年瑞典在讷德林根败给哈布斯堡家族后不久就解散了。新教联盟虽然也很弱小，但在其存在的 13 年中还是召开了 25 次全体大会，与它的前身施马尔卡尔登联盟的活动相当。天主教联盟在 1609 年至 1617 年的第一次特殊时期经常举行会议，在经皇帝许可恢复后，1619 年至 1634 年也经常开会。这四个组织都动员了大量的武装力量，特别是 1546—1547 年与查理五世作战的施马尔卡尔登联盟，以及在三十年战争中支持斐迪南二世的天主教联盟。

然而，如果说这些组织中的哪一个拥有"真正国家的性质"，那就太夸张了。[31] 它们都没有在士瓦本联盟和帝国改革已开创的一系列制度形式的基础上添砖加瓦。所有组织都在努力使自己合法化，因为与同教派势力交好可能与对皇帝的忠诚相矛盾，事实也的确如此。施马尔卡尔登联盟的内部关系已经很紧张，因为其中并非所有人都愿意接受更激进的新教抵抗理论。他们在 1547 年的全面失败使此后纯粹从教派出发的论点变得倍加可疑。新教联盟努力把自己说成是已瓦解的正式帝国机构的临时辅助机构，但它自己的领导层参与扰乱了帝国议会和帝国法院，使得这种观点站不住脚。在三十年战争期间，个别成员与哈布斯堡家族进行了斗争，但联盟没有公开与皇帝决裂，而是自行解散了。天主教联盟也面临着类似的问题，并在 1617 年被马蒂亚斯皇帝逼迫着自己解散了。两年后联盟的复兴在很大程度上归因于其创始人巴伐利亚公爵马克西米利安一世的能力，他让自己的组织仅仅作为官方的辅助手段，帮忙以皇帝的条件恢复和平。马克西米利安推迟了军事行动,直到他得到了对皇帝的敌人采取行动的授权。[32]

对合法性的担忧使许多潜在成员望而却步。到1535年,施马尔卡尔登联盟只招到了23个帝国政治体,而联盟的成员最多时约有30个,几乎占所有新教领地的一半。只有三个较大的诸侯国加入了海尔布隆联盟,其成员仅限于较弱的伯爵和城市。天主教联盟基本上是一个由巴伐利亚领导的帝国教会领地联盟,外加一些相关的伯爵和城市。这些联盟主要是维特尔斯巴赫家族中对立的普法尔茨分支和巴伐利亚分支争权夺利的工具。除了在战时成立的海尔布隆联盟,其他联盟的成员分成了两派,大多数人加入联盟是为了在教派纷争发展成暴力事件时让自身有个保障,而少数人则是阴谋家,他们暗地里乐于看到对抗的前景。与士瓦本联盟一样,所有联盟都很难对其领导层问责,这主要是因为诸侯会利用个人会议在委员会和大会的正式框架之外制订计划。

帝国大区联盟 *

士瓦本联盟的活力抑制了该地区的帝国大区结构的活跃程度。士瓦本帝国大区议会于1542年才召开第一次会议,即联盟宪章到期的8年后。[33]此后,士瓦本成为所有十个帝国大区中最活跃和最有效的地区,因为其集体机构在解决帝国这个领地最碎片化的地区的共同问题方面反复证明了自己的价值。帝国大区代表的更大包容性使帝国大区议会对帝国最弱小的领地特别有用,因为这些领地在

---

* 帝国大区联盟(Kreis Association),两个或更多帝国大区之间得到帝国议会批准的正式联盟。

帝国议会中没有完整的投票权。教派间的紧张关系不时会扰乱士瓦本的帝国大区议会，在 17 世纪，它曾多次举行新教和天主教的单独会议。其局面始终是"危机而非分裂"，因为整体的帝国大区结构始终存在，并确保了两派人仍在沟通。[34]

1500 年至 1570 年间，帝国立法赋予了帝国大区广泛的职能，使其成为区域合作和跨区域合作的合法平台。在 1544 年至 1577 年间，帝国大区议会召开了共同的大会，但由于帝国议会作为"国家"论坛的地位至高无上，这些大会变得多余了；帝国议会的这种地位是选侯们积极促成的，其目的是确保他们自己在政治上的优越地位。然而，在三十年战争期间，帝国大区议会显示了其效用，它们为帝国的弱小政治成员提供了不受教派之别影响的商议场所，协调其行动来应对危机。[35] 1648 年后的安全问题促使人们继续努力将区域防御和跨区域防御建立在帝国大区的结构之上。由于相互之间的竞争揭示了纯粹由诸侯组成的联盟的脆弱性，所以上述趋势得到了加强。事实证明，诸侯之间的联盟是因短期利益恰巧重合而建立起来的，一旦这个基础消失，联盟就会随之瓦解。最重要的是 1658—1668 年的莱茵同盟，它是唯一有广阔的蓝图，想要稳定 1648 年后帝国的政治平衡态势的诸侯集团。[36] 在美因茨的领导下，该联盟最终涵盖了大约 20 个新教和天主教的世俗诸侯和教会诸侯。然而，它与法国的关系使它受到了致命的损害，法国显然是想通过支持该集团来破坏哈布斯堡王朝对帝国的管理。

作为帝国制度的一部分，帝国大区提供了一个框架，能够通过两个或更多的帝国大区议会商定的正式"联合"来维持大规模的跨地位联盟，这种联合对其所有成员都有约束力。议会包容性更强的代表权给比较弱小的政治体提供了保障，使其有一个可靠的机制来制约其强大的邻邦。1681—1682 年的帝国国防改革赋予了帝国大区新的责任，使选侯们无法再像 16 世纪末那样阻挠这种合作。事实上，美因茨成为帝国大区联盟的主要推动者，因为它的选侯们认真对待他们对帝国的责任，并认为领导较小的帝国政治体是维持他们作为大统领的传统地位的一种方式。[37] 士瓦本-法兰克尼亚的合作在 1691 年后扩大到与巴伐利亚、威斯特伐利亚、上莱茵和莱茵选侯帝国大区的联合，从而包括了帝国最薄弱的领地。该联盟极大地帮助了协调国防，却因普奥竞争导致的帝国政治两极化而受到影响。虽然在 1748 年 3 月 1 日被无限期延长，但该联盟的规定允许其成员保持中立，这使得它对哈布斯堡的政策毫无用处，它实际上已经不复存在。[38]

导致帝国大区联盟消亡的一个更宏观的因素是：1663 年后帝国议会的永久化为所有帝国政治体提供了一个辩论政策和维护地位的有效论坛。18 世纪的诸侯联盟主要是庇护政治的体现，诸侯试图通过与皇帝或主要国际伙伴（如法国、英国或荷兰共和国）结盟来实现其王朝目标。[39] 这种模式直到 18 世纪 70 年代才有所改变，当时的中等诸侯开始讨论如何在普奥关系紧张的情况下维护自己的自治权。然而，他们不再将城市、伯爵、高级教士或骑士视为有用的合作伙伴，事实上，他们还萌生了将其领地吞并以使自己的土地更有生命力的想法。这个趋势自然而然地导向了一个结果，形成了最后一个诸侯联盟，即 1806 年 7 月 16 个中等王公在拿破仑主导下成立的莱茵联盟，这加速了帝国一个月后的崩溃（见第 751—752 页）。

城市

伦巴第联盟

公民联盟是对王公贵族们所构成的威胁的一种回应。与贵族社团一样，它们最终因各种帝国机构的发展而变得多余，这些机构被证明是维持其成员身份和自治的更有吸引力的手段。市民因自由而受嫉妒，他们不太希望把这些自由延伸到农村邻居身上，经常嘲笑这些邻居是土包子或领主的奴才。领主也被视为农村世界的一部分，这个世界与复杂先进的城市世界大相径庭，尽管这种区别在意大利不如在德意志那么明显。领主们对命令他们纳税的要求感到不满，后来对提供士兵和大炮的要求也颇有怨言。从 15 世纪中叶开始，有效的火药武器的发展促使许多城镇重建防御工事，储存大炮和弹药，使它们处于军事发展的最前沿。即使到了 18 世纪，帝国城市也被期望提供帝国军队的大部分炮兵训练。

领主们则认为城镇是危险的平等主义的避风港，是煽动佃户离开农田、使他们失去工人的罪魁祸首。从 13 世纪开始，关于骑士身份的新思想部分地超越了领主和诸侯的等级制度，形成了一种共同的意识，即他们是体现真正自由的贵族战士，与肮脏的城市里贪婪的商人和领工资的奴隶形成对比。然而，领主和城市并不一定是对立的。领主们经常参与建设城市和促进城市发展，并从公民设施中受益。城镇居民可以从领主的保护中看到好处，而城市政府的寡头化趋势创造了一个上层阶级，其成员往往热衷于获得贵族地位。[40]

这些模糊性体现在帝国公民联盟的历史中，这从来都不是进步的公民和反动的贵族之间的简单冲突。领主与公民的关系始终是一个更大背景的一部分，根据不同的情况，可以看到合作或冲突。正如我们所看到的（第597—600页），掌权者和试图取代他们的其他人之间的内部紧张关系在大多数城镇都出现过。由于主要城市试图控制其周边地区，以及中世纪盛期教宗和帝国的冲突，意大利的情况进一步复杂化。许多意大利居民，包括罗马人，更喜欢皇帝而不是教宗，但正如我们所看到的（第21—24页和第590—593页），帝国的统治者并没有从阶级的角度来看待政治，他们与各个城镇的联盟是根据情况而定的。

"红胡子"腓特烈一世在1158年11月的隆卡利亚大会上要求意大利的领主和城市回到帝国掌控之下。然而，他准备将特权转回给那些支持他的城市，如帕维亚、克雷莫纳、科莫和洛迪。这些城市及其对手之间的地方紧张关系促使米兰在1159年与皮亚琴察、布雷西亚和托尔托纳建立联盟，这被证明是意大利最强大的公民团体伦巴第联盟的前身。事态发展符合自1077年以来帝国在意大利的干预模式，皇帝陷入了地方和区域争端。由于他不得不奖赏盟友、捍卫自己的荣誉和为挫败复仇，冲突不断升级。米兰在"红胡子"腓特烈一世任命的意大利特使、科隆大主教雷纳德·冯·达塞尔（Rainald von Dassel）的唆使下被围攻。1162年3月，米兰一被攻陷，就被夷为平地，甚至其教堂也被拆毁，其圣物被作为战利品运往科隆。[41]

由于米兰暂时被消灭，皇帝的城市盟友们没有什么理由再继续合作，并很快对他的税收要求感到不满。1167年3月，克雷莫纳和帕维亚成立了伦巴第联盟，该联盟迅速扩大到包括贝加莫、布雷西亚、曼托瓦、帕多瓦、威尼斯、维罗纳、维琴察，以及博洛尼亚和费拉拉等罗马涅城镇。该组织得到了教宗亚历山大三世的支持，以他的名字命名联盟的新要塞"亚历山德里亚"，该要塞建于 1168 年，以阻止帝国对波河流域的控制。然而，联盟从未包括所有的伦巴第城市，因为当地的争斗迫使许多城市加入帝国阵营，包括 1167 年重建的米兰。维罗纳在东部构筑了自己的联盟，通常是反帝国的立场，而南部的托斯卡纳的城镇也在类似的基础上联合起来。

"红胡子"腓特烈一世接受了无法击败联盟的事实，于 1177 年达成了为期六年的休战协议，并于 1183 年 6 月以妥协的《康斯坦茨和约》的形式延长了休战期。各城市接受了由帝国继续统治，以换取对其社区自治的确认和对联盟的承认。这种良好而有效的关系一直持续到 1198 年"双重选举"之后的帝国内战。米兰及其盟友支持奥托四世，而克雷莫纳及其盟友则支持斯陶芬家族，因此切身利益压倒了联盟团结。米兰在 1226 年 3 月建立了一个新的伦巴第联盟，这成为持续到 13 世纪 50 年代的帝国和教宗的新一轮冲突中的一个重要因素。然而，离心力随着执政团的崛起而增长，他们认为控制社区政府是扩大地方霸权的一种手段。斯陶芬家族的灭亡使皇帝在近四分之三个世纪里不再是北意大利政治中的一个因素，在此期间，公民的团结被更为专制的政府持续不断的发展进一步动摇了。

德意志公民联盟

很少有德意志城市能像意大利城市那样控制其直属腹地，而且它们更依赖于与领主及其他邻国搞好关系，以确保粮食和贸易的自由流动。同时，斯陶芬家族提拔大量贵族，使诸侯精英的规模越发庞大，这所创造出的不同政治环境使许多德意志城镇在其中感到非常脆弱。大多数城镇都集中在莱茵兰、韦特劳和士瓦本，这些地区的领主管辖权最为分散和复杂。这既是一种机会，也是一种威胁。分散的管辖权可以为更多的公民自治提供可能性，特别是对于主教城镇来说，因为它们有机会摆脱其主教的控制。然而，与多个领主同时相邻也增加了摩擦和对立的可能性。北德意志的城镇面临着不同的挑战。虽然附近的领主较少，但这些城镇所需的长途贸易跨越了多个领主的管辖区，而且这使其需要与帝国以外的势力接触，如瑞典和俄国。斯陶芬家族对意大利和德意志西南部的关注迫使北部城镇寻找其他方式来保护自己的利益。

其结果是出现了不同的公民联盟模式。北部城镇逐渐合并为"汉萨同盟"，这是中世纪全欧洲最大的地方市民联盟。汉萨同盟以吕贝克为中心，而吕贝克本身在 17 年前才建成。该同盟在 1160 年后发展成为保护特定贸易路线的一种手段，例如保护吕贝克和诺夫哥罗德之间的贸易路线。13 世纪，随着纵横交错的贸易路线使各城市建立起密切联系，例如汉堡和吕贝克之间在 1241 年后的联系，该同盟扩大为一个联邦式网络。[42] 在与英国的全球竞争加剧的时候，19 世纪和 20 世纪初的德国历史学家将汉萨同盟视为其国家的经济文化代表，而相对晚近的作家则认为同盟是中央集权国家的一种替代形式。[43]

汉萨同盟的影响力当然令人印象深刻，因为它吸收了威斯特伐利亚和下萨克森的市民联盟（均为 1246 年成立），以及波罗的海南岸城镇的文德联盟。到 1300 年，其贸易网络覆盖了 200 万平方千米和 1 500 万人口，其中一半在帝国之外。其核心地区从佛兰德斯延伸到芬兰的海岸线，长达 1 500 千米，沿主要河流与科隆、戈斯拉尔和马格德堡等内陆城市相连。[44] 1277 年以后，汉萨同盟开始利用其集体的力量迫使国王与诸侯在贸易上做出让步，由此导致了 1388 年后同盟与英国、俄国和佛兰德斯伯爵的一系列斗争。吕贝克周围的文德人核心城市群在推动这些冲突方面走在最前列，常常违背其他成员的意愿。同时，个别城市利用其新财富来收买当地的领主，让这些领主将他们的管辖权卖给了市议会。例如，在 1392 年，汉堡买断了绍恩堡伯爵的权利，后者要求获得曾经由不来梅大主教对该市行使的权利。这使汉堡、吕贝克和其他一些城市能够像摆脱了主教控制的主教城市一样"自由"。

吕贝克有一点比较特殊，那就是它在 1226 年获得了额外的帝国城市地位，尽管它此时并没有参加帝国议会。[45] 皇帝很少出现在北方，也不被视为一个自然而然的合作伙伴。虽然仍是帝国的一部分，但汉萨诸镇并没有参与帝国的政治，也没有为帝国的改革做出贡献。然而，它们也没有另行发展出类似帝国的组织形式，只是保持着一个松散的联盟，直到 15 世纪 70 年代才姗姗来迟地建立起更正式的结构，包括一个议会。由于成员众多，贸易利益各异，很难找到共同点。如果有成员卷入通常看上去很遥远的地方的局部争端，很少有其他成员准备出手相助。

德意志其他地方也出现了市民联盟，与汉萨同盟大致在同一时期，但其特点有所不同。最初的催化剂是腓特烈二世久居意大利，1226 年在美因茨、宾根、沃尔姆斯和施派尔周围形成了第一个莱茵同盟，这些城市都是寻求扩大自治权的主教城镇。法兰克福、盖尔恩豪森和弗里德贝格等王家城镇也加入了联盟，使该组织在莱茵河-美因河沿岸有了一个紧凑的地理中心。[46] 皇帝最初的反应大体来说是有敌意的，1231 年授予诸侯的宪章禁止了市民联盟。然而，在实际上，联盟仍然被容忍，甚至得到了鼓励，用于通过地区合作来确保公共和平。韦特劳城市同盟在此基础上于 1232 年成立，包括韦茨拉尔（Wetzlar）和第一个莱茵同盟的三个王家城镇。三年后，帝国颁布关于公共和平的法案，使这些组织有了更坚实的法律基础，而1246—1247年对立国王出现后日益混乱的局面则促进了相互保护的合作。[47]

1254年2月，美因茨和沃尔姆斯建立了第二个莱茵同盟，并签订了十年的宪章。一年之内，莱茵地区、威斯特伐利亚、德意志南部、中部和北部的100多个城镇加入了同盟，其中包括得到领主许可的领地城镇。拉登堡（Ladenburg）甚至被沃尔姆斯的主教命令加入。8个教会诸侯和12个世俗诸侯也加入了，而荷兰的威廉在1255年认可了这个组织，希望能加强他相对薄弱的王家统治。康沃尔的理查在1257年当选国王后像他一样，增加了该组织的合法性，并赋予了它后来在士瓦本联盟中显示出的跨地位特征。与士瓦本联盟不同的是，莱茵同盟仍然由各城市主导，未能建立正式的基础机构。事实上，它体现了帝国所有公民联盟固有的弱点，这些联盟最初的快速扩张冲淡了一致性，破坏了团结。[48]然而，莱茵同盟表明，至少在面临共同威胁时，这种组织可以证明自己是有作用的。早在1254年9月，同盟就围攻了英格尔海姆城堡，以惩罚破坏公共和平的骑士维尔纳·冯·博兰登（Werner von Bolanden）；1256年10月，联盟对卡岑埃尔恩博根（Katzenelnbogen）的迪特尔伯爵进行了类似的处理。

与斯陶芬家族一样，康沃尔的理查也是根据一个势力是否尊重既定社会政治规范以及支持特定王室政策来选择盟友的，他与各城市合作并不是为了摆脱对诸侯的依赖。此外，与意大利不同的是，到13世纪70年代，王室土地上有105个王家城镇，这为君主提供了更直接的城市合作伙伴。在这里，理查就像其他领主一样，希望他的城镇为了换取保护和对社区自由的承认而支持他。随后，鲁道夫一世对王室土地的重组威胁到了一些城镇，这些城镇不想把以前与君主的直接关系换成接受执法官的监督——执法官是从当地领主中任命的，而这些领主可能有他们自己的、更具威胁性的议程。1291年后，国王昙花一现般的更替进一步破坏了稳定的帝王荫庇，同时也创造了一个普遍更加混乱的政治环境。其结果是出现了一批新的地区性市民联盟，所有这些联盟在形式上都以维护公共和平为宗旨：图林根（1303）、士瓦本（1312）、上卢萨蒂亚（1346）、阿尔萨斯（1354）、莱茵（1381）和下萨克森（1382）。[49] 最大的是乌尔姆在1376年7月4日建立的士瓦本城市同盟。到1385年，约有40个城市加入了该联盟，其中大多为王家城镇。

　　同盟成员的贸易和食品供应需要和平，而同盟为维持和平提供了一个实用的方法。然而，同盟可能会给皇帝带来麻烦，皇帝不得不在继续支持它们和转而支持反对这些城市的强大诸侯之间做出决定。符腾堡于1372年2月在阿尔特海姆（Altheim）击败了士瓦本的城镇，这既是促成士瓦本城市同盟的催化剂，也是查理四世重新评估其收回王室土地的努力的一个因素。[50] 最后的决裂出现在1377年，当时王家城市拒绝向查理的儿子文策尔——新当选的"罗马人的国王"——臣服，以抗议新的税赋和将四个城镇典当给巴伐利亚。查理不能无视这种公开的蔑视，于是开始了敌对行动，对乌尔姆周围地区进行破坏。尽管有巴伐利亚和符腾堡的支持，王家军队还是在1377年末在罗伊特林根（Reutlingen）被击败，迫使查理承诺不再典当其他城镇。文策尔于1378年登基后，双方的关系很快又破裂了，因为他继续坚持征收新税，而且未能约束骑士的"狮子联盟"，该联盟从韦特劳的前王室执法官辖区出现，攻击了法兰克福。

作为回应，士瓦本人采用了中世纪晚期联盟的经典做法来加强他们的组织：定期集会，以多数票裁决，并作为一个法庭行事。他们还效仿选侯联盟，表示他们效忠的是超越君主个人的帝国，反对的是文策尔这个人当国王。这是一种潜在的强大意识形态，因为它提供了一种超越地方主义和区域主义的方法，将单个社区的福祉与帝国的福祉联系起来。士瓦本人通过与莱茵人（1381）及下萨克森人（1382）结成公民联盟，以及同瑞士联邦（1385）结成整体联盟，预示了后来的帝国大区联盟。这些发展对领主来说似乎是双重威胁，因为它们发生在黑死病之后，农民威胁要迁移到城镇，除非领主允许他们在社会和经济层面获得更大的自由。1381年后，个别城镇和较弱的小领主之间已经发生了新的战斗。人们认为文策尔对帝国管理不善，这场动乱是这种不满日益加深的一个主要因素。文策尔试图通过1383年在纽伦堡颁布的另一项公共和平法案来解决这个问题。各城镇反对国王坚持让它们单独加入而不是集体加入，它们还迫使诸侯在1384年承认士瓦本城市同盟为正式伙伴。

两次城市战争

与13世纪中期的第二次莱茵城市同盟一样，士瓦本城市同盟的力量吸引了一些诸侯，特别是萨尔茨堡大主教。大主教秘密地成为其盟友以保护自己，同时推行自己的政策以将贝希特斯加登修道院这种富有的宗教机构纳入其中，导致了1387年与巴伐利亚公爵的战争。不久前，其瑞士盟友在森帕赫（Sempach）战胜了哈布斯堡军队（1386年7月），士瓦本人感到有必要支持大主教，于是在1388—1389年开启了第一次城市战争（Städtekrieg）。[51] 这场战争以典型的中世纪后期方式展开。交战各方都无法长期维持庞大的兵力，大多数行动都局限于对经济资产的突袭，如市民出动烧毁领主的村庄。市民们愿意与诸侯交战，这让他们败绩连连：他们在德芬根（Döffingen）被符腾堡的埃伯哈德二世伯爵击败（1388 年 8 月），在沃尔姆斯被普法尔茨的鲁普雷希特二世伯爵击败（1388 年 11 月）。1389 年 5 月，一项新的全面公共和平措施在埃格尔颁布，要求解散士瓦本和莱茵的城市同盟，并在今后禁止成立此类组织。

这一事件证实了许多公民已经知道的事情：诸侯是不可靠的盟友，可能会破坏公民的和谐。然而，地方-地区-帝国之间复杂的互动关系抑制了政治按地位两极分化。在文策尔的最后十年统治和他的继任者鲁普雷希特的统治期间，各城市继续合作，但并未进一步组成正式联盟。然而，他们也与诸侯联合起来对付当地的共同威胁。当士瓦本人觉得受到当地骑士的威胁时，他们甚至与符腾堡的埃伯哈德二世联合起来，尽管他早先是为帝国征税者。同时，韦特劳、士瓦本和阿尔萨斯的城镇于 1405 年 9 月与美因茨和南德意志诸侯一起组成了"马尔巴赫联盟"（Marbach League），对抗鲁普雷希特。[52]

随着西吉斯蒙德于 1410 年登基，重新结盟又变为可能，他认为城市同盟和骑士社团能让他不以领地为基础也可统治帝国。然而，对于那些被强大的诸侯持续侵扰的城镇来说，皇帝仍然是一个相当遥远而且不可靠的伙伴，这些诸侯包括普法尔茨、符腾堡和安斯巴赫等，他们正在边境更明确地巩固其管辖权。15 世纪 40 年代，一个新的士瓦本城市同盟成立了，一个独立的康斯坦茨湖城镇联盟和一个由纽伦堡领导的法兰克尼亚集团也同时出现。其结果是，1449—1450 年在士瓦本发生了另一场城市战争，导致 1454 年该地区的城市同盟瓦解，而在 1449 年至 1453 年，法兰克尼亚人对拜罗伊特的阿尔布雷希特·阿希莱斯侯爵的战斗相对来说有所收获。[53]
短期影响是市民与贵族再次爆发对抗。从中期来看，暴力事件有助
于推动帝国改革，以找到解决冲突的更有效方法。反过来，这也最
终结束了公民解放和王公贵族的侵占，稳定了帝国城市和诸侯国的
身份和管辖权，它们被共同认定为帝国的政治体。

融入帝国制度

第二次城市战争已经表明，在诸侯和王家城市之间正在形成一
种平衡。阿尔布雷希特·阿希莱斯无法攻破纽伦堡那宏伟的新防御
工事，其中有 123 座塔楼。[54] 也许更重要的是，巴伐利亚没有加入
这位侯爵的行列，而是选择了更和平的方式，通过与几个城镇谈判
签订保护条约来扩大其影响力。越来越多的诸侯意识到，他们自己
的领地上的城镇可以取代帝国城市提供的贷款和消费设施，使帝国
城市不再是有吸引力的目标。农业状况的改善使逃离农田的农民减
少了，从而缓解了紧张局势。除了符腾堡等少数例外，诸侯放弃了
征服自由城镇和帝国城镇的尝试，转而发展自己土地上的城镇，巩
固了帝国多样化的城市景观。

同时，帝国改革的步伐不断加快，为王家城镇提供了公民联盟
的替代方案。纽伦堡藐视拜罗伊特侯爵的一个关键因素是，它的年
收入远远高于这个侯爵的收入。早在 15 世纪 20 年代，西吉斯蒙德
和选侯们就把城市作为对抗胡斯叛军的重要军事力量，后来他们在
整个世纪里都继续仰仗城市的力量，因为奥斯曼帝国的威胁迫在
眉睫。到 1471 年，大多数王家城镇都派代表参加了每一次王庭会
议，并在会议过程中召开了自己的"城市会议"（Städtetag）。这
为帝国议会在 1495 年左右形成的公民团体提供了核心，到那时，

哈布斯堡家族更强大的君主国似乎为城市提供了更可靠的合作伙伴。通过加入共同的制度，王家城镇现在完全成了帝国城市和帝国政治体。

它们的帝国直辖地位比它们与其他城镇残存的团结关系更为重要，其他那些城镇现在更稳定地沦为诸侯领地上非皇帝直辖的部分。在1480年至1555年间，这一过程一直处于变化之中，因为像特里尔这样的个别城市的地位一直在波动，直到它们明确接受或拒绝与帝国议会代表权有关的负担。许多市议会对接受新的制度心存疑虑，主要是因为税收配额的官方分配似乎有利于选侯和诸侯。事实上，为征税而进行的评估合理地反映出，许多诸侯国的财政状况比主要城市要落后。1512年，各城市无法阻止诸侯国利用帝国议会强行通过反垄断法，这有损其主要商人的利益。1524年后，65个活跃的帝国城市中有60个接受了新教，宗教上的分歧加剧了紧张局势，使领主们重新怀疑城镇居民为颠覆者。[55]

尽管这些趋势暂时使领地城镇的居民重新团结起来，但它们也在帝国城市的居民中造成了新的裂痕。宗教改革往往会让社会经济状况成为区分群体的界限，奥格斯堡、比伯拉赫、拉文斯贝格和丁克尔斯比尔（Dinkelsbühl）等地的穷人皈依新教，而名门望族则继续信奉天主教。由此产生的动荡为查理五世提供了借口，在1548年至1552年间，他吞并了康斯坦茨，并重新制定了其他27个帝国城市的宪法。1555年的《奥格斯堡和约》第27条剥夺了帝国城市的全部改革权利，在为持不同意见的少数群体提供一些保障的同时，也固定了它们的宗教性质。到1618年，35个城市主要是新教，而20个城市主要是天主教，但几乎所有城市都有大量的少数群体。教派之别与社会经济问题合在一起，在奥格斯堡、亚琛、考夫博伊伦（Kaufbeuren）、丁克尔斯比尔以及最臭名昭著的多瑙沃特造成了公共骚乱，巴伐利亚人在那里为恢复和平而进行的干预成为普法尔茨建立新教联盟的理由之一。16世纪末的问题加剧了往回缩的保守主义倾向，这种倾向希望能减少进一步干预的风险。与此同时，17世纪后期和18世纪帝国法院的效率提高，为城市提供了更加和平的方式来化解其内部问题，同时保持其自主性。

由于没有任何可行的替代方案，城市变得更加持续依附帝国。汉萨同盟既不能与丹麦和英国等王家贸易伙伴的政治集权相提并论，也比不上帝国改革所提供的制度整合。它们松散的联盟无法防止较强的成员从较弱的邻居那里抢夺商机。1477年，佛兰德斯的城镇与勃艮第的大部分地区一起转移到哈布斯堡家族手中。汉堡、科隆和戈斯拉尔等北德意志主要成员加入了1500年左右出现的新帝国制度。值得注意的是，帝国大区的结构提供了一种调节德意志北部相邻诸侯关系的新方式，而帝国议会的发展也有助于将这一地区整合进帝国的框架。虽然有63个汉萨城镇在1557年同意与帝国结盟，但由于它们不愿意接受16世纪下半叶显著增加的防御土耳其人的负担（见第512—531页），它们迟迟没有全面融入。同时，俄国和瑞典沿着波罗的海南岸的扩张既显示了巨大的危险，又迫使汉萨的城镇来到帝国内寻求保护。

有几个主要城镇主张更密切地融入帝国的制度，这主要是由于鲁道夫二世与西班牙的政治结盟符合其经济利益，而这些经济利益正遭到英国的争夺。1597年，鲁道夫禁止英国商业冒险公司（Merchant Adventurers）在帝国境内进行贸易。作为报复，英国在1602年后不再承认汉萨同盟，这导致了分裂，因为汉堡和其他城市希望继续与商业冒险公司贸易往来。到1604年，只有14个城市仍然支付汉萨同盟的会费。数量下降的趋势减弱了集体的力量，进一步鼓励了汉萨城市把融入帝国作为另一种选择。汉萨同盟试图在三十年战争期间保持中立，但只有汉堡、不来梅和吕贝克这几个戒备森严的城市能够做到这一点，这也得益于它们作为各方金融中心和外交中心的重要性。汉萨同盟在 1648 年被确认为合法社团，但现在被其他帝国城市所怀疑。来自丹麦和瑞典的威胁日益增长，促使帝国在 1654 年后正式承认汉堡和不来梅为帝国城市，以此来确保其自治权。它们实在是太重要了，不能落入外国势力的管辖之下。相比之下，汉萨其他城镇的申请在 17 世纪 40 年代全部被拒绝，这些城镇只能沦为领地城镇。明斯特、爱尔福特、马格德堡和不伦瑞克因不接受这种待遇，都遭到炮轰，最后屈服了。到 1667 年，汉萨同盟基本上已经不存在了。[56]

帝国城市的地位稳定下来，包括 13 个天主教城市、34 个新教城市和 4 个两教城市，其中 31 个位于德意志西南部的原帝国中心地带。《威斯特伐利亚和约》（1648）巩固了它们作为帝国政治体的地位，而集体防御的改革和帝国大区联盟的发展则消除了单独建立公民联盟的动力。帝国城市并没有寻求作为主权共和国来独立，而是维护其作为"贵族"的团体地位，这意味着它们是自由的，而且地位高于其臣民和其他领地城镇。[57]

农民和"普通人"

社区主义

城市拒绝与农村居民结成更广泛的联盟，这是前者融入帝国地位等级制度的另一个因素。以社区横向合作的关系为基础构建更广泛社会政治秩序的做法被贴上了社区主义[*]的标签，并被称为中世纪晚期德意志通往现代性的"第三条道路"，另两条道路分别是专制主义领地国家建设和同质化民族国家建设。[58]社区主义是中世纪晚期至近代早期的一种特殊平等主义形式，它是集体的，因为它关注社区而不是个人。口头语言形式和视觉形式的提醒昭示了社区的传统和身份认同，而社区正是通过集会、节日、传统和身份认同等来集体表达和庆祝自由。这一切起源于中世纪盛期帝国城镇和村庄出现的社区自治政府。它是普通民众在困境和逆境中寻求更好生活的尝试，早于文艺复兴时期人文主义学者重新发现古希腊的公民民主制度。社区主义扩大了单独社区的自治，使采用同样做法的多个社群联合起来，实际上相当于从无到有地建立起一个类似国家的组织。

与社区发展的所有其他方面一样，重要的是不要把社区主义浪漫化或夸大其词。正如我们所看到的（第 587—600 页），社区政府既包含纵向因素，也包含横向因素，其基础是赋予家庭户主（主要是男性）公民权利，以及排斥或边缘化穷人、未婚者和新来者。在面对外部威胁时，社区确实可能团结起来，但这些威胁也可能使其分裂。和谐往往是种假象，或者是通过旁人的压力和对"出格之举"的惩罚来实现的。此外，社区的自由理想仍然是解放而不是赋权，是让人摆脱依赖和不再受到威胁。[59]社区主义往往以对抗性的术语来表达自由，类似后世所用的阶级斗争的修辞。然而，它缺乏关于自由和平等的抽象概念，例如美国和法国革命者在 18 世

---

* 社区主义（communalism），通过社区机构采取集体政治行动，体现了将邻里团结在一起的联合原则。

纪末使用的概念。尽管有创新的能力，但社区运动并不寻求按照一个宏伟的蓝图建立一个美好的新社会，而是通过捍卫既有秩序的理想化版本来抵御感知到的威胁。

社区形式的力量来自社区内面对面的互动。这将更大层面的结构限制为联邦形式，因为只有这种形式才允许每个社区保持自己的身份和目的。前面对公民联盟的分析已经揭示了搭便车的问题，这个问题使其难以发展为更持久的政治形式。城市可能是脆弱的，但它们通常受到更好的保护，比村庄更大、更富有。光靠自己对于农村居民而言似乎并不可怕。因此，社区主义一般只出现在没有中心定居点的地区，如小村庄和分散的农庄。形成一些总体性的治理，在这些地区往往是其居民对抗自然灾害和外部威胁的唯一途径。没有中心定居点的地区所处的地理位置，一般也更有利于社区制而非领主制。社区制在帝国的经济和政治边缘地区蓬勃发展，这些社区的财富足够生存，但它们还没有富裕到可以吸引劫掠者或能参与更大层面的政治的程度。

迪特马申

有一个地区就是如此，那便是佛兰德斯到丹麦半岛的沿海地带。与东部的波罗的海沿岸不同，北海沿岸相对较早地被纳入帝国的版图，但在政治上仍然处于边缘地位，人口不足。它被纳入了伯国和后来的堂区结构，但其主要地区从来没有引起过教会贵族的兴趣。当地出现了领主制和社区制混合的情况，前者在西部的佛兰德斯占主导地位，后者则主要在东部的弗里西亚。[60] 在佛兰德斯发展出城镇的同时，其北部和东部由于领主长期不在，出现了小型的自治社区。领主本来就很少，而且还对其他地方的事务更感兴趣。他们把监督权下放给管家和其他中间人。随着时间的推移，这些监督权被移交给了当地人，或者完全失效了。当地人想要自治，而不是得不到现有当局的任何保护或承认。帝国的多层次结构使他们能够实现这个目标，只要确保帝国承认其特殊地位即可。

这个地区并不是不宜居住的。湿软的土地被证明是相当肥沃的，特别是在易北河河口以北的迪特马申地区。到16世纪中期，该地区有4万名居民，是瑞士中部人口密度的两倍。[61] 迪特马申在加洛林时代就已经成为一个伯国，但领主的控制力一直很弱，即使在1180年将伯爵的权利移交给不来梅的大主教后也是如此。居民们唯一的义务是在每个大主教登基时缴纳少量费用。由于需要合作维护堤坝和其他防洪设施，社区自治在11世纪就已经出现了。13世纪，堂区结构的引入为构建更有效的共同机构提供了一个框架。每个堂区都派代表参加共同的大会，这种做法在1447年被编入宪章。该宪章确认了典型的社区形式：一方面有48名成员组成的理事会，另一方面有全体大会来对其加以平衡，该全体大会代表约20个堂区组成的联盟。这个"农民共和国"在1283年已经被其居民称为"迪特马申公社"（Universitas terrae Dithmarciae），它于1319年和1404年击退了荷尔斯泰因伯爵主张领主权的企图，从而显示了其强大的力量。

在1447年巩固政府后的一个世纪里，迪特马申的影响力达到了顶峰。皇帝将其视为帝国的封地，在15世纪30年代要求农民派代表参加王庭会议，并在1496年再次召集农民参加帝国议会。然而，与王家城镇一样，农民发现，帝国日益发展的地位等级制度使他们很难与正式机构互动。此外，腓特烈三世希望将他的影响力扩展到德意志北部，把该地区的领主视为更明显的合作伙伴，因为把他们提升为帝国的诸侯就可以使其更紧密地融入帝国。为此，他将荷尔斯泰因的伯爵提升为公爵，并在1474年正式将迪特马申授为其封地，以满足其领地野心。

农民们向教宗西斯克特四世（Sixtus IV）抗议，说皇帝正在破坏帝国教会，理由是他们的伯国属于不来梅大主教区，这表明他们对帝国政治的复杂性有着深入的理解。腓特烈被迫于1481年收回成命。丹麦国王继荷尔斯泰因之后也提出领地主张，他现在看到了将领地扩大到易北河沿岸的机会，如果成功，他就能够对利润丰厚的河流贸易征税。他雇了一支无情的雇佣兵队伍——黑色警卫（Black Guard），发动入侵，结果在1500年2月17日的黑明施泰特（Hemmingstedt）战役中被农民击溃，后者利用对地形的熟悉，撑竿跳过沼泽地，困住了入侵者。[62] 然而，在16世纪中期，原本的优势变成了对迪特马申人的劣势。与瑞士人或荷兰人不同，他们相对孤立，因而没有天然的盟友。尤其是，没有任何本地城镇与帝国城市网络有联系。邻近的居民憎恨他们，说他们是毁船打劫者和海盗，经常引诱沿海船只进入他们危险的浅滩。因此，汉萨同盟拒绝了他们的入盟申请。1559年，丹麦再次入侵并取得了胜利，尽管国王不得不给居民留下相当大的自治权。

弗里西亚

紧挨着迪特马申西部的弗里西亚，有着相似的起源，但表现出的连贯性较弱，尽管该地区以"弗里西亚自由"为核心表达了自己的身份认同。该地区在8世纪中叶被法兰克人征服，但获准使用自己的法律，而且在很大程度上是自行管理的。直到斯陶芬时代，才有人做出协调一致的努力，将该地区更牢固地纳入帝国的版图，这一举措随着移民向北和向东迁移到以前人口稀少的地区而得到强化。斯陶芬家族任命的当地第一任统治者，乌得勒支的主教，在1227年的战斗中被弗里西亚人杀死。该地区随后被划归荷兰，其威廉伯爵在1247年后成为德意志国王的竞争者之一。1256年1月，他在战马撞倒在冰层上后被弗里西亚人俘虏并杀害，他的尝试和统治也随之终结。他的继任者作为伯爵在1289年成功地征服了西弗里西亚。到了14世纪，控制这里仍然很困难。1433年，西弗里西亚与荷兰一起被移交给勃艮第。

弗里西亚的分裂是整个中世纪后期帝国逐步划分更明确的领土管辖权的过程的一部分。没有领主的地区如果不在等级制度中找到自己的位置，就有被纳入另一地区的危险。弗里西亚的东部边缘成为奥尔登堡伯国，其统治者从15世纪中期之后因为与丹麦国王的亲属关系而受益。当奥尔登堡发展成为一个传统的领地时，在威悉河下游和易北河河口之间有几个其他社区的移民定居下来，他们和迪特马申的农民一样，能够在不来梅大主教宽松的上级管辖下获得更大的自治权。施特丁根（Stedingen）社区是最西边的社区，位于不来梅北部的威悉河畔，居住着约1.2万人至约1.5万人，他们个人是自由的，但受大主教的管辖。由于需要合作维护防洪设施，这个社区在1200年左右建立起来，但在1207年之后，由于大主教不准备给予其与迪特马申一样的自由，它试图完全摆脱大主教的控制。1232年后，君主的控制权通过十字军得到了维护，同样的方法也被用于波罗的海沿岸往东的地区。施特丁根的居民在1234年被打败，他们的社区被奥尔登堡和不来梅大主教区分割。其余四个社区的命运各不相同。吕斯特灵根（Rüstingen）在1314年的一次洪水中被分成两半，其中一半后来被并入奥尔登堡伯国，而西部则成为耶弗尔的领地。不来梅港以北沼泽地上的乌尔斯滕（Wursten）于16世纪20年代落入大主教的手中。凯丁根（Kehdingen）是易北河下游47千米长的沼泽地，1236年与斯塔德伯国的其他地方一起被移交给不来梅。四次战役最终迫使其居民接受了大主教的统治，尽管他允许他们保留相当的自治权。1397年，凯丁根与其他沼泽社区一起，成为不来梅领地议会中的第四级（农民）政治体。虽然在16世纪90年代并未得到代表权，但农民们继续要求获得参与权。哈德尔恩（Hadeln）与其他社区不同的是，它在更早的时候就已经是定居地，并且是萨克森的一部分。与其他社区一样，它也在13世纪主张更大的自治权，但它更成功，因为原来的萨克森公国四分五裂了。哈德尔恩在15世纪时是一个300平方千米的农民自治共和国，有自己的法律和议会，1689年后直接由皇帝管辖，保持了自治的地位。查理六世于1731年将哈德尔恩割让给汉诺威，以换取汉诺威对改变哈布斯堡家族继承法的《国事诏书》的承认。[63]

只有东弗里西亚将社区政府保持到18世纪。与其他农民社区一样，从13世纪开始，村庄领袖有成为世袭首领的趋势，并逐渐获得小贵族的地位。虽然他们之间有争执，但弗里西亚的首领们从14世纪中叶开始接受由布洛克（Brok）家族来主导，直到1464年他们被契尔克塞纳（Cirksena）家族接替，后者一直统治到1744年。契尔克塞纳也是从村子的领袖中崛起的，但他们是因腓特烈三世整合北方周边地区的政策而受益的，该政策授予了当地知名人士贵族头衔。契尔克塞纳被封为帝国伯爵（1464），后来又被封为诸侯（1654），但大部分人仍然是通过拥有合格的农田而获得权利的自由户主。户主们主宰着东弗里西亚政治体，其中包括埃姆登港，奥里希和诺尔登这两个小镇，以及少数骑士，他们与其他地方的骑士不同，是独立的土地所有者，而不是伯爵的封臣。这个政治体在1595年和1611年曾为宪制上的保障而讨价还价。鲁道夫二世效仿腓特烈三世的政策，批准了将东弗里西亚自己的法律与帝国的法律联系起来，从而阻止它落入荷兰的势力范围内。[64]

契尔克塞纳家族经常支持那些因缺乏合格财产而被剥夺权利的村民，试图以此来扩大他们的影响。由于埃姆登接受了加尔文宗，而其他人则坚持路德宗，因此信仰差异加剧了政治紧张。1665年后，由于契尔克塞纳采取了不同的生活方式和政治态度，试图与其他帝国诸侯平起平坐，问题越来越多。帝国的干预，包括荷兰人、丹麦人和邻近的韦尔夫家族以及明斯特主教再次进行的外部干预，勉强维持了相互竞争的利益团体之间的平衡。勃兰登堡-普鲁士利用这些困境，1682年后在埃姆登永久驻军。1725年至1727年间，紧张局势发展为内战，在激进的埃姆登派被击败并恢复到过去的状态之前，各政治体发生了分裂。普鲁士接受了这种局面，在1744年与契尔克塞纳最后一个家族成员签订继承协议后，吞并了东弗里西亚。这种摩擦严重影响了正常的治理工作，使政治体无法采取有效的行动，因而从根本上削弱了社区的权力，使其失去了主要的行动舞台。[65]

瑞士联邦

瑞士联邦比上述任何一个例子都走得更远，它从帝国中分离出来，成为一个独立的国家。与西北部的农民社区一样，帝国漫长的阿尔卑斯山地带的农民社区也有得天独厚的地理条件，尽管类型天差地别。山区允许发展各种形式的农业和畜牧业，维持着适度的人口。这些人不需要迁移，因为勃艮第、德意志和意大利之间的路线交会于此，其他人会在他们的土地上穿行。由于控制着重要通道，阿尔卑斯山的社区对所有中世纪的君主都具有战略意义，这有助于解释该地区为什么有丰富的教会资源，其中包括萨尔茨堡大主教区，巴塞尔、库尔、布里克森和特兰托主教区，以及圣加仑和艾恩西德伦等重要修道院。

山脊使得横向交通往往非常困难，形形色色的社区由此发展出来，包括许多中小型城镇和不同类型的村庄，以及世俗领地和教会领地。除了当地的主教外，大领主往往忙于其他地方的事务，这就为地方自治创造了空间，类似于北海沼泽地的情况。与弗里西亚人一样，当地社区形成的神话宣称此地自古便是自由的，然而这种自由实际上出现于相当晚近的年代，主要是在 12 世纪。管辖范围以山谷等自然特征为界，帮助塑造了社区之间的交往方式。在瑞士中部和西部，出现了"联合山谷"（Talschaften），它们反过来又成了后来所谓"州"的基础。[66] 相比之下，在阿尔卑斯山东部的瑞提亚、福拉尔贝格和蒂罗尔，社区形式在领主式的小辖区内发展起来，法官的巡回审判为地区奠定了基础。州和地区都建立了管理委员会，以协调共同的活动，并代表居民与外来者打交道。

人们倾向于忽视这种多样性，而只关注瑞士山民的动人故事，如威廉·退尔，他推翻了哈布斯堡的统治地位，建起了一个独立国家，目前普遍认为这是现代世界最早的民主国家之一。[67] 事实上，威廉·退尔的故事在 1470 年左右才出现，那是在瑞士社区获得自治权的很久之后。解放的过程中，一些社区坚持自己对其他社区的控制，这与意大利城市对其腹地的主导地位大致相似。同时，定居地模式的复杂性导致了社区与当地领主及更远的领主（包括皇帝）

接触的形式也大为不同，在特定情况下，这些领主中的任何人都可能成为盟友而非敌人。

此外，阿尔卑斯山社区治理的形成过程需要放在帝国从封建等级和领地层面重组的更大背景下来考察，到 13 世纪，这种重组不断迫使以前的"边缘"地区确定自己的地位和与更远的社区的关系。特别是，原来的士瓦本公国的分裂使此前包含阿尔卑斯山大部分地区（包括过去罗马的瑞提亚省）的政治单位走向了终结。策林根公爵在 1218 年绝嗣，让伯尔尼和苏黎世得到解放，成为帝国城市，这主要是由于斯陶芬家族认为，授予其政治上的直辖地位能防止阿尔卑斯山的关键路线落入帝国诸侯当中的潜在敌人手中。为此，亨利（七世）在 1231 年和 1240 年买下了哈布斯堡家族对策林根遗产的继承资格，得以对乌里和施维茨山谷行使管辖权，因为这些地方可以通往 1230 年新开辟的圣哥达山口（St. Gotthard Pass）。与伯尔尼和苏黎世一样，这些山谷也成为王室土地的一部分，受到斯陶芬的直接保护，但有社区自治权。

13 世纪末出现的大部分冲突并非反对封建主义，而是与斯陶芬家族灭亡之后王室土地管理权（Vogteirechte）方面的争端有关。这些争端往往使当地贵族与哈布斯堡家族等更强大的外来者对立起来，后者想控制艾恩西德伦和恩格尔贝格的强大修道院。修道院和城镇在这些冲突中追求自己的利益，如苏黎世和伯尔尼，它们主张对自己的腹地进行控制。同时，阿尔卑斯山谷地在 1200—1400 年的经济转型，使得小农户被牧场主剥夺了经营权，以养活不断增长的伦巴第城市的人口。[68]

鲁道夫一世在 1273 年当选为国王，改变了这一局面。由于在苏黎世周围拥有伯国的管辖权，哈布斯堡家族在该地已有相当大的影响力，而鲁道夫在这个基础上又施加了王权的影响力。鲁道夫的"收复失地"政策（见第437—441页）对许多瑞士领主和社区来说似乎特别有威胁，他们认为哈布斯堡家族是在巩固其在莱茵河上游和阿尔卑斯山脉西部的权力。1291年8月，鲁道夫去世两周后，乌里、施维茨和翁特瓦尔登这三个联合山谷因为担心哈布斯堡家族再次当选为国王，提出了著名的"誓言联邦"（Eidgenossenschaft）。[69]这种联盟并不罕见，而且1291年的那个联盟直到1891年才被视为瑞士独立的基础。它其实是为了应对贵族领主的威胁，而不是为了离开帝国。事实上，阿尔卑斯山的社区普遍希望皇帝能将其自治权写入法律章程，以巩固这种权利。亨利七世在1309年授予了一项特权，认可三个山谷为自治的农村封地，自成一个帝国辖区，直接由他领导。

帝国政治再次干预，推动了这一发展，因为1314年的双重选举导致另一个哈布斯堡人，即"美男子"腓特烈有可能当选。腓特烈的亲戚，奥地利的利奥波德公爵进行了干预，以惩罚那些掠夺了艾恩西德伦修道院的施维茨农民，该修道院正是由他保护的。1315年11月15日，他派来惩罚农民的军队在莫尔加滕（Morgarten）被击败，不过他的部队只有大约100人被杀，而不是后来一些历史学家所说的数千人。尽管如此，这仍是一个重大的转折点，促使哈布斯堡在该地区的一种影响消退了，这种影响原本是靠帝国执法官拥有的权利施加的。三个山谷重新建立了联邦，外界越来越多地将其称为"施维茨人"（Schwyzer）或"瑞士人"。三地的帝国直辖地位使联邦高于其他农村社区，成为伯尔尼和苏黎世等城市可以接受的伙伴，联邦因此得以在1332年至1353年间通过与其他州结盟而扩大。

然而，哈布斯堡家族的地区影响力随着其获得紧邻该地北部的布赖斯高（1368）和东部的蒂罗尔（1363）而与日俱增，而他们与卢森堡人的竞争则促使他们再接再厉，重新确立对瑞士人的权威。哈布斯堡在森帕赫（1386）和纽费尔斯（Nüfels，1388）的失败，在时间上正好与第一次城市战争以及黑死病之后普遍抗议的大背景重合。再往东的阿尔卑斯山社区组建了"上帝之家联盟"（1367），瑞提亚或说"灰色联盟"（1395），以及"十堂区联盟"（1436），来应对哈布斯堡从蒂罗尔发动的侵占。它们于 1471 年合并为一个联盟，被称为"三大联盟"（Drei Bünde），到 18 世纪时，该联盟包含 52 个社区，总人口达 7.6 万。[70] 在 1405 年阿彭策尔地区反抗圣加仑修道院院长的叛乱中，康斯坦茨湖以南的社区又出现了一个"湖上联盟"。尽管福拉尔贝格、上士瓦本（南部）和圣加仑帝国城市的社区也加入了这一联盟，但该联盟在 1408 年被当地骑士们的圣乔治盾牌联盟粉碎了。

　　尽管社会局势较为紧张，但地方主义和利益冲突阻碍了阿尔卑斯山不同联盟之间的广泛同盟。瑞士人在 1411 年与阿彭策尔结盟，但在 1513 年才承认其为联盟成员。三大联盟在 1497 年至 1499 年分别与瑞士联邦结盟，但在 1524 年重新确认了他们自己的联盟。同时，瑞士人奉行自己的扩张政策，从哈布斯堡家族手中征服了阿尔高（1415）和图尔高（1460）的农村社区。瑞士人在军事上日益增长的声誉使他们的领导人能够与法国国王和意大利王公签订有利可图的合同，提供雇佣兵，使联邦卷入更远处的政治，特别是 15 世纪 40 年代至 1477 年对勃艮第公爵的战争，以及 1494 年后的意大利战争。[71] 瑞士人还对来自西部和南部的勃艮第和萨伏依的压力做出回应，接受弗里堡（1478）和索洛图恩（1481）等帝国城市为成员。瓦尔泰利纳（Valtelline）和米兰的其他地区在1512年被瑞士人征服了。

这些冲突经常是残酷的。瑞士和德意志军队发动了"恶战"，这意味着对俘虏会冷酷无情。然而，更大的背景仍然是战略上的而非意识形态上的。1494年后，法国对意大利的入侵，凸显了阿尔卑斯山口对帝国领地完整的重要性。至关重要的是，这恰逢帝国改革的关键时期，迫使阿尔卑斯山社区确定它们与帝国的关系。它们早先与哈布斯堡家族的冲突使它们对新的帝国议会产生了怀疑，因而拒绝参加1471年后的会议，这与德意志的城市形成鲜明对比，后者利用这个机会将自己融入帝国，成为正式的帝国政治体。瑞士人在1471年后有了自己的议会（Tagsetzungen）。这吸引了巴塞尔、苏黎世和其他当地城镇，如卢塞恩，否则它们可能会参加帝国议会，而三大联盟则举行了单独的会议，特别是在1524年续订盟约之后。

1495年，普遍税的引入迫使人们做出决定。帝国第一次要求阿尔卑斯山社区提供大量的财政捐助，但似乎没有什么回报；在1477年之前瑞士人基本上就只靠自己来击退勃艮第人了。此外，瑞士人并不觉得需要新的帝国公共和平，因为他们已经通过自己的联邦达成了类似的和平。瑞士人的拒绝迫使马克西米利安一世以武力回应，来维护帝国和哈布斯堡在当地的权威。由此产生的冲突被称为（取决于角度）瑞士战争或士瓦本战争。[72] 马克西米利安在1499年1月以奥地利和蒂罗尔统治者的身份动员了士瓦本联盟。瑞士人接连赢得了三场胜利，但未能越过莱茵河向北进入士瓦本，因此在9月22日接受了妥协的《巴塞尔和约》。

瑞士还算不上通过该和约正式独立了。瑞士人无须遵守1495

年帝国议会通过的税收政策和制度，但在其他方面仍处于帝国的管辖范围内。联邦和三大联盟都继续表明其根基处于帝国的社会政治秩序中。它们仍然是不同社区之间的独立联盟网络，保留了它们自己的身份、法律和自治权。在这一点上，联邦不能与迪特马申的农民相提并论，后者在 15 世纪中期就已经拥有了成文的宪法和共同的法律体系。联邦和三大联盟都没有首都。有些社区仍然处于分离状态，特别是盖尔绍（Gersau），当地领主在 1390 年将其权利卖给堂区居民，它实际上由此获得了帝国直辖的地位。与其他地方一样，盖尔绍的居民也获得了帝国对直辖的确认（1418，1433）。虽然他们从 1332 年起就与瑞士人合作，但由于他们的小社区只能由船穿过卢塞恩湖才能抵达，他们一直保持着完全的自治，直到 1798 年法国强迫其加入新的海尔维第共和国。[73]

到 1600 年，联邦最终涵盖了 13 个州，拥有 94 万居民。[74] 巴塞尔、伯尔尼、卢塞恩和苏黎世是城市共和国，它们将经济和政治上的主导地位扩展到了其农村腹地，这与意大利北部的模式类似。这一过程中的紧张关系不时导致爆发内战，特别是在 1440 年至 1446 年间，苏黎世被暂时驱逐出联邦。宗教改革后的宗教分歧加剧了已有的对抗。新的冲突促使人们在 1531 年达成了一项妥协，确定了各州的宗教身份，预演了帝国的《奥格斯堡和约》（1555）。六个新教州特别关心的是不把它们的七个天主教邻居推到与哈布斯堡家族更紧密的联盟中。

瑞士人拒绝接受帝国改革后形成的正式地位等级制度，而是不区分城市州和农村州，每个州都在联邦议会中有两票。然而，各州的边界反映了它们作为帝国领地的起源，这意味着它们在规模和财富上有很大差异。新教徒的财富和人口增长较快，这使他们对天主教徒也拥有两张票更加怨恨。在 1712 年再次发生内战后,《阿尔高和约》稳定了联邦的局势,但没有解决根本问题。同时,联邦和三大联盟都控制着它们在 1415 年至 1512 年领地扩张期间集体征服的属地。这些地区保留了自治政府,但在联邦议会中没有代表权。瓦尔泰利纳地区讲意大利语的天主教居民尤其反感莱茵地区讲德语的新教徒的统治,导致了 1620 年至 1639 年的长期动乱。[75] 总之,排斥上级领主并没有带来和平,而是带来了严重的社会经济分裂和宗教分裂。

社会仍然是等级森严的,只有外人认为瑞士人都是"农民"。[76] 瑞士人主张平等,认为他们与任何贵族都是平等的,这为有能力的人打开了通往贵族生活的大门。领主管辖权被转化为财产权,一般来说,这些财产权转给了有权势的富人家庭,例如瑞提亚的萨利斯(Salis)、普兰塔(Planta)、古勒(Guler)和绍恩施泰因(Schauenstein)等家族。这些家族通过纹章显示他们的地位,而且他们近乎垄断了地区法官或军事指挥官等公共职位,来确保获得最好的草地,并控制利润丰厚的过境贸易。在 16 世纪晚期,瑞提亚山区的政治变得特别糟糕。当时,不择手段的领导人利用被赋予权利的公民的大规模集会来推进他们自己的议程,这最终可能会导致武装恐吓、非法判决,在最糟糕的情况下还爆发了 1620 年的教派屠杀。民粹主义政治暴露了社区主义的阴暗面,而且不幸的是,这是阿尔卑斯山社区在政治文化方面与帝国有重大差异的一个领域。

德意志农民战争

在其他方面,阿尔卑斯山的社区自治与帝国各地许多农村地区的情况类似。王室土地不仅包括城镇和修道院,还包括至少 120

个皇帝直辖的自治村。[77]这些"帝国村庄"（Reichsdörfer）在 14 世纪末王室土地开始消失后很快就被卖掉了，因为它们被认为是比城镇更没有价值的资产。拉文斯贝格附近的洛伊特基尔希·希特（Leutkirch Heath）的自由民多次被抵押出去，但由于他们自 13 世纪 70 年代以来一直隶属于帝国的士瓦本执法官辖区而得以幸存，并在 1541 年最终被哈布斯堡家族赎回，因为哈布斯堡家族认为该辖区在管理其分散的西南德意志属地方面很有用。洛伊特基尔希·希特保留了其自治权，直到 1802 年哈布斯堡家族不得不将其割让给巴伐利亚。另有四个村庄通过类似的怪异方式存活下来。[78]

大部分德意志农村人口仍然享有公社自治权，他们在黑死病后讨价还价，改善了权利。在 15 世纪末和 16 世纪初，公社之间的联盟已经成为莱茵兰和士瓦本大规模起义的平台。其中最重要的是"鞋会"（Bundschuh）运动，该运动的标志是一只没系鞋带的鞋子。1514 年的"穷汉康拉德"起义被证明是巩固符腾堡各政治体的权威、使其得以制约公爵权力的关键。[79]起义是对加强领主制的回应，因为领主们利用 1470 年后的经济复苏和人口恢复，试图重新获得他们在一个世纪前失去的影响力。农民们反对在使用森林和溪流方面受到新限制，也反对随着普遍税和其他帝国税种的增加而提出的纳税要求。

既有的领主制结构不适合处理大规模的抗议活动，这种抗议活动很快就淹没了乡村法院和地区法院组成的小规模司法系统。德意志西南部高度分散的管辖权使农民没有合适的机会对不利的判决提出上诉。1524 年 5 月，一场新的起义开始了，最初它只是对征税的抗议，但在宗教改革迅速传播的布道热情和媒体革命的推动下，在 6 个月内陡然变得激进起来：上士瓦本农民的《十二条款》在梅明根出现后的两个月内就印刷了 2.5 万份。这些条款是众多要求当中最著名的。只有 13% 的方案包括社区应自己选举牧师的要求，这意味着可以自由采纳宗教改革。90% 的方案则攻击了农奴制和领主的苛捐杂税。人们呼吁建立更公平的社会，在此过程中提到了宗教。《十二条款》中的第三条称"《圣经》表明，我们是自由的，并希望获得自由"，但又限定说，"不是说我们希望完全自由，不服从权威，因为上帝并没有这样教导我们"。农民真正想要什么并不总是很清楚，因为他们的方案通常是在市镇律师的协助下制定的。许多人显然认为他们的村庄是直接隶属于皇帝的，或者应该是这样。所有的人都对皇帝表示忠诚，而皇帝是一个遥不可及的权威。他们主要关心的是如何确保他们的日常生活得到真正的改善。谋杀领主和诸侯的情况非常罕见，大多数人希望当局能在理想化的和谐局面中成为他们的基督教兄弟。班贝格和蒂罗尔等较大地区的叛乱者设想成立完全由平民组成的土地抵押信用合作社，与他们的王公一起管理，而符腾堡、巴登和萨尔茨堡的叛乱者计划使用类似的机构作为领地政府的唯一形式。更为分散的地区的叛乱者试图组建宣誓加入的自治社区协会，类似瑞士人和迪特马申农民的那种组织。由于暴力和迅速变化的事件，这些计划几乎都没有实现。[80]

起义形成了自己的势头，德意志农民战争就此爆发。到 1525 年，约有 30 万人投入武装，这清楚地表明了社区政府的力量。农民组织往往相当复杂，各村轮流派人参加，以分散负担，尽量少给社会和经济制造混乱。然而，旁人的压力往往也是必要的，通过威胁要把他们赶出社区来强制他们参与。[81] 由于当局无法协调应对措施，起义最初的蔓延速度很快。个别领主往往对当地的要求做出让步，使邻近的社区也敢于提出要求。图林根的米尔豪森是少数几个公开加入农民行列的帝国城市之一；其他地方的城市与乡村即便团结起来，这种团结也是脆弱的，因为农民对布尔乔亚的怨恨几乎与对领主的憎恨一样多。事实证明，这些城市决定支持士瓦本联盟中的诸侯，这是农民最终失败的主要因素。通过士瓦本联盟，当局进一步做出战术性让步，使激进派与温和派产生分裂，同时以维护帝国公共和平的名义集结力量，以恢复秩序。约 7.5 万至约 10 万名平民被杀，在影响最严重的地区，相当于 10% 到 15% 的健全男性死亡。[82]

这个结果被普遍解释为一次失败，导致德意志就此走上专制道路。[83]事实上，它稳定了帝国的团体社会秩序。许多社区得到了真正的改善：就连士瓦本联盟的指挥官格奥尔格·特鲁克泽斯·冯·瓦尔德堡（Georg Truchsess von Waldburg）也同意了他自己农民的大部分要求。在蒂罗尔、萨尔茨堡、巴登和几个较小的地区，农民代表被纳入政治体。社会管理得到加强，这在一定程度上是为了解决人们认为不公正的问题，但也是为了赢得户主的忠诚，他们相对于其他社区成员的地位通过新的立法得到了加强。最后，帝国的司法系统在 1526 年进行了大幅改动，扩大了上诉权，将未来的不满情绪引向了和平仲裁。[84]

转投瑞士

这些变化花了一些时间才缓和紧张局势，这主要是因为在 16 世纪最后 30 年左右的时间里，许多人的经济状况恶化了。与此同时，瑞士联邦似乎提供了一个替代方案，促使农民和城镇居民产生了"转投瑞士"的愿望。虽然黑高（Hegau）和松德高的社区在农民战争期间申请加入，但大多数社区离得太远，不可能立即加入，而瑞士联邦也不愿意卷入其中。西南德意志的农民在与领主的争执中偶尔也会表达这种愿望，直到 18 世纪都是如此。[85] 帝国城市有更大的前景，因为它们享有与瑞士各州相同的直辖地位。1475年后，联邦为得到青睐的盟友提供特别保护，将其作为"联系地"（Zugewandte Orte）。[86]

这个问题在 16 世纪 30 年代变得很紧迫，因为瑞士的新教派别"茨温利主义"（Zwinglianism）在士瓦本、阿尔萨斯和莱茵的一些城市中得到了传播发展，而黑森的菲利普等王公则把瑞士人视为施马尔卡尔登联盟的潜在盟友。[87] 施马尔卡尔登联盟在 1547 年落败，暴露了以教派为基础结盟的风险，而瑞士人也越来越不愿意接受额外的联系地所带来的责任。甚至已有的联系地也被忽视了。例如，在 16 世纪后期，罗特韦尔（Rottweil）任由联系地的状态失效，因为它和其他许多帝国城市一样，看到了与更近的邻国在帝国大区议会中合作以及与其他城市在帝国议会中合作的巨大优势。在三十年战争期间，受到符腾堡公爵的威胁时，它试图重新跟瑞士联邦建立联系。那次冲突有可能使联邦内部的教派关系重新紧张起来，所以联邦努力保持中立。1632 年符腾堡占领罗特韦尔时，瑞士人只提出了无效的抗议，反而是帝国军队在两年后解放了该城。[88] 瑞士人不参加帝国机构，意味着他们的声音在帝国的法律体系中没有分量，使他们无法帮助自己的盟友。

政治体

荷兰和波希米亚起义

从 14 世纪末开始，几乎所有地区都出现了法人大会（incorporated

assembly），这是另一种形式的社团。与农民社区相比，它们享有更强大的法律基础，因为农民社区的权利更具有地方性，而法人大会对领地税收和政治的参与鼓励了更高层次的机构发展，包括委员会、档案、财政系统，通常还有民兵组织。它们还结合了多个地位群体，而农村和城市社区则与此不同，通常不包括神职人员和贵族这两个最富有的社会阶层。政治体为法人大会提供了两种选择，可能替代诸侯主导的领地化。它们可以发展跨地域的联盟，类似于较大的阿尔卑斯地区联盟，但以政治体议会之间的协议为基础，而不是以城镇和联合山谷之间的协议为基础。它们也可以留在领地范围内，但沿着更偏向共和国的路线来改造政府。

这两种可能性都是近代早期的现象，第一种可能性在约1560年至约1620年间随着荷兰共和国的出现和波希米亚起义的爆发而达到顶峰。1579年，勃艮第北部七个省的议会在大约十年前反抗西班牙统治后组成了一个联盟。该联盟于1585年建立了自己的共同机构，并在1609年成为一个独立的共和国，但在1621年之后又经过了27年的战斗，才获得了西班牙的最终承认。[89]共和国的正式名称是"联省"，每个省都由自己的州或议会管理，这些州由城镇和地主骑士的代表组成。七个省派代表参加一个共同的联省议会，以协调防务并向外代表共和国。

荷兰人最初在没有国王的情况下尽力治理，在1577年至1581年间，他们曾短暂地提出过可能接受未来的皇帝马蒂亚斯大公作为立宪君主的前景。在他之后，安茹的弗朗索瓦（François d'Anjou）有望成为诸侯和领主，而弗朗索瓦在1584年去世时，恰逢更有利于激进派的军事环境，使其能够巩固一种更接近共和国的政府形式。[90]然而，在"执政"或者说由各省任命的总督的位置上，仍然保留了大量君主制因素。这些职位可以由一个人兼任，使有影响力的奥兰治亲王能够长期担任共和国的政治领袖。[91]

因此，荷兰人在建立以政治体为基础的共和国方面进展顺利，而奥地利君主国的新教贵族在 1618 年后利用类似的机构来帮助他们争取宪制和宗教上的自由。波希米亚和奥地利的政治体已经建立起来，并习惯于跨省合作，协调税收和对土耳其人的防御。由于雅盖隆家族的共同统治遗留的影响，两地的政治体还与波兰及匈牙利的政治体有着密切的联系。许多人文学者认为波兰语和捷克语是同一种语言的方言，而所有四个国家的贵族都经常使用多种语言，或者至少都可以用拉丁语交谈。在德意志和意大利的大学上学的经历提供了进一步的共同纽带，就像抗击土耳其人的军事行动一样。最重要的是，他们有共同的法人权利（libertates）概念，认为自己是一个公民社会，这种社会由个人对公共利益的参与来维持，参与方式包括担任公职，在省议会作为代表出席，以及普遍反对被认为对所有居民有危险的"绝对统治"（dominium absolutum）或者说无约束的帝王统治。[92]

随着哈布斯堡王朝的失败和 1606 年后的王朝内斗，政治体作为公共监护者的观念逐渐深入人心，而敌对的大公们的让步则增加了各省的特权范围。从鲁道夫二世那里敲诈来的著名《皇帝敕令》允许波希米亚政治体的新教徒成员在 1609 年后建立一个相当于平行政府的机构。然而，王朝重新获得的信心吸引了许多关键人物通过改宗天主教来重新表示忠诚。巧妙的管理确保了波希米亚议会在 1617 年 6 月接受未来的皇帝斐迪南大公为其国王。[93] 因此，当激进的不满分子在 1618 年 5 月发动"布拉格抛出窗外"事件，引发全面叛乱时，波希米亚的贵族们还远远没有团结起来。

然而，如果把奥地利哈布斯堡土地上的起义看作注定要失败的，因为它的领导层与所谓更进步的、资产阶级的荷兰领导者相比主要是贵族，那是错误的。荷兰各省已经是欧洲经济最发达的地区。叛军从持续的经济增长中受益，使他们能够发展出纪律严明的常备军，而军队的忠诚是通过定期发放的工资来保证的。[94] 这使得荷兰人能够以出动国家控制下的正规军这种常规军事手段赢得独立，尽管他们的民兵和海盗对共和主义意识形态都很重要。他们的战争不是一场人民的战争。波希米亚和奥地利的叛军也试图这样做，甚至宁愿通过谈判获得奥斯曼帝国的军事援助，也不愿武装他们的农民。然而，他们从未解决过财政问题，他们的军队对拖欠军饷的不满是 1620 年其在白山战役遭遇灾难性失败的主要因素。[95]

波希米亚起义者正式废黜了斐迪南，并于 1619 年 7 月 31 日建立了波希米亚联邦。[96] 波希米亚五省建立了一个联邦，同时像荷兰各省一样保留了自治权。虽然在许多方面仍然是保守的，但联邦的领导层设置了新机构，如所有五个省的总议会和一个共同的最高法院。为了使联邦发挥作用，波希米亚接受了与其他四个省同等的地位和权利。8 月 16 日，联邦通过与上奥地利和下奥地利的新教叛乱派别结盟而扩大，而后又与在哈布斯堡匈牙利煽动重新起义的特兰西瓦尼亚王公结成联盟。同盟者在设计他们的宪制之前，将波希米亚王位献给普法尔茨选侯弗里德里希五世，后者不明智地接受了，从而将叛乱扩大为三十年战争（见第 128—131 页）。虽然波希米亚叛乱者的轨迹与荷兰人大致相同，但由于波希米亚作为一个独特国家的身份更强，因此他们在外拒哈布斯堡家族方面行动更迅速。

与荷兰人一样，他们在争取广大民众的支持方面面临着相当大的问题。在新宪制下，仍有大量的天主教少数群体受到歧视，他们的存在增加了哈布斯堡家族继续战斗的动力。主要的反叛者是加尔文宗，而大多数波希米亚人则是饼酒同领派或路德宗。弗里德里希五世及其朝臣明显带有加尔文宗的偏见，这疏远了许多波希米亚人。[97] 与荷兰起义期间相比，波希米亚的宗教多样性既更大，也更成问题。尽管有共同的纽带，但奥地利、波希米亚和匈牙利之间，以及组成它们的省份之间存在着重大分歧，而总议会的传统没有勃艮第总督府的传统那么牢固。各省对自由的关注阻碍了军事和财政方面的协调合作，严重影响了联邦的战争努力。

大环境也不利于波希米亚人和他们的盟友。他们的起义被广泛认为是早先荷兰起义的翻版，其特点是宗派暴力和内战。叛乱者们立即遭到了严重打击。他们的首选领导人、萨克森路德宗选侯约翰·格奥尔格一世拒绝与他们有任何关系，并最终协助斐迪南二世粉碎了叛乱。他们得到的国际援助不如荷兰人得到的援助来得直接或有效，而荷兰人自己援助波希米亚人只是作为一种手段，让哈布斯堡的两个分支离心离德而已。[98]

于利希-克莱沃政治体联盟

荷兰和波希米亚起义的历史地位，掩盖了另一个以政治体为基础的联邦制的例子：1521 年克莱沃、马克、于利希和贝格政治体的联合。它们之所以联合起来，是因为以前只统治克莱沃和马克的一个家族获得了所有四个公国。所有四个议会都保留了自己的行政部门和法律，但之前的克莱沃-马克和于利希-贝格这两对组合建立了更紧密的联系。新教的传播抑制了进一步的联合，因为并非所有居民都改宗新教，所以四个公国的宗教信仰是混杂的。这些政治体还受到了贵族和城镇之间在税收负担划分上的常见紧张关系的影响。然而，公爵也无法建立一个更加统一的管理机构，一个重要原因是1542年至1543年间他在对盖尔登的竞争中被查理五世打败，这使他欠下了63.3万塔勒的债务。公爵随后被迫允许四个政治体在管理上各行其是。

由于出现了更多的问题，这些政治体在整个16世纪都保持着影响力。1566年后的荷兰起义有可能破坏整个下莱茵地区的稳定，而患有精神疾病的约翰·威廉公爵在1592年的继位则带来了继承问题，因为他没有直接的继承人。公爵的政府从16世纪80年代开始定期与一个代表四个政治体的联合委员会打交道，特别是为了促进基督教的友好交流，以减少教派纷争，拒绝外来者的干预。1609年4月，约翰·威廉去世前一个月，各政治体同意保持团结，不偏袒勃兰登堡或普法尔茨-诺伊堡这两个主要诉求者中的任何一个。这些政治体没能阻止1609—1610年的一场短兵相接的战争，这场战争导致了事实上的分治，勃兰登堡占据了克莱沃和马克，而普法尔茨-诺伊堡则占据了于利希和贝格。尽管如此，政治体的特使们继续努力寻求和平的解决方案，最终促成了《克桑滕条约》（1614）。根据该条约，西班牙和荷兰相互接受继续瓜分这一战略地区，从而避免了公开战争。[99]

由于担心分治可能演变成永久性的，各政治体在1647年重新联合起来。这些政治体希望保持四个公国的完整性，以及它们在拉文施泰因（Ravenstein）和拉文斯贝格的附属地位。这些目标是传统的，政治体们也并不寻求篡夺诸侯的权力和形成一个共和国。然而，王公们怀疑它们想与联省共和国结合成联邦，由此"转投荷兰"。荷兰的商业和宗教影响力在整个下莱茵和威斯特伐利亚地区非常强大，在 1614 年至 1679 年间还通过占领具有战略意义的小城镇得到巩固。[100] 东弗里西亚和明斯特主教区也被指控试图加入荷兰。诸侯的批评反映了他们对自己权威的真正担忧，但也是很好的宣传，因为把政治体说成试图离开帝国。《威斯特伐利亚和约》也使政治体处于不利地位，该和约认定它们属于非皇帝直属的政治领地，从而明确剥夺了它们与外部势力谈判的权利。

勃兰登堡选侯腓特烈·威廉显得特别积极，他拒绝让联合起来的各政治体举行总议会，并试图单独处理每个政治体，来孤立它们。然而，选侯玩过了头，于 1651 年入侵于利希-贝格，试图夺取整个所有权。尽管在帝国议会中缺乏正式的代表，但在 1653 年至 1654 年间，政治体们还是派出了特使参加会议。腓特烈·威廉担心皇帝斐迪南三世会对其请愿做出回应，从他手中夺去克莱沃和马克。然而，会议的结果表明，各政治体联合的日子已经过去了。斐迪南三世更愿意与选侯们打交道，因为选侯作为帝国的诸侯，是更宏观的政治问题的当事人，特别是在解决三十年战争后瑞典与帝国的关系上面。1666 年，勃兰登堡与普法尔茨-诺伊堡的妥协消除了那些政治体的最后希望，因为双方都同意永久分治，并禁止议会之间进一步联合。[101]

共和主义

共和主义思想很少在这些斗争中发挥作用，除了荷兰人决定完全拒绝西班牙的统治。不久之前人文主义者对古希腊和古罗马历史和哲学的解读启发了荷兰的共和主义，这种解读呈现了一个由头脑清醒的爱国公民组成的理想化社会。[102] 神圣罗马帝国在这一方面基本摒弃了古典遗产，而从罗马帝国获取灵感。16 世纪后期的观察家们将法国和荷兰的内战解释为"反君权者"（Monarchomach）或者说自封的"国王制造者"篡夺神圣权力、颠覆所有适当秩序的直接后果。波希米亚起义和随后的三十年战争，以及与之平行的英国内战的经验强化了这些信念，这些内战的高潮是 1649 年 1 月查理一世被处决和克伦威尔的军事独裁统治。到 17 世纪末，德意志思想家甚至批评他们的少数前辈，比如主张让领地政治体在治理中发挥更大作用的约翰内斯·阿尔图修斯。[103]大多数评论家将共和主义解释为道德上的而非体制上的，将其与近代早期关于"公共事务"（res publica）的理想联系起来，这种理想中的共同体通过有序的政府和法治来保障自由。这使政治体作为更广泛的多层次法律结构的一部分，在帝国保护德意志自由方面发挥了传统作用。

1719 年，戈特利布·塞缪尔·特鲁埃尔（Gottlieb Samuel Treuer）首先将专制主义与暴政明确联系起来，从而鼓励了一种趋势，即以自由或奴役等二元抽象术语讨论政治，而不是将政治视为具体问题的补救措施。然而，帝国的政治多元化鼓励大多数作家专注于在现有机构中寻找适当的平衡，而不是将政治表现为在不同的道路之间做出的严峻选择。[104]三十年战争后的一个世纪，这样一种观念逐渐被人接受，即帝国领地是超越个人的国家，是一种公共实体，与其说由其诸侯体现，不如说由属于其所有居民的宪章、法律与合法协议体现。这对许多知识分子看待政治体的方式产生了不良影响，有越来越多的声音批评政治体为宗派利益和群体利益的小圈子，而不是居民自由的仁慈守护者。作者们现在把公民自由归结为一种新的私人领域概念，在这种概念中，个人有权在法律范围内随意行动，免受国家的任意干预。

辩论越来越多地集中于这样一个问题，即哪种形式的政府能够最好地保证这些自由。1775 年爆发的美国独立战争引起了广泛关注，这主要是因为美国独立前所属的最后一位国王乔治三世也是汉诺威的选侯，他雇了 3 万名德意志人前来镇压，打击众多知识分子希冀帝国能得到的自由。这场战争显然使"德意志"君主成为一个专制甚至暴虐的角色。18 世纪 80 年代，由于知识分子有意通过新兴的报刊向范围更广泛的受众发表意见，辩论扩大了，到 1790年出现了呼吁推选"人民代表"的声音。这些声音主张议会不再以法团社会地位为基础，转而以性别和财富为标准，同时向所有富裕阶层的男性开放直接代表权，但仍拒绝向穷人开放，并更明确地排除所有女性。[105]

尽管一些作家现在设想了没有诸侯的国家，但帝国的辩论仍然与英语世界的辩论不同。自 17 世纪末以来，英语作家就将政治组织与财产联系起来。人们相信公民社会由社会契约支撑，而社会契约的主要目的是保护财产。因此，有产者应该在政府中拥有发言权，美国人在 1775 年将这一论点表述为"无代表不纳税"。相比之下，德意志作家普遍继续将国家定义为法治，认为良好的法律可以保护权利和财产。尤斯蒂仍像阿尔图修斯一样，将政治体视为法律的守护者，而不是法律的制定者。大多数德意志人认为完全的共和制政府是危险的，他们引用了英格兰和波兰-立陶宛的例子，认为将代表权与集体及联合社区分开，为分裂的"党派"和"派别"提供了太多的空间。没有必要的授权，代表们可以自由地追求他们自己的利益。随着 1789 年法国革命者发动可怕暴行的消息传来，这些论点获得了新的生命力，而波兰的最后两次瓜分（1793 年和1795 年）表明，派系斗争可能导致政治上的灭亡。[106]

实际的做法仍然是既定的模式，1762 年以来的一场讨论可以说明这一点，探讨的是如何振兴在七年战争中遭到破坏的萨克森。为改革提供资金的需要引出了税收和代表权的问题，但建议集中在对既有结构的细节修补上，例如建议贵族承担更多的共同负担，允许持有骑士领地的平民行使参与议会的相关权利。在 1790 年 8 月至 10 月间的大规模农民抗议之后，变革的步伐略有加快。萨克森政治体于 1805 年进行了调整，但直到 1831 年，才被两院制议会所取代，而最终废除贵族的世袭管辖权是在 1855 年。[107]

萨克森人的动乱覆盖了 50 个堂区，是自农民战争以来帝国在哈布斯堡领地之外最大的民众抗议活动。它的起因是民众对地方法院毫无效率而深感失望，后者无法清理积压的 230 件反对领主敲诈勒索和滥用权力的案件。同时代的人强调了萨克森和法国之间的差异，包括法国处理相同问题的方式：通过行政和司法审查等既定方法，而不是大规模的流血冲突。萨克森人不是在寻求一种新的政府形式，而是要使既有的政府正常运作。农民批评政治体没有代表性，只是为了强调他们想作为一个团体纳入其中的诉求。[108] 因此，社团是不同社会群体在等级森严的集体法律秩序和政治秩序中确保特定身份和权利的一种方式。下一章将研究这种秩序如何尝试调节这些群体之间的争端，以及 18 世纪末，它可以在多大程度上与时俱进。

第十二章

司法

寻找法律

帝国的司法

与今日一样，和平和正义在整个中世纪及近代早期，都被视为一切社群的基本要素。当局维持法律和秩序的能力，决定着人们怎样看待当局。和其他很多方面一样，帝国在这方面也经常被定性为"无能"，因为它常常倾向于仲裁，而不是迅速地下定结论。[1] 此外，抗议示威常常被视为威胁政治稳定，而并非一种谈判方式或对专制权力的制约。探究帝国如何处理冲突及动乱，会巩固前两章的结论：帝国的社会结构和政治结构紧密地交织在一起。本节探讨了帝国社会各阶层解决冲突的惯例。第二节则提出，法律和司法的主要目的，是找到并维持可行的妥协方法——最好是通过调停而非惩戒性的处罚。本章的最后，我们将研究 18 世纪后期，帝国在多大程度上依然维持着可行的政治秩序和社会秩序。

司法系统与帝国松散的权力结构相辅相成，并受到后世所谓"舆论"的影响。在中世纪的整个欧洲，和解都是一种理想，但它在帝国占据了不同寻常的重要位置，因为司法执行机制仍然非常薄弱，判决需要被直接相关者以外的人普遍接受，以确保判决结果不被无视。在欧洲通常的模式中，司法机构是作为政治集中化的一部分发展起来的，并且处于中央政权（通常是王室）的控制之下。因此，司法独立的程度决定了司法在多大程度上政治化。帝国的司法系统结构更加独立于中央政权之外，但这并不意味着这个系统必然是"现代"的。司法政治化与王室干预没有太大关系，更多是取决于审理案件者在多大程度上受到外部利益的影响。

司法系统需要找到适用于各类案件的法律。帝国从建立之初就对成文法与不成文法采取了兼收并蓄的态度。不成文法通常被称为"习惯法"，不一定次于成文法，此外这些成文法也不应该被解释为现代法治的先驱。中世纪的辩护人将法律分为两大类，一类源于统治者与其臣民之间（大多数情况下）关于特定事务的约定（lex），而另一类则是在法规、法院裁决以及广泛的公平和正义观念中以不同方式表现出来的普遍法律（ius）。随着时间的推移，这两者的区别在实践中并非总那么明显，而所谓的成文法很大程度上并没有被汇编，这让情况变得更为复杂，即使是面积最大的德意志领地，直到1806年也还没有完成自己法律系统的法典编纂工作，而帝国法则以一捆捆宪章、立法文书及先例记录的形式独立存在。帝国在这方面并非独一无二，18世纪的法国就拥有约80万部法律，分散在300个各不相同的地区法典中。[2]

因此，法律有很多不同的来源。所有的法律都和传统有联系，但传统可以重新建立，有着较大的灵活性，同时似乎还扎根于被理想化的往昔。这么复杂的法律系统，其缺点是明显缺乏明确性，几乎不可避免会产生拖延，随着近代法律和司法程序采用书面形式，这种情况变得更加严重。拖延往往会导致诉讼程序松散，至少刑事诉讼以外的审理过程是如此，因而人们有更多的时间进行妥协。妥协也往往有神学根源。最终的审判是留给上帝的，而世俗世界的不完美促使人追求"公平"（Billigkeit），而不是根据明确法律实行的抽象"公正"（Gerechtigkeit）。简而言之，法律体系的参与者通常承认生活的复杂性，并且认为在很多争端中双方都有责任。[3]

法律的形式

法兰克人的法律体系表面上看起来很现代。它在一定程度上来自9世纪时对古罗马惯例的解读，这种解读鼓励加洛林王朝的君主们怀着专制的理想，自视为最高法官以及立法者，去颁布书面敕令。事实上，敕令是与管理王家农场等具体行为有关的具备法律约束力的准则，而非全面的法典。通常国王会同相关主教或伯爵商议，并在达成一致后发布敕令，其中将世俗法律的要素与奉劝行善的道德训谕混为一谈。[4]敕令与法兰克官员写下的各种地方法典并行，体现了帝国各民族的独特行为习惯。这些法典涉及主要的道德问题和社会问题，特别是与财产及其使用相关的问题，还涉及对人或对物的犯罪。其中规定了罪犯向受害者及其亲属支付罚款作为赔偿，还规定了对更严重罪行的各种惩罚，特别是那些针对国王或教会的罪行。比如，797年的一部法典中规定，那些抵制皈依基督教信仰或者按照异教仪式火化死者的人将被判处死刑。敕令及地方法典同庄园法（Hofrecht）有着松散的联系，而庄园法主要通过维护领主的利益，实现对领地及其附属劳动力的控制，从而管理经济。与敕令类似，庄园法在很大程度上是一套行为准则，甚至规定了农作物的选择，还有种植及收获时间。决策的自然年度周期积累了足够多的先例，这些先例作为当地的"智慧"（Weistümer）为人们提供进一步参考。[5]

此外，还有两种形式的制度法。其中一种包含贵族阶层核心活动的规则，以及他们与君主关系的规则：效忠、附庸、封地、顾问权、领地及其附带的军事义务和物质义务。正如我们所见（第 407—417 页），这些法律从 12 世纪开始被统称为"封建法"（Lehensrecht）。这些法律中，有些内容源于加洛林王朝的敕令，但绝大部分来自奥托王朝和萨利安王朝颁发的皇家特许状和宪章，它们规定了法律特权，概述了接收者的权利和义务，并将规定推广到也适用于封地上的居民。和庄园法类似，很多条款都是随着时间积累而形成的惯例，比如皇室对个别案件的判决。第二种形式的制度法是教会书面法及惯例，包括教会的结构和运作规范。由于教会更严格的标准化和更大的影响力，第二种形式成为最广泛的书面法律。因此，它们成为法律研究和评论的焦点，而且其影响远远超出了教会事务。12 世纪的一位名叫格拉提安（Gratian）的意大利修士赋予教会法更广泛的一致性，不过由于 1348 年布拉格大学成立之前，公认的法学院还没有出现，所以他的法律汇编在德意志境内传播速度缓慢。[6]

从 11 世纪开始，成文法不断增加，这既是因为人们希望规则能固定下来且待遇更为一致，也是为了适应城市发展和从庄园制到租佃制的过渡。《城镇法》（Stadtrecht）的发展使城镇能够作为法团管理自己的事务。《乡村法》（Dorfrecht）在 14 世纪晚期出于同样的目的出台，但实施缓慢。这两种形式都与书面章程有关，这些章程规定了适用于每个社区及社区与当地领主关系的具体安排。在 1037 年至 1158 年之间，皇帝们发布了四项一般法规，对附庸和封建关系的其他方面做了规定。腓特烈二世在 1220 年和 1231 年为教会和世俗王公制定的宪章也是这种发展的一部分。[7]还有皇帝针对特定案件颁布具体法律，如亨利三世判处意大利的投毒者和暗杀者死刑，还颁布法律规定一对夫妻若结婚时未达到婚龄，其子女会被剥夺继承权。[8]

古罗马法从未被完全遗忘，不过只存在于中世纪早期的有限汇编中。学者们在 11 世纪 90 年代开始整理这些汇编。随着意大利和法国的法学院在后面一个世纪中重要性不断增加，他们的努力也得到了更广泛的关注。而主要的影响是程序性的：在每个案件中，法律不需要让人根据当地的惯例来"寻找"，而是已经作为普遍适用的法典而存在。确定法典中的哪些部分与特定案件有关且适用于这些案件，这个任务被委托给了律师，这反过来又进一步加速了高等法律教育的发展，以培训这些专家。这从根本上改变了个人与司法程序的关系。诉讼当事人不再直接面对彼此，而是通过各自的法律代表对簿公堂，而法官则从仲裁者转变为负责量刑的人。人们逐渐接受了这些原则，"习惯法"（ius commune）由此形成，它作为教会法的世俗竞争者，成了普遍适用的法律体系。由于各个社区需要共同的规则来对涉及外来者的案件进行裁决，而这些外来者家乡的法律与当地的法律往往不同，所以习惯法越发重要了。习惯法或罗马法与当地习俗之间的关系由此十分紧张，一大原因是关于各种准则和决策的记录越来越多，使得变化和差异越来越明显。但是，成文法长期以来主要是抵抗"不良习俗"的工具，而不是对传统的挑战。[9]

这些变化的政治影响仍然是模糊的。它们不一定会促进集权化，因为在新生的法团社会中，多个层面都需要法官。例如，意大利各城市迅速将罗马法纳入自己的司法系统。公民法和乡村法的平行发展鼓励人们接受社区拥有"自我管理的权利"（ius statuendi），这反过来又造就了城镇和领地的治安措施，这些措施是针对既有成文法中没有规定的活动和情况而推行的（见第615—619页）。同时，帝国等级制度的互补性鼓励王公贵族们在13世纪以公共和平立法为指导进行创新。

　　著名的《萨克森明镜》由马格德堡地区的法官艾克·冯·雷普科夫（Eike von Repkow）于1224年编纂，包含了多种先例、惯例，以及成文法片段。他的文本被翻译成南德方言，并影响了1275年出现的类似汇编《士瓦本明镜》（Schwabenspiegel）。两者在历史上都备受重视，但它们实际上是带有倾向性的对帝国运作方式的尝试性描述，而不是实际的法典。真正的法典在15世纪初才出现，比如1404年在蒂罗尔，它们代表了一种全新的、地域性的法律形式（Landrecht），由诸侯与他们的政治体协商后制定，以回应人们对滥用法律和判决标准不一致的抱怨。接受过世俗法特别是罗马法培训的顾问不断增加，他们越来越多地取代了以前在诸侯书记官署工作的神职人员，这促进了法典的传播。随着铅活字印刷术的出现，将判例固定在书面上的过程加快了，在整个领地迅速散发法典副本也成为可能。领地立法变得越来越雄心勃勃，与治安措施相结合，涵盖了日常生活的更多方面。例如，班贝格主教区于1506年在其领地内采用了一部统一的刑法典。该法典的制定者坚持他们的初衷：根据他们认为永恒不变的原则，确定一份最权威的文件，同时依然保护地方权利和特定权利。这些相互冲突的目标从未以令人满意的方式得到调和，而新的情况又增加了修订的压力。到1474年，蒂罗尔已经三次更换其总法典。

成文法的影响

宗教改革重新激发了立法背后的道德冲动，并鼓励人们试着从《圣经》中推导出"圣经律法"（ius scripturae），来作为敬虔社会的蓝图。这个计划在农民战争期间变得激进化，路德和其他新教神学家随后放弃了这种做法（见第 680—683 页）。所谓的"神法"仍然存在，但慢慢地被吸收到更为世俗的自然法思想中。自然法是人类存在的共同基础，诉诸"自然正义"的做法就是其体现。这种法律观念的演变过程加强了对罗马法的研究借鉴，而自 15 世纪末以来德意志就已经有这个势头了，当时人文主义者不认可早先的 12 世纪对古代法典的阐述，认为其是不完整的，而中世纪学者调和罗马律令与基督教戒律的经院派尝试也被抛弃。相反，人文主义者现在寻求重建"纯正的"罗马法。[10]

他们的学术研究项目有直接的实际应用，因为领地法典数量的增加让人们更希望能有一个稳定的基准来解决各种异常情况，以及处理涉及不同社区的复杂案件。15 世纪 90 年代，帝国改革建立了两个最高法院，罗马法律概念在为其制定的程序条例中被采用，在 1532 年的《卡洛林纳刑事法典》（Carolina penal code）和 1530 年、1548 年及 1577 年的帝国警察条例中也被采用。同时，帝国议会和其他帝国机构发布的具有法律约束力的决定在 1501 年后以半官方形式成系列出版，其版本超过了 40 个。这些印刷的法典和法令共同影响了领地法律的普遍修订和司法实践，而帝国法律的规范和程序则通过新大学的课程得到进一步传播，这些大学是为培养领地官员和地方官员而建立的。在实践中，领地法和帝国法仍给习惯法留下了很大的空间，尤其是在流行的"公平"理念使得习惯法可以被用来证明一些创新举措的合理性时，这些举措往往被用来应对新情况。[11]

18 世纪，人们不再尝试像过去那样调和实在的成文法与理想化的神法或自然法基础体系，而是凭着启蒙运动对人类理性的信仰将法律理性化，主要方法是消除地方实践和领地实践之间的不一致。这将法律本身和司法实践都明确集中化，因为需要遏制地方的主动性，以确保不一致的情况不会再次出现。在启蒙运动影响下编纂的法典具有潜在的革命性，因为它的合法性不再以神学为基础，而是转向以世俗的公民理想为基础。法律的目的越来越被理解为保障个人的生命权和财产权。这个过程是缓慢的，因为理性化的尝试遇到了与之前标准化的尝试相同的困难。例如，腓特烈·威廉一世放弃了编纂普鲁士法律的首次尝试。他的儿子于 1746 年再次尝试，但普鲁士首席大法官于 1755 年去世后，工作便停滞不前。第三次尝试是在 1780 年后进行的，最终普鲁士于 1794 年颁布了著名的《普鲁士一般邦法》。该法使用复数的"土地"来表示组成普鲁士君主国的各个部分，表明了传统力量依然存在，这种力量延伸到继续维护贵族的群体地位。[12]

奥地利在 1749 年才将其行政机构和司法机构分开，但每个省仍在使用不同的法律。1768 年和 1787 年颁布了一般的刑法典，但这个君主国法律体系的法典编纂工作在进行了 13 年后于 1766 年被搁置了，因为约瑟夫二世意识到，统一的法典需要同样统一的司法结构，而这在当时似乎是不可能的。1780 年他改变主意后，这项工作重新开始，但又花了 31 年时间才完成。[13] 其他地区的类似举措要么失败，要么在编纂了一部分后停止，或者只是将既有的做法汇集到一份文件中，而没有解决不一致的问题。简而言之，法律的发展与帝国的发展如出一辙，它创造出部分相互冲突和重叠的多重体系，这些体系以一种复杂的层次结构排列，违背了理性逻辑。[14]

司法化

冲突解决

帝国的一个特点是，向成文法的过渡巩固了一种去中心化的冲突解决形式，而不是确立了由中心化的司法机构根据抽象的原则来决定是非曲直。在这样做的过程中，它将早先的冲突解决形式"司法化"，沿着更为官僚化和制度化的路线重塑了这些解决形式，同时仍然强调通过可行的妥协维护和平。与帝国法团社会的其他方面一样，这些做法在整个社会政治等级制度中随处可见，它们所确定的态度和行为甚至在个别领地不再处于大多数帝国机构的直接管辖范围内之后依然存在。

关于帝国中世纪法律史，我们只有很少的资料，而且大多数资料介绍的是作者们认为正义应该是什么，而不是它的实际应用。在最初的五个世纪里，帝国的居民并不太关心哪条法律被违犯，而是要确定谁受到了冤枉以及是怎样被冤枉的。判决书可能会提到具体的文件，比如奥托二世在 981 年对财产纠纷的裁决中引用了有利于沃尔图诺圣温琴佐（San Vincenzo）修道院院长的宪章。[15] 当局也认识到，书面材料对于记录判决是必要的，并且可以被用来质疑先前的判决。然而，裁决在援引法律时通常只是将其作为自身权威性的一般依据。关键问题仍然是所涉人员的地位和他们所处的管辖范围，而实际问题则比法庭辩论更重要。

中世纪的编年史记录了如此多的争端，以至于人们很容易迷失在个别案件的细节中。尽管如此，我们还是可以发现三类反复出现的问题。第一类与权利和责任等级方面的明显失败有关，包括地位较高者没有尽到保护无权无势者的义务，以及重罪指控，即附庸对上级领主有不轨行为。后者的一个关键因素是不忠，这和背叛有关，如在战斗中抛弃领主或不听从召唤，特别是被反复召唤但仍不听从。其他重罪包括过度使用暴力扰乱和平，或建立对自己的领主有伤害性或攻击性的关系，例如未经允许就接受另一个领主的附庸为自己效忠。叛乱被定义为公开违抗或攻击领主的朋友或庇护对象。直属领主之间的重罪包括破坏帝国荣誉的行为。巴尔德里希（Balderich）就是一个例子，他在 828 年因忽视了防范保加尔人进攻的边境防卫，而被褫夺了弗留利边伯这一爵位。[16]

第二类是关于地位和荣誉的争端。它界定了个人和社区与更广泛的社会政治秩序的关系。这种类型的冲突在社会经济迅速变化的时期非常明显，特别是在 11 世纪后期到 12 世纪，以及 14 世纪后期和 15 世纪后期。关于管辖权的分歧构成了第三类，这是领主和社区等级制度日益密集和复杂的必然结果。这类争端涉及获取资源，行使铸币权、收费权和收税权，以及司法权本身。这后两类争端反映了帝国历史上大部分时间里司法的地方性和个人性。司法权由所涉各方的社会法律地位决定，不仅在神职人员、贵族和平民等主要社会群体之间有所不同，而且还根据诉讼当事人地方权利的具体特征而有所不同。中世纪晚期的警察条例和近代早期的领地法将军事人员、朝臣、宫廷仆人、公职人员、大学教职员工和其他许多人当作享有独特法律地位的群体。犯罪的性质提供了另一个变量，决定了案件应在民事法庭、教会法庭、封建法庭还是其他类型的法庭上审理。复杂的案件往往使人难以决定适合在哪个法院审理或适用于哪条法律。

帝国的法律史基本上是一个划分这些责任，并使其与不断发展的地位等级相一致的过程，同时维持协商过程和集体执行决定。在加洛林王朝治下，司法已经去中心化和地方化，考虑到人口分散在广阔的地区，交通不便，这一点几乎不足为奇。在 9 世纪，伯爵处理其伯国内的世俗案件，充当法官（Schöffen），既批准又执行判决（placita）。从 10 世纪开始，随着伯爵的权力转移至世袭领主，伯爵的司法职能逐渐衰落，而加洛林王朝的伯国结构与 13 世纪出现的领地高级管辖权之间没有直接的连续性。出现这种变化的一个原因是奥托王朝给予了主教辖区内的居民豁免权。另一个原因是修道院院长和主教会为其教区的属民发布自己的指导方针。

奥托王朝延续了加洛林王朝的理想，即国王是首席行政官，他们的法庭在君主巡视各地时继续享有优先权。然而，地方管辖权是永久性的，而且（越来越多地）是世袭的，而王家司法权仍然是流动的，而且到了 12 世纪，它与明显由选举产生的君主有关。[17] 国王的真正作用是通过在重大案件中的示范行动来体现理想化的正义，其次是在下级权力机构不能令人满意地解决问题时进行干预。国王保留了相当大的主动权，特别是在决定如何干预与何时干预方面，他同时还拥有废除地方决定的威望，可以声称地方决定是基于"坏习惯"做出的。国王也可以将习俗从一个地区转移到另一个地区。亨利三世拒绝了一些波希米亚人的投诉，他们说他违反了他的一位前任与他们达成的协议，而他辩称每个国王都会增加新的法律。

然而，国王很少能够单方面决定重要的事情，因为他们被期望由"忠良之臣"来指导。偶尔，10 世纪和 11 世纪初的国王会驳回那些怨声载道的领主的请求，但通常他们更倾向于达成共识，因为一般认为公正的裁决更有可能被接受和执行。[18] 出于这个原因，王家法庭的裁决由所有参与裁决的人签名。这种做法在由公爵、伯爵和较低级别的地方法官主持的法庭上也得到了效仿。违法者被要求提供与他们所造成的伤害（offensio）相称的补偿（satisfactio）。在中世纪早期的大部分时间里，补救措施通常是物质补偿。当局的作用是监督和裁定这一过程，确保肇事者和受害者达成"合理"的条件。道德提供了某些准则，特别是不应让"穷人和无法自卫者"受到伤害，也不应完全压制弱者，即使弱者是有错的一方。如何在实践中应用是另一回事。

重罪和不忠

涉及重罪和不忠的案件是对帝国高度竞争的贵族阶层真正重要的案件，因为一个领主若是允许冒犯行为不受惩罚，就必然会颜面尽失。在 11 世纪政体社会出现之前，荣誉是留给自由的少数人的，只有他们被认为可以对自己的行为完全负责，这使他们既能因善行而受到尊重，又会因行为不端而受到惩罚。然而，同时代的人认识到，一个自由人的不服从可能是对他所感知到的不公正（比如领主忽视附庸的合法权利）的合理抗议。这给中世纪贵族阶层内部的纠纷带来了类似的动力，就像中世纪盛期的民众骚乱所表现出来的那样：抗议是迫使当局改变行为或提供补救措施的一种方式。在所有的社会层面上，大多数争端都涉及装腔作势，因为利益相关方在象征性地断言其主张的合法性的同时，也展示了他们的物质力量，包括在可控的程度上使用暴力。其目的是争取支持，同时削弱对手的力量。人们普遍认为事态的升级分为几个阶段，通常只有在报复循环深化为长期争斗时，上级当局才会介入，而此时往往已很难分辨"对"与"错"。[19]

国王或高级领主通常谨慎行事。他如果不是争端的直接当事方，就可以鼓励有关人员接受他的调解。如果案件直接与他有关，他就会邀请一位亲戚或其他有影响力的人物来谨慎地调解。这些做法是帝国作为一个混合系统的基本特征。叛乱并不是领主对中央集权君主制的反抗，而是帝国统治精英之间的个人纠纷。因此，王家司法不是"中立"的，而是贵族们解决有争议问题的动态过程的一部分。

主要的附庸可以被召集起来组成后来被称为"封建法庭"（Lehenshof）的机构，卷入争端的贵族要参与其中。国王可以作为法庭主持或代理法官的角色。被告将被传唤，对其行为做出解释。在奥托王朝时代，这样的法庭一般不提出明确的指控，允许有关人员将争端说成误解，从而在不至于丢脸的情况下做出妥协。加洛林王朝和萨利安王朝的国王倾向于从一开始就更明确地作为法官行事。尽管如此，司法权威仍然主要是道德上的，而不是制度上的，通过羞辱那些藐视规则的人来鼓励妥协。过度使用暴力者或不出庭者将被自动判为有错的一方，当局不用举行正式听证便可立即施以惩罚。这种做法在近代早期被冠以"恶名"的概念，即个人通过肆意无视公认的规范自证其罪。以这种方式被认定有罪的人可以在缺席的情况下被打成"公敌"（hostis publicus），这种做法在近代早期被称为"帝国禁令"（Reichsacht）：他们成为公开的逃犯，被暂时剥夺一切权利，不受法律保护，所有合同都失效，而其家属、仆人或臣民则可摆脱对其的任何义务。这一过程的目的是孤立被告，使他们得不到支持，从而降低用暴力逮捕和惩罚他们的必要性。[20]

奥托一世和他的儿子柳多尔夫之间的争端说明了这些方法。就同以往一样，争端的起因很复杂，包括父子之间在干预意大利问题上的分歧，以及柳多尔夫在其父于951年再婚后对保住自己继承权的焦虑。柳多尔夫在952年抵制了家族的复活节庆祝活动，以示抗议，这一行动的目的是削弱奥托在贵族中的地位。然而，贵族们还是团结在奥托身边，通过参加他的宫廷活动来表示对他的支持。在他们的支持下，奥托向柳多尔夫及其主要盟友、洛林公爵"红发"康拉德（他也是奥托的女婿）发出了最后通牒：两人都必须出席王家法庭，为他们的行为而受罚，否则后果自负。他们没有出庭，于是奥托剥夺了康拉德的公国领地，但最初没有对柳多尔夫做出判决。双方都召集了各自的附庸，并发动了一系列突袭和其他军事行动，以显示实力，从而为自己在美因茨大主教和科隆大主教谨慎促成的谈判中增加砝码。康拉德最终接受了失去洛林，以换取王家的赦免。柳多尔夫越来越孤立无援，于是抢在父亲再次传唤他之前，于954年在魏玛附近找到了正在打猎的父亲。在求饶之后，柳多尔夫被赦免，部分原因是在马札尔人再次入侵的情况下奥托要公开展示家族的团结。[21]

"红发"康拉德被免职（Absetzung），这是对重罪的标准惩罚。帝国的贵族阶层演变为世袭领主，这使情况变得相当复杂。奥托王朝的统治者将撤销封地（及其相关的头衔和管辖权）与处置罪犯本人的财产区分开来。虽然奥托王朝的统治者一般不没收罪犯本人的财产，但萨利安王朝的统治者更有可能在撤销封地的同时，没收其财产的所有权，在极端情况下还会将惩戒范围扩大到其妻子和亲属的财产。中世纪早期的国王们会将一些重刑犯交给忠诚的修道院院长或主教来监禁。不听话的王室亲属可能会被关在孤立的修道院里。放逐往往是首选，这样做可以让一个人从其地方人际网络中消失，而且不需要支付监禁他们的费用。绝罚可以作为放逐的补充，将罪犯排除在信徒群体之外。死刑是可能的，但很少被用于高级领主，而低级的封臣则会因重罪被处决。但很少真的执行死刑，因为中世纪的国王可以把减刑作为一种宽大的行为，来获得声望，不过这种情况在萨利安和斯陶芬时期变得不那么常见。低级领主和平民的待遇总是不那么好。"日耳曼人"路易二世绞死了很多罪犯，以至于美因茨大主教不得不采取特别措施来防止尸体危害人们的健康。[22]

惩罚尺度是不固定的，部分是因为此时的成文法还不那么重要，而且不够完整，但也是因为案件是根据情况来判断的。惯犯受到更严厉的对待，但当局也意识到，对同一家庭的几代人持续实施惩罚会激起危险的怨恨。最重要的是，判决结果必须是可执行的，否则相关人员会颜面尽失。严厉的判决可能会使舆论对国王不满，并可能引发更广泛的抗议。然而，帝国的君主们仍然是群龙之首，而且与君权衰落的标准解释相反，他们废黜叛逆臣子的能力并没有降低（见表 15）。[23] 皇帝们废黜的臣子人数是西法兰克国王的约两倍（从 844 年到 958 年有 27 例），是洛泰尔尼亚国王的约三倍（从 843 年到 958 年有 17 例）。

表 15　撤销的直辖封臣

君主	统治时间	废黜数量
查理曼	768—814	10
"虔诚者"路易一世	814—840	20
"日耳曼人"路易二世	843—876	9
卡洛曼和阿努尔夫	876—899	11
茨文蒂博尔德和"孩童"路易	899—911	9
康拉德一世	911—918	3
亨利一世	919—936	0
奥托一世	936—973	27
奥托二世	973—983	6
奥托三世	983—1002	5
亨利二世	1002—1024	13
康拉德二世	1024—1039	9
亨利三世	1039—1056	6

奥托王朝和早期萨利安王朝的仲裁

后来的加洛林王朝统治者继续宣称自己是最高法官，这是因为他们相对软弱，直接卷入了许多他们声称要裁决的争端。相比之下，奥托王朝的稳定性更强，这使他们能够采取一种更加开放的冲突解决方式，更多地依靠调解而不是对抗。其中的一个关键因素是被称为"降服"*的屈服仪式，在这种仪式中，犯错的人公开承认自己有罪，在国王面前跪下求饶，就像 954 年柳多尔夫对他父亲所做的那样。查理曼曾赦免过敌人，但只是减轻了惩罚。例如，叛乱的巴伐利亚公爵塔西洛三世（Tassilo III）在 794 年的法兰克福会议上得到了宽恕，但仍被废黜并被囚禁在修道院里。在另一些场合，死刑被降为盲刑。查理曼的儿子"虔诚者"路易似乎是第一个改变这种做法的人，他在 834 年面对儿子洛泰尔发起的叛乱时发明了一种新的羞辱仪式。前一年他曾在三个儿子的逼迫下公开忏悔，此时他需要以牙还牙。在取得军事上的优势后，路易迫使洛泰尔拜倒在他脚下，以换取他的宽恕和重返统治阶层。[24]

降服仪式会以表演性的方式展示情绪，忏悔的眼泪既表示臣服，也是在刻意引导国王正式赦免自己，因为国王如果不表现出宽恕，就有可能颜面尽失。同样，国王当众发怒也不一定是出于愤怒或像孩子那样无法控制情绪，而可能是一个公开信号，表明对方已经越界。双方都有风险，这就促使他们进行谨慎的谈判，事先安排好条件，然后以精心编排的仪式来确认，这样的仪式象征着恢复和

---

* 降服（Deditio），对王家（或贵族）权威的仪式化服从，主要发生在奥托王朝和萨利安王朝，通常经由第三方的调解来结束争端，降服的回报是全部或部分的土地和头衔得以返还。

谐的秩序。这种做法在中世纪的欧洲并不常见，在诺曼征服之前，英格兰只有一例。[25] 然而，这种做法仍然仅限于高级统治阶层，低级的封臣可能会受到严厉的对待，例如 998 年奥托三世就处决了克雷森蒂，还对"对立教宗"约翰十六世进行仪式性羞辱并将其监禁（见第 40—41 页）。

严厉的司法

有两件逸事体现了 11 世纪中叶以后司法变得更严厉了。正如我们所看到的（第 603 页），康拉德二世在 1024 年当选国王后推迟了加冕的行程，以听取一个农民、一个寡妇和一个孤儿的请愿，尽管他的随行人员建议他抓紧赶路。当时的评论者利用（或编造）了这段插曲，赞扬康拉德对正义的关注超过了对自己尊严的关注。1152 年，一个家臣贸然来到新登基的"红胡子"腓特烈一世眼前，请求他赦免自己之前的一个过错。尽管此人扑倒在地，但国王没有理会他，弗莱辛的奥托（Otto of Freising）因而称赞国王"意志坚定"，不允许自己因特殊的恳求而影响法律的正确应用。[26]

这一变化的原因之一是"降服"之举充满风险。1077 年亨利四世在卡诺萨的经历似乎使他不敢再这样做。[27] 亨利和他的高级领主之间信任的崩溃是另一个因素，特别是当裂痕深化为长期的内战时，这使个人难以充当中立的调解人。1002 年后王权展示出更加神圣的风格，拉大了君主和高级领主之间的政治距离，推动了从基督教式仁慈到《旧约》式苛刻的转变。行为方式也发生了变化，国王在公共场合哭泣成了政治上不可接受的事情。其他因素，包括 11 世纪的教会改革和一个要求人们无条件服从的教廷的出现，以及随之而来的道德水平的提高，使一般的司法实践从赔偿受害者转向惩罚罪犯。

　　亨利六世的残酷惩罚并不是个人的怪癖,而是这种长期趋势的结果,它抑制了早先的宽恕行为。亨利在1194年抵达西西里岛后不久就遭到普遍的反对,他以酷刑折磨反对者并将其处决,或将其流放至德意志。他把对手威廉三世的眼睛弄瞎,还将其阉割,通过这种仪式性的残害使对手不适合做国王。1197年诺曼人王国的本土发生叛乱后,亨利将因犯或锯成两半,或扔到海里淹死。腓特烈二世在1198—1214年的内战后,以及1230年的阿普利亚叛乱后,都采用了类似的方法来重新确立权威。他于1220年在卡普阿召开的巡回审判法庭上宣布禁止私战,要求所有争端都由王家法官裁决。1231年8月颁布的长达219段的《梅尔菲法典》是欧洲第一部全面的世俗法典。它以罗马法为基础,只适用于西西里岛和那不勒斯。虽然相对于帝国而言,斯陶芬家族的某些做法显得很现代,但它们也反映了斯陶芬家族统治以前的诺曼人王国时遇到的特殊情况。诺曼人的统治本身只有几代人的历史,而斯陶芬家族的统治则建立在征服的基础上,因而直到13世纪30年代中期仍有争议。[28]

　　司法变得更严厉这一趋势并未受到普遍欢迎。雷根斯堡的修士奥特洛(Otloh)认为亨利三世的死是他无视穷人请愿而遭到的神罚。穷人当然也感受到了惩罚越来越严厉,因为领主们认为任何反对都是对他们地位的侮辱。1074年,科隆大主教安诺二世未经事先协商,就征用了一艘商船,从而激起了一场叛乱。他允许他的士兵掠夺商人的房屋作为报复。反抗的人被杀死或被用铁链捆绑起来。带头的人被弄瞎了眼睛,其他人则被鞭打和剃光头。最后,所有的人都被要求进行仪式性的忏悔,以承认他们的"罪行"。[29]

平定帝国

萨利安家族将自己视为基督的传教士，这促使他们有了一个雄心勃勃的目标，而 11 世纪 40 年代的评论家已经称这个目标为帝国的"全面和平"（magna pacificato）。动力来自君主，这与公元 975 年后从阿基坦传遍法国的"上帝的和平"（Pax Dei）运动不同，后者是主教们对日益严重的暴力事件做出的回应。在尝试说服世俗领主放弃武力后，主教们在 1027 年后改为发动更务实的"上帝的休战"（Treuga Dei）运动，要求参与者发誓在周四上午至下周一上午放弃暴力。[30] 这些观念在 11 世纪 80 年代才传到帝国，当时西部边境的主教们几乎都不愿接受，拒绝参与法国同行组织的区域性休战。

亨利三世的计划似乎完全是独立提出的，即使其中一些方法与"上帝的休战"相似。亨利的和平是王家的和中央的，而不是主教的和地方的。亨利拥护神圣的王权，通过祈祷和告诫他的臣民和谐相处，来表明作为一个优秀基督徒的他对和平的承诺。然而，这背后是由王权支撑的，其方式是对那些破坏和平的人进行更严厉的、具有示范意义的惩罚。赦免仍然是可能的，例如 11 世纪 40 年代"大胡子"戈特弗里德就在发动了一次叛乱后被部分恢复了洛林公爵的地位，但这是通过亨利作为国王发布的特别赦免令，而不是通过其他领主斡旋后达成的象征性服从。这就解释了为什么一些神职人员指责亨利有虚荣心，他们的理由是真正的和平只有在天堂才能得到，而另一些人则谴责王家和平是"破坏性的和平"（pax perniciosa），因为它没有与主教们达成协议。[31]

亨利三世的计划停滞不前，因为在他 1056 年去世时后，其子相当年幼，此外还有一些其他问题。亨利四世确实利用他的权力在萨克森（1084）、巴伐利亚和士瓦本（均在1093年）促成了地区性的临时和平协议，而主教们则通过教区内的会议做出了类似的安排，这些教区包括列日（1082）、科隆（1083）和美因茨（1095）。鉴于亨利四世统治后期的内战循环，这些措施都不是特别有效。由于皇帝的尝试不太成功，所以指责皇家统治失败的反亨利宣传变得更有说服力了。

《和平条例》

在巴伐利亚公爵、策林根公爵和士瓦本公爵等人的支持下，亨利于1103年在美因茨第一次颁布《和平条例》（Landfrieden）。其目的是维持四年和平，但在1105年初和平就被新的叛乱打破。然而，将其视为失败是不正确的。亨利恢复了他父亲的和平政策，但根据帝国新的政治平衡对其进行了调整，开创了一种维持和平的形式，这种形式将塑造帝国的政治和司法实践，并且一直维持到1806年。后来几位皇帝也颁布了类似的措施，不过在"红胡子"腓特烈一世1152年的《和平条例》之前没有任何副本存世。腓特烈一世这版《和平条例》的文本能保存下来，是由于人们花了很大力气将其条款以书面形式记载下来，向所有主教、伯爵和边伯分发。它在1179年得到了更新，随后在1186年和1223年又有了更多的限制性版本，直到腓特烈二世在1235年发布了另一个通用的《和平条例》。[32]

所有这些措施都是为了实现帝国的全面和平，而不是像法国那样尝试局部休战。每项措施都是由国王在有主要领主参加的大会上同意的，这些领主都发誓要维护它。其动机是人们普遍希望用更和平的仲裁来取代暴力，从而结束1073年至1106年间的内战循环。

最重要的是，国王现在亲自同意维护和平，而不是像亨利三世那样试图凌驾于和平之上。亨利四世的经验表明，依赖武力只会使他的对手对王家暴政的指控更加可信。萨利安家族的最后两位统治者和他们的斯陶芬家族的继任者，都想让对手作为潜在的和平破坏者处于犯错者的位置。同时，和平措施通过大会颁布，使得在场的人有义务协助维护它。自 1095 年以来宣扬的十字军思想对康拉德三世和"红胡子"腓特烈一世也起到了一定的作用，教宗呼吁基督徒之间保持和平，以使战士们能够前往圣地，两人接受了这个倡议。最后，这些措施反映了关于和平本身的新概念。在中世纪早期，人们认为，建立和平的最好办法是让每个社会团体和社区能不受干扰地享有自己的权利。这使私战合法化，因为私战正是为了维护那些被人无视或篡夺的权利而发动的。到了 12 世纪，人们更多从对错的角度来理解和平，将所有的暴力都视为对和平的直接威胁。[33]

然而，这一发展并没有缓解司法越发严厉的趋势。1103 年的《和平条例》纳入了血腥的惩罚措施，包括对盗窃、抢劫和敲诈勒索者实施盲刑或断手，而那些直接破坏和平的人将成为残废，并被剥夺财产和封地。这些刑罚不仅仅是为了起到威慑作用，它们被认为比早先的罚款制度更加公平，因为穷人很难支付罚款。[34] 虽然公共和平立法加强了皇帝作为最高法官的地位，但他既不愿意也不能经常扮演这个角色。在 1101—1254 年，皇帝在皇家城镇参与解决了至少 150 起案件，其中包括该时期最后 30 年的 80 起案件。[35] 这使我们得以管窥整个帝国的案件总量。这么多的案件，显然超出了任何中世纪国王的处理能力。《和平条例》旨在将国王从较小的案件中解脱出来，而将涉及诸侯和其他直辖领主的案件留给他处理。

每一版《和平条例》都是有时效的，这也体现了世俗的不完美。国王不应该强制执行判决，而是要让有关人员自主接受他的判决或自行寻找解决办法。出于这个原因，《和平条例》保留了私战的选择。这种做法是务实的，既鼓励和平解决，同时也认识到这并不总是可能的，因为争端不仅涉及直接相关者的自尊和"脸面"，还涉及他们的政治庇护对象和支持者。[36] 暴力是被允许的，但要加以控制和引导，通过一些措施来确保"过度"使用武力者的案件不再合法。例如，1235 年的《和平条例》含有保护经济活动的条款，保证了王家道路的安全，即使在私战期间也有这种保证。

公共和平理念在斯陶芬家族灭亡后依然存在，因为它代表了一种对抗暴力的实用途径，同时也保护了负责执行相关措施的人的利益。威廉国王在 1255 年颁布了一份《和平条例》，作为他与莱茵城市同盟结盟的一部分，而康沃尔的理查则在 1268 年颁布了另一份《和平条例》。[37] 鲁道夫一世和他的继任者们延续了这些措施，条例或是针对整个帝国（1287、1290、1298），或是针对特定区域（1276、1281、1289）。这些发展因 1298 年之后的冲突而中断，在查理四世时期又得以恢复，他在罗马加冕之旅前的 1354 年恢复了全面和平的措施。《金玺诏书》巩固了既有的做法，责成选侯们维护和平，并将维护和平作为帝国今后各种同盟和团体的首要任务。[38]

司法等级制度的出现

皇帝的和平举措有助于重新调整司法实践，使其适应新出现的地位等级制度，以及社会结构的需求，这时的社会结构更明显由法团政治体组成。1231 年的诸侯宪章赋予公爵、主教、伯爵和边伯更大的裁判权，他们不仅对自己的附庸和仆人有裁判权，而且对其管辖范围内的几乎所有居民都有裁判权。从长远来看，这代表了诸侯权力领地化的重要一步。更为直接的是，它根据新的劳动分工调整了冲突管理和解决方案，因为王公们现在负责根据《和平条例》中确认的犯罪定义和惩罚规模来判断违规行为。这一变化明确了王公们行使"血腥管辖权"，有助于将他们的法院确立为上级法院，因为此类案件必须从地方移交给他们。这些新的权力与铸币权、收费权、征税权及其他特权结合在一起，成为王公作为一个地位独特群体的重要标志。对地位的关注有助于这种体系发挥作用，因为王公们不想让外人有借口干预，这种愿望是王公维持自己辖区秩序的强大动力。[39]

一般来说，到 1300 年，这些王公的管辖范围内形成了一个两层的司法等级制度。随着领主不再直接管理城镇和村庄，最低层的初级司法机构出现了，这些机构设立了由市长主持的地方法庭。这些法庭通常每年开庭四次，对各种纠纷和犯罪行为进行审判，主要以罚款为惩罚手段。[40] 随着诸侯领地内行政分区的发展，更高层的第二级法院出现了。地区法院由代表诸侯的官员主持，通常有一个巡回法庭（Gerichtsprengel），负责在多达十个村庄之间巡回审理比较严重的案件。1500 年左右，随着高级领地法院的建立，第三级法院出现了，它们要么是由诸侯主持的宫廷法院（Hofgericht），要么是由指定法官领导的"领地法院"（Landgericht）。这些中央法院将在整个领地上集中行使"血腥管辖权"制度化，而不考虑从正式划分上来说其领地是由不同封地组成的。这些高级法院的建立通常以额外的帝国特权为基础，例如 1458 年授予特里尔的特权。这种等级结构反映在帝国城市和自由市中：低级的"治安法庭"（Ratsgericht）处理轻微的违法行为，如违反公民条例或建筑规定，而高级的"城市法庭"（Stadtgericht）则审判谋杀、纵火、盗窃和强奸等重罪，并可施加肉刑。[41]

　　虽然在细节上有很大不同，但所有法院都遵守大致相同的规范和程序。同僚审判已经是奥托王朝的惯例之一，并延续了下去，负责审判的是 7 名至 12 名陪审员，他们是从社区中的优秀成员里选出来的。法官由一名书记员协助，而到了 15 世纪，公诉人和原告都可以提起诉讼。尽管趋势是更加正式、更加书面化，但重点仍然是调解，而不是确定有罪和处罚。在一些地区，陪审员被要求在案件提交法庭之前寻求友好的解决办法。涉及侮辱或诽谤的案件采用一种被称为"发送"（Beschickung）的程序，即委托第三方询问犯罪者的真实意图。邻居们则应参与"拯救"（Retten），制止打斗，并防止严重伤害。[42]

上诉司法

　　更多司法层级发展出来，允许当事人上诉或将案件移交给上级法院审理，这扩大了司法的开放性。早在 12 世纪，易北河以东的新城镇就会向其"母城"寻求法律建议。1348 年后大学的普及导致困难的案件被提交给法律系，而这些法律系到 1530 年时发挥了上诉法院的作用。[43] 这些做法是在司法分工的基础上发展起来的，目的是让皇帝能够集中精力处理王公贵族之间的纠纷。向皇帝提出上诉在斯陶芬时代就已经成为一种特殊的、受限制的特权。腓特烈二世在 1235 年任命了一名王家司法官，以减轻他亲自审理案件的负担。这个职位在 13 世纪 50 年代失效了，但在 1274 年 2 月又恢复了，成为常设职位，不过只负责处理城市和伯爵的案件，而不再负责诸侯的案件，诸侯间的争端仍然由君主来裁决。[44] 咨询委员会发展成为帝国最高法院，它陪同国王处理纠纷，并有自己的书记官署来记录诉讼程序。

王家司法的有限权限鼓励地方出台了更多举措，特别是为了应对 14 世纪和 15 世纪巨大的社会动荡和政治混乱。最臭名昭著的是名为"Veme"的自由法庭，这些法庭于 1300 年至 1450 年间在威斯特伐利亚设立，有时还在国王很少访问的地区设立。它们基本上是自封的，但受到科隆大主教的保护，有时还得到王家的认可，以维护公共和平。如果被告自愿出庭，案件就会公开审理，否则就会秘密开庭。这些法庭实际上是威斯特伐利亚的贵族们巩固其地方权力和区域权力的工具。其潜力是有限的，一旦腓特烈三世公开反对，不允许当地王公进一步靠其审理案件，它们就消失了。[45]

1383 年和 1389 年的公共和平措施适应了更明确划分的领地司法系统的发展，此时司法系统按区域进行了分组，其区域框架预示了 1500 年后采用的帝国大区结构。13 世纪的措施让王公将维护和平作为封建义务来履行，1383 年的措施则设想让所有直辖领主联合起来，更加自主地维护自己地区的秩序。这一发展得到了王公们的支持，因为负责审判当地重案的主要是他们，而不是骑士和城镇。这些措施可能是有效的。迪特里希·冯·韦尼格罗德（Dietrich von Wernigerode）伯爵在 1386 年因破坏和平而被同僚处决。[46] 在 14 世纪 80 年代努力实现全面和平之后，类似的措施在 1400 年后继续以地区为基础推行，但受到了阻碍，因为王公们越来越不愿意将他们的争端提交仲裁。正如我们所看到的（第 456—457 页），其结果是暴力私战升级，从统治阶层蔓延到社会的其他部分。

然而，所有中世纪后期的社团都延续了集体解决冲突和集体执行和平的文化。士瓦本联盟的法院在 1488—1534 年处理了 250 起案件，其中四分之三涉及不同地位群体（如城镇和诸侯）之间的纠纷。[47] 如果案件涉及外人，而这样的当事人又拒绝承认法院的管辖权，案件就往往很难审理。因此，让王家司法更加有效成为帝国改革的一个核心要素。1442年的初步努力失败了，但腓特烈三世在1465年后不断延长全面的新《和平条例》。1467年后，破坏和平的行为被视为"大不敬"，实际上相当于被定性为叛乱，相关责任人则可能被置于帝国禁令之下。土耳其人的威胁被用来责令基督徒停止相互争斗，联合起来对付异教徒。

由于未来的惩罚会更严厉，建立一个更有效的上诉法院变得更为急迫，因为它是确保公共和平相关案件得到公平处理的终审法庭。自14世纪70年代以来，随着皇权普遍被削弱，法官的职位经常被典当给与皇帝个人结盟的诸侯，帝国最高法院因此受到了影响。例如，腓特烈三世在1461年至1470年间将其转让给帕绍的历任主教，然后又将其转让给美因茨大主教阿道夫二世。就像现代将公共职能委托给半私人机构的做法一样，经营者有动力通过降低成本以及收费和罚款来增加收入，进而提高效率。从1471年起，建立一个永久性的独立法院的呼声越来越高，但直到1475年阿道夫去世后，没有人愿意承担这个责任才导致了严重的问题。[48]

帝国司法的改革

1486年后，在皇家会议上进行的谈判导致1495年颁布了永久性的《和平条例》。与帝国的其他改革一样，这也是将过去的做法与真正的创新相结合的一种妥协。与和平的永久性相比，禁止以私战和其他暴力形式的自助作为合法补救手段，这一点更加重要，它将辩论从个别私战的合法性转移到谴责私战这种做法本身。第二项创新是设立了一个新的常设最高法庭，正式名称为"皇帝和帝

国司法法院"，但一般简称为"帝国最高法院"。[49]工作人员于 10
月 31 日宣誓就职，三天后他们审理了第一个案件，这表明帝国在
达成必要的共识后可以迅速采取行动。

有几个额外的特点使帝国最高法院比其他欧洲国家的同类机
构显得更加现代。它独立于皇室，在不同的帝国城市之间迁移，
1527 年后定址于施派尔，直到 1689 年该城市被法国军队洗劫。四
年后，法院在韦茨拉尔重新开庭，此后便留在该地，直到帝国灭
亡。[50]法院的独立性因其法官的遴选方式而得到加强。首席法官
（Kammerrichter）由皇帝任命，但其他参审员（Assessoren）由帝国
各政治体提名。各政治体必须通过新的帝国大区结构进行合作，向
法院提出候选人，由法院自己做出最终选择。工作人员宣誓效忠于
法院，而不是效忠于提名他们的领主或城市，而且有相当多的证据
表明他们确实是独立行动和集体行动的。[51]

帝国最高法院的管辖范围包括德意志，最初也包括勃艮第，但
不包括瑞士（见第 676—678 页）和意大利。其任务之一是通过裁
决所有享有帝国直辖地位的个人和社团之间的争端来维护永久和
平，从而在很大程度上使地区和平联盟变得多余。如前所述，每个
直辖当局都负责通过由地方法院、地区法院和领地法院构成的等级
制度来维持其管辖范围内的秩序。帝国最高法院的第二项任务是作
为领地司法机构案件的终审法院。这方面的运作在整个帝国是不均
衡的，因为自 1356 年以来，每个地区都在不同程度上获得了禁止
臣民上诉权*。当时，《金玺诏书》破例允许选侯们的臣民不受帝国

---

*   禁止臣民上诉权（Privilegium de non appellando），这个特权使领地免受两个
    帝国法院的管辖。它通常是以有限的形式授予的，不过选侯的豁免权更大。

最高法院的管辖，而作为回报，选侯们需要建立领地上诉法院。

其他诸侯以惯例为由提出的豁免请求被拒绝，他们不得不与皇帝协商自己的单独特权，创造出一种可以用来换取政治支持的新特许权。通常情况下，皇帝只授予有限的特权，仍将重要案件保留给帝国最高法院。特权的重要性主要体现在声望上，而且特权要求王公们建立自己的上诉机构。一些王公在18世纪获得了所谓的"无限特权"，但在1803年之前，即使这些特权也不能排除所有的上诉。如果领地法院违反自己的程序或拒绝为臣民伸张正义，帝国最高法院就可以干预。[52] 最广泛的豁免权是对整个勃艮第土地的豁免，这是1548年哈布斯堡属地广泛划界的一部分，其依据是1504年之后在梅赫伦（Mechelen）存在一个永久性的勃艮第上诉法院。豁免权可以被撤销，最明显的是1785年梅克伦堡公国的政治体对公爵提出上诉后，梅克伦堡的豁免权被撤销。这个案件特别重要，因为裁决否定了公爵的主张，即他的特权建立在《特申和约》（1779）之上，而该和约得到了法国和俄国的担保。[53]

马克西米利安一世于1497年12月在维也纳设立了第二个高等法院，即帝国宫廷法院，作为帝国最高法院的补充，用以维护其司法方面的帝国特权。这个新的法院没有受到普遍欢迎，随着马克西米利安于1519年的去世而实际上消失了。斐迪南一世于1559年重组了该法院，使哈布斯堡家族自己的领地高级法院不再负责维护帝国特权。与帝国最高法院不同的是，帝国宫廷法院完全由哈布斯堡家族任命的人员组成，其管辖权遍及整个帝国，包括意大利，因为皇帝是所有帝国直辖领地的封建主。它并不打算与帝国最高法院竞争，但很快就涉足其业务，因为由封地所有权引起的问题，如继承纠纷，可能成为破坏和平的行为。此外，该法院还行使皇帝的恩典特权和赦免特权，到16世纪晚期将其职权范围扩大，也开始处理领地臣民的上诉。该法院与皇帝的关系更加密切，因而原告希望对其有利的判决能得到哈布斯堡王朝权力的全面支持。[54] 为了减少摩擦，寻求更有利的判决的诉讼人不能在两个法院之间转移案件。在实际情况中，争端往往非常复杂，以至于几个平行的诉讼程序同时进行。

司法实践所受的影响

帝国最高法院对整个帝国的司法实践产生了深远的影响，帝国宫廷法院在1559年采用书面程序后也是如此。在这两个法院，首席法官将案件分配给"元老院"（小组），即一群接受过法律培训的"参审员"，各方的律师会把书面备忘录和证据提交给他们，这与1495年以前那种面对面的口头对抗过程完全不同。两个法院都可以授权专员收集额外的证据，包括采集证人的证词。这些方法被各领地法院效仿，它们也改变了刑事案件的审理程序，以遵循1532年的《卡洛林纳刑事法典》，将审问式方法标准化，并将证明有罪的义务从指控者转移到检察官身上。

这些变化并不都是有益的，例如指控有人使用巫术变得容易多了，因为就算无法证实，指控者也不必担心受到惩罚。由于更加强调定罪，刑讯逼供大量出现，这直接助长了"女巫热"，因为检察官认定这种反常行为非一人所为，要把同伙揪出来。无论是《卡洛林纳刑事法典》还是由其衍生的领地法典，都没有提供保护措施来防止任意逮捕，通常只需有人告发即可展开逮捕，特别是当被告属于流浪者或边缘社会群体时。在16世纪和17世纪初，德意志领地法院处决了22 500名被指控的女巫，这主要是由于地方当局没有遵循官方的审讯程序，也没有约束过度投入的检察官。使用巫术被定义为一种犯罪，因此被保留给地区的"血腥管辖权"，帝国法院只能以程序不规范为由进行干预，但它们确实设法在一些地区遏制了起诉。[55]

随着审讯实践日趋成熟，在18世纪大多数地区正式废除酷刑之前，施行酷刑的需求就显著减少了。当局仍然使用严厉的措施，例如将嫌疑人关起来，直到其招供，但也会进行详细的调查，特别是在复杂的案件中。在1771年至1775年间，萨克森-希尔德堡豪森的承包商摩西·施密尔（Moses Schimmel）因腐败指控遭到审讯时被问了1 500个问题，他的回答被仔细记录在六卷庭审文件中。[56]

1495年的帝国最高法院条例在1521年和1555年进行了修订，但随后的变化仍然是行政和财政方面的，而不是法律方面的，因为宗教争端使得改变司法程序在政治上变得很困难。新的程序规则在1613年已经准备就绪，但由于帝国议会没有达成一致意见，所以直到1654年帝国议会接受了修订后的条例，这些规则才算非正式地通过了。因此，帝国法院仍然以16世纪对罗马法的理解为指导，未能与日益影响当地法院运作方式的新法律思维相适应。这并不像最初看起来那么严重，因为两个帝国法院的主要任务仍然是促成可行的妥协，而不是达成最终的裁决。更成问题的是，两个法院坚持进行秘密听证，并在没有解释的情况下公布决定，原因在于担心透明度会损害其权威。这有助于解释为什么在16世纪的"宗教案件"中，帝国法院的判决会遇到如此多的反对意见，从而引发争议，阻碍了1588年后通过帝国议会进行的"探访"或监督程序。接下来的"探访"直到1707—1714年和1767—1776年才进行，主要涉及法院的内部管理和财务。普鲁士司法机构在 1793 年后开始对其判决进行解释，一些帝国法官很快就复制了这种做法，但这并非官方要求的。[57]

考虑到这两个法院在 18 世纪为超过 2 000 万人提供服务，它们的人员配备都不太理想。在 16 世纪，帝国宫廷法院在任何时候都有 14 名至 20 名法官，1600 年后增加到 25 名，并有 34 名文书提供支持。这些法官每周举行三四次会议，每次会议最多审理 20 个案件。帝国最高法院同样负担过重，其人员配置水平是帝国议会一直面临的一个问题。在 1566 年至 1610 年间，它处于或接近满员状态，但在 1648 年至 1713 年间人数降至低点，当时在职的法官从未超过 13 人，因此在 1704 年至 1709 年，它被迫暂时关闭。1720 年，官方工作人员的数量减少了一半，但个人工资却增加了一倍，并且法院为避免未来可能出现的空缺做出了真正的努力，这一点在 1782 年之后实现并保持了下去（见表 16）。工作人员总数较大，约为 150 人，另有 50 名法律实习生和法务官帮助处理文书工作。

表 16　帝国最高法院官方工作人员配置

年份	帝国最高法院首席法官	主席	参审员
1495	1	—	16
1555	1	2	24
1566	1	2	32
1570	1	2	38
1648	1	2	50
1720	1	2	25

案件数量

考虑到人员配置问题，案件数量是惊人的。帝国最高法院约有 8 万个案件的详细资料留存下来，但总数很可能更多，而帝国宫廷法院处理了约 14 万个案件，其中约一半案件的档案仍然存在。由于两个法院还处理老案子的复核和续期，案件的总体数量还会更多，比如帝国宫廷法院的业务总量就增加了两倍。相对平衡的状态有时也有起伏，每当帝国最高法院陷入困境时，帝国宫廷法院通常会接手更多的案件。豁免权的扩大使帝国最高法院收到的新案件占其业务量的比例从五分之四降至一半或更少，但它在 19 世纪初每年处理的案件仍比 1500 年左右要多，而帝国宫廷法院在同一时期处理的案件则增加了三倍。[58]

不可避免，相当多的积压案件出现了，这引起了舆论的不满，尤其是在 1806 年之后。根据歌德的说法，1771 年有 5 万个未解决的案件，还有 2 万个案件在帝国最高法院待审，但这些数字被严重夸大了。虽然实际总数无法考证，但帝国最高法院在 1780 年之前已经清理了全部积压案件。到 18 世纪 60 年代中期，帝国宫廷法院大约有 4 000 个积压案件，这主要是由于七年战争的影响，但这些案件在 60 年代结束时已经解决。在此期间，帝国宫廷法院还处理了 1 万个新案件。（相比之下，欧洲人权法院的积压案件数量在 2012 年达到了 15 万。）[59] 有些案件需要多年才能解决。在 16 世纪末提交给帝国最高法院的案件中，有 4% 在一个世纪后仍在处理。同样，这需要解释，因为法院的任务不是"解决"它们，而是鼓励和解，所以案件久拖不决实际上是在根据变化的情况连续调整。

两个法院都可以任命专员，如果专员的生命受到威胁，他们可以迅速而有力地采取行动。法院的授权可以通过帝国大区调动的军队得到支持。斡旋更为常见，比如在斐迪南三世时期，调停占帝国宫廷法院所有任务的 42%，符腾堡在 1648—1806 年处理的案件中，有 54% 也是出于调停目的，而执行判决的比例仅为 15%。判决的执行有赖于帝国各政治体——既包括奉命执行任务的政治体，也包括受案件影响的政治体——的合作和遵从。这会遇到重重困难，因此人们更加渴求可行的解决方案，而这些解决方案一般都能实现。在帝国的最后 150 年里，两个法院未执行的裁决加起来可能不超过 100 例。[60]

维护和平

与直辖领地有关的大多数案件都源于王朝统治——它改变了王公贵族的遗产继承惯例。例如，1680 年萨克森埃内斯特分支的财产分割引发了继承纠纷，导致在 1699 年至 1730 年间，被提交至帝国宫廷法院的仅涉及萨克森科堡分支的案件就有 61 起，而在 1613 年至 1783 年间，利珀-代特莫尔德（Lippe-Detmold）统治家族之间的纠纷导致 65 个案件被提交至帝国宫廷法院。从 1637 年到 1657 年，涉及继承、婚姻、监护和赡养亲属等问题的案件占到了帝国宫廷法院所有案件的 30%，是领地权案件数量的两倍，比封建权案件多六倍。同样，帝国的司法实践反映了更广泛的社会特征：普通居民越来越多地利用低级法院来解决类似的地位纠纷和继承纠纷。[61]

只有极少数的案件导致帝国颁布禁令。1495 年帝国议会授权帝国最高法院阻止破坏和平的人，但事实上皇帝总是坚持通过帝国宫廷法院来这样做。1559 年帝国议会放弃了早先为了让帝国政治体参与禁令的发布而做出的努力，允许皇帝以"恶名"为由，不经事先听证就发布禁令。事实证明，用这种办法对付威廉·冯·格伦巴赫骑士这种人没有问题，因为他看上去对公共秩序造成了威胁（见第643—644页）。但在三十年战争期间，斐迪南二世将这些权力作为政治武器使用，引起了很大的不安。[62] 尽管如此，后来的皇帝继续向反对者发布禁令，特别是在西班牙王位继承战争期间，直到查理六世在1711年登基时同意他此后将征求帝国议会的意见。1756年8月普鲁士对萨克森的入侵使这一点受到了考验，因为奥地利希望利用这一明显破坏和平的行为来对腓特烈二世发布禁令，想以此为由在胜利后剥夺他的财产。同情普鲁士的人阻止了帝国议会的动议，议会只是批准了维和动员。[63] 这是一个特殊的情况。1559年后，帝国议会曾在160个场合威胁发布禁令，但实际只发布了9次，其中5次是在三十年战争之初。[64]

这种禁令几乎没有必要，因为公开叛乱在近代早期的帝国极为罕见，而帝国宫廷法院能够通过其正常的司法程序实施有意义的制裁，例如在1684年至1727年间，至少有六位王公被废黜。查理七世在1742年登基时同意在罢黜更多的诸侯之前征求帝国议会的意见，但两个帝国高等法院继续依仗其对直属臣民的"血腥管辖权"，在刑事指控中废黜诸侯，在1770年至1793年间如此罢免了四位王公。[65]

缓解社会紧张局势

1526年帝国议会裁定，只要遵守某些程序，就可以对普通民众的投诉提出上诉，从而大大扩展了法院的职权范围。这项措施是针对农民战争而通过的，意在将抗议活动从公开的暴力引向通过司法审查和行政审查来解决，这一目标实现了。这一过程被称为"司

页）。虽然没有什么和农民战争一样惨烈，但上奥地利在1594—1597年、1626年和1632—1636年，巴伐利亚在1633—1634年和1705—1706年都发生了大起义。其中，除了第一次外，其他事件都因战争而加剧。除此之外，抗议活动在很大程度上只是在较小的领地上发生的五次动乱，这些动乱与饥饿危机和战时征税大体相关，分别发生在1650—1660年、1700—1716年、1725—1733年、1752—1766年和1767—1777年。除此以外，16世纪以后，帝国城市至少发生了30次重大动乱，还有许多较小的事件，包括从17世纪中叶到18世纪末在黑森发生的55次和在安斯巴赫-拜罗伊特发生的380次这样的小事件。[69]但与哈布斯堡统治下的波希米亚（1679，1775）、匈牙利（17世纪60年代，1671—1681，1703—1711）和特兰西瓦尼亚（1784）发生的普遍叛乱相比，这些都显得微不足道。

在哈布斯堡王朝的土地之外，暴力一般都得到了遏制。农民和集会者利用罢工、请愿和恐吓，通常还有诉讼，采取精心制定的策略，向当局施压，使其对自己的需求做出让步。司法化的意义在于开辟了正式的沟通渠道，并鼓励人们接受明确、简单的答案不可能解决复杂的问题。法院认识到，绝对化的判决会使暴力升级。例如，1730—1733年，帝国议会拒绝了巴塞尔主教申请对他的政治体做出有利最终裁决的请求，因为这将使他的臣民感到绝望。[70]这有助于解释许多案件的长度，在这些案件中，帝国和领地的高级法院更多是作为调解者，而不是作为确定有罪与否的机构。

这和18世纪后期的开明改革都不是有意识的"防御性现代化"战略，并非旨在以自上而下的改革避免自下而上的革命。[71]帝国的众多当局都没有预测到1789年后会发生什么，但许多人确实备感焦虑。1584年后，霍亨索伦-黑兴根的邦君因封建要求而与他的臣民发生争执，这成为帝国最漫长的争端之一。分歧越来越集中在一个问题上，即他试图强迫臣民劳动来扩大和维护他的狩猎场，此举同时限制了农民对该地区森林的使用。没收农民猎枪的举措激起了反对意见，以至于这位邦君担忧农民会造反，于是在18世纪30年代召集了符腾堡的军队。然而，反复求助于帝国最高法院之后，邦君保住了封建管辖权，但停止了他的镇压措施。符腾堡不得不召回其军队，而未来也只有在官方批准的情况下，才可以通过士瓦本帝国大区组织的维和人员进行干预。暴力事件在很大程度上得以避免，而1798年新上任的邦君放弃了对所有村庄的封建管辖权（只有一个特别顽固的村庄除外），结束了这场争端。[72]

因此，对地方性和特殊性的强调是一把双刃剑。它为帝国的所有社会团体和社区提供了机会，使其需求建立在具体的、可识别的权利之上，从而让其真正受益。例如，格雷韦勒（Grehweiler）的卡尔·马格努斯伯爵用伪造的文件谎称其臣民同意为其建筑项目提供巨额贷款，帝国宫廷法院因此将其监禁了十年。[73]更强大的统治者，包括梅克伦堡、符腾堡、巴伐利亚、萨克森-魏玛和罗伊斯的统治者，也在18世纪下半叶败诉。然而，由于反感抽象的、绝对的理想，抗议活动支离破碎，这既阻止了活动的政治化，因而也阻止了暴力的可能性，而且使得参与其中的人无法接触到潜在盟友。黑兴根的农民没能得到邻近地区居民的支持，尽管那里经常有类似的问题。策略上的分歧也削弱了民众运动，助长了社区内的派系主义。[74]

黑兴根案说明了第二个普遍问题：民众骚乱和法院干预在帝国较小的领地上最为频繁。科内利明斯特（Kornelimünster）修道院仅有5 000名臣民，却产生了200桩被提交至帝国最高法院的案件，而在 1522—1806 年利珀-代特莫尔德向帝国最高法院提交的 1 100 个案件中，近五分之一是臣民对诸侯或其官员提起的诉讼。[75] 与帝国债务委员会的干预一样（见第 626—628 页），法院的介入也是这些领地不够发达的结果。这些领地规模小，统治者和被统治者距离很近，几乎没有任何中间层级来缓冲紧张局势。最重要的是，由于没有上诉法院，当地居民必须直接求助于帝国司法机构：利珀的案件中有 833 起是上诉。

农民普遍对帝国的高等法院产生了好感，这些法院对标准化程序的遵守往往与看上去反复无常的领主司法形成了对比。特别是在较小的领地上，领主们试图通过行使他们的司法权来与底层保持社会距离，使自己凌驾于法律之上，并且不时地施以宽大处理，以赢得人们对其崇高地位的认可。1526 年后的司法化将他们束缚在一个超出其个人控制范围的体系中。它使司法客观化，消除或至少减轻了个人情况的影响，这主要是由于帝国法律适用于所有人，并通过印刷品广泛传播。[76] 尽管治理仍然涉及中间层级，但由于它是通过制度化的渠道，而不是通过附庸和世袭的方式进行的，因此现在已经不那么个人化和明目张胆了。领地当局更多是由政府官员而不是诸侯来代表。当取得实际成果时，官方声称自己是公正的这种说法会获得一定的信任，而且有些官员个人也会摈弃关于农民的普遍偏见，这种偏见认为农民天生不守规矩。对共同的核心价值观的坚持使得即便是根本的分歧也能在不影响既有秩序的情况下得到解决，而所有各方都认为既有秩序是合理合法的。

法治

因此，著名的德意志"法治国家"（Rechtsstaat）是帝国长期演变的产物，而不是对法国大革命的反应。"法治国家"的存在解释了为什么大多数居民认为法国式革命是不必要的，甚至是有害的。帝国法院保障了人人都有诉诸法律的机会，同时保障了司法程序中的平等，但不保障完全的法律平等。大多数人仍然认为不公正是对和谐秩序的无端破坏，从而拒绝接受这样一种观点，即冲突是所有不平等的社会经济权力关系中固有的。司法干预稳定了帝国，既遏制了暴力，又延续了严重的不平等。社会仍然是地方性的、法团的和等级分明的。事实上，在 18 世纪后期，普通人越来越多地要求法院捍卫地方特权，以对抗领地政府寻求与居民建立更合理平等但也更具有侵略性的关系的野心。[77]

18 世纪晚期的批评家谴责帝国的司法框架混乱，还谴责它由于缺乏统一适用的法典而无法提供有效保护。然而，正如我们所看到的（第 699—700 页），领地的法典编纂工作进展缓慢，未能改善对个人安全的保障。相反，帝国上诉司法的广泛保护在 1806 年被取消，而没有设置任何替代保障措施。[78] 哈布斯堡王朝的官员约瑟夫·哈斯（Joseph Haas）在 1806 年 5 月帝国解体前夕写道："司法权直到现在还是我们宪制中的一颗闪亮宝石。两个帝国法院的顾问都是经过精心挑选后任命的，且不受外部影响，在公正的司法中相互竞争，甚至让最底层的臣民也有权利反对最有权势的诸侯。"哈斯预言，一旦这种制度被取消，就没有什么可以保护个人和法团的自由不受财政-军事效率的无情驱动的侵犯："毫无疑问，我们将挖掘运河，铺设道路，建造林荫道和公园，建造剧院和游泳池，照亮城市，而我们将发光发热，忍受饥馑。唯一威胁到臣民财产的强盗将是税吏，以及法德两国士兵。"[79]

平衡与不稳定之间

尸体和火葬堆

当哈斯提交他的备忘录时，许多人感到帝国即将覆灭。然而，当这一切在三个月后到来时，它并不是《诸神的黄昏》（*Götterdämmerung*），不是跳入烈焰浴火重生的过程，不是一场打造光明新未来的决战。相反，在法国的无情打击下，帝国逐渐瓦解。同时代的人充分意识到，帝国内部的弱点即使不是直接原因，也加速了这一过程。后来，人们为中欧屈服于法国的帝国主义寻找解释时，很容易指责已经消失的帝国，而不是指责诸侯，后者作为拥有完全主权的较大国家的统治者而幸存下来，而且正如哈斯所预言的，他们可以自由地压制批评者。

1806 年之后，压倒性的结论是，帝国至少从 1648 年（如果不是 1250 年的话）起就已经灭亡，现在"如同行尸走肉……一触即倒"。[80] 这种解释通常将所谓奄奄一息的帝国结构与较大的德意志领地（特别是奥地利和普鲁士）的所谓活力进行对比。最近对帝国所做的更为积极的重新评价，其优点是反映了在 1790 年之前人们并没有迫在眉睫的危机感，但这种评价却矫枉过正。这两种方法仍然以二元论的方式看待帝国，低估了社会结构和政治结构纠缠在一起的程度。虽然帝国的大部分前现代社会结构已发生了重大改变，但至少在后来几十年的时间里，这些社会结构依然存在。这场历史争论之所以存在，正是因为在 18 世纪末，未来的走向仍是不确定的。许多问题正在浮出水面，但它们并没有立即威胁到生存。一些制度不再与形势相适应，或者过于僵化，而另一些制度则在解决眼前问题的过程中获得了新的动力。本节将会解释为什么帝国的既得利益者很难为中欧设想出其他政治结构。

德意志国家的病症

许多评论家认为，到 18 世纪中期，帝国已名存实亡。诸侯的政府设在时尚的巴洛克风格或洛可可风格的宫殿里，而帝国议会仍然在雷根斯堡的哥特式市政厅里召开。这种对比对当时的访客来说并不陌生：政论作家弗里德里希·尼古拉（Friedrich Nicolai）说，市政厅"就像德意志帝国本身一样，古老、杂乱无章而腐朽"。[81] 17 世纪中期的版画描绘了大厅里坐满了人，而 18 世纪后期的插图则展示大厅里空无一人，这反映出由于帝国各政治体更喜欢书面交流，当面会谈的文化已消失殆尽。甚至住在几条街外的雷根斯堡主教也是派代表参加，而许多较小的领地则委托其他人代理，以节省外交人员的费用。51 个帝国城市中有 6 个甚至连这样做都不愿意，而在 1764 年，161 张选票仅由 35 名特使集体使用。[82]

这一点也适用于其他帝国机构。一位帝国最高法院的法官认为他自己的法院的裁决"只不过是一纸空文"，而约瑟夫二世则认为"正义总是让位于政治；一个不法之徒，只要他得到了武力的支持，就可以不受惩罚，肆无忌惮却不会声名狼藉"。[83] 甚至不屈不挠的约翰·雅各布·莫泽，一个几乎一生都致力于研究帝国的人，由于理论与实践之间存在着明显的差异，也放弃了最初的描述帝国宪制的计划。[84]

最具影响力的批评出现在约翰·海因里希·泽德勒（Johann Heinrich Zedler）1745 年发表的文章《德意志国家的病症，或德意志民族神圣罗马帝国的国家病症》里。[85] 泽德勒声称，帝国表现出"非常规的治理形式"，这基本上延续了塞缪尔·普芬道夫早先的"畸变的怪物"之说（见第309—310页）。尽管如此，泽德勒的文章体现了一种趋势，即通过列举帝国与中央集权国家相比所缺乏的东西来描述帝国：常备军、迅速的司法处置、统一的财政结构和法律结构。此外，泽德勒的生物学比喻与一种哲学潮流相吻合，即越来越多地将世界看作有机的，而不是像17世纪流行的思想那样把宇宙视为机械的。到1806年，一些主要的知识分子表达了一种感受，觉得帝国已经病入膏肓，其医生们早已放弃了希望。歌德的母亲在弗朗茨二世退位两周后写道，这个消息并不令人感到意外，"就像一个老朋友病重过世一样"。后来的历史学家也表达了类似的观点，认为帝国是因年老"自然"消亡的，而不是被拿破仑"谋杀"了。[86]

对帝国宪制的批评因七年战争期间普鲁士的宣传而加剧。这样的宣传物包括17世纪40年代开姆尼茨所著小册子的一个新版本，在该版本中，帝国被当作一个贵族联邦。一本名为《德意志为什么要有皇帝？》（1787）的小册子主张废除帝位，认为它是中世纪野蛮的遗物，是开明进步的障碍。[87]虽然这本小册子是个例外，但它的匿名作者还是代表了对历史时间的新看法，以更尖锐和整体带有敌意的方式形容了兴盛的古典文明和文艺复兴之间的"中世纪"。启蒙思想表达出人们开始重新相信人类可以进步，但进步发生的前提是必须摆脱传统的束缚。

改革的辩论

这些思想的影响在法国大革命和拿破仑战争期间才变得明显。在此之前，大多数评论家发现，超越仍然引导着所有改革计划的既定秩序是很难的。法团权利和地方身份仍然被固定在帝国宪制中，而帝国宪制仍然是整个社会政治秩序合法性的基本来源。正如我们所看到的（第 689—692 页），人们对替代方案，如人民主权，或以平等作为自由的新基础，均热情寥寥。相对开放和活跃的公共领域为数以千计的贡献者提供了讨论各种改革的机会，其数量之多本身就表明了帝国仍然是重要的。[88] 在帝国，批评通常集中在具体的缺点上，而在法国，辩论则越来越多地攻击整个君主制度。没有激进的建议并不是由于对其他政治制度的无知，因为大量开放的报刊相当自由地传播着信息。例如，德意志人通过汉诺威及其有影响力的哥廷根大学了解到英国的情况，但很少有人主张按照英国君主立宪制改革帝国。弗里德里希·卡尔·冯·莫泽和安哈尔特–德绍（Anhalt-Dessau）的邦君利奥波德·弗里德里希·弗朗茨只是建议在帝国议会中增加一个选举产生的下议院，而黑格尔则建议按照类似的路线改造既有的公民团体。[89]

更为现实的建议都设想了某种王公联盟作为重新进行帝国改革的工具。美因茨、萨克森–魏玛和巴登这些中等领地以及安哈尔特–德绍或茨韦布吕肯等较小的诸侯国对此兴趣最浓，它们在面对奥地利和普鲁士的扩张时都感到越来越无力。联盟并没有被视为帝国的替代方案，而是被视为改善合作，以及用来防止地位争端破坏较弱诸侯国在既有机构中的集体影响力的方法。例如，1780 年 2 月，围绕威斯特伐利亚公国和法兰克尼亚公国的投票权归属问题发生争执后，帝国议会的诸侯集团暂停了工作，尽管这两个公国作为领地已经不再真正存在。1770 年后的联盟提案借鉴了启蒙运动后期和浪漫主义早期思想中新的友谊理想，这些理想模糊了以前政治、文学和科学活动之间的区别，并主张在已经僵化的地位等级制度之外进行更自由的互动。诸侯联盟就是在安哈尔特–德绍的利奥波德·弗里德里希·弗朗茨和巴登的卡尔·弗里德里希 1782 年 7 月的个人会面中诞生的。[90]

利奥波德·弗里德里希·弗朗茨通过在沃利茨（Wörlitz）建设 100 平方千米的公园，展现了改革的蓝图。这座公园向公众开放，旨在通过将英式景观花园与"科学"示范农场相结合，形成一个没有任何特定焦点的整体，来同时吸引人们的感官和头脑，这与意在呈现集中秩序的巴洛克正式花园形成了有意的对比。因此，沃利茨体现了小王公们的一种观点，即实现进步的最佳途径是地区多样化而非标准化。[91] 其他措施则更为直接实用，目的是将小诸侯国作为示范国家来展示，以削弱在第一次瓜分波兰期间（1772）以提高效率为由提出的吞并主张。教会领地往往处于这种改革的最前沿，因为它们感到自己最脆弱。在 1781 年的严重火灾之后，帕德博恩主教将各种保险项目合并后交给一个由政府支持的单一协会负责，以保障价值 230 万弗罗林的财产。美因茨在 1785 年以国家福利取代了慈善事业，为未婚母亲提供免费的生育保险，并推行其他开明的措施，许多其他天主教国家直到 20 世纪末才有类似的举措。[92]

对整个帝国进行更广泛改革的具体建议相当少。诸侯联盟的潜力被高估了，因为它除了对既有安排进行修补外，没有提出任何建议。[93] 帝国最高法院将通过另一次"探访"得到全面改革，而帝国大区将通过调整成员，以及修改席位配额以使其更贴近成员的实际财富来变得更加合理，同时还将波希米亚和西里西亚整合进额外的帝国大区，来迫使奥地利和普鲁士做出更多贡献。其他想法包括在下一次选举中对帝国的特权施加额外的限制，或者支持茨韦布吕肯-比肯费尔德（Zweibrücken-Birkenfeld）的马克斯·约瑟夫作为下一任的"罗马人的国王"，鉴于他是巴伐利亚和普法尔茨的继承人，这个建议并不算太牵强，他在 1799 年继承了这两个地方。

一些建议通过扩大诸侯的自治权来削弱既有的结构，例如将帝国债务委员会的责任从帝国宫廷法院转移到诸侯委员会。少数建议涉及特定领域更根本的改革。未来的帝国大书记官卡尔·特奥多尔·冯·达尔贝格在 1787 年后开始修订 1532 年的《卡洛林纳刑事法典》，将其作为国家法律，并主张废除农奴制、关税壁垒和行会限制，所有这些都会触及法团社会的核心。[94] 大多数人都不愿意走那么远。萨克森只是为了维护其已有地位才加入诸侯联盟的，而尤斯图斯·默泽尔（Justus Möser）和其他作家则努力调和开明的理想与法团主义的等级结构。[95] 新的诸侯社会活动仍然是排他性的，事实上比以前的一些活动形式还要排他。与 15 世纪的改革时代不同，中等诸侯在其提案中没有与伯爵、骑士或帝国城市合作，这有理由引起人们对其真实动机的怀疑。有几项提案直接无视了教会诸侯对其封地的权利，而是立即考虑如何合法地征用它们。

1787 年，在加入诸侯联盟一年后，黑森-卡塞尔的方伯威廉九世通过入侵小国绍姆堡-利珀（Schaumburg-Lippe）来宣称继承权，这很难令人产生信心。在普鲁士、汉诺威和科隆外交压力的支持下，帝国议会的裁决确保了方伯在不流血的情况下撤军，并责成方伯支付赔偿金。[96] 虽然这似乎证明了既有机构的效力，但 1789 年至 1791 年间列日的动乱暴露了帝国维和体系的严重缺陷，因为无论是法院还是帝国大区议会都无法迫使奥地利和普鲁士合作。普鲁士在 1790 年 1 月承认了比利时革命者的独立宣言，这使得奥地利很难要求帝国恢复秩序。[97]

到那时，王公贵族的改革努力正在失去动力。他们面临着与路德和其他 16 世纪初的改革者一样的问题：没有教宗的合作，他们无法改革天主教会。没有一个王公想离开帝国，但同样没有一个王公能让哈布斯堡家族对帝国的改革感兴趣。与马克西米利安一世或查理五世不同，1780 年后的约瑟夫二世和他的两个继任者都没有任何动力去改变既有的安排。改革更有可能使帝国更难管理，而不能让奥地利得到好处。尽管约瑟夫有时会粗暴对待教会王公和其他小政治体，但与普鲁士或中等王公相比，奥地利仍然是他们更天然的盟友。1785 年至 1792 年间，奥地利在选侯团和诸侯团中有 65 张选票，普鲁士有 43 张选票，而城市则以压倒性的优势支持哈布斯堡家族。[98] 1790 年 7 月 27 日的《赖兴巴赫协定》（Convention of Reichenbach）使奥地利和普鲁士建立了友好同盟，该同盟一直持续到 1795 年 4 月。1794 年 9 月，有人在威廉斯巴德（Wilhelmsbad）举行的一次会议上提议建立另一个单独的中层诸侯联盟，当时人们希望这能吸引英国的财政支持，但这个计划很快就被奥地利用外交手段扼杀。[99]

革命的缺失

缺乏要求变革的民众压力是改革动议变得保守的一个重要因素。市民们越来越多地利用帝国宫廷法院来解决他们城市中的争端，而农民向帝国最高法院提起的所有诉讼中，有 28% 发生在 1750 年之后。越来越多的人求助于高等法院，表明它们在解决冲突的过程中所起的作用得到了更多的认可，而不是证明了危机加剧。被称为光照派（Illuminati）的巴伐利亚秘密社团的组织者、革命的同情者克尼格（Knigge）男爵在 1793 年称，帝国最高法院审理案件花费时间很长，使人们的强烈情绪得以消退，而普通人对最终得到补偿也有信心。他认为，这就是为什么"我们在德意志可能不应期待一场危险的政治革命"。[100]

帝国的居民对法国大革命的看法是暗自庆幸、恐慌，还有一丝丝的钦佩。许多人误以为1789—1790年发生在列日、比利时和萨克森的起义表明革命在向帝国蔓延——这并不奇怪，因为抗议者有时会抄袭法国的口号和符号。1792年的一个晚上，一棵"自由树"神秘地出现在帕德博恩市的广场上，上面有一份告示，劝告居民摆脱贵族压迫者的枷锁。两年后，抗议的农民就像巴黎人攻占巴士底狱一样拆毁了下萨克森的格斯莫尔德（Gesmold）监狱，并要求"像法国一样自由和平等"。法国流亡者故意煽动当局的恐惧，希望拉拢德意志王公组织一场反革命的运动。[101]事实上，人们对法国发生的那种变革并不热衷：没人理睬帕德博恩的告示，而格斯莫尔德的农民一旦认为已表明了自己的观点，便一哄而散。抗议者的目的仍然是传统的，尽管1792年后战争的负担迅速加重，但动荡并没有加剧。

"德意志雅各宾派"，即革命的公开支持者，是同情法国的"少数人中的少数人"。[102]鉴于当时对共和主义和个人主义的敌视，没有什么人支持他们并不令人惊讶。法国资产阶级的平等主义及其对财产不可侵犯的要求暗示了不受约束的自由市场的恐怖，而自由市场与帝国管制下的法团社会的道德经济相抵触。1792年，法国军队占领美因茨后，在该市短暂建立了一个共和国。一些德意志雅各宾派设想将其扩大到整个帝国，或者重组帝国，将奥地利和普鲁士排除在外。虽然他们接受了法国的中央集权主义思想，但有些人仍以帝国宪法的内容为指导。克里斯托夫·弗里德里希·科塔（Christoph Friedrich Cotta）以前是帝国的政论家，后来转为雅各宾派，主张将帝国议会改为民选议会。[103]法国的思想很快就因随之而来的暴力和恐怖升级变得声名狼藉。1792 年后，法国人对莱茵兰的占领，使他们的自由显得比路易十四的统治还要专制，后者的军队在一个世纪前也蹂躏过同一地区。在接下来的 20 年里，强制征用和其他要求加深了彼此的敌意，导致反法的成见一直持续到 20 世纪中期。[104]

大多数人认为，帝国的司法和领地政府的渐进式改革相结合，使革命显得没有必要。尽管帝国议会在 1789 年 7 月 14 日巴士底狱被攻破后几周就避暑休会了，但帝国的多层次结构使其能够通过帝国大区有效地协调安全措施。帝国大区在西部边境设立了军事警戒线，并在 1789 年 8 月后加强了出入境审查。[105] 只有战争才能迫使帝国改变。法国革命者于 1789 年 8 月 4 日废除了封建制度，但由于难以准确界定"封建制度"究竟是什么，该法令的全面实施被推迟到了 1838 年。[106] 该法令影响了莱茵诸侯，如施派尔主教和哈瑙-利希滕贝格方伯，他们在阿尔萨斯和洛林仍然拥有广泛的管辖权和财产。1648 年和 1738 年，他们签署和约将这些领地移交给法国，但和约根据的仍然是近代早期欧洲关系的精神，让这些权利保持完整。法国革命者强调现代的绝对主权概念，认为他们的法令适用于法国的所有地方，而王公们则坚持原来的分散主权理想，以捍卫他们在领地之外的权利。革命者们一心想着国内问题，最初提出了经济补偿，但莱茵诸侯不明智地坚持要求完全归还。帝国其他政治体不愿意在这个问题上冒战争的风险，而普鲁士则将这场争论作为其给奥地利制造麻烦的总体政策的一部分来操纵。当利奥波德二世在 1791 年 12 月提出进行谈判时，已经太晚了，因为革命的领导权已经易手，此时的掌权者认为有责任输出他们的思想，而且认为法国日益严重的问题要靠战争来解决。[107]

普鲁士孤军奋战

法国最初直到 1792 年 4 月 20 日才向奥地利宣战，计划征服奥属尼德兰，当时该地区仍然因反对哈布斯堡地方行政改革而动荡不安。奥地利通过同意普鲁士吞并安斯巴赫–拜罗伊特（安斯巴赫–拜罗伊特的邦君无嗣，退隐后与他的英国情妇一起生活，领取普鲁士的养老金），争取到了普鲁士对反攻的支持。9 月，联合入侵法国的部队在瓦尔米（Valmy）停滞不前，发生在此地的战役被誉为革命者的重大胜利，但实际上法军只是没有在普军面前逃离，而普军在损失了 184 人后撤退了。[108] 这场勇气上的失败阻断了普奥的攻势，但入侵者从未真正有机会镇压革命。1793 年 1 月 21 日法国人弑君后，战争再次爆发，这回奥地利和普鲁士处于守势，并因围绕波兰命运的持续争夺而分散了注意力。1793 年 3 月，这两个德意志大国联合起来，迫使帝国议会向法国宣战，从而使他们以集体安全为借口将自己疲软的军事行动合法化了。[109] 因此，帝国的命运在很大程度上取决于奥地利和普鲁士的政策。

普鲁士的大臣们因互相倾轧而无法制定一致的政策，而这只会加重奥地利的怀疑。[110] 霍亨索伦家族的顾问们对事件深感不安，但他们渴望将政治恢复到一个更可预测的方向，这迫使他们面对普鲁士与帝国的关系。他们的结论是，"古老的德意志自由"和帝国"腐朽的宪制"正在制造的弱点，与他们忙着瓜分波兰时利用的弱点是一样的。尽管他们的建议比早先的改革辩论中提出的建议更进一步，但他们仍然只是想精简机构，而不是肢解帝国。教会和小国的领地将在世俗诸侯国之间分配，而领地政治体将被废除，以消除它们对统治者提高税收和重塑社会的掣肘。其中最著名的提案是卡尔·冯·哈登贝格（Carl von Hardenberg）于 1806 年 2 月 5 日提交的，旨在简化帝国政治，方法是将帝国重组为六个更符合地理因素的帝国大区，这些大区又被整合到奥地利、普鲁士和巴伐利亚三个联邦中，由皇帝全面领导。[111]

普鲁士的大臣们希望能挽回一些原有的秩序，而不是建立一个德意志民族国家。他们希望有 个可行的帝国，这个帝国既可以遏制奥地利，同时又能确保普鲁士的安全，尤其是在考虑到英国和俄国等盟国不可靠的情况下。普鲁士甚至在1796年9月未经许可就短暂吞并了纽伦堡，随后又恢复了该市的自治权。[112]大臣们意识到，他们眼中对帝国最有利的设想，与他们想要壮大普鲁士的愿望之间存在矛盾，但他们不愿意在这些目标之间做出选择，直到1795年4月因军事失败和国家破产而被迫在巴塞尔与法国单独媾和。[113]普鲁士与法国达成协议，将德意志北部变成一个中立区，从而不得已扮演了半个帝国的角色。由于无力支付本国的军饷，普鲁士依靠帝国的构架来拉拢北方的帝国政治体，诱使它们资助一支"观察军"来维护中立地位。为此普鲁士在1796年于希尔德斯海姆召开了上萨克森和下萨克森帝国大区的联合大会。德意志北部将普鲁士的驻军视为外国占领军，并渴望恢复战前的状况。[114]

与此同时，到1806年，普鲁士的债务减少了2 200万塔勒，降至3 300万塔勒，而在1801—1803年的重组期间，普鲁士还取得了相当可观的领地收益，似乎"实现了每个赌徒的梦想：不下注就稳赢"。[115]1795年，法国成立了一个更加稳定的政府——被称为督政府，但并未如人们期待的那样与其他国家实现邦交正常化。普鲁士的使者们仍然认为巴黎的局势很混乱。即使在1803年之后，大臣们也希望延续哈布斯堡帝国的统治能阻止拿破仑在德意志南部建立附庸，因此他们拒绝了法国在1804年10月提出的将中立区变成一个由普鲁士主导的北德意志帝国的提议。[116]

奥地利与帝国

许多后来的德国历史学家悄悄地忽略了普鲁士在 1795 年后开始中立带来的灾难性影响，转而提出帝国业已死亡，并批评弗朗茨二世和他的首席大臣图古特（Thurgut）男爵将奥地利的利益置于"德意志"的利益之上。[117]像他的普鲁士同行一样，图古特已经在考虑进行重大变革，包括将三个教会选侯国世俗化。同样，他也在努力让拯救帝国和推进哈布斯堡王朝的目标不发生冲突。1800 年后他的继任者甚至更坚定地要拯救旧秩序，特别是 1805 年 12 月 25 日成为外交大臣的约翰·菲利普·施塔迪翁。与他的兄弟弗里德里希·洛泰尔（Friedrich Lothar）一样，约翰·菲利普也是一位帝国骑士，对法团社会有很深的感情，他在 1803 年后担任哈布斯堡王朝在帝国议会的波希米亚特使。希格尔（Hügel）男爵是 1793 年后奥地利在帝国议会的主要特使，也是一位受封的资产阶级市民，他有同样的想法，并于 1796 年从正在进军的法国军队手中挽救了帝国的纹章。[118]

法国的革命对奥地利来说是一个严重的挫折，使它失去了自 1756 年以来的主要盟友，而巩固这一联盟是弗朗茨一世的女儿玛丽-安托瓦内特在 1770 年嫁给未来的路易十六的原因。此外，奥地利在 1788 年和 1791 年之间对奥斯曼帝国发动了一场代价高昂且并不成功的战争，这主要是为了取悦俄国，因为俄国的友谊对于牵制普鲁士至关重要。1792 年普奥攻势的失败使图古特确信，奥地利正在进行一场事关生死存亡的斗争，需要采取全新的方法。在 1793 年初战火重燃时，他写道："帝国已经迷失，只能寄希望于奥地利和普鲁士来拯救。因此，这些国家有权在帝国建立一个永久的秩序，甚至不需要征求帝国政治体的意见。"[119] 奥地利在 1790 年后与普鲁士达成的暂时谅解给了图古特一个良机，使他不必像往常那样费尽口舌才争取到经过妥协的措施，而是顶住弱小政治体的反对，强行在帝国议会通过政策。

1793 年后，面对法国的入侵，许多政治体支持宣战，希望这能让军事行动保持在集体安全的框架内。帝国的动员工作令人印象深刻。较小的领地提供了其官方定额的四分之三，而额外的辅助部队和民兵不只填补了剩余的部分，还有所超出。最弱的部分往往有着不成比例的贡献。在 1793 年至 1801 年间，帝国骑士们支付了570 万弗罗林的"自愿捐款"，而普鲁士却没有支付其战争税。普鲁士提供了 1.2 万名军人作为其帝国应急部队，另有 1 万人是弱小政治体出钱请普鲁士代为提供的，此外还有 2 万名奥地利资助的士兵。然而，普鲁士在国内保留了 16 万多人，因为它不想因增加税收而激怒自己的臣民。[120]

拒绝牺牲自由

因此，主要的负担落在了奥地利身上。到 1798 年，奥地利已经花了 5 亿弗罗林与法国作战，导致其负债高达 5.425 亿弗罗林。[121] 筹集更多资源的努力被证明是适得其反的。西南部的政治体在1793—1794 年动员了民兵，但兵役本身很快也被视为一种重负。军事上的挫折和普鲁士的撤军使人们的幻想破灭，同时也使人们逐渐接受了用常规手段无法打败法国的事实。[122] 有两件逸事说明了人们普遍不愿意为了胜利而牺牲自己捍卫的东西。1794 年，帝国宫廷法院支持了一名官员的上诉，这名官员在主持审判时判定与法国作战是违宪的，后来被汉诺威政府解雇。三年后，拿破仑以基督法化"，涉及社会各阶层行为的根本改变。[66] 领主们以前曾使用暴力来维护权威和地位。私战在 1495 年被定为刑事犯罪，现在镇压行为可能会在法庭上受到谴责。例如，符腾堡公爵在 1701 年和 1765 年遭到臣民的抗议后，不得不将其军队撤回军营；拿骚–锡根邦君（1707）和梅克伦堡公爵（1728）因征税和宗教自由方面的争端派兵夺取臣民财产，两人都因此被废黜。[67]

各邦国当局普遍认为新的措施符合自己的利益，因为在更大层面的帝国框架下，如果其臣民未能将其抗议限制在司法渠道之内，它们可以请求邻国提供军事援助。这些原则被纳入了领地的司法程序。例如，尽管奥地利实际上不受帝国最高法院的管辖，但其立法机构在 1579 年将通过自己的法院上诉的权利赋予了普通居民。因此，帝国及组成它的领地都实行了一种"农民保护"（Bauernschutz），将法院置于普通民众和领主的剥削之间。

这些变化并未受到普遍欢迎。由于诉讼的费用、时间和不确定性，求助于法院往往是问题的一部分，而不是解决办法。这也与仁慈的统治者在获悉臣民的疾苦后应迅速出手相助这一信念相矛盾。臣民有机会上诉了，但直接请愿却受到了限制，法院似乎成为居民和诸侯之间的新障碍。法院的工作人员也由贵族和受过教育的平民组成，这两个群体都掌握着社会经济权力。尽管帝国法院根据"无罪推定"原则运作，认为人们是自由的，除非有相反的证据，但普通人往往很难提供书面证据来反驳领主对其劳动和生产的要求。[68]

上诉制度并没有消除暴力，一旦法院没有如人们所期待的那样主持正义，民众的怒气就很容易因法院拖延处理而日渐积累并最终爆发，正如我们在 1790 年的萨克森观察到的那样（第 691—692

徒应安贫为由质疑帝国教会的财富，弗里德里希·洛泰尔·施塔迪翁直接回答称，这些财富是帝国法律允许教会拥有的。[123]

奥地利无法在 1795 年实现和平，因为它受制于与英国及俄国的联盟。《巴塞尔和约》导致战争集中在德意志南部和意大利北部，但奥地利继续战斗，希望在不与普鲁士协商的情况下决定帝国的命运。[124] 奥地利军队在 1796 年守住了阵地，但对剩余的南德意志应急部队越来越不信任。1796 年 7 月，士瓦本帝国大区部队被强行解除武装，但奥地利无法阻止符腾堡和巴登在下个月分别签订停战协议。和 1740 年一样，奥地利将拒绝合作视为背叛，因此感到自己更没有义务遵守宪法规范。帝国的改革现在是由军事情况决定的。1797 年的再次失败迫使奥地利于 10 月 18 日在坎波福尔米奥同意了初步的和平条款，将莱茵兰割让给法国，并放弃了帝国对北意大利的管辖权。至关重要的是，《坎波福尔米奥和约》提出了补偿原则，根据这一原则，因这些变化而失去财产的世俗统治者将在莱茵河以东得到补偿，这会牺牲弱小帝国政治体的利益，而奥地利已经在秘密计划吞并萨尔茨堡。

公众的强烈愤怒阻止了条款的立即实施，而奥地利的大臣们仍然希望挽救旧秩序的关键要素，他们知道这将限制普鲁士的潜在收益。1797 年底，一次大会在拉施塔特召开，以确定细节，但谈判因拿破仑远征埃及而被推迟。接下来的 18 个月非常清楚地表明，小政治体的命运岌岌可危，当奥地利与俄国的续盟促使弗朗茨二世在 1799 年重启战争时，它们团结在奥地利的周围。拿破仑从埃及返回，并在 11 月自立为统治法国的第一执政。1800 年，法国在霍恩林登（Hohenlinden）战役和马伦戈（Marengo）战役取得了新的胜利，迫使奥地利求和。

帝国的改组，1801—1804

1801 年 2 月，在吕内维尔（Lunéville）敲定的条款大致重复了《坎波福尔米奥和约》的条款，允许法国吞并莱茵河以西的 2.6 万平方千米地区和 180 万人口，同时确认奥属尼德兰、萨伏依和帝国意大利不再是帝国的一部分。赔偿问题被委托给一个帝国代表团，但实际上是由强权政治驱动的。普鲁士已经于 1801 年 4 月在法国的允许下占领了汉诺威，这为中层王公们开创了一个先例，这些王公目前以法国和俄国是《威斯特伐利亚和约》的保证者为托词，直接与这两国打交道。法国想重组帝国的大部分地区，使其并入可能成为自己未来盟友的更大领地，而俄国则试图保持更传统的平衡，同时增进符腾堡和黑森-达姆施塔特等与罗曼诺夫家族有关系的邦国的利益。与巴伐利亚及巴登一样，这些王公在 1801—1802 年开始占领邻近的领地。在一份被称为《最终决定》（Reichsdeputationshauptschluß）的文件中，帝国代表团对这些变化做了小幅修改后，姗姗来迟地对它们表示了赞同，该文件于 1803 年 3 月 24 日得到了帝国议会的批准，并被皇帝、帝国最高法院和帝国律师接受。[125]

帝国获得的赔偿远远超过了在莱茵河以西的损失。普鲁士获得了最大的份额，它得到了 10 010 平方千米的土地，上面有 43.1 万名居民，年收入近 250 万塔勒，比它被法国侵吞的收入更多。其他主要受益者是巴伐利亚、符腾堡、巴登、黑森-卡塞尔、黑森-达姆施塔特和汉诺威，其中汉诺威被归还给英国并获得了土地，尽管它在莱茵河以西没有任何损失。奥地利吞并了特兰托和布里克森的主教辖区，而萨尔茨堡、艾希施泰特和帕绍的部分地区作为新选侯国被交给了弗朗茨二世的幼弟斐迪南·约瑟夫，斐迪南·约瑟夫则被迫将托斯卡纳割让给法国。[126] 总共有 112 个帝国政治体被解散或割让给法国，包括莱茵河以东的几乎全部教会土地，总面积 71 225 平方千米，拥有 236 万臣民和 1 272 万弗罗林的年收入。

历史的定论总是老调重弹，声称帝国"现在就像灭亡了一样"。[127] 下此结论还为时过早，因为帝国的大多数居民并没有像 1918 年或 1945 年那样，将 1801 年视为彻底的失败。领地重组揭示了宪法秩序的优势和弱点，而在将帝国零碎的领地整合进少数大规模诸侯国的过程中，领地重组即使没有实现许多早先改革计划的精神，至少也使其实质内容成真了。大多数人认为世俗化是一种合理化，而不是一种罪恶，就像 1555 年和 1648 年许多天主教徒所认为的那样。[128] 在天主教王公的土地被移交给新教王公的过程中，《最终决定》通过保障宗教信仰自由，缓和了天主教徒感受到的打击。市镇居民虽然对失去自治权感到悲痛，但有些人希望间接附庸化能使他们的家乡摆脱日益沉重的债务负担。[129]

人们的评价出人意料地乐观，因为他们认为这些变化仅限于帝国封地的重新分配，而不是表明对法团社会的否定。间接附庸化的政治体和民众只是失去了宪法上的自治权，而没有失去其他权利。所有受益者都接受了必须给受害者补偿的责任，尤其是要补偿帝国的神职人员，他们同意每年支付养老金，过去的主教每年可得 6 万弗罗林，以前的女修道院院长则每年可得 6 000 弗罗林，而从前的教士可以得到原先收入的十分之九这样的丰厚报酬。[130] 与此同时，新政府承担了所有债务，这些债务可能相当沉重：巴伐利亚有 9 300 万弗罗林的额外债务。激烈的改革辩论仍在继续，但仍集中在一些技术细节问题上，如调整帝国议会和其他机构以适应最近领地重新分配的状况。

然而，更广泛的国际形势使得帝国不再能掌控自己的命运。所有人都敏锐地意识到了波兰最近的命运，当时波兰试图颁布新宪法以确保独立，结果只是加速了 1793 年后外部势力对该国的瓜分。改革者们担心加强帝国实力的重磅措施会促使法国恢复战争，这是有道理的。出于同样的原因，奥地利也无法利用重新兴起的志在捍卫帝国的爱国主义，因为其军队失去了战斗力。更深层、更根本的因素也抑制了改革。领地的重新分配不是一次"大扫除"（Flurbereinigung），因为正式的权力仍然与地位等级有关。选侯国的重组对减少奥地利和普鲁士的影响力毫无帮助，只是增加了关于优先权的争端。诸侯团被改组，伯爵们根据获得的帝国城市和修道院，被授予了 53 张全票。修道院通常比较富有，因此也短暂地解决了伯爵们的债务问题。然而，选侯团是主要的受益者，因为他们同时获得了原主教区的全票。新的选票总数为 131 张，其中诸侯选票增加到 78 张。同时，巴伐利亚通过继承合并了维特尔斯巴赫家族所有的土地后，其拥有的土地增至所有伯爵土地的三倍。很明显，仅仅将布雷岑海姆（Bretzenheim）伯爵这样的人提升到诸侯的地位并不能带来任何真正的影响。同时，法国吞并了 4 个帝国城市，德意志的伯爵和王公们又吞并了 41 个城市，使公民团体只剩下 6 个城市，这让它沦为帝国议会中无足轻重的附带部分。选票的重新分配使奥地利对帝国议会的管理更加困难。弗朗茨在确认新秩序时犹豫不决，从而削弱了议会的活力。[131] 帝国大区也受到了影响，巴登和符腾堡坚持行使其吞并的帝国城市的选票，疏远了其余较弱的成员，这些弱势成员已经对被边缘化感到忧虑。

　　真正的问题在于中等诸侯的地位。他们在实际上和形式上都获得了相当大的影响力，但仍然没有希望利用帝国的宪制来追究奥地利和普鲁士的责任。他们吸取了 1796 年以来的教训，集中精力发展自己的军事潜力，以便在必要时用它来和法国做交易，让法国允许其继续自治。以前的伯爵们并没有看不清现实，他们在 1803 年 8 月后采用了传统的做法，将两个地区的联盟合并在一起。一些人仍然希望通过改善帝国议会和帝国大区议会中的合作，使旧秩序得以维持，而伊森堡－比尔施泰因（Isenburg-Birstein）的卡尔则试图将法兰克福联盟（Frankfurt Union）军事化，使其成为拿破仑的潜在合作伙伴。然而，地位意识过于根深蒂固。两个联盟未能合作，个别伯爵与中等诸侯一起让帝国骑士"间接附庸化"：在某些情况下，城堡被围困，骑士们被用铁链捆绑拖走。[132] 奥地利大臣们认识到对骑士的攻击预示着皇帝特权的结束，便于 1804 年 1 月发布了一项得到帝国议会支持的法律禁令。[133] 由于害怕如今已与这几位诸侯结盟的法国，该禁令无法执行。

决定性的打击，1805

与此同时，拿破仑强行推动事件发展，自立为皇帝（1804），并建立了一个新的意大利王国（1805）。奥地利在与英国和俄国重新缔结的联盟中寻求庇护。与 1793—1797 年和 1799—1801 年的战争不同，没有谁尝试求助于帝国。达尔贝格执迷不悟地幻想着中立可以保全帝国，但巴伐利亚、巴登和符腾堡对法国的公开支持揭示了事情正在发生变化。拿破仑发起了敌对行动，于 1805 年 10 月在乌尔姆击败了奥地利人，一个月后进入维也纳，在奥斯曼帝国两次失败的地方获得了成功。12 月 2 日，奥俄两国在奥斯特里茨再次战败，这打破了所有抵抗的幻想。奥地利与法国达成了停战协议，俄国人撤退了，而已经动员起来的普鲁士现在退缩了，以换取法国重新允许其吞并汉诺威。通过这种方式，拿破仑把普鲁士变成了他摧毁帝国的"帮凶"。[134]

新的条约使巴登、巴伐利亚和符腾堡更亲近法国，为拿破仑在 1805 年 12 月 26 日的《普雷斯堡和约》（Peace of Pressburg）中向奥地利提出条件铺平了道路。奥地利同意进一步重新分配领地，以遍使法国的德意志盟友受益，并承认巴伐利亚和符腾堡为主权王国，承认巴登为主权大公国。[135]《普雷斯堡和约》被普遍认为是一记重锤，击碎了剩下的任何乐观情绪。哈布斯堡的大臣们认识到，巴登、巴伐利亚和符腾堡的独立意味着帝国已经所剩无几。瑞典在 1806 年 1 月已经宣布，它将不再参加帝国议会，因为它认为帝国议会已被篡权者和利己主义者把持。[136] 拿破仑为他的妹夫缪拉建立了新的克莱沃-贝格（Cleves-Berg）大公国，让他成为独立的君主。后来，1806 年 5 月，法兰西皇帝迫使达尔贝格接受另一位波拿巴家族的亲戚，枢机主教费施（Fesch），作为帝国大书记官的继任者。[137]

奥地利仍在努力维护帝国的剩余部分，质疑拿破仑对《普雷斯堡和约》的解释，声称士瓦本、巴伐利亚和法兰克尼亚这三个帝国大区仍然存在。这种不愿意面对事实的态度延伸到了巴登、巴伐利亚和符腾堡。拿破仑向这三位君主施压，要求他们完全放弃帝国。符腾堡确实退出了帝国的邮政网络，但除此之外，他们都对迈出最后一步犹豫不决。每个人都对使他们获得新地位的局面感到不安，想知道如果旧的等级秩序正在瓦解，它还有什么价值。巴登和符腾堡仍在缴纳税款，以维持帝国最高法院的运作，该法院一直运作到 1806 年 7 月。[138]

最终法案，1806

拿破仑继续推行将军事力量强大的诸侯国与法国捆绑在一起的计划，并在 1806 年 5 月底告诉他的外交大臣，他不再承认帝国的存在。[139] 痛苦的气氛影响了后来对最终法案的描述，直到 20 世纪末，几乎所有德语作者都谴责弗朗茨二世没有为拯救帝国做出更多努力。皇帝跟法国讨价还价，想讨点领地以换取放弃头衔，当然有些自贬身价。[140] 弗朗茨本人则指责普鲁士不支持他，而后来的评论家则不顾历史背景，一味哀叹当时没有德意志民族主义。

16 个德意志王公在 1806 年 7 月 12 日根据法国的条件达成了成立莱茵联盟的协议，从而加速了结局的到来。除缪拉外，签署者还包括达尔贝格，以及巴伐利亚、符腾堡、巴登、黑森-达姆施塔特的君主和 11 个小邦的君主，其中包括伊森堡-比尔施泰因的卡尔，他利用精心培育的自己与拿破仑的私人关系，确保自己被纳入其中。[141] 拿破仑给他们留出时间，让他们在 7 月 25 日前批准该协议，并于 7 月 22 日告知弗朗茨在 8 月 10 日前退位，否则将面临战争。只有巴伐利亚、符腾堡、黑森-达姆施塔特和伊森堡公开宣布将脱离帝国。在《联盟法》中，拿破仑允许其余的伯国间接附庸化，符腾堡立即着手实施。诸侯很晚才向帝国议会道歉，辩称自 1795 年以来的不利情况使他们别无选择，他们还声称帝国已经不复存在，以此来为自己的行为开脱。第二天，哈布斯堡的官员们疯狂地准备法律文件，弗朗茨不仅可以退位，而且能够通过让帝国解体，使帝国完全脱离拿破仑的掌控。

经过大臣们的两次提醒，弗朗茨才不情愿地在文件上签字。8 月 6 日上午，一位身着盛装的帝国传令官骑马穿过维也纳，来到耶稣会的九级天使教堂。他登上阳台后，在清越的号角声中召集居民，宣布帝国的灭亡。帝国议会于 8 月 11 日接到正式通知，而在接下来的一周里，外国外交官纷纷收到相关信函。[142]

帝国在 18 世纪末当然尚未死去，而就算它像泽德勒和其他人所说的那样沉疴缠身，它也没到苟延残喘的地步。如果革命后的法国没有进行干预，最有可能的情况是，帝国的社会政治秩序会在 19 世纪延续更长的时间，但不太可能在 1830 年左右资本主义和工业化释放的平等化和同质化力量面前继续维持下去。本书的最后一章将讨论在 1806 年之后维护群体秩序的努力，还评估了帝国对德国和欧洲的长期意义。

第十三章

后世之事

帝国的瓦解，1806—1815

公众的失望之情

尽管人们普遍意识到了环境的变化，但帝国解体的消息还是引起了民众的不安。认为普通民众无动于衷是后来的历史学家精心编造的神话，通常是断章取义地引用歌德和其他人的几句话。[1]一些知识分子和艺术家确实欢迎帝国的消亡，并把拿破仑视为新时代的先驱者。但也有很多人深受打击，比如画家卡斯帕·大卫·弗里德里希（Caspar David Friedrich）就因此生了一场病。[2]1806 年 7 月 20 日，驻巴伐利亚的法国使节便报告称，很多人因为帝国即将灭亡而产生阵阵"怀旧"情绪，并指出人们普遍担心失去济弱锄强的制度。[3]其他驻帝国议会使节接到正式通告时也是沮丧不已。[4]新晋的黑森-卡塞尔选侯眼含泪水，对一位奥地利使节说，他为失去"德意志长期以来赖以获得幸福和自由的宪制"感到遗憾。[5]冯·达尔贝格在签署成立莱茵联盟的条约时，热泪几乎夺眶而出，而刚刚成为符腾堡第一任国王、严厉而专制的弗里德里希一世则私下里为帝国的结束而哀叹。[6]

由于德意志到处都是拿破仑的军队，很少有人敢于提出抗议。纽伦堡书商约翰·帕尔姆（Johann Palm）于 8 月 26 日被处决，因为他写了一本 150 页的匿名小册子，批评法国的政策。[7]汉斯·冯·加格恩（Hans von Gagern）称，作为拿骚的政府大臣，他不能采取行动，因为法国人占领了这个公国，但他对"我的祖国"的分裂深感遗憾。其他许多人指出，与 1801—1803 年不同，人们现在害怕讨论政治改革。[8]

　　因此，关于帝国灭亡的公开讨论直到 1813 年才出现，此时反法联盟借助前一年拿破仑在俄国战败的机会，开始解放德意志。拿破仑在 1815 年最终失败，紧随其后的那段时期是非常保守的，各种讨论受到了严格的审查法的限制。这些情况影响了那些出版回忆录的人，特别是 1820 年左右即将步入晚年的最后"帝国一代"。他们的叙述反映了他们在 1806 年之后的人生经历。可以预见的是，那些受苦最深的人表达了最深的遗憾，特别是原来的贵族和法律精英，以及 1801 年后间接附庸化的诸侯。

变化中的延续性

　　黑格尔有个著名的观点：帝国的宪制是由圆石构成的，一旦被推就会滚落。许多历史学家追随他，将 1806 年描述为"关键时刻"，故意使用"旧帝国"（Altes Reich）这种说法，将帝国的社会政治秩序归于历史，将现代德国描述为 19 世纪战争和经济发展的产物。托马斯·尼佩代（Thomas Nipperdey）在其通史的开头写道："一切要从拿破仑说起。"[9]事实证明，黑格尔所谓的圆石里有许多是坚不可摧的巨石，因为拆除宪法秩序需要数年时间，拆除更深层的社会法律安排则需要更多时间。

弗朗茨二世退位的合法性是最直接的问题，因为大多数中欧国家的统治者直到那时仍然是帝国的附庸。奥地利的大臣们小心翼翼地就退位一事斟酌措辞，指责新的莱茵联盟已经破坏了帝国，对弗朗茨的行为则轻描淡写，称其只是将附庸从封建关系中解放出来而已。为此，奥地利代表在 1816 年 11 月 5 日告知后来的德意志邦联议会，当加入莱茵联盟的诸侯在 1806 年 8 月 1 日批准与拿破仑结盟时，帝国就不存在了。[10] 守法的作风仍然指导着行为。奥地利的大臣们就帝国宝物是属于哈布斯堡家族还是属于整个帝国进行了认真的讨论，并努力避免让人觉得是弗朗茨窃取了它们。与 1803 年时一样，人们对那些曾为帝国服务的人仍有一种责任感，而奥地利就会为帝国宫廷法院那些失业的工作人员发放补助。

瑞典于 1806 年 8 月 22 日提出正式抗议，辩称帝国仍然存在，只是被法国占领了。英国也采取了类似的立场，甚至因为普鲁士吞并汉诺威而与之短暂交战。大多数帝国律师的结论是，尽管弗朗茨有权退位，但他不能单方面让帝国解体，因为帝国是皇帝和帝国政治体共同构成的集体秩序。[11] 普鲁士控制的北部中立区依然存在，这加剧了这种不确定感。该中立区仍然遵守着 1803 年建立的宪法秩序，其诸侯没有加入莱茵联盟。

普鲁士利用这个机会，从 7 月起加大了对北方诸侯的压力，要求他们做出一个严峻的选择：要么接受普鲁士的条件，与普鲁士更紧密合作，要么成为法国的附庸。普鲁士的大臣们设想吞并汉堡、不来梅和吕贝克这三个富裕的城市，同时允许汉诺威和萨克森得到国王头衔，并允许黑森-卡塞尔接管其余较小的西北方领地。黑森-卡塞尔和萨克森准备接受"普鲁士的皇帝"（Kayßer von Preußen），但希望保留更多原有的结构，包括威斯特伐利亚、下萨克森和上萨克森的帝国大区。甚至普鲁士也希望丹麦人留在荷尔斯泰因，并接受俄国占有小领地耶弗尔。俄国回绝了，不肯对弗朗茨退位的正式公告做出回应，并表现得好像帝国仍然存在一样。然而，奥地利准备接受普鲁士的计划，因为它认为这是将莱茵联盟限制在南部和西部的唯一途径。法国不需要做很多事情就能阻止普鲁士迟来的帝国计划。瓦尔代克和利珀-代特莫尔德等北德小诸侯已经在 1806 年 8 月加入了莱茵联盟，以免被吞并。普鲁士只与萨克森及黑森-卡塞尔签订了防御性条约，除此之外再无斩获，当拿破仑决定在 10 月通过战争解决问题时，普鲁士就被孤立了。[12]

清算帝国

帝国的邮政服务在 18 世纪 90 年代已经陷入困境，并在 1806 年分裂成 30 个相互竞争的领地局域网络，不过图恩和塔克西斯家族仍然经营着规模缩小的全局业务，直到 1867 年 7 月业务被普鲁士强迫出售。[13] 除此之外，根深蒂固的守法作风依然存在，使新的领地重组顺利进行，就像 1801—1803 年那样。然而，这次不再有统一的、高级的宪法秩序，而且正式的责任归属也不明确。实际上，1803 年 3 月帝国代表团的《最终决定》继续发挥作用，其指导方针被纳入了 1806 年 7 月的《联盟法》，规定成员有义务在拿破仑允许其吞并的领地上保障雇员生计和清偿债务。[14]

例如，威斯特伐利亚的面积为 300 平方千米的里特贝格（Rietberg）伯国在 1803 年被提升为帝国诸侯国，后来被纳入了中立区，从而存在到了 1806 年。它被划归到富尔达省，这是拿破仑在 1807 年为他的弟弟热罗姆新建的威斯特伐利亚王国的一个行政分区，由最近被普鲁士吞并的黑森-卡塞尔和前威斯特伐利亚和下萨克森的主教区组成。新的地区官员报告了里特贝格的"军队"的命运，这支部队由一名中尉和23人组成，"他们不是国民警卫队，而是一支真正的常备军，他们的存在部分是为了履行对帝国的义务，部分是为了完成维护治安的任务"。因此，新政府裁定，他们有权享受公家提供的津贴。[15]

与此同时，同样由拿破仑建立的贝格大公国继承了清算威斯特伐利亚帝国大区事务的责任，因为以前贝格公爵曾是帝国大区会议召集人[*]。直到1811年，清算工作才算完成，以前官员的养老金也有了着落。士瓦本帝国大区的清算工作由符腾堡负责，并在1809年完成。奥地利尽其所能破坏这一工作，于1807年2月委托前帝国宫廷法院院长菲利普·奥廷根-瓦勒施泰因（Philipp Öttingen-Wallerstein）伯爵领导一个委员会，将法院的案件划分为仍在进行的和已经存档的。当法国再次占领维也纳，迫使奥地利在1809年交出这些文件之时，这项工作还没有完成。拿破仑计划为全欧洲建立一个中央档案馆，并让人把法院文件和其他一些哈布斯堡王朝的材料装在2500个箱子里运到巴黎。拿破仑战败后，《巴黎条约》（1814年5月）迫使法国向奥地利归还所有与德意志旧帝国（l'ancien Empire Germanique）有关的文件。[16]

帝国最高法院的工作人员的表现不如帝国宫廷法院的工作人员，因为没有人愿意为一个由所有帝国政治体维持的共同机构承担责任。然而，由于他们的声望和能力，以前的法官里有一半以上在继承国找到了职位，其中包括成为普鲁士司法大臣的卡尔·阿尔伯

---

[*] 帝国大区会议召集人（Kreisausschreibender Fürst），负责协调帝国大区议会的各种会议，还需要处理帝国大区议会与皇帝及帝国机构之间的公文。

特·冯·坎普茨（Karl Albert von Kamptz）。[17] 法院所在地，即前帝国城市韦茨拉尔，已于 1803 年被分配给新任帝国大书记官达尔贝格的邦国。他于 1808 年在那里建立了一所新的法律学校，表面上是仿照法国的例子，实际上是延续了帝国最高法院为全德意志培训法学家的职能。以前的法院工作人员被聘为教师。1816 年，德意志邦联确认雇用帝国最高法院的档案员来管理法院的文件。一年前拿破仑最终失败后，普鲁士在重新分配领地的过程中得到了韦茨拉尔，它迫使邦联在 1821 年成立了一个委员会来分发这些文件。由于不清楚哪个继承国"拥有"哪个案件，所以该委员会花了 24 年时间才确定文件的发送地点，这足以说明帝国法律史的复杂性。这些文件在 1847 年至 1852 年间被送往德意志各地，这让现代历史学家感到非常沮丧，他们从那时起就不得不搜索众多的地区档案来重建帝国的法律历史。[18]

法团社会的持久性

人员的连续性促使实践也保持连续性，1806—1815 年帝国以前各块领地上的经验因此大相径庭。全面的法国式法律改革和行政改革仅限于贝格和威斯特伐利亚这两个由拿破仑的亲戚所管辖的邦国，以及直接并入法国的莱茵地区，还有维尔茨堡大公国和达尔贝格于 1806 年建立的法兰克福大公国。在其他地方，变化主要是加速了先前的法律合理化和法典化过程，现在变化的驱动力是整合间接附庸领地的需求，以及满足拿破仑的军事需要。符腾堡在 1802 年至 1810 年间面积扩大了一倍多，吞并了 78 个小型领地，而其人口则从纯粹的路德宗变成了近三分之一是天主教徒。[19] 巴登、巴伐利亚、黑森–达姆施塔特和拿骚的情况也类似，它们都取得了重大进展。既有的行政机构无法应对，于是人们匆忙用流行的启蒙思想、法国模式和纯粹的权宜之计做了机构改革。萨克森、梅克伦堡和幸存的小诸侯国则比较稳定，因为它们在 1806 年后几乎没有得到任何额外的领地。

许多社会法律秩序甚至在多次领地重组后仍然存在。梅克伦堡将其 1755 年的宪法保留到 1918 年。萨克森政治体一直存续到 1831 年，哈德尔恩的农民大会一直存在到 1884 年，而法团主义在那之后很长一段时间里仍持续塑造着普鲁士的内部政治。在 1848 年之前，间接附庸的王公们一直保留着享有特权的法律地位，并控制着自己的领地和教士的任命，在其以前的帝国封地范围内还掌握着有所缩减的管辖权、狩猎权和捕鱼权。普鲁士的庄园在 1861 年之前享有免税权，在 1872 年之前享有治安权，在 1918 年之前享有对仆人的控制权，甚至在那之后，领主对当地教会的影响依然存在。尽管 1807 年至 1821 年的改革将农奴从庄园经济中解放出来，但直到 1927 年，庄园区仍然是普鲁士国家管理的主要单位。[20] 汉堡 1710 年颁布的《犹太人条例》在 19 世纪后期仍然有效，而巴伐利亚 1754 年颁布的部分成文民法一直被用到 1900 年。普鲁士在 1861 年之前没有统一的商法典，而统领德意志各邦的最高法院直到 1879 年才重建。第二德意志帝国各邦的民法编纂工作始于 1879 年，到 1900 年才完成。旧秩序中的一些文化元素显示出更强的持久性。弗赖堡附近的布亨巴赫（Buchenbach）堂区承担了 1803 年被世俗化的士瓦本修道院的宗教职责，并继续为纪念"红胡子"腓特烈一世皇帝而祈祷，一直到第一次世界大战之后。[21]

莱茵联盟

1806 年后，政治上的分裂在某些方面更加严重，因为帝国结构的解体消除了共同的框架，使中欧分裂为奥地利帝国、普鲁士以及拿破仑的莱茵联盟中的主权国家。帝国的碎片与这些更大的实体同时存在。西波美拉尼亚直到 1815 年仍是瑞典的，耶弗尔直到 1818 年仍是俄国的，而丹麦则持有荷尔斯泰因，直到 1864 年被迫放弃。这三块飞地能保留下来，都是由于拿破仑不愿意与拥有它们的大国对立。根据《普雷斯堡和约》，条顿骑士团位于梅尔根特海姆的辖区被划给奥地利。奥地利军队一直守卫着这个士瓦本的前哨，直到 1809 年与法国作战时，梅尔根特海姆最终被作为拿破仑盟友的符腾堡吞并。[22] 尽管汉诺威在 1806 年后的领地重新分配中消失了，但其大部分以前的军队在 1803 年至 1815 年间作为国王的德意志军团（King's German Legion）与英国人一起服役，使其保留了一个阴影般的存在。

王朝的延续性更加引人注目。不仅哈布斯堡家族和霍亨索伦家族仍然是大国的统治者，而且有 39 个诸侯家族和王朝分支在莱茵联盟中作为君主幸存了下来，其中包括小国绍姆堡–利珀的统治者，该国刚刚躲过黑森的吞并，这是由于 1787 年帝国法院帮了忙（见第 737 页）。冯·德尔·莱恩家族早在 1711 年就从帝国骑士晋升为伯爵，1803 年成为诸侯，在 1806 年后则由于与达尔贝格和约瑟芬·波拿巴的亲属关系而得以幸存。他们的领地在 1815 年才间接附庸化，首先被转给了奥地利，然后在 1819 年之后被转给了巴登。列支敦士登家族从旧日的家臣一路走来，成为 21 世纪的君主，他们在 12 世纪以后于施蒂里亚、摩拉维亚、波希米亚和西里西亚获得了可观的土地，并于 1623 年成为帝国的诸侯。一个世纪后，他们终于为他们在瓦杜兹的领地获得了帝国议会的投票权，该领地仅有 165 平方千米，是他们于 1712 年购买的。列支敦士登在 1806 年加入了莱茵联盟，从而保证了独立地位，尽管其真正的财富是在奥地利帝国保留的土地。1866 年，列支敦士登人在瓦杜兹和奥地利之间建立了关税同盟，从而躲过了被并入俾斯麦的德国的命运。与瑞士的类似关系确保了列支敦士登在 1919 年后继续存在下去。

联盟的发展分为四个阶段。最初的 16 名成员于 1806 年 7 月离开帝国。萨克森选侯国于 12 月加入联盟，成为一个王国。萨克森埃内斯特分支的公爵们也加入联盟，他们在拿破仑 10 月对普鲁士取得全面胜利之后，都在寻求与拿破仑建立更紧密的关系。第三阶段始于 1807 年 4 月，当时来自前中立区的德意志北部和中部的 12 个诸侯国加入了联盟。在拿破仑于 12 月建立新的威斯特伐利亚王国后，该阶段结束。最后，梅克伦堡的两个分支和奥尔登堡于 1808 年加入。拿破仑故意保留了一些小国，让与其相邻的巴伐利亚和符腾堡等大国始终有所顾虑，从而牵制这些国家。虽然有充分的主权，但所有这些国家都是脆弱的。拿破仑是联盟的"保护者"，但他在 1810 年 12 月吞并了奥尔登堡、萨尔姆-萨尔姆（Salm-Salm）、萨尔姆-基尔堡（Salm-Kyrburg）和阿伦贝格，并削减贝格大公国的领地，将法国领地扩展到北海海岸。同时，他夺取了汉堡、不来梅和吕贝克等城市，这些城市虽然没有加入联盟，但自 1806 年以来幸存了下来。

许多人继续从帝国那里汲取灵感，努力使联盟更有活力，使其不那么容易受到拿破仑的各种奇思异想的影响。达尔贝格的首席大臣弗朗茨·约瑟夫·冯·阿尔比尼（Franz Joseph von Albini）劝说达尔贝格不要退位，而是在 1806 年 7 月 31 日辞去帝国大书记官的职位，接受拿破仑的提议，成为联盟的"盟主"（Fürstprimus）。[23]达尔贝格希望这个职位能让他把联盟塑造成一个现代化的、精简的、联邦式的帝国。拿破仑纵容了他，允许他提交各种宪法草案，所有这些草案都设想由法国皇帝担任"保护者"，而大书记官的职位则由盟主替代。一个"邦联议会"（Bundestag）将在雷根斯堡开会，以取代帝国议会。票数将大致按规模分配，巴伐利亚获得6票，符腾堡获得4票，盟主和所有大公各获得3票，拿骚获得2票，其余各获得1票。由于等级观念依然存在，议会分成了国王团和诸侯团。

这些计划引起了一些兴趣，主要是因为联盟中较弱的王公希望一部宪法能够平息合法性方面的争议，争议之处在于帝国是已经解体，还是说只是目前被法国及其盟国占领。[24]然而，所有王公都紧紧握住自己的新主权，并如今日欧盟的反对者一样，他们担忧共同机构会压制他们的独立性。拿破仑对联邦这种结构没有兴趣，因为它可能会为反对他军事要求和政治要求的势力提供平台。达尔贝格坚持不懈，直到最后仍忠于联盟，并在拿破仑明显输掉战争后拒绝与盟国展开谈判。相反，达尔贝格于1813年10月28日退位，并拥立拿破仑的继子欧仁·德·博阿尔内——他在1810年被指定为下一任盟主。在短暂流亡到康斯坦茨之后，达尔贝格得到巴伐利亚的许可，在1814年作为纯粹的神职人员担任雷根斯堡大主教。

确认结束

与帝国相比，联盟为其居民提供的东西很少，就像哈布斯堡的官员约瑟夫·哈斯预测的那样，如今它只是给拿破仑征兵和征税而已。法国战败后，人们强烈希望恢复正常，而大多数人仍然认为正常状态与帝国联系在一起。很多人希望为协商拿破仑之后的解决方案而召开的维也纳会议（1814—1815）能恢复帝国。未来的普鲁士国王腓特烈·威廉四世认为，帝国自 1806 年以来一直处于"搁置状态"，并希望尽可能复兴它。[25] 英国摄政王以及未来的国王乔治四世和他的大臣们认为恢复帝国是光复汉诺威的一种方式。乔治在 1814 年 10 月才获得"汉诺威国王"这一头衔，当时帝国显然已不会复活，因此有必要使汉诺威与巴伐利亚、萨克森和符腾堡的王国地位相匹配。[26]

其他人则进一步坚持，特别是索尔姆斯-劳巴赫（Solms-Laubach）的弗里德里希·路德维希伯爵，他曾是 1803 年伊森堡-比尔施泰因的卡尔主持的法兰克福联盟的主要推动者。与 1806 年后的其他诸侯不同，弗里德里希伯爵希望取消将埃尔巴赫（Erbach）和莱宁根（Leiningen）这样的小统治者间接附庸化这一举措，他代表他们向拿破仑游说——毫无效果，这不足为奇。他将帝国爱国主义的旧辞令改造为 1813 年运动中所表达的德意志民族主义新语言，将贵族们说成是为祖国而战。这一年年底，他成立了一个让人想起近代早期伯爵联盟的协会，以动员那些自 1803 年以来已经失去自治权，或现在有可能失去自治权的小王公。他赢得了有影响力的普鲁士大臣斯坦因男爵的一些同情，但在 1815 年 6 月德意志邦联成立时，他只是设法确保了间接附庸化的统治者的已有特权得以延续。[27] 更令人惊讶的是，许多普通居民都希望扭转 1803 年以来的变化，特别是希望他们的社区恢复自治，或回到以前的统治者手中。巴登和符腾堡逮捕了同情奥地利的亲奥派，扑灭了他们发动的一场运动，这场运动要求两国在 1806 年获得的士瓦本土地上恢复哈布斯堡家族的统治。[28]

1813 年秋，击败拿破仑的过程已经使这种希望成为泡影，当时同盟国确认巴伐利亚和符腾堡可以保留其新领地，以换取两国改变立场，共同对抗法国。到那时，十年来几乎不曾停止的战争已经证明了版图扩张后的各邦国的军事潜力，确保了奥地利和普鲁士不会忽视其君主的利益。这两个大国瓜分各邦的计划由此搁浅，维也纳会议因而默认以过去神圣罗马帝国的模式为参考来安排中欧的局面。所有提案都借鉴了达尔贝格的思路——尽管没有明说——提出恢复原有的秩序框架，但要加以合理化和联邦化。尽管斯坦因倡导建立"民族君主国"，但他实际上是建议恢复经过浪漫化的中世纪皇帝统治，其管辖的联邦化帝国包括了版图扩大的奥地利君主国和普鲁士君主国。[29] 过去的经历直接影响了讨论。例如，新的提案以1790 年和 1792 年最后两次皇帝选举时达成的协议来指导任何新皇帝可能拥有的权力。大多数提案都设想建立某种帝国大区式结构，将小国联合起来。所有提案都建议以帝国议会为模板建立一个邦联议会。没有人认真考虑过共和政体。

结果是由奥地利、普鲁士、4 个王国、18 个大公国、11 个诸侯国和 4 个自由市组成的德意志邦联。它们都被视为主权国家，但又是一个邦联国家的成员。新的邦联议会于 1816 年 11 月在法兰克福的图恩和塔克西斯宫开幕，建立了与帝国的象征性联系，因为该家族的王公在 18 世纪后期曾是哈布斯堡家族派驻帝国议会的主要专员。邦联在很多方面都像帝国那样模糊不清。它的宪法是在拿破仑于 1815 年 2 月从厄尔巴岛意外返回后的百日王朝期间中匆忙制定的。许多内容不过是一些模糊的建议，为未来的发展留有余地，尽管沿着邦联路线融合显然是一种选择。

由于规定不够明确，邦联在一定程度上默认了原有的帝国惯例。奥地利的皇帝在形式上是世袭的邦联主席，但他们受到普遍尊重更多是由于神圣罗马帝国的遗产，而不是由于 1804 年才得到的奥地利皇帝头衔。哈布斯堡家族仍然是德意志唯一的皇室。他们的情况并不比霍亨索伦家族差，霍亨索伦家族在 1806 年被羞辱性地击败，并于 1812 年底在将军们的推动下改变了对拿破仑的立场。奥地利在 1809 年的进一步失败至少使人们更加相信哈布斯堡家族是爱国的，因为他们在没有其他君主支持的情况下独自应对解放德意志的挑战。1835 年，当斐迪南接替弗朗茨二世成为哈布斯堡王朝第一个没有得到过神圣罗马帝国皇帝头衔的皇帝时，所有新的德意志诸侯都聚集在美泉宫。法兰克福市议会在 1838 年后开始运作一个为期 15 年的计划，用从查理大帝到弗朗茨二世的每位君主的肖像来装饰其市政厅的"皇帝厅"。当奥地利在 1859 年的意大利统一战争中孤军奋战，并输给法国和皮埃蒙特时，哈布斯堡王朝得到了大量同情。只有霍亨索伦家族与其争夺领导地位，而即使是他们，在 19 世纪中叶之前也无法持续挑战哈布斯堡家族的统治。当奥地利的新皇帝弗朗茨·约瑟夫于 1863 年在法兰克福召开峰会讨论政治改革时，普鲁士国王是唯一缺席的邦联主权国家的君主。

1815 年的《邦联法》确认了每个成员国的司法主权，指示它们建立自己的上诉法院。第 12 条允许四个自由市将案件移交给其他邦的法院，以确保公正性，这与近代早期帝国使用的寻求司法建议的做法相当类似。同样，邦联议会像帝国议会那样扮演了非正式的最高法院这一角色，帝国议会当年就是在没有宪法明确规定的情况下履行这一职能的。与其他许多早期自由主义的愿望一样，事实证明这些模糊的安排无法防止一些邦联成员在司法上的专横武断。[30]

第 14 条宣布以前的一些法律无效，以防止邦联成员的法律制度与其新疆域内的非直辖领地的法律制度之间产生冲突。然而，对于弗朗茨在 1806 年的退位是否终止了帝国法律的效力，人们尚无定论，主要是由于领地法律在很大程度上源于帝国法律，并经常被逐字逐句地纳入帝国法律。只有贝格和威斯特伐利亚采用了《拿破仑法典》。奥地利、巴伐利亚和奥尔登堡在 1814 年之前就改革了自己的法典，但其他地方的改革进程很缓慢，像黑森-达姆施塔特的改革就从 1769 年一直持续到 1820 年。荷尔斯泰因已经在 1806 年 9 月宣布，《卡洛林纳刑事法典》和其他帝国法律仍然有效，除非它们明确与自己的法律相抵触。大多数国家都采用了这一权宜之计，1820 年维也纳会议的《最终协议》第 23 条也采用了这一做法，承认所有在继承国仍然有用的帝国法律和规范继续有效。[31] 改变既有法律安排所遇到的困难，有助于解释法团社会为何在 1806 年之后幸存下来。

1815 年以后欧洲历史中的帝国

德意志以外的态度

处理帝国的历史遗留问题需要的时间长得多。奥地利既是邦联主席，又是维也纳会议强加给意大利的解决方案的担保人，因此这种双重身份使德意志邦联的生存能力受到影响。这在表面上反映了帝国的地理范围，但情况却非常不同，因为帝国治下意大利的诸侯家族和城市共和国在 1796 年后被法国人一扫而光。只有萨伏依家族得到了恢复（1814 年在皮埃蒙特），但被认为太弱，无法保卫意大利免受法国未来可能的侵略。奥地利现在将伦巴第和威尼斯作为德意志邦联以外的属地进行统治。剩下的四个北意大利邦国中的三个由哈布斯堡家族的亲属来管理。同时，教宗的统治在意大利中部得到恢复，波旁家族凭借那不勒斯–西西里的王位恢复了国王身份。由于两者都对意大利的统一不感兴趣，皮埃蒙特成了意大利的拥护者，它的地位相当于很多德意志民族主义者眼中的普鲁士。

在这些情况下，帝国要么显得与"真正的"意大利历史无关，要么成为"德意志压迫"的象征。朱塞佩·威尔第的歌剧《莱尼亚诺战役》(*La battaglia di Legnano*) 于 1849 年 1 月 27 日在罗马首演，而就在两个月前，教宗庇护九世刚刚逃离了一场自由民族主义革命。这部歌剧的主题是伦巴第联盟在 1176 年战胜了"红胡子"皇帝和他的"日耳曼"骑士们，这显然鼓舞了为把奥地利人赶出意大利而斗争的革命者。尽管那年夏天皮埃蒙特和罗马共和国战败后，这部歌剧被奥地利审查员查禁了，但在意大利于 19 世纪 60 年代实现统一和独立后，意大利国歌中还是提到了莱尼亚诺。帝国仍然与霸权联系在一起，例如，翁贝托·博西（Umberto Bossi）领导的政党北方联盟在 20 世纪 90 年代反对罗马当局的运动中就声称自己继承了伦巴第联盟的遗产。[32]

法国观察家们不同意查理大帝只属于神圣罗马帝国，但普遍同意利奥波德·冯·兰克和他的德国历史学家同行们对帝国所持的其他整体负面的看法。人们认为，帝国只属于中世纪的过去，当时"基督教普救论的重压"使任何民族国家都不可能成形。神圣罗马帝国在 9 世纪 40 年代似乎已经完全消失，而奥托一世时期复兴的不过是一个"具有致命缺陷的巨人"。[33] 这一弱点一直是人们焦虑的根源，因为法国政治家和历史学家认为，要想建立一个真正的德意志民族国家，德意志就必然会进行侵略性扩张，牺牲其当时的邻国——1870—1871 年、1914—1918 年和 1938—1945 年的经验充分印证了这种观点。[34]

　　由于 1815 年后的政治安排和法律安排为仍然处于邦联边界内的非德意志人保留了一些过去的自治权，所以他们的敌意比较少。这在 1848—1849 年的革命中获得了政治意义，当时革命迫使邦联正视其政治框架与更加激进的、本质主义的新兴民族主义思想之间的格格不入之处。到了 1851 年，将所有哈布斯堡家族和霍亨索伦家族的土地纳入邦联的可能已经不复存在，因为其他强国表示反对，它们担心这样做将在中欧创造一个超级大国。因此，讨论的范围越来越小，变成了在"大德意志"和"小德意志"这两种解决方案之间取舍的问题，前者要将既有边界以外讲德语的人也纳入其中，后者则打算将奥地利排除在外，如果它不想与其他哈布斯堡家族的土地脱离关系的话。

　　这场争论使哈布斯堡君主国非德意志部分的民族主义迅速发展。捷克人尤其急于在统一的德国内避免被边缘化。捷克的自由主义者在 1848—1849 年拒绝了参加法兰克福议会的提议，宁愿留在多语言的哈布斯堡君主国内。捷克历史学家对帝国越来越感兴趣，他们对帝国的看法是积极的，因为它没有威胁到波希米亚的自治权。直到 19 世纪后期，当民族主义者为争取更独特的身份而努力，把对帝国历史的解释纳入普遍的反德情绪中时，对帝国的看法才变得更加充满敌意。德国历史学家在研究中详述了帝国的诸多失败之处，这为仇视帝国的观点提供了方便的弹药。[35]

德意志人的观点

许多德意志人最初对帝国比较同情。新出现的自由民族主义理想在民众中得到的支持有限。只有468名学生参加了1817年10月18日著名的瓦特堡庆典，这场庆典是在盟军于莱比锡战胜拿破仑四周年之际举行的，而两周后此地恰好还要举办庆典以纪念引发宗教改革的路德《九十五条论纲》发表三百周年。即使是1832年的汉巴赫节也只吸引了不到3万名自由主义者，相比之下，1844年有110万名朝圣者来到特里尔，以目睹据说为"基督圣袍"的衣物。[36] 1813年，威廉·冯·洪堡指出，在一块特定的土地上生活于更大范围的社区中，这就是定义德意志人的特征。[37] 从社区到国家再到民族的渐进式认同与邦联的政治结构相一致，被称为"邦联民族主义"。[38] 这与1815年后意大利的情况形成鲜明对比，当时意大利没有联邦式政治结构，分裂与来自外部（哈布斯堡王朝）的压迫有关。

然而，这仍然让许多人感到不满。只有奥地利和普鲁士仍然是去中心化的，人们对省份的认同与对社区和国家的认同一样强烈。军事上的需要使其他德意志邦国产生了更加中央集权的政治制度，这些邦国的统治者不希望他们在1803年至1815年使其间接附庸化的地区发展出独立的身份认同。[39] 同时，间接附庸化的过程还使知识分子对更进步的社会经济改革和政治变革产生了不切实际的期待，而实际的改革主要限于提高财政和军事效率。1815年后的许多国家都没有采用更加民主的代表制。进步知识分子越来越把由小诸侯国组成的"第三德意志"视为革命前"旧政权"的反动残余。[40] 1792—1815年的经历改变了人们对"人民"的理解，许多人呼吁用居民之间以及居民与国家之间更平等的关系来取代阶层隔离的政治体社会。人们越来越认为"民族"由"人民"组成，而不是由一般法律和宪法的安排来定义。民族主义成为那些对既定秩序持批评态度的人的反抗策略，而不是对既定结构的认可。[41]

浪漫主义的传播促使民族主义者从往昔寻找灵感，以塑造德意志的未来。帝国晚期的历史似乎只是一个走向不光彩的灭亡的衰落故事。虽然许多自由主义者仍然对之前皇帝与教宗的密切联系感到不安，但中世纪的帝国似乎更有希望。中世纪已足够遥远，可以被浪漫化为一个失落的和谐社会。自由派和保守派的议程与当时的主流历史学术研究不谋而合，后者将 1250 年以前强大的德意志民族君主国与所谓的漫长衰落期区分开来。这种解释因 1819 年后地方史学会的普及而得到推广。有些学会通过关注地方王朝来满足小邦爱国主义的需求，这在巴伐利亚也许是最成功的，那里的维特尔斯巴赫家族用"巴伐利亚人"路易四世的统治来给自己新成立的王国撑腰。[42] 然而，其他学会采取了更宏观的视角，特别是编纂《德意志文献集成》(*Monumenta Germaniae Historica*) 的历史学会，它致力于出版中世纪德意志教会的文件。

艺术家和作家对中世纪做了很有吸引力的包装，其受众相当广泛。约翰·雅各布·博德默尔 (Johann Jakob Bodmer) 在 1757 年重新发现的《尼伯龙根之歌》(*Nibelungenlied*) 在 19 世纪初通过新编的德意志文学作品选和民间故事集广为流传。另一个有影响力的例子是歌德在 1773 年发表的关于 16 世纪"强盗贵族"葛兹·冯·伯利欣根的戏剧。这部剧除了群众演员之外还有 62 个角色，几乎无法演出，而且经常与史实不符：葛兹在剧中死于 1525 年农民战争结束之际，而在现实中他于 1562 年死于晚年。然而，歌德笔下的葛兹是一个强大的"德意志自由"的象征，他直接与皇帝打交道，而不是通过一层一层的贵族等级制度。[43] 许多人都接受了这样的看法，试图重新与一个所谓更真实、更廉洁的时代联系起来。例如，弗里德里希·德·拉·莫特·富凯（Friedrich de la Motte Fouqué）的故事《魔环》（ *Die Zauberring*，1812）是一个关于骑士、淑女和剑术的宫廷浪漫故事，背景是黑暗的森林和岩石峭壁上的城堡。

一些实物也让人想起过去。科隆大教堂始建于 1248 年，但在 1560 年被弃置时仍未完工。1808 年，当地提出的重启计划赢得了普鲁士王储腓特烈·威廉的支持，他于 1842 年为新工程举办奠基仪式，明确地将建设大教堂与国家统一的任务联系起来。[44] 马克斯·冯·申肯多夫（Max von Schenkendorf）的诗歌《德意志城市》激发了人们对阿尔布雷希特·丢勒和汉斯·萨克斯（Hans Sachs）的兴趣，并提供了一种重拾近代早期历史的方式，不用涉及宗教改革，也不用触及宗教改革给 19 世纪的德意志留下的仍然棘手的遗产，此时的宗教分裂已经有了新的政治意义。[45] 19 世纪 40 年代，人们开始以各种方式纪念丢勒和萨克斯，萨克斯还在 1861 年的泛德歌曲节上得到赞颂，这反过来又启发理查德·瓦格纳创作了《纽伦堡的名歌手》（ *Die Meistersinger von Nürnberg* ）。汉斯·冯·奥夫塞斯（Hans von Aufseß）的中世纪德意志艺术藏品成为后来的德国国家博物馆的基础，该博物馆于 1852 年在纽伦堡开放，并在第二年被德意志邦联作为“国家事业”接管。

浪漫主义的“回到未来”愿景对保守派解释和自由派解释都是开放的。许多人颂扬中世纪社会，称之为一个有机而和谐的社会，并声称法团主义使正式的宪法变得没有必要。这是理查德·瓦格纳“整体艺术”（Gesamtkunstwerk）理想的政治化版本，将所有元素融合成一个共同的整体。通过隐喻、故事和图像来宣传，往往比抽象的论据和政治纲领更能引起大众的共鸣。最重要的是，它对现代性问题提出了一个明显日耳曼式的解决方案，该方案优于许多人眼中英国自由主义的过度行为或法国大革命的机械意识形态。恐法心态是一种掩盖德意志内部紧张局势的便捷方式，官方对"解放战争"（1813—1815）的纪念活动则无视了德意志军队在1806年、1809年和1813年同时站在交战两方作战的事实。[46]

对真正"德意志"历史的追求体现在对古罗马的否定上，这主要是因为自由民族主义者越来越多地把希望寄托在新教的普鲁士身上，以对抗天主教的奥地利。早先对"帝国转移"的赞颂被推翻，人们转而将古罗马文化解读为通过查理大帝传至法国，几乎完全绕过了德意志。古希腊取代了古罗马，成为古典范式，这是因为有德意志人在1829年参与了希腊的独立。巴伐利亚的路德维希一世是现代希腊第一位国王的父亲，他在雷根斯堡附近建造了俯瞰多瑙河的瓦尔哈拉神殿（1830—1842），作为融合希腊风格和日耳曼风格的万神殿。[47]神殿一侧的屋檐装饰着德意志各邦和日耳曼尼亚的化身图案，而阿米尼乌斯——现在被德语化为"赫尔曼"——则从另一侧向外眺望，这典型地反映了颂扬古代日耳曼人反抗古罗马人的广泛趋势。从18世纪80年代起，考古学作为一门专业学科在德意志兴起，几乎所有非罗马的物品都被贴上了"日耳曼"这一标签，以彰显德意志文化优于西面的法国化"文明"。为条顿堡森林中的赫尔曼纪念碑筹集资金的活动始于1841年，吸引了英国、奥地利和荷兰统治家族的赞助，表明这个故事在其他地方也是有效的，而且它还被理解为自由对（拿破仑法国）压迫的胜利。到了1871—1875年纪念碑真正建造的时候，情况已经发生了一些变化。"赫尔曼"现在被公开与德皇威廉一世联系在一起，以表明新缔造的第二帝国植根于古老的过去。[48]

1848年的革命暴露了将这些不同的因素结合在一起以达到理想中的和谐有多困难。革命议会在法兰克福召开，部分是因为法兰克福是邦联议会的所在地，但也是由于它早先与帝国的关系。由于无法在市政厅内未完工的皇帝厅开会，代表们在附近的圣保罗教堂（Paulskirche）召开了会议。议会将黑、红、金三色作为新的国色，试图进一步与中世纪建立联系。虽然这三种颜色都与中世纪的帝国有关，但它们直到拿破仑战争期间才被吕措夫（Lützow）步枪团组合成三色旗，后来从1817年开始被自由派使用。议会在金色的盾牌上增加了一只黑色的双头鹰，但鹰的头上没有光环，这一直是邦联的标志，直到1866年。[49]普鲁士在打败奥地利并于1867年成立自己的北德意志联邦后，不得不寻找一套不同的颜色。汉萨同盟的红色和白色与普鲁士王家鹰徽的黑色相结合，自1871年起成为官方颜色，但直到1892年新的三色旗才成为国旗。尽管这两套颜色都是为了让新的国家扎根于过去，但到1919年时，它们已经有了截然不同的意识形态联系，与1806年以前的帝国再无关系。魏玛共和国做出妥协，将民主的黑、红、金三色作为国旗，将保守的黑、白、红三色作为商船的旗帜。

第二帝国

1859年至1871年间，意大利和德国的统一对欧洲的小国来说是一场灾难，其中12个国家失去了独立地位。[50]哈布斯堡家族被迫给予匈牙利平等的政治地位，在1867年建立了二元君主制的奥匈帝国。这未能解决一个问题，即它到底仍然是一个帝国，还是变成了一个君合国。哈布斯堡家族在1804年就采用了一个世袭的皇帝头衔，此时延续了近代早期的这种含糊其词的做法。[51]事实证明，很难确定奥地利的历史始于何时。奥地利与德国的实际分离源于1866年的战败，但一场战败显然不适合作为培养爱国热情的基础。因此，奥地利历史在1893年才成为该国大学的必修课，当时它采用了更广泛的学术惯例，将国家的发展作为更广泛的"帝国历史"（Reichsgeschichte）的一部分来追溯，一直追溯到查理五世统治时期。这样一来，哈布斯堡的皇帝们巧妙地把自己变成了优秀的奥地利人，几乎把帝国当作一个单独的小国来治理。

普鲁士在1870—1871年战胜了法国，使其得以吸收德意志南部的巴登、巴伐利亚、黑森-达姆施塔特和符腾堡等邦国，从而将北德意志联邦这个临时产物转变为"第二帝国"。新帝国于1871年1月18日在凡尔赛宫的镜厅宣布成立，这个仪式不仅是为了展示对法国的胜利，而且是为了呼应神圣罗马帝国过去的某些元素，好让新国家建立在比军事胜利更广阔的基础上。奥托·冯·俾斯麦说服了巴伐利亚的路德维希二世带领剩余的德意志王公拥立威廉一世为皇帝，这直接借鉴了中世纪早期的做法。公告中明确提到了"沉睡了60多年的德意志皇帝头衔"。[52] 威廉在3月21日为新的帝国议会揭幕时坐在奥托王朝在戈斯拉尔的宝座上，而不是他的普鲁士王座上，以示延续了神圣罗马帝国的法统。近代早期的表述"皇帝和帝国"（Kaiser und Reich）也得到使用，以适应这样一个事实，即第二帝国是由一个扩大了的普鲁士（本身还是一个王国）、21个王国和诸侯国以及3个自由市组成的。

这些行动是出于不得已，而不是真的想要与神圣罗马帝国的历史挂钩。之所以动用戈斯拉尔的宝座，是因为哈布斯堡家族仍然持有亚琛的石王座和帝国宝物。俾斯麦需要掩盖这样一个事实：建立第二帝国需要切断与奥地利的历史联系，压制六个德意志主权国家，并让普鲁士统治其余国家。与以前的皇帝头衔含混地联系在一起使威廉一世得以避免被称为"联邦总统"，这个称呼在 1848 年的动荡过后听起来颇具危险的共和主义意味。1871 年 1 月设计的临时帝国纹章使用了普鲁士的鹰，盾牌上的查理曼皇冠下印有霍亨索伦家族的徽章。查理曼的皇冠还出现在 1871 年的纪念章和 19 世纪 70 年代至 90 年代建造的主要历史纪念碑上，以唤起人们对德意志共同历史的回忆，但令人尴尬的是，真正的皇冠仍然在哈布斯堡的国库中。[53] 新的官方纹章很快被设计出来，将想象中的皇冠与普鲁士黑鹰勋章结合起来。威廉一世的儿子腓特烈在 1888 年继位时自称腓特烈三世，认为自己继承了腓特烈大王（二世）而不是 15 世纪的皇帝腓特烈三世，普鲁士的传统由此变得更加清晰。通俗历史学家古斯塔夫·弗赖塔格（Gustav Freytag）在 1870 年便已提出，新皇帝应该穿戴军官的外套和头盔，而不是帝国的长袍和皇冠。事实上，安东·冯·维尔纳（Anton von Werner）在 1885 年为 1871 年 1 月的仪式所绘的著名画作显示，仪式上的德国皇室成员都身着军服。

1871 年后，神圣罗马帝国的传统被抛弃了，取而代之的是被浪漫化的中世纪德意志历史，而这种历史是人为地使其脱离实际历史背景而存在的。图林根诗人弗里德里希·吕克特（Friedrich Rückert）将当地的基弗霍伊泽传说推广开来，该传说称"红胡子"皇帝一直在一座山下沉睡，直到德意志重生才会醒来。这个故事在 1817 年出现在格林兄弟的民间故事集的第二部分，引起了越来越多的关注。这与拿破仑战争后流行的浪漫主义重生观念相吻合。与此同时，在弗朗茨于 1806 年退位的直接影响下，弗里德里希·劳默尔（Friedrich Raumer）开始撰写斯陶芬家族的历史，这部作品最后长达六卷。劳默尔将斯陶芬家族史描述为一个戏剧性的兴衰故事，巩固了一种流行的观点，即他们代表了德意志最后的伟大时代。后来的政府用和斯陶芬家族有关的事物来暗示新德意志的诞生。"红胡子"是 1848 年法兰克福议会成立的新邦联海军的第一艘旗舰的名字。[54] 老年的威廉一世在 1871 年的登基典礼上已经号称"巴巴布兰卡"（Barbablanca，意思是"白胡子"）。参加过 1866 年和 1871 年战争的退伍军人们向政府请愿，希望在基弗霍伊泽建立民族纪念碑。当学者们宣布这座山曾经是沃坦神的圣地时，这个想法就显得倍加合适了。新皇帝威廉二世于 1892 年在此为纪念碑奠基。这座宏伟的建筑于 1896 年 6 月 18 日正式落成，现场有 3 万名退伍军人列队接受了检阅。它将威廉一世骑马的雕像和从沉睡中醒来的"红胡子"的基座雕像结合在一起。[55] 吕克特的诗一直到 20 世纪还出现在学校课本中。

同时，残破的戈斯拉尔王宫在 1868 年至 1897 年间被修复为民族纪念堂，饰以描绘帝国历史某些方面的画作，包括苏醒的"红胡子"。除此之外，民族纪念碑并没有建在与神圣罗马帝国有关的地点，而是建在摩泽尔河和莱茵河的交汇处，那里被称为"德意志之角"（Deutsches Eck）。1897 年那里还修建了另一座宏伟的纪念碑，以纪念威廉一世。[56] 1871 年至 1883 年间，一座巨大的日耳曼尼亚雕像在莱茵河畔的吕德斯海姆（Rüdesheim）外建造起来，以歌颂第二帝国完成了德意志统一大业。1900 年至 1910 年间，德国各地建造了 500 座"俾斯麦塔"，以纪念这位政治家。这些塔的设计模仿了拉韦纳的狄奥多里克墓，旨在强调德意志人都来自历史上的哥特人。同时，汉萨同盟被重新塑造成纯粹由德意志人参与的事业，为威廉的海军政策和殖民政策提供了合法性支持。[57]

帝国和"德国问题"

由于革命迫使所有德意志君主退位，奥匈帝国和第二帝国都在第一次世界大战结束时崩溃了。这两个帝国在许多方面都很成功，尤其是德意志帝国，到 1914 年它已经成为世界第四大经济体。它们的帝国主义是时局的产物，是 19 世纪末高度竞争的世界环境的产物，而不是来自 1806 年以前的帝国历史。两个帝国都没有解决归属问题。奥匈帝国的官方政策继续将对王朝的忠诚置于地方和民族身份认同之上，无意中造成了与 19 世纪早期德意志类似的情况，民族主义成了那些反政府者的意识形态。奥匈帝国因 1919 年的《凡尔赛和约》解体，这使奥地利成为一个没有帝国的小共和国。事实证明，即使哈布斯堡王朝消失了，对帝国的过往进行历史化解读也很困难。保守派作家试图把它说成一种文明使命，暗示奥地利或许可以再次为支离破碎的混乱的中欧提供秩序，以使奥地利摆脱其大大缩小的疆域限制。雨果·汉奇（Hugo Hantsch）强调天主教是一个统一的因素，而海因里希·里特尔·冯·斯尔比克（Heinrich Ritter von Srbik）突出一个共同的日耳曼根源（Germantum），不过这并没有种族色彩。弗里德里希·黑尔（Friedrich Heer）则同时强调了两者，浪漫地将帝国描述为一股仁慈的力量。[58]

德意志帝国最初对多重身份认同的态度比较宽容，这使那些在 1871 年认为统一进程还不够深入的人感到愤怒。各种团体纷纷鼓动建立更同质化的文化认同，并且要将那些在帝国之外说德语的人纳入帝国。[59] 事实证明，将德语作为整个普鲁士的官方语言取得了适得其反的效果，激起了波兰民族主义的强烈反对。认定天主教徒、犹太人和社会主义者不爱国同样造成了分裂。围绕德国国籍所产生的分歧是对 1919 年在革命和内战中建立的魏玛共和国造成破坏的众多因素之一。魏玛宪法第 127 条在一个更广泛的法律框架内规定了社区自治和自我调整，直接借鉴了以神圣罗马帝国的社区形式和更广义的德意志过去的社区形式为课题的历史研究。然而，许多人拒绝共和政体，认为其"不德意志"，将魏玛共和国时代视为另一个"空位期"，就像 1250—1273 年那样。似乎衰弱和分裂的德意志再一次需要等待它的"红胡子"醒来并指引它前进。新一代的历史学家重复了劳默尔早先对斯陶芬家族的塑造，将他们誉为有远见的帝国建设者。这些历史学家当中就包括恩斯特·坎托洛维奇（Ernst Kantorowicz），他是一个犹太人，这颇具讽刺意味。坎托洛维奇的《腓特烈二世传》启发了海因里希·希姆莱，而赫尔曼·戈林则给墨索里尼寄过这本传记。1933 年 6 月，希特勒青年团在霍亨斯陶芬城堡的废墟中举行了献旗仪式。[60]

大多数专业历史学家都非常保守，他们对帝国的推举式君主制的研究加重了批评魏玛民主制的普遍声音，这些批评认为这种制度毫无意义且具有分裂性。特奥多尔·迈耶、奥托·布伦纳（Otto Brunner）、沃尔特·施莱辛格（Walter Schlesinger）等人在 20 世纪 30 年代至 70 年代推崇的所谓"新宪法史"巩固了从反罗马的角度对德意志历史做出的解读，他们试图找出一个特别德意志式的、据说是基于领主制的个人因素的中世纪社会政治组织，将前现代国家定义为国王和贵族的"支配组织"（Herrschaftsverband）。[61]虽然遵守了德国学术界的专业标准，但他们的研究将战士贵族浪漫化，为不太严谨的作家提供了理想的材料，促使这些作家推出一种理论，即德意志是领导者–追随者式社会。

纳粹夺取政权后，废除了巴伐利亚、萨克森、符腾堡和其他地区的独立身份，并在 1934 年 2 月 5 日以通过种族主义标准判定的单一国籍取而代之。旧的行政单位往往仍然以帝国封地的边界为界，此时也被称为"大区"（Gaue）的新分区取代，这个名称与日耳曼部落的定居地有关。许多纳粹分子发现神圣罗马帝国的历史无法利用。约瑟夫·戈培尔原本打算在明斯特举办一场展览，展示《威斯特伐利亚和约》是如何分裂德意志的，但在1940年法国沦陷后，纳粹对其国家"软弱"历史的羞耻感随之消失，他便放弃了这个计划。希特勒多次以神圣罗马帝国为反例来与他统治的统一德国对比，机械地模仿几十年来保守派的历史批判，例如，他声称"如果德意志的封建王公忠于德意志皇帝，德意志民族神圣罗马帝国就会成为一个巨大的帝国"。[62] 第二帝国因短暂地实现了国家统一而受到赞扬，但在其他方面则因"错失良机"而遭到谴责。1939年6月13日，所有纳粹党组织收到了一份通知，通知禁止在提到帝国时再使用"第三"这个形容词，因为希特勒不想与前两个帝国做任何比较。[63] 纳粹狂热分子阿尔弗雷德·罗森伯格（Alfred Rosenberg）公开唱反调，蔑称神圣罗马帝国为教宗的工具，还宣称查理大帝处决的拒绝皈依基督教的4 500名萨克森人是纳粹战士的先驱。他因此受到希特勒的斥责，毕竟这位法兰克国王（当然，他是德意志人）在希特勒眼中有更英雄化的形象。[64]

希特勒的干预表明完全忽视神圣罗马帝国是很困难的，主要因为它包含了德意志的大部分历史。1938年德奥合并后，一支党卫军仪仗队被派去维也纳取回帝国宝物，并护送它们到纽伦堡。它们在近代早期就被存放在纽伦堡，现在纽伦堡则是纳粹党总部所在地。虽然此举意在象征奥地利（现在被称为"东方边区"）回归德国，但由于查理曼的皇冠上装饰着犹太国王大卫、所罗门和希西家的画像，所以这样做还是存在问题的。[65] 希姆莱可能是高级领导层中最热衷于利用中世纪帝国来合理化"新秩序"的人。他选择在 1936 年 7 月，即与他同名的奥托王朝的亨利一世逝世一千周年之际，在奎德林堡的城堡为党卫军一年一度的"亨利庆典"（Heinrichsfeier）举办开幕式。像他同时代的许多人一样，希姆莱受到了 19 世纪一种错误解释的影响，这种解释称亨利是"德意志帝国"的"创始人"。一个党卫军师被命名为"霍亨斯陶芬"，而法国党卫军志愿者于 1944 年组建了另一个师，名为"查理曼"。

卡尔·理查德·甘策尔（Karl Richard Ganzer）是纳粹化的国家历史研究所的负责人，他在一本书中颂扬了日耳曼人从查理大帝到当下一直担负的帝国使命，这本书在德国闪电战的高峰期出版，不久就卖出了 85 万册。甘策尔的作品之所以吸引人，是因为它只是粗略地复述了"帝国为欧洲提供了秩序"这一观点，许多奥地利历史学家以及弗里德里希·威廉·弗尔斯特（Fredrich Wilhelm Foerster）等人自 20 世纪 20 年代以来就在宣扬这一观点。[66] 对历史的误用和误解也许在德国人为入侵苏联的行动所取的代号中得到了最好的体现。总参谋部打算使用平庸的代号"弗里茨"或"奥托"，但希特勒坚持将其称为"巴巴罗萨"行动，可能是因为他认为腓特烈一世皇帝的十字军运动与消灭布尔什维克的任务颇有相似之处。[67]

20 世纪后期的观点

纳粹的歪曲对大多数德国人的历史理解影响相对较小，他们仍然固守着源自兰克和后来 19 世纪学者的保守解释。他们仍然认为中世纪的帝国一直存在到 1250 年或者是查理五世统治时期，并认为它维持了稳定的基督教秩序，而近代早期的帝国则被谴责为软弱无力，要对民族未能早日强大负责。[68] 这些现在看来传统的观点在德国 1945 年全面失败之后依然存在，因为它们得到了胜利的盟国的认同。英国、美国和法国的学术界在解释框架上也借鉴了 19 世纪德国历史学家的详细研究，一个重要原因是 20 世纪 30 年代逃离德国的众多知识分子移植了这一框架，他们后来在美国的大学里担任有影响力的教职。

1949 年新成立的德意志民主共和国对帝国没有什么兴趣，只是将 19 世纪的解释重新包装在马克思主义的分期史观内，视那段时期为"封建时代"。据称，到 1550 年，王公贵族的权力战胜了"帝国通行的政策"，使德意志陷入政治软弱的状态中，并阻碍了经济发展，因为马克思主义史学认为中央集权的民族国家是经济发展的原因。[69] 与此同时，民主德国政府以一种新的形式延续了中央集权国家，将其领土重组为新的"州"（Bezirke），有意打破挥之不去的地区身份认同。

1945 年至 1990 年间德国的分治，有助于西方盟国将德国去普鲁士化的计划，因为前霍亨索伦王朝的土地正好位于苏占区，包括旧普鲁士的残余部分、今天作为俄罗斯飞地的加里宁格勒。冷战史学对西方的自由主义传统和所谓的东欧专制主义做了鲜明的区分。对土地关系的标准解释突出了这一点，这种解释指出，易北河以东从中世纪晚期开始发展出"第二次农奴制"（见第 572—573 页）。去普鲁士化的政治计划并没有挑战关于神圣罗马帝国的公认看法，因为对德意志历史的保守解读无意中提供了证据，支持了英美提出的德国偏离西方自由主义规范并沿着自己的"特殊道路"通往希特勒这种解释（见第 III—IV 页）。

与此同时，联邦德国的联邦结构为地区历史注入了新的活力，每个新的联邦州都建立或恢复了历史委员会,并发行或恢复发行了致力于研究当地历史的期刊。州徽借用自存在于每个联邦州边界内的主要诸侯国的纹章,例如,现代下萨克森州使用了汉诺威的白马。详细的历史地图集和多卷的区域研究都强化了长期以来的流行看法,即德国的过去是由许多支离破碎的地方历史组成的,中世纪的皇帝可能偶尔会出现在这些历史中,但除此之外,帝国在很大程度上是无关紧要的。

现在,"帝国"(Reich)这个词已经与纳粹主义有了不可磨灭的联系,阻碍了人们接受自 20 世纪 60 年代末以来学术界对近代早期帝国进行的更为积极的重新评估。2000 年,雷根斯堡举办了一场关于近代早期德意志的展览,组织者故意避开了这个词,因为他们认为公众会把"神圣罗马帝国"与"希特勒的德国"或俾斯麦的"第二帝国"混为一谈。[70] 展览集中展示了闪亮的中世纪珍品和艺术品,而不是解释帝国是如何运作的。早在 1946 年,盟军就将帝国宝物从纽伦堡送回了维也纳,它们被藏在地堡里,在战争中幸存下来。联邦德国的新联邦议会在 1952 年考虑过呼吁归还它们,亚琛大教堂则坚持认为,这三件圣物是奥地利军队于 1794 年运走的,理应物归原主。[71] 个别皇帝通过他们在学校课程中的地位以及流行的电视剧和纪录片对他们的描述,给公众留下了固定的印象,但观点仍然顽固地停留在 19 世纪的角度。

好在与德国最近的历史相比,神圣罗马帝国显得人畜无害。1993 年 4 月的一个晚上,一座 9 米高、18 吨重的混凝土雕像被秘密地竖立在康斯坦茨湖边港口一座旧灯塔的桩式底座上。该雕像由雕塑家彼得·伦茨(Peter Lenz)设计,被命名为"英佩利亚"(Imperia),但与第二帝国的浮夸纪念碑不同,这并不是指帝国,而是指巴尔扎克小说中的一个人物，其大致的原型可能是一位交际花，她生活在康斯坦茨举办那次著名大公会议的约一个世纪后。英佩利亚也代表了真正为宗教会议服务过的 700 名真实妓女，可能是世界上最大的妓女纪念碑。这座姿态丰满妖娆的雕像每三分钟自转一次，双手分别擎着教宗马丁五世和皇帝西吉斯蒙德的小型裸体人像——主要通过二者的头饰来辨别——而其头上戴的则类似于中世纪的愚人之帽，增加了对权力的嘲讽意味。这座雕像至今仍然是弗赖堡教区和当地保守政客不断抨击的对象。然而，议会无法拆除英佩利亚，因为这座雕像的所在地属于德国联邦铁路公司，该公司为建造它提供了部分资金，而它已经成为一个主要的旅游景点。自始至终，争议都集中在对教宗的明显嘲弄上，而没有人抱怨有一个裸体皇帝的雕像。[72]

帝国与欧盟

帝国历史的欧洲化

自 20 世纪 60 年代末以来，学术界对帝国的重新评价体现了从更宏观的欧洲化角度审视德意志历史的倾向，将其与一些传统重新联系起来，在此以前这些传统一直遭到贬低，被认为劣于日耳曼文化。其中一个方面是研究以前被忽视的主题，特别是在德意志政治史上，并倾向于通过 1949 年后的德意志联邦共和国及其在欧洲一体化中的地位来看待帝国。[73] 另一个要素是以淡化民族色彩的方式重新解释欧洲当前国家的历史。这在关于神圣罗马帝国的历史研究中进展不大，德国历史学家更倾向于将神圣罗马帝国称为"德意志民族的"帝国，而不是其实际居民的帝国。

在某些方面，帝国历史的欧洲化与 19 世纪从民族主义的角度重新阐释历史的做法很相似，特别是二者截取历史片段来为己所用的方式：它们都会利用中世纪历史中的人物和形象来影响时下的议程。自 1977 年以来，一些展览将斯陶芬家族宣传为跨国的欧洲统治者，宣称他们的帝国涵盖了"创新地区"，让文化、贸易和思想得以在德意志和意大利之间流动。[74] 最重要的是，查理大帝已经成为帝国与 1945 年后统一欧洲的愿望之间联系的化身，而其他皇帝，特别是查理五世，仍然被从民族国家的角度看待，即使这些视角现在可能会一起出现在同一卷书中。[75] 查理大帝得到这种欧洲层面的新地位，在很大程度上是由于他真正的帝国与法国、联邦德国、意大利和比荷卢等推动战后初期欧洲一体化的国家占据的地理空间表面上是重合的。在 1950 年的一次新闻发布会上，夏尔·戴高乐把法德合作说成是"重拾查理大帝的雄心壮志，这次是在现代经济、社会、战略和文化的基础之上"。[76] 民族主义者在 19 世纪 70 年代就发现查理大帝有问题，因为他对德国人来说太像法国人，对法国人来说又太像德国人。早在 19 世纪 40 年代，法国历史学家弗朗索瓦·基佐就利用 9 世纪资料中关于查理曼是"欧洲之父"的说法，声称法兰克人是"欧洲人"。一年一度的"查理曼奖"从 1949 年 12 月开始在亚琛颁发，作为新成立的德意志联邦共和国的第一个政治奖项，其明确的目的是促进欧洲一体化。[77] 亚琛大教堂是第一个被认定为联合国教科文组织世界遗产的德国古迹（1978）。

帝国作为典范

支持欧洲一体化的保守派政治家发现，帝国是一个很有吸引力的范式，可以支撑他们的论点。哈布斯堡君位的继承人奥托·冯·哈布斯堡在20世纪70年代的演讲和著作中，借鉴了20世纪二三十年代的奥地利历史学，当时的奥地利历史学已经将中世纪的帝国视为维持欧洲秩序的一个积极因素了，这与他将民主的西欧国家和不信神的共产主义东欧集团进行的对比相吻合："帝国理念将以欧洲统一这样的形式再次兴起。"[78] 尽管研究帝国的几位主要历史学家已经明确地拒绝了这种论点，[79] 但其他一些人公开地将近代早期帝国视为"创建区域化欧洲"的蓝图。[80] 这些说法借鉴了1967年以来发表的专业研究对近代早期帝国的积极评价，一些人利用这种评价将其解释为多中心的、联邦的，称其体现了地区与中央之间互补的责任划分，欧盟委员会称之为"辅从原则"（subsidiarity）。进一步所谓的相似之处包括帝国的和解倾向、内部法治和对不同身份的容忍，这为"繁荣而多样的文化提供了一个理想的框架"，同时也抑制了现代民族主义的发展，"这种民族主义已经在欧洲和世界范围内散布了大量的罪恶"。[81] 欧洲委员会于2006年在柏林和马格德堡举办了一次联合大型展览，以纪念帝国解体二百周年。在展览开幕式上，德国前文化部长贝恩德·诺伊曼（Bernd Neumann）将中世纪的帝国称为"超国家秩序运作的典范"。在次年的《罗马条约》签署五十周年的纪念活动中，诺伊曼又称帝国是欧盟的典范。教宗本笃十六世基于对中世纪教会与国家关系的一种异常乐观的解读，得出了类似的结论。[82]

与现代学术研究强调复杂性、例外情况和限定条件的叙述方式相比，这样的陈述至少有一个优点，那就是用大众更容易理解的方式展示了帝国的情况。由于只有能够展现实际"影响"的研究可以得到资助，使一个学科与当代世界"相关"变得越来越重要。然而，两个重要的问题出现了。尽管最近的展览所吸引的参观人数创下了纪录，但原来的负面叙事仍然控制着更广泛的公众对帝国的理解。欧洲人仍然普遍通过 19 世纪民族国家的棱镜来构想他们的过去，保守的政府和教育政策还经常鼓励他们这样做。过去仍然是一条"通向现代的道路"，而根据一个至今仍主要由民族主权国家定义的共同标准，一些路线得到的评价高于其他路线。这可能会产生直接的政治影响，正如德国前外交部长约施卡·菲舍尔（Joschka Fischer）在 2000 年春天所发现的那般，当时他把"扩大但没有实施体制改革的欧盟"比作"后期的神圣罗马帝国"。菲舍尔所理解的帝国仍然是原来的历史学所呈现的那种结构松散的样子，但法国前内政部长让-皮埃尔·舍韦内芒（Jean-Pierre Chevènement）将"帝国"这个提法解读为德国人想消除欧洲的民族国家，以建立对欧洲大陆的新帝国统治。[83] 一些著名的德国历史学家也对同行将帝国与欧盟等同起来表示震惊，认为这可能激起"对德国霸权野心的潜在恐惧"，并意味着"德国对欧洲的热情将被误解为德国国家利益的遮羞布"。[84]

除了可能产生误解之外，还有第二个问题，即帝国的历史到底怎样才能对我们理解今天欧洲面临的一些问题真正有所帮助。自 2004 年欧盟扩大和 2008 年经济危机以来，关于欧盟的意见分成了更加泾渭分明两个阵营。一个阵营主张建立更紧密的政治联盟，包括使欧洲议会成为一个更有效的民主机构。对帝国较早的负面评价为这些论点提供了弹药。与菲舍尔一样，英国历史学家布伦丹·西姆斯将未改革的欧盟与帝国相提并论，声称两者都"以无休止的、没有结果的辩论为特征"。西姆斯的评价像 1787 年汉密尔顿和麦迪逊的评价那样悲观（见第 I—II 页和第 X 页），他认为欧盟应该按照英美模式成为"欧洲合众国"，使其成员国服从于一个完全联邦式的制度，同时改革欧洲议会，为一个新的共同政府提供民主授权。[85]英国独立党（UKIP）等民族主义者提出了反驳，他们认为，无论是行政上还是身份的归属上，欧盟永远无法与主权国家的活力相提并论。对他们来说，当前的问题只能通过将联盟缩小为自由贸易区或完全解散来解决。

虽然得出了相反的结论，但这两种观点都受制于对国家的一种相同理解，认为国家是对一块公认领土的合法权力的单一且集中的垄断。这个定义是欧洲人的发明，可以追溯到《威斯特伐利亚和约》，被用来阐述基于相互承认的主权国家的国际秩序。这种国家被认为是密封的容器，其人民可以在内部自由决定他们的治理方式，同时通过其国家政府在国际上发声。虽然这仍然是联合国等组织的基础，但这种国家越来越不可能是政治历史的终点：日常生活和国家生活的许多方面显然已经超出了大多数政府的有效控制，它们越来越容易受到全球性的经济、民众、技术和环境力量的影响。[86]

帝国历史作为当今问题的指南

欧盟的扩张被解释为霸权帝国主义，它被认为在以19世纪欧洲殖民主义的方式行事，将自己的文明规范和标准强加给它所接纳的新成员。[87]这种观点接近于民族主义对欧盟的批评，认为这个联盟将不受欢迎的统一性强加给公民，扼杀而非解放他们。然而，许多欧洲人更容易直接感受到他们自己国家政府的压迫而非欧盟委员会的压迫，并认为没有国家政府会更好。2014年9月，苏格兰人在公投中投票反对独立，英国才勉强避免了分裂。目前完全不明确的一点是，如果按照英国独立党和其他国家的同类组织所倡导的路线恢复"国家主权"，是否能恢复公民对国家政府的信心——这些政府大多由缺乏个性的平庸政治家控制，他们因脱离当地需求和个人需求而广受批评。在整个西方世界出现的"民主赤字"现象已引发了大量关注：政治进程催生的幻灭感导致人们纷纷主动放弃选举权，表现为选民投票率不断降低，愤世嫉俗的态度随处可见。

一些想解决该问题的人将欧盟描述为一个"新中世纪帝国"（neo-medieval empire），认为它没有沿着威斯特伐利亚模式凝聚成一个联邦超国家（federal superstate），而是正在演变为一个由分散的主权国家和"多边"治理组成的复杂结构。[88] 新中世纪主义这个概念是一个分析性的结构，它会通过密切接触神圣罗马帝国（至少是最后三个世纪的神圣罗马帝国）的实际历史受益。比较研究可能是有启发性的，尽管不一定对欧盟或帝国有好处。首先，帝国的历史提醒我们，去中心化的政治制度不一定是为了和平。像帝国一样，欧盟不拥有自己的武装力量，也没有发动战争，但权力下放确保了相当一部分财富继续被用于防御，因为每个成员依旧全副武装。欧盟一直保持着和平，但个别成员国，如法国和英国，已经参与了几场战争和其他实质性的军事行动，而这些行动并非都是由联合国或其他多边组织明确批准的。尽管在更正面的学术解释中，帝国被誉为具有和平的意图，但18世纪的帝国是欧洲拥有武装力量最多的部分，而且事实证明，它没有能力阻止个别成员，如奥地利或萨克森，在其境外自行发动战争。[89]

欧盟和帝国都没有唯一的首都或一个明确的政治中心。虽然个别地区比其他地区享有更多的影响力，但这并没有导致吞并征服——除了在1801年后的帝国末期。欧盟显示出与帝国的明显区别，因为其成员保留了给予主权国家的正式法律平等地位。这延伸到了特殊的文化规定上，如确保官方文件以所有国家的语言编写，以及公民、货物和资本的平等流动自由。相比之下，帝国的自治权被嵌入一个由地位和不同的宪法权利定义的等级制度中。然而，欧盟虽然在形式上是平等的，其成员却在人口、财富和经济潜力方面存在巨大差异，欧盟在调和这种局面的过程中举步维艰，它的中央机构反复修改投票安排就体现了这一点。它也和帝国一样，在边界划定问题上不够精确，只是在表面上以国家边界来界定。成员国被组合在不同却重叠的管辖层面上，如《申根协定》、欧元区和欧盟本身。此外，个别成员还对联盟以外的国家做出了具有约束力的承诺，就像近代早期的奥地利和普鲁士在帝国之外拥有广大的世袭领地一样。

欧盟缺乏一个有组织的统一公民机构，这点跟帝国也是相似的。它与居民的关系是间接的，并通过自治的政治层面（如成员国）来调节，成员国仍然可以设定自己的公民身份标准，但颁发的护照可享有整个联盟赋予的权利。帝国在培养其居民的归属感方面似乎比欧盟做得更好，居民们将其视为一个维持地方自由和特殊自由的框架，认为它尊重多样性、自治和差异。最有趣的对比或许就出现在这里。欧盟的主权是分散的，神圣罗马帝国也是如此。对两者而言，政策的实施都取决于成员的合作，会给地方留出适应和主动调整的空间。与中央集权的主权政体（包括美国这样的联邦制政体）相比，这些安排需要更高程度的共识。在美国，中央机构（例如国会）通过颁布影响公民生活的法律、对他们的财富征税或征召他们当兵，直接与公民产生联系。正是这种安排似乎导致了选民的冷漠和失望，因为公民有可能失去对政府机构的控制。相比之下，去中心化的、分散的政治结构并不适合共同的直接民主控制，欧洲议会努力让自己在欧盟内部和欧洲选民心目中扮演一个有意义的角色，便证明了这一点。

如今一些政治学家认为，去中心化的、分散的系统可能会提供不同的甚至更好的方式，以"通过商议确立的合法性"来达成共识。[90] 去中心化的结构可以分散权力，创造出多重的、更地方化的因而也许更有意义的决策舞台。共识成为一个更加开放、持续的有关各方之间不断商讨的过程，而不是定期向当选代表分配任务，期待他们做出最终的决定。民主的合法性来自辩论的公开性，而不是投票行为。公民身份是指通过公民社会和自由媒体来参与和了解讨论，而非仅仅指正式的权利和制度。

看来，要使这种想法奏效，参与者很可能必须接受这样一种观点，即政治不能再以绝对的原则为指导，而是要像帝国解决冲突的方式那样，达成可行的妥协，而不是质问谁对谁错。与欧盟目前的做法一样，帝国依靠的是同侪压力，这种压力往往比胁迫更有效，成本更低，而且由于更广泛的框架和共同的政治文化被普遍接受，这种压力才得以发挥作用。然而，我们对帝国的考察也显示，这些结构远非完美，可能会失败，甚至导致灾难性的后果。成功通常取决于妥协和回避。虽然表面上强调团结与和谐，但帝国实际上是通过接受分歧和不满作为其内部政治的永久元素来运作的。帝国的历史并没有为今天的欧洲提供一个蓝图，而是让我们可以更清楚地理解当前的问题。

皇帝，800—1806

统治时期从皇帝加冕开始算起。

800—814	查理大帝
814—840	"虔诚者"路易一世（从 813 年起担任共治皇帝）
840—855	洛泰尔一世（从 817 年起担任共治皇帝）
855—875	路易二世（从 850 年起担任共治皇帝）
875—877	"秃头"查理二世（843—877 年的西法兰克国王）
[878—880]	
881—888	"胖子"查理三世
[889—890]	
891—894	圭多，斯波莱托公爵
894—898	兰伯特二世，斯波莱托公爵（从 892 年起担任共治皇帝）

896—899   卡林西亚的阿努尔夫

[900]
901—905/934   路易三世（887—905/928 年的下勃艮第国王；
               905 年被施与盲刑，934 年去世）
916—924   贝伦加尔一世，弗留利边伯

[925—961]
962—973   "大帝"奥托一世
973—983   奥托二世（从 967 年起担任共治皇帝）

[984—995]
996—1002   奥托三世

[1003—1013]
1014—1024   亨利二世

[1025—1026]
1027—1039   康拉德二世

[1040—1045]
1046—1056   亨利三世

[1057—1083]
1084—1106   亨利四世

［1107—1110］

1111—1125　　　亨利五世

［1126—1132］

1133—1137　　　苏普林堡的洛泰尔三世，萨克森公爵

［1138—1154］

1155—1190　　　"红胡子"腓特烈一世

1191—1197　　　亨利六世

［1198—1208］

1209—1218　　　奥托四世

［1219］

1220—1250　　　腓特烈二世

［1251—1311］

1312—1313　　　亨利七世

［1314—1327］

1328—1347　　　"巴伐利亚人"路易四世

［1348—1354］

1355—1378　　　查理四世

[1379—1432]
1433—1437   西吉斯蒙德

[1438—1451]
1452—1493   腓特烈三世

[1494—1507]
1508—1519   马克西米利安一世（从 1486 年起为"罗马
                人的国王"）
1519—1556   查理五世（1530 年由教宗克雷芒七世加冕）
1558—1564   斐迪南一世
1564—1576   马克西米利安二世
1576—1612   鲁道夫二世
1612—1619   马蒂亚斯
1619—1637   斐迪南二世
1637—1657   斐迪南三世

[1657—1658]
1658—1705   利奥波德一世
1705—1711   约瑟夫一世
1711—1740   查理六世

[1740—1742]
1742—1745   查理七世（巴伐利亚维特尔斯巴赫家族的卡
                尔·阿尔布雷希特）

1745—1765	弗朗茨一世
1765—1790	约瑟夫二世
1790—1792	利奥波德二世
1792—1806	弗朗茨二世（1804年取得独立的奥地利皇帝头衔，统治至1835年）

德意志国王

对立国王见表 2。

加洛林王朝

768—814	查理大帝（作为法兰克人的国王）
814—840	"虔诚者"路易一世（作为法兰克人的国王）
840—843	洛泰尔一世
843—876	"日耳曼人"路易二世
876—887	"胖子"查理三世
887—899	卡林西亚的阿努尔夫
900—911	"孩童"路易
911—918	法兰克尼亚的康拉德一世

奥托王朝

919—936	亨利一世
936—973	"大帝"奥托一世

973—983	奥托二世
983—1002	奥托三世
1002—1024	亨利二世

萨利安王朝

1024—1039	康拉德二世
1039—1056	亨利三世
1056—1106	亨利四世
1106—1125	亨利五世
1125—1137	苏普林堡的洛泰尔三世

斯陶芬王朝

1138—1152	康拉德三世
1152—1190	"红胡子"腓特烈一世
1190—1197	亨利六世
1198—1208	士瓦本的菲利普
[1198—1218	奥托四世]
1212—1250	腓特烈二世
1250—1254	康拉德四世

"小国王"

| 1254—1256 | 荷兰的威廉（从 1247 年起为"对立国王"） |

1257—1272	康沃尔的理查
[1257—1273	卡斯蒂利亚的阿方索十世]
1273—1291	哈布斯堡的鲁道夫一世
1292—1298	拿骚的阿道夫
1298—1308	奥地利的阿尔布雷希特一世（哈布斯堡）
1308—1313	卢森堡的亨利七世
1314—1347	"巴伐利亚人"路易四世（维特尔斯巴赫）
[1314—1330	"美男子"腓特烈（哈布斯堡）]

卢森堡王朝

1347—1378	查理四世（1346 年起为"对立国王"）
1378—1400	文策尔（1400 年被废黜）
1400—1410	普法尔茨的鲁普雷希特
1410—1437	西吉斯蒙德（卢森堡）

哈布斯堡王朝

1438—1439	阿尔布雷希特二世
1440—1493	腓特烈三世
1493—1519	马克西米利安一世

此后与皇帝在位时期相同。

意大利国王

774—814	查理大帝
［781—810	丕平作为共治国王］
813—817	伯纳德（丕平的儿子；被施以盲刑，并被废黜）
817—840	"虔诚者"路易一世
840—855	洛泰尔一世
855—875	路易二世
875—876	"秃头"查理二世（843—877 年的西法兰克国王）
877—879	卡洛曼
879—888	"胖子"查理三世
889—924	贝伦加尔一世，弗留利边伯
889—894	圭多，斯波莱托公爵
894—897	兰伯特，斯波莱托公爵
894—899	卡林西亚的阿努尔夫
900—905	"瞎子"路易三世（下勃艮第国王）
922—934	鲁道夫，上勃艮第国王

926—947	于格，阿尔勒（普罗旺斯）伯爵
[945—950	阿尔勒的洛泰尔，共治国王]
945—964	贝伦加尔二世，伊夫雷亚的边伯
[950—964	阿达贝尔特，共治国王]

962/983 年后德意志国王自动成为意大利国王。

一个西方皇帝，在君士坦丁堡有一个东方皇帝，这成为长期

年表

史前至 800 年

3 世纪

日耳曼部落突袭罗马帝国，一些部落开始定居并被同化。

313 年

君士坦丁皇帝皈依基督教。到 391 年，基督教成为罗马帝国的官方宗教，当时所有其他宗教都被禁止。基督教会在罗马帝国各地的行省建立了基础设施，有五位宗主教或说教会领袖，驻地分别是罗马、君士坦丁堡（古希腊的拜占庭）、耶路撒冷、安条克和亚历山大城。

395 年

自 286 年以来，罗马帝国断断续续的分裂变成了永久性的，在罗马有一个西方皇帝，在君士坦丁堡有一个东方皇帝，这成为长期的局面。

5 世纪

民族大迁徙的时代。4 世纪中叶，斯拉夫人和匈人来到欧洲中部，使一些日耳曼民族向南和向西迁移，增加了罗马帝国受到的压力。入侵者在罗马帝国内部建立了自己的王国，包括今西班牙和法国南部的西哥特人、罗讷河沿岸的勃艮第人、莱茵河上游的阿勒曼尼人、卢瓦尔河和美因河之间的法兰克人、多瑙河以南的巴伐利亚人，以及意大利北部的伦巴第人。入侵的西哥特人洗劫了罗马城（410），动摇了人们对此时明显已衰落的罗马帝国的信心。日耳曼部落对作为竞争对手的匈人深恶痛绝，往往乐于与罗马化的民众合作对抗他们。匈人在特鲁瓦被击败（451），接着在遭到瘟疫摧残和阿提拉死亡（453）后退兵。

476 年

西罗马最后一位皇帝奥古斯都路斯被入侵意大利的哥特人领袖奥多亚塞废黜。东方帝国的统治以拜占庭帝国的形式延续下去，它自视直接传承自古罗马，并进入了一个复兴和扩张的时期。拜占庭皇帝赞助东哥特人（被匈人驱逐的另一个部落）的首领狄奥多里克（454—526）收复意大利。狄奥多里克于 489 年入侵，四年后击败并杀死了奥多亚塞，并于 497 年被皇帝承认为意大利的统治者。

481 年

法兰克人墨洛温部族的克洛维登基为王。在 20 年内，克洛维将前罗马高卢地区的所有法兰克人领地统一为一个王国（法兰克），皈依了罗马基督教，并采用了罗马残余的行政机构和教会机构。克洛维和他的继承人多次在诸子之间分割王国，但王国仍然通过重新统一和新的征服继续发展。到 730 年，法兰克人统治了阿尔卑斯山以北的大部分日耳曼部落，包括勃艮第人、阿勒曼尼人、图林根人和弗里西亚人。在北部和东部，萨克森人和巴伐利亚人仍然不受法兰克人的影响。

535—562 年

哥特战争。新的拜占庭皇帝查士丁尼一世并不满足于通过东哥特人间接地统治意大利。到 534 年，查士丁尼已经收复北非和西班牙南部的部分地区，此后入侵并最终征服了意大利。拜占庭引入了自己的行政结构，在原罗马行省的基础上划分了军区（theme），每个军区都有自己的指挥官（dux，或公爵）。540 年，"督主教区"在拉韦纳建立，作为拜占庭在意大利的政府所在地。

568 年

先前曾与拜占庭人合作对抗东哥特人的伦巴第人，越过阿尔卑斯山并迅速占领了意大利的大部分地区。伦巴第人与当地贵族通婚，建立了稳定的朗格巴迪亚王国，最初（584）定都在米兰，后来迁都至帕维亚（616）。逃避伦巴第人攻击的难民在潟湖的安全地带建立了威尼斯（569）。拜占庭的残余势力退缩至以拉韦纳为中心的"罗马部分"（罗马涅）。

590 年

大格列高利（格列高利一世）成为教宗，他的统治为教宗制度填补拜占庭在意大利的影响力萎缩后留下的空白奠定了基础。

610 年

伊斯兰教兴起。在 20 年内，穆罕默德的追随者们占领了阿拉伯。在 634 年至 640 年间，他们征服了巴勒斯坦、叙利亚、亚美尼亚和安纳托利亚西部，把它们从拜占庭帝国手中夺走。两年后，随着阿拉伯人在北非向西推进，拜占庭埃及部分陷落。到 709 年，阿拉伯人完成了对北非的征服。西班牙的最后一个西哥特王国于 711 年落入他们之手。虽然君士坦丁堡击退了阿拉伯人的三次进攻，但拜占庭帝国仍然处于守势，无法应对伦巴第人在意大利的攻城略地。到 642 年，阿拉伯人已占领了耶路撒冷、安条克和亚历山大城，这使得驻地在罗马和君士坦丁堡的两位幸存的基督教宗主教变得更加重要。

663 年

君士坦斯二世成为最后一位访问罗马的拜占庭皇帝。668 年他被谋杀后，拜占庭在意大利的短暂复兴消退了。伦巴第贵族领主们在意大利中南部前拜占庭地区的贝内文托、斯波莱托和卡普阿建立了半自治公国。

680 年

拜占庭帝国承认意大利的伦巴第王国的存在，而在这一时期，教宗卓有成效地夺取了罗马周围的拜占庭公爵的行政权力，从而确立了自己的世俗权力和宗教领域的权力。教宗的政治管辖区被称为"圣彼得遗产"，为教宗领导西方基督教会的主张提供了物质基础，并使他能够在面对伦巴第人时保持独立地位。

717 年

伦巴第人利用教宗与拜占庭之间不断恶化的关系，坐收渔翁之利，扩大他们在意大利的影响，占领了拉韦纳（751），消灭了拜占庭在意大利本土的势力。拜占庭没有收复意大利故土，而是利用大马士革的阿拉伯哈里发的崩溃（750）来收复其在地中海东部的失地。

732 年

查理·马特领导的法兰克军队在普瓦捷战胜了阿拉伯人。阿拉伯人被限制在西班牙，查理·马特则加强了他的部族"丕平家族"（后来称为加洛林家族）在墨洛温王朝宫廷的影响力。

751 年

查理·马特的儿子"矮子"丕平在教宗的帮助下，废黜了墨洛温家族的君主，自立为"法兰克人的国王"。丕平正式认可了教宗对"圣彼得遗产"的领土管辖权，并承诺保护教宗。在教宗的两次访问之后，丕平于 754—756 年对意大利的伦巴第人进行了干预，但没有在那里达成最终的解决方案。随后，法兰克人被 768 年后丕平的儿子们之间的继承纠纷所困扰，到 771 年，查理曼脱颖而出，成了唯一的继承人。

773—774 年

查理曼击败了伦巴第人，并宣称自己是他们的国王，从而将伦巴第与法兰克合并。伦巴第人在斯波莱托和贝内文托的公国保留了自治权，作为他们接受合并的回报。

775—794 年

查理曼征服了萨克森人和巴伐利亚人，法兰克人视他们为附庸，但他们在这之前实际上一直是独立的。与此同时，在日耳曼部落中推行的基督教化措施也大大加强了，新的大主教区在科隆、特里尔、美因茨、萨尔茨堡和汉堡-不来梅建立起来。加洛林王朝的行政管理沿着与拜占庭人从 6 世纪起在意大利使用的行政管理方式大致相似的路线扩展，建立了细分为各伯国的军事司法区（公国）。这一过程加速了日耳曼和伦巴第贵族与法兰克人的合作和同化。

791—796 年

法兰克人对阿瓦尔人取得重大胜利。阿瓦尔人是一个游牧部落，占领了现在的匈牙利，正在袭扰德意志和意大利。

796 年

君士坦丁六世皇帝被他的母亲伊琳娜弄瞎了眼睛，伊琳娜在 797 年成为第一个公开统治拜占庭的女性，直到 802 年她在另一场政变中被废黜。这些事件让教宗利奥三世声称古罗马帝国的皇帝头衔是空缺的，可以"转移"给查理曼。

加洛林王朝，800—918 年

800 年

查理大帝在圣诞节当日于罗马被利奥三世加冕为皇帝。

809 年

阿拉伯人征服了撒丁尼亚（占据到 1003 年）。

814 年

查理大帝去世，其子"虔诚者"路易（卒于 840 年）在位。贵族统治阶层和神职人员因权力分配和皇帝扮演的角色而关系紧张。

827 年

阿拉伯人入侵西西里岛，攻陷锡拉库萨（878）后占领全岛。与此同时，阿拉伯人对意大利本土的袭击也在加强，包括对罗马本身的大胆袭击（846）。到 840 年，他们还征服了巴里和阿普利亚，后者在 871—875 年被路易二世为意大利王国重新征服，但阿拉伯人的持续威胁使教宗仍然期待有一个皇帝作为其保护者。

830 年

维京人开始沿北海和英吉利海峡海岸袭击帝国，特别是溯今法国河流而上，这到 9 世纪后期成为一个严重的问题。

840—843 年

加洛林王朝内部的继承纠纷导致各方签订了《凡尔登条约》（843），该条约将帝国分为三个王国：西法兰克（大致为法国，由"秃头"查理统治）、东法兰克（大致为德国，由"日耳曼人"路易统治）和洛泰尔尼亚（从北海沿莱茵河延伸入意大利的中央王国，由洛泰尔一世统治，他还获得了皇帝的头衔）。加洛林家族维系了法兰克帝国的统一，并且让君主之位保留在自己家族手里，但持续的争权夺利使彼此不能再合作。

855 年

洛泰尔一世死后，中央王国被细分为较小的洛泰尔尼亚、意大利（其国王在公元 875 年之前一直保有帝号）和普罗旺斯（直到 863 年）。即使通过《默尔森条约》（870）和《里布蒙条约》（880）进一步调整后，边界仍然是不稳定的，这些条约将洛泰尔尼亚北部（洛林和布拉班特）划归东法兰克王国，将洛泰尔尼亚缩小为意大利和勃艮第。

862 年

在匈牙利取代阿瓦尔人的马札尔人开始袭击东法兰克。899 年后，袭击活动扩展至意大利境内。

875—877 年

加洛林王朝统治意大利和享有皇帝头衔的分支绝嗣，引发了东法兰克、西法兰克国王之间的继承之争。876—882 年，东法兰克王国被暂时分割。

885—887 年

所有三个主要的法兰克王国在"胖子"查理三世的领导下短暂统一，查理三世自 876 年起成为东法兰克的国王，自 881 年起成为皇帝。

887 年

法兰克人的土地最终分裂为（最初）五个继承王国：

1. 东法兰克，演变为德意志，由加洛林家族统治，直至 911 年。

2. 西法兰克，演变为法国，受到加洛林王室与卡佩家族之间长期斗争的影响，最终卡佩家族在 987 年取代加洛林家族成了王室。

3. 勃艮第，888—1032 年由归尔甫派（韦尔夫家族）统治，他们是从加洛林王朝的骑士阶层中崛起的。

4. 意大利，在 891—924 年，当地贵族接连被选为国王，他们通常能够说服教宗将他们加冕为皇帝。

5. 洛林，在 895 年作为一个独立的公国重新出现，911 年传给了西法兰克，但在 925 年又传给了东法兰克。

887—899 年

东法兰克王室的私生子阿努尔夫在位。阿努尔夫介入意大利，成为其国王（894），并被加冕为皇帝（896），但难以控制其王国的四个公国：法兰克尼亚、萨克森、巴伐利亚和阿勒曼尼亚（士瓦本）。在他的儿子"孩童"路易（四世）统治期间（900—911），内忧外患越来越多。907—911 年，马札尔人的袭击越加猖狂。同时，在阿努尔夫去世后，意大利的国王头衔传给了弗留利边伯贝伦加尔一世。916 年，贝伦加尔被教宗约翰十世加冕为皇帝，部分是为了表彰他在遏制马札尔人入侵方面的作用。924 年后，他的继任者在意大利诸侯中赢得了足够的支持，保留了国王头衔，但皇位一直空缺到 962 年。

891 年

斯波莱托的圭多成为第一个被加冕为皇帝的非加洛林家族成员。他的妻子阿格特鲁德也成为第一位被加冕的皇后。

895 年

普舍美斯家族成为公认的波希米亚公爵（头衔从 950 年开始世袭）。

910 年

拜占庭暂时收复了以前在阿普利亚的属地，这些属地在 876 年被加洛林王朝治下的意大利王国夺走。

911—918 年

911 年，东法兰克的加洛林王室血统随着"孩童"路易的逝世而消亡。法兰克尼亚公爵康拉德一世成为国王，但没有继承人，开启了向奥托王朝统治的过渡。

奥托王朝，919—1024 年

919 年

东法兰克诸侯决定反对分割王国，接受萨克森公爵亨利一世为国王。亨利来自奥托家族（又称"柳多尔夫家族"）。奥托家族的统治在 921 年被西法兰克的加洛林家族接受，王国被宣布为不可分割的（929）。亨利通过在巴伐利亚东部组织防御，并在 926—932 年用进贡换取休战，阻止了马扎尔人的袭击，然后在里亚德

（933 年 5 月）袭击并打败了一支马扎尔军队。

936—973 年

亨利的儿子"大帝"奥托一世统治时期，奥托王朝的统治得到巩固，并将皇帝头衔与东法兰克永久联系起来。作为该家族的第二位国王，奥托在管理其王国时能够比其父亲更有力地采取行动。他加强了在接下来的一个多世纪用于管理帝国的治国之术，一方面通过果断的行动来维护权威，一方面在领主贵族中寻求共识。公国被分配给王室近亲，而撤销爵位则可以成为惩罚叛乱的手段。受过教育的神职人员发挥了更大的作用，被当作顾问和培养未来的主教（当主教职位空缺时，他们就会被任命为主教，以此来制衡世俗领主），以及促进基督教化和提高王室影响力。合作的主教区和修道院可以得到特许状，享受豁免权和特权。作为回报，教会要提供驻跸处，并在必要时出动军队以提供军事援助。新的主教区沿易北河畔的萨克森东部边境建立起来，并确定了军事化的"边区"领主制，以遏制来自摩拉维亚人和易北河畔斯拉夫人的袭击。这些政策大体上是成功的，但也可能招致不满，特别是当奥托坚持剥夺一些新主教区的资源，在马格德堡建立一个新的大主教区时（10 世纪60 年代）。

940—955 年

奥托在巴伐利亚与马扎尔人重新开战，最终在莱希费尔德取得了决定性的胜利（955 年 8 月），结束了进一步的袭击并稳定了东南部的边境。

951 年

干预意大利。前法兰克帝国的意大利王国与奥托的德意志王国合并。一个新的边区在最初隶属于巴伐利亚的维罗纳建立，保证了进出意大利的通道。

951—954 年

柳多尔夫和"红发"康拉德发动叛乱对抗奥托一世。

962 年

奥托一世在罗马加冕为皇帝。奥托颁布了《奥托法令》，通过接受教宗继续统治罗马周边的领土，来调节与教宗的关系。为获得拜占庭的承认而进行的谈判促成了 972 年奥托二世与拜占庭公主提奥芳诺的婚姻。

963 年

约翰十二世成为第一个被皇帝废黜的教宗，作为反对奥托一世的惩罚（12 月 4 日）。

973—1002 年

奥托二世和奥托三世统治时期，多次尝试让帝国在意大利更有影响力，包括对意大利南部各公国行使霸权，以及击退阿拉伯人对西西里岛的袭击。

981 年

奥托二世对梅泽堡主教区的镇压，在皇室和萨克森主教们之间造成了裂痕，这种裂痕一直持续到1004年梅泽堡主教区被恢复时。

982 年

奥托二世尝试征服意大利南部，在克罗托内一场决定性的战役中被阿拉伯人击败。

983 年

一场大规模的斯拉夫人入侵摧毁了易北河沿岸的许多奥托王朝城堡和传教会。奥托二世正好在这场危机期间去世。尽管需要由已故国王的妻子，也就是年幼的奥托三世的母亲担任一个前所未有的女性摄政者的角色，但奥托家族的统治足以延续下去。

999—1000 年

奥托三世到波兰的格涅兹诺朝圣，标志着君主制带上了更加神圣的色彩。通过在易北河沿岸重新开战（996），以及与波兰及匈牙利统治者（临时）达成协议（1000），东部边境得到了安宁。

1002—1024 年

亨利二世的统治时期。他是巴伐利亚公爵，亨利一世的曾孙，因奥托三世无子而继位。奥托之死暴露了帝国在意大利统治的弱点。在那里，主要的贵族在法国和勃艮第的支持下，选举伊夫雷亚边伯阿尔杜因为国王。亨利通过两次军事行动（1003，1004）重新确立了权威，凝聚了支持者，并孤立了阿尔杜因，使他最终退位（1015）。亨利继续为君主制增添神圣的色彩，建立了新的班贝格主教区，并在很大程度上依靠帝国的神职人员来协助他的统治。

1003—1044 年

帝国、波希米亚和波兰之间因管辖权和帝国的霸权要求而发生了时断时续的三方冲突。亨利二世死后（1024），斗争范围扩大，帝国与匈牙利也发生了更多的冲突，匈牙利还对波希米亚进行了干预（1030—1031，1039—1044）。

1009—1029 年

意大利南部由拜占庭占领的地区（阿普利亚，1009—1018）出现叛乱，引发了一场长期的冲突，最终使新来的诺曼人受益。诺曼人得到了阿韦尔萨（Aversa）伯国为封地（1029），其日益增长的权力由此得到了承认。

萨利安王朝，1024—1137 年

1024 年

亨利二世的死亡导致奥托王室绝嗣。来自萨利安家族的康拉德二世被接受为德意志国王，但他不得不为维护自己在意大利和勃艮第的权威而斗争。他曾以一句名言阐述一个观点，即不依赖帝王个人的君主制会"像一艘舵手已死的船"那样持续存在。始于奥托一世时期的帝国整合过程由此完成，德意志国王可自动继承意大利和勃艮第的王国，而无须单独选举或加冕。

1025—1028 年

康拉德二世将他的权威强加给那些并未朝贡的德意志公爵。尽管康拉德继续采用奥托王朝的方法来寻求不失面子的妥协方式，但

他也走向了一种更具支配力的君主风格，这后来成为萨利安王朝统治的特点。屡次犯错的人现在会受到惩罚，失去世袭的家产，以及公爵或伯爵头衔。随着卡林西亚升格为公国（976）和洛林被永久拆分（1044），公国的数量增加了。政治重心从（奥托王朝统治下的）萨克森转移到莱茵地区，尽管沃尔姆斯附近的萨利安家族核心地区只短暂地享有公国地位。

1038—1040 年

拜占庭的最后一次远征未能扭转诺曼人在意大利南部的攻势。与此同时，塞尔柱突厥人日益强大的力量，威胁着安纳托利亚的拜占庭统治中心地带。

1039—1056 年

亨利三世的统治时期，被解释为萨利安王朝统治的巅峰，以及未来问题的源头。一系列的军事行动结束了自 1003 年以来东部边境断断续续的冲突。亨利将波希米亚与帝国更紧密地联系在一起（1041），并在闵芬击败了匈牙利人（1044），结束了他们对帝国政治的干涉。教宗和罗马部族之间的问题一再出现，要求帝国干预的呼声越来越高，最终在苏特里会议（1046）上，亨利废黜了三位对立教宗，并强行将自己选的人立为教宗。

1056—1065 年

亨利四世在其父亲去世时只有六岁，需要有人摄政，这是自983—994 年以来的第一个摄政期。科隆大主教安诺和他的反对者之间的争斗妨碍了政策的连贯性，并导致在比 1046 年更不利的情况下再次干预教宗。这损害了王室威信，特别是在有改革意识的神职人员中，不过局面并非不可挽回。

1057—1091 年

诺曼人占领了剩余的伦巴第公国卡普阿（1057）、萨勒诺（1076）和贝内文托（1077），以及最后的拜占庭前哨巴里（1071）和布林迪西（1072）。诺曼人还征服并从阿拉伯统治者手中夺取了西西里岛（1061—1091）。

1066 年

易北河下游的最后一次斯拉夫人（文德人）大规模起义，摧毁了易北河以北的基督教教堂，并彻底消灭了汉堡–不来梅大主教对整个斯堪的纳维亚地区行使宗教管辖权的野心（1103 年斯堪的纳维亚在隆德设立了自己的大主教区）。

1073—1075 年

亨利四世通过建造城堡的计划和利用不自由的骑士（家臣）来维护国王权威，这引发了不满，进而导致了萨克森战争。

1075 年

自 1071 年以来，关于米兰大主教任命的争议升级为"主教叙任权之争"，因为教宗格列高利七世拒绝让国王选择和确认高级神职人员。这威胁到了国王在德意志和意大利帝国教会中的影响力，而自奥托一世以来，帝国教会已成为帝国统治的重要支撑。这场争论开始分化德意志和意大利的神职人员和贵族，为那些对国王政策的其他方面不满的人在神学上找到了依据。

1076 年

由于亨利四世召集忠诚的主教们废黜教宗格列高利，教宗报复性地对国王和他的支持者处以绝罚，主教叙任权之争进一步加深。教宗在意大利得到了卡诺萨的玛蒂尔达的支持，她继承了广阔的托斯卡纳土地，守卫着从北方进入教宗领地的通道。格列高利开始与不满的德意志诸侯接触，他们开始考虑废黜亨利。

1077 年

亨利在冬季戏剧性地穿越阿尔卑斯山，在卡诺萨与格列高利会面，预先阻止了一场政变。国王在一些问题上做出了妥协，以确保教宗撤销绝罚。德意志的不满者不顾一切地推进行动，选举莱茵费尔登的鲁道夫为第一个德意志对立国王（1077 年 3 月）。格列高利起初不承认鲁道夫，希望以此向亨利施压，使其放弃国王的主教叙任权。

1077—1106 年

主教叙任权之争。亨利和他在德意志及意大利的支持者们发动了一系列战役，对抗两群反对亨利时只有松散合作的敌人。在德意志，亨利面对的是支持莱茵费尔登的鲁道夫，以及在鲁道夫战败和死亡后（1080）支持继任对立国王萨尔姆的赫尔曼的那些人。虽然赫尔曼最终放弃了斗争，但亨利面临着来自他两个儿子的叛乱；在他指定他们为继承人后，两人都宣布反对他。亨利在德意志稳住局势，保住了对他的支持，特别是来自斯陶芬家族的支持，他在 1079 年将士瓦本和法兰克尼亚委托给他们，以保护德意志、意大利和勃艮第之间的通道。在意大利，亨利与发动改革的格列高利七世及其继任者做斗争。亨利依靠亲帝国的意大利主教、贵族和城镇，任命了自己的教宗，但他们只是短暂地控制了罗马。改革的教宗制度得到了托斯卡纳的玛蒂尔达以及诺曼人的大力支持，诺曼人利用这场混乱巩固了他们对意大利南部和西西里的控制。这场冲突催生了无数更加地方性的斗争，因为双方在同一教区同时任命了自己的主教。许多意大利城镇和一些德意志城镇已经由于人口和经济活动的增加而不断发展壮大，此时趁机讨价还价，从国王和主教的控制下获得更大的自治权。

1106—1111 年

亨利五世从其父手中夺取了德意志王冠，其父不久后去世。亨利在德意志大部分地区恢复了王权，并被改革派教宗加冕为皇帝。被国王抛弃后，亨利四世设定的对立教宗很快便失败了。1108 年的一次军事行动未能恢复德意志在主教叙任权之争中失去的对波兰和匈牙利的统治权。

1111—1122 年

亨利五世与改革派教宗及其在意大利和德意志的支持者之间的长期谈判最终达成了《沃尔姆斯宗教协定》（1122），根据该协定，皇帝接受神职人员按教规选举，而教宗则允许皇帝／国王授予主教属地管辖权，并允许君主国对德意志主教区和帝国修道院的职位任命保留相当大的影响力。这项协定结束了主教叙任权之争，但并没有解决关于教宗和帝国权力之间关系的根本分歧。

12 世纪 20 年代

向北特别是向东越过易北河进入斯拉夫人土地的移民增加，促使奥托王朝恢复了任命边区领主的做法，以控制和扩大边境，并促进基督教化。新的领主被任命管理荷尔斯泰因（1110）、迈森（1123）、卢萨蒂亚（1134）和勃兰登堡（1157）。

1125—1137 年

苏普林堡的洛泰尔三世的统治时期，以及从萨利安王朝向斯陶芬王朝过渡的时期。亨利五世死后无子，但德意志的主要领主和教士们拒绝由他的侄子、斯陶芬家族的首领士瓦本的腓特烈公爵继位，而选择了看起来更有可塑性的洛泰尔，一个来自萨克森的伯爵。

1127—1135 年

在洛泰尔试图剥夺斯陶芬家族在萨利安王朝时期获得的土地后，斯陶芬家族的支持者宣布以腓特烈的弟弟康拉德为对立国王，内战爆发了。康拉德越过阿尔卑斯山，被接受为意大利国王，但他没能得到重要的托斯卡纳土地（在玛蒂尔达 1115 年去世后没有一个明确的统治者），并于 1130 年退居德意志。从 1132 年起，洛泰尔开始削弱斯陶芬家族的抵抗，1133 年加冕为皇帝后更是如虎添翼。教宗的支持是通过修改托斯卡纳的地位来获得的：皇帝保留了托斯卡纳的所有权，但接受其为教宗的附属国。斯陶芬家族在 1135 年接受了失败，承认了洛泰尔，以换取保留他们在士瓦本、阿尔萨斯和东法兰克尼亚的主要领地。洛泰尔曾受益于根据地在巴伐利亚的韦尔夫家族的支持。巴伐利亚的韦尔夫公爵被允许巩固他对奥地利和卡林西亚的控制,他的儿子(也是洛泰尔的女婿)"骄傲者"亨利则得到了萨克森,并被指定为未来的国王。

1130 年

教宗阿纳克利特二世将诺曼-西西里升格为名义上认教宗为宗主的王国。

1131 年

图林根被从萨克森分离出来,成为一个独立的方伯领地。

斯陶芬王朝,1138—1254 年

1138 年

斯陶芬家族团结了一些德意志领主,这些领主认为洛泰尔传位给"骄傲者"亨利威胁到了他们在选举国王方面的作用。以前的"对立国王"现在被接受为康拉德三世,并迅速没收了巴伐利亚和萨克森。韦尔夫家族本来想立即反击,但"骄傲者"亨利之死(1139)导致他十岁的儿子"狮子"亨利成了家族的首领。康拉德继续采用萨利安王朝时期发展起来的方法,在不损害国王权威的前提下,在大领主之间寻求共识。到 1147 年,萨克森和巴伐利亚被归还给了"狮子"亨利,此举是平定德意志的总体解决方案的一部分。然而,康拉德也表明了新的方向,接受了主要世俗领主数量和自治权的增长,特别是提高了拥有奥地利的巴本堡家族的影响力。

1147 年

针对文德人的战争，即北方十字军运动开始。

1147—1148 年

康拉德三世率领一支来自帝国的应急部队参加了第二次十字军运动，但未能占领大马士革，也未能与拜占庭建立良好的关系，尽管他们在地中海地区都与诺曼人处于敌对状态。

1152—1190 年

"红胡子"腓特烈一世的统治时期，他是康拉德三世的侄子和"狮子"亨利的表兄。腓特烈大大扩展并加速实施了他的前任的政策，部分是为了应对快速的人口增长和新的法律概念，部分是为了重新平衡帝国的治理。通过将伯国和边区领地提升到公国地位（奥地利 1156 年，维尔茨堡 1168 年），以及承认斯拉夫酋邦为帝国领地（梅克伦堡和波美拉尼亚），高级世俗领主的数量被有意增加。其他领地则是通过从既有公国中分离出土地而建立的。波希米亚公爵是最强大的斯拉夫领主，他接受了最终纳入帝国的事实，以换取自己的国王头衔和相当大的自主权（1158 年）。同时，皇帝和世俗领主通过向新城镇颁发特许状（如弗赖堡 1120 年、吕贝克 1143 年、莱比锡 1161 年、不伦瑞克 1166 年）和扩大现有城镇的自治权（如代芬特尔、施派尔和沃尔姆斯）来促进城市发展。

1154—1186 年

腓特烈曾七次尝试将这些政策推行至意大利，而自 1137 年以来，德意志国王从未拜访过意大利。他适应了意大利不断变化的情况，在那里，市民们从主教和领主的控制中获得自由的进程比在德意志更快，而且，重新崛起的教宗控制着中部的土地，现在被承认为国王的诺曼人则统治着南部（那不勒斯）和西西里岛。诺曼人作为意大利政治中的第三种力量出现后，改变了以前教宗与帝国关系的模式。强势的教宗试图让帝国和诺曼人对立起来，以增强影响力，但情况往往变化很快，弱势的教宗（有几个）不得不对其中一个做出让步，以摆脱对另一个的危险依赖。对诺曼人的恐惧促使教宗采取亲帝国政策，于是腓特烈在 1155 年加冕为皇帝。

腓特烈利用这个机会在意大利北部古老的王室中心地带重组了帝国统治。最具争议性的问题是对被称为"王权"（regalia）的国王权利和皇帝权利的控制。在主教叙任权之争后，出现了新的观点，更明确地将王权定义为拥有现金、劳动力和免费住宿等物质利益的合法权利，以及加固定居点和任命官员的权利。腓特烈在隆卡利亚（1158）的一次会议上宣称自己垄断了这些权利，并要求归还那些他认为在过去几十年里被领主和社区侵占的权利。然而，他并不打算直接行使这些权利，而是准备将其下放给领主和城市，以换取合作和（城市的）现金税收。执行情况取决于当地情况。许多城市看到了合作的好处，特别是如果其政治对手和经济对手正反对皇帝的话。

结果是在皇帝、教宗、诺曼人和日益自治的城市集团之间展开了复杂的四方斗争，这些城市合并为伦巴第联盟（1167）。教廷从 1159 年开始分裂，出现了亲诺曼人和亲帝国的对立教宗，促使腓特烈强调帝国的神圣罗马方面和它的意识形态使命。采取的措施包括让亲帝国的教宗将查理大帝封圣（1165）。腓特烈还精明地操纵了意大利城市之间的竞争，占领了许多城市并摧毁了它们的城堡。然而，事实证明他的敌人力量强大到让他难以招架，特别是当亲诺曼人的教廷与伦巴第联盟合作的时候。

1177 年

腓特烈放弃了亲帝国的教宗，结束了分裂，从而打破了这个敌对的联盟。1183 年帝国与伦巴第联盟达成妥协，三年后，腓特烈 19 岁的儿子亨利与 30 岁的诺曼王国女继承人康斯坦丝结婚。腓特烈继续面临来自意大利北部个别城市的反对，而他和教宗在托斯卡纳的各自权利上仍有分歧。

1178—1180 年

"狮子"亨利叛乱，他在腓特烈待在意大利期间，疏远了许多萨克森领主。亨利被迫逃往英格兰。萨克森西部作为一个新的威斯特伐利亚公国被分离出来，交给了自 11 世纪晚期以来一直在莱茵河下游稳定地积聚土地的科隆大主教。萨克森公国向东收缩，失去了对新边区的影响力，这些边区建于易北河以北的前斯拉夫地区。同时，施蒂里亚从巴伐利亚分离出来，成为一个新的公国。巴伐利亚的其他地区被作为公国给了维特尔斯巴赫家族，该家族现在加入了大领主的行列。这一结果巩固了自腓特烈登基以来的趋势，即在君主和领主之间建立一种新的、更明显的封建关系，他们现在更明确地将其公国和伯国作为世袭领地。然而，腓特烈故意采取政策来拆散剩余的大公国并将新的公国分配给不同的家族，减少了任何一个领主像以前韦尔夫家族那样拥有大量土地的可能性。

1189—1190 年

腓特烈开始了第三次十字军运动（1189—1192），因为萨拉森人在哈丁（1187）战胜基督教军队，导致穆斯林征服了耶路撒冷。腓特烈的决定也反映了他希望维持与教宗的合作关系。

1190—1197 年

亨利六世继承了他的父亲"红胡子"腓特烈一世的君位，后者在第三次十字军运动中去世。亨利在德意志成功地化解了反对其登基的意见，并从英格兰国王"狮心王"理查那里获得了一笔财富。理查一世曾与斯陶芬家族的敌人合谋，在1192年从十字军运动中返回时被俘。1194年2月，理查被释放，他的王国（名义上）成了帝国的附庸。赎金为亨利在1194年12月成功入侵西西里王国提供了资金。西西里王国正式被并入了帝国，而亨利也开始为他的所有王国采取更加世袭的继承方式。对西西里王国的吞并改变了意大利的战略平衡，使教宗独自面对一个更强大的皇帝，而皇帝现在坚持认为教宗的属地是帝国封地。但在他的继承计划得到全面接受之前，亨利六世在为新的十字军运动做准备时，于31岁意外早逝。

1198—1208 年

一场双重选举和内战。亨利六世去世后留下了一个年幼的儿子腓特烈二世。尽管腓特烈在1196年已经被接受为未来的德意志国王，但斯陶芬家族的支持者在1198年决定支持腓特烈的叔叔——士瓦本的菲利普。斯陶芬家族的反对者将"狮子"亨利的儿子选为奥托四世，这标志着韦尔夫家族时来运转，但也给帝国带来了内战。教宗英诺森三世抓住这个机会，宣布自己为王位裁决者，并决定支持奥托四世，因为他的威胁性似乎比斯陶芬家族小。菲利普被处以绝罚。同时，英诺森不再像先前的教宗那样反对斯陶芬家族统治西西里岛，以换取 1198 年后自己对年轻的腓特烈二世的监护权。奥托确认了这一点，接受了教宗对西西里岛和托斯卡纳等有争议地区的统治权。许多领主认为这些让步损害了帝国的利益，并投靠了菲利普，而菲利普的军队在 1206 年时，已基本击败了奥托的剩余支持者。当菲利普在 1208 年的一次私人争吵中意外被杀时，有利于菲利普且得到教宗支持的解决方案本来很可能达成。

1202 年

教宗英诺森三世发布了教令《通过可敬畏的》，阐明了以前的教宗利奥三世在 800 年将古罗马皇帝的头衔从拜占庭"转移"给了"日耳曼人"查理大帝的这一理论。

1209—1214 年

内战再起。教宗英诺森别无选择，只能加冕奥托四世为皇帝（1209）。奥托立即恢复了斯陶芬家族的政策，在意大利北部重新树立皇帝权威，并支持在那不勒斯的诺曼人领主中爆发的叛乱（1210 年 10 月），这场叛乱针对的是西西里年轻的腓特烈二世。这场叛乱断断续续地持续到 13 世纪 20 年代，并蔓延到西西里岛，那里的许多人对涌入的德意志领主们作为斯陶芬家族的股肱之臣感到不满。教宗英诺森对奥托处以绝罚（1210 年 11 月）。由于德意志诸侯邀请腓特烈成为他们的国王，对奥托的支持再次土崩瓦解。腓特烈在 1212 年抢在奥托之前到达德意志，并在美因茨加冕为国王。他通过《埃格尔金玺诏书》（1213）获得了教宗的支持，确认了奥托早先对教宗的让步，教宗现在对意大利中部和南部以及（名义上）西西里岛行使封建管辖权。奥托支持英国入侵法国，以维持他的家族自

1180 年以来一直享有的英国支持。入侵者被法国的腓力二世在布汶击溃（1214 年 7 月），终结了奥托大展宏图的可能性。这一事件表明了帝国政治是如何与更广泛的欧洲事务纠缠在一起的。

1215 年

腓特烈二世在亚琛再次加冕，使其新权力合法化。奥托退居他的家族在不伦瑞克的世袭领地，1218 年在那里去世，没有子嗣。腓特烈最初没收了他们的属地，后来通过将不伦瑞克从萨克森分离出来作为一个新的公国和帝国封地（1235），与韦尔夫家族达成了最终的解决方案。

1220—1231 年

腓特烈恢复了早先斯陶芬家族的政策，即与德意志诸侯的关系封建化，使他们得到更明确的地方自治权，条件是他们要接受其土地作为皇帝的直属封地。为所有德意志高级神职人员（现在成了教会诸侯）制定的总宪章（1220）巩固了这一安排。许多主教区甚至修道院获得了伯国和其他世俗管辖区，现在它们被更明确地划分为直接从属于帝国的教会领地。该宪章还加强了主教对其驻地城镇的权力，尽管这并没有阻止许多城市从主教的权力中解放出来，成为直接受帝国管辖的"自由市"。后来一份大致相似的宪章颁发给了高级世俗领主（1231）。

1226 年

《里米尼金玺诏书》授予条顿骑士团世俗管辖权，让其管理在北方十字军运动中征服的异教徒斯拉夫人的土地，位于波罗的海东南部沿岸。这为将来在普鲁士建立条顿骑士团国家奠定了基础，而普鲁士被认为是帝国的一部分，但不是德意志王国的重要组成部分。

1227—1250 年

教宗与帝国的冲突旷日持久。腓特烈二世希望与教宗保持良好的关系，并需要教宗的支持来帮助其统治合法化。他也很容易受到压力去响应教宗的号召，发动新的十字军运动以解放耶路撒冷。然而，他同样决心在西西里岛和那不勒斯重新确立斯陶芬王朝的权威，并恢复早先的政策，将皇帝确立为整个意大利的最高直辖领主。腓特烈违背了他早先的承诺（包括 1213 年的《埃格尔金玺诏书》），并在 1220 年回归了亨利六世的政策，将西西里直接与帝国联系起来，从而疏远了教宗。腓特烈在 1225 年之前对西西里和那不勒斯的诺曼叛军进行了残酷的镇压，这也表明他的权力在不断增长。教宗拒绝接受他推迟出发参加十字军运动的借口，对他处以绝罚（1227）。

1228—1229 年

耶路撒冷王国。腓特烈发动了自己对耶路撒冷的远征，他娶了耶路撒冷信仰基督教的女王、布里讷的伊莎贝拉二世为第二任妻子（1225）。耶路撒冷曾是十字军的一个王国（1099），并在 1187 年后萨拉森人占领期间保持着面积狭小的领土。目前，耶路撒冷四分五裂，东面还面临着蒙古人的威胁。萨拉森人允许基督徒进入，为期十年（1229）。腓特烈接受了，而不是进行不必要的战斗，并在加冕后以"耶路撒冷国王"的名义回到了意大利。

1230 年

《圣日耳曼诺条约》(7 月 23 日)：教宗不情愿地放弃了对那不勒斯叛乱的支持，并解除了对腓特烈的绝罚；作为回报，皇帝再次承认西西里是教宗而非帝国的领地。

1232 年

教宗与帝国的关系再次破裂，因为在反对伦巴第联盟的问题上，教宗拒绝支持腓特烈，该联盟于 1226 年重新组建，以捍卫市民的自治权。

1234—1235 年

亨利（七世）的叛乱，他在腓特烈离开期间留在德意志掌管国事。腓特烈在离开 15 年后于 1235 年回到了德意志。亨利得到的支持瓦解了，他被废黜和囚禁，于 1242 年意外死亡。

1235 年

腓特烈宣布帝国会保护犹太人，以换取犹太人缴纳的正税。

1235—1237 年

腓特烈与世俗诸侯及教会诸侯合作管理德意志的事务，他们达成了公开和平协定（1235），并在 1237 年接受他的另一个儿子康拉德四世为最终的继承人。

1237—1250 年

意大利的战争。腓特烈镇压伦巴第联盟的努力促使他第二次被教宗处以绝罚（1239），这次是永久的。尽管取得了个别的成功，但腓特烈还是无法获得决定性的优势地位。与此同时，教宗逃到了里昂，在那里正式废黜了皇帝（1245），这使腓特烈的德意志敌人鼓起了勇气，选出了一连串的对立国王：首先是图林根方伯亨利·拉斯佩（1246），在他死后是荷兰的威廉伯爵（1247）。这场战争损害了帝国和教宗的威信，在腓特烈 1250 年去世时仍未尘埃落定。

1246 年

自 976 年以来统治奥地利的巴本堡家族的灭亡开启了波希米亚普舍美斯家族与哈布斯堡家族之间的长期争端，后者最终在 1273 年成为奥地利公爵。

1250—1268 年

斯陶芬家族统治崩溃。虽然被指定为腓特烈二世的继承人，但康拉德四世还没有加冕，很快就失去了地位。教宗利用他对西西里-那不勒斯的封建管辖权，将这个王国重新分配给法国国王的兄弟安茹的查理。安茹家族在 1282 年将西西里岛输给了阿拉贡，但保留了那不勒斯，一直到 1442 年。查理处决了康拉德的儿子康拉丁（1268），最终结束了斯陶芬家族收回其意大利属地的企图。

"小国王"，1254—1347 年

1254—1273 年

所谓的"空位期"，因为帝国的统治权仍然在几个相对较弱的君主之间争夺。同时，教宗在 1312 年之前都没有加冕过皇帝。

1254 年

第一个莱茵城市同盟迅速扩展到 70 个城镇，并在 1257 年后得到了理查国王（康沃尔伯爵）的一些支持，他希望该联盟能够平衡诸侯的影响。

1257 年

大诸侯之间的竞争导致了另一次双重选举，这也是第一次有"外国"候选人成功当选。康沃尔的理查，英格兰国王约翰的次子，在位期间（1257—1272）至少四次访问帝国。卡斯蒂利亚的阿方索十世是士瓦本的菲利普的外孙，因此是斯陶芬的盟友，但在其统治结束（1273）前从未来过帝国，也没有发挥过任何真正的影响力。

1273 年

鲁道夫一世当选国王。主要的诸侯现在都成了选侯，他们认为他们在选择国王方面起到的作用可以提升他们的地位，使他们凌驾于其他教会领主和世俗领主之上。选侯们认识到双重选举的危险性，而教宗也主张只选择一个国王，因为这有望帮助他对抗西西里-那不勒斯的安茹王朝日益强大的力量。这些情况在接下来的三次选举（1292，1298，1308）中大体上重复了一遍，因为选侯们做出了妥协，挑选了那些领地基础并不雄厚的候选者，比如 1273 年的哈布斯堡鲁道夫伯爵。这使统治波希米亚的普舍美斯家族的帝国野心受挫，因为所有选侯都认为普舍美斯家族已经过于强大。然而，所谓的"跳跃式选举"，或者说从不同家族中连续选择君主的过程，只是加剧了帝国政治和领地政治之间的互动。相互竞争的家族越来越将拥有更大、更稳固的领地视为得到候选国王资格的跳板，而那些成功的家族则利用他们的统治来壮大自己的家族，以提高他们在下一次竞争中的机会。觊觎皇帝头衔和统治意大利的野心一直存在，但由于不利的环境以及在德意志建立势力范围的需要而无法顾及。

1273—1291 年

鲁道夫一世统治时期，将收回王室土地的努力与巩固哈布斯堡家族的权力相结合。帝国的附庸们接到命令，要归还自 1250 年以来非法侵占的权利和财产。这被用来对付波希米亚国王鄂图卡二世，他是鲁道夫在 1273 年选举中的主要对手，拒绝归还以前的王室土地。鲁道夫的冒险策略最终让他在维也纳东北部马希费尔德的迪恩克鲁特（Dürnkrut）取得胜利，鄂图卡死于此地（1278 年 8 月）。普舍美斯家族仍保有波希米亚和摩拉维亚，但不得不将奥地利和施蒂里亚交给鲁道夫，鲁道夫将他的儿子们封为帝国诸侯（1282）。哈布斯堡家族的实力大大增强，但和许多家族一样，他们还没有实行长子继承制，并继续经历着内部分裂甚至公开冲突。鲁道夫刻意选择萨利安王朝国王的埋葬地施派尔作为自己的墓地，这也表明在王朝统治日益重要的同时，传统的王权理想仍然很重要。

收回王室资产的政策（"收复失地"）在其他地方取得了不同的结果。忠诚的伯爵被任命为执法官，在德意志南部的"执法官辖区"这种新区域网络中维护王室权利。鲁道夫培养了与自由市和帝国城市的良好关系，以巩固这一网络，同时平衡教会诸侯和世俗诸侯的地方影响力和区域影响力。然而，日益强大的符腾堡伯爵阻挠了通过巩固帝国在该地区的权利来恢复士瓦本公国的努力

（1285—1287）。南方反对哈布斯堡和帝国政策的抗议引发了瑞士村民的社区运动，导致瑞士出现了第一个联邦（1291）。为确保国王更紧密地控制图林根而采取的措施最初看上去很有希望，但因鲁道夫之死（1291 年 7 月）而受挫。鲁道夫相对较长的在位时间有助于其措施的成功。他的后三位继任者延续他的计划，但每次都是从头开始，而且在取得很大进展之前就去世了。

1277 年

维斯孔蒂家族在米兰夺取了权力，随后他们扩大了米兰，牺牲的是邻近的领地和城市，包括原意大利王国首都帕维亚（1359）。维斯孔蒂家族日益增长的影响力体现了意大利北部更广泛的变化，因为自 11 世纪末出现的社区政权在 14 世纪和 15 世纪初通过专制的城邦转变为新的公国。

1292—1313 年

拿骚的阿道夫（1292—1298）、奥地利的阿尔布雷希特一世（1298—1308）和卢森堡的亨利七世（1308—1313）的统治时期。在这一时期，有三个问题使帝国的统治精英们产生了分歧。第一个问题是选侯的影响力和自我意识不断增强，他们决心维护自己在所有其他诸侯和贵族中的集体优势。这就促使选侯们避免在彼此之间出现分歧，因为这样的分歧可能会破坏他们对国王选举的垄断。在1273 年的经验基础上，选侯们提前商定了候选人，候选人则会在财政和政治上做出让步，以换取选侯们对其国王身份的认可。这对帝国与教宗的关系产生了影响，因为选侯拒绝教宗对他们的审议进行任何干预。然而，这也增加了选侯集团自身利益在帝国政治中的重要性，一个突出的例子是科隆为扭转其在沃林根的失败（1288）而做出的努力最终没有成功，那场失利让当地的诸侯联盟打破了其对德意志西北部的统治。帝国的政治重心转移到了莱茵河畔，四个主要的选侯都在那里：美因茨、科隆、特里尔和影响力越来越大的世俗选侯普法尔茨。普舍美斯家族在迪恩克鲁特战役中失败后，波希米亚的影响力有所下降，而萨克森和勃兰登堡仍然地位较低。

第二个问题涉及哈布斯堡与普舍美斯的持续竞争，因为波希米亚王室试图收复奥地利和施蒂里亚。这一冲突阻碍了哈布斯堡在鲁道夫一世死后保留德意志国王头衔的努力。阿尔布雷希特一世的亲侄子约翰因不满 1291 年后哈布斯堡家族领地的分割而谋杀了他（1308），这使得任何从普舍美斯家族的自然消亡（1306）中获利的机会都化为泡影。这一争端的受益者是卢森堡家族，因为他们的族长亨利七世利用他的国王地位将波希米亚授予他的儿子约翰（1310）。

图林根是第三个问题，因为所有三位国王都继续执行鲁道夫一世的政策，反对韦廷家族继承这一领地的主张。同样，由于每个国王在位时间都很短，因此他们都没有取得成功，特别值得注意的是拿骚的阿道夫，他在 1294 年说服了韦廷家族的继承人出售他的权利。1307 年在卢卡（Lueka）战败后，阿尔布雷希特一世的军事解决方案失败了，这让韦廷家族掌控了图林根和迈森，使得他们在德意志中东部具有影响力。

1298 年

拿骚的阿道夫被废黜。阿道夫在图林根的成功被萨克森、勃兰登堡和波希米亚三位选侯视为一种威胁，他们获得了四个莱茵选侯中三个的支持来对抗国王。虽然他们最初不太可能计划废黜国王，但他们的行动一旦展开就很难完全按他们自己的意思进行了。最终，在 1298 年 6 月 23 日，第一个被选侯们废黜的在位君主产生了（之前的废黜是由教宗进行的）。阿道夫试图扭转这一局面，结果在格尔海姆战役（1298 年 7 月 2 日）中阵亡。选侯们别无选择，只能推选哈布斯堡公爵阿尔布雷希特一世（他曾在 1292 年被选侯们拒绝），因为他既支持他们的图林根政策，又是唯一有望当选的国王候选人。

1309—1377 年

教廷的"巴比伦之囚"是法国对教宗施加压力的结果，教宗不得不离开罗马，居住在阿维尼翁。

1312 年

亨利七世加冕为皇帝（6 月 29 日）。自 1273 年以来，所有的德意志国王都想加冕为皇帝，并继续坚持皇帝在意大利北部的权利，特别是对教宗声称拥有托斯卡纳的主张提出异议。"罗马远征"的计划（特别是在鲁道夫一世时期）由于不合时宜而一再被搁置。不过情况发生了变化，教宗试图摆脱法国的控制，并邀请亨利前往罗马。亨利得到了大量德意志人的支持，部分原因是有机会掠夺意大利城市。意大利人的反对将罗马远征以及加冕仪式推迟了四个多月。亨利计划从安茹家族手中收复那不勒斯，却死于疟疾（1313 年 8 月）。

1314 年

路易四世和"美男子"腓特烈的双重选举。在卢森堡家族和哈布斯堡家族的游说下,选侯之间的协调机制崩溃了。卢森堡家族和卡林西亚公爵之间就波希米亚选票的行使问题发生了争执,阿斯坎尼家族的对立分支之间也就萨克森的选票问题产生了分歧。卢森堡人接受妥协,选择了上巴伐利亚公爵路易(来自维特尔斯巴赫家族),但哈布斯堡的支持者却在前一天(1314 年 10 月 19 日)选择了阿尔布雷希特一世的长子"美男子"腓特烈为国王。这是自1257 年以来的第一次双重选举,也是自 1198 年以来第一次直接导致内战的选举。

1314—1325 年

路易四世和"美男子"腓特烈之间爆发了一场内战,主要是通过断断续续的小规模战斗进行的。瑞士人在莫尔加滕的胜利(1315)对王位的争夺没有直接影响,但它确认了瑞士人在哈布斯堡管辖下的自主权。争端引发了教宗与帝国之间的紧张关系,因为教宗约翰二十二世将出手干预视为一个机会,或许能让他在欧洲扮演更重要的角色,进而减弱法国对教宗的影响。教宗约翰没有在对立的候选人中做出选择,而是以德意志王位空缺为由,主张将帝国的特权归还给教宗。当时恰逢方济会对教会财富的批评引起争议,教宗的干预吸引了大量的评论,其中大部分为有关宗教-世俗关系和教会管理的争论提供了基础,这些争论将在大分裂时期(1378—1417)再次出现。教宗约翰对路易四世处以绝罚(1324)只是增加了帝国对教宗干预的怨恨而已。路易在因河畔的米尔多夫战役(1322)中俘虏了腓特烈,但腓特烈的弟弟继续抵抗,直到哈布斯堡家族都接受了《慕尼黑条约》（1325 年 9 月）。作为放弃争夺德意志国王之位的回报，腓特烈保留了名义上的国王头衔，哈布斯堡家族则保留了他们的属地。

1328 年

路易四世加冕为皇帝。在教宗约翰二十二世多次回绝他的和平建议后，路易入侵了意大利（1327）。由于对教宗一直留在阿维尼翁感到不满，意大利亲帝国的吉伯林派情绪越来越强。在由两位亲帝国的主教加冕后，路易正式废除了教宗约翰，并任命了方济会的人作为"对立教宗"，即教宗尼古拉五世，后者很快就以更奢华的风格重复了皇帝的加冕仪式（1328 年 5 月）。尼古拉的辞职结束了教宗的分裂（1330），但路易无法与教宗约翰或他的继任者和解，他们仍然待在阿维尼翁。

1338 年

选侯联盟。路易承认了选侯的地位高于其他贵族，并认可了选侯的自我集会权。这一事件代表了一种观念上的突破，这种观念认为教宗对德意志国王的选举没有影响，国王可以行使权力而无须教宗承认其当选。路易仍然处于遭到绝罚的状态，但教宗的禁令很快在帝国被无视了。

1340 年

路易继承了下巴伐利亚，重新统一了公国，巩固了维特尔斯巴赫家族在帝国的影响力。另一次继承使他又获得了荷兰、泽兰和埃诺（1345 年，维特尔斯巴赫家族持有至 1433 年）。

1346—1347 年

路易四世被废黜，内战再起。路易在位期间一直在努力平衡哈布斯堡家族和卢森堡家族的关系，这两个家族的竞争促使他在1314 年当选为国王。1325 年与哈布斯堡家族的妥协让他疏远了卢森堡家族（现在领地以波希米亚为主）。在蒂罗尔伯爵（1276 年获得卡林西亚）的继承权引发的争端中，哈布斯堡家族在 1335 年支持路易反对波希米亚的约翰国王。然而，路易无力阻止另一项单独的交易，即哈布斯堡家族获得卡林西亚，而蒂罗尔则归属卢森堡家族。波希米亚的约翰之子查理已精心谋取了阿维尼翁教廷的支持。教宗本笃十二世宣布路易被废黜（1346 年 4 月 13 日），并要求选侯们选择一个继任者。两张选票已经掌握在查理的亲戚手中（波希米亚、特里尔），查理又在 1346 年 7 月 11 日获得了另外三个选侯的支持。他的头衔一直受到质疑，直到路易死于心脏病（1347 年10 月 11 日）。

卢森堡王朝，1347—1437 年

1347—1378 年

查理四世的统治时期，他是亨利七世的孙子，也是中世纪后期最重要的皇帝。

1348 年

波希米亚巩固了自治权，成为"波希米亚王冠领地"。这标志着帝国的统治方法发生了重大转变，不再依赖帝国的特权和王室土地，而是倾向于积累世袭的权力基础。波希米亚土地（现在包括西

里西亚和卢萨蒂亚）被赋予了更坚实的法律结构和行政结构，同时，一个大手笔的文化和建筑计划将布拉格提升为欧洲重要的首都，还让它拥有了帝国的第一所大学（1348）。然而，卢森堡王朝在整合蒂罗尔和卢森堡本身的问题上止步不前。后者仍然在一个小分支手中，而前者在 1363 年被转移到哈布斯堡家族手中。同时，查理四世将许多帝国权利转让给了王公贵族，包括鲁道夫一世在 13 世纪 70 年代建立的帝国执法官辖区，以换取他们在 1346 年后接受其统治，尽管查理最初继续尽可能地买回以前被转让的王室土地。

1348—1354 年

黑死病使帝国的人口减少了约三分之一，并结束了中世纪的经济繁荣和向易北河以东地区移民的趋势。社会经济的混乱加剧了人们的焦虑，促成了查理四世积极鼓励的反犹暴力大屠杀。

1349 年

施瓦岑堡的金特伯爵当选为对立国王，这是维特尔斯巴赫家族对查理篡夺路易四世王位的一次不恰当的迟来反抗。施瓦岑堡被击败并放弃了他的头衔，几个月后随着反查理势力的瓦解而死亡。

1355 年

查理四世被加冕为皇帝。瘟疫的消散使查理得以前往意大利（1354），在那里他的远征没有受到反对，他被加冕为皇帝。1368年，查理短暂地回到了意大利。这两次干预行动是相对成功的，这取决于他与教宗的良好关系，以及他避免以暴力方式恢复帝国权利的努力。

1356 年

《金玺诏书》。查理通过与选侯团的和解巩固了他的帝国统治，这次和解建立在路易四世于 1338 年达成的和解之上。这份文件反映了当时的权力平衡和查理巩固卢森堡王朝影响力的愿望。选侯们被确认为特权精英，地位高于其他诸侯。关于萨克森选侯头衔的争议得到了解决，有利于支持卢森堡人的阿斯坎尼家族的维滕贝格分支。美因茨、科隆、特里尔、波希米亚、普法尔茨、萨克森和勃兰登堡的选侯头衔从此被永久固定下来，这些地方的土地被宣布为不可分割的，以防日后再次对这些权利产生争议。

哈布斯堡家族和巴伐利亚的维特尔斯巴赫家族被排除在外。后者在 1348 年后通过进一步的家族分治使自己暂时中立起来，但哈布斯堡家族的反应是在真实的《小特权书》（1156）的基础上伪造了《大特权书》（1358），要求获得全新的"大公"地位，主张在仪式上（但不是政治上）与选侯地位完全平等。查理对此置之不理，迫使哈布斯堡家族宣誓效忠。然而，他接受了他们对蒂罗尔的领地要求（1363），为哈布斯堡-卢森堡家族协议（1364）铺平了道路，缓解了紧张局势。阿斯坎尼家族的勃兰登堡选侯绝嗣后，查理买下了自己敌人的继承权（1373），卢森堡家族的影响力得到了巩固。

《金玺诏书》的其余部分按照 1338 年已经出现的方式，规定了选举德意志国王的流程。选侯们有权在君主生前选择一位"罗马人的国王"作为指定的继承人，但要得到他的批准。《金玺诏书》拒绝了教宗的主张，转而明确主张德意志国王是自己选举出来的"当选皇帝"，无论他是否被教宗加冕为皇帝，都可以行使皇帝职权。

1361—1372 年

西部边境得到调整。查理坚持自己作为勃艮第国王的权威，同时根据法国日益增长的影响力调整实际控制权。勃艮第的"自由伯国"（弗朗什-孔泰）萨伏依和巴塞尔主教区从勃艮第转给了德意志王国（1361）。1372 年，萨伏依伯爵被任命为意大利的皇帝代理人，在皇帝不在时负责维护帝国的权利。与此同时，1363 年在勃艮第法属地区建立的新公爵世系见证了帝国西部边境一个危险的地区势力的成长。

1371 年

查理四世最终放弃了鲁道夫一世于 1273 年发起的旨在收回王室土地的"收复失地"政策，转而将帝国统治建立在他庞大的家族领地之上。

1376 年

查理的儿子文策尔被选为"罗马人的国王"，而作为回报，选侯们得到了更多特权和更多王室资产。

1376—1377 年

士瓦本城市同盟。皇帝获得勃兰登堡（1373）和收买选侯推选文策尔所花的费用由对帝国城市新征的税收来负担。士瓦本人通过组成一个同盟进行报复，这个同盟也是针对当地诸侯的侵占行为。这些城市打败了查理及其巴伐利亚和符腾堡的盟友，迫使皇帝同意不把城市典当给诸侯。更多的城市同盟在阿尔萨斯（1376）、莱茵地区（1381）和下萨克森（1382）成立了。

1378—1400 年

文策尔的统治暴露了查理能取得成功是偶然的。文策尔在父亲去世时尚不满 18 岁，他过度放纵的成长经历没能让他做好当国王的准备。卢森堡家族本已势力庞大，他的弟弟西吉斯蒙德与匈牙利女继承人结婚而成为匈牙利国王（1387）后，家族力量更加强盛。然而，文策尔只是直接控制了波希米亚，因为他被迫让他的亲戚来管理卢森堡和摩拉维亚。勃兰登堡不得不被当掉，以资助西吉斯蒙德在匈牙利的登基。随着帝国的王室土地被他的父亲耗尽，文策尔几乎没有其他资源来应对黑死病和诸侯权力逐步领地化后出现的许多问题。

1378—1417 年

大分裂。教廷试图通过返回罗马来逃离法国的影响，但由于教宗不久后死亡而中断。枢机主教中的亲法派和反法派选出了对立的继承人，他们都呼吁欧洲各个国王承认和支持自己。文策尔继续执行他父亲的政策，承认反法的教宗，但他力量太弱了，无法进行干预。

1388—1389 年

第一次（士瓦本）城市战争。德意志西南部的人口密度最高，它支撑着比帝国其他地方更加分散和复杂的领主辖区等级制度。城市、骑士和领主不一定相互为敌，但在黑死病之后，他们努力适应挑战并尝试从变化中获利，因此经常在权利上有冲突。瑞士的城镇和村庄更加紧密地联系在一起，挫败了哈布斯堡重新确立领主管辖权的努力（森帕赫战役，1386）。骑士们占据着模糊的地位，他们作为官员帮助巩固诸侯的管辖权，使其成为更独立的领地，同时也受到这些进程的威胁。骑士联盟的形成（14世纪70年代）既威胁着诸侯的权威，也威胁着有时成为"强盗贵族"目标的城市。士瓦本的城市击败了当地的骑士联盟（1381—1382）。他们日益强大的力量引起了诸侯的报复，诸侯在多夫林根（Döfflingen）击败了士瓦本人，并在沃尔姆斯附近击败了莱茵同盟。

1389 年

《埃格尔公共和平条例》。暴力事件促使越来越多的人呼吁文策尔进行干预，但他宁愿留在波希米亚，通过承认城市同盟并允许城市和王公贵族掠夺其犹太属民，换取其呈上的现金。城市同盟的瓦解为帝国代表在整个帝国达成全面和平铺平了道路。帝国承认诸侯和城镇在维护各地区的和平时所起的作用，它也被解释为向帝国改革时代出现的结构迈出了一步。在当时，它削弱了文策尔的权威。

1394—1400 年

文策尔被废黜。文策尔不愿意离开波希米亚，这鼓励了选侯们在没有他的情况下举行自己的会议。文策尔对波希米亚骑士的依赖疏远了波希米亚其他领主，包括他自己的卢森堡家族。到1395年，波希米亚开始公开内战。土耳其人向匈牙利的进军完全占据了西吉斯蒙德的注意力，他无法回应选侯们请他在帝国担任摄政的请求。经过长时间的讨论，四个莱茵选侯以无能为理由废黜了文策尔（1400年8月20日）。文策尔仍然是波希米亚的国王，直到他去世（1419）。

1400—1410 年

普法尔茨选侯鲁普雷希特的统治时期。鲁普雷希特在文策尔被废黜的第二天被选为国王。他的统治从一开始就因为许多领主和城市拒绝承认他的权威而受到影响。普法尔茨地区太小，无法支持王室的统治，而王室资产的散失不仅减少了收入，而且意味着鲁普雷希特没有什么可以用来奖励潜在的支持者。他的弱点于 1401—1402 年在意大利的失败战役中暴露无遗，在那里他既没有获得皇帝加冕仪式，也没有击败现在统治米兰的强大的维斯孔蒂家族。

1410 年

最后一次双重选举。没有什么人能真正威胁到卢森堡家族，但该家族在西吉斯蒙德和他的堂哥摩拉维亚的约布斯特之间自己分裂了。这种竞争因其与教宗分裂的关系而加深，因为两个候选人得到了不同教宗的支持。几个月后（1411），约布斯特的死解决了这一问题。

1410—1437 年

最后一位卢森堡君主西吉斯蒙德的统治时期。西吉斯蒙德仍然是匈牙利国王，但在帝国没有土地，因为卢森堡已经转给了勃艮第公爵（1409），而文策尔仍然是波希米亚的国王，直到 1419 年。西吉斯蒙德接受了他永远无法收回勃兰登堡的事实：当年他为了得到匈牙利，当掉了勃兰登堡，将其交给了纽伦堡堡伯，即霍亨索伦家族的腓特烈四世（1415）；霍亨索伦家族由此开始在国际格局中缓慢崛起。随着西吉斯蒙德批准韦廷家族在阿斯坎尼家族灭亡后获得萨克森-维滕贝格，韦廷家族的影响力也得到了提升。

1414—1418 年

康斯坦茨大公会议。西吉斯蒙德通过干预结束了大分裂的局面，承担起了传统的教会监护人的角色，罢免了现在的三个对立教宗，并任命了一位新的、被普遍认可的教宗。他通过支持高级神职人员的大公会议运动使自己的行动合法化，这些神职人员希望定期召开教会会议，来平衡教宗的权威。虽然重新统一并回到了罗马，但教宗制度又经历了 40 年新的紧张关系，即历任教宗和对立的教会会议之间的关系，最终萨伏依公爵阿梅迪奥八世（1383—1451）被选为最后一位"对立教宗"斐理克斯五世（1439—1449）。

1419—1434 年

波希米亚的胡斯战争。西吉斯蒙德为结束大分裂而采取的干预措施之一，就是确保教会支持他反对波希米亚的胡斯派运动。胡斯派运动已经四分五裂，但在文策尔死后，一些派别与反对西吉斯蒙德在波希米亚的继承权联系在了一起。教宗批准将对胡斯派的战争作为十字军运动。帝国屡次作战都被击退，但失败确实迫使许多德意志诸侯与西吉斯蒙德更紧密地合作，而西吉斯蒙德同时也在呼吁援军前来阻止奥斯曼土耳其人通过巴尔干半岛向匈牙利推进。西吉斯蒙德为了能自由前往匈牙利做出了妥协，宽容了温和的胡斯派，以换取战争的结束和接受他在波希米亚的统治（1434）。

1422 年

选侯、诸侯和城市在纽伦堡举行的大会上批准了第一份帝国"注册表"（Reichsmatrikel），以提供一种分担军事援助和财政援助的方式。虽然实际的援助未能使胡斯派落败，但这次会议为帝国未来的发展开创了一个重要的先例，并可被视为帝国改革开端的一部分。这场改革受到了大分裂时期同时出现的关于教会改革的讨论的刺激，但它同样在 15 世纪中期左右没有确定的结果便无疾而终了。

1433 年
西吉斯蒙德在罗马加冕为皇帝。

1438—1439 年
阿尔布雷希特二世的统治时期以及从卢森堡王朝到哈布斯堡王朝的过渡时期。西吉斯蒙德没有儿子，他遵守 1364 年的卢森堡–哈布斯堡家族协议，将女儿嫁给奥地利大公阿尔布雷希特二世，并承认他为继承人。阿尔布雷希特在匈牙利和波希米亚被接受为国王，而由于没有其他有望当选的候选人，他在帝国也被接受为国王。在他短暂的统治期间，他一直在保卫波希米亚不受波兰人的侵犯，以及保卫匈牙利不受土耳其人的入侵。

帝国改革，1440—1555

1440—1493 年
阿尔布雷希特二世的继任者腓特烈三世的统治时期，他被一致推举为德意志国王。腓特烈在当时和后来都被谴责为只顾哈布斯堡家族的利益，而忽视帝国。王朝和"帝国"利益之间的紧张关系在此时确实成了一个更明显的政治组成部分。然而，他的统治是所有国王／皇帝中最长的，也见证了那些被称为"帝国改革"的进程的加速，这些进程使帝国拥有了近代早期的形式。这些进程与书面文化日益增长的政治意义密切相关，而印刷术的发明（约 1450）则为其提供了帮助。帝国改革涉及在宪法性文件中确定权利和责任，来使政治安排制度化。这一过程使帝国更明显地转变为混合君主制，皇帝与等级体系中的诸侯、其他领主及城市分享权力。这一过程在很大程度上反映了帝国许多领地上的同期发展，在这些领地上，诸侯只是通过承认自己的附庸和城镇可以共同行使一些权力来巩固其管辖权（例如，马格德堡 1400 年，巴伐利亚 1453 年，符腾堡 1457 年）。通过划定"行政区"（Ämter），再加上设立中央机关（咨询委员会和宫廷法院）和更多载入法典的领地法（现在以印刷品副本发行），领地管辖权日益得到了巩固。

1444 年

奥斯曼帝国在保加利亚瓦尔纳战胜了基督教十字军，标志着拜占庭帝国气数已尽，它将随着君士坦丁堡的陷落（1453）而消失。苏丹将拜占庭帝国的罗马传统纳入了奥斯曼帝国的礼仪，挑战了神圣罗马帝国声称只有自己真正延续了罗马传统的说法。奥斯曼帝国的持续扩张使其在 1471 年成为一个永久的威胁，当时奥斯曼帝国的先锋部队已可以进入奥地利。

1448 年

《维也纳协定》为帝国与教宗的关系提供了一个明确的解决方案，其效力一直持续到 1803 年。教宗同意皇帝对帝国教会中圣职的任命施加影响力，作为回报，教宗得以对低阶神职人员征税，而且皇帝要承认教宗在教会改革问题上比教会会议地位更高。在接下来的三十年里，这一宏观的协议通过与个别诸侯的进一步协议得到了补充，认可了诸侯对地方教会享有更大的权力。世俗的领地管辖权得到了巩固，特别是在东北部的几个诸侯国，那里的帝国主教区的合并已经取得了很大进展：勃兰登堡（涉及勃兰登堡、哈维尔堡、莱布斯的主教区）、萨克森（涉及迈森、瑙姆堡、梅泽堡），以及梅克伦堡（涉及什未林和拉策堡）。在这些地方，主教们都保留了宗教事务上的管辖权，却失去了他们作为帝国诸侯的地位，以及许多世俗权利和资产。哈布斯堡家族在自己的土地上也获得了类似的地位，确保当地的神职人员和宗教团体不会获得帝国的直辖地位。

《维也纳协定》在三个方面促成了宗教改革的发生。第一，皇帝承认教宗的地位高于教会会议，重新引发了关于改革的辩论，因为 1414 年以来大公会议运动所通过的措施被宣布为无效了。随着历史上最后一位对立教宗斐理克斯五世的去世（1451），大公会议运动也随之瓦解。第二，教宗对圣职征税的权力激起了德意志神职人员的不满，他们在 1455 年起草了第一份《德意志诉苦书》，随后也有许多声音批评教宗至上的影响。第三，教宗批准几个主教区开始"世俗化"，预示了宗教改革期间的情况，也表明了世俗当局如何在自己的领地上负责管理教会。

1452 年

腓特烈三世被教宗尼古拉五世加冕为皇帝。这是最后一次在罗马举行的皇帝加冕仪式。腓特烈利用他的皇帝地位确认并扩充了《大特权书》的内容，它是由鲁道夫四世公爵在 1358 年伪造的，以宣称奥地利领主与选侯地位平等。腓特烈现在将通常保留给皇帝的封爵权授予他的家族（作为奥地利的世袭统治者）。

1457 年

拉斯洛五世死亡，他是阿尔布雷希特二世的遗腹子，在他父亲于 1439 年去世后出生。腓特烈曾试图通过对拉斯洛的监护来控制阿尔布雷希特的波希米亚和匈牙利王国，但这两个国家的贵族在男孩死后选出了自己的国王。由于匈牙利与反对腓特烈的奥地利贵族的关系，紧张局势不断升级，特别是在 15 世纪 60 年代，导致了帝国与匈牙利的全面战争（1482—1490）。

1459—1463 年

普法尔茨选侯试图恢复其家族自 1410 年以来失去的地区影响力，发动了诸侯战争。战斗局限于德意志西南部，却促成了对腓特烈的批评和对帝国改革的呼吁。

1474—1477 年

勃艮第战争。勃艮第公国的迅猛扩张戛然而止，因为"大胆者"查理在与德意志西部诸侯和瑞士人的敌对联盟的战斗中阵亡了。哈布斯堡对勃艮第继承权的要求导致了与法国的战争（1477—1493），并为后来哈布斯堡与法国的竞争提供了深层原因。

1486 年

腓特烈的儿子马克西米利安一世当选为"罗马人的国王"。这既保证了哈布斯堡在帝国的继承权，又标志着帝国改革的新阶段，因为马克西米利安比他的父亲更愿意接受变革，并且从此在与诸侯、其他领主和城市的交往中基本上取代了其父。

1488 年

皇帝与西南部城市、骑士、其他领主以及越来越多的诸侯之间形成了士瓦本联盟（一直持续到 1534 年）。该同盟是对安全问题的回应，但也为哈布斯堡家族提供了一个框架，以管理帝国中一个特别复杂的部分，他们在那里有直接的领土利益。它还表明，在帝国改革的这一阶段，宪制的发展仍然是开放的，因为同盟有可能成为其他机构（如帝国议会）的补充，也有可能成为皇帝和帝国互动的替代机构。

1493—1519 年

马克西米利安一世的统治时期，哈布斯堡的核心领地通过家族主支获得富含白银矿藏的蒂罗尔而得到巩固，并建立了一个行政结构，类似于其他一些德意志领土上出现的行政结构，但更强大。王朝统治变得更加连贯和有力，这主要是通过腓特烈三世和马克西米利安编织的联姻网络实现的，哈布斯堡家族在此过程中获得了勃艮第（1477）、西班牙及其属地（1516），还有波希米亚和匈牙利（均为 1526）。

1494—1559 年

意大利战争始于法国入侵意大利以抢夺西班牙（阿拉贡）对那不勒斯的所有权，以及瓦解帝国在米兰的影响力。马克西米利安进行了干预，以维护帝国在意大利北部的管辖权。随之而来的是一连串的战争。在 1516 年后战斗有所减少，因为哈布斯堡对西班牙的继承使该国不再是一个独立的交战国。法国与哈布斯堡的对立是整个战争共同的主线，而随着法国对勃艮第重新提出领地要求，冲突蔓延到了法国和尼德兰的边境。意大利境内较大的诸侯国，如托斯卡纳和摩德纳，独立但仍然次要的地位更加明确了，而教宗国和威尼斯在其中则比较突出。

1495 年

在沃尔姆斯举行的帝国议会，通常被认为是帝国中世纪和近代早期的分界线。从 15 世纪 70 年代起，皇帝与诸侯、其他领主及城市的总体会议（称为帝国议会）召开得越来越频繁，为集体决策提供了一个可行的讨论方式，从而有助于巩固帝国作为混合君主制的地位。在沃尔姆斯举行的会议确定了帝国议会的成员、程序和权力，被证明具有持久的意义。会议批准了直接向所有居民征收新的普遍税，成为自 1422 年以来的注册表制度之后的第二种筹款方式。这两种制度下的拨款都依赖于帝国议会的批准。尽管到了 16 世纪中期，注册表制度已经基本上取代了普遍税，但事实证明，1495 年做出的决策是决定性的，它使所有王公贵族和城市面临着一个基本的选择。接受商定的帝国税收份额的责任，便可在帝国议会中获得"帝国政治体"的地位，与皇帝共同管理。拒绝参与则会被排斥在帝国议会之外，一般来说，也会被排斥在通过帝国改革建立的其他机构之外。遭到排斥会让皇帝直辖的地位面临威胁。那些拒绝参与的城市和领主陷入了非直辖地位，在这种情况下，他们与皇帝的关系就像其他领地城镇和领主一样，中间会有一个帝国政治体。1521 年的帝国议会编制了一份新的注册表，加速了这一过程，日后所有对帝国政治体的税收配额和军事配额进行的调整都以该注册表为基础。

帝国议会的程序安排和财政措施巩固了帝国的内部政治等级制

度，它将帝国的各政治体分成选侯、诸侯和城市三个"团体"，并使得即便在这些团体内部，互动也是严格以地位的高低为指导。通过关于特权和程序的书面表述，地位被更加精确地固定下来。

沃尔姆斯会议还确定了新的维和安排与司法安排，颁布了永久性的《和平条例》以结束私战，同时建立了帝国最高法院，作为新的最高法院来仲裁帝国各政治体之间的争端。新法院象征着帝国的混合性质，由皇帝和帝国政治体共同组建，他们都承担着维护法院、提名法官和执行判决的责任。由于是独立的，法院还象征着帝国及其新机构大于其各部分的总和。帝国通过其宪法，正日益清晰地呈现为一个自带发展动力的法律框架。它使各个帝国政治体的地位合法化，而且更普遍的是，所有团体、社区和实体都在不断发展的帝国法律体系中得到承认。

1499 年

瑞士战争或称士瓦本战争。马克西米利安一世试图遏制瑞士的扩张，迫使其接受帝国改革带来的负担和责任。他的失败标志着哈布斯堡对瑞士行使领主权的努力彻底结束，但尽管瑞士人不受帝国改革新建机构的辖制，他们仍然留在帝国内。

1500—1512 年

奥格斯堡的帝国议会（1500）建立了六个"帝国大区"，以促进落实五年前在沃尔姆斯批准的措施。建立四个额外的帝国大区后，帝国大区的框架得到扩展，将大部分剩余的德意志领地纳入该体系。哈布斯堡家族有意加强了他们在帝国内部的自治，他们划定了奥地利和勃艮第帝国大区的边界，以确保这两个帝国大区几乎全部由他们自己的属地组成。瑞士、帝国意大利和波希米亚的土地都在这个框架之外。帝国大区结构的发展并不均衡,但所有十个帝国大区到 16 世纪 40 年代都已在运作,因为它们的成员认识到了区域合作的好处。帝国大区是帝国改革的另一项持久成就。相比之下,在 1530 年之前,向皇帝强加一个永久性帝国执政府的努力失败了,部分原因是哈布斯堡的反对,但也有部分原因是帝国政治体认识到帝国议会更能满足其利益。

1508 年

教宗承认马克西米利安一世为"当选的罗马皇帝",从而接受了自 14 世纪以来提出的论点,即德意志国王从当选开始即可行使皇帝特权。教宗的参与减少了,这在当时来说是件好事,因为意大利的军事局势使加冕之旅更加困难。

1517 年

随着马丁·路德发表他的《九十五条论纲》,宗教改革开始了。重要的是,宗教争论是在帝国改革仍在进行时开始的。关于基督教正确形式的争论与关于帝国适当政治秩序的争议纠缠在一起。

1519—1556 年

查理五世的统治时期。他是马克西米利安一世的孙子,自 1516 年起已是西班牙国王。与马克西米利安相比,查理更加同时体现了新旧两面性,更容易让人感觉到 16 世纪初是帝国发展的一个重要阶段。

1521 年

在沃尔姆斯举行的帝国议会通过新的注册表巩固了帝国的改革，并不断增加税收补助和军事援助，使哈布斯堡家族能够保卫帝国的东部边境，对抗奥斯曼人。查理宣布路德为逃犯，使宗教改革进一步政治化，现在宗教改革被正式视为公共秩序问题。那些拥护路德宗的诸侯后来因反对天主教多数派坚持执行帝国禁令而被称为"新教徒"（Protestant，誓反教、抗议宗）。宗教改革的政治史基本上成了新教徒为中止或扭转 1521 年启动的法律措施而做出的一系列努力，那些法律措施中最引人注目的是天主教徒利用 1495 年的《和平条例》，在路德派接管教会财产和宗教管辖区时起诉其犯下盗窃罪。

1521—1522 年

查理将统治奥地利的权力移交给他的弟弟斐迪南一世。后来，波希米亚和匈牙利的君主在对抗奥斯曼人的摩哈赤战役中死亡后，斐迪南一世成了这两个国家的国王（1526）。斐迪南重组了对其属地的管理（1527），巩固了它们在帝国内作为哈布斯堡世袭土地（Erbländer）的独特地位。

1522—1526 年

骑士起义（1522—1523）之后是德意志农民战争（1524—1526），这两个团体都在接受宗教改革的同时，寻求实现社会政治目标。帝国提供了一个框架，使诸侯得以协调应对，特别是在西南部通过士瓦本联盟来应对。诸侯的胜利保证了他们后来对宗教改革的领导。然而，帝国的宪制被修改，以调整战败方与帝国的关系。尽管骑士们仍然被排除在大多数新的帝国机构之外，但他们在很大程度上逃脱了被纳入诸侯领地的命运，因为皇帝肯定了他们作为"帝国骑士"的直辖地位，以换取现金税收。他们和农民还被允许进入帝国最高法院，以解决与领主的争端并保护他们自己的权利（1526）。一些支持农民的帝国城市被更明确地承认为帝国政治体，以防止它们"转投瑞士"，加入瑞士联邦。转投瑞士的选择一直持续到16世纪中叶，但随着瑞士人和德意志新教徒之间的分歧越来越大，以及人们对帝国机构满足市民利益的有效性有了更清楚的认识，这一选择的吸引力逐渐减弱。

1527 年

在教宗克雷芒七世站在法国一边后，查理五世因无力支付军饷而鼓励军队洗劫罗马。罗马有多达 1 万平民被杀，这一事件严重损害了查理的声誉。

1529—1541 年

奥斯曼-哈布斯堡冲突的高峰。在征服了匈牙利的大部分地区（1526）后，苏丹围攻了维也纳（1529），试图消灭作为其帝国扩张对手的查理五世。虽然从维也纳被击退，但奥斯曼帝国的军队保留了匈牙利，并迫使查理的弟弟斐迪南贡上现金（1541），从 1547 年起变为岁贡。尽管 1565—1567 年在军事上付出了许多努力，哈布斯堡家族还是无法征服匈牙利的土耳其部分，不得不继续缴纳贡品以延长休战期。

1530 年

教宗克雷芒七世在博洛尼亚将查理五世加冕为皇帝，这是最后一次由教宗给皇帝加冕；此后所有的皇帝都由德意志大主教加冕，加冕地点通常在法兰克福。国王加冕仪式和皇帝加冕仪式已不分彼此了。君主如果在现任皇帝（vivente imperatore）在世时被选为"罗马人的国王"，或者在没有预先安排继任者的皇帝去世后被选为国王，都会被加冕。自 14 世纪以来，德意志国王的头衔已逐渐变得不那么明显，现在则已完全纳入皇帝头衔，但没有被正式废除。

1530—1545 年

宗教改革和帝国改革得到巩固。路德宗越来越像可以取代天主教的一种永久性选择，它有自己的信仰纲要（《奥格斯堡信纲》，1530），并在接受它的城市和诸侯国建立了教会机构。这些新教帝国政治体组成了施马尔卡尔登联盟（1531），反对天主教一方尝试利用帝国的法律机制来扭转这些发展。尽管宗教关系紧张，帝国各政治体继续通过帝国议会进行合作，通过了范围广泛的法规，有关公共秩序、道德、经济管理和国防等方面，这一切都影响了德意志诸侯国和城市的类似措施。查理的弟弟斐迪南一世被选为"罗马人的国王"（1531），并日益承担起处理帝国事务的责任。

1546—1547 年

施马尔卡尔登战争。查理五世利用在意大利战争中暂时战胜法国的机会，以军事手段解决帝国的宗教僵局。施马尔卡尔登联盟被决定性地击败（米赫尔贝格战役，1547）。查理从领导联盟的萨克森韦廷家族的埃内斯特分支手中夺走了土地和选侯头衔，并将其交给在战争中支持他的阿尔布雷希特分支的新教徒莫里茨公爵。这是自 1356 年以来选侯团体中的第一次变化，昭显了查理的皇威。

1547—1548 年

在奥格斯堡举行的"武装帝国议会"，因查理的军队在场而得名，他试图以对他有利的方式最终解决所有重要问题。宗教信仰要遵循临时敕令中规定的准则，这是一份持天主教立场的声明，它将持续有效，直到教宗主持的特兰托大公会议（1545—1563）做出最终决定。哈布斯堡的土地管理通过《勃艮第条约》进行了重组，将家族在勃艮第地区和意大利的领地分配给查理的长子腓力二世，后者也被指定为查理在西班牙（包括那不勒斯、西西里和新大陆的西班牙属地）的继承人。腓力的叔叔斐迪南一世被接受为查理在帝国和家族世袭土地上的继承人。哈布斯堡与帝国其他地区的关系则是通过皇帝和帝国主要政治体之间的协定（"帝国联盟"）维持的。

1552 年

诸侯叛乱。在法兰克尼亚和萨克森部分地区日益严重的暴力混乱中，出现了一个新教诸侯联盟。萨克森的莫里茨允许法国扩大对梅斯、图勒和凡尔登等帝国城市（事实上还有相关主教区）的管辖权，从而确保了法国对叛乱的支持。诸侯迫使斐迪南同意《帕绍和约》，中止了四年前在奥格斯堡达成的大部分解决方案。

1555 年

《奥格斯堡和约》。自 1553 年以来的长期谈判在奥格斯堡举行的一次帝国议会上产生了对 16 世纪上半叶的宗教和政治问题的全面解决方案。宗教条款故意含糊其词，以使不同信仰的各方在一份共同文件上达成一致。在帝国，路德宗与天主教徒一样得到了法律的承认。所有帝国政治体都被宣布拥有"改革权"（ius

Reformandi），体现了对其领土管辖范围内的教会事务的世俗监督。《帕绍和约》签订的年份被确认为教会持有财产的标准年，这意味着路德派可以保留他们到那时为止从天主教会那里获得的东西。持不同意见的少数群体得到了某些保障，但和约对帝国教会的地位做出了相互矛盾的规定。天主教徒认为，和约专门为他们保留了帝国教会的所有管辖权和职务，使天主教徒在新的帝国机构中获得了固有的多数，因为帝国的教会机构多于世俗机构。路德派认为，尽管和约的其他部分承认 1552 年为标准年，但斐迪南一世的特别保证使他们能够获得这些土地。

更长的世俗条款将帝国在国防、公共秩序、货币和经济协调方面的改革措施法典化并加以扩展。帝国大区获得了更大的权力，扩大了地区合作和项目的范围。除奥地利和勃艮第外，所有帝国大区都建立了议会，作为一个平台来协调执行帝国法律和帝国议会的决定，并推出自己的地区措施。与帝国议会相比，帝国大区议会中的直辖领主的代表权要广泛得多，因为在帝国议会中，大多数小王公和伯爵在诸侯团中都没有完整的投票权。这些措施标志着帝国改革的高潮。随后直到进入 16 世纪 70 年代，帝国议会通过了更多的重要立法，修改并巩固了既有的宪制安排，但没有从根本上改变它们。

哈布斯堡的稳定和扩张，1556—1739 年

1556—1558 年

查理五世的退位和哈布斯堡君主国的分治。查理将 1552—1555 年的事件解释为他在 1548 年推行的措施失败了。他加快了已经开始的向其弟弟斐迪南转移权力的过程，正式退位（1556 年

8月3日）并返回西班牙，后来在那里去世（1558年9月21日）。斐迪南一世在1556年查理退位的几周后被承认为"罗马人的国王"，但直到1558年3月15日，在他获得选侯们的同意后，才完成了权力的全面转移。这一过程进一步巩固了帝国的混合君主制：皇帝仍然是最重要的（是哈布斯堡家族发起了权力转移），但只有帝国各主要政治体同意，他才能进行统治（权力转移只有通过选侯们的同意才能完成）。权力转移还完成了哈布斯堡家族的分离，使其成为独立的奥地利分支和西班牙分支，这种分离一直持续到1700年后者消亡。

1558—1576 年

斐迪南一世（1558—1564）和他的儿子马克西米利安二世（1564—1576）的统治时期。奥地利土地的管理得到了加强，但在斐迪南一世将蒂罗尔和内奥地利（施蒂里亚、卡林西亚和克赖因）分配给他的小儿子后，出现了结构性问题，形成了哈布斯堡的幼支。马克西米利安一世时期建立的帝国宫廷法院被改组，并拥有了坚实的基础（1559），作为第二个帝国最高法院来维护皇帝的特权，包括对整个帝国意大利的封建管辖权。尽管加尔文宗作为第三大基督教派别出现却没有得到帝国法律的明确认可，尽管天主教徒开始推行"反宗教改革"措施，包括耶稣会在德意志的活动，但皇帝与个别重要王公的良好关系确保了1555年《奥格斯堡和约》的维持。

1559—1568 年

《卡托-康布雷齐和约》（1559）以对哈布斯堡家族有利的方式

结束了意大利战争：法国放弃了对西班牙的意大利属地的要求，包括对米兰的要求。与先前的条约不同，这次和约之所以能够维持，是因为亨利二世的意外死亡（在庆祝和平的比武中）使法国陷入了危机，并深化为法国的宗教战争（1562—1598）。尼德兰贵族对意大利战争费用的不满，加上被排斥在外和宗教上的不满，升级为对西班牙统治的公开反抗，最终导致了1568年后的尼德兰起义（又称八十年战争）。这场起义还具有内战的性质，大多数天主教徒支持西班牙，反对主要是加尔文派的尼德兰起义领导人。

1576—1612 年

鲁道夫二世的统治时期。哈布斯堡对帝国政治的管理在相当多的问题中逐渐失去了方向。法国和尼德兰内战的加深威胁着帝国西部的领土完整，因为各方都在寻求招募德意志军队。鲁道夫拒绝支持西班牙对抗尼德兰起义军，尼德兰北部领地在1585年后实际上成了一个独立的共和国。1583年左右，鲁道夫拒绝允许已经成为帝国主教的新教徒行使帝国政治体的特权，关于《奥格斯堡和约》宗教条款的争议随之加剧。

1583—1587 年

科隆战争。科隆大主教公开皈依加尔文宗，这导致西班牙发动军事干预，任命了巴伐利亚维特尔斯巴赫家族的一位成员取而代之。这一事件暴露了鲁道夫没有能力自己解决问题，同时也极大地扩大了巴伐利亚的影响力，巴伐利亚由此成了更加激进的德意志天主教徒的政治领袖。

16 世纪 90 年代

维特尔斯巴赫家族在普法尔茨地区的对立分支最终皈依了加尔文宗，之前曾在加尔文宗和路德宗之间横跳。普法尔茨选侯推动了一项宪制改革议程，旨在确保加尔文宗教义得到承认，并在帝国机构中瓦解天主教多数派，办法是在帝国各政治体之间拉平一些地位差距，以利于他在部分被剥夺权利的帝国伯爵和小诸侯中的支持者。由于对立的维特尔斯巴赫家族分支对《奥格斯堡和约》有不同的解释，政治开始以教派为界，更加尖锐地分化。普法尔茨选侯操纵了关于教会财产的争议，以削弱人们对既有机构的信心，并为新教联盟争取支持。

1593—1606 年

漫长的土耳其战争。鲁道夫利用人们在对抗奥斯曼帝国的威胁时所提供的超越宗派分歧的持续支持，将匈牙利边境的问题升级为全面战争。哈布斯堡家族迫使苏丹正式认可了他们的罗马皇帝头衔，却因战争而国库枯竭，通过割让一些匈牙利领地和重新纳贡来换取延长 1541 年的休战。到 1642 年，1606 年的休战协议被延长了五次，确保了奥斯曼人在三十年战争的危机中没有挑战哈布斯堡家族。

1606—1612 年

哈布斯堡兄弟阋墙。土耳其战争不尽如人意的结果使鲁道夫的奥地利和西班牙亲属对他怀恨在心。由于鲁道夫及其对立的兄弟在政治和宗教上对其各省政治体做出了让步（特别是鲁道夫的"陛下诏书"，在 1609 年给予波希米亚和西里西亚新教贵族特权），以换取对他们自己的支持，哈布斯堡家族的权威被削弱了。

1608—1609 年

在雷根斯堡帝国议会（1608）无果而终后，维特尔斯巴赫两王朝有意成为人们关注的焦点，形成了由普法尔茨领导的新教联盟（1608）和其竞争对手巴伐利亚领导的天主教联盟（1609）。巴伐利亚利用鲁道夫对多瑙沃特事件（涉及宗教骚乱）的处理不当，声称既有机构受到了损害。

1609—1614 年

于利希继承权争端暴露了两个联盟特别是新教联盟的弱点，还体现了帝国内外大多数势力对重大战争的普遍厌恶。

1612—1619 年

马蒂亚斯的统治时期，他逐步从鲁道夫手中夺取了对哈布斯堡土地的控制权，并在鲁道夫死后继任为皇帝。政治和教派的紧张关系持续存在，但并没有不可避免地滑向重大战争。天主教联盟解散了（1617），而新教联盟则失去了成员。

1618—1648 年

三十年战争进行之际，西班牙与荷兰在休战 12 年后恢复了冲突（1621—1648），法国与西班牙也开始新的战争（1635—1659）。三十年战争因帝国未能遏制心怀不满的新教波希米亚贵族的叛乱而升级，这些贵族反对哈布斯堡家族为了重新确立其权威而将信奉天主教等同于政治忠诚。普法尔茨选侯决定接受叛乱者递上的波希米亚王冠（1619），这使得冲突蔓延到了德意志南部和西部。尽管帝国一再取得胜利，但由于丹麦（1625—1629）、瑞典（1630—

1648）和法国（1635—1648）的干预，以及哈布斯堡的误判，战争被延长了。尽管有外国的干预，帝国的战争仍然与欧洲其他地方的冲突不同。

1619—1637 年

斐迪南二世的统治时期。他来自哈布斯堡家族的内奥地利分支。

1628—1631 年

曼托瓦继承战争。西班牙对其北意大利属地安全的关注，使帝国和平解决曼托瓦公国继承权争议的努力受挫，并最终迫使奥地利在一场规模不大的战争中支持法国。法国成功地让自己的候选人得到了曼托瓦，但在 1635 年法西开战后，法国在意大利北部失去了影响力。

1629 年

《归还教产敕令》。斐迪南二世利用其在军事上的优势，发布了最终裁决结果，旨在结束《奥格斯堡和约》（1555）宗教条款引发的争议性解释。这强加了一个狭隘的天主教解释，疏远了大多数新教徒，他们认为皇帝单方面发布这样的判决是在滥用权力，一些天主教徒也是这样认为的。

1635 年

《布拉格和约》。斐迪南二世暂缓执行《归还教产敕令》，此举是一个更广泛的解决方案的一部分，这个解决方案旨在通过离间瑞典的德意志支持者来孤立它。和约仍然有利于天主教徒，因为他们构成了皇帝的大多数支持者，但也包括重要的让步，特别是对萨克森的让步。《布拉格和约》被广泛解释为皇帝影响力的巅峰体现，但任何优势都很快被哈布斯堡家族对战争的糟糕应对浪费了。

1637—1657 年

斐迪南三世的统治时期，与他的父亲斐迪南二世相比，他采取了更为务实的做法。

1648 年

《威斯特伐利亚和约》，涉及三个条约。西班牙在 1 月于明斯特签署的条约中承认荷兰独立。南部省份作为西属尼德兰的一部分仍然在帝国之内，在形式上仍然是勃艮第帝国大区。第二份《明斯特条约》（10 月 24 日）解决了法国和帝国之间的和平问题，代价是奥地利放弃了其在阿尔萨斯的权利。《奥斯纳布吕克条约》（10 月 24 日）结束了瑞典和皇帝之间的战争。该协议将帝国稳定为一个混合君主制国家，皇帝与帝国各政治体分享权力；它还确认了哈布斯堡世袭土地的自治权，这些土地现在处于王朝更稳固的控制之下。

1649—1650 年

纽伦堡的"执行大会"实施了和平条款。复员工作于 1654 年顺利完成，确保了威斯特伐利亚解决方案的持久成功。

1653—1654 年

雷根斯堡的帝国议会召开会议，解决威斯特伐利亚和平大会推迟的剩余宪制问题。斐迪南三世对帝国议会的管理标志着哈布斯堡王朝在帝国重建影响力的战略，方式是让帝国在新的宪制框架内运作。帝国议会并没有产生一个最终的解决方案，而是为帝国宪制的演变做出了贡献，使之成为继续讨论共同问题的框架。这些讨论以不同的形式一直持续到帝国灭亡，尽管到了 18 世纪中叶，接连不断的细节修改已经大大削弱了宪制的灵活性。

1654 年

《帝国最终纪要 》*公布。1653—1654 年的会议是帝国议会最后一次以公布 "纪要" 或者说完整决议的方式结束的会议，而会后公布纪要是自 15 世纪后期以来的惯例。不再发布纪要是因为下一次会议（1663）将使帝国议会永久化，决议会在确定下来时公布。

1657—1658 年

斐迪南四世（1653 年以来的 "罗马人的国王"）先于其父斐迪南三世去世而造成的空位期。路易十四在随后的皇帝选举中成为可能的候选人，这是自 1519 年弗朗索瓦一世以来法国君主首次尝试成为皇帝，也是最后一次有外国君主考虑参选。

1658—1705 年

斐迪南三世的小儿子利奥波德一世的统治时期。他继续执行其

---

* 《帝国最终纪要 》(Latest Imperial Recess)，1653—1654 年的帝国议会会议发布的最后一份总结性文件。1663 年的下一次会议使帝国议会永久化，在必要时才发布法案。

父亲的帝国管理政策，声称哈布斯堡王朝的目标符合帝国共同的利益。

1662—1664 年

早先的休战协议破裂后，土耳其战争再次爆发。利奥波德一世得到了来自帝国、瑞典和法国的大量军事援助，使他的部队能够击退奥斯曼帝国的进攻。《沃什堡和约》(1664)延长了休战期，但使皇帝不用再蒙受向苏丹上贡的屈辱。

1663 年

被召集到雷根斯堡讨论军事援助的帝国议会永久化，成为"永久的帝国议会"(Immerwährender Reichstag)，一直持续到 1806 年。

1667—1714 年

西欧发生一连串战争：遗产继承战争(1667—1668)、荷兰战争(1672—1679)、九年战争(1688—1697)、西班牙王位继承战争(1701—1714)。由于法国扩张领土的野心和德意志诸侯越来越多的参与，这些冲突威胁到了帝国西部边境的完整性。三十年战争后的人口恢复和经济复苏速度放缓，因为诸侯建立了新的、由领地税收维持的常备军。虽然这些措施在一定程度上是防御性的，但它们也是对帝国和欧洲自 17 世纪中期以来更广泛变化的回应，因为国际秩序更加明显地建立在不可分割的主权(自 16 世纪 70 年代以来被阐明)这个新概念上。帝国的诸侯缺乏完整的主权，但许多王公拒绝认为自己只是帝国的贵族。参与国际冲突使他们能够寻求承认和提升地位，这可以说是诸侯"君主化"的野心。在国内，军事化助长了被称为"专制主义"的长期趋势,因为王公们在其领地上采取一种比较专断的治理风格,拒绝通过领地议会等正式机构与他们的贵族分享权力。对帝国来说,这意味着一种新的地位区分,即拥有自己军队的较大和较富裕的"武装政治体"与没有常备军的政治体的区分。

1681—1682 年

帝国国防改革。在荷兰战争(1672—1679)期间,动员军队来对抗法国暴露了依赖武装政治体的危险性,这些政治体迫使利奥波德一世将非武装政治体的资源分配给自己,以换取大量的军事援助。这些压力在 1679 年后继续存在,因为法国进一步侵占了帝国的西部边境("重新统一"最终导致法国在 1681 年吞并斯特拉斯堡)。利奥波德对较小的帝国政治体的担忧做出了回应,将它们纳入了帝国议会同意改革的集体安全体系。此后,国防依赖于一个混合的体系,军力一部分来自各邦根据注册表制度的配额组建起来的帝国集体部队,一部分来自奥地利和其他武装诸侯国派出的大规模应急部队。

1683—1699 年

大土耳其战争,由奥斯曼帝国对维也纳的围攻所引发。尽管波兰的援助在解救维也纳时发挥了重要作用,但改革后的防御体系证明了它的价值,并使利奥波德开始重新征服土耳其控制下的匈牙利。到 1698 年时征服范围扩大,让哈布斯堡家族吞并了特兰西瓦尼亚。帝国西部边境爆发的"九年战争"(1688)使利奥波德获得整个匈牙利的机会有消失之虞,并迫使他用不寻常的特权来换取强大的德意志诸侯的大量军事支持。卡伦贝格（汉诺威）公爵在 1692 年获得了一个新的选侯头衔，引发了一场直到 1708 年才解决的争端。利奥波德还支持萨克森选侯，后者当选波兰国王（1697）后成为诸侯中第一个获得国王头衔的人，使萨克森-波兰成为君合国，直到 1763 年。同时，大公这一准国王头衔被授予萨伏依的统治者（1696），使皇帝和他保持合作，共同阻止法国入侵帝国意大利。奥斯曼人在《卡尔洛维茨条约》（1699）中，把整个匈牙利和特兰西瓦尼亚的控制权让给了哈布斯堡王朝，首次以旨在实现永久和平的解决方案取代之前的临时休战。

1697 年

萨克森选侯皈依了天主教，以满足其在波兰的野心，九年战争也在《里斯威克和约》中结束了，该和约包含一个特殊条款，允许现在信仰天主教的统治普法尔茨的维特尔斯巴赫家族分支不受 1624 年在威斯特伐利亚确定的标准年的约束。这场争议在一定程度上使帝国政治与宗教信仰重新联系在一起，直到 18 世纪 30 年代初，并没有像在 1600 年左右那样两极分化。

1700 年

卡洛斯二世的死亡使哈布斯堡家族西班牙分支灭亡。自 1665 年以来，西班牙的继承问题变得越来越紧迫，因为卡洛斯没有直系继承人。这已经是利奥波德一世在 17 世纪 90 年代对汉诺威和萨克森做出让步的一个因素，现在又促使他承认勃兰登堡的霍亨索伦选侯"在普鲁士的国王"的头衔，后者于 1701 年 1 月在一个奢华的仪式上自行加冕为王。

1701 年

利奥波德一世在最后一刻对将整个西班牙分配给路易十四的小孙子腓力五世的安排提出异议，从而引发了西班牙王位继承战争。英国与荷兰共和国从 1702 年开始支持奥地利，而利奥波德则利用帝国议会的正式框架，批准帝国对法国进行全面动员。这场冲突与北方战争（1700—1721）在时间上有重叠。在北方战争中，丹麦、俄国和萨克森–波兰挑战了瑞典作为波罗的海地区霸主的地位。巴伐利亚和科隆（自 1583 年以来由巴伐利亚的维特尔斯巴赫大主教把持）支持法国，希望能从西属尼德兰中分出一个王国来。敌对的普法尔茨分支出于同样的原因支持奥地利。巴伐利亚和科隆在布伦海姆战役（1704）中被盟军打败，不再受帝国法律保护。

1705—1711 年

利奥波德一世的长子约瑟夫一世的统治时期，代表了哈布斯堡家族自 1648 年以来恢复帝国影响力的巅峰。

1711—1740 年

约瑟夫一世的弟弟查理六世的统治时期。约瑟夫的意外早逝破坏了利奥波德与英国及荷兰盟友的安排，他们坚持要继续将西班牙和奥地利的属地分开，并且不接受查理作为这两个国家的统治者。查理不得不与法国达成和平协议，在《乌得勒支和约》（1713）以及《拉施塔特和约》与《巴登和约》（均为 1714）中结束了西班牙王位继承战争。腓力五世得到了西班牙及其殖民地，而那不勒斯、西西里、米兰和西属尼德兰则被承认为奥地利的属地。

1714 年

汉诺威选侯在英国登基为王，这样德意志诸侯中又多了一个拥有王位的人。巴伐利亚和科隆被解除了帝国的禁令，但是，和其普法尔茨亲属一样，巴伐利亚的维特尔斯巴赫家族也没能从西班牙王位继承战争中获得一个王国。萨伏依大公成为正式的国王，首先是西西里国王，后来改称撒丁尼亚国王（从 1720 年起）。

1716—1718 年

奥地利在与奥斯曼帝国重新开战后征服了塞尔维亚。1699 年以来哈布斯堡家族还获得了其他领地，这让奥地利成为欧洲大国，使其与皇帝头衔相联系的意义变得不再重要。

1726 年

奥地利承认沙皇为"俄国皇帝"，以确保和这个日益强大的东方邻国持续交好。

1733—1735 年

在波兰王位继承战争中，1713—1714 年的协议以有利于西班牙的形式得到修改，迫使奥地利将那不勒斯和西西里割让给西班牙波旁家族的一个幼支。洛林从帝国中分离出来，以补偿在波兰王位继承战争中落败的候选者。1766 年，它被完全移交给了法国。

1736—1739 年

为了支持俄国，奥地利与土耳其再次爆发战争，使奥地利失去了 1716—1718 年的成果，并加剧了波兰王位继承战争后的财政危机和政治危机。

普奥竞争，1740—1792 年

1740 年

查理六世的去世结束了自 1440 年以来哈布斯堡的主支男性统治，并引发了另一个"空位期"（自 1657—1658 年以来的第一个"空位期"），因为选侯们拒绝了前洛林公爵弗朗茨，他是查理的女儿玛丽亚·特蕾莎的丈夫。

1740—1748 年

腓特烈大王无端入侵西里西亚，开启了奥地利王位继承战争。他试图从危机中获利，以奥地利为代价扩大其土地。由于西班牙趁普奥冲突之际努力收复 1714 年失去的剩余属地，以及英法战争再度爆发，战争的规模扩大了。

1742—1745 年

查理七世的统治时期。他是巴伐利亚选侯（维特尔斯巴赫家族的卡尔·阿尔布雷希特），从 1741 年起，就对玛丽亚·特蕾莎继承奥地利和波希米亚（但不是匈牙利）的权利提出异议。虽然他最初受到许多小型帝国政治体和对哈布斯堡的最后几年统治感到失望者的欢迎，但由于查理明显依赖于法国和普鲁士的支持，这有损帝国的权威和声望。

1745 年

查理七世去世，玛丽亚·特蕾莎的丈夫当选为弗朗茨一世。选侯们认识到，只有哈布斯堡家族有足够的直属领地来扮演皇帝的角色。普鲁士接受了弗朗茨的登基，并退出了战争，以换取奥地利不情愿地同意普鲁士保留西里西亚。

1756—1763 年

由普鲁士发起的七年战争，旨在摧毁奥地利为夺回西里西亚而形成的联盟。与奥地利王位继承战争一样，这是一场帝国内战，但这一次帝国被正式动员起来反对普鲁士。普鲁士在领地完整的情况下幸存下来，显示了其作为与奥地利并列的第二个大国的影响力。尽管帝国实现了其恢复和平的官方目标，但这场战争使其集体安全体系失去了人们的信任，并促使人们对重新进行帝国改革展开了更多辩论。

1765—1790 年

约瑟夫二世的统治时期，他是弗朗茨一世的长子，1764 年以来的"罗马人的国王"。约瑟夫加快了 1748 年后开始的内部改革，旨在赶上普鲁士的军事效率。这些改革不仅巩固了奥地利有别于其帝国地位的权力，而且疏远了传统的帝国支持者，特别是到 1781 年疏远了帝国教会，日益影响了奥地利在帝国的地位。这使得普鲁士能够扮演宪制的捍卫者，利用反奥情绪来阻碍哈布斯堡的帝国管理和改革议程。

1772 年

奥地利、普鲁士和俄国第一次瓜分波兰，这引起了一个问题：如果两个德意志大国决定以弱小的帝国政治体为代价解决它们之间的竞争，那么帝国可能会迈向"波兰的未来"。这刺激了改革辩论，而短暂的普奥巴伐利亚继承战争（1778—1779）进一步推动了这场辩论。

1790—1792 年

约瑟夫二世的弟弟利奥波德二世的统治时期，主要特点是难以应对迅速变化的环境：法国大革命（1789）、奥属尼德兰的叛乱（1790）以及俄国在波兰和巴尔干地区日益强大的力量。

终结，1792—1806 年

1792 年 4 月

法国向奥地利宣战，开始了法国革命战争。奥地利收买了普鲁士的支持（承认霍亨索伦家族对安斯巴赫和拜罗伊特的继承权），二者一起向帝国政治体施压，要求帝国宣战（1793）。

1792 年 7 月

弗朗茨二世在最后一次皇帝选举和加冕仪式中登基。

1793 年 / 1795 年

第二次和第三次瓜分波兰使波兰从地图上消失了，并分散了普鲁士的注意力，使其难以消化新的领地。

1795 年

《巴塞尔和约》。普鲁士退出了对法战争，使整个德意志北部变为中立状态，直到 1806 年。其他几个诸侯开始与法国谈判。法国吞并了奥属尼德兰，使得勃艮第帝国大区消失，并将帝国的边界向东推移至莱茵河。

1797 年

《坎波福尔米奥和约》。奥地利接受了法国在莱茵河以西的吞并，并在拉施塔特开会解决法国和帝国之间的和谈问题。

1799—1801 年

拉施塔特会议的失败导致帝国与法国再次爆发战争。没有普鲁士和北方的援助，奥地利和帝国残部被打败了。

1801 年

《吕内维尔和约》。帝国在《坎波福尔米奥和约》的基础上接受了和平。帝国意大利被割让给法国，但奥地利夺取了威尼斯。那些在莱茵河以西失去领土的诸侯将在该河以东得到补偿，费用由帝国教会和帝国城市承担。强大的武装王公强行推进，在得到正式批准之前就占领了土地，但他们得到了国际盟友的支持，特别是法国和俄国的支持。

1803 年

帝国代表团的一项决定批准了领地的重新分配，从根本上改变了帝国的内部平衡和地位等级制度。关于改革的讨论越发激烈，但在奥地利和普鲁士的反对下，几乎无法取得成果。

1804 年

弗朗茨二世对拿破仑·波拿巴自我加冕为"法兰西皇帝"做出了回应，宣布自己为世袭的"奥地利皇帝"，以区别于神圣罗马帝国的皇帝头衔。

1805 年

拿破仑兼任"意大利国王"，并与德意志诸侯建立了更紧密的联盟，这强行推动了事件的发展。奥地利的抵抗努力在奥斯特里茨战役中被粉碎，导致双方签订了《普雷斯堡和约》，该和约宣布法国的德意志盟友是主权国家。

1806 年 7 月

16 位诸侯宣布不再对帝国效忠，成立了与拿破仑结盟的"莱茵联盟"。

1806 年 8 月

弗朗茨二世退位，以防止拿破仑篡夺神圣罗马帝国皇帝的头衔及其相关权利。

注释

引言

1　James Madison, *The Federalist*, 19 (8 Dec. 1787), in E. H. Scott (ed.), *The Federalist and Other Constitutional Papers by Hamilton, Jay, Madison* (Chicago, 1898), pp. 103–8 at 105. 批判性的阐释见 Helmut Neuhaus, 'The federal principle and the Holy Roman Empire', in Hermann Wellenreuther (ed.), *German and American Constitutional Thought* (New York, 1990), pp. 27–49。有关神圣罗马帝国与美国之间更正面的比较，另参见 W. Burgdorf, 'Amerikaner schreiben ihre Verfassung von den Deutschen ab', *Focus-Online* (23 May 2014), http://www.focus.de/wissen/experten/burgdorf (accessed 27 June 2014)。

2　S. Pufendorf, *Die Verfassung des deutschen Reiches* [1667], ed. Horst Denzer (2nd ed. Stuttgart, 1994). 麦迪逊显然读过普芬道夫的作品，他称神圣罗马帝国为"畸变的政治怪物"：Scott (ed.), *The Federalist*, p. 106。伏尔泰的评论发表于1761年，见 Voltaire, *Essai sur les moeurs et l'esprit des nations*, ed. R. Pomeau (Paris, 1963), I, p. 683。

3　B. Schneidmüller, 'Konsens–Territorialisierung–Eigennutz. Vom Umgang mit spätmittelalterlicher Geschichte', *FMS*, 39 (2005), 225–46 at 236–8. 该叙事持久性的最新例证，见 H. A. Winkler, *Germany: The Long Road West* (2 vols., Oxford, 2006–7), and H. Myers, *Medieval Kingship* (Chicago, 1982), pp. 120–21。更深入的讨论，见 E. Wolgast, 'Die Sicht des Alten Reiches bei Treitschke und Erdmannsdörffer', in M. Schnettger (ed.), *Imperium Romanum–irregulare corpus–Teutscher Reichs-Staat* (Mainz, 2002), pp. 169–88。

4　同样，此观点在通俗作品和专业作品中根深蒂固：H. Plessner, *Die verspätete*

Nation (Stuttgart, 1959); F. Meinecke, *Weltbürgertum und Nationalstaat* (Munich, 1908)。"安慰奖"一词来自莱恩·斯凯尔斯（Len Scales）的有深刻见解的论文：'Late medieval Germany: An under-Stated nation?', in L. Scales and O. Zimmer (eds.), *Power and the Nation in European History* (Cambridge, 2005), pp. 166–91 at 167。

5   此说法最有影响的例子是 G. Barraclough, *The Origins of Modern Germany* (Oxford, 1946)。更深入的讨论见 W. W. Hagen, *German History in Modern Times* (Cambridge, 2012), pp. 6–20，以及他的论文：'Descent of the Sonderweg: Hans Rosenberg's history of old-regime Prussia', *CEH*, 24 (1991), 24–50；还可见 T. Reuter, 'The origins of the German Sonderweg? The Empire and its rulers in the high Middle Ages', in A. J. Duggan (ed.), *Kings and Kingship in Medieval Europe* (London, 1993), pp. 179–211。

6   F. Frensdorff, 'Reich und Reichstag. Ein Beitrag zur Geschichte der deutschen Rechtssprache', *Hansische Geschichtsblätter*, 16 (1910), 1–43; E. Schubert, *König und Reich* (Göttingen, 1979), pp. 245–54.

7   这方面的文献基本都是讲帝国的，有用的作品包括：H. Münkler, *Empires: The Logic of World Domination from Ancient Rome to the United States* (Cambridge, 2007); S. N. Eisenstadt, *The Political Systems of Empires* (Glencoe, IL, 1963); J. Burbank and F. Cooper, *Empires in World History* (Princeton, 2010), pp. 1–22。

8   例如，查理曼的帝国最初面积为 120 万平方千米，勉强被一份列举有影响力的帝国的名单列入，但是后来，该帝国跌破了 100 万平方千米的最低门槛，被从名单中剔除了：P. Turchin, 'A theory for formation of large empires', *Journal of Global History*, 4 (2009), 191–217。

9   M. W. Doyle, *Empires* (Ithaca, 1986).

10   例如 N. Ferguson, *Empire: How Britain Made the Modern World* (London, 2003)。关于批评，见 D. H. Nexon and T. Wright, 'What's at stake in the American empire debate', *American Political Science Review*, 101 (2007), 253–71。

11   例如 M. Mazower, *Hitler's Empire: Nazi Rule in Occupied Europe* (London, 2008)。

12   D. H. Nexon, *The Struggle for Power in Early Modern Europe* (Princeton, 2009); A. J. Motyl, 'Thinking about empire', in K. Barkey and M. von Hagen (eds.), *After Empire: Multiethnic Societies and Nation-building* (Boulder, CO, 1997), pp. 19–29; S. Kettering, 'The historical development of political clientelism', *Journal of Interdisciplinary History*, 18 (1988), 419–47.

13   我将这一见解归功于约翰内斯·布克哈特（Johannes Burkhardt）的精彩论文：'Die Friedlosigkeit der frühen Neuzeit', *ZHF*, 24 (1997), 509–74。

14   Münkler, *Empires*, p. 85.

15 历史分期是另一个有争议的问题。为方便起见，本书采用的惯例是：古典时代晚期持续到 7 世纪中叶，之后是持续到 1000 年左右的中世纪早期，此后到 1200 年左右是中世纪盛期，中世纪晚期是这之后到 1400 年左右，然后是到 18 世纪末为止的"近代早期"。

16 B. Bowden, *The Empire of Civilisation* (Chicago, 2009).

17 引自 H. H. Gerth and C. Wright Mills (eds.), *From Max Weber: Essays in Sociology* (London, 1948), p. 78。有用的深入探讨见 S. Reynolds, 'There were states in medieval Europe', *Journal of Historical Sociology*, 16 (2003), 550–55。

18 突出的例子包括 S. Rokkan, *State Formation, Nation-Building, and Mass Politics in Europe* (Oxford, 1999), pp. 209–11; G. Benecke, *Society and Politics in Germany, 1500–1750* (London, 1974); G. Schmidt, *Geschichte des Alten Reiches. Staat und Nation in der Frühen Neuzeit 1495–1806* (Munich, 1999); M. Umbach (ed.), *German Federalism* (Basingstoke, 2002); J. Whaley, *Germany and the Holy Roman Empire, 1493–1806* (2 vols., Oxford, 2012)。批评见 A. Kohler, 'Das Heilige Römische Reich– ein Föderativsystem?', in T. Fröschl (ed.), *Föderationsmodelle und Unionsstrukturen* (Munich, 1994), pp. 119–26。有关近代早期作者对联邦思想的讨论，见 H. H. F. Eulau, 'Theories of federalism under the Holy Roman Empire', *American Political Science Review*, 35 (1941), 643–64。

19 Scott (ed.), *The Federalist*, p. 106.

20 R. L. Watts, *Comparing Federal Systems* (2nd ed., Montreal, 1999), esp. pp. 6–9. 后续可参见这篇比较神圣罗马帝国和美国的很有意思的文章：R. C. Binkley, 'The Holy Roman Empire versus the United States', in C. Read (ed.), *The Constitution Reconsidered* (2nd ed., New York, 1968), pp. 271–84。

21 第七章引用了大量这方面的文献。另参见 Barbara Stollberg-Rilinger's instruction to her (ed.), *Vormoderne politische Verfahren* (Berlin, 2001), pp. 11–23; K. Rohe, 'Politische Kultur und ihre Analyse', *HZ*, 250 (1990), 321–46。

22 B. Schneidmüller, 'Konsensuale Herrschaft', in P.-J. Heinig et al. (eds.), *Reich, Regionen und Europain in Mittelalter und Neuzeit* (Berlin, 2000), pp. 53–87, and his 'Zwischen Gott und den Getreuen. Vier Skizzen zu den Fundamenten der mittelalterlichen Monarchie', *FMS*, 36 (2002), 193–224; G. Althoff, *Die Macht der Rituale: Symbolik und Herrschaft im Mittelalter* (Darmstadt, 2003).

23 C. Tilly, 'How empires end', in Barkey and von Hagen (eds.), *After Empire*, pp. 1–11 at 4. 在这方面，神圣罗马帝国与其他一些国家的类似之处在于，帝国权威的效力"有赖于尽可能减少政府对地方社区事务的正式干预"：R. A. Kapp,

Szechwan and the Chinese Republic: Provincial Militarism and Central Power, 1911–1938 (New Haven, CT, 1973), p. 2。

24 K. Epstein, *The Genesis of German Conservatism* (Princeton, 1966); L. Krieger, *The German Idea of Freedom* (Chicago, 1957); P. Blickle, *Obedient Germans? A Rebuttal* (Charlottesville, VA, 1997).

25 A. Lüdtke, *Police and State in Prussia, 1815–1850* (Cambridge, 1989); H.-U. Wehler, *Deutsche Gesellschaftsgeschichte* (5 vols., Munich, 2008). 更深入的探讨见 D. Langewiesche, *Liberalism in Germany* (Basingstoke, 2000)。

26 K. H. Wegert, *German Radicals Confront the Common People: Revolutionary Politics and Popular Politics, 1789–1849* (Mainz, 1992).

27 持这种看法的是 P. C. Hartmann, *Das Heilige Römische Reich deutscher Nation in der Neuzeit 1486–1806* (Stuttgart, 2005), esp. pp. 163–4。更深入的探讨见本书第 783—790 页。

28 B. M. Bedos-Rezak, 'Medieval identity: A sign and a concept', *AHR*, 105 (2000), 1489–533.

29 有些人将其解释为"政治化妆术"的起源：A. Wakefield, *The Disordered Police State: German Cameralism as Science and Practice* (Chicago, 2009), pp. 9–13, 136–8。更多概述参见 A. Gestrich, *Absolutismus und Öffentlichkeit. Politische Kommunikation in Deutschland zu beginn des 18. Jahrhunderts* (Göttingen, 1994), pp. 34–56。

第一章　双剑

1 G. Koch, *Auf dem Wege zum Sacrum Lmperium. Studien zur ideologischen Herrschaftsbegründung der deutschen Zentralgewalt im 11. und 12. Jahrhundert* (Vienna, 1972), p. 273; E. Müller-Mertens, 'Imperium und Regnum im Verhältnis zwischen Wormser Konkordat und Goldener Bulle', *HZ*, 284 (2007), 561–95 at 573–5. 关于各种头衔名称与其用途，见 H. Weissert, 'Der Reichstitel bis 1806', *Archiv für Diplomatik*, 40 (1994), 441–513。

2 P. Heather, *The Goths* (Oxford, 1996).

3 M. Todd, *The Early Germans* (2nd ed., Oxford, 2004), pp. 225–38; R. Collins, *Early Medieval Europe, 300–1000* (Basingstoke, 1991).

4 H. J. Mierau, *Kaiser und Papst im Mittelalter* (Cologne, 2010), pp. 26–39.

5 T. F. X. Noble, *The Republic of St Peter: The Birth of the Papal State, 680–825*

(Philadelphia, 1984). 本书第 205—209 页进一步探讨了"圣彼得遗产"。

6　D. A. Bullough, 'Empire and emperordom from late antiquity to 799', *EME*, 12 (2003), 377–87 at 384–5.

7　R. McKitterick, *The Frankish Kingdoms under the Carolingians* (Harlow, 1983), pp. 16–76; M. Costambeys et al., *The Carolingian World* (Cambridge, 2011), pp. 31–79.

8　R. Schieffer, *Der Karolinger* (4th ed., Stuttgart, 2006).

9　A. T. Hack, *Das Empfangszeremoniell bei mittelalterlichen Papst-Kaiser-Treffen* (Cologne, 1999), pp. 409–64.

10　在大量传记作品中，最有用的包括：R. Collins, 1998 (Basingstoke, 1998); M. Becher, *Charlemagne* (Basingstoke, 1998); A. Barbero, *Karl der Grosse. Vater Europas* (Stuttgart, 2007); H. Williams, *Emperor of the West: Charlemagne and the Carolingian Empire* (London, 2010)。

11　R. McKitterick, *Charlemagne: The Formation of a European Identity* (Cambridge, 2008), esp. pp. 103, 378.

12　Collins, *Charlemagne*, pp. 141–50; Costambeys et al., *Carolingian World*, pp. 160–70; Becher, *Charlemagne*, pp. 7–17; R. Folz, *The Coronation of Charlemagne* (London, 1974).

13　Collins, *Early Medieval Europe*, p. 269.

14　比起老生常谈的观点——教宗试图找一个取代拜占庭的可靠合作伙伴，实际情况更为复杂：例如 W. Ullmann, 'Reflections on the medieval Empire', *TRHS*, 5th series 14 (1964), 89–108; J. Muldoon, *Empire and Order: The Concept of Empire 800–1800* (Basingstoke, 1999), pp. 64–86。

15　H. Beumann, 'Normen Imperatoris. Studien zur Kaiseridee Karls des Großen', *HZ*, 185 (1958), 515–49.

16　B. Schneidmüller, *Die Kaiser des Mittelalters* (2nd ed., Munich, 2007), p. 30. 关于加冕，见 R. Folz, *The Coronation of Charlemagne* (London, 1974), pp. 132–50。

17　持这种观点的有 H. Mayr-Harting, 'Charlemagne, the Saxons and the imperial coronation of 800', *EHR*, 111 (1996), 1113–33。

18　Collins, *Charlemagne*, p. 148; and his 'Charlemagne's imperial coronation and the Annals of Lorch', in J. Story (ed.), *Charlemagne: Empire and Society* (Manchester, 2005), 52–70.

19　Bullough, 'Empire and emperordom', pp. 385–7; D. van Espelo, 'A testimony of Carolingian rule? The *Codex epistolaris carolinus*, its historical context and the meaning of imperium', *EME*, 21 (2013), 254–82.

20 J. L. Nelson, 'Women at the court of Charlemagne: A case of monstrous regiment?', in J. C. Parsons (ed.), *Medieval Queenship* (Stroud, 1994), pp. 43–61 at 47–9.

21 T. E. Mommsen and K. F. Morrison (eds.), *Imperial Lives and Letters of the Eleventh Century* (New York, 2000) 中 K. F. Morrison 的导论（pp. 3–40）很好地概述了这些问题。当时人对合法地位的理解，见 Mierau, *Kaiser und Papst*, pp. 163–220。

22 L. Knabe, *Die gelasianische Zweigewaltentheorie bis zum Ende des Investiturstreits* (Berlin, 1936); W. Levison, 'Die mittelalterliche Lehre von den beiden Schwertern', *DA*, 9 (1952), 14–42.

23 皇帝亨利四世在 1076 年写给主教们的通谕中承认了这一点，载于 Mommsen and Morrison (eds.), *Imperial Lives and Letters*, pp. 151–4。

24 M. Suchan, *Königsherrschaft im Streit. Konfliktaustragung in der Regierungszeit Heinrichs IV. zwischen Gewalt, Gespräch und Schriftlichkeit* (Stuttgart, 1997).

25 R. W. Southern, *Western Society and the Church in the Middle Ages* (Harmondsworth, 1970), pp. 91–100.

26 J. Schatz, *Imperium, Pax et Iustitia. Das Reich-Friedensstiftung zwischen Ordo, Regnum und Staatlichkeit* (Berlin, 2000), pp. 134–54.

27 前一种观点见 C. M. Booker, *Past Convictions: The Penance of Louis the Pious and the Decline of the Carolingians* (Philadelphia, 2009)；后一种观点见 M. de Jong, *The Penitential State: Authority and Atonement in the Age of Louis the Pious, 814–840* (Cambridge, 2009)。

28 G. Althoff, *Die Ottonen. Königsherrschaft ohne Staat* (2nd ed., Stuttgart, 2005), p. 187.

29 J. Laudage, *Die Salier. Das erste deutsche Königshaus* (2nd ed., Munich, 2007), pp. 34–47.

30 A. Coreth, *Pietas Austriaca* (West Lafayette, IN, 2004); M. Hengerer, 'The funerals of the Habsburg emperors in the eighteenth century', in M. Schaich (ed.), *Monarchy and Religion: The Transformation of Royal Culture in Eighteenth-Century Europe* (Oxford, 2007), pp. 366–94. 也可参见本书第 496 页。

31 E. Boshof, *Königtum und Königsherrschaft im 10. und 11. Jahrhundert* (3rd ed., Munich, 2010), pp. 101–8.

32 洛梅洛伯爵奥托（Count Otto of Lomello）的记载，引自 G. Althoff, *Otto III* (Philadelphia, 2003), p. 105。阿尔特霍夫认为此举并没有太多悔罪的意义。也可参见 J. W. Bernhardt, 'Concepts and practice of empire in Ottonian Germany (950–1024)', in B. Weiler and S. MacLean (eds.), *Representations of Power in Medieval Germany, 800–1500* (Turnhout, 2006), pp. 141–63 at 154–8; H. Helbig, 'Fideles Dei et regis.

Zur Bedeutungsentwicklung von Glaube und Treue im hohen Mittelalter', *AKG,* 33 (1951), 275–306。关于旅途的格涅兹诺部分，见本书第 80 页和第 225 页。

33　亨利四世自称受基督呼召做王，"以上帝虔诚的秩序"统治，见他 1076 年写给教宗格列高利七世的信，载于 Mommsen and Morrison (eds.), *Imperial Lives and Letters*, pp. 150–1。

34　H. Keller, *Ottonische Königsherrschaft: Organisation und Legitimation königlicher Macht* (Darmstadt, 2002), pp. 168–71. 关于徽章，见本书第 295—298 页。

35　A. Schulte, 'Deutsche Könige, Kaiser, Päpste als Kanoniker in deutschen und römischen Kirchen', *HJb*, 54 (1934), 137–77.

36　Koch, *Auf dem Wege*, pp. 61–99.

37　M. Bloch, *The Royal Touch* (New York, 1989). 据说国王的触摸可以治疗淋巴结核病。

38　R. Morrissey, *Charlemagne and France: A Thousand Years of Mythology* (Notre Dame, IN, 2003), pp. 96–7.

39　J. Miethke, 'Geschichts-prozess und zeitgenössisches Bewusstsein–Die Theorie des monarchischen Papsts im hohen und späteren Mittelalter', *HZ*, 226 (1978), 564–99; A. Hof, '"Plenitudo potestatis" und "imitatio imperii" zur Zeit Innozenz III', *Zeitschrift für Kirchengeschichte*, 66 (1954/55), 39–71.

40　R. McKitterick (ed.), *Carolingian Culture: Emulation and Innovation* (Cambridge, 1994); E. E. Stengel, *Abhandlungen und Untersuchungen zur Geschichte des Kaisergedanken im Mittelalter* (Cologne, 1965), pp. 17–30.

41　S. Coupland, 'Charlemagne's coinage: Ideology and economy', in Story (ed.), *Charlemagne*, pp. 211–29.

42　从古典时代晚期到中世纪早期过渡的整体情况，见 C. Wickham, *The Inheritance of Rome: A History of Europe from 400 to 1000* (London, 2009)。社会经济方面将在本书第 559—574 页中进一步讨论。

43　Todd, *Early Germans*, pp. 233–4.

44　Stengel, *Abhandlungen*, pp. 65–74; Bernhardt, 'Concepts and practice', 144–7; J. A. Brundage, 'Widukind of Corvey and the "non-Roman" imperial idea', *Mediaeval Studies*, 22 (1960), 15–26.

45　对此辩论很好的总结，载于 Althoff, *Otto III*, pp. 81–9。另参见 G. Althoff and H. Keller, *Heinrich I. und Otto der Grosse: Neubeginn und karolingisches Erbe* (Göttingen, 1985)。

46　H. A. Myers, *Medieval Kingship* (Chicago, 1982), pp. 9–12, 121–2; Stengel,

Abhandlungen, esp. 17–30.

47   Koch, *Auf dem Wege*, pp. 128, 230–45, 277–8. 帝国中的选举和世袭君主制的相对平衡将在本书第 335—340 页中进一步讨论。

48   Koch, *Auf dem Wege*, pp. 200–15; F. Seibt, *Karl IV. Ein Kaiser in Europa 1346 bis 1378* (Munich, 1978), pp. 207–15.

49   S. Epperlein, 'Über das romfreie Kaisertum im frühen Mittelalter', *Jahrbuch für Geschichte*, 2 (1967), 307–42.

50   S. Weinfurter, *The Salian Century* (Philadelphia, 1999), pp. 27–8.

51   W. Eggert and B. Pätzold, *Wir-Gefühl und Regnum Saxonum bei frühmittelalterlichen Geschichtsschreibern* (Cologne, 1984); E. Müller-Mertens, *Regnum Teutonicum. Aufkommen und Verbreitung der deutschen Reichs-und König-sauffassung im früheren Mittelalter* (Vienna, 1970). "罗马人的国王" 这个头衔，亨利二世就用过一段时间。另参见本书第 193—218 页。

52   W. Goez, *Translatio imperii: Ein Beitrag zur Geschichte des Geschichtsdenkens und der politischen Theorie im Mittelalter und in der frühen Neuzeit* (Tübingen, 1958); E. Müller-Mertens, 'Römisches Reich im Besitz der Deutschen, der König an Stelle des Augustus', *HZ*, 282 (2006), 1–58.

53   H. Thomas, 'Julius Caesar und die Deutschen', in S. Weinfurter (ed.), *Die Salier und das Reich* (3 vols., Sigmaringen, 1991), III, pp. 245–77.

54   M. Gabriele, *An Empire of Memory: The Legend of Charlemagne, the Franks and Jerusalem before the First Crusade* (Oxford, 2011); A. A. Latowsky, *Emperor of the World: Charlemagne and the Construction of Imperial Authority, 800–1229* (Ithaca, NY, 2013).

55   B. Töpfer, *Das kommende Reich des Friedens: Zur Entwicklung chiliastischer Zukunftshoffnungen im Hochmittelalter* (Berlin, 1964); L. Roach, 'Emperor Otto III and the end of time', *TRHS*, 6th series, 23 (2013), 75–102.

56   H. Löwe, 'Kaisertum und Abendland in ottonischer und frühsalischer Zeit', *HZ*, 196 (1963), 529–62 at 547.

57   C. Morris, *The Papal Monarchy: The Western Church from 1050 to 1250* (Oxford, 1989), pp. 518–26; Schatz, *Imperium*, pp. 198–203.

58   F. Shaw, 'Friedrich II as the "last emperor"', *GH*, 19 (2001), 321–39; P. Munz, *Frederick Barbarossa* (London, 1969), pp. 3–21; J. M. Headley, 'The Habsburg world empire and the revival of Ghibellinism', *Medieval and Renaissance Studies*, 7 (1978), 93–127.

59 L. Scales, *The Shaping of German Identity: Authority and Crisis, 1245–1414* (Cambridge, 2012), p. 210.

60 Muldoon, *Empire and Order*, pp. 18–19; A. Colas, *Empire* (Cambridge, 2007), esp. pp. 7–9, 18–19, 32–3; J. H. Burns, *Lordship, Kingship and Empire: The Idea of Monarchy 1400–1525* (Oxford, 1992), pp. 97–100; L. E. Scales, 'France and the Empire: the viewpoint of Alexander of Roes', *French History*, 9 (1995), 394–416. 更多细节见 J. Kirchberg, *Kaiseridee und Mission unter den Sachsenkaiser und den ersten Saliern von Otto I. bis Heinrich III.* (Berlin, 1934)。本书第 182—190 页将更详细地探讨对王权的挑战。

61 根据 M. Innes, 'Charlemagne's will: Piety, politics and the imperial succession', *EHR*, 112 (1997), 833–55，查理曼可能设想了一种集体式的统治方式——在一个共同族长的领导下，近亲分享权力。

62 J. L. Nelson, *The Frankish World, 750–900* (London, 1996), pp. 89–98; Costambeys et al, *Carolingian World*, pp. 208–13.

63 C. Brühl, *Deutschland–Frankreich. Die Geburt zweier Völker* (Cologne, 1990), pp. 359–62; F.-R. Erkens, '*Divisio legitima* und *unitas imperii*. Teilungspraxis und Einheitsstreben bei der Thronfolge im Frankenreich', *DA*, 52 (1996), 423–85; W. Brown, 'The idea of empire in Carolingian Bavaria', in Weiler and MacLean (eds.), *Representations of Power*, pp. 37–55.

64 例如 P. Riché, *The Carolingians: A Family who Forged Europe* (Philadelphia, 1993), p. 168; J.-F. Noël, *Le Saint-Empire* (Paris, 1976), pp. 7–11。

65 Schatz, *Imperium*, pp. 33, 55–68, 100–13; W. Blockmans, 'The fascination of the Empire', in E. Bussière et al. (eds.), *Europa* (Antwerp, 2001), pp. 51–68 at 54. 更多讨论见本书第 693—695 页。

66 G. Claeys, *Searching for Utopia: The History of an Idea* (London, 2011).

67 这是 Schatz, *Imperium* 一书中特别突出的问题，除此之外，这本书很有帮助。

68 勃艮第的维波的编年史，载于 Mommsen and Morrison (eds.), *Imperial Lives and Letters*, p. 82。

69 H.-W. Goetz, 'Regnum. Zum politischen Denken der Karolingerzeit', *ZSRG GA*, 104 (1987), 110–89 at 117–24.

70 E. Karpf, *Herrscherlegitimation und Reichsbegriff in der ottonischen Geschichtsschreibung des 10. Jahrhundert* (Stuttgart, 1985).

71 Mommsen and Morrison (eds.), *Imperial Lives and Letters*, p. 72. 王朝统治在本书第 485—495 页有深入探讨。

72   T. Zotz, 'Carolingian tradition and Ottonian-Salian innovation', in A. J. Duggan (ed.), *Kings and Kingship in Medieval Europe* (London, 1993), pp. 69–100 at 70–1; H. Keller, 'Die Ottonen und Karl der Große', *FMS*, 34 (2000), 112–31; M. Gabriel and J. Stuckey (eds.), *The Legend of Charlemagne in the Middle Ages* (Basingstoke, 2008).

73   P. Classen, 'Corona imperii. Die Krone als Inbegriff des römisch-deutschen Reiches im 12. Jahrhundert', in P. Classen and P. Scheibert (eds.), *Festschrift für Percy Ernst Schramm* (2 vols., Weisbaden, 1964), I, 90–101. 关于帝国王冠，参见本书第 295—296 页。

74   Mommsen and Morrison (eds.), *Imperial Lives and Letters*, p. 73. 这个著名的片段虽然是由维波撰写的，但仍反映了康拉德本人的想法：H. Wolfram, *Conrad II, 990–1039* (University Park, PA, 2006), pp. 324–6。

75   J. Petersohn, 'Rom und der Reichstitel "Sacrum Romanum Imperium"', *Sitzungsbericht der wissenschaftlichen Gesellschaft an der Johann Wolfgang Goethe Universität Frankfurt am Main*, 32 (1994), 71–101; Koch, *Auf dem Wege*, pp. 253–75.

76   H. Conring, *New Discourse on the Roman-German Emperor* [1641] (Tempe, AZ, 2005).

77   这方面的通俗作品见 G. H. Perris, *Germany and the German Emperor* (London, 1912), p. 33；类似的学术作品如 Myers, *Medieval Kingship*, pp. 120–1, 218–22。

78   相比之下，654—752 年，有 6 个希腊人、5 个叙利亚人、5 个意大利人和 1 个意大利人：Southern, *Western Society and the Church*, pp. 54, 65。

79   Hack, *Das Empfangszeremoniell*, pp. 605–25.

80   H. Zimmermann, 'Imperatores Italiae', in H. Beumann (ed.), *Historische Forschungen für Walter Schlesinger* (Cologne, 1974), pp. 379–99.

81   T. Reuter (ed.), *The Annals of Fulda* (Manchester, 1992), p. 135; Mierau, *Kaiser und Papst*, pp. 53–5.

82   P. Partner, *The Lands of St Peter: The Papal State in the Middle Ages and the Early Renaissance* (London, 1972), pp. 77–102.

83   H. Keller, 'Entscheidungssituationen und Lernprozesse in der "Anfängen der deutschen Geschichte". Die "Italien-und Kaiserpolitik" Ottos des Großen', *FMS*, 33 (1999), 20–48; H. Zielinski, 'Der Weg nach Rom: Otto der Große und die Anfänge der ottonischen Italienpolitik', in W. Hartmann and K. Herkbers (eds.), *Die Faszination der Papstgeschichte* (Cologne, 2008), pp. 97–107.

84   同时代最好的记录见 F. A. Wright (ed.), *The Works of Liudprand of Cremona* (London, 1930), pp. 215–32。关于这些事件，见 T. Reuter, *Germany in the Early Middle Ages, c. 800–1056* (Harlow, 1991), pp. 169–73; M. Becher, *Otto der Große. Kaiser und Reich*

(Munich, 2012), pp. 215–30。

85 《奥托法令》收录于 B. H. Hill Jr, *Medieval Monarchy in Action: The German Empire from Henry I to Henry IV* (London, 1972), pp. 149–52。另参见 H. Zimmermann, 'Das Privilegium Ottonianum von 962 und seine Problemgeschichte', *MIÖG*, supplement 20 (1962), 147–90。

86 Collins, *Early Medieval Europe*, p. 347.

87 Althoff, *Die Ottonen*, p. 123.

88 Althoff, *Otto III*, pp. 61–2, 72–81. 帝国的司法惯例将在本书第 701—731 页中讨论。

89 后一种观点见 Weinfurter, *Salian Century*, pp. 91–6，他的理由是苏伊格尔在担任教宗期间仍是班贝格主教。另参见 G. Frech, 'Die deutschen Päpste', in Weinfurter (ed.), *Die Salier*, II, pp. 303–32。

90 对于这些变化是否构成了"欧洲的第一次革命"，学者的争论参见 R. I. Moore, *The First European Revolution c. 970–1215* (Oxford, 2000); K. Leyser, 'Am Vorabend der ersten europäischen Revolution', *HZ*, 257 (1993), 1–28。质疑这个概念的有 R. Schieffer, '"The papal revolution in law"?', *Bulletin of Medieval Canon Law*, new series, 22 (1998), 19–30。这些变化对帝国的影响，见本书第 562—568 页和第 581—585 页。

91 C. H. Lawrence, *Medieval Monasticism* (2nd ed., London, 1989); H. J. Hummer, *Politics and Power in Early Medieval Europe: Alsace and the Frankish Realm, 600–1000* (Cambridge, 2005), pp. 227–49.

92 J. Howe, *Church Reform and Social Change in Eleventh-Century Italy* (Philadelphia, 1997); K. G. Cushing, *Reform and the Papacy in the Eleventh Century* (Manchester, 2005), pp. 34–7, 91–5; M. Rubin (ed.), *Medieval Christianity in Practice* (Oxford, 2009).

93 J. Howe, 'The nobility's reform of the medieval church', *AHR*, 93 (1988), 317–39; N. Kruppa (ed.), *Adlige–Stifter–Mönche. Zum Verhältnis zwischen Klöstern und mittelalterlichem Adel* (Göttingen, 2007).

94 此类义务的更多细节见本书第 376—378 页。

95 J. Miethke and A. Bühler, *Kaiser und Papst im Konflikt* (Düsseldorf, 1988), pp. 17–23; J. T. Gilchrist, *Canon Law in the Age of Reform, 11th–12th Centuries* (Aldershot, 1993).

96 J. Laudage, *Priesterbild und Reformpapsttum im 11. Jahrhundert* (Cologne, 1985).

97 1179 年再次修改规则，增加了枢机主教的人数，确立了需要获得三分之二多数票的要求，见 F. J. Baumgartner, *Behind Locked Doors: A History of the Papal Elections* (Basingstoke, 2003)。较笼统的讨论，见 I. S. Robinson, *The Papacy, 1073–*

1198 (Cambridge, 1990); Morris, *The Papal Monarchy*, pp. 79–108。

98   D. J. Hay, *The Military Leadership of Mathilda of Canossa, 1046–1115* (Manchester, 2008); M. K. Spike, *Tuscan Countess: The Life and Extraordinary Times of Matilda of Canossa* (New York, 2004).

99   本书第 207—208 页将深入讨论诺曼人的到来。

100 E. Boshof, 'Das Reich in der Krise. Überlegungen zum Regierungsausgang Heinrichs III.', *HZ*, 228 (1979), 265–87. 关于摄政，见本书第 354—356 页。

101 H. E. J. Cowdrey, *Pope Gregory VII, 1073–1085* (Oxford, 1998); G. Tellenbach, *Die westliche Kirche vom 10. bis zum frühen 12. Jahrhundert* (Göttingen, 1988); W. Hartmann, *Der Investiturstreit* (3rd ed., Munich, 2007).

102 M. Suchan, 'Publizistik im Zeitalter Heinrichs IV.', in K. Hruza (ed.), *Propaganda, Kommunikation und Öffentlichkeit (11.–16. Jahrhundert)* (Vienna, 2003), pp. 29–45, and her *Königsherrschaft im Streit* (Stuttgart, 1997); I. S. Robinson, *Henry IV of Germany, 1056–1106* (Cambridge, 1999), and his *Authority and Resistance in the Investiture Contest: The Polemical Literature of the Late Eleventh Century* (Manchester, 1978).

103 "主教叙任权之争"（investiturae controversia）一词可追溯至 1123 年：B. Schilling, 'Ist das Wormser Konkordat überhaupt nicht geschlossen worden?', *DA*, 58 (2002), 123–91 at 187–8。

104 R. Schieffer, *Die Entstehung des päpstlichen Investiturverbots für den deutschen König* (Stuttgart, 1981); H. Keller, 'Die Investitur', *FMS*, 27 (1993), 51–86, and his 'Ritual, Symbolik und Visualisierung in der Kultur des ottonischen Reiches', *FMS*, 35 (2001), 23–59 at 26–7.

105 R. Pauler, *Die deutschen Könige und Italien im 14. Jahrhudert von Heinrich VII. bis Karl IV.* (Darmstadt, 1997), pp. 10–11. 后续参见 T. Struve, *Salierzeit im Wandel. Zur Geschichte Heinrichs IV. und des Investiturstreites* (Cologne, 2006), esp. pp. 26, 227–40。

106 J. Eldevik, *Episcopal Power and Ecclesiastical Reform in the German Empire: Tithes, Lordship and Community, 950–1150* (Cambridge, 2012), pp. 103–255.

107 C. Zey, 'Im Zentrum des Streits. Mailand und die oberitalienischen Kommunen zwischen *regnum* und *sacerdotium*', in J. Jarnut and M. Wemhoff (eds.), *Vom Umbruch zur Erneuerung?* (Munich, 2006), pp. 595–611; H. Keller, 'Die soziale und politische Verfassung Mailands in den Angfängen des kommunalen Lebens', *HZ*, 211 (1970), 34–64. 同时代支持格列高利的记录，见 I. S. Robinson (ed.), *Eleventh-Century Germany: The Swabian Chronicles* (Manchester, 2008), pp. 132–244。帝国视角见 Mommsen and Morrison (eds.), *Imperial Lives and Letters*, pp. 108–77。

108 赖兴瑙的伯特尔德（Berthold of Reichenau）的记录，载于 I. S. Robinson (ed.), *Eleventh-Century Germany*, p. 160。另参见 S. Weinfurter, *Canossa. Die Entzauberung der Welt* (Munich, 2006)。

109 J. Fried, *Canossa. Entlarvung einer Legende* (Berlin, 2012); T. Reuter, *Medieval Polities and Modern Mentalities* (Cambridge, 2006), pp. 147–66.

110 Cowdrey, *Gregory VII*, pp. 167–98; I. S. Robinson, 'Pope Gregory VII, the princes and the *Pactum*, 1077–1080', *EHR*, 94 (1979), 721–56.

111 E. Goez, 'Der Thronerbe als Rivale. König Konrad, Kaiser Heinrichs IV. älterer Sohn', *HJb*, 116 (1996), 1–49.

112 G. Althoff, *Heinrich IV* (Darmstadt, 2006), pp. 213–19, 269–73; Hay, *Military Leadership of Matilda*, pp. 145–6.

113 细节见 Morris, *Papal Monarchy*, pp. 154–64; Robinson, *The Papacy*, pp. 421–41; Laudage, *Die Salier*, pp. 98–107。

114 J. Fried, 'Der Regalienbegriff im 11. und 12. Jahrhundert', *DA*, 29 (1973), 450–528.

115 Laudage, *Die Salier*, p. 9; S. Weinfurter, *Canossa*, p. 207. 更谨慎的评判，见 H. Hoffmann, 'Canossa–eine Wende?', *DA*, 66 (2010), 535–68; L. Körntgen, *Königsherrschaft und Gottes Gnade. Zu Kontext und Funktion sakraler Vorstellungen in Historiographie und Bildzeugnissen der ottonisch-frühsalischen Zeit* (Berlin, 2001), pp. 435–45。

116 Weinfurter, *Salian Century*, pp. 173–4.

117 R. I. Moore, *The Formation of a Persecuting Society: Power and Deviance in Western Europe, 950–1250* (Oxford, 1990); J. A. F. Thomson, *The Western Church in the Middle Ages* (London, 1998), pp. 119–29; Lawrence, *Medieval Monasticism*, pp. 244–70; Morris, *Papal Monarchy*, pp. 339–57, 442–504.

118 M. Kintzinger, 'Der weiße Reiter. Formen internationaler Politik im Spätmittelalter', *FMS*, 37 (2003), 315–53. 腓特烈一世在 1154 年勉为其难地为教宗牵马，但仅仅以此表现出对教宗的恭维。

119 K. Görich, *Die Staufer. Herrscher und Reich* (2nd ed., Munich, 2008), p. 34.

120 Koch, *Auf dem Wege*, pp. 149–77, 191–9, 248–53; N. Rubinstein, 'Political rhetoric in the imperial chancery', *Medium Aevum*, 14 (1945), 21–43; K. Görich, 'Die "Ehre des Reichs" (*honor imperii*)', in J. Laudage and Y. Leiverkus (eds.), *Rittertum und höfische Kultur der Stauferzeit* (Cologne, 2006), pp. 36–74.

121 K. Görich, *Friedrich Barbarossa* (Munich, 2011), pp. 231, 283. 另参见 F. Opll, *Friedrich Barbarossa* (4th ed., Darmstadt, 2009); Munz, *Frederick Barbarossa*。

122 关于战略问题的阐述，见 H. Berwinkel, *Verwüsten und Belagern. Friedrich Barbarossas*

Krieg gegen Mailand (1158–1162) (Tübingen, 2007)。关于伦巴第联盟，见本书第 653—655 页。

123 P. Csendes, 'Die Doppelwahl von 1198 und ihre europäischen Dimensionen', in W. Hechberger and F. Schuller (eds.), *Staufer und Welfen* (Regensburg, 2009), pp. 157–71.

124 Pauler, *Die deutschen Könige*, pp. 12–13, 230–1. 概述参见 J. C. Moore, *Pope Innocent III (1160/61–1216)* (Notre Dame, IN, 2009)。

125 他因私事于 1208 年 6 月被维特尔斯巴赫的奥托杀害：Görich, *Die Staufer*, p. 85。

126 在一系列基本持负面观点的作品之后，恩斯特·坎托洛维奇在 *The Emperor Frederick the Second, 1194–1250* (London, 1957, first published in German, 1927) 中给出了过于正面的评价。上佳的现代传记作品包括 E. Horst, *Friedrich II., der Staufer* (5th ed., Düsseldorf, 1986) 和巨作 W. Stürner, *Friedrich II* (2 vols., Darmstadt, 2009)。

127 最后阶段的详述见 H. U Ullrich, *Konradin von Hohenstaufen. Die Tragödie von Neapel* (Munich, 2004)。

128 Schneidmüller, *Die Kaiser*, p. 86.

129 P. Partner, *Lands of St Peter*, pp. 263–70; D. Matthew, *The Norman Kingdom of Sicily* (Cambridge, 1992), pp. 362–80.

130 Pauler, *Die deutschen Könige*, pp. 13–16; F. Trautz, 'Die Reichsgewalt in Italien im Spätmittelalter', *Heidelberger Jahrbücher*, 7 (1963), 45–81 at 48–50.

131 Pauler, *Die deutschen Könige*, pp. 43–114; W. M. Bowsky, *Henry VII in Italy: The Conflict of Empire and City State, 1310–1313* (Lincoln, NB, 1960). 同时代人对亨利远征的记述，见 M. Margue et al. (eds.), *Der Weg zur Kaiserkrone. Der Romzug von Heinrichs VII. in der Darstellung von Erzbischof Balduins von Trier* (Trier, 2009)。

132 Bowsky, *Henry VII*, p. 167.

133 F. Baethgen, 'Der Anspruch des Papsttums auf das Reichsvikariat', *ZSRG KA*, 10 (1920), 168–268.

134 J. Miethke, 'Kaiser und Papst im Spätmittelalter. Zu den Ausgleichsbemühungen zwischen Ludwig dem Bayern und der Kurie in Avignon', *ZHF*, 10 (1983), 421–46; Mierau, *Kaiser und Papst*, pp. 115–28; Pauler, *Die deutschen Könige*, pp. 117–64.

135 A. Fößel, 'Die deutsche Tradition von Imperium im späten Mittelalter', in F. Bosbach and H. Hiery (eds.), *Imperium/Empire/Reich* (Munich, 1999), pp. 17–30; E. L. Wittneben, 'Lupold von Bebenburg und Wilhelm von Ockham im Dialog über die Rechte am Römischen Reich des Spätmittelalters', *DA*, 53 (1997), 567–86.

136 R. Pauler, *Die Auseinandersetzungen zwischen Kaiser Karl IV. und den Päpsten* (Neuried, 1996).

137   J. Whaley, *Germany and the Holy Roman Empire, 1493–1806* (2 vols., Oxford, 2012), I, pp. 103, 503.

138   J. M. Levine, 'Reginald Pecock and Lorenzo Valla on the *Donation of Constantine*', *Studies in the Renaissance*, 20 (1973), 118–43.

139   F. Escher and H. Kühne (eds.), *Die Wilsnackfahrt. Ein Wallfahrts-und Kommunikationszentrum Nord-und Mitteleuropas im Spätmittelalter* (Frankfurt am Main, 2006).

140   F. Welsh, *The Battle for Christendom: The Council of Constance, 1415, and the Struggle to Unite against Islam* (London, 2008).

141   Whaley, *Germany*, I, pp. 86–7.

142   W. Zanetti, *Der Friedenskaiser. Friedrich III und seine Zeit, 1440–1493* (Herford, 1985), pp. 107–23.

143   E. Meuthen (ed.), *Reichstage und Kirche* (Göttingen, 1991).

144   J. Hook, *The Sack of Rome, 1527* (London, 1972).

145   M. F. Alvarez, *Charles V: Elected Emperor and Hereditary Ruler* (London, 1975), pp. 83–8; H. Kleinschmidt, *Charles V: The World Emperor* (Stroud, 2004), pp. 129–32.

146   G. Kleinheyer, *Die kaiserlichen Wahlkapitulationen* (Karlsruhe, 1968), pp. 72–6; T. Brockmann, *Dynastie, Kaiseramt und Konfession. Politik und Ordnungsvorstellungen Ferdinands II. im Dreißigjährigen Krieg* (Paderborn, 2011), pp. 386–9. 1653 年，宪法里添加了一句话，要求皇帝必须在保护教会的同时，尊重《奥格斯堡和约》。

147   R. Staats, *Die Reichskrone. Geschichte und Bedeutung eines europäischen Symbols* (2nd ed., Kiel, 2008), pp. 116–17.

148   T. J. Dandelet, *Spanish Rome, 1500–1700* (New Haven, CT, 2001).

149   M. Hengerer, *Kaiser Ferdinand III. (1608–1657)* (Cologne, 2012), pp. 173–6, 297–8; K. Repgen, *Dreißigjähriger Krieg und Westfälischer Friede* (Paderborn, 1998), pp. 539–61, 597–642; A Koller, *Imperator und Pontifex. Forschungen zum Verhältnis von Kaiserhof und römischer Kurie im Zeitalter der Konfessionalisierung (1555–1648)* (Münster, 2012), pp. 157–210.

150   C. W. Ingrao, *In Quest and Crisis: Emperor Joseph I and the Habsburg Monarchy* (West Lafayette, IN, 1979), pp. 96–121; D. Beales, *Joseph II* (2 vols., Cambridge, 1987–2009), II, pp. 214–38, 353–4.

151   G. F.-H and J. Berkeley, *Italy in the Making* (3 vols., Cambridge, 1932–40), vol. III; J. Haslip, *Imperial Adventurer: Emperor Maximilian of Mexico and his Empress* (London, 1974); M. Stickler, 'Reichsvorstellungen in Preußen-Deutschland und der

Habsburgermonarchie in der Bismarckzeit', in Bosbach and Hiery (eds.), *Imperium*, pp. 133–54 at 139–40.

第二章　基督教世界

1　D. Hay, *Europe: The Emergence of an Idea* (2nd ed., Edinburgh, 1968), pp. 16–36, 52; B. Guenée, *States and Rulers in Later Medieval Europe* (Oxford, 1985), pp. 1–9; R. Bartlett, *The Making of Europe: Conquest, Colonization and Cultural Change, 950–1350* (London, 1993), esp. pp. 250–5, 292–314.

2　L. Scales, *The Shaping of German Identity* (Cambridge, 2012), pp. 396, 414–15.

3　从同时代人对斯拉夫人信仰的叙述中可以看出差异性，例如梅泽堡的蒂特马尔的作品，见 Thietmar of Merseburg, *Ottonian Germany: The Chronicon of Thietmar of Merseburg,* ed. D. A. Warner (Manchester, 2001), pp. 252–4。另参见 A. Angenendt, *Liudger. Missionar–Abt–Bischof im frühen Mittelalter* (Münster, 2005), pp. 32–46; D. Třeštík, 'The baptism of the Czech princes in 845 and the Christianization of the Slavs', in *Historica: Historical Sciences in the Czech Republic* (Prague, 1995), pp. 7–59。

4　K. Barkey, *Empire of Difference: The Ottomans in Comparative Perspective* (Cambridge, 2008), pp. 109–53.

5　S. P. Huntington, *The Clash of Civilizations and the Remaking of World Order* (London, 1996).

6　J. van Engen, 'The Christian Middle Ages as an historiographical problem', *AHR*, 91 (1986), 519–52.

7　那是 R. McKitterick, *Charlemagne* (Cambridge, 2008) 一书第五章提出的观点。

8　T. Reuter, 'Plunder and tribute in the Carolingian empire', *TRHS*, 5th series 35 (1985), 75–94; J. Laudage et al., *Die Zeit der Karolinger* (Darmstadt, 2006), pp. 166–72.

9　R. Collins, *Early Medieval Europe, 300–1000* (Basingstoke, 1991), pp. 321–2.

10　T. Reuter, 'Carolingian and Ottonian warfare', in M. Keen (ed.), *Medieval Warfare* (Oxford, 1999), pp. 13–35 at 31.

11　C. H. Lawrence, *Medieval Monasticism* (2nd ed., London, 1989), p. 71.

12　参见赫尔曼的朋友、传记作者伯特尔德的叙述，载于 I. S. Robinson (ed.), *Eleventh-Century Germany* (Manchester, 2008), pp. 108–12。

13　M. Innes, 'Franks and Slavs c.700–1000', *EME*, 6 (1997), 201–16; S. Coupland, 'From poachers to gamekeepers: Scandinavian warlords and Carolingian kings', *EME*, 7 (1998),

85–114. 更多概述参见 T. Reuter, 'Charlemagne and the world beyond the Rhine', in J. Story (ed.), *Charlemagne* (Manchester, 2005), pp. 183–94; M. Costambeys et al., *The Carolingian World* (Cambridge, 2011), pp. 80–153。

14 R. McKitterick, *The Frankish Kingdoms under the Carolingians* (Harlow, 1983), pp. 109–24; Lawrence, *Medieval Monasticism*, pp. 22, 74–82.

15 C. I. Hammer Jr., 'Country churches, clerical inventories and the Carolingian Renaissance in Bavaria', *Church History*, 49 (1980), 5–17.

16 I. Wood, *The Missionary Life: Saints and the Evangelisation of Europe, 400–1050* (Harlow, 2001).

17 A. Angenendt (ed.), *Geschichite des Bistums Münster* (5 vols., Münster, 1998), I, pp. 131–43.

18 W. Kohl (ed.), *Bistum Münster* (Berlin, 2000), pp. 1–24; H.-J. Weiers, *Studien zur Geschichte des Bistums Münster im Mittelalter* (Cologne, 1984), pp. 3–19. 除了安格嫩特（Angenendt）写的路德格传记外，另参见 B. Senger, *Liudger. Leben und Werk* (Münster, 1984); G. Isenburg and R. Rommé (eds.), *805: Liudger wird Bischof* (Münster, 2005)。

19 G. Althoff, *Die Ottonen* (2nd ed., Stuttgart, 2005), pp. 17–18.

20 关于奥托一世从罗马请来圣髑，以支持德意志的传教事业，见 Thietmar of Merseburg, *Chronicon*, pp. 103–4。

21 Althoff, *Die Ottonen*, p. 151. 扑灭斯拉夫人叛乱的过程，见 Thietmar of Merseburg, *Chronicon*, pp. 141–3。关于克罗托内，见本书第 207 页和第 392 页。

22 政治层面和匈牙利的类似经验见本书第 223—226 页。

23 C. Stiegemann and M. Wemhoff (eds.), *799: Kunst und Kultur der Karolingerzeit. Karl der Große und Papst Leo III. in Paderborn* (3 vols., Mainz, 1999).

24 自 950 年起，波希米亚被分给雷根斯堡主教区。关于奥托创建马格德堡大主教区，见 Althoff, *Die Ottonen*, pp. 119–22, 128–33; M. Becher, *Otto der Große* (Munich, 2012), pp. 197–203, 242–5, 252–3。

25 Thietmar of Merseburg, *Chronicon*, pp. 140–2.

26 G. Althoff, *Otto III* (Philadelphia, 2003), pp. 62–5, and his *Die Ottonen*, pp. 179–89, 210–11.

27 R. W. Southern, *Western Society and the Church in the Middle Ages* (Harmondsworth, 1970), p. 171; Costambeys et al., *Carolingian World*, p. 172. 除美因茨大主教之外，大多数大主教监督着 4—6 位主教，截至 11 世纪，美因茨大主教区下辖 16 个主教区。

28   R. Morrissey, *Charlemagne and France* (Notre Dame, IN, 2003), p. 305.

29   J. W. Bernhardt, *Itinerant Kingship and Royal Monasteries in Early Medieval Germany, c. 936–1075* (Cambridge, 1993), pp. 149–61.

30   H. Lorenz, *Werdegang von Stift und Stadt Quedlinburg* (Quedlinburg, 1922).

31   I. Wood, 'Entrusting western Europe to the church, 400–750', *TRHS*, 6th series, 23 (2013), 37–74.

32   S. MacLean (ed.), *History and Politics in Late Carolingian and Ottonian Europe: The Chronicle of Regino of Prüm and Adalbert of Magdeburg* (Manchester, 2009), p. 5; W. Rösener, *The Peasantry of Europe* (Oxford, 1994), p. 39; B. H. Hill Jr, *Medieval Monarchy in Action* (London, 1972), pl 64.

33   J. Eldevik, *Episcopal Power and Ecclesiastical Reform in the German Empire: Tithes, Lordship and Community, 950–1150* (Cambridge, 2012).

34   Althoff, *Die Ottonen*, p. 235.

35   M. Innes, *State and Society in the Early Middle Ages: The Middle Rhine Valley, 400–1000* (Cambridge, 2000), pp. 18–30; H. J. Hummer, *Politics and Power in Early Medieval Europe: Alsace and the Frankish Realm, 600–1000* (Cambridge, 2005), pp. 38–55.

36   F. R. Erkens, 'Die Bistumsorganisation in den Diözesen Trier und Köln', in S. Weinfurter (ed.), *Die Salier und das Reich* (3 vols., Sigmaringen, 1991), II, pp. 267–302; Innes, *State and Society*, p. 43; Hummer, *Politics and Power*, pp. 72–6. 概述见 S. Reynolds, *Kingdoms and Communities in Western Europe, 900–1300* (2nd ed., Oxford, 1997), pp. 79–90。

37   P. Blickle, *Das Alte Europa. Vom Hochmittelalter bis zur Moderne* (Munich, 2008), p. 92; B. Kümin, *The Communal Age in Western Europe, c.1100–1800* (Basingstoke, 2013), pp. 51, 55.

38   R. Schieffer, 'Der ottonische Reichsepiskopat zwischen Königtum und Adel', *FMS*, 23 (1989), 291–301; L. Santifaller, *Zur Geschichte des ottonisch-salischen Reichskirchensystems* (2nd ed., Vienna, 1964).

39   T. Reuter, 'The "imperial church system" of the Ottonian and Salian rulers: A reconsideration', *Journal of Ecclesiastical History*, 33 (1982), 347–74.

40   O. Engles, 'Das Reich der Salier—Entwicklungslinien', in Weinfurter (ed.), *Die Salier und das Reich,* III, pp. 479–541 at 516–33.

41   H. L. Mikoletzky, *Kaiser Heinrich II. und die Kirche* (Vienna, 1946), pp. 41ff.

42   H. Zielinski, *Der Reichsepiskopat in spätottonischer und salischer Zeit (1002–1125)*

(Stuttgart, 1984), esp. p. 243. 关于萨利安王朝时期的教会，见 Weinfurter (ed.), *Die Salier und das Reich*, II，以及 H. Wolfram, *Conrad II, 990–1039* (University Park, PA, 2006), pp. 249–307。关于家臣的讨论，见本书第 394—395 页。

43 迈恩瓦尔德，见 W. Leesch and P. Schubert, *Heimatchronik des Kreises Höxter* (Cologne, 1966), p. 170。另见 Althoff, *Die Ottonen*, pp. 234–5; S. Weinfurter, *The Salian Century* (Philadelphia, 1999), p. 57。

44 Weinfurter, *The Salian Century*, pp. 63–7.

45 Weinfurter, 'Herrschaftslegitimation und Königsautorität im Wandel: Die Salier und ihr Dom zu Speyer', in Weinfurter (ed.), *Die Salier und das Reich*, I, pp. 55–96.

46 G. Jenel, *Erzbischof Anno II. von Köln (1056–1075) und sein politische Wirken* (2 vols., Stuttgart, 1974–5), I, pp. 175–95; I. S. Robinson, *Henry IV of Germany, 1056–1106* (Cambridge, 1999), pp. 43–4.

47 Jenel, *Erzbischof Anno*, II, pp. 303–11.

48 B. Schütte, *König Konrad III. und der deutschen Reichsepiskopat* (Hamburg, 2004), p. 102. 教士团发展的一个例子，见 L. G. Duggan, *Bishop and Chapter: The Governance of the Bishopric of Speyer to 1552* (New Brunswick, NJ. 1978), pp. 11–83，以及 pp. 371–2 的讨论。法国的情况，见 J. Bergin, *Crown, Church and Episcopate under Louis XIV* (New Haven, CT, 2004)。

49 K. Zeumer (ed.), *Quellensammlung zur Geschichte der deutschen Reichsverfassung in Mittelalter und Neuzeit* (Tübingen, 1913), pp. 42–4. 另参见本书第 411—412 页。

50 U. Andermann, 'Die unsittlichen und disziplinlosen Kanonissen. Ein Topos und seine Hintergründe, aufgezeigt an Beispielen sächsischer Frauenstifte (11.–13. Jh)', *WZ*, 146 (1996), 39–63. 关于更大范围内的趋势，另请参见本书第 407—431 页。

51 M. Burleigh, *Germany Turns Eastwards: A Study of Ostforschung in the Third Reich* (Cambridge, 1988). 关于早期殖民，见 M. Rady, 'The German settlement in central and eastern Europe during the high Middle Ages', in R. Bartlett and K. Schönwälder (eds.), *The German Lands and Eastern Europe* (London, 1999), pp. 11–47。

52 Bartlett, *Making of Europe*, pp. 106–96.

53 K. Blaschke, *Bevölkerungsgeschichte von Sachsen bis zur industriellen Revolution* (Weimar, 1967), pp. 65–6, 70, 77–8.

54 对这些联系的很好阐述，见 P. R. Magocsi, *Historical Atlas of Central Europe* (2nd ed., Seattle, 2002), pp. 37–41。另参见 Bartlett, *Making of Europe*, pp. 172–7。

55 引自 J. M. Piskorski, 'The medieval colonization of central Europe as a problem of world history and historiography', *GH*, 22 (2004), 323–43 at 340。

56 N. Davies, *God's Playground: A History of Poland* (2nd ed., 2 vols., Oxford, 2005), I, pp. 64–5; Rösener, *The Peasantry*, pp. 50–2.

57 Scales, *German Identity*, pp. 402–5; Piskorski, 'Medieval colonization', p. 338.

58 F. Kämpfer, 'Über den Anteil Osteuropas an der Geschichte des Mittelalters', in M. Borgolte (ed.), *Unaufhebbare Pluralität der Kulturen?* (Munich, 2001), p. 58.

59 N. Jaspert, 'Religiöse Institutionen am Niederrhein zum Ende des Mittelalters', in M. Groten et al. (eds.), *Der Jülich-Klevische Erbstreit 1609* (Düsseldorf, 2011), pp. 267–88 at 268–76; B. Demel, 'Der Deutsche Orden und seine Besitzungen im südwestdeutschen Sprachraum vom 13. bis 19. Jahrhundert', *ZWLG*, 31 (1972), 16–77. 圣殿骑士团在萨克森和意大利北部的部分地区建立了一些会堂。1312 年被取缔后，圣殿骑士团在德意志的大部分财产被移交给圣约翰骑士团。

60 J. Riley-Smith, *What Were the Crusades?* (3rd ed., Basingstoke, 2002); C. Tyerman, *God's War: A New History of the Crusades* (Cambridge, MA, 2006).

61 N. Morton, '*In subsidium*. The declining contribution of Germany and eastern Europe to the crusades to the Holy Land, 1221–91', *GHIL*, 33 (2011), 38–66 at 46. 概述参见 E. Christiansen, *The Northern Crusades* (London, 1997)。

62 I. Fonnesberg-Schmidt, *The Popes and the Baltic Crusades, 1147–1254* (Leiden, 2007); W. Urban, *The Teutonic Knights: A Military History* (London, 2003), 也可见 E. 穆古热维克斯（E. Mugurevics）、M. 斯塔那维斯卡（M. Starnawska）、L. 鲍山（L. Pósán）和 K. 古尔斯基（K. Górski）被收录于 A. V. Murray (ed.), *The North-Eastern Frontiers of Medieval Europe* (Farnham, 2014) 的文章。

63 *NTSR*, VIII, pp. 317–79.

64 R. Kieckhefer, *Repression of Heresy in Medieval Germany* (Liverpool, 1979), pp. 83–96; P. Hilsch, 'Die Hussitenkrieg als spätmittelalterlicher Ketzerkrieg', in F. Brendle and A. Schindling (eds.), *Religionskriege im Alten Reich und in Alteuropa* (Münster, 2006), pp. 59–69; O. Odložilík, *The Hussite King: Bohemia in European Affairs, 1440–1471* (New Brunswick, NJ, 1965). 关于饼酒同领派，见 Z. V. David, *Finding the Middle Way: The Utraquists' Liberal Challenge to Rome and Luther* (Washington DC, 2003)。

65 A. Haverkamp, *Medieval Germany, 1056–1273* (Oxford, 1988), p. 212.

66 E. J. Goldberg, *Struggle for Empire: Kingship and Conflict under Louis the German, 817–876* (Ithaca, NY, 2006), p. 36.

67 T. Reuter, *Germany in the Early Middle Ages, c. 800–1056* (Harlow, 1991), p. 235.

68 I. Heidrich, 'Bischöfe und Bischofskirche von Speyer', in Weinfurter (ed.), *Die*

Salier und das Reich, II, pp. 187–224 at 205–6; Haverkamp, *Medieval Germany*, pp. 213–15.

69　Quoted in R. Chazan, 'Emperor Frederick I, the Third Crusade and the Jews', *Viator*, 8 (1977), 83–93 at 89.

70　A. Sommerlechner, 'Das Judenmassaker von Fulda 1235 in der Geschichtsschreibung um Kaiser Friedrich II.', *Römische Historische Mitteilungen*, 44 (2002), 121–50; A. Patschovsky, 'The relationship between the Jews of Germany and the king (11th–14th centuries)', in A. Haverkamp and H. Vollrath (eds.), *England and Germany in the High Middle Ages* (Oxford, 1996), pp. 193–218 at 201–3.

71　D. P. Bell, *Jewish Identity in Early Modern Germany* (Aldershot, 2007), p. 57; Haverkamp, *Medieval Germany*, p. 343.

72　F. Seibt, *Karl IV. Ein Kaiser in Europa 1346 bis 1378* (Munich, 1978), pp. 192–200; J. K. Hoensch, *Die Luxemburger* (Stuttgart, 2000), pp. 132–4.

73　奥地利的例子，见 A. Niederstätter, *Österreichische Geschichte, 1400–1522* (Vienna, 1996), pp. 103–4。

74　Bell, *Jewish Identity*, p. 58.

75　G. Hödl, *Albrecht II. Königtum, Reichsregierung und Reichsreform, 1438–1439* (Vienna, 1978), pp. 82–99.

76　Niederstätter, *Österreichische Geschichte*, pp. 105–7.

77　R. J. W. Evans, *Rudolf II and his World* (2nd ed., London, 1997), pp. 236–42.

78　*NTSR*, V, part I, 223–9; S. Ehrenpreis et al., 'Probing the legal history of the Jews in the Holy Roman Empire', *Jahrbuch des Simon-Dubnow-Instituts*, 2 (2003), 409–87; H. J. Cohn, 'Jewish self-governing assemblies in early modern central Europe', in M. H. de Cruz Coelho and M. M. Tavares Ribeiro (eds.), *Parlamentos. A lei, a prática e as representações* (Lisbon, 2010), pp. 88–95.

79　B. A. Tlusty, *The Martial Ethic in Early Modern Germany* (Basingstoke, 2011), pp. 175–85; S. Westphal, 'Der Umgang mit kultureller Differenz am Beispiel von Haftbedingungen für Juden in der Frühen Neuzeit', in A. Gotzmann and S. Wendehorst (eds.), *Juden im Recht. Neue Zugänge zur Rechtsgeschichte der Juden im Alten Reich* (Berlin, 2007), 139–61.

80　R. P. Hsia, 'The Jews and the emperors', in C. W. Ingrao (ed.), *State and Society in Early Modern Austria* (West Lafayette, IN, 1994), pp. 71–80 at 76–7. 关于最高法院，见本书第 718—726 页。

81　不少犹太人口众多的城市在执行法律程序方面采取歧视犹太人的做法，新成立的帝国最高法院似乎在很大程度上避免了此类做法：M. R. Boes, 'Jews in the criminal-justice system of early modern Germany', *Journal of Interdisciplinary History*, 30 (1999), 407–35。

82 C. R. Friedrichs, 'Politics or pogrom? The Fettmilch uprising in German and Jewish history', *CEH*, 19 (1986), 186–228, and his 'Anti-Jewish politics in early modern Germany: the uprising in Worms, 1613–1617', *CEH*, 23 (1990), 91–152.

83 Ehrenpreis et al., 'Probing the legal history', p. 479 n. 15; T. Schenk, 'Reichsgeschichte als Landesgeschichte. Eine Einführung in die Akten des kaiserlichen Reichshofrats', *Westfalen*, 90 (2012), 107–61, at 126–7. ·

84 J. I. Israel, 'Central European Jewry during the Thirty Years' War', *CEH*, 16 (1983), 3–30; J. P. Spielman, *The City and the Crown: Vienna and the Imperial Court, 1600–1740* (West Lafayette, IN, 1993), pp. 123–35; A. Rutz, 'Territoriale Integration durch Bildung und Erziehung?', in Groten et al. (eds.), *Der Jülich-Klevische Erbstreit*, pp. 337–57 at 344.

85 K. Müller, 'Das "Reichscamerale" im 18. Jahrhundert', *Wiener Beiträge zur Geschichte der Neuzeit*, 20 (1993), 152–77; W. Kohl (ed.), *Westfälische Geschichte* (3 vols., Düsseldorf, 1983–4), I, pp. 655–7.

86 P. C. Hartmann, 'Bevökerungszahlen und Konfessionsverhältnisse des Heiligen Römischen Reiches deutscher Nation und der Reichskreise am Ende des 18. Jahrhunderts', *ZHF*, 22(1995), 345–69.

87 K. A. Roider Jr, *Austria's Eastern Question, 1700–1790* (Princeton, 1982), pp. 95–9.

88 J. H. Schoeps, '"Ein jeder soll vor alle und alle vor ein stehn". Die Judenpolitik in Preußen in der Regierungszeit König Friedrich Wilhelms I.', in F. Beck and J. Schoeps (eds.), *Der Soldatenkönig* (Potsdam, 2003), pp. 141–60; T. Schenk, 'Friedrich und die Juden', in *Friederisiko* (2 vols., Stiftung Preussische Schlöer und Gärten, 2012), I, pp. 160–74.

89 P. H. Wilson, 'Der Favorit als Sündenbock. Joseph Süß Oppenheimer (1698–1738)', in M. Kaiser and A. Pečar (eds.), *Der zweite Mann im Staat* (Berlin, 2003), pp. 155–76. 后来的一些以奥本海默事件为主题的小说和电影，称他为"犹太人聚斯"。

90 Friedrichs, 'Anti-Jewish politics', 151.

91 G. Schmidt-von Rhein and A. Cordes (eds.), *Altes Reich und neues Recht* (Wetzlar, 2006), pp. 267–72.

92 关于这一重要主题，优秀的入门著作包括L. P. Wandel, *The Reformation* (Cambridge, 2011); D. MacCulloch, *Reformation: Europe's House Divided, 1490–1700* (London, 2003)。

93   B. Stollberg-Rilinger, *Des Kaisers alte Kleider. Verfassungsgeschichte und Symbolsprache des Alten Reiches* (Munich, 2008), pp. 99–135.

94   R. R. Benert, 'Lutheran resistance theory and the imperial constitution', *Il pensiero politico* 6 (1973), 17–36; R. von Friedeburg, *Self-Defence and Religious Strife in Early Modern Europe: England and Germany, 1530–1680* (Aldershot, 2002); A. Strohmeyer, *Konfessionskonflikt und Herrschaftsordnung. Widerstandsrecht bei den österreichischen Ständen (1550–1650)* (Mainz, 2006).

95   J. Whaley, *Germany and the Holy Roman Empire, 1493–1806* (2 vols., Oxford, 2012), I, pp. 168–82 很好地概述了这些事件。

96   突出的例子是 Leopold von Ranke, *Deutsche Geschichte im Zeitalter der Reformation* (Vienna, 1934), esp. pp. 305–20。今天还能看到类似的观点，比如 T. A. Brady Jr, *German Histories in the Age of Reformations, 1400–1650* (Cambridge, 2009)。

97   H. Duchhardt, *Protestantisches Kaisertum und Altes Reich* (Wiesbaden, 1977), pp. 8–51.

98   H. Lutz, 'Friedensideen und Friedensprobleme in der Frühen Neuzeit', in G. Heiss and H. Lutz (eds.), *Friedensbewegungen, Bedingungen und Wirkungen* (Munich, 1984), pp. 28–54.

99   U. Andermann, 'Säkularisation von der Säkularisation', in his (ed.), *Die geistlichen Staaten am Ende des Alten Reiches* (Epfendorf, 2004), 13–30 at 15–21.

100   C. Ocker, *Church Robbers and Reformers in Germany, 1525–1547* (Leiden, 2006); H. Kellenbenz and P. Prodi (eds.), *Fiskus, Kirche und Staat im konfessionellen Zeitalter* (Berlin, 1994).

101   例如美因茨、黑森和萨克森之间的冲突：A. Schindling and W. Ziegler (eds.), *Die Territorien des Reichs im Zeitalter der Reformation und die Konfessionalisierung* (7 vols., Münster, 1989–97), IV, pp. 75–6。该书最全面地叙述了帝国德意志领土内宗教改革的影响。

102   M. Heckel, 'Die Religionsprozesse des Reichskammergerichts im konfessionell gespaltenen Reichskirchenrecht', *ZSRG KA*, 77 (1991), 283–350; G. Dolezalek, 'Die juristische Argumentation der Assessoren am Reichskammergericht zu den Reformationsprozessen 1532–1538', in B. Diestelkamp (ed.), *Das Reichskammergericht in der deutschen Geschichte* (Cologne, 1990), pp. 25–58.

103   Schindling and Ziegler (eds.), *Die Territorien des Reichs*, I, pp. 59–61.

104   R. Bireley, *The Refashioning of Catholicism, 1450–1700* (Basingstoke, 1999); M. R. Forster, *Catholic Germany from the Reformation to the Enlightenment* (Basingstoke,

2007), pp. 1–37.

105 引自 Whaley, *Germany*, I, p. 323。另参见 L. Schorn-Schütte (ed.), *Das Interim 1548/50* (Heidelberg, 2005)。关于那时查理的其他举措，见本书第 251—252 页和第 502—505 页。

106 N. Rein, *The Chancery of God: Protestant Print, Polemic and Propaganda against the Empire, Magdeburg 1546–1551* (Aldershot, 2008); K. Schäfer, *Der Fürstenaufstand gegen Karl V. im Jahr 1552* (Taunusstein, 2009); M. Fuchs and R. Rebitsch (eds.), *Kaiser und Kurfürst. Aspekte des Fürstenaufstandes 1552* (Münster, 2010).

107 A. Kohler, *Ferdinand I, 1503–1564* (Munich, 2003), pp. 225–51; E. Wolgast, 'Religionsfrieden als politisches Problem der frühen Neuzeit', *HZ*, 282 (2006), 59–96.

108 研究该和约的著作有许多，其中最扎实的是 A. Gotthard, *Der Augsburger Religionsfrieden* (Münster, 2004)，该书在某些方面采用了之前的负面阐释。比较正面的阐释见 M. Heckel, 'Politischer Friede und geistliche Freiheit im Ringen um die Wahrheit. Zur Historiographie des Augsburger Religionsfriedens von 1555', *HZ*, 282 (2006), 391–425。关于和约文本中有意含糊带过和掩饰的地方，见 M. Heckel, 'Autonomia und Pacis Compositio', *ZSRG KA*, 45 (1959), 141–248。

109 K. Schlaich, 'Majoritas–protestatio–itio in partes–corpus Evangelicorum', *ZSRG KA*, 107 (1977), 266–99 at 288–9.

110 Wolgast, 'Religionsfrieden', pp. 63–4. 另参见 H. Louthan, *Converting Bohemia: Force and Persuasion in the Catholic Reformation* (Cambridge, 2009)，以及本书第 14—16 页。

111 G. R. Potter, *Zwingli* (Cambridge, 1976); M. Taplin, 'Switzerland', in A. Pettegree (ed.), *The Reformation World* (London, 2000), pp. 169–89. 关于瑞士联邦的出现，见本书第 672—679 页。

112 B. Gordon, 'Italy', in Pettegree (ed.), *Reformation World*, pp. 277–95; M. Firpo, 'The Italian Reformation', in R. Po-chia Hsia (ed.), *A Companion to the Reformation World* (Oxford, 2004), pp. 169–84.

113 E. Cameron, *The Reformation of the Heretics: The Waldenses of the Alps, 1480–1580* (Oxford, 1984), pp. 163–6.

114 W. Reinhard, 'Pressures towards confessionalization? Prolegomena to a theory of the confessional age', in C. Scott Dixon (ed.), *The German Reformation* (Oxford, 1999), pp. 169–92. 详见 Schindling and Ziegler (eds.), *Die Territorien des Reichs*。

115 现已有海量关于这些主题的作品。相关概述可参见 S. R. Boettcher, 'Confessionalization: Reformation, religion, absolutism and modernity', *History Compass*, 2 (2004), 1–10。上佳的案例研究包括 M. R. Forster, *Catholic Revival in the age Age of the Baroque: Religious*

Identity in Southwest Germany, 1550–1750 (Cambridge, 2001); W. B. Smith, *Reformation and the German Territorial State: Upper Franconia, 1300–1630* (Rochester, NY, 2008)。

116 H. T. Gräf, *Konfession und internationales System. Die Außenpolitik Hessen-Kassels im konfessionellen Zeitalter* (Darmstadt, 1993), pp. 108–11. 这一时期的帝国政治, 详见 A. P. Luttenberger, *Kurfürsten, Kaiser und Reich. Politische Führung und Friedenssicherung unter Ferdinand I. und Maximilian II.* (Mainz, 1994); Whaley, *Germany*, I, pp. 339–474。

117 J. Engelbrecht, 'Staat, Recht und Konfession. Krieg und Frieden im Rechtsdenken des Reiches', in H. Lademacher and S. Groenveld (eds.), *Krieg und Kultur* (Münster, 1998), pp. 113–28; A. Schmidt, 'Irenic patriotism in sixteenth-and seventeenth-century German political discourse', *HJ*, 53 (2010), 243–69.

118 G. Murdock, *Beyond Calvin: The Intellectual, Political and Cultural World of Europe's Reformed Churches* (Basingstoke, 2004).

119 O. Chadwick, 'The making of a reforming prince: Frederick III, elector Palatine', in R. B. Knox (ed.), *Reformation Conformity and Dissent* (London, 1977), pp. 44–69; B. Nischan, *Prince, People and Confession: The Second Reformation in Brandenburg* (Philadelphia, 1994). 埃姆登的特殊性很大程度上要归因于当地的荷兰流亡者：A. Pettegree, *Emden and the Dutch Revolt* (Oxford, 1992)。

120 T. Sarx, 'Heidelberger Irenik am Vorabend des Dreißigjährigen Krieges', in A. Ernst and A. Schindling (eds.), *Union und Liga, 1608/09* (Stuttgart, 2010), pp. 167–96; V. Press, *Calvinismus und Territorialstaat* (Stuttgart, 1970).

121 许多对这一时期历史的概述忽视了普法尔茨和巴伐利亚之间的竞争。更多内容见 A. L. Thomas, *A House Divided: Wittelsbach Confessional Court Culture in the Holy Roman Empire, c.1550–1650* (Leiden, 2010)。

122 对这些情况很好的概述, 见 M. Heckel, 'Die Krise der Religionsverfassung des Reiches und die Anfänge des Dreißigjährigen Krieges', in K. Repgen (ed.), *Krieg und Politik, 1618–1648* (Munich, 1988), pp. 107–31。另参见 P. H. Wilson, 'The Thirty Years War as the Empire's constitutional crisis', in R. J. W. Evans et al. (eds.), *The Holy Roman Empire, 1495–1806* (Oxford, 2011), pp. 95–114。

123 R. Pörtner, *The Counter-Reformation in Central Europe: Styria, 1580–1630* (Oxford, 2001); H. Louthan, *The Quest for Compromise: Peacemakers in Counter-Reformation Vienna* (Cambridge, 1997); J. E. Patrouch, *A Negotiated Settlement: The Counter-Reformation in Upper Austria under the Habsburgs* (Boston, 2000); K. J. MacHardy, *War, Religion and Court Patronage in Habsburg Austria: The Social and Cultural Dimensions of Political Interaction, 1521–1622* (Basingstoke, 2003).

124 对此的辩论，参见 P. H. Wilson, 'The causes of the Thirty Years War 1618–48', *EHR*, 123 (2008), 554–86; W. Schulze (ed.), *Friedliche Intentionen–Kriegerische Effekte. War der Ausbruch des Dreißigjährigen Krieges unvermeidlich?* (St Katharinen, 2002)。后续参见 P. H. Wilson, *Europe's Tragedy: A History of the Thirty Years War* (London, 2009); O. Asbach and P. Schröder (eds.), *The Ashgate Research Companion to the Thirty Years' War* (Farnham, 2014)。本书第 648—650 页将进一步讨论新教联盟和天主教联盟。

125 J. Polišenský, *Tragic Triangle: The Netherlands, Spain and Bohemia, 1617–1621* (Prague, 1991). 其中一位受害者的叙述，见 P. H. Wilson (ed.), *The Thirty Years War: A Sourcebook* (Basingstoke, 2010), pp. 35–7。三人都活了下来。

126 P. H. Wilson, 'Dynasty, constitution and confession: The role of religion in the Thirty Years War', *International History Review*, 30 (2008), 473–514; H. Schilling (ed.), *Konfessioneller Fundamentalismus* (Munich, 2007); F. Brendle and Schindling (eds.), *Religionskriege im Alten Reich und in Alteuropa* (Münster, 2006). 另请参阅内容丰富的研究：H. Berg, *Military Occupation under the Eyes of the Lord: Studies in Erfurt during the Thirty Years War* (Göttingen, 2010)。

127 关于这些方面的进一步阐述，见 P. H. Wilson, 'Meaningless conflict? The character of the Thirty Years War', in F. C. Schneid (ed.), *The Projection and Limitations of Imperial Powers, 1618–1850* (Leiden, 2012), pp. 12–33, and 'Was the Thirty Years War a "total war"?', in E. Charters et al. (eds.), *Civilians and War in Europe, 1618–1815* (Liverpool, 2012), pp. 21–35。

128 R. Bireley, *Ferdinand II, Counter-Reformation Emperor, 1578–1637* (Cambridge, 2014), esp. pp. 91–166; T. Brockmann, *Dynastie, Kaiseramt und Konfession. Politik und Ordnungsvorstellungen Ferdinands II. im Dreißigjährigen Krieg* (Paderborn, 2011); D. Albrecht, *Maximilian I. von Bayern 1573–1651* (Munich, 1998); P. D. Lockhart, *Denmark in the Thirty Years' War, 1618–1648* (Selinsgrove, 1996).

129 H. Urban, *Das Restitutionsedikt* (Munich, 1968); M. Frisch, *Das Restitutionsedikt Kaiser Ferdinands II. vom 6. März 1629* (Tübingen, 1993). 另参见本书第 525—527 页。

130 I. Schubert, *Lützen–på spaning efter ett mine* (Stockholm, 2007); M. Reichel and I. Schuberth (eds.), *Gustav Adolf* (Dößel, 2007); K. Cramer, *The Thirty Years' War and German Memory in the Nineteenth Century* (Lincoln, NB, 2007). 关于瑞典在战争中对自己动机的表达，见 E. Ringmar, *Identity, Interest and Action: A Cultural Explanation of Sweden's Intervention in the Thirty Years War* (Cambridge, 1996)。

131 J. Öhman, *Der Kampf um den Frieden. Schweden und der Kaiser im Dreißigjährigen Krieg* (Vienna, 2005). 后续可参见 D. Croxton, *Peacemaking in Early Modern Europe:*

Cardinal Mazarin and the Congress of Westphalia, 1643–1648 (Selinsgrove, 1999), and his *Westphalia: The Last Christian Peace* (New York, 2013)。

132 两个文件的全文及多种语言的译文，见 www.pax-westphalica.de/ipmipo/index. html。本书第 242—253 页讨论了领土的重新分配情况，本书第 507—509 页则更深入地介绍了条约对帝国宪制的影响。

133 R.-P. Fuchs, *Ein 'Medium zum Frieden'. Die Normaljahrsregel und die Beendigung des Dreißigjährigen Krieges* (Munich, 2010).

134 Schlaich, 'Majoritas'.

135 J. Luh, *Unheiliges Römisches Reich. Der konfessionellen Gegensatz 1648 bis 1806* (Potsdam, 1995), pp. 17–43. 围绕 1648 年后宗教在帝国政治中地位的辩论，见 D. Stievermann, 'Politik und Konfession im 18. Jahrhundert', *ZHF*, 18 (1991), 177–99。

136 Whaley, *Germany*, II, p. 63.

137 M. Fulbrook, *Piety and Politics* (Cambridge, 1983); R. L. Gawthrop, *Pietism and the Making of Eighteenth-Century Prussia* (Cambridge, 1993).

138 E.-O. Mader, 'Fürstenkonversionen zum Katholizismus in Mitteleuropa im 17. Jahrhundert', *ZHF*, 34 (2007), 403–40; I. Peper, *Konversionen im Umkreis des Wiener Hofes um 1700* (Vienna, 2010).

139 详细示例，见 G. Haug-Moritz, *Württembergischer Ständekonflikt und deutscher Dualismus* (Stuttgart, 1992)。

140 G. Haug-Moritz, 'Corpus Evangelicorum und deutscher Dualismus', in V. Press (ed.), *Alternativen zur Reichsverfassung in der Frühen Neuzeit?* (Munich, 1995), pp. 189–207; P. H. Wilson, 'Prussia and the Holy Roman Empire, 1700–40', *GHIL*, 36 (2014), 3–48.

141 这是奥格斯堡的要求：E. François, *Die unsichtbare Grenze. Protestanten und Katholiken in Augsburg 1648–1806* (Sigmaringen, 1991)。另外三座双教派城市是比伯拉赫（Biberach）、丁克尔斯比尔和拉芬斯堡（Ravensburg）。另参见 J. Whaley, 'A tolerant society? Religious toleration in the Holy Roman Empire, 1648–1806', in O. P. Grell and R. Porter (eds.), *Toleration in Enlightenment Europe* (Cambridge, 2000), 175–95。

142 相关变化详见 H. Neuhaus, *Das Reich in der Frühen Neuzeit* (Munich, 1997), pp. 30–1。另可参见 W. Ziegler, 'Die Hochstifte des Reiches in konfessionellen Zeitalter 1520–1618', *Römische Quartalschrift*, 87 (1992), 252–81。宗教改革期间，只有 7 个帝国修道院是因直接世俗化而消失的。有 6 个因并入瑞士联邦而不再属于帝国。另参见本书第 468—475 页。

143 最后一次如此行事是 1782 年的伊斯尼（Isny）。

144 H. Brück, *Geschichte der katholische Kirche in Deutschland im neunzehnten Jahrhundert* (4 vols., Mainz, 1887–1901), I, p. 3.

145 S. Schraut, *Das Haus Schönborn. Eine Familienbiographie. Katholischer Reichsadel, 1640–1840* (Paderborn, 2005).

146 L. G. Duggan, 'The church as an institution of the Reich', in J. A. Vann and S. Rowan (eds.), *The Old Reich* (Brussels, 1974), pp. 149–64 at 154–5. 中世纪教会中，平民出身的主教所占比例可能比较高，因为有 421 位主教的出身我们不得而知。另参见 B. Blisch, 'Kurfürsten und Domherren', in F. Dumont et al. (eds.), *Mainz. Die Geschichte der Stadt* (Mainz, 1998), pp. 879–97; G. Christ, 'Selbstverständnis und Rolle der Domkapitel in den geistlichen Territorien des alten deutschen Reiches in der Frühneuzeit', *ZHF*, 16 (1989), 257–328。

147 E. Gatz (ed.), *Die Bischöfe des Heiligen Römischen Reiches 1448 bis 1648* (Berlin, 1996), pp. 163–71; G. Bönisch, *Clemens August* (Bergisch Gladbach, 2000).

148 例如 K. Epstein, *The Genesis of German Conservatism* (Princeton, 1966), pp. 276–85, 605–15。

149 T. C. W. Blanning, *Reform and Revolution in Mainz, 1743–1803* (Cambridge, 1974); P. H. Wilson, *German Armies: War and German Politics, 1648–1806* (London, 1998); J. Nowosadtko, *Stehendes Heer im Ständestaat. Das Zusammenleben von Militär-und Zivilbevölkerung im Fürstbistum Münster 1650–1803* (Paderborn, 2011).

150 D. Beales, *Prosperity and Plunder: European Catholic Monasteries in the Age of Revolution, 1650–1815* (Cambridge, 2003); M. Printy, *Enlightenment and the Creation of German Catholicism* (Cambridge, 2009).

151 关于弗布朗尼主义在帝国政治中的角色，详见 K. O. Frhr. v. Aretin, *Das Alte Reich, 1648–1806* (4 vols., Stuttgart, 1993–2000), III, pp. 237–97。关于诸侯联盟，也可参见本书第 554—555 页和第 735—738 页。

152 例如，达尔贝格在 1806 年为拿破仑在耶拿和奥尔施泰特（Auerstädt）的胜利举行弥撒。关于此事和后续事件，见 K. Hausberger (ed.), *Carl von Dalberg* (Regensburg, 1995); K. M. Färber, *Kaiser und Erzkanzler. Carl von Dalberg und Napoleon am Ende des Alten Reiches* (Regensburg, 1988); G. Menzel, 'Franz Joseph von Albini, 1748–1816', *Mainzer Zeitschrift*, 69 (1974), 1–126; R. Decot (ed.), *Säkularisation der Reichskirche, 1803* (Mainz, 2002); K. Härter, 'Zweihundert Jahre nach dem europäischen Umbruch von 1803', *ZHF*, 33 (2006), 89–115。另参见本书第 736—752 页和第 760—762 页有关莱茵联盟的内容。

153 W. H. B. Smith, *Mauser Rifles and Pistols* (Harrisburg, PA, 1947), pp. 12–13.

154 详细的例子见 E. Klueting, ' "Damenstifter sind zufluchtsörter, wo sich Fräuleins von adel schicklich aufhalten können". Zur Säkularisation von Frauengemeinschaften in Westfalen und im Rheinland 1773–1812', in T. Schilp (ed.), *Reform—Reformation— Säkularisation. Frauenstifte in Krisenzeiten* (Essen, 2004), pp. 177–200。

155 Aretin *Alte Reich*, III, pp. 518–21.

第三章　主权

1 J. D. Tracy, *Emperor Charles V, Impresario of War: Campaign Strategy, International Finance, and Domestic Politics* (Cambridge, 2002), pp. 239–40. 后续也可参见 J. M. Headley, 'The Habsburg world empire and the revival of Ghibellinism', *Medieval and Renaissance Studies*, 7 (1978), 93–127 esp. 116; E. Rosenthal, '*Plus ultra, non plus ultra*, and the columnar device of Emperor Charles V', *Journal of the Warburg and Courtauld Institutes*, 34 (1971), 204–28。

2 G. Dagron, *Emperor and Priest: The Imperial Office in Byzantium* (Cambridge, 2003); F. Dvornik, *Early Christian and Byzantine Political Philosophy* (2 vols., Washington, DC, 1966); D. M. Nicol, 'Byzantine political thought', in J. H. Burns (ed.), *The Cambridge History of Medieval Political Thought c.350–c.1450* (Cambridge, 1988), pp. 51–79.

3 E. N. Luttwak, *The Grand Strategy of the Byzantine Empire* (Cambridge, MA, 2009).

4 关于神学差异的总结见 R. Collins, *Early Medieval Europe, 300–1000* (Basingstoke, 1991), pp. 266–8; R. W. Southern, *Western Society and the Church in the Middle Ages* (Harmondsworth, 1970), pp. 62–5。

5 本书第 223—226 页将更深入地探讨奥托王朝与波兰和匈牙利的交往。后续参见 C. A. Frazee, 'The Christian church in Cilician Armenia: Its relations with Rome and Constantinople to 1198', *Church History*, 45 (1976), 166–84; David R. Stokes, 'A failed alliance and expanding horizons: Relations between the Austrian Habsburgs and the Safavid Persians in the sixteenth and seventeenth centuries' (University of St Andrews PhD thesis, 2014), 156–61。

6 K. Müller, 'Kurfürst Johann Wilhelm und die europäische Politik seiner Zeit', *Düsseldorfer Jahrbuch*, 60 (1986), 1–23 at 13–14.

7 W. Ohnsorge, *Das Zweikaiserproblem im früheren Mittelalter* (Hildesheim, 1947). 关于神圣罗马帝国和拜占庭在意大利的冲突，见本书第 202—209 页。

8   L. H. Nelson and M. V. Shirk (eds.), *Liutprand of Cremona: Mission to Constantinople (968 AD)* (Lawrence, KS, 1972); G. Koch, *Auf dem Wege zum Sacrum imperium* (Vienna, 1972), pp. 218–30; A. A. Latowsky, *Emperor of the World: Charlemagne and the Construction of Imperial Authority, 800–1229* (Ithaca, NY, 2013), pp. 44–51.

9   M. Becher, *Otto der Große* (Munich, 2012), pp. 245–51; S. Weinfurter, *The Salian Century* (Philadelphia, 1999), pp. 28–9. 关于 10 世纪神圣罗马帝国和拜占庭帝国的总体关系，见 K. Leyser, *Medieval Germany and its Neighbours, 900–1250* (London, 1982), pp. 103–37。关于提奥芳诺，另参见本书第 354—355 页。

10   P. Frantopan, *The First Crusade: The Call from the East* (Cambridge, MA, 2012).

11   W. Treadgold, *A Concise History of Byzantium* (Basingstoke, 2001), pp. 215–16, 236.

12   M. Angold, *The Fall of Constantinople to the Ottomans* (New York, 2012).

13   Koch, *Auf dem Wege*, pp. 227–9.

14   A. Cameron, *The Byzantines* (Oxford, 2010), 163–6; P. Burke, 'Did Europe exist before 1700?', *History of European Ideas*, 1 (1980), 21–9; J. Hale, *The Civilisation of Europe in the Renaissance* (London, 1993), pp. 3–50; L. Wolff, *Inventing Eastern Europe: The Map of Civilization in the Mind of the Enlightenment* (Stanford, 1994), 也可见 J. G. A. 波考克（J. G. A. Pocock）和 W. C. 乔丹（W. C. Jordan）被收录于 A. Pagden (ed.), *The Idea of Europe from Antiquity to the European Union* (Cambridge, 2002) 的文章。

15   A. Çirakman, *From the 'Terror of the World' to the 'Sick Man of Europe'. European Images of Ottoman Empire and Society from the Sixteenth Century to the Nineteenth* (New York, 2002); A. Höfert, *Den Feind beschreiben: 'Türkengefahr' und europäisches Wissen über das Osmanische Reich 1450–1600* (Frankfurt, 2003); S. Faroqhi, *The Ottoman Empire and the World around It* (London, 2007); M. Wrede, *Das Reich und seine Feinde. Politische Feindbilder in der Reichspatriotischen Publizistik zwischen Westfälischem Frieden und Siebenjährigem Krieg* (Mainz, 2004), pp. 66–216; P. Sutter Fichtnem, *Terror and Toleration: The Habsburg Empire Confronts Islam, 1526–1850* (London, 2008), pp. 21–53.

16   S. F. Dale, *The Muslim Empires of the Ottomans, Safavids and Mughals* (Cambridge, 2010).

17   C. Finkel, *Osman's Dream: The Story of the Ottoman Empire, 1300–1923* (London, 2005).

18   K. Barkey, *Empire of Difference: The Ottomans in Comparative Perspective* (Cambridge, 2008), pp. 101–8; I. Almond, *Two Faiths One Banner: When Muslims Marched with Christians across Europe's Battlefields* (Cambridge, MA, 2009), pp.

134–6.

19   J. Darwin, *After Tamerlane: The Global History of Empire since 1405* (New York, 2008), pp. 37–8; J. Burbank and F. Cooper, *Empires in World History* (Princeton, 2010), pp. 70–78.

20   G. Althoff, *Die Ottonen* (2nd ed., Stuttgart, 2005), pp. 111–12.

21   C. Kostick, 'Social unrest and the failure of Conrad III's march through Anatolia, 1147', *GH*, 28 (2010), 125–42; G. A. Loud (ed.), *The Crusade of Frederick Barbarossa: The History of the Expedition of the Emperor Frederick and Related Texts* (Farnham, 2013), pp. 48–55.

22   W. Stürner, *Friedrich II.* (2 vols., Darmstadt, 2009), II, pp. 68–74, 85–98, 130–69; Almond, *Two Faiths*, pp. 49–74.

23   L. Scales, *The Shaping of German Identity: Authority and Crisis, 1245–1414* (Cambridge, 2012), p. 221–4.

24   G. Hödl, *Albrecht II. Königtum, Reichsregierung und Reichsreform, 1438–1439* (Vienna, 1978), p. 195.

25   J. H. Elliott, *Imperial Spain, 1469–1716* (London, 1963), pp. 45–76. 波兰有自己的传统，即"基督教的堡垒"：参见 N. Davies, *God's Playground: A History of Poland* (2nd ed., 2 vols., Oxford, 2005), I, pp. 125–30。

26   S. Vryonis Jr, 'The Byzantine legacy and Ottoman forms', *Dumbarton Oaks Papers*, 23/24 (1969/70), 251–308.

27   M. S. Birdal, *The Holy Roman Empire and the Ottomans: From Global Imperial Power to Absolutist States* (London, 2011), pp. 59–85esp. p. 84. 神圣罗马帝国的法治，见本书第 725—731 页。

28   Finkel, *Osman's Dream*, pp. 48, 53–4; Barkey, *Empire of Difference*, pp. 82–3.

29   M. F. Alvarez, *Charles V* (London, 1975), pp. 82–8. 后续参见 G. Necipoğlu, 'Süleyman the Magnificent and the representation of power in the context of Ottoman-Hapsburg-papal rivalry', *The Art Bulletin*, 71 (1989), 401–27。

30   J. Reston Jr, *Defenders of the Faith: Charles V, Suleyman the Magnificent and the Battle for Europe, 1520–1536* (London, 2009); Tracy, *Emperor Charles V*, pp. 141–9, 154–9, 170–82.

31   P. S. Fichtner, *Emperor Maximilian II* (New Haven, CT, 2001), pp. 119–34; J. P. Niederkorn, *Die europäischen Mächte und der 'Lange Türkenkrieg' Kaiser Rudolfs II. (1593–1606)* (Vienna, 1993).

32   J. F. Pichler, 'Captain John Smith in the light of Styrian sources', *The Virginia*

Magazine of History and Biography, 65 (1957), 332–54.

33   Stokes, 'A failed alliance and expanding horizons'; J. P. Niederkorn, 'Zweifrontenkrieg gegen die Osmanen. Iranisch-christliche Bündnispläne in der Zeit des "Langen Türkenkrieges", 1593–1606', *MIÖG*, 104 (1996), 310–23.

34   引自 K. -H. Ziegler, 'The peace treaties of the Ottoman empire with European Christian powers', in R. C. H. Lesaffer (ed.), *Peace Treaties and International Law in European History* (Cambridge, 2004), pp. 338–64 at 345。后续也可参见 G. Wagner, 'Österreich und die Osmanen im Dreißigjährigen Krieg', *Mitteilungen des Oberösterreichischen Landesarchivs*, 14 (1984), 325–92; I. Hiller, 'Feind im Frieden. Die Rolle des Osmanischen Reiches in der europäischen Politik zur Zeit des Westfälischen Friedens', in H. Duchhardt (ed.), *Der Westfälische Friede* (Munich, 1998), 393–404; R. R. Heinisch, 'Habsburg, die Pforte und der Böhmische Aufstand (1618–1620)', *Südost-Forschungen*, 33 (1974), 125–65, and 34 (1975), 79–124。

35   E. Eickhoff, *Venedig, Wien und die Osmanen. Umbruch in Südosteuropa, 1645–1700* (Munich, 1970), pp. 179–227. 另参见本书第 509—531 页。

36   E. Petrasch et al. (eds.), *Die Karlsruher Türkenbeute* (Munich, 1991). 关于围城和解围，见 J. Stoye, *The Siege of Vienna* (London, 1964); P. H. Wilson, *German Armies: War and German Politics, 1648–1806* (London, 1998), pp. 68–10。

37   Fichtner, *Terror and Toleration*, pp. 61–76; K. A. Roider Jr, *Austria's Eastern Question, 1700–1790* (Princeton, 1982), pp. 77–8.

38   M. Cherniavsky, *Tsar and People: Studies in Russian Myths* (New Haven, CT, 1961), pp. 6–43; S. Franklin and J. Shepherd, *The Emergence of Rus, 750–1200* (London, 1996).

39   I. de Madariaga, 'Tsar into emperor: The title of Peter the Great', in R. Oresko et al. (eds.), *Royal and Republican Sovereignty in Early Modern Europe* (Cambridge, 1997), pp. 351–81.

40   L. Hughes, *Russia in the Age of Peter the Great* (New Haven, CT, 1998), p. 352; W. Baumgart, *The Crimean War 1853–1856* (London, 1999), pp. 10–12. 总体情况参见 H. Schraeder, *Moskau das dritte Rom. Studien zur Geschichte der politischen Theorien in der slawischen Welt* (Darmstadt, 1957)。

41   1994 年，俄罗斯总统旗上又出现了双头鹰。一直受希腊保护的圣山（Mount Athos）神权自治政府也使用它。本书第 298—301 页对双头鹰的图案有更深入的讨论。

42   A. Knobler, 'Holy wars, empires and the portability of the past: The modern uses of

medieval crusades', *Comparative Studies in Society and History*, 48 (2006), 293–325 at 302–3.

43 C. Roll, 'Hatten die Moskowiter einen Begriff vom Reich?', in M. Schnettger (ed.), *Imperium Romanum–irregulare corpus–Teutscher Reichs-Staat* (Mainz, 2002), pp. 135–65.

44 关于此次联姻，见 R. K. Massie, *Peter the Great and his world* (London, 1981), pp. 625–6。对两个王朝联系的详细探讨，见 C. Scharf, *Katharina II., Deutschland und die Deutschen* (Mainz, 1995), pp. 272–346，书中有详细的家谱。相关背景见 W. Mediger, *Mecklenburg, Rußland und England-Hannover, 1706–1721* (2 vols., Hildesheim, 1967)。

45 Madariaga, 'Tsar into emperor', pp. 358–9, 374–5; Hughes, *Russia*, p. 97.

46 A. H. Benna, 'Das Kaisertum Österreich und die römische Liturgie', *MÖSA*, 9 (1956), 118–36 at 118–19.

47 K. O. Frhr. v. Aretin, *Das Reich. Friedensordnung und europäisches Gleichgewicht, 1648–1806* (Stuttgart, 1986), pp. 337–52. 本书第 552—555 页中详细介绍了后期的帝国政治。

48 更详细的讨论见 C. Brühl, *Deutschland–Frankreich. Die Geburt zweier Völker* (Cologne, 1990)。

49 R. Morrissey, *Charlemagne and France* (Notre Dame, IN, 2003), pp. 49–85; K. F. Werner, 'Das hochmittelalterlichen Imperium im politischen Bewußtsein Frankreichs (10.–12. Jahrhundert)', *HZ*, 200 (1965), 1–60; H. Löwe, 'Kaisertum und Abendland in ottonischer und frühsalischer Zeit', *HZ*, 196 (1963), 529–62 at 544–8.

50 G. Duby, *The Legend of Bouvines* (Berkeley, 1990), p. 136.

51 C. Jones, *Eclipse of Empire? Perceptions of the Western Empire and its Rulers in Late-Medieval France* (Turnhout, 2007), esp. pp. 357–61.

52 G. Zeller, *Aspects de la politique française sous l'Ancien Régime* (Paris, 1964), pp. 12–98; J.-M. Moeglin, 'Der Blick von Frankreich auf das mittelalterlichen Reich', in B. Schneidmüller and S. Weinfurter (eds.), *Heilig–Römisch–Deutsch. Das Reich im mittelalterlichen Europa* (Dresden, 2006), pp. 251–65. 里戈尔的《腓力·奥古斯都行状》（Deeds of Philip Augustus）可以在 H.-F. Delaborde (ed.), *Oeuvres de Rigord et de Guillaume le Breton* (2 vol., Paris, 1882–5) 中找到。感谢科林·维奇（Colin Veach）提醒我注意此资料。

53 这一观点见 C. Jones, 'Understanding political conceptions in the later Middle Ages: The French imperial candidatures and the idea of the nation-state', *Viator*, 42 (2011), 83–114 at 113–14。

54 Morrissey, *Charlemagne and France*, pp. 108–9; Zeller, *Aspects de la politique française*, pp. 55–9. 英格兰的亨利八世也是候选人，但他意识到选举代价很大后就退出了竞选。

55 Zeller, *Aspects de la politique française*, pp. 76–82.

56 M. Wrede, 'L'état de l'empire? Die französische Historiographie und das Reich im Zeitalter Ludwigs XIV', in Schnettger (ed.), *Imperium Romanum*, pp. 89–110; R. L. John, *Reich und Kirche im Spiegel französischen Denkens. Das Rombild von Caesar bis Napoleon* (Vienna, 1953), pp. 156–208; Morrissey, *Charlemagne and France*, pp. 152–9, 206–8; C. Kampmann, *Arbiter und Friedenstiftung. Die Auseinandersetzung um den politischen Schiedsrichter im Europa der Frühen Neuzeit* (Paderborn, 2001), pp. 66–241.

57 P. C. Hartmann, *Geld als Instrument europäischer Machtpolitik im Zeitalter des Merkantilismus* (Munich, 1978). 本书第 548—550 页中对查理七世有进一步的讨论。

58 K. O. Frhr. v. Aretin, *Das Alte Reich, 1648–1806* (4 vols., Stuttgart, 1993–2000), III, pp. 458–67.

59 G. Wagner, 'Pläne und Versuche der Erhebung Österreichs zum Königreich', in idem (ed.), *Österreich von der Staatsidee zum Nationalbewußtsein* (Vienna, 1982), pp. 394–432; G. Klingenstein, 'Was bedeuten "Österreich" und "österreichisch" im 18. Jahrhundert?', in R. G. Plaschka et al. (eds.), *Was heißt Österreich?* (Vienna, 1995), pp. 149–220.

60 K. O. Frhr. v. Aretin, 'The Old Reich: A federation or hierarchical system?', in R. J. W. Evans et al. (eds.), *The Holy Roman Empire, 1495–1806* (Oxford, 2011), pp. 27–42 at 36; D. Beales, *Joseph II* (2 vols., Cambridge, 1987–2009), II, p. 148. 约瑟夫对帝国的评价经过编辑后被录于 H. Conrad, 'Verfassung und politische Lage des Reiches in einer Denkschrift Josephs II. von 1767/68', in L. Carlen and F. Steinegger (eds.), *Festschrift Nikolaus Grass* (2 vols., Innsbruck, 1974), I, pp. 161–85。

61 引自 A. Schmid, 'Franz I. und Maria Theresia (1745–1765)', in A. Schindling and W. Ziegler (eds.), *Die Kaiser der Neuzeit 1519—1918* (Munich, 1990), pp. 232–48 at 239–40。后续也可参见 P. H. Wilson, 'Bolstering the prestige of the Habsburgs: The end of the Holy Roman Empire in 1806', *IHR*, 28 (2006), 709–36。

62 A. H. Benna, 'Kaiser und Reich, Staat und Nation in der Geschichte Österreichs', in Wagner (ed.), *Österreich*, pp. 377–93 at 381–3, and her 'Das Kaisertum Österreich', *MÖSA*, 9 (1956), 122–5. 另参见 P. H. Wilson, 'The meaning of empire in central Europe

around 1800', in A. Forrest and P. H. Wilson (eds.), *The Bee and the Eagle: Napoleonic France and the End of the Holy Roman Empire, 1806* (Basingstoke, 2009), pp. 22–41。

63　S. Externbrink, *Friedrich der Große, Maria Theresia und das Alte Reich. Deutschlandbild und Diplomatie Frankreichs im Siebenjährigen Krieg* (Berlin, 2006); E. Buddruss, *Die französische Deutschlandpolitik 1756–1789* (Mainz, 1995).

64　R. Dufraise, 'Das Reich aus der Sicht der Encyclopédie méthodique 1784–1788', in R. A. Müller (ed.), *Bilder des Reiches* (Sigmaringen, 1997), pp. 123–54.

65　S. S. Biro, *The German Policy of Revolutionary France: A Study in French Diplomacy during the War of the First Coalition, 1792–1797* (2 vols., Cambridge, MA, 1957).

66　R. Wohlfeil, 'Untersuchungen zur Geschichte des Rheinbundes, 1806–13. Das Verhältnis Dalbergs zu Napoleon', *ZGO*, 108 (1960), 85–108 at 95; K. O. Frhr. v. Aretin, 'Das Reich und Napoleon', in W. D. Gruner and K. J. Müller (eds.), *Über Frankreich nach Europa* (Hamburg, 1996), 183–200 at 198–9. 本书第 140—142 页讨论了达尔贝格的动机。P. Dwyer 比大多数传记作家更关注拿破仑对神圣罗马帝国的态度，见 P. Dwyer, *Napoleon: The Path to Power, 1769–1799* (London, 2007), and *Citizen Emperor: Napoleon in Power, 1799–1815* (London, 2013)。

67　Napoleon I, *correspondance de Napoléon Ier* (32 vols., Paris, 1858–70), III, p. 74. 后续参见 M. Pape, 'Der Karlskult an Wendepunkten der neueren deutschen Geschichte', *HJb*, 120 (2000), 138–81 at 142–61。

68　M. Lyons, *Napoleon Bonaparte and the Legacy of the French Revolution* (Basingstoke, 1994), pp. 230–1; N. Aston, *The French Revolution, 1789–1804* (Basingstoke, 2004), pp. 93–5; Morrissey, *Charlemagne and France*, pp. 252–69; John, *Reich und Kirche*, pp. 230–48. 拿破仑在 1806 年 2 月 15 日告诉庇护七世："我就是查理曼。"

69　H. Rössler, *Napoleons Griff nach der Karlskrone. Das Ende des Alten Reiches, 1806* (Munich, 1957), pp. 73–6; M. Broers, 'Napoleon, Charlemagne and Lotharingia: Acculturation and the boundaries of Napoleonic Europe', *HJ*, 44 (2001), 135–54.

70　HHStA, Staatskanzlei Vorträge Kart. 167, 20 May 1804.

71　*HHStA*, Staatskanzlei Vorträge Kart. 168 memorandum of 8 Aug.1804. 科本茨尔认为不久前的不列颠议会和爱尔兰议会联合是英国采用帝国头衔的预兆。另参见 Prinzipalkommission Berichte Fasz. 179b, decision of 11 Aug. 1804。对相关结论的更深入探讨，见 G. Mraz, *Österreich und das Reich 1804–1806* (Vienna, 1993)。

72　*HHStA*, Titel und Wappen Kart. 3.

73　引自 K. O. Frhr. v. Aretin, *Heiliges Römisches Reich, 1776–1806* (2 vols., Mainz, 1967), I, p. 468 n.86。

74 *HHStA*, 另参见 Prinzipalkommission Berichte Fasz. 179b, report from 27 Aug. 1804。
不少历史学家与当时的瑞典持相同意见：Aretin, *Heiliges Römisches Reich*, I, p.
468; H. Ritter v. Srbik, *Das Österreichische Kaisertum und das Ende des Heiligen
Römischen Reiches, 1804–1806* (Berlin, 1927), pp. 24–5, 38。

75 K. M. Färber, *Kaiser und Erzkanzler. Carl von Dalberg und Napoleon am Ende des
Alten Reiches* (Regensburg, 1988), pp. 86–92; Rössler, *Napoleons Griff*, pp. 21–2. 帝
国的解体将在本书第 739—758 页中进一步讨论。

76 引自 G. Post, 'Two notes on nationalism in the Middle Ages', *Traditio*, 9 (1953), 281–320
at 307–8。另参见 S. Epperlein, 'Über das romfreie Kaisertum im frühen Mittelalter', *Jahrbuch
für Geschichte*, 2 (1967), 307–42 at 323–8; Löwe, 'Kaisertum und Abendland', pp.
548–56。

77 H. Thomas, 'Die lehnrechtlichen Beziehungen des Herzogtums Lothringen zum Reich
von der Mitte des 13. bis zum Ende des 14. Jahrhunderts', *RVJB*, 38 (1974), 166–202
at 167, 173–4. 另参见 H. K. Schulze, *Grundstrukturen der Verfassung im Mittelalter*
(3rd ed., 3 vols., Stuttgart, 1995–2000), III, pp. 230–1。

78 在有关查理的大量著作中，由 H. 索利（H. Soly）主编的作品（Antwerp, 1998）
对他的全欧洲君主身份有最好的诠释。

79 J. M. Headley, ' "Ehe Türckisch als Bäpstisch": Lutheran reflections on the problem
of Empire, 1623–28', *CEH*, 20 (1987), 3–28 at 5; F. Bosbach, *Monarchia universalis.
Ein politischer Leitbegriff der Frühen Neuzeit* (Munich, 1988), pp. 45–56.

80 Fichtner, *Emperor Maximilian II*, pp. 24–6, 29–30.

81 《宇宙志》最早出现于 1544 年，1556 年以后的版本中包括了普奇的地图。也可
参见 E. Straub, *Pax et Imperium. Spaniens Kampf et seine Friedensordnung in Europa
zwischen 1617 und 1635* (Paderborn, 1980), pp. 20–8。

82 F. Edelmayer, *Maximilian II., Philipp II. und Reichsitalien* (Stuttgart, 1988), and his
Söldner und Pensionäre. Das Netzwerk Philipps II. im Heilgen Römischen Reich
(Munich, 2002), esp. pp. 48–51.

83 L. Geevers, 'The conquistador and the phoenix: The Franco-Spanish precedence
dispute (1564–1610) as a battle of kingship', *IHR*, 35 (2013), 23–41 at 34–7. 后续参
见 H. Ernst, *Madrid und Wien, 1632–1637* (Münster, 1991); D. Maffi, *En defensa del
imperio. Los ejércitos de Felipe IV y la Guerra por la hegemonía europea (1635–1659)*
(Madrid, 2014)。

84 C. Storrs, *The Resilience of the Spanish Monarchy, 1665–1700* (Oxford, 2006).

85 L. Auer, 'Zur Rolle Italiens in der österreichischen Politik um das spanischen Erbe',

MÖSA, 31 (1978), 52–72; L. and M. Frey, *A Question of Empire: Leopold I and the War of Spanish Succession, 1701–1705* (Boulder, CO, 1983).

86 这些主张见 H. Schilling, *Höfe und Allianzen. Deutschland 1648–1763* (Münster, 1989), pp. 61–70。

87 I. Hantsche (ed.), *Johann Moritz von Nassau-Siegen (1604–1679) als Vermittler* (Münster, 2005); K. Siebenhüner, 'Where did the jewels of the German imperial princes come from?', in R. J. W. Evans and P. H. Wilson (eds.), *The Holy Roman Empire, 1495–1806: A European Perspective* (Leiden, 2012), pp. 333–48; P. Malekandathil, *The Germans, the Portuguese and India* (Hamburg, 1999); C. Tzoref-Ashkenazi, *German Soldiers in Colonial India* (London, 2014); R. Atwood, *The Hessians: Mercenaries from Hessen-Kassel in the American Revolution* (Cambridge, 1980); T. Biskup, 'German colonialism in the early modern period', in J. McKenzie (ed.), *The Encyclopedia of Empire* (Oxford, 2016).

88 G. H. Weiss, *In Search of Silk: Adam Olearius' Mission to Russia and Persia* (Minneapolis, 1983). 后续参见 P. H. Smith, *The Business of Alchemy: Science and Culture in the Holy Roman Empire* (Princeton, 1994), pp. 141–72。

89 R. Schück, *Brandenburg-Preußens Kolonial-Politik unter dem Großen Kurfürsten und seinen Nachfolgern (1647–1721)* (2 vols., Leipzig, 1889). 后续参见 H. Hassinger, 'Die erste Wiener orientalische Handelskompagnie 1667–1683', *VSWG*, 35 (1942), 1–53; F. Schui, 'Prussia's "trans-oceanic moment": The creation of the Prussian Asiatic Trading Company in 1750', *HJ*, 49 (2008), 143–60。

90 R. Bartlett and B. Mitchell, 'State-sponsored immigration into eastern Europe in the eighteenth and nineteenth centuries', in R. Bartlett and K. Schönwälder (eds.), *The German Lands and Eastern Europe* (London, 1999), pp. 91–114; C. Dipper, *Deutsche Geschichte, 1648–1789* (Frankfurt am Main, 1991), pp. 23–6; G. Schmidt, *Wandel durch Vernunft. Deutsche Geschichte im 18. Jahrhundert* (Munich, 2009), p. 256. 关于"特兰西瓦尼亚萨克森人",见 R. J. W. Evans, *Austria, Hungary, and the Habsburgs: Central Europe c. 1683–1867* (Oxford, 2006), pp. 206–27。

91 本书第 240 页和第 244—245 页将进一步讨论盎格鲁–汉诺威联系。

92 W. J. Millor et al. (eds.), *The Letters of John of Salisbury* (London, 1955), I, p. 206, letter no. 124 to Ralph of Sarre in June/July 1160。关于分裂,参见本书第 56—58 页。

93 引自 T. D. Hardy (ed.), *Rotuli litterarum patentium* (London, 1835), p. 18。感谢提供此资料的科林·维奇。

94 W. Ullmann, 'The development of the medieval idea of sovereignty', *EHR*, 64 (1949), 1–33; E. E. Stengel, *Abhandlungen und Untersuchungen zur Geschichte des Kaisergedankens im Mittelalter* (Cologne, 1965), pp. 239–86; W. Kienast, *Deutschland und Frankreich in der Kaiserzeit (900–1270): Weltkaiser und Einzelkönige* (3 vols., Stuttgart, 1974–5), II; Jones, *Eclipse of Empire?*, pp. 355–6; J. Headley, 'The demise of universal monarchy as a meaningful political idea', in F. Bosbach and H. Hiery (eds.), *Imperium / Empire / Reich* (Munich, 1999), pp. 41–58.

95 C. Hirschi, *The Origins of Nationalism: An Alternative History from Ancient Rome to Early Modern Germany* (Cambridge, 2012), pp. 81–8.

96 B. Stollberg-Rilinger, 'Die Wissenschaft der feinen Unterschiede. Das Präzedenzrecht und die europäischen Monarchien vom 16. bis zum 18. Jahrhundert', *Majestas*, 10 (2002), 125–50.

97 Kampmann, *Arbiter und Friedenstiftung*, pp. 26–64.

98 P. Schmidt, *Spanischen Universalmonarchie oder 'teutsche Libertet'* (Stuttgart, 2001); D. Böttcher, 'Propaganda und öffentliche Meinung im protestantischen Deutschland 1628–1636', in H. U. Rudolf (ed.), *Der Dreissigjährige Krieg* (Darmstadt, 1977), pp. 325–67.

99 J. E. Thomson, *Mercenaries, Pirates and Sovereigns: State-Building and Extraterritorial Violence in Early Modern Europe* (Princeton, 1994); C. Tilly, *Coercion, Capital and European Sates, AD 900–1992* (rev. ed., Oxford, 1992).

100 关于神圣罗马帝国在欧洲关系中的地位的概述，见 D. Berg, *Deutschland und seine Nachbarn, 1200–1500* (Munich, 1997); H. Duchhardt, *Altes Reich und europäische Staatenwelt 1648–1806* (Munich, 1990)。

101 概述参见 J. Black, *European Warfare, 1494–1660* (London, 2002)。

102 J. C. Lünig, *Corpus juris militaris des Heiligen Römischen Reichs* (2 vols., Leipzig, 1723), I, pp. 381–7; H. Steiger, 'Das ius belli ac pacis des Alten Reiches zwischen 1645 und 1801', *Der Staat*, 37 (1998), 493–520. 本书第 523—531 页探讨了帝国的集体安全机制。

103 K. Müller, 'Zur Reichskriegserklärung im 17. und 18. Jahrhundert', *ZSRG GA*, 90 (1973), 246–59 at 249. 后续参见 C. Kampmann, *Reichsrebellion und kaiserliche Acht. Politische Strafjustiz im Dreißigjährigen Krieg und das Verfahren gegen Wallenstein 1634* (Münster, 1992), and his 'Reichstag und Reichskriegserklärung im Zeitalter Ludwigs XIV.', *HJb*, 113 (1993), 41–59。

104 1705 年士瓦本帝国政治体的意见，引自 M. Plassmann, *Krieg und Defension am*

Oberrhein. Die Vorderen Reichskreise und Markgraf Ludwig Wilhelm von Baden (1693–1706) (Berlin, 2000), p. 595。

105 P. H. Wilson, 'The German "soldier trade" of the seventeenth and eighteenth centuries', *IHR,* 18 (1996), 757–92.

106 J. G. Droysen, *Geschichte der preußischen Politik* (5 parts in 14 vols., Leipzig, 1855–86), part 3, I, pp. 338–40. 整个 20 世纪，有许多人提出了类似的观点，例如 A. Randelzhofer, *Völkerrechtliche Aspekte des Heiligen Römischen Reiches nach 1648* (Berlin, 1967)。关于《威斯特伐利亚和约》中的主权问题，新近的鉴别研究参见 D. Croxton, 'The Peace of Westphalia of 1648 and the origins of sovereignty', *IHR*, 21 (1999), 569–91; A. Osiander, 'Sovereignty, international relations, and the Westphalian myth', *International Organization*, 55 (2001), 251–87; P. M. R. Stirk, 'The Westphalian model and sovereign equality', *Review of International Studies*, 38 (2012), 641–60。

107 A. Waddington, *L'acquisition de la couronne royale de Prusse par les Hohenzollern* (Paris, 1888), p. 43. 对背景的进一步讨论，见 H. Duchhardt, *Deutsche Verfassungsgeschichte, 1495–1806* (Stuttgart, 1991), pp. 180–95，以及本书第 239—242 页。

108 P. H. Wilson, 'Das Heilige Römische Reich, die machtpolitisch schwache Mitte Europas-mehr Sicherheit oder eine Gefahr für den Frieden?', in M. Lanzinner (ed.), *Sicherheit in der Vormoderne und Gegenwart* (Paderborn, 2013), pp. 25–34.

109 J. Arndt, 'Die kaiserlichen Friedensvermittlungen im spanisch-niederländischen Krieg 1568–1609', *RVJB*, 62 (1998), 161–83; Fichtner, *Emperor Maximilian II*, pp. 156–72; J. Lavery, *Germany's Northern Challenge: The Holy Roman Empire and the Scandinavian Struggle for the Baltic, 1563–1576* (Boston, 2002), pp. 105–32.

110 H. Duchhardt, 'Westfälischer Friede und internationales System im ancien régime', *HZ*, 249 (1989), 529–43.

111 L. Auer, 'Konfliktverhütung und Sicherheit. Versuche zwischenstaatlicher Friedenswahrung in Europa zwischen den Friedensschlüssen von Oliva und Aachen 1660–1668', in H. Duchhardt (ed.), *Zwischenstaatliche Friedenswahrung in Mittelalter und Früher Neuzeit* (Cologne, 1991), pp. 153–83; K. P. Decker, *Frankreich und die Reichsstände 1672–1675* (Bonn, 1981); A. Sinkoli, *Frankreich, das Reich und die Reichsstände 1697–1702* (Frankfurt am Main, 1995).

112 K. Härter, 'The Permanent Imperial Diet in European context, 1663–1806', in Evans et al. (eds.), *Holy Roman Empire*, pp. 115–35. 17、18 世纪的版画积极展现帝国的和平特性，见 J. Burkhardt, 'Reichskriege in der frühneuzeitlichen Bildpublizistik',

in Müller (ed.), *Bilder des Reiches*, pp. 51–95 at 72–80。

113   K. v. Raumer, *Ewiger Friede. Friedensrufe und Friedenspläne seit der Renaissance* (Munich, 1953); P. Schröder, 'The Holy Roman Empire as model for Saint-Pierre's *Projet pour rendre la paix perpétuelle en Europe*', in Evans and Wilson (eds.), *The Holy Roman Empire*, pp. 35–50; M. Wrede, 'Frankreich, das Reich und die deutsche Nation im 17. und 18. Jahrhundert', in G. Schmidt (ed.), *Die deutsche Nation im frühneuzeitlichen Europa* (Munich, 2010), pp. 157–77.

第四章   土地

1   Peter Moraw, 'Landesgeschichte und Reichsgeschichte im 14. Jahrhundert', *Jahrbuch für westdeutsche Landesgeschichte*, 3 (1977), 175–91, and his 'Franken als königsnahe Landschaft im späten Mittelalter', *BDLG*, 112 (1976), 123–38 将对中世纪晚期的分析扩展为神圣罗马帝国历史的普遍模型。本书第三部分将进一步探讨地理与治理之间的关系。

2   H. K. Schulze, *Grundstrukturen der Verfassung im Mittelalter* (3 vols., 3rd ed., Stuttgart, 1995–2000), III, pp. 73–83.

3   F. Trautz, 'Die Reichsgewalt in Italien im Spätmittelalter', *Heidelberger Jahrbücher*, 7 (1963), 45–81 at 54–5.

4   R. Pauler, *Die deutschen Könige und Italien im 14. Jahrhundert von Heinrich VII. bis Karl IV.* (Darmstadt, 1997), pp. 67–8; R. Elze, 'Die "Eiserne Krone" in Monza', in P. E. Schramm (ed.), *Herrschaftszeichen und Staatssymbolik* (3 vols., Stuttgart, 1954–6), II, pp. 450–79. 拿破仑在 1805 年使用了蒙扎王冠，奥地利的斐迪南一世在 1838 年也使用了它。它还被用在意大利国王维托里奥·埃马努埃莱二世（Victor Emanuel II，1878）和翁贝托一世（Umberto I，1900）的葬礼上。本书第 295—299 页讨论了德意志和帝国的象征物。

5   E. Schubert, *Fürstliche Herrschaft und Territorium im späten Mittelalter* (2nd ed., Munich, 2006), p. 1. 本书第 281—293 页讨论了明确的德意志身份的出现。有关德意志领土和地区历史发展的详细指南，见 G. Köbler, *Historisches Lexikon der deutschen Länder* (5th ed., Munich, 1995)。

6   *Das Land Baden-Württemberg* (issued by the Staatliche Archivverwaltung Baden-Württembergs, Stuttgart, 1974), I, pp. 109–66; T. Zotz, 'Ethnogenese und Herzogtum in Alemannien (9.–11. Jh.)', *MIÖG*, 108 (2000), 48–66.

7   M. Todd, *The Early Germans* (2nd ed., Oxford, 2004), pp. 202–10.

8   M. Spindler (ed.), *Handbuch der bayerische Geschichte* (2nd ed., 2 vols., Munich, 1981), I, pp. 101–245; S. Airlie, 'Narratives of triumph and rituals of submission: Charlemagne's mastering of Bavaria', *TRHS*, 6th series, 9 (1999), 93–119.

9   G. Scheibelreiter, 'Ostarrichi. Das Werden einer historischen Landschaft', in W. Brauneder and L. Höbelt (eds.), *Sacrum Imperium. Das Reich und Österreich, 996–1806* (Vienna, 1996), pp. 9–70; H. Dienst, 'Ostarrîchi–Oriens–Austria. Probleme "österreichischer" Identität im Hochmittelalter', in R. G. Plaschka et al. (eds.), *Was heißt Österreich?* (Vienna, 1995), pp. 35–50. "奥斯塔利奇" 之名在公元 996 年后见于史册。

10   C. Wickham, *Early Medieval Italy: Central Power and Local Society, 400–1000* (Ann Arbor, MI, 1981), pp. 47–63, 168–80; E. Hlawitschka, 'Die Widonen im Dukat von Spoleto', *Quellen und Forschungen aus italienischen Archiven und Bibliotheken*, 63 (1983), 20–92. 马格德堡的阿达贝尔特（Adalbert of Magdeburg）对奥托征战的记录，见于 S. MacLean (ed.), *History and Politics in Late Carolingian and Ottonian Europe* (Manchester, 2009), pp. 251–71。

11   C. Brühl, *Deutschland–Frankreich* (Cologne, 1990), pp. 677–8. 更多细节见 H. Wolfram, *Conrad II, 990–1039: Emperor of Three Kingdoms* (University Park, PA, 2006), pp. 95–113, 118–37。

12   A. Haverkamp, 'Die Städte im Herrschafts-und Sozialgefüge Reichsitaliens', in F. Vittinghoff (ed.), *Stadt und Herrschaft. Römische Kaiserzeit und hohes Mittelalter* (Munich, 1982), pp. 149–245 at 159–66.

13   H. H. Anton, 'Bonifaz von Canossa, Markgraf von Tuszien, und die Italienpolitik der frühen Salier', *HZ*, 214 (1974), 529–56. 概述参见 S. Reynolds, *Kingdoms and Communities in Western Europe, 900–1300* (2nd ed., Oxford, 1997), pp. 240–9。

14   B. Guenée, *States and Rulers in Later Medieval Europe* (Oxford, 1985), pp. 12–13; T. Scott, *The City-State in Europe, 1000–1600* (Oxford, 2012), pp. 78–91; D. Hay and J. Law, *Italy in the Age of the Renaissance, 1380–1530* (London, 1989), pp. 225–6, 260–75.

15   P. Partner, *The Lands of St Peter: The Papal State in the Middle Ages and the Early Renaissance* (London, 1972). "五城" 是里米尼、佩萨罗、法诺、塞尼加利亚和安科纳。

16   T. Gross, *Lothar III. und die Mathildischen Güter* (Frankfurt am Main, 1990).

17   Wickham, *Early Medieval Italy*, pp. 49, 146–63.

18 B. M. Kreutz, *Before the Normans: Southern Italy in the Ninth and Tenth Centuries* (Philadelphia, 1991), pp. 37–47, 102–6, 119–25; T. Reuter, *Germany in the Early Middle Ages, c. 800–1056* (Harlow, 1991), pp. 173–4.

19 F. Neveux, *A Brief History of the Normans* (London, 2008); G. A. Loud, *The Age of Robert Guiscard: Southern Italy and the Norman Conquest* (Harlow, 2000); D. Matthew, *The Norman Kingdom of Sicily* (Cambridge, 1992).

20 I. S. Robinson, *The Papacy, 1073–1198* (Cambridge, 1990), pp. 367–97.

21 T. Ertl, 'Der Regierungsantritt Heinrichs VI. im Königreich Sizilien (1194)', *FMS*, 37 (2003), 259–89. 关于亨利计划的更多猜测，见本书第 338 页。

22 T. Frenz, 'Das Papsttum als der lachende Dritte? Die Konsolidierung der weltlichen Herrschaft der Päpste unter Innozenz III.', in W. Hechberger and F. Schuller (eds.), *Staufer & Welfen* (Regensburg, 2009), pp. 190–201.

23 Hay and Law, *Italy*, pp. 149–58, 236–60. 教宗还能更直接地控制贝内文托公国，后者已缩水至同名的城镇。

24 S. A. Epstein, *Genoa and the Genoese, 958–1528* (Chapel Hill, NC, 1996); J. Larner, *Italy in the Age of Dante and Petrarch, 1216–1380* (London, 1980), pp. 128–52; Scott, *The City-State*, pp. 51–6, 64–78, 92–128. 另参见本书第 589—600 页。

25 E. L. Cox, *The Eagles of Savoy: The House of Savoy in Thirteenth-Century Europe* (Princeton, 1974), and his *The Green Count of Savoy: Amadeus VI and Transalpine Savoy in the Fourteenth Century* (Princeton, 1967). 萨伏依在 1416 年升格为公国，其与帝国的关系详见 *NTSR*, I, 46–52, 72–84。

26 此观点见 J. Schneider, *Auf der Suche nach dem verlorenen Reich. Lotharingien im 9. und 10. Jahrhundert* (Cologne, 2010)。后续也可参见 B. Schneidmüller, '*Regnum und ducatus*. Identität und Integration in der lotharingischen Geschichte des 9. bis 11. Jahrhunderts', *RVJB*, 51 (1987), 81–114; R. McKitterick, *The Frankish Kingdoms under the Carolingians* (Harlow, 1983), pp. 258–75。

27 Todd, *The Early Germans*, pp. 197–201.

28 Thietmar of Merseburg, *Ottonian Germany: The Chronicon of Thietmar of Merseburg*, ed. D. A. Warner (Manchester, 2001), pp. 325–8.

29 E. Boshof, *Die Salier* (5th ed., Stuttgart, 2008), pp. 63–70; T. Riches, 'The Peace of God, the "weakness" of Robert the Pious and the struggle for the German throne, 1023–5', *EME*, 18 (2010), 202–22 at 212–16; Wolfram, *Conrad II*, pp. 239–46; Brühl, *Deutschland–Frankreich*, pp. 672–9.

30 S. Weinfurter, *The Salian Century* (Philadelphia, 1999), p. 50.

31   Boshof, *Die Salier*, pp. 113–16.

32   F. Seibt, *Karl IV.* (Munich, 1978), pp. 350–60.

33   G. Althoff, *Die Ottonen* (2nd ed., Stuttgart, 2005), pp. 49–52, 92–3; M. Werner, 'Der Herzog von Lotharingen in salischer Zeit', in S. Weinfurter (ed.), *Die Salier und das Reich* (3 vols., Sigmaringen, 1991), I, pp. 367–473; Schneidmüller, '*Regnum* und *ducatus*', pp. 89–91.

34   E. Boshof, 'Lotharingen, Frankreich und das Reich in der Regierungszeit Heinrichs III.', *RVJB*, 42 (1978), 63–127.

35   H. Thomas, 'Die lehnrechtlichen Beziehungen des Herzogtums Lotharingen zum Reich von der Mitte des 13. bis zum Ende des 14. Jahrhunderts', *RVJB*, 38 (1974), 166–202; H. Bogdan, *La Lorraine des ducs* (Condé-sur-l'Escaut, 2007), pp. 47–62; F. Pesendorfer, *Lotharingen und seine Herzöge* (Graz, 1994), pp. 55–8. 蓬塔穆松被巴尔伯国（后来升为公国）吞并，并在 14 世纪成为洛林西北部。巴尔自 1301 年起对法国负有封建义务，而蓬塔穆松从 1354 年开始就是帝国封地。尽管查理解除了洛林公爵的义务，但他于 1356 年重新建立了对梅斯、图勒和凡尔登的宗主权。洛林最终在 1501 年被交给沃代蒙（Vaudemont）家族。

36   M. Innes, 'Franks and Slavs c. 700–1000: The problem of European expansion before the millennium', *EME*, 6 (1997), 201–16; H. Keller, 'Das "Erbe" Ottos des Großen', *FMS*, 41 (2007), 43–74 at 56–7.

37   C. R. Bowlus, *The Battle of Lechfeld and its Aftermath, August 955* (Aldershot, 2006), pp. 19–44（论马札尔人的策略）; T. Reuter (ed.), *The Annals of Fulda* (Manchester, 1992), pp. 23, 88–98, 121–3（论斯拉夫人）; Neveux, *A Brief History of the Normans*, pp. 24–37。

38   S. Coupland, 'The Frankish tribute payments to the Vikings and their consequences', *Francia*, 26 (1999), 57–75.

39   J. M. H. Smith, '*Fines imperii*: The marches', in R. McKitterick (ed.), *The New Cambridge Medieval History*, II, *c. 700–c. 900* (Cambridge, 1995), pp. 169–89; H. Büttner, 'Die Ungarn, das Reich und Europa bis zur Lechfeldschlacht des Jahres 955', *ZBLG*, 19 (1956), 433–58.

40   Althoff, *Die Ottonen*, pp. 53–5; M. Hardt, 'The *Limes Saxoniae* as part of the eastern borderlands of the Frankish and Ottonian-Salian Empire', in F. Curta (ed.), *Borders, Barriers and Ethnogenesis* (Turnhout, 2005), pp. 35–50; D. S. Bachrach, *Warfare in Tenth-Century Germany* (Wood-bridge, 2012), pp. 23–36, 59–60, 92–101.

41   N. Davies, *God's Playground: A History of Poland* (2nd ed., 2 vols., Oxford, 2005), I,

pp. 54–5.

42   G. Althoff, *Otto III* (Philadelphia, 2003), pp. 46–8; J. Petersohn, 'König Otto III. und die Slawen an Ostsee, Oder und Elbe um das Jahr 995', *FMS*, 37 (2003), 99–139.

43   C. R. Bowlus, *Franks, Moravians and Magyars: The Struggle for the Middle Danube, 788–907* (Philadelphia, 1995); F. Curta, *Southeastern Europe in the Middle Ages, 500–1250* (Cambridge, 2006); Reuter, *Germany in the Early Middle Ages*, pp. 79–84.

44   Reuter (ed.), *The Annals of Fulda*, pp. 58–61; Reuter, *Germany in the Early Middle Ages*, pp. 82–4. 大摩拉维亚帝国的确切位置仍有争议。

45   L. Scales, *The Shaping of German Identity* (Cambridge, 2012), p. 408; F. Prinz, 'Die Stellung Böhmens im mittelalterlichen deutschen Reich', *ZBLG*, 28 (1965), 99–113.

46   唯一的例外是埃格尔（海布），为获取进入波希米亚西部的通路，斯陶芬家族在 12 世纪 60 年代取得了埃格尔，但 1322 年将其抵押给波希米亚王国。

47   Davies, *God's Playground*, I, pp. 52–8, 70.

48   H. Ludat, *An Elbe und Oder um das Jahr 1000. Skizzen zur Politik des Ottonenreiches und der slavischen Mächte in Mitteleuropa* (Vienna, 1995); J. Fried, *Otto III. und Boleslaw Chrobry* (Stuttgart, 1989); Althoff, *Otto III*, pp. 97–107. 历史上有关奥托行动的争议，概述见 D. A. Warner 为 Thietmar of Merseburg, *Chronicon*, pp. 21–6 撰写的导言。

49   K. Leyser, 'The battle at the Lech, 955', *History*, 50 (1965), 1–25 at 4; J. Bérenger, *A History of the Habsburg Empire, 1273–1700* (Harlow, 194), pp. 45–6.

50   S. Gawlas, 'Der Blick von Polen auf das mittelalterliche Reich', in B. Schneidmüller and S. Weinfurter (eds.), *Heilig–Römisch–Deutsch. Das Reich im mittelalterlichen Europa* (Dresden, 2006), pp. 266–85. 概述参见 N. Berend et al., *Central Europe in the High Middle Ages* (Cambridge, 2013)。

51   Althoff, *Die Ottonen*, p. 208. 后续也可参见 Reuter, *Germany in the Early Middle Ages*, pp. 260–4。

52   A. Begert, *Böhmen, die böhmische Kur und das Reich vom Hochmittelalter bis zum Ende des Alten Reiches* (Husum, 2003). 本书第 407—417 页讨论了封臣关系的变化。

53   L. E. Scales, 'At the margins of community: Germans in pre-Hussite Bohemia', *TRHS*, 6th series, 9 (1999), 327–52.

54   H. Aubin et al. (eds.), *Geschichte Schlesiens*, I, *Von der Urzeit bis zum Jahre 1526* (3rd ed., Stuttgart, 1961).

55   Scales, *German Identity*, pp. 431–7 (quote from p. 436). 对普鲁士有争议的史学的

讨论，见 M. Weber (ed.), *Preussen in Ostmitteleuropa* (Munich, 2003)。关于条顿骑士团的建立，见第 96—99 页。

56   H. Boockmann, *Ostpreußen und Westpreußen* (Berlin, 1992), pp. 94–5; E. E. Stengel, *Abhandlungen und Untersuchungen zur Geschichte des Kaisergedankens im Mittelalter* (Cologne, 1965), pp. 207–37.

57   Gawlas, 'Der Blick von Polen', pp. 280–5. 关于波属普鲁士，参见 K. Friedrich, *The Other Prussia: Royal Prussia, Poland and Liberty, 1569–1772* (Cambridge, 2000)。后续参见 W. Hubatsch, 'Albert of Brandenburg-Ansbach, Grand Master of the Order of Teutonic Knights and duke in Prussia, 1490–1568', in H. J. Cohn (ed.), *Government in Reformation Europe, 1520–1560* (London, 1971), 169–202; F. L. Carsten, *The Origins of Prussia* (Oxford, 1954), pp. 1–100; D. Kirby, *Northern Europe in the Early Modern Period: The Baltic World, 1492–1772* (Harlow, 1990), pp. 66–73。

58   A. V. Berkis, *The Reign of Duke James in Courland, 1638–1682* (Lincoln, NB, 1960), p. 10. 后续参见 J. Lavery, *Germany's Northern Challenge: The Holy Roman Empire and the Scandinavian Struggle for the Baltic, 1563–1576* (Boston, 2002), pp. 132–41。

59   K. Friedrich and S. Smart (eds.), *The Cultivation of Monarchy and the Rise of Berlin: Brandenburg-Prussia, 1700* (Farnham, 2010); C. Clark, 'When culture meets power: The Prussian coronation of 1701', in H. Scott and B. Simms (eds.), *Cultures of Power in Europe during the Long Eighteenth Century* (Cambridge, 2007), pp. 14–35; *NTSR*, I, 111–32.

60   K.-U. Jäschke, *Europa und das römisch-deutsche Reich um 1300* (Stuttgart, 1999), pp. 39–54; Davies, *God's Playground*, I, pp. 86–92.

61   R. Butterwick (ed.), *The Polish-Lithuanian Monarchy in European Context, c.1500–1795* (Basingstoke, 2001).

62   A. Niederstätter, *Österreichische Geschichte, 1400–1522* (Vienna, 1996), pp. 341–59; W. Zanetti, *Der Friedenskaiser. Friedrich III. und seine Zeit, 1440–1493* (Herford, 1985), pp. 130–208, 275–338.

63   K. V. Jensen, 'The blue Baltic border of Denmark in the high Middle Ages', in D. Abulafia and N. Berend (eds.), *Medieval Frontiers: Concepts and Practices* (Aldershot, 2002), pp. 173–93; K. Jordan, 'Heinrich der Löwe und Dänemark', in M. Göhring and A. Scharff (eds.), *Geschichtliche Kräfte und Entscheidungen* (Wiesbaden, 1954), pp. 16–29 at 17–19.

64   E. Hoffmann, 'Die Bedeutung der Schlacht von Bornhöved für die deutsche und skandinavische Geschichte', *Zeitschrift des Vereins für Lübeckische Geschichte und*

Altertumskunde, 57 (1977), 9–37.

65   A. Bihrer, *Begegnungen zwischen dem ostfränkisch-deutschen Reich und England (850–1100)* (Ostfildern, 2012); K. Leyser, 'Die Ottonen und Wessex', *FMS*, 17 (1983), 73–97; J. Sarnowsky, 'England und der Kontinent im 10. Jahrhundert', *HJb*, 114 (1994), 47–75.

66   K. Leyser, *Medieval Germany and its Neighbours, 900–1250* (London, 1982), pp. 191–213.

67   K. Görich, 'Verletzte Ehre. König Richard Löwenherz als Gefanger Kaiser Heinrichs VI', *HJb*, 123 (2003), 65–91; J. Gillingham, 'The kidnapped king: Richard I in Germany, 1192–4', *GHIL Bulletin*, 30 (2008), 5–34. 斯陶芬家族和韦尔夫家族的冲突将在本书第 408—410 页中进一步讨论。

68   B. K. U. Weiler, *Henry III of England and the Staufen Empire, 1216–1272* (Woodbridge, 2006), p. 198. 理查作为德意志国王的统治将在本书第 432—433 页中深入讨论。

69   J. Whaley, *Germany and the Holy Roman Empire, 1493–1806* (2 vols., Oxford, 2012), I, p. 340. 其中一些问题将在本书第 281—293 页和第 768—780 页中详细介绍。

70   有关帝国大区的地理概述，参见 P. H. Wilson, *From Reich to Revolution: German History, 1558–1806* (Basingstoke, 2004), pp. 185–90，各区组成部分的完整清单见 pp. 364–77。本书第 461—462 页将进一步探讨。

71   *HHStA*, Titel und Wappen, Kart. 2.

72   P. D. Lockhart, *Frederick II and the Protestant Cause: Denmark's Role in the Wars of Religion, 1559–1596* (Leiden, 2004), and his *Denmark in the Thirty Years' War, 1618–1648* (Selinsgrove, 1996).

73   W. Carr, *Schleswig-Holstein, 1815–1848* (Manchester, 1963); G. Stolz, *Die Schleswig-holsteinische Erhebung. Die nationale Auseinandersetzung in und um Schleswig-Holstein von 1848/51* (Husum, 1996).

74   W. Buchholz, 'Schwedisch-Pommern als Territorium des deutschen Reiches 1648–1806', *ZNRG*, 12 (1990), 14–33; B. C. Fiedler, 'Schwedisch oder Deutsch? Die Herzogtümer Bremen und Verden in der Schwedenzeit (1645–1712)', *Niedersächsisches Jahrbuch für Landesgeschichte*, 67 (1995), 43–57; K. R. Böhme, 'Die Krone Schweden als Reichsstand 1648 bis 1720', in H. Duchhardt (ed.), *Europas Mitte* (Bonn, 1988), pp. 33–9.

75   G. Pálffy, 'An "old empire" on the periphery of the Old Empire: The kingdom of Hungary and the Holy Roman Empire in the sixteenth and seventeenth centuries',

in R. J. W. Evans and P. H. Wilson (eds.), *The Holy Roman Empire, 1495–1806: A European Perspective* (Leiden, 2012), pp. 259–79 at 271. 关于哈布斯堡政府以及帝国为保卫匈牙利而投入的财政和军事力量，另参见本书第 512—531 页。

76 M. Hengerer, *Kaiserhof und Adel in der Mitte des 17. Jahrhunderts* (Konstanz, 2004).

77 W. Eberhard, *Monarchie und Widerstand. Zur ständischen Oppositions-bildung im Herrschaftssystem Ferdinands I. in Böhmen* (Munich, 1985).

78 Begert, *Böhmen, die böhmische Kur und das Reich,* pp. 442–76. 后续也可参见 J. Pánek, 'Der böhmische Staat und das Reich in der Frühen Neuzeit', in V. Press (ed.), *Alternativen zur Reichsverfassung in der Frühen Neuzeit?* (Munich, 1995), pp. 169–78; P. Maťa, 'Der Adel aus den böhmischen Ländern am Kaiserhof 1620–1740', in V. Bůžek and P. Král (eds.), *Šlechta v habsburské monarchii a císařsky dvůr (1526–1740)* (České Budějovice, 2003), pp. 191–233, and his 'Bohemia, Silesia and the Empire: Negotiating princely dignity on the eastern periphery', in Evans and Wilson (eds.), *The Holy Roman Empire*, pp. 143–65。

79 H. Notflatscher, 'Deutschmeister und Regent der Vorlande: Erzherzog Maximilian von Österreich (1558–1618)', in H. Maier and V. Press (eds.), *Vorderösterreich in der Frühen Neuzeit* (Sigmaringen, 1989), pp. 93–130 at 101–6. 后续参见 R. Rexheuser (ed.), *Die Personalunionen von Sachsen-Polen 1697–1763 und Hannover-England 1714–1837* (Wiesbaden, 2005); B. Simms and T. Riotte (eds.), *The Hanoverian Dimension in British History, 1714–1837* (Cambridge, 2007); J. Black, *The British Abroad: The Grand Tour in the Eighteenth Century* (Stroud, 1992); N. Harding, *Hanover and the British Empire, 1700–1837* (Woodbridge, 2007); K. Lembke and C. Vogel (gen. eds.), *Als die Royals aus Hannover kamen* (4 vols., Dresden, 2014); D. Makiłła, 'Friedliche Nachbarschaft. Das Bild des Reiches in der polnischen Geschichtsschreibung', in M. Schnettger (ed.), *Imperium Romanum–irregulare corpus–Teutscher Reichs-Staat* (Mainz, 2002), pp. 221–9; H. J. Bömelburg, 'Polen und die deutschen Nation–Konfligierende Identitätszuschreibungen und antagonistische Entwürfe politischer Ordnung', in G. Schmidt (ed.), *Die deutsche Nation im frühneuzeitlichen Europa* (Munich, 2010), pp. 129–55。

80 Whaley, *Germany*, I, p. 21.

81 C. W. Ingrao, *In Quest and Crisis: Emperor Joseph I and the Habsburg Monarchy* (West Lafayette, IN, 1979), pp. 79–121 esp. 96–7; G. Schmidt, *Geschichte des Alten Reiches* (Munich, 1999), p. 200.

82 L. Riall, *The Italian Risorgimento: State, Society and National Unification* (London,

1994).

83   B. Raviola, 'The imperial system in early modern northern Italy: A web of dukedoms, fiefs and enclaves along the Po', in Evans and Wilson (eds.), *The Holy Roman Empire*, pp. 217–36, and the articles in the special issue of *Zeitenblicke*, 6 (2007), no.1 at http://www.zeitenblicke.de/2007/1 (accessed 22 October 2009).

84   K. O. Frhr. v. Aretin, *Das Reich. Friedensordnung und europäisches Gleichgewicht, 1648–1806* (Stuttgart, 1986), pp. 84–5, 159, 281.

85   T. J. Dandelet, *Spanish Rome, 1500–1700* (New Haven, CT, 2001), pp. 56–7.

86   有关战略背景，参见 G. Parker, *The Army of Flanders and the Spanish Road, 1567–1659* (Cambridge, 1972); P. H. Wilson, *Europe's Tragedy. A History of the Thirty Years War* (London, 2009), pp. 151–61。

87   M. Schnettger, '*Impero Romano–Imperio Germanico*. Italienische Perspektiven auf das Reich in der Frühen Neuzeit', in Schnettger (ed.), *Imperium Romanum*, pp. 53–75 at 59–66; Aretin, *Das Reich*, pp. 88–99. 帝国宫廷法院将在本书第 720—725 页深入讨论。

88   F. Edelmayer, *Maximilian II., Philipp II. und Reichsitalien. Die Auseinandersetzungen um das Reichslehen Finale in Ligurien* (Stuttgart, 1988); D. Parrott, 'The Mantuan Succession, 1627–31: A sovereignty dispute in early modern Europe', *EHR*, 112 (1997), 20–65.

89   J. P. Niederkorn, *Die europäischen Mächte und der 'Lange Türkenkrieg' Kaiser Rudolfs II. (1593–1606)* (Vienna, 1993), pp. 386–448; C. Storrs, 'Imperial authority and the levy of contributions in "Reichsitalien" in the Nine Years War (1690–1696)', in M. Schnettger and M. Verga (eds.), *L'Impero e l'Italia nella prima età moderna* (Bologna, 2006), pp. 241–73; M. Schnettger, 'Das Alte Reich und Italien in der Frühen Neuzeit', *Quellen und Forschungen aus italienischen Archiven und Bibliotheken*, 79 (1999), 344–420 at 359–64; G. Hanlon, *Twilight of a Military Tradition: Italian Aristocrats and European Conflicts, 1560–1800* (London, 1998).

90   K. Müller, 'Das "Reichskammerale" im 18. Jahrhundert', *Wiener Beiträge zur Geschichte der Neuzeit*, 30 (1993), 152–77 at 159–60.

91   R. Oresko, 'The House of Savoy in search for a royal crown in the seventeenth century', in R. Oresko et al. (eds.), *Royal and Republican Sovereignty in Early Modern Europe* (Cambridge, 1997), pp. 272–350. 后续还可参见 R. Oresko and R. Parrott, 'Reichsitalien and the Thirty Years War', in K. Bussmann and H. Schilling (eds.), *1648: War and Peace in Europe* (3 vols., Münster, 1998), I, pp. 141–60; C. Zwierlein, 'Savoyen-Piemonts

Verhältnis zum Reich 1536 bis 1618', in Schnettger and Verga (eds.), *L'Impero*, pp. 347–89; S. Externbrink, 'State-building within the Empire: The cases of Brandenburg-Prussia and Savoy-Sardinia', in Evans and Wilson (eds.), *The Holy Roman Empire*, pp. 187–202。

92   R. Kleinman, 'Charles-Emmanuel I of Savoy and the Bohemian election of 1619', *European Studies Review*, 5 (1975), 3–29; L. Pelizaeus, *Der Aufstieg Württembergs und Hessens zur Kurwürde, 1692–1803* (Frankfurtam Main, 2000), pp. 53–4.

93   N. Mout, 'Core and periphery: The Netherlands and the Empire from the late fifteenth to the early seventeenth century', in Evans and Wilson (eds.), *The Holy Roman Empire*, pp. 203–15.

94   H. Gabel, 'Ein verkanntes System? Das Alte Reich im zeitgenössischen niederländischen Urteil', in Schnettger (ed.), *Imperium Romanum*, pp. 111–34; A. C. Carter, *Neutrality or Commitment: The Evolution of Dutch Foreign Policy, 1667–1795* (London, 1975). 概述参见 J. I. Israel, *The Dutch Republic: Its Rise, Greatness and Fall, 1477–1806* (Oxford, 1995).

95   R. Babel, *Zwischen Habsburg und Bourbon. Außenpolitik und europäische Stellung Herzog Karl IV. von Lothringen und Bar von Regierungsantritt bis zun Exil (1624–1634)* (Sigmaringen, 1989); H. Wolf, *Die Reichskirchenpolitik des Hauses Lothringen (1680–1715)* (Stuttgart, 1994); Pesendorfer, *Lotharingen*, pp. 99–177.

96   D. Croxton, 'The Peace of Westphalia of 1648 and the origins of sovereignty', *IHR*, 21 (1999), 569–91 at 576–7; F. Egger, 'Johann Rudolf Wettstein and the international recognition of Switzerland as a European nation', in Bussmann and Schilling (eds.), *1648: War and Peace*, I, pp. 423–32; T. Maissen, 'Die Eidgenossen und die deutsche Nation in der Frühen Neuzeit', in Schmidt (ed.), *Die deutsche Nation*, pp. 97–127.

97   M. Jorio, 'Der Nexus Imperii. Die Eidgenossenschaft und das Reich nach 1648', in idem (ed.), *1648: Die Schweiz und Europa* (Zurich, 1999), pp. 133–46 at 133–4.

第五章　身份认同

1   关于这些争论的清晰而全面的指南，参见 L. Scales, *The Shaping of German Identity* (Cambridge, 2012), pp. 1–52 以及引言中引用的文献。本书第 753—756 页讨论了帝国解体引发的反应。

2   B. Anderson, *Imagined Communities: Reflections on the Origins of the Spread of Nationalism* (London, 1983); E. J. Hobsbawm, *Nations and Nationalism since 1780:*

Programme, Myth, Reality (2nd ed., Cambridge, 1992). 进一步探讨见 W. Pohl (ed.) with H. Reimitz, *Strategies of Distinction: The Construction of Ethnic Communities, 300–800* (Leiden, 1998); S. Forde et al. (eds.), *Concepts of National Identity in the Middle Ages* (Leeds, 1995)。

3   S. Reynolds, *Kingdoms and Communities in Western Europe, 900–1300* (2nd ed., Oxford, 1997), pp. 250–331; C. Brühl, *Deutschland–Frankreich* (Cologne, 1990), esp. p. 714.

4   V. Groebner, *Who Are You? Identification, Deception, and Surveillance in Early Modern Europe* (New York, 2007), pp. 26–7.

5   C. Beaune, *The Birth of an Ideology: Myths and Symbols of Nation in Late-Medieval France* (Berkeley, 1991); C. Lübke, *Fremde im östlichen Europa. Von Gesellschaften ohne Staat zu verstaatlichten Gesellschaften (9.–11. Jahrhundert)* (Cologne, 2001); F. Graus, *Die Nationenbildung der Westslawen im Mittelalter* (Sigmaringen, 1980), esp. p. 142.

6   H.-W. Goetz, 'Regnum. Zum politischen Denken der Karolingerzeit', *ZSRG GA*, 104 (1987), 110–89 esp. 117, 171.

7   M. Todd, *The Early Germans* (2nd ed., Oxford, 2004), pp. 1–11, 242–54; H. K. Schulze, *Grundstrukturen der Verfassung im Mittelalter* (3 vols., 3rd ed., Stuttgart, 1995–2000), I, pp. 11–35.

8   P. Blickle, 'Untertanen in der Frühneuzeit', *VSWG*, 70 (1983), 483–522 at 484–8. 后续可参见 J. Henderson, *The Medieval World of Isidore of Seville* (Cambridge, 2007); S. MacLean, 'Insinuation, censorship and the struggle for late Carolingian Lotharingia in Regino of Prüm's chronicle', *EHR*, 124 (2009), 1–28; R. Bartlett, 'Medieval and modern concepts of race and ethnicity', *Journal of Medieval and Early Modern Studies*, 31 (2001), 39–56。

9   C. Hirschi, *The Origins of Nationalism* (Cambridge, 2012), pp. 62–82; U. Nonn, 'Heiliges Römisches Reich deutscher Nation. Zum Nationen-Begriff im 15. Jahrhundert', *ZHF*, 9 (1982), 129–42.

10   K. F. Werner, 'Das hochmittelalterlichen Imperium im politischen Bewusstsein Frankreichs (10.–12. Jahrhundert)', *HZ*, 200 (1965), 1–60 at 16–17; Todd, *Early Germans*, pp. 179–80.

11   B. Arnold, *Princes and Territories in Medieval Germany* (Cambridge, 1991), pp. 66–7; R. Collins, *Early Medieval Europe, 300–1000* (Basingstoke, 1991), pp. 274–7; R. Bartlett, *The Making of Europe* (London, 1993), pp. 204–20; Schulze, *Grundstrukturen*, I, pp. 23–5, 108.

12   J. Ehlers, 'Methodische Überlegungen zur Entstehung des deutschen Reiches im

Mittelalter und zur nachwanderzeitlichen Nationenbildung', in C. Brühl and B. Schneidmüller (eds.), *Beiträge zur mittelalterlichen Reichs-und Nationsbildung in Deutschland und Frankreich* (Munich, 1997), pp. 1–13.

13 K. Leyser, 'The German aristocracy from the ninth to the early twelfth century', *P&P*, 41 (1968), 25–53; K. F. Werner, 'Important noble families in the kingdom of Charlemagne', in T. Reuter (ed.), *The Medieval Nobility* (Amsterdam, 1978), pp. 137–202.

14 H.-W. Goetz, 'Das Herzogtum im Spiegel der salierzeitlichen Geschichtsschreibung', in S. Weinfurter (ed.), *Die Salier und das Reich* (3 vols., Sigmaringen, 1991), I, pp. 253–71. 这篇文章对某种 "部落" 身份认同的持续存在提出了怀疑，但其他研究提出了可信的证据，表明存在与地区有关的身份认同：O. Engels, 'Der Reich der Salier', in ibid., III, pp. 479–541 at 479–514。

15 L. Körntgen, *Ottonen und Salier* (3rd ed., Darmstadt, 2010), pp. 1–3.

16 L. Gall, *Von der ständischen zur bürgerlichen Gesellschaft* (Munich, 1993); A. Haverkamp, *Medieval Germany, 1056–1273* (Oxford, 1988), pp. 78–92, 198–211; G. Tellenbach, *The Church in Western Europe from the Tenth to the Early Twelfth Century* (Cambridge, 1993), pp. 122–34; D. Saalfeld, 'Die ständisches Gliederung der Gesellschaft Deutschlands im Zeitalter des Absolutismus', *VSWG*, 67 (1980), 457–83. 从欧洲角度进行的审视，参见 B. Guenée, *States and Rulers in Later Medieval Europe* (Oxford, 1985), pp. 157–70。本书第 561—574 页将进一步探讨人口和经济变化。

17 J. Laudage and Y. Leiverkus (eds.), *Rittertum und höfische Kultur der Stauferzeit* (Cologne, 2006), esp. the introduction; H. Wolfram, *Conrad II, 990–1039* (University Park, PA, 2006), pp. 169–75; J. B. Freed, 'Nobles, ministeriales and knights in the archdiocese of Salzburg', *Speculum*, 62 (1987), 575–611; J. Bumke, *The Concept of Knighthood in the Middle Ages* (New York, 1982); L. Silver, *Marketing Maximilian: The Visual Ideology of a Holy Roman Emperor* (Princeton, 2008), p. 163; H. Wiesflecker, *Kaiser Maximilian I.* (5 vols., Vienna, 1971–86), I, p. 176, V, p. 518.

18 K. Leyser, *Medieval Germany and its Neighbours, 900–1250* (London, 1982), pp. 161–89; H. Keller, 'Die soziale und politische Verfassung Mailands in den Anfängen des kommunalen Lebens', *HZ*, 211 (1970), 34–64 esp. 41–9.

19 B. Tolley, *Pastors and Parishioners in Württemberg during the Late Reformation, 1581–1621* (Stanford, 1995).

20 F. Geisthardt, 'Peter Melander, Graf zu Holzappel, 1589–1648', *Nassauische Lebensbilder*, 4 (1950), 36–53.

21 H. Zmora, *The Feud in Early Modern Germany* (Cambridge, 2011), pp. 100–10, 133–

4; H. Watanabe-O'Kelly, 'War and politics in early seventeenth century Germany: The tournaments of the Protestant Union', in Centro di Studi Storici Narni (ed.), *La civiltà del torneo (sec. XII–XVII)* (Rome, 1990), pp. 231–45; and the chapters by L. Ognois and A. Seeliger-Zeiss in A. Ernst and A. Schindling (eds.), *Union und Liga 1608/09* (Stuttgart, 2010). 本书第 584 页和第 591—592 页中讨论了城市特许状。

22   P. Blickle, *The Revolution of 1525* (2nd ed., Baltimore, 1985); J. G. Gagliardo, *From Pariah to Patriot: The Changing Image of the German Peasant, 1770–1840* (Lexington, KY, 1969). 本书第 576—577 页和第 665—667 页讨论了 "普通人" 这一身份。

23   O. P. Clavadetscher, 'Nobilis, edel, fry', in H. Beumann (ed.), *Historische Forschungen für Walter Schlesinger* (Cologne, 1974), pp. 242–51. 近代早期努力维护地位差别的例子，参见 *NTSR*, XIII, part I, 917–8, 920; XIV, 384–7。

24   H. Wunder, *He is the Sun, She is the Moon: Women in Early Modern Germany* (Cambridge, MA, 1998), p. 188.

25   转引自 Gall, *Von der ständischen zur bürgerlichen Gesellschaft*, p. 7。

26   M. Hochedlinger, 'Mars ennobled: The ascent of the military and the creation of a military nobility in mid-eighteenth-century Austria', *GH*, 17 (1999), 141–76.

27   C. Dipper, *Deutsche Geschichte, 1648–1789* (Frankfurt am Main, 1991), pp. 77–80; G. Schmidt, *Wandel durch Vernunft. Deutsche Geschichte im 18. Jahrhundert* (Munich, 2009), pp. 291–325; O. Mörke, 'Social structure', in S. Ogilvie (ed.), *A New Social and Economic History* II, *1630–1800* (London, 1996), pp. 134–63 esp. 136–7, 148.

28   H. J. Cohn, 'Anticlericalism in the German Peasants' War 1525', *P&P*, 83 (1979), 3–31; K. Bleeck and J. Garber, 'Nobilitas. Standes-und Privilegienlegitimation in deutschen Adelstheorien des 16. und 17. Jahrhunderts', *Daphnis*, 11 (1982), 49–114; M. Kaiser, '"Ist er vom adel? Ja. Id satis videtur". Adlige Standesqualität und militärische Leistung als Karrierefaktoren in der Epoche des Dreißigjährigen Krieges', in F. Bosbach et al. (eds.), *Geburt oder Leistung?* (Munich, 2003), pp. 73–90; H. C. E. Midelfort, 'Adeliges Landleben und die Legitimationskrise des deutschen Adels im 16. Jahrhundert', in G. Schmidt (ed.), *Stände und Gesellschaft im Alten Reich* (Stuttgart, 1989), pp. 245–64. 后续另参见 E. Schubert, 'Adel im ausgehenden 18. Jahrhundert', in J. Canning/H. Wellenreuther (eds.), *Britain and Germany Compared* (Göttingen, 2001), pp. 141–229 at 144–9。

29   Wolfram, *Conrad II*, pp. 322–4.

30   G. Franz, *Geschichte des deutschen Bauernstandes vom frühen Mittelalter bis zum*

19. Jahrhundert (Stuttgart, 1970), pp. 26–7; M. Costambeys et al., *The Carolingian World* (Cambridge, 2011), pp. 275–323. 后续另参见 J. A. Brundage, *Law, Sex and Christian Society in Medieval Europe* (Chicago, 1987); J. F. Harrington, *Reordering Marriage and Society in Reformation Germany* (Cambridge, 1995)。

31   J. R. Lyon, *Princely Brothers and Sisters: The Sibling Bond in German Politics, 1100–1250* (Ithaca, NY, 2012); W. Störmer, *Früher Adel. Studien zur politischen Führungsgeschichte im fränkisch-deutschen Reich vom 8. bis 11. Jahrhundert* (2 vols., Stuttgart, 1973).

32   K. Görich, *Die Staufer. Herrscher und Reich* (2nd ed., Munich, 2008), p. 20.

33   H. Keller, *Die Ottonen* (4th ed., Munich, 2008), pp. 16–17; K. Schmid, 'Zum Haus- und Herrschafts-verständnis der Salier', in Weinfurter (ed.), *Die Salier*, I, pp. 21–34.

34   N. Schindler, *Rebellion, Community and Custom in Early Modern Germany* (Cambridge, 2002), pp. 51–84; Bartlett, *Making of Europe*, pp. 270–80.

35   M. Innes, *State and Society in the Early Middle Ages: The Middle Rhine Valley, 400–1000* (Cambridge, 2000), pp. 30–40; H. J. Hummer, *Politics and Power in Early Medieval Europe: Alsace and the Frankish Realm, 600–1000* (Cambridge, 2005), p. 257; J. B. Freed, 'Reflections on the early medieval German nobility', *AHR*, 91 (1986), 553–75 at 563.

36   D. Abulafia, 'Introduction', in idem and N. Berend (eds.), *Medieval Frontiers* (Aldershot, 2002), pp. 1–34; R. J. W. Evans, *Austria, Hungary, and the Habsburgs* (Oxford, 2006), pp. 114–33.

37   F. Prinz, 'Die Grenzen des Reiches in frühsalischer Zeit', in Weinfurter (ed.), *Die Salier*, I, pp. 159–73; G. Lubich, 'Früh-und hochmittelalterlicher Adel zwischen Tauber und Neckar. Genese und Prägung adliger Herrschaftsräume im fränkisch-schwäbischen Grenzgebiet', in S. Lorenz and S. Molitor (eds.), *Herrschaft und Legitimation* (Leinfelden-Echterdingen, 2002), pp. 13–47.

38   H. Maurer, '*Confinium Alamannorum*. Über Wesen und Bedeutung hochmittelalterlicher "Stammesgrenzen"', in Beumann (ed.), *Historische Forschungen*, pp. 150–61.

39   M. J. Halvorson and K. E. Spierling, *Defining Community in Early Modern Europe* (Aldershot, 2008). 另参见本章注释 2 引用的文献，以及本书第 574—580 页对共同体理念的讨论。

40   R. Meens, 'Politics, mirrors of princes and the Bible: Sins, kings and the well-being of the realm', *EME*, 7 (1998), 345–57.

41   B. Arnold, 'Episcopal authority authenticated and fabricated: Form and function in medieval German bishops' catalogues', in T. Reuter (ed.), *Warriors and Churchmen*

in the High Middle Ages (London, 1992), pp. 63–78; K. Graf, 'Feindbild und Vorbild. Bemerkungen zur städtischen Wahrnehmung des Adels', *ZGO*, 141 (1993), 121–54; C. Woodford, *Nuns as Historians in Early Modern Germany* (Oxford, 2002); D. P. Bell, *Jewish Identity in Early Modern Germany* (Aldershot, 2007), pp. 72–98.

42   Y. Mintzker, *The Defortification of the German City, 1689–1866* (Cambridge, 2012), pp. 11–41. 社区自治参见本书第 667—669 页。

43   M. Walker, *German Home Towns: Community, State and General Estate, 1648–1871* (2nd ed., Ithaca, NY, 1998); C. Applegate, *A Nation of Provincials: The German Idea of Heimat* (Berkeley, 1990).

44   I. S. Robinson (ed.), *Eleventh-Century Germany* (Manchester, 2008), p. 14. 其他的例子包括勃艮第的维波, 见 T. E. Mommsen and K. F. Morrison (eds.), *Imperial Lives and Letters of the Eleventh Century* (New York, 2000), p. 79, 以及梅泽堡的蒂特马尔, 见 *Ottonian Germany: The Chronicon of Thietmar of Merseburg*, ed. D. A. Warner (Manchester, 2001), esp. p. 75。

45   Arnold, 'Episcopal authority', pp. 77–8.

46   Goetz, 'Regnum', p. 173.

47   K. Friedrich, *The Other Prussia: Royal Prussia, Poland and Liberty, 1569–1772* (Cambridge, 2000), pp. 71–95.

48   F. Trautz, 'Die Reichsgewalt in Italien im Spätmittelalter', *Heidelberger Jahrbücher*, 7 (1963), 45–81 at 75. 概述参见 B. Schmidt, *'Mappae Germaniae. Das Alte Reich in der kartographischen Überlieferung der Frühen Neuzeit'*, in M. Schnettger (ed.), *Imperium Romanum–irregulare corpus–Teutscher Reichs-Staat* (Mainz, 2002), pp. 3–25。

49   G. Klingenstein, 'Was bedeuten "Österreich" und "österreichisch" im 18. Jahrhundert?', in R. G. Plaschka et al. (eds.), *Was heißt Österreich?* (Vienna, 1995), pp. 149–220 at 202–4.

50   例如 M. Merian, *Topographia Germaniae* (14 vols., Frankfurt am Main, 1643–75)。

第六章　民族

1   H. Weissert, 'Der Reichstitel bis 1806', *Archiv für Diplomatik*, 40 (1994), 441–513; H. K. Schulze, *Grundstrukturen der Verfassung im Mittelalter* (3rd ed., 3 vols., Stuttgart, 1995–2000), III, pp. 50–64.

2   E. Hlawitschka, 'Vom Ausklingen der fränkischen und Einsetzen der deutschen

Geschichte', in C. Brühl and B. Schneidmüller (eds.), *Beiträge zur mittelalterlichen Reichs-und Nationsbildung in Deutschland und Frankreich* (Munich, 1997), pp. 53–81; M. Becher, *Otto der Große* (Munich, 2012), pp. 257–64.

3   K. Herbers and H. Neuhaus, *Das Heilige Römische Reich* (Cologne, 2005), p. 31.

4   T. Riches, 'The Carolingian capture of Aachen in 978 and its historiographical footprint', in P. Fouracre and D. Ganz (eds.), *Frankland: The Franks and the World of the Early Middle Ages* (Manchester, 2008), pp. 191–20.

5   M. Todd, *The Early Germans* (2nd ed., Oxford, 2004), pp. 8–14.

6   E. Müller-Mertens, *Regnum Teutonicum. Aufkommen und Verbreitung der deutschen Reichs-und Königsauffassung im früheren Mittelalter* (Vienna, 1970).

7   那是 D. Nicholas, *The Northern Lands: Germanic Europe c.1270–c. 1500* (Oxford, 2009) 主张的观点。对该书的批评, 见 L. Scales, http://www.history.ac.uk/reviews/ review/853 (accessed 1 Sept. 2010)。

8   P. Geary, *The Myth of Nations: The Medieval Origins of Europe* (Princeton, 2002); L. Scales, *The Shaping of German Identity: Authority and Crisis, 1245–1414* (Cambridge, 2012), and his '*Germen militiae:* War and German identity in the later middle ages', *P&P*, 180 (2003), 41–82.

9   S. Wendehorst and S. Westphal (eds.), *Lesebuch Altes Reich* (Munich, 2006), pp. 59–66; *NTSR*, I, 46.

10   C. J. Wells, *German: A Linguistic History to 1945* (Oxford, 1985), pp. 95–125; W. B. Lockwood, *An Informal History of the German Language* (2nd ed., London, 1976), pp. 11–77; R. Bergmann, 'Deutsche Sprache und römisches Reich im Mittelalter', inB. Schneidmüller and S. Weinfurter (eds.), *Heilig–Römisch–Deutsch. Das Reich im mittelalterlichen Europa* (Dresden, 2006), pp. 162–84. 概述参见 R. Bartlett, *The Making of Europe* (London, 1993), pp. 198–204。

11   L. Scales, 'Rose without thorn, eagle without feathers: Nation and power in late medieval England and Germany', *GHIL*, 31 (2009), 3–35 at 23–8.

12   M. Prietzel, *Das Heilige Römische Reich im Spätmittelalter* (2nd ed., Darmstadt, 2010), p. 88; P. Burke, *Languages and Communities in Early Modern Europe* (Cambridge, 2004), esp. pp. 79–84.

13   Scales, *German Identity*, pp. 427–30.

14   U. Rublack, *Dressing Up: Cultural Identity in Renaissance Europe* (Oxford, 2010), pp. 10, 265–70; T. Weller, *Theatrum Praecedentiae. Zeremonieller Rang und gesellschaftliche Ordnung in der frühneuzeitlichen Stadt Leipzig, 1500–1800* (Darmstadt, 2006), pp. 82–

119. 后续另参见 C. Hirschi, *The Origins of Nationalism* (Cambridge, 2012), pp. 99–118。

15 转引自 Weller, *Theatrum Praecedentiae*, p. 97。

16 M. von Engelberg, '"Deutscher Barock" oder "Barock in Deutschland"–Nur ein Streit um Worte?', in G. Schmidt (ed.), *Die deutsche Nation im frühneuzeitlichen Europa* (Munich, 2010), pp. 307–34; T. DaCosta Kaufmann, 'Centres or periphery? Art and architecture in the Empire', in R. J. W. Evans and P. H. Wilson (eds.), *The Holy Roman Empire, 1495–1806: A European Perspective* (Leiden, 2012), pp. 315–32; P. C. Hartmann, *Kulturgeschichte des Heiligen Römischen Reiches 1648 bis 1806* (Vienna, 2001).

17 C. Scharf, *Katharina II., Deutschland und die Deutschen* (Mainz, 1995), pp. 55–271; M. North, 'Nationale und kulturelle Selbstverortung in der Diaspora: Die Deutschen in den russischen Ostseeprovinzen des 18. Jahrhunderts', in Schmidt (ed.), *Die deutsche Nation*, pp. 83–96; H.-J. Bömelburg, 'Polen und die deutschen Nation', in ibid., pp. 129–55.

18 J. Whaley, *Germany and the Holy Roman Empire, 1493–1806* (2 vols., Oxford, 2012), I, pp. 53–7; Todd, *Early Germans*, pp. 4–7; Hirschi, *Origins of Nationalism*, pp. 11, 119–79.

19 C. Sieber-Lehmann, '"Teutsche Nation" und Eidgenossenschaft. Der Zusammenhang zwischen Türken-und Burgunderkriegen', *HZ*, 253 (1991), 561–602; T. Scott, 'The Reformation between deconstruction and reconstruction', *GH*, 26 (2008), 406–22.

20 B. Brandt, 'Germania in armor: The female representation of an endangered German nation', in S. Colvin and H. Watanabe-O'Kelly (eds.), *Warlike Women in the German Literary and Cultural Imagination since 1500* (Rochester, NY, 2009), pp. 86–126; H. Watanabe-O'Kelly, *Beauty or Beast? The Woman Warrior in the German Imagination from the Renaissance to the Present* (Oxford, 2010), esp. pp. 10–11.

21 D. V. N. Bagchi, '"Teutschland über aller Welt": Nationalism and Catholicism in early Reformation Germany', *Archiv für Reformationsgeschichte*, 82 (1991), 39–58; K. Manger (ed.), *Die Fruchtbringer–eine Teutschherzige Gesellschaft* (Heidelberg, 2001).

22 F. Brendle, *Der Erzkanzler im Religionskrieg. Kurfürst Anselm Casimir von Mainz, die geistlichen Fürsten und das Reich 1629 bis 1647* (Mainz, 2011), pp. 491–7. 概述 参见 A. Schmidt, *Vaterlandsliebe und Religionskonflikt. Politische Diskurse im Alten Reich (1555–1648)* (Leiden, 2007)。

23 这是种普遍倾向，参见 P. Blickle, *Das Alte Europa. Vom Hochmittelalter bis zur Moderne* (Munich, 2008), pp. 160–2。概述参见 W. te Brake, *Shaping History: Ordinary People in*

European Politics, 1500–1700 (Berkeley, 1998); E. Hölzle, *Die Idee einer altgermanischen Freiheit vor Montesquieu* (Munich, 1925); G. Schmidt, 'Die "deutsche Freiheit" und der Westfälische Friede', in R. G. Asch et al. (eds.), *Frieden und Krieg in der Frühen Neuzeit* (Munich, 2001), pp. 323–47。

24   H. Dreitzel, *Absolutismus und ständische Verfassung in Deutschland* (Mainz, 1992), pp. 17, 65–6, 74–5.

25   T. C. W. Blanning, *The Culture of Power and the Power of Culture: Old Regime Europe, 1660–1789* (Oxford, 2002), p. 66. 后续参见 W. 贝林格（W. Behringer）的著作和论文：*Im Zeichen des Merkur. Reichspost und Kommunikationsrevolution in der Frühen Neuzeit* (Göttingen, 2003); 'Communications revolutions: A historiographical concept', *GH*, 24 (2006), 333–74; 'Core and periphery: The Holy Roman Empire as a communication(s) universe', in R. J. W. Evans et al. (eds.), *The Holy Roman Empire, 1495–1806* (Oxford, 2011), pp. 347–58。

26   W. Adam and S. Westphal (eds.), *Handbuch der kultureller Zentren der Frühen Neuzeit. Städte und Residenzen im alten deutschen Sprachraum* (3 vols., Berlin, 2012).

27   H. Schutz, *The Carolingians in Central Europe, their History, Arts and Architecture* (Leiden, 2002); R. McKitterick (ed.), *Carolingian Culture: Emulation and Innovation* (Cambridge, 1994), and her 'The Carolingian Renaissance of culture and learning', in J. Story (ed.), *Charlemagne* (Manchester, 2005), pp. 151–66.

28   R. Staats, *Die Reichskrone. Geschichte und Bedeutung eines europäischen Symbols* (2nd ed., Kiel, 2008); G. J. Kugler, *Die Reichskrone* (Vienna, 1968); G. G. Wolf, *Die Wiener Reichskrone* (Vienna, 1995); J. Ott, *Krone und Krönung. Die Verheißung und Verleihung von Kronen in der Kunst von der Spätantike bis um 1200 und die geistige Auslegung der Krone* (Mainz, 1998). 也有人说这是 1024 年为康拉德二世所制，甚至有人说它是为差不多一个世纪后的康拉德三世制作的：M. Schulze-Dörrlamm, *Die Kaiserkrone Konrads II. (1024–1039)* (Sigmaringen, 1991)。本书第 334—335 页和第 345—349 页讨论了加冕典礼和帝国宝物的政治意义。

29   *HHStA*, Staatskanzlei Vorträge, Kart. 168 (9 Aug. 1804).

30   M. Schulze-Dörrlamm, *Der Mainzer Schatz der Kaiserin Agnes aus dem mitteleren 11. Jahrhundert* (Sigmaringen, 1991); H. Keller, *Ottonische Königsherrschaft* (Darmstadt, 2002), pp. 30–2. 关于所有帝国宝物和它们可能的意义的详细讨论，参见 H. Fillitz, *Die Insignien und Kleinodien des Heiligen Römischen Reiches* (Vienna, 1954); P. E. Schramm, *Herrschaftszeichen und Staatssymbolik* (3 vols., Stuttgart, 1954–6)。其中大多数物件都展出于维也纳皇家珍宝馆，物件的彩色图片可见于

M M. Leithe-Jasper and R. Distelberger, *The Kunsthistorisches Museum Vienna: The Imperial and Ecclesiastical Treasury* (London, 2003)。

31   H. L. Adelson, 'The Holy Lance and the hereditary German monarchy', *The Art Bulletin*, 48 (1966), 177–92. 关于圣矛有好几种说法，有人说它是罗马军团士兵朗基努斯用来刺穿基督肋旁的长矛，也有人说它是勃艮第的主保圣人圣毛里求斯之矛。近期的研究表明圣矛与奥丁及异教日耳曼传统毫无关系。

32   M. Schulze-Dörrlamm, *Das Reichsschwert* (Sigmaringen, 1995) 中讨论了这几把剑，与她对帝国皇冠的看法一致，她认为剑的制造时间要晚得多。

33   Keller, *Ottonische Königsherrschaft*, pp. 131–66.

34   J. Lowden, 'The royal/imperial book and the image or self-image of the medieval ruler', in A. J. Duggan (ed.), *Kings and Kingship in Medieval Europe* (London, 1993), pp. 213–39; B. Schneidmüller, 'Zwischen Gott und den Getreuen', *FMS*, 36 (2002), 193–224 at 210–19; J. Laudage et al., *Die Zeit der Karolinger* (Darmstadt, 2006), pp. 91–106; L. Scales, 'The illuminated Reich: Memory, crisis and the visibility of monarchy in late medieval Germany', in J. P. Coy et al. (eds.), *The Holy Roman Empire, Reconsidered* (New York, 2010), pp. 73–92.

35   F. -H. Hye, 'Der Doppeladler als Symbol für Kaiser und Reich', *MIÖG*, 81 (1973), 63–100; C. D. Bleisteiner, 'Der Doppeladler von Kaiser und Reich im Mittelalter', *MIÖG*, 109 (2001), 4–52; B. Pferschy-Maleczek, 'Der Nimbus des Doppeladlers. Mystik und Allegorie im Siegelbild Kaiser Sigismunds', *ZHF*, 23 (1996), 433–71.

36   E. Ricchiardi, *La bandiere di Carlo Alberto (1814–1849)* (Turin, 2000).

37   R. A. Müller (ed.), *Bilder des Reiches* (Sigmaringen, 1997); M. Tanner, *The Last Descendent of Aeneas: The Hapsburgs and the Mythic Image of the Emperor* (New Haven, CT, 1993).

38   B. Stollberg-Rilinger, *Des Kaisers alte Kleider* (Munich, 2008), pp. 55–60.

39   E. Schubert, 'Die Quaternionen. Entstehung, Sinngehalt und Folgen einer spätmittelalterlichen Deutung der Reichsverfassung', *ZHF*, 20 (1993), 1–63; H. J. Cohn, 'The electors and imperial rule at the end of the fifteenth century', in B. Weiler and S. MacLean (eds.), *Representations of Power in Medieval Germany, 800–1500* (Turnhout, 2006), pp. 295–318 at 296, 300–3.

40   M. Goloubeva, *The Glorification of Emperor Leopold I in Image, Spectacle and Text* (Mainz, 2000), p. 40.

41   R. J. W. Evans, *Rudolf II and his World* (2nd ed., London, 1997), pp. 167–70. 后续参见 A. H. Weaver, *Sacred Music as Public Image for Holy Roman Emperor Ferdinand*

III (Farnham, 2012); P. K. Monod, *The Power of Kings: Monarchy and Religion in Europe, 1589–1715* (New Haven, CT, 1999), pp. 235–6; F. Matschke, *Die Kunst im Dienst der Staatsidee Kaiser Karl VI* (2 vols., Berlin, 1981)。

42 W. Braunfels, *Die Kunst im Heiligen Römischen Reich* (6 vols., Munich, 1979–89). 本书第 375—377 页探讨了王宫，第 273、303、420 页讨论了墓葬。

43 R. Hirsch, *Printing, Selling and Reading, 1450–1550* (Wiesbaden, 1967); L. Silver, *Marketing Maximilian: The Visual Ideology of a Holy Roman Emperor* (Princeton, 2008). 关于帝国内部政治交流的辩论，参见 A. Gestrich, *Absolutismus und Öffentlichkeit* (Göttingen, 1994)。后续参见 J. L. Flood, *Poets Laureate in the Holy Roman Empire* (4 vols., Berlin, 2006)。

44 S. Friedrich, *Drehschreibe Regensburg. Das Informations-und Kommunikationssystem des Immerwährenden Reichstags um 1700* (Berlin, 2007); J. Feuchter and J. Helmrath (eds.), *Politische Redekultur in der Vormoderne* (Frankfurt am Main, 2008); K. Härter, 'War as political and constitutional discourses: Imperial warfare and the military constitution of the Holy Roman Empire in the politics of the Permanent Diet (1663–1806)', in A. de Benedictis and C. Magoni (eds.), *Teatri di guerra* (Bologna, 2010), pp. 215–37.

45 P. S. Spalding, *Seize the Book, Jail the Author: Johann Lorenz Schmidt and Censorship in Eighteenth-Century Germany* (West Lafayette, IN, 1998); Wendehorst and Westphal (eds.), *Lesebuch Altes Reich*, pp. 34–5.

46 P. E. Selwyn, *Everyday Life in the German Book Trade* (University Park, PA, 2000), pp. 189–206; A. Strohmeyer, 'Zwischen Kaiserhof und französischem Hof', in J. Bahlcke and C. Kampmann (eds.), *Wallensteinbilder im Widerstreit* (Cologne, 2011), pp. 51–74 at 70.

47 C. Dipper, *Deutsche Geschichte, 1648–1789* (Frankfurt am Main, 1991), pp. 207–10.

48 马蒂亚斯·阿舍（Matthias Asche）的研究主要关注两个较小的机构，但很好地概述了帝国历史上高等教育的情况，见 Matthias Asche, *Von der reichen hansischen Bürgeruniversität zur armen mecklenburgischen Landeshochschule* (Stuttgart, 2000)。另参见 A. Rutz, 'Territoriale Integration durch Bildung und Erziehung?', in M. Grote et al. (eds.), *Der Jülich-Klevische Erbstreit 1609* (Düsseldorf, 2011), pp. 337–57; J. V. H. Melton, *Absolutism and the Eighteenth-Century Origins of Compulsory Schooling in Prussia and Austria* (Cambridge, 1988); Hartmann, *Kulturgeschichte*, pp. 327–46。

49 J. V. H. Melton, *The Rise of the Public in Enlightenment Europe* (Cambridge, 2001), pp. 105–8.

50 J. Weber, 'Strassburg, 1605: The origins of the newspaper in Europe', *GH*, 24 (2006), 387–412. 另请参考本章注释 25 提到的 W. 贝林格的著作，以及 A. Pettegree, *The Invention of News: How the World Came to Know About Itself* (New Haven, CT, and London, 2014)。

51 Melton, *Rise of the Public*, p. 123; Selwyn, *Everyday Life*, p. 96; Whaley, *Germany*, II, p. 465.

52 M. Walker, *Johann Jakob Moser and the Holy Roman Empire of the German Nation* (Chapel Hill, NC, 1981); A. Gestrich and R. Lächele (eds.), *Johann Jacob Moser* (Karlsruhe, 2002).

53 Enea Silvio Piccolomini, *Deutschland*, ed. A. Schmidt (Cologne, 1962), p. 122. 后续参见 M. Stolleis, *Geschichte des öffentlichen Rechts in Deutschland*, vol. I (Munich, 1988)。

54 W. Burgdorf, *Reichskonstitution und Nation. Verfassungsreformprojekte für das Heilige Römische Reich deutscher Nation im politischen Schrifttum von 1648 bis 1806* (Mainz, 1998), pp. 140–8.

55 B. Roeck, *Reichssystem und Reichsherkommen. Die Diskussion über die Staatlichkeit des Reiches in der politischen Publizistik des 17. und 18. Jahrhunderts* (Stuttgart, 1984), p. 28; P. Schröder, 'The constitution of the Holy Roman Empire after 1648: Samuel Pufendorf's assessment in his *Monzambano*', *HJ*, 42 (1999), 961–83. 比较好的现代版本，见 H. Denzer (ed.), *Die Verfassung des deutschen Reiches* (Stuttgart, 1994)。

56 转引自 H. Schilling, *Höfe und Allianzen. Deutschland 1648–1763* (Berlin, 1989), p. 125。

57 Weissert, 'Reichstitel', pp. 468–70. 后续参见 M. Lindemann, *Patriots and Paupers: Hamburg, 1712–1830* (Oxford, 1990), esp. pp. 78–83; M. Levinger, *Enlightened Nationalism: The Transformation of Prussian Poltical Culture, 1806–1848* (Oxford, 2000)。

58 例子见 H. A. Winkler, *Germany: The Long Road West* (2 vols., Oxford, 2006–7), I, pp. 31–2。

59 M. Wrede, *Das Reich und seine Feinde* (Mainz, 2004).

60 L. Lisy-Wagner, *Islam, Christianity and the Making of Czech Identity, 1453–1683* (Farnham, 2013).

61 F. Ranieri, *Recht und Gesellschaft im Zeitalter der Rezeption. Eine rezhts-und sozialgeschichtliche Analyse der Tätigkeit des Reichskammergerichts im 16. Jahrhundert* (2 vols., Cologne, 1985).

62 H. Keller, 'Der Blick von Italien auf das "römische" Imperium und seine "deutschen" Kaiser', in Schneidmüller and Weinfurter (eds.), *Heilig–Römisch–Deutsch*, pp. 286–307.

63 S. K. Cohn Jr, *Lust for Liberty: The Politics of Social Revolt in Medieval Europe, 1200–1425* (Cambridge, MA, 2006), p. 218. 另参见N. Rubenstein, 'The place of the Empire in fifteenth-century Florentine political opinion and diplomacy', *Bulletin of the Institute of Historical Research*, 30 (1957), 125–35; M. Schnettger, '*Impero Romano–Imperio Germanico*. Italienische Perspektiven auf das Reich in der Frühen Neuzeit', in idem (ed.), *Imperium Romanum–irregulare corpus–Teutsche Reichs-Staat* (Mainz, 2002), pp. 53–75。

64 近来，这种阐释重获新生，一些人主张帝国的政治文化本质上是贵族式的，帝国的存在纯属"虚设"，对日常生活没有丝毫实际意义。本书第四部分从社会层面探索了这一讨论。

65 G. Schnath, *Geschichte Hannovers im Zeitalter der neunten Kur und der englischen Sukzession, 1674–1714* (5 vols., Hildesheim, 1938–82), I, p. 166.

66 转引自 W. Jannen Jr, '"Das liebe Teutschland" in the seventeenth century–Count George Frederick von Waldeck', *European Studies Review*, 6 (1976), 165–95 at 178; Kugler, *Reichskrone*, pp. 113–19。

67 P. H. Wilson, 'The nobility of the early modern Reich, 1495–1806', in H. M. Scott (ed.), *The European Nobilities in the Seventeenth and Eighteenth Centuries* (2nd ed., 2 vols., Basingstoke, 2007), II, pp. 73–117; H. Carl, 'Europäische Adelsgesellschaft und deutsche Nation in der Frühen Neuzeit', in Schmidt (ed.), *Die deutsche Nation*, pp. 181–99; B. Giesen, *Intellectuals and the Nation: Collective Identity in a German Axial Age* (Cambridge, 1998).

68 P. Moraw, 'Kanzlei und Kanzleipersonal König Ruprechts', *Archiv für Diplomatik*, 15 (1969), 428–531; G. Schmidt-von Rhein, 'Das Reichskammergericht in Wetzlar', *NA*, 100 (1989), 127–40 at 127–30; A. Baumann et al. (eds.), *Reichspersonal: Funktionsträger für Kaiser und Reich* (Cologne, 2003).

69 B. Koch, *Räte auf deutschen Reichsversammlungen. Zur Entwicklung der politischen Funktionseilite im 15. Jahrhundert* (Frankfurt am Main, 1999); B. Wunder, 'Die Sozialstruktur der Geheimratskollegien in den süddeutschen protestantischen Fürstentümern (1660–1720)', *VSWG*, 58 (1971), 145–220.

70 *HHStA*, Prinzipalkommissar Berichte Fasz.182d, letter of 11 Aug. 1806.

71 W. Burgdorf, *Ein Weltbild verliert seine Welt. Der Untergang des Alten Reiches und die Generation 1806* (2nd ed., Munich, 2009), pp. 211–17; S. Ehrenpreis et al.,

'Probing the legal history of the Jews in the Holy Roman Empire', *Jahrbuch des Simon-Dubnow-Instituts*, 2 (2003), 409–87 at 443, 451–4; D. P. Bell, *Jewish Identity in Early Modern Germany* (Aldershot, 2007), p. 80.

72 G. J. Schenk, *Zeremoniell und Politik. Herrschereinzüge im spämittelalterlichen Reich* (Cologne, 2003); M. A. Bojcov, 'How one archbishop of Trier perambulated his lands', in Weiler and MacLean (eds.), *Representations of Power*, pp. 319–48; H. J. Cohn, 'Representing political space at a political site: The imperial diets of the sixteenth century', in B. Kümin (ed.), *Political Space in Pre-industrial Europe* (Farnham, 2009), pp. 19–42; L. E. Saurma-Jeltsch, 'Das mittelalterliche Reich in der Reichsstadt', in Schneidmüller and Weinfurter (eds.), *Heilig–Römisch–Deutsch*, pp. 399–439. 关于 1742 年的选举，见 P. C. Hartmann, *Karl Albrecht–Karl VII* (Regensburg, 1985), pp. 218–43。

73 例如 15 世纪的法兰克福：H. Boockmann, 'Geschäfte und Geschäftigkeit auf dem Reichstag im späten Mittelalter', *HZ*, 246 (1988), 297–325。

74 M. Merian, *Topographia Germaniae* (14 vols., Frankfurt am Main, 1643–75)，涵盖士瓦本地区的一卷，第 10 页和第 11 页间的插图。奥格斯堡要失望了：1582 年以后，那里基本没有开过帝国议会，仅有的例外是 1713 年，帝国议会为躲避瘟疫而暂时从雷根斯堡迁了过来。

75 H. J. Berbig, 'Der Krönungsritus im Alten Reich (1648–1806)', *ZBLG*, 38 (1975), 639–700.

76 H. Keller, *Die Ottonen* (4th ed., Munich, 2008), p. 56; W. Hartmann, *Der Investiturstreit* (3rd ed., Munich, 2007), p. 34; B. Schneidmüller, *Die Kaiser des Mittelalters* (2nd ed., Munich, 2007), p. 107.

77 C. Hattenhauer, *Wahl und Krönung Franz II. AD 1792* (Frankfurt am Main, 1995), p. 137; Gestrich, *Absolutismus und Öffentlichkeit*, pp. 151–2.

78 P. Münz, *Frederick Barbarossa* (London, 1969), p. 10. 本书第 681 页进一步讨论了农民对皇帝的政治认同。

79 W. Troßbach, 'Die Reichsgerichte in der Sicht bäuerlicher Untertanen', in B. Diestelkamp (ed.), *Das Reichskammergericht in der deutschen Geschichte* (Cologne, 1990), pp. 129–42; D. M. Luebke, *His Majesty's Rebels: Communities, Factions and Rural Revolt in the Black Forest, 1725–1745* (Ithaca, NY, 1997).

80 Wendehorst and Westphal (eds.), *Lesebuch*, pp. 48–51, 95–6.

81 T. Biskup, *Friedrichs Größe: Inszenierungen des Preußenkönigs in Fest und Zeremoniell, 1740–1815* (Frankfurt, 2012); S. Mazura, *Die preußische und österreichische*

Kriegspropaganda im Ersten und Zweiten Schlesischen Krieg (Berlin, 1996); G. Schmidt, *Geschichte des Alten Reiches* (Munich, 1999), pp. 271–89, 352; Blanning, *The Culture of Power*, pp. 212–32.

82 J. W. von Archenholz, *Geschichte des Siebenjährigen Krieges* (Berlin, 1828), pp. 76–80.

83 A. Green, 'Political institutions and nationhood in Germany', in L. Scales and O. Zimmer (eds.), *Power and the Nation in European History* (Cambridge, 2005), pp. 315–32 at 317–18; Whaley, *Germany*, II, pp. 410–12; Wendehorst and Westphal (eds.), *Lesebuch*, pp. 16–18.

84 见歌德的回忆录：*Collected Works*, Vol. 12, ed. T. P. Saine and J. L. Sammons (Princeton, 1987), IV, *From my Life: Poetry and Truth* pp. 139–61。进一步讨论见 D. Beales, *Joseph II* (2 vols., Cambridge, 1987–2009), I, pp. 111–15; Stollberg-Rilinger, *Des Kaisers alte Kleider*, pp. 227–81。

85 Winkler, *Germany*, I, p. 49. 另参见 C. Wiedemann, 'Zwischen National-geist und Kosmopolitanismus. Über die Schwierigkeiten der deutschen Klassiker, einen Nationalhelden zu finden', *Aufklärung*, 4 (1989), 75–101，概述见 E. Kedourie, *Nationalism* (3rd ed., London, 1966)。

86 D. Fulda, 'Zwischen Gelehrten-und Kulturnationalismus. Die "deutsche Nation" in der literaturpolitischen Publizistik Johann Christoph Gottscheds', in Schmidt (ed.), *Die deutsche Nation*, pp. 267–91.

87 I. F. McNeely, *The Emancipation of Writing: German Civil Society in the Making, 1790s–1820s* (Berkeley, CA, 2003), pp. 242–3.

第七章　王权

1 H. Neuhaus, *Das Reich in der Frühen Neuzeit* (Munich, 1997), pp. 17–19，更多细节见 *NTSR*, II。

2 H. Wolfram, *Conrad II, 990–1039* (University Park, PA, 2006), pp. 150–53; H. Keller, *Ottonische Königsherrschaft* (Darmstadt, 2002), pp. 30–32; K. Leyser, *Medieval Germany and its Neighbours, 900–1250* (London, 1982), pp. 241–67; K. Repgen (ed.), *Das Herrscherbild im 17. Jahrhundert* (Münster, 1991). 本书第 16—19 页探讨了君主的虔诚。

3 例子参见勃艮第的维波对康拉德二世的评论：T. E. Mommsen and K. F. Morrison

(eds.), *Imperial Lives and Letters of the Eleventh Century* (New York, 2000), pp. 65–6。后续参见 B. Weiler, 'The *rex renitens* and the medieval idea of kingship, ca. 900–ca. 1250', *Viator*, 31 (2000), 1–42。

4   Thietmar of Merseburg, *Ottonian Germany: The Chronicon of Thietmar of Merseburg*, ed. D. A. Warner (Manchester, 2001), pp. 18–21. 另参见 Regino of Prüm in S. MacLean (ed.), *History and Politics in Late Carolingian and Ottonian Europe* (Manchester, 2009), pp. 45–6。

5   有用的讨论参见 K. Görich, *Friedrich Barbarossa* (Munich, 2011), pp. 601–48。

6   H. -D. Kahl, 'Zum Ursprung von germ. *König*', *ZSRG GA*, 77 (1960), 198–240.

7   E. Hlawitschka, 'Zur Herkunft und zu den Seitenverwandten des Gegen-königs Rudolf von Rheinfelden', and M. Twellenkamp, 'Das Haus der Luxemburger', both in S. Winfurter (ed.), *Die Salier und das Reich* (3 vols., Sigmaringen, 1991), I, pp. 175–220, 475–502 at 492–6. 斯陶芬家族自称为萨利安家族的后裔，另参见 D. Mertens, 'Von Rhein zur Rems' in ibid., I, pp. 221–52。

8   C. Hirschi, *The Origins of Nationalism* (Cambridge, 2012), pp. 180–95; H. J. Cohn, 'Did bribes induce the German electors to choose Charles V as emperor in 1519?', *GH*, 19 (2001), 1–27; A. Schmidt, 'Ein französischer Kaiser? Die Diskussion um die Nationalität des Reichsoberhauptes im 17. Jahrhundert', *HJb*, 123 (2003), 149–77.

9   H. Stoob, 'Zur Königswahl Lothars von Sachsen im Jahre 1125', in H. Beu-mann (ed.), *Historische Forschungen für Walter Schlesinger* (Cologne, 1974), pp. 438–61. 关于洛泰尔三世的当选，另参见本书第 408 页。评判中世纪的国王时，应该看当时的人对国王有什么样的期待，相关讨论见 G. Althoff, *Otto III* (Philadelphia, 2003), pp. 132–46。

10 T. Reuter, 'The medieval German *Sonderweg*? The Empire and its rulers in the high Middle Ages', in A. J. Duggan (ed.), *Kings and Kingship in Medieval Europe* (London, 1993), pp. 179–211 at 197.

11 G. Althoff, *Die Ottonen* (2nd 3d., Stuttgart, 2005), pp. 61–4.

12 K. Görich, *Die Staufer* (2nd ed., Munich, 2008), p. 35.

13 Wolfram, *Conrad II*, p. 25; G. Lubich, 'Beobachtungen zur Wahl Konrads III. und ihrem Umfeld', *HJb*, 117 (1997), 311–39 at 312; E. J. Goldberg, *Struggle for Empire: Kingship and Conflict under Louis the German, 817–876* (Ithaca, NY, 2006), pp. 189–91.

14 H. Fuhrmann, *Germany in the High Middle Ages, c. 1050–1200* (Cambridge, 1986), p. 39.

15 J. K. Hoensch, *Die Luxemburger. Eine spätmittelalterliche Dynastie gesamteuropäischer Bedeutung, 1308–1437* (Stuttgart, 2000), p. 108.

16 Thietmar of Merseburg, *Chronicon*, pp. 187–90; Althoff, *Die Ottonen*, pp. 202–7. 概述参见 J. Petersohn, 'Über monarchische Insignien und ihre Funktion im mittelalterlichen Reich', *HZ*, 266 (1998), 47–96。

17 P. Moraw, 'Ruprecht von der Pfalz. Ein König aus Heidelberg', *ZGO*, 149 (2001), 97–110 at 98.

18 这种旧观念中很有代表性的, 是认为皇帝已沦为 "傀儡" 的看法: G. H. Perris, *Germany and the German Emperor* (London, 1912), pp. 34–5。

19 J. Gillingham, 'Elective kingship and the unity of medieval Germany', *GH*, 9 (1991), 124–35 at 128–9.

20 Ibid., 132.

21 纳粹时期的作品是最强调 "血统权" 的, 见 H. Mitteis, *Die deutsche Königswahl. Ihre Rechtsgrundlagen bis zur Goldenen Bulle* (Darmstadt, 1975; 1st pub. 1938)。这些方面更完整的讨论见 E. Hlawitschka, *Untersuchungen zu den Thronwechseln der ersten Hälfte des 11. Jahrhunderts und zur Adelsgeschichte Süddeutschlands* (Sigmaringen, 1987); R. Schneider, *Königswahl und Königserhebung im Frühmittelalter* (Stuttgart, 1972)。

22 E. Perels, *Der Erbreichsplan Heinrichs VI.* (Berlin, 1927); U. Schmidt, *Königswahl und Thronfolge im 12. Jahrhundert* (Cologne, 1987), pp. 225–60.

23 Schmidt, *Königswahl*, pp. 145–66.

24 U. Reuling, *Die Kur in Deutschland und Frankreich. Untersuchungen zur Entwicklung des rechtsförmlichen Wahlaktes bei der Königserhebung im 11. und 12. Jahrhundert* (Göttingen, 1979), p. 205; S. Patzold, 'Königserhebungen zwischen Erbrecht und Wahlrecht? Thronfolge und Rechtsmentalität um das Jahr 1000', *DA*, 58 (2002), 467–507.

25 A. Begert, *Die Entstehung und Entwicklung des Kurkollegs. Von den Anfängen bis zum frühen 15. Jahrhundert* (Berlin, 2010), pp. 171–90.

26 Schmidt, *Königswahl*, p. 33. 关于鲁道夫, 见 T. Struve, *Salierzeit im Wandel* (Cologne, 2006), pp. 84–95。关于他的选举, 见 I. S. Robinson, *Henry IV of Germany, 1056–1106* (Cambridge, 1999), pp. 167–70; H. E. J. Cowdrey, *Pope Gregory VII, 1073–1085* (Oxford, 1998), pp. 167–71; Reuling, *Die Kur*, pp. 104–16。

27 Schmidt, *Königswahl*, p. 262. 另见 ibid., pp. 34–59, 69–91; B. Schneidmüller, '1125–Unruhe als politische Kraft im mittelalterlichen Reich', in W. Hechberger and F. Schuller (eds.), *Staufer*

& *Welfen* (Regensburg, 2009), pp. 31–49; S. Dick, 'Die Königserhebung Friedrich Barbarossas im Spiegel der Quellen', *ZSRG GA*, 121 (2004), 200–237。

28　旧的阐释见 Mitteis, *Die deutsche Königswahl*, pp. 95–8。

29　U. Reinhardt, *Untersuchungen zur Stellung der Geistlichkeit bei den Königswahlen im Fränkischen und Deutschen Reich (751–1250)* (Marburg, 1975), esp. pp. 83–9; D. Waßenhoven, 'Bischöfe als Königsmacher? Selbstverständnis und Anspruch des Episkopats bei Herrscherwechseln im 10. und frühen 11. Jahrhundert', in L. Körntgen and D. Waßerhoven (eds.), *Religion and Politics in the Middle Ages: Germany and England by Comparison* (Berlin, 2013), pp. 31–50; R. Reisinger, *Die römisch-deutschen Könige und ihre Wähler, 1198–1273* (Aalen, 1977), p. 110.

30　H. C. Faußner, 'Die Thronerhebung des deutschen Königs im Hochmittelalter und die Entstehung des Kurfürstenkollegiums', *ZSRG GA*, 108 (1991), 1–60 at 34–8.

31　E. Boshof, 'Erstkurrecht und Erzämtertheorie im Sachsenspiegel', in T. Schieder (ed.), *Beiträge zur Geschichte des mittelalterlichen deutschen Königtums* (Munich, 1973), pp. 84–121.

32　H. Stehkämper, 'Der Kölner Erzbischof Adolf von Altena und die deutsche Königswahl (1195–1205)', in Schieder (ed.), *Beiträge*, pp. 5–83. 另参见 Reinhardt, *Untersuchungen zur Stellung der Geistlichkeit*, pp. 269–73。

33　Begert, *Die Entstehung und Entwicklung des Kurkollegs*, pp. 149-70. 本书第 342 页对帝国要职有所讨论。

34　A. Wolf, *Die Entstehung des Kurfürstenkollegs, 1198–1298* (Idstein, 1998); W. -D. Mohrmann, *Lauenburg oder Wittenberg? Zum Problem des sächsischen Kurstreites bis zur Mitte des 14. Jahrhunderts* (Hildesheim, 1975); U. Hohensee et al. (eds.), *Die Goldene Bulle. Politik-Wahrnehmung-Rezeption* (2 vols., Berlin, 2009). 关于查理四世的动机，见本书第 445—448 页。

35　A. Gotthard, *Säulen des Reiches. Die Kurfürsten im frühneuzeitlichen Reichsverband* (Husum, 1999), pp. 609–11; T. Brockmann, *Dynastie, Kaiseramt und Konfession* (Paderborn, 2011), pp. 320-25. 这个数字从哈布斯堡家族的角度来看还要好一点，要知道有两次皇帝选举都是在位皇帝意外早逝引发的（1711，1792），还有一次选举是一位"罗马人的国王"意外早逝（1658）引发的。

36　Goldberg, *Struggle for Empire*, pp. 220–21.

37　S. Haider, *Die Wahlversprechungen der römisch-deutschen Könige bis zum Ende des zwölften Jahrhunderts* (Vienna, 1968); G. Kleinheyer, *Die kaiserlichen Wahlkapitulationen* (Karlsruhe, 1968), pp. 21–2.

`

38 1711 年的协定见 K. Zeumer (ed.), *Quellensammlung zur Geschichte der deutschen Reichsverfassung in Mittelalter und Neuzeit* (Tübingen, 1913), pp. 474–97。另见 H.-M. Empell, 'De eligendo regis vivente imperatore. Die Regelung in der Beständigen Wahlkapitulation und ihre Interpretation in der Staatsrechtsliteratur des 18. Jahrhunderts', *ZNRG*, 16 (1994), 11–24。

39 E. Boshof, *Königtum und Königsherrschaft im 10. und 11. Jahrhundert* (3rd ed., Munich, 2010), pp. 51–77; W. Goldinger, 'Das Zeremoniell der deutschen Königskrönung seit dem späten Mittelalter', *Mitteilungen des Oberösterreichischen Landesarchivs*, 5 (1957), 91–111; H. J. Berbig, 'Der Krönungsritus im Alten Reich (1648–1806)', *ZBLG*, 38 (1975), 639–700. 后续另参见 R. Elze (ed.), *Ordines coronationis imperialis* (MGH, vol.19, Hanover, 1960)。

40 R. A. Jackson (ed.), *Ordines coronationis franciae: Texts and Ordines for the Coronation of Frankish and French Kings and Queens in the Middle Ages* (2 vols., Philadelphia, 1995–2000), I, pp. 1–23. 本书第 12—16 页讨论了查理曼的加冕礼。

41 Thietmar of Merseburg, *Chronicon*, pp. 72–3. 另参见 Reinhardt, *Untersuchungen zur Stellung der Geistlichkeit*, pp. 83–4, 90–132; Keller, *Ottonische Königsherrschaft*, pp. 91–130。

42 E. Boshof, 'Köln, Mainz, Trier. Die Auseinandersetzung um die Spitzen-stellung im deutschen Episkopat in ottonisch-salischer Zeit', *Jahrbuch des Kölnischen Geschichtsvereins*, 49 (1978), 19–48.

43 时人的描述见 C. Hattenhauer, *Wahl und Krönung Franz II. AD 1792* (Frankfurt am Main, 1995), pp. 203–360; *NTSR*, II, 311–59。

44 R. Schieffer, 'Otto II. und sein Vater', *FMS*, 36 (2002), 255–69.

45 B. Weiler, 'Reasserting power: Frederick II in Germany (1235–1236)', in idem and S. MacLean (eds.), *Representations of Power in Medieval Germany, 800–1500* (Turnhout, 2006), pp. 241–71. 亨利的君主序号是"（七世）"，因为 1308 年亨利七世即位时不知道或不承认前面这个亨利的国王地位。

46 A. Wolf, 'Reigning queens in medieval Europe: When, where, and why', in J. C. Parsons (ed.), *Medieval Queenship* (Stroud, 1994), pp. 169–88.

47 A. Fößel, *Die Königin im mittelalterlichen Reich* (Sigmaringen, 2000), pp. 17–49; B. Stollberg-Rilinger, *Des Kaisers alte Kleider* (Munich, 2008), pp. 190–93; *NTSR*, II, 642–57. 关于加洛林时期女性的地位，见 J. L. Nelson, 'Women at the court of Charlemagne: A case of monstrous regiment?', in Parsons (ed.), *Medieval Queenship*, pp. 43–61; P. Stafford, *Queens, Concubines and Dowagers: The King's Wife in the Early Middle Ages* (London, 1983)。

48 E. J. Goldberg, '*Regina nitens sanctissima Hemma*: Queen Emma (827–876), Bishop Witgar of Augsburg and the Witgar-Belt', in Weiler and MacLean (eds.), *Representations of Power*, pp. 57–95; S. MacLean, 'Queenship, nunneries and royal widowhood in Carolingian Europe', *P&P*, 178 (2003), 3–38.

49 T. Vogelsang, *Die Frau als Herrscherin im hohen Mittelalter. Studien zur 'consors regni'-Formel* (Göttingen, 1954); G. Baumer, *Otto I. und Adelheid* (Tübingen, 1951).

50 P. Hamer, *Kunigunde von Luxemburg. Die Rettung des Reiches* (Luxembourg, 1985); S. Pflefka, 'Kunigunde und Heinrich II. Politische Wirkungsmöglichkeit einer Kaiserin an der Schwelle eines neuen Jahr-tausends', *Historischer Verein Bamberg*, 135 (1999), 199–290.

51 C. E. Odegaard, 'The Empress Engelberge', *Speculum*, 26 (1951), 77–103 at 95; Althoff, *Die Ottonen*, pp. 76, 138–9.

52 T. Offergeld, *Reges pueri. Das Königtum Minderjähriger im frühen Mittelalter* (Hanover, 2001).

53 Thietmar of Merseburg, *Chronicon*, p. 103. 概述参见 E. Eickhoff, *Theophanu und der König* (Stuttgart, 1996); A. Davids (ed.), *The Empress Theophano: Byzantium and the West at the Time of the First Millennium* (Cambridge, 1995). L. Wangerin, 'Empress Theophanu, sanctity, and memory in early medieval Saxony', *CEH*, 47 (2014), 716–36. 关于"强辩者"海因里希，见本书第389—393页。

54 J. W. Bernhardt, 'Concepts and practice of empire in Ottonian Germany (950–1024)', in Weiler and MacLean (eds.), *Representations of Power*, pp. 141–63 at 150–51; Fößel, *Die Königin*, pp. 51–4. 后续另参见 Althoff, *Otto III*, pp. 40–51。

55 转引自 S. Weinfurter, *The Salian Century* (Philadelphia, 1999), p. 114。概述参见 M. Black-Veldtrup, *Kaiserin Agnes (1043–1077)* (Cologne, 1995); G. Jenal, *Erzbischof Anno II. von Köln (1056–75) und sein politisches Wirken* (2 vols., Stuttgart, 1974–5), I, pp. 155–95; G. Althoff, *Heinrich IV.* (Darmstadt, 2006), pp. 41–66。

56 M. S. Sánchez, *The Empress, the Queen and the Nun: Women and Power at the Court of Philip III of Spain* (Baltimore, 1998); C. W. Ingrao and A. L. Thomas, 'Piety and power: The empresses-consort of the high baroque', in C. C. Orr (ed.), *Queenship in Europe, 1660–1815* (Cambridge, 2004), pp. 107–30.

57 P. H. Wilson, 'Women in imperial politics: The Württemberg consorts, 1674–1757', in Orr (ed.), *Queenship*, pp. 221–51; P. Puppel, *Die Regentin. Vormundschaftliche Herrschaft in Hessen, 1500–1700* (Frankfurt am Main, 2004); H. Wunder, *He is the Sun, she is the Moon: Women in Early Modern Germany* (Cambridge, MA, 1998), pp.

165–74.

58   B. Weiler, 'Image and reality in Richard of Cornwall's German career', *EHR*, 113 (1998), 1111–42 at 1125–6.

59   W. Hermkes, *Das Reichsvikariat in Deutschland* (Bonn, 1968).

60   F. Baethgen, 'Der Anspruch des Papsttums auf das Reichsvikariat', *ZSRG KA*, 10 (1920), 168–268; R. Pauler, *Die deutschen Könige und Italien im 14. Jahrhudert von Heinrich VII. bis Karl IV.* (Darmstadt, 1997), pp. 13–14, 23–4.

61   R. Pauler, *Die Auseinandersetzungen zwischen Kaiser Karl IV. und den Päpsten* (Neuried, 1996), p. 211. 后续参见 C. Zwierlein, 'Savoyen-Piemonts Verhältnis zum Reich 1536 bis 1618', in M. Schnettger and M. Verga (eds.), *L'Impero e l'Italia nella prima età moderna* (Bologna, 2006), pp. 347–89 at 367–84。

62   G. Droege, 'Pfalzgrafschaft, Grafschaften und allodiale Herrschaften zwischen Maas und Rhein in salisch-staufischer Zeit', *RVJB*, 26 (1961), 1–21; Jenal, *Erzbischof Anno*, I, pp. 110–54. 后续参见 J. Peltzer, *Der Rang der Pfalzgrafen bei Rhein. Die Gestaltung der politisch-sozialen Ordnung des Reichs im 13. und 14. Jahrhundert* (Ostfildern, 2013)。

63   Fuhrmann, *Germany*, p. 32. 另参见 J. Laudage, 'Der Hof Friedrich Barbarossas', in idem and Y. Leiverkus (eds.), *Rittertum und Höfische Kultur der Stauferzeit* (Cologne, 2006), pp. 75–92; Goldberg, *Struggle for Empire*, pp. 191–8。关于加洛林时期的宫廷，见 R. McKitterick, *The Frankish Kingdoms under the Carolingians* (Harlow, 1983), pp. 78–80; J. Laudage et al., *Die Zeit der Karolinger* (Darmstadt, 2006), pp. 146–62。本书第 382—383 页讨论了王庭会议的情况。

64   McKitterick, *The Frankish Kingdoms*, pp. 80–85.

65   P. C. Hartmann (ed.), *Der Mainzer Kurfürst als Reichserzkanzler* (Stuttgart, 1997); H. Duchhardt, 'Kurmainz und das Reichskammergericht', *BDLG*, 110 (1974), 181–217.

66   W. Metz, *Zur Erforschung des karolingischen Reichsgutes* (Darmstadt, 1971).

67   B. S. Bachrach, *Early Carolingian Warfare* (Philadelphia, 2001), pp. 57–9; R. McKitterick, *Charlemagne* (Cambridge, 2008), Chapter 4; A. Barbero, *Karl der Grosse* (Stuttgart, 2007).

68   G. Brown, 'The Carolingian Renaissance', in R. McKitterick (ed.), *Carolingian Culture* (Cambridge, 1994), pp. 1–51 at 34. 另参见 R. McKitterick, *The Carolingians and the Written Word* (Cambridge, 1989); A. Wenderhorst, 'Who could read and write in the Middle Ages?', in A. Haverkamp and H. Vollrath (eds.), *England and Germany in the High Middle Ages* (Oxford, 1996), pp. 57–88。

69   H. Keller, 'Vom "heiligen Buch" zur "Buchführung". Lebensfunktionen der Schrift im Mittelalter', *FMS*, 26 (1992), 1–31.

70   M. Costambeys et al., *The Carolingian World* (Cambridge, 2011), pp. 182–9; D. S. Bachrach, 'The written word in Carolingian-style fiscal administration under King Henry I, 919–936', *GH*, 28 (2010), 399–423.

71   W. Treadgold, *A Concise History of Byzantium* (Basingstoke, 2001), esp. p. 236.

72   引自 R. Collins, 'Making sense of the early Middle Ages', *EHR*, 124 (2009), 641–65 at 650。

73   奥托王朝的皇帝在意大利的时候，派出的军队很少超过这个规模：2 000 名披甲骑兵，4 000—6 000 名步兵及挑夫；见 L. Auer, 'Der Kriegsdienst des Klerus unter den sächsischen Kaiser', *MIÖG*, 79 (1971), 316–407, and 80 (1972), 48–70。

74   J. France, 'The composition and raising of the armies of Charlemagne', *Journal of Medieval Military History*, 1 (2002), 61–82; T. Reuter, 'Carolingian and Ottonian warfare', in M. Keen (ed.), *Medieval Warfare* (Oxford, 1999), pp. 13–35 at 28–9; Goldberg, *Struggle for Empire*, pp. 124–6; Althoff, *Die Ottonen*, pp. 106, 148; G. Halsall, *Warfare and Society in the Barbarian West, 450–900* (London, 2003), pp. 119–33; Leyser, *Medieval Germany*, pp. 11–42; G. A. Loud (ed.), *The Crusade of Frederick Barbarossa* (Farnham, 2013), p. 19. D. S. Bachrach, *Warfare in Tenth-Century Germany* (Woodbridge, 2012), pp. 12, 177–8, 232–6 所估计的奥托王朝军队的规模要大得多。

75   在 17 世纪和 18 世纪早期的哈布斯堡王朝军官中，很少有人受过正式的训练，也没什么人会阅读军事书籍，但他们有地位、有地产，因此熟悉人事管理和动物饲养，还掌握许多其他的实践技能：E. A. Lund, *War for the Every Day: Generals, Knowledge and Warfare in Early Modern Europe, 1680–1740* (Westport, CT, 1999)。

76   H. Schwarzmaier, 'Das "Salische Hausarchiv"', in Weinfurter (ed.), *Die Salier und das Reich*, I, pp. 97–115. 另可参见 H. Keller, 'Ritual, Symbolik und Visualisierung in der Kultur des ottonischen Reiches', *FMS*, 35 (2001), 23–59 esp. 55–9; Leyser, *Medieval Germany*, pp. 69–101。

77   A. T. Hack, *Das Empfangszeremoniell bei mittelalterlichen Papst-Kaiser-Treffe*n (Cologne, 1999), pp. 586–7; H. J. Cohn, 'The political culture of the Imperial Diet as reflected in Reformation-era diaries', in D. Repeto García (ed.), *Las Cortes de Cádiz y la historia parlamentari*a (Cadiz, 2012), pp. 603–72, and his 'The protocols of the German imperial diet during the reign of Emperor Charles V', in J. Feuchter and J.

Helmrath (eds.), *Politische Redekultur in der Vormoderne* (Frankfurt am Main, 2008), pp. 45–63.

78 G. Koch, *Auf dem Wege zum Sacrum Imperium* (Vienna, 1972), p. 30; P. Moraw, 'Kanzlei und Kanzleipersonal König Ruprechts', *Archiv für Diplomatik*, 15 (1969), 428–531 at 438–9; W. Blockmans, *Emperor Charles V, 1500–1558* (London, 2002), p. 133.

79 R. Schneider, 'Landeserschließung und Raumerfassung durch salische Herrscher', in Weinfurter (ed.), *Die Salier und das Reich*, I, pp. 117–38 at 130–34; Moraw, 'Kanzlei'.

80 J. M. Headley, *The Emperor and his Chancellor: A Study of the Imperial Chancellery under Gattinara* (Cambridge, 1983); E. Ortlieb, 'Die Entstehung des Reichshofrats in der Regierungszeit der Kaiser Karl V. und Ferdinand I.', *Frühneuzeit-Info*, 17 (2006), 11–26.

81 B. Blisch, *Friedrich Carl Joseph von Erthal (1774–1802). Erzbischof-Kurfürst-Erzkanzler* (Frankfurt am Main, 2005), pp. 32–3.

82 参见以下两部论文集，均由 R. 邦尼（R. Bonney）主编: *Economic Systems and State Finance* (Oxford, 1995); *The Rise of the Fiscal State in Europe c.1200–1815* (Oxford, 1999)。

83 Goldberg, *Struggle for Empire*, pp. 203–6.

84 Boshof, *Königtum und Königsherrschaft*, p. 82.

85 E. A. R. Brown, 'The tyranny of a construct: Feudalism and the historians of medieval Europe', *AHR*, 79 (1974), 1063–88; S. Reynolds, *Fiefs and Vassals: The Medieval Evidence Reinterpreted* (Oxford, 1994), and her response to J. Fried, both in *GHIL*, 19 (1997), no.1, pp. 28–41, no.2, pp. 30–34. 对帝国具体情况的概述，见 K.-H. Spiess, *Das Lehnswesen in Deutschland im hohen und späten Mittelalter* (2nd ed., Stuttgart, 2009); S. Patzold, *Das Lehnswesen* (Munich, 2012)。

86 T. Mayer, 'Die Entstehung des "modernen" Staates im Mittelalter und die freien Bauern', *ZSRG GA*, 57 (1937), 210–88, and his 'Die Ausbildung der Grundlagen des modernen deutschen Staates im hohen Mittelalter', *HZ*, 159 (1939), 457–87. 对他的批评，见 H.-W. Goetz, 'Regnum. Zum politischen Denken der Karolingerzeit', *ZSRG GA*, 104 (1987), 110–89; E. Schubert, *Fürstliche Herrschaft und Territorium im späten Mittelalter* (2nd ed., Munich, 2006), pp. 222, 57–61。

87 特别是马克思主义历史学的阐释: R. H. Hilton, *Class Conflict and the Crisis of Feudalism* (London, 1985)。

88 T. Zotz, 'In Amt und Würden. Zur Eigenart "offizieller" Positionen im früheren

Mittelalter', *Tel Aviver Jahrbuch für deutsche Geschichte*, 22 (1993), 1–23.

89   L. Auer, 'Der Kriegsdienst des Klerus unter den sächsischen Kaisern', *MIÖG*, 79 (1971), 316–407, and 80 (1972), 48–70; T. Reuter, 'Episcopi cum sua militia: The prelate as warrior in the early Staufer era', in idem (ed.), *Warriors and Churchmen in the High Middle Ages* (London, 1992), pp. 79–94; B. Arnold, 'German bishops and their military retinues in the medieval Empire', *GH*, 7 (1989), 161–83; K. L. Krieger, 'Obligatory military service and the use of mercenaries in imperial military campaigns under the Hohenstaufen emperors', in Haverkamp and Vollrath (eds.), *England and Germany,* pp. 151–68.

90   C. E. Odegaard, 'Carolingian oaths of fidelity', *Speculum*, 16 (1941), 284–96, and his 'The concept of royal power in Carolingian oaths of fidelity', *Speculum*, 20 (1945), 279–89; H. Keller, 'Die Investitur. Ein Beitrag zum Problem der "Staatssymbolik" im Hochmittelalter', *FMS*, 27 (1993), 51–86.

91   H. K. Schulze, *Grundstrukturen der Verfassung im Mittelalter* (3rd ed., 3 vols., Stuttgart, 1995–2000), I, pp. 56–9, 73–4.

92   C. Brühl, *Fodrum, Gistum, Servitium regis. Studien zu den wirtschaftlichen Grundlagen des Königtums im Frankenreich und in den fränkischen Nachfolgestaaten Deutschland, Frankreich und Italien vom 6. bis zur Mitte des 14. Jahrhunderts* (2 vols., Cologne, 1968); W. Metz, *Das Servitium regis. Zur Erforschung der wirtschaftlichen Grundlagen des hochmittelalterlichen deutschen Königtums* (Darmstadt, 1978).

93   K. Leyser, 'Ottonian government', *EHR*, 96 (1981), 721–53 at 746–7; E. Müller-Mertens, 'Reich und Hauptorte der Salier', in Weinfurter (ed.), *Die Salier und das Reich*, I, pp. 139–58.

94   Costambeys et al., *The Carolingian World*, pp. 122, 172–8.

95   T. Zotz, 'Carolingian tradition and Ottonian-Salian innovation: Comparative observations on palatine policy in the Empire', in Duggan (ed.), *Kings and Kingship*, pp. 69–100; J. Dahlhaus, 'Zu den Anfängen von Pfalz und Stiften in Goslar', in Weinfurter (ed.), *Die Salier und das Reich*, II, pp. 373–428.

96   Schulze, *Grundstrukturen,* II, pp. 112–15.

97   J. W. Bernhardt, *Itinerant Kingship and Royal Monasteries in Early Medieval Germany, c.936–1075* (Cambridge, 1993), pp. 75–135.

98   Keller, *Ottonische Königsherrschaft*, p. 109; H. Jericke, 'Konradins Marsch von Rom zur palentinische Ebene im August 1268 und die Größe und Struktur seines Heeres',

Römische Historische Mitteilungen, 44 (2002), 151–92.

99 D. J. Hay, *The Military Leadership of Matilda of Canossa, 1046–1115* (Manchester, 2008), p. 184.

100 S. Weinfurter, 'Salisches Herrschaftsverständnis im Wandel. Heinrich V. und sein Privileg für die Bürger von Speyer', *FMS*, 36 (2002), 317–35.

101 M. Innes, 'Charlemagne's government', in J. Story (ed.), *Charlemagne* (Manchester, 2005), pp. 71–89.

102 G. Althoff, 'Die Billunger in der Salierzeit', in Weinfurter (ed.), *Die Salier und das Reich*, I, pp. 309–29; Wolfram, *Conrad II*, pp. 177–90.

103 McKitterick, *The Frankish Kingdoms*, pp. 87–97; Costambeys et al., *The Carolingian World*, pp. 172–9.

104 J. L. Nelson, 'Kingship and empire in the Carolingian world', in McKitterick (ed.), *Carolingian Culture*, pp. 52–87 esp. 52; Goldberg, *Struggle for Empire*, pp. 226–9.

105 S. Patzold, 'Konsens und Konkurrenz. Überlegungen zu einem aktuellen Forschungskonzept der Mediävistik', *FMS*, 41 (2007), 75–103.

106 G. Althoff, *Verwandte, Freunde und Getreue. Zum politischen Stellenwert der Gruppenbindungen im früheren Mittelalter* (Darmstadt, 1990), pp. 119–33, and his 'Friendship and political order', in J. Haseldine (ed.), *Friendship in Medieval Europe* (Stroud, 1999), pp. 91–105; C. Garnier, *Die Kultur der Bitte. Herrschaft und Kommunikation im mittelalterlichen Reich* (Darmstadt, 2008).

107 B. Schneidmüller, 'Zwischen Gott und den Getreuen', *FMS*, 36 (2002), 193–224 at 212.

108 Costambeys et al., *The Carolingian World*, pp. 213–22, 379–83; McKitterick, *The Frankish Kingdom*s, pp. 169–73. 关于暴力程度及其影响，见 G. Halsall (ed.), *Violence and Society in the Early Medieval West* (Woodbridge, 1998)。

109 R. Collins, *Early Medieval Europe, 300–1000* (Basingstoke, 1991), p. 309. 见 J. Nelson, *Charles the Bald* (London, 1992); S. MacLean, *Kingship and Politics in the Late Ninth Century: Charles the Fat and the End of the Carolingian Empire* (Cambridge, 2003)。

110 Keller, *Ottonische Königsherrschaft*, pp. 12–21.

111 A. Haverkamp, 'Die Städte im Herrschafts-und Sozialgefüge Reichsitaliens', in F. Vittinghoff (ed.), *Stadt und Herrschaft. Römische Kaiserzeit und hohes Mittelalter* (Munich, 1982), pp. 149–245 at 166–9.

112 Goldberg, *Struggle for Empire*, pp. 335–42; Althoff, *Die Ottonen*, p. 15. 另参见 R. Hiestand, 'Pressburg 907. Eine Wende in der Geschichte des ostfränkischen Reiches?',

ZBLG, 57 (1994), 1–20。

113   J. Fried, 'Die Kunst der Aktualisierung in der oralen Gesellschaft. Die Königserhebung Heinrichs I. als Exempel', *GWU*, 44 (1993), 493–503; R. Deutinger, '"Königswahl" und Herzogserhebung Arnulfs von Bayern', *DA*, 58 (2002), 17–68; M. Becher, *Otto der Große* (Munich, 2012), pp. 71–88.

114   E. Hlawitschka, 'Vom Ausklingen der fränkischen und Einsetzen der deutschen Geschichte', in C. Brühl and B. Schneidmüller (eds.), *Beiträge zur mittelalterlichen Reichs-und Nationsbildung in Deutschland und Frankreich* (Munich, 1997), pp. 55–81 at 58–69; Althoff, *Die Ottonen*, pp. 230–47.

115   Keller, *Ottonische Königsherrschaft*, p. 61.

116   E. Boshof, *Die Salier* (5th ed., Stuttgart, 2008), p. 98.

117   Keller, *Ottonische Königsherrschaft*, pp. 65–72.

118   Becher, *Otto der Große*, pp. 239–40, 249–50.

119   Thietmar of Merseburg, *Chronicon*, pp. 143–6.

120   Ibid, pp. 150–55; Althoff, *Otto III*, pp. 30–40.

121   A. Wolf, 'Die Herkunft der Grafen von Northeim aus dem Hause Luxemburg und der Mord am Königskandidaten Ekkehard von Meißen 1002', *Niedersächsisches Jahrbuch für Landesgeschichte*, 69 (1997), 427–40. 后续参见 Althoff, *Otto III*, pp. 146–8; Keller, *Ottonische Königsherrschaft*, pp. 51–7, 92–4。

122   勃艮第的维波对康拉德继位过程的记述，见 T. E. Mommsen and K. F. Morrison (eds.), *Imperial Lives and Letters of the Eleventh Century* (New York, 2000), pp. 57–65。另参见 Wolfram, *Conrad II*, pp. 42–5; Weinfurter, *Salian Century*, pp. 18–24。康拉德对意大利和勃艮第的争夺，见本书第 203 页和第 213 页。

123   B. Arnold, *German Knighthood, 1050–1300* (Oxford, 1985), pp. 23–52, 100–139; W. Hechberger, *Adel, Ministerialität und Rittertum im Mittelalter* (2nd ed., Munich, 2010), pp. 27–34, 91–9; T. Zotz, 'Die Formierung der Ministerialität', in Weinfurter (ed.), *Die Salier und das Reich*, III, pp. 3–50; Wolfram, *Conrad II*, pp. 169–77.

124   W. Giese, 'Reichsstrukturprobleme unter den Saliern-der Adel in Ost-sachsen', in Weinfurter (ed.), *Die Salier und das Reich*, I, pp. 273–308.

125   W. Störmer, 'Bayern und der bayerische Herzog im 11. Jahrhundert', in Weinfurter (ed.), *Die Salier und das Reich*, I, pp. 503–47; P. Johanek, 'Die Erzbischöfe von Hamburg-Bremen und ihre Kirche im Reich der Salierzeit', in ibid, II, pp. 79–112.

126   O. Engels, 'Das Reich der Salier-Entwicklungslinien', in Weinfurter (ed.), *Die Salier und das Reich*, III, pp. 479–541.

127 B. Arnold, *German Knighthood, 1050–1300* (Oxford, 1985), pp. 23–52, 100–139; W. Hechberger, *Adel, Ministerialität und Rittertum im Mittelalter* (2nd ed., Munich, 2010), pp. 27–34, 91–9; T. Zotz, 'Die Formierung der Ministerialität', in Weinfurter (ed.), *Die Salier und das Reich*, III, pp. 3–50; Wolfram, *Conrad II*, pp. 169–77.

128 W. Giese, 'Reichsstrukturprobleme unter den Saliern-der Adel in Ost-sachsen', in Weinfurter (ed.), *Die Salier und das Reich*, I, pp. 273–308.

129 W. Störmer, 'Bayern und der bayerische Herzog im 11. Jahrhundert', in Weinfurter (ed.), *Die Salier und das Reich*, I, pp. 503–47; P. Johanek, 'Die Erzbischöfe von Hamburg-Bremen und ihre Kirche im Reich der Salierzeit', in ibid, II, pp. 79–112.

130 Patzold, 'Konsens und Konkurrenz', pp. 89–97, 相关讨论见本书第 50—53 页。

131 B. Arnold, *Princes and Territories in Medieval Germany* (Cambridge, 1991), pp. 95–6.

132 O. Hermann, *Lothar III. und sein Wirkungsbereich. Räumliche Bezüge königlichen Handelns im hochmittelalterlichen Reich (1125–1137)* (Bochum, 2000).

133 虽然夸大了形成共识的程度，但 J. 施利克（J. Schlick）关于这些变化的讨论仍然是有用的：*König, Fürsten und Reich (1056–1159)* (Stuttgart, 2001), pp. 11–48, 94–5。另参见 Weinfurter, *Salian Century*, pp. 177–9; Boshof, *Die Salier*, pp. 293–9。

第八章　领地

1 例如 H. Fuhrmann, *Germany in the High Middle Ages, c. 1050–1200* (Cambridge, 1986), pp. 125–86; H. Boldt, *Deutsche Verfassungsgeschichte. I Von den Anfängen bis zum Ende des älteren deutschen Reiches 1806* (3rd ed., Munich, 1994), esp. p. 249。

2 D. Matthew, *The Norman Kingdom of Sicily* (Cambridge, 1992), pp. 306–62.

3 A. C. Schlunk, *Königsmacht und Krongut. Die Machtgrundlage des deutschen Königtums im 13. Jahrhundert* (Stuttgart, 1988), p. 16.

4 Fuhrmann, *Germany*, p. 186.

5 K. Görich, *Friedrich Barbarossa* (Munich, 2011), pp. 301–11; F. Opll, *Friedrich Barbarossa* (4th ed., Darmstadt, 2009), pp. 64–6; J. Laudage, *Friedrich Barbarossa (1152–1190)* (Regensburg, 2009), pp. 124–34. 根据 Fuhrmann, *Germany*, p. 23，斯陶芬家族治下意大利的年收入总计为 6.5 万磅白银。

6 A. Haverkamp, 'Die Städte im Herrschafts-und Sozialgefüge Reichsitaliens', in F. Vittinghoff (ed.), *Stadt und Herrschaft. Römische Kaiserzeit und hohes Mittelalter*

(Munich, 1982), pp. 149–245 at 208–11, 221–3; G. Deibel, 'Die finanzielle Bedeutung Reichs-Italiens für die staufischen Herrscher des zwölften Jahrhunderts', *ZSRG GA*, 54 (1934), 134–77 esp. 143–5. 关于伦巴第联盟，见本书第 653—655 页。

7   P. Schulte, 'Friedrich Barbarossa, die italienischen Kommunen und das politische Konzept der Treue', *FMS*, 38 (2004), 153–72.

8   H. K. Schulze, *Grundstrukturen der Verfassung im Mittelalter* (3rd ed., 3 vols., Stuttgart, 1995–2000), I, pp. 63–7.

9   M. T. Fögen, 'Römisches Recht und Rombilder im östlichen und westlichen Mittelalter', in B. Schneidmüller and S. Weinfurter (eds.), *Heilig–Römisch–Deutsch* (Dresden, 2006), pp. 57–83; J. Dendorfer and R. Deutinger (eds.), *Das Lehnswesen im Hochmittelalter* (Ostfildern, 2010).

10   J. Ehlers, *Heinrich der Löwe* (Munich, 2008), pp. 21–46; K. Jordan, *Henry the Lion* (Oxford, 1986).

11   K. Görich, 'Jäger des Löwen oder Getriebener der Fürsten? Friedrich Barbarossa und die Entmachtung Heinrichs des Löwen', in W. Hechberger and F. Schuller (eds.), *Staufer & Welfen* (Regensburg, 2009), pp. 99–117.

12   J.-P. Stöckel, 'Die Weigerung Heinrichs des Löwen zu Chiavenna (1176)', *Zeitschrift für Geschichtswissenschaft*, 42 (1994), 869–82.

13   B. Arnold, *Princes and Territories in Medieval Germany* (Cambridge, 1991), pp. 96–111; Laudage, *Barbarossa*, pp. 271–90.

14   Ehlers, *Heinrich der Löwe*, pp. 375–87.

15   B. U. Hucker, *Otto IV. Der wiederentdeckte Kaiser* (Frankfurt am Main, 2003); H. Stehkämper, 'Der Kölner Erzbischof Adolf von Altena und die deutsche Königswahl (1195–1205)', in T. Schieder (ed.), *Beiträge zur Geschichte des mittelalterlichen deutschen Königtums* (Munich, 1973), pp. 5–83.

16   授予世俗贵族的宪章最初由亨利（七世）于 1231 年发布，一年后由腓特烈确认。宪章内容载于 K. Zeumer (ed.), *Quellensammlung zur Geschichte der deutschen Reichsverfassung in Mittelalter und Neuzeit* (Tübingen, 1913), pp. 42–4, 51–2。

17   B. Arnold, *Medieval Germany, 500–1300* (Basingstoke, 1997), pp. 188–9, and his *Princes and Territories*, pp. 17–20.

18   S. Patzold, 'Konsens und Konkurrenz. Überlegungen zu einem aktuallen Forschungskonzept der Mediävistik', *FMS*, 41 (2007), 75–103 at 100–102.

19   E. Schubert, *Fürstliche Herrschaft und Territorium im späten Mittelalter* (2nd ed., Munich, 2006), p. 10; Schulze, *Grundstrukturen*, I, p. 66; Arnold, *Princes and Territories*,

pp. 88–9.

20 普法尔茨的主要领地有比肯费尔德、诺伊堡、锡门、苏尔茨巴赫、费尔登茨德和茨韦布吕肯。韦尔夫家族的领地有卡伦贝格（汉诺威）、哥廷根、格鲁本哈根、吕讷堡和沃尔芬比特尔。

21 首先批准此事的似乎是康拉德二世：H. Wolfram, *Conrad II, 990–1039* (University Park, PA, 2006), p. 192。

22 其他女性封地包括林堡公国、不伦瑞克–吕讷堡公国、巴登侯国、巴滕贝格伯国、蒙博尔加德伯国、雷克海姆伯国，以及皇帝直辖的安霍尔特、兰斯克龙、绍恩和威克拉斯。

23 A. L. Reyscher (ed.), *Vollständige, historisch und kritisch bearbeitete Sammlung der württembergischen Gesetze* (29 vols., Stuttgart, 1828–51), XIX, part I, p.x; A. Flügel, *Bürgerliche Rittergüter. Sozialer Wandel und politische Reform in Kursachsen (1680–1844)* (Göttingen, 2000).

24 J. Merz, 'Bistümer und weltliche Herrschaftsbildung im Westen und Süden des spätmittelalterlichen Reiches', *HJb*, 126 (2006), 65–89 at 68–9; Schulze, *Grundstrukturen*, I, pp. 87–90.

25 B. Stollberg-Rilinger, *Des Kaisers alte Kleider* (Munich, 2008), pp. 64–71.

26 Schubert, *Fürstliche Herrschaft*, pp. 52–7. 另参见 H. Patze (ed.), *Der deutsche Territorialstaat im 14 Jahrhundert* (2 vols., Sigmaringen, 1970–71); Boldt, *Deutsche Verfassungsgeschichte*, pp. 149–246。

27 Arnold, *Princes and Territories*, p. 281.

28 E. Schubert, 'Die Umformung spätmittelalterlicher Fürstenherrschaft im 16. Jahrhundert', *RVJB*, 63 (1999), 204–63 at 229–36; P. Rückert, 'Von der Stadt zum Amt. Zur Genese württembergischer Herrschafts-und Verwaltungsstrukturen', *ZWLG*, 72 (2013), 53–74 at 65. 对领地化的概述见 P. Moraw, *Von offener Verfassung zu gestalteter Verdichtung. Das Reich im späten Mittelalter 1250 bis 1490* (Berlin, 1985), pp. 183–201; Arnold, *Princes and Territories*, pp. 152–210。

29 H. Krieg, 'Die Markgrafen von Baden im Gebiet von Neckar und Murr (11. bis 13. Jh.)', *ZWLG*, 72 (2013), 13–32.

30 S. Lorenz, 'Von Baden zu Württemberg. Marbach–ein Objekt im herrschaftlichen Kräftespiel des ausgehenden 13. Jahrhunderts', *ZWLG*, 72 (2013), 33–52 at 48–9; E. Marquardt, *Geschichte Württembergs* (3rd ed., Stuttgart, 1985), pp. 18–23.

31 J. B. Freed, 'Medieval German social history', *CEH*, 25 (1992), 1–26 at 1–2; H. Zmora, *The Feud in Early Modern Germany* (Cambridge, 2011), pp. 82–99; K. J.

MacHardy, *War, Religion and Court Patronage in Habsburg Austria* (Basingstoke, 2003), p. 133.

32　A. Niederstätter, *Österreichische Geschichte, 1278–1411* (Vienna, 2004), pp. 178–81; O. Hintze, *Die Hohenzollern und ihr Werk* (Berlin, 1915), p. 75.

33　W. Grube, '400 Jahre Haus Württemberg in Mömpelgard', in R. Uhland (ed.), *900 Jahre Haus Württemberg* (Stuttgart, 1985), pp. 438–58.

34　J. Whaley, *Germany and the Holy Roman Empire, 1493–1806* (2 vols., Oxford, 2012), I, p. 490; Rückert, 'Von der Stadt zum Amt', pp. 61–74; Schubert, 'Die Umformung spätmittelalterlicher Fürstenherrschaft', pp. 209–15.

35　J. Gerchow, 'Äbtissinnen auf dem Weg zur Landesherrschaft im 13. Jahrhundert. Das Beispiel der Frauenstifte Essen und Herford', in T. Schilp (ed.), *Reform–Reformation–Säkularisation. Frauenstifte in Krisenzeiten* (Essen, 2004), pp. 67–88 at 84–8.

36　H. E. Feine, *Die Besetzung der Reichsbistümer vom Westfälischen Frieden bis zur Säkularisation, 1648–1803* (Stuttgart, 1921); E. J. Greipl, 'Zur weltlichen Herrschaft der Fürstbischöfe in der Zeit vom Westfälischen Frieden bis zur Säkularisation', *Römische Quartalschrift*, 83 (1988), 252–69 esp. 257–8.

37　W. Janssen, *Das Erzbistum Köln im späten Mittelalter, 1191–1515* (Cologne, 1995); Merz, 'Bistümer und weltliche Herrschaftsbildung', pp. 75–7.

38　K. E. Demandt, *Geschichte des Landes Hessen* (2nd ed., Kassel, 1980); W. Dotzauer, 'Der kurpfälzische Wildfangstreit und seine Auswirkungen im rheinhessisch-pfälzischen Raum', *Geschichtliche Landeskunde*, 25 (1984), 81–105; W. B. Smith, *Reformation and the German Territorial State: Upper Franconia, 1300–1630* (Rochester, NY, 2008), pp. 44–9.

39　H. J. Cohn, *The Government of the Rhine Palatinate in the Fifteenth Century* (Oxford, 1965); V. Press, *Calvinismus und Territorialstaat. Regierung und Zentralbehörden der Kurpfalz, 1559–1619* (Stuttgart, 1970).

40　H. Patze and W. Schlesinger (eds.), *Geschichte Thüringens* (5 vols., Cologne, 1982).

41　A. D. Anderson, *On the Verge of War: International Relations and the Jülich-Kleve Succession Crises (1609–1614)* (Boston, 1999). 关于奥地利王位继承战争，见本书第 547—550 页。

42　B. Arnold, *German Knighthood, 1050–1300* (Oxford, 1985), pp. 17–20, and his *Princes and Territories*, pp. 40–43.

43　Arnold, *German Knighthood*, pp. 103–10, 140–61, 252–5; Moraw, *Von offener Verfassung*, pp. 73–7; Zmora, *The Feud*, pp. 86, 93–4. 关于贵族联盟，见本书第

636—640 页。

44   D. Abulafia, *Frederick II: A Medieval Emperor* (London, 1988), pp. 239–49; W. Stürner, *Friedrich II* (2 vols., Darmstadt, 2009), II, pp. 302–16.

45   H. Dopsch, *Österreichische Geschichte, 1122–1278* (Vienna, 2003), pp. 189–98.

46   B. Schneidmüller, 'Konsens–Territorialisierung–Eigennutz. Vom Umgang mit spätmittelalterlichen Geschichte', *FMS*, 39 (2005), 225–46 at 236–8.

47   B. Weiler, *Henry III of England and the Staufen Empire, 1216–1272* (Woodbridge, 2006), pp. 172–97, and his 'Image and reality in Richard of Cornwall's German career', *EHR*, 113 (1998), 1111–42.

48   G. Wagner, 'Pläne und Versuche der Erhebung Österreichs zum Königreich', in idem (ed.), *Österreich von der Staatsidee zum Nationalbewußtsein* (Vienna, 1982), pp. 394–432; Dopsch, *Österreichische Geschichte*, pp. 197–201.

49   T. Reuter, 'The medival German Sonderweg? The Empire and its rulers in the high Middle Ages', in A. J. Duggan (eds.), *Kings and Kingship in Medieval Europe* (London, 1993), pp. 179–211 at 209.

50   M. Spindler (ed.), *Handbuch der bayerischen Geschichte* (2nd ed., 2 vols., Munich, 1981), I, p. 409; P. Moraw, 'Ruprecht von der Pfalz', *ZGO*, 149 (2001), 97–110 at 102.

51   收入数据来自 B. Guenée, *States and Rulers in Later Medieval Europe* (Oxford, 1985), p. 11。

52   A. Haverkamp, *Medieval Germany, 1056–1273* (Oxford, 1988), pp. 285, 298. 后续参见 Schlunk, *Königsmacht und Krongut*。

53   包括九块领地：上士瓦本、下士瓦本、上阿尔萨斯、下阿尔萨斯、奥特瑙、施派尔高、韦特劳、罗滕堡、纽伦堡。

54   M. Prietzel, *Das Heilige Römische Reich im Spätmittelalter* (2nd ed., Darmstadt, 2010), p. 14.

55   P. Moraw, 'Franken als königsnahe Landschaft im späten Mittelalter', *BDLG*, 112 (1976), 123–38; *Das Land Baden-Württemberg* (issued by the Staatliche Archivverwaltung Baden-Württembergs, Stuttgart, 1974), I, pp. 167–9.

56   Prietzel, *Reich im Spätmittelalter*, p. 23.

57   E. Isenmann, 'Reichsfinanzen und Reichssteuern im 15. Jahrhundert', *ZHF*, 7 (1980), 1–76, 129–218 at 12–16.

58   Niederstätter, *Österreichische Geschichte, 1278–1411*, pp. 71–86; K. Peball, *Die Schlacht bei Dürnkrut am 26. August 1278* (Vienna, 1992).

59 Niederstätter, *Österreichische Geschichte, 1278–1411*, pp. 96–105. 关于瑞士的反抗，见本书第 674—677 页。

60 E. Gatz (ed.), *Die Bischöfe des Heiligen Römischen Reiches 1198 bis 1448* (Berlin, 2001), pp. 274–6.

61 A. Gerlich, 'König Adolf von Nassau im Bund mit Eduard I. von England', *NA*, 113 (2002), 1–57.

62 K.-U. Jäschke, *Europa und das römisch-deutsche Reich um 1300* (Stuttgart, 1999), pp. 77–85; Prietzel, *Reich im Spätmittelalter*, pp. 33–4.

63 Niederstätter, *Österreichische Geschichte, 1278–1411*, pp. 105–13.

64 J. K. Hoensch, *Die Luxemburger* (Stuttgart, 2000), pp. 11–30; Jäschke, *Europa*, pp. 92–117; Gatz (ed.), *Bischöfe 1198 bis 1448*, pp. 799–802.

65 Niederstätter, *Österreichische Geschichte, 1278–1411*, pp. 113–32; Hoensch, *Die Luxemburger*, pp. 71–104.

66 R. Schneider, 'Karls IV. Auffassung vom Herrscheramt', in Schieder (ed.), *Beiträge*, pp. 122–50 at 122–3.

67 Niederstätter, *Österreichische Geschichte, 1278–1411*, pp. 151–4.

68 Hoensch, *Die Luxemburger*, pp. 166–8; Isenmann, 'Reichsfinanzen', p. 17.

69 Hintze, *Die Hohenzollern*, pp. 18–25.

70 F. Seibt, *Karl IV.* (Munich, 1978), pp. 314–17; Hoensch, *Die Luxemburger*, pp. 118–32; Moraw, *Von offener Verfassung*, pp. 242–7.

71 卢森堡本身已经分离成家族的一个独立分支，并在 1388 年抵押给查理四世的侄子约布斯特，最终在 1409 年转交给新的勃艮第公国。西吉斯蒙德在 1387 年将勃兰登堡抵押给约布斯特，为他自己当选匈牙利国王筹钱。

72 B. D. Boehm and J. Fajt (eds.), *Prague, the Crown of Bohemia, 1347–1437* (New Haven, CT, 2005); M. V. Schwarz (ed.), *Grabmäler der Luxemburger. Image und Memoria eines Kaiserhauses* (Luxembourg, 1997), esp. pp. 12–16.

73 J. Pánek, 'Der böhmische Staat und das Reich in der Frühen Neuzeit', in V. Press (ed.), *Alternativen zur Reichsverfassung in der Frühen Neuzeit?* (Munich, 1995), pp. 169–78 at 170–71.

74 Prietzel, *Reich im Spätmittelalter*, p. 74.

75 H. S. Offler, 'Empire and papacy: The last struggle', *TRHS*, 5th series, 6 (1956), 21–47. 关于 1250 年至 1273 年意大利情况的概述，见 J. Larner, *Italy in the Age of Dante and Petrarch, 1216–1380* (London, 1980), pp. 38–45。

76 Isenmann, 'Reichsfinanzen', p. 17. 关于查理在意大利的整体政策，见 R. Pauler,

Die Auseinandersetzungen zwischen Kaiser Karl IV. und den Päpsten (Neuried, 1996)。

77 G. Rill, 'Reichsvikar und Kommissar. Zur Geschichte der Verwaltung Reichsitaliens im Spätmittelalter und in der Frühen Neuzeit', *Annali della fondazione italiana per la storia amministrativa*, 2 (1965), 173–98; Hoensch, *Die Luxemburger*, p. 142.

78 S. A. Epstein, *Genoa and the Genoese, 958–1528* (Chapel Hill, NC, 1996), p. 184.

79 E. Schubert, *Königsabsetzung im deutschen Mittelalter* (Göttingen, 2005), esp. pp. 362–4, 398–403; Moraw, 'Ruprecht', pp. 100–104. 萨克森拒绝参与，而勃兰登堡和波希米亚的选票则掌握在卢森堡家族手中。关于当时更宏观的背景，见 F. Rexroth, 'Tyrannen und Taugenichtse. Beobachtungen zur Ritualität europäischer Königsabsetzungen im späten Mittelalter', *HZ*, 278 (2004), 27–53。

80 P. Moraw, 'Beamtentum und Rat König Ruprechts', *ZGO*, 116 (1968), 59–126; Isenmann, 'Reichsfinanzen', pp. 17–18; Prietzel, *Reich im Spätmittelalter*, p. 100.

81 A. Begert, *Die Enstehung und Entwicklung des Kurkollegs* (Berlin, 2010), pp. 190–92.

82 S. Wefers, *Das politische System Kaiser Sigismunds* (Stuttgart, 1989); W. Baum, *Kaiser Sigismund* (Graz, 1993); J. K. Hoensch, *Kaiser Sigismund* (Munich, 1996).

83 Prietzel, *Reich im Spätmittelalter*, pp. 114–19. 概述参见 H. Angermeier, *Die Reichsreform, 1410–1555* (Munich, 1984)。

84 Guenée, *States and Rulers*, pp. 96–105; Isenmann, 'Reichsfinanzen', 9, 133–7.

85 A. Erler, *Die Mainzer Stiftsfehde, 1459–1463, im Spiegel mittelalterlicher Rechtsgutachten* (Frankfurt, 1963); D. Brosius, 'Zum Mainzer Bistumsstreit, 1459–1463', *Archiv für hessische Geschichte und Altertumskunde*, new series, 33 (1975), 111–36.

86 Zmora, *The Feud*, pp. 78–80.

87 C. Reinle, *Bauernfehden* (Stuttgart, 2003), p. 254.

88 W. Abel, *Agricultural Fluctuations in Europe from the Thirteenth to the Twentieth Centuries* (London, 1986), p. 87.

89 F. Lot, *Recherches sur les effectifs des armées françaises des Guerres d'Italie aux Guerres de Religion, 1492–1562* (Paris, 1962); J. D. Tracy, *Emperor Charles V, Impresario of War* (Cambridge, 2002), esp. pp. 247, 268.

90 S. Wefers, 'Versuch über die "Außenpolitik" des spätmittelalterlichen Reiches', *ZHF*, 22 (1995), 291–316 at 304–9; R. Görner, *Raubritter. Untersuchungen zur Lage des spätmittelalterlichen Niederadels, besonders im südlichen Westfalen* (Münster, 1987).

91 Angermeier, *Reichsreform*, pp. 84–9.

92 早先的历史研究关注领导权的问题，因为这样可以给未能以改革创造单一制国家的所谓"失败"找到归咎对象。

93　G. Hödl, *Albrecht II. Königtum, Reichsregierung und Reichsreform, 1438–1439* (Vienna, 1978).

94　W. Zanetti, *Der Friedenskaiser. Friedrich III. und seine Zeit, 1440–1493* (Herford, 1985); Moraw, *Von offener Verfassung*, pp. 379–85, 411–15.

95　A. Niederstätter, *Österreichische Geschichte, 1400–1522* (Vienna, 2004), pp. 242–55, 348–57; P. Csendes, *Wien in den Fehden der Jahre 1461–1463* (Vienna, 1974).

96　K. S. Bader, *Ein Staatsmann vom Mittelrhein. Gestalt und Werk des Mainzer Kurfürsten und Erzbischofs Berthold von Henneberg* (Mainz, 1954–5); H. J. Cohn, 'The electors and imperial rule at the end of the fifteenth century', in B. Weiler and S. MacLean (eds.), *Representations of Power in Medieval Germany, 800–1500* (Turnhout, 2006), pp. 295–318.

97　G. Benecke, *Maximilian I (1459–1519)* (London, 1982); H. Wiesflecker, *Kaiser Maximilian I.* (5 vols., Vienna, 1971–86). 关于马克西米利安的谈判风格，见 H. Carl, *Der Schwäbische Bund, 1488–1534* (Leinfelden-Echterdingen, 2000), pp. 503–5, 511。

98　W. Dotzauer, *Die deutschen Reichskreise (1383–1806)* (Stuttgart, 1998); W. Wüst (ed.), *Reichskreis und Territorium* (Stuttgart, 2000). *NTSR*, X, 427–758 列举了帝国大区活动的范围。关于帝国大区议会的讨论，见本书第 475—477 页。

99　R. Schneider, 'Landeserschließung und Raumerfassung durch salische Herrscher', in S. Weinfurter (ed.), *Die Salier und das Reich* (3 vols., Sigmaringen, 1991), I, pp. 117–38 at 128–30; Isenmann, 'Reichsfinanzen', 129–54.

100　S. Rowan, 'Imperial taxes and German politics in the fifteenth century', *CEH*, 13 (1980), 203–17.

101　P. Schmid, *Der Gemeine Pfennig von 1495* (Göttingen, 1989), p. 564; Isenmann, 'Reichsfinanzen', 154–98. 后续参见 P. Rauscher, *Zwischen Ständen und Gläubigern. Die kaiserlichen Finanzen unter Ferdinand I. und Maximilian II. (1556–1576)* (Munich, 2004), esp. pp. 83–93。

102　1521 年的登记册见 H. H. Hofmann (ed.), *Quellen zum Verfassungsorganismus des Heiligen Römischen Reiches deutscher Nation 1495–1815* (Darmstadt, 1976), pp. 40–51。关于根据这个制度募集的资金和军队的讨论，见本书第 512—531 页。

103　A. Sigelen, *Reichspfennigmeister Zacharias Geizkofler zwischen Fürstendienst und Familienpolitik* (Stuttgart, 2009); M. Schattkowsky, 'Reichspfennigmeister im Ober- und Niedersächsischen Reichskreis', *BDLG*, 137 (2001), 17–38.

104 B. A. Rautenberg, *Der Fiskal am Reichskammergericht* (Bern, 2008); M. Schnettger, 'Das Alte Reich und Italien in der Frühen Neuzeit', *Quellen und Forschungen aus italienischen Archiven und Bibliotheken*, 79 (1999), 344–420 at 375–7.

105 P. Moraw, 'Versuch über die Entstehung des Reichstags', in H. Weber (ed.), *Politische Ordnungen und soziale Kräfte im Alten Reich* (Wiesbaden, 1980), pp. 1–36. 过去的学术研究往往会脱离历史背景，给这些会议贴上 "帝国议会" 的标签。

106 T. M. Martin, *Auf dem Weg zum Reichstag, 1314–1410* (Göttingen, 1993).

107 A. Gotthard, *Säulen des Reiches. Die Kurfürsten im frühneuzeitlichen Reichsverband* (Husum, 1999); P. Moraw, 'Fürstentum, Königtum und "Reichsreform" im deutschen Spätmittelalter', *BDLG*, 122 (1986), 117–36.

108 H. Cohn, 'The German imperial diet at the end of the fifteenth century', in J. Sobrequés et al. (eds.), *Actes del 53è congrés de la Comissió Internacional per a l'Estudi de la Història de les Institucions Representatives i Parlementàries* (2 vols., Barcelona, 2005), I, pp. 149–57.

109 G. Annas, *Hoftag–Gemeiner Tag–Reichstag. Studien zur strukturellen Entwicklung deutscher Reichsversammlungen des späten Mittelalters (1349–1471)* (2 vols., Göttingen, 2004), I, pp. 77–97, 438; H. Angermeier, 'Der Wormser Reichstag 1495–ein europäisches Ereignis', *HZ*, 261 (1995), 739–68. 有人对 1495 年这场会议的创新之处给出了更为谨慎的评价，见 P. J. Heinig, 'Der Wormser Reichstag von 1495 als Hoftag', *ZHF*, 33 (2006), 337–57。

110 H. J. Cohn, 'The German imperial diets in the 1540s', *Parliaments, Estates and Representation*, 26 (2006), 19–33. 关于《奥格斯堡和约》的讨论，见本书第 118—120 页。

111 Benecke, *Maximilian*, pp. 138–9. 后续参见 H. J. Cohn, 'Representing political space at a political site: The imperial diets of the sixteenth century', in B. Kümin (ed.), *Political Space in Pre-Industrial Europe* (Farnham, 2009), pp. 19–42.

112 F. Blaich, 'Die Bedeutung der Reichstage auf dem Gebiet der öffentlichen Finanzen im Spannungsfeld zwischen Kaiser, Territorialstaaten und Reichsstädten (1495–1670)', in A. De Maddalena and H. Kellenbenz (eds.), *Finanzen und Staatsräson in Italien und Deutschland in der frühen Neuzeit* (Berlin, 1992), pp. 79–111 at 79–86; J. J. Schmauss and H. C. von Senckenberg (eds.), *Neue und vollständige Sammlung der Reichs-abschiede* (4 vols., Frankfurt am Main, 1747), I, pp. 482–92.

113 L. Pelizaeus, *Der Aufstieg Württembergs und Hessens zur Kurwürde, 1692–1803* (Frankfurt am Main, 2000).

114 S. W. Rowan, 'A Reichstag in the reform era: Freiburg im Breisgau, 1497–98', in J. A. Vann and S. W. Rowan (eds.), *The Old Reich* (Brussels, 1974), pp. 31–57 at 49.

115 这八个晋升的伯爵是：霍亨索伦（士瓦本系）、菲尔斯滕贝格、东弗里西亚、奥尔登堡、拿骚、萨尔姆、施瓦岑堡、施瓦茨堡。哈布斯堡家族提拔的贵族中最突出的有科洛雷多、哈拉赫、克芬许勒、奈佩格、皮克勒、施塔尔亨贝格、温迪施格雷茨和沃姆布兰德等。

116 E. Böhme, *Das Fränkische Reichsgrafenkollegium im 16. und 17. Jahrhundert* (Stuttgart, 1989); J. Arndt, *Das Niederrheinisch-Westfälische Reichsgrafenkollegium und seine Mitglieder (1653–1806)* (Mainz, 1991).

117 H. Neuhaus, *Reichsständische Repräsentationsformen im 16. Jahrhundert* (Berlin, 1982).

118 T. Klein, 'Die Erhebungen in den weltlichen Reichsfürstenstand 1550–1806', *BDLG*, 122 (1986), 137–92. 晋升为诸侯但并未获得完整投票权的有瓦尔代克（1719）、罗伊斯（1778）和利珀（1789）。

119 B. Sicken, *Der Fränkische Reichskreis* (Würzburg, 1970); P. C. Hartmann, *Der Bayerische Reichskreis (1500 bis 1803)* (Berlin, 1997); T. Nicklas, *Macht oder Recht. Frühneuzeitliche Politik im obersächsischen Reichskreis* (Stuttgart, 2002).

120 选侯团体的领袖是美因茨，诸侯团体由奥地利和萨尔茨堡轮流主导，城市团体则由帝国议会所在的城市领导。后续参见 K. Schlaich, 'Maioritas–protestatio–itio in partes–corpus Evangelicorum', *ZSRG KA*, 63 (1977), 264–99; 64 (1978), 139–79, and his 'Die Mehrheitsabstimmung im Reichstag zwischen 1495 und 1613', *ZHF*, 10 (1983), 299–340。更全面的延伸研究见 *NTSR*, VI, part 1。

121 详细事例见 S. Friedrich, 'Legitimationsprobleme von Kreisbündnissen', in W. E. J. Weber and R. Dauser (eds.), *Faszinierende Frühneuzeit. Reich, Frieden, Kultur und Kommunikation 1500–1800* (Berlin, 2008), pp. 27–50。

122 K.-F. Krieger, 'Der Prozeß gegen Pfalzgraf Friedrich den Siegreichen auf dem Augsburger Reichstag vom Jahre 1474', *ZHF*, 12 (1985), 257–86 at 284–6.

123 W. Fürnrohr, 'Die Vertreter des habsburgischen Kaisertums auf dem Immerwährenden Reichstag', *Verhandlungen des Historischen Vereins für Oberpfalz und Regensburg*, 123 (1983), 71–139; 124 (1984), 99–148.

124 Cohn, 'The German imperial diet at the end of the fifteenth century', p. 152 n.18.

125 B. Rill, *Kaiser Matthias* (Graz, 1999), pp. 222–3.

126 Stollberg-Rilinger, *Des Kaisers alte Kleider*, pp. 40–45, 204–66.

127 B. Roeck, *Reichssystem und Reichsherkommen* (Stuttgart, 1984).

128 关于这一解释的最新精妙重述，见 H. Schilling, 'Reichs-Staaat und frühneuzeitliche Nation der Deutschen oder teilmodernisiertes Reichssystem', *HZ*, 272 (2001), 377–95。

129 Cohn, 'The German imperial diet at the end of the fifteenth century', p. 152.

130 K. Härter, 'The Permanent Imperial Diet in European context', in R. J. W. Evans et al. (eds.), *The Holy Roman Empire, 1495–1806* (Oxford, 2011), pp. 115–35.

131 A. Gotthard, *Das Alte Reich, 1495–1806* (3rd ed., Darmstadt, 2006); W. Reinhard, 'Frühmoderner Staat und deutsches Monstrum', *ZHF*, 29 (2002), 339–57，以及本章注释 127 所引用的作品。

132 虽然在术语上存在一些分歧，但学界对于帝国的互补性质有广泛的共识：G. Schmidt, *Geschichte des Alten Reiches* (Munich, 1999), and his 'The Old Reich: The state and nation of the Germans', in Evans et al. (eds.), *Holy Roman Empire*, pp. 43–62; J. Burkhardt, *Vollendung und Neuorientierung des frühmodernen Reiches, 1648–1763* (Stuttgart, 2006), pp. 26–43, and his 'Europäischer Nachzügler oder institutioneller Vorreiter?', in M. Schnettger (ed.), *Imperium Romanum–irregulare corpus–Teutscher Reichs-Staat* (Mainz, 2002), pp. 297–316。进一步的讨论见 P. H. Wilson, *The Holy Roman Empire, 1495–1806* (2nd ed., Basingstoke, 2011), pp. 3–11。

第九章　王朝

1 U. Lange, 'Der ständestaatliche Dualismus–Bemerkungen zu einem Problem der deutschen Verfassungsgeschichte', *BDLG*, 117 (1981), 311–34. 关于领地政治体，见本书第 607—612 页。

2 P. S. Fichtner, *Protestantism and Primogeniture in Early Modern Germany* (New Haven, CT, 1989). 关于恩斯特的遗嘱引发的长期纷争，以及随后哥达的分割，见 S. Westphal, *Kaiserliche Rechtsprechung und herrschaftliche Stabilisierung. Reichsgerichtsbarkeit in den thüringischen Territorialstaaten, 1648–1806* (Cologne, 2002), pp. 104–80。

3 P. H. Wilson, 'Prussia's relations with the Holy Roman Empire, 1740–1786', *HJ*, 51 (2008), 337–71; M. Kaiser, 'Regierende Fürsten und Prinzen von Geblüt. Der Bruderzwist als dynastisches Strukturprinzip', *Jahrbuch Stiftung Preussische Schlösser und Gärten Berlin-Brandenburg*, 4 (2001–2), 3–28.

4 T. Sharp, *Pleasure and Ambition: The Life, Loves and Wars of Augustus the Strong* (London, 2001). 对诸侯情妇的概述见 S. Oßwald-Bargende, *Die Mätresse, der Fürst*

und die Macht. Christina Wilhelmina von Grävenitz und die höfische Gesellschaft (Frankfurt am Main, 2000)。

5   M. Sikora, 'Conflict and consensus around German princes' unequal marriages', in J. P. Coy et al. (eds.), *The Holy Roman Empire, Reconsidered* (New York, 2010), pp. 177–90; U. Keppler, 'Franziska von Hohenheim', *Lebensbilder aus Schwaben und Franken*, 10 (1966), 157–85. 皇帝在此类事务上可能发挥影响的其他事例见 S. Westphal, *Ehen vor Gericht–Scheidungen und ihre Folgen am Reichskammergericht* (Wetzlar, 2008)。

6   K. Vocelka and L. Heller, *Die private Welt der Habsburger* (Graz, 1998).

7   A. Niederstätter, *Österreichische Geschichte, 1278–1411* (Vienna, 2004), pp. 135–81.

8   A. Niederstätter, *Österreichische Geschichte, 1400–1522* (Vienna, 2004), pp. 140–63.

9   P. Moraw, 'Das Reich und Österreich im Spätmittelalter', in W. Brauneder and L. Höbelt (eds.), *Sacrum Imperium. Das Reich und Österreich, 996–1806* (Vienna, 1996), pp. 92–130 at 116–19. 直到 1852 年，《大特权书》才被揭露是伪造的。

10   K. Vocelka and L. Heller, *Die Lebenswelt der Habsburger* (Graz, 1997), pp. 161–3.

11   K. Brunner, *Leopold der Heilige* (Vienna, 2009); A. Coreth, *Pietas Austriaca* (West Lafayette, IN, 2004), pp. 14–18. 1264 年这个时间很关键，因为乌尔班四世正是在那一年设立基督圣体节的。

12   S. Samerski, 'Hausheilige statt Staatspatrone. Der mißlungene Absolutismus in Österreichs Heiligenhimmel', in P. Mat'a and T. Winkelbauer (eds.), *Die Habsburgermonarchie 1620 bis 1740* (Stuttgart, 2006), pp. 251–78.

13   M. Tanner, *The Last Descendant of Aeneas: The Hapsburgs and the Mythic Image of the Emperor* (New Haven, CT, 1993); G. Althoff, 'Studien zur habsburgischen Merowingersage', *MIÖG*, 87 (1979), 71–100; W. Seipel (ed.), *Wir sind Helden. Habsburgische Feste in der Renaissance* (Vienna, 2005). 另参见第六章注释 39、40 引用的文献。

14   H. Duchhardt, *Protestantisches Kaisertum und Altes Reich* (Wiesbaden, 1977). 自 1524 年起，巴伐利亚选侯就成了唯一可能当选皇帝的天主教选侯：A. Kohler, *Antihabsburgische Politik in der Epoche Karls V.* (Göttingen, 1982), pp. 82–97。

15   相关概述见 P. S. Fichtner, *The Habsburg Monarchy, 1490–1848* (Basingstoke, 2003); C. W. Ingrao, *The Habsburg Monarchy, 1618–1815* (2nd ed., Cambridge, 2000)。

16   例如斐迪南三世的行程：M. Hengerer, *Kaiser Ferdinand III. (1608–1657)* (Cologne, 2012), pp. 167–72。

17   B. Stollberg-Rilinger, *Des Kaisers alte Kleider* (Munich, 2008), pp. 201–14.

18 相关论争见 C. Opitz (ed.), *Höfische Gesellschaft und Zivilisationsprozeß* (Cologne, 2005); J. Duindam, *Myths of Power: Norbert Elias and the Early Modern European Court* (Amsterdam, 1995), and his *Vienna and Versailles: The Courts of Europe's Dynastic Rivals, 1550–1780* (Cambridge, 2003)。后续另参见：M. Hengerer, *Kaiserhof und Adel in der Mitte des 17. Jahrhunderts* (Konstanz, 2004); P. Mat'a, 'Bohemia, Silesia and the Empire: Negotiating princely dignity on the eastern periphery', in R. J. W. Evans and P. H. Wilson (eds.), *The Holy Roman Empire, 1495–1806* (Leiden, 2012), pp. 143–65; and the two important articles by V. Press, 'The Habsburg court as center of the imperial government', *JMH*, 58, supplement (1986), 23–45, and 'Österreichische Großmachtbildung und Reichsverfassung. Zur kaiserlichen Stellung nach 1648', *MIÖG*, 98 (1990), 131–54。

19 这些统计数据来自克劳斯·马格雷特（Klaus Margreiter）2007 年在伦敦德国历史研究所第六届近代早期研讨会上发表的一篇论文。

20 分类见 P. S. Spalding, *Seize the Book, Jail the Author* (West Lafayette, IN, 1998), p. 205。关于维特尔斯巴赫的宫廷，见 A. L. Thomas, *A House Divided: Wittelsbach Confessional Court Cultures in the Holy Roman Empire, c. 1550–1650* (Leiden, 2010); R. Babel, 'The courts of the Wittelsbachs c. 1500–1750', in J. Adamson (ed.), *The Princely Courts of Europe, 1500–1750* (London, 1999), pp. 189–209。

21 最后一个例子来自 2012 年 4 月埃克哈特·赫尔穆特（Eckhart Hellmuth）在都灵科学院发表的一篇论文。

22 T. Schenk, 'Das Alte Reich in der Mark Brandenburg', *Jahrbuch für Brandenburgische Landesgeschichte*, 63 (2012), 19–71 at 60–61; G. Benecke, 'Ennoblement and privilege in early modern Germany', *History*, 56 (1971), 360–70; *NTSR*, XIII, part I, 390, 923–4; XIV, part VII, 15–21.

23 M. Prietzel, *Das Heilige Römische Reich im Spätmittelalter* (2nd ed., Darmstadt, 2010), p. 138; Kohler, *Antihabsburgische Politik*, pp. 73–5.

24 C. Roll, *Das zweite Reichsregiment, 1521–1530* (Cologne, 1996); H. Angermeier, 'Die Reichsregimenter und ihre Staatsidee', *HZ*, 211 (1970), 263–315.

25 P. S. Fichtner, *Ferdinand I of Austria* (New York, 1982); A. Kohler, *Ferdinand I, 1503–1564* (Munich, 2003). 关于这一时期哈布斯堡家族土地的综合研究，见 T. Winkelbauer, *Österreichische Geschichte, 1522–1699* (2 vols., Vienna, 2003)。

26 L. Groß, 'Der Kampf zwischen Reichskanzlei und österreichischer Hofkanzlei um die Führung der auswärtigen Geschäfte', *Historische Vierteljahrschrift*, 22 (1924–5), 279–312.

27 A. K. Mally, 'Der österreichische Reichskreis', in W. Wüst (ed.), *Reichskreis und Territorium* (Stuttgart, 2000), pp. 313–31.

28 P. Rauscher, *Zwischen Ständen und Gläubigern. Die kaiserlichen Finanzen unter Ferdinand I. und Maximilian II. (1556–1576)* (Munich, 2004), esp. pp. 337–40.

29 在勃艮第帝国大区 1678 年被法国吞并之前，贝桑松一直是其一部分。奥地利帝国大区包括特兰托、布里克森、古尔克、塞考和拉万特主教区，各种条顿骑士团的属地，绍恩堡、列支敦士登和哈尔德格伯国，以及沃尔肯斯坦、洛森斯坦和罗根多夫的领地。帝国大区内部的合并加速了大多数这些领土沦为奥地利藩属的既有趋势。

30 T. A. Brady Jr, 'Phases and strategies of the Schmalkaldic League', *ARG*, 74 (1983), 162–81 at 175, 178–9. 关于土瓦本联盟，见本书第 646—650 页。后续另参见 A. Metz, *Der Stände oberster Herr. Königtum und Landstände im süddeutschen Raum zur Zeit Maximilians I.* (Stuttgart, 2009)。

31 V. Press, *Das Alte Reich* (Berlin, 1997), pp. 67–127; N. Mout, 'Die Niederlande und das Reich im 16. Jahrhundert (1512–1609)', in V. Press (ed.), *Alternativen zur Reichsverfassung in der Frühen Neuzeit?* (Munich, 1995), pp. 143–68 at 151–5. 关于施马尔卡尔登战争（1546—1547）和"武装帝国议会"，见本书第 117 页。

32 F. Göttmann, 'Zur Entstehung des Landsberger Bundes im Kontext der Reichs-, Verfassungs-und regionalen Territorialpolitik des 16. Jahrhunderts', *ZHF*, 19 (1992), 415–44; M. Lanzinner, 'Der Landsberger Bund und seine Vorläufer', in Press (ed.), *Alternativen*, pp. 65–80.

33 G. Kleinheyer, 'Die Abdankung des Kaisers', in G. Köbler (ed.), *Wege europäischer Rechtsgeschichte* (Frankfurt am Main, 1987), pp. 124–44.

34 A. Gotthard, *Säulen des Reiches* (Husum, 1999), pp. 199–475; A. P. Luttenberger, *Kurfürsten, Kaiser und Reich. Politische Führung und Friedenssicherung unter Ferdinand I. und Maximilian II.* (Mainz, 1994).

35 H. Sturmberger, *Land ob der Enns und Österreich* (Linz, 1979), pp. 32–75; M. S. Sánchez, 'A house divided: Spain, Austria and the Bohemian and Hungarian successions', *Sixteenth Century Journal*, 25 (1994), 887–903.

36 对萨克森政策的分析见 D. Phelps, 'The triumph of unity over dualism: Saxony and the imperial elections 1559–1619', in R. J. W. Evans et al. (eds.), *The Holy Roman Empire, 1495–1806* (Oxford, 2011), pp. 183–202。

37 P. H. Wilson, 'The Thirty Years War as the Empire's constitutional crisis', in Evans et al. (eds.), *Holy Roman Empire*, pp. 95–114. 进一步的讨论见本书第 127—129 页。

38   K. Bierther, *Der Regensburger Reichstag von 1640/1641* (Kallmünz, 1971).

39   K. Ruppert, *Die kaiserliche Politik auf dem Westfälischen Friedenskongreß (1643–1648)* (Münster, 1979); P. H. Wilson, *Europe's Tragedy: A History of the Thirty Years War* (London, 2009), pp. 716–78.

40   F. Dickmann, *Der Westfälische Frieden* (7th ed., Münster, 1998), p. 494. 对和约谈判过程及其条款的精彩概述，见 K. Repgen, 'Die Hauptprobleme der Westfälischen Friedensverhandlungen von 1648 und ihre Lösungen', *ZBLG*, 62 (1999), 399–438。

41   D. Beales, *Joseph II* (2 vols., Cambridge, 1987–2009), II, pp. 410–11.

42   J. Burkhardt, 'Das größte Friedenswerk der Neuzeit', *GWU*, 49 (1998), 592–612 esp. 600–601; G. Schmidt, 'The Peace of Westphalia as the fundamental law of the complementary Empire-State', in K. Bussmann and H. Schilling (eds.), *1648: War and Peace in Europe* (3 vols., Münster, 1998), I, pp. 447–54.

43   W. Becker, *Der Kurfürstenrat. Grundzüge seiner Entwicklung in der Reichsverfassung und seine Stellung auf dem Westfälischen Friedenskongreß* (Münster, 1973).

44   A. Müller, *Der Regensburger Reichstag von 1653/54* (Frankfurt am Main, 1992). 概述参见 K. O. Frhr. von Aretin, *Das Alte Reich, 1648–1806* (4 vols., Stuttgart, 1993–2000), I。

45   A. C. Bangert, 'Elector Ferdinand Maria of Bavaria and the imperial interregnum of 1657–58', (University of the West of England, PhD, 2006). 关于路易候选资格的讨论，见本书第 168 页。

46   J. P. Spielman, *Leopold I of Austria* (London, 1977); L. and M. Frey, *A Question of Empire: Leopold I and the War of Spanish Succession, 1701–1705* (Boulder, CO, 1983).

47   M. Schnettger, *Der Reichsdeputationstag, 1655–1663* (Münster, 1996). 后续参见 A. Schindling, *Die Anfänge des Immerwährenden Reichstags zu Regensburg* (Mainz, 1991); C. Kampmann, 'Der Immerwährende Reichstag als "erstes stehendes Parlament"?', *GWU*, 55 (2004), 646–62。

48   P. H. Wilson, 'The German "soldier trade" of the seventeenth and eighteenth centuries', *IHR*, 18 (1996), 757–92.

49   Aretin, *Das Alte Reich*, II, p. 55. 后续参见 ibid, II, pp. 54–73。

50   P. Wilson, 'Warfare in the Old Regime 1648–1789', in J. Black (ed.), *European Warfare, 1453–1815* (Basingstoke, 1999), pp. 69–95 at 80.

51   K. Müller, 'Das "Reichskammerale" im 18. Jahrhundert', *Wiener Beiträge zur Geschichte der Neuzeit*, 30 (1993), 152–77; G. Walter, *Der Zusammenbruch des*

Heiligen Römischen Reichs deutscher Nation und die Problematik seiner Restauration in den Jahren 1814/15 (Heidelberg, 1980), pp. 11–13.

52　G. Benecke, *Society and Politics in Germany, 1500–1750* (London, 1974), p. 274. 关于缴费单，见 J. J. Schmauss and H. C. von Senckenberg (eds.), *Neue und vollständige Sammlung der Reichsabschiede* (4 vols., Frankfurt am Main, 1747), III, pp. 350–51，有关展销税配额的内容见 IV, pp. 109–14。

53　E. Heischmann, *Die Anfänge des stehenden Heeres in Österreich* (Vienna, 1925), p. 63. 注册表制度实际的登记册列出的是 4 202 名骑兵和 20 063 名步兵，相当于 130 676 弗罗林，但部队人数一般会向下取整。后续参见 W. Schulze, 'Die Erträge der Reichssteuern zwischen 1576 und 1606', *Jahrbuch für die Geschichte Mittel-und Ostdeutschlands*, 27 (1978), 169–85。

54　R. Graf von Neipperg, *Kaiser und Schwäbischer Kreis (1714–1733)* (Stuttgart, 1991), pp. 79–82.

55　Winkelbauer, *Österreichische Geschichte*, I, pp. 481, 493.

56　W. Blockmans, *Emperor Charles V, 1500–1558* (London, 2002), p. 155. 这相当于 220 万卡斯蒂利亚达克特。1521–1548 年收到了 300 万至 350 万弗罗林，其余的在之后收到：Winkelbauer, *Österreichische Geschichte*, I, p. 513。到 16 世纪 50 年代，拖欠的各种"普遍税"款项总计达 40 万弗罗林：Rauscher, *Zwischen Ständen und Gläubigern*, p. 322。表 10 的主要数据来源：W. Steglich, 'Die Reichstürkenhilfe in der Zeit Karls V.', *Militärgeschichtliche Mitteilungen*, 11 (1972), 7–55; P. Rauscher, 'Kaiser und Reich. Die Reichstürkenhilfen von Ferdinand I. bis zum Beginn des "Langen Türkenkriegs" 1548–1593', in F. Edelmeyer et al. (eds.), *Finanzen und Herrschaft. Materielle Grundlagen fürstlicher Politik in den habsburgischen Ländern und im Heiligen Römischen Reich im 16. Jahrhundert* (Munich, 2003), pp. 45–83。

57　1543 年至 1552 年间，查理通过税收和贷款筹集了 900 万达克特（1 760 万弗罗林）用于军事开支：J. D. Tracy, *Emperor Charles V, Impresario of War* (Cambridge, 2002), p. 247。1520 年至 1556 年间，他总共借了 5 800 万弗罗林，利息支出为 1 800 万弗罗林：W. Maltby, *The Reign of Charles V* (Basingstoke, 2002), pp. 67–75。

58　P. Rauscher, 'Comparative evolution of the tax systems in the Habsburg monarchy, c. 1526–1740', in S. Cavaciocchi (ed.), *La fiscalità nell'economia Europea secc. XIII–XVIII* (Florence, 2008), pp. 291–320; O. Pickl, 'Fiskus, Kirche und Staat in Innerösterreich im Zeitalter der Reformation und Gegenreformation (16./17. Jahrhundert)', in H. Kellenbenz and P. Prodi (eds.), *Fiskus, Kirche und Staat im konfessionellen Zeitalter* (Berlin, 1994), pp. 91–110; G. Pálffy, 'Türkenabwehr,

Grenzsoldatentum und die Militärisierung der Gesellschaft in Ungarn in der Frühen Neuzeit', *HJb*, 123 (2003), 111–48, and his 'The origins and development of the border defence system against the Ottoman Empire in Hungary', in G. Dávid and P. Fodor (eds.), *Ottomans, Hungarians, and Habsburgs in Central Europe* (Leiden, 2000), pp. 3–69.

59 Rauscher, *Zwischen Ständen und Gläubigern*, pp. 269–71. 鲁道夫二世的宫廷每年花费 41.9 万弗罗林，而马克西米利安二世的宫廷每年花费 65 万弗罗林。

60 W. Schulze, *Reich und Türkengefahr im späten 16. Jahrhundert* (Munich, 1978).

61 P. Rauscher, 'Nach den Türkenreichstagen. Der Beitrag des Heiligen Römischen Reichs zur kaiserlichen Kriegführung im 17. und frühen 18. Jahrhundert', in idem (ed.), *Kriegführung und Staatsfinanzen. Die Habsburgermonarchie und das Heilige Römische Reich vom Dreißigjährigen Krieg bis zum Ende des habsburgischen Kaisertums 1740* (Münster, 2010), pp. 433–85 at 444.

62 A. Sigelen, *Reichspfennigmeister Zacharias Geizkofler zwischen Fürstendienst und Familienpolitik* (Stuttgart, 2009), pp. 152–64, 602–7; Rauscher, 'Nach den Türkenreichstagen', 451.

63 Sigelen, *Reichspfennigmeister Zacharias Geizkofler*, p. 141. 这里面包括意大利领主们和帝国骑士们提供的资金。

64 H.-W. Bergerhausen, 'Die Stadt Köln im Dreißigjährigen Krieg', in S. Ehrenpreis (ed.), *Der Dreißigjährige Krieg im Herzogtum Berg und in seinen Nachbarregionen* (Neustadt an der Aisch, 2002), pp. 102–31 at 110–11. 1626—1630 年，士瓦本和法兰克尼亚支付了超过 25.6 万弗罗林：Rauscher, 'Nach den Türkenreichstagen', 445。

65 R. R. Heinisch, *Paris Graf Lodron. Reichsfürst und Erzbischof von Salzburg* (Vienna, 1991), pp. 254, 256–7; R. Weber, *Würzburg und Bamberg im Dreißigjährigen Krieg. Die Regierungszeit des Bischofs Franz von Hatzfeldt, 1631–1642* (Würzburg, 1979), pp. 268–86; J. F. Foerster, *Kurfürst Ferdinand von Köln. Die Politik seiner Stifter in den Jahren 1634–1650* (Münster, 1976), pp. 164–7.

66 A. Oschmann, *Der Nürnberger Exekutionstag 1649–1650. Das Ende des Dreißigjährigen Krieges in Deutschland* (Münster, 1991); T. Lorentzen, *Die schwedische Armee im Dreißigjährigen Kriege und ihre Abdankung* (Leipzig, 1894), pp. 184–92; D. Albrecht, *Maximilian I. von Bayern 1573–1651* (Münster, 1998), pp. 1087–90; Heinisch, *Paris Graf Lodron*, pp. 289–302.

67 表 12 的数据来源：Staatsarchiv Darmstadt, E1, C43 and 3; Rauscher, 'Nach den Türkenreichstagen', 465–82; *NTSR*, IV, 1125–8。

68 G. A. Süß, 'Geschichte des oberrheinischen Kreises und der Kreisassoziationen in der Zeit des Spanischen Erbfolgekrieges (1679–1714)', *ZGO*, 103 (1955), 317–425; 104 (1956), 145–224.

69 Rauscher, 'Nach den Türkenreichstagen', 477. 表 12 中不含这些额外捐款。

70 P. H. Wilson, 'Financing the War of the Spanish Succession in the Holy Roman Empire', in M. Pohlig and M. Schaich (eds.), *The War of the Spanish Succession: New Perspectives*, (Oxford, 2018).

71 K. Härter, *Reichstag und Revolution, 1789–1806* (Göttingen, 1992), pp. 422–6, 435–6.

72 H. Neuhaus, 'Das Problem der militärischen Exekutive in der Spätphase des Alten Reiches', in J. Kunisch and B. Stollberg-Rilinger (eds.), *Staatsverfassung und Heeresverfassung in der europäischen Geschichte der Frühen Neuzeit* (Berlin, 1986), pp. 297–346 讨论了传统的负面诠释。对帝国陆军战斗表现的重新评估，见 P. H. Wilson, *German Armies: War and German Politics, 1648–1806* (London, 1998), pp. 272–4。

73 H. Neuhaus, 'Reichskreise und Reichskriege in der Frühen Neuzeit', in Wüst (ed.), *Reichskreis und Territorium*, pp. 71–88; M. Lanzinner, *Friedenssicherung und politische Einheit des Reiches unter Kaiser Maximilian II. (1564–1576)* (Göttingen, 1993); Luttenberger, *Kurfürsten, Kaiser und Reich*, pp. 307–444.

74 D. Götschmann, 'Das Jus Armorum. Ausformung und politische Bedeutung der reichsständischen Militärhoheit bis zu ihrer definitiven Anerkennung im Westfälischen Frieden', *BDLG*, 129 (1993), 257–76.

75 出动应急部队的时间分别是 1532 年、1542 年、1552 年、1566—1567 年和 1593—1606 年。关于最后一次派遣应急部队，见 J. Müller, 'Der Anteil der schwäbischen Kreistruppen an dem Türkenkrieg Kaiser Rudolfs II. von 1595 bis 1597', *Zeitschrift des Historischen Vereins für Schwaben und Neuburg*, 28 (1901), 155–262; G. Tessin, 'Niedersachsen im Türkenkrieg, 1594–1597', *NJLG*, 36 (1964), 66–106; P. C. Hartmann, 'Der bayerische Reichskreis im Zeichen konfessioneller Spannungen und türkischer Bedrohung', *ZBLG*, 60 (1997), 599–616。

76 B. Rill, *Kaiser Matthias* (Graz, 1999), p. 70.

77 G. E. Rothenberg, *The Austrian Military Border in Croatia, 1522–1747* (Urbana, IL, 1960); W. Aichelburg, *Kriegsschiffe auf der Donau* (2nd ed., Vienna, 1982).

78 后续参见 P. H. Wilson, 'Strategy and the conduct of war', in O. Asbach and P. Schröder (eds.), *The Ashgate Research Companion to the Thirty Years' War* (Farnham, 2014), pp.

269–81, and Wilson, *Europe's Tragedy*, passim。

79　G. Mortimer, *Wallenstein: The Enigma of the Thirty Years War* (Basingstoke, 2010); A. Ernstberger, *Hans de Witte, Finanzmann Wallensteins* (Wiesbaden, 1954).

80　P. Hoyos, 'Die kaiserliche Armee, 1648–1650', in *Der Dreißigjährige Krieg* (issued by the Heeresgeschichtliches Museum, Vienna, 1976), pp. 169–232.

81　Wilson, *German Armies*, pp. 26–68 及其所引文献。

82　H. Angermeier, 'Die Reichskriegsverfassung in der Politik der Jahre 1679–1681', *ZSRG GA*, 82 (1965), 190–222; H. J. Wunschel, *Die Außenpolitik des Bischofs von Bamberg und Würzburg Peter Philipps von Dernbach* (Neustadt an der Aisch, 1979).

83　Contemporary criticism in *NTSR*, vol.16, part 3, p. 3. M. Hughes, 'Die Strafpreussen: Mecklenburg und der Bund der deutschen absolutistischen Fürsten, 1648–1719', *Parliaments, Estates and Representation*, 3 (1983), 101–13.

84　表 13 的数据来源: P. H. Wilson, 'The Holy Roman Empire and the problem of the armed Estates', in Rauscher (ed.), *Kriegführung und Staatsfinanzen*, pp. 487–514 at 513, 修正的数据则来自 Wilson, 'Financing', table 1。请注意，参与大土耳其战争和九年战争的兵力需要合在一起才能得出 1688 年至 1697 年间的总体平均值。

85　更细致的分析见 P. H. Wilson, *From Reich to Revolution: German History, 1558–1806* (Basingstoke, 2004), p. 226。

86　Wilson, *German Armies*, pp. 226–41, and 'Armed Estates', 511–12.

87　S. R. Epstein, *Freedom and Growth: The Rise of States and Markets in Europe, 1300–1750* (London, 2000), pp. 12–37, 173–4; A. Giddens, *The Nation-State and Violence* (Berkeley, 1985).

88　O. Volckart, 'Politische Zersplitterung und Wirtschaftswachstum im Alten Reich, ca. 1650–1800', *VSWG*, 86 (1999), 1–38.

89　数据来自 A. Haverkamp, *Medieval Germany, 1056–1273* (Oxford, 1988), pp. 180, 288。关于城镇发展，见本书第 581—603 页。另参见 G. Fouquet, 'Das Reich in den europäischen Wirtschaftsräumen des Mittelalters', in B. Schneidmüller and S. Weinfurter (eds.), *Heilig–Römisch–Deutsch* (Dresden, 2006), pp. 323–44。

90　N. Brübach, *Die Reichsmessen von Frankfurt am Main, Leipzig und Braunschweig* (14.–18.Jahrhundert.) (Stuttgart, 1994).

91　F. Blaich, 'Die Bedeutung der Reichstage auf dem Gebiet der öffentlichen Finanzen im Spannungsfeld zwischen Kaiser, Territorialstaaten und Reichsstädten (1495–1670)', in A. De Maddalena and H. Kellenbenz (eds.), *Finanzen und Staatsräson in Italien und Deutschland in der Frühen Neuzeit* (Berlin, 1992), pp. 79–111 at 100–110;

C. Hattenhauer, *Schuldenregulierung nach dem Westfälischen Frieden* (Frankfurt am Main, 1998).

92   Rauscher, *Zwischen Ständen und Gläubigern*, pp. 104–16. 后续参见 H.-J. Gerhard, 'Ein schöner Garten ohne Zaun. Die währungspolitische Situation des Deutschen Reiches um 1600', *VSWG*, 81 (1994), 156–77。

93   C. P. Kindelberger, 'The economic crisis of 1619 to 1623', *Journal of Economic History*, 51 (1991), 149–75.

94   J. O. Opel, 'Deutsche Finanznoth beim Beginn des dreißigjährigen Krieges', *HZ*, 16 (1866), 213–68 at 218–19.

95   *The Guardian*, 19 Sept. 2007; *Süddeutsche Zeitung*, 19 and 20 Jan. 2013. 另参见 S. Leins, *Das Prager Münzkonsortium 1622/23* (Münster, 2012); M. W. Paas, *The Kipper und Wipper Inflation, 1619–23: An Economic History with Contemporary German Broadsheets* (New Haven, CT, 2012)。

96   J. A. Vann, *The Swabian Kreis: Institutional Growth in the Holy Roman Empire, 1648–1715* (Brussels, 1975), pp. 229–39; Winkelbauer, *Österreichische Geschichte*, I, pp. 483–4; Süß, 'Geschichte des oberrheinischen Kreises', pp. 385–9.

97   W. Hubatsch, *Frederick the Great: Absolutism and Administration* (London, 1975), pp. 138–9; E. Klein, *Geschichte der öffentlichen Finanzen in Deutschland (1500–1870)* (Wiesbaden, 1974), pp. 54–9; H.-G. Borck, *Der Schwäbische Reichskreis im Zeitalter der französischen Revolutionskriege (1792–1806)* (Stuttgart, 1970).

98   B. Weiler, 'Image and reality in Richard of Cornwall's German career', *EHR*, 113 (1998), 1111–42 at 1120 and 1136. 后续参见 I. Bog, *Der Reichsmerkantilismus* (Stuttgart, 1959); Blaich, 'Die Bedeutung der Reichstage', 95–100。

99   E. F. Heckscher, *Mercantilism* (rev. ed., 2 vols., London, 1935), I, pp. 78–109.

100   Vann, *Swabian Kreis*, pp. 241–8.

101   T. C. W. Blanning, *Reform and Revolution in Mainz, 1743–1803* (Cambridge, 1974), p. 71. 对此的概述见 R. M. Spaulding, 'Revolutionary France and the transformation of the Rhine', *CEH*, 44 (2011), 203–26。

102   B. Simms, *The Struggle for Mastery in Germany, 1779–1850* (Basingstoke, 1998); J. G. Gagliardo, *Germany under the Old Regime, 1600–1790* (London, 1991), pp. 312–53.

103   关于哈布斯堡王朝的权力是在 1705 年之前达到顶峰，还是在约瑟夫一世治下达到顶峰，不同解读见 C. W. Ingrao, *In Quest and Crisis: Emperor Joseph I and the Habsburg Monarchy* (West Lafayette, IN, 1979), pp. 31–77; V. Press, 'Josef I.

(1705–1711). Kaiserpolitik zwischen Erblanden, Reich und Dynastie', in R. Melville et al. (eds.), *Deutschland und Europa in der Neuzeit* (Stuttgart, 1988), pp. 277–97。

104　Aretin, *Das Alte Reich*, II, pp. 97–219.

105　Ingrao, *In Quest and Crisis*, p. 158. 关于查理，见 B. Rill, *Karl VI. Habsburg als barocke Großmacht* (Graz, 1992)。

106　对这些统计数据的进一步讨论见 Wilson, *From Reich to Revolution*, pp. 308–10。

107　P. H. Wilson, *War, State and Society in Württemberg, 1677–1793* (Cambridge, 1995), pp. 163–83; P. Sauer, *Ein kaiserlicher General auf dem württembergischen Herzogsthron. Herzog Carl Alexander von Württemberg, 1684–1737* (Filderstadt, 2006).

108　这被称为"组织虚伪"（organizational hypocrisy）：Stollberg-Rilinger, *Des Kaisers alte Kleider*, p. 280。

109　D. McKay, *The Great Elector* (Harlow, 2001). 重新评价腓特烈一世的尝试，见 L. and M. Frey, *Frederick I: The Man and His Times* (Boulder, CO, 1984); F. Göse, *Friedrich I. Ein König in Preußen* (Regensburg, 2012)。对普鲁士崛起的概述，见 K. Friedrich, *Brandenburg-Prussia, 1466–1806* (Basingstoke, 2012); C. Clark, *Iron Kingdom: The Rise and Downfall of Prussia, 1600–1947* (London, 2006); P. G. Dwyer (ed.), *The Rise of Prussia, 1700–1830* (Harlow, 2000)。

110　Wilson, *From Reich to Revolution*, p. 323.

111　经典论述见 F. L. Carsten, *The Origins of Prussia* (Oxford, 1954), pp. 179–277。后续另参见 P. H. Wilson, 'Prussia as a fiscal-military state, 1640–1806', in C. Storrs (ed.), *The Fiscal-Military State in Eighteenth-Century Europe* (Farnham, 2009), pp. 95–124。

112　L. Hüttl, *Friedrich Wilhelm von Brandenburg, der Große Kurfürst, 1620–1688* (Munich, 1981), pp. 201–95.

113　S. Externbrink, 'State-building within the Empire: The cases of Brandenburg-Prussia and Savoy-Sardinia', in R. J. W. Evans and P. H. Wilson (eds.), *The Holy Roman Empire, 1495–1806* (Leiden, 2012), pp. 187–202.

114　A. Berney, *König Friedrich I. und das Haus Habsburg (1701–1707)* (Munich, 1927); A. Pečar, 'Symbolische Politik. Handlungsspielräume im politischen Umgang mit zeremoniellen Normen. Brandenburg-Preußen und der Kaiserhof im Vergleich (1700–1740)', in J. Luh et al. (eds.), *Preussen, Deutschland und Europa, 1701–2001* (Groningen, 2003), pp. 280–95; P. H. Wilson, 'Prussia and the Holy Roman Empire, 1700–40', *GHIL*, 36 (2014), 3–48.

115　P. H. Wilson, 'Social militarization in eighteenth-century Germany', *GH*, 18 (2000),

1–39.

116   R. Endres, 'Preussens Griff nach Franken', in H. Duchhardt (ed.), *Friedrich der Große, Franken und das Reich* (Cologne, 1986), pp. 57–79.

117   关于普鲁士与萨克森的竞争，见 F. Göse, 'Nachbarn, Partner und Rivalen: die kursächsische Sicht auf Preußen im ausgehenden 17. und 18. Jahrhundert', in J. Luh et al. (eds.), *Preussen*, pp. 45–78。关于普鲁士的战争，见 D. E. Showalter, *The Wars of Frederick the Great* (Harlow, 1996)。另参见 R. Browning, *The War of the Austrian Succession* (New York, 1993); M. S. Anderson, *The War of the Austrian Succession, 1740–1748* (Harlow, 1995)。

118   T. Biskup, *Friedrichs Größe. Inszenierungen des Preußenkönigs in Fest und Zeremoniell, 1740–1815* (Frankfurt, 2012). 众多传记中，下列作品值得阅览：T. Schieder, *Frederick the Great* (Harlow, 2000); J. Kunisch, *Friedrich der Große. Der König und seine Zeit* (Munich, 2004)。以下概览包含了腓特烈二世诞辰三百周年的研究成果：J. Luh, *Der Große. Friedrich II. von Preußen* (Munich, 2011); W. Burgdorf, *Friedrich der Große* (Freiburg im Breisgau, 2011)。

119   R. Zedinger, *Franz Stephen von Lothringen (1708–1765)* (Vienna, 2008).

120   Aretin, *Das Alte Reich*, II, pp. 413–39.

121   P. C. Hartmann, *Karl Albrecht–Karl VII.* (Regensburg, 1985), p. 95; Wilson, *German Armies*, pp. 247–60.

122   Aretin, *Das Alte Reich*, II, pp. 442–3.

123   Ibid, II, pp. 449–58; Hartmann, *Karl Albrecht*, pp. 194, 217–18, 238, 244–5, 254, 285–90; W. von Hofmann, 'Das Säkularisationsprojekt von 1743. Kaiser Karl VII. und die römische Kurie', in *Riezler-Festschrift* (Gotha, 1913), pp. 213–59.

124   A. Schmid, *Max III. Joseph und die europäischen Mächte. Die Aussenpolitik des Kurfürstentums Bayern von 1745–1765* (Munich, 1987), pp. 29–235.

125   Stollberg-Rilinger, *Des Kaisers alte Kleider*, pp. 281–4; K. O. Frhr. v. Aretin, *Das Reich* (Stuttgart, 1986), pp. 27–8.

126   Beales, *Joseph II*, I, p. 119. 另请参见本书第 169—175 页。

127   对外交背景的论述见 H. M. Scott, *The Birth of a Great Power System, 1740–1815* (Harlow, 2006), pp. 72–116。另参见 F. A. J. Szabo, *The Seven Years War in Europe, 1756–1763* (Harlow, 2008); M. Persson, 'Mediating the enemy: Prussian representations of Austria, France and Sweden during the Seven Years War', *GH* 32 (2014), 181–200; Aretin, *Das Alte Reich*, III, pp. 81–111。

128   持这种看法的有 J. Burkhardt, *Vollendung und Neuorientierung des frühmodernen Reiches, 1648–1763* (Stuttgart, 2006), pp. 438–41。从帝国的视角思考这场战争的著作见 Wilson,

German Armies, pp. 264–80。从奥方视角出发的作品见 M. Hochedlinger, *Austria's Wars of Emergence, 1683–1797* (Harlow, 2003), pp. 330–48。

129 J. Kunisch, *Das Mirakel des Hauses Brandenburg. Studien zum Verhältnis von Kabinettspolitik und Kriegführung im Zeitalter des Siebenjährigen Krieges* (Munich, 1978).

130 V. Press, 'Friedrich der Große als Reichspolitiker', in Duchhardt (ed.), *Friedrich der Große*, pp. 25–56; Wilson, 'Prussia's relations'.

131 M. Hanisch, 'Friedrich II. und die Preussische Sukzession in Franken in der internationalen Diskussion', in Duchhardt (ed.), *Friedrich der Große*, pp. 81–91; P. P. Bernard, *Joseph II and Bavaria* (The Hague, 1965); Aretin, *Das Alte Reich*, III, pp. 183–212.

132 J. Lukowski, *The Partitions of Poland, 1772, 1793, 1795* (Harlow, 1999); M. G. Müller, *Die Teilungen Polens 1772, 1793, 1795* (Munich, 1984); T. Cegielski, *Das Alte Reich und die erste Teilung Polens 1768–1774* (Stuttgart, 1988).

133 M. E. Thomas, *Karl Theodor and the Bavarian Succession, 1777–1778* (Lewiston, NY, 1989); D. Petschel, *Sächsische Außenpolitik unter Friedrich August I.* (Cologne, 2000), pp. 47–56.

134 Stollberg-Rilinger, *Des Kaisers alte Kleider*, pp. 288–97; Beales, *Joseph II*, II, pp. 408–9.

135 K. O. Frhr. v. Aretin, *Heiliges Römisches Reich, 1776–1806* (2 vols., Wiesbaden, 1967), I, pp. 164–85, and his *Das Alte Reich*, III, pp. 299–333. 关于此组织的目标，进一步讨论见本书第 735—736 页。

第十章　权威

1 J. B. Freed, 'Medieval German social history', *CEH*, 25 (1992), 1–26; S. C. Karant-Nunn, 'Is there a social history of the Holy Roman Empire?', in R. J. W. Evans et al. (eds.), *The Holy Roman Empire, 1495–1806* (Oxford, 2011), pp. 245–62.

2 有用的总结见 C. Veach, *Lordship in Four Realms* (Manchester, 2014), pp. 6–10。

3 B. Arnold, *Princes and Territories in Medieval Germany* (Cambridge, 1991), pp. 67–8.

4 对此的讨论见 H. K. Schulze, *Grundstrukturen der Verfassung im Mittelalter* (3rd ed., 3 vols., Stuttgart, 1995–2000), I, pp. 102–6, II, pp. 78–82。后续参见 H. Wunder, 'Peasant

communities in medieval and early modern Germany', *Recueils de la Société Jean Bodin pour l'histoire comparative des institutions*, 44 (1987), 9–52 esp. 22–3。

5　这方面的文献很多。精彩整体论述可见 A. Verhulst, *The Carolingian Economy* (Cambridge, 2002); W. Rösener, *The Peasantry of Europe* (Oxford, 1994), pp. 21, 33–44; W. Troßbach and C. Zimmermann, *Die Geschichte des Dorfs. Von den Anfängen im Frankenreich zur bundesdeutschen Gegenwart* (Stuttgart, 2006), pp. 23–6; M. Costambeys et al., *The Carolingian World* (Cambridge, 2011), pp. 234–5, 254–62; J. Laudage et al., *Die Zeit der Karolinger* (Darmstadt, 2006), pp. 172–82。

6　关于法兰克人地产模式的例子见 M. Innes, *State and Society in the Early Middle Ages* (Cambridge, 2000), pp. 51–68。

7　关于份地可能是如何起源的，见 W. Goffart, 'From Roman taxation to medieval seigneurie', *Speculum*, 47 (1972), 165–87, 373–94。

8　G. Duby, 'Medieval agriculture, 900–1500', in C. M. Cipolla (ed.), *The Fontana Economic History of Europe* (6 vols., Glasgow, 1972), I, pp. 175–220.

9　H. Fuhrmann, *Germany in the High Middle Ages c. 1050–1200* (Cambridge, 1986), p. 37.

10　L. White Jr, 'The expansion of technology, 500–1500', in Cipolla (ed.), *Fontana Economic History*, I, pp. 143–74.

11　W. Rösener, 'Bauern in der Salierzeit', in S. Weinfurter (ed.), *Die Salier und das Reich* (3 vols., Sigmaringen, 1991), III, pp. 51–73. 关于迈恩瓦尔德，另参见 H. Wolfram, *Conrad II, 990–1039* (University Park, PA, 2006), pp. 285–6。后续参见 W. Metz, 'Wesen und Struktur des Adels Althessens in der Salierzeit', in Weinfurter (ed.), *Die Salier und das Reich*, I, pp. 331–66。

12　J. C. Russell, 'Population in Europe, 500–1500', in Cipolla (ed.), *Fontana Economic History*, I, pp. 25–70 at 36; K. Blaschke, *Bevölkerungsgeschichte von Sachsen bis zur industriellen Revolution* (Weimar, 1967), p. 71.

13　W. Abel, *Agricultural Fluctuations in Europe from the Thirteenth to the Twentieth Centuries* (London, 1986), pp. 25–7.

14　G. Fouquet, 'Das Reich in den europäischen Wirtschaftsräumen des Mittelalters', in B. Schneidmüller and S. Weinfurter (eds.), *Heilig-Römisch-Deutsch* (Dresden, 2006), pp. 323–44 at 329–30; R. S. Lopez, *The Commercial Revolution of the Middle Ages, 950–1350* (Cambridge, 1976).

15　W. Rösener, 'The decline of the classic manor in Germany during the high Middle Ages', in A. Haverkamp and H. Vollrath (eds.), *England and Germany in the High*

Middle Ages (Oxford, 1996), pp. 317–30; C. Wickham, *Early Medieval Italy* (Ann Arbor, MI, 1981), pp. 111–14, 188.

16   Troßbach and Zimmermann, *Die Geschichte des Dorfs*, pp. 42–3.

17   Schulze, *Grundstrukturen der Verfassung*, I, pp. 95–6.

18   S. Weinfurter, *The Salian Century* (Philadelphia, 1999), pp. 77–8.

19   Rösener, *Peasantry*, p. 66.

20   W. C. Jordan, *The Great Famine: Northern Europe in the Early Fourteenth Century* (Princeton, 1996). 后续参见 O. J. Benedictow, *The Black Death, 1346–1353* (Woodbridge, 2004); Abel, *Agricultural Fluctuations*, pp. 35–48, 102–4。

21   T. Scott, *Society and Economy in Germany, 1300–1600* (Basingstoke, 2002), pp. 72–112.

22   见 S. K. Cohn Jr, *Lust for Liberty: The Politics of Social Revolt in Medieval Europe, 1200–1425* (Cambridge, MA, 2006), pp. 205–27。

23   Rösener, *Peasantry*, pp. 64–82; Duby, 'Medieval agriculture', pp. 212–15.

24   Abel, *Agricultural Fluctuations*, pp. 45–95.

25   P. H. Wilson, *Europe's Tragedy* (London, 2009), pp. 781–95; Q. Outram, 'The socio-economic relations of warfare and the military mortality crises of the Thirty Years' War', *Medical History*, 45 (2001), 151–84, and his 'The demographic impact of early modern warfare', *Social Science History*, 26 (2002), 245–72.

26   J. Whaley, *Germany and the Holy Roman Empire, 1493–1806* (2 vols., Oxford, 2012), II, p. 454; P. H. Wilson, *From Reich to Revolution: German History, 1558–1806* (Basingstoke, 2004), pp. 50, 310, 323.

27   C. Dipper, *Deutsche Geschichte, 1648–1789* (Frankfurt am Main, 1991), pp. 10–75; C. Küther, *Menschen auf der Straße. Vagierende Unterschichten in Bayern, Franken und Schwaben in der zweiten Hälfte des 18. Jahrhunderts* (Göttingen, 1983).

28   全面的讨论见 M. Cerman, *Villagers and Lords in Eastern Europe, 1300–1800* (Basingstoke, 2012)。

29   Rösener, *Peasantry*, pp. 81, 104–24. 后续参见 H. Kaak, *Die Gutsherrschaft* (Berlin, 1991); J. Peters (ed.), *Gutsherrschaft als soziales Modell* (Munich, 1995)。

30   Rösener, *Peasantry*, p. 117.

31   E. Weis, 'Ergebnisse eines Vergleichs der grundherrschaftlichen Strukturen Deutschlands und Frankreichs vom 13. bis zum Ausgang des 18. Jahrhunderts', *VSWG*, 57 (1970), 1–14; H. Schissler, 'The social and political power of the Prussian Junkers', in R. Gibson and M. Blinkhorn (eds.), *Landownership and Power in*

Modern Europe (London, 1991), pp. 99–110 at 104; R. Schlögl, 'Absolutismus im 17. Jahrhundert. Bayerischer Adel zwischen Disziplinierung und Integration', *ZHF*, 15 (1988), 151–86.

32   O. von Gierke, *Deutsche Genossenschaftsrecht* (reprint Graz, 1954; first published 1868); P. Blickle, *Obedient Germans? A Rebuttal* (Charlottesville, VA, 1997); O. Brunner, *Land and Lordship: Structures of Governance in Medieval Austria* (Philadelphia, 1992).

33   该术语来自 Rösener, *Peasantry*, p. 43。认为城市开创了社区意识形态和实践的观点是格奥尔格·冯·比洛（Georg von Below）于 1914 年提出的，但至今仍然经常被提起：E. Schubert, *Fürstliche Herrschaft und Territorium im späten Mittelalter* (2nd ed., Munich, 2006), pp. 75–7。

34   D. M. Luebke, *His Majesty's Rebels: Communities, Factions and Rural Revolt in the Black Forest, 1725–1745* (Ithaca, NY, 1997), pp. 203–4. 后续参见 R. von Friedeburg, '"Reiche", "geringe Leute" und "Beambte": Landesherrschaft, dörfliche "Factionen" und gemeindliche Partizipation, 1648–1806', *ZHF*, 23 (1996), 219–65; M. J. Halvorson and K. E. Spierling, *Defining Community in Early Modern Europe* (Aldershot, 2008)。

35   H.-C. Rublack, 'Political and social norms in urban communities in the Holy Roman Empire', in K. von Greyerz (ed.), *Religion, Politics and Social Protest* (London, 1984), pp. 24–60; P. Münch, 'Grundwerte der frühneuzeitlichen Ständegesellschaft?', and R. Blickle, 'Nahrung und Eigentum als Kategorien in der ständischen Gesellschaft', both in W. Schulze (ed.), *Ständische Gesellschaft und soziale Mobilität* (Munich, 1988), pp. 53–72, 73–93.

36   I. Hunter, *Rival Enlightenments: Civil and Metaphysical Philosophy in Early Modern Germany* (Cambridge, 2001).

37   R. A. Müller, 'Die deutschen Fürstenspiegel des 17. Jahrhunderts', *HZ*, 240 (1985), 571–97; Schubert, *Fürstliche Herrschaft*, pp. 81–6.

38   *NTSR*, vol.16, in nine parts.

39   B. Scribner, 'Communities and the nature of power', in idem (ed.), *Germany: A New Social and Economic History, I, 1450–1630* (London, 1996), pp. 291–326; L. Roper, '"The common man", "the common good", "common women": Gender and meaning in the German Reformation commune', *Social History*, 12 (1987), 1–21.

40   V. Seresse, 'Schlüsselbegriffe der politischen Sprache in Jülich-Berg und Kleve-Mark um 1600', in M. Groten et al. (eds.), *Der Jülich-Klevische Erbstreit 1609* (Düsseldorf, 2011), pp. 69–81; A. Gestrich, *Absolutismus und Öffentlichkeit* (Göttingen, 1994), pp.

79–80.

41 C. Gantet, *La paix de Westphalie (1648). Une histoire sociale, XVIIᵉ–XVIIIᵉ siècles* (Paris, 2001).

42 A. Wandruszka, 'Zum "Absolutismus" Ferdinands II.', *Mitteilungen des Oberösterreichischen Landesarchivs*, 14 (1984), 261–8. 关于专制主义作为一个历史概念的论争，见 L. Schilling (ed.), *Absolutismus, ein unersetzliches Forschungskonzept?* (Munich, 2008); P. H. Wilson, *Absolutism in Central Europe* (London, 2000)。

43 H. M. Scott (ed.), *Enlightened Absolutism* (London, 1990); P. Baumgart, 'Absolutismus ein Mythos? Aufgeklärter Absolutismus ein Widerspruch?', *ZHF*, 27 (2000), 573–89.

44 W. Schulze, 'Vom Gemeinnutz zum Eigennutz', *HZ*, 243 (1986), 591–626.

45 D. Klippel, 'Reasonable aims of civil society: Concerns of the state in German political theory in the eighteenth and early nineteenth centuries', in J. Brewer and E. Hellmuth (eds.), *Rethinking Leviathan* (Oxford, 1999), pp. 71–98; B. Stollberg-Rilinger, *Der Staat als Maschine. Zur politischen Metaphorik des absoluten Fürstenstaats* (Berlin, 1986).

46 P. Blickle (ed.), *Resistance, Representation and Community* (Oxford, 1997).

47 C. Loveluck, 'Rural settlement hierarchy in the age of Charlemagne', in J. Story (ed.), *Charlemagne* (Manchester, 2005), pp. 230–58; Costambeys et al., *The Carolingian World*, pp. 229–41.

48 S. Reynolds, *Kingdoms and Communities in Western Europe, 900–1300* (2nd ed., Oxford, 1997), pp. 101–54; Troßbach and Zimmermann (eds.), *Die Geschichte des Dorfs*, pp. 21–34. 9 世纪，成形的村庄可能已经存在于法兰克世界的部分地区，但是证据并不明确。

49 A. Haverkamp, 'Die Städte im Herrschafts-und Sozialgefüge Reichsitaliens', in F. Vittinghoff (ed.), *Stadt und Herrschaft. Römische Kaiserzeit und hohes Mittelalter* (Munich, 1982), pp. 149–245 at 153–61.

50 Weinfurter, *Salian Century*, pp. 78–80.

51 B. Diestelkamp, 'König und Städte in salischer und staufischer Zeit', in Vittinghoff (ed.), *Stadt und Herrschaft*, pp. 247–97; H. Jakobs, 'Aspects of urban social history in Salian and Staufen Germany', in Haverkamp and Vollrath (eds.), *England and Germany*, pp. 283–98; T. Scott, *The City-State in Europe, 1000–1600* (Oxford, 2012), pp. 17–18.

52 C. Pfister, 'The population of late medieval and early modern Germany', in

Scribner (ed.), *Germany*, pp. 33–62 at 40–41; G. Franz, *Geschichte des deutschen Bauernstandes vom frühen Mittelalter bis zum 19. Jahrhundert* (Stuttgart, 1970), pp. 120–22; Abel, *Agricultural Fluctuations*, pp. 81–5.

53   J. de Vries, *European Urbanization, 1500–1800* (Cambridge, MA, 1984); T. Scott and B. Scribner, 'Urban networks', in Scribner (ed.), *Germany*, pp. 113–44; Troßbach and Zimmermann (eds.), *Die Geschichte des Dorfs*, p. 66.

54   特别的例子见 G. Strauss, *Nuremberg in the Sixteenth Century* (2nd ed., Bloomington, IN, 1976), pp. 39–56。

55   Troßbach and Zimmermann (eds.), *Die Geschichte des Dorfs*, pp. 31–2.

56   P. Blickle, *Das Alte Europa* (Munich, 2008), pp. 16–38; I. V. Hull, *Sexuality, State and Civil Society in Germany, 1700–1815* (Ithaca, NY, 1996), pp. 29–51; T. Robisheaux, *Rural Society and the Search for Order in Early Modern Germany* (Cambridge, 1989), pp. 68–146; D. W. Sabean, *Power in the Blood* (Cambridge, 1984), pp. 199–211, and his *Property, Production and Family in Neckarhausen, 1700–1870* (Cambridge, 1990), pp. 88–116.

57   见 O. Mörke, 'Social structure', in S. Ogilvie (ed.), *Germany: A New Social and Economic History*, II, *1630–1800* (London, 1996), pp. 134–63 at 156–7。

58   Franz, *Geschichte des deutschen Bauernstandes*, pp. 49–71; Troßbach and Zimmermann (eds.), *Die Geschichte des Dorfs*, pp. 36–43, 78–96.

59   Scribner, 'Communities', p. 302.

60   L. Enders, 'Die Landgemeinde in Brandenburg. Grundzüge ihrer Funktion und Wirkungsweise vom 13. bis zum 18. Jahrhundert', *BDLG*, 129 (1993), 195–256; J. Peters (ed.), *Konflikt und Kontrolle in Guts herrschaftsgesellschaften* (Göttingen, 1995); W. W. Hagen, *Ordinary Prussians: Brandenburg Junkers and Villagers, 1500–1840* (Cambridge, 2002).

61   S. Ogilvie, 'Village community and village headman in early modern Bohemia', *Bohemia*, 46 (2005), 402–51.

62   T. Struve, *Salierzeit im Wandel* (Cologne, 2006), pp. 145–76.

63   H. Keller, 'Die soziale und politische Verfassung Mailands in den Angfängen des kommunalen Lebens', *HZ*, 211 (1970), 34–64 at 51–60; H.-W. Goetz, 'Gottesfriede und Gemeindebildung', *ZSRG GA*, 105 (1988), 122–44.

64   D. J. Hay, *The Military Leadership of Matilda of Canossa, 1046–1115* (Manchester, 2008), pp. 171–84; C. Brühl, 'Königs-, Bischofs-und Stadtpfalz in den Städten des "Regnum Italiae" vom 9. bis zum 13. Jahrhundert', in H. Beumann (ed.), *Historische*

Forschungen für Walter Schlesinger (Cologne, 1974), pp. 400–419; C. Wickham, 'The "feudal revolution" and the origins of Italian city communes', *TRHS*, 6th series, 24 (2014), 29–55.

65 载于 B. H. Hill Jr, *Medieval Monarchy in Action* (London, 1972), pp. 235–6。

66 A. Haverkamp, *Medieval Germany, 1056–1273* (Oxford, 1988), pp. 162–9, 283–90; H. Stehkämper, 'Die Stadt Köln in der Salierzeit', in Weinfurter (ed.), *Die Salier und das Reich*, III, pp. 75–152 at 119–30; Fuhrmann, *Germany*, pp. 77–81.

67 P. Dollinger, 'Straßburg in salischer Zeit', in Weinfurter (ed.), *Die Salier und das Reich*, III, pp. 153–64. 概述参见 Blickle, *Das Alte Europa*, pp. 79–84。

68 E. Maschke, 'Stadt und Herrschaft in Deutschland und Reichsitalien (Salier-und Stauferzeit)', in Vittinghoff (ed.), *Stadt und Herrschaft*, pp. 299–330 at 304–11; L. Martines, *Power and Imagination: City-States in Renaissance Italy* (London, 1979), pp. 14–17.

69 Blickle, *Das Alte Europa*, pp. 164–5.

70 Haverkamp, 'Die Städte', pp. 200, 219–21. 后续参见D. Hay and J. Law, *Italy in the Age of the Renaissance, 1380–1530* (London, 1989), pp. 47–74; Scott, *City-State*, pp. 64–192; Diestelkamp, 'König und Städte', pp. 268–78; Maschke, 'Stadt und Herrschaft', pp. 300–304。

71 H. Maurer (ed.), *Kommunale Bündnisse Oberitaliens und Oberdeutschlands im Vergleich* (Sigmaringen, 1987).

72 Diestelkamp, 'König und Städte', pp. 282–94. 关于两份宪章，见本书第411—412 页。

73 主要的例子有美因茨、科隆、施派尔、沃尔姆斯、不来梅、吕贝克、汉堡、斯特拉斯堡和巴塞尔等。

74 D. Waley, *The Italian City-Republics* (3rd ed., London, 1988); G. Chittolini, 'Cities, "city-states" and regional states in north-central Italy', *Theory and Society*, 18 (1989), 689–706; Wilson, *Reich to Revolution*, pp. 378–9.

75 Strauss, *Nuremberg*, pp. 45, 51.

76 Haverkamp, 'Die Städte', p. 236; Scott, *City-State*, pp. 47–51.

77 Stehkämper, 'Die Stadt Köln', pp. 136–40.

78 J. Larner, *Italy in the Age of Dante and Petrarch, 1216–1380* (London, 1980), pp. 106–27; Scott, *City-State*, pp. 18–19.

79 Luebke, *His Majesty's Rebels*, pp. 220–21.

80 Haverkamp, 'Die Städte', pp. 204–8, 231; Scott, *City-State*, pp. 51–6.

81   S. Ogilvie, *State Corporatism and Proto-Industry: The Württemberg Black Forest, 1580–1797* (Cambridge, 1997), pp. 59–60.

82   H.-U. Wehler, *Deutsche Gesellschaftsgeschichte* (5 vols., Munich, 2008); M. Hughes, *Early Modern Germany, 1477–1806* (Basingstoke, 1992), pp. 110–11; K. Epstein, *The Genesis of German Conservatism* (Princeton, 1966), pp. 62–3, 285–9. 关于经济衰退的问题，见 T. McIntosh, *Urban Decline in Early Modern Germany: Schwäbisch Hall and its Region, 1650–1750* (Chapel Hill, NC, 1997)。

83   D. Albrecht, *Maximilian I. von Bayern, 1573–1651* (Munich, 1998), pp. 394–418; H. J. Querfurth, *Die Unterwerfung der Stadt Braunschweig im Jahre 1671* (Brunswick, 1953).

84   H. T. Gräf, 'Small towns in early modern Germany: The case of Hesse, 1500–1800', in P. Clark (ed.), *Small Towns in Early Modern Europe* (Cambridge, 1995), pp. 184–205; Wilson, *Reich to Revolution*, pp. 71, 378–9.

85   R. Endres, 'Zur wirtschaftlichen und sozialen Lage in Franken vor dem Dreißigjährigen Krieg', *Jahrbuch für fränkische Landesforschung*, 28 (1968), 5– 52; M. Walker, *German Home Towns* (2nd ed., Ithaca, NY, 1998).

86   M. Walker, *Johann Jakob Moser and the Holy Roman Empire of the German Nation* (Chapel Hill, NC, 1981).

87   Wipo of Burgundy in T. E. Mommsen and K. F. Morrison (eds.), *Imperial Lives and Letters of the Eleventh Century* (New York, 2000), pp. 70–71.

88   认为政治体捍卫自由的经典论述见 F. L. Carsten, *Princes and Parliaments in Germany: From the Fifteenth to the Eighteenth Century* (Oxford, 1959)。对这场论争的总结见 R. Esser, 'Landstände im Alten Reich', *ZNRG*, 27 (2005), 254–71，新视角见 G. Ammerer et al. (eds.), *Bündnispartner und Konkurrenten der Landesfürsten? Die Stände in der Habsburgermonarchie* (Vienna, 2007)。

89   K. H. Marcus, *The Politics of Power: Elites of an Early Modern State in Germany* (Mainz, 2000).

90   R. Straubel, 'Heer und höhere Beamtenschaft in (spät-)friderizianischer Zeit', in P. Baumgart et al. (eds.), *Die preußische Armee zwischen Ancien Régime und Reichsgrndung* (Paderborn, 2008), pp. 96–106; H. C. Johnson, *Frederick the Great and his Officials* (New Haven, CT, 1975); Whaley, *Germany*, II, p. 468; Wilson, *Reich to Revolution*, p. 241. 哈布斯堡雇员的数据不包括教士和学校教师。

91   他们的遭遇详见 M. Kaiser and A. Pečar (eds.), *Der zweite Mann im Staat* (Berlin, 2003) 中 H. T. 格拉夫（H. T. Gräf）和我贡献的部分。

92   K. J. MacHardy, *War, Religion and Court Patronage in Habsburg Austria* (Basingstoke, 2003), pp. 33–4. 欧洲各地的对比见 B. Guenée, *States and Rulers in Later Medieval Europe* (Oxford, 1985), pp. 171–91。

93   D. Carpanetto and G. Ricuperati, *Italy in the Age of Reason, 1685–1789* (London, 1987), pp. 54–75; E. L. Cox, *The Green Count of Savoy* (Princeton, 1967), pp. 368–70; G. Symcox, *Victor Amadeus II: Absolutism in the Savoyard State, 1675–1730* (London, 1983), esp. pp. 58–9.

94   R. Freiin von Oer, 'Estates and diets in ecclesiastical principalities of the Holy Roman Empire', *Liber memorialis Georges de Lagarde* (Louvain, 1970), pp. 259–81. 后续另参见 V. Press, 'The system of Estates in the Austrian hereditary lands and in the Holy Roman Empire', in R. J. W. Evans and T. V. Thomas (eds.), *Crown, Church and Estates: Central European Politics in the Sixteenth and Seventeenth Centuries* (Basingstoke, 1991), pp. 1–22。

95   见 J. P. Coy et al. (eds.), *The Holy Roman Empire, Reconsidered* (New York, 2010) 中 E. 哈丁（E. Harding）、T. 诺伊（T. Neu）和 D. M. 吕布克（D. M. Luebke）贡献的部分。

96   A. Niederstätter, *Österreichische Geschichte, 1278–1411* (Vienna, 2004), pp. 285–301.

97   H. G. Koenigsberger, *Monarchies, States Generals and Parliaments: The Netherlands in the Fifteenth and Sixteenth Centuries* (Cambridge, 2001).

98   T. Winkelbauer, 'Landhaus und Hofburg', in H. Manikowska and J. Pánek (eds.), *Political Culture in Central Europe* (Prague, 2005), pp. 299–331.

99   提出此观点的有 P. Blickle, *Landschaften im Alten Reich* (Munich, 1973)。

100   B. Stollberg-Rilinger, *Vormünder des Volkes? Konzepte landständischer Repräsentation in der Spätphase des Alten Reiches* (Berlin, 1999); H. Dreitzel, *Absolutismus und ständische Verfassung in Deutschland* (Mainz, 1992). 关于政治体发展为现代议会和组成共和国的潜力，进一步的论述见本书第683—692页。

101   G. Haug-Moritz, *Die württembergische Ehrbarkeit. Annäherungen an eine bürgerliche Machtelite der Frühen Neuzeit* (Ostfildern, 2009). 另参见 K. Vetter, 'Die Stände im absolutistischen Preußen', *Zeitschrift für Geschichtswissenschaft*, 24 (1976), 1290–306。

102   G. Droege, 'Die finanziellen Grundlagen des Territorialstaates in West-und Ostdeutschland an der Wende vom Mittelalter zur Neuzeit', *VSWG*, 53 (1966), 145–61; U. Schirmer, *Kursächsische Staatsfinanzen (1456–1656)* (Stuttgart, 2006).

103   W. Schulze, *Reich und Türkengefahr im späten 16. Jahrhundert* (Munich, 1978), pp.

223–301.

104   P. H. Wilson, War, *State and Society in Württemberg, 1677–1793* (Cambridge, 1995), pp. 37, 208.

105   J. Brewer, *The Sinews of Power: War, Money and the English State, 1688–1783* (New York, 1988). 另参见总览全欧洲情况的有用概述 R. G. Asch, 'Kriegsfinanzierung, Staatsbildung und ständische Ordnung in Westeuropa im 17. und 18. Jahrhundert', *HZ*, 268 (1999), 635–71。

106   相关争论见 G. Oestreich, *Neostoicism and the Early Modern State* (Cambridge, 1982); G. Lottes, 'Disziplin und Emanzipation. Das Sozialdisziplinierungskonzept und die Interpretation der frühneuzeitlichen Geschichte', *Westfälische Forschungen*, 42 (1992), 63–74。一条近似的研究路径将宗教改革神学纳入了考量范围: R. Pochia Hsia, *Social Discipline in the Reformation: Central Europe, 1550–1750* (London, 1989); P. S. Gorski, *The Disciplinary Revolution: Calvinism and the Rise of the State in Early Modern Europe* (Chicago, 2003)。

107   H. Keller, 'Vom "heiligen Buch" zur "Buchführung". Lebensfunktionen der Schrift im Mittelalter', *FMS*, 26 (1992), 1–31 at 21–9. 后续参见 V. Groebner, *Who Are You? Identification, Deception and Surveillance in Early Modern Europe* (New York, 2007); I. F. McNeely, *The Emancipation of Writing: German Civil Society in the Making, 1790s–1820s* (Berkeley, CA, 2003), esp. pp. 35–48。

108   Whaley, *Germany*, I, p. 493. 完整论述见 K. Härter and M. Stolleis (eds.), *Repertorium der Policeyordnungen der Frühen Neuzeit* (10 vols., Frankfurt, 1996–2010)。另参见 K. Härter, 'Security and "Gute Policey" in early modern Europe: Concepts, laws and instruments', *Historical Social Research*, 35 (2010), 41–65。

109   Dipper, *Deutsche Geschichte*, pp. 70–73.

110   A. Holenstein, *'Gute Policey' und lokale Gesellschaft im Staat des Ancien Régime. Das Fallbeispiel der Markgrafschaft Baden(-Durlach)* (Epfendorf, 2003).

111   P. Warde, *Ecology, Economy and State Formation in Early Modern Germany* (Cambridge, 2006).

112   引自 Walker, *German Home Towns*, p. 145。强调官房主义和公安措施负面影响的文献有很多: H. Rebel, *Peasant Classes: The Bureaucratization of Property and Family Relations under Early Habsburg Absolutism, 1511–1636* (Princeton, 1983); A. Wakefield, *The Disordered Police State: German Cameralism as Science and Practice* (Chicago, 2009); P. K. Taylor, *Indentured to Liberty: Peasant Life and the Hessian Military State, 1688–1815* (Ithaca, NY, 1994)。

113 J. Schlumbohm, 'Gesetze, die nicht durchgesetzt werden-Ein Strukturmerkmal des frühneuzeitlichen Staates?', *Geschichte und Gesellschaft*, 23 (1997), 647–63; K. Wegert, *Popular Culture, Crime and Social Control in 18th-Century Württemberg* (Stuttgart, 1994).

114 A. Holenstein, 'Empowering interactions: Looking at statebuilding from below', in W. Blockmans et al. (eds.), *Empowering Interactions: Political Cultures and the Emergence of the State in Europe, 1300–1900* (Farnham, 2009), pp. 1–31.

115 U. Rublack, *The Crimes of Women in Early Modern Germany* (Oxford, 1999); R. Blickle, 'Peasant protest and the language of women's petitions: Christina Vend's supplications of 1629', in U. Rublack (ed.), *Gender in Early Modern German History* (Cambridge, 2002), pp. 177–99.

116 "内在活力"一词来自 M. Raeff, *The Well-Ordered Police State: Social and Institutional Change through Law in the Germanies and Russia, 1600–1800* (New Haven, CT, 1983)。

117 *NTSR*, XIV, 253.

118 P. H. Wilson, 'Johann Jacob Moser und die württembergische Politik', in A. Gestrich and R. Lächele (eds.), *Johann Jacob Moser. Politiker, Pietist und Publizist* (Karlsruhe, 2002), pp. 1–25, and his *War, State and Society*, pp. 213–33.

119 G. Haug-Moritz, *Württembergischer Ständekonflikt und deutscher Dualismus* (Stuttgart, 1992), pp. 295–453.

120 *NTSR*, XIV, 249. 后续参见 W. Kohl (ed.), *Westfälische Geschichte* (3 vols., Düsseldorf, 1983–4), I, pp. 620–21; *NTSR*, XVI, part 3, 31–96。

121 关于这种解释的详细说明，见 J. J. Sheehan, *German History, 1770–1866* (Oxford, 1989), pp. 11–71。

122 在有关这一主题的大量文献中，做出有用贡献的包括 C. W. Ingrao, *The Hessian Mercenary State: Ideas, Institutions and Reform under Frederick II, 1760–1785* (Cambridge, 1987); S. Mörz, *Aufgeklärter Absolutismus in der Kurpfalz während der Mannheimer Regierungszeit des Kurfürsten Karl Theodor (1742–1777)* (Stuttgart, 1991); Scott (ed.), *Enlightened Absolutism*；关于选侯国，见特刊 *GH*, 20 (2002), no.3。

123 J. Q. Whitman, *The Legacy of Roman Law in the German Romantic Era* (Princeton, 1990), pp. 41–65.

124 E. F. Heckscher, *Mercantilism* (rev. ed., 2 vols., London, 1935), I, pp. 70, 118.

125 M. Hochedlinger, *Austria's Wars of Emergence, 1683–1797* (Harlow, 2003), pp. 280–85; P. H. Wilson, *German Armies: War and German Politics, 1648–1806* (London,

1998), p. 235. 更多细节见 P. G. M. Dickson, *Finance and Government under Maria Theresia, 1740–1780* (2 vols., Oxford, 1987)。

126 S. Westphal, *Kaiserliche Rechtsprechung und herrschaftliche Stabilisierung* (Cologne, 2002), p. 315.

127 H. J. Brandt and K. Hengst, *Geschichte des Erzbistums Paderborn* (2 vols., Paderborn, 2002–7), II, pp. 111–12.

128 F. Göse, 'Das Verhältnis Friedrich Wilhelms I. zum Adel', in F. Beck and J. H. Schoeps (eds.), *Der Soldatenkönig* (Potsdam, 2003), pp. 99–138 at 101–8.

129 *Krieg gegen die französischen Revolution, 1792–7* (issued by the Austrian Kriegsarchiv, 2 vols., Vienna, 1905), I, p. 189.

130 H.-P. Ullmann, 'The emergence of modern public debts in Bavaria and Baden between 1780 and 1820', in P.-C. Witt (ed.), *Wealth and Taxation in Central Europe* (Leamington Spa, 1987), pp. 63–79.

131 Blickle, *Landschaften*, p. 116.

132 H. Wunder, 'Finance in the "economy of Old Europe": The example of peasant credit from the late Middle Ages to the Thirty Years War', in Witt (ed.), *Wealth and Taxation*, pp. 19–47; Robisheaux, *Rural Society*.

133 V. Press, 'Die Reichsstadt in der altständischen Gesellschaft', in J. Kunisch (ed.), *Neue Studien zur frühneuzeitlichen Reichsgeschichte* (Berlin, 1987), pp. 9–42; W. D. Godsey Jr, *Nobles and Nation in Central Europe: Free Imperial Knights in the Age of Revolution, 1750–1850* (Cambridge, 2004), pp. 22–46; M. Fimpel, *Reichsjustiz und Territorialstaat. Württemberg als Kommissar von Kaiser und Reich im Schwäbischen Kreis (1648–1806)* (Tübingen, 1999), pp. 42–3; Westphal, *Kaiserliche Rechtsprechung*, pp. 256–431; R. Hildebrandt, 'Rat contra Bürgerschaft. Die Verfassungskonflikte in den Reichsstädten des 17. und 18. Jahrhunderts', *Zeitschrift für Stadtgeschichte, Stadtsoziologie und Denkmalpflege*, 1 (1974), 221–41 at 230–34.

134 C. Cramer, 'Territoriale Entwicklung', in B. Martin and R. Wetekam (eds.), *Waldeckische Landeskunde* (Korbach, 1971), pp. 171–262 at 249–50.

135 G. Kollmer, *Die schwäbische Reichsritterschaft zwischen Westfälischem Frieden und Reichsdeputationshauptschluß* (Stuttgart, 1979); K.-P. Schroeder, *Das Alte Reich und seine Städte. Untergang und Neubeginn. Die Mediatisierung der oberdeutschen Reichsstädte im Gefolge des Reichsdeputationshauptschlusses, 1802/03* (Munich, 1991); A. von Reden-Dohna, 'Problems of small Estates of the Empire: The example of the Swabian imperial prelates', *JMH*, 58, supplement (1986), 76–87.

136　数据来自 Hochedlinger, *Austria's Wars*, p. 284; Ullmann, 'The emergence of modern public debts', passim。

第十一章　社团

1　B. Heal, *The Cult of the Virgin Mary in Early Modern Germany* (Cambridge, 2007).

2　H. Carl, *Der Schwäbische Bund, 1488–1534* (Leinfelden-Echterdingen, 2000), pp. 189–91; L. Ognois, 'Politische Instrumentalisierung eines christlichen Ereignisses? Die Festtaufe Friedrichs von Württemberg im Jahre 1616', in A. Ernst and A. Schindling (eds.), *Union und Liga 1608/09* (Stuttgart, 2010), pp. 227–63.

3　对此领域大量文献的有用总结见 S. Reynolds, *Kingdoms and Communities in Western Europe, 900–1300* (2nd ed., Oxford, 1997), pp. 67–78, 165–8; H. K. Schulze, *Grundstrukturen der Verfassung im Mittelalter* (3rd ed., 3 vols., Stuttgart, 1995–2000), II, pp. 184–98; T. A. Brady Jr, 'Economic and social institutions', in B. Scribner (ed.), *Germany: A New Social and Economic History, I, 1450–1630* (London, 1996), pp. 259–90 at 266–70; O. Ogilvie, 'The beginnings of industrialization', in idem (ed.), *Germany: A New Social and Economic History, II, 1630–1800* (London, 1996), pp. 263–308 at 285–90。

4　B. A. Tlusty, *The Martial Ethic in Early Modern Germany: Civic Duty and the Right of Arms* (Basingstoke, 2011), pp. 189–210.

5　数据来自 J. Whaley, *Germany and the Holy Roman Empire, 1493–1806* (2 vols., Oxford, 2012), II, p. 466。

6　M. Asche, *Von der reichen hansischen Bürgeruniversität zur armen mecklenburgischen Landeshochschule* (Stuttgart, 2000), p. 245.

7　T. M. Martin, *Auf dem Weg zum Reichstag, 1314–1410* (Göttingen, 1993), pp. 172–213; E. Schubert, 'Die Stellung der Kurfürsten in der spätmittelalterlichen Reichsverfassung', *Jahrbuch für westdeutsche Landesgeschichte*, 1 (1975), 97–128.

8　载于 L. Weinrich (ed.), *Quellen zur Verfassungsgeschichte des römisch-deutschen Reiches im Spätmittelalter (1250–1500)* (Darmstadt, 1983), no. 88。后续参见 H. Cohn, 'The electors and imperial rule at the end of the fifteenth century', in B. Weiler and S. MacLean (eds.), *Representations of Power in Medieval Germany, 800–1500* (Turnhout, 2006), pp. 295–318。

9　A. Gotthard, '"Als furnembsten Gliedern des Heiligen Reichs". Überlegungen zur Rolle der rheinischen Kurfürstengruppe in der Reichspolitik des 16. Jahrhunderts', *RVJB*,

59 (1995), 31–78, and his *Säulen des Reiches. Die Kurfürsten im frühneuzeitlichen Reichsverband* (Husum, 1999), pp. 35–197.

10　这种提法见于较早的文献，如 W. R. Hitchcock, *The Background of the Knights' Revolt, 1522–1523* (Berkeley, 1958)。后续参见 H. Zmora, 'Princely state-making and the "crisis of the aristocracy" in late medieval Germany', *P&P*, 153 (1996), 37–63; W. Friedensburg, 'Franz von Sickingen', in J. von Pflugk-Harttung (ed.), *Im Morgenrot der Reformation* (Stuttgart, 1927), pp. 557–666; E. Schubert, 'Ulrich von Hutten (1488–1523)', *Fränkische Lebensbilder*, 9 (1980), 93–123; H. Ulmschneider, *Götz von Berlichingen* (Sigmaringen, 1974)。

11　E. Schubert, 'Die Harzgrafen im ausgehenden Mittelalter', in J. Rogge and U. Schirmer (eds.), *Hochadelige Herrschaft im mitteldeutschen Raum (1200 bis 1600)* (Leipzig, 2003), pp. 13–115.

12　K. E. Demandt, *Geschichte des Landes Hessen* (2nd ed., Kassel, 1980), pp. 469–70; Schulze, *Grundstrukturen*, II, pp. 116–18.

13　A. Niederstätter, *Österreichische Geschichte, 1400–1522* (Vienna, 2004), pp. 238–57.

14　M. Spindler (ed.), *Handbuch der bayerischen Geschichte* (2nd ed., 2 vols., Munich, 1981), II, pp. 310–16, 556; M. J. LeGates, 'The knights and the problems of political organizing in sixteenth-century Germany', *CEH*, 7 (1974), 99–136; E. Pflichthofer, *Das württembergische Heerwesen am Ausgang des Mittelalters* (Tübingen, 1938), pp. 13–15; Carl, *Der Schwäbische Bund*, pp. 116–18.

15　F. R. H. Du Boulay, *Germany in the Later Middle Ages* (London, 1983), pp. 74–6; Carl, *Der Schwäbische Bund*, pp. 64–5, 99–111.

16　H. Zmora, *State and Nobility in Early Modern Germany: The Knightly Feud in Franconia, 1440–1567* (Cambridge, 1997), pp. 129–30.

17　L. F. Heyd, Ulrich, *Herzog zu Württemberg* (3 vols., Stuttgart, 1841–4).

18　关于此事的简练概述见 Whaley, *Germany*, I, pp. 209–19，相关事件见 J. Heilmann, *Kriegsgeschichte von Bayern, Franken, Pfalz und Schwaben von 1506–1651* (2 vols., Munich, 1868), I, pp. 29–35。

19　H. Zmora, 'The formation of the imperial knighthood in Franconia', in R. J. W. Evans et al. (eds.), *The Holy Roman Empire, 1495–1806* (Oxford, 2011), pp. 283–302, and his *State and Nobility*, pp. 123–42.

20　见 V. 普雷斯（V. Press）的三篇文献：'Kaiser und Reichsritterschaft', in R. Endres (ed.), *Adel in der Frühneuzeit* (Cologne, 1991), pp. 163–94; 'Die Reichsritterschaft im Reich der frühen Neuzeit', *NA*, 87 (1976), 101–22; 'Die Ritterschaft im Kraichgau zwischen Reich und Territorium, 1500–1623', *ZGO*, 122 (1974), 35–98。

21 不错的概览见 H. Rabe, *Deutsche Geschichte, 1500–1600* (Munich, 1991), pp. 476–8; P. S. Fichtner, *Emperor Maximilian II* (New Haven, CT, 2001), pp. 141–4。

22 V. Press, 'Reichsritterschaften', in K. G. A. Jeserich et al. (eds.), *Deutsche Verwaltungsgeschichte*, I, *Vom Spätmittelalter bis zum Ende des Reiches* (Stuttgart, 1983), pp. 679–89; *NTSR*, XVII, 386.

23 R. J. Ninness, *Between Opposition and Collaboration: Nobles, Bishops and the German Reformations in the Prince-Bishopric of Bamberg, 1555–1619* (Leiden, 2011); S. Schraut, *Das Haus Schönborn. Eine Familienbiographie. Katholischer Reichsadel, 1640–1840* (Paderborn, 2005).

24 G. Köbler, *Historisches Lexikon der deutschen Länder* (5th ed., Munich, 1995), p.xxii.

25 V. Press, 'Der württembergische Angriff auf die Reichsritterschaft 1749–1754 (1770)', in F. Quarthal (ed.), *Zwischen Schwarzwald und Schwäbischer Alb* (Sigmaringen, 1984), pp. 329–48.

26 G. Schmidt, *Der Wetterauer Grafenverein* (Marburg, 1989).

27 R. Endres, 'Die Friedensziele der Reichsritterschaft', in H. Duchhardt (ed.), *Der Westfälische Friede* (Münster, 1998), pp. 565–78.

28 E. Bock, *Der Schwäbische Bund und seine Verfassungen, 1488–1534* (Breslau, 1927). 后续参见 C. Greiner, 'Die Politik des Schwäbischen Bundes während des Bauernkrieges 1524 und 1525 bis zum Vertrag von Weingarten', *Zeitschrift des historischen Vereins für Schwaben und Neuburg*, 68 (1974), 7–94。

29 Carl, *Der Schwäbische Bund*, pp. 33–4, 365–6, 370–86.

30 E. Fabian, *Die Entstehung des Schmalkaldischen Bundes und seiner Verfassung 1524/29–1531/35* (Tübingen, 1962); G. Haug-Moritz, *Der Schmalkaldische Bund 1530–1541/42* (Leinfelden-Echterdingen, 2002). 其他联盟的情况见 F. Neuer-Landfried, *Die Katholische Liga. Gründung, Neugründung und Organisation eines Sonderbundes, 1608–1620* (Kallmünz, 1968); T. Hölz, Krummstab und Schwert. *Die Liga und die geistlichen Reichsstände Schwabens, 1609–1635* (Leinfelden-Echterdingen, 2001); A. Gotthard, 'Protestantische "Union" und Katholische "Liga"-Subsidiäre Strukturelemente oder Alternativentwürfe?', and H. Langer, 'Der Heilbronner Bund (1633–35)', both in V. Press (ed.), *Alternativen zur Reichsverfassung in der Frühen Neuzeit?* (Munich, 1995), pp. 81–112, 113–22, and the contributions to Ernst and Schindling (eds.), *Union und Liga*。

31 T. A. Brady Jr, 'Phases and strategies of the Schmalkaldic League', *ARG*, 74 (1983), 162–81 at 174.

32　M. Kaiser, *Politik und Kriegführung. Maximilian von Bayern, Tilly und die Katholische Liga im Dreißigjährigen Krieg* (Münster, 1999).

33　K. S. Bader, *Der deutsche Südwesten in seiner territorialstaatlichen Entwicklung* (2nd ed., Sigmaringen, 1978), pp. 191–7.

34　Hölz, *Krummstab und Schwert*, p. 140. 另参见 J. A. Vann, *The Swabian Kreis* (Brussels, 1975), pp. 97–131; P.-C. Storm, *Der Schwäbische Kreis als Feldherr* (Berlin, 1974), pp. 71–111。

35　F. Magen, 'Die Reichskreise in der Epoche des Dreißigjährigen Krieges', *ZHF*, 9 (1982), 409–60; S. Friedrich, 'Legitimationsprobleme von Kreisbündnissen', in W. E. J. Weber and R. Dauser (eds.), *Faszinierende Frühneuzeit. Reich, Frieden, Kultur und Kommunikation, 1500–1800* (Berlin, 2008), pp. 27–50.

36　R. Schnur, *Der Rheinbund von 1658 in der deutschen Verfassungsgeschichte* (Bonn, 1955). 对诸侯间联盟的进一步讨论见 P. H. Wilson, *German Armies: War and German Politics, 1648–1806* (London, 1998), pp. 150–78。

37　K. O. Frhr. v. Aretin (ed.), *Der Kurfürst von Mainz und die Kreisassoziationen, 1648–1746* (Wiesbaden, 1975); R. H. Thompson, *Lothar Franz von Schönborn and the Diplomacy of the Electorate of Mainz* (The Hague, 1973); Wilson, *German Armies*, pp. 165–201.

38　B. Sicken, *Das Wehrwesen des fränkischen Reichskreises. Aufbau und Struktur (1681–1714)* (Nuremberg, 1967), esp. pp. 87–92; M. Plassmann, *Krieg und Defension am Oberrhein* (Berlin, 2000).

39　P. H. Wilson, 'The German "soldier trade" of the seventeenth and eighteenth centuries', *IHR*, 18 (1996), 757–92, and his *German Armies*, pp. 202–97.

40　K. Graf, 'Feindbild und Vorbild. Bemerkungen zur städtischen Wahrnehmung des Adels', *ZGO*, 141 (1993), 121–54; B. Arnold, *Princes and Territories in Medieval Germany* (Cambridge, 1991), pp. 167–76.

41　达塞尔的确切职责是什么仍有争议，但在这本书中得到了强调：P. Munz, *Frederick Barbarossa* (London, 1969), pp. 92–5, 180–83。概述参见 G. Raccagni, *The Lombard League, 1164–1225* (Oxford, 2010)。

42　P. Dollinger, *The German Hansa* (London, 1970); J. Schildhauer, *The Hansa* (New York, 1988); M. Puhle, 'Die Hanse, Nordeuropa und das mittelalterliche Reich', in B. Schneidmüller and S. Weinfurter (eds.), *Heilig-Römisch-Deutsch* (Dresden, 2006), pp. 308–22.

43　H. Spruyt, *The Sovereign State and its Competitors* (Princeton, 1994), esp. pp.

109–29.

44   数据来自 P. Moraw, *Von offener Verfassung zu gestalteter Verdichtung. Das Reich im späten Mittelalter 1250 bis 1490* (Berlin, 1985), p. 309。

45   效仿吕贝克并在中世纪获得帝国城市地位的北方城市仅有多特蒙德、戈斯拉尔、哈茨山北豪森、图林根的米尔豪森，以及（从 1475 年开始）科隆。

46   Arnold, *Princes and Territories*, pp. 57–8, 173–4.

47   A. Buschmann, 'Der Rheinische Bund von 1254–1257', in H. Maurer (ed.), *Kommunale Bündnisse Oberitaliens und Oberdeutschlands im Vergleich* (Sigmaringen, 1987), pp. 167–212. 关于背景，见 M. Kaufhold, *Deutsches Interregnum und europäische Politik. Konfliktlösungen und Entscheidungsstrukturen, 1230–1280* (Hanover, 2000)。

48   A. Haverkamp, *Medieval Germany, 1056–1273* (Oxford, 1988), p. 26; Moraw, *Von offener Verfassung*, pp. 208–9.

49   T. M. Martin, *Auf dem Weg zum Reichstag, 1314–1410* (Göttingen, 1993), pp. 276–316.

50   Ibid, pp. 295–6. 查理调整路线的举动也在本书第 445—446 页讨论过。后续另参见 F. Seibt, *Karl IV.* (Munich, 1978), pp. 332–5; Spindler (ed.), *Handbuch der bayerischen Geschichte*, II, pp. 226–8。

51   E. Gatz (ed.), *Die Bischöfe des Heiligen Römischen Reiches 1198 bis 1448* (Berlin, 2001), pp. 672–3; Spindler (ed.), *Handbuch der bayerischen Geschichte*, II, pp. 230–32.

52   E. Marquardt, *Geschichte Württembergs* (3rd ed., Stuttgart, 1985), pp. 23–4; M. Prietzel, *Das Heilige Römische Reich im Spätmittelalter* (2nd ed., Darmstadt, 2010), p. 98.

53   E. Schubert, 'Albrecht Achilles, Markgraf von Kulmbach und Kurfürst von Brandenburg, 1414–1486', *Fränkische Lebensbilder*, 4 (1971), 130–72; Moraw, *Von offener Verfassung*, pp. 277–8. 康斯坦茨湖的联盟在 1474 年与勃艮第公爵交战的过程中瓦解了。

54   G. Strauss, *Nuremberg in the Sixteenth Century* (2nd ed., Bloomington, IN, 1976), pp. 12–17.

55   P. Blickle, *Communal Reformation: The Quest for Salvation in Sixteenth-Century Germany* (Atlantic Highlands, NJ, 1992); B. Moeller, *Imperial Cities and the Reformation* (Philadelphia, 1972); L. J. Abray, *The People's Reformation: Magistrates, Clergy and Commons in Strasbourg, 1500–1598* (Oxford, 1985).

56   G. Schmidt, 'Hanse, Hanseaten und Reich in der frühen Neuzeit', in I. Richefort

and B. Schmidt (eds.), *Les relations entre la France et les villes Hanséatiques de Hambourg, Brême et Lübeck, Moyen Âge–XIXe siècle* (Brussels, 2006), pp. 229–59; R. Postel, 'Hamburg at the time of the Peace of Westphalia', in K. Bussmann and H. Schilling (eds.), *1648: War and Peace in Europe* (3 vols., Münster, 1998), I, pp. 337–43; U. Weiß, '"So were in puncto Jmmedietas civitatis das müglichste zu tun". Die Erfurt-Frage auf dem Westfälischen Friedenskongreß', in H. Duchhardt (ed.), *Der Westfälische Friede* (Munich, 1998), pp. 541–64.

57 A. Krischer, 'Das diplomatische Zeremoniell der Reichsstädte, oder: Was heißt Stadtfreiheit in der Fürstengesellschaft?', *HZ*, 284 (2007), 1–30.

58 彼得·布利克勒（Peter Blickle）在许多著作中提出了这种论点，总结于 'Communalism, parliamentarism, republicanism', *Parliaments, Estates and Representation*, 6 (1986), 1–13。

59 R. von Friedeburg, '"Kommunalismus" und "Republikanismus" in der frühen Neuzeit?', *ZHF*, 21 (1994), 65–91; H. Rebel, *Peasant Classes* (Princeton, 1983), pp. 10–20.

60 F. Petri, 'Zum Problem der herrschaftlichen und genossenschaftlichen Züge in der mittelalterlichen Marschensiedlung an der flämischen und niederländischen Nordseeküste', in H. Beumann (ed.), *Historische Forschungen für Walter Schlesinger* (Cologne, 1974), pp. 226–41.

61 W. L. Urban, *Dithmarschen, a Medieval Peasant Republic* (Lewiston, NY, 1991); B. Kümin, 'Kirchgenossen an der Macht. Vormoderne politische Kultur in den "Pfarreirepubliken" von Gersau und Dithmarschen', *ZHF*, 41 (2014), 187–230.

62 W. Lammers, *Die Schlacht bei Hemmingstedt* (Neum-nster, 1953).

63 G. Franz, *Geschichte des deutschen Bauernstandes vom frühen Mittelalter bis zum 19. Jahrhundert* (Stuttgart, 1970), pp. 86–91. 关于帝国西部的其他小型自治社区，参见 ibid, pp. 79–83, 94–5。

64 H. Wiemann, *Die Grundlagen der landständischen Verfassung Ostfries-lands. Die Verträge von 1595 bis 1611* (Aurich, 1974).

65 B. Kappelhoff, *Absolutisches Regiment oder Ständeherrschaft? Landesherr und Landstände in Ostfriesland im ersten Drittel des 18. Jahrhunderts* (Hildesheim, 1982); M. Hughes, *Law and Politics in 18th-Century Germany: The Imperial Aulic Council in the Reign of Charles VI* (Woodbridge, 1988); R. Tieben, 'Statebuilding with the participation of the Estates? East Frisia between territorial legislation and communalist ritual, 1611–1744', in W. Blockmans et al. (eds.), *Empowering*

Interactions: Political Cultures and the Emergence of the State in Europe, 1300–1900 (Farnham, 2009), pp. 267–78.

66　"州"（canton）这种表述直到 1798 年才随着海尔维第共和国的建立而被官方采纳，但此处为行文方便起见，会用"州"而非现代的"地"（place/ort）来指代。后续参见 D. M. Luebke, *His Majesty's Rebels: Communities, Factions and Rural Revolt in the Black Forest, 1725–1745* (Ithaca, NY, 1997), esp. pp. 19–20; P. Stadler, 'Die Schweiz und das Reich in der Frühen Neuzeit', in Press (ed.), *Alternativen*, pp. 131–42。

67　关于瑞士这个例外情况的争论，见 J. Steinberg, *Why Switzerland?* (Cambridge, 1976)。

68　R. Sablonier, *Gründungszeit ohne Eidgenossen. Politik und Gesellschaft in der Innerschweiz um 1300* (Baden, 2008).

69　J. Berenger, *A History of the Habsburg Empire, 1273–1700* (Harlow, 1994), pp. 54–5. 后续另参见 A. Niederstätter, *Österreichische Geschichte, 1278–1411* (Vienna, 2004), pp. 119–22。

70　R. C. Head, *Early Modern Democracy in the Grisons: Social Order and Political Language in a Swiss Mountain Canton, 1470–1620* (Cambridge, 1995); A. Wendland, *Der Nutzen der Pässe und die Gefährdung der Seelen. Spanien, Mailand und der Kampf ums Veltlin (1620–1641)* (Zürich, 1995), pp. 367–8. 瑞提亚包括多姆莱什格（Domleschg）、上哈尔施泰因（Oberhalbstein）、贝格尔（Bergell）和恩加丁（Engadin）山谷，以及库尔镇及其主教座堂教士团。十堂区联盟包括贝尔福特（Belfort）、达沃斯（Davos）、克洛斯特斯（Klosters）、卡斯特尔斯（Castels）、希尔斯（Schiers）、桑菲格（Schanfigg）、朗维斯（Langwies）、库尔瓦尔登（Churwalden）、迈恩费尔德（Maienfeld）和马兰 – 杰宁斯（Malans-Jenins）。

71　W. Schaufelberger, *Der alte Schweizer und sein Krieg* (3rd ed., Frauenfeld, 1987).

72　T. A. Brady Jr, *Turning Swiss: Cities and Empire, 1450–1550* (Cambridge, 1985), pp. 57–69; Carl, *Der Schwäbische Bund*, pp. 451–9.

73　W. A. B. Coolidge, 'The Republic of Gersau', *EHR*, 4 (1889), 481–515.

74　人口数据来自 K. von Greyerz, 'Switzerland during the Thirty Years War', in Bussmann and Schilling (eds.), *1648: War and Peace*, I, pp. 133–9 at 133。七个天主教州是：乌里、施维茨、翁特瓦尔登、卢塞恩、弗里堡、索洛图恩和库尔。六个新教州是：苏黎世、伯尔尼、格拉鲁斯、巴塞尔、沙夫豪森和阿彭策尔。

75　R. C. Head, *Jenatsch's Axe: Social Boundaries, Identity and Myth in the Era of the Thirty Years' War* (Rochester, NY, 2008); Wendland, *Der Nutzen der Pässe*, 47–78, 101–26. 关

于总体的紧张态势，见 R. C. Head, '"Nit alss zwo Gmeinden, oder Partheyen, sonder ein Gmeind". Kommunalismus zwischen den Konfessionen in Graubünden 1530–1620', in B. Kümin (ed.), *Landgemeinde und Kirche im Zeitalter der Konfessionen* (Zürich, 2004), pp. 21–57。

76 Brady, *Turning Swiss*, p. 36.

77 L. Hugo, 'Verzeichnis der freien Reichsdörfer in Deutschland', *Zeitschrift für Archivkunde, Diplomatik und Geschichte*, 2 (1836), 446–76.

78 Köbler, *Historisches Lexikon*, pp. 338, 567–8. 另外几个村庄是苏尔茨巴赫（法兰克福附近），陶努斯山的索登（Soden），以及戈希斯海姆（Gochsheim）和森菲尔德（Sennfeld），这两个地方都靠近法兰克尼亚的施韦因富特（Schweinfurt）。

79 整体论述见 P. Blickle, 'Peasant revolts in the German empire in the late Middle Ages', *Social History*, 4 (1979), 223–39; Whaley, *Germany*, I, pp. 135–47。

80 P. Blickle, *The Revolution of 1525* (2nd ed., Baltimore, 1985); G. Vogler, 'Reichsvorstellungen im Umkreis des Bauernkrieges', in Press (ed.), *Alternativen*, pp. 23–42.《十二条款》载于 T. Scott and B. Scribner (eds.), *The German Peasants' War: A History in Documents* (Atlantic Highlands, NJ, 1991), pp. 253–6。

81 M. Bensing and S. Hoyer, *Der deutsche Bauernkrieg, 1524–26* (3rd ed., Berlin, 1975).

82 G. Franz, *Der deutsche Bauernkrieg* (Darmstadt, 1976), p. 299; P. Blickle, *Der Bauernjörg. Feldherr im Bauernkrieg* (Munich, 2015), esp. pp. 294–5.

83 例如 P. Blickle, *Obedient Germans? A Rebuttal* (Charlottesville, VA, 1997)。

84 R. Po-chia Hsia, *Social Discipline in the Reformation: Central Europe, 1550–1750* (London, 1989), pp. 146–8; D. W. Sabean, *Power in the Blood* (Cambridge, 1984), pp. 144–73. 关于司法变革的讨论，见本书第 726—730 页。

85 例如 Luebke, *His Majesty's Rebels*, pp. 170, 174。

86 它们最终包括圣加仑的修道院和城镇，帝国城市罗特韦尔和米卢斯（Mulhouse），比尔（Bienne）社区，瓦莱（Valais）伯国，讷沙泰勒（Neufchâtel）公国，巴塞尔主教区，以及瑞提亚。锡永主教区在 1475 年至 1628 年间也是联系地之一。

87 R. Hauswirth, *Landgraf Philipp von Hessen und Zwingli* (Tübingen, 1968); T. A. Brady Jr, *The Politics of the Reformation in Germany: Jacob Sturm (1489–1553) of Strasbourg* (Atlantic Highlands, NJ, 1997); Fabian, *Die Entstehung des Schmalkaldischen Bundes*, pp. 30–31, 37–9, 211–16.

88 F. Gallati, 'Eidgenössische Politik zur Zeit des Dreißigjährigen Krieges', *Jahrbuch für schweizerische Geschichte*, 44 (1919), 1–257 at 3–4.

89 关于此主题的海量文献中，有用的著作包括 G. Parker, *The Dutch Revolt* (London, 1977); M. Prak, *The Dutch Republic in the Seventeenth Century* (Cambridge, 2005), and J. L. Price, *The Dutch Republic in the Seventeenth Century* (Basingstoke, 1998)。荷兰共和国与帝国的关系见本书第 252 页。

90 由于需要英国的援助，荷兰人不得不接受由不称职的莱斯特伯爵罗伯特·达德利（Robert Dudley）担任 1585 年至 1587 年的"总督"。关于马蒂亚斯大公与此的关系，见 B. Rill, *Kaiser Matthias* (Graz, 1999), pp. 9–12, 32–40; J. I. Israel, *The Dutch Republic* (Oxford, 1995), pp. 190–205。

91 H. H. Rowen, *The Princes of Orange: The Stadholders in the Dutch Republic* (Cambridge, 1988).

92 见 I. 奥尔巴赫（I. Auerbach）、G. 施拉姆（G. Schramm）和 H. G. 柯尼希斯贝格尔（H. G. Koenigsberger）被收录于 R. J. W. Evans and T. V. Thomas (eds.), *Crown, Church and Estates* (Basingstoke, 1991) 的文章，以及 J. 帕内克（J. Pánek）的两篇文章：'Das Ständewesen und die Gesellschaft in den Böhmischen Ländern in der Zeit vor der Schlacht auf dem Weissen Berg (1526–1620)', *Historica. Les sciences historiques en Tchécoslovaquie*, 25 (1985), 73–120, and 'Das politische System des böhmischen Staates im ersten Jahrhundert der habsburgischen Herrschaft (1526–1620)', *MIÖG*, 97 (1989), 53–82。

93 T. Brockmann, *Dynastie, Kaiseramt und Konfession* (Paderborn, 2011), pp. 39–43, 56–63.

94 J. I. Israel, *Dutch Primacy in World Trade, 1585–1740* (Oxford, 1989); M. 't Hart, *The Dutch Wars of Independence: Warfare and Commerce in the Netherlands, 1570–1680* (London, 2014).

95 T. Winkelbauer, 'Nervus belli Bohemici. Die finanziellen Hintergründe des Scheiterns des Ständeaufstands der Jahre 1618 bis 1620', *Folia Historica Bohemica*, 18 (1997), 173–223; P. H. Wilson, *Europe's Tragedy: The Thirty Years War* (London, 2009), pp. 269–313.

96 联邦宪章的英译文见 P. H. Wilson, *The Thirty Years War: A Sourcebook* (Basingstoke, 2010), pp. 41–6。相关讨论见 J. Bahlcke, 'Modernization and state-building in an east-central European Estates' system: The example of the Confoederatio Bohemica of 1619', *PER*, 17 (1997), 61–73, and his 'Die Böhmische Krone zwischen staatsrechtlicher Integrität, monarchischer Union und ständischem Föderalismus', in T. Fröschl (ed.), *Föderationsmodelle und Unionsstrukturen* (Munich, 1994), pp. 83–103。P. 马塔（P. Mat'a）对联邦具有创新性的说法表示了强烈怀疑："'Monarchia/

monarchey/da einer allein herrschet": The making of state power and reflections on the state in Bohemia and Moravia between the Estates' rebellion and Enlightenment reforms', in H. Manikowska and J. Pánek (eds.), *Political Culture in Central Europe (10th–20th Century)*, I, *Middle Ages and Early Modern Era* (Prague, 2005), pp. 349–67。

97   Z. V. David, *Finding the Middle Way: The Utraquists' Liberal Challenge to Rome and Luther* (Washington DC, 2003), esp. pp. 302–48.

98   J. Burkhardt, *Der Dreißigjährige Krieg* (Frankfurt, 1992), pp. 85–7; F. Müller, *Kursachsen und der Böhmische Aufstand, 1618–1622* (Münster, 1997); J. Polišenský, *Tragic Triangle: The Netherlands, Spain and Bohemia, 1617–1621* (Prague, 1991).

99   H. Smolinsky, 'Formen und Motive konfessioneller Koexistenz in den Niederlanden und am Niederrhein', in K. Garber et al (eds.), *Erfahrung und Deutung von Krieg und Frieden* (Munich, 2001), pp. 287–300; A. D. Anderson, *On the Verge of War: International Relations and the Jülich-Kleve Succession Crises (1609–1614)* (Boston, MA, 1999); M. Groten et al. (eds.), *Der Jülich-Klevische Erbstreit 1609* (Düsseldorf, 2011).

100   M. Kaiser, 'Die vereinbarte Okkupation. Generalstaatische Besatzungen in brandenburgischen Festungen am Niederrhein', in M. Meumann and J. Rögge (eds.), *Die besetzte res publica* (Münster, 2006), pp. 271–314.

101   M. Kaiser and M. Rohrschneider (eds.), *Membra unius capitis. Studien zu Herrschaftsauffassungen und Regierungspraxis in Kurbrandenburg (1640–1688)* (Berlin, 2005); F. L. Carsten, *Princes and Parliaments* (Oxford, 1959), pp. 258–340; L. Hüttl, *Friedrich Wilhelm von Brandenburg* (Munich, 1981), pp. 171–84, 197–200.

102   W. Frijhoff and M. Spies, *1650: Hard-Won Unity* (Basingstoke, 2004).

103   H. Dreitzel, *Absolutismus und ständische Verfassung in Deutschland* (Mainz, 1992), p. 134. 概述参见 idem, *Monarchiebegriffe in der Fürstengesellschaft* (2 vols., Cologne, 1991)。

104   Dreitzel, *Absolutismus*, pp. 92–100, 134–7.

105   H. Dippel, *Germany and the American Revolution, 1770–1800* (Chapel Hill, NC, 1977); B. Stollberg-Rilinger, *Vormünder des Volkes? Konzepte landständischer Repräsentation in der Spätphase des Alten Reiches* (Berlin, 1999), pp. 140–88; H. E. Bödeker, 'The concept of the republic in eighteenth-century German thought', in J. Heideking and J. A. Henretta (eds.), *Republicanism and Liberalism in America and the German States, 1750–1850* (Cambridge, 2002), pp. 35–52.

106 Dreitzel, *Absolutismus*, pp. 104–20; Stollberg-Rilinger, *Vormünder des Volkes?*, pp. 120–26.

107 A. Flügel, *Bürgerliche Rittergüter. Sozialer Wandel und politische Reform in Kursachsen (1680–1844)* (Göttingen, 2000), pp. 178–209.

108 M. Wagner, 'Der sächsische Bauernaufstand und die Französische Revolution in der Perzeption der Zeitgenossen', in H. Berding (ed.), *Soziale Unruhen in Deutschland während der Französischen Revolution* (Göttingen, 1988), pp. 149–65; H. Gabel and W. Schulze, 'Peasant resistance and politicization in Germany in the eighteenth century', in E. Hellmuth (ed.), *The Transformation of Political Culture* (Oxford, 1990), pp. 119–46.

第十二章　司法

1 H. Keller, *Ottonische Königsherrschaft* (Darmstadt, 2002), p. 38 指出了这一点。

2 P. Blickle, *Das Alte Europa* (Munich, 2008), pp. 44–6.

3 M. Walker, 'Rights and functions: The social categories of eighteenth-century German jurists and cameralists', *JMH*, 50 (1978), 234–51; W. Schmale, 'Das Heilige Römische Reich und die Herrschaft des Rechts', in R. G. Asch and H. Duchhardt (eds.), *Der Absolutismus-ein Mythos?* (Cologne, 1996), pp. 229–48 esp. 240–41. 另参见歌德根据自己在法律行业实习的经历对帝国司法目的做出的启发性评论：Goethe, *Collected Works*, 12 vols., ed. T. P. Saine and J. L. Sammons (Princeton, 1987), IV: *From my Life: Poetry and Truth*, p. 389。

4 R. McKitterick, *The Frankish Kingdoms under the Carolingians* (Harlow, 1983), pp. 98–103; B. Arnold, *Medieval Germany, 500–1300* (Basingstoke, 1997), pp. 148–51, and his *Princes and Territories in Medieval Germany* (Cambridge, 1991), pp. 30–32.

5 G. Franz, *Geschichte des deutschen Bauernstandes vom frühen Mittelalter bis zum 19. Jahrhundert* (Stuttgart, 1970), pp. 57–60; H. K. Schulze, *Grundstrukturen der Verfassung im Mittelalter* (3rd ed., 3 vols., Stuttgart, 1995–2000), I, pp. 143–5.

6 W. Hartmann, 'Autoritäten im Kirchenrecht und Autorität des Kirchenrechts in der Salierzeit', in S. Weinfurter (ed.), *Die Salier und das Reich* (3 vols., Sigmaringen, 1991), III, pp. 425–46.

7 Schulze, *Grundstrukturen*, I, pp. 91–4. 另参见本书第 411—412 页。

8 B. H. Hill Jr, *Medieval Monarchy in Action* (London, 1972), pp. 213–4.

9   R. van Dülmen, *Theatre of Horror: Crime and Punishment in Early Modern Germany* (Cambridge, 1990), esp. p. 132; E. Schubert, *Fürstliche Herrschaft und Territorium im späten Mittelalter* (2nd ed., Munich, 2006), p. 89; Blickle, *Das Alte Europa*, pp. 138–9, 225.

10 J. Q. Whitman, *The Legacy of Roman Law in the German Romantic Era* (Princeton, 1990), pp. 4–28.

11 E. Ortlieb, *Im Auftrag des Kaisers. Die kaiserlichen Kommissionen des Reichshofrats und die Regelung von Konflikten im Alten Reich (1637–1657)* (Cologne, 2001), pp. 366–8.

12 H. Weill, *Frederick the Great and Samuel von Cocceji* (Madison, WI, 1961); J. Whaley, *Germany and the Holy Roman Empire, 1493–1806* (2 vols., Oxford, 2012), II, pp. 514–5.

13 H. E. Strakosch, *State Absolutism and the Rule of Law* (Sidney, 1967); F. A. J. Szabo, *Kaunitz and Enlightened Absolutism, 1753–1780* (Cambridge, 1994), pp. 180–5.

14 K. Härter, 'The early modern Holy Roman Empire of the German Nation (1495–1806): A multi-layered legal system', in J. Duindam et al. (eds.), *Law and Empire* (Leiden, 2013), pp. 111–31.

15 Hill, *Medieval Monarchy in Action*, pp. 166–8. 后续参见 ibid, pp. 180–3，概述见 G. Althoff, *Spielregeln der Politik im Mittelalter: Kommunikation in Frieden und Fehde* (Darmstadt, 1997), pp. 21–98。

16 A. Krah, *Absetzungsverfahren als Spiegelbild von Königsmacht* (Aalen, 1987), pp. 58–60.

17 Arnold, *Medieval Germany*, pp. 47–8.

18 E. J. Goldberg, *Struggle for Empire: Kingship and Conflict under Louis the German, 817–876* (Ithaca, NY, 2006), p. 229; H. Wolfram, *Conrad II, 990–1039* (University Park, PA, 2006), pp. 185–6, 189–90, 333– 405; Keller, *Ottonische Königsherrschaft*, p. 46.

19 Ibid, pp. 38–40; G. Althoff, *Die Ottonen* (2nd ed., Stuttgart, 2005), pp. 104–6, and his *Spielregeln*, pp. 53, 294.

20 T. Reuter, *Germany in the Early Middle Ages, c.800–1056* (Harlow, 1991), pp. 214–6.

21 M. Becher, *Otto der Große* (Munich, 2012), pp. 163–85.

22 Goldberg, *Struggle for Empire*, pp. 229–30.

23 Krah, *Absetzungsverfahren*, pp. 379–401.

24 Althoff, *Spielregeln*, pp. 116–20.

25 J. Barrow, 'Playing by the rules: Conflict management in tenth-and eleventh-century Germany', *EME*, 11 (2002), 389–96 at 392.

26 Keller, *Ottonische Königsherrschaft*, pp. 49–50.

27 G. Althoff, *Die Macht der Rituale: Symbolik und Herrschaft im Mittelalter* (Darmstadt, 2003), p. 136. 亨利自己曾在格列高利七世面前恳求，相关讨论见本书第 49—50 页。后续另参见 T. Reuter, 'Unruhestiftung, Fehde, Rebellion, Widerstand. Gewalt und Frieden in der Politik der Salierzeit', in Weinfurter (ed.), *Die Salier und das Reich*, III, pp. 297–325。

28 G. Althoff, 'Kaiser Heinrich VI', in W. Hechberger and F. Schuller (eds.), *Staufer & Welfen* (Regensburg, 2009), pp. 143–55; W. Stürner, *Friedrich II.* (2 vols., Darmstadt, 2009), II, pp. 9–75, 189–210.

29 S. Weinfurter, *The Salian Century* (Philadelphia, 1999), pp. 72, 81.

30 T. Head, 'The development of the Peace of God in Aquitaine (970–1005)', *Speculum*, 74 (1999), 656–86; H. E. J. Cowdrey, 'The Peace and Truce of God in the eleventh century', *P&P*, 46 (1970), 42–67.

31 E. Boshof, *Königtum und Königsherrschaft im 10. und 11. Jahrhundert* (3rd ed., Munich, 2010), pp. 112–13; K. Schnith, 'Recht und Friede. Zum Königsgedanken im Umkreis Heinrichs III.', *HJb*, 81 (1961), 22–57; Weinfurter, *Salian Century*, pp. 98–104.

32 1152 年和 1235 年的措施记载于 K. Zeumer (ed.), *Quellensammlung zur Geschichte der deutschen Reichsverfassung in Mittelalter und Neuzeit* (Tübingen, 1913), pp. 7–8, 68–77。进一步的讨论见 Arnold, *Medieval Germany*, pp. 151–7, 184–91; Stürner, *Friedrich II.*, II, pp. 313–16。

33 H. Vollrath, 'Ideal and reality in twelfth-century Germany', in A. Haverkamp and H. Vollrath (eds.), *England and Germany in the High Middle Ages* (Oxford, 1996), pp. 93–104; B. Weiler, 'Reasserting power: Frederick II in Germany (1235–1236)', in idem and S. MacLean (eds.), *Representations of Power in Medieval Germany, 800–1500* (Turnhout, 2006), pp. 241–72 esp. 247–9, 258–61.

34 E. Boshof, *Die Salier* (5th ed., Stuttgart, 2008), p. 260; Arnold, *Princes and Territories*, pp. 44–5.

35 B. Diestelkamp, 'König und Städte in salischer und staufischer Zeit', in F. Vittinghoff (ed.), *Stadt und Herrschaft* (Munich, 1982), pp. 247–97 at 278–81.

36 T. Reuter, 'The medieval German Sonderweg ? The Empire and its rulers in the high Middle Ages', in A. J. Duggan (eds.), *Kings and Kingship in Medieval Europe*

(London, 1993), pp. 179–211 at 190–94.

37　J. J. Schmauss and H. C. von Senckenberg (eds.), *Neue und vollständige Sammlung der Reichsabschiede* (4 vols., Frankfurt am Main, 1747), I, pp. 30–31; B. Weiler, 'Image and reality in Richard of Cornwall's German career', *EHR*, 113 (1998), 1111–42 at 1120–21.

38　H. Carl, *Der Schwäbische Bund, 1488–1534* (Leinfelden-Echterdingen, 2000), pp. 33–4, 365–6.

39　F. R. H. Du Boulay, *Germany in the Later Middle Ages* (London, 1983), pp. 83–90.

40　W. Troßbach and C. Zimmermann, *Die Geschichte des Dorfs. Von den Anfängen im Frankenreich zur bundesdeutschen Gegenwart* (Stuttgart, 2006), pp. 86–9.

41　Schubert, *Fürstliche Herrschaft*, pp. 67–70; Arnold, *Princes and Territories*, pp. 186–210; Blickle, *Das Alte Europa*, pp. 226–7. 关于哈布斯堡土地上的此类过程，见 A. Niederstätter, *Österreichische Geschichte, 1278–1411* (Vienna, 2004), pp. 326–33。

42　E. Lacour, 'Faces of violence revisited: A typology of violence in early modern rural Germany', *Journal of Social History*, 34 (2001), 649–67.

43　S. Reynolds, *Kingdoms and Communities in Western Europe, 900–1300* (2nd ed., Oxford, 1997), pp. 56–7; Schulze, *Grundstrukturen*, II, pp. 168–9; Whitman, *The Legacy of Roman Law*, pp. 35–7.

44　M. Prietzel, *Das Heilige Römische Reich im Spätmittelalter* (2nd ed., Darmstadt, 2010), p. 15.

45　F. R. H. Du Boulay, 'Law enforcement in medieval Germany', *History*, 63 (1978), 345–55.

46　E. Schubert, 'Die Harzgrafen im ausgehenden Mittelalter', in J. Rogge and U. Schirmer (eds.), *Hochadelige Herrschaft im mitteldeutschen Raum (1200 bis 1600)* (Leipzig, 2003), pp. 13–115.

47　Carl, *Der Schwäbische Bund*, pp. 403–4.

48　B. Diestelkamp, *Rechtsfälle aus dem Alten Reich* (Munich, 1995), pp. 11–12; R. Seyboth, 'Kaiser, König, Stände und Städte im Ringen um das Kammergericht 1486–1495', in B. Diestelkamp (ed.), *Das Reichskammergericht in der deutschen Geschichte* (Cologne, 1990), pp. 5–23.

49　K. S. Bader, 'Approaches to imperial reform at the end of the fifteenth century', in G. Strauss (ed.), *Pre-Reformation Germany* (London, 1972), pp. 136–61 at 148 –50. 考察了大量相关文献的有 R.-P. Fuchs, 'The supreme court of the Holy Roman Empire', *The Sixteenth-Century Journal*, 34 (2003), 9–27; E. Ortlieb and S. Westphal, 'Die

Höchstgerichtsbarkeit im Alten Reich', *ZSRG GA*, 123 (2006), 291–304。

50   G. Schmidt-von Rhein, 'Das Reichskammergericht in Wetzlar', *NA*, 100 (1989), 127–40.

51   S. Jahns, *Die Assessoren des Reichskammergerichts in Wetzlar* (Wetzlar, 1986); B. Ruthmann, 'Das richterliche Personal am Reichskammergericht und seine politischen Verbindungen um 1600', in W. Sellert (ed.), *Reichshofrat und Reichskammergericht* (Cologne, 1999), pp. 1–26. 法院还有自己的书记官和档案。

52   J. Weitzel, 'Zur Zuständigkeit des Reichskammergerichts als Appellationsgericht', *ZSRG GA*, 90 (1973), 213–45; K. Perels, 'Die Justizverweigerung im alten Reiche seit 1495', *ZSRG GA*, 25 (1904), 1–51; H. Gabel, 'Beobachtungen zur Territorialen Inanspruchnahme des Reichskammergerichts im Bereich des Niederrheinisch-Westfälischen Kreises', in Diestelkamp (ed.), *Das Reichskammergericht*, pp. 143–72 esp. 154–62; S. Westphal, *Ehen vor Gericht-Scheidungen und ihre Folgen am Reichskammergericht* (Wetzlar, 2008).

53   A. Wiffels, 'Der Große Rat von Mechelen', in I. Scheurmann (ed.), *Frieden durch Recht. Das Reichskammergericht von 1495 bis 1806* (Mainz, 1994), pp. 374–82; F. Hertz, 'Die Rechtsprechung der höchsten Reichsgerichte im römisch-deutschen Reich und ihre politische Bedeutung', *MIÖG*, 69 (1961), 331–58 at 348.

54   S. Ullmann, *Geschichte auf der langen Bank. Die Kommissionen des Reichshofrats unter Kaiser Maximilian II. (1564–1576)* (Mainz, 2006); S. Ehrenpreis, *Kaiserliche Gerichtsbarkeit und Konfessionskonflikt. Der Reichshofrat unter Rudolf II., 1576–1612* (Göttingen, 2006); L. Auer, 'The role of the Imperial Aulic Council in the constitutional structure of the Holy Roman Empire', in R. J. W. Evans et al. (eds.), *The Holy Roman Empire, 1495–1806* (Oxford, 2011), pp. 63–76.

55   W. Behringer, *Witches and Witch-Hunts: A Global History* (Cambridge, MA, 2004); B. Gehm, *Die Hexenverfolgung im Hochstift Bamberg und das Eingreifen des Reichshofrates zu ihrer Beendigung* (Hildesheim, 2000); W. Sellert and P. Oestmann, 'Hexen-und Strafprozesse am Reichskammergericht', in Scheurmann (ed.), *Frieden durch Recht*, pp. 328–35.

56   S. Westphal, 'Der Umgang mit kultureller Differenz am Beispiel von Haftbedingungen für Juden in der Frühen Neuzeit', in A. Gotzmann and S. Wendehorst (eds.), *Juden im Recht. Neue Zugänge zur Rechtsgeschichte der Juden im Alten Reich* (Berlin, 2007), 139–61 at 152-4.

57   W. Sellert, 'Das Verhältnis von Reichskammergerichts-und Reichshofratsordnungen

am Beispiel der Regelungen über die Visitation', in Diestelkamp (ed.), *Das Reichskammergericht*, pp. 111– 28; K. O. Frhr. v. Aretin, 'Kaiser Joseph II. und die Reichskammergerichtsvisitation 1766–1776', *ZNRG*, 13 (1991), 129–44. 关于宗教案件的讨论见本书第 127 页。

58 R. Smend, *Das Reichskammergericht* (Weimar, 1911), pp. 230–1; E. Ortlieb and G. Polster, 'Die Prozessfrequenz am Reichshofrat (1519–1806)', *ZNRG*, 26 (2004), 189–216.

59 这是 BBC（英国广播公司）在 2012 年 4 月 19 日报道的。进一步的统计资料见 Diestelkamp, *Rechtsfälle*, pp. 31–6; Whaley, *Germany*, II, pp. 414, 432。

60 Ortlieb, *Im Auftrag*, pp. 99–114; M. Fimpel, *Reichsjustiz und Territorialstaat* (Tübingen, 1999), pp. 35, 54, 57, 293.

61 S. Westphal, *Kaiserliche Rechtsprechung und herrschaftliche Stabilisierung* (Cologne, 2002), pp. 32–52; G. Benecke, *Society and Politics in Germany, 1500–1750* (London, 1974), p. 277; Ortlieb, *Im Auftrag*, pp. 90–7; B. Stollberg-Rilinger, 'Rang vor Gericht. Zur Verrechtlichung sozialer Rangkonflikte in der frühen Neuzeit', *ZHF*, 28 (2001), 385–418.

62 C. Kampmann, *Reichsrebellion und kaiserliche Acht. Politische Strafjustiz im Dreißigjährigen Krieg und das Verfahren gegen Wallenstein 1634* (Münster, 1992), and his 'Zur Entstehung der Konkurrenz zwischen Kaiserhof und Reichstag beim Achtverfahren', in Sellert (ed.), *Reichshofrat*, pp. 169–98.

63 K. O. Frhr. v. Aretin, *Das Alte Reich, 1648–1806* (4 vols., Stuttgart, 1993–2000), III, pp. 92–3; A. G. W. Kohlhepp, *Die Militärverfassung des deutschen Reiches zur Zeit des Siebenjährigen Krieges* (Greifswald, 1914), pp. 58, 62–4.

64 D. Landes, *Achtverfahren vor dem Reichshofrat* (Frankfurt am Main, 1964).

65 W. Troßbach, 'Power and good governance: The removal of ruling princes in the Holy Roman Empire, 1680–1794', in J. P. Coy et al. (eds.), *The Holy Roman Empire, Reconsidered* (New York, 2010), pp. 191–209, and his 'Fürstenabsetzungen im 18. Jahrhundert', *ZHF*, 13 (1986), 425–54.

66 尤见 W. Schulze, *Bäuerlicher Widerstand und feudale Herrschaft in der frühen Neuzeit* (Stuttgart, 1980), pp. 73–85, 'Die veränderte Bedeutung sozialer Konflikte im 16. und 17. Jahrhundert', in H.-U. Wehler (ed.), *Der Deutsche Bauernkrieg, 1524–1526* (Göttingen, 1975), pp. 277–302, 'Peasant resistance in sixteenth-and seventeenth-century Germany in a European context', in K. von Greyerz, *Religion, Politics and Social Protest* (London, 1984), pp. 61–98。

67   P. H. Wilson, *War, State and Society in Württemberg, 1677–1793* (Cambridge, 1995), pp. 229–31; P. Milton, 'Intervening against tyrannical rule in the Holy Roman Empire during the seventeenth and eighteenth centuries', *GH*, 33 (2015), 1–29; Fimpel, *Reichsjustiz*, pp. 245–6, 另见本章第 65 条注释中所列作品。

68   R. Sailer, *Untertanenprozesse vor dem Reichskammergericht. Rechtsschutz gegen die Obrigkeit in der Zweiten Hälfte des 18. Jahrhunderts* (Cologne, 1999), pp. 468–73.

69   W. Troßbach, 'Bauernbewegungen in deutschen Kleinterritorien zwischen 1648 und 1789', in W. Schulze (ed.), *Aufstände, Revolten, Prozesse* (Stuttgart, 1983), pp. 233–60; C. R. Friedrichs, 'German town revolts and the seventeenth-century crisis', *Renaissance and Modern Studies*, 26 (1982), 27–51; *NTSR*, XVIII, 421–68.

70   A. Suter, *'Troublen' im Fürstbistum Basel (1726–1740)* (Göttingen, 1985).

71   主张此说的有 H.-U. Wehler, *Deutsche Gesellschaftsgeschichte* (5 vols., Munich, 2008), I, *passim*, and II, p. 297。

72   J. Barth, *Hohenzollernsche Chronik oder Geschichte und Sage der hohen-zollernschen Lande* (Sigmaringen, 1863), pp. 532–6; J. Cramer, *Die Grafschaft Hohenzollern* (Stuttgart, 1873), pp. 257–412; V. Press, 'Von den Bauernrevolten des 16. zur konstitutionellen Verfassung des 19. Jahrhunderts. Die Untertanenkonflikte in Hohenzollern-Hechingen und ihre Lösungen', in H. Weber (ed.), *Politische Ordnungen und soziale Kräfte im Alten Reich* (Wiesbaden, 1980), pp. 85–112.

73   Auer, 'Imperial Aulic Council', pp. 73–4.

74   D. M. Luebke, *His Majesty's Rebels: Communities, Factions and Rural Revolt in the Black Forest, 1725–1745* (Ithaca, NY, 1997); H. Rebel, *Peasant Classes* (Princeton, 1983), pp. 199–229; T. Robisheaux, *Rural Society and the Search for Order in Early Modern Germany* (Cambridge, 1989), pp. 175–98.

75   H. Gabel, *Widerstand und Kooperation. Studien zur politischen Kultur rheinischer und maasländischer Kleinterritorien (1648–1794)* (Tübingen, 1995); Benecke, *Society and Politics*, pp. 276–8.

76   N. Schindler, *Rebellion, Community and Custom in Early Modern Germany* (Cambridge, 2002), pp. 35–7. 后续另参见 U. Rublack, 'State-formation, gender and the experience of governance in early modern Württemberg', in idem (ed.), *Gender in Early Modern German History* (Cambridge, 2002), pp. 200–17; W. Troßbach, 'Widerstand als Normal-fall. Bauernunruhen in der Grafschaft Sayn-Wittgenstein-Wittgenstein 1696–1806', *WZ*, 135 (1985), 25–111 at 88–90。

77   Sailer, *Untertanenprozesse*, p. 466.

78   K. Härter, 'Die Sicherheit des Rechts und die Produktion von Sicherheit im frühneuzeitlichen Strafrecht', in C. Kampmann and U. Niggemann (eds.), *Sicherheit in der Frühen Neuzeit* (Cologne, 2013), pp. 661–72.

79   哈斯的备忘录见 *HHStA*, Titel und Wappen, Kart.3, Mappe 1, 载于 G. Walter, *Der Zusammenbruch des Heiligen Römischen Reichs deutscher Nation und die Problematik seiner Restauration in den Jahren 1814/15* (Heidelberg, 1980), pp. 132–44。人们普遍认为，如果帝国重组为一个统一的国家，普通百姓将会遭殃，关于这种流行的看法，见 K. O. Frhr. v. Aretin, *Heiliges Römisches Reich, 1776–1806* (2 vols., Wiesbaden, 1967), I, pp. 362–71。

80   J. Viscount Bryce, *The Holy Roman Empire* (5th ed., London, 1919), p. 402.

81   引自 B. Stollberg-Rilinger, *Des Kaisers alte Kleider* (Munich, 2008), p. 252。

82   Ibid, p. 257; K. Härter, *Reichstag und Revolution, 1789–1806* (Göttingen, 1992), pp. 653–68.

83   引自 S. Jahns, 'Die Personalverfassung des Reichskammergerichts unter Anpassungsdruck', in Diestelkamp (ed.), *Das Reichskammergericht*, pp. 59–109 at 59; D. Beales, Joseph II (2 vols., Cambridge, 1987–2009), I, p. 126。类似的进一步评论见 C. Hattenhauer, *Wahl und Krönung Franz II. AD 1792* (Frankfurt am Main, 1995), pp. 401–19; Stollberg-Rilinger, *Kaisers alte Kleider*, pp. 274–80。

84   M. Walker, *Johann Jakob Moser and the Holy Roman Empire of the German Nation* (Chapel Hill, NC, 1981), pp. 290–5, 301. 更乐观地看待莫泽的观点，见 R. Rürup, *Johann Jacob Moser. Pietismus und Reform* (Wiesbaden, 1965), pp. 141–52。

85   J. H. Zedler, *Große vollständige Universal-Lexicon aller Wissenschaften und Künste*, vol.43 (Leipzig, 1745).

86   例如 G. Kleinheyer, 'Die Abdankung des Kaisers', in G. Köbler (ed.), *Wege europäischer Rechtsgeschichte* (Frankfurt am Main, 1987), pp. 124–44 at 144. 歌德母亲的文字引自 H. Neuhaus, 'Das Ende des Alten Reiches', in H. Altricher and H. Neuhaus (eds.), *Das Ende von Großreichen* (Erlangen, 1996), pp. 185–209 at 191。

87   J. G. Gagliardo, *Reich and Nation: The Holy Roman Empire as Idea and Reality, 1763–1806* (Bloomington, IN, 1980), pp. 99–102.

88   K. O. Frhr. v. Aretin, 'Die Reichsidee um 1800', in F. Bosbach and H. Hiery (eds.), *Imperium / Empire / Reich* (Munich, 1999), pp. 109–11; W. Burgdorf, *Reichskonstitution und Nation. Verfassungsreformprojekte für das Heilige Römische Reich deutscher Nation im politischen Schrifttum von 1648 bis 1806* (Mainz, 1998), and his 'Imperial reform and visions of a European constitution in Germany around

1800', *History of European Ideas*, 19 (1994), 401–8. 还可参见本书第 307—310 页。

89 A. Gotthard, *Das Alte Reich, 1495–1806* (3rd ed., Darmstadt, 2006), pp. 149–50; G. W. F. Hegel's *German Constitution* (1802), in T. M. Knox (ed.), *Hegel's Political Writings* (Oxford, 1969), pp. 143–242.

90 M. Umbach, *Federalism and Enlightenment in Germany, 1740–1806* (London, 2000), pp. 167–84; P. Burg, *Die deutsche Trias in Idee und Wirklichkeit. Vom Alten Reich zum deutschen Zollverein* (Stuttgart, 1989), pp. 9–12; A. Kohler, 'Das Reich im Spannungsfeld des preussisch-österreichischen Gegensatzes. Die Fürstenbundbestrebungen, 1783–1785', in F. Engel-Janosi et al. (eds.), *Fürst, Bürger, Mensch* (Munich, 1975), pp. 71–96; D. Stievermann, 'Der Fürstenbund von 1785 und das Reich', in V. Press (ed.), *Alternativen zur Reichsverfassung in der Frühen Neuzeit?* (Munich, 1995), pp. 209–26; A. Hanschmidt, *Franz von Fürstenberg als Staatsmann* (Münster, 1969), pp. 186– 249.

91 E. Hirsch, *Die Dessau-Wörlitzer Reformbewegung im Zeitalter der Aufklärung* (Tübingen, 2003); M. Umbach, 'The politics of sentimentality and the German Fürstenbund, 1779–1785', *HJ*, 41 (1998), 679–704, and her 'Visual culture, scientific images and German small-state politics in the late Enlightenment', *P&P*, 158 (1998), 110–45.

92 Landesarchiv Münster, A267 Nos.2557–61, insurance scheme registers; T. C. W. Blanning, *Reform and Revolution in Mainz, 1743–1803* (Cambridge, 1974), pp. 188–90.

93 Umbach, *Federalism*, pp. 161–2 中提供了一些例子。

94 K. Härter, 'Reichsrecht und Reichsverfassung in der Auflösungsphase des Heiligen Römischen Reichs deutscher Nation', *ZNRG*, 28 (2006), 316–37 at 326; K. O. Frhr. v. Aretin, *Das Reich* (Stuttgart, 1986), p. 393.

95 D. Petschel, *Sächsische Außenpolitik unter Friedrich August I.* (Cologne, 2000), pp. 56–91; J. B. Knudsen, *Justus Möser and the German Enlightenment* (Cambridge, 1986).

96 T. Hartwig, *Der Überfall der Grafschaft Schaumburg-Lippe durch Landgraf Wilhelm IX. Von Hessen-Kassel* (Hanover, 1911).

97 Aretin, *Das Alte Reich*, III, pp. 354–61; W. Lüdke, 'Der Kampf zwischen Oesterreich und Preussen um die Vorherrschaft im "Reiche" und die Auflösung des Fürstenbundes (1789/91)', *MIÖG*, 45 (1931), 70–153.

98 W. Burgdorf, *Ein Weltbild verliert seine Welt. Der Untergang des Alten Reiches und*

die Generation 1806 (2nd ed., Munich, 2009), p. 33.

99   Aretin, *Das Alte Reich*, III, pp. 417–36, and his *Heiliges Römisches Reich*, I, pp. 303–7, 317–8, 368–70.

100 引自 Neuhaus, 'Das Ende', p. 200。数据来自 Sailer, *Untertanenprozesse*, p. 17。

101 引自 G. Schmidt, *Geschichte des Alten Reiches* (Munich, 1999), p. 333。关于普鲁士对革命的恐惧，见 G. Birtsch, 'Revolutionsfurcht in Preußen 1789 bis 1794', in O. Büsch and M. Neugebauer-Wölk (eds.), *Preußen und die revolutionäre Herausforderung seit 1789* (Berlin, 1991), pp. 87–101; L. Kittstein, *Politik im Zeitalter der Revolution. Untersuchungen zur preußischen Staatlichkeit, 1792–1807* (Stuttgart, 2003), pp. 32–42。关于抗议的程度和特征，见 H. Berding (ed.), *Soziale Unruhen in Deutschland während der Französischen Revolution* (Göttingen, 1988)。

102 Wehler, *Deutsche Gesellschaftsgeschichte*, I, pp. 356–7. 关于德意志雅各宾派的文献，概述见 Whaley, *Germany*, II, pp. 583–91。

103 H. Schultz, 'Mythos und Aufklärung. Frühformen des Nationalismus in Deutschland', *HZ*, 263 (1996), 31–67; Schmidt, *Geschichte*, pp. 333–40.

104 T. C. W. Blanning, *The French Revolution in Germany: Occupation and Resistance in the Rhineland, 1792–1802* (Oxford, 1983); M. Rowe, *From Reich to State: The Rhineland in the Revolutionary Age, 1780–1830* (Cambridge, 2003); Kittstein, *Politik*, pp. 43–7, 57–64.

105 K. Härter, 'Der Reichstag im Revolutionsjahr 1789', in K. O. Frhr. v. Aretin and K. Härter (eds.), *Revolution und konservatives Beharren* (Mainz, 1990), pp. 155–74.

106 R. Blaufarb, 'Napoleon and the abolition of feudalism', in A. Forrest and P. H. Wilson (eds.), *The Bee and the Eagle: Napoleonic France and the End of the Holy Roman Empire, 1806* (Basingstoke, 2009), pp. 131–54.

107 S. S. Biro, *The German Policy of Revolutionary France: A Study in French Diplomacy during the War of the First Coalition, 1792–1797* (2 vols., Cambridge, MA, 1957); T. C. W. Blanning, *The Origins of the French Revolutionary Wars* (Harlow, 1986).

108 C. Jany, *Geschichte der Preußischen Armee* (4 vols., Osnabrück, 1967), III, pp. 252–9.

109 H. M. Scott, *The Birth of a Great Power System, 1740–1815* (Harlow, 2006), pp. 202–13, 244–60; P. H. Wilson, *German Armies: War and German Politics, 1648–1806* (London, 1998), pp. 303–30.

110 B. Simms, *The Impact of Napoleon: Prussian High Politics, Foreign Policy and the Crisis of the Executive, 1797–1806* (Cambridge, 1997); Kittstein, *Politik*, pp. 365–408.

111 H. Angermeier, 'Deutschland zwischen Reichstradition und Nationalstaat.

Verfassungspolitische Konzeptionen und nationales Denken zwischen 1801 und 1815', *ZSRG GA*, 107 (1990), 19–101 at 53–4; Aretin, *Das Alte Reich*, III, pp. 515–6.

112 Aretin, *Heilige Römisches Reich*, I, p. 365.

113 W. Real, 'Die preußischen Staatsfinanzen und die Anbahnung des Sonder-friedens von Basel 1795', *Forschungen zur Brandenburgischen und Preußischen Geschichte*, 1 (1991), 53–100; P. G. Dwyer, 'The politics of Prussian neutrality, 1795–1805', *GH*, 12 (1994), 351–73.

114 Aretin, *Heilige Römisches Reich*, I, pp. 365–6; Kittstein, *Politik*, pp. 95–8.

115 D. E. Showalter, 'Hubertusberg to Auerstädt: The Prussian army in decline?', *GH*, 12 (1994), 308–33 at 324.

116 Kittstein, *Politik*, pp. 119–38, 294–309.

117 这种批评的核心是一种不考虑时代背景的指控，认为奥地利在 1789 年未能利用法国的弱点将阿尔萨斯和洛林收复为"德意志"领土。例如 V. Bibl, *Der Zerfall Österreichs* (2 vols., Vienna, 1922–4)。

118 K. A. Roider Jr, *Baron Thurgut and Austria's Response to the French Revolution* (Princeton, 1987); H. Rössler, *Graf Johann Philipp Stadion. Napoleons deutscher Gegenspieler* (2 vols., Vienna, 1966); U. Dorda, *Johann Aloys Joseph Reichsfreiherr von Hýgel (1754–1825)* (Würzburg, 1969).

119 引自 Aretin, *Heiliges Römisches Reich*, II, pp. 250–5。

120 P. H. Wilson, 'German military preparedness at the eve of the Revolutionary Wars', in F. C. Schneid (ed.), *The Consortium on Revolutionary Europe, 1750–1850: Selected Papers, 2004* (High Point, NC, 2008), pp. 16–30; Härter, *Reichstag*, p. 399. 1794 年，英国也在一小段时间里资助了 62 400 名普鲁士军人。

121 M. Hochedlinger, *Austria's Wars of Emergence, 1683–1797* (Harlow, 2003), pp. 285, 425.

122 Gagliardo, *Reich and Nation*, pp. 144–8, 166–70; Kittstein, *Politik*, pp. 65–87.

123 Hertz, 'Die Rechtsprechung', pp. 347–8; K. O. Frhr. v. Aretin, 'Das Reich und Napoleon', in W. D. Gruner and J. Müller (eds.), *Über Frankreich nach Europa* (Hamburg, 1996), pp. 183–200 at 189.

124 W. D. Gruner, 'Österreich zwischen Altem Reich und Deutschem Bund (1789–1816)', in W. Brauneder and L. Höbelt (eds.), *Sacrum Imperium* (Vienna, 1996), pp. 319–60 at 333.

125 K. Härter, 'Der Hauptschluß der außerordentlichen Reichsdeputation vom 25. Februar 1803', *GWU*, 54 (2003), 484–500; Walter, *Der Zusammenbruch*, pp. 7–8. 对这些事件的总结见 Aretin, *Das Alte Reich*, III, pp. 489–98。《最终决定》的内容载于 Zeumer (ed.), *Quellensammlung*, pp. 509–28。

126 D. Schäfer, *Ferdinand von Österreich. Großherzog zu Würzburg, Kurfürst von Salzburg, Großherzog der Toskana* (Cologne, 1988).

127 C. W. Ingrao, *The Habsburg Monarchy, 1618–1815* (2nd ed., Cambridge, 2000), p. 228. 另见 H. Gross, 'The Holy Roman Empire in modern times', J. A. Vann and S. W. Rowan (eds.), *The Old Reich* (Brussels, 1974), pp. 1–29 at 4–5。

128 Aretin, *Das Alte Reich*, III, p. 503; Angermeier, 'Deutschland', 35–7.

129 D. Hohrath et al. (eds.), *Das Ende reichsstädtischer Freiheit, 1802* (Ulm, 2002).

130 关于这些安排具体落实的例子，见 E. 克鲁伊丁（E. Klueting）和 R. 哈斯（R. Haas）被收录于 T. Schilp (ed.), *Reform-Reformation-Säkularisation* (Essen, 2004) 的文章。

131 O. F. Winter, 'Österreichische Pläne zur Neuformierung des Reichstages 1801–1806', *MÖSA*, 15 (1962), 261–335.

132 Aretin, *Das Reich*, pp. 48–9. 关于这些联盟，见 E. Kell, 'Die Frankfurter Union (1803–1806)', *ZHF*, 18 (1991), 71–97。

133 *HHStA*, Staatskanzlei Vorträge 167; Dorda, *Reichsfreiherr von Hýgel*, pp. 173–5.

134 F. C. Schneid, *Napoleon's Conquest of Europe: The War of the Third Coalition* (Westport, CT, 2005), p. 141. 作为回报，普鲁士将安斯巴赫–拜罗伊特割让给巴伐利亚，将克莱沃割让给拿破仑。巴伐利亚则交出了贝格，让贝格与克莱沃合并为一个新的依附于法国的德意志卫星国。

135 巴伐利亚获准吞并帝国城市奥格斯堡，并从奥地利得到了蒂罗尔、福拉尔贝格、特兰托和布里克森，奥地利则反过来得以吞并萨尔茨堡。巴伐利亚把维尔茨堡交给弗朗茨的弟弟，但法国的施压导致条约的这一部分迟迟未能落实。奥地利被允许吞并威尼斯，条件是承认新的意大利王国。三位新晋的德意志君主都必须与波拿巴家族联姻。

136 H. Ritter v. Srbik, *Das Österreichische Kaisertum und das Ende des Heiligen Römischen Reiches, 1804–1806* (Berlin, 1927), pp. 40–41. 关于此时人们对帝国头衔的态度，进一步的讨论见本书第 169—175 页。

137 费施是拿破仑外祖母在第二次婚姻中与一名瑞士军官所生的儿子。见 K. Rob, *Karl Theodor von Dalberg (1744–1817). Eine politische Biographie für die Jahre 1744–1806* (Frankfurt am Main, 1984), pp. 408–9。

138 M. Kaiser, 'A matter of survival: Bavaria becomes a kingdom', in Forrest and Wilson (eds.), *The Bee and the Eagle*, pp. 94–111; Walter, *Der Zusammenbruch*, pp. 19, 23–4.

139 Napoleon to Tallyrand, 31 May 1806, *Correspondance de Napoléon Ier, publiée par ordre de l'Empereur Napoléon III* (32 vols., Paris, 1858–70), XII, p. 509.

140　约翰·菲利普·施塔迪翁在与法国的短暂谈判中，故意没有提起弗朗茨的要求。进一步的讨论见 P. H. Wilson, 'Bolstering the prestige of the Habsburgs: The end of the Holy Roman Empire in 1806', *International History Review*, 28 (2006), 709–36; G. Mraz, *Österreich und das Reich, 1804–1806* (Vienna, 1993)。

141　载于 Zeumer (ed.), *Quellensammlung*, pp. 532–6。其他邦是拿骚-乌辛根、拿骚-魏尔堡、霍亨索伦-黑兴根、霍亨索伦-锡格马林根、萨尔姆-萨尔姆、萨尔姆-基尔堡、阿伦贝格、列支敦士登和冯·德尔·莱恩家族领地。

142　Details in *HHStA*, Titel und Wappen, Kart.3; Rössler, *Stadion*, I, pp. 225–55.

第十三章　后世之事

1　例如 T. Nipperdey, *Deutsche Geschichte, 1800–1918* (3 vols., Munich, 1983–92), I, p. 14; J. Viscount Bryce, *The Holy Roman Empire* (5th ed., London, 1919), p. 410; K. Epstein, *The Genesis of German Conservatism* (Princeton, 1966), pp. 665–9。

2　H. Angermeier, 'Deutschland zwischen Reichstradition und Nationalstaat. Verfassungspolitische Konzeptionen und nationales Denken zwischen 1801 und 1815', *ZSRG GA*, 107 (1990), 19–101 at 20–1; W. Burgdorf, *Ein Weltbild verliert seine Welt. Der Untergang des Alten Reiches und die Generation 1806* (2nd ed., Munich, 2009), pp. 203–4. 概述见 idem, '"Once we were Trojans!" Contemporary reactions to the dissolution of the Holy Roman Empire of the German Nation', in R. J. W. Evans and P. H. Wilson (eds.), *The Holy Roman Empire, 1495–1806* (Leiden, 2012), pp. 51–76。

3　H. Ritte v. Srbik, *Das Österreichische Kaisertum und das Ende des Heiligen Römischen Reiches, 1804–1806* (Berlin, 1927), p. 67. 另参见本书第 731 页哈斯的观点。

4　*HHStA*, Titel und Wappen, Kart.3 (Haas's and Fahrenberg's reports Aug. 1806); Prinzipalkommission Berichte, Fasz.182d (Hýgel's report).

5　*HHStA*, Titel und Wappen, Kart.3 (Baron von Wessenberg's report 18 Aug. 1806).

6　G. Menzel, 'Franz Joseph von Albini, 1748–1816', *Mainzer Zeitschrift*, 69 (1974), 1–126 at 108; H. Rössler, *Napoleons Griff nach der Karlskrone. Das Ende des Alten Reiches, 1806* (Munich, 1957), p. 65.

7　有人在不考虑历史背景的情况下称帕尔姆为"德意志民族主义事业"的第一位烈士：H. A. Winkler, *Germany: The Long Road West* (2 vols., Oxford, 2006–7), I, p. 48。

8　Rössler, *Napoleons Griff*, pp. 55–6; Burgdorf, *Weltbild*, pp. 155–65.

9　Nipperdey, *Deutsche Geschichte*, I, p. 14. 另参见 W. Reinhard, 'Frühmoderner Staat und deutsches Monstrum', *ZHF*, 29 (2002), 339–57。

10   G. Walter, *Der Zusammenbruch des Heiligen Römischen Reichs deutscher Nation und die Problematik seiner Restauration in den Jahren 1814/15* (Heidelberg, 1980), pp. 75–6. 奥地利人的观点可参阅 *HHStA*, Titel und Wappen, Kart.3, Gutachten zur Abdankungsfrage，特别是 1806 年 7 月 31 日的备忘录。1999 年 9 月 24 日，居住在特丁顿的贵族卡尔·弗里德里希·菲利普·冯·维滕贝格以帝国尚未合法解体为由，在《独立报》上花 4 000 英镑刊登整版广告，宣称自己是查理八世皇帝。

11   Walter, *Zusammenbruch*, pp. 26–42, 76–95, 129. 瑞典的抗议见 *HHStA*, Titel und Wappen, Kart.3。

12   L. Kittstein, *Politik im Zeitalter der Revolution* (Stuttgart, 2003), pp. 293–354. 对普鲁士战败的总结见 C. Telp, 'The Prussian army in the Jena campaign', in A. Forrest and P. H. Wilson (eds.), *The Bee and the Eagle* (Basingstoke, 2009), pp. 155–71。

13   Burgdorf, *Weltbild*, p. 164.

14   G. Mraz, *Österreich und das Reich, 1804–1806* (Vienna, 1993), pp. 83–4. 以前的领地并入幸存诸侯国的例子，见 P. Exner, 'Die Eingliederung Frankens-oder: wie wird man württembergisch und badisch?', *ZWLG*, 71 (2012), 383–448。

15   Landesarchiv Münster, A230 Rietberg Geheimer Rat Akten, Nr.1377, 14 May 1808.

16   L. Auer, 'Die Verschleppung der Akten des Reichshofrats durch Napoleon', in T. Olechowski et al. (eds.), *Grundlagen der österreichischen Rechtskultur* (Vienna, 2010), pp. 1–13.

17   E.-O. Mader, *Die letzten 'Priester der Gerechtigkeit'. Die Auseinandersetzung der letzten Generation von Richtern des Reichskammergerichts mit der Auflösung des Heiligen Römischen Reiches Deutscher Nation* (Berlin, 2005).

18   I. Scheurmann (ed.), *Frieden durch Recht. Das Reichskammergericht von 1495 bis 1806* (Mainz, 1994), esp. p. 342.

19   K. and A. Weller, *Württembergische Geschichte im südwestdeutschen Raum* (7th ed., Stuttgart, 1972), p. 212; *Baden und Württemberg im Zeitalter Napoleons* (2 vols., issued by the Württembergisches Landesmuseum, Stuttgart, 1987). 对改革的概述见 M. Broers, *Europe under Napoleon, 1799–1815* (London, 1996), pp. 103–41, 167–77, 202–8; M. Rowe, 'Napoleon and the "modernisation" of Germany', in P. G. Dwyer and A. Forrest (eds.), *Napoleon and his Empire: Europe, 1804–1814* (Basingstoke, 2007), pp. 202–40; A. Fahrmeir, 'Centralisation versus particularism in the "Third Germany"', in M. Rowe (ed.), *Collaboration and Resistance in Napoleonic Europe: State-Formation in an Age of Upheaval, c.1800–1815* (Basingstoke, 2003), pp. 107–20。

20 S. A. Eddie, *Freedom's Price: Serfdom, Subjection and Reform in Prussia, 1648–1848* (Oxford, 2013).

21 K. Görich, *Friedrich Barbarossa* (Munich, 2011), p. 639.

22 B. Demel, 'Der Deutsche Orden und seine Besitzungen im südwestdeutschen Sprachraum vom 13. bis 19. Jahrhundert', *ZWLG*, 31 (1972), 16–73 at 68–72.

23 Menzel, 'Franz Joseph von Albini', pp. 109–10; R. Wohlfeil, 'Untersuchungen zur Geschichte des Rheinbundes, 1806–1813. Das Verhältnis Dalbergs zu Napoleon', *ZGO*, 108 (1960), 85–108; G. Schmidt, 'Der napoleonische Rheinbund-ein erneuertes Altes Reich?', in V. Press (ed.), *Alternativen zur Reichsverfassung in der frühen Neuzeit?* (Munich, 1995), pp. 227–46.

24 Walter, *Zusammenbruch*, pp. 59–70. 后续参见 E. Weis, 'Napoleon und der Rheinbund', in A. v. Reden-Dohna (ed.), *Deutschland und Italien im Zeitalter Napoleons* (Wiesbaden, 1979), pp. 57–80。

25 D. E. Barclay, *Frederick William IV and the Prussian Monarchy, 1840–1861* (Oxford, 1995), p. 188. 相关概述见 A. Zamoyski, *Rites of Peace: The Fall of Napoleon and the Congress of Vienna* (London, 2007), pp. 239–50; Walter, *Zusammenbruch*, pp. 104–8。

26 T. Riotte, *Hannover in der britischen Politik (1792–1815)* (Münster, 2005), pp. 193–208; W. D. Gruner, 'Österreich zwischen Altem Reich und Deutschem Bund (1789–1816)', in W. Brauneder and L. Höbelt (eds.), *Sacrum Imperium* (Vienna, 1996), pp. 319–60 at 326–40.

27 P. Burg, *Die deutsche Trias in Idee und Wirklichkeit. Vom Alten Reich zum deutschen Zollverein* (Stuttgart, 1989), pp. 46–54.

28 F. Quarthal, 'Österreichs Verankerung im Heiligen Römischen Reich deutscher Nation', in R. G. Plaschka et al. (eds.), *Was heißt Österreich?* (Vienna, 1995), pp. 109–34 at 126–7.

29 Angermeier, 'Deutschland', 42–60. 关于奥地利的政策，见 V. Press, *Altes Reich und Deutscher Bund. Kontinuität in der Diskontinuität* (Munich, 1995)。

30 M. Hughes, 'Fiat justitia, pereat Germania? The imperial supreme jurisdiction and imperial reform in the later Holy Roman Empire', in J. Breuilly (ed.), *The State of Germany* (Harlow, 1992), pp. 29–46 at 44–5.

31 K. Härter, 'Reichsrecht und Reichsverfassung in der Auflösungsphase des Heiligen Römischen Reichs deutscher Nation', *ZNRG*, 28 (2006), 316–37.

32 H. Fuhrmann, '"Wer hat die Deutschen zu Richtern über die Völker bestellt?" Die Deutschen als Ärgernis im Mittelalter', *GWU*, 46 (1995), 625–41.

33   E. Vermeil, *Germany's Three Reichs: Their History and Culture* (London, 1944), p. 49.

34   Ibid, pp. 383–4. 另参见 C. Duhamelle, 'Das Alte Reich im toten Winkel der französischen Historiographie', in M. Schnettger (ed.), *Imperium Romanum-irregulare corpus-Teutscher Reichs-Staat* (Mainz, 2002), pp. 207–19。J.-F. 诺埃尔（J.-F. Noël）虽然也有那种常见的错误说法，认为帝国在 843 年和 962 年之间存在断裂，但他属于罕见的例外，提供了较为积极的评价: *Le Saint-Empire* (Paris, 1976)。

35   J. Pánek, 'Bohemia and the Empire: Acceptance and rejection', in R. J. W. Evans and P. H. Wilson (eds.), *The Holy Roman Empire, 1495–1806* (Leiden, 2012), pp. 121–41 esp. 131–7; R. Krueger, *Czech, German and Noble: Status and National Identity in Habsburg Bohemia* (Oxford, 2009), pp. 191–217.

36   T. C. W. Blanning, 'The French Revolution and the modernization of Germany', *CEH*, 22 (1989), 109–29 at 116–18.

37   Angermeier, 'Deutschland', 42, 51–2. 另参见 J. Whaley, 'Thinking about Germany, 1750–1815', *Publications of the English Goethe Society*, 66 (1996), 53–72。

38   M. Umbach (ed.), *German Federalism* (Basingstoke, 2002); A. Green, *Fatherlands: State-Building and Nationhood in Nineteenth-Century Germany* (Cambridge, 2001); D. Langewiesche, 'Föderative Nation, kulturelle Identität und politische Ordnung', in G. Schmidt (ed.), *Die deutsche Nation im frühneuzeitlichen Europa* (Munich, 2010), pp. 65–80.

39   A. Green, 'The federal alternative? A new view of modern German history', *HJ*, 46 (2003), 187–202.

40   W. Doyle (ed.), *The Oxford Handbook of the Ancien Régime* (Oxford, 2012).

41   K. H. Wegert, *German Radicals Confront the Common People: Revolutionary Politics and Popular Politics, 1789–1849* (Mainz, 1992), esp. p. 319; A. Green, 'Political institutions and nationhood in Germany', in L. Scales and O. Zimmer (eds.), *Power and the Nation in European History* (Cambridge, 2005), pp. 315–32.

42   K. B. Murr, *Ludwig der Bayer: Ein Kaiser für das Königreich? Zur öffentlichen Erinnerung an eine mittelalterliche Herrschergestalt im Bayern des 19. Jahrhunderts* (Munich, 2008).

43   W. Burgdorf, '"Das Reich geht mich nichts an". Goethes *Götz von Berlichingen*, das Reich und die Reichspublizistik', in Schnettger (ed.), *Imperium Romanum*, pp. 27–52. 另参见 idem, *Weltbild*, pp. 266–7, 283–318。

44   Barclay, *Frederick William IV*, pp. 31–2. 相关概述见 K. Herbers and H. Neuhaus, *Das Heilige Römische Reich* (Cologne, 2010), pp. 298–302。科隆大教堂完工于 1880 年。

45 L. L. Ping, *Gustav Freitag and the Prussian Gospel: Novels, Liberalism and History* (Bern, 2006); R. Southard, *Droysen and the Prussian School of History* (Lexington, KY, 1995); K. Cramer, *The Thirty Years' War and German Memory in the Nineteenth Century* (Lincoln, NB, 2007).

46 Burgdorf, *Weltbild*, pp. 262–8.

47 路德维希之子奥托从 1832 年开始统治希腊，直到 1862 年被军事政变废黜。此后，希腊一直由石勒苏益格–荷尔斯泰因–宗德堡–格吕克斯堡家族的君主统治，直到 1973 年的"上校政变"。

48 M. Todd, *The Early Germans* (2nd ed., Oxford, 2004), pp. 247–52; G. L. Mosse, *The Nationalization of the Masses: Political Symbolism and Mass Movements in Germany from the Napoleonic Wars through the Third Reich* (New York, 1975), pp. 24–63.

49 1804 年至 1918 年间，哈布斯堡家族使用鲁道夫二世的王朝冠冕上的黑色双头鹰作为其王朝的帝国标志。

50 汉诺威、荷尔斯泰因、拿骚、法兰克福、黑森–卡塞尔和黑森–洪堡被普鲁士吞并，而帕尔马、卢卡、那不勒斯–西西里、托斯卡纳、摩德纳和教宗国则消失在意大利。

51 B. Jelavich, *Modern Austria* (Cambridge, 1987), pp. 72–147; F. Fellner, 'Reichsgeschichte und Reichsidee als Problem der österreichischen Historiographie', in Brauneder and Höbelt (eds.), *Sacrum Imperium*, pp. 361–74; M. Stickler, 'Reichsvorstellungen in Preußen-Deutschland und der Habsburgermonarchie in der Bismarckzeit', in F. Bosbach and H. Hiery (eds.), *Imperium-Empire-Reich* (Munich, 1999), pp. 133–54. 关于世袭头衔，见本书第 173—175 页。

52 E. E. Stengel, *Abhandlungen und Untersuchungen zur Geschichte des Kaisergedankens im Mittelalter* (Cologne, 1965), pp. 140–6; Stickler, 'Reichsvorstellungen', pp. 144–54.

53 R. Staats, *Die Reichskrone* (2nd ed., Kiel, 2008), pp. 36–40.

54 这是丘纳德公司一艘经过改装的明轮船，原名"不列颠尼亚号"：W. Hubatsch et al., *Die erste deutsche Flotte, 1848–1853* (Herford, 1981), esp. p. 54。

55 K. Görich, *Die Staufer* (2nd ed., Munich, 2008), p. 14; F. Shaw, 'Friedrich II as the "last emperor"', *GH*, 19 (2001), 321–39.

56 这座雕像在 1945 年遭到损坏并被移走，但在 1993 年得到修复并重归原处。当天是 9 月 1 日，选择这一天可能有些不顾他人感受，因为这是整个第二帝国的节庆"色当日"，纪念的是 1870 年对法国取得的胜利。

57 J. Rüger, *The Great Naval Game: Britain and Germany in the Age of Empire* (Cambridge, 2007), pp. 154–9.

58 M. Derndarsky, 'Zwischen "Idee" und "Wirklichkeit". Das Alte Reich in der Sicht Heinrich von Srbiks', in Schnettger (ed.), *Imperium Romanum*, pp. 189–205; P. R. Sweet, 'The historical writing of Heinrich von Srbik', *History and Theory*, 9 (1970), 37–58; F. Heer, *The Holy Roman Empire* (London, 1968).

59 M. Hughes, *Nationalism and Society: Germany 1800–1945* (London, 1988); R. Chickering, *'We Men who Feel most German': A Cultural Study of the Pan-German League, 1886–1914* (London, 1984). 关于持久存在的多重归属感，见 A. Confino, *The Nation as a Local Metaphor: Württemberg, Imperial Germany, and National Memory, 1871–1918* (Chapel Hill, NC, 1997)。

60 Görich, *Die Staufer*, p. 15.

61 B. Schneidmüller, 'Konsens-Territorialisierung-Eigennutz. Vom Umgang mit spätmittelalterlicher Geschichte', *FMS*, 39 (2005), 225–46 esp. 242–3; H. K. Schulze, *Grundstrukturen der Verfassung im Mittelalter* (3rd ed., 3 vols., Stuttgart, 1995–2000), I, pp. 30–33; F. Graus, 'Verfassungsgeschichte des Mittelalters', *HZ*, 243 (1986), 529–89 at 551–9; P. N. Miller, 'Nazis and Neo-Stoics: Otto Brunner and Gerhard Oestreich before and after the Second World War', *P&P*, 176 (2002), 144–86.

62 H. Picker (ed.), *Hitlers Tischgespräche im Führerhauptquartier* (3rd ed., Stuttgart, 1977), p. 463.

63 Herbers and Neuhaus, *Das Heilige Römische Reich*, p. 301.

64 F.-L. Kroll, 'Die Reichsidee im Nationalsozialismus', in Bosbach and Hiery (eds.), *Imperium*, pp. 179–96 at 187–90; M. Pape, 'Der Karlskult an Wendepunkten der deutschen Geschichte', *HJb*, 120 (2000), 138–81 at 163–6.

65 Staats, *Reichskrone*, p. 35.

66 K. R. Ganzer, *Das Reich als europäischen Ordnungsmacht* (Hamburg, 1941); F. W. Foerster, *Europe and the German Question* (New York, 1940).

67 G. Wolnik, *Mittelalter und NS-Propaganda* (Münster, 2004), p. 85.

68 Kroll, 'Reichsidee', pp. 181–2.

69 M. Steinmetz, *Deutschland, 1476–1648* (East Berlin, 1965), pp. 184–211; A. Dorpalen, *German History in Marxist Perspective* (Detroit, MI, 1985), pp. 76–89.

70 J. Burkhardt, 'Europäischer Nachzügler oder institutioneller Vorreiter?', in Schnettger (ed.), *Imperium Romanum*, pp. 297–316 at 300–1; T. Nicklas, 'Müssen wir das Alte Reich lieben?', *Archiv für Kulturgeschichte*, 89 (2007), 447–74 at 453–4.

71 H. J. Berbig, 'Der Krönungsritus im Alten Reich (1648–1806)', *ZBLG*, 38 (1975),

639–700 at 688.

72 最近，伦茨否定了那个神职人员形象是马丁教宗的说法：*Badische Zeitung*, 3 July 2010; *Reutlinger General-Anzeiger*, 6 July 2014。

73 这方面的进一步讨论见 J. Whaley, 'The old Reich in modern memory: Recent controversies concerning the "relevance" of early modern German history', in C. Emden and D. Midgley (eds.), *German Literature, History and the Nation* (Oxford, 2004), pp. 25–49; P. H. Wilson, 'Still a monstrosity? Some reflections on early modern German statehood', *HJ*, 49 (2006), 565–76; T. C. W. Blanning, 'The Holy Roman Empire of the German Nation past and present', *Historical Research*, 85 (2012), 57–70。

74 A. Wieczorek et al. (eds.), *Die Staufer und Italien. Drei Innovationsregionen im mittelalterlichen Europa* (2 vols., Stuttgart, 2010). 进一步的讨论见 Schneidmüller, 'Konsens', 225–7。

75 例如 H. Soly (ed.), *Charles V, 1500–1558* (Antwerp, 1998)。

76 引自 R. Morrissey, *Charlemagne and France* (Notre Dame, IN, 2003), p. 300。这种解释的一个例子见 F. Pesendorfer, *Lothringen und seine Herzöge* (Graz, 1994), p. 31。

77 http://www.karlspreis.de (accessed 8 Oct. 2013). 参见 B. Schneidmüller, 'Sehnsucht nach Karl dem Großen', *GWU*, 51 (2000), 284–301 at 284–8; Morrissey, *Charlemagne and France*, pp. 272–4。

78 O. v. Habsburg, *Idee Europa. Angebot der Freiheit* (Munich, 1976), p. 42. 另见其著作 *Karl IV. Ein Europäischer Friedensfürst* (Munich, 1978)。

79 G. Schmidt, 'Das frühneuzeitliche Reich-Sonderweg und Modell für Europa oder Staat der Deutschen Nation?', in Schnettger (ed.), *Imperium*, pp. 247–77; J. Whaley, 'Federal habits: The Holy Roman Empire and the continuity of German federalism', in Umbach (ed.), *German Federalism*, pp. 15–41 esp. 28. 有观点认为近代早期帝国是第一个德意志民族国家，施米特和威利是其主要支持者。

80 Chiefly P. C. Hartmann, *Das Heilige Römische Reich deutscher Nation in der Neuzeit, 1486–1806* (Stuttgart, 2005), p. 28, *Kulturgeschichte des Heiligen Römischen Reiches 1648 bis 1806* (Vienna, 2001), pp. 5, 76, 448, 'Bereits erprobt: Ein Mitteleuropa der Regionen', *Das Parlament*, 49–50 (3 and 10 Dec. 1993), 21. J. Schatz, *Imperium, Pax et Iustitia. Das Reich* (Berlin, 2000) 已将大致相似的论点应用于年代更早的中世纪帝国。

81 Hartmann, *Kulturgeschichte*, pp. 21, 55. Habsburg, *Idee Europa*, p. 37 也认为帝国优于民族国家。

82 http://www.german-foreign-policy.com (29 Aug. 2006).

83   *Die Zeit*, no.26 (2000); *Frankfurter Allgemeine Zeitung*, 31 May 2000, no.5.

84   W. Heun, 'Das Alte Reich im Lichte der neueren Forschung', in H. Schilling et al. (eds.), *Altes Reich und neue Staaten 1495 bis 1806*, II, *Essays* (Dresden, 2006), pp. 13–15; Reinhard, 'Frühmoderner Staat', 342–3.

85   B. Simms, 'The ghosts of Europe past', *The New York Times*, 9 June 2013. 进一步的讨论见 P. H. Wilson, 'The *Immerwährende Reichstag* in English and American Historiography', in H. Rudolph (ed.), *Reichsstadt, Reich, Europa. Neue Perspektiven auf dem Immerwährenden Reichstag zu Regensburg (1663–1806)* (Regensburg, 2015), pp. 107–24。

86   对主权国家的经典定义是 1900 年左右由马克斯·韦伯阐述的：H. H. Gerth and C. Wright Mills (eds.), *From Max Weber: Essays in Sociology* (London, 1948), pp. 78–80。J. J. Sheehan, 'The problem of sovereignty in European history', *AHR*, 111 (2006), 1–15 提供了有用的洞见。

87   H. Behr, 'The European Union in the legacies of imperial rule? EU accession politics viewed from a historical comparative perspective', *European Journal of International Relations*, 13 (2007), 239–62. 后续参见 S. Weichlein, 'Europa und der Föderalismus', *HJb*, 125 (2005), 133–52。

88   J. Zielonka, *Europe as Empire: The Nature of the Enlarged European Union* (Oxford, 2006); O. Wæver, 'Imperial metaphors: Emerging European analogies to pre-nation-state imperial systems', in O. Tunander et al. (eds.), *Geopolitics in Post-Wall Europe* (London, 1997), pp. 59–93.

89   P. H. Wilson, 'Das Heilige Römische Reich, die machtpolitisch schwache Mitte Europas-mehr Sicherheit oder ein Gefahr für den Frieden?', in M. Lanzinner (ed.), *Sicherheit in der Vormoderne und Gegenwart* (Paderborn, 2013), pp. 25–34.

90   E. O. Eriksen and J. E. Fossum (eds.), *Democracy in the European Union: Integration through Deliberation?* (London, 2000); Zielonka, *Europe as Empire*, pp. 165–6, 185.

致谢

　　如果没有众多好心人的帮助，这本书是不可能完成的。我特别感谢芭芭拉·施托尔贝格-里林格（Barbara Stollberg-Rilinger）和格尔德·阿尔特霍夫（Gerd Althoff）在我担任明斯特大学英才中心访问学者期间的热情款待，以及对我想法的深刻批评。我的同事朱利安·哈塞尔代尼（Julian Haseldine）和科林·维奇（Colin Veach），以及企鹅集团的西蒙·温德（Simon Winder）阅读了整本书并对其进行了评论，提出了无数有见地的评价和建议。此外，我还与托马斯·比斯普库（Thomas Biskup）、蒂姆·布莱宁（Tim Blanning）、卡琳·弗里德里希（Karin Friedrich）、格奥尔格·施米特（Georg Schmidt）、哈米什·斯科特（Hamish Scott）、西格弗里德·韦斯特法尔（Siegfried Westphal）和乔·威利（Jo Whaley）就本书的全部或部分内容进行了长时间的讨论，并从中受益匪浅。弗吉尼亚·阿克桑（Virginia Aksan）、利奥波德·奥尔（Leopold Auer）、亨利·科恩（Henry Cohn）、苏珊娜·弗里德里希（Suzanne Friedrich）、卡尔·哈特（Karl Härter）、比特·库敏（Beat Kümin）、格雷厄姆·劳德（Graham Loud）和特奥·里奇斯（Theo Riches）都友善地寄来了有用的材料，或者指出了我书籍的不足之处。赫尔大学欧盟研究中心的鲁迪·武策尔（Rudi Wurzel）和丽兹·莫纳亨（Liz Monaghan）为我提供了一个在跨学科听众面前检验想法的机会，这有助于形成我最后一章的内容。引言和结论的一些要素在雷根斯堡大学关于帝国议会的一次研究会议上进行了介绍，为此我特别感谢哈丽雅特·鲁道夫（Harriet Rudolph）。

赫尔大学提供了一个学期的带薪研究假期，在此期间，这本书已经有了大致的雏形，而布林莫尔-琼斯图书馆的工作人员则创造了奇迹，找到了我需要使用的不知名文献。塞西莉亚·麦凯（Cecilia Mackay）以她一贯的高效满足我的图片要求。理查德·杜吉德（Richard Duguid）专业地监督了这本书的制作。理查德·梅森（Richard Mason）宛如鹰眼一般的审稿使我避免了无数潜藏的错误，而斯蒂芬·瑞安（Stephen Ryan）和迈克尔·佩奇（Michael Page）的校对也异常认真。我也很感谢凯瑟琳·麦克德莫特（Kathleen McDermott）和哈佛大学出版社的工作人员，是他们将这本书在美国出版。伊莱恩、阿莱克、汤姆和尼娜，他们一如既往地对我的工作做出了超出他们所知的贡献，对此我表示永远的感谢。